DICIONÁRIO
DAS CITAÇÕES

DICIONÁRIO DAS CITAÇÕES

5.000 CITAÇÕES
DE TODAS
AS LITERATURAS
ANTIGAS E MODERNAS

organizado por
Ettore Barelli e Sergio Pennacchietti

Tradução
Karina Jannini

Martins Fontes
São Paulo 2001

*Esta obra foi publicada originalmente em italiano com o título
DIZIONARIO DELLE CITAZIONI, por RCS Libri SpA, Milão.
Copyright © 1992 RCS Rizzoli Libri S.p.A., Milão.
Copyright © 1997 RCS Libri S.p.A., Milano.
Copyright © 2001, Livraria Martins Fontes Editora Ltda.,
São Paulo, para a presente edição.*

1ª edição
abril de 2001

Tradução
KARINA JANNINI

Preparação do original
Luzia Aparecida dos Santos
Revisão gráfica
*Ivany Picasso Batista
Teresa Cecília de Oliveira Ramos
Solangè Martins
Célia Regina Camargo
Ivete Batista dos Santos*
Produção gráfica
Geraldo Alves
Paginação/Fotolitos
Studio 3 Desenvolvimento Editorial

Dados Internacionais de Catalogação na Publicação (CIP)
(Câmara Brasileira do Livro, SP, Brasil)

Dicionário das citações : 5.000 citações de todas as literaturas antigas e modernas com o texto original / organizado por Ettore Barelli e Sergio Pennacchietti ; [tradução Karina Jannini]. – São Paulo : Martins Fontes, 2001.

Título original: Dizionario delle citazioni.
Bibliografia.
ISBN 85-336-1403-9

1. Citações – Dicionários I. Barelli, Ettore. II. Pennacchietti, Sergio.

01-1133   CDD-808.88203

Índices para catálogo sistemático:
1. Citações : Dicionários   808.88203

Todos os direitos desta edição para o Brasil reservados à
Livraria Martins Fontes Editora Ltda.
*Rua Conselheiro Ramalho, 330/340 01325-000 São Paulo SP Brasil
Tel. (11) 239.3677 Fax (11) 3105.6867
e-mail: info@martinsfontes.com http://www.martinsfontes.com*

PREFÁCIO

A razão do título, *Dicionário das citações*, está no fato de que aqui se pretendeu dar um elenco, de certo modo sistemático – e veremos como –, daquelas frases famosas de ordem genericamente moral que o escritor, o filósofo, o pregador, o professor, o político usam para sustentar uma escolha, uma proposta, uma visão do mundo: visto que os termos precisos dessas afirmações, às vezes numa língua diferente da nossa, nem sempre se encontram prontos na memória, essas frases foram transcritas em sua língua original, acompanhadas de uma tradução adequada e dos elementos de identificação da fonte, ou seja, com os dados indispensáveis para se chegar à obra ou à ocasião em que foram escritas ou pronunciadas. Embora este livro seja, portanto, como todo dicionário, um instrumento de consulta, ele não nasceu apenas com esse objetivo: as citações, que ao total são 5.027, numeradas progressivamente, encontram-se reagrupadas em grandes temas (amizade, amor etc.), e estes, por sua vez, divididos em seções de subtemas (confidência, fraternidade...; apego, paixão). Sendo assim, não foi difícil, dentro de um mesmo tema, fazer as máximas dialogarem entre si, fazer o pensamento do autor antigo coincidir com o do moderno ou divergir dele – indicados com os dados anagráficos que determinam sua localização temporal –, com o objetivo de provocar, na medida do possível, estímulos profícuos e de transformar o instrumento de consulta em ocasião de meditação.

Nesses últimos anos, foram publicados muitos livros com coletâneas de aforismos e epigramas, máximas, provérbios e pensamentos, apotegmas e ditos memoráveis, sentenças e adágios, chistes e motes de espírito (as *Witze* de Freud), facécias, pilhérias e *slogans*, reunidos por outros ou escritos de próprio punho, que se encontram dispersos, como diria Manzoni – e por isso a necessidade da fonte –, sobre os parapeitos dos cais (*Promessi Sposi*, XXXVII). São livros e livretos certamente úteis. Mas o nosso, que enfatiza a leitura original e a indicação histórico-bibliográfica, geralmente difíceis de serem encontradas, reduz de forma considerável a necessidade dos outros, e, se o folhearmos até o fim, incluindo os cinco apêndices que o enriquecem (em breve trataremos deles com mais detalhes), tornar-se-á único no seu gênero, facilmente distinguível entre todos e, se não dos mais ricos (especialmente nos países anglo-saxônicos, existem alguns monumentais), com certeza dos mais úteis.

Para especificar mais detalhadamente a matéria, comecemos por aquilo que ele não traz: os provérbios. A *paremiografia*, ou seja, a atividade que se ocupa da seleção dos provérbios, tem uma tradição antiqüíssima, com uma bibliografia muito vasta. Mas o provérbio, com todos os problemas que comporta, por suas origens populares ou pseudopopulares, sua misteriosa difusão em termos quase idênticos por áreas de culturas freqüentemente tão diversas, por suas implicações psicológicas e suas estruturas formais, requer um discurso particular e é algo realmente diferente da pura sentença; nesta obra, é para ela que se aponta, para a frase aristocrática, com todas as suas sugestões, que vão da pretensão de revelar uma verdade em torno de dez palavras, ou de despir nossos defeitos sem testemunhos, ou ainda, visando a uma meta mais alta em nível artístico, de dizer tão bem uma banalidade a ponto de transformá-la numa revelação.

Já na antiguidade, essas sentenças memoráveis encontraram colecionadores atentos e uma vasta difusão não apenas nas áreas de cultura oriental, em que sempre se usou falar por sentenças, mas também no nosso Ocidente: tanto aquelas recortadas de seu próprio contexto (poema, romance ou tratado moral), quanto as criadas propositalmente e por si mesmas, filhas de especialistas da gnomologia, dos amantes da verdade em gotas, que neste momento pode ser útil distinguir e relembrar: do grego Teógnis de Mégara (o poeta gnômico por antonomásia) ao anônimo dos *Ditos áureos*, às antologias dos comediógrafos Epicarmo e Menandro, até chegarmos aos latinos, entre os quais o mimógrafo Públio Siro e suas setecentas sentenças (mas também poderiam ser citados ao menos Terêncio e Marcial) e os *Dicta Catonis*, com os quais (junto com a *Antologia palatina*) já beiramos a Idade Média. Deve-se lembrar, porém, que não é fácil distinguir nesses textos mais antigos o quanto há neles de derivado e o quanto de original; mas certamente o gênero já se encontra, com eles, bem definido e pronto para ser tratado nos tempos modernos com total independência literária, quando se encontrarão os grandes elaboradores de máximas do Século de Ouro e da Idade Elisabetana, amplamente citados nesta obra, os profissionais do gênero, Baltasar Gracián, Blaise Pascal, François de La Rochefoucauld, do século seguinte De Chamfort e Goethe, e do século XIX, entre os primeiros e maiores, o italiano Leopardi, depois do qual começará a se aproximar a afirmação gnômica, séria mesmo quando satírica, a paradoxal, já projetada no que concerne ao absurdo, e a desconsagradora, insolente, violentíssima, dos quais foram mestres Oscar Wilde e o vienense Karl Kraus, que levaram o gênero ao ínfido terreno do puro dito espirituoso e o difundiram amplamente até transformá-lo em moda. Citar os nomes a este ponto torna-se árduo; contentemo-nos com os italianos, pelo menos com alguns: Carlo Dossi, Ennio Flaiano, Achille Campanile, Leo Longanesi, Gesualdo Bufalino, para mencionar os que não podem ser omitidos; mas há muitos outros. Porém, o que sempre os consolida não é tanto, como já na antiguidade, a singularidade, ou a profundidade, ou a força satírica ou blasfema de seus enunciados, que no entanto é a condição primária (ou o truque) para a sua resistência ao tempo; em muitos casos, em todos os casos, o elemento fundamental da sua vitalidade, aquele que os distingue na expressão mais vasta de um poema ou nas duas linhas de uma antologia, foi sempre o modo da enunciação, a veste com a qual ainda se apresentam a nós. Foi dito anteriormente que se trata de um gênero literário: como tal, não tem apenas um estilo explícito, mas também suas regras quanto à forma: a afirmação apodítica, que por si só pretende convencer com a evidência, ou o trauma do imprevisto, ou a solenidade da hipérbole e os jogos da ironia, que carregam, por assim dizer, o conceito de material explosivo para o golpe final. E, em seguida, os expedientes da retórica, já evidentes nos provérbios, em que até mesmo a rima é freqüente, mais escondidos nas sentenças, como convém a textos claramente literários, da aliteração à antonomásia, da antítese ao quiasmo, a todas as variantes da metonímia e daquela que é a rainha da retórica, ou seja, a metáfora, até o abuso da elipse para dar iconicidade à mistura, tudo para que a afirmação detenha ou acelere o fluxo sangüíneo e, de qualquer modo, convide à meditação, que afinal é o objetivo pelo qual se tornou sentença.

Como já foi dito, a maior novidade do livro está na seção final dos cinco apêndices: o primeiro, que propõe as passagens famosas da literatura italiana para nos socorrer com as frases exatas quando sentimos falhar na memória um verso de Dante ou uma rima de Montale. O segundo propõe os *incipit* das maiores obras literárias de todos os tempos e países, aqui reunidos, pois o *incipit*, o impulso inicial do poema, do romance, do tratado, como bem sabe quem os escreve, é um momento fundamental na elaboração de um livro, aquilo que lhe dá o estilo, o registro: aquilo que imediatamente indica seu ritmo. E, por outro lado, acaso não é verdade que a um literato sério deveriam bastar as três primeiras linhas de um novo livro para adivinhar o autor? Houve até quem fizesse disso um jogo. É espontânea, portanto, sobretudo entre os adeptos aos trabalhos, a curiosidade de conhecer, além dos *incipit* da grande tradição (*Arma virumque cano, In principio erat Verbum, Nel mezzo del cammin di nostra vita*), também os outros, muito vagos na memória: de *Madame Bovary*, por exemplo, ou de *Piacere*.

Terceiro apêndice: as árias célebres dos melodramas. Na Itália, pelo menos na Itália, não se deveriam nunca deturpar os versos já horríveis por si sós, mas freqüentemente tão bem revestidos de música, das árias populares das obras líricas. Nesta seção propôs-se uma centena que nos pareceu suficiente.

Quarto apêndice: as frases históricas mais conhecidas, como "Alea iacta est", "Paris vaut bien une messe", "Bixio, qui si fa l'Italia o si muore" (resposta que, segundo Abba, Garibaldi teria dado em Calatafimi a Nino Bixio, que lhe propunha a retirada, enquanto Bandi, também presente, afirma que teria respondido simplesmente: "Ritirarsi? E dove?"). Em suma, os grandes ditos da história, com freqüentes comentários e especificações sobre a época, o local e os intérpretes.

Finalmente, no quinto apêndice, as afirmações epigramáticas da filosofia que, freqüentemente brevíssimas, bastam sozinhas para dar um nome a seu criador; para que fique claro, aquelas do tipo "panta rei" e "cogito ergo sum", que, quando reunidas, com no máximo cinco palavras, servem para nos lembrar a insustentável leveza do ser.

Poucas linhas a respeito dos índices. São três: o dos grandes temas, por ordem de entrada, que oferece uma panorâmica da matéria dividida em seções, uma para cada tema; o dos temas e subtemas por ordem alfabética; o dos autores, também em ordem alfabética, que indica para cada um deles o número das citações do texto em que se encontra seu nome, apresentando ao lado a indicação do tema tratado. Cremos que isso deve facilitar bastante a procura daquela citação particular que interessa: aventura nem sempre tranqüila nesse gênero de livro.

Os autores gostariam de exprimir seu mais intenso agradecimento a Italo Sordi, Girolamo Carraro, Laura Tarantini por sua assídua colaboração para a elaboração e correção do volume.

As citações bíblicas, da Era Clássica e da literatura e história italianas, devem-se aos organizadores do volume; as citações estrangeiras, à colaboração dos seguintes especialistas:
para a área anglo-saxônica, Guido Almansi
para o francês, Giovanni Bogliolo
para o alemão, Rino Alessi e Teresina Zemella
para a área espanhola, Roberto Lonardi e Maria Grazia Profeti
para o russo, Anatolij Smeljanskij
para o sânscrito, Attilia Sironi
para a história da filosofia, Claudio Cesa e Giuseppe Tognon
para o melodrama, Piero Mioli.

O VESTUÁRIO

O vestuário

1. O modo de se vestir é uma preocupação ridícula. Mas é muito ridículo para um homem não estar bem-vestido.

   Dress is a very foolish thing, and yet it is a very foolish thing for a man not to be well dressed.

   PH. D. CHESTERFIELD (estadista inglês, 1694-1773), *Letters*, 1745.

2. Coloca na cabeça perucas com cem mil cachos, / coloca nos pés coturnos de um braço de altura, / continuarás sempre a ser o que és.

   Setz dir Perücken auf von Millionen Locken, / Setz deinen Fuß auf ellenhohe Sokken, / Du bleibst doch immer, was du bist.

   J. W. GOETHE (escritor alemão, 1749-1832), *Fausto*, 1807-9.

3. Aqueles para quem a roupa é a parte mais importante da pessoa acabam, geralmente, por valer tanto quanto sua roupa.

   Those who make their dress a principal part of themselves, will, in general, become of no more value than their dress.

   W. HAZLITT (escritor inglês, 1778-1830), *Political Essays*, On the Clerical Character.

4. Usa suas roupas como se tivessem sido jogadas sobre ela com um forcado.

   She wears her clothes as if they were thrown on her with a pitchfork.

   J. SWIFT (escritor inglês, 1667-1745), *Polite Conversation*, diálogo I.

5. Fui à igreja, com roupa de luto, muito elegante e com uma peruca nova, causei uma boa impressão.
   To Church; and with my mourning, very handsome, and new periwig, make a reat show.
   S. PEPYS (escritor inglês, 1633-1703), *Diary*, 31/3/1667.

6. Cuidado com todas as atividades que requeiram roupas novas.
   Beware of all enterprises that require new clothes.
   H. D. THOREAU (escritor norte-americano, 1817-1862), *Walden*, Economia.

7. Qualquer pessoa é capaz de ficar alegre e de bom humor quando está bem-vestida.
   Any man may, be in good spirits and good temper when he's well dressed.
   CH. DICKENS (escritor inglês, 1812-1870), *Martin Chuzzlewit*, V.

8. Ouvi, com humilde admiração, uma senhora declarar que a sensação de estar bem-vestida dava-lhe um sentimento de tranqüilidade interior que a religião não lhe podia conferir.
   I have heard with admiring submission the experience of the lady who declared that the sense of being well-dressed gives a feeling of inward tranquility which religion is powerless to bestow.
   R. W. EMERSON (filósofo e poeta norte-americano, 1803-1882), *Letters and Social Aims*, Social Aims.

O costureiro

9. Deus fez a fêmea e os costureiros fizeram a mulher.
   Dio ha fatto la femmina e i sarti hanno fatto la donna.
   PITIGRILLI (escritor italiano, 1893-1975), *Amori express*, La donna nuda.

A moda

10. A moda é o refinamento que corre na frente da vulgaridade e teme ser ultrapassada.
    Fashion is gentility running from vulgarity, and afraid of being overtaken.

W. HAZLITT (escritor norte-americano, 1804-1864), *Conversations of James Northcote*, 1830.

11. MODA Sou a moda, tua irmã.
    MORTE Minha irmã?
    MODA Sim. Não te lembras de que nós duas nascemos da Caducidade?

    MODA Io sono la moda, tua sorella.
    MORTE Mia sorella?
    MODA Sì: non ti ricordi che tutte e due siamo nate dalla Caducità?

    G. LEOPARDI (poeta italiano, 1798-1837), *Operette morali*, Dialogo della Moda e della Morte.

12. Para aqueles que não são capazes de crer, existem os ritos; para aqueles que não são capazes de inspirar respeito por si mesmos, existe a etiqueta; para aqueles que não sabem se vestir, existe a moda; para aqueles que não sabem criar, existem as convenções e os clichês. É por isso que os burocratas amam os cerimoniais; os padres, os ritos; os pequeno-burgueses, as conveniências sociais; os galanteadores, a moda; e os atores, as convenções teatrais, os estereótipos e um inteiro ritual de ações cênicas.

    Для тех, кто не способен верить, установлены обряды; для тех, кто не способен импонировать, придуман этикет; для тех, кто не умеет одеваться, созданы моды; для тех, кто не способен творить, существуют условности и штампы. Вот почему государственные люди любят церемониал, священники — обряды, мещане — обычаи, щеголи — моду, а актеры — сценические условности, штампы и весь ритуал актерского действия.

    K. S. STANISLAVSKI (diretor teatral russo, 1863-1938), *História de uma direção teatral*.

O uniforme

13. É o uniforme que faz esquecer aquele que o veste.

    È la divisa che fa dimenticare quello che la indossa.

    E. BIAGI (jornalista italiano, nascido em 1920), *Fatti personali*, Franceschini, come lo vedo io.

O HÁBITO

O hábito

14. O hábito é o melhor mestre em todas as coisas.
    Usus efficacissimus rerum omnium magister.
    PLÍNIO, O VELHO (escritor latino, 23-79), *História natural*, XXVI, 2.

15. O hábito... é o grande guia da vida humana.
    Custom... is the great guide of human life.
    D. HUME (filósofo escocês, 1711-1776), *Investigação acerca do entendimento humano*, 5, 1.

16. O hábito torna suportáveis até as coisas assustadoras.
    Ἡ συνήθεια καὶ τὰ φοβερὰ τῶν πραγμάτων καταπραΰνει.
    ESOPO (fabulista grego, séc. VII-VI a.C.), *Fábulas*, 42.

17. Não há nada de tão absurdo que o hábito não torne aceitável.
    Nihil esse tam absurdum, quod non commendet assuetudo.
    ERASMO DE ROTTERDAM (humanista holandês, 1466-1536), *Colóquios*, Os franciscanos ou os ricos mendicantes.

18. Nada é mais forte do que o hábito.
    Nil adsuetudine maius.
    OVÍDIO (poeta latino, 43 a.C.-c. 18 d.C.), *Arte de amar*, II, 345.

19. Ninguém ousa dizer adeus aos próprios hábitos. Muitos suicidas se detiveram no limiar da morte ao pensar no café aonde vão jogar todas as noites sua partida de dominó.
    Personne n'ose dire adieu à une habitude. Beaucoup de suicides se sont arrêtés sur le seuil de la mort par le souvenir du café où ils vont jouer tous les soirs leur partie de dominos.
    H. DE BALZAC (escritor francês, 1799-1850), *Le cousin Pons*.

20. O hábito é vencido pelo hábito.
    Consuetudo consuetudine vincitur.
    Tomás a Kempis (místico alemão, 1379-1471), *A imitação de Cristo*, I, 21.

21. O hábito é uma segunda natureza, que nos impede de conhecer a primeira, da qual não possui nem as crueldades nem os encantos.
    L'habitude est une seconde nature, elle nous empêche de connaître la première dont elle n'a ni les cruautés, ni les enchantements.
    M. Proust (escritor francês, 1871-1922), *Sodome et Gomorrhe*, II, 1.

22. Pois o homem é feito de banalidade, / e nomeia o hábito sua ama.
    Denn aus Gemeinem ist der Mensch gemacht / Und die Gewohnheit nennt er seine Amme.
    F. von Schiller (escritor alemão, 1759-1805), *A morte de Wallenstein*.

23. É mais fácil trocar de religião do que de café.
    On change plus facilement de religion que de café.
    G. Courteline (escritor francês, 1860-1929), *La philosophie de G. C.*

24. O céu nos deu o hábito, / bom substituto da felicidade.
    Привычка свыше нам дана: / Замена счастию она.
    A. S. Pushkin (escritor russo, 1799-1837), *Eugênio Oneguin*.

A mudança

25. As mudanças nunca ocorrem sem inconvenientes, até mesmo do pior para o melhor.
    Change is not made without inconvenience, even from worse to better.
    R. Hooker (teólogo anglicano, 1554-1600), *English Dictionary*, Johnson, Prefácio.

26. E amanhã não seremos o que fomos / nem o que somos.
    Nec quod fuimusve sumusve, / cras erimus.
    Ovídio (poeta latino, 43 a.C.-c. 18 d.C.), *Metamorfose*, XV, 215-6.

27. Só é possível transformar-se na medida em que já se é.
    Man kann nur werden, insofern man schon ist.
    NOVALIS (poeta alemão, 1772-1801), *Fragmentos*.

28. Trago em mim o germe, o início, a possibilidade para todas as capacidades e confirmações do mundo.
    Ich trage den Keim, den Ansatz, die Möglichkeit zu allen Befähigungen und Bestätigungen der Welt in mir.
    TH. MANN (escritor alemão, 1875-1955), *Os Buddenbrooks*.

29. As pessoas que querem mudar nunca são felizes.
    People are never happy who want change.
    L. P. HARTLEY (escritor inglês, 1895-1972), *Justiça facial*, XIII.

30. Não poderias entrar duas vezes no mesmo rio.
    Δὶς ἐς τὸν αὐτὸν ποταμὸν οὐκ ἂν ἐμβαίης.
    HERÁCLITO (filósofo grego, c. 550-c. 480 a.C.), citado em PLATÃO, *Crátilo*, 402 a.

31. O sol é novo a cada dia.
    Ὁ ἥλιος νέος ἐφ' ἡμέρῃ ἐστίν.
    HERÁCLITO (filósofo grego, c. 550-c. 480 a.C.), *Fragmentos*, 6.

32. Nada é duradouro como a mudança.
    Nichts ist dauernd als der Wechsel.
    L. BÖRNE (escritor alemão, 1786-1837), *Discurso sobre Jean Paul*.

O novo

33. As novas opiniões são sempre suspeitas e geralmente opostas, por nenhum outro motivo além do fato de ainda não serem comuns.
    New opinions are always suspected, and usually opposed, without any other reason but because they are not already common.
    J. LOCKE (filósofo inglês, 1632-1704), *Ensaio acerca do intelecto humano*, Carta dedicatória.

34. Nada é perfeito quando encontrado.
    Nihil est enim simul et inventum et perfectum.
    Cícero (escritor e político romano, 106-43 a.C.), *Brutus*, 71.

35. Nenhuma opinião, verdadeira ou falsa, mas contrária à opinião dominante e geral, estabeleceu-se no mundo instantaneamente e com base numa demonstração lúcida e palpável, mas à força de repetições e, portanto, de hábito.
    Nessuna opinione, vera o falsa, ma contraria all'opinione dominante e generale, si è mai stabilita nel mondo istantaneamente e in forza di una dimostrazione lucida e palpabile, ma a forza di repetizioni e quindi di assuefazione.
    G. Leopardi (poeta italiano, 1798-1837), *Zibaldone*, III, 330.

36. Todas as coisas que hoje se crêem antiqüíssimas já foram novas.
    Omnia quae nunc vetustissima creduntur, nova fuere.
    Tácito (historiador latino, c. 54-120), *Anais*, XI, 24.

37. Nos mortos eu sempre lia alguma coisa nova e nos vivos ouvia repetir mil vezes mil coisas velhas.
    Nei morti sempre leggevo qualche cosa nuova e nei vivi udivo replicar mille volte mille cose vecchie.
    A. F. Doni (escritor italiano, 1513-1594), *I Marmi*, Diceria dell'inquieto, academico peregrino, al Doni.

A constância

38. A constância é contrária à natureza, contrária à vida. As únicas pessoas completamente constantes são os mortos.
    Consistency is contrary to nature, contrary to life. The only completely consistent people are the dead.
    A. L. Huxley (escritor inglês, 1894-1963), *Do What You Will*.

39. O mundo muda constantemente, e, na Natureza, / ser constante seria uma inconstância.
    The world's a scene of changes, and to be / Constant, in Nature, were inconstancy.
    A. Cowley (poeta inglês, 1618-1667), *Inconstancy*.

40. Ao pingar, a gota escava a pedra.
Stilicidi casus lapidem cavat.
LUCRÉCIO (poeta latino, c. 98-55 a.C.), *Da natureza*, I, 313.

41. A perseverança é mais eficaz do que a violência, e muitas coisas que, quando reunidas, são invencíveis, cedem a quem as enfrenta um pouco por vez.
Τὴν ἐπιμονὴν ἀνυσιμωτέραν τῆς βίας οὖσαν, καὶ πολλὰ τῶν ἀθρόως ἀλήπτων ἐνδιδόντα τῷ κατὰ μικρόν.
PLUTARCO (escritor grego, c. 45-125), *Vidas paralelas*, Sertório, 16, 4.

A obstinação

42. Chama-se perseverança quando é por uma boa causa, obstinação quando é por uma ruim.
'Tis known by the name of perseverance in a good cause, – and of obstinacy in a bad one.
L. STERNE (escritor inglês, 1713-1768), *Tristram Shandy*, I, 17.

43. A obstinação é a energia da estupidez.
Eigensinn ist Energie der Dummheit.
FLIEGENDE BLÄTTER (semanário humorístico alemão).

O AFORISMO

O aforismo

44. Ao lermos os grandes aforistas, temos a impressão de que todos se conheciam muito bem.
    Die großen Aphoristiker lesen sich so, als ob alle einander gut gekannt hätten.
    E. CANETTI (escritor austríaco de origem búlgara, nascido em 1905), *A província do homem*, 1943.

45. Um aforismo não deve necessariamente ser verdadeiro, mas deve superar a verdade.
    Ein Aphorismus braucht nicht wahr zu sein, aber er soll die Wahrheit überflügeln.
    K. KRAUS (escritor austríaco, 1874-1936), *Ditos e desditos*.

46. Quem sabe escrever aforismos não deveria dispersar-se em ensaios.
    Einer, der Aphorismen schreiben kann, sollte sich nicht in Aufsätzen zersplittern.
    K. KRAUS (escritor austríaco, 1874-1936), *Do artista*.

A máxima

47. Todas as boas máximas estão presentes no mundo; só falta aplicá-las.
    Toutes les bonnes maximes sont dans le monde; on ne manque qu'à les appliquer.
    B. PASCAL (filósofo francês, 1623-1662), *Pensamentos*, VI, 380.

48. Uma coleção de anedotas e máximas é o maior tesouro para o homem experiente, se ele souber entremear as primeiras em lugares convenientes na conversação e lembrar das segundas no momento oportuno.

    Eine Sammlung von Anekdoten und Maximen ist für den Weltmann der gröβte, Schatz, wenn er die ersten an schicklichen Orten ins Gespräch einzustreuen, der letzten sich in treffender Falls zu erinnern weiβ.

    J. W. GOETHE (escritor alemão, 1749-1832), *Máximas e reflexões*, 190.

49. Não há nada mais inútil do que uma máxima.

    Nothing is so useless as a general maxim.

    TH. B. MACAULAY (historiador inglês, 1800-1859), *Literary Essays*, Niccolò Machiavelli.

50. Odeio mais as máximas ruins do que as más ações.

    Je hais les mauvaises maximes encore plus que les mauvaises actions.

    J.-J. ROUSSEAU (filósofo e escritor francês, 1712-1778), *A nova Heloísa*.

51. Um dos riscos de escrever máximas é que nos colocamos na condição de sermos citados.

    Un des dangers d'écrire des maximes, c'est qu'on se met dans le cas d'être cité.

    J. ROSTAND (biólogo francês, 1894-1977), *Pages d'un moraliste*.

A citação

52. As citações, no meu trabalho, são como ladrões à beira da estrada, que irrompem armados e arrebatam o consenso do ocioso viajante.

    Zitate in meiner Arbeit sind wie Räuber am Weg, die bewaffnet hervorbrechen und dem Müβiggänger die Überzeugung abnehmen.

    W. BENJAMIN (filósofo alemão, 1892-1940), *Rua de mão única*.

53. Um homem muito lido nunca cita com precisão [...] A citação errada é o orgulho e o privilégio da pessoa culta.

   A widely-read man never quotes accurately [...] Misquotation is the pride and priviledge of the learned.

   H. PEARSON (biógrafo inglês, 1887-1964), *Common Misquotations*.

A AMIZADE

A amizade

54. Querer e não querer as mesmas coisas, eis, afinal, a verdadeira amizade.
    Idem velle atque idem nolle, ea demum firma amicitia est.
    SALÚSTIO (historiador latino, 86-35 a.C.), *A conjuração de Catilina*, XX, 4.

55. Os amigos têm tudo em comum, e a amizade é a igualdade.
    Κοινὰ τὰ φίλων, καὶ φιλίαν ἰσότητα.
    PITÁGORAS (filósofo grego, 570-490 a.C.), citado em DIÓGENES LAÉRCIO, *Vidas dos filósofos*, Pitágoras, VIII, 10.

56. A amizade, como o dilúvio universal, é um fenômeno de que todo o mundo fala, mas que ninguém viu com os próprios olhos.
    La amistad, como el diluvio universal, es un fenómeno del que todo el mundo habla, pero que nadie ha visto com sus ojos.
    E. JARDIEL PONCELA (escritor espanhol, 1901-1952).

57. Um dos maiores consolos desta vida é a amizade; e um dos consolos da amizade é ter a quem confiar um segredo. No entanto, os amigos não são um par, como os esposos; cada um, genericamente falando, tem mais de um... Há homens privilegiados que contam centenas deles...
    Una delle più grandi consolazioni di questa vita è l'amicizia; e una delle consolazioni dell'amicizia è quell'avere a cui confidare un segreto. Ora, gli amici non sono a due a due, come gli sposi; ognuno, generalmente parlando, ne ha più d'uno... Ci son degli uomini privilegiati che li contano a centinaia...
    A. MANZONI (escritor italiano, 1785-1873), *I promessi sposi*, XI.

58. As amizades que se fundam em interesse por interesse terminam.

    Las amistades que sobre interés se fundan, por lo mismo interés acaban.

    A. de Guevara (escritor espanhol, 1480-1545).

59. Se um homem não faz novas amizades à medida que avança na vida, ficará logo sozinho. Um homem, senhor, deveria manter suas amizades *em contínuo restauro*.

    If a man does not make new acquaintance as he advances through life, he will soon find himself left alone. A man, Sir, should keep his friendship in constant repair.

    S. Johnson (literato inglês, 1709-1784), citado em Boswell, *Life of Johnson*, I, 1755.

60. E toma cuidado, pois, se não conservares essas amizades, será bem difícil conquistar outras semelhantes no futuro; amizades, quero dizer, fora da classe à qual pertences: e assim viverás numa única classe, e o homem que freqüenta uma única classe social é como o estudioso que lê apenas um livro.

    E bada che se non conserverai queste amicizie, sarà ben difficile che tu ne acquisti altre simili in avvenire, delle amicizie, voglio dire, fuori della classe a cui appartieni: e così vivrai in una classe sola, e l'uomo che pratica una sola classe sociale, è come lo studioso che non legge altro che un libro.

    E. de Amicis (escritor italiano, 1846-1908), *Cuore*, Aprile: Gli amici operai.

61. A amizade mais sólida é aquela entre os iguais.

    Firmissima est inter pares amicitia.

    Cúrcio Rufo (escritor latino, séc. I d.C.), *Vida de Alexandre, o Grande*, VIII.

62. Há pouca amizade no mundo, sobretudo entre pessoas da mesma classe.

    There is little friendship in the world, and least of all between equals.

    F. Bacon (filósofo inglês, 1561-1626), *Essays*, Of Followers.

O amigo

63. Interrogado sobre o que seria um amigo, disse: "Uma alma solitária que vive em dois corpos".

    Ἐρωτηθεὶς τί ἐστι φίλος, ἔφη, «μία ψυχὴ δύο σώμασιν ἐνοικοῦσα».

    ARISTÓTELES (filósofo grego, 384-322 a.C.), citado em DIÓGENES LAÉRCIO, *Vidas dos filósofos*, Aristóteles, V, 20.

64. Quem é um amigo? "Um outro eu."

    Τίς ἐστι φίλος; «ἄλλος ἐγώ».

    ZENÃO DE ELÉIA (filósofo grego, séc. V a.C.), citado em DIÓGENES LAÉRCIO, *Vidas dos filósofos*, Zenão, VII, 23.

65. Quem se vangloria de ter conquistado uma multidão de amigos nunca teve *um*.

    Who boasts to have a multitude of friends has ne'er had one.

    S. T. COLERIDGE (poeta inglês, 1772-1834).

66. Os velhos amigos são os melhores. O rei Jaime sempre queria seus velhos sapatos; eram mais cômodos nos seus pés.

    Old friends are best. King James used to call for his old shoes; they were easiest for his feet.

    J. SELDEN (historiador inglês, 1584-1654), *Table Talk*, XLVII.

67. Existe um critério quase infalível para determinar se um homem é realmente teu amigo: o modo como refere opiniões hostis ou descorteses a teu respeito.

    Ob ein Mensch es gut mit dir meint, dafür gibt es ein fast untrügliches Kriterium: wie jener unfreundliche oder feindselige Äußerungen über dich referiert.

    TH. W. ADORNO (filósofo alemão, 1903-1969), *Minima moralia*, III, Falar francamente.

68. Repreende o amigo em segredo e elogia-o em público.

    Reprendi l'amico in segreto e laldalo in paleso.

    LEONARDO DA VINCI (artista e cientista italiano, 1452-1519), *Pensieri*, 45.

69. Os verdadeiros amigos vêem os teus erros e te advertem: os fal-

sos amigos vêem do mesmo modo os teus erros e os apontam aos outros.

Deine wahren Freunde sehen deine Fehler und machen dich darauf aufmerksam; deine falschen Freunde sehen ebenfalls deine Fehler und machen andere darauf aufmerksam.

FLIEGENDE BLÄTTER (semanário humorístico alemão).

70. Ninguém é tão desprovido de amigos para não encontrar um suficientemente sincero que lhe diga verdades desagradáveis.

    There is no man so friendless but what he can find a friend sincere enough to tell him disagreeable truths.

    E. G. BULWER-LYTTON (escritor inglês, 1803-1873), *What Will He Do With It?*, III, 15.

71. O gosto de contentar um amigo é um demônio tentador.

    El gusto de complacer al amigo es diablo tentador.

    F. G. QUEVEDO Y VILEGAS (escritor espanhol, 1580-1645).

72. Cada um mostra aquilo que é pelos amigos que tem.

    Cada uno muestra lo que es en los amigos que tiene.

    B. GRACIÁN Y MORALES (escritor espanhol, 1601-1658), *El Criticón*.

73. Entre dois amigos, só há um que é amigo do outro.

    Entre deux amis il n'y en a qu'un qui soit l'ami de l'autre.

    A. KARR (escritor francês, 1808-1890), *Les guêpes*.

74. A maior parte das pessoas fica feliz com a inferioridade dos seus melhores amigos.

    Most people enjoy the inferiority of their best friends.

    PH. D. CHESTERFIELD (estadista inglês, 1694-1773), *Letters*.

75. Na adversidade dos nossos melhores amigos, sempre encontramos alguma coisa que não nos desagrada.

    Dans l'adversité de nos meilleurs amis, nous trouvons toujours quelque chose qui ne nous deplait pas.

    F. LA ROCHEFOUCAULD (escritor francês, 1613-1680), *Maximes*, 85.

76. Se na hora de uma necessidade os amigos são poucos? Ao contrário! Basta fazer amizade com alguém que logo ele também se encontra numa dificuldade e pede dinheiro emprestado.
    Freunde in der Not wären selten? Im Gegenteil! Kaum hat man mit einem Freundschaft gemacht, so ist er auch in der Not und will Geld geliehen haben.
    A. Schopenhauer (filósofo alemão, 1788-1860), *Aforismos sobre a sabedoria de vida*.

77. Tendo ou não dinheiro, é preciso pedi-lo aos amigos; do contrário, não se pode reconhecer se são verdadeiros amigos ou não.
    Arthayed eva mitrāṇi sati vāsati vā dhane / nānarthayan prajānāti mitrāṇāṃ sāraphalgutām //
    Mahābhārata (poema épico indiano, séc. II-III d.C.), V, 1302.

78. Enquanto fores feliz, contarás muitos amigos; / se os tempos estiverem nublados, estarás só.
    Donec eris felix, multos numerabis amicos; / tempora si fuerint nubila, solus eris.
    Ovídio (poeta latino, 43 a.C.-c. 18 d.C.), *Tristia*, I, 9.

79. O amigo certo se reconhece numa situação incerta.
    Amicus certus in re incerta cernitur.
    Ênio (poeta latino, c. 239-c. 169 a.C.), citado em Cícero, *Da amizade*, XVII.

80. No mundo, nesse bosque de assassinos, / queres saber quem são os verdadeiros amigos? / Queres saber quem são? São os tostões.
    Che ar monno, a 'sta Fajola d'assassini, / lo voi sapé' chi so' l'amichi veri? / Lo voi sapé' chi so'? So' li quatrini.
    C. Pascarella (poeta dialetal italiano, 1858-1940), *Sonetti*, 'Na predica de mamma. Fojola é um bosque no município de Velletri, considerado pelo povo de Roma como um ponto de encontro de bandidos.

81. Para o corpo doente é necessário o médico, / para a alma, o amigo: / a palavra afetuosa sabe curar a dor.
    Τῷ μὲν τὸ σῶμα διατεθειμένῳ κακῶς / χρεία 'στ' ἰατροῦ, τῷ δὲ τὴν ψυχὴν φίλου· / λύπην γὰρ εὔνους οἶδε θεραπεύειν λόγος.
    Menandro (comediógrafo grego, 342-291 a.C.), *Fragmentos*, 591.

82. Os sinos tocam de modo muito diferente do normal quando morre um amigo.

    Die Glocken klingen viel anders, wenn einem ein lieber Freund stirbt, als sonst.

    M. LUTERO (reformador religioso alemão, 1483-1546), *Apophthegmata.*

83. Para se fazer um amigo, leva-se quase uma vida inteira. É preciso ter sido pobres juntos e, às vezes, felizes.

    Per farsi un amico ci vuole quasi una vita. Bisogna essere stati poveri insieme e qualche volta felici.

    L. DE CRESCENZO (escritor italiano, nascido em 1928), *Così parlò Bellavista*, XIII, Il basso.

84. Um amigo é uma pessoa com a qual posso ser sincero. Diante dele posso pensar em voz alta.

    A friend is a person with whom I may be sincere. Before him I may think aloud.

    R. W. EMERSON (filósofo e poeta norte-americano, 1803-1882), *Essays*, Friendship.

85. A única recompensa da virtude é a própria virtude. O único modo de ter um amigo é ser um.

    The only reward of virtue is virtue; the only way to have a friend is to be one.

    R. W. EMERSON (filósofo e poeta norte-americano, 1803-1882), *Essays*, Friendship.

86. Ninguém pode saber por quem é amado, / quando feliz sobre a roda se senta; / pois tem os verdadeiros e falsos amigos a seu lado, / que mostram todos a mesma fidelidade. / Se depois muda em triste o feliz estado, / a turba aduladora vai adular outros felizes, / e aquele que de coração ama, permanece tenaz em seu afeto, / e ama o seu senhor após a morte.

    Alcun non può saper da chi sia amato, / quando felice in sulla ruota siede; / però che ha i veri e i finti amici a lato, / che mostran tutti una medesma fede. / Se poi si cangia in tristo il lieto stato, / volta la turba adulatrice il piede; / e quel che di cor ama, riman forte, / ed ama il suo signor dopo la morte.

    L. ARIOSTO (poeta italiano, 1474-1533), *Orlando furioso*, XIX, oitava 1.

87. Na prosperidade nossos amigos nos conhecem. Na adversidade nós conhecemos nossos amigos.

    In prosperity our friends know us; in adversity we know our friends.

    J. CH. COLLINS (educador e ensaísta inglês, 1848-1908), *Aphorisms*, in The English Review, 1914.

88. O falso amigo é como a sombra que nos segue enquanto dura o sol.

    Il falso amico è come l'ombra che ci segue finché dura il sole.

    C. DOSSI (escritor italiano, 1849-1910), *Note azzurre*, n. 691 b.

89. Se eu tivesse de escolher entre trair minha pátria e trair um amigo, espero que tivesse a coragem necessária para trair minha pátria.

    If I had to choose between betraying my country and betraying my friend, I hope I should have the guts to betray my country.

    E. M. FORSTER (escritor inglês, 1879-1970), *Two Cheers for Democracy*, What I Believe.

90. Quem te aconselha em vez de te ajudar não é bom amigo.

    Chi ti consiglia in cambio d'aiutarti, non è buon amico.

    G. C. CROCE (escritor italiano, 1550-1609), *Bertoldo e Bertoldino*. As sutilíssimas astúcias de Bertoldo: Ditos sentenciosos de Bertoldo antes da sua morte.

91. Não temos tanta necessidade da ajuda dos amigos quanto da certeza de sua ajuda.

    Οὐχ οὕτως χρείαν ἔχομεν τῆς χρείας τῆς παρὰ τῶν φίλων ὡς τῆς πίστεως τῆς περὶ τῆς χρείας.

    EPICURO (filósofo grego, 341-270 a.C.), *Exortações*, in Gnomologio Epicureo Vaticano, 34.

92. Um amigo fiel é uma proteção poderosa: quem o encontrou, encontrou um tesouro.

    Amicus fidelis, protectio fortis; qui autem invenit illum, invenit thesaurum.

    ECLESIÁSTICO (livro sapiencial do Antigo Testamento), VI, 14.

93. Não deve o homem, pelo maior amigo, esquecer os favores recebidos do menor.

    Non dee l'uomo, per maggiore amico, dimenticare li servigi ricevuti dal minore.

    D. ALIGHIERI (poeta italiano, 1265-1321), *Convivio*, II, 15.

94. Sem amigos ninguém escolheria viver, mesmo que tivesse todos os outros bens.

    ῎Ανευ γὰρ φίλων οὐδεὶς ἕλοιτ' ἂν ξῆν ἔχων τὰ λοιπὰ ἀγαθὰ πάντα.

    ARISTÓTELES (filósofo grego, 384-322 a.C.), *Ética a Nicômaco*, VIII, 1.

95. Como comportar-se com os amigos? "Como gostaríamos que se comportassem conosco."

    'Ως ἂν εὐξαίμεθα αὐτοὺς ἡμῖν προσφέρεσθαι.

    ARISTÓTELES (filósofo grego, 384-322 a.C.), citado em DIÓGENES LAÉRCIO, *Vidas dos filósofos*, Aristóteles, V, 21.

96. No mundo, dizia M..., tendes três tipos de amigos: os que vos querem bem; os que não se preocupam convosco, e aqueles que vos odeiam.

    Dans le monde, disait M..., vous avez trois sortes d'amis: vos amis qui vous aiment; vos amis qui ne se soucient pas de vous, et vos amis qui vous haïssent.

    N. DE CHAMFORT (escritor francês, c. 1740-1794), *Máximas e anedotas*.

97. Um amigo pela metade é um traidor pela metade.

    La moitié d'un ami, c'est la moitié d'un traître.

    V. HUGO (escritor francês, 1802-1885), *La légende des siècles*, XI.

98. Um amigo deveria suportar as fraquezas de seu amigo, / Mas Brutus torna as minhas maiores do que já são.

    A friend should bear his friend's infirmities, / But Brutus makes mine greater than they are.

    W. SHAKESPEARE (dramaturgo inglês, 1564-1616), *Júlio César*, IV, 3.

99. Não se deve confiar em quem foi inimigo, mesmo que agora

seja amigo; a inimizade perdura escondida, como o fogo aceso na lenha.

Kṛtavaire na viśvāsaḥ kāryas tv iha suhṛdy api / channaṃ saṃtiṣṭhate vairaṃ gūḍho 'gnir iva dāruṣu //

MAHĀBHĀRATA (poema épico indiano, séc. II-III d.C.), XII, 1862.

100. Não tem amigos o homem que nunca teve inimigos.

He makes no friends who never makes a foe.

A. TENNYSON (poeta inglês, 1809-1892), *Idylls of the King*, Lancelot and Elaine, 871.

O inimigo

101. O homem sábio aprende muitas coisas com seus inimigos.

'Ἀπ' ἐχθρῶν πολλὰ μανθάνουσιν οἱ σοφοί.

ARISTÓFANES (comediógrafo grego, c. 445 a.C.-c. 385 a.C.), *As aves*, 375.

102. Reconciliaram-nos; abraçamo-nos, e desde então somos inimigos mortais.

On nous réconcilia; nous nous embrassâmes, et depuis ce temps-là nous sommes ennemis mortels.

A.-R. LESAGE (escritor francês, 1668-1747), *Le diable boiteux*, III.

103. Fala bem do teu inimigo apenas quando tiveres certeza de que irão repeti-lo.

Di'bene del tuo nemico soltanto quando sei certo che glielo andranno a ripetere.

U. OJETTI (escritor italiano, 1871-1946), *Sessanta*, CXI.

104. Às opiniões dos... inimigos deve-se ter sempre a devida observância.

Ai giudizi dei... nemici vuolsi avere sempre la debita osservanza.

G. CARDUCCI (poeta italiano, 1835-1907), *Ceneri e faville*, serie I, Avvertenza.

105. Por mais humilhado que seja teu inimigo, sabe que ele sempre será temível.

Per quanto umiliato sia il tuo nemico, sappi che esso è sempre da temere.

SAADI (literato persa, 1184-1291), *O jardim das rosas*.

106. Quando os verdadeiros inimigos são muito fortes, é preciso escolher inimigos mais fracos.

    Quando i veri nemici sono troppo forti, bisogna pur scegliere dei nemici più deboli.

    U. ECO (escritor italiano, nascido em 1932), *O nome da rosa*, terceiro dia: Sexta.

O adversário

107. Se abraço o meu rival, é apenas para sufocá-lo.

    J'embrasse mon rival, mais c'est pour l'étouffer.

    J. RACINE (tragediógrafo francês, 1639-1699), *Britannicus*, IV, 3.

108. Se queres ofender um adversário, elogia-o em voz alta pelas qualidades que ele não possui.

    Se vuoi offendere un avversario, lodalo a gran voce per le qualità che gli mancano.

    U. OJETTI (escritor italiano, 1871-1946), *Sessanta*, XXXIII.

109. Quem luta contra nós reforça nossos nervos e aguça nossas habilidades. O nosso antagonista é quem mais nos ajuda.

    He that wrestles with us strengthens our nerves, and sharpens our skill. Our antagonist is our helper.

    E. BURKE (político inglês, 1729-1797), *Reflections on the Revolution in France*.

O AMOR

O amor

110. O amor é a capacidade de perceber o semelhante no dessemelhante.
Liebe ist die Fähigkeit, Ähnliches an Unähnliches wahrzunehmen.
TH. W. ADORNO (filósofo alemão, 1903-1969), *Minima moralia*, III.

111. O amor é o infinito ao alcance dos *poodles*.
L'amour c'est l'infini à la portée des caniches.
L.-F. CÉLINE (escritor francês, 1894-1961), *Voyage au bout de la nuit*.

112. Somente por meio do amor o homem pode ser liberado de si mesmo.
Nur durch die Liebe kann der Mensch von sich selbst befreit werden.
CH. F. HEBBEL (poeta e dramaturgo alemão, 1813-1863), *Diários*, 1840.

113. Amai vossos inimigos, fazei o bem a quem vos odeia e orai por quem vos persegue e calunia, para que sejais filhos do vosso pai que está nos céus, que faz nascer o sol sobre os bons e os maus e faz chover sobre os justos e os injustos.
Diligite inimicos vestros, benefacite his qui oderunt vos, et orate pro persequentibus et calumniantibus vos; ut sitis filii patris vestri qui in caelis est; qui solem suum oriri facit super bonos et malos; et pluit super iustos et iniustos.
SÃO MATEUS (evangelista), V, 44-5.

114. Até mesmo o Olimpo é deserto sem amor.
Auch der Olymp ist öde ohne Liebe.
H. VON KLEIST (escritor alemão, 1777-1811), *Anfitrião*, II, 5.

115. O amor é a finalidade última da história universal, o amém do universo.

    Die Liebe ist der Endzweck der Weltgeschichte, das Amen des Universums.

    Novalis (poeta alemão, 1772-1801), *Fragmentos*.

116. Talvez o amor seja apenas o reconhecimento do prazer.

    L'amour n'est peut-être que la reconnaissance du plaisir.

    H. de Balzac (escritor francês, 1799-1850), *O pai Goriot*.

117. Amor é desejo de conhecimento.

    Amore è desiderio di conoscenza.

    C. Pavese (escritor italiano, 1908-1950), *Il mestiere di vivere*, 30/8/1942.

118. Todo amor deriva do ato de ver: o amor inteligível do ato de ver inteligivelmente; o sensível do ato de ver sensivelmente.

    Ogni amore procede dal vedere: l'amore intelligibile dal vedere intelligibilmente; il sensibile dal vedere sensibilmente.

    G. Bruno (filósofo italiano, 1548-1600), *De gli heroici furori*, I, 4.

119. O verdadeiro amor é uma expressão da produtividade interna e compreende solicitude, respeito, responsabilidade e conhecimento.

    Wirkliche Liebe ist ein Ausdruck der inneren Produktivität und umfaßt Fürsorge, Respekt, Verantwortlichkeit und Wissen.

    E. Fromm (psicanalista alemão, 1900-1980), *A arte de amar*.

120. O amor é um grande mestre, ensina de uma só vez.

    L'amour est un grand maître, il instruit tout d'un coup.

    P. Corneille (dramaturgo francês, 1606-1684), *Le Menteur*, II, 3.

121. A ausência do ser amado deixa atrás de si um lento veneno que se chama esquecimento.

    L'absence de l'être aimé laisse derrière soi un lent poison qui s'appelle l'oubli.

    C. Aveline (escritor francês, nascido em 1901), *Et tout le reste n'est rien*.

122. Quando o amante está distante, mais quente se faz o desejo; / o hábito deixa o amado fastidioso.

Semper in absentes felicior aestus amantes: / elevat assiduos copia longa viros.
PROPÉRCIO (poeta latino, c. 50-16 a.C.), *Elegias*, II, 33, 43-4.

123. A distância é o fascínio do amor.
 La lontananza è il fascino dell'amore.
 C. ALVARO (escritor italiano, 1895-1956), *Quasi una vita*, 1930.

124. A distância faz ao amor aquilo que o vento faz ao fogo: apaga o pequeno, inflama o grande.
 R. BUSSY-RABUTIN (escritor francês, 1618-1693), *História amorosa das Gálias*.

125. Em toda separação existe uma imagem da morte.
 In every parting there is an image of death.
 G. ELIOT (escritora inglesa, 1819-1880), *Scenes of Clerical Life*, X.

126. Rever-se, muitas vezes, é a autêntica separação.
 Sehr oft ist das Wiedersehen erst die rechte Trennung.
 CH. F. HEBBEL (poeta e dramaturgo alemão, 1813-1863), *Diários*, 1835.

127. O amor encontra seu significado apenas no momento da separação.
 L'amore trova il suo significato solo nell'ora della separazione.
 G. P. BONA (escritor italiano, nascido em 1926), *Il silenzio delle cicale*, XXIV.

128. Esquecestes que o amor, como a medicina, *é apenas a arte de ajudar a natureza?*
 Ne vous souvient-il plus que l'amour est, comme la médecine, seulement l'art d'aider la nature?
 P.-A.-F. CH. DE LACLOS (escritor francês, 1741-1803), *Ligações perigosas*.

129. Não se brinca com o amor.
 On ne badine pas avec l'amour.
 A. DE MUSSET (escritor francês, 1810-1857), título de uma comédia.

130. O amor verdadeiro, como se sabe, é impiedoso.

L'amour vrai, comme on sait, est impitoyable.
H. DE BALZAC (escritor francês, 1799-1850), *Splendeurs et misères des courtisanes.*

131. Quando o amor quer falar, a razão deve calar.
Quand l'amour veut parler, la raison doit se taire.
J.-F. REGNARD (comediógrafo francês, 1655-1709), *Le joueur.*

132. Se amas a ti mesmo, ama os outros do mesmo modo. Enquanto amares uma única pessoa menos que a ti mesmo, não conseguirás amar a ti mesmo.
Hast du dich selbst lieb, so hast du alle Menschen lieb wie dich selbst. Solange du einen einzigen Menschen weniger lieb hast als dich selbst, so hast du dich selbst nie wahrhaft lieb gewonnen.
MEISTER ECKHART (místico alemão, c. 1260-1327), *Sermão: Qui audit me.*

133. Sem amor por si mesmo, o amor pelos outros também não é possível. O ódio por si mesmo é exatamente idêntico ao flagrante egoísmo e, ao final, conduz ao mesmo isolamento cruel e ao mesmo desespero.
Ohne Liebe zu sich selbst ist auch die Nächstenliebe unmöglich. Der Selbsthaß ist genau dasselbe und erzeugt am Ende dieselbe grausige Isoliertheit und Verzweiflung wie der grelle Egoismus.
H. HESSE (escritor alemão, 1877-1962), *O lobo da estepe.*

134. Não existem amores feios nem prisões belas.
Il n'y a point de laides amours, ni de belles prisons.
P. GRINGORE (poeta francês, c. 1475-1538), *Notables Enseignements, adages et proverbes.*

135. Alegria de amor dura apenas um instante, / Sofrimento de amor dura toda a vida.
Plaisir d'amour ne dure qu'un moment, / Chagrin d'amour dure toute la vie.
J. P. DE FLORIAN (escritor francês, 1755-1794), *Célestine.*

136. Toda atração é recíproca.

Jede Anziehung ist wechselseitig.

J. W. Goethe (escritor alemão, 1749-1832), *As afinidades eletivas*, 2, VII.

137. O amor e a amizade são como o eco: dão tanto quanto recebem.

Любовь и дружба — взаимное эхо: они дают столько, сколько берут.

A. I. Herzen (escritor russo, 1812-1870).

138. Diga-me, o amor está compreendido na amizade ou a amizade está compreendida no amor?

Sagen Sie mir, ist die Liebe unter Freundschaft oder die Freundschaft unter der Liebe begriffen?

G. E. Lessing (filósofo alemão, 1729-1781), *O libertino*, I, 2.

139. Todos os sentimentos podem conduzir ao amor e à paixão. Todos: o ódio, a compaixão, a indiferença, a veneração, a amizade, o medo e até mesmo o desprezo. Sim, todos os sentimentos... exceto um: a gratidão.
A gratidão é uma dívida: todo homem paga suas dívidas... mas o amor não é dinheiro.

Все чувства могут привести к любви, к страсти, все: ненависть, сожаление, равнодушие, благоговение, дружба, страх — даже презрение. Да, все чувства... исключая одного: благодарности. Благодарность — долг; всякий человек платит свои долги... но любовь — не деньги.

I. S. Turgenev (escritor russo, 1818-1883), *O caminho para o amor*.

140. A jovem cerva que deseja unir-se ao leão / deve morrer por amor.

The hind that would be mated by the lion / Must die for love.

W. Shakespeare (dramaturgo inglês, 1564-1616), *Bem está o que bem acaba*, I, 1, 103-4.

141. O amor não mata a morte, a morte não mata o amor. No fundo, entendem-se muito bem. Cada um deles explica o outro.

L'amour ne tue pas la mort, la mort ne tue pas l'amour. Au fond, ils s'entendent à merveille. Chacun d'eux explique l'autre.

J. Michelet (historiador francês, 1798-1874), *L'amour*.

142. Irmãos, a um mesmo tempo, Amor e Morte, / criarei a sorte. / Coisas assim tão belas / no resto do mundo não há, não há nem nas estrelas.

> *Fratelli, a un tempo stesso, Amore e Morte / ingenerò la sorte. / Cose quaggiù sì belle / altre il mondo non ha, non han le stelle.*
>
> G. LEOPARDI (poeta italiano, 1798-1837), *Canti*, Amore e Morte.

143. O amor cede diante dos negócios. Se queres sair / do amor, entra nos negócios: estarás seguro.

> *Qui finem quaeris amoris / cedit amor rebus; res age, tutus eris.*
>
> OVÍDIO (poeta latino, 43 a.C.-c. 18 d.C.), *Os remédios do amor*, 143-4.

144. Deus fez o coito, o homem fez o amor.

> *Dieu a fait le coït, l'homme a fait l'amour.*
>
> E. E J. DE GONCOURT (escritores franceses, 1822-1896 e 1830-1870), *Journal*, 19/7/1855.

145. O amor não é o lamento moribundo de um violino longínquo – é o rangido triunfante das molas da cama.

> *Love is not the dying moan of a distant violin – it's the triumphant twang of a bedspring.*
>
> S. J. PERELMAN (escritor norte-americano, 1904-1979), in *Quotations for Speakers and Writers* (A. Andrews).

146. À medida que os sentidos avançam e se desencadeiam numa direção, o amor verdadeiro exaure e se retira. Quanto mais os sentidos tornam-se pródigos e fáceis, mais o amor se contém, empobrece ou torna-se avaro.

> *A mesure que les sens avancent et se déchaînent en un endroit, l'amour vrai tarit et s'en retire. Plus les sens deviennent prodigues et faciles, plus l'amour se contient, s'appauvrit ou fait l'avare.*
>
> CH.-A. SAINTE-BEUVE (crítico literário francês, 1804-1869), *Les consolations*.

147. Todas as paixões nos fazem cometer erros, mas os mais ridículos nos faz cometer o amor.

> *Toutes les passions nous font faire des fautes, mais l'amour nous en fait faire de plus ridicules.*
>
> F. LA ROCHEFOUCAULD (escritor francês, 1613-1680), *Maximes*, 422.

148. Temer o amor é temer a vida, e quem teme a vida já está três quartos morto.
To fear love is to fear life, and those who fear life are already three parts dead.
B. RUSSELL (filósofo inglês, 1872-1970), *Matrimônio e moral*.

149. Viu-me, amou-me; vi-o, amei-o.
Il me vit, il m'aima; je le vis, je l'aimai.
P. DU RYER (escritor francês, 1605-1658), *Cléomédon*.

150. Quem pode dizer que amou sem ter amado à primeira vista?
Who ever loved that loved not at first sight?
CH. MARLOWE (dramaturgo inglês, 1564-1593), *Hero and Leander*, I, 176.

151. Quão facilmente o amor acredita em tudo o que deseja!
Mais qu'aisément l'amour croit tout ce qu'il souhaite!
J. RACINE (tragediógrafo francês, 1639-1699), *Bajazet*, I, 4.

152. Por amor tornou-se furioso e louco, / o homem que tão sábio era estimado antes.
Per amor venne in furore e matto, / d'uom che sì saggio era stimato prima.
L. ARIOSTO (poeta italiano, 1474-1533), *Orlando furioso*, I, oitava 2.

153. Dificilmente a divindade concede amor e sabedoria.
Amare et sapere vix Deo conceditur.
PÚBLIO SIRO (poeta latino, séc. I a.C.), *Sentenças*, 25.

154. Pois qualquer um no mundo é mais orgulhoso, / É pelo Amor vencido, a tudo subjugado; / Nem braço forte, nem coragem audaz, / Nem escudo ou malha, nem espada afiada, / Nem outra potência pode jamais dar defesa, / que por fim não seja pelo Amor vencida e presa.
Ché qualunque nel mondo è più orgoglioso, / È da Amor vinto, al tutto soggiogato; / Né forte braccio, né ardire animoso, / Né scudo o maglia, né brando affilato, / Né altra possanza può mai far difesa, / Che al fin non sia da Amor battuta e presa.

M. M. BOIARDO (poeta italiano, 1441-1494), *Orlando innamorato*, I, I, oitava 2.

155. O amor civiliza o homem mais embrutecido, / faz falar com elegância quem antes era mudo, / faz do covarde um atrevido, / transforma o preguiçoso em lesto e agudo.

   El amor faz sotil al home que es rudo, / fácele fablar fermoso al que antes es mudo, / al home que es covarde fácele atrevudo, / al perezoso face ser presto e agudo.
   J. RUIZ, Arcipreste de Hita (escritor espanhol, 1283-1350), *Libro de Buen Amor*.

156. Sem Afrodite de ouro, o que é a vida, a alegria?

   Τίς δὲ βίος, τί δὲ τερπνὸν ἄτερ χρυσῆς Ἀφροδίτης;
   MIMNERMO (poeta grego, séc. VII-VI a.C.), *Fragmentos*, 1 Diehl.

157. É difícil abandonar de repente um longo amor.

   Difficile est longum subito deponere amorem.
   CATULO (poeta latino, 87-54 a.C.), *Poesias*, LXXVI, 13.

158. Contigo não posso viver, nem sem ti.

   Nec tecum possum vivere nec sine te.
   MARCIAL (poeta latino, c. 40-102), *Epigramas*, XII, 47.

159. Aquela que nunca amou, nunca viveu.

   She who has never loved has never lived.
   J. GAY (escritor inglês, 1685-1732), *Captives*, II, 1.

160. É tolo quem quer se opor ao amor, / como se pudesse lutar com ele.

   Ἔρωτι μέν νυν ὅστις ἀντανίσταται / πύκτης ὅπως ἐς χεῖρας, οὐ καλῶς φρονεῖ.
   SÓFOCLES (trágico grego, 496-406 a.C.), *As Traquínias*, 441-2.

161. O amor vence tudo, cedamos nós também ao amor.

   Omnia vincit amor, et nos cedamus amori.
   VIRGÍLIO (poeta latino, 70-19 a.C.), *Bucólicas*, X, 69.

162. A medicina é o remédio para todas as dores humanas, / apenas o amor é um mal que não tem cura.

Omnis humanos sanat medicina dolores: / solus amor morbi non habet artificem.

PROPÉRCIO (poeta latino, c. 50-16 a.C.), *Elegias*, II, 1, 57-8.

163. Conheço os sinais da antiga chama.

    Adgnosco veteris vestigia flammae.

    VIRGÍLIO (poeta latino, 70-19 a.C.), *Eneida*, IV, 23.

164. ... conheço os sinais da antiga chama.

    ... conosco i segni dell'antica fiamma.

    D. ALIGHIERI (poeta italiano, 1265-1321), *Purgatório*, XXX, 48.

165. Pérfido amor, a que não obrigas o coração humano!

    Improbe amor, quid non mortalia pectora cogis!

    VIRGÍLIO (poeta latino, 70-19 a.C.), *Eneida*, IV, 412.

166. Amor e uma cabana? Vamos, Fanny! Oh, dá-me indiferença e um coche com seis cavalos!

    Love and a cottage! Eh, Fanny! Ah, give me indifference and a coach and six!

    G. COLMAN, SENIOR (dramaturgo inglês, 1732-1794), *The Clandestine Marriage*, I, 2.

167. O Amor sempre retorna ao coração nobre / como o pássaro aos ramos da selva; / a natureza não fez o amor antes do coração nobre, / nem o coração nobre antes do amor.

    Al cor gentil rempaira sempre Amore / come l'ausello in selva a la verdura; / né fe' amor anti che gentil core, / né gentil core anti ch'amor, natura.

    G. GUINIZELLI (poeta italiano, c. 1235-1276), *Al cor gentil rempaira sempre Amore*.

168. Amor e coração nobre são uma única coisa.

    Amore e 'l cor gentil sono una cosa.

    D. ALIGHIERI (poeta italiano, 1265-1321), *Vita Nuova*, XX, 3.

169. Amor, que ao coração nobre logo se aferra, / tomou aquele da bela pessoa / que me foi tomada; e o modo ainda me ofende. // Amor, que não perdoa a nenhum amado o ato de amar, /

tomou-me de tão forte prazer, / que, como vês, não me abandona.

Amor, che al cor gentil ratto s'apprende, / prese costui della bella persona / che mi fu tolta; e il modo ancor m'offende. // Amor, che a nullo amato amar perdona, / mi prese del costui piacer sì forte, / che, come vedi, ancor non m'abbandona.

D. ALIGHIERI (poeta italiano, 1265-1321), *Inferno*, V, 100-5.

170. Aquilo que o homem vê, o Amor torna invisível, / e o invisível faz ver o Amor.

Quel che l'uom vede, Amor gli fa invisibile, / e l'invisibil fa vedere Amore.

L. ARIOSTO (poeta italiano, 1474-1533), *Orlando furioso*, I, oitava 56.

171. Quem põe o pé no visco do amor, / deve tentar retirá-lo e não enviscar as asas: / pois isto não é amor, mas insânia, / ao juízo universal dos sábios; / e se todos não forem impacientes como Orlando, / seu furor mostra outro significado. / E qual outro sinal de demência pode ser mais expresso / do que o de se perder por desejar outra pessoa?

Chi mette il piè sull'amorosa pania, / cerchi ritrarlo, e non v'inveschi l'ale: / ché non è in somma amor, se non insania, / a giudizio de' savi universale; / e se ben come Orlando ognun non smania, / suo furor mostra a qualch'altro segnale. / E quale è di pazzia segno più espresso / che, per altri voler, perder se stesso?

L. ARIOSTO (poeta italiano, 1474-1533), *Orlando furioso*, XXIV, oitava 1.

172. A quem envelhece no amor, além de todas as penas, / convêm os cipos e as correntes.

A chi in amor s'invecchia, oltr'ogni pena, / si convengono i cippi e la catena.

L. ARIOSTO (poeta italiano, 1474-1533), *Orlando furioso*, XXIV, oitava 2.

173. Perdido é todo o tempo / que não se gasta com o amor: / oh, minha fugaz idade, / quantas noites viúvas, / quantos dias solitários / consumei em vão, / que podiam ser empregados em tal uso, / o qual quanto mais repetido, mais sublime é!

Perduto è tutto il tempo / che in amar non si spende: / o mia fuggita etate, / quante vedove notti, / quanti dì solitari / ho consumati indarno, / che impiegar si potevano in quest'uso, / il qual più replicato è più soave!

T. TASSO (poeta italiano, 1544-1595), *Aminta*, I, 1.

174. Amemos, pois a vida humana / não tem trégua com o passar dos anos, e se dispersa. / Amemos, pois o Sol morre e depois renasce; / de nós sua breve luz / se esconde, e ao sono conduz a noite eterna.

    Amiam, ché non ha tregua / con gli anni umana vita, e si dilegua. / Amiam, ché 'l Sol si muore e poi rinasce; / a noi sua breve luce / s'asconde, e 'l sonno eterna notte adduce.

    T. TASSO (poeta italiano, 1544-1595), *Aminta*, Coro do ato I.

175. O Amor abala meu coração / como o vento sobre o monte abate-se sobre os carvalhos.

    Ἔρος δ' ἐτίναξέ μοι / φρένας, ὡς ἄνεμος κατ' ὄρος δρύσιν ἐμπέτων.

    SAFO (poetisa grega, séc. VII-VI a.C.), *Fragmentos*, 50.

176. Amor e desejo são duas coisas distintas: nem tudo o que se ama se deseja, nem tudo o que se deseja se ama.

    Amor y deseo son dos cosas diferentes; que no todo lo que se ama se desea, ni todo lo que se desea se ama.

    M. DE CERVANTES (escritor espanhol, 1547-1616).

177. O amor não pode coexistir com o temor.

    Non potest amor cum timore misceri.

    SÊNECA (filósofo latino, 4 a.C.-65 d.C.), *Cartas a Lucílio*, 47, 18.

178. Os homens hesitam menos em ofender quem se faz amar do que em ofender quem se faz temer; porque o amor é mantido por um vínculo de obrigação que, por serem os homens pérfidos, é rompido por qualquer ocasião em benefício próprio; mas o temor é mantido por um medo de punição que não abandona jamais.

    Li uomini hanno meno respetto ad offendere uno che si facci amare che uno che si facci temere; perché l'amore è tenuto da un vinculo di obligo, il quale, per essere li uomini tristi, da ogni occasione di propria utilità è rotto; ma il timore è tenuto da una paura di pena che non abbandona mai.

N. MAQUIAVEL (político e escritor italiano, 1469-1527), *O príncipe*, XVII, 2.

179. A igualdade é o vínculo mais sólido do amor.
Gleichheit ist immer das festeste Band der Liebe.
G. E. LESSING (filósofo alemão, 1729-1781), *Minna von Barnhelm*, V, 5.

180. Apaixonar-se é a receita que usam os velhos contra o tempo; e há tanta virtude nesse seu método, que voltam a ser jovens tanto quanto o praticam.
Lo innamorarsi è la ricetta che usano i vecchi contra il tempo; e ha cotanta virtù il lor far ciò, cha tanto ritornano giovani quanto ciò fanno.
P. ARETINO (escritor italiano, 1492-1556), *Lettere*, livro III, n. 415, al Sansovino, novembro de 1545.

181. As jovens que não querem parecer coquetes e os homens de idade avançada que não querem ser ridículos nunca devem falar do amor como algo de que possam fazer parte.
Les jeunes femmes qui ne veulent point paraître coquettes, et les hommes d'un âge avancé qui ne veulent pas être ridicules, ne doivent jamais parler de l'amour comme d'une chose où ils puissent avoir part.
F. LA ROCHEFOUCAULD (escritor francês, 1613-1680), *Maximes*, 418.

182. No amor, mais vale a caça do que a presa.
Mieux vaut la chasse en l'amour que la prise.
E. PASQUIER (escritor francês, 1529-1615), *Jeux poétiques*.

183. A ira dos apaixonados renova o amor.
Amantium irae amoris integratio est.
TERÊNCIO (comediógrafo latino, 185-159 a.C.), *Andria*, 555.

184. Mas o amor é cego e os amantes não podem ver / as belas loucuras que cometem.

> *But love is blind, and lovers cannot see / The pretty follies that themselves commit.*
>
> W. SHAKESPEARE (dramaturgo inglês, 1564-1616), *O mercador de Veneza*, II, 6.

185. O amor de uma mulher é incompatível com o amor da humanidade.

    L'amour d'une femme est incompatible avec l'amour de l'humanité.

    LAUTRÉAMONT (escritor francês, 1846-1870), *Poésies*.

186. Um homem sempre tem medo de uma mulher que o ame muito.

    Ein Mann hat immer Angst vor einer Frau, die ihn zu sehr liebt.

    B. BRECHT (escritor alemão, 1898-1956), *A ópera dos três vinténs*, III, 2.

187. Oh, ela é o antídoto do desejo.

    O, she is the antidote to desire.

    W. CONGREVE (comediógrafo inglês, 1670-1729), *The Way of the World*, IV, 14.

188. Amar as mulheres inteligentes é um prazer de pederasta.

    Aimer les femmes intelligentes est un plaisir de pédéraste.

    CH. BAUDELAIRE (poeta francês, 1821-1867), *Fusées*.

189. De um homem que não ama mais, uma mulher esquece até mesmo os favores que ele lhe fez.

    Une femme oublie d'un homme qu'elle n'aime plus jusques aux faveurs qu'il a reçues d'elle.

    J. DE LA BRUYÈRE (escritor francês, 1645-1696), *Les Caractères*, Des femmes.

190. À mulher que se ama, podem-se perdoar até os cornos; àquela que já não se ama, não se perdoa nem mesmo uma sopa salgada.

    Alla donna che si ama si possono perdonare anche le corna; a quella che non si ama più, non si perdona nemmeno una minestra salata.

    V. BUTTAFAVA (escritor italiano, 1918-1983), *La vita è bella nonostante*, I pensieri del grillo parlante.

191. Aquilo que provamos quando estamos apaixonados talvez seja nosso estado normal. O amor mostra ao homem como ele deveria ser sempre.

   То, что мы испытываем, когда бываем влюблены, быть может есть нормальное состояние. Влюбленность указывает человеку, каким он должен быть.

   A. P. TCHEKHOV (escritor russo, 1860-1904), *Apontamentos*.

192. Oh, amor, conheço a tua causa! Na verdade nasces da imaginação, mas não te imaginarei e, portanto, não existirás.

   kāma jānāmi te mūlaṃ saṃkalpāt kila jāyase / na tvāṃ saṃkalpayiṣyāmi tato me na bhaviṣyasi //

   MAHĀBHĀRATA (poema épico indiano, séc. II-III d.C.), XII, 6610.

193. A maior alegria que o amor pode dar é o primeiro aperto de mão da mulher amada.

   Le plus grand bonheur que puisse donner l'amour c'est le premier serrement de main d'une femme qu'on aime.

   STENDHAL (escritor francês, 1783-1842), *Do amor*.

194. O amor? Começa com grandes palavras, continua com palavrinhas, termina com palavrões.

   L'amour? des grands mots avant, des petits mots pendant, et des gros mots après.

   E. PAILLERON (poeta francês, 1834-1899), *Petite pluie*.

195. No amor, a autoridade é por direito daquele que ama menos.

   En amour, l'autorité revient de droit à celui qui aime le moins.

   E. D'HOUDETOT (escritora francesa, 1730-1813), *Dix épines pour une fleur*.

196. Os melhores momentos do amor são aqueles de uma serena e doce melancolia, em que choras sem saber por quê, e quase aceitas tranqüilamente uma desventura que não conheces.

   I migliori momenti dell'amore sono quelli di una quieta e dolce malinconia, dove tu piangi e non sai di che, e quasi ti rassegni riposatamente a una sventura e non sai quale.

   G. LEOPARDI (poeta italiano, 1798-1837), *Zibaldone*, I, 248.

197. (A) linguagem mais eloqüente do que o amor (é o) silêncio.
(Il) linguaggio più eloquente dell'amore (è il) silenzio.
I. U. TARCHETTI (escritor italiano, 1839-1869), *Una nobile follia*.

198. O amor é como o sarampo: quanto mais tarde chega na vida, mais perigoso é.
Love's like the measles – all the worse when it commes late in life.
D. W. JERROLD (dramaturgo inglês, 1803-1857), *Wit and Opinion of Douglas Jerrold*.

199. Ah, o amor faria um cão uivar em rima.
Oh, love would make a dog howl in rhyme.
F. BEAUMONT E J. FLETCHER (dramaturgos ingleses, 1584-1616 e 1579-1625), *The Queen of Corinth*, IV, 1.

200. O amor. Claro, o amor. Fogo e chamas por um ano, cinzas por trinta. Ele bem sabia o que era o amor.
L'amore. Certo, l'amore. Fuoco e fiamme per un anno, cenere per trenta. Lo sapeva lui che cos'era l'amore.
G. TOMASI DI LAMPEDUSA (escritor italiano, 1896-1957), *Il Gattopardo*.

201. As aventuras amorosas começam no champanhe e terminam na camomila.
Les liaisons commencent dans le champagne et finissent dans la camomille.
V. LARBAUD (escritor francês, 1881-1957), *Les poésies de A. O. Barnabooth*.

202. Não vejo por que seja legítimo amar ao mesmo tempo Cimarosa, Bach e Stravinski, e seja infiel amar contemporaneamente Carolina, Cláudia e Maria.
Non vedo perché sia legittimo amare insieme Cimarosa, Bach e Strawinski, e sia da fedifraghi amare a un tempo Carolina, Claudia e Maria.
G. BUFALINO (escritor italiano, nascido em 1920), *Il Malpensante*, setembro.

203. O amor que se acende e se apaga descontinuamente logo se queima.
L'amore che si accende e si spegne a intermittenza presto si fulmina.
D. BASILI (escritor italiano, nascido em 1953), *Tagliar corto*, Massime e minime.

204. Não há disfarce que possa esconder por muito tempo o amor quando existe, nem simulá-lo quando não existe.

Il n'y a point de déguisement qui puisse longtemps cacher l'amour où il est, ni le feindre où il n'est pas.

F. La Rochefoucauld (escritor francês, 1613-1680), *Maximes*, 70.

205. Os amores são como os bebês recém-nascidos: enquanto não choram, não se sabe se vivem.

Los amores son como los niños recién nacidos; hasta que lloran no se sabe si viven.

J. Benavente y Martínez (dramaturgo espanhol, 1866-1954), *La comida de las fieras*.

206. Entre os seres humanos, mesmo se intimamente unidos, permanece sempre aberto um abismo que apenas o amor pode superar, e mesmo assim somente com uma passarela de emergência.

Es bleibt zwischen Menschen, sie seien noch so eng verbunden, immer ein Abgrund offen, den nur die Liebe, und auch die nur mit einem Notsteg, überbrücken kann.

H. Hesse (escritor alemão, 1877-1962), *Knulp*.

207. Todo amante é um soldado: até Cupido tem seus acampamentos.

Militat omnis amans, et habet sua castra Cupido.

Ovídio (poeta latino, 43 a.C.-c. 18 d.C.), *Amores*, I, 9, 1.

208. Amor é deus de paz; nós amantes veneramos a paz; / para mim, particularmente, bastam as guerras com a minha mulher.

Pacis Amor deus est, pacem veneramur amantes: / stant mihi cum domina proelia dura mea.

Propércio (poeta latino, c. 50-16 a.C.), *Elegias*, III, 5, 1-2.

209. A batalhas de amor, campo de plumas.

A batallas de amor, campo de pluma.

L. de Góngora y Argote (poeta espanhol, 1561-1627), *Sonetos*.

210. ... mas o que a mulher diz ao amante cúpido, / escreve no vento e sobre a água que corre.

> ... *sed mulier cupido quod dicit amanti, / in vento et rapida scribere oportet aqua.*
>
> CATULO (poeta latino, 87-54 a.C.), *Poesias*, LXX, 3-4.

211. Os amantes, como as abelhas, vivem no mel.

    Amantes ut apes vitam mellitam exigunt.

    Hexâmetro pintado no peristilo da Casa dos Amantes de Pompéia.

212. Movem-se os amantes em direção aos simulacros das coisas amadas, para falar com as criaturas imitadas.

    Si muovono gli amanti verso i simulacri delle cose amate, a parlare con le imitate fatture.

    LEONARDO DA VINCI (artista e cientista italiano, 1452-1519), *Scritti letterari*.

213. É difícil amar aqueles que não estimamos, mas é mais difícil ainda amar aqueles que estimamos mais do que nós mesmos.

    Il est difficile d'aimer ceux que nous n'estimons point, mais il ne l'est pas moins d'aimer ceux que nous estimons beaucoup que nous.

    F. LA ROCHEFOUCAULD (escritor francês, 1613-1680), *Maximes*, 296.

214. Amamos sempre aqueles que nos admiram, e nem sempre amamos aqueles que admiramos.

    Nous aimons toujours ceux qui nous admirent, et nous n'aimons pas toujours ceux que nous admirons.

    F. LA ROCHEFOUCAULD (escritor francês, 1613-1680), *Maximes*, 294.

215. Amar quem te odeia é coisa impossível.

    Amar chi t'odia, ell'è impossibil cosa.

    V. ALFIERI (escritor italiano, 1749-1803), *Polinice*, II, 4, 211.

216. Quando não se ama demais, não se ama o suficiente.

    Quand on n'aime pas trop, on n'aime pas assez.

    R. BUSSY-RABUTIN (escritor francês, 1618-1693), *Maximes d'Amour pour les femmes*.

217. Quando o amor excede, não traz aos homens nem honra nem virtude.

"Ερωτες ὑπὲρ μὲν ἄγαν / ἐλθόντες οὐκ εὐδοξίαν / οὐδ' ἀρετὰν παρέδωκαν / ἀνδράσιν.

EURÍPIDES (trágico grego, 485-406 a.C.), *Medéia*, 627-30.

218. O amor não conhece regras.

    Amor ordinem nescit.

    SÃO JERÔNIMO (doutor da Igreja, 347-420), *Cartas*, VII, 6.

219. Aquilo que se faz por amor está sempre além do bem e do mal.

    Was aus Liebe getan wird, geschieht immer jenseits vom Gut und Böse.

    F. W. NIETZSCHE (filósofo alemão, 1844-1900), *Para além do bem e do mal*, IV, Máximas e interlúdios.

220. A palavra exagero não existe no vocabulário do amor.

    La parola esagerazione non esiste nel vocabolario dell'amore.

    L. DE CRESCENZO (escritor italiano, nascido em 1928), *Così parlò Bellavista*, VII, La teoria dell'amore e della libertà.

221. Penso que nada é difícil para quem ama.

    Nihil difficile amanti puto.

    CÍCERO (escritor e político romano, 106-43 a.C.), *Orator*, X.

222. Alma a quem um deus foi cárcere, / veias que deram àquele fogo alimento, / medulas que gloriosamente arderam, // o corpo deixarão, não o sofrimento; / serão cinzas, mas com sentimento / serão pó, mas pó que ama.

    Alma a quien todo un dios prisión ha sido, / venas que humor a tanto fuego han dado, / medulas que han gloriosamente ardito, // su cuerpo dejaran, no su cuidado; / serán ceniza, mas tendrán sentido; / polvo serán, mas polvo enamorado.

    F. G. QUEVEDO Y VILEGAS (escritor espanhol, 1580-1645), *Sonetos*, Amor constante más allá de la muerte, 9-14.

223. Amei e fui amado; basta para meu túmulo.

    J'aimai, je fus aimé; c'est assez pour ma tombe.

    A. DE LAMARTINE (poeta francês, 1790-1869), *Le dernier chant du pèlerinage d'Harold*.

224. Se tu me amasses, e eu te amasse, como te amaria!
Si tu m'aimais, et si je t'aimais, comme je t'aimerais!
P. GÉRALDY (escritor francês, 1885-1983), *Toi et moi.*

225. A maior parte das pessoas vê no problema do amor, em primeiro lugar, o problema de ser amado, e bem menos o problema da própria capacidade de amar.
Die meisten Menschen sehen in dem Problem des Liebens in erster Linie das Problem, selbst geliebt zu werden, und nicht so sehr das Problem des Liebens, der eigenen Fähigkeit zu lieben.
E. FROMM (psicanalista alemão, 1900-1980), *A arte de amar.*

226. Serás amado apenas quando puderes mostrar tua fraqueza, sem provocar nenhuma força.
Geliebt wirst du einzig, wo du schwach dich zeigen darfst, ohne Stärke zu provozieren.
TH. W. ADORNO (filósofo alemão, 1903-1969), *Minima moralia*, III, Monogramas.

227. É tão agradável ser amado que nos contentamos até com a aparência.
Il est si doux d'être aimé, qu'on se contente même de l'apparence.
E. D'HOUDETOT (escritora francesa, 1730-1813), *Dix épines pour une fleur.*

228. Se quiseres ser amado, ama.
Si vis amari, ama.
SÊNECA (filósofo latino, 4 a.C.-65 d.C.), *Cartas a Lucílio*, 9, 6.

229. Sê amável para ser amado.
Ut ameris, amabilis esto.
OVÍDIO (poeta latino, 43 a.C.-c. 18 d.C.), *Arte de amar*, II, 107.

230. Não ser amada é uma desventura; mas deixar de sê-lo é uma afronta.
C'est un malheur de n'être point aimée; mais c'est un affront de ne l'être plus.
CH. MONTESQUIEU (escritor francês, 1689-1755), *Cartas persas.*

O beijo

231. Um beijo, afinal, o que é? / Um juramento feito mais de perto, uma promessa / Mais precisa, uma confissão que quer ser confirmada, / Um ponto rosa que colocamos na exclamação "te amo!".

Un baiser, mais à tout prendre, qu'est-ce? / Un serment fait d'un peu plus près, une promesse / Plus précise, un aveu qui veut se confirmer, / Un point rose qu'on met sur l'i du verbe aimer.

E. ROSTAND (dramaturgo francês, 1868-1918), *Cyrano de Bergerac*.

232. O que é um beijo? Não é o desejo ardente de aspirar uma parte do ser amado?

Che cosa è un bacio? non è il desiderio ardente di aspirare una parte dell'essere amato?

G. CASANOVA (aventureiro italiano, 1725-1798), *Memorie scritte da lui medesimo*, XV.

233. Dá-me mil beijos, e mais cem / e novamente mil e mais cem, / e depois mais mil, e mais cem.

Da mi basia mille, deinde centum, / dein mille altera, dein secunda centum, deinde usque altera mille, deinde centum.

CATULO (poeta latino, 87-54 a.C.), *Poesias*, V, 7-9.

234. O abraço de uma mulher pode não deixar traços na alma, mas sempre os deixa na gola da camisa.

El abrazo de una mujer puede no dejar huella ninguna en el alma, pero siempre deja alguna huella en la solapa.

E. JARDIEL PONCELA (escritor espanhol, 1901-1952).

O amor e o ódio

235. Onde amor e ódio não concorrem ao jogo, o jogo da mulher torna-se medíocre.

Wo nicht Liebe oder Haß mitspielt, spielt das Weib mittelmäßig.

F. W. NIETZSCHE (filósofo alemão, 1844-1900), *Para além do bem e do mal*, IV, Sentenças e intermezzi.

236. Odeio e amo. Talvez me perguntes por quê. / Não sei. Sei apenas que é assim e que sofro.

   Odi et amo. Quare id faciam, fortasse requiris. / Nescio, sed fieri sentio et excrucior.

   CATULO (poeta latino, 87-54 a.C.), *Poesias*, LXXXV.

237. Odiarei, se puder, caso contrário amarei, contra a minha vontade.

   Odero, si potero, si non, invitus amabo.

   OVÍDIO (poeta latino, 43 a.C.-c. 18 d.C.), *Amores*, III, 11, 35.

238. Dá-me sempre mais amor ou mais desprezo, / a zona tórrida ou a glacial.

   Give me more love or more disdain; / The torrid or the frozen zone.

   TH. CAREW (poeta inglês, 1594-1640), *Mediocrity in Love Rejected*.

239. Nada no mundo é mais doce que o amor, / e depois dele é o ódio a coisa mais doce.

   There's nothing in this world so sweet as love, / And next to love the sweetest thing is hate.

   H. W. LONGFELLOW (poeta norte-americano, 1807-1882), *The Spanish Student*, II, 5.

240. O ódio não cessa com o ódio em tempo algum, o ódio cessa com o amor: esta é a lei eterna.

   Na hi verena verāni sammantīdha kudācanam / averena ca sammanti esa dhammo sanantano //

   DHAMMAPADA (sentenças budistas), I, 5.

241. A julgar o amor pela maior parte dos seus efeitos, ele se assemelha mais ao ódio do que à amizade.

   Si on juge de l'amour par la plupart de ses effets, il ressemble plus à la haine qu'à l'amitié.

   F. LA ROCHEFOUCAULD (escritor francês, 1613-1680), *Maximes*, 72.

242. O ódio é o prazer mais duradouro; / os homens amam com pressa, mas odeiam com calma.

Now hatred is by far the longest pleasure; / Men love in haste, but they detest at leisure.
G. G. BYRON (poeta inglês, 1788-1824), *Don Juan*, XIII, 6.

O ódio

243. Odeiam-se os outros porque se odeia a si mesmo.
Si odiano gli altri, perché si odia se stessi.
C. PAVESE (escritor italiano, 1908-1950), *Il mestiere di vivere*, 3/12/1948.

244. É uma das vantagens deste mundo poder odiar e ser odiado sem se conhecer.
È uno dei vantaggi di questo mondo quello di poter odiare ed essere odiati senza conoscersi.
A. MANZONI (escritor italiano, 1785-1873), *I promessi sposi*, IV.

245. Sou uma alcachofrinha imersa em ódio.
Sono un carciofino sott'odio.
L. LONGANESI (escritor italiano, 1905-1957), *Parliamo dell'elefante*, 11/12/1938.

246. Odeia-se quem se teme.
Quem metuunt, oderunt.
ÊNIO (poeta latino, 239-c. 169 a.C.), citado in CÍCERO, *De Officiis*, II, 7.

247. Odeiem-me, contanto que me temam.
Oderint dum metuant.
ÁCIO (tragediógrafo latino, 170-85 a.C.), citado in SÊNECA, *De Ira*, I, 20, 4.

248. É próprio da natureza humana odiar quem ofendeste.
Proprium humani ingenii est odisse quem laeseris.
TÁCITO (historiador latino, c. 54-120), *Vida de Agrícola*, 42.

249. É impossível odiar alguém que conhecemos.
We can scarcely hate anyone that we know.
W. HAZLITT (escritor inglês, 1778-1830), *Table Talk*, On Criticism.

250. Antipatias violentas são sempre suspeitas e traem uma afinidade secreta.

    Violent antipathies are always suspicious, and betray a secret affinity.

    W. HAZLITT (escritor inglês, 1778-1830), *Sketches and Essays*, On Vulgarity and Affectation.

251. O que precisamos é de ódio. Dele nascerão nossas idéias.

    Ce qu'il nous faut, c'est la haine. D'elle naîtront nos idées.

    J. GENET (escritor francês, nascido em 1910), *Les nègres*.

252. O ódio sem desejo de vingança é um grão caído sobre o granito.

    La haine sans désir de vengeance est un grain tombé sur du granit.

    H. DE BALZAC (escritor francês, 1799-1850), *César Birotteau*.

253. O pior pecado contra nossos semelhantes não é o ódio, mas a indiferença; esta é a essência da desumanidade.

    The worst sin towards our fellow creatures is not to hate them, but to be indifferent to them: that's the essence of inhumanity.

    G. B. SHAW (comediógrafo irlandês, 1856-1950), *The Devil's Disciple*, II.

254. O sentimento que o homem suporta com mais dificuldade é a piedade, principalmente quando a merece. O ódio é um tônico, faz viver, inspira vingança; mas a piedade mata, enfraquece ainda mais nossa fraqueza.

    Le sentiment que l'homme supporte le plus difficilement est la pitié, surtout quand il la mérite. La haine est un tonique, elle fait vivre, elle inspire la vengeance; mais la pitié tue, elle affaiblit encore notre faiblesse.

    H. DE BALZAC (escritor francês, 1799-1850), *A pele de chagrém*.

A ALMA

A alma

255. Sai da mão de Deus que a contempla / antes de criá-la, como uma criança / que chora e ri sem verdadeiro motivo, // a alma ingênua que tudo ignora, / exceto quando, movida pelo desejo de retornar a Ele, / segue de bom grado o que a diverte.

Esce di mano a lui che la vagheggia / prima che sia, a guisa di fanciulla / che piangendo e ridendo pargoleggia, // l'anima semplicetta che sa nulla, / salvo che, mossa da lieto fattore, / volentier torna a ciò che la trastulla.

D. ALIGHIERI (poeta italiano, 1265-1321), *Purgatório*, XVI, 85-90.

256. Ó alma pequena, errante e alegre, / hóspede e companheira do corpo, / para onde irás agora? / Palidazinha, gélida, nua, / não poderás mais brincar como costumavas?

Animula, vagula, blandula, / hospes, comesque corporis, / quae nunc abibis in loca? / pallidula, rigida, nudula, / nec, ut soles, dabis iocos.

ADRIANO (imperador romano, 76-138), citado em E. SPARZIANO, *Vida de Adriano*, in *Scriptores historiae Augustae. Versos compostos antes de morrer.*

257. A alma move toda a massa do mundo.

Mens agitat molem.

VIRGÍLIO (poeta latino, 70-19 a.C.), *Eneida*, VI, 727.

258. A alma pode ser chamada de o centro da natureza, a intermediária de todas as coisas, a corrente do mundo, a essência de tudo, o nó e a união do mundo.

L'anima si può chiamare il centro della natura, l'intermediaria di tutte le cose, la catema del mondo, il volto del tutto, il nodo e la copula del mondo.

M. FICINO (filósofo italiano, 1433-1499), *Theologia platonica*, III, 2, trad. N. Abbagnano.

259. A alma humana é como um abismo que atrai Deus, e aonde Deus se lança.

L'âme humaine est comme un gouffre qui attire Dieu, et Dieu s'y jette.

J. GREEN (escritor francês, nascido em 1900), *Journal*, 26/3/1961.

260. Minha alma viveu / como dez mil!

La mia anima visse / come diecimila!

G. D'ANNUNZIO (escritor italiano, 1863-1938), *Laudi*, Maia, I, Laus vitae, 80-1.

261. Tenho certeza de possuir uma alma, e todos os livros com os quais os materialistas enfadaram o mundo não me convencem do contrário.

I am positive I have a soul; nor can all the books with which materialists have pestered the world ever convince me of the contrary.

L. STERNE (escritor inglês, 1713-1768), *Viagem sentimental*.

262. Não existe nenhuma relação entre os aspargos e a imortalidade da alma. ...Os aspargos são comidos, enquanto a imortalidade da alma não.

Non c'è alcun rapporto fra gli asparagi e l'immortalità dell'anima. ...Gli asparagi si mangiano, mentre l'immortalità dell'anima no.

A. CAMPANILE (escritor italiano, 1900-1977), *Gli asparagi e l'immortalità dell'anima*.

263. Toda a nossa força é colocada na alma e no corpo: a primeira é destinada a comandar, o outro, a obedecer; uma nos aproxima dos deuses, o outro, dos brutos.

Nostra omnis vis in animo et corpore sita est: animi imperio, corporis servitio magis utimur; alterum nobis cum dis, alterum cum beluis commune est.

SALÚSTIO (historiador latino, 86-35 a.C.), *A conjuração de Catilina*, I, 2.

O corpo

264. O corpo é um dos nomes da alma, e não o mais indecente.
Le corps est un des noms de l'âme, et non pas le plus indécent.
M. ARLAND (escritor francês, 1899-1986), *Où le coeur se partage.*

265. Se existe alguma coisa sagrada, esta é o corpo humano.
If anything is sacred the human body is sacred.
W. WHITMAN (poeta norte-americano, 1819-1892), *I Sing the Body Electric*, 125.

266. O corpo, se é bem tratado, pode durar a vida inteira.
El cuerpo, si se le trata bien, puede durar toda la vida.
N. CLARASÓ (escritor espanhol, nascido em 1905).

267. Que teu corpo não seja a primeira cova do teu esqueleto.
Que ton corps ne soit pas la première fosse de ton squelette.
J. GIRAUDOUX (escritor francês, 1882-1944), *Le Sport.*

268. Sou muito grande, e muito superior é o destino para o qual nasci, para que eu possa permanecer escravo do meu corpo.
Maior sum et ad maiora genitus, quam ut mancipium sim mei corporis.
SÊNECA (filósofo latino, 4 a.C.-65 d.C.), *Cartas a Lucílio*, 65, 21.

269. O corpo – a vagina da alma.
Il corpo – la vagina dell'anima.
C. DOSSI (escritor italiano, 1849-1910), *Note azzurre*, n. 1929.

270. O homem não tem um corpo separado da alma. Aquilo que chamamos de corpo é a parte da alma que se distingue pelos seus cinco sentidos.
Man has no Body distinct from his Soul; for that called Body is a portion of Soul discerned by the five Senses.
W. BLAKE (poeta inglês, 1757-1827), *The Marriage of Heaven and Hell.*

271. Circundado pelos livros, numa sala de estudos estreita e empoeirada, é muito fácil esquecer o corpo; e o senhor sabe que o corpo deve ser tão bem tratado quanto a alma, se ambos devem atingir a mesma perfeição da qual são capazes.

Bei den Büchern, in einer engen staubigen Studierstube, vergiβt man des Körpers sehr leicht; und Sie wissen, der Körper muβ ebenso wohl bearbeitet werden, als die Seele, wenn beide diejenigen Vollkommenheit erhalten sollen, deren sie fähig sind.

G. E. LESSING (filósofo alemão, 1729-1781), *O libertino*, II, 2.

O espírito

272. A única esclerose autêntica é a esclerose do espírito.
La sola autentica sclerosi è la sclerosi dello spirito.
PITIGRILLI (escritor italiano, 1893-1975), *Il dito nel ventilatore*, Sclerosi.

273. Não há uma migalha de espírito naquele corpo de estátua.
Nulla in tam magno est corpore mica salis.
CATULO (poeta latino, 87-54 a.C.), *Poesias*, LXXXVI, 4.

274. Até mesmo de um corpúsculo disforme pode sair um espírito realmente forte e virtuoso.
Potest et ex deformi humilique corpusculo formosus animanimus ac magnus (exire).
SÊNECA (filósofo latino, 4 a.C.-65 d.C.), *Cartas a Lucílio*, 66, 3.

275. É o espírito que constrói o corpo à sua imagem.
Es ist der Geist, der sich den Körper baut.
F. VON SCHILLER (escritor alemão, 1759-1805), *A morte de Wallenstein*, III, 13.

276. Nada parece mais supérfluo do que o espírito num organismo humano.
Nulla pare che sia più superfluo dello spirito in un organismo umano.
L. PIRANDELLO (escritor italiano, 1867-1936), *Seis personagens à procura do autor*, Prefácio.

277. O espírito está pronto, mas a carne é fraca.

Spiritus quidem promptus est, caro autem infirma.
São Mateus (evangelista), XXVI, 41.

278. A letra mata, e o Espírito vivifica.

Littera enim occidit, Spiritus autem vivificat.
São Paulo (apóstolo), *Segunda epístola aos Coríntios*, III, 6.

279. O espírito é aquilo que foi pensado com freqüência, mas que ainda não foi expresso tão bem.

Wit is that wich has been often thought, but was never before so well expressed.
S. Johnson (literato inglês, 1709-1784), *Lives of the English Poets*, Cowley.

280. Num círculo restrito o espírito se estreita; / o homem cresce com o crescimento dos seus maiores objetivos.

Im engen Kreis verengert sich der Sinn, / Es wächst der Mensch mit seinen größern Zwecken.
F. von Schiller (escritor alemão, 1759-1805), *O acampamento de Wallenstein*.

281 A vida espiritual dos homens, seus impulsos profundos, seu estímulo à ação são as coisas mais difíceis de prever, mas é justamente delas que depende a morte ou a salvação da humanidade.

Внутреннюю духовную жизнь людей, внутренние импульсы их активности труднее всего прогнозировать, но именно от этого зависит в конечном итоге и гибель и спасение цивилизации.

A. D. Sakarov (físico soviético, 1921-1989), *O mundo através de meio século*.

OS ANIMAIS

Os animais

282. Os animais não são tão animalecos como se pensa.
Les bêtes ne sont pas si bêtes que l'on pense.
MOLIÈRE (comediógrafo francês, 1622-1673), *Anfitrião*.

283. Os animais são amigos tão agradáveis: não fazem perguntas, não criticam.
Animals are such agreeable friends – they ask no questions, they pass no criticisms.
G. ELIOT (escritora inglesa, 1819-1880), *Scenes of Clerical Life*, VII.

284. O asno deve apanhar porque ele mesmo não pode bater; e, se pudesse, pisaria em cima de nós e nos arrancaria a carne a dentadas.
L'asino va picchiato, perché non può picchiar lui; e s'ei potesse picchiare, ci pesterebbe sotto i piedi e ci strapperebbe la carne a morsi.
G. VERGA (escritor italiano, 1840-1922), *Vita dei campi*, Rosso Malpelo.

285. O cavalo, como todo o mundo sabe, é a parte mais importante do cavaleiro.
Le cheval, comme chacun sait, est la part la plus importante du chevalier.
J. GIRAUDOUX (escritor francês, 1882-1944), *Ondine*.

286. Um cavalo! Um cavalo! Meu reino por um cavalo!
A horse! A horse! My kingdom for a horse!
W. SHAKESPEARE (dramaturgo inglês, 1564-1616), *Ricardo III*, V, 4, 7.

287. O porco tornou-se sujo apenas depois de entrar em contato com o homem. Em estado selvagem, é um animal muito limpo.

Le cochon n'est devenu sale que par suite de ses fréquentations avec l'homme. A l'état sauvage, c'est un animal très propre.

P. LOTI (escritor francês, 1850-1923), *Quelques aspects du vertige mondial.*

288. E então lembrou-se do dia, / ah, terrível dia! quando sua bela / e virgem cadelinha, criada pelas Graças, / jovialmente acariciando, o pé / vil do servo com ebúrneo dente / marcou com leve sinal: e ele, audaz, / com sacrílego pé lançou-a: e ela / três vezes rolou: três vezes sacudiu / os pêlos desgrenhados, e das narinas / macias soprou o pó corrosivo. / Depois, aumentando os gemidos: ai, ai / parecia dizer; e, das áureas abóbadas, / Eco respondeu-lhe compadecida...

Or le sovviene il giorno, / ahi fero giorno! allor che la sua bella / vergine cuccia de le Grazie alunna, / giovenilmente vezzeggiando, il piede / villan del servo con l'eburneo dente / segnò di lieve nota: ed egli audace / con sacrilego piè lanciolla: e quella / tre volte rotolò: tre volte scosse / gli scompigliati peli, e da le molli / nari soffiò la polvere rodente. / Indi i gemiti alzando: aita aita / parea dicesse; e da le aurate volte / a lei l'impietosita Eco rispose...

G. PARINI (poeta italiano, 1729-1799), *Il Giorno*, Il Mezzogiorno, 517-29.

289. Aqui há um cão que morreu sufocado / de tanto comer. / Pobres que passais por aqui, alegrai-vos, / pois deste mal jamais morrereis.

Chì gh'è on can che l'è mort negaa in la grassa / a furia de paccià di bon boccon. / Poveritt che passee tegniv de bon / che de sto maa no vee mai pù sull'assa.

C. PORTA (poeta dialetal italiano, 1775-1821), *Poesie*, 5, Epitaffi per on can d'ona sciora marchesa.

290. Sobre a parede estava pintado um cão enorme, preso à corrente, e embaixo estava escrito em letras maiúsculas: "Cuidado com o cão."

Canis ingens, catena vinctus, in pariete erat pictus superque quadrata littera scriptum "cave canem".

PETRÔNIO ÁRBITRO (escritor latino, morto em 66 d.C.), *Satyricon*, XXIX, 1.

291. Não há dúvida, o cão é fiel. E por isso devemos tomá-lo como exemplo? No fundo, é fiel ao homem, não ao cão.

> *Kein Zweifel, der Hund ist treu. Aber sollen wir uns deshalb ein Beispiel an ihm nehmen? Er ist doch dem Menschen treu und nicht dem Hund.*
>
> K. Kraus (escritor austríaco, 1874-1936), *Ditos e desditos*.

292. Nossos antepassados salvaram Roma.

> Наши предки Рим спасли.
>
> I. A. Krylov (escritor russo, 1768-1844), *Fábulas*, Os gansos. Refere-se aos famosos gansos do Campidoglio que, segundo a lenda, com seu grasno chamaram a atenção dos romanos para o assalto noturno dos gauleses.

A caça

293. Os animais selvagens nunca matam por divertimento. O homem é a única criatura para quem a tortura e a morte de seus semelhantes são divertidas em si.

> *Wild animals never kill for sport. Man is the only one to whom the torture and death of his fellow-creatures is amusing in itself.*
>
> J. A. Froude (historiador inglês, 1818-1894), *Oceana*, V.

294. Esporte detestado [a caça], / que deve seus prazeres às dores alheias.

> *Detested sport, / That owes its pleasures to another's pain.*
>
> W. Cowper (poeta inglês, 1731-1800), *The Task*.

Os animais e o homem

295. Serei um cão, um macaco ou um urso, / Tudo menos aquele animal vaidoso / Que se vangloria tanto de ser racional.

> *I'll be a dog, a monkey, or a bear / Or anything but that vain animal, / Who is so proud of being rational.*
>
> J. Wilmot (poeta inglês, 1647-1680), *A Satire Against Mankind*, 5.

296. O que é o macaco para o homem? Uma risada ou uma dolorosa vergonha.

   Was ist der Affe für den Menschen? Ein Gelächter oder eine schmerzliche Scham.

   F. W. Nietzsche (filósofo alemão, 1844-1900), *Assim falou Zaratustra*, Prefácio de Zaratustra, 3.

297. Quatro patas, bom; duas patas, ruim.

   Four legs good, two legs bad.

   G. Orwell (romancista inglês, 1903-1950), *A revolução dos bichos*, III.

298. Existem homens que se tornam animais assim que começam a ser tratados como homens.

   Есть люди, которые становятся скотами, как только начинают обращаться с ними как с людьми.

   V. O. Kliutchevski (historiador russo, 1841-1911), *Aforismos*.

299. Beber sem ter sede e fazer amor a qualquer hora, senhora, são as únicas coisas que nos distinguem dos outros animais.

   Boire sans soif et faire l'amour en tout temps, Madame, il n'y a que ça qui nous distingue des autres bêtes.

   P.-A. Beaumarchais (comediógrafo francês, 1732-1799), *As bodas de Fígaro*, II, 21.

300. Todos os homens que aspiram a distinguir-se dos outros seres vivos devem esforçar-se com todos os meios para não viver na obscuridade como os selvagens que a natureza curvou ao chão e fez escravos do ventre.

   Omneis homines, qui sese student praestare ceteris animalibus, summa ope niti decet, ne vitam silentio transeant veluti pecora, quae natura prona atque ventri oboedientia finxit.

   Salústio (historiador latino, 86-35 a.C.), *A conjuração de Catilina*, I, 1.

301. O homem nunca poderá ser igual a um animal: ou se eleva e torna-se melhor, ou se precipita e torna-se muito pior.

   Быть животным человек не может... — или становится выше и лучше, или ниже и хуже животного.

   V. S. Soloviev (teólogo russo, 1853-1900), *A justificação do bem.*

302. É sabido que a grande diferença do homem consiste em fabricar ferramentas separadas, recuperáveis. Ou seja, se um inseto carrega uma serra, carrega-a continuamente.

What is known is that man's great divergence has been in the making of detached, resumable tools. That is to say, if an insect carries a saw, it carries it all the time.

E. POUND (poeta norte-americano, 1885-1972), *Postscript to "The Natural Philosophy of Love" by R. De Gourmont*.

303. Podemos muito bem nos perguntar: o que seria do homem sem os animais? Mas não o contrário: o que seria dos animais sem o homem?

Man kann gar wohl fragen: Was wäre der Mensch ohne die Tiere? Aber nicht umgekehrt: Was wären die Tiere ohne den Menschen?

CH. F. HEBBEL (poeta e dramaturgo alemão, 1813-1863), *Diários*, 1857.

304. Em muitas coisas somos superiores aos animais; mas no animal não há nada que também não possa estar em nós.

Wir haben wohl manches vor den Tieren voraus; aber es ist nichts im Tiere, was nicht auch in uns wäre.

L. BÖRNE (escritor alemão, 1786-1837), *Fragmentos e aforismos*.

305. Chamam de delito matar um homem e não matar uma formiga. E, no entanto, a alma é uma só – Levantem-se, olhem o homem de cima, e ele lhes parecerá uma formiga. O que significa, então, matá-lo?

Dicono delitto uccidere un uomo e non dicono uccidere una formica. Eppure l'anima è una – Inalzatevi, guardate l'uomo dall'alto, e vi parrà una formica. Che è dunque l'ucciderlo?

C. DOSSI (escritor italiano, 1849-1910), *Note azzurre*, n. 1408.

306. Os homens são animais muito estranhos: uma mistura do nervosismo de um cavalo, da teimosia de uma mula e da malícia de um camelo.

Men are very queer animals – a mixture of horse-nervousness, ass-stubbornness and camel-malice.

TH. H. HUXLEY (naturalista inglês, 1825-1895).

A APARÊNCIA

A aparência

307. Todos julgam segundo a aparência, ninguém segundo a essência.

    Was man scheint, / Hat jedermann zum Richter; was man ist, hat keinen.

    F. VON SCHILLER (escritor alemão, 1759-1805), *Maria Stuart*, II, 5.

308. Os ignorantes julgam a interioridade a partir da exterioridade.

    Cum ab ignaris per exteriora iudicentur intrinseca.

    G. BOCCACCIO (escritor italiano, 1313-1375), *Genealogie degli dei pagani*, VII, 20.

309. O único método infalível para conhecer o próximo é julgá-lo pelas aparências.

    L'unico metodo infallibile per conoscere il prossimo è giudicarlo dalle apparenze.

    A. AMURRI (escritor italiano, nascido em 1925), *Qui lo dico e qui lo nego*, Il vissuto.

310. Nas grandes coisas, os homens se mostram como lhes convém se mostrar; nas pequenas, mostram-se como são.

    Dans les grandes choses, les hommes se montrent comme il leur convient de se montrer; dans les petites, ils se montrent comme ils sont.

    N. DE CHAMFORT (escritor francês, c. 1740-1794), *Máximas e pensamentos*, I, 52.

311. Difícil é reconhecer de longe / a índole de muitos, por mais que sejamos sábios: / de fato, alguns escondem sob a riqueza a sua maldade, / outros, sob a miserável pobreza, escondem a sua virtude.

    Πολλῶν ὀργὴν ἀπάτερθεν ὁρῶντι / γινώσκειν χαλεπόν, καίπερ ἐόντι σοφῷ· / οἳ μὲν γὰρ κακότητα κατακρύψαντες ἔχουσι / πλούτῳ, τοὶ δ' ἀρετὴν οὐλομένῃ πενίῃ.

TEÓGNIS DE MÉGARA (poeta grego, séc. VI-V a.C.), *Elegias*, I, 1059-62.

312. Os homens mascaram seu demônio com o anjo mais belo que conseguem encontrar.

    Les hommes recouvrent leur diable du plus bel ange qu'ils peuvent trouver.

    MARGARIDA DE NAVARRA (rainha e escritora francesa, 1492-1549), *Heptaméron*.

313. Pelas roupas rasgadas mostram-se os vícios menores: / as vestes de cerimônia e as peles escondem todos eles.

    Through tatter'd clothes small vices do appear; / Robes and furr'd gowns hide all.

    W. SHAKESPEARE (dramaturgo inglês, 1564-1616), *Rei Lear*, IV, 6.

314. Estranho que o homem, em quase todas as coisas, deva parecer melhor ou pior do que já é.

    Strano che l'uomo debba in quasi ogni cosa parere o migliore o peggiore di quel ch'egli è.

    N. TOMMASEO (escritor italiano, 1802-1874), *Fede e bellezza*, II.

315. Os homens nem sempre são o que parecem.

    Die Menschen sind nicht immer, was sie scheinen.

    G. E. LESSING (filósofo alemão, 1729-1781), *Nathan, o sábio*, I, 6.

316. Se, como o rosto, se mostrasse o coração.

    Se, come il viso, si mostrasse il core.

    L. ARIOSTO (poeta italiano, 1474-1533), *Orlando furioso*, XIX, oitava 2, 1.

317. O rosto é o espelho da alma.

    Imago animi vultus.

    CÍCERO (escritor e político romano, 106-43 a.C.), *De oratore*, III, 59.

318. Um coração aberto mostra uma fronte aberta.

    Ein offenes Herz zeigt eine offene Stirn.

    F. VON SCHILLER (escritor alemão, 1759-1805), *A conjuração de Fiesco em Gênova*, III, 5.

319. Se fosse possível ler a angústia interior / escrita na fronte de cada um / quantos que nos causam inveja / não nos causariam pena.

> *Se a ciascun l'interno affanno / si leggesse in fronte scritto, / quanti mai che invidia fanno / ci farebbero pietà.*
>
> METASTASIO (poeta italiano, 1698-1782), *Giuseppe riconosciuto*, I.

320. Muitas vezes parece que o diabo bate à nossa porta, mas é simplesmente o limpador de chaminés.

> *Oft scheint der Teufel an die Tür zu klopfen, und es ist doch nur der Schornsteinfeger.*
>
> CH. F. HEBBEL (poeta e dramaturgo alemão, 1813-1863), *Diários*, 1862.

321. Quando vemos um gigante, temos primeiro de examinar a posição do sol e observar para termos certeza de que não é a sombra de um pigmeu.

> *Wenn man einen Riesen sieht, so untersuche man erst den Stand der Sonne und gebe acht, ob es nicht der Schatten eines Pygmäen ist.*
>
> NOVALIS (poeta alemão, 1772-1801), *Fragmentos*.

322. Cuide de vossa graça, pois aqueles ali não são gigantes, mas moinhos de vento, e aquilo que pensais serem braços são as pás que, girando ao vento, movem a mó.

> *Mire vuestra merced, que aquellos que allí se parecen no son gigantes, sino molinos de viento, y lo que en ellos suponéis brazos, son las aspas, que, volteadas al viento, hacen andar la piedra del molino.*
>
> M. DE CERVANTES (escritor espanhol, 1547-1616), *Dom Quixote*.

323. Um asno sempre será um asno, mesmo se o cobrires de ouro.

> Осел останется ослом хотя осыпь его звездами.
>
> J. R. DERJAVINE (poeta russo, 1743-1816), *O alto dignitário*.

324. Nem sempre as coisas são como parecem.

> *Non semper ea sunt, quae videntur.*
>
> FEDRO (fabulista latino, séc. I d.C.), *Fábulas*, IV, 2, 5.

325. As coisas que nos assustam são em maior número do que as

que efetivamente fazem mal, e nos afligimos mais pelas aparências do que pelos fatos reais.

Plura sunt... quae nos terrent, quam quae premunt, et saepius opinione quam re laboramus.

SÊNECA (filósofo latino, 4 a.C.-65 d.C.), *Cartas a Lucílio*, 13, 4.

A ARTE

A arte

326. À questão: "O que é a arte?" somos levados a responder: "Aquilo por meio do qual as formas tornam-se estilo."

A: "Qu'est-ce que l'art?" nous sommes portés à répondre: "Ce par quoi les formes deviennent style."

A. MALRAUX (escritor e político francês, 1901-1976), *Les voix du silence*.

327. À questão: – O que é a arte? – seria possível responder brincando (mas não seria uma brincadeira tola): que a arte é o que todos sabem o que é.

Alla domanda: – Che cosa è l'arte? – si potrebbe rispondere celiando (ma non sarebbe una celia sciocca): che l'arte è ciò che tutti sanno che cosa sia.

B. CROCE (filósofo italiano, 1866-1952), *Breviario di estetica*, I.

328. Uma aspiração fechada em torno a uma representação, eis a arte.

Un'aspirazione chiusa nel giro di una rappresentazione, ecco l'arte.

B. CROCE (filósofo italiano, 1866-1952), *Breviario di estetica*, I.

329. A arte é visão ou intuição. O artista produz uma imagem ou um fantasma: e quem aprecia a arte volta o olhar para o ponto que o artista lhe indicou, observa pela fenda que este lhe abriu e reproduz dentro de si aquela imagem.

L'arte è visione o intuizione. L'artista produce un'immagine o fantasma: e colui che gusta l'arte volge l'occhio al punto che l'artista gli ha additato, guarda per lo spiraglio che colui gli ha aperto e riproduce in sé quell'immagine.

B. CROCE (filósofo italiano, 1866-1952), *Breviario di estetica*, I.

330. A matéria da arte não é o belo ou o nobre, tudo é matéria de arte: tudo o que é vivo: somente o que é morto está fora da arte.

Materia dell'arte non è il bello o il nobile, tutto è materia d'arte: tutto ciò che è vivo: solo il morto è fuori dell'arte.

F. DE SANCTIS (crítico literário italiano, 1817-1883), *Saggi critici*, vol. III, Zola e l'Assomoir.

331. A arte não imita, interpreta.

L'arte non imita, interpreta.

C. DOSSI (escritor italiano, 1849-1910), *Note azzurre*, n. 5418.

332. A arte está em deformar.

L'arte sta nel deformare.

E. PETROLINI (comediógrafo italiano, 1886-1936), *Al mio pubblico*, I pirati del Varietà.

333. Toda a arte é um problema de equilíbrio entre dois opostos.

Tutta l'arte è un problema di equilibrio fra due opposti.

C. PAVESE (escritor italiano, 1908-1950), *Il mestiere di vivere*, 14/12/1939.

334. A arte não é outra coisa senão a força de sugestão de um detalhe.

L'arte non à altro che la forza di suggestione di un particolare.

C. ALVARO (escritor italiano, 1895-1956), *Il nostro tempo e la speranza*, Fisiologia del cinema: Obiettivo non obiettivo.

335. A arte não é um estudo da realidade positiva; é uma busca da verdade ideal.

L'art n'est pas une étude de la réalité positive; c'est une recherche de la vérité idéale.

G. SAND (escritora francesa, 1804-1876), *O charco do diabo*.

336. A arte é uma amante ciumenta.

Art is a jealous mistress.

R. W. EMERSON (filósofo e poeta norte-americano, 1803-1882), *The Conduct of Life*, Wealth.

337. Em arte tudo está naquele "nada".

В искусстве всё — чуть-чуть.

L. N. TOLSTOI (escritor russo, 1828-1910), *O que é a arte*.

338. A lei seca da arte é esta: "Ne quid nimis", nada além do necessário. Tudo o que é supérfluo, tudo aquilo que podemos suprimir sem alterar a essência é contrário à existência da beleza.

La ley seca del arte es ésta: "Ne quid nimis", nada de sobra. Todo lo que es adorno, todo lo que se puede suprimir sin que lo esencial se resienta, es contrario a la permanencia de la belleza.

J. ORTEGA Y GASSET (filósofo espanhol, 1883-1955).

339. A arte é um antidestino.

L'art est un anti-destin.

A. MALRAUX (escritor e político francês, 1901-1976), *As vozes do silêncio*.

340. A arte é o lugar da liberdade perfeita.

L'art est le lieu de la liberté parfaite.

A. SUARÈS (escritor francês, 1866-1948), *Poète tragique*.

341. Não existe meio mais seguro para fugir do mundo do que a arte, e não há forma mais segura de se unir a ele do que a arte.

Man weich der Welt nicht sicherer aus als durch die Kunst, und man verknüpft sich nicht sicherer mit ihr als durch die Kunst.

J. W. GOETHE (escritor alemão, 1749-1832), *Máximas e reflexões*, XIII, 3.

342. Toda arte começa na insatisfação física (ou na tortura) da solidão e da parcialidade.

All art begins in the physical discontent (or torture) of loneliness and partiality.

E. POUND (poeta norte-americano, 1885-1972), *I Essay*, II.

343. Arte é aquilo em que o mundo se transformará, não aquilo que o mundo é.

Kunst ist das, was Welt wird, nicht was Welt ist.

K. KRAUS (escritor austríaco, 1874-1936), *Pro domo et mundo*.

344. Se é um prazer desfrutar do que é bom, prazer maior é provar o que é melhor; e na arte aquilo que é ótimo é bom o suficiente.

Wenn es eine Freude ist, das Gute zu genießen, so ist es eine größere, das Bessere zu empfinden und in der Kunst ist das Beste gut genug.

J. W. Goethe (escritor alemão, 1749-1832), *Viagem à Itália*, Nápoles, 3/3/1787.

345. Uma das principais tarefas da arte sempre foi criar um interesse que ainda não conseguiu satisfazer totalmente.

Es ist von jeher eine der wichtigsten Aufgaben der Kunst gewesen, eine Nachfrage zu erzeugen, für deren volle Befriedigung die Stunde noch nicht gekommen ist.

W. Benjamin (filósofo alemão, 1892-1940), *A arte na época da sua reprodutibilidade técnica*.

346. A arte é a magia liberada da mentira de ser verdadeira.

Kunst ist Magie, befreit von der Lüge, Wahrheit zu sein.

Th. W. Adorno (filósofo alemão, 1903-1969), *Minima moralia*, III, In nuce.

347. A arte é a mentira que nos permite conhecer a verdade.

El arte es la mentira que nos permite conocer la verdad.

P. Picasso (pintor espanhol, 1881-1973).

348. A tarefa atual da arte é introduzir o caos na ordem.

Aufgabe von Kunst heute ist es, Chaos in die Ordnung zu bringen.

Th. W. Adorno (filósofo alemão, 1903-1969), *Minima moralia*, III, In nuce.

349. A arte serve sempre a beleza, e a beleza é a felicidade de possuir uma forma, e a forma é a chave orgânica da existência; tudo o que vive deve possuir uma forma para poder existir, e, portanto, a arte, mesmo a trágica, conta a felicidade da existência.

Искусство всегда служит красоте, а красота есть счастие обладания формой, форма же есть органический ключ существования, формой должно владеть все живущее, чтобы существовать, и, таким образом, искусство, в том числе и трагическое, есть рассказ о счастье существования.

B. L. Pasternak (escritor soviético, 1890-1960), *Doutor Jivago*.

350. As artes não são concebidas como ações historicamente invariáveis do gênero humano, nem como um arsenal de "bens culturais" que vivem uma existência sem tempo, mas como um processo que avança sem cessar, como um *work in progress* do qual toda obra participa.

Die Künste werden nicht als geschichtlich invariante Tätigkeiten des Menschengeschlechts oder als Arsenal der zeitlos existierende "Kulturgüter", sie werden als ein stets voranschreitender Prozeβ angeschaut, als ein work in progress, *an den einzelne Werk teilhat.*

H. M. ENZENSBERGER (escritor alemão, nascido em 1929), *Questões de detalhe*.

351. O verdadeiro objetivo da ciência é a verdade; em contrapartida, o verdadeiro objetivo das artes é o prazer.

Der Endzweck der Wissenschaft ist Wahrheit; der Endzweck der Künste hingegen ist Vergnügen.

G. E. LESSING (filósofo alemão, 1729-1781), *Laocoonte*.

352. Em arte não nos sujeitamos às leis do mundo, mas àquelas da arte, que está vinculada às leis da consciência.

Закономерности мира осуществляются в искусстве как закономерность искусства, связанного с законами сознания.

V. B. CHKLOVSKI (escritor e crítico soviético, 1893-1984).

353. A arte é um dos meios que unem os homens.

Искусство есть одно из средств единения людей.

L. N. TOLSTOI (escritor russo, 1828-1910).

354. A arte de um povo é a sua alma viva, o seu pensamento, a sua língua no significado mais alto da palavra; quando atinge sua plena expressão, torna-se patrimônio de toda a humanidade, quase mais do que a ciência, justamente porque a arte é a alma falante e pensante do homem, e a alma não morre, mas sobrevive à existência física do corpo e do povo.

Искусство народа — его живая, личная душа, его мысль, его язык в высшем значении этого слова; достигнув своего полного выражения, оно становится достоянием всего человечества даже больше, чем наука, именно потому, что оно — звучащая, человеческая, мыслящая душа, и душа не умирающая, ибо может пережить физическое существование своего тела, своего народа.

I. S. Turgenev (escritor russo, 1818-1883), *Discurso para a inauguração, em Moscou, do monumento a Pushkin*.

355. Parece-me que na escala das medidas universais há um ponto em que a imaginação e o conhecimento se cruzam, um ponto em que se atinge a diminuição das coisas grandes e o aumento das pequenas: é o ponto da arte.

Мне думается, что в гамме мировых мер есть такая точка, где переходят одно в другое воображение и знание, точка, которая достигается уменьшением крупных вещей и увеличением малых: точка искусства.

V. Nabokov (escritor russo-americano, 1899-1977).

356. O senso artístico, quando não é sustentado por um senso moral forte e rigoroso, torna-se um dos maiores perigos para a alma do homem, pois pode encontrar a beleza até no acontecimento mais feroz e vulgar.

Чувство художественности, не утвержденное на строгом и суровом нравственном чувстве, есть одна из величайших опасностей для души человека... такое чувство может отыскать красоту и в самом диком и в самом низком явлении.

S. T. Aksakov (escritor russo, 1791-1859).

357. É próprio das democracias preferir na arte os valores imperfeitos aos genuínos, que são aristocráticos e antiutilitários.

È proprio delle democrazie preferire in arte i valori scadenti ai genuini, che sono aristocratici e antiutilitari.

B. Croce (filósofo italiano, 1866-1952), *Poesia e non poesia*, Schiller.

358. Toda arte é completamente inútil.

All art is quite useless.

O. Wilde (escritor inglês, 1854-1900), *O retrato de Dorian Gray*, Prefácio.

359. A arte é a forma mais intensa de individualismo que o mundo já conheceu.

Art is the most intense mode of individualism that the world has known.

O. WILDE (escritor inglês, 1854-1900), *A alma do homem sob o socialismo.*

360. A arte nunca exprime nada que não seja ela própria.

    Art never expresses anything but itself.

    O. WILDE (escritor inglês, 1854-1900), *The Decay of Lying.*

361. A arte não é um espelho para refletir o mundo, mas um martelo para forjá-lo.

    V. MAIAKOVSKI (poeta soviético, 1893-1930), in *The Guardian*, 11/12/1974.

362. [Em arte] o impossível verossímil é preferível ao possível não acreditável.

    Προαιρεῖσθαί τε δεῖ ἀδύνατα εἰκότα μᾶλλον ἢ δυνατὰ ἀπίθανα.

    ARISTÓTELES (filósofo grego, 384-322 a.C.), *Poética*, 24.

363. Nada de Cor, apenas a Nuança!

    Pas la Couleur, rien que la Nuance!

    P. VERLAINE (poeta francês, 1844-1896), *Art poétique.*

364. Verdade é que, como forma muitas vezes / não se harmoniza com a intenção da arte, / porque a matéria é surda a responder.

    Vero è che, come forma non s'accorda / molte fiate a l'intenzion de l'arte, / perch' a risponder la materia è sorda.

    D. ALIGHIERI (poeta italiano, 1265-1321), *Paraíso*, I, 127-9.

365. O único modo de exprimir uma emoção de forma artística é encontrando um "correlativo objetivo"; em outras palavras, uma série de objetos, uma situação, uma cadeia de acontecimentos que representem a fórmula daquela emoção particular.

    The only way of expressing emotion in the form of art is by finding an "objective correlative"; in other words, a set of objects, a situation, a chain of events which shall be the formula of that particular emotion.

    TH. S. ELIOT (poeta e dramaturgo anglo-americano, 1888-1965), *Tradition and the Individual Talent.*

A obra de arte

366. Se eu a formulasse, minha definição de obra de arte seria: "Uma obra de arte é um ângulo da criação vista através de um temperamento."

> *Ma définition d'une oeuvre d'art serait, si je la formulais: "Une oeuvre d'art est un coin de la création vu à travers un tempérament."*
> E. ZOLA (escritor francês, 1840-1902), *Mes haines*.

367. Para que uma obra seja realmente bela, é preciso que nela o autor se esqueça de si mesmo e me permita esquecê-lo.

> *Afin qu'un ouvrage soit véritablement beau, il faut que l'auteur s'y oublie, et me permette de l'oublier.*
> F. FÉNELON (escritor francês, 1651-1715), *Lettres à l'Académie*, V.

368. Toda obra de arte é um sistema de formas, um organismo. Sua característica essencial é constituída pelo caráter da necessidade, no sentido de que nada pode ser alterado ou deslocado, mas tudo deve permanecer como é.

> *Jedes Kunstwerk ist ein Geformtes, ein Organismus. Sein wesentliches Merkmal ist der Charakter der Notwendigkeit, daβ nichts geändert oder verschoben könnte, sondern alles so sein muβ, wie es ist.*
> H. WÖLFFLIN (historiador da arte suíço, 1864-1945), *Conceitos fundamentais da história da arte*.

369. Certamente é bom que o mundo conheça apenas a obra bela e não suas origens nem as condições em que foi gerada; pois o conhecimento das fontes de onde provém a inspiração para o artista freqüentemente causaria perturbação e espanto, neutralizando assim os efeitos da excelência.

> *Es ist sicher gut, daβ die Welt nur das schöne Werk, nicht auch seine Ursprünge, nicht seine Entstehungsbedingungen kennt; denn die Kenntnis der Quellen, aus denen dem Künstler Eingebung floβ, würde sie oftmals verwirren, abschrecken und so die Wirkungen des Vortrefflichen aufheben.*
> TH. MANN (escritor alemão, 1875-1955), *Morte em Veneza*.

370. Viva no tempo por mais de uma geração.
> *Plus uno maneat perenne saeclo.*
> CATULO (poeta latino, 87-54 a.C.), *Poesias*, I, 10.

371. Terminei uma obra mais duradoura do que o bronze / e mais alta do que as pirâmides reais, / que nem a chuva corrosiva nem o vento impetuoso / poderão destruir, nem a inumerável / série dos anos e o passar veloz do tempo. / Não morrerei completamente, e grande parte de mim / escapará ao túmulo.
> *Exegi monumentum aere perennius / regalique situ pyramidum altius, / quod non imber edax, non Aquilo impotens / possit diruere aut innumerabilis / annorum series et fuga temporum. / Non omnis moriar, multaque pars mei / vitabit Libitinam.*
> HORÁCIO (poeta latino, 65-8 a.C.), *Odes*, III, 30, 1-7.

372. Terminei, enfim, esta obra, que nem a ira de Júpiter, nem o fogo, / nem o ferro, nem o tempo devorador poderão destruir. / Quando aquele dia, que dispõe apenas do meu corpo, quiser, / poderá pôr fim ao tempo da minha incerta vida; / mas com a melhor parte de mim me elevarei imortal / sobre as estrelas, e meu nome não perecerá.
> *Iamque opus exegi, quod nec Iovis ira nec ignis / nec poterit ferrum nec edax abolere vetustas. / Cum volet, illa dies, quae nil nisi corporis huius / ius habet, incerti spatium mihi finiat aevi: / parte tamen meliore mei super alta perennis / astra ferar, nomenque erit indelebile nostrum.*
> OVÍDIO (poeta latino, 43 a.C.-c. 18 d.C.), *Metamorfose*, XV, 871-6.

373. Se algum dia ocorrer de o poema sagrado, / em que puseram a mão o céu e a terra, / de tal modo que o trabalho por muitos anos me consumiu, // vencer a crueldade que me desterra / do belo aprisco, onde dormi cordeiro...
> *Se mai continga che 'l poema sacro / al quale ha posto mano e cielo e terra, / sì che m'ha fatto per molti anni macro, // vinca la crudeltà che fuor mi serra / del bello ovile ov'io dormi' agnello...*
> D. ALIGHIERI (poeta italiano, 1265-1321), *Paraíso*, XXV, 1-5.

O *kitsch*

374. O pecado original no sistema dos valores da arte, e portanto também naquele do romance e na sua imagem do mundo, é o *kitsch*.

Das Sündige im Wertsysthem der Kunst und damit auch in dem des Romans und in seinem Weltbild ist der Kitsch.

H. BROCH (escritor austríaco, 1886-1951), *Kitsch e literatura*.

375. O *kitsch* é o mal em si.

Das Kitsch ist das Übel an sich.

H. BROCH (escritor austríaco, 1886-1951), *Kitsch e literatura*.

O artista

376. Nenhum grande artista vê as coisas como realmente são. Do contrário, deixaria de ser um artista.

No great artist ever sees things as they really are. If he did he would cease to be an artist.

O. WILDE (escritor inglês, 1854-1900), *The Decay of Lying*.

377. Cuidado com o artista que também é um intelectual: é o artista que está a mais.

Beware of the artist who's an intellectual also. The artist who doesn't fit.

F. S. FITZGERALD (escritor norte-americano, 1896-1940), *Este lado do paraíso*, II, 5.

378. Um artista é alguém que produz coisas de que as pessoas não têm necessidade, mas que ele – por qualquer razão – pensa que seria uma boa idéia dá-las a elas.

An artist is someone who produces things that people don't need to have but that he – for some reason – thinks it would be a good idea to give them.

A. WARHOL (pintor norte-americano, 1926-1987), *De A a B e volta*, Atmosfera.

379. Nada é mais triste do que um artista que diz: "Nós pintores", ou: "Nós escritores"; e sente sua mediocridade protegida e confortada por todas as outras mediocridades, que produzem quantidade, sociedade, sindicato.

> *Niente di più triste di un artista che dice: "Noi pittori", oppure: "Noi scrittori"; e sente la sua mediocrità protetta e confortata da tutte le altre mediocrità, che fanno numero, società, sindacato.*
>
> E. FLAIANO (escritor italiano, 1910-1972), *Diario notturno*.

380. O temperamento artístico é uma doença que aflige os diletantes.

> *The artistic temperament is a disease that afflicts amateurs.*
>
> G. K. CHESTERTON (escritor inglês, 1874-1936), *Heretics*.

381. Não apenas como general se conquista o mundo subjugando-o, mas também como filósofo, penetrando nele, e como artista, acolhendo-o em si e recriando-o.

> *Man erobert die Welt nicht bloβ als Feldherr, indem man sie unterwirft, sondern auch als Philosoph, indem man sie durchdringt, und als Künstler, indem man sie in sich aufnimmt und sie wieder gebiert.*
>
> CH. F. HEBBEL (poeta e dramaturgo alemão, 1813-1863), *Diários*, 1861.

382. Os artistas têm o direito de ser modestos e o dever de ser vaidosos.

> *Künstler haben den Recht, bescheiden, und die Pflicht, eitel zu sein.*
>
> K. KRAUS (escritor austríaco, 1874-1936), *Do artista*.

383. Um artista é um sonhador que consente em sonhar o mundo real.

> *An artist is a dreamer consenting to dream of the actual world.*
>
> G. SANTAYANA (filósofo norte-americano de origem espanhola, 1863-1952), *The Life of Reason*, 1914.

384. O artista é mentiroso, mas a arte é verdade!

> *L'artiste est menteur, mais l'art est vérité!*
>
> F. MAURIAC (escritor francês, 1885-1970), *Bloc-Notes*.

385. Sem autenticidade, sem educação, sem liberdade em seu significado mais amplo − na relação consigo mesmo, com as pró-

prias idéias preconcebidas, até mesmo com o próprio povo e com a própria história – não se pode imaginar um artista verdadeiro; sem este ar não é possível respirar.

Без правдивости, без образования, без свободы в обширнейшем смысле — в отношении к самому себе, к своим предвзятым идеям и системам, даже к своему народу, к своей истории, — не мыслим истинный художник; без этого воздуха дышать нельзя.

I. S. TURGENEV (escritor russo, 1818-1883), *A propósito de "Pais e filhos"*.

386. Apressai-vos lentamente; e sem perder o ânimo, / Recomeçai vossa obra vinte vezes: / Esmerilhai-a sem cessar e esmerilhai-a novamente; / Acrescentai de vez em quando e apagai freqüentemente.

Hâtez-vous lentement; et, sans perdre courage, / Vingt fois sur le métier remettez votre ouvrage: / Polissez-le sans cesse et le repolissez; / Ajoutez quelquefois, et souvent effacez.

N. BOILEAU-DESPRÉAUX (poeta e crítico francês, 1636-1711), *L'Art poétique*, I.

A crítica de arte

387. Pensar antes de falar é o lema do crítico. Falar antes de pensar é o lema do criador.

Think before you speak is criticism's motto; speak before you think creation's.

E. M. FORSTER (escritor inglês, 1879-1970), *Two Cheers for Democracy*, The Raison d'Etre of Criticism in the Arts.

388. A crítica rasteja, e a criação voa.

La critica striscia e la creazione vola.

G. P. BONA (escritor italiano, nascido em 1926), *Passeggiata con il diavolo*, II.

389. Um crítico é alguém que conhece a estrada mas não sabe dirigir.

A critic is a man who knows the way but can't drive the car.

K. TYNAN (crítico inglês, 1927-1980), in *The New York Times Magazine*, 9/1/1966.

390. O crítico é semelhante ao ator; ambos não reproduzem simplesmente o mundo poético, mas o integram, preenchem as lacunas.

> *Il critico è simile all'attore; entrambi non riproducono semplicemente il mondo poetico, ma lo integrano, empiono le lacune.*
>
> F. DE SANCTIS (crítico literário italiano, 1817-1883), *Saggi critici*, vol. II, "Cours familier de littérature" par M. de Lamartine.

391. Os críticos freqüentemente são pessoas que teriam sido poetas, historiadores, biógrafos etc., se tivessem podido; colocaram seu talento à prova aqui e ali e não conseguiram. Sendo assim, tornaram-se críticos.

> *Reviewers are usually people who would have been poets, historians, biographers, etc., if they could; they have tried their talents at one or at the other, and have failed; therefore they turn critics.*
>
> S. T. COLERIDGE (poeta inglês, 1772-1834), *Lectures on Shakespeare and Milton*, I.

392. Não é a multidão... que às composições de um século confere fama e autoridade, mas são pouquíssimos homens de cada século, ao juízo dos quais, pelo fato de serem mais eruditos do que outros considerados, as pessoas e as multidões acabam dando fé.

> *Non è la moltitudine... quella che alle composizioni di alcun secolo dona grido e auttorità, ma sono pochissimi uomini di ciascun secolo, al giudicio de' quali, per ciò che sono essi più dotti degli altri reputati, danno poi le genti e la moltitudine fede.*
>
> P. BEMBO (literato italiano, 1470-1547), *Prose della volgar lingua*, I.

393. Será mais fácil criticar minha obra do que imitá-la.

> Μωμήσεταί τις μᾶλλον ἢ μιμήσεται.
>
> ZÊUXIS (pintor grego, séc. V a.C.), citado em PLÍNIO, O VELHO, *História natural*, XXXV, 63.

394. A censura que se pratica sobre as obras alheias não determina a produção de obras melhores.

> *La censure que l'on exerce sur les ouvrages d'autrui n'engage point à en faire de meilleurs.*

B. de Fontenelle (literato francês, 1657-1757), *Discours sur la nature de l'églogue*.

395. É fácil criticar corretamente; e difícil executar mediocremente.

Il est facile de critiquer juste; et difficile d'exécuter médiocrement.

D. Diderot (filósofo francês, 1713-1784), *Discours sur la poésie dramatique*.

396. De todos os ressentimentos, creio que o maior seja aquele de um homem que saiba fazer sua arte com perfeição e seja censurado e avaliado por quem não sabe absolutamente nada.

Di tutti dispetti, il maggiore credo che sia quello di un uomo il quale sappia fare squisitamente l'arte sua e venga censurato e caratato da coloro che non la sanno né punto né poco.

G. Gozzi (escritor italiano, 1713-1786), *L'osservatore veneto*, IV.

397. O aplauso é a ama-de-leite de toda arte.

Beifall ist die Amme jeder Kunst.

Fliegende Blätter (semanário humorístico alemão).

398. Os críticos julgam as obras e não sabem que são julgados por elas.

Les critiques jugent les oeuvres et ne savent pas qu'ils sont jugés par elles.

J. Cocteau (escritor francês, 1889-1963), *La Difficulté d'être*.

399. Todo crítico é exatamente como uma mulher na idade crítica: rancoroso e reprimido.

Ogni critico è propriamente una donna nell'età critica, astioso e refoulé.

C. Pavese (escritor italiano, 1908-1950), *Il mestiere di vivere*, 30/11/1937.

O mecenato

400. Se houver Mecenas, Flaco, não faltarão Virgílios.

Sint Maecenates, non derunt, Flacce, Marones.

Marcial (poeta latino, c. 40-102), *Epigramas*, VIII, 56, 5.

401. *Mecenas*: geralmente um desgraçado que financia com arrogância e é recompensado com adulação.

Patron: *Commonly a wretch who supports with insolence, and is paid with flattery.*

S. JOHNSON (literato inglês, 1709-1784), *Dicionário da língua inglesa.*

AS ARTES

A pintura

402. A pintura é poesia silenciosa, a poesia é pintura que fala.

Τὴν μὲν ζωγραφίαν ποίησιν σιωπῶσαν... τὴν δὲ ποίησιν ζωγραφίαν λαλοῦσαν.

SIMÔNIDES DE CEOS (poeta grego, c. 556-468 a.C.), citado em PLUTARCO, *Obras morais*, A glória dos atenienses, III, 346 F.

403. A pintura é uma poesia que se vê e não se sente, e a poesia é uma pintura que se sente e não se vê.

La pittura è una poesia che si vede e non si sente, e la poesia è una pittura che si sente e non si vede.

LEONARDO DA VINCI (artista e cientista italiano, 1452-1519), *Trattato della pittura*, I, 16.

404. A pintura transforma o espaço em tempo; a música, o tempo em espaço.

Malerei verwandelt den Raum in Zeit, Musik die Zeit in Raum.

H. VON HOFMANNSTHAL (escritor austríaco, 1874-1929), *O livro dos amigos*.

405. É preciso sempre estragar um pouco o quadro para terminá-lo.

Il faut toujours gâter un peu un tableau pour le finir.

E. DELACROIX (pintor francês, 1798-1863), *Journal*.

406. Uma manhã, como um de nós estava sem tinta preta, acabou usando a azul: nascia o impressionismo.

Un matin, l'un de nous manquant de noir, se servit de bleu: l'impressionnisme était né.

P.-A. RENOIR (pintor francês, 1841-1919), atribuído.

407. Toda vez que pinto um retrato perco um amigo.

Every time I paint a portrait I lose a friend.

J. S. SARGENT (pintor norte-americano, 1856-1925), atribuído.

408. Não achais, príncipe, que de qualquer modo Rafael teria sido o maior gênio da pintura, mesmo que desgraçadamente tivesse nascido sem as mãos?

Meinen Sie, Prinz, daß Raffael nicht das größte malerische Genie gewesen wäre, wenn er unglücklicherweise ohne Hände wäre geboren worden?

G. E. LESSING (filósofo alemão, 1729-1781), *Emília Galotti*, I, 4.

409. Na verdade, o pintor pinta com a vista; sua arte é a de ver tudo com regularidade e beleza.

Der Maler malt eigentlich mit dem Auge; seine Kunst ist die Kunst, regelmäßig und schön zu sehen.

NOVALIS (poeta alemão, 1772-1801), *Fragmentos*.

410. Talvez o que mais ouça tolices no mundo seja um quadro de museu.

Ce qui entend le plus de bêtises dans le monde est peut-être un tableau de musée.

E. E J. DE GONCOURT (escritores franceses, 1822-1896 e 1830-1870), *Idées et sensations*.

A arquitetura

411. Ninguém que não seja um grande escultor ou pintor pode ser um arquiteto. Se não é um escultor ou pintor, pode ser apenas um *construtor*.

No person who is not a great sculptor or painter can be an architect. If he is not a sculptor or painter, he can only be a builder.

J. RUSKIN (crítico de arte inglês, 1819-1900), *Lectures on Architecture and Painting*.

A música

412. A música talvez seja o único exemplo do que poderia ter sido – se não tivessem existido a invenção da linguagem, a formação das palavras, a análise das idéias – a comunicação das almas.

La musique est peut-être l'exemple unique de ce qu'aurait pu être – s'il n'y avait pas eu l'invention du langage, la formation des mots, l'analyse des idées – la communication des âmes.

M. PROUST (escritor francês, 1871-1922), *La prisonnière.*

413. Existe um tal poder de persuasão na música!

Such sweet compulsion doth in music lie.

J. MILTON (poeta inglês, 1608-1674), *Arcades*, 68.

414. Não seria a música uma língua perdida, da qual esquecemos o sentido e conservamos apenas a harmonia?

Non sarebbe la musica una lingua perduta, della quale abbiamo dimenticato il senso, e serbata soltanto l'armonia?

M. T. D'AZEGLIO (político e escritor italiano, 1798-1866), *I miei ricordi*, X.

415. Se a música tem, portanto, um número maior de amantes do que a poesia, ou a arquitetura, ou a escultura, isso não se deve ao fato de ser "mais espiritual", como se costuma dizer, mas ao fato contrário: é mais sensual.

Se dunque la musica ha un maggior numero di amatori che non la poesia, o l'architettura, o la scultura, questo non si deve al fatto che essa è "più spirituale", come suol dirsi, bensì al fatto inverso: che è più sensuale.

V. BRANCATI (escritor italiano, 1907-1954), *I piaceri*, I piaceri della musica.

416. A música tem encantos para abrandar o coração mais selvagem.

Music has charms to sooth a savage breats.

W. CONGREVE (comediógrafo inglês, 1670-1729), *The Mourning Bride*, I, 1.

417. Toda arte aspira continuamente à condição da música.

All art constantly aspires towards the condition of music.
W. H. PATER (escritor inglês, 1839-1894), *The Renaissance*, The School of Giorgione.

418. O ritmo tem algo mágico; chega a nos fazer acreditar que o sublime nos pertence.
Der Rhythmus hat etwas Zauberisches; sogar macht er uns glauben, das Erhabene gehöre uns an.
J. W. GOETHE (escritor alemão, 1749-1832), *Máximas e reflexões*, XIII, 6.

419. O homem que não tem música dentro de si, / e é insensível aos acordes das doces melodias, / é propenso a traições, estratagemas e roubos.
The man that hath no music in himself, / Nor is not mov'd with concord of sweet sounds, / Is fit for treasons, stratagems, and spoils.
W. SHAKESPEARE (dramaturgo inglês, 1564-1616), *O mercador de Veneza*, V, 1, 83-5.

420. Toda música que não pinta nada é apenas um ruído.
Toute musique qui ne peint rien n'est que du bruit.
J. D'ALEMBERT (filósofo francês, 1717-1783), *Discours préliminaire de l'Encyclopédie*.

421. Sempre tive a impressão de que a música fosse apenas o extravasamento de um grande silêncio.
Il m'a toujours semblé que la musique ne devrait être que la tropplein d'un grand silence.
M. YOURCENAR (escritora belga, 1903-1987), *Alexis ou le Traité du vain combat*.

422. E ele tinha do rabo feito trombeta.
Ed elli avea del cul fatto trombetta.
D. ALIGHIERI (poeta italiano, 1265-1321), *Inferno*, XXI, 139.

423. A vida de um homem culto deveria simplesmente alternar-se entre música e não-música, como entre sono e despertar.
Das Leben eines gebildeten Menschen sollte mit Musik und Nichtmusik schlechthin so abwechseln wie mit Schlaf und Wachen.
NOVALIS (poeta alemão, 1772-1801), *Fragmentos*.

424. A Quinta Sinfonia de Beethoven é o ruído mais sublime que já penetrou no ouvido humano.

> *Beethoven Fifth Symphony is the most sublime noise that has ever penetrated into the ear of man.*
>
> E. M. FORSTER (escritor inglês, 1879-1970), *Retorno a Howard's End*, V.

425. Sabe-se lá por quê, quando faço a barba no banho, se tento cantarolar um motivo breve e atual, me corto.

> *Chissà perchè quando mi rado nel bagno, se provo a canticchiare un motivetto odierno, mi taglio.*
>
> G. BUFALINO (escritor italiano, nascido em 1920), *Il Malpensante*, março.

O teatro

426. O teatro é um meio muito eficaz de educar o público; mas quem faz teatro educativo encontra-se sempre sem público para poder educar.

> *El teatro es un gran medio de educar al público; pero el que hace un teatro educativo, se encuentra siempre sin público al que poder educar.*
>
> E. JARDIEL PONCELA (escritor espanhol, 1901-1952).

427. A tragédia é a imitação de uma ação séria e concluída em si mesma... que, mediante uma série de casos que suscitam piedade e terror, tem por efeito aliviar e purificar a alma de tais paixões.

> Ἔστιν οὖν τραγῳδία μίμησις πράξεως σπουδαίας καὶ τελείας μέγεθος ἐχούσης... δι' ἐλέους καὶ φόβου περαίνουσα τὴν τῶν τοιούτων παθημάτων κάθαρσιν.
>
> ARISTÓTELES (filósofo grego, 384-322 a.C.), *Poética*, 6.

428. A comédia dirige-se ao espírito coletivo do público, e este se cansa; enquanto a farsa dirige-se a um órgão mais robusto, seu ventre coletivo.

> *Comedy appeals to the collective mind of the audience and this grows fatigues; while farce appeals to a more robust organ, their collective belly.*

W. S. MAUGHAM (escritor inglês, 1874-1965), *The Summing Up*, 39.

429. A tragédia e a sátira são irmãs e estão sempre de acordo; ambas consideradas juntas recebem o nome de verdade.

Трагедия и сатира две сестры и идут рядом, и имя им обеим, вместе взятым: правда.

F. M. DOSTOIEVSKI (escritor russo, 1821-1881).

430. O dramaturgo descreve pessoas. Para tanto, usa atores.

Der Dramatiker beschreibt Menschen. Er nimmt dazu Schauspieler.

F. DÜRRENMATT (escritor suíço, 1921-1991), *Textos sobre teatro e discursos*.

431. Quando um ator finalmente aprende a interpretar todos os tipos de papéis, geralmente está velho demais para eles e só pode interpretar alguns poucos.

By the time an actor knows how to act any sort of part he is often too old to act any but a few.

W. S. MAUGHAM (escritor inglês, 1874-1965), *The Summing Up*, 31.

432. Aprendam a amar a arte em vocês mesmos, e não vocês mesmos na arte.

Умейте любить искусство в себе, а не себя в искусстве.

K. S. STANISLAVSKI (diretor teatral russo, 1863-1938), *O trabalho do ator sobre si mesmo*.

433. Um ator é alguém que, se você não está falando dele, não ouve você.

An actor's a guy who, if you ain't talking about him, ain't listening.

M. BRANDO (ator norte-americano, nascido em 1924), in *The Observer*, janeiro de 1956.

434. O homem é um animal que finge – e nunca é tão autêntico como quando interpreta um papel.

Man is a make-believe *animal – he is never so truly himself as when he is acting a part.*

W. HAZLITT (escritor inglês, 1778-1830), *Notes of a Journey Through France and Italy*, 1826.

435. Quem tem a sorte de nascer personagem vivo, pode rir até da morte. Não morre mais... Quem era Sancho Pança? Quem era dom Abbondio? E, no entanto, vivem eternamente, pois – vivos embriões – tiveram a sorte de encontrar uma matriz fecunda, uma fantasia que soube criá-los e nutri-los, fazer viver para a eternidade!

Chi ha la ventura di nascere personaggio vivo, può ridersi anche della morte. Non muore più... Chi era Sancho Panza? Chi era don Abbondio? Eppure vivono eterni, perché – vivi germi – ebbero la ventura di trovare una matrice feconda, una fantasia che li seppe allevare e nutrire, far vivere per l'eternità!

L. PIRANDELLO (escritor italiano, 1867-1936), *Seis personagens à procura do autor*, I.

436. Todo fantasma, toda criatura de arte, para existir, deve ter seu drama, ou seja, um drama do qual seja personagem e pelo qual é personagem. O drama é a razão de ser do personagem; é a sua função vital: necessária para a existência.

Ogni fantasma, ogni creatura d'arte, per essere, deve avere il suo dramma, cioè un dramma di cui esso sia personaggio e per cui è personaggio. Il dramma è la ragion d'essere del personaggio; è la sua funzione vitale: necessaria per esistere.

L. PIRANDELLO (escritor italiano, 1867-1936), *Seis personagens à procura do autor*, Prefácio.

437. Quando um personagem nasce, adquire imediatamente tal independência inclusive do seu próprio autor, que pode ser imaginado por todos em tantas outras situações em que o autor não pensou inseri-lo, e às vezes pode adquirir também um significado que o autor jamais sonhou em dar-lhe!

Quando un personaggio è nato, acquista subito una tale indipendenza anche dal suo stesso autore, che può esser da tutti immaginato in tant'altre situazioni in cui l'autore non pensò di metterlo, e acquistare anche, a volte, un significato che l'autore non si sognò mai di dargli!

L. PIRANDELLO (escritor italiano, 1867-1936), *Seis personagens à procura do autor*, III.

A dança

438. A dança é uma tentativa muito rude de penetrar no ritmo da vida.

Dancing is a very crude attempt to get into the rhythm of life.

G. B. SHAW (comediógrafo irlandês, 1856-1950), *Back to Methuselah*, V.

439. Mas se dança, / observa-a! toda a harmonia do som / emana do seu belo corpo, e do sorriso / da sua boca...

Ma se danza, / vedila! tutta l'armonia del suono / scorre dal suo bel corpo, e dal sorriso / della sua bocca...

U. FOSCOLO (poeta italiano, 1778-1827), *Le Grazie*, II, 320-3.

440. *A dança*: uma expressão perpendicular de um desejo horizontal.

On dancing: A perpendicular expression of a horizontal desire.

G. B. SHAW (comediógrafo irlandês, 1856-1950), citado em G. MELLY, *Revolt into Style*.

A BELEZA

A beleza

441. A beleza é dom de Deus.

Θεοῦ δῶρον εὐμορφίαν.

ARISTÓTELES (filósofo grego, 384-322 a.C.), citado em DIÓGENES LAÉRCIO, *Vidas dos filósofos*, Aristóteles, V, 19.

442. O belo é uma manifestação de leis secretas da natureza, que, se não se revelassem a nós por meio do belo, permaneceriam eternamente ocultas.

Das Schöne ist eine Manifestation geheimer Naturgesetze, die uns ohne dessen Erscheinung ewig wären verborgen geblieben.

J. W. GOETHE (escritor alemão, 1749-1832), *Máximas e reflexões*, XIII, 7.

443. Podemos girar todo o mundo em busca do que é belo, mas se já não o trazemos conosco, não o encontraremos.

Though we travel the world over to find the beautiful, we must carry it with us or we find it not.

R. W. EMERSON (filósofo e poeta norte-americano, 1803-1882), *Essays*, Art.

444. A beleza sozinha basta para persuadir / os olhos dos homens, sem a necessidade de um orador.

Beauty itself doth of itself persuade / The eyes of men without an orator.

W. SHAKESPEARE (dramaturgo inglês, 1564-1616), *O estupro de Lucrécia*, I.

445. A beleza é a melhor carta de recomendação.

Τὸ κάλλος παντὸς... ἐπιστολίου συστατικώτερον.

ARISTÓTELES (filósofo grego, 384-322 a.C.), citado em DIÓGENES LAÉRCIO, *Vidas dos filósofos*, Aristóteles, V, 18.

446. Às semelhanças, / à beleza amena, o Pai [Júpiter] / concedeu eterno reino / sobre os homens; e mesmo com heróico intento, / ou com sábia lira ou canto, / a virtude não resplandece em desadornado manto.

    Alle sembianze il Padre, / alle amene sembianze eterno regno / diè nelle genti; e per virili imprese, / per dotta lira o canto, / virtù non luce in disadorno ammanto.

    G. LEOPARDI (poeta italiano, 1798-1837), *Canti*, Ultimo canto di Saffo.

447. A beleza salvará o mundo.

    Красота спасет мир.

    F. M. DOSTOIEVSKI (escritor russo, 1821-1881), *Discurso sobre Pushkin*.

448. Coisa bela e mortal passa e não dura.

    Cosa bella e mortal passa e non dura.

    F. PETRARCA (poeta italiano, 1304-1374), *Canzoniere*, soneto 190.

449. Mas ela era do mundo em que as coisas mais belas / Têm o pior destino: / E Rosa viveu o que vivem as Rosas, / O espaço de uma manhã.

    Mais elle était du monde où les plus belles choses / Ont le pire destin: / Et Rose elle a vécu ce que vivent les Roses, / L'espace d'un matin.

    F. DE MALHERBE (poeta francês, 1555-1628), *Consolation à Monsieur du Perier*.

450. Surgem assim teus divinos / membros do leito onde jazias adoentada, / e em ti a beleza revive: / áurea beleza, que é o único conforto dos homens / destinados a errar entre paixões e vãs esperanças.

    Sorgon così tue dive / membra dall'egro talamo, / e in te beltà rivive: / l'aurea beltade, ond'ebbero / ristoro unico ai mali / le nate a vaneggiar menti mortali.

    U. FOSCOLO (poeta italiano, 1778-1827), *Odi*, All'amica risanata.

451. A beleza sem a verdade e sem o bem é apenas um ídolo.

> Красота без истины и добра есть кумир.
>
> V. S. Soloviev (teólogo russo, 1853-1900), *A justificação do bem*.

452. A beleza é a outra forma da verdade.
    La belleza es la otra forma de la verdad.
    A. Casona (dramaturgo espanhol, 1903-1965).

453. "Beleza é verdade, verdade é beleza" – isso é tudo / o que conheceis sobre a Terra, e é tudo o que precisais conhecer.
    "Beauty is truth, truth beauty" – that is all / Ye know on earth, and all ye need to know.
    J. Keats (poeta inglês, 1795-1821), *Ode on a Grecian Urn*.

454. Exuberância é Beleza.
    Exuberance is Beauty.
    W. Blake (poeta inglês, 1757-1827), *The Marriage of Heaven and Hell*.

455. A beleza é apenas a promessa da felicidade.
    La beauté n'est que la promesse du bonheur.
    Stendhal (escritor francês, 1783-1842), *Do amor*.

456. O amor construído sobre a beleza morre com a beleza.
    Love built on beauty, soon as beauty, dies.
    J. Donne (poeta inglês, 1573-1631), *Elegias*, II, O Anagrama.

457. Nenhum possível é belo; apenas o real é belo.
    Aucun possible n'est beau; le réel seul est beau.
    Alain (filósofo francês, 1868-1951), *Système des beaux-arts*.

458. Não há beleza perfeita que não tenha algo desproporcional.
    There is no excellent beauty that hath not some strangeness in the proportion.
    F. Bacon (filósofo inglês, 1561-1626), *Essays*, XLIII, Of Beauty.

459. A beleza, inclusive na arte, não pode ser imaginada sem pudor.
    Das Schöne, auch in der Kunst, ist ohne Scham nicht denkbar.

H. von Hofmannsthal (escritor austríaco, 1874-1929), *O livro dos amigos*.

460. Belo é aquilo que ao mesmo tempo é estimulante e sublime.

    Schön ist, was zugleich reizend und erhaben ist.

    F. von Schlegel (escritor alemão, 1772-1829), *Athenäum*, Fragmentos.

461. Os intelectuais, educados para o culto à Beleza, conservam sempre, mesmo nas piores depravações, uma espécie de ordem.

    Gli uomini d'intelletto, educati al culto della Bellezza, conservano sempre, anche nelle peggiori depravazioni, una specie di ordine.

    G. D'Annunzio (escritor italiano, 1863-1938), *Il piacere*, I, 2.

462. Lembra-te de que as coisas mais belas do mundo são também as mais inúteis: os pavões e os lírios, por exemplo.

    Remember that the most beautiful things in the world are the most useless: peacocks and lilies for instance.

    J. Ruskin (crítico de arte inglês, 1819-1900), *As pedras de Veneza*, I, 2, 17.

463. Nada do que é belo é indispensável à vida. [...] De realmente belo existe apenas o que não pode servir a nada; tudo o que é útil é feio.

    Rien de ce qui est beau n'est indispensable à la vie. [...] Il n'y a de vraiment beau que ce qui ne peut servir à rien; tout ce qui est utile est laid.

    Th. Gautier (escritor francês, 1811-1872), *Mademoiselle de Maupin*.

464. Que grande dom de Deus é a beleza! / É preferível tê-la ao dinheiro: / pois a riqueza não dá beleza, / mas com beleza se conquista a riqueza.

    Che gran dono de Dio ch'è la bellezza! / Sopra de li quadrini hai da tenella: / pe via che la ricchezza nun dà quella, / e co quella s'acquista la ricchezza.

    G. G. Belli (poeta dialetal italiano, 1791-1863), *Sonetti*, La bellezza.

465. As coisas podem ser bonitas, elegantes, suntuosas, graciosas, atraentes, mas enquanto não falam à imaginação não são belas.

    Things are pretty, graceful, rich, elegant, handsome, but, until they don't speak to the imagination, they are not beautiful yet.

R. W. EMERSON (filósofo e poeta norte-americano, 1803-1882), *The Conduct of Life*, Beauty.

466. Ó quanto é bela, mas não tem cérebro!

O quanta species, cerebrum non habet.

FEDRO (fabulista latino, séc. I d.C.), *Fábulas*, A raposa e a máscara de teatro, I, 7.

467. A beleza nas coisas existe na mente que a contempla.

Beauty in things exist in the mind which contemplates them.

D. HUME (filósofo escocês, 1711-1776), *Essays*, Of Tragedy, 1742.

468. A graça é a beleza em movimento.

Reiz ist Schönheit in Bewegung.

G. E. LESSING (filósofo alemão, 1729-1781), *Laocoonte*.

469. A graça é para o corpo o que o bom senso é para a mente.

La bonne grâce est au corps ce que le bon sens est à l'esprit.

F. LA ROCHEFOUCAULD (escritor francês, 1613-1680), *Maximes*, 67.

470. É muito raro encontrar a sabedoria acompanhada da beleza.

Raram fecit mixturam cum sapientia forma.

PETRÔNIO ÁRBITRO (escritor latino, morto em 66 d.C.), *Satyricon*, XCIV.

A mulher bonita

471. É bom que as mulheres bonitas geralmente sejam estúpidas. Se também fossem inteligentes, seria uma injustiça.

È bene che le donne belle siano spesso stupide. Se fossero anche intelligenti sarebbe un'ingiustizia.

V. BUTTAFAVA (escritor italiano, 1918-1983), *La vita è bella nonostante*, I pensieri del grillo parlante.

472. Uma mulher bonita não é aquela de quem se elogiam as pernas ou os braços, mas aquela cuja inteira aparência é de tal beleza que não deixa possibilidades para admirar as partes isoladas.

Non est formosa, cuius crus laudatur aut brachium, sed illa, cuius universa facies admirationem partibus singulis abstulit.
SÊNECA (filósofo latino, 4 a.C.-65 d.C.), *Cartas a Lucílio*, 33, 5.

473. Para muitos, Quíntia é "bela". Para mim, é "esplêndida". Alta. / Ereta. Concordo com os detalhes. / Com a síntese "bela", não. Falta o encanto...

    Quintia formosa est multis, mihi candida, longa, / Recta est. Haec ego sic singula confiteor. / Totum illud "formosa" nego; nam nulla venustas...
    CATULO (poeta latino, 87-54 a.C.), *Poesias*, LXXXVI, 1-3.

474. Não é um lábio ou um olho o que chamamos de beleza, / Mas a força global e o resultado final de todas as partes.

    'Tis not a lip, or eye, we beauty call, / But the joint force and full result of all.
    A. POPE (poeta inglês, 1688-1744), *An Essay on Criticism*, 245-6.

475. A fronte há de ser ampla, ou seja, larga, alta, cândida e serena... A altura há de ser tanta quanto a metade de sua largura: e, no entanto, deve ser duas vezes tão larga quanto sua altura, de modo que da largura pode-se deduzir o comprimento, e do comprimento, a largura.

    La fronte ha da essere spaziosa, cioè larga, alta, candida e serena... L'altezza ha da essere tanta, quanta è la metà della sua larghezza: e però dee essere due volte tanto larga quanto è alta una, sicché dalla larghezza si ha a pigliare la lunghezza, e dalla lunghezza la larghezza.
    A. FIRENZUOLA (escritor italiano, 1493-1543), *Discorsi delle bellezze delle donne.*

476. Foi este o rosto que fez zarpar mil navios?

    Was this the face that launch'd a thousand ships?
    CH. MARLOWE (dramaturgo inglês, 1564-1593), *Doctor Faustus*, 1328.

477. O nariz de Cleópatra: se tivesse sido mais curto, toda a face da Terra teria mudado.

    Le nez de Cléopâtre: s'il eût été plus court, toute la face de la terre aurait changé.

B. Pascal (filósofo francês, 1623-1662), *Pensamentos*, II, 162.

478. Se a moral de Cleópatra tivesse sido menos curta, a face da Terra teria mudado. Seu nariz não teria se alongado por isso.

    Si la morale de Cléopâtre eût été moins courte, la face de la terre aurait changé. Son nez n'en serait pas devenu plus long.

    Lautréamont (escritor francês, 1846-1870), *Poésies*.

479. É uma espécie de florescência numa mulher. Se você tem charme, não precisa de mais nada; se não o tem, todo o resto não serve para muita coisa.

    It's a sort of bloom on a woman. If you have it [charm], you don't need to have anything else; and if you don't have it, it doesn't much matter what else you have.

    J. M. Barrie (escritor inglês, 1860-1937), *What Every Woman Knows*, I.

480. É melhor ser pó a uma mulher que não atrai.

    Staub lieber als ein Weib sein, das nicht reizt.

    H. von Kleist (escritor alemão, 1777-1811), *Pentesiléia*, IX.

481. Todas as pessoas fascinantes têm algo a esconder: geralmente sua total dependência da apreciação dos outros.

    All charming people have something to conceal, usually their total dependence on the appreciation of others.

    C. Connolly (jornalista inglês, 1903-1974), *Enemies of Promise*, XVI.

482. Vi grande quantidade de armadilhas com visco, / que eram, ó mulheres, as vossas belezas.

    Vide gran copia di panie con visco, / ch'erano, o donne, le bellezze vostre.

    L. Ariosto (poeta italiano, 1474-1533), *Orlando furioso*, XXXIV, oitava 81.

483. Existem mulheres que não são belas, mas que apenas parecem belas.

    Es gibt Frauen, die nicht schön sind, sondern nur so aussehen.

    K. Kraus (escritor austríaco, 1874-1936), *Mulher, fantasia*.

484. Oh, é uma moça maravilhosa. Extraordinariamente pneumática.
Oh, she's a splendid girl. Wonderfully pneumatic.
A. L. HUXLEY (escritor inglês, 1894-1963), *Admirável mundo novo*, III.

485. Um dos primeiros efeitos da beleza feminina sobre um homem é o de tirar-lhe a avareza.
Uno dei primi effetti della bellezza femminile su di un uomo è quello di levargli l'avarizia.
I. SVEVO (escritor italiano, 1861-1928), *A consciência de Zeno*, 7.

486. A beleza que seduz poucas vezes coincide com a beleza que faz apaixonar.
La belleza que seduce pocas veces coincide con la belleza que enamora.
J. ORTEGA Y GASSET (filósofo espanhol, 1883-1955).

487. As mulheres bonitas não sabem envelhecer, os artistas não sabem sair de cena quando é tempo: ambos estão errados.
Красивые женщины не умеют стариться, артисты не умеют вовремя удалиться со сцены: и те и другие не правы.
A. G. RUBINSTEIN (compositor russo, 1829-1894), *Pensamentos e aforismos*.

488. Quando somos belas, ficamos mais belas ainda sem adornos.
Wenn wir schön sind, sind wir ungeputzt am schönsten.
G. E. LESSING (filósofo alemão, 1729-1781), *Minna von Barnhelm*, II, 7.

489. Uma mulher bonita é mil vezes mais atraente quando sai dos braços de Morfeu do que após uma acurada *toilette*.
Una bella donna è mille volte più attraente quando esce dalle braccia di Morfeo che dopo un'accurata toilette.
G. CASANOVA (aventureiro italiano, 1725-1798), *Memorie scritte da lui medesimo*, XV.

Os cosméticos

490. Não existem mulheres feias, apenas mulheres preguiçosas.
There are no ugly women, only lazy ones.

H. RUBINSTEIN (criadora de cosméticos, 1882-1965), *A minha vida pela beleza*, II, 1.

491. A cosmética é a doutrina do universo feminino.

Kosmetik ist die Lehre vom Kosmos des Weibes.

K. KRAUS (escritor austríaco, 1874-1936), *Ditos e desditos*.

492. A maior parte das mulheres não é tão jovem como se pinta.

Most women are not so young as they are painted.

M. BEERBOHM (escritor inglês, 1872-1956), *A Defence of Cosmetics*.

493. A mulher tem bom perfume quando não tem perfume algum.

Mulier recte olet ubi nihil olet.

PLAUTO (comediógrafo latino, c. 250-184 a.C.), *Mostellaria*, I, 3.

494. Na fábrica produzimos cosméticos. Na loja vendemos esperança.

In the factory we make cosmetics. In the store we sell hope.

CH. REVSON (industrial americano, 1906-1975), citado em A. TOBIAS, *Fire and Ice*.

A fealdade

495. Os feios... quase sempre também são maus, e os belos, bons.

Li brutti... per lo più sono ancor mali e li belli boni.

B. CASTIGLIONE (escritor italiano, 1478-1529), *O cortesão*, IV, 58.

496. Que ninguém culpe um homem de ser feio.

Τοῖς μὲν γὰρ διὰ φύσιν αἰσχροῖς οὐδεὶς ἐπιτιμᾷ.

ARISTÓTELES (filósofo grego, 384-322 a.C.), *Ética a Nicômaco*, III, 5.

497. Se és feio... sê terrível, esquecerão a tua fealdade. Se és velho... sê enérgico, esquecerão a tua idade.

Tu es laid... sois terrible, on oubliera ta laideur. Tu es vieux... sois énergique, on oubliera ton âge.

E. SUE (escritor francês, 1804-1857), *Les mystères de Paris*.

498. Salve, moça do nariz que não é pequeno, / do pé que não é gracioso, dos olhos que não são pretos, / dos dedos que não são longos, da boca que não é seca...

Salve, nec minimo puella naso / nec bello pede nec nigris ocellis / nec longis digitis nec ore sicco...

CATULO (poeta latino, 87-54 a.C.), *Poesias*, XLIII, 1-3.

O BEM

O bem e o mal

499. A razão vos é dada para discernir o bem do mal.
 Lume v'è dato a bene e a malizia.
 D. ALIGHIERI (poeta italiano, 1265-1321), *Purgatório*, XVI, 75.

500. A ética é a estética de dentro.
 L'éthique c'est l'esthétique de dedans.
 P. REVERDY (escritor francês, 1889-1960), *Le livre de mon bord*.

501. Moral é o que te faz sentir bem depois de tê-lo feito, e imoral o que te faz sentir mal.
 What is moral is what you feel good after, and what is immoral is what you feel bad after.
 E. HEMINGWAY (escritor norte-americano, 1899-1969), *Morte à tarde*.

502. Nenhuma moralidade pode fundar-se na autoridade, mesmo que a autoridade fosse divina.
 No morality can be founded on authority, even if the authority were divine.
 A. J. AYER (filósofo inglês, 1910-1989), *Essay on Humanism*.

503. Se os teus princípios morais te deixam triste, podes estar certo de que estão errados.
 If your morals make you dreary, depend upon it, they are wrong.
 R. L. STEVENSON (escritor inglês, 1850-1894), *Across the Plains*.

504. Primeiro vem o estômago, depois a moral.

Erst kommt das Fressen, dann kommt die Moral.
B. BRECHT (escritor alemão, 1898-1956), *A ópera de três vinténs*, Segundo final.

505. Um excelente modo de fazer o bem é a firme decisão de combater o mal.
Eccellente modo di fare il bene è la ferma risoluzione di combattere il male.
C. CANTÙ (escritor italiano, 1804-1895), *Attenzione!*, cap. XI.

506. Dizem que é infelicíssimo / quem reconhece o bem mas é obrigado / a manter-se longe dele.
Φαντὶ δ' ἔμμεν / τοῦτ' ἀνιαρότατον, καλὰ γινώσκοντ' ἀνάγκᾳ / ἐκτὸς ἔχειν πόδα.
PÍNDARO (poeta grego, 518-438 a.C.), *Odes*, Quarta pítica, 511-3.

507. Se eu pudesse, seria mais sensata; mas uma força nova / me arrasta contra a minha vontade, e o desejo / me atrai a uma direção, e a razão, a outra: / vejo e aprovo o melhor, mas sigo o pior.
Si possem, sanior essem; / sed trahit invitam nova vis, aliudque cupido, / mens aliud suadet: video meliora proboque, / deteriora sequor.
OVÍDIO (poeta latino, 43 a.C.-c. 18 d.C.), *Metamorfose*, VII, 18-21.

508. Nós, de fato, sabemos que a lei é espiritual, mas eu sou carnal, vendido e sujeito ao pecado. Aquilo que faço não é o que pretendo fazer, pois não faço aquele bem que quero, mas aquele mal que odeio.
Scimus enim quia lex spiritualis est; ego autem carnalis sum venundatus sub peccato. Quod enim operor, non intelligo, non enim quod volo bonum, hoc ago; sed quod odi malum, illud facio.
SÃO PAULO (apóstolo), *Epístola aos romanos*, VII, 14-5.

509. Aqueles que fazem o bem, fazem-no em grande quantidade: ao provarem aquela satisfação, sentem que é suficiente, e não querem ter o aborrecimento de se preocupar com todas as conseqüências; mas aqueles que sentem prazer em fazer o mal, são mais diligentes, estão sempre atrás de nós até o fim, nunca estão tranqüilos, porque têm aquela idéia fixa que os corrói.

> *Quelli che fanno il bene, lo fanno all'ingrosso: quand'hanno provata quella soddisfazione, n'hanno abbastanza, e non si voglion seccare a star dietro a tutte le conseguenze; ma coloro che hanno quel gusto di fare il male, ci mettono più diligenza, ci stanno dietro fino alla fine, non prendon mai requie, perché hanno quel canchero che li rode.*
>
> A. Manzoni (escritor italiano, 1785-1873), *I promessi sposi*, XXIV.

510. Dona Prassede era uma nobre senhora, muito inclinada a fazer o bem: certamente a profissão mais digna que o homem possa exercitar; mas que, infelizmente, também pode não dar certo, como todas as outras.

    Era donna Prassede una vecchia gentildonna molto inclinata a far del bene: mestiere certamente il più degno che l'uomo possa esercitare; ma che purtroppo può anche guastare, come tutti gli altri.

    A. Manzoni (escritor italiano, 1785-1873), *I promessi sposi*, XXV.

511. Dever-se-ia pensar mais em fazer o bem do que em estar bem: e assim também se acabaria por estar melhor.

    Si dovrebbe pensare più a far bene che a star bene: e così si finirebbe anche a star meglio.

    A. Manzoni (escritor italiano, 1785-1873), *I promessi sposi*, XXXVIII.

512. Fiz um pouco de bem; é a minha melhor obra.

    J'ai fait un peu de bien; c'est mon meilleur ouvrage.

    Voltaire (escritor e filósofo francês, 1694-1778), *Epîtres*.

513. Amigos, hoje perdi o dia.

    Amici, diem perdidi.

    Tito (imperador romano, 39-81), citado em Suetônio, *Vidas dos Césares*, Tito, 8. Assim disse o imperador uma noite, lembrando-se de não ter feito nenhuma boa ação naquele dia.

514. É preciso sempre desculpar-se por ter agido bem – nada fere mais do que isso.

    Il faut toujours s'excuser de bien faire – rien ne blesse plus.

    P. Valéry (poeta francês, 1871-1945), *Mélange*.

515. Nada é gratuito nesse mundo em que vivemos. Tudo se expia, tanto o bem como o mal, cedo ou tarde se paga. O bem é necessariamente muito mais caro.

Rien n'est gratuit en ce bas monde. Tout s'expie, le bien comme le mal, se paie tôt ou tard. Le bien c'est beaucoup plus cher forcément.

L.-F. CÉLINE (escritor francês, 1894-1961), *Semmelweis*.

516. A natureza das coisas do mundo constitui-se de modo que é quase impossível encontrar alguma que não possua uma desordem ou um inconveniente em qualquer parte; é preciso decidir-se a aceitá-las como são e tomar como bom aquilo que possuem de menos ruim.

La natura delle cose del mondo è in modo che è quasi impossibile trovarne alcuna che in ogni parte non vi sia qualche disordine e inconveniente; bisogna risolversi a torle come sono e pigliare per buono quello che ha in sé manco male.

F. GUICCIARDINI (escritor político italiano, 1483-1540), *Ricordi*, 126.

517. É claro e evidente que o mal se insinua no homem mais profundamente do que supõem os médicos socialistas. Em nenhuma ordem social é possível escapar ao mal e mudar a alma humana: ela própria é a origem da aberração e do pecado.

Ясно и понятно до очевидности, что зло таится в человеке глубже, чем предполагают лекаря-социалисты, что ни в каком устройстве общества не избегнете зла, что душа человеческая останется та же, что ненормальность и грех исходят из нее самой.

F. M. DOSTOIEVSKI (escritor russo, 1821-1881), *Diários*.

518. Tudo é puro para os puros.

Omnia munda mundis.

SÃO PAULO (apóstolo), *Epístola a Tito*, I, 15.

519. Até mesmo o sol penetra nas latrinas, mas não é contaminado por elas.

Καὶ γὰρ ὁ ἥλιος, ἔφη, εἰς τοὺς ἀποπάτους, ἀλλ' οὐ μιαίνεται.

Diógenes, o Cínico (filósofo grego, morto em c. 323 a.C.), citado em Diógenes Laércio, *Vidas dos filósofos*, Diógenes, VI, 63. Assim respondeu o filósofo a quem o criticava por dirigir-se a lugares imundos.

520. Não dura o mal onde não dura o bem, / mas freqüentemente um se transforma no outro.

    Non dura 'l mal dove non dura 'l bene, / ma spesso l'un nell'altro si trasforma.

    M. Buonarroti (artista e poeta italiano, 1475-1564), *Rime*, sonetto: Chi di notte cavalca, el dì conviene.

521. Do mal não pode nascer o bem, assim como um figo não nasce de uma oliveira: o fruto corresponde à semente.

    Non nascitur itaque ex malo bonum, non magis quam ficus ex olea. Ad semen nata respondent.

    Sêneca (filósofo latino, 4 a.C.-65 d.C.), *Cartas a Lucílio*, 87, 25.

522. Os maiores males sempre se infiltraram na vida dos homens sob a ilusória aparência do bem.

    Semperque malorum maxima sub umbra ac specie boni subrepserunt in vitam hominum.

    Erasmo de Rotterdam (humanista holandês, 1466-1536), *Adagia*, É bela a guerra para quem não a provou.

523. Não existe o bom ou o mau; é o pensamento que os faz assim.

    There is nothing either good or bad, but thinking makes it so.

    W. Shakespeare (dramaturgo inglês, 1564-1616), *Hamlet*, II, 2, 259.

524. Fazer o pior parece a melhor decisão.

    Τὸ τὸν ἥττω δὲ λόγον κρείττω ποιεῖν.

    Aristóteles (filósofo grego, 384-322 a.C.), *Retórica*, II, 24.

525. Ainda não é o pior / enquanto pudermos dizer: "Isto é o pior."

    The worst is not, / So long as we can say, "This is the worst".

    W. Shakespeare (dramaturgo inglês, 1564-1616), *Rei Lear*, IV, 1, 27-8.

526. Belinda Mas sabeis que devemos dar o bem em troca do mal.
    Lady Brute Talvez isso seja um erro de tradução.

BELINDA *Ay, but you know we must return good for evil.*
LADY BRUTE *That may be a mistake in the translation.*

J. VANBRUGH (dramaturgo inglês, 1664-1726), *The Provoked Wife*, I, 2.

527. Na maioria das vezes, deixar um bem presente por medo de um mal futuro é loucura.

Lasciare uno bene presente per paura di uno male futuro è el più delle volte pazzia.

F. GUICCIARDINI (escritor político italiano, 1483-1540), *Ricordi*, C, 23.

528. Os males que não são percebidos são os mais perigosos.

Periculosius solet esse malum, quia non sentitur.

ERASMO DE ROTTERDAM (humanista holandês, 1466-1536), *Colóquios*, Exame da fé.

529. Os males de que foges estão em ti.

Tecum sunt, quae fugis.

SÊNECA (filósofo latino, 4 a.C.-65 d.C.), *Cartas a Lucílio*, 104, 20.

530. Não subestimar o mal, pensando "Não se aproximará de mim"; um vaso de água se enche mesmo gota a gota; o estulto se enche de mal mesmo se o acumula aos poucos.

Māppamaññetha pāpassa na m'antam āgamissati / udabindunipātena udakumbho pi pūrati / bālo pūrati pāpassa thokathokaṃ pi āciṇam //

DHAMMAPADA (sentenças budistas), IX, 121.

531. Entre tantos males, o mal menor é aquele que faz menos mal.

Ex malis multis malum quod minimum est id minume est malum.

PLAUTO (comediógrafo latino, c. 250-184 a.C.), *Stichus*, 120.

532. O mal que se quer esconder acaba sendo considerado maior.

Quod tegitur, maius creditur esse malum.

MARCIAL (poeta latino, c. 40-102), *Epigramas*, III, 42, 4.

533. O mal que fazemos é sempre mais triste do que o mal que nos fazem.

El mal que hacemos es siempre más triste que el mal que nos hacen.

J. Benavente y Martínez (dramaturgo espanhol, 1866-1954).

534. O bem que recebemos de alguém exige que respeitemos o mal que ele nos faz.
Le bien que nous avons reçu de quelqu'un veut que nous respections le mal qu'il nous fait.
F. La Rochefoucauld (escritor francês, 1613-1680), *Maximes*, 229.

535. Aprendendo a conhecer os males da natureza, despreza-se a morte; aprendendo a conhecer os males da sociedade, despreza-se a vida.
En apprenant à connaître les maux de la nature, on méprise la mort: en apprenant à connaître ceux de la société, on méprise la vie.
N. de Chamfort (escritor francês, c. 1740-1794), *Máximas e pensamentos*, II, 87.

536. Quem decide praticar o mal, encontra sempre um pretexto.
Malefacere qui vult, nunquam non causam invenit.
Públio Siro (poeta latino, séc. I a.C.), *Sentenças*, 459.

A honestidade

537. A honestidade é elogiada por todos, mas morre de frio.
Probitas laudatur et alget.
Juvenal (poeta latino, c. 50/65-140), *Sátiras*, I, 74.

538. O que é a honestidade senão o medo da prisão?
Che è l'onestà se non la paura della prigione?
C. Dossi (escritor italiano, 1849-1910), *Note azzurre*, n. 2006.

A corrupção

539. Há algo de podre no reino da Dinamarca.
Something is rotten in the state of Denmark.
W. Shakespeare (dramaturgo inglês, 1564-1616), *Hamlet*, I, 4, 90.

540. Lamenta a corrupção da vida romana, cita desdenhoso algum caso. Sim, de fato, foi assim por vários séculos, mas agora estamos exagerando: vício e perversão. Dá vontade de ir embora, mas para onde? Fazendo-se triste: "Ah – conclui –, poder retirar-se no campo, sozinho, com um quilo de cocaína, longe dessa imundície."

Lamenta la corruzione della vita romana, cita sdegnato qualche caso. Sì, d'accordo, è stato così per secoli e secoli, ma ora stiamo esagerando: vizio e putredine. Vien voglia di andarsene, ma dove? Facendosi triste: "Ah – conclude – potersi ritirare in campagna, soli, con un chilo di cocaina, lontani da queste sozzure."

E. FLAIANO (escritor italiano, 1910-1972), *Diario notturno*.

541. Em Roma, / tudo se compra.

Omnia Romae / cum pretio.

JUVENAL (poeta latino, c. 50/65-140), *Sátiras*, III, 183-4.

542. Todo homem é prevaricador, exceto Bonturo; / por dinheiro, dum não se faz um *sim*.

Ogn'uom v'è barattier, fuor che Bonturo; / del no, per li denar, vi si fa ita.

D. ALIGHIERI (poeta italiano, 1265-1321), *Inferno*, XXI, 41-2.

A maldade

543. Poucas vezes falta engenho à maldade.

Pocas veces falta el ingenio a la maldad.

A. DE SOLÍS Y RIBADENEYRA (historiador e comediógrafo, 1610-1686), *Conquista de Méjico*.

544. Temos de ser cruéis. Temos de recuperar a consciência tranqüila para sermos cruéis.

Wir müssen grausam sein. Wir müssen das gute Gewissen zur Grausamkeit wiedergewinnen.

A. HITLER (político alemão, 1889-1945), *Minha luta*.

545. Os malvados que têm sucesso são insuportáveis.

Κακοὶ γὰρ εὖ πράσσοντες οὐκ ἀνασχετοί.

Ésquilo (trágico grego, c. 525-456 a.C.), *Fragmentos*, 398.

546. Muitas vezes uma cidade inteira pagou por um homem mau.

Πολλάκι καὶ ξύμπασα πόλις κακοῦ ἀνδρὸς ἀπηύρα.

Hesíodo (poeta grego, séc. VIII-VII a.C.), *Os trabalhos e os dias*, 240.

547. Na serpente, o veneno está nos dentes; na mosca, na cabeça; no escorpião, na cauda; no homem mau, está no corpo inteiro.

Takṣakasya viṣam dante makṣikāyāṃ viṣam śiraḥ / vṛścikasya viṣam pucchaṃ sarvāṅge durjano viṣam //

Vṛddhacāṇakya (sentenças indianas), XVII, 8.

548. De homens muito maus não se pode nem mesmo imaginar que morram.

Von sehr bösen Menschen kann man sich eigentlich gar nicht vorstellen, daβ sie sterben.

Th. W. Adorno (filósofo alemão, 1903-1969), *Minima moralia*, III, Monogramas.

549. O homem nunca é melhor / do que quando percebe, no fundo da sua alma, / o quanto é mau.

Nie besser ist / Der Mensch, als wenn er es recht innig fühlt, / Wie schlecht er ist.

H. von Kleist (escritor alemão, 1777-1811), *O príncipe de Homburg*, IV, 1.

550. *Pederneira*. Substância muito usada na fabricação de corações humanos.

Flint. *A substance much in use as a material for hearts.*

A. Bierce (escritor norte-americano, 1842-1914), *The Devil's Dictionary*.

A bondade

551. Todos amam os bons, mas os exploram. Todos detestam os maus, mas os temem e lhes obedecem.

Tutti amano i buoni, ma li sfruttano. Tutti detestano i cattivi, ma li temono e li ubbidiscono.

V. BUTTAFAVA (escritor italiano, 1918-1983), *La vita è bella nonostante*, I pensieri del grillo parlante.

552. O homem de bem, em meio aos malvados, destrói sempre; e nós estamos acostumados a nos associar ao mais forte, a pisar em quem está no chão e a julgar segundo as circunstâncias.

    L'uomo dabbene in mezzo a' malvagi rovina sempre; e noi siam soliti ad associarci al più forte, a calpestare chi giace, e a giudicar dall'evento.

    U. FOSCOLO (poeta italiano, 1778-1827), *Ultime lettere di Jacopo Ortis*, 17 de abril.

553. É absurdo dividir as pessoas em boas e más. As pessoas ou são simpáticas ou são entediantes.

    It is absurd to divide people into good and bad. People are either charming or tedious.

    O. WILDE (escritor inglês, 1854-1900), *O leque de Lady Windermere*.

554. Nada é bom ou ruim se não for por comparação.

    Nothing is good or bad but by comparison.

    TH. FULLER (escritor inglês, 1654-1734), *Gnomologia*.

555. O perfume das flores não vai contra o vento, não aquele do sândalo, do tagara ou do jasmim; o perfume dos bons vai contra o vento: um homem honesto espalha-se por todas as regiões.

    Na pupphagandho paṭivātam eti na candanaṃ tagaraṃ mallikā vā / satañ ca gandho paṭivātam eti sabbā disā sappuriso pavāti //

    DHAMMAPADA (sentenças budistas), IV, 54.

556. Com o bom sou bom, / mas mesmo com quem não é bom sou bom / pois boa é a virtude.

    Col buono io sono buono, / ma anche col non buono io sono buono / ché buona è la virtù.

    LAO-TZU (filósofo chinês, séc. VI-V a.C.), *A regra celestial*, 49, trad. para o it. A. Castellani.

557. A um homem bom não é possível que ocorra nenhum mal, nem em vida nem em morte.

Οὐκ ἔστιν ἀνδρὶ ἀγαθῷ κακὸν οὐδὲν οὔτε ζῶντι οὔτε τελευτήσαντι.

SÓCRATES (filósofo grego, 469-399 a.C.), citado em PLATÃO, *Apologia de Sócrates*, 41 d.

558. A um homem honesto, que cuida da própria vida e sabe conservar-se no seu lugar, nunca acontecem maus encontros.

    A un galantuomo, il quale badi a sé e stia ne' suoi panni, non accadono mai brutti incontri.

    A. MANZONI (escritor italiano, 1785-1873), *I promessi sposi*, I.

559. Que nem mesmo por cidades e castelos, / mas ainda por casebres e feneiros / muitas vezes encontram-se os homens nobres.

    Che non pur per cittadi e per castella, / ma per tugurii ancora e per fienili / spesso si trovan gli uomini gentili.

    L. ARIOSTO (poeta italiano, 1474-1533), *Orlando furioso*, XIV, oitava 62.

A gentileza

560. Não quero que as pessoas sejam muito gentis: isso me poupa do trabalho de gostar muito delas.

    I do not want people to be very agreeable, as it saves me the trouble of liking them a great deal.

    J. AUSTEN (escritora inglesa, 1775-1817), *Letters*, 24/12/1816.

561. Culpamos as pessoas das quais não gostamos pelas gentilezas que nos demonstram.

    Unbeliebten Personen rechnen wir die Artigkeiten, welche sie uns erweisen, zum Vergehen an.

    F. W. NIETZSCHE (filósofo alemão, 1844-1900), *Humano, demasiado humano*, Gentilezas, I, 309.

562. Quando se deve matar um homem, não custa nada ser gentil.

    When you have to kill a man it costs nothing to be polite.

    W. CHURCHILL (político britânico, 1874-1965), *A Segunda Guerra Mundial*, vol. III, A grande aliança.

563. E cortesia foi ele ser vilão.

E cortesia fu lui esser villano.

D. ALIGHIERI (poeta italiano, 1265-1321), *Inferno*, XXXIII, 150.

564. As nações, como os homens, morrem de imperceptíveis descortesias.

Les nations, comme les hommes, meurent d'imperceptibles impolitesses.

J. GIRAUDOUX (escritor francês, 1882-1944), *A guerra de Tróia não acontecerá.*

As boas maneiras

565. As boas maneiras consistem em esconder o quanto pensamos bem de nós mesmos e o quanto pensamos mal dos outros.

Good breeding consists in concealing how much we think of ourselves and how little we think of other persons.

M. TWAIN (escritor norte-americano, 1835-1910), *Apontamentos.*

566. A educação seria a arte de parecer inofensivo.

L'educazione sarebbe l'arte di parere inoffensivi.

C. ALVARO (escritor italiano, 1895-1956), *Il nostro tempo e la speranza*, Morale della moda: Sapere stare al mondo.

567. A boa educação não está tanto no fato de não derramar molho sobre a toalha de mesa, mas em não perceber se outra pessoa o faz.

Хорошее воспитание не в том, что ты не прольешь соуса на скатерть, а в том, что ты не заметишь, если это сделает кто-нибудь другой.

A. P. TCHEKHOV (escritor russo, 1860-1904).

568. Sabeis quantas boas coisas podem ser feitas sem ofender as regras da boa educação: até mesmo rasgar o ventre num duelo.

Sapete quante belle cose si posson fare senza offender le regole della buona creanza: fino sbudellarsi.

A. MANZONI (escritor italiano, 1785-1873), *I promessi sposi*, XXXVIII.

569. Não é de bom-tom esfregar os dentes com o guardanapo, menos ainda com o dedo, pois são atos desagradáveis. Também não fica bem enxaguar a boca e cuspir o vinho em público. Nem é um bom costume levantar-se da mesa com o palito na boca, como um pássaro que prepara seu ninho, ou por trás da orelha, como um barbeiro.

Non istà bene a fregarsi i denti con la tovagliuola, e meno col dito, che sono atti difformi. Né risciacquarsi la bocca e sputare il vino, sta bene in palese. Né in levandosi da tavola portar lo stecco in bocca, a guisa d'uccello che faccia suo nido, o sopra l'orecchia, come barbiere, è gentil costume.

G. DELLA CASA (escritor italiano, 1503-1556), *Galateo ou Dos Costumes*, XXIX.

570. Não pode haver educação onde não há discrição.

No puede haber gracia donde no hay discreción.

M. DE CERVANTES (escritor espanhol, 1547-1616), *Dom Quixote*.

O BEBER

O beber

571. Quanto maior é a sede, maior é seu prazer em satisfazê-la.
    El si gode / tanto del ber quant'è grande la sete.
    D. ALIGHIERI (poeta italiano, 1265-1321), *Purgatório*, XXI, 73-4.

572. Agora é que se deve beber, agora é que se deve bater / a terra com pé desenfreado.
    Nunc est bibendum, nunc pede libero / pulsanda tellus.
    HORÁCIO (poeta latino, 65-8 a.C.), *Odes*, I, 37, 1-2.

573. Quando os homens bebem, aí sim / ficam ricos, vão bem nos negócios, ganham as causas, / são felizes e ajudam os amigos.
    Ὅταν πίνωσιν ἄνθρωποι, τότε / πλουτοῦσι, διαπράττουσι, νικῶσιν δίκας, / εὐδαιμονοῦσιν, ὠφελοῦσι τοὺς φίλους.
    ARISTÓFANES (comediógrafo grego, c. 445-c. 385 a.C.), *Os cavaleiros*, 92-4.

574. Sou apenas um abstêmio de cerveja, não um abstêmio de champanhe.
    I am only a beer teetotaller, not a champagne teetotaller.
    G. B. SHAW (comediógrafo irlandês, 1856-1950), *Cândida*, III.

575. No início você bebe um copo, depois o copo bebe um copo, depois o copo bebe você.
    First you take a drink, then the drink takes a drink, then the drink takes you.
    F. S. FITZGERALD (escritor norte-americano, 1896-1940), *Ackroyd* (Jules Feiffer), 7/5/1964.

O vinho

576. Não há alegria sem vinho.
 TALMUD (obra hebraica pós-bíblica), *Pesakhim*, 109.

577. Primavera florida, / sinto que vem. / Depressa, enchei / a cratera com vinho suave.
 ῏Ηρος ἀνθεμόεντος ἐπ᾽ ἄιον ἐρχομένοιο / ἐν δὲ κέρνατε τὼ μελιάδεος ὄττι τάχιστα / κράτηρα.
 ALCEU (poeta grego, séc. VII-VI a.C.), *Fragmentos*, 98 Diehl.

578. Uma noite, a alma do vinho cantava nas garrafas.
 Un soir, l'âme du vin chantait dans les bouteilles.
 CH. BAUDELAIRE (poeta francês, 1821-1867), *L'âme du vin*.

579. O vinho é o leite dos velhos. Não sei se quem o disse foi Cícero ou o bispo de Mondoñedo.
 El vino es la leche de los viejos. No sé si lo dice Cicerón o el obispo de Mondoñedo.
 L. DE VEGA (dramaturgo espanhol, 1562-1635), *Novelas a Marcia Leonarda*.

580. Que tenhamos vinho e mulheres, alegria e risadas, / sermões e água com gás no dia seguinte.
 Let us have wine and women, mirth and laughter, / Sermons and soda-water the day after.
 G. G. BYRON (poeta inglês, 1788-1824), *Don Juan*, II, 178.

581. O vinho e a música sempre foram para mim um magnífico saca-rolhas.
 Вино и музыка всегда были для меня прекрасным штопором.
 A. P. TCHEKHOV (escritor russo, 1860-1904), *Apontamentos*.

582. No vinho está a verdade.
 In vino veritas.
 PLÍNIO, O VELHO (escritor latino, 23-79), *História natural*, XIV.

583. O vinho me impele, / o vinho louco, que faz cantar até mesmo o homem mais ajuizado, / e o faz rir languidamente e o obriga a dançar, / e extrai a palavra que fica melhor quando não dita.

    Οἶνος γὰρ ἀνώγει / ἠλεός, ὅς τ' ἐφέηκε πολύφρονά περ μάλ' ἀεῖσαι / καί θ' ἁπαλὸν γελάσαι, καί τ' ὀρχήσασθαι ἀνῆκε, / καί τι ἔπος προέηκεν ὅ πέρ τ' ἄρρητον ἄμεινον.

    HOMERO (poeta grego, séc. VIII-VII a.C.), *Odisséia*, XIV, 463-6.

584. Não deves conceder aos males a alma: / de nada serve sofrer e chorar, / ó Bukhi: mandar trazer o vinho / e embriagar-se é o único remédio.

    Οὐ χρῆ κάκοισι θῦμον ἐπιτρέπην· / προκόψομεν γὰρ οὐδὲν ἀσάμενοι, / ὦ Βύκχι, φάρμακον δ' ἄριστον / οἶνον ἐνεικαμένοις μεθύσθην.

    ALCEU (poeta grego, séc. VII-VI a.C.), *Fragmentos*, 91 Diehl.

585. O álcool cria no homem um heroísmo muito superior à ideologia e à paixão; não sem razão é chamado de espírito.

    L'alcool crea nell'uomo un eroismo assai superiore all'ideologia e alla passione; non a torto viene chiamato spirito.

    G. P. BONA (escritor italiano, nascido em 1926), *Passeggiata con il diavolo*, XIV.

586. E quem está com pressa?

    So who's in a hurry?

    R. BENCHLEY (humorista norte-americano, 1889-1945), atribuído. É o que teria respondido quando lhe perguntaram se sabia que a bebida alcoólica é uma morte lenta.

A embriaguez

587. A embriaguez excita e traz à luz todos os vícios, tirando aquele senso de pudor que constitui um freio aos instintos ruins.

    Omne vitium ebrietas et incendit et detegit, obstantem malis conatibus verecundiam removet.

    SÊNECA (filósofo latino, 4 a.C.-65 d.C.), *Cartas a Lucílio*, 83, 19.

588. Acreditaria que a embriaguez tivesse sido para os homens a primeira ocasião e a primeira causa do riso; outro efeito próprio e particular ao gênero humano.

> *Crederei che la prima occasione e la prima causa di ridere, fosse stata agli uomini la ubbriachezza; altro effetto proprio e particolare al genere umano.*
>
> G. LEOPARDI (poeta italiano, 1798-1837), *Operette morali*, Elogio degli uccelli.

589. É melhor dormir com um canibal sóbrio do que com um cristão embriagado.

    Better sleep with a sober cannibal that a drunken Christian.

    H. MELVILLE (escritor norte-americano, 1819-1891), *Moby Dick*, III.

590. É absurdo dizer, conforme a linguagem popular, que alguém se esconde na bebida; ao contrário, a maioria se esconde na sobriedade.

    It is most absurdly said, in popular language, of any man, that he is disguised in liquor; for, on the contrary, most men are disguised by sobriety.

    TH. DE QUINCEY (escritor inglês, 1785-1859), *Confessions of an English Opium-Eater*.

A abstinência

591. Se você decide parar de fumar, de beber e de fazer amor, na verdade você não vive mais tempo; é a vida que parece mais longa.

    If you resolve to give up smoking, drinking and loving, you don't actually live longer; it just seems longer.

    C. FREUD (político inglês, nascido em 1924), in *The Observer*, 27/12/1964.

O CAMPO

O campo

592. Apenas no campo temos a chance de conhecer uma pessoa ou um livro.
    It is only in the country that we can get to know a person or a book.
    C. CONNOLLY (jornalista inglês, 1903-1974), *The Unquiet Grave*, 3.

593. Não gosto nem um pouco do campo; é uma espécie de sepultura saudável.
    I have no relish for the country; it is a kind of healthy grave.
    S. SMITH (eclesiástico inglês, 1771-1845), *Letters*, a G. Harcourt, 1838.

594. É difícil para mim deixar Paris porque devo me separar dos meus amigos; e também é difícil deixar o campo porque devo me separar de mim mesmo.
    J'ai de la peine à quitter Paris parce qu'il faut me séparer de mes amis; et de la peine à quitter la campagne parce qu'alors il faut me séparer de moi.
    J. JOUBERT (escritor francês, 1754-1824), *Pensées*.

595. Amor, fascinante Amor, o campo é o teu templo.
    Amour, charmant Amour, la campagne est ton temple.
    J.-F. SAINT-LAMBERT (escritor francês, 1716-1803), *Le Printemps*.

596. Todos sabem ser bons no campo.
    Anybody can be good in the country.
    O. WILDE (escritor inglês, 1854-1900), *O retrato de Dorian Gray*, XIX.

A agricultura

597. Como seriam venturosos os agricultores, se conhecessem / os seus bens!

O fortunatos nimium, sua si bona norint, / agricolas!

VIRGÍLIO (poeta latino, 70-19 a.C.), *Geórgicas*, II, 458-9.

598. A agricultura é a arte de saber esperar.

L'agricoltura è l'arte di saper aspettare.

R. BACCHELLI (escritor italiano, 1891-1985), *Il diavolo al Pontelungo*, I, 15.

O burgo

599. Já ouço o rumor da aldeia; / Aqui é o verdadeiro empíreo do povo, / Grandes e pequenos folgam satisfeitos: / Aqui sou homem, aqui posso sê-lo!

Ich höre schon des Dorfs Getümmel, / Hier ist des Volkes wahrer Himmel, / Zufrieden jauchzet groβ und klein: / Hier bin ich Mensch, hier darf ich sein.

J. W. GOETHE (escritor alemão, 1749-1832), *Fausto*, 937-40.

600. Nem me dizia o coração que eu seria condenado / a consumir os verdes anos neste / burgo natal e selvagem, entre pessoas / grosseiras e vis; cujos nomes estranhos, e muitas vezes argumentos de riso e divertimento, / são doutrina e saber.

Né mi diceva il cor che l'età verde / sarei dannato a consumare in questo / natio borgo selvaggio, intra una gente / zotica, vil; cui nomi strani, e spesso / argomento di riso e di trastullo, / son dottrina e saper.

G. LEOPARDI (poeta italiano, 1798-1837), *Canti*, Le ricordanze, 28-33.

A cidade

601. Lembrai-vos de que os muros das cidades são construídos apenas com as ruínas das casas rurais.

Souvenez-vous que les murs des villes ne se forment que du débris des maisons des champs.
J.-J. ROUSSEAU (filósofo e escritor francês, 1712-1778), *O contrato social*.

602. **Deus fez o campo, e o homem fez a cidade.**
God made the country, and man made the town.
W. COWPER (poeta inglês, 1731-1800), *The Task*, I, 749.

603. **A cidade não é a solidão porque a cidade aniquila tudo o que povoa a solidão. A cidade é o vazio.**
La ville, ce n'est pas la solitude parce que la ville anéantit tout ce qui peuple la solitude. La ville c'est le vide.
P. DRIEU LA ROCHELLE (escritor francês, 1893-1945), *Gilles*.

604. **As grandes cidades devem ser canceladas da superfície da Terra.**
Die großen Städte müssen vom Erdboden vertilgt werden.
O. VON BISMARCK (político alemão, 1815-1898), *Discursos*, 20/3/1852.

605. **As cidades, como os sonhos, são feitas de desejos e de medos.**
Le città come i sogni sono costruite di desideri e di paure.
I. CALVINO (escritor italiano, 1923-1985), *Le città invisibili*, III.

A CASA

A casa

606. A casa de um homem é o seu castelo.

   A man's house is his castle.

   E. COKE (político inglês, 1552-1634), *Institutes: Commentary upon Littleton*, Third Institute, 73.

607. Pequena, mas suficiente para mim, não depende de ninguém, / decorosa, e comprada com meu dinheiro.

   Parva sed apta mihi, sed nulli obnoxia, sed non / sordida: parta meo sed tamen aere domus.

   Inscrição sobre a fachada da casa de Ariosto, em Ferrara.

608. Na minha casa um nabo é mais saboroso... do que o tordo, a estarna ou o porco da mesa alheia.

   In casa mia sa meglio una rapa... che all'altrui mensa tordo, starna o porco.

   L. ARIOSTO (poeta italiano, 1474-1533), *Satire*, III, 43 e 46.

609. Uma casa é uma máquina de morar.

   Une maison est une machine-à-habiter.

   LE CORBUSIER (arquiteto francês, 1887-1965), *Vers une Architecture*.

610. Esse privilégio de sentir-se em casa em qualquer lugar pertence apenas aos reis, às prostitutas e aos ladrões.

   Ce privilège d'être partout chez soi n'appartient qu'aux rois, aux filles et aux voleurs.

   H. DE BALZAC (escritor francês, 1799-1850), *Splendeurs et misères des courtisanes*.

611. Sinto-me em casa apenas em toda parte; e sempre o desejo me manda embora.

Je ne suis chez moi que partout; et toujours le désir m'en chasse.

A. GIDE (escritor francês, 1869-1951), *Os alimentos terrestres*.

612. Um homem percorre o mundo inteiro em busca daquilo de que precisa e volta para casa para encontrá-lo.

A man travels the world over in search of what he needs and returns home to find it.

G. MOORE (escritor irlandês, 1852-1933), *The Brook Kerith*, 11.

A hospitalidade

613. Todas as divindades se alegram, todos os videntes cantam, todos os antepassados dançam, quando um hóspede entra na nossa casa.

Hṛṣyanti devatāḥ sarvā gāyanti ṛṣayas tathā / nṛtyanti pitaraḥ sarve hy athitau gṛham āgate //

CĀṆAKYA (sentenças indianas), B 7410.

614. Todos provêm de Zeus / os hóspedes e os pobres; e um dom, mesmo que pequeno, é estimado.

Πρὸς γὰρ Διός εἰσιν ἅπαντες / ξεῖνοί τε πτωχοί τε, δόσις δ' ὀλίγη τε φίλη τε.

HOMERO (poeta grego, séc. VIII-VII a.C.), *Odisséia*, VI, 207-8.

615. A senhora estava tão contente que os hóspedes fossem embora, que exclamou: "Mas fiquem mais um pouco!"

От радости, что гости уходят, хозяйка сказала: «Вы бы еще посидели».

A. P. TCHEKHOV (escritor russo, 1860-1904).

616. Peca igualmente quem apressa o hóspede que não quer partir / e quem o detém quando este já está partindo. / O hóspede deve ser bem tratado se fica, e não deve ser impedido de partir se assim o deseja.

Ἴσόν τοι κακόν ἐσθ' ὅς τ' οὐκ ἐθέλοντα νέεσθαι / ξεῖνον ἐποτρύνει καὶ ὅς ἐσσύμενον κατερύκει. / Χρὴ ξεῖνον παρεόντα φιλεῖν, ἐθέλοντα δὲ πέμπειν.

Homero (poeta grego, séc. VIII-VII a.C.), *Odisséia*, XV, 72-4.

617. Não existe hóspede, por mais amigo que seja de quem o recebe, / que não comece a incomodar depois de três dias.

Nam hospes nullus tam in amici hospitium devorti potest / quin, ubi triduom continuom fuerit, iam odiosus siet.

Plauto (comediógrafo latino, c. 250-184 a.C.), *Miles gloriosus*, 741-2.

618. Marido e mulher amavam os hóspedes, porque sem eles acabavam brigando.

Муж и жена любили гостей, потому что без гостей ссорились.

A. P. Tchekhov (escritor russo, 1860-1904).

A pátria

619. Para mim, não existem mais "pátria" nem ideais; tudo isso não passa de pura decoração para os governantes, que preparam a próxima matança.

Es gibt für mich kein "Vaterland" und keine Ideale mehr, das ist alles bloβ Dekoration für die Herren, die das nächste Schlachten vorbereiten.

H. Hesse (escritor alemão, 1877-1962), *O lobo da estepe*.

620. "Meu país, com razão ou não" é uma coisa que nenhum patriota poderia sequer pensar em dizer, exceto num caso de desespero. É como dizer: "Minha mãe, bêbada ou sóbria."

"My country, right or wrong" is a thing no patriot would ever think of saying except in a desperate case. It is like saying, "My mother, drunk or sober."

G. K. Chesterton (escritor inglês, 1874-1936), *The Defendant*.

621. A pátria é como a mãe, de quem o filho não pode falar como de outra mulher.

La patria è come la madre, della quale un figlio non può parlare come d'altra donna.
C. Cattaneo (político italiano, 1801-1869), *Su la "Scienza nova" del Vico.*

622. Quem respeita a bandeira desde pequeno saberá defendê-la quando grande.
Chi rispetta la bandiera da piccolo, la saprà difendere da grande.
E. De Amicis (escritor italiano, 1846-1908), *Cuore*, Novembre: I soldati.

623. Se eu conhecesse alguma coisa que fosse útil à minha pátria, mas prejudicial à Europa, ou que fosse útil à Europa, mas prejudicial ao Gênero humano, considerá-la-ia um crime.
Si je savais quelque chose utile à ma patrie, et qui fût préjudiciable à l'Europe, ou bien qui fût utile à l'Europe et préjudiciable au Genre humain, je la regarderais comme un crime.
Ch. Montesquieu (escritor político francês, 1689-1755), *Cahiers*, Sur lui-même.

624. A nossa pátria está onde somos amados.
Отчизна там, где любят нас.
M. J. Lermontov (escritor russo, 1814-1841), *Adeus.*

625. Um homem que se respeite não tem pátria. Uma pátria é um visco.
Un homme qui se respecte n'a pas de patrie. Une patrie, c'est de la glu.
E. M. Cioran (escritor francês de origem romena, nascido em 1911), *Ecartèlement.*

626. A pátria está onde nos sentimos bem.
Πατρὶς γάρ ἐστι πᾶσ' ἵν' ἂν πράττῃ τις εὖ.
Aristófanes (comediógrafo grego, c. 445-c. 385 a.C.), *Pluto*, 1151.

627. A nossa verdadeira nacionalidade é a humanidade.
Our true nationality is mankind.
H. G. Wells (escritor inglês, 1866-1946), *The Outline of History*, 40, 1.

628. O homem clama em qualquer parte a sorte de uma pátria.

L'uomo grida dovunque la sorte d'una patria.
S. Quasimodo (poeta italiano, 1901-1968), *La vita non è sogno*, Lamento per il Sud.

629. No fundo, talvez o problema da pátria não passe de um problema de linguagem! Onde quer que se encontre, aonde quer que vá, o homem continua a pensar com as palavras, com a sintaxe do seu país.

Le problème de la patrie n'est peut-être, au fond, qu'un problème de langage! Où qu'il soit, où qu'il aille, l'homme continue à penser avec les mots, avec la syntaxe de son pays.
R. Martin du Gard (escritor francês, 1881-1958), *Les Thibault*.

630. Une-te à cara pátria / e sê-lhe fiel com todo o teu coração.

Ans Vaterland, ans teure, schließ dich an, / Das halte fest mit deinem ganzen Herzen.
F. von Schiller (escritor alemão, 1759-1805), *Guilherme Tell*, II, 1.

631. Na pátria, até mesmo o fumo é doce e agradável!

И дым отечества нам сладок и приятен!
A. S. Griboedov (dramaturgo russo, 1795-1829), *A inteligência faz sofrer.*

632. Quando é absolutamente necessário tomar decisões radicais sobre a saúde da pátria, não se deve deixar passar nenhuma consideração, nem do que é justo, nem do que é injusto; nem do que é piedoso, nem do que é cruel, nem do que é louvável, nem do que é ignominioso; ao contrário, postergada qualquer outra consideração, deve-se seguir inteiramente aquele partido que salve sua vida e a mantenha livre.

Dove si dilibera al tutto della salute della patria, non vi debbe cadere alcuna considerazione né di giusto né di ingiusto; né di pietoso né di crudele, né di laudabile, né di ignominioso; anzi, posposto ogni altro rispetto, seguire al tutto quel partito che li salvi la vita e mantenghile la libertà.
N. Maquiavel (político e escritor italiano, 1469-1527), *Discursos sobre a primeira década de Tito Lívio*, III, 41.

O patriotismo

633. Vamos, filhos da Pátria, / o dia de glória chegou!
    Allons, enfants de la Patrie, / Le jour de gloire est arrivé!
    C.-J. ROUGET DE LISLE (poeta e músico francês, 1760-1836), *La Marseillaise*.

634. É belo e glorioso morrer pela pátria.
    Dulce et decorum est pro patria mori.
    HORÁCIO (poeta latino, 65-8 a.C.), *Odes*, III, 2, 13.

635. Quem morre pela pátria já viveu muito.
    Chi per la patria muor vissuta è assai.
    POLA (libretista italiano, primeira metade do séc. XIX), *Donna Caritea*, coro do ato I, cena 9, para a música de S. Mercadante.

636. Dos mortos nas Termópilas / é gloriosa a sorte, o destino é belo: / não a sepultura, mas um altar; / não os lamentos, mas a lembrança; / não a dor, mas o louvor.

    Τῶν ἐν Θερμοπύλαις θανόντων / εὐκλεὴς μὲν ἁ τύχα, καλὸς δ' ὁ πότμος, / βωμὸς δ' ὁ τάφος, πρὸ γόων δὲ / μνᾶστις, ὁ δ' οἶκτος ἔπαινος.

    SIMÔNIDES DE CEOS (poeta grego, c. 556-468 a.C.), *Fragmentos*, 5.

637. A arma, aqui a arma: combaterei / sozinho, sucumbirei sozinho. / Fazei, ó céu, com que meu sangue inflame o peito dos italianos!

    L'armi, qua l'armi: io solo / combatterò, procomberò sol io. / Dammi, o ciel, che sia foco / agl'italici petti il sangue mio!

    G. LEOPARDI (poeta italiano, 1798-1837), *Canti*, All'Italia.

638. Abrem-se os túmulos, levantam-se os mortos, / Todos os nossos mártires ressuscitam!

    Si scopron le tombe, si levano i morti, / I martiri nostri son tutti risorti!

    L. MERCANTINI (patriota e poeta italiano, 1821-1872), *Inno di Garibaldi*, música de A. Olivieri.

639. ... onde o sangue derramado pela pátria / for sagrado e digno de piedade...

   ... ove fia santo e lagrimato il sangue / per la patria versato...

   U. Foscolo (poeta italiano, 1778-1827), *I Sepolcri*, 293-4.

640. Se a guerra é uma coisa horrível, não seria o patriotismo a idéia-mãe que a nutre?

   Si la guerre est une chose horribile, le patriotisme ne serait-il pas l'idée-mère qui l'entretient?

   G. de Maupassant (escritor francês, 1850-1893), *Les dimanches d'un bourgeois de Paris*.

641. Tenho a impressão de que a exclamação "A pátria corre perigo!" não seja tão terrível quanto "A cultura corre perigo!".

   Мне кажется, что возглас «Отечество в опасности!» не так страшен, как возглас: «Культура в опасности!».

   M. Górki (escritor soviético, 1868-1936), *Pensamentos inatuais*.

642. O patriotismo é o último refúgio do patife.

   Patriotism is the last refuge of a scoundrel.

   S. Johnson (literato inglês, 1709-1784), citado em Boswell, *Life of Johnson*, 1775.

643. O mundo jamais será tranqüilo enquanto não se extinguir o patriotismo da raça humana.

   You'll never have a quiet world till you knock the patriotism out of the human race.

   G. B. Shaw (comediógrafo irlandês, 1856-1950).

O exílio

644. Os exilados se alimentam de esperança.

   ... φεύγοντας ἄνδρας ἐλπίδας σιτουμένους.

   Ésquilo (trágico grego, c. 525-456 a.C.), *Agamêmnon*, 1668.

645. E então? Será que não verei mais o sol e as estrelas em outro lugar? Não poderei mais buscar sob todo céu a doce verdade se antes não me tornar infame, melhor até, miserável para o

povo e para a cidade de Florença? E nem mesmo o pão haverá de me faltar.

Quidni? nonne solis astrorumque specula ubique conspiciam? nonne dulcissimas veritates potero speculari ubique sub celo, ni prius inglorium ymo ignominiosum populo Florentineque civitati me reddam? Quippe nec panis deficiet.

D. ALIGHIERI (poeta italiano, 1265-1321), *Epistole*, All'amico florentino.

646. Tu sentirás que gosto amargo tem / o pão d'outrem, e quanto é duro caminho / descer e subir as escadas alheias.

Tu proverai sì come sa di sale / lo pane altrui, e come è duro calle / lo scendere e 'l salir per l'altrui scale.

D. ALIGHIERI (poeta italiano, 1265-1321), *Paraíso*, XVII, 58-60.

O nacionalismo

647. O nacionalismo é o único consolo dos povos pobres.

Il nazionalismo è l'unica consolazione dei popoli poveri.

L. LONGANESI (escritor italiano, 1905-1957), *Parliamo dell'elefante*, 19/10/1939.

648. O domínio do nacionalismo não está no internacionalismo, como muitos acreditaram até agora, pois falamos línguas. Está no plurinacionalismo.

Die Überwindung des Nationalismus liegt nicht im Internationalismus, wie viele bisher geglaubt haben, denn wir sprechen Sprachen. Sie liegt im Plurinationalismus.

E. CANETTI (escritor austríaco de origem búlgara, nascido em 1905), *A província do homem*, 1945.

A xenofilia

649. Aquilo que é estrangeiro tem sempre uma aparência aristocrática para nós.

Das Ausländische hat immer einen gewissen vornehmen Anstrich für uns.

O. VON BISMARCK (político alemão, 1815-1898), *Discursos*, 15/11/1849.

A CIVILIZAÇÃO

A civilização

650. Os três elementos mais importantes da civilização moderna: a pólvora, a imprensa e a religião protestante.

The three great elements of modern civilization, Gunpowder, Printing, and the Protestant Religion.

TH. CARLYLE (historiador escocês, 1795-1881), *Critical and Miscellaneous Essays*, The State of German Literature.

651. Observamos que todas as nações, tanto as bárbaras quanto as humanas, embora tão distantes entre si no espaço e no tempo, conservam estes três costumes humanos: todas têm alguma religião, todas contraem matrimônios solenes, todas enterram seus mortos.

Osserviamo tutte le nazioni così barbare come umane, quantunque per immensi spazi di luoghi e tempi tra loro lontane, divisamente fondate, custodire questi tre umani costumi: che tutte hanno qualche religione, tutte contraggono matrimoni solenni, tutte seppelliscono i loro morti.

G. B. VICO (filósofo italiano, 1668-1744), *La scienza nuova*, I, II, De' principi.

652. A civilização extrema gera a barbárie extrema.

L'extrême civilisation engendre l'extrême barbarie.

P. DRIEU LA ROCHELLE (escritor francês, 1893-1945), *Les chiens de paille*.

653. À medida que a civilização avança, a poesia quase inevitavelmente declina.

As civilization advances, poetry almost necessarily declines.

TH. B. MACAULAY (historiador inglês, 1800-1859), *Literary Essays*, Milton.

654. Existem poucas coisas preciosas na civilização que possam atrair o abominável homem das neves.
There is precious little in civilization to appeal to a Yeti.
E. HILLARY (alpinista neozelandês, nascido em 1919), in *The Observer*, 3/6/1960.

655. A verdadeira barbárie é Dachau; a verdadeira civilização é, antes de tudo, a parte do homem que os campos de extermínio quiseram destruir.
La vraie barbarie, c'est Dachau; la vraie civilisation, c'est d'abord la part de l'homme que les camps ont voulu détruire.
A. MALRAUX (escritor e político francês, 1901-1976), *Antimémoires*.

656. Se o desenvolvimento da civilização é tão semelhante ao do indivíduo, e se usa os mesmos meios, não teríamos o direito de diagnosticar que muitas civilizações, ou épocas culturais – talvez até a humanidade inteira – tornaram-se "neuróticas" sob a influência de seu esforço de civilização?
Wenn die Kulturentwicklung so weitgehende Ähnlichkeit mit der des einzelnen hat und mit denselben Mitteln arbeitet, soll man nicht zur Diagnose berechtigt sein, daß manche Kulturen – oder Kulturepochen –, möglichrweise die ganze Menschheit – unter dem Einfluβ der Kulturstrebungen "neurotisch" geworden sind?
S. FREUD (médico austríaco, 1856-1939), *O mal-estar na civilização*.

O progresso

657. O homem sensato adapta-se ao mundo. O homem insensato insiste em tentar adaptar o mundo a si. Sendo assim, todo progresso depende do homem insensato.
The reasonable man adapts himself to the world; the unreasonable one persists in trying to adapt the world to himself. Therefore all progress depends on the unreasonable man.
G. B. SHAW (comediógrafo irlandês, 1856-1950), *Maxims for Revolutionists*, Reason.

658. Grande parte do progresso está na vontade de progredir.
Magna pars est profectus velle proficere.

SÊNECA (filósofo latino, 4 a.C.-65 d.C.), *Cartas a Lucílio*, 71, 36.

659. Todo progresso baseia-se num desejo inato e universal, da parte de todo organismo, de viver além dos próprios meios.

All progress is based upon a universal innate desire on the part of every organism to live beyond its income.

S. BUTLER (escritor inglês, 1835-1902), *Notebooks*, I.

660. Vamos, vamos pela escada que se atribui ao progresso, à civilização e à cultura. Mas aonde se vai? Realmente, não sei.

Идите, идите по лестнице, которая наз-ся цивилизацией, прогрессом, культурой, но куда идти? Право не знаю.

A. P. TCHEKHOV (escritor russo, 1860-1904).

661. Estou convencido de que a "tarefa primordial" das instituições humanas, dentre as quais também o progresso, seja aquela de não apenas preservar os homens de sofrimentos inúteis e da morte precoce, mas também de conservar no homem toda a sua humanidade: a satisfação do trabalho desenvolvido com a inteligência das mãos e da mente, a satisfação de ajudar-se mutuamente e de um relacionamento feliz com os homens e com a natureza, a satisfação do conhecimento da arte.

Я убежден, что «сверхзадача» человеческих институтов, в том числе прогресса, является не только уберечь всех родившихся людей от излишних страданий и преждевременной смерти, но и сохранитъ в человечестве все человеческое — радостъ непосредственного труда умными руками и умной головой, радостъ взаимопомощи и доброго общения с людьми и природой, радость познания искусства.

A. D. SAKAROV (físico soviético, 1921-1989).

662. Se enxerguei mais longe, foi por estar de pé sobre os ombros de gigantes.

If I have seen further it is by standing on the shoulders of giants.

I. NEWTON (cientista inglês, 1642-1727), *Cartas*, a R. Hooke, 5/2/1675.

663. Humana coragem, pacífica / filosofia serena, / qual força, qual limite / é capaz de medir teu poder?

Umano ardir, pacifica / filosofia sicura, / qual forza mai, qual limite / il tuo poter misura?
V. MONTI (poeta italiano, 1754-1828), *Al signor di Montgolfier.*

664. O progresso tem suas desvantagens; de quando em quando explode.
Der Fortschritt hat seine Nachteile; von Zeit zu Zeit explodiert er.
E. CANETTI (escritor austríaco de origem búlgara, nascido em 1905), *A província do homem*, 1944.

665. Até mesmo o progresso, envelhecido e mais sábio, votou contra.
Anche il progresso, diventato vecchio e saggio, votò contro.
E. FLAIANO (escritor italiano, 1910-1972), *La saggezza di Pickwick.*

666. A evolução da técnica chegou ao ponto de tornar-nos inermes diante da técnica.
Die Entwicklung der Technik ist bei der Wehrlosigkeit vor der Technik angelangt.
K. KRAUS (escritor austríaco, 1874-1936), *Ditos e desditos.*

667. O progresso técnico deixará apenas um problema: a fragilidade da natureza humana.
Die technische Entwicklung wird nur noch ein Problem übrig lassen: die Hinfälligkeit der Menschennatur.
K. KRAUS (escritor austríaco, 1874-1936), *Ditos e desditos.*

668. A mais bela e sanguinosa conquista da máquina é o homem.
La più bella e sanguinosa conquista della macchina è l'uomo.
PITIGRILLI (escritor italiano, 1893-1975), *Il dito nel ventilatore*, $\frac{S}{T} = V.$

O CONHECIMENTO

O conhecimento

669. O ato de entender é vida.
    Ἡ γὰρ νοῦ ἐνέργεια ζωή.
    ARISTÓTELES (filósofo grego, 384-322 a.C.), *Metafísica*, XII, 7.

670. Não se possui o que não se compreende.
    Was man nicht versteht, besitzt man nicht.
    J. W. GOETHE (escritor alemão, 1749-1832), *Máximas e reflexões*, II, 3.

671. Abre a mente ao que eu te revelo / e retém bem o que te digo, pois não é ciência / ouvir sem reter o que se escuta.
    Apri la mente a quel ch'io ti paleso / e fermalvi entro; ché non fa scienza, / senza lo ritenere, avere inteso.
    D. ALIGHIERI (poeta italiano, 1265-1321), *Paraíso*, V, 40-2.

672. B. C.: Não entende, mas não entende com grande autoridade e competência.
    B. C.: Non capisce, ma non capisce con grande autorità e competenza.
    L. LONGANESI (escritor italiano, 1905-1957), *Parliamo dell'elefante*, 7/5/1939. A alusão é feita a Benedetto Croce.

673. Não podemos conhecer nada de exterior a nós superando nós mesmos (...) o universo é o espelho em que podemos contemplar apenas o que aprendemos a conhecer em nós.
    Non possiamo conoscere nulla d'esterno a noi scavalcando noi stessi (...) l'universo è lo specchio in cui possiamo contemplare solo ciò che abbiamo imparato a conoscere in noi.

I. CALVINO (escritor italiano, 1923-1985), *Palomar*, Le meditazioni di Palomar: L'universo come specchio.

674. O valor de todo conhecimento está no seu vínculo com as nossas necessidades, as nossas aspirações e ações; de modo diferente, o conhecimento torna-se um simples lastro de memória, capaz apenas – como num navio que navega sem um peso precioso – de diminuir a oscilação da vida quotidiana.

> Цена всякого знания определяется его связью с нашими нуждами, стремлениями и поступками; иначе знание становится простым балластом памяти пригодным для ослабления житейской качки разве только пустому кораблю, который идет без настоящего ценного груза.

V. O. KLIUTCHEVSKI (historiador russo, 1841-1911), *Curso de história russa*.

675. O conhecimento também é poder.

Nam et ipsa scientia potestas est.

F. BACON (filósofo inglês, 1561-1626), *Religious Meditations*, Of Heresies, 11.

676. Todo nosso conhecimento inicia com sentimentos.

Ogni nostra cognizione prencipia da sentimenti.

LEONARDO DA VINCI (artista e cientista italiano, 1452-1519), *Pensieri*, 31.

677. Uma vaga noção de tudo, e um conhecimento de nada.

A smattering of everything, and a knowledge of nothing.

CH. DICKENS (escritor inglês, 1812-1870), *Sketches by Boz*, Tales, 3.

678. A insistência na clareza a qualquer preço baseia-se em pura superstição sobre o modo como funciona a inteligência humana.

Insistence on clarity at all costs is based on sheer superstition as to the mode in which human intelligence functions.

A. N. WHITEHEAD (filósofo inglês, 1861-1947).

679. O mestre disse a um de seus alunos: Yu, queres saber em que consiste o conhecimento? Consiste em ter consciência tanto de conhecer uma coisa quanto de não a conhecer. Este é o conhecimento.

CONFÚCIO (filósofo chinês, c. 551-479 a.C.), *Os colóquios*, II, 17.

680. Mesmo sendo o maior de todos os pecadores, graças ao barco do conhecimento, superarás todos os pecados.

Anche se tu sei il più peccatore di tutti i peccatori, tuttavia, grazie alla barca della conoscenza, trapasserai ogni peccato.

BHAGAVADGĪTĀ (antigo poema indiano), IV, 36, trad. para o it. R. Gnoli.

681. Puderam vencer em mim o ardor, / que me levou a conhecer o mundo, / e os vícios e as virtudes dos homens...

Vincer potero dentro a me l'ardore / ch'i' ebbi a divenir del mondo esperto / e de li vizi umani e del valore...

D. ALIGHIERI (poeta italiano, 1265-1321), *Inferno*, XXVI, 97-9.

682. Conheceríamos bem melhor muitas coisas se não quiséssemos identificá-las com tanta precisão.

Wir würden gar vieles besser kennen, wenn wir es nicht zu genau erkennen wollten.

J. W. GOETHE (escritor alemão, 1749-1832), *Máximas e reflexões*, 501.

683. Não se deve indagar sobre tudo: é melhor que muitas coisas permaneçam ocultas.

Μὴ πάντ' ἐρεύνα· πολλὰ καὶ λαθεῖν καλόν.

SÓFOCLES (trágico grego, 496-406 a.C.), *Gli Aleadi*, frag. 80.

684. Como é terrível conhecer, quando o conhecimento / não favorece quem o possui!

Φρονεῖν ὡς δεινὸν ἔνθα μὴ τέλη / λύῃ φρονοῦντι.

SÓFOCLES (trágico grego, 496-406 a.C.), *Édipo rei*, 316-7.

685. Feliz de quem pôde conhecer o mistério do mundo!

Felix qui potuit rerum cognoscere causas.

VIRGÍLIO (poeta latino, 70-19 a.C.), *Geórgicas*, II, 490.

686. Contentai-vos de conhecer as obras de Deus; pois, / se os homens tivessem podido conhecer todas as coisas, / teria sido inútil o parto de Maria; // e os vistes desejar, sem resultado, / conhecer a causa das coisas, / tanto que a insatisfação de seu desejo constitui, eternamente, a sua pena.

State contenti, umana gente, al quia; / *ché, se potuto aveste veder tutto, / mestier non era parturir Maria; // e disïar vedeste sanza frutto / tai che sarebbe lor disio quetato, / ch'etternalmente è dato lor per lutto.*
D. ALIGHIERI (poeta italiano, 1265-1321), *Purgatório*, III, 37-42.

687. Não se pode pretender que alguém conheça tudo, mas que, conhecendo alguma coisa, tenha conhecimento de tudo.
Nicht, daβ einer alles wisse, kann verlangt werden, sondern daβ er, indem er um eins weiβ, um alles wisse.
H. VON HOFMANNSTHAL (escritor austríaco, 1874-1929), *O livro dos amigos*.

688. Todo novo conhecimento provoca dissoluções e novas integrações.
Jede neue Bekanntschaft bewirkt Auseinanderfallen und neue Integration.
H. VON HOFMANNSTHAL (escritor austríaco, 1874-1929), *O livro dos amigos*.

689. Apenas depois de conhecer a superfície das coisas... é que se pode tentar buscar o que há por baixo delas. Mas a superfície das coisas é inexaurível.
Solo dopo aver conosciuto la superficie delle cose... ci si può spingere a cercare quel che c'è sotto. Ma la superficie delle cose è inesauribile.
I. CALVINO (escritor italiano, 1923-1985), *Palomar*, Palomar sul terrazzo: Dal terrazzo.

690. Conheces apenas quem te conhece.
Erit ille notus, quem per te cognoveris.
FEDRO (fabulista latino, séc. I d.C.), *Fábulas*, III, 10, 38.

691. E quanto à arte de conhecer os homens, que vos será tão importante, (...) dir-vos-ei, meu filho, que se pode aprendê-la, mas não se pode ensiná-la.
Et pour cet art de connaître les hommes, qui vous sera si important, [...] je vous dirai, mon fils, qu'il se peut apprendre, mais qu'il ne se peut enseigner.

Luís XIV (rei da França, 1638-1715), *Mémoires historiques et instructions pour le Dauphin, son fils.*

692. Só conhece realmente uma pessoa quem a ama sem esperança.

    Einen Menschen kennt einzig nur der, welcher ohne Hoffnung ihn liebt.

    W. Benjamin (filósofo alemão, 1892-1940), *Rua de mão única.*

O saber

693. Obviamente, é mais cômodo saber pouco do que saber muito.

    Desde luego, es más cómodo saber poco que saber mucho.

    M. Menéndez y Pelayo (crítico espanhol, 1856-1912).

694. Estar sempre entre os primeiros e *saber*, é isso o que conta.

    Essere sempre tra i primi e sapere, ecco ciò che conta.

    E. Montale (poeta italiano, 1896-1981), *La bufera*, Visita a Fadin.

695. Lança o saber e não terás tristeza.

    Getta il sapere e non avrai tristezza.

    Lao-tzu (filósofo chinês, séc. VI-V a.C.), *A regra celestial*, 20, trad. para o it. A. Castellani.

696. Conservai aquilo que está dentro de vós, / e deixai do lado de fora o que vos é exterior; / pois saber muito é uma calamidade.

    Chuang-tzu (filósofo chinês, 369-286 a.C.), *Acerca da tolerância.*

697. Sem passar da porta de casa, / é possível saber o que acontece no mundo... / Quanto mais longe se busca o saber, / menos se aprende.

    Senza uscire dalla porta di casa, / si può sapere che cosa avviene nel mondo... / Più lontano si cerca il sapere, / meno si apprende.

    Lao-tzu (filósofo chinês, séc. VI-V a.C.), *A regra celestial*, 47, trad. para o it. A. Castellani.

698. O motivo pelo qual não é fácil para as pessoas viver em paz / está no fato de saberem demais.

Il motivo per cui non è facile alla gente vivere in pace, / sta nel suo troppo sapere.

LAO-TZU (filósofo chinês, séc. VI-V a.C.), *A regra celestial*, 65, trad. para o it. A. Castellani.

699. É melhor saber coisas inúteis do que não saber nada.

   Satius est supervacua scire quam nihil.

   SÊNECA (filósofo latino, 4 a.C.-65 d.C.), Cartas a Lucílio, 88, 45.

700. Todos os homens, por natureza, desejam saber.

   Πάντες ἄνθρωποι τοῦ εἰδέναι ὀρέγονται φύσει.

   ARISTÓTELES (filósofo grego, 384-322 a.C.), *Metafísica*, I, 1.

701. Existe apenas um bem, o saber, e apenas um mal, a ignorância.

   Ἓν μόνον ἀγαθὸν εἶναι, τὴν ἐπιστήμην, καὶ ἓν μόνον κακόν, τὴν ἀμαθίαν.

   SÓCRATES (filósofo grego, 469-399 a.C.), citado em DIÓGENES LAÉRCIO, *Vidas dos filósofos*, Sócrates, II, 31.

702. Dizia saber apenas isto: que não sabia.

   Ἔλεγε εἰδέναι μὲν μηδὲν πλὴν αὐτὸ τοῦτο εἰδέναι.

   SÓCRATES (filósofo grego, 469-399 a.C.), citado em DIÓGENES LAÉRCIO, *Vidas dos filósofos*, Sócrates, II, 32.

703. E, quanto mais ouço, mais ignoro.

   E quanto intendo più, tanto più ignoro.

   T. CAMPANELLA (filósofo italiano, 1568-1639), *Poesie filosofiche*, sonetto: Anima immortale.

704. Tendo-lhe dito Empédocles que é impossível encontrar um verdadeiro sábio, (Xenófanes) respondeu: "Não sem razão, pois já é preciso ser sábio quem deve reconhecê-lo."

   Ἐμπεδοκλέους δὲ εἰπόντος αὐτῷ ὅτι ἀνεύρετός ἐστιν ὁ σοφός, «εἰκότως», ἔφη· «σοφὸν γὰρ εἶναι δεῖ τὸν ἐπιγνωσόμενον τὸν σοφόν».

   XENÓFANES (poeta e filósofo grego, c. 565-470 a.C.), citado em DIÓGENES LAÉRCIO, *Vidas dos filósofos*, Xenófanes, IX, 20.

705. Muitos teriam podido chegar à sabedoria se não tivessem se achado já suficientemente sábios.

Muchos habrían podido llegar a la sabiduría si no se hubieran creído ya suficientemente sabios.

J. L. Vives (humanista espanhol, 1492-1540).

706. Quem aumenta sabedoria, aumenta dor.

Chi aumenta sapienza, aumenta dolore.

Eclesiástico (livro sapiencial do Antigo Testamento), I, 18, citado dessa forma por G. Bruno (filósofo italiano, 1548-1600), *De gli heroici furori*, I, 2.

707. O mais difícil: redescobrir sempre o que já se sabe.

Das Schwerste: Immer wieder entdecken, was man ohnehin weiβ.

E. Canetti (escritor austríaco de origem búlgara, nascido em 1905), *A província do homem*, 1945.

708. Toda a sabedoria consiste em desconfiar dos nossos sentidos e das nossas paixões.

Tutta la sapienza consiste nel diffidare de' nostri sensi e delle nostre passioni.

G. Parini (poeta italiano, 1729-1799), *Frammenti varii*, IX.

709. Muita sabedoria unida a uma santidade moderada é preferível a muita santidade com pouca sabedoria.

Mucha sabiduría unida a mediana santidad es preferible a mucha santidad con poca sabiduría.

Inácio de Loyola (religioso basco, 1491-1556), *Ejercicios Espirituales*.

710. A integridade sem o saber é fraca e inútil, enquanto o saber sem a integridade é perigoso e terrível.

Integrity without knowledge is weak and useless, and knowledge without integrity is dangerous and dreadful.

S. Johnson (literato inglês, 1709-1784), *Rasselas*, 41.

711. As raízes da cultura são amargas, mas os frutos são doces.

Τῆς παιδείας τὰς μὲν ῥίζας εἶναι πικράς, τὸν δὲ καρπὸν γλυκύν.

ARISTÓTELES (filósofo grego, 384-322 a.C.), citado em DIÓGENES LAÉRCIO, *Vidas dos filósofos*, Aristóteles, V, 18.

712. A cultura é aquilo que permanece no homem quando ele esqueceu todo o resto.

La culture, c'est ce qui demeure dans l'homme, lorsqu'il a tout oublié.

E. HENRIOT (escritor francês, 1889-1961), *Notes et Maximes*.

713. Há senhoras que seguem a cultura em bandos, como se fosse perigoso encontrá-la sozinhas.

Ladies who pursue Culture in bands, as though it were dangerous to meet it alone.

E. WHARTON (escritora norte-americana, 1862-1937), *Xingu*, 1.

714. A cultura é a busca da nossa perfeição total mediante a tentativa de conhecer o melhor possível o que foi dito ou pensado no mundo, em todas as questões que nos dizem respeito.

Culture being the pursuit of our total perfection by means of getting to know, on all the matters which most concern us, the best which has been thought and said in the world.

M. ARNOLD (poeta inglês, 1822-1888), *Culture and Anarchy*, Prefácio.

715. Um pouco de cultura é uma coisa perigosa.

A little learning is a dangerous thing.

A. POPE (poeta inglês, 1688-1744), *An Essay on Criticism*, 215.

716. Se um pouco de conhecimento é perigoso, onde está o homem que conhece tanto a ponto de estar fora de perigo?

If a little knowledge is dangerous, where is the man who has so much as to be out of danger?

TH. H. HUXLEY (naturalista inglês, 1825-1895), *On Elementary Instruction in Physiology*.

717. A cultura é o melhor conforto para a velhice.

Κάλλιστον ἐφόδιον τῷ γήρᾳ τὴν παιδείαν.

ARISTÓTELES (filósofo grego, 384-322 a.C.), citado em DIÓGENES LAÉRCIO, *Vidas dos filósofos*, Aristóteles, V, 21.

718. Interrogado sobre a diferença existente entre os homens cultos e os incultos, disse: "A mesma diferença que existe entre os vivos e os mortos."

'Ερωτηθείς τίνι διαφέρουσιν οἱ πεπαιδευμένοι τῶν ἀπαιδεύτων, «ὅσῳ», εἶπεν, «οἱ ζῶντες τῶν τεθνεώτων».

ARISTÓTELES (filósofo grego, 384-322 a.C.), citado em DIÓGENES LAÉRCIO, *Vidas dos filósofos*, Aristóteles, V, 19.

A ignorância

719. Fala como sábio a um ignorante e este te dirá que tens pouco bom senso.

Δόξει τις ἀμαθεῖ σοφὰ λέγων οὐκ εὖ φρονεῖν.

EURÍPIDES (trágico grego, 485-406 a.C.), *As Bacantes*, 480.

720. O ignorante não é apenas um lastro, mas um perigo da embarcação social.

L'ignorante non è solo zavorra, ma pericolo della nave sociale.

C. CANTÙ (escritor italiano, 1804-1895), *Attenzione!*, II.

721. A ignorância não é inocência, mas pecado.

Ignorance is not innocence but sin.

R. BROWNING (poeta inglês, 1812-1889), *The Inn Album*, V.

722. Quem não sabe, mesmo sendo senhor e príncipe, pode e deve considerar-se parte do vulgo.

Todo aquel que no sabe, aunque sea señor y príncipe, puede y debe entrar en el número del vulgo.

M. DE CERVANTES (escritor espanhol, 1547-1616), *Dom Quixote*.

723. Nada é mais terrível do que uma ignorância ativa.

Es ist nichts schrecklicher als eine tätige Unwissenheit.

J. W. GOETHE (escritor alemão, 1749-1832), *Máximas e reflexões*, V, 1.

724. A ignorância que se conhece, se julga e se condena não é uma

ignorância completa: para que o seja, é preciso que ignore a si mesma.

L'ignorance qui se sait, qui se juge et qui se condamne, ce n'est pas une entière ignorance: pour l'être, il faut qu'elle s'ignore elle-même.

M. DE MONTAIGNE (escritor francês, 1533-1592), *Os ensaios.*

725. A ignorância é a mãe de todos os males.

Ignorance est mère de tous les maux.

F. RABELAIS (escritor francês, c. 1494-1553), *Gargântua e Pantagruel*, V, 7.

726. A ignorância é um mal invencível.

Ὡς δυσπάλαιστόν ἐστιν ἀμαθία κακόν.

SÓFOCLES (trágico grego, 496-406 a.C.), *Fragmentos*, 838.

727. O primeiro passo para a ignorância é presumir de saber, e muitos saberiam se não pensassem que sabem.

El primer paso de la ignorancia es presumir saber, y muchos sabrían si no pensasen que saben.

B. GRACIÁN Y MORALES (escritor espanhol, 1601-1658), *El Criticón.*

728. O modo mais correto de esconder dos outros os limites do próprio saber é não ultrapassá-los jamais.

Il più certo modo di celare agli altri i confini del proprio sapere, è di non passarli mai.

G. LEOPARDI (poeta italiano, 1798-1837), *Zibaldone*, VII, 416, 1.

729. A ignorância é a mãe das tradições.

L'ignorance est la mère des traditions.

CH. MONTESQUIEU (escritor político francês, 1689-1755), *Ensaio sobre as causas que podem influir no espírito e no caráter.*

O DESEJO

O desejo

730. Cada um é atraído pelo próprio desejo.

Trahit sua quemque voluptas.

VIRGÍLIO (poeta latino, 70-19 a.C.), *Bucólicas*, II, 65.

731. Dura é a luta contra o desejo, que compra o que quer à custa da alma.

Θυμῷ μάχεσθαι χαλεπόν· ὃ γὰρ ἂν θέλῃ, ψυχῆς ὠνεῖται.

HERÁCLITO (filósofo grego, c. 550-c. 480 a.C.), *Fragmentos*, 85.

732. Tendo o mínimo dos desejos chega-se mais perto dos deuses.

Ἐλαχίστων δεόμενος ἔγγιστα εἶναι θεῶν.

SÓCRATES (filósofo grego, 469-399 a.C.), citado em DIÓGENES LAÉRCIO, *Vidas dos filósofos*, Sócrates, II, 27.

733. A supressão dos desejos é também um remédio útil contra o medo.

Cupiditatum finem etiam ad timoris remedia proficere.

SÊNECA (filósofo latino, 4 a.C.-65 d.C.), *Cartas a Lucílio*, 5, 7.

734. Não seria melhor para os homens obter tudo o que querem.

Ἀνθρώποις γίνεσθαι ὁκόσα θέλουσιν οὐκ ἄμεινον.

HERÁCLITO (filósofo grego, c 550-c. 480 a.C.), *Fragmentos*, 110.

735. Há duas tragédias na vida. Uma é a de não obter tudo o que se deseja ardentemente; a outra, a de obtê-lo.

There are two tragedies in life. One is not to get your heart's desire. The other is to get it.

G. B. Shaw (comediógrafo irlandês, 1856-1950), *Homem e super-homem*, IV.

736. Não desejes e serás o homem mais rico do mundo.

   No desées y serás el hombre más rico del mundo.

   M. de Cervantes (escritor espanhol, 1547-1616), *Los trabajos Persiles y Sigismunda*.

737. Aqueles que reprimem o desejo assim o fazem porque seu desejo é fraco o suficiente para ser reprimido.

   Those who restrain Desire, do so because theirs is weak enough to be restrained.

   W. Blake (poeta inglês, 1757-1827), *The Marriage of Heaven and Hell*.

738. Tríplice é esta porta do inferno, destruidora da própria consciência – desejo, ira e cobiça. Que o sábio abandone, portanto, essa tríade.

   Triplice è questa porta dell'inferno, distruggitrice del sé – desiderio, ira e cupidigia. Questa triade dunque il savio l'abbandoni.

   Bhagavadgītā (antigo poema indiano), XVI, 21, trad. para o it. R. Gnoli.

739. Irmão, a virtude da caridade limita / os nossos desejos ao que temos, / e não cobiça outros.

   Frate, la nostra volontà quïeta / virtù di carità, che fa volerne / sol quel ch'avemo, e d'altro non ci asseta.

   D. Alighieri (poeta italiano, 1265-1321), *Paraíso*, III, 70-2.

740. Por tais defeitos, e não por outro pecado, / somos perdidos da graça: tendo por castigo / que sem esperança vivamos no desejo.

   Per tai difetti, e non per altro rio, / semo perduti, e sol di tanto offesi, / che, senza speme, vivemo in disìo.

   D. Alighieri (poeta italiano, 1265-1321), *Inferno*, IV, 40-2.

741. Os espinafres e Saint-Simon foram os meus únicos gostos duradouros, depois daquele, no entanto, de viver em Paris com cem luíses de renda, escrevendo livros.

   Les épinards et Saint-Simon ont été mes seuls goûts durables, après celui toutefois de vivre à Paris avec cent louis de rente, faisant des livres.

STENDHAL (escritor francês, 1783-1842), *Vie de Henry Brulard*.

742. O muito torna-se pouco quando se deseja um pouco mais.

Lo mucho se vuelve poco con desear otro poco más.

F. G. QUEVEDO Y VILEGAS (escritor espanhol, 1580-1645), *Las cuatro pestes del mundo*, Pobreza.

743. O desejo de conquista é coisa realmente muito natural e comum; e, sempre que os homens conseguem satisfazê-lo, são louvados, nunca recriminados; mas, quando não conseguem e querem satisfazê-lo de qualquer modo, aí estão o erro e a recriminação.

È cosa veramente molto naturale et ordinaria desiderare di acquistare; e sempre, quando gli uomini lo fanno che possano, saranno laudati, o non biasimati; ma, quando non possono, e vogliono farlo in ogni modo, qui è l'errore et il biasimo.

N. MAQUIAVEL (político e escritor italiano, 1469-1527), *O príncipe*, III, 12.

744. Nada desejamos tanto como aquilo que não nos é consentido.

Nil magis amat cupiditas, quam quod non licet.

PÚBLIO SIRO (poeta latino, séc. I a.C.), *Sentenças*, 559.

745. Este era o desejo: um pouco de terra, não muita, / com uma horta e uma fonte de água de nascente perto da casa, / e ainda um pequeno bosque.

Hoc erat in votis: modus agri non ita magnus, / hortus ubi et tecto vicinus iugis aquae fons / et paulum silvae super his foret.

HORÁCIO (poeta latino, 65-8 a.C.), *Sátiras*, II, 6, 1-3.

746. Faze, ó Apolo, que eu com boa saúde / desfrute daquilo que tenho; dá-me, te peço, / uma mente sã e uma velhice que não seja torpe / nem desprovida do conforto do canto.

Frui paratis et valido mihi, / Latoe, dones, at, precor, integra / cum mente, nec turpem senectam / degere nec cithara carentem.

HORÁCIO (poeta latino, 65-8 a.C.), *Odes*, I, 31, 17-20.

747. São vários os desejos dos homens: / uns gostam da vida eclesiástica, outros, da carreira militar, / outros, da pátria, outros, das terras estrangeiras.

Degli uomini son vari gli appetiti: / a chi piace la chierca, a chi la spada, / a chi la patria, a chi gli strani liti.

L. ARIOSTO (poeta italiano, 1474-1533), *Satire*, III, 52-4.

748. Não há culpa maior / do que entregar-se às vontades / não há mal maior / do que aquele de não saber contentar-se / não há dano maior / do que nutrir o desejo de conquista.

Non c'è colpa maggiore / che indulgere alle voglie / non c'è male maggiore / che quello di non sapersi accontentare / non c'è danno maggiore / che di nutrire bramosia di acquisto.

LAO-TZU (filósofo chinês, séc. VI-V a.C.), *A regra celestial*, 46, trad. para o it. A. Castellani.

749. Quanto mais próximo o homem estiver de um desejo, mais o deseja; e se não consegue realizá-lo, maior dor sente.

Quanto è più propinquo l'uomo a un suo desiderio, più lo desidera; e non lo avendo, maggior dolore sente.

N. MAQUIAVEL (político e escritor italiano, 1469-1527), *Clizia*, I, 2.

750. Recoloca no contador um desejo: abre-o; em seu lugar, encontrarás uma desilusão.

Riponi in uno stipetto un desiderio: aprilo; vi troverai un disinganno.

L. PIRANDELLO (escritor italiano, 1867-1936), *Novelle per un anno*, La vita nuda.

751. Não sabia se queria a constituição ou um esturjão com molho de rábano.

Не знал, чего хотелось, не то конституции, не то севрюжины с хреном.

M. E. SALTYKOV-STCHEDRINE (escritor russo, 1826-1889), *Diário de um provinciano em S. Petersburgo*.

752. Feliz do homem que não espera nada, pois nunca terá desilusões.

Blessed be the man who expects nothing, for he shall never be disappointed.

A. POPE (poeta inglês, 1688-1744), *Thoughts on Various Subjects*.

753. A ti, ventre, louvo, porque te satisfazes com alguns legumes; mas não a ti, coração maldito, que não te contentas nem com centenas de desejos!

Te, ventre, lodo, perché sei soddisfatto di qualche legume; ma non te, o cuore maledetto, ché non sei sazio nemmeno di cento e cento desideri!

ÇĀNTIÇATAKA (sentenças ascéticas indianas, séc. XI), I, 24, trad. para o it. P. E. Pavolini.

754. Quem aspira a grandes coisas também deve sofrer em grande medida.

Εἰ δεῖ τι καὶ παθεῖν μεγάλων ἐφιεμένους.

M. Licínio Crasso (político romano, c. 115-53 a.C.), citado em Plutarco, *Vidas paralelas*, Crasso, 26, 7.

755. Existem dois objetivos na vida: o primeiro, o de obter o que desejamos; o segundo, o de desfrutá-lo. Apenas os homens mais sábios realizam o segundo.

There are two things to aim at in life: first, to get what you want; and, after that, to enjoy it. Only the wisest of mankind achieve the second.

L. P. Smith (escritor norte-americano, 1865-1946), *Afterthoughts*, 1.

756. O homem deseja tantas coisas, e no entanto precisa de tão pouco.

Vieles wünscht sich der Mensch und doch bedarf er nur wenig.

J. W. Goethe (escritor alemão, 1749-1832), *Hermano e Dorotéia*, V, 13.

A avidez

757. À pobreza faltam muitas coisas, à avidez falta tudo.

Inopiae desunt multa, avaritiae omnia.

Públio Siro (poeta latino, séc. I a.C.), *Sentenças*, 236.

758. Nunca o olho do ávido dirá, assim como não o dizem jamais o mar e o inferno: a mim basta.

Nunca el ojo del codicioso dirá, como no lo dicen el mar y el infierno: ya me basta.

M. Alemán (escritor espanhol, c. 1547-1614), *Vida del pícaro Guzmán de Alfarache*.

A tentação

759. Posso resistir a tudo, menos à tentação.
I can resist everything except temptation.
O. WILDE (escritor inglês, 1854-1900), *O leque de Lady Windermere*, I.

760. Outra utilidade das tentações é que tornam o homem solícito, exercitam-no e não o deixam ser preguiçoso ou ocioso; de modo que o induzem a vigílias, a orações e jejuns, além de outros exercícios espirituais que o levam à perfeição da vida espiritual.
L'altra utilitade che fanno le tentazioni si è, ch'elle fanno l'uomo sollicito ed esercitanlo, e non lo lasciano annighittire ed essere ozioso; onde lo 'nducono a vigilie, e a orazioni e digiuni, e agli altri spirituali esercizii che fanno l'uomo venire a perfezione di vita spirituale.
J. PASSAVANTI (pregador italiano, c. 1302-1357), *Specchio di vera penitenza*, Le tentażioni e le tribulazioni.

A necessidade

761. O homem não se conhece o suficiente para medir aquilo de que precisa.
L'uomo non si conosce abbastanza per misurare quello di cui ha bisogno.
C. ALVARO (escritor italiano, 1895-1956), *Il nostro tempo e la speranza*, Che cos'è la felicità: Tedio.

762. O animal é tão mais sábio do que o homem: conhece a medida da sua necessidade, enquanto o homem a ignora.
Ὅσῳ σοφώτερον τοῦ ἀνθρώπου τὸ θηρίον τὸ χρῇζον οἶδεν, ὁ δὲ χρῄζων οὐ γιγνώσκει.
DEMÓCRITO (filósofo grego, c. 460-370 a.C.), *Fragmentos*, B 198 Diels.

763. Muitas vezes, observando a quantidade de objetos à venda, (Sócrates) dizia a si mesmo: "Quantas coisas me são desnecessárias!".

Πολλάκις δ' ἀφορῶν εἰς τὰ πλήθη τῶν πιπρασκομένων ἔλεγε πρὸς αὑτόν· «πόσων ἐγὼ χρείαν οὐκ ἔχω».

SÓCRATES (filósofo grego, 469-399 a.C.), citado em DIÓGENES LAÉRCIO, *Vidas dos filósofos*, Sócrates, II, 25.

764. Quem não tem necessidades próprias dificilmente se lembra das alheias.

Quien no tiene necesidades propias, mal se acuerda de las ajenas.

M. ALEMÁN (escritor espanhol, c. 1547-1614), *Vida del pícaro Guzmán de Alfarache*.

765. Ó tirano senhor / dos míseros mortais, / ó mal, ó persuasor / horrível de males, / Necessidade, e que não rompe / o teu orgulho bravio...

O tiranno signore / de' miseri mortali, / o male, o persuasore / orribile di mali, / Bisogno, e che non spezza / tua indomita fierezza...

G. PARINI (poeta italiano, 1729-1799), *Odi*, VI, Il Bisogno.

766. A necessidade não tem lei.

Legem non habet necessitas.

SANTO AGOSTINHO (doutor da Igreja, 354-430), *Solilóquio da alma a Deus*, 2.

767. A necessidade é um mal, mas não há necessidade de viver nela.

Κακὸν ἀνάγκη, ἀλλ' οὐδεμία ἀνάγκη ζῆν μετὰ ἀνάγκης.

EPICURO (filósofo grego, 341-270 a.C.), *Exortações*, 9.

768. Na sociedade opulenta não se pode fazer nenhuma distinção válida entre os luxos e as necessidades.

In the affluent society no useful distinction can be made between luxuries and necessaries.

J. K. GALBRAITH (economista norte-americano, nascido em 1908), *A sociedade opulenta*, XXI.

769. A maior parte das coisas que dizemos e fazemos não é necessária; quem as eliminar da própria vida será mais tranqüilo e sereno.

Τὰ πλεῖστα γάρ, ὧν λέγομεν καὶ πράσσομεν οὐκ ἀναγκαῖα ὄντα ἐάν τις περιέλῃ, εὐσχολώτερος καὶ ἀταρακτότερος ἔσται.

MARCO AURÉLIO (imperador romano, 121-180), *Recordações*, IV, 24.

770. Pode-se prescindir de tudo. Desde que não se deva.
Si può fare a meno di tutto. Purché non si debba.
R. GERVASO (escritor italiano, nascido em 1937), *Il grillo parlante*.

O supérfluo

771. Compra não o que consideras oportuno, mas o que te falta; o supérfluo é caro, mesmo que custe apenas um soldo.
Emas non quod opus est, sed quod necesse est; quod non opus est, asse carum est.
CATÃO, O CENSOR (político e escritor latino, 234-149 a.C.), citado em SÊNECA, *Cartas a Lucílio*, 94, 27.

772. Os bens supérfluos tornam a vida supérflua.
I beni superflui rendono superflua la vita.
P. P. PASOLINI (escritor italiano, 1922-1975), *Scritti corsari*, Limitatezza della storia e immensità del mondo contadino.

773. Dêem-nos as coisas supérfluas da vida e dispensaremos o necessário.
Give us the luxuries of life, and we will dispense with its necessities.
J. L. MOTLEY (historiador norte-americano, 1814-1877), citado em O. W. HOLMES, *The Autocrat of the Breakfast-Table*, 6.

O DESTINO

O destino

774. Nem mesmo os deuses lutam contra o destino.

   'Ανάγκᾳ δ' οὐδὲ θεοὶ μάχονται.

   PÍTACO (um dos Sete Sábios, c. 650-570 a.C.), citado em DIÓGENES LAÉRCIO, *Vidas dos filósofos*, I, 77.

775. Não são os homens a dominar a sorte, mas a sorte a dominar os homens.

   Αἱ συμφοραὶ τῶν ἀνθρώπων ἄρχουσι καὶ οὐκὶ ὤνθρωποι τῶν συμφορέων.

   HERÓDOTO (historiador grego, c. 484-430 a.C.), *Histórias*, VII, 49.

776. Desfruta do prazer que te é destinado, suporta a dor que te é destinada, aceita aquilo que o tempo te reserva, do mesmo modo como o agricultor faz com as searas.

   Sukham āpatitam sevet duḥkham āpatitam vahet / kālaprātam upāsīta sasyānām iva karṣakah //

   MAHĀBHĀRATA (poema épico indiano, séc. II-III d.C.), III, 15.384.

777. Ninguém, / Se ainda não chegou o momento do meu ponto fatal, / Levar-me-á a Plutão: mas nada no mundo, / Seja vil, seja forte, / foge ao destino.

   Οὐ γάρ τίς μ' ὑπὲρ αἶσαν ἀνὴρ Ἄϊδι προϊάψει· / μοῖραν δ' οὔ τινά φημι πεφυγμένον ἔμμεναι ἀνδρῶν / οὐ κακόν, οὐδὲ μὲν ἐσθλόν, ἐπὴν τὰ πρῶτα γένηται.

   HOMERO (poeta grego, séc. VIII-VII a.C.), *Ilíada*, VI, 487-9.

778. Um tetrágono a suportar os golpes da fortuna.

   Ben tetragono ai colpi di ventura.

D. ALIGHIERI (poeta italiano, 1265-1321), *Paraíso*, XVII, 24.

779. Não se pode deixar de esforçar-se, entregando-se ao destino; quem consegue obter óleo das sementes de sésamo sem esforço?

Na daivam iti saṃcintya tyajed udyogam ātmanaḥ / anudyamena kas tailaṃ tilebhyaḥ prāptum arhati //

PAÑCATANTRA (coletânea indiana de fábulas), 2, 147.

780. Pois o homem raramente escapa ao seu destino.

Che l'uomo il suo destin fugge di raro.

L. ARIOSTO (poeta italiano, 1474-1533), *Orlando furioso*, XVIII, oitava 58.

781. De que adianta resistir aos imutáveis decretos de Deus?

Che giova nelle fata dar di cozzo?

D. ALIGHIERI (poeta italiano, 1265-1321), *Inferno*, IX, 97.

782. Em certos momentos, os homens são donos do próprio destino.

Men at some time are masters of their fates.

W. SHAKESPEARE (dramaturgo inglês, 1564-1616), *Júlio César*, I, 2.

783. Cada um é criador do próprio destino.

Faber est suae quisque fortunae.

ÁPIO CLÁUDIO (censor romano, séc. IV-III a.C.), citado em SALÚSTIO, *Epistulae ad Caesarem senem*, I, 1.

784. E ele a mim: "Se seguires a tua estrela, / chegarás certamente a um glorioso porto, / se bem prevejo o futuro."

Ed egli a me: "Se tu segui tua stella, / non puoi fallire a glorioso porto, / se ben m'accorsi nella vita bella.

D. ALIGHIERI (poeta italiano, 1265-1321), *Inferno*, XV, 55-7.

785. O destino embaralha as cartas, e nós jogamos.

Das Schicksal mischt die Karten, und wir spielen.

A. SCHOPENHAUER (filósofo alemão, 1788-1860), *Aforismos sobre a sabedoria de vida*.

786. Do mesmo modo como um carro não pode prosseguir com uma roda só, o destino não pode realizar-se sem a ação humana.

*Yathā hy ekena cakreṇa na rathasya gatir bhavet / evam puruṣakā-
rena vinā daivam na sidhyati //*

HITOPADEŚA (coletânea de novelas sânscritas), B 5161.

O acaso

787. Aquele que não deixa nada ao acaso raramente fará coisas de modo errado, mas fará pouquíssimas coisas.

    He that leaveth nothing to chance will do few things ill, but he will do very few things.

    G. S. HALIFAX (político inglês, 1633-1695), *Political, Moral and Miscellaneous Thoughts and Reflections.*

788. Os maiores tiranos da Terra: o acaso e o tempo.

    Die zwei größten Tyrannen der Erde: der Zufall und die Zeit.

    J. G. HERDER (filósofo alemão, 1744-1803).

789. A palavra "acaso" é blasfêmia. Nada no mundo é por acaso.

    Das Wort Zufall ist Gotteslästerung. – Nichts unter der Sonne ist Zufall.

    G. E. LESSING (filósofo alemão, 1729-1781), *Emília Galotti*, IV, 3.

790. É culpa da fatalidade!

    C'est la faute de la fatalité!

    G. FLAUBERT (escritor francês, 1821-1880), *Madame Bovary.*

791. O acaso não existe: tudo é provação, ou punição, ou recompensa, ou previdência.

    Il n'y a point de hasard: tout est épreuve, ou punition, ou récompense, ou prévoyance.

    VOLTAIRE (escritor e filósofo francês, 1694-1778), *Zadig ou la destinée.*

792. Até mesmo o acaso não é impenetrável, tem suas próprias regras.

    Auch der Zufall ist nicht unergründlich, er hat seine Regelmäßigkeit.

    NOVALIS (poeta alemão, 1772-1801), *Fragmentos.*

793. Quanto mais envelhecemos, mais nos convencemos de que Sua sagrada Majestade, o Acaso, cuida de três quartos do trabalho nesse universo miserável.

Je mehr man altert, desto mehr überzeugt man sich, daβ Seine heilige Majestät der Zufall gut drei Viertel der Geschäft dieses miserablen Universum besorgt.

FREDERICO, O GRANDE (rei da Prússia, 1712-1786), *Cartas*, a Voltaire, 26/12/1773.

A ocasião

794. A ocasião não faz apenas o ladrão, mas também "grandes homens".

Gelegenheit macht nicht bloβ Diebe, sie macht auch "Groβe Männer".

G. CH. LICHTENBERG (cientista e escritor alemão, 1742-1799), *Observações e pensamentos*.

795. Enquanto se pensa, muitas vezes a ocasião se perde.

Deliberando saepe perit occasio.

PÚBLIO SIRO (poeta latino, séc. I a.C.), *Sentenças*, 191.

A sorte

796. Julgo poder ser verdadeiro o fato de a sorte ser árbitra da metade de nossas ações, mas que, mesmo assim, ela nos permite governar a outra metade ou parte dela.

Iudico potere esser vero che la fortuna sia arbitra della metà delle azioni nostre, ma che etiam lei ne lasci governare l'altra metà, o presso, a noi.

N. MAQUIAVEL (político e escritor italiano, 1469-1527), *O príncipe*, XXV, 2.

797. Estou convencido de que é melhor ser impetuoso do que circunspecto, porque a sorte é como a mulher; e, para dominá-la, é necessário bater nela e contrariá-la.

Io iudico bene questo, che sia meglio essere impetuoso che rispet-

tivo, perché la fortuna è donna; et è necessario, volendola tenere sotto, batterla e urtarla.

N. MAQUIAVEL (político e escritor italiano, 1469-1527), *O príncipe*, XXV, 9.

798. A sorte é uma cortesã que reserva seus favores aos jovens.
La suerte es una cortesana que reserva sus favores para los jóvenes.
CARLOS V (imperador do Sacro Império Romano, 1500-1558).

799. Quero somente que saibais isto, / tanto que a minha consciência é tranqüila, / estou resignado à minha sorte, qualquer que ela seja. // Tais vaticínios não são novos para os meus ouvidos: / que a Fortuna faça girar porém a sua roda / como lhe agradar, e o vilão a sua enxada.
Tanto vogl'io che vi sia manifesto, / pur che mia coscienza non mi garra, / che alla Fortuna, come vuol, son presto. // Non è nuova agli orecchi miei tale arra: / però giri Fortuna la sua rota / come le piace, e il villan la sua marra.
D. ALIGHIERI (poeta italiano, 1265-1321), *Inferno*, XV, 91-6.

800. A tua sorte te reserva tão grande honra, / que as duas facções desejam apanhar-te; mas / a erva estará longe do bode que a quer comer.
La tua fortuna tanto onor ti serba, / che l'una parte e l'altra avranno fame / di te; ma lungi fia dal becco l'erba.
D. ALIGHIERI (poeta italiano, 1265-1321), *Inferno*, XV, 70-2.

801. Pois aqui a sorte varia alternadamente, / mandando-nos venturas ora tristes, ora boas; / e os precipícios costumam estar próximos / dos vôos altos e repentinos.
Ché fortuna qua giù varia a vicenda, / mandandoci venture or triste or buone; / ed a i voli troppo alti e repentini / sogliono i precipizii esser vicini.
T. TASSO (poeta italiano, 1544-1595), *Jerusalém libertada*, II, oitava 70.

802. Muitas vezes, a sorte é como as mulheres ricas e gastadoras, que arruínam as casas para onde levaram um rico dote.
La fortune est souvent comme les femmes riches et dépensières, qui ruinent les maisons où elles ont apporté une riche dot.
N. DE CHAMFORT (escritor francês, c. 1740-1794), *Máximas e pensamentos*, II, 162.

803. Quanto maior for a sorte, menos se deve acreditar nela.
   Maximae cuique fortunae minime credendum est.
   Tito Lívio (historiador latino, 59 a.C.-17 d.C.), *História de Roma*, XXX, 30, 18.

804. A boa sorte dos homens muitas vezes é o maior inimigo que possam ter, pois freqüentemente os transforma em seres maus, levianos, insolentes. Porém, é mais difícil para um homem resistir a ela do que às adversidades.
   La buona fortuna degli uomini è spesso el maggiore inimico che abbino, perché gli fa diventare spesso cattivi, leggieri, insolenti. Però è maggiore paragone di uno uomo el resistere a questa che alle avversità.
   F. Guicciardini (escritor político italiano, 1483-1540), *Ricordi*, C, 164.

805. Se puderes enfrentar o Triunfo e o Desastre / E tratar esses dois impostores do mesmo modo...
   If you can meet with Triumph and Disaster / And treat those two impostors just the same...
   J. R. Kipling (escritor inglês, 1865-1936), *If.*

806. A sorte ajuda os audazes.
   Audentis Fortuna iuvat.
   Virgílio (poeta latino, 70-19 a.C.), *Eneida*, X, 284.

807. Esta que chamam de sorte é uma mulher embriagada e caprichosa, mas principalmente cega e, sendo assim, não vê o que faz, não sabe quem joga na poeira nem quem leva aos altares.
   Esta que llaman fortuna, es una mujer borracha y antojadiza, y sobre todo, ciega, y así no ve lo que hace, ni sabe a quien derriba ni a quien ensalza.
   M. de Cervantes (escritor espanhol, 1547-1616), *Dom Quixote.*

808. Muitos pensam que ter talento é sorte; a ninguém vem em mente que a sorte pode ser uma questão de talento.
   Muchos creen que tener talento es una suerte; nadie que la suerte pueda ser cuestión de tener talento.
   J. Benavente y Martínez (dramaturgo espanhol, 1866-1954).

AS DIFICULDADES

As dificuldades

809. Um homem de espírito não pode nem pensar que existe a palavra dificuldade.

    Das Wort Schwierigkeit muß gar nicht für einen Menschen von Geist als existent gedacht werden.

    G. Ch. Lichtenberg (cientista e escritor alemão, 1742-1799), *Observações e pensamentos*.

810. São as dificuldades que mostram os homens.

    Αἱ περιστάσεις εἰσὶν αἱ τοὺς ἄνδρας δεικνύουσαι.

    Epicteto (filósofo grego, 50-115), *Dissertações*, I, 24, 1.

811. As dificuldades crescem à medida que nos aproximamos do nosso objetivo.

    Die Schwierigkeiten wachsen, je näher man dem Ziele kommt.

    J. W. Goethe (escritor alemão, 1749-1832), *Máximas e reflexões*.

812. Para o homem complicado, quase tudo é uma nova complicação.

    All'uomo impicciato, quasi ogni cosa è un nuovo impiccio.

    A. Manzoni (escritor italiano, 1785-1873), *I promessi sposi*, XVI.

813. Perante um obstáculo, a linha mais curta entre dois pontos pode ser a curva.

    Angesichts von Hindernissen mag die kürzeste Linie zwischen zwei Punkten die krumme sein.

    B. Brecht (escritor alemão, 1898-1956), *Vida de Galileu*, XIV.

O difícil

814. Nada é tão difícil que, à força de tentativas, não tenha resolução.
Nil tam difficile est quin quaerendo investigari possiet.
TERÊNCIO (comediógrafo latino, 185-159 a.C.), *O homem que puniu a si mesmo*, 675.

815. Se tens dificuldade em cumprir um intento, não penses logo que seja impossível para o homem; pensa quanto é possível e natural para ele, e que também pode ser alcançado por ti.
Μή, εἴ τι αὐτῷ σοὶ δυσκαταπόνητον, τοῦτο ἀνθρώπῳ ἀδύνατον ὑπολαμβάνειν· ἀλλ᾽ εἴ τι ἀνθρώπῳ δυνατὸν καὶ οἰκεῖον, τοῦτο καὶ σεαυτῷ ἐφικτὸν νόμιζε.
MARCO AURÉLIO (imperador romano, 121-80), *Recordações*, VI, 19.

A habilidade

816. Um timoneiro que se preze continua a navegar mesmo com a vela despedaçada.
Magnus gubernator et scisso navigat velo.
SÊNECA (filósofo latino, 4 a.C.-65 d.C.), *Cartas a Lucílio*, 30, 3.

817. É uma grande habilidade saber esconder a própria habilidade.
C'est une grande habilité que de savoir cacher son habilité.
F. LA ROCHEFOUCAULD (escritor francês, 1613-1680), *Maximes*, 245.

818. Ó Musas, com o vosso alto engenho, ajudai-me; / ó memória, que escreveste o que vi, / que se prove aqui a tua fidelidade.
O Muse, o alto ingegno, or m'aiutate: / o mente che scrivesti ciò ch'io vidi, / qui si parrà la tua nobilitate.
D. ALIGHIERI (poeta italiano, 1265-1321), *Inferno*, II, 7-9.

O fácil

819. Quando o mar está calmo, todo o mundo pode ser timoneiro.

In tranquillo esse quisque gubernator potest.
PÚBLIO SIRO (poeta latino, séc. I a.C.), *Sentenças*, 358.

820. Tirar a batuta de um maestro é tão fácil quanto é difícil reger com ela a quinta sinfonia de Beethoven.

Tan fácil es quitarle a un maestro la batuta, como difícil dirigir con ella la quinta sinfonía de Beethoven.

A. MACHADO Y RUIZ (poeta espanhol, 1875-1939), *Juan de Mairena.*

821. Nada é tão fácil que, feito de má vontade, / não se torne difícil.

Nulla est tam facilis res quin difficilis siet, / quam invitus facias.

TERÊNCIO (comediógrafo latino, 185-159 a.C.), *O homem que puniu a si mesmo*, 805-6.

822. "Esplêndido!", exclamei. "Elementar", disse Holmes.

"Excellent!" I cried. "Elementary," said he.

A. C. DOYLE (escritor inglês, 1859-1930), *The Memoirs of Sherlock Holmes*, The Crooked Man.

DEUS

Deus

823. O que é Deus? É Tudo.
    Τί θεός; τὸ πᾶν.
    PÍNDARO (poeta grego, 518-438 a.C.), *Fragmentos*, 140 d.

824. (Deus)... nada maior do que ele pode ser imaginado.
    (Deus)... esse aliquid quo nihil maius cogitari possit.
    SANTO ANSELMO (teólogo italiano, 1033-1109), *Proslogion*, 2.

825. Deus disse a Moisés: "Sou aquele que sou."
    Dixit Deus ad Moysen: "Ego sum Qui sum."
    ÊXODO (livro do Antigo Testamento), III, 14.

826. Eu sou o Senhor teu Deus... Não usarás em vão o nome do Senhor teu Deus... Lembra-te de santificar o dia de sábado... Honrarás a teu pai e tua mãe... Não matarás. Não cometerás adultério. Não furtarás. Não dirás falso testemunho contra o teu próximo. Não cobiçarás a casa de teu próximo: não desejarás a sua mulher, nem o seu servo, nem a sua serva, nem o seu boi, nem o seu jumento, nem coisa alguma que lhe pertencer.
    Ego sum Dominus Deus tuus... Non assumes nomen Domini Dei tui in vanum... Memento ut diem sabbati sanctifices... Honora patrem tuum et matrem tuam... Non occides, non moechaberis, non furtum facies, non loqueris contra proximum tuum falsum testimonium, non concupisces domum proximi tui, nec desiderabis uxorem eius, non servum, non ancillam, non bovem, non asinum, nec omnia quae illius sunt.
    ÊXODO (livro do Antigo Testamento), XX, 2-17.

827. Eu sou o Alfa e o Ômega, o princípio e o fim, diz o Senhor Deus: aquele que é e que era, e que há de vir, o Todo-Poderoso.

Ego sum alfa et omega, principium et finis, dicit Dominus Deus: qui est et qui erat, et qui venturus est, omnipotens.

APOCALIPSE (livro do Novo Testamento), I, 8.

828. Terás um único Deus. Quem / se permitiria dois?

Thou shalt have one God only; who / Would be at the expense of two?

A. H. CLOUGH (poeta inglês, 1819-1861), *The Latest Decalogue*.

829. O amor que move o sol e as outras estrelas.

L'amor che move il sole e l'altre stelle.

D. ALIGHIERI (poeta italiano, 1265-1321), *Purgatório*, XXXIII, 145.

830. O Deus que humilha e eleva, / que aflige e consola.

Il Dio che atterra e suscita, / che affanna e che consola.

A. MANZONI (escritor italiano, 1785-1873), *Odi*, Il cinque maggio, 105-6.

831. Deus é o caminho mais curto entre o zero e o infinito, tanto numa direção quanto na outra.

Dieu est le plus court chemin de zéro à l'infini, dans un sens ou dans l'autre.

A. JARRY (escritor francês, 1873-1907), *Vie et opinions du Dr. Faustroll, pataphysicien*.

832. Mas se os bois, os cavalos e os leões tivessem mãos, / ou pudessem desenhar com as mãos e fazer obras como as dos homens, / representariam os deuses, o cavalo semelhante aos cavalos, / o boi aos bois, e fariam corpos / como os seus próprios.

'Αλλ' εἰ χεῖρας ἔχον βόες ἵπποι τ' ἠὲ λέοντες / ἢ γράψαι χείρεσσι καὶ ἔργα τελεῖν ἅπερ ἄνδρες, / ἵπποι μέν θ' ἵπποισι, βόες δέ τε βουσὶν ὁμοίας / καί κε θεῶν ἰδέας ἔγραφον καὶ σώματ' ἐποίουν / τοιαῦθ', οἷόν περ καὐτοὶ δέμας εἶχον ἕκαστοι.

XENÓFANES (poeta e filósofo grego, c. 565-470 a.C.), *Fragmentos*, 15.

833. Os etíopes dizem que seus deuses são de pele escura e possuem o nariz achatado, / os trácios, que os seus são loiros e de olhos azuis.

Αἰθίοπές τε θεοὺς σφετέρους σιμοὺς μέλανάς τε / Θρῇκές τε γλαυκοὺς καὶ πυρρούς φασι πέλεσθαι.

XENÓFANES (poeta e filósofo grego, c. 565-470 a.C.), *Fragmentos*, 16.

A existência de Deus

834. Deus é o único ser que, para reinar, nem precisa existir.

Dieu est le seul être qui, pour régner, n'ait même pas besoin d'exister.

CH. BAUDELAIRE (poeta francês, 1821-1867), *Fusées*.

835. As provas da existência do Criador reduzem-se a dois gêneros: a prova da Providência e a da Criação.

Le prove dell'esistenza del Creatore si riducono a due generi: la prova della Provvidenza e quella della Creazione.

AVERRÓIS (filósofo árabe, 1126-1198), *Manahiğ*.

836. Deus existe. Não devemos nem queremos provar-vos isso; tentar tal coisa nos pareceria blasfêmia, assim como negar sua existência seria loucura. Deus existe porque existimos. Deus vive na nossa consciência, na consciência da humanidade, no universo que nos circunda. A humanidade pôde transformar parte dele, mas nunca suprimir seu santo nome.

Dio esiste. Noi non dobbiamo né vogliamo provarvelo; tentarlo ci sembrerebbe bestemmia, come negarlo follia. Dio esiste perché noi esistiamo. Dio vive nella nostra coscienza, nella coscienza dell'umanità, nell'universo che ci circonda. L'umanità ha potuto trasformarne, non mai sopprimerne il santo nome.

G. MAZZINI (político italiano, 1805-1872), *I doveri dell'uomo*, 2.

837. Entre "Deus existe" e "Deus não existe" estende-se um campo muito vasto, que um autêntico sábio atravessa com grande esforço.

Между «есть Бог» и «нет Бога» лежит целое громадное поле, которое проходит с большим трудом истинный мудрец.

A. P. TCHEKHOV (escritor russo, 1860-1904).

838. Não apenas Deus não existe, mas tentem encontrar um encanador no fim de semana.
> *Not only is there no God, but try getting a plumber on weekends.*
> W. ALLEN (escritor e cineasta norte-americano, nascido em 1935), *Getting Even*.

839. "Se existisse, todo o mundo ficaria sabendo", disse o filósofo, falando de não sei quem...
> *"Se esistesse si saprebbe in giro", disse il filosofo, parlando di non so chi...*
> G. BUFALINO (escritor italiano, nascido em 1920), *Il Malpensante*, agosto.

840. Se Deus não existisse, seria preciso inventá-lo.
> *Si Dieu n'existait pas, il faudrait l'inventer.*
> VOLTAIRE (escritor e filósofo francês, 1694-1778), *Épîtres*.

841. Pesemos o lucro e a perda tomando por coroa [no jogo de cara ou coroa] que Deus existe. Avaliemos estes dois casos: se vencerdes, ganhais tudo; se perderdes, não perdeis nada. Apostai, portanto, que ele existe, sem hesitar.
> *Pesons le gain et la perte, en prenant croix que Dieu est. Estimons ces deux cas: si vous gagnez, vous gagnez tout; si vous perdez, vous ne perdez rien. Gagez donc qu'il est, sans hésiter.*
> B. PASCAL (filósofo francês, 1623-1662), *Pensamentos*, III, 233.

842. Deus está morto: mas, considerando o estado em que se encontra a espécie humana, talvez ainda por um milênio existirão grutas em que se mostrará sua sombra.
> *Gott is tot: aber so wie die Art der Menschen ist, wird es vielleicht noch jahrtausendlang Höhlen geben, in denen man seinen Schatten zeigt.*
> F. W. NIETZSCHE (filósofo alemão, 1844-1900), *A gaia ciência*, III, 108.

843. Se Deus existe, quem é? Se não existe, quem somos?
> *Se Dio esiste, chi è? Se non esiste, chi siamo?*
> G. BUFALINO (escritor italiano, nascido em 1920), *Il Malpensante*, fevereiro.

844. A idéia de Deus é, confesso, o único erro que não posso perdoar ao homem.

L'idée de Dieu est, je l'avoue, le seul tort que je ne puisse pardonner à l'homme.

D. A. F. DE SADE (escritor francês, 1740-1814), *Histoire de Juliette*.

Deus criador

845. Para onde quer que eu volte o olhar, / imenso Deus, te vejo; / nas tuas obras te admiro, / reconheço-te em mim. / A terra, o mar, as esferas / falam do teu poder: / és para tudo; e nós / todos vivemos em ti.

    Dovunque il guardo giro, / immenso Dio, ti vedo; / nell'opre tue t'ammiro, / ti riconosco in me. / La terra, il mar, le sfere / parlan del tuo potere: / tu sei per tutto; e noi / tutti viviamo in te.

    P. METASTASIO (poeta italiano, 1698-1782), *La passione di Gesù Cristo*.

846. Deus é o perfeito poeta, / que em sua pessoa interpreta suas próprias criações.

    God is the perfect poet, / Who in his person acts his own creations.

    R. BROWNING (poeta inglês, 1812-1889), *Paracelsus*, II.

847. Deus deve ficar contente que alguém ame tanto o Seu mundo.

    God must be glad one loves His world so much.

    R. BROWNING (poeta inglês, 1812-1889), *Pippa Passes*, III.

848. Um deus que oculta a sua criação. "E viu que não era boa."

    Ein Gott, der seine Schöpfung verheimlicht. "Und siehe da, es war nicht gut."

    E. CANETTI (escritor austríaco de origem búlgara, nascido em 1905), *A província do homem*, 1947.

849. Deus disse: Eu era um tesouro que ninguém conhecia e quis tornar-me conhecido. Então criei o homem.

    Gott sagte: Ich war ein Schatz, den niemand kannte, und wollte bekannt werden. Da schuf ich den Menschen.

    H. VON HOFMANNSTHAL (escritor austríaco, 1874-1929), *O livro dos amigos*.

850. Deus criou o homem à sua imagem. Isso provavelmente significa: o homem criou Deus à própria imagem.
> *Gott schuf den Menschen nach seinem Bilde. Das heißt vermutlich: Der Mensch schuf Gott nach dem seinigen.*
>
> G. CH. LICHTENBERG (cientista e escritor alemão, 1742-1799), *Observações e pensamentos*.

851. Deus morreu ao nos criar, somos uma obra póstuma.
> *Dio è morto creandoci, noi siamo un'opera postuma.*
>
> G. BUFALINO (escritor italiano, nascido em 1920), *Il Malpensante*, agosto.

852. Deus estava satisfeito com a sua obra, e isso é um erro fatal.
> *God was satisfied with his own work, and that is fatal.*
>
> S. BUTLER (escritor inglês, 1835-1902), *Notebooks*.

Deus e o homem

853. O que mais o Criador pode ver com tanto prazer do que uma criatura alegre?
> *Was kann der Schöpfer lieber sehen als ein fröhliches Geschöpf?*
>
> G. E. LESSING (filósofo alemão, 1729-1781), *Minna von Barnhelm*, II, 7.

854. (Deus)... nunca perturba a alegria de seus filhos se não for para lhes preparar uma mais certa e maior.
> *(Dio)... non turba mai la gioia de' suoi figli, se non per prepararne loro una più certa e più grande.*
>
> A. MANZONI (escritor italiano, 1785-1873), *I promessi sposi*, VIII.

855. Horríveis foram os meus pecados; / mas a bondade infinita tem braços tão grandes, / que acolhe quem se dirige a ela.
> *Orribil furon li peccati miei; / ma la bontà infinita ha sì gran braccia, / che prende ciò che si rivolge a lei.*
>
> D. ALIGHIERI (poeta italiano, 1265-1321), *Purgatório*, III, 121-3.

856. Um deus honesto é a obra mais nobre do homem.
> *An honest God is the noblest work of man.*
>
> R. G. INGERSOLL (advogado norte-americano, 1833-1899), *Gods*, I.

857. E, no entanto, chega de deuses! chega de deuses! o Homem é Rei, / O Homem é Deus!

Et pourtant, plus de dieux! plus de dieux! l'Homme est Roi, / L'Homme est Dieu!

A. RIMBAUD (poeta francês, 1854-1891), *Soleil et chair*, I.

858. Respeito meu Deus, mas amo o universo.

Je respecte mon Dieu, mais j'aime l'univers.

VOLTAIRE (escritor e filósofo francês, 1694-1778), *Poème sur le désastre de Lisbonne*.

859. Pai nosso que estais nos céus / Neles permanecei / E nós ficaremos sobre a terra / Que às vezes é tão bela.

Notre Père qui êtes aux cieux / Restez-y / Et nous nous resterons sur la terre / Qui est quelquefois si jolie.

J. PRÉVERT (poeta francês, 1900-1977), *Paroles*.

860. Dá-me aquilo que ordenas, ordena-me aquilo que queres.

Da quod iubes et iube quod vis.

SANTO AGOSTINHO (padre da Igreja, 354-430), *As confissões*, X, 29.

861. Os homens podem salvar-se apenas entre *si mesmos*. É por isso que Deus se disfarça de homem.

Die Menschen können nur einander erlösen. Darum verkleidet sich Gott als Mensch.

E. CANETTI (escritor austríaco de origem búlgara, nascido em 1905), *A província do homem*, 1943.

862. Muita gente acredita ser atraída por Deus ou pela Natureza, quando é apenas repelida pelo homem.

Many people believe that they are attracted by God or by Nature, when they are only repelled by man.

D. INGE (eclesiástico inglês, 1860-1954), *More Lay Thoughts of a Dean*.

863. O homem propõe, mas quem dispõe é Deus.

Homo proponit, sed Deus disponit.

TOMÁS A KEMPIS (místico alemão, 1379-1471), *A imitação de Cristo*, I, 19, 2.

864. Não é possível com mente mortal / indagar os pensamentos dos deuses.

Οὐ γὰρ ἔσθ' ὅπως τὰ θεῶν / βουλεύματ' ἐρευνάσει βροτέᾳ φρενί.

PÍNDARO (poeta grego, 518-438 a.C.), *Fragmentos*, 61.

865. Quanto mais se discute Deus, menos somos levados a acreditar nele.

Plus de Dieu l'on dispute, et moins l'on en fait croire.

E. JODELLE (dramaturgo francês, 1532-1573), *Contre les ministres de la nouvelle opinion*.

866. Quanto menos acredito em Deus, mais falo dele.

Meno credo in Dio più ne parlo.

G. BUFALINO (escritor italiano, nascido em 1920), *Il Malpensante*, julho.

867. ... conhece-se melhor Deus na ignorância.

... de summo illo deo, qui scitur melius nesciendo.

SANTO AGOSTINHO (padre da Igreja, 354-430), *De ordine*, II, 16, 44.

868. Mesmo se um homem mistura a cal, é sempre Deus o construtor.

Anche se un uomo mescola la calcina, è sempre Dio che è il costruttore.

AMENEMHAPT (escritor sapiencial egípcio), trad. para o it. B. de Rachewiltz.

869. Os méritos de Deus são tão grandes, que não é de surpreender que suas culpas o sejam em proporções razoáveis.

God's merits are so transcendent that it is not surprising his faults should be in reasonable proportions.

S. BUTLER (escritor inglês, 1835-1902), *Notebooks*, Rebelliousness.

870. Vive com os homens como se Deus estivesse te vendo; fala com Deus como se os homens estivessem te ouvindo.

Sic vive cum hominibus, tamquam deus videat; sic loquere cum deo, tamquam homines audiant.

SÊNECA (filósofo latino, 4 a.C.-65 d.C.), *Cartas a Lucílio*, 10, 5.

871. Tudo é bom quando sai das mãos do Autor das coisas, tudo degenera entre as mãos do homem.

Tout est bien sortant des mains de l'Auteur des choses, tout dégénère entre les mains de l'homme.

J.-J. ROUSSEAU (filósofo e escritor francês, 1712-1778), *Emílio ou Da educação*.

872. Apenas a inutilidade do primeiro dilúvio impede Deus de mandar-nos um segundo.

Il n'y a que l'inutilité du premier déluge qui empêche Dieu d'en envoyer un second.

N. DE CHAMFORT (escritor francês, c. 1740-1794), *Máximas e anedotas*, VIII.

873. Pelos numes é estimado / Quem à sua vontade obedece.

Ὅς κε θεοῖς ἐπιπείθηται, μάλα τ' ἔκλυον αὐτοῦ.

Homero (poeta grego, séc. VIII-VII a.C.), *Ilíada*, I, 218.

874. Tende piedade de mim, Senhor, segundo a vossa clemência, e segundo a vossa grande misericórdia, apagai a minha iniqüidade.

Miserere mei Deus, secundum magnam misericordiam tuam. Et secundum multitudinem miserationum tuarum, dele iniquitatem meam.

SALMOS (livro sapiencial do Antigo Testamento), L, 3.

875. A divindade se compraz em humilhar tudo o que se eleva.

... τὰ ὑπερέχοντα ζῷα ὡς κεραυνοῖ ὁ θεὸς οὐδὲ ἐᾷ φαντάζεσθαι.

HERÓDOTO (historiador grego, c. 484-430 a.C.), *Histórias*, VII, 10.

876. Cresceu e engordou: que Deus prodigalize seus bens / a quem se consagra a ele.

Il devint gros et gras: Dieu prodigue ses biens / A ceux qui font voeu d'être siens.

J. DE LA FONTAINE (poeta francês, 1621-1695), *Fables*, VII, 3, Le rat qui s'est retiré du monde.

877. Como [dona Prassede] dizia freqüentemente aos outros e a si mesma, todo o seu empenho era atender aos desejos do céu: mas muitas vezes cometia um grande erro, que era o de tomar o céu por seu cérebro.

Come [donna Prassede] diceva spesso agli altri e a sé stessa, tutto

*il suo studio era di secondare i voleri del cielo: ma faceva spesso
uno sbaglio grosso, ch'era di prender per cielo il suo cervello.*

A. Manzoni (escritor italiano, 1785-1873), *I promessi sposi*, XXV.

878. Deixa o resto aos deuses.

Permitte divis cetera...

Horácio (poeta latino, 65-8 a.C.), *Odes*, I, 9, 9.

879. Muitas vezes os deuses, como os visitantes de outras regiões, / giram pela cidade sob todas as formas, / para ver os costumes injustos e honestos dos homens.

Καί τε θεοὶ ξείνοισιν ἐοικότες ἀλλοδαποῖσι, / παντοῖοι τελέθοντες, ἐπιστρωφῶσι πόληας, / ἀνθρώπων ὕβριν τε καὶ εὐνομίην ἐφορῶντες.

Homero (poeta grego, séc. VIII-VII a.C.), *Odisséia*, XVII, 485-7.

880. Tem um terrível poder quem venera os deuses.

Δεινὸς ὃς θεοὺς σέβει.

Ésquilo (trágico grego, c. 525-456 a.C.), *Sete contra Tebas*, 596.

881. É tolo pedir aos deuses o que se pode conseguir sozinho.

Μάταιόν ἐστι παρὰ θεῶν αἰτεῖσθαι ἅ τις ἑαυτῷ χορηγῆσαι ἱκανός ἐστι.

Epicuro (filósofo grego, 341-270 a.C.), *Exortações*, in *Gnomologio Epicureo Vaticano*, 65.

A oração

882. Quando os deuses querem nos punir, respondem às nossas preces.

When the gods wish to punish us they answer our prayers.

O. Wilde (escritor inglês, 1854-1900), *An Ideal Husband*.

883. *Orar.* Pedir que as leis do universo sejam anuladas em favor de um único postulante, que se confessa indigno.

Pray. To ask that the laws of the universe be annulled in behalf of a single petitioner confessedly unworthy.

A. Bierce (escritor norte-americano, 1842-1914), *The Devil's Dictionary*.

884. Orar é na religião o que pensar é na filosofia.
Beten ist in der Religion, was Denken in der Philosophie ist.
NOVALIS (poeta alemão, 1772-1801), *Fragmentos.*

885. Se a oração não vem em meu auxílio, / partida de um coração que viva em graça; / De que valeriam as outras preces, que no céu não são ouvidas?
Se orazïone in prima non m'aita / che surga sù di cuor che in grazia viva; / l'altra che val, che 'n ciel non è udita?
D. ALIGHIERI (poeta italiano, 1265-1321), *Purgatório*, IV, 133-5.

A blasfêmia

886. As blasfêmias proferidas em estado de angústia correspondem às orações.
Oaths in anguish rank with prayers.
R. HODGSON (poeta inglês, 1871-1962).

887. Cuidado, não blasfema, Pippo, que Deus / é homem de responder com a mesma moeda.
Bada, nun biastemà, Pippo, ché Iddio / è omo da risponne pe le rime.
G. G. BELLI (poeta dialetal italiano, 1791-1863), *Sonetti*, Primo, nun pijà er nome de Dio invano.

888. Se você está zangado, conte até cem; se está muito zangado, blasfeme.
When angry, count a hundred; when very angry, swear.
M. TWAIN (escritor norte-americano, 1835-1910), *Pudd'nhead Wilson's Calendar.*

Cristo

889. E Cristo? É um anarquista que teve êxito. O único.
Et le Christ? C'est un anarchiste qui a réussi. C'est le seul.
A. MALRAUX (escritor e político francês, 1901-1976), *A esperança.*

890. Um queria fazer de Jesus um sábio, outro, um filósofo, outro ainda, um patriota, outro, um homem de bem, outro, um moralista, outro, um santo. Não foi nada disso. Foi um encantador.

    Tel voudrait faire de Jésus un sage, tel un philosophe, tel un patriote, tel un homme de bien, tel un moraliste, tel un saint. Il ne fut rien de tout cela. Ce fut un charmeur.

    E. RENAN (escritor francês, 1823-1892), *Vie de Jésus.*

891. Se Jesus Cristo chegasse hoje entre nós, as pessoas nem pensariam em crucificá-lo. Iriam convidá-lo para jantar, ouvir o que tivesse a dizer e zombar dele.

    If Jesus Christ were to come to-day, people wouldn't even crucify him. They would ask him to dinner, and hear what he had to say, and make fun of it.

    TH. CARLYLE (historiador escocês, 1795-1881), cit. a partir de D. A. WILSON, *Carlyle at his Zenith.*

Satanás

892. Uma apologia ao Diabo: é preciso lembrar que ouvimos apenas uma versão da história. Deus escreveu todos os livros.

    An apology for the Devil – it must be remembered that we have only heard one side of the case. God has written all the books.

    S. BUTLER (escritor inglês, 1835-1902), *Notebooks,* Higgledy-Piggledy: An Apology for the Devil.

893. Existem em todo homem, a todo momento, duas postulações simultâneas, uma a Deus, outra a Satanás. A invocação a Deus, ou espiritualidade, é um desejo de elevar-se; aquela a Satanás, ou animalidade, é uma alegria de precipitar-se.

    Il y a dans tout homme, à toute heure, deux postulations simultanées, l'une vers Dieu, l'autre vers Satan. L'invocation à Dieu, ou spiritualité, est un désir de monter en grade; celle de Satan, ou animalité, est une joie de descendre.

    CH. BAUDELAIRE (poeta francês, 1821-1867), *Mon coeur mis à nu.*

894. Ninguém pode servir a dois senhores... Não podeis servir a Deus e às riquezas.
Nemo potest duobus dominis servire... non potestis Deo servire et mammonae.
São Mateus (evangelista), VI, 24.

895. Vai-te, Satanás!
Vade retro, Satana!
São Mateus (evangelista), IV, 10.

896. O diabo é um otimista se acredita que pode piorar as pessoas.
Der Teufel ist ein Optimist, wenn er glaubt, daß er die Menschen schlechter machen kann.
K. Kraus (escritor austríaco, 1874-1836), *Casos, Idéias.*

897. Saúde, ó Satanás, / Ó rebelião, / Ó força vingadora / Da razão!
Salute, o Satana, / O ribellione, / O forza vindice / De la ragione!
G. Carducci (poeta italiano, 1835-1907), *Inno a Satana.*

898. Se Satanás pudesse amar, deixaria de ser mau.
Si Satanás pudiese amar, dejaría de ser malo.
Teresa d'Ávila (mística espanhola, 1515-1582).

O inferno

899. O inferno é uma cidade muito parecida com Londres / Uma cidade com muita gente e muita fumaça.
Hell is a city much like London / A populous and smoky city.
P. B. Shelley (poeta inglês, 1792-1822), *Peter Bell the Third*, 147.

900. É preciso afugentar com ímpeto esse medo do Inferno / que perturba profundamente a vida do homem, / estendendo sobre tudo a lúgubre sombra de morte / e não deixando existir nenhuma alegria serena e inteira.
Et metus ille foras praeceps Acheruntis agendus, / funditus humanam qui vitam turbat ab imo, / omnia suffundens mortis nigrore, neque ullam / esse voluptatem liquidam puramque relinquit.

LUCRÉCIO (poeta latino, c. 98-55 a.C.), *Da natureza*, III, 37-40.

901. Na verdade, aqueles suplícios que dizem existir / no profundo Inferno, estão todos aqui, nas nossas vidas.

    Atque ea nimirum quaecumque Acherunte profundo / prodita sunt esse, in vita sunt omnia nobis.

    LUCRÉCIO (poeta latino, c. 98-55 a.C.), *Da natureza*, III, 978-9.

902. Não há necessidade da grelha, o inferno são os Outros.

    Pas besoin de gril, l'enfer, c'est les Autres.

    J.-P. SARTRE (filósofo e escritor francês, 1905-1980), *Huis clos*.

903. O inferno (...) é não mais amar.

    L'enfer, [...] c'est de ne plus aimer.

    G. BERNANOS (escritor francês, 1888-1948), *Journal d'un curé de campagne*.

904. Deixai toda a esperança, vós que entrais.

    Lasciate ogni speranza, voi ch'entrate.

    D. ALIGHIERI (poeta italiano, 1265-1321), *Inferno*, III, 9.

A DOAÇÃO

A doação

905. Terás sempre apenas aquilo que terás doado.
Quas dederis solas semper habebis opes.
MARCIAL (poeta latino, c. 40-102), *Epigramas*, V, 42.

906. É feliz apenas quem dá.
Nur der ist froh, der geben mag.
J. W. GOETHE (escritor alemão, 1749-1832), *Fausto*, 857.

907. Deve-se doar com a alma livre, simples, apenas por amor, espontaneamente!
Frei, einfältig soll man geben, aus lauter Liebe, willig!
M. LUTERO (reformador religioso alemão, 1483-1546), *Discursos à mesa*.

908. A quem foram oferecidos em abundância, / dons com rosto amigo, / com aquele silêncio pudico, / que aceito o dom te faz.
Cui fu donato in copia, / doni con volto amico, / con quel tacer pudico / che accetto il don ti fa.
A. MANZONI (escritor italiano, 1785-1873), *Inni sacri*, La Pentecoste, 125-8.

909. Pedi e vos será dado; buscai e achareis; batei e vos será aberto.
Petite et dabitur vobis; quaerite et invenietis; pulsate et aperietur vobis.
SÃO MATEUS (evangelista), VII, 7.

910. Doando receberás.
IÇAVĀSYA UPANISHAD (antigo texto sânscrito).

911. Não mereço ser criticado se vos dou pouco, / pois vos dou tudo o que posso dar.
> *Né che poco io vi dia da imputar sono; / ché quanto io posso dar, tutto vi dono.*
> L. Ariosto (poeta italiano, 1474-1533), *Orlando furioso*, I, oitava 3.

912. Tudo o que dás, receberás de volta, / o que não dás, ficará para os outros.
> *Tutto ciò che dai, ti sarà ridato, / quello che non dai, resterà agli altri.*
> S. Rustaveli (poeta georgiano, 1172-1216), *La pele di leopardo*.

913. A caridade é o único tesouro que se aumenta ao dividi-lo.
> *La carità è il solo tesoro che si aumenta col dividerlo.*
> C. Cantù (escritor italiano, 1804-1895), *Attenzione!*, XX.

914. É possível doar muito sem criar obrigações: / a maneira de dar vale muito mais do que o donativo.
> *Tel donne à pleines mains qui n'oblige personne: / La façon de donner vaut mieux que ce qu'on donne.*
> P. Corneille (dramaturgo francês, 1606-1684), *Le Menteur*, I, 1.

915. Nada deve ser dado com desprezo a ninguém nem por ninguém; aquilo que é doado com desprezo deita a culpa sobre o doador.
> *Nāvajñayā pradātavyam kiṃcid vā knacit kvacit / / avajñayā hi yad dattam dātus taddoṣam āvahet / /*
> Rāmāyana (poema épico indiano), B 3655.

916. É a intenção, e não a doação, que faz o doador.
> *Der Wille und nicht die Gabe macht den Geber.*
> G. E. Lessing (filósofo alemão, 1729-1781), *Nathan, o sábio*, I, 5.

917. As doações devem atingir tão profundamente quem as recebe a ponto de causar-lhe espanto.
> *Gaben müssen den Beschenkten so tief betreffen, daß er erschrickt.*
> W. Benjamin (filósofo alemão, 1892-1940), *Rua de mão única*, Artigos para presente.

918. A decadência da oferta espelha-se na penosa invenção dos artigos para presente, que já pressupõem o fato de não se saber o que presentear porque, na verdade, não se tem nenhuma vontade de fazê-lo.

Der Verfall des Schenkens spiegelt sich in der peinlichen Erfindung der Geschenkartikel, die bereits darauf angelegt sind, daß man nicht weiß, was man schenken soll, weil man es eigentlich gar nicht will.

TH. W. ADORNO (filósofo alemão, 1903-1969), *Minima moralia*, I.

919. Caso se queira conhecer uma pessoa, deve-se observar apenas como ela se comporta ao receber ou dar presentes.

Will man einen Menschen kennen lernen, dann sehe man nur, wie er sich benimmt, wenn er Geschenke annimmt oder gibt.

L. BÖRNE (escritor alemão, 1786-1837), *Fragmentos e aforismos.*

920. Onde intervêm o favor e as doações, abatem-se os obstáculos e desfazem-se as dificuldades.

Adonde interviene el favor y las dádivas, se allanan los riscos y se deshacen las dificultades.

M. DE CERVANTES (escritor espanhol, 1547-1616), *Los trabajos de Persiles y Sigismunda.*

921. Muitas vezes uma pequena oferta produz grandes efeitos.

Saepe quod datur, exiguum est, quod sequitur ex eo, magnum.

SÊNECA (filósofo latino, 4 a.C.-65 d.C.), *Cartas a Lucílio*, 81, 14.

922. A quem darei o novo, espirituoso libreto / ainda há pouco polido com pedra-pomes seca? / Cornélio, a ti, que costumavas / não julgar mal minhas tolices.

Cui dono lepidum novum libellum / arida modo pumice expolitum? / Corneli, tibi: namque tu solebas / meas esse aliquid putare nugas.

CATULO (poeta latino, 87-54 a.C.), *Poesias*, I, 1-4.

923. Se eu não te amasse mais do que meus próprios olhos, / agradabilíssimo Calvo, por esta oferta / te odiaria com um ódio digno de Vatínio.

Ni te plus oculis meis amarem, / iucundissime Calve, munere isto / odissem te odio Vatiniano.

CATULO (poeta latino, 87-54 a.C.), *Poesias*, XIV, 1-3. Vatínio, político muito criticado, nutria um ódio violento contra Calvo, que o havia acusado várias vezes de corrupção.

924. Não são dons aqueles oferecidos pelos inimigos, e não servem a nada.

    'Εχθρῶν ἄδωρα δῶρα κοὐκ ὀνήσιμα.

    SÓFOCLES (trágico grego, 496-406 a.C.), *Ajax*, 665.

925. Temo os gregos, mesmo quando trazem dádivas.

    Timeo Danaos et dona ferentes.

    VIRGÍLIO (poeta latino, 70-19 a.C.), *Eneida*, II, 49.

926. Um beijo na mão te faz sentir muito, muito bem, mas um bracelete de diamantes e safiras dura para sempre.

    Kissing your hand may make you feel very, very good but a diamond and safire bracelet lasts for ever.

    A. LOOS (escritora norte-americana, 1891-1981), *Gentlemen Prefer Blondes*, 4.

A generosidade

927. Não é algo que consuma a si mesma como a liberalidade que, com o uso contínuo, faz com que percas a capacidade de usá-la e tornes-te pobre ou desprezível, ou ainda, para escapar à pobreza, ávido e odioso.

    Non è cosa che consumi sé stessa quanto la liberalità; la quale mentre che tu usi, perdi la facoltà di usarla; e diventi o povero o contennendo [spregevole], o, per fuggire la povertà, rapace et odioso.

    N. MAQUIAVEL (político e escritor italiano, 1469-1527), *O príncipe*, XVI, 4.

928. [Scaligero] será tão benévolo para ti, / que ele, ao contrário do usual, / satisfará teu desejo antes mesmo que lhe seja pedido.

    Ch'in te avrà sì benigno riguardo, / che del fare e del chieder, tra voi due, / fia primo quel che tra li altri è più tardo.

    D. ALIGHIERI (poeta italiano, 1265-1321), *Paraíso*, XVII, 73-5.

A esmola

929. Em matéria de esmola, é preciso fechar a boca e abrir o coração.
    En matière d'aumône, il faut fermer la bouche et ouvrir le coeur.
    G. BOUCHET (escritor francês, 1513-1594), *Les Sérées*, III.

930. Quem dá a um pobre empresta a Deus.
    Foeneratur Domino qui miseretur pauperis.
    PROVÉRBIOS (livro sapiencial do Antigo Testamento), XIX, 17.

931. Quando dás a esmola, não saiba a tua esquerda o que faz a tua direita.
    Te autem faciente eleemosynam, nesciat sinistra tua quid faciat dextera tua.
    SÃO MATEUS (evangelista), VI, 3.

932. Os pobres gostam da esmola dos jovens porque não os humilha e porque os jovens, que precisam de todos, assemelham-se a eles... A esmola de um homem é um ato de caridade: mas a de um menino é, ao mesmo tempo, uma caridade e um carinho.
    I poveri amano l'elemosina dei ragazzi perché non li umilia, e perché i ragazzi, che han bisogno di tutti, somigliano a loro... L'elemosina d'un uomo è un atto di carità: ma quella d'un fanciullo è insieme una carità e una carezza.
    E. DE AMICIS (escritor italiano, 1846-1908), *Cuore*, Novembre: I poveri.

933. Dêem, ricos! A esmola é irmã da prece.
    Donnez, riches! L'aumône est soeur de la prière.
    V. HUGO (escritor francês, 1802-1885), *Feuilles d'automne*.

934. O verdadeiro mendigo é – / o único e verdadeiro rei.
    Der wahre Bettler ist – / Doch einzig und allein der wahre König.
    G. E. LESSING (filósofo alemão, 1729-1781), *Nathan, o sábio*, II, 9.

935. Dá-se a esmola para tirar da frente o miserável que a pede.
    Si fa l'elemosina, per levarsi d'innanzi il miserabile che la chiede.
    C. PAVESE (escritor italiano, 1908-1950), *Il mestiere di vivere*, 17/9/1939.

Os benefícios

936. Os benefícios são apreciados enquanto se vê a possibilidade de retribuí-los: quando, ao contrário, superam esses limites, em vez de gratidão, geram ódio.

    Beneficia eo usque laeta sunt dum videntur exolvi posse: ubi multum antevenere, pro gratia odium redditur.

    TÁCITO (historiador latino, c. 54-120), *Anais*, IV, 18.

937. Um benefício jogado na cara vem sempre considerado como ofensa.

    Un bienfait reproché tient toujours lieu d'offense.

    J. RACINE (tragediógrafo francês, 1639-1699), *Mitridates*, IV, 6.

938. Evitai fazer aos homens aqueles favores que não podem ser feitos sem provocar iguais desfavores a outros: pois quem é ofendido não esquece, ou melhor, considera a ofensa maior; quem é beneficiado não se lembra ou pensa ter sido beneficiado menos do que realmente foi.

    Guardatevi da fare quelli piaceri agli uomini che non si possono fare sanza fare equale dispiacere a altri: perché chi è ingiuriato non dimentica, anzi reputa la ingiuria maggiore; chi è beneficato non se ne ricorda o gli pare essere beneficato manco che non è.

    F. GUICCIARDINI (escritor político italiano, 1483-1540), *Ricordi*, C, 25.

939. Freqüentemente tive a ocasião de observar que quando a beneficência não prejudica o benfeitor, mata o beneficiado.

    J'ai souvent eu l'occasion d'observer que quand la bienfaisance ne nuit pas au bienfaiteur, elle tue l'obligé.

    H. DE BALZAC (escritor francês, 1799-1850), *Gobseck*.

A gratidão

940. Para a maioria dos homens, a gratidão não passa de um desejo velado de receber maiores benefícios.

    La reconnaissance de la plupart des hommes n'est qu'une secrète envie de recevoir de plus grands bienfaits.

F. La Rochefoucauld (escritor francês, 1613-1680), *Maximes*, 298.

941. Quase todo o mundo gosta de se liberar das suas pequenas obrigações; muitos sentem reconhecimento pelas medíocres, mas praticamente não existe quem não sinta ingratidão pelas grandes.

Presque tout le monde prend plaisir à s'acquitter des petites obligations; beaucoup de gens ont de la reconnaissance pour les médiocres, mais il n'y a quasi personne qui n'ait de l'ingratitude pour les grandes.

F. La Rochefoucauld (escritor francês, 1613-1680), *Maximes*, 299.

942. Quem acolhe um benefício com gratidão, paga a primeira prestação da sua dívida.

Qui grate beneficium accipit, primam eius pensionem solvit.

Sêneca (filósofo latino, 4 a.C.-65 d.C.), *De beneficiis*, II, 22, 1.

943. Interrogado sobre o que envelhece logo, disse: "A gratidão."

Ἐρωτηθεὶς τί γηράσκει ταχύ, «χάρις» ἔφη.

Aristóteles (filósofo grego, 384-322 a.C.), citado em Diógenes Laércio, *Vidas dos filósofos*, Aristóteles, V, 18.

944. A ingratidão é filha da soberba.

La ingratitud es hija de la soberbia.

M. de Cervantes (escritor espanhol, 1547-1616), *Dom Quixote*.

945. Vale a pena experimentar também a ingratidão para encontrar um homem grato.

Est tanti, ut gratum invenias, experiri et ingratos.

Sêneca (filósofo latino, 4 a.C.-65 d.C.), *Cartas a Lucílio*, 81, 2.

946. Imensos agradecimentos da parte de Catulo, / o pior dentre todos os poetas, / tão pior / quanto és o melhor de todos os advogados.

Gratias tibi maximas Catullus / agit pessimus omnium poeta, / tanto pessimus omnium poeta, / quanto tu optimus omnium patronus.

Catulo (poeta latino, 87-54 a.C.), *Poesias*, XLIX, 4-7 (com referência a Cícero).

947. Feliz de quem do céu recebeu um pedaço de pão e não precisa agradecer a ninguém além do próprio céu.

Venturoso aquel a quien el cielo dio un pedazo de pan, sin que le quede obligación de agradecerlo a otro que al mismo cielo.

M. DE CERVANTES (escritor espanhol, 1547-1616), *Dom Quixote*.

948. Agradecidos são aqueles que ainda têm algo a pedir.

Riconoscenti sono coloro che hanno ancora qualche cosa da chiedere.

PITIGRILLI (escritor italiano, 1893-1975), *Amori express*, L'ottavo peccato.

949. A ingratidão é sempre uma forma de fraqueza. Nunca vi homens hábeis serem ingratos.

Der Undank ist immer eine Art Schwäche. Ich habe nie gesehen, daß tüchtige Menschen wären undankbar gewesen.

J. W. GOETHE (escritor alemão, 1749-1832), *Máximas e reflexões*, II, 14.

950. O símbolo dos ingratos / não é a Serpente, é o Homem.

Le symbole des ingrats / ce n'est point le Serpent, c'est l'Homme.

J. DE LA FONTAINE (poeta francês, 1621-1695), *Fable*, X, L'homme et la Coulevire.

A DÚVIDA

A dúvida

951. Existem duas espécies de idiotas: aqueles que não duvidam de nada e aqueles que duvidam de tudo.

    Il y a deux espèces de sots: ceux qui ne doutent de rien et ceux qui doutent de tout.

    CH.-J. LIGNE (general e escritor belga, 1735-1814), *Mes écarts*.

952. Posso duvidar da realidade de tudo, mas não da realidade da minha dúvida.

    Je puis douter de la réalité de tout, mais pas de la réalité de mon doute.

    A. GIDE (escritor francês, 1869-1951), *Les faux-monnayeurs*.

953. O fraco fica em dúvida antes de tomar uma decisão; o forte, depois.

    Der Schwache zweifelt vor der Entscheidung; der Starke hernach.

    K. KRAUS (escritor austríaco, 1874-1936), *Pro domo et mundo*.

954. Das coisas seguras, / A mais segura é a dúvida.

    Von den sicheren Dingen / Das sicherste ist der Zweifel.

    B. BRECHT (escritor alemão, 1898-1956), *Um homem é um homem*, Begbick, IX.

955. A dúvida não deve ser nada além da atenção, caso contrário pode tornar-se perigosa.

    Zweifel muß nichts weiter sein als Wachsamkeit, sonst kann er gefährlich werden.

    G. CH. LICHTENBERG (cientista e escritor alemão, 1742-1799), *Observações e pensamentos*.

956. Duvidar de si mesmo é o primeiro sinal da inteligência.
Dubitare di sé stesso è il primo segno dell'intelligenza.
U. OJETTI (escritor italiano, 1871-1946), *Sessanta*, XVI.

957. É menos mau inquietar-se na dúvida do que descansar no erro.
È men male l'agitarsi nel dubbio, che il riposar nell'errore.
A. MANZONI (escritor italiano, 1785-1873), *Storia della colonna infame*, II.

958. Por minha natureza, não estou longe da dúvida mesmo sobre as coisas consideradas indubitáveis.
Io per mia natura non sono lontano dal dubbio anche sopra le cose credute indubitabili.
G. LEOPARDI (poeta italiano, 1798-1837), *Zibaldone*, I, 94, 1.

959. Sou quem duvida e a própria dúvida.
I am the doubter and the doubt.
R. W. EMERSON (filósofo e poeta norte-americano, 1803-1882), *Brahma*.

960. Sabemos tão pouco do que estamos fazendo / neste mundo, que me pergunto se a própria dúvida não está em dúvida.
So little do we know what we're about in / This world, I doubt if doubt itself be doubting.
G. G. BYRON (poeta inglês, 1788-1824), *Don Juan*, IX, 17.

961. Ser... ou não ser: eis a questão.
To be, or not to be: that is the question.
W. SHAKESPEARE (dramaturgo inglês, 1564-1616), *Hamlet*, III, 1, 56.

962. Que seja doce a dúvida a quem a verdade pode fazer mal.
Sie dolce il dubbio a chi nuocer può 'l vero.
M. BUONARROTI (artista e poeta italiano, 1475-1564), *Rime*, Perc'all'alta mie speme è breve e corta.

963. Talvez sim, talvez não.
Forse che sì forse che no.
Escrito nas volutas de um labirinto, num dos tetos do palácio Gonzaga, em Mântua.

A certeza

964. Uma probabilidade razoável é a única certeza.

A reasonable probability is the only certainty.

E. W. Howe (escritor norte-americano, 1854-1937), *Country Town Sayings*.

965. Podemos ter certeza absoluta apenas das coisas que não compreendemos.

We can be absolutely certain only about things we do not understand.

E. Hoffer (escritor norte-americano, 1902-1983), *The True Believer*.

966. Uma coisa é certa, e é o fato de não podermos dar nada por certo; sendo assim, não é certo que não podemos dar nada por certo.

There is one thing certain, namely, that we can have nothing certain; therefore it is not certain that we can have nothing certain.

S. Butler (escritor inglês, 1835-1902), *Notebooks*, First Principles.

967. Terrível clareza / é o nada da certeza.

Terrible claridad / es la nada de la verdad.

M. de Unamuno (escritor espanhol, 1864-1936).

968. Morro de sede junto à fonte. / (...) / Nada me é certo além da coisa incerta.

Je meurs de soif auprès de la fontaine. / [...] / Rien ne m'est sûr que la chose incertaine.

F. Villon (poeta francês, c. 1431-1463), *Ballade du concours de Blois*.

969. Incerteza, oh, que deleite / Vós e eu nos vamos / Como se vão os caranguejos, / para trás, para trás.

Incertitude, ô mes délices / Vous et moi nous nous en allons / Comme s'en vont les écrevisses, / A reculons, à reculons.

G. Apollinaire (poeta francês, 1880-1918), *L'écrevisse*.

A firmeza

970. Segue-me e deixa falar as gentes: / está firme como torre, que não abala / jamais o alto pelo soprar do vento.

Vien dietro a me, e lascia dir le genti: / sta come torre ferma, che non crolla / già mai la cima per soffiar di venti.

D. ALIGHIERI (poeta italiano, 1265-1321), *Purgatório*, V, 13-5.

A leviandade

971. A leviandade é um salva-vidas na correnteza da vida.

Der Leichtsinn ist ein Schwimmgürtel für den Strom des Lebens.

L. BÖRNE (escritor alemão, 1786-1837), *Fragmentos e aforismos*.

972. Não creio que haja coisa pior no mundo do que a leviandade, pois os homens levianos são instrumentos prontos a tomar qualquer partido, por mais infame, perigoso e pernicioso que seja; sendo assim, é melhor fugir deles como se foge do fogo.

Non credo che sia peggior cosa al mondo che la leggerezza, perché gli uomini leggieri sono istrumenti atti a pigliare ogni partito, per tristo, periculoso e pernicioso che sia; però fuggitegli come il fuoco.

F. GUICCIARDINI (escritor político italiano, 1483-1540), *Ricordi*, II, 167.

A indecisão

973. Não existe ser humano mais miserável do que aquele em que a única coisa habitual é a indecisão.

There is no more miserable human being than one in whom nothing is habitual but indecision.

W. JAMES (filósofo e psicólogo norte-americano, 1842-1910), *Psychology*, 10.

974. Devo ter uma enorme quantidade de inteligência; às vezes levo até uma semana para colocá-la em movimento.

I must have a prodigious quantity of mind; it takes me as much as a week, sometimes, to make it up.

M. Twain (escritor norte-americano, 1835-1910), *Os inocentes no exterior*, VII.

975. Quem pensa muito, nem sempre escolhe o melhor.
Wer lange bedenkt, der wählt nicht immer das Beste.
J. W. Goethe (escritor alemão, 1749-1832), *Hermano e Dorotéia*, IV, 105.

976. Geralmente erra mais quem decide cedo do que quem decide tarde; mas, depois de tomada a decisão, resta recuperar principalmente o atraso da sua execução.
Per lo ordinario erra più chi delibera presto che chi delibera tardi; ma da riprendere è sommamente la tardità dell'eseguire, poi che si è fatta la resoluzione.
F. Guicciardini (escritor político italiano, 1483-1540), *Ricordi*, 191.

977. A hesitação é semelhante à morte.
Промедление смерти подобно.
Pedro I (czar da Rússia, 1672-1725).

O ERRO

O erro

978. Quem pensa ver algo sem falhas / pensa naquilo que nunca existiu, que não existe, que nunca existirá.
Whoever thinks a faultless piece to see, / Thinks what ne'er was, nor is, nor e'er shall be.
A. POPE (poeta inglês, 1688-1744), *An Essay on Criticism*.

979. A perfeição tem um grave defeito: tende a ser enfadonha.
Perfection has one grave defect; it is apt to be dull.
W. S. MAUGHAM (escritor inglês, 1874-1965), *The Summing Up*.

980. O homem que não comete erros geralmente não faz nada.
The man who makes no mistakes does not usually makes anything.
E. J. PHELPS (advogado norte-americano, 1822-1900), *Speech at Mansion House*, 24/1/1899.

981. Os erros mais breves são sempre os melhores.
Les plus courtes erreurs sont toujours les meilleures.
MOLIÈRE (comediógrafo francês, 1622-1673), *L'étourdi*, IV, 3.

982. De nós, velhos, desculpam-se os erros, pois não encontramos as estradas abertas; mas de quem chegou ao mundo depois de nós, pode-se exigir mais; este não pode mais errar nem tentar.
Uns Alten rechnet man den Irrtum zugute, weil wir die Wege nicht gebahnt fanden; wer aber später in die Welt eintritt, von dem verlangt man mehr, der soll nicht abermals irren und suchen.
J. P. ECKERMANN (literato alemão, 1792-1854), *Colóquios com Goethe*, 18/9/1823.

983. Devemos pagar caro pelos nossos erros se quisermos nos ver livres deles, e depois podemos até dizer que temos sorte.
Mas muβ seine Irrtümer teuer bezahlen, wenn man sie loswerden will, und dann hat man noch von Glück zu sagen.
J. W. Goethe (escritor alemão, 1749-1832), *Máximas e reflexões*, 323.

984. Qualquer pessoa pode errar; mas ninguém que não seja tolo persiste no erro.
Cuiusvis hominis est errare; nullius, nisi insipientis, perseverare in errore.
Cícero (escritor e político romano, 106-43 a.C.), *Filípicas*, XII, 5.

985. Os homens erram, os grandes homens confessam que erraram.
Les hommes se trompent, les grands hommes avouent qu'ils se sont trompés.
Voltaire (escritor e filósofo francês, 1694-1778), *Le Sottisier*.

986. Os erros de um grande espírito são mais instrutivos do que as verdades de um pequeno.
Die Irrtümer eines groβen Geistes sind belehrender als die Wahrheit eines kleinen.
L. Börne (escritor alemão, 1786-1837), *Fragmentos e aforismos*.

987. Por Hércules! Prefiro errar com Platão... a ter razão com estes [os pitagóricos].
Errare, mehercule, malo cum Platone... quam cum istis vera sentire.
Cícero (escritor e político romano, 106-43 a.C.), *Tusculanae disputationes*, I, 17.

988. Uma coisa é demonstrar a um homem que ele está errado, outra é colocá-lo de posse da verdade.
It is a thing to show a man that he is in an error, and another to put him in possession of truth.
J. Locke (filósofo inglês, 1632-1704), *Ensaio acerca do intelecto humano*, IV, 7.

989. A estreita ligação do erro com a verdade nasce do fato de um erro simples e consumado ser inconcebível e, por ser inconcebível, não existir. O erro fala com duas vozes, uma delas afirma o falso, mas a outra o desmente.

Lo stretto nesso dell'errore con la verità nasce da ciò, che un mero e compiuto errore è inconcepibile, e, perché inconcepibile, non esiste. L'errore parla con doppia voce, una delle quali afferma il falso, ma l'altra lo smentisce.

B. CROCE (filósofo italiano, 1866-1952), *Breviario di estetica*, I.

990. A medida de um erro é ao mesmo tempo a medida da verdade correspondente.

La mesure d'une erreur est en même temps la mesure de la verité correspondante.

C. DE SAINT-MARTIN (escritor francês, 1743-1803), *De l'esprit des choses*.

991. O erro acontece de vários modos, enquanto ser correto é possível apenas em um modo.

Τὸ μὲν ἁμαρτάνειν πολλαχῶς ἐστίν…, τὸ δὲ κατορθοῦν μοναχῶς.

ARISTÓTELES (filósofo grego, 384-322 a.C.), *Ética a Nicômaco*, II, 6, 14.

992. A maior glória não está em não cair nunca, mas em levantar-se sempre depois de uma queda.

CONFÚCIO (filósofo chinês, c. 551-479 a.C.), *Os colóquios*.

993. A queda não cancela a glória de ter subido.

El caer no ha de quitar la gloria de haber subido.

P. CALDERÓN DE LA BARCA (dramaturgo espanhol, 1600-1681), *Hombre pobre todo es trazas*.

994. O maior erro na vida é o de ter sempre medo de errar.

The greatest mistake you can make in life is to be continually fearing you will make one.

E. G. HUBBARD (escritor norte-americano, 1856-1915), *A Thousand and One Epigrams*.

995. Muitas vezes erra não apenas quem faz, mas também quem deixa de fazer alguma coisa.

Ἀδικεῖ πολλάκις ὁ μὴ ποιῶν τι, οὐ μόνον ὁ ποιῶν τι.

MARCO AURÉLIO (imperador romano, 121-180), *Recordações*, IX, 5.

996. Se erro, existo.
Si fallor, sum.
Santo Agostinho (padre da Igreja, 354-430), *A cidade de Deus*, XI, 26.

997. O início da salvação é o conhecimento da culpa.
Initium salutis est notitia peccati.
Sêneca (filósofo latino, 4 a.C.-65 d.C.), *Cartas a Lucílio*, 28, 9.

998. Sou um homem e errei: não há nada de surpreendente.
'Ἄνθρωπος ὢν ἥμαρτον· οὐ θαυμαστέον.
Menandro (comediógrafo grego, 342-291 a.C.), *Fanio*, frag. 499.

999. São justamente os erros dos homens que os tornam amáveis.
Die Irrtümer des Menschen machen ihn eigentlich liebenswürdig.
J. W. Goethe (escritor alemão, 1749-1832), *Máximas e reflexões*, 282.

O pecado

1000. Quem de vós não tem pecados, que seja o primeiro a apedrejá-la [a mulher adúltera].
Qui sine peccato est vestrum, primus in illam lapidem mittat.
São João (evangelista), VIII, 7.

1001. Quem comete um pecado, comete-o contra si mesmo.
Chi commette un peccato, contro sé lo commette.
Alcorão (livro sagrado islâmico), Surata IV, 111, trad. para o it. F. Peirone.

1002. Para o verdadeiro religioso, nada é pecado.
Dem echt Religiösen ist nichts Sünde.
Novalis (poeta alemão, 1772-1801), *Fragmentos*.

1003. O escândalo do mundo é o que faz a ofensa, / E pecar em silêncio não é pecar totalmente.
Le scandale du monde est ce qui fait l'offense, / Et ce n'est pas pécher que pécher en silence.
Molière (comediógrafo francês, 1622-1673), *Tartufo*, IV, 5.

1004. Alguns se elevam com o pecado, outros se precipitam com a virtude.
> *Some rise by sin, and some by virtue fall.*
> W. SHAKESPEARE (dramaturgo inglês, 1564-1616), *Medida por medida*, II, 1, 38.

1005. Toda vez que o homem reconhece e confessa ter pecado libera-se do próprio pecado como uma serpente da pele velha.
> *Yathā yathā naro 'dharmaṃ svayaṃ kṛtvānubhāṣate / tathā tathātvacevāhis tenādharmeṇa mucyate //*
> MĀNAVADHARMAŚĀSTRA (código de leis indiano), 11, 228.

1006. Sê pecador e peca fortemente, mas crê ainda mais fortemente.
> *Esto peccator et pecca fortiter, sed fortius fide.*
> M. LUTERO (reformador religioso alemão, 1483-1546), *Cartas*, a Melanchthon, 1/8/1521.

O remorso

1007. Ele [Virgílio] parecia arrependido: / ó consciência nobre e pura, / quão amargo remorso sentes até dum pequeno erro!
> *El mi parea da sé stesso rimorso: / o dignitosa coscïenza e netta, / come t'è picciol fallo amaro morso!*
> D. ALIGHIERI (poeta italiano, 1265-1321), *Purgatório*, III, 7-9.

1008. O homem caído em culpa infelizmente tende a persistir nela; e ser privado do testemunho da boa consciência aflige-o sem melhorá-lo. Ou melhor, é sabido que o réu muitas vezes acrescenta uma culpa à outra para extinguir o remorso.
> *L'uomo caduto nella colpa ha pur troppo una tendenza a persisterci; e l'esser privato del testimonio della buona coscienza l'affligge senza migliorarlo. Anzi è una cosa riconosciuta che il reo aggiunge spesso colpa a colpa per estinguere il rimorso.*
> A. MANZONI (escritor italiano, 1785-1873), *Osservazioni sulla morale cattolica*.

1009. Os remorsos são os impulsos sádicos do cristianismo.
> *Gewissenbisse sind die sadistischen Regungen des Christentums.*
> K. KRAUS (escritor austríaco, 1874-1936), *Moral*, Cristianismo.

1010. Não existe testemunha tão terrível, nem acusador tão implacável quanto a consciência que mora no coração de cada homem.

Οὐδεὶς γὰρ οὕτως οὔτε μάρτυς ἐστὶ φοβερὸς οὔτε κατήγορος δεινὸς ὡς ἡ σύνεσις ἡ κατοικοῦσ' ἐν ταῖς ἑκάστων ψυχαῖς.

Políbio (historiador grego, c. 202-120 a.C.), *Histórias*, XVIII, 43.

1011. Nenhum culpado pode ser absolvido pelo tribunal da própria consciência.

Se / iudice nemo nocens absolvitur.

Juvenal (poeta latino, c. 50/65-140), *Sátiras*, XIII, 2-3.

1012. A consciência é um Deus para todos os mortais.

Βροτοῖς ἅπασιν ἡ συνείδησις θεός.

Menandro (comediógrafo grego, 342-291 a.C.), *Versos individuais*, 564.

1013. Para a maioria dos homens, a consciência é uma antecipação da opinião dos outros.

Conscience is, in most men, an anticipation of the opinion of others.

H. Taylor (escritor inglês, 1711-1785), in *The Statesman*, 1836.

A vergonha

1014. Sinto vergonha, logo existo.

Стыжусь, следовательно существую.

V. S. Soloviev (teólogo russo, 1853-1900), *A justificação do bem*.

1015. Um homem é tão mais respeitável quanto mais numerosas são as coisas das quais se envergonha.

The more things a man is ashamed of, the more respectable he is.

G. B. Shaw (comediógrafo irlandês, 1856-1950), *Homem e super-homem*, I.

1016. Envergonho-me de confessar que não tenho nada a confessar.

I am ashamed of confessing that I have nothing to confess.

F. Burney (escritora inglesa, 1752-1840), *Evelina*, carta 59.

1017. Uma pessoa boa sente vergonha até diante de um cão.
>Доброму человеку бывает стыдно даже перед собакой.
A. P. Tchekhov (escritor russo, 1860-1904), *Apontamentos*.

1018. Nada é vergonhoso para o homem de espírito, nem é capaz de fazê-lo sentir vergonha e provar o desagradável sentimento dessa paixão, a não ser apenas o ato de envergonhar-se e de enrubescer.
>*Nessuna cosa è vergognosa per l'uom di spirito né capace di farlo vergognare e provare il dispiacevole sentimento di questa passione, se non solamente il vergognarsi e l'arrossire.*
G. Leopardi (poeta italiano, 1798-1837), *Zibaldone*, IV, 334, 2.

1019. A vergonha é a mais violenta de todas as paixões.
>*La honte est la plus violente de toutes les passions.*
M. de La Fayette (escritora francesa, 1634-1693), *La Princesse de Clèves*.

1020. Os olhos são a morada da vergonha.
>Τὸ ἐν ὀφθαλμοῖς εἶναι αἰδῶ.
Aristóteles (filósofo grego, 384-322 a.C.), *Retórica*, II, 6, 18.

1021. A vergonha é a preciosíssima capacidade do homem de relacionar seus comportamentos com as exigências daquela suprema consciência, que nos foi deixada de herança pela história da humanidade.
>Стыд есть драгоценнейшая способность человека ставить свои поступки в соответствие с требованиями той высшей совести, которая завещана историей человечества.
M. E. Saltykov-Stchedrine (escritor russo, 1826-1889).

1022. Um baixote caminhava pela rua e sentia vergonha de ter pernas tortas.
>Шёл по улице такс, и ему было стыдно что у него кривые ноги.
A. P. Tchekhov (escritor russo, 1860-1904).

1023. Quem enrubesce já é culpado; a verdadeira inocência não tem vergonha de nada.

> *Quiconque rougit est déjà coupable; la vraie innocence n'a honte de rien.*
>
> J.-J. ROUSSEAU (filósofo e escritor francês, 1712-1778), *Emílio ou Da educação*.

1024. É belo o rubor, mas às vezes incomoda.

> *Bello è il rossore, ma è incommodo qualche volta.*
>
> C. GOLDONI (comediógrafo italiano, 1707-1793), *La Pamela*, I, 3.

O arrependimento

1025. É muito mais fácil arrepender-se dos pecados que cometemos do que daqueles que pretendemos cometer.

> *It is much easier to repent of sins that we have committed than of those we intend to commit.*
>
> J. BILLINGS (humorista norte-americano, 1818-1885), *Josh Billings' Encyclopedia of Wit and Wisdom*.

1026. Se fiz alguma coisa boa em toda a minha vida, / dela me arrependo do fundo do coração.

> *If one good deed in all my life I did, / I do repent from my very soul.*
>
> W. SHAKESPEARE (dramaturgo inglês, 1564-1616), *Tito Andrônico*, V, 3, 189-90.

1027. Sobre uma cabeça arrependida não se abaixa a espada.

> Повинную голову и меч не сечет.
>
> PEDRO I (czar da Rússia, 1672-1725).

1028. É possível repousar sobre qualquer dor de qualquer desventura, menos sobre o arrependimento. No arrependimento não há descanso nem paz, e por isso é a maior ou a mais amarga de todas as desgraças.

> *Sopra ogni dolore d'ogni sventura si può riposare, fuorché sopra il pentimento. Nel pentimento non c'è riposo né pace, e perciò è la maggiore o la più acerba di tutte le disgrazie.*
>
> G. LEOPARDI (poeta italiano, 1798-1837), *Zibaldone*, II, 7, 1.

1029. O arrependimento é a inocência dos pecadores.
Reue ist die Unschuld der Gefallenen.
H. von Kleist (escritor alemão, 1777-1811), *O príncipe de Homburg*, IV, 1.

1030. Nosso arrependimento não é tanto um remorso do mal que cometemos, mas um temor daquilo que nos pode acontecer.
Notre repentir n'est pas tant un regret du mal que nous avons fait qu'une crainte de celui qui nous en peut arriver.
F. La Rochefoucauld (escritor francês, 1613-1680), *Maximes*, 180.

O perdão

1031. Deus perdoa tantas coisas por uma obra de misericórdia!
Dio perdona tante cose, per un'opera di misericordia!
A. Manzoni (escritor italiano, 1785-1873), *I promessi sposi*, XXI.

1032. Conheço muito bem os homens para ignorar que muitas vezes o ofendido perdoa, mas o ofensor não perdoa jamais.
Je connais trop les hommes pour ignorer que souvent l'offensé pardonne, mais que l'offenseur ne pardonne jamais.
J.-J. Rousseau (filósofo e escritor francês, 1712-1778), *Correspondance*.

1033. Perdoados lhe são seus muitos pecados [de Madalena], porque amou muito.
Remittuntur ei peccata multa, quoniam dilexit multum.
São Lucas (evangelista), VII, 47.

1034. Como bom cristão, tendes de perdoá-los, mas jamais deveis admiti-los em vossa presença, ou permitir que seus nomes sejam mencionados diante de vós.
You ought certainly to forgive them as a Christian, but never to admit them in your sight, or allow their names to be mentioned in your hearing.
J. Austen (escritora inglesa, 1775-1817), *Orgulho e preconceito*, 57.

1035. "Amigo, venceste: eu te perdôo... perdoa / ainda, não o corpo, que nada teme, / a alma sim: por Deus! reza por ela / e batiza-me para lavar todas as minhas culpas."

"Amico, hai vinto: io ti perdòn... perdona / tu ancora, al corpo no, che nulla pave, / a l'alma sì: deh! per lei prega, e dona / battesmo a me ch'ogni mia colpa lave."
<small>T. TASSO (poeta italiano, 1544-1595), *Jerusalém libertada*, XII, oitava 66, Clorinda morente a Tancredi.</small>

1036. Perdoar pressupõe sempre um pouco de esquecimento, um pouco de desprezo e muita conveniência.

Perdonar supone siempre un poco de olvido, un poco de desprecio y un mucho de comodidad.
<small>J. BENAVENTE Y MARTÍNEZ (dramaturgo espanhol, 1866-1954).</small>

A vingança

1037. Ergue-te, vingador, dos meus ossos.

Exoriare aliquis nostris ex ossibus ultor.
<small>VIRGÍLIO (poeta latino, 70-19 a.C.), *Eneida*, IV, 625.</small>

1038. A vingança é uma espécie de justiça selvagem.

Revenge is a kind of wild justice.
<small>F. BACON (filósofo inglês, 1561-1626), *Essays*, 4, Of Revenge.</small>

1039. "Tiveste sede de sangue, e eu de sangue te encho."

"Sangue sitisti, e io di sangue t'empio."
<small>D. ALIGHIERI (poeta italiano, 1265-1321), *Purgatório*, XII, 57.</small>

1040. O sentimento da vingança é tão agradável, que muitas vezes o homem deseja ser ofendido para poder se vingar, e não falo apenas de um inimigo habitual, mas de uma pessoa indiferente, ou até mesmo, sobretudo em alguns momentos de humor negro, de um amigo.

Il sentimento della vendetta è così grato, che spesso si desidera d'essere ingiuriato per potersi vendicare, e non dico già solamente da un nemico abituale, ma da un indifferente, o anche, massime in certi momenti d'umor nero, da un amico.

G. LEOPARDI (poeta italiano, 1798-1837), *Zibaldone*, I, 184, 3.

1041. Não existe vingança melhor do que aquela que *os outros* infligem ao teu inimigo. Tem até o mérito de deixar-te a parte do generoso.

Non c'è vendetta più bella di quella che gli altri *infliggono al tuo nemico. Ha persino il pregio di lasciarti la parte del generoso.*
C. PAVESE (escritor italiano, 1908-1950), *Il mestiere di vivere*, 4/3/1946.

1042. Que grande honra se conquista com a vingança.

Ché bell'onor s'acquista in far vendetta.
D. ALIGHIERI (poeta italiano, 1265-1321), *Rime*, Così nel mio parlar voglio esser aspro, 83.

1043. Os homens devem ser adulados ou destruídos, pois podem vingar-se das ofensas leves, não das graves; de modo que a ofensa que se faz ao homem deve ser tal que não se tema a vingança.

Gli uomini si debbono o vezzeggiare o spegnere, perché si vendicano delle leggieri offese, delle gravi non possono; si che l'offesa che si fa all'uomo debba essere in modo che la non tema la vendetta.
N. MAQUIAVEL (político e escritor italiano, 1469-1527), *O príncipe*, III, 5.

1044. A vingança é sempre o prazer de um espírito mesquinho, / de um espírito amedrontado e avaro. Podes ter a prova disso agora mesmo: / ninguém se deleita tanto com a vingança como a mulher.

Semper et infirmi est animi exiguique voluptas / ultio. Continuo sic collige, quod vindicta / nemo magis gaudet quam femina.
JUVENAL (poeta latino, c. 50/65-140), *Sátiras*, XIII, 190-2.

1045. Todo delito / Já traz no ventre seu próprio anjo vingador, / A terrível espera.

Jede Untat / Trägt ihren eignen Racheengel schon, / Die böse Hoffnung, unter ihrem Herzen.
F. VON SCHILLER (escritor alemão, 1759-1805), *A morte de Wallenstein*, I, 7.

A IDADE

A idade

1046. O tempo voa e me leva contra minha vontade; por mais que eu tenha tentado detê-lo, é ele que me arrasta; e esse pensamento me dá muito medo: podeis imaginar por quê.

Le temps vole et m'emporte malgré moi; j'ai beau vouloir le retenir, c'est lui qui m'entraîne; et cette pensée me fait grand peur: vous devinez à peu près pourquoi.

M. SÉVIGNÉ (escritora francesa, 1626-1696), *Lettres*, au comte de Bussy-Rabutin, 12/7/1691.

1047. Observei que o caráter de quase todos os homens parece particularmente adaptado a uma certa idade da vida, de modo que nela apresenta-se de forma mais proveitosa. Alguns são jovens amáveis, e depois isso passa, outros, homens enérgicos e ativos, dos quais a idade rouba todos os valores. Muitos se apresentam mais favoravelmente na velhice, quando são mais indulgentes por serem mais experientes e serenos.

Ich habe die Bemerkung gemacht, daβ der Charakter fast jedes Menschen einem Lebensalter vorzugsweise angemessen zu sein scheint, so daβ er in diesem sich vorteilhafter ausnimmt. Einige sind liebenswürdige Jünglinge, und dann ist's vorbei, andere kräftige, tätige Männer, denen das Alter allen Wert raubt. Manche stellen sich am vorteilhaftesten im Alter dar, als wo sie milder, weil erfahrener und gelassener sind.

A. SCHOPENHAUER (filósofo alemão, 1788-1860), *Aforismos sobre a sabedoria de vida*, VI, A diferença das idades.

1048. Um diplomata é aquele que sempre lembra o aniversário de uma mulher, mas nunca a sua idade.

> *A diplomat is a man who always remembers a woman's birthday but never remembers her age.*
>
> R. FROST (poeta norte-americano, 1875-1963), *Treasury of Humorous Quotations*.

1049. Quantos anos tenho?... É evidente que um homem, na minha idade, não pode ter mais do que isso.

> *Quanti anni ho? ... È evidente che un uomo, alla mia età, non può averne di più.*
>
> E. PETROLINI (comediógrafo italiano, 1886-1936), *Modestia a parte*, Modestia a parte.

1050. Até mesmo para quem passou toda uma vida no mar, chega uma idade em que se deixa a embarcação.

> *Anche per chi ha passato tutta la vita in mare c'è un'età in cui si sbarca.*
>
> I. CALVINO (escritor italiano, 1923-1985), *Il barone rampante*, XXX.

As crianças

1051. Eu era um daqueles recém-nascidos de ouvido apurado, cujo desenvolvimento intelectual já estava concluído com o nascimento e, a partir dele, só podia se confirmar.

> *Ich gehörte zu den hellhörigen Säuglingen, deren geistige Entwicklung schon bei der Geburt abgeschlossen ist und fortan nur noch bestätigen muß.*
>
> G. GRASS (escritor alemão, nascido em 1927), *O tambor de lata*.

1052. Do mesmo modo como no início da primavera todas as folhas têm a mesma cor e quase a mesma forma, nós também, na nossa tenra infância, somos todos semelhantes e, portanto, perfeitamente harmonizados.

> *Wie im Anfange des Frühlings alles Laub die gleiche Farbe und fast die gleiche Gestalt hat, so sind auch wir, in früher Kindheit, alle einander ähnlich, harmonieren daher vortrefflich.*
>
> A. SCHOPENHAUER (filósofo alemão, 1788-1860), *Aforismos sobre a sabedoria de vida*, VI, A diferença das idades.

1053. Da infância direi pouco, pois ela não passou de uma estupidez.
   De l'enfance je dirai peu; car elle ne fut que bêtise.
   ALAIN (filósofo francês, 1868-1951), *Histoire de mes pensées.*

1054. O fato de a consciência humana permanecer parcialmente infantil por toda a vida é o âmago da tragédia humana.
   The fact that human conscience remains partially infantile throughout life is the core of human tragedy.
   E. H. ERIKSON (psicanalista norte-americano, nascido em 1902), *Childhood and Society.*

1055. A criança é pai do homem.
   The Child is father to the Man.
   W. WORDSWORTH (poeta inglês, 1770-1850), *My Heart Leaps Up.*

1056. "E dizer que, quando formos grandes, talvez sejamos tão estúpidos quanto eles!"
   "Dire que, quand nous serons grands, nous serons peut-être aussi bêtes qu'eux!"
   L. PERGAUD (escritor francês, 1882-1915), *A guerra dos botões.*

1057. Não há melhor investimento para uma comunidade do que colocar leite nos bebês.
   There is no finer investment for a community than putting milk into babies.
   W. CHURCHILL (político britânico, 1874-1965), discurso radiofônico, 21/3/1943.

1058. Naturalmente, os bebês não são humanos. São animais e têm uma cultura muito antiga e ramificada, como a dos gatos, dos peixes e até das cobras.
   Babies of course are not human – they are animals, and have a very ancient and ramified culture, as cats have, and fishes, and even snakes.
   R. HUGHES (escritor inglês, 1900-1976), *A High Wind in Jamaica*, VII.

1059. Os filhos dos homens, dentre todos os animais jovens, são os mais difíceis de serem tratados.

Ὁ δὲ παῖς πάντων θηρίων ἐστὶ δυσμεταχειριστότατον.

PLATÃO (filósofo grego, 427-347 a.C.), *As leis*, VII, 808 d.

1060. Se a criança é um porquinho, quando adulto não poderá ser outra coisa senão um porco.

Вырастет из сына свин, если сын свинёнок.

V. MAIAKOVSKI (poeta soviético, 1893-1930), *O que é o bem e o que é o mal*.

1061. Eu era criança, era pequeno, era cruel.

J'étais enfant, j'étais petit, j'étais cruel.

V. HUGO (escritor francês, 1802-1885), *La légende des siècles*, LIII.

1062. Eu era uma criança, esse monstro que os adultos fabricam com suas mágoas.

J'étais un enfant, ce monstre que les adultes fabriquent avec leurs regrets.

J.-P. SARTRE (filósofo e escritor francês, 1905-1980), *As palavras*.

1063. Quando se é criança, é preciso ser muitos para ser alguém.

Quand on est môme, pour être quelqu'un il faut être plusieurs.

E. AJAR (romancista francês, 1915-1980), *La vie devant soi*.

1064. Nos meus retratos infantis, sempre me impressiona um olhar de repreensão que só pode se dirigir a mim. Terei sido eu a causa da sua futura infelicidade, eu pressentia.

Nei miei ritratti infantili sempre mi colpisce uno sguardo di rimprovero, che non può essere diretto che a me. Sarei stato io la causa della sua futura infelicità, lo presentiva.

E. FLAIANO (escritor italiano, 1910-1972), *Diario notturno*.

1065. Não é bom ser criança: bom é, quando somos velhos, pensar em quando éramos crianças.

Non è bello esser bambini: è bello da anziani pensare a quando eravamo bambini.

C. PAVESE (escritor italiano, 1908-1950), *Il mestiere di vivere*, 6/9/1945.

1066. As crianças encontram tudo no nada, os homens, nada em tudo.
I fanciulli trovano il tutto nel nulla, gli uomini il nulla nel tutto.
G. LEOPARDI (poeta italiano, 1798-1837), *Zibaldone*, II, 43, 2.

1067. Deve-se o maior respeito à criança.
Maxima debetur puero reverentia.
JUVENAL (poeta latino, c. 50/65-140), *Sátiras*, XIV, 47.

1068. Deixai vir a mim os pequeninos.
Sinite parvulos venire ad me.
SÃO MARCOS (evangelista), X, 14.

1069. Tenho muita experiência com meninos, e sei como vocês são terríveis.
I've had a pretty large experience of boys, and you're a bad set of fellows.
CH. DICKENS (escritor inglês, 1812-1870), *Great Expectations*, XI.

Os vinte anos

1070. Eu tinha vinte anos. Não deixarei ninguém dizer que é a idade mais bela da vida.
J'avais vingt ans. Je ne laisserai personne dire que c'est le plus bel âge de la vie.
P. NIZAN (escritor francês, 1905-1940), *Aden Arabie*.

1071. Quem não for belo aos vinte anos, forte aos trinta, esperto aos quarenta e rico aos cinqüenta, não pode esperar ser tudo isso depois.
Wer im zwanzigsten Jahr nicht schön, im dreißigsten Jahr nicht stark, im vierzigsten Jahr nicht klug, im fünfzigsten Jahr nicht reich ist, der darf danach nicht hoffen.
M. LUTERO (reformador religioso alemão, 1483-1546), *Discursos à mesa*.

1072. O envelhecimento ocorre apenas dos 25 aos 30 anos. O que se obtém até esse momento é o que se conservará para sempre.

> *Man altert nur von 25 bis 30. Was sich bis dahin erhält, wird sich wohl auf immer erhalten.*
> Ch. F. Hebbel (poeta e dramaturgo alemão, 1813-1863), *Diários*, 1838.

Os trinta anos

1073. Trinta anos é uma idade difícil. (...) A vida acaba, começa a existência.
> *La trentaine est un âge difficile. [...] La vie est finie, l'existence commence.*
> A. Bay (escritor francês, nascido em 1928), *L'Ecole des vacances*.

Os quarenta anos

1074. Até os quarenta anos o homem permanece louco; quando então começa a reconhecer sua loucura, a vida já passou.
> *Der Mensch bleibt närrisch bis ins vierzigste Jahr; wenn er dann anfängt seine Narrheit zu erkennen, so ist das Leben schon dahin.*
> M. Lutero (reformador religioso alemão, 1483-1546), *Apophthegmata*.

1075. O mestre disse: Quem chega aos quarenta anos sem ser estimado, não o será nunca mais.
> Confúcio (filósofo chinês, c. 551-479 a.C.), *Os colóquios*, XVII, 26.

1076. Um tolo aos quarenta anos é realmente um tolo.
> *A fool at forty is a fool indeed.*
> E. Young (poeta inglês, 1683-1765), *Love of Fame*, II.

1077. Quarenta anos é uma idade terrível.
> *Quarante ans est un âge terrible.*
> Ch. Péguy (poeta francês, 1873-1914), *Victor-Marie comte Hugo*.

1078. A vida começa aos quarenta.
> *Life begins at forty.*

S. TUCKER (Sophia Abuza, cantora americana de origem russa, 1884-1966), atribuído.

1079. No fundo, dos quarenta aos cinqüenta anos, o homem ou é um estóico, ou é um sátiro.

From forty to fifty a man is at heart either a stoic or a satyr.

W. A. PINERO (comediógrafo inglês, 1855-1934), *The Second Mrs. Tanqueray*, I.

A juventude

1080. Inconstante, como aura, é por natureza / o pensamento dos jovens.

Αἰεὶ δ' ὁπλοτέρων ἀνδρῶν φρένες ἠερέθονται.

HOMERO (poeta grego, séc. VIII-VII a.C.), *Ilíada*, III, 108.

1081. Como é bela a juventude, / que no entanto foge! / Quem quiser ser feliz, que seja: / do amanhã não há certeza.

Quant'è bella giovinezza, / che si fugge tuttavia! / Chi vuol esser lieto, sia: / di doman non c'è certezza.

LOURENÇO DE MÉDICIS (escritor e político italiano, 1449-1492), *Canti carnascialeschi*, Canzona a Bacco.

1082. A juventude é a embriaguez sem vinho.

Jugend ist Trunkenheit ohne Wein.

J. W. GOETHE (escritor alemão, 1749-1832), *Epigramas*.

1083. Quase todos os jovens têm a coragem das opiniões alheias.

I giovani hanno quasi tutti il coraggio delle opinioni altrui.

E. FLAIANO (escritor italiano, 1910-1972), *Diario notturno*.

1084. A juventude deve ser domada com a razão, não com a força.

Ratione, non vi vincenda adolescentia est.

PÚBLIO SIRO (poeta latino, séc. I a.C.), *Sentenças*, 569.

1085. Menino brincalhão, / esta tua idade florida / é como um dia pleno de alegria, / dia claro, sereno, / que precede a festa da tua vida. / Aproveita, meu menino; situação agradável, / estação feliz é esta. / Dizer-te mais não quero; mas não te aflijas / se a tua festa tarda a chegar.

Garzoncello scherzoso, / cotesta età fiorita / è come un giorno d'allegrezza pieno, / giorno chiaro, sereno, / che precorre alla festa di tua vita. / Godi, fanciullo mio; stato soave, / stagion lieta è cotesta. / Altro dirti non vo'; ma la tua festa / ch'anco tardi a venir non ti sia grave.

G. LEOPARDI (poeta italiano, 1798-1837), *Canti*, Il sabato del villaggio.

1086. ... e no entanto voa / o estimado tempo juvenil; mais estimado / do que a fama e a glória, mais do que a pura / luz do dia, e o respirar: perco-te / sem nenhum deleite, inutilmente, nesta / permanência desumana, entre as angústias, / ou da árida vida a única flor...

... e intanto vola / il caro tempo giovanil; più caro / che la fama e l'allor, più che la pura / luce del giorno, e lo spirar: ti perdo / senza un diletto, inutilmente, in questo / soggiorno disumano, intra gli affanni, / o dell'arida vita unico fiore...

G. LEOPARDI (poeta italiano, 1798-1837), *Canti*, Le ricordanze.

1087. Talvez a juventude seja apenas este / amar perene dos sentidos e não arrepender-se.

Forse la giovinezza è solo questo / perenne amare i sensi e non pentirsi.

S. PENNA (poeta italiano, 1906-1977), *Poesie*.

1088. A juventude é uma idade horrível que apreciamos apenas no momento em que sentimos saudade dela.

La giovinezza è un'orribile età che apprezziamo soltanto nel momento in cui la rimpiangiamo.

A. AMURRI (escritor italiano, nascido em 1925), *Qui lo dico e qui lo nego*, Il Privato.

1089. Aonde poderia refugiar-me, se não tivesse os queridos dias da minha juventude?

Wohin könnt ich mir entfliehen, hätt ich nicht die lieben Tage meiner Jugend?

F. HÖLDERLIN (poeta alemão, 1770-1843), *Hipérion*.

1090. Quando jovem, o homem acredita estar tão próximo do seu objetivo! De todas as ilusões criadas pela natureza para socorrer a fragilidade do nosso ser, esta é a mais bela.

Daß der Mensch in seiner Jugend das Ziel so nahe glaubt! Es ist die schönste aller Täuschungen, womit die Natur der Schwachheit unsers Wesens aufhilft.

F. HÖLDERLIN (poeta alemão, 1770-1843), *Hipérion*.

1091. A serenidade e a vitalidade da nossa juventude baseiam-se em parte no fato de que nós, ao subirmos a montanha, não vemos a morte, pois ela está ao pé da outra encosta.

Die Heiterkeit und der Lebensmut unserer Jugend beruht zum Teil darauf, daß wir, bergauf gehend, den Tod nicht sehen; weil er am Fuß der anderer Seite des Berges liegt.

A. SCHOPENHAUER (filósofo alemão, 1788-1860), *Aforismos sobre a sabedoria de vida*, VI, A diferença das idades.

1092. Os jovens comeram os velhos. Quanto a digeri-los...

I giovani hanno mangiato i vecchi. Quanto a digerirli...

G. BUFALINO (escritor italiano, nascido em 1920), *Il Malpensante*, fevereiro.

1093. Na juventude, somos atraídos pelo que é chamado de interessante, na idade mais madura, pelo que é bom.

In der Jugend findet man das sogennante Interessante merkwürdig, im reiferen Alter das Gute.

H. VON HOFMANNSTHAL (escritor austríaco, 1874-1929), *O livro dos amigos*.

1094. Os jovens têm a memória curta e os olhos para ver apenas o nascer do sol; para o poente olham apenas os velhos, aqueles que viram o ocaso tantas vezes.

I giovani hanno la memoria corta, e hanno gli occhi per guardare soltanto a levante; e a ponente non ci guardano altro che i vecchi, quelli che hanno visto tramontare il sole tante volte.

G. VERGA (escritor italiano, 1840-1922), *I Malavoglia*, VII.

1095. Vista pelos jovens, a vida é um futuro infinitamente longo; vista pelos velhos, um passado muito breve.

> *Vom Standpunkt der Jugend aus gesehen, ist das Leben eine unendlich lange Zukunft; vom Standpunkt des Alters aus, eine sehr kurze Vergangenheit.*
>
> A. Schopenhauer (filósofo alemão, 1788-1860), *Aforismos sobre a sabedoria de vida*, VI, A diferença das idades.

1096. Tudo o que os jovens podem fazer pelos velhos é escandalizá-los e mantê-los atualizados.

> *All that the young can do for the old is to shock them and keep them up to date.*
>
> G. B. Shaw (comediógrafo irlandês, 1856-1950), *Fanny's First Play*.

1097. O mais tolo de todos os erros ocorre quando jovens inteligentes acreditam perder a originalidade ao reconhecer a verdade já reconhecida por outros.

> *Der törigste von allen Irrtümern ist, wenn junge gute Köpfe glauben, ihre Originalität zu verlieren, indem sie das Wahre anerkennen, was von andern schon anerkannt worden.*
>
> J. W. Goethe (escritor alemão, 1749-1832), *Máximas e reflexões*, IV, 5.

1098. Assim como gosto do jovem que tem dentro de si algo do velho, gosto do velho que tem dentro de si algo do jovem: quem segue essa norma poderá ser velho no corpo, mas na alma não o será jamais.

> *Ut enim adulescentem in quo est senile aliquid, sic senem in quo est aliquid adulescentis probo; quod qui sequitur, corpore senex esse poterit, animo nunquam erit.*
>
> Cícero (escritor e político romano, 106-43 a.C.), *De senectute*, XI.

1099. Nasci velho e rejuvenesço a cada dia. Atualmente sou um jovem de sessenta anos.

> *I was born old and get younger every day. At present I am sixty years young.*
>
> H. B. Tree (ator inglês, 1853-1917), citado em H. Pearson, *Beerbohm Tree*.

1100. Mas a bela juventude é como um sonho frágil, / que dura pouco: sobre a cabeça do homem / logo pende a funesta, a horrível velhice, / que o torna, ao mesmo tempo, disforme e desprezado, / envolve os olhos e a alma, destrói-os e ofusca-os.

'Ἀλλ' ὀλιγοχρόνιον γίγνεται ὥσπερ ὄναρ / ἥβη τιμήεσσα· τὸ δ' ἀργαλέον καὶ ἄμορφον / γῆρας ὑπὲρ κεφαλῆς αὐτίχ' ὑπερκρέμαται, / ἐχθρὸν ὁμῶς καὶ ἄτιμον ὅ τ' ἄγνωστον τιθεῖ ἄνδρα, / βλάπτει δ' ὀφθαλμοὺς καὶ νόον ἀμφιχυθέν.

MIMNERMO (poeta grego, séc. VII-VI a.C.), *Fragmentos*, 5 Diehl.

1101. No homem não há nada de bom além dos seus sentimentos juvenis e seus pensamentos senis.

Il n'y a de bon dans l'homme que ses jeunes sentiments et ses vieilles pensées.

J. JOUBERT (escritor francês, 1754-1824), *Pensées*.

1102. Quando eu era jovem, de manhã alegrava-me, / de noite chorava; hoje que sou mais velho, / começo duvidoso o meu dia, mas / sagrado e sereno é o seu fim.

In jüngern Tagen war ich des Morgens froh, / Des Abends weint ich; jetzt, da ich älter bin, / Beginn ich zweifelnd meinen Tag, doch / Heilig und heiter ist mir sein Ende.

F. HÖLDERLIN (poeta alemão, 1770-1843), *Poesias*.

A velhice

1103. Se a juventude soubesse, se a velhice pudesse.

Si jeunesse savait, si vieillesse pouvait.

H. ESTIENNE (humanista francês, 1531-1598), *Les Prémices*, IV.

1104. Muitas vezes a juventude é repreendida por acreditar que o mundo começa com ela. Mas a velhice acredita ainda mais freqüentemente que o mundo termina com ela. O que é pior?

Der Jugend wird oft der Vorwurf gemacht, sie glaube immer, daβ die Welt mit ihr erst anfange. Aber das Alter glaubt noch öfter, daβ mit ihm die Welt aufhöre. Was ist schlimmer?

CH. F. HEBBEL (poeta e dramaturgo alemão, 1813-1863), *Diários*, 1842.

1105. Existe algo mais triste do que envelhecer, e é permanecer criança.

C'è qualcosa di più triste che invecchiare, ed è rimanere bambini.

C. PAVESE (escritor italiano, 1908-1950), *Il mestiere di vivere*, 25/12/1937.

1106. Noutro dia me perguntavam: "O que você está fazendo? – Divirto-me envelhecendo, respondi. É uma ocupação de todos os momentos."

On me demandait l'autre jour: "Qu'est-ce que vous faites? – Je m'amuse à vieillir, répondis-je. C'est une occupation de tous les instants".

P. Léautaud (escritor francês, 1872-1956), *Journal littéraire*.

1107. Quanto mais se envelhece, mais se amam as indecências.

The older one grows the more one likes indecency.

V. Woolf (escritora inglesa, 1882-1941), *Segunda ou terça-feira*.

1108. Um homem é tão velho quanto se sente, / Uma mulher é tão velha quanto parece.

A man is as old as he's feeling, / A woman as old as she looks.

M. Collins (escritor inglês, 1827-1876), *The Unknown Quantity*.

1109. Se não me é concedido evitar / o detestado limiar da velhice, / quando estes olhos deixarem de falar ao coração alheio, / e o mundo lhes parecer vazio, e o dia futuro / ainda mais enfadonho e tétrico que o presente, / o que pensarei de tal desejo [de viver isolado], / desses meus anos [de juventude não vivida], de mim mesmo? / Certamente me arrependerei, e muitas vezes / voltarei para trás, mas desconsolado.

A me, se di vecchiezza / la detestata soglia / evitar non impetro, / quando muti questi occhi all'altrui core, / e lor fia vòto il mondo, e il dì futuro / del dì presente più noioso e tetro, / che parrà di tal voglia? / che di quest'anni miei? che di me stesso? / Ahi pentirommi, e spesso, / ma sconsolato, volgerommi indietro.

G. Leopardi (poeta italiano, 1798-1837), *Canti*, Il passero solitario.

1110. Poucos sabem ser velhos.

Peu de gens savent être vieux.

F. La Rochefoucauld (escritor francês, 1613-1680), *Maximes*, 423.

1111. Ao envelhecer nos tornamos mais loucos e mais sábios.

En vieillissant on devient plus fou et plus sage.

F. La Rochefoucauld (escritor francês, 1613-1680), *Maximes*, 210.

1112. Os velhos gostam de dar bons conselhos para se consolar de que não estão mais em condições de dar maus exemplos.

> *Les vieillards aiment à donner de bons préceptes, pour se consoler de n'être plus en état de donner de mauvais exemples.*
> F. La Rochefoucauld (escritor francês, 1613-1680), *Maximes*, 93.

1113. Não é preciso insultar a velhice, já que todos aspiramos a alcançá-la.

> Μὴ δεῖν… ὀνειδίζειν τὸ γῆρας, εἰς ὃ πάντες εὐχόμεθα ἐλθεῖν.
> Bion (matemático grego, séc. IV-III a.C.), citado em Diógenes Laércio, *Vidas dos filósofos*, Bion, IV, 51.

1114. A velhice é o abrigo de todos os males.

> Τὸ γῆρας… ὅρμον εἶναι τῶν κακῶν.
> Bion (matemático grego, séc. IV-III a.C.), citado em Diógenes Laércio, *Vidas dos filósofos*, Bion, IV, 48.

1115. Com o passar dos anos, tornamo-nos mais sensatos em tudo; / apenas um defeito atinge os homens com a velhice: / ficamos todos mais atentos do que o necessário ao interesse.

> *Ad omnia alia aetate sapimus rectius; / solum unum hoc vitium adfert senectus hominibus: / attentiores sumus ad rem omnes quam sat est.*
> Terêncio (comediógrafo latino, 185-159 a.C.), *Os irmãos*, 832-4.

1116. A velhice em si é uma doença.

> *Senectus ipsa est morbus.*
> Terêncio (comediógrafo latino, 185-159 a.C.), *Formião*, 575.

1117. A velhice é a conclusão da vida, o último ato da comédia.

> *Senectus autem aetatis est peractio tanquam fabulae.*
> Cícero (escritor e político romano, 106-43 a.C.), *De senectute*, XXIII.

1118. Se os homens são pessoas sábias e sabem se contentar, até mesmo a velhice é um peso suportável. Caso contrário, a tal indivíduo resulta penosa… não apenas a velhice, mas também a juventude.

"Ἂν μὲν γὰρ [ἄνθρωποι] κόσμιοι καὶ εὔκολοι ὦσιν, καὶ τὸ γῆρας μετρίως ἐστὶν ἐπίπονον· εἰ δὲ μή, καὶ γῆρας... καὶ νεότης χαλεπὴ τῷ τοιούτῳ συμβαίνει.

PLATÃO (filósofo grego, 427-347 a.C.), *A república*, I, 329 d.

1119. Quero lhes dizer a diferença entre o lobo e o homem: nenhuma, exceto uma, na velhice... o lobo entra nos bosques para esperar seu fim sozinho: o homem, quanto mais sente que a morte se aproxima, mais busca companhia, mesmo se ele a aborrece e se ela o aborrece.

Voglio dirvi la differenza fra il lupo e l'uomo: nessuna, salvo una, in vecchiaia... il lupo va nei boschi ad aspettare la fine da solo: l'uomo, più la sente venire, più cerca compagnia, anche se le è noioso e gli è noiosa.

R. BACCHELLI (escritor italiano, 1891-1985), *Non ti chiamerò più padre*, III, 4.

1120. A velhice chega quando se começa a dizer: "Nunca me senti tão jovem."

La vieillesse, c'est quand on commence à dire: "Jamais je ne me suis senti aussi jeune."

J. RENARD (escritor francês, 1864-1910), *Journal*, 1897.

1121. Envelheço aprendendo sempre muitas coisas.

Γηράσκω δ' αἰεὶ πολλὰ διδασκόμενος.

SÓLON (político grego, 640-560 a.C.), *Fragmentos*, 22.

1122. Ninguém ama tanto a vida como o homem que está envelhecendo.

Τοῦ ζῆν γὰρ οὐδεὶς ὡς ὁ γηράσκων ἐρᾷ.

SÓFOCLES (trágico grego, 496-406 a.C.), *Acrísio*, frag. 63.

1123. Portanto, hipocritamente os velhos invocam a morte, / e criticam a velhice e a longa duração da vida: / quando a morte se aproxima, ninguém quer / morrer, a velhice não pesa mais.

Μάτην ἄρ' οἱ γέροντες εὔχονται θανεῖν, / γῆρας ψέγοντες καὶ μακρὸν χρόνον βίου· / ἢν δ' ἐγγὺς ἔλθῃ θάνατος οὐδεὶς βούλεται / θνῄσκειν, τὸ γῆρας δ' οὐκέτ' ἔστ' αὐτοῖς βαρύ.

Eurípides (trágico grego, c. 485-406 a.C.), *Alceste*, 669-72.

1124. Os velhos são duas vezes crianças.
>Δὶς παῖδες οἱ γέροντες.
>
>Aristófanes (comediógrafo grego, c. 445-c. 385 a.C.), *As nuvens*, 1417.

1125. Ninguém é tão velho para não acreditar que poderá viver por mais um ano.
>*Nemo est tam senex qui se annum non putet posse vivere.*
>
>Cícero (escritor e político romano, 106-43 a.C.), *De senectute*, VII.

1126. Quando se é velho, é preciso ser mais ativo do que quando jovem.
>*Wenn man alt ist, muβ man mehr tun, als da man jung war.*
>
>J. W. Goethe (escritor alemão, 1749-1832), *Máximas e reflexões*, 521.

1127. Os velhos são eunucos do tempo.
>*I vecchi sono eunuchi del tempo.*
>
>P. Aretino (escritor italiano, 1492-1556), *La Talanta*, I, 13.

1128. Imóvel como uma nuvem encontrava-se o velho.
>*Motionless as a cloud the old man stood.*
>
>W. Wordsworth (poeta inglês, 1770-1850), *Resolution and Independance*, XI.

A FAMÍLIA

A família

1129. A família é a fonte da prosperidade e da desgraça dos povos.
Die Familie ist die Quelle des Segens und Unsegens der Völker.
M. LUTERO (reformador religioso alemão, 1483-1546), *Discursos à mesa*.

1130. Yu Tse disse: Dentre aqueles que respeitam o pai, a mãe e os irmãos, são poucos os que realmente desobedecem aos próprios superiores! E ainda não se viu um homem que, não querendo desobedecer aos superiores, provocasse desordem. Para o senhor, tudo isso é fundamental: de fato, é a partir disso que nasce a "norma". O respeito para com os pais e os irmãos é a base da superioridade.
CONFÚCIO (filósofo chinês, c. 551-479 a.C.), *Os colóquios*, I, 2.

1131. Apenas em torno de uma mulher que ama pode formar-se uma família.
Nur um eine liebende Frau kann sich eine Familie bilden.
F. VON SCHLEGEL (escritor alemão, 1772-1829), *Idéias*.

1132. Famílias, odeio-vos! lares fechados; portas trancadas; possessões ciumentas da felicidade.
Familles, je vous hais! foyers clos; portes refermées; possessions jalouses du bonheur.
A. GIDE (escritor francês, 1869-1951), *Os alimentos terrestres*.

1133. Acidentes acontecem até nas melhores famílias.
Accidents will occur in the best-regulated families.
CH. DICKENS (escritor inglês, 1812-1870), *David Copperfield*, XXVIII.

1134. Do modo como a concebemos, a vida em família não é mais natural para nós do que uma gaiola é natural para um papagaio.
Home life as we understand it is no more natural to us than a cage is natural to a cockatoo.
G. B. SHAW (comediógrafo irlandês, 1856-1950), *Getting Married*, Prefácio.

1135. Irmãos, pai, mãe e amigos não passam de pessoas que encontramos pela estrada, pois instável é a convivência com as pessoas queridas, e a vida corre como uma roda.
Perché instabile è la convivenza con le persone care e la vita corre a mo' di ruota, fratelli e madre e padre e amici altro non sono che gente incontrata per via.
MAHĀBHĀRATA (poema épico indiano, séc. II-III d.C.), XII, 873, trad. para o it. P. E. Pavolini.

Os antepassados

1136. Posso ir em busca dos meus antepassados até encontrar um glóbulo protoplásmico atômico primordial. Conseqüentemente, meu orgulho de família é algo inconcebível.
I can trace my ancestry back to a protoplasmal primordial atomic globule. Consequently, my family pride is something inconceivable.
W. S. GILBERT (escritor inglês, 1836-1911), *Mikado*, 1.

1137. Dos meus antepassados gauleses tenho os olhos azuis pálidos, uma firmeza limitada e a falta de habilidade na luta.
J'ai de mes ancêtres gaulois l'oeil bleu blanc, la certitude étroite, et la maladresse dans la lutte.
A. RIMBAUD (poeta francês, 1854-1891), *Mauvais sang*.

1138. Aqueles que não têm respeito pelos seus antepassados não podem ter respeito pelos pósteros.
People will not look forward to posterity, who never look backward to their ancestors.
E. BURKE (político inglês, 1729-1797), *Reflections on the Revolution in France*.

1139. Contam-se os próprios antepassados quando não se conta mais.
On compte ses aïeux lorsqu'on ne compte plus.
F.-R. DE CHATEAUBRIAND (escritor francês, 1768-1848), *La vie de Rancé.*

Os pais e os filhos

1140. Nossos pais, piores do que os seus, geraram-nos / ainda mais celerados do que eles; nós, por nossa vez, geraremos / filhos mais perversos do que nós.
Aetas parentum peior avis tulit / nos nequiores, mox daturos / progeniem vitiosiorem.
HORÁCIO (poeta latino, 65-8 a.C.), *Odes,* III, 6, 46-8.

1141. Ama os teus pais, se são justos e honestos: caso contrário, suporta-os.
Ames parentem si aequus est: aliter feras.
PÚBLIO SIRO (poeta latino, séc. I a.C.), *Sentenças,* 8.

1142. O embaraço parece ser a única possibilidade de compreensão entre pais e filhos.
Verlegenheit scheint zwischen Eltern und Kindern die einzige Möglichkeit der Verständigung zu sein.
H. BÖLL (escritor alemão, 1917-1985), *Opiniões de um palhaço.*

1143. No início, os filhos amam os pais. Depois de um certo tempo, passam a julgá-los. Raramente ou quase nunca os perdoam.
Children begin by loving their parents. After a time they judge them. Rarely, if ever, do they forgive them.
O. WILDE (escritor inglês, 1854-1900), *Uma mulher sem importância,* 2.

1144. Somos sempre filhos de alguém.
On est toujours l'enfant de quelqu'un.
P.-A. BEAUMARCHAIS (comediógrafo francês, 1732-1799), *As bodas de Fígaro.*

1145. Perder um pai ou uma mãe, senhor Worthing, pode ser considerado um infortúnio; mas perder ambos parece descuido.

To lose one parent, Mr Worthing, may be regarded as a misfortune; to lose both looks like carelessness.
O. WILDE (escritor inglês, 1854-1900), *A importância de ser sério*, I.

1146. Nem todo o mundo pode ser órfão.
Tout le monde ne peut pas être orphelin.
J. RENARD (escritor francês, 1864-1910), *Poil de carotte*.

1147. Não deve causar surpresa o fato de que crianças nascidas fora do casamento sejam geralmente as melhores cabeças; são o resultado de uma hora espirituosa. Os filhos legítimos muitas vezes resultam do tédio.
Kein Wunder, daß uneheliche Kinder gemeinlich die besten Köpfe sind; sie sind die Folge einer geistreichen Stunde, die ehelichen oft der Langeweile.
TH. VON HIPPEL (escritor alemão, 1741-1796), *Do matrimônio*.

1148. Quero um Torquato pequeno, / que rindo com os labiozinhos / docemente entreabertos, / estenda as mãos delicadas / do ventre da mãe / para o pai.
Torquatus volo parvulus / matris e gremio suae / porrigens teneras manus / dulce rideat ad patrem / semihiante labello.
CATULO (poeta latino, 87-54 a.C.), *Poesias*, LXI, 209-13.

1149. Dizem que não basta / fazer os filhos; / existe o aborrecimento / de educá-los.
I figli, dicono, / non basta farli; / v'è la seccaggine / dell'educarli.
G. GIUSTI (poeta italiano, 1809-1850), *Preterito più che perfetto del verbo "pensare"*.

1150. Não podemos moldar os filhos de acordo com nossos sentimentos; / devemos tê-los e amá-los do modo como nos foram dados por Deus.
Denn wir können die Kinder nach unserm Sinne nicht formen; / So wie Gott sie uns gab, so muß man sie haben und lieben.
J. W. GOETHE (escritor alemão, 1749-1832), *Hermano e Dorotéia*, III, 47-8.

O pai

1151. Os céus, que imprimem / nos homens a própria virtude, fazem bem a sua arte, / mas não distinguem as famílias. // Disso resulta a diferença / entre Esaú e Jacó, embora nascidos do mesmo parto; e que a Quirino, / filho de pai tão vil, se diga filho de Marte.
La circular natura, ch'è suggello / a la cera mortal, fa ben sua arte, / ma non distingue l'un da l'altro ostello. // Quinci addivien ch'Esaù si diparte / per seme da Iacòb; e vien Quirino / da sì vil padre, che si rende a Marte.
D. ALIGHIERI (poeta italiano, 1265-1321), *Paraíso*, VIII, 127-32.

1152. Se não se tem um bom pai, é preciso arranjar um.
Wenn man keinen gutem Vater hat, so soll man sich einen anschaffen.
F. W. NIETZSCHE (filósofo alemão, 1844-1900), *Humano, demasiado humano*, Corrigir a natureza, I, 381.

1153. Tudo o que um filho sensato pode esperar é que o pai esteja presente no momento da concepção.
It's all any reasonable child can expect if the dad is present at the conception.
J. ORTON (dramaturgo inglês, 1933-1967), *Entertaining Mr. Sloane*, III.

1154. O que o pai calou aparece na boca do filho, e muitas vezes descobri que o filho era o segredo revelado do pai.
Was der Vater schwieg, das kommt im Sohne zum Reden, und oft fand ich den Sohn als des Vaters entblöβtes Geheimnis.
F. W. NIETZSCHE (filósofo alemão, 1844-1900), *Humano, demasiado humano*, Tarântulas.

1155. Muitas vezes já choraram os filhos / pela culpa do pai...
Molte fiate già pianser li figli / per la colpa del padre...
D. ALIGHIERI (poeta italiano, 1265-1321), *Paraíso*, VI, 109-10.

1156. Ter um filho ingrato é mais doloroso / do que a mordida de uma serpente!

How sharper than a serpent's tooth it is / to have a thankless child!
W. SHAKESPEARE (dramaturgo inglês, 1564-1616), *Rei Lear*, I, 4, 312-3.

1157. Na verdade, poucos filhos são semelhantes ao pai; / a maioria é inferior, poucos são melhores que ele.
 Παῦροι γάρ τοι παῖδες ὁμοῖοι πατρὶ πέλονται, / οἱ πλέονες κακίους, παῦροι δέ τε πατρὸς ἀρείους.
 HOMERO (poeta grego, séc. VIII-VII a.C.), *Odisséia*, II, 276-7.

1158. As obras e fundações mais nobres nasceram de homens sem filhos.
 The noblest works and foundations have proceeded from childless men.
 F. BACON (filósofo inglês, 1561-1626), *Essays*, 7, Of Parents and Children.

1159. Um homem é capaz de gastar um milhão de moedas para casar uma filha, mas não sabe gastar cem mil para instruí-la.
 Un uomo sa spendere un milione di monete per maritare una figlia, non ne sa spendere centomila per istruirla.
 KAIBARA EKIKEN (filósofo japonês, 1630-1714), *A grande ciência para as mulheres*.

1160. "Amo demais meus filhos para dar-lhes a vida", disse Taine.
 "J'aime trop mes enfants pour leur donner la vie", dit Taine.
 E. E J. DE GONCOURT (escritores franceses, 1822-1896 e 1830-1870), *Journal*, 1864.

1161. "Júpiter piedoso, / E vós todos, ó Espíritos Celestiais, concedei / Que um dia este meu filho digno de mim / Seja esplendor da pátria, e dos Troianos / Forte e potente soberano. Oh, fazei / Com que, ao vê-lo retornar da batalha / Carregado das armas dos inimigos mortos, / Alguém diga: Não foi tão forte o pai: / E que o coração materno exulte ao ouvi-lo."
 «Ζεῦ ἄλλοι τε θεοί, δότε δὴ καὶ τόνδε γενέσθαι / παῖδ' ἐμόν, ὡς καὶ ἐγώ περ, ἀριπρεπέα Τρώεσσιν, / ὧδε βίην τ' ἀγαθόν, καὶ Ἰλίου ἶφι ἀνάσσειν· / καί ποτέ τις εἴποι "πατρός γ' ὅδε πολλὸν ἀμείνων" / ἐκ πολέμου ἀνιόντα· φέροι δ' ἔναρα βροτόεντα / κτείνας δήϊον ἄνδρα, χαρείη δὲ φρένα μήτηρ».
 HOMERO (poeta grego, séc. VIII-VII a.C.), *Ilíada*, VI, 476-81.

1162. Ao nascer, a filha não causava medo / ao pai; pois o tempo e o dote / não escapam aos vícios que excedem qualquer medida.

> *Non faceva, nascendo, ancor paura / la figlia al padre, ché 'l tempo e la dote / non fuggien quinci e quindi la misura.*
> D. ALIGHIERI (poeta italiano, 1265-1321), *Paraíso*, XV, 103-5.

A mãe

1163. Começa, ó menininho, a reconhecer com um sorriso tua mãe: / a ela, nove meses trouxeram longas penas; / começa, menininho: a quem não riram os pais / nem deus concede a mesa, nem deusa o amoroso grabato.

> *Incipe, parve puer, risu cognoscere matrem: / matri longa decem tulerunt fastidia menses; / incipe, parve puer: cui non risere parentes, / nec Deus hunc mensa, Dea nec dignata cubili est.*
> VIRGÍLIO (poeta latino, 70-19 a.C.), *Bucólicas*, IV, 60-3.

1164. Pão e um gole de leite são vitórias! / Um quarto quente: uma batalha vencida! / Para te fazer crescer / Devo combater dia e noite.

> *Brot und ein Schluck Milch sind Siege! / Warme Stube: gewonnene Schlacht! / Eh ich dich da groβ kriege / Muβ ich kämpfen Tag und Nacht.*
> B. BRECHT (escritor alemão, 1898-1956), *Cantiga de ninar*.

1165. Os filhos são para a mãe âncoras da sua vida.

> 'Ἀλλ' εἰσὶ μητρὶ παῖδες ἄγκυραι βίου.
> SÓFOCLES (trágico grego, 496-406 a.C.), *Fedra*, frag. 623.

1166. "Ó filho, filho, filho, / filho, amoroso lírio! / Filho, quem dá conselho / ao meu coração angustiado? // Filho de olhos alegres, / filho, por que não respondes? / Filho, por que te escondes / do peito que te aleitou?"

> *"O figlio, figlio, figlio, / figlio, amoroso giglio! Figlio, chi dà consiglio / al cor mio angustiato? // Figlio occhi iocundi, / figlio, co'*

non respundi? / Figlio, perché t'ascundi / al petto o'si'lattato?"
IACOPONE DA TODI (poeta italiano, c. 1230-1306), *Donna de paradiso*.

1167. Vai querer filhos, senhora Ghita? / Sim, pelas boas alegrias que nos dão! / Primeiro carregamo-los no corpo por quase um ano: / depois os parimos arriscando a própria vida: // amamentamo-los, limpamo-los: cada achaque nos dá a sensação de desmaio: / e quando são grandes, oh, então é assim: / colocam o chapéu na cabeça e vão-se embora.

Disiderà li fiji, eh sora Ghita? / Sì, pe le belle gioje che ve danno! / Prima, portalli in corpo guasi un anno: / poi, partorilli a risico de vita: // allattalli, smerdalli: a 'gni malanno / sentisse cascà in terra stramortita: / e quanno che sò granni, oh allora è ita: / pijeno sù er cappello, e se ne vanno.

G. G. BELLI (poeta dialetal italiano, 1791-1863), *Sonetti*, Li fiji.

1168. Carregamo-los nos braços, depois nos encarregamos deles e em pouco tempo estão nas nossas costas.

On les a dans ses bras – puis un jour sur les bras – et bientôt sur le dos.

S. GUITRY (ator e dramaturgo francês, 1885-1957), *Elles et toi*.

1169. E tu, sozinho e pensativo na tua dor, / procurarás tua mãe, e nestes braços / esconderás teu rosto; / no seio que nunca muda terás repouso.

E tu, nel tuo dolor solo e pensoso, / ricercherai la madre, e in queste braccia / asconderai la faccia; / nel sen che mai non cangia avrai riposo.

G. GIUSTI (poeta italiano, 1809-1850), *Affetti d'una madre*.

1170. Ser mãe não é uma profissão; não é nem mesmo um dever: é apenas um direito entre tantos outros.

Essere mamma non è un mestiere; non è nemmeno un dovere: è solo un diritto tra tanti diritti.

O. FALLACI (escritora italiana, nascida em 1930), *Lettera a un bambino mai nato*.

1171. A histeria é o leite coalhado da maternidade.

> *Hysterie ist die geronnene Milch der Mutterschaft.*
> K. KRAUS (escritor austríaco, 1874-1936), *Ditos e desditos.*

1172. A mulher, assim que dá à luz, ama o homem apenas tanto quanto ele ama o filho.

> *Das Weib, sobald es ein Kind hat, liebt den Mann nur noch so, wie er selbst das Kind liebt.*
> CH. F. HEBBEL (poeta e dramaturgo alemão, 1813-1863), *Diários*, 1840.

1173. Uma criança mimada nunca ama sua mãe.

> *A spoilt child never loves its mother.*
> H. TAYLOR (escritor inglês, 1711-1785), *Notes from Life in Six Essays.*

1174. E tal, balbuciando, ama e obedece / à sua mãe, mas, quando adulto, / deseja vê-la enterrada.

> *Tal, balbuziendo, ama e ascolta / la madre sua, che, con loquela intera, / disia poi di vederla sepolta.*
> D. ALIGHIERI (poeta italiano, 1265-1321), *Paraíso*, XXVII, 133-5.

1175. Se fosse possível descobrir o primeiro e verdadeiro germe de todos os afetos elevados e de todas as ações honestas e generosas de que nos orgulhamos, encontrá-lo-íamos quase sempre no coração de nossa mãe.

> *Se di tutti gli affetti gentili e di tutte le azioni oneste e generose di cui andiamo superbi si potesse scoprire il primo e vero germe, noi lo scopriremmo quasi sempre nel cuore di nostra madre.*
> E. DE AMICIS (escritor italiano, 1846-1908), *La vita militare*, La madre.

1176. O coração de uma mãe é um abismo no fundo do qual se encontra sempre um perdão.

> *Le coeur d'une mère est un abîme au fond duquel se trouve toujours un pardon.*
> H. DE BALZAC (escritor francês, 1799-1850), *A mulher de trinta anos.*

1177. Uma boa mãe dá ao enteado um pedaço de bolo igual ao que dá ao próprio filho, mas o faz de maneira diferente.

> *Eine brave Mutter gibt ihrem Stiefkinde ein gleich großes Stück Kuchen als ihrem eigenen Kinde, aber sie gibt es auf eine andre Art.*

L. BÖRNE (escritor alemão, 1786-1837), *Críticas*.

1178. Toda mulher acaba ficando como a própria mãe. Essa é a sua tragédia. Nenhum homem fica como a própria mãe. Essa é a sua tragédia.

All women become like their mothers. That is their tragedy. No man does. That is his.

O. WILDE (escritor inglês, 1854-1900), *A importância de ser sério*.

1179. As tias, as mães e as irmãs têm uma jurisprudência particular para seus sobrinhos, seus filhos e seus irmãos.

Les tantes, les mères et les soeurs ont une jurisprudence particulière pour leurs neveux, leurs fils et leurs frères.

H. DE BALZAC (escritor francês, 1799-1850), *Le cabinet des antiques*.

O FAZER

O fazer

1180. Não o que o homem é, apenas o que ele faz é o patrimônio que não poderá perder jamais.

> *Nicht was der Mensch ist, nur was er tut, ist sein unverlierbares Eigentum.*
>
> Ch. F. Hebbel (poeta e dramaturgo alemão, 1813-1863), *Diários*, 1840.

1181. É (...) melhor arrepender-se por ter feito alguma coisa do que por não ter feito nada.

> *È (...) meglio fare e pentere che starsi e pentersi.*
>
> G. Boccaccio (escritor italiano, 1313-1375), *Decamerão*, III, 5.

1182. Não ter feito nada certamente é uma grande vantagem, mas não se deve abusar.

> *C'est sans doute un terrible avantage que de n'avoir rien fait, mais il ne faut pas en abuser.*
>
> A. Rivarol (escritor francês, 1753-1801), *Le petit Almanach de nos grands hommes*.

1183. Rivarol dizia: "Não ter feito nada certamente é uma grande vantagem, mas não se deve abusar." Os jovens abusam: a tal ponto que, quando ficarem velhos, verão que não fizeram nada. E não apenas individualmente.

> *Rivarol diceva: "Non aver fatto nulla è un terribile vantaggio, ma non bisogna abusarne." I giovani ne abusano: a tal punto che si ritroveranno, vecchi, senza nulla aver fatto. E non solo individualmente.*
>
> L. Sciascia (escritor italiano, 1921-1989), *Nero su nero*.

1184. O comportamento é um espelho em que cada um vê a própria imagem.
> *Das Betragen ist ein Spiegel, in welchem jeder sein Bild sieht.*
> J. W. GOETHE (escritor alemão, 1749-1832), *Máximas e reflexões*, 39.

1185. Sou como um paralítico que encontrou na imobilidade o meio para evitar as quedas.
> *Je suis comme un paralytique qui a trouvé dans l'immobilité le moyen d'éviter les chutes.*
> B. CONSTANT DE REBECQUE (escritor francês, 1767-1830), *Cartas*, a Sismondi, 13/8/1813.

1186. Preferiria ter sangue nas mãos a ter água como Pôncio Pilatos.
> *I would rather have blood on my hands than water like Pilate.*
> G. GREENE (escritor inglês, 1904-1991), *The Comedians*.

1187. Cada um é responsável por todos. Cada um sozinho é responsável. Cada um é o único responsável por todos.
> *Chacun est responsable de tous. Chacun est seul responsable. Chacun est seul responsable de tous.*
> A. DE SAINT-EXUPÉRY (escritor francês, 1900-1944), *Pilote de guerre*.

1188. Toda obra de um homem, seja em literatura, música, pintura, arquitetura ou em qualquer outra coisa, é sempre um auto-retrato; e quanto mais ele tentar esconder-se, mais seu caráter se revelará, contra sua vontade.
> *Every man's work, whether it be literature or music or pictures or architecture or anything else, is always a portrait of himself, and the more he tries to conceal himself the more clearly will his character appear in spite of him.*
> S. BUTLER (escritor inglês, 1835-1902), *The Way of All Flesh*, XIV.

1189. A vida é o paradigma das palavras.
> *La vita è il paragone delle parole.*
> A. MANZONI (escritor italiano, 1785-1873), *I promessi sposi*, XVII.

1190. Não banho minhas palavras / na mentira; a ação é o controle de todo homem.

Οὐ ψεύδει τέγξω / λόγον· διάπειρά τοι βροτῶν ἔλεγχος.

PÍNDARO (poeta grego, 518-438 a.C.), *Odes*, Quarta olímpica, 21-2.

1191. Realizando coisas justas, tornamo-nos justos, realizando coisas moderadas, tornamo-nos moderados, fazendo coisas corajosas, tornamo-nos corajosos.

Τὰ μὲν δίκαια πράττοντες δίκαιοι γινόμεθα, τὰ δὲ σώφρονα σώφρονες, τὰ δ' ἀνδρεῖα ἀνδρεῖοι.

ARISTÓTELES (filósofo grego, 384-322 a.C.), *Ética a Nicômaco*, II, 1, 4.

1192. "O que fazer?", é o que se perguntam, em unanimidade, os poderosos e os subjugados, os revolucionários e os ativistas sociais, entendendo sempre com essa questão o que os outros devem fazer; ninguém se pergunta quais são suas próprias obrigações.

Что делать? — спрашивают одинаково и властители, и подчиненные, и революционеры, и общественные деятели, подразумевая под вопросом «Что делать?...» всегда вопрос о том, что делать с другими, но никто не спрашивает, что мне делать с самим собой.

L. N. TOLSTOI (escritor russo, 1828-1910).

1193. O mestre disse: "Não quero nada com quem não se pergunta: como fazer, como fazer?"

CONFÚCIO (filósofo chinês, c. 551-479 a.C.), *Os colóquios*, XV, 15.

1194. Quem não fez nada não sabe nada.

He that has done nothing has known nothing.

TH. CARLYLE (historiador escocês, 1795-1881), *Corn-Laws Rhymes*.

1195. Aquilo que foi e que será, e até mesmo aquilo que é, não somos capazes de saber, mas quanto àquilo que devemos fazer, não apenas somos capazes de saber, como também o sabemos sempre, e somente isso nos é necessário.

Знать, что было и будет, и даже то, что есть, мы не можем знать, но знать, что мы должны делать, это мы не только можем, но всегда знаем, и это одно нам нужно.

L. N. TOLSTOI (escritor russo, 1828-1910).

1196. Quando um estúpido faz algo de que se envergonha, diz sempre que é seu dever.

> *When a stupid man is doing something he is ashamed of, he always declares that it is his duty.*
>
> G. B. SHAW (comediógrafo irlandês, 1856-1950), *César e Cleópatra*, III.

1197. O primeiro sinal de sabedoria é não iniciar nada; o segundo sinal de sabedoria é terminar o que se iniciou.

> *Primo segno di sapienza è il non intraprendere cosa alcuna; secondo segno di sapienza, il menare a fine la faccenda intrapresa.*
>
> PAÑCATANTRA (coletânea indiana de fábulas), III, 130, trad. para o it. P. E. Pavolini.

1198. Aplica-te a todo instante com toda atenção... para terminar o trabalho que tens pelas mãos... e libera-te de todas as outras preocupações. Delas ficarás livre se executares cada ação da tua vida como se fosse a última.

> Πάσης ὥρας φρόντιζε στιβαρῶς... τὸ ἐν χερσὶ... καὶ σχολὴν σαυτῷ ἀπὸ πασῶν τῶν ἄλλων φαντασιῶν πορίζειν. Ποριεῖς δέ, ἂν ὡς ἐσχάτην τοῦ βίου ἑκάστην πρᾶξιν ἐνεργῇς.
>
> MARCO AURÉLIO (imperador romano, 121-180), *Recordações*, II, 5.

1199. César, grande em tudo, / não acreditava em nada efetivamente se sobrasse algo para fazer.

> *Caesar in omnia praeceps, / nil actum credens, cum quid superesset agendum.*
>
> LUCANO (poeta latino, 39-65), *Farsália*, II, 656-7.

1200. É preciso que alguma coisa seja feita para que confessemos ter pensado em fazê-la.

> *Il faut qu'une chose soit faite pour qu'on avoue y avoir pensé.*
>
> NAPOLEÃO I (imperador da França, 1769-1821), *Cartas*, a Luís Napoleão, 27/3/1808.

1201. A sabedoria com as coisas da vida não consiste, ao que me parece, em saber o que é preciso fazer, mas em saber o que é preciso fazer antes e o que fazer depois.

> Мудрость во всех житейских делах, мне кажется, состоит не в том, чтобы узнать, что нужно делать, а в том, чтобы знать, что делать прежде, а что после.
>
> L. N. Tolstoi (escritor russo, 1828-1910).

1202. Faze o mesmo que nos persuades a fazer.

Facias ipse quod faciamus nobis suades.
Plauto (comediógrafo latino, c. 250-184 a.C.), *Asinaria*, 644.

1203. Fazei o que dizemos e não o que fazemos.

Fate quello che noi diciamo e non quello che noi facciamo.
G. Boccaccio (escritor italiano, 1313-1375), *Decamerão*, III, 7.

1204. Os pregadores dizem: "Faze o que digo, não o que faço." Mas, se um médico tivesse a mesma doença que eu e me mandasse fazer uma coisa enquanto ele fizesse outra, poderia acreditar nele?

Preachers say, Do as I say, not as I do. But if the physician had the same disease upon him that I have, and he should bid me to do one thing, and himself do quite another, could I believe him?
J. Selden (historiador inglês, 1584-1654), *Table Talk*.

1205. Quem se dispõe a fazer algo sem antes medir a própria força e a alheia acaba desejando por estupidez a própria derrota.

Pareṣām ātmanaś caiva yo 'vicārya balābalam / kāryāyottiṣṭhate mohād āpadaḥ sa samīhate //
Pañcatantra (coletânea indiana de fábulas), B 3976.

1206. Nunca faças hoje o que podes deixar para amanhã.

Never do to-day what you can put off till to-morrow.
Punch (semanário satírico inglês), XVII, 1846.

1207. Nada é feito neste mundo até os homens estarem prontos para matar-se uns aos outros se não for feita alguma coisa.

Nothing is ever done in this world until men are prepared to kill one another if it is not done.
G. B. Shaw (comediógrafo irlandês, 1856-1950), *Major Barbara*, IV.

1208. O amor pela vida é necessário para o prosseguimento vigoroso de qualquer intento.
The love of life is necessary to the vigorous prosecution of any undertaking.
S. JOHNSON (literato inglês, 1709-1784), *The Rambler*.

1209. Quando alguém faz algo de muito bom grado, quase sempre existe alguma coisa naquilo que faz que não é a coisa em si.
Wenn jemand etwas sehr gerne tut, so hat er fast immer etwas in der Sache, was die Sache selbst nicht ist.
G. CH. LICHTENBERG (cientista e escritor alemão, 1742-1799), *Observações e pensamentos*.

1210. Quem não tem um objetivo, quase nunca sente prazer em suas ações.
Chi non ha uno scopo non prova quasi mai diletto in nessuna operazione.
G. LEOPARDI (poeta italiano, 1798-1837), *Zibaldone*, I, 356, 1.

1211. Em toda iniciativa, pensa bem aonde queres chegar.
Quidquid conaris, quo pervenias, cogites.
PÚBLIO SIRO (poeta latino, séc. I a.C.), *Sentenças*, 777.

1212. Nunca conseguimos fazer nada direito enquanto não paramos de pensar em como fazê-lo.
We never do anything well till we cease to think about the manner of doing it.
W. HAZLITT (escritor inglês, 1778-1830), *Sketches and Essays*, On Prejudice.

1213. Quem pensar demais produzirá pouco.
Wer gar zu viel bedenkt, wird wenig leisten.
F. VON SCHILLER (escritor alemão, 1759-1805), *Guilherme Tell*, III, 1.

1214. Deve-se conhecer a meta antes do percurso.
Das Ziel muβ man früher kennen als die Bahn.
JEAN PAUL (escritor alemão, 1763-1825).

1215. O lugar que ocupamos é menos importante do que aquele para o qual nos dirigimos.

> Важно не то место, которое мы занимаем, а то направление, в котором мы движемся.

L. N. TOLSTOI (escritor russo, 1828-1910).

1216. O que vale a pena ser feito vale a pena ser bem feito.

> *Ce qui vaut la peine d'être fait vaut la peine d'être bien fait.*

N. POUSSIN (pintor francês, 1594-1665), lema.

1217. Todos amam aquilo que são capazes de fazer.

> *Every man loves what he is good at.*

TH. SHADWELL (dramaturgo inglês, 1642-1692), *A True Widow*, V, 1.

1218. Não basta saber, é preciso também aplicar; não basta querer, é preciso também fazer.

> *Es ist nicht genug zu wissen; man muβ auch anwenden; es ist nicht genug zu wollen: man muβ auch tun.*

J. W. GOETHE (escritor alemão, 1749-1832), *Máximas e reflexões*, 689.

1219. Em circunstâncias especiais, os fatos devem ser mais rápidos do que o pensamento.

> *En circunstancias especiales, el hecho debe ser más rápido que el pensamiento.*

H. CORTÉS (conquistador espanhol, 1485-1547).

1220. A ação é o verdadeiro fruto do conhecimento.

> *Action is the proper fruit of knowledge.*

TH. FULLER (escritor inglês, 1654-1734), *Gnomologia*.

1221. Ocupa-te apenas com as ações, nunca com os frutos.

> *Occupati solo dell'azione, non occuparti mai dei frutti.*

BHAGAVADGĪTĀ (antigo poema indiano), II, 47, trad. para o it. R. Gnoli.

1222. Não há lugar em todo o mundo, nem no céu, nem no meio do mar, nem nas reentrâncias das montanhas, onde um homem possa liberar-se de uma má ação.

*Na antalikkhe na samuddamajjhe na pabbatānaṃ vivaraṃ pavissa /
na vijjatī so jagatippadeso yatraṭṭhito na muñceyya pāpakammā //*
DHAMMAPADA (sentenças budistas), IX, 127.

1223. Para realizar grandes coisas, é preciso viver como se não se devesse morrer jamais.

Pour exécuter de grandes choses, il faut vivre comme si on ne devait jamais mourir.
L. DE VAUVENARGUES (escritor francês, 1715-1747), *Réflexions et maximes*.

1224. Sem entusiasmo nunca se realizou nada de grandioso.

Nothing great was ever achieved without enthusiasm.
R. W. EMERSON (filósofo e poeta norte-americano, 1803-1882), *Essays*, Circles.

1225. Uma longa viagem de mil milhas inicia-se com o movimento de um pé.

Un lungo viaggio di mille miglia si comincia col muovere un piede.
LAO-TZU (filósofo chinês, séc. VI-V a.C.), *A regra celestial*, 64, trad. para o it. A. Castellani.

1226. Aqueles que se aplicam demais nas pequenas coisas geralmente se tornam incapazes para as grandes.

Ceux qui s'appliquent trop aux petites choses deviennent ordinairement incapables des grandes.
F. LA ROCHEFOUCAULD (escritor francês, 1613-1680), *Maximes*, 41.

1227. A experiência sempre demonstrou e a razão ainda demonstra que as coisas que dependem de muitos nunca terminam bem.

Ha sempre dimostrato l'esperienza e lo dimostra la ragione, che mai succedono bene le cose che dependono da molti.
F. GUICCIARDINI (escritor político italiano, 1483-1540), *Storia d'Italia*.

O ativismo

1228. A agitação contínua numa vida tumultuosa não é atividade saudável, mas inquietação.

Illa tumultu gaudens non est industria, sed exagitatae mentis concursatio.

Sêneca (filósofo latino, 4 a.C.-65 d.C.), *Cartas a Lucílio*, 3, 5.

1229. A *atividade* intensa, tanto na escola como na faculdade, na igreja ou no mercado, é um sinal de escassa vitalidade.

Extreme busyness, whether at school or college, kirk or market, is a symptom of deficient vitality.

R. L. Stevenson (escritor inglês, 1850-1894), *Virginibus puerisque*.

1230. Na maioria dos casos, entre os homens a inatividade significa torpor, e a atividade, loucura.

Τῶν πλείστων ἀνθρώπων τὸ μὲν ἡσυχάζον ναρκᾷ, τὸ δὲ κινούμενον λυττᾷ.

Epicuro (filósofo grego, 341-270 a.C.), *Exortações*, in *Gnomologio Epicureo Vaticano*, 11.

1231. Não é que ele queira prosseguir, na verdade não sabe estar parado.

Non ille ire vult, sed non potest stare.

Sêneca (filósofo latino, 4 a.C.-65 d.C.), *Cartas a Lucílio*, 94, 63. A referência é feita a Alexandre, o Grande, e às suas conquistas.

1232. Quem vive na tranquilidade, que seja mais ativo; quem vive na atividade deve encontrar tempo para descansar. Segue a natureza: ela te lembrará que fez o dia e a noite.

Et quiescenti agendum et agenti quiescendum est. Cum rerum natura delibera: illa dicet tibi et diem fecisse se et noctem.

Sêneca (filósofo latino, 4 a.C.-65 d.C.), *Cartas a Lucílio*, 3, 6.

1233. Os homens trabalhadores, de negócios e responsabilidades, no estado de repouso, numa praia, por exemplo, parecem aquelas feras em cativeiro dos jardins zoológicos.

Gli uomini di fatica, di affari, di pensieri, nello stato di riposo, su una spiaggia, per esempio, sembrano di quelle belve in cattività dei giardini zoologici.

C. Alvaro (escritor italiano, 1895-1956), *Quasi una vita*, 1930.

A pressa

1234. A rapidez, que é uma virtude, gera um vício, que é a pressa.
La rapidez, que es una virtud, engendra un vicio, que es la prisa.
G. Marañón (ensaísta espanhol, 1887-1960), *Raíz y decoro de España*.

1235. Não há nada que se possa fazer com pressa e prudência contemporaneamente.
Nil est, quod caute simul agas et celeriter.
Públio Siro (poeta latino, séc. I a.C.), *Sentenças*, 557.

1236. Quem tem pressa demonstra que aquilo que está fazendo é grande demais para si.
Whoever is in a hurry shows that the thing he is about is too big for him.
Ph. D. Chesterfield (estadista inglês, 1694-1773), *Letters to his Son*, 10/8/1749.

1237. Quando seus pés deixaram a pressa, / que tolhe nobreza a todo ato...
Quando li piedi suoi lasciar la fretta, / che l'onestade ad ogn'atto dismaga...
D. Alighieri (poeta italiano, 1265-1321), *Purgatório*, III, 10-1.

1238. A pressa gera o erro em todas as coisas.
'Επειχθῆναι μέν νυν πᾶν πρῆγμα τίκτει σφάλματα.
Heródoto (historiador grego, c. 484-430 a.C.), *Histórias*, VII, 10.

1239. O que é toda essa pressa? Adacio Biacio: Roma / não foi feita de uma só vez.
Ch'edè sta furia? Adacio Biacio: Roma / mica se fabbicò tutt'in un botto.
G. G. Belli (poeta dialetal italiano, 1791-1863), *Sonetti*, Fremma, fremma.

1240. Não se deve ter pressa para nada; a pressa estraga os afazeres. Um tolo, por muita impaciência, reduziu um pavão a uma gralha.
In nessuna cosa si abbia fretta; la fretta guasta le faccende. Uno sciocco, per troppa furia, ridusse un pavone ad una cornacchia.

SUBHĀSHITARNAVA (sentenças cingalesas, séc. XVII), 201, trad. para o it. P. E. Pavolini.

1241. O raciocínio e a pressa não se dão bem.
Οὐ γάρ τι βουλῆς ταὐτὸ καὶ δρόμου τέλος.
SÓFOCLES (trágico grego, 496-406 a.C.), *Fragmentos*, 772.

1242. A gata apressada muitas vezes pare gatinhos tísicos.
Gatta fretosa parit tisichellos saepe gatellos.
T. FOLENGO (poeta italiano, 1491-1544), *Baldus*, II, 419.

A velocidade

1243. Na patinação sobre o gelo, a segurança está na velocidade.
In skating over thin ice, our safety is in our speed.
R. W. EMERSON (filósofo e poeta norte-americano, 1803-1882), *Essays*, Prudence.

1244. Afirmamos que a magnificência do mundo enriqueceu-se de uma beleza nova: a beleza da velocidade. Um automóvel de corrida com o seu capô ornado com grossos tubos semelhantes a serpentes de sopro explosivo... um automóvel que ruge e parece correr sobre a metralha é mais belo do que a Vitória de Samotrácia.
Noi affermiamo che la magnificenza del mondo si è arricchita di una bellezza nuova: la bellezza della velocità. Un automobile da corsa col suo cofano adorno di grossi tubi simili a serpenti dall'alito esplosivo... un automobile ruggente, che sembra correre sulla mitraglia, è più bello della Vittoria di Samotracia.
F. T. MARINETTI (escritor italiano, 1876-1944), *Manifesto futurista*.

A preguiça

1245. Em leito de penas / não se alcança a fama, nem sob as cobertas; // quem a vida consome sem a fama, / não deixa de si nenhum vestígio sobre a terra, / qual fumo no ar e espuma na água.

Seggendo in piuma, / in fama non si vien, né sotto coltre; // senza la qual chi sua vita consuma, / cotal vestigio in terra di sé lascia, / qual fummo in aere e in acqua la schiuma.
D. ALIGHIERI (poeta italiano, 1265-1321), *Inferno*, XXIV, 47-51.

1246. A poltrona e as pantufas são as ruínas do homem.
La poltrona e le pantofole son le rovine dell'uomo.
B. MUSSOLINI (político italiano, 1883-1945), citado em M. SARFATTI, *Dux*, XXXVI.

1247. "Ó meu doce senhor", disse eu, "olha / este que se mostra mais negligente / do que se a preguiça fosse sua irmã."
"O dolce segnor mio", diss'io, "adocchia / colui che mostra sé più negligente / che se pigrizia fosse sua serocchia".
D. ALIGHIERI (poeta italiano, 1265-1321), *Purgatório*, IV, 109-11.

O trabalho

1248. O trabalho espanta os vícios que derivam do ócio.
Otii vitia negotio discuti.
SÊNECA (filósofo latino, 4 a.C.-65 d.C.), *Cartas a Lucílio*, 56, 9.

1249. O hábito do trabalho modera qualquer excesso, induz à necessidade de organização, ao gosto pela ordem; da ordem material remonta-se à moral: portanto, o trabalho pode ser considerado como um dos melhores auxiliares na educação.
L'abitudine al lavoro modera ogni eccesso, induce il bisogno, il gusto dell'ordine; dall'ordine materiale si risale al morale: quindi può considerarsi il lavoro come uno dei migliori ausiliari dell'educazione.
M. T. D'AZEGLIO (político e escritor italiano, 1798-1866), *I miei ricordi*, XXX.

1250. O trabalho persistente vence / tudo, e a miséria que urge nas dificuldades.
Labor omnia vincit / improbus, et duris urgens in rebus egestas.
VIRGÍLIO (poeta latino, 70-19 a.C.), *Geórgicas*, I, 146-7.

1251. Não existem esforços inúteis, Sísifo ganhava músculos.

Il n'y a pas d'efforts inutiles, Sisyphe se faisait les muscles.
R. CAILLOIS (ensaísta francês, nascido em 1913), *Circonstancielles.*

1252. Aqueles que não precisam trabalhar chamam o trabalho de virtude para enganar quem trabalha.

Al trabajo le llaman virtud los que no tienen que trabajar, para engañar a los que trabajan.
S. RUSIÑOL Y PRATS (pintor e escritor espanhol, 1861-1931).

1253. Se alguém não quer trabalhar, não coma.

Si quis non vult operari nec manducet.
SÃO PAULO (apóstolo), *Segunda Epístola aos Tessalonicenses*, III, 10.

1254. Vamos, irmãos, vamos, companheiras, / vamos, venham em densa multidão; / sobre a livre bandeira / resplandece o sol do futuro!

Su, fratelli, su, compagne, / su, venite in fitta schiera; / sulla libera bandiera / splende il sol dell'avvenir!
F. TURATI (político italiano, 1857-1932), *Inno dei lavoratori.*

1255. É preciso que a vida social seja corrompida até em seu cerne se os operários se sentem em casa na fábrica quando fazem greve e estrangeiros quando trabalham. O contrário deveria ser verdadeiro.

Il faut que la vie sociale soit corrompue jusqu'en son centre lorsque les ouvriers se sentent chez eux dans l'usine quand ils font grève, étrangers quand ils travaillent. Le contraire devrait être vrai.
S. WEIL (escritora francesa, 1909-1943), *La condition ouvrière.*

1256. Ama a modesta profissão que aprendeste e contenta-te com ela.

Τὸ τεχνίον, ὃ ἔμαθες, φίλει, τούτῳ προσαναπαύου.
MARCO AURÉLIO (imperador romano, 121-180), *Recordações*, IV, 31.

1257. A pior profissão é aquela de não ter nenhuma profissão.

Il peggio mestiere è quello di non averne alcuno.
C. CANTÙ (escritor italiano, 1804-1895), *Attenzione!*, XIX.

1258. "E qual a sua profissão?" "Ser pobre."
   "E che mestiere fa?" "Il povero."
   C. COLLODI (escritor italiano, 1826-1890), *As aventuras de Pinóquio*, XII. É a resposta de Pinóquio a Come-Fogo, que lhe pergunta qual a profissão do seu pai.

1259. Não há profissão mais bela do que a de tio da América.
   Non c'è mestiere più bello che fare lo zio d'America.
   E. DE MARCHI (escritor italiano, 1851-1901), *Demetrio Pianelli*, III, 3.

1260. É uma complicação se quem faz a massa do bolo é o sapateiro e quem costura as botas é o doceiro.
   Беда, коль пироги начнет печб сапожник, а сапоги тачать пирожник.
   I. A. KRYLOV (escritor russo, 1768-1844), *Fábulas*, O lúcio e o gato.

1261. Todas as profissões são conspirações contra os leigos.
   All professions are conspiracies against the laity.
   G. B. SHAW (comediógrafo irlandês, 1856-1950), *The Doctor's Dilemma*, I.

Os negócios

1262. Nos negócios não existem amigos, apenas clientes.
   Dans les affaires on n'a point d'amis, on n'a que des correspondants.
   A. DUMAS (escritor francês, 1802-1870), *O conde de Montecristo*, 2, III, 5.

1263. Um jantar lubrifica os negócios.
   A dinner lubricates business.
   W. SCOTT (jurista inglês, 1745-1836), citado em J. BOSWELL, *Life of Johnson*.

1264. O cliente tem sempre razão.
   The customer is always right.
   H. G. SELFRIDGE (empresário norte-americano, 1857-1947). *Slogan* adotado nas suas lojas.

A FILASTROCCA

A "filastrocca" é uma cantilena entoada como cantiga de ninar ou nas brincadeiras de roda e outros jogos infantis, marcada especialmente por suas rimas e sua cadência. Para que essas características não se perdessem, nesta seção optou-se por reproduzir cada texto em italiano e, em seguida, apresentar uma tradução livre, que se atenha ao conteúdo.

1265. Casa mia, casa mia / per piccina che tu sia / tu mi sembri una Badia.

   Casa minha, casa minha / por menor que sejas / para mim és uma abadia.

1266. Giro giro tondo / casca il mondo / casca la terra / tutti giù per terra.

   Giro, giro redondo / cai o mundo / cai a terra / todos vão ao chão.

1267. Bolli bolli pentolino / fa la pappa al mio bambino/ la rimescola la mamma / mentre il bimbo fa la nanna; / fa la nanna, gioia mia, / o la pappa scappa via.

   Ferve, ferve panelinha / faz o papá para o meu menino; / a mamãe mexe a panela / enquanto dorme o filhinho; / dorme faz naninha, jóia minha, / pro papá não derramar.

1268. Hai tu penna e calamaio? / Hai qualcuno che ti ama? / Sai tu dir come si chiama? / Se quell'uno t'amerà, / questo dito scrocchierà.

   Tens pena e tinteiro? / Tens alguém que te ama? / Sabes dizer como se chama? / Se ele te amar, / Este dedo vai estalar.

1269. Il cavallo del bambino / va pianino, va pianino; / il cavallo del vecchietto / va zoppetto, va zoppetto; / Il caval del giovanotto / va di trotto, va di trotto; / il caval del mio compare / come il vento sa volare.

   O cavalo do menino / vai devagarinho, vai devagarinho; / o cavalo do velhinho / vai mancando, vai mancando; / o cavalo do rapa-

zote / vai de trote, vai de trote; / o cavalo do meu padrinho / como o vento sabe voar.

1270. Ambarabá / cicci coccò: / tre civette sul comò, / che facevano l'amore / con la figlia del dottore. / Il dottore si ammalò: / ambarabà / cicci coccò.

Ambarabá / titi cocó: / três corujas sobre a cômoda, / que faziam amor / com a filha do doutor. / O doutor caiu doente: / ambarabá / titi cocó.

1271. Cavallino, trotta, trotta, / che ti salto sulla groppa, / trotta, trotta in Delfinato / a comprar il pan pepato; / trotta, trotta in Gran Bretagna / a comprar il pan di Spagna. / Trotta, trotta e torna qui, / che c'è il pan di tutti i dì.

Cavalinho, upa, upa, / vem que subo na tua garupa, / trota, trota no Delfinado / para comprar o pão apimentado; / trota, trota na Grã-Bretanha, / para comprar o pão de Espanha. / Trota, trota e volta aqui, / onde há o pão de todos os dias.

1272. Cecco Bilecco, / monta su uno stecco, / lo stecco si rompe, / Bilecco va sul ponte, / il ponte va in rovina, / e Cecco s'infarina: / la farina si staccia, / e Cecco si sculaccia.

Cecco Bilecco, / sobe num espeto, / o espeto quebra, / Bilecco anda na ponte, / a ponte cai todinha, / e Cecco se enfarinha: / a farinha é peneirada, / e Cecco leva uma palmada.

1273. Bum! cade la bomba in mezzo al mare. / Mamma mia, / mi sento male: / mi sento male d'agonia, / prendo la barca e fuggo via. / Fuggo via di là dal mare / dove nessuno mi può trovare. / Trovo una casa, trovo un letto / e mi faccio un gran banchetto. / Bevo e mangio notte e dì, / a bì cì dì.

Bum! cai a bomba no meio do mar. / Minha mãe, / me sinto mal: / me sinto mal de agonia, / pego o barco e vou-me embora. / Fujo para além-mar / onde ninguém pode me encontrar. / Encontro uma casa, encontro uma cama / e preparo um bom banquete. / Bebo e como noite e dia, / a, bê, cê, dê.

1274. Domani è festa / si mangia la minestra, / la minestra non mi piace, / si mangia pane e brace. / La brace è troppo nera, / si mangia pane e pera. / La pera è troppo bianca, / si mangia pane e panca. / La panca è troppo dura, / si va a letto addirittura.

Amanhã é dia de festa / come-se sopa, / não gosto de sopa, / come-se pão e brasa. / A brasa é muito escura, / come-se pão e pêra. / A pêra é muito branca, / come-se pão e banco. / O banco é muito duro, / vai-se direto para cama.

1275. Piove, piove / la gatta non si muove: / si accende la candela, / si dice buonasera.

Chove, chove / a gata não se move: / acende-se a vela, diz-se boa-noite.

1276. Ninna nanna, ninna-o! / Questo bimbo a chi lo dò? / Lo darò alla Befana / che lo tiene una settimana. / Lo darò all'Uomo Nero / che lo tiene un mese intero. / Ninna nanna, ninna-o!

Nana nenê, nana ô! / Este menino, a quem eu dou? / Vou dá-lo à bruxa / que fica com ele uma semana. / Vou dá-lo ao Homem Preto / que fica com ele um mês inteiro. / Nana nenê, nana ô!

1277. Crapa Pelata faceva i tortelli / e non ne dava ai suoi fratelli. / I suoi fratelli fan la frittata / e non ne danno a Crapa Pelata.

Crapa Pelata fazia pastéis / e não dava nenhum aos seus irmãos. / Seus irmãos fazem fritada / e não dão nada a Crapa Pelata.

1278. Staccia buratta, / il bimbo è della mamma, / la fiamma traballa, la mucca è nella stalla, / la mucca ha il suo vitello, / la pecora ha l'agnello, / la chioccia ha il suo pulcino, / la mamma ha il suo bambino, / il bimbo ha la sua mamma, / andiamo tutti a nanna!

Stacciaburatta*, / o menino é da mamãe, / a chama vacila, / a vaca está no curral, / a vaca tem seu bezerro, / a ovelha tem o cor-

---

* Jogo infantil em que duas crianças, uma diante da outra e de mãos dadas, puxam-se para a frente e para trás. (N. da T.)

deiro, / a galinha choca tem seu pintinho, / a mamãe tem seu filhinho, / o filhinho tem sua mamãe, / vamos todos para a cama?

1279. La Befana vien di notte / con le scarpe tutte rotte, / con le toppe alla sottana, / viva, viva la Befana!

    A bruxa vem à noite / com os sapatos estragados, / com a saia remendada, / viva, viva a bruxa!

1280. Chiocciola chiocciolina /tira fuori le cornina. / Se non le tirerai, / un filo d'erba mangerai, / se non vuoi mostrarle, / chiamo il barbiere che venga a tagliarle.

    Caracol caracolzinho / ponha para fora as suas anteninhas. / Se não as puser, / um fio de grama é o que vai comer, / se não quiser mostrá-las, / chamo o barbeiro para cortá-las.

1281. Trenta dì conta Novembre / con April, Giugno e Settembre; / di ventotto ce n'è uno, / tutti gli altri ne han trentuno.

    Trinta dias tem novembro / com abril, junho e setembro; / vinte e oito só tem um, / todos os outros têm trinta e um.

A FILOSOFIA

A filosofia

1282. Ó filosofia, guia da vida!
O vitae philosophia dux.
CÍCERO (escritor e político romano, 106-43 a.C.), *Tusculanae disputationes*, V, 2.

1283. Não há nada de tão absurdo que não saia da boca de algum filósofo.
Nihil tam absurde dici potest, quod non dicatur ab aliquo philosophorum.
CÍCERO (escritor e político romano, 106-43 a.C.), *De divinatione*, II, 58.

1284. Se queres a verdadeira liberdade, deves fazer-te servo da filosofia.
Philosophiae servias oportet ut tibi contingat vera libertas.
EPICURO (filósofo grego, 341-270 a.C.), citado em SÊNECA, *Cartas a Lucílio*, 8, 7.

1285. Para muitas pessoas, os filósofos são noctívagos inoportunos que as perturbam durante o sono.
Vielen Menschen sind die Philosophen lästige Nachtschwärmer die sie im Schlaf stören.
A. SCHOPENHAUER (filósofo alemão, 1788-1860), *Aforismos sobre a sabedoria de vida*.

1286. A clareza é a boa-fé dos filósofos.
La clarté est la bonne foi des philosophes.
L. DE VAUVENARGUES (escritor francês, 1715-1747), *Pensées diverses*.

1287. Só é possível tornar-se filósofo, não sê-lo. Assim que se acredita sê-lo, cessa-se de se tornar filósofo.

Man kann nur Philosoph werden, nicht es sein. Sobald man es zu sein glaubt, hört man auf, es zu werden.

F. VON SCHLEGEL (escritor alemão, 1772-1829), *Athenäum*, Fragmentos.

1288. A admiração é própria da natureza do filósofo; e a filosofia deriva apenas da estupefação.

Μάλα γὰρ φιλοσόφου τοῦτο τὸ πάθος, τὸ θαυμάζειν· οὐ γὰρ ἄλλη ἀρχὴ φιλοσοφίας ἢ αὕτη.

PLATÃO (filósofo grego, 427-347 a.C.), *Teeteto*, 155 d.

1289. Sócrates foi o primeiro a evocar a filosofia do céu à terra, deu-lhe a cidadania nas cidades, introduziu-a também nas casas e a obrigou a ocupar-se da vida e dos costumes, das coisas boas e das más.

Socrates autem primus philosophiam devocavit e caelo et in urbibus collocavit et in domus etiam introduxit et coegit de vita et moribus rebusque bonis et malis quaerere.

CÍCERO (escritor e político romano, 106-43 a.C.), *Tusculanae disputationes*, V, 4.

1290. Na verdade, a filosofia é nostalgia, o desejo de sentir-se em casa em qualquer lugar.

Die Philosophie ist eigentlich Heimweth, Trieb, überall zu Hause zu sein.

NOVALIS (poeta alemão, 1772-1801), *Fragmentos*.

1291. A filosofia ensina a agir, não a falar.

Facere docet philosophia, non dicere.

SÊNECA (filósofo latino, 4 a.C.-65 d.C.), *Cartas a Lucílio*, 20, 2.

1292. Ser filósofo não significa escrever, significa viver.

Essere filosofi non significa scrivere, significa vivere.

F. TIMMERMANS (escritor belga, 1886-1947), *Um dia satírico*.

1293. Interrogado sobre o que havia aprendido com a filosofia, disse: "A fazer, sem ser comandado, aquilo que os outros fazem apenas por medo da lei."

Ἐρωτηθεὶς τί ποτ' αὐτῷ περιγέγονεν ἐκ φιλοσοφίας, ἔφη, «τὸ ἀνεπιτάκτως ποιεῖν ἅ τινες διὰ τὸν ἀπὸ τῶν νόμων φόβον ποιοῦσιν».

ARISTÓTELES (filósofo grego, 384-322 a.C.), citado em DIÓGENES LAÉRCIO, *Vidas dos filósofos*, Aristóteles, V, 20.

1294. "Pobre e nua vai, Filosofia", / diz a multidão pensando no ganho vil.

"Povera e nuda vai, Filosofia", / dice la turba al vil guadagno intesa.

F. PETRARCA (poeta italiano, 1304-1374), *Canzoniere*, soneto 7.

1295. A filosofia, como a medicina, dispõe de muitas drogas, de pouquíssimos remédios bons e de quase nenhum específico.

La philosophie, ainsi que la médecine, a beaucoup de drogues, très peu de bons remédes, et presque point de spécifiques.

N. DE CHAMFORT (escritor francês, c. 1740-1794), *Máximas e pensamentos*, I, 17.

1296. Temos na filosofia uma medicina muito agradável, pois, nas outras, sentimos o bem-estar apenas depois da cura; esta faz bem e cura ao mesmo tempo.

Nous avons une très douce médecine que la philosophie; car des autres, on n'en sent le plaisir qu'après la guérison, celle-ci plaît et guérit ensemble.

M. DE MONTAIGNE (escritor francês, 1533-1592), *Os ensaios*, II, 25.

1297. Zombar da filosofia é o verdadeiro ato de filosofar.

Se moquer de la philosophie, c'est vraiment philosopher.

B. PASCAL (filósofo francês, 1623-1662), *Pensamentos*, I, 4.

1298. Existem mais coisas no céu e na terra, Horácio, / do que sonha a tua filosofia.

There are more things in heaven and earth, Horatio, / Than are dreamt of in your philosophy.

W. SHAKESPEARE (dramaturgo inglês, 1564-1616), *Hamlet*, I, 5, 166-7.

1299. Não existe maior indício de ser pouco filósofo e pouco sábio do que desejar uma vida inteira de sabedoria e filosofia.

Nessun maggior segno d'essere poco filosofo e poco savio, che volere savia e filosofica tutta la vita.

G. LEOPARDI (poeta italiano, 1798-1837), *Pensieri*, XXVII.

1300. Se a filosofia deve ser útil aos homens, deve fazer do homem o seu fulcro.
Soll die Philosophie den Menschen nützlich werden, so mache sie den Menschen zu ihrem Mittelpunkt.
J. G. HERDER (filósofo alemão, 1744-1803).

1301. A filosofia triunfa facilmente sobre os males passados e os futuros; mas os males presentes triunfam sobre ela.
La philosophie triomphe aisément des maux passés et des maux à venir; mais les maux présents triomphent d'elle.
F. LA ROCHEFOUCAULD (escritor francês, 1613-1680), *Maximes*, 22.

1302. A filosofia também não é ruim. Infelizmente, é como a Rússia: cheia de pântanos e freqüentemente invadida pelos alemães.
La philo n'est pas mal non plus. Malheureusement, elle est comme la Russie: pleine de marécages et souvent envahie par les Allemands.
R. NIMIER (escritor francês, 1925-1962), *Le hussard bleu*.

1303. A filosofia epicuréia, esse leito estreito, mas limpo.
La philosophie épicurienne, ce lit étroit mais propre.
M. YOURCENAR (escritora belga, 1903-1987), *Memórias de Adriano*.

1304. Um pouco de filosofia leva a mente humana ao ateísmo, mas a profundidade da filosofia a leva para a religião.
A little philosophy inclineth man's mind to atheism; but depth in philosophy bringeth men's minds about to religion.
F. BACON (filósofo inglês, 1561-1626), *Essays*, 16, Of Atheism.

1305. Nos dias de hoje existem professores de filosofia, mas não filósofos.
There are now-a-days professors of philosophy but not philosophers.
H. D. THOREAU (escritor norte-americano, 1817-1862), *Walden*, Economia.

A metafísica

1306. Esquece as coisas secretas do céu e pára de indagar o que ele pode ser; e, já que és mortal, preocupa-te com as coisas que são mortais.

> *Lassa stare le segrete cose del cielo e ad inchierere che cosa sia lo cielo; e con ciò sai cosa che tu sii mortale, cura quelle cose che sono mortale.*

Vulgarização toscana anônima dos *Disticha Catonis* medievais.

1307. Nenhuma invenção foi mais fácil para o homem do que a do céu.

> *Keine Erfindung ist wohl dem Menschen leichter geworden als die des Himmels.*

G. CH. LICHTENBERG (cientista e escritor alemão, 1742-1799), *Observações e pensamentos*.

1308. Eu diria de bom grado dos metafísicos o mesmo que Escalígero dizia dos bascos: "Dizem que se entendem, mas eu não acredito nem um pouco."

> *Je dirais volontiers des métaphysiciens ce que Scaliger disait des Basques: on dit qu'ils s'entendent, mais je n'en crois rien.*

N. DE CHAMFORT (escritor francês, c. 1740-1794), *Máximas e pensamentos*, VII, 412.

1309. Se nos cai nas mãos um volume, por exemplo, de teologia ou de metafísica escolástica, perguntamo-nos: *Contém alguma argumentação abstrata sobre a quantidade ou os números? Não. Contém alguma argumentação experimental sobre questões de fato e de existência? Não.* Então, que seja jogado no fogo, pois contém apenas sofismas e ilusões.

> *If we take in our hand any volume, of divinity or school metaphysics, for instance; let us ask:* Does it contain any abstract reasoning concerning quantity or number? *No.* Does it contain any experimental reasoning, concerning matter of fact and existence? *No.* Commit it then to the flames: *for it can contain nothing but sophistry and illusion.*

D. HUME (filósofo escocês, 1711-1776), *Investigação acerca do entendimento humano*, 12, 3.

1310. *A propósito de um filósofo metafísico*: Um cego num quarto escuro procurando um chapéu preto que não está lá.

> *On a metaphysician: A blind man in a dark room, looking for a black hat – which is not there.*

LORD BOWEN (juiz inglês, 1835-1894), atribuído.

A FORÇA

A força

1311. A força bruta, quando não governada pela razão, desmorona sob o próprio peso.
   Vis consili expers mole ruit sua.
   HORÁCIO (poeta latino, 65-8 a.C.), *Odes*, III, 4, 65.

1312. Onde é necessária a astúcia não há lugar para a força.
   Ἔνθα γὰρ σοφίης δέει, βίης ἔργον οὐδέν.
   HERÓDOTO (historiador grego, c. 484-430 a.C.), *Histórias*, III, 127.

1313. Onde a pele do leão não cobre é preciso costurar a da raposa.
   Ὅπου γὰρ ἡ λεοντῆ μὴ ἐφικνεῖται, προσραπτέον ἐκεῖ τὴν ἀλωπεκῆν.
   LISANDRO (general grego, morto em 395 a.C.), citado em PLUTARCO, *Vidas paralelas*, Lisandro, 7.

1314. Precisando, portanto, um príncipe saber utilizar bem o animal, deve tomar como exemplo a raposa e o leão: pois o leão não é capaz de se defender das armadilhas, assim como a raposa não sabe se defender dos lobos.
   Sendo adunque uno principe necessitato sapere bene usar la bestia, debbe di quella pigliare la golpe et il lione: perché il lione non si difende da'lacci, la golpe non si difende da'lupi.
   N. MAQUIAVEL (político e escritor italiano, 1469-1527), *O príncipe*, XVIII.

1315. O uso da força tem apenas um efeito *temporário*. Pode subjugar por certo tempo, mas não remove a necessidade de subjugar novamente: e é impossível governar uma nação que deve ser reconquistada eternamente.

The use of force alone is temporary. *It may subdue for a moment; but it does not remove the necessity of subduing again: and a nation is not governed, which is perpetually to be conquered.*
E. BURKE (político inglês, 1729-1797), *Speech of Conciliation with America*, 22/3/1775.

A violência

1316. A violência é sempre terrível, / mesmo quando a causa é justa.
Schrecklich immer, / Auch in gerechter Sache, ist Gewalt.
F. VON SCHILLER (escritor alemão, 1759-1805), *Guilherme Tell*, II, 2.

1317. Violência! Violência! Quem não é capaz de opor-se à violência? O que chamamos de violência não é nada; a sedução é a verdadeira violência.
Gewalt! Gewalt! Wer kann der Gewalt nicht trotzen? Was Gewalt heißt, ist nichts – Verführung ist die wahre Gewalt.
G. E. LESSING (filósofo alemão, 1729-1781), *Emília Galotti*, V, 7.

1318. Querer saber – o que parece tão difícil – se não é errado, entre tantos seres vivos que praticam a violência, ser o único ou um dos poucos não violentos, não é diferente de querer saber se seria possível ser sóbrio entre tantos embriagados, e se não seria melhor que todos começassem logo a beber.

Так что кажущийся таким трудным вопрос о том, не ошибочно ли было бы среди всех живущих насилием злых, быть одному или немногим непротивящимися добрыми, подобен вопросу о том, как быть трезвому среди пьяных, не лучше ли напиться вместе со всеми.

L. N. TOLSTOI (escritor russo, 1828-1910).

1319. A não-violência absoluta é a ausência absoluta de danos provocados a todo ser vivo. A não-violência, em sua forma ativa, é uma boa disposição para tudo o que vive. É o amor em sua perfeição.
La non violenza assoluta è assenza assoluta dal recar danno ad ogni essere vivente. La non violenza, nella sua forma attiva, è buona disposizione per tutto ciò che vive. Essa è perfetto amore.

M. K. Gandhi (político indiano, 1869-1948), *Cartas ao Ashram*.

1320. Apenas a violência pode servir onde reina violência, e / apenas os homens podem servir onde existem homens.

Es hilft nur Gewalt wo Gewalt herrscht, und / Es helfen nur Menschen, wo Menschen sind.

B. Brecht (escritor alemão, 1898-1956), *Santa Joana dos Matadouros*, XII.

1321. A violência não é força, mas fraqueza, nem nunca poderá ser criadora de coisa alguma, apenas destruidora.

La violenza non è forza ma debolezza, né mai può essere creatrice di cosa alcuna ma soltanto distruggitrice.

B. Croce (filósofo italiano, 1866-1952), *La storia come pensiero e come azione*, Storiografia e morale, VI, Forza e violenza, ragione e impulso.

A JUSTIÇA

A justiça

1322. Tais são os preceitos do direito: viver honestamente, não ofender ninguém, dar a cada um o que lhe pertence.
Iuris praecepta sunt haec: honeste vivere, alterum non laedere, suum cuique tribuere.
ULPIANO (jurista romano, séc. II d.C.-228), *Regularum in Digesto liber*, I, 10.

1323. Amai a justiça, vós que julgais a terra.
Diligite iustitiam, qui iudicatis terram.
SABEDORIA (livro sapiencial do Antigo Testamento), I, 1.

1324. A justiça não existe onde não há liberdade.
Giustizia non esiste là ove non vi è libertà.
L. EINAUDI (político e economista italiano, 1874-1961), *Giustizia e libertà*, in *Corriere della Sera*, 25/4/1948.

1325. Excesso de direito, excesso de injustiça.
Summum ius, summa iniuria.
CÍCERO (escritor e político romano, 106-43 a.C.), *De Officiis*, I, 10.

1326. "Todos os nós chegam ao pente." "Quando existe o pente."
"Tutti i nodi vengono al pettine." "Quando c'è il pettine."
L. SCIASCIA (escritor italiano, 1921-1989), *Nero su nero*.

1327. Dizem: não há justiça sobre a terra. Mas por acaso existe no céu?
Все говорят: нет правды на земле. Но правды нет и выше.
A. S. PUSHKIN (escritor russo, 1799-1837), *Mozart e Salieri*.

1328. Se algum dia inclinares a balança da justiça, não o faças com o peso das doações, mas com o da misericórdia.
Si acaso doblares la vara de la justicia, no sea con el peso de la dádiva, sino con el de la misericordia.
M. DE CERVANTES (escritor espanhol, 1547-1616), *Dom Quixote*.

1329. O mundo / possui uma Força feroz, que chama de / Direito...
Una feroce / Forza il mondo possiede, e fa nomarsi / Diritto...
A. MANZONI (escritor italiano, 1785-1873), *Adelchi*, V, 8, 352-4.

1330. Quando um homem quer matar um tigre, chama isso de esporte; quando é o tigre que quer matá-lo, chama de ferocidade. A distinção entre crime e justiça não é muito grande.
When a man wants to murder a tiger, he calls it sport; when the tiger wants to murder him, he calls it ferocity. The distinction between crime and justice is no greater.
G. B. SHAW (comediógrafo irlandês, 1856-1950).

1331. É natural desejar que se faça justiça; a maior de todas as almas não ficaria insensível ao prazer de ser conhecida como tal.
Il est naturel de souhaiter qu'on nous rende justice; la plus grande de toutes les âmes ne serait pas insensible au plaisir d'être connue pour telle.
P. DE MARIVAUX (escritor francês, 1688-1763), *La vie de Marianne*.

1332. Piedade pelos justos!
Pitié pour les justes!
A. CAMUS (escritor francês, 1913-1960), *L'homme révolté*.

1333. Se temes a solidão, não tentes ser justo.
Si tu crains la solitude, n'essaie pas d'être juste.
J. RENARD (escritor francês, 1864-1910), *Journal*, 1905.

1334. O justo é tranqüilíssimo, o injusto é sempre muito solícito.
ʽΟ δίκαιος ἀταρακτότατος, ὁ δ' ἄδικος πλείστης ταραχῆς γέμων.
EPICURO (filósofo grego, 341-270 a.C.), *Máximas capitais*, XVII, citado em DIÓGENES LAÉRCIO, *Vidas dos filósofos*, Epicuro, X, 144.

1335. É relativamente fácil suportar a injustiça. O mais difícil é suportar a justiça.

> *Injustice is relatively easy to bear; it is justice that hurts.*
>
> H. L. MENCKEN (escritor norte-americano, 1880-1956), *Prejudices*, third series, 1922, III.

1336. Se reconheces que algo é injusto, tenta pôr fim à injustiça o mais rápido possível: para que esperar o próximo ano?

> MÊNCIO (filósofo chinês, 371-289 a.C.), *O livro de Mêncio*, III, 2, 8.

1337. O mundo não pode se sustentar sem injustiça.

> *Il mondo non può sostenersi senza ingiustizia.*
>
> C. DOSSI (escritor italiano, 1849-1910), *Note azzurre*, n. 3671.

1338. Quem critica a injustiça o faz não porque teme cometer ações injustas, mas porque teme sofrê-las.

> Οὐ γὰρ τὸ ποιεῖν τὰ ἄδικα ἀλλὰ τὸ πάσχειν φοβούμενοι ὀνειδίζουσιν οἱ ὀνειδίζοντες τὴν ἀδικίαν.
>
> PLATÃO (filósofo grego, 427-347 a.C.), *A república*, I, 344 c.

O julgamento

1339. Não pretendas ser juiz se não tens força para desenraizar as injustiças.

> *Noli quaerere fieri iudex, nisi valeas virtute irrumpere iniquitates.*
>
> ECLESIÁSTICO (livro sapiencial do Antigo Testamento), VII, 6.

1340. O bom juiz não deve ser jovem, mas ancião, alguém que aprendeu tarde o que é a injustiça, sem tê-la sentido como experiência pessoal e ínsita em sua alma; mas por tê-la estudado, como uma qualidade alheia, nas almas alheias.

> Οὐ νέον ἀλλὰ γέροντα δεῖ τὸν ἀγαθὸν δικαστὴν εἶναι, ὀψιμαθῆ γεγονότα τῆς ἀδικίας οἷόν ἐστιν, οὐκ οἰκείαν ἐν τῇ αὑτοῦ ψυχῇ ἐνοῦσαν ᾐσθημένον, ἀλλ' ἀλλοτρίαν ἐν ἀλλοτρίαις μεμελετηκότα ἐν πολλῷ χρόνῳ διαισθάνεσθαι οἷον πέφυκε κακόν, ἐπιστήμῃ, οὐκ ἐμπειρίᾳ οἰκείᾳ κεχρημένον.
>
> PLATÃO (filósofo grego, 427-347 a.C.), *A república*, III, 409 b.

1341. O dever dos juízes é fazer justiça; sua profissão, a de deferi-la. Alguns conhecem o próprio dever e exercem a profissão.

Le devoir des juges est de rendre la justice; leur métier, de la différer. Quelques-uns savent leur devoir, et font leur métier.

J. DE LA BRUYÈRE (escritor francês, 1645-1696), *Les Caractères*, De quelques usages.

1342. "Roubaram quatro moedas de ouro daquele pobre coitado: peguem-no e coloquem-no imediatamente na prisão."

"Quel povero diavolo è stato derubato di quattro monete d'oro: pigliatelo dunque e mettetelo subito in prigione."

C. COLLODI (escritor italiano, 1826-1890), *As aventuras de Pinóquio*, XIX. O juiz entrega Pinóquio aos guardas.

1343. Onde, sob os olhos dos juízes, o direito é derrubado pela iniqüidade e a verdade pela mentira, são derrubados os próprios juízes.

yatra dharmo hy adharmeṇa satyam yatrānṛtena ca / hanyate prekṣamāṇānam hatās tatra sabhāsadaḥ //

MĀNAVADHARMAŚĀSTRA (código de leis indiano), B 5060.

1344. Raspai o juiz, encontrareis o carrasco.

Grattez le juge, vous trouverez le bourreau.

V. HUGO (escritor francês, 1802-1885), *Littérature et philosophie mêlées*.

1345. Nunca serei juiz. Neste grande vale onde a espécie humana nasce, vive, morre, se reproduz, se cansa, e depois volta a morrer, sem saber como nem por quê, distingo apenas felizardos e desventurados.

Io non sarò giudice mai. In questa gran valle dove l'umana specie nasce, vive, muore, si riproduce, s'affanna, e poi torna a morire, senza saper come né perché, io non distinguo che fortunati e sfortunati.

U. FOSCOLO (poeta italiano, 1778-1827), *Ultime lettere di Jacopo Ortis*, 15 de fevereiro.

1346. Causam menos dano cem delinqüentes do que um mau juiz.

Menos mal hacen cien delincuentes que un mal juez.
F. G. Quevedo y Vilegas (escritor espanhol, 1580-1645), *Política de Dios y gobierno de Cristo.*

1347. Ninguém pode ser juiz em causa própria.
Nemo esse iudex in sua causa potest.
Públio Siro (poeta latino, séc. I a.C.), *Sentenças,* 545.

1348. Não julgueis para que não sejais julgados.
Nolite iudicare ut non iudicemini.
São Mateus (evangelista), VII, 1.

1349. Nenhum homem pode criticar ou condenar justamente outro homem, porque nenhum homem conhece realmente o outro.
No man can justly censure or condemn another, because indeed no man truly knows another.
Th. Browne (escritor e médico inglês, 1605-1682), *Religio medici,* II, 4.

1350. Quem és tu que queres julgar, / com vista que só alcança um palmo, / coisas que estão a mil milhas?
Or tu chi se', che vuo' sedere a scranna, / per giudicar di lungi mille miglia / con la veduta corta d'una spanna?
D. Alighieri (poeta italiano, 1265-1321), *Paraíso,* XIX, 79-81.

1351. Como é comum que o juízo humano se engane!
Ecco il giudicio uman come spesso erra!
L. Ariosto (poeta italiano, 1474-1533), *Orlando furioso,* I, oitava 7.

1352. Quando se julga por indução e sem o necessário conhecimento dos fatos, às vezes chega-se a ser injusto até mesmo com os birbantes.
A giudicare per induzione, e senza la necessaria cognizione dei fatti, si fa alle volte gran torto anche ai birbanti.
A. Manzoni (escritor italiano, 1785-1873), *I promessi sposi,* cap. X.

1353. Todos aqueles que devem deliberar sobre questões dúbias devem também manter-se imunes ao ódio e à simpatia, à ira e ao sentimentalismo.

Omnis homines qui de rebus dubiis consultant, ab odio et amicitia, ira atque misericordia vacuos esse decet.
SALÚSTIO (historiador latino, 86-35 a.C.), *A conjuração de Catilina*, LI, 1.

A lei

1354. Em geral, a lei é a razão humana, na medida em que governa todos os povos da terra.
    La loi, en général, est la raison humaine, en tant qu'elle gouverne tous les peuples de la terre.
    CH. MONTESQUIEU (escritor político francês, 1689-1755), *O espírito das leis*, I, 3.

1355. A lei é ordem; e uma boa lei é uma boa ordem.
    Ὅ τε γὰρ νόμος τάξις τίς ἐστι, καὶ τὴν εὐνομίαν ἀναγκαῖον εὐταξίαν εἶναι.
    ARISTÓTELES (filósofo grego, 384-322 a.C.), *Política*, VII, 4, 5.

1356. A majestosa igualdade das leis, que proíbe tanto o rico como o pobre de dormir sob as pontes, de mendigar nas ruas e de roubar pão.
    La majestueuse égalité des lois, qui interdit au riche comme au pauvre de coucher sous les ponts, de mendier dans les rues et de voler du pain.
    A. FRANCE (escritor francês, 1844-1924), *O lírio vermelho*, VII.

1357. As leis são como teias de aranha: quando algo leve cai nelas, fica retido, ao passo que se for algo maior, consegue rompê-las e escapar.
    Τοὺς δὲ νόμους τοῖς ἀραχνίοις ὁμοίους· καὶ γὰρ ἐκεῖνα, ἐὰν μὲν ἐμπέσῃ τι κοῦφον καὶ ἀσθενές, στέγειν· ἐὰν δὲ μεῖζον, διακόψαν οἴχεσθαι.
    SÓLON (político grego, 640-560 a.C.), citado em DIÓGENES LAÉRCIO, *Vidas dos filósofos*, Sólon, I, 58.

1358. A lei deve ser breve para que os indoutos possam compreendê-la facilmente.
    Legem brevem esse oportet, quo facilius ab imperitis teneatur.
    SÊNECA (filósofo latino, 4 a.C.-65 d.C.), *Cartas a Lucílio*, 94, 38.

1359. Sem instrução, as melhores leis tornam-se inúteis.
Senza l'istruzione, le migliori leggi restano inutili.
V. Cuoco (político e historiador italiano, 1770-1823), *Rapporto per l'organizzazione della Pubblica Istruzione nel regno di Napoli*, 10/10/1809.

1360. As leis existem, mas quem as aplica?
Le leggi son, ma chi pon mano ad esse?
D. Alighieri (poeta italiano, 1265-1321), *Purgatório*, XVI, 97.

1361. A lei é sombra, pudica e hipócrita, do desejo de vingança da sociedade. Se, por uma razão ou por outra, as paixões se condensam, os ódios se acendem, deve-se aplacá-los, aquietá-los, acalmá-los. Desafogar o aborrecimento sem exceder. Os tribunais são os lugares decentes da vingança. Não para encaminhá-la ao alvo correto, mas para impedir que ocorram movimentos perigosos...
La legge è l'ombra, pudica e ipocrita, de la voja di vendicasse de la società. Si, per una ragione o per l'antra, le passioni se addenseno, gli odii se accendono, se deve placà, quietà, rabbonì. Sfogà l'incazzatura senza trasmodà. I tribbunali sò i luoghi di decenza de la vendetta. Non per indirizzarla contro il bersaglio giusto, ma pe' impedì che sortischeno movimenti pericolosi...
G. Rugarli (escritor italiano, nascido em 1932), *La troga*, II, 1.

1362. Com leis ruins e funcionários bons ainda é possível governar. Mas com funcionários ruins as melhores leis não servem para nada.
Mit schlechten Gesetzen und guten Beamten läßt sich immer noch regieren. Bei schlechten Beamten aber helfen die besten Gesetze nichts.
O. von Bismarck (político alemão, 1815-1898), *Discursos*.

1363. Nenhuma lei se adapta igualmente bem a todos.
Nulla lex satis commoda omnibus est.
Tito Lívio (historiador latino, 59 a.C.-17 d.C.), *História de Roma*, XXXIV, 3.

1364. Sempre vimos boas leis, que fizeram com que uma pequena república crescesse, transformarem-se num peso para ela depois de grande.

C'est une chose qu'on a vue toujours, que de bonnes lois, qui ont fait qu'une petite république devient grande, lui deviennent à charge lorsqu'elle s'est agrandie.
CH. MONTESQUIEU (escritor político francês, 1689-1755), *Considérations sur les causes de la grandeur des Romains et de leur décadence.*

1365. Nada é mais perigoso do que o axioma comum de que é necessário consultar o espírito da lei. Esta é uma barreira rompida à torrente das opiniões.

Non v'è cosa più pericolosa di quell'assioma comune che bisogna consultare lo spirito della legge. Questo è un argine rotto al torrente delle opinioni.
C. BECCARIA (escritor italiano, 1738-1794), *Dos delitos e das penas*, IV, Interpretação das leis.

1366. Um precedente cria outro; logo depois acumulam-se e transformam-se em lei.

One precedent creates another; they soon accumulate and become law.
JUNIUS (autor anônimo inglês, 1769-1772), *Letters*, Dedication.

1367. Parece-me absurdo que as leis, que são a expressão da vontade pública, que abominam e punem o homicídio, o cometam elas mesmas e que, para dissuadir o cidadão do assassínio, ordenem um assassínio público.

Parmi un assurdo che le leggi che sono l'espressione della pubblica volontà, che detestano e puniscono l'omicidio, ne commettano uno esse medesime, e, per allontanare i cittadini dall'assassinio, ordinino un pubblico assassinio.
C. BECCARIA (escritor italiano, 1738-1794), *Dos delitos e das penas*, XXVIII, Da pena de morte.

1368. Cada cidadão deve ter a convicção de poder fazer tudo o que não contraria as leis, sem temer outro inconveniente além daquele que pode resultar da ação mesma.

Ciaschedun cittadino deve avere di poter fare tutto ciò che non è contrario alle leggi senza temerne altro inconveniente che quello può nascere dall'azione medesima.

C. Beccaria (escritor italiano, 1738-1794), *Dos delitos e das penas*, VIII, Divisione dei delitti.

O crime

1369. É melhor prevenir os crimes do que puni-los.
È meglio prevenire i delitti che punirgli.
C. Beccaria (escritor italiano, 1738-1794), *Dos delitos e das penas*, XLI, Como prevenir os delitos.

1370. Cometeu o crime quem dele recebeu benefícios.
Cui prodest scelus, is fecit.
Sêneca (filósofo latino, 4 a.C.-65 d.C.), *Medéia*, 500.

1371. Um crime bem sucedido e favorecido pela sorte / é chamado de virtude.
Prosperum ac felix scelus / virtus vocatur.
Sêneca (filósofo latino, 4 a.C.-65 d.C.), *Hércules furioso*, 251-2.

1372. Alguns tiveram a forca como preço pelo próprio crime, outros, a coroa.
Ille crucem sceleris pretium tulit, hic diadema.
Juvenal (poeta latino, c. 50/65-140), *Sátiras*, XIII, 105.

1373. Se alguém mata um homem, é um assassino. Se mata milhões de homens, é um conquistador. Se mata todos, é um deus.
On tue un homme, on est un assassin. On tue des millions d'hommes, on est un conquérant. On les tue tous, on est un dieu.
J. Rostand (biólogo francês, 1894-1977), *Pensées d'un biologiste*.

1374. Agora que estou envelhecendo e me aproximo do patriarca, eu também sinto que uma imoralidade anunciada é mais punível do que uma ação imoral. Chega-se ao assassínio por amor ou por ódio; à propaganda do assassínio, apenas por maldade.
Adesso che invecchio e m'avvicino al tipo del patriarca, anch'io sento che un'immoralità predicata è più punibile di un' azione immorale. Si arriva all'assassinio per amore o per odio; alla propaganda dell'assassinio solo per malvagità.

I. SVEVO (escritor italiano, 1861-1928), *A consciência de Zeno*, 4.

1375. Um fiel não deve cometer o homicídio de outro fiel, a menos que se trate de um erro.

Un credente non deve commettere omicidio di un altro credente, a meno che si tratti di uno sbaglio.

ALCORÃO (livro sagrado islâmico), Surata IV, 92, trad. para o it. F. Peirone.

1376. A luta contra a criminalidade organizada é muito difícil, porque a criminalidade é organizada, mas nós não.

La lotta alla criminalità organizzata è molto difficile, perché la criminalità è organizzata, ma noi no.

A. AMURRI (escritor italiano, nascido em 1925), *Qui lo dico e qui lo nego*, Il trasgressivo.

A punição

1377. Quem perdoa uma culpa encoraja a cometer muitas outras.

Qui culpae ignoscit uni, suadet pluribus.

PÚBLIO SIRO (poeta latino, séc. I a.C.), *Sentenças*, 750.

1378. A principal e mais grave punição para quem cometeu uma culpa está em sentir-se culpado.

Prima illa et maxima peccantium est poena peccasse.

SÊNECA (filósofo latino, 4 a.C.-65 d.C.), *Cartas a Lucílio*, 97, 14.

1379. Fez então o Senhor cair sobre Sodoma e Gomorra uma chuva de enxofre e de fogo, que o Senhor fez descer do céu. (...) A mulher de Ló olhou para trás e ficou convertida em estátua de sal.

Igitur Dominus pluit super Sodomam et Gomorrhan, sulphur et ignem a Domino de caelo (...) Respiciensque uxor eius post se, versa est in statuam salis.

GÊNESE (livro do Antigo Testamento), XIX, 24 e 26.

1380. Toda punição é maldade; toda punição em si é má.

All punishment is mischief; all punishment in itself is evil.

J. BENTHAM (filósofo inglês, 1748-1832), *Princípios da moral e da legislação*, XIII, 2.

1381. **Tão longe está o castigo!**

¡Tan largo me lo fiáis!

TIRSO DE MOLINA (dramaturgo espanhol, 1584-1648). Palavras pronunciadas por don Juan, no *Burlador de Sevilla*, quando seu servo o exorta a pensar no castigo divino.

1382. **Há uma espécie de conforto na autocondenação. Quando nos condenamos, pensamos que ninguém mais tem o direito de fazê-lo.**

There is luxury in self-reproach. When we blame ourselves we feel no one else has a right to blame us.

O. WILDE (escritor inglês, 1854-1900).

1383. **Olho por olho e dente por dente.**

Oculum pro oculo et dentem pro dente.

ÊXODO (livro do Antigo Testamento), XXI, 24.

1384. **Para que uma pena produza o seu efeito, basta que o mal que ela mesma inflige exceda o bem que nasce do delito.**

Perché una pena ottenga il suo effetto basta che il male della pena ecceda il bene che nasce dal delitto.

C. BECCARIA (escritor italiano, 1738-1794), *Dos delitos e das penas*, XXVII, Moderação das penas.

1385. **Um dos maiores freios aos delitos não é a crueldade das penas, mas sua infalibilidade (…) A certeza de um castigo, mesmo moderado, causará sempre a impressão mais intensa que o temor de outro mais severo, aliado à esperança da impunidade.**

Uno dei più gran freni dei delitti non è la crudeltà delle pene, ma l'infallibilità di esse (...) La certezza di un castigo, benché moderato, farà sempre una maggior impressione che non il timore di un altro più terribile, unito colla speranza dell'impunità.

C. BECCARIA (escritor italiano, 1738-1794), *Dos delitos e das penas*, XXVII, Moderação das penas.

1386. Quanto mais a pena for rápida e próxima do delito, tanto mais justa e útil ela será.

Quanto la pena sarà più pronta e più vicina al delitto commesso ella sarà tanto più giusta e tanto più utile.

C. BECCARIA (escritor italiano, 1738-1794), *Dos delitos e das penas*, XIX, Presteza da pena.

1387. Não é a intensidade da pena que produz o maior efeito sobre o espírito humano, mas a extensão dela.

Non è l'intensione della pena che fa il maggior effetto sull'animo umano, ma la estensione di essa.

C. BECCARIA (escritor italiano, 1738-1794), *Dos delitos e das penas*, XXVIII, Da pena de morte.

1388. Não se enforca um homem por ele ter roubado cavalos, mas para que os cavalos não sejam mais roubados.

Men are not hanged for stealing horses, but that horses may not be stolen.

G. S. HALIFAX (político inglês, 1633-1695), *Political, Moral and Miscellaneous Thoughts and Reflections*, Of Punishment.

1389. O fim das penas não é atormentar e afligir um ser sensível (...) Seu fim (...) é apenas impedir que o réu cause novos danos aos seus concidadãos e dissuadir os outros de fazer o mesmo.

Il fine delle pene non è di tormentare ed affliggere un essere sensibile (...) Il fine (...) non è altro che d'impedire il reo dal far nuovi danni ai suoi cittadini e di rimuovere gli altri dal farne uguali.

C. BECCARIA (escritor italiano, 1738-1794), *Dos delitos e das penas*, XII, Finalidade das penas.

1390. (A tortura) é o meio seguro de absolver os criminosos robustos e condenar os fracos inocentes.

(La tortura) è il mezzo sicuro di assolvere i robusti scellerati e di condannare i deboli innocenti.

C. BECCARIA (escritor italiano, 1738-1794), *Dos delitos e das penas*, XVI, Da tortura.

1391. *Patíbulo.* Ao subir nele, dê-se um jeito de pronunciar algumas palavras eloqüentes antes de morrer.

Échafaud. *S'arranger quand on y monte pour prononcer quelques mots éloquents avant de mourir.*

G. FLAUBERT (escritor francês, 1821-1880), *Dictionnaire des idées reçues.*

A GLÓRIA

A glória

1392. A aspiração à glória é a última da qual conseguem se libertar até mesmo os homens mais sábios.
   Etiam sapientibus cupido gloriae novissima exuitur.
   TÁCITO (historiador latino, c. 54-120), *Histórias*, IV, 6.

1393. A glória em vida é algo problemático: é aconselhável não se deixar deslumbrar por ela, muito menos estimular.
   Der Ruhm zu Lebzeiten ist eine fragwürdige Sache; man tut gut, sich nicht davon blenden, sich kaum davon erregen zu lassen.
   TH. MANN (escritor alemão, 1875-1955), *Para o 50.º aniversário*, Escritos autobiográficos.

1394. A glória é a sombra da virtude, e a acompanhará sempre, mesmo se esta não quiser. Mas, assim como a sombra ora precede, ora segue os corpos, a glória às vezes se mostra visível à nossa frente, outras, vem atrás de nós.
   Gloria umbra virtutis est; etiam invitam comitabitur. Sed quemadmodum umbra aliquando antecedit, aliquando sequitur vel a tergo est, ita gloria aliquando ante nos est visendamque se praebet, aliquando in averso est.
   SÊNECA (filósofo latino, 4 a.C.-65 d.C.), *Cartas a Lucílio*, 79, 13.

1395. Foi glória verdadeira? Aos pósteros / a árdua sentença...
   Fu vera gloria? Ai posteri / l'ardua sentenza...
   A. MANZONI (escritor italiano, 1785-1873), *Odi*, Il cinque maggio.

1396. Os deuses não concedem facilmente nem coisas excelentes / nem belas; mas há glória para a empresa difícil.

Εὐμαρέως τοι χρῆμα θεοὶ δόσαν οὔτ' ἐπίδηλον / οὔτ' ἀγαθόν· χαλεπῷ δ' ἔργματι κῦδος ἔπι.

TEÓGNIS DE MÉGARA (poeta grego, séc. VI-V a.C.), *Elegias*, I, 463-4.

1397. Quem aspira à sumidade, raras vezes consegue passar do meio.

Chi tende alla summità, rare volte interviene che non passi il mezzo.

B. CASTIGLIONE (escritor italiano, 1478-1529), *O cortesão*, II, 38.

1398. Assim é que se chega aos astros.

Sic itur ad astra.

VIRGÍLIO (poeta latino, 70-19 a.C.), *Eneida*, IX, 641.

1399. Morrer gloriosamente é melhor do que salvar-se.

Καλῶς τεθνάναι κάλλιον ἂν μᾶλλον ἢ σεσῶσθαι.

ÉSQUILO (trágico grego, c. 525-456 a.C.), *Fragmentos*, 453.

1400. Foram sempre os poetas, homens apaixonados pela glória, a cantar a vaidade desta.

Han sido siempre poetas, hombres enamorados de la gloria, los que han cantado la vanidad de ella.

M. DE UNAMUNO (escritor espanhol, 1864-1936).

1401. Que ninguém me honre com lágrimas e homenagens / fúnebres. Por quê? Permanecerei bem vivo na boca dos homens.

Nemo me lacrimis decoret nec funera fletu / faxit. Cur? Volito vivos per ora virum.

ÊNIO (poeta latino, c. 239-169 a.C.), citado em CÍCERO, *Tuscolanae disputationes*, I, 15, 34.

1402. Com seu tirso impetuoso, / uma esperança de glória imensa percorreu meu coração, / e me derramou no peito o doce amor das Musas.

... acri / percussit thyrso laudis spes magna meum cor, / et simul incussit suavem mi in pectus amorem / Musarum.

LUCRÉCIO (poeta latino, c. 98-55 a.C.), *Da natureza*, I, 922-5.

1403. ... A estrela / do meu viver aproxima-se / do seu fim; mas que te agrade crer / que não morrerei totalmente: pensa que não te deixo / um nome indigno, de tal modo que um dia, / entre as senhoras itálicas, / tenhas orgulho em dizer: "Fui o amor / do cantor de Bassville, / do cantor que com doces notas itálicas / vestiu a ira de Aquiles."

... La stella / del viver mio s'appressa / al suo tramonto; ma sperar ti giovi / che tutto io non morrò: pensa che un nome / non oscuro io ti lascio, e tal che un giorno / fra le italiche donne / ti fia bel vanto il dire: "Io fui l'amore / del cantor di Bassville, / del cantor che di care itale note / vestì l'ira di Achille."

V. MONTI (poeta italiano, 1754-1828), *Pel giorno onomastico della mia donna Teresa Pikler.*

A fama

1404. A fama que se adquire no mundo não passa de um sopro / de vento, que ora vem de uma parte, ora de outra, / e assume um nome diferente segundo a direção de onde sopra.

Non è il mondan romore altro ch'un fiato / di vento, ch'or vien quinci e or vien quindi, / e muta nome perché muta lato.

D. ALIGHIERI (poeta italiano, 1265-1321), *Purgatório*, XI, 100-2.

1405. O vosso renome tem a cor da erva, / que com o tempo fenece e com o sol descora, / deixando a terra sem suas raízes.

La vostra nominanza è color d'erba, / che viene e va, e quei la discolora / per cui ella esce de la terra acerba.

D. ALIGHIERI (poeta italiano, 1265-1321), *Purgatório*, XI, 115-7.

1406. O que o mundo chama de mérito e valor / são ídolos que têm apenas nome, mas nenhuma essência. / A fama que vos encanta, vós altivos mortais, / com um doce som, e que parece tão bela / é um eco, um sonho, melhor que um sonho, uma sombra, / que a cada sopro de vento se dispersa e desaparece.

Nome e senza soggetto idoli sono / ciò che pregio e valore il mondo appella. / La fama che invaghisce a un dolce suono / voi super-

bi mortali e par sì bella, / è un'eco, un sogno, anzi del sogno un'ombra, / ch'ad ogni vento si dilegua e sgombra.

T. TASSO (poeta italiano, 1544-1595), *Jerusalém libertada*, XIV, oitava 63.

1407. E pensar que não se sabe o nome do primeiro porco que encontrou uma trufa!

Penser qu'on ne sait pas le nom du premier cochon qui a trouvé une truffe!

E. E J. DE GONCOURT (escritores franceses, 1822-1896 e 1830-1870), *Journal*, 15/12/1857.

1408. Há quem morra desconhecido por não ter tido um teatro diferente.

Tel meurt obscur, à qui il n'a manqué qu'un autre théâtre.

D. DIDEROT (filósofo francês, 1713-1784), *Les deux amis de Bourbonne*.

1409. É o coração e não a opinião que honra o homem.

Das Herz und nicht die Meinung ehrt den Mann.

F. VON SCHILLER (escritor alemão, 1759-1805), *A morte de Wallenstein*, IV, 8.

1410. Uma boa fama é um bem mais seguro do que o dinheiro.

Bona opinio hominum tutior pecunia est.

PÚBLIO SIRO (poeta latino, séc. I a.C.), *Sentenças*, 108.

1411. Resta(-lhe) a sombra de um grande nome!

Stat magni nominis umbra!

LUCANO (poeta latino, 39-65), *Farsália*, I, 135.

1412. A fama é a mãe de todas as virtudes.

Τὴν δόξαν ἀρετῶν μητέρα εἶναι.

BION (matemático grego, séc. IV-III a.C.), citado em DIÓGENES LAÉRCIO, *Vidas dos filósofos*, Bion, IV, 48.

1413. O prestígio sem mérito obtém considerações sem estima.

L'importance sans mérite obtient des égards sans estime.

N. DE CHAMFORT (escritor francês, c. 1740-1794), *Máximas e pensamentos*, I, 60.

1414. Celebridade: a vantagem de ser conhecido por aqueles que não vos conhecem.
> *Célébrité: l'avantage d'être connu de ceux qui ne vous connaissent pas.*
> N. DE CHAMFORT (escritor francês, c. 1740-1794), *Máximas e pensamentos*, II, 135.

1415. Vê Cromwell, condenado à fama imortal.
> *See Cromwell, damned to everlasting fame.*
> A. POPE (poeta inglês, 1688-1744), *An Essay on Man*, IV, 331.

1416. A fama é como um rio, que mantém à superfície as coisas leves e infladas, e arrasta para o fundo as coisas pesadas e sólidas.
> *Fame is like a river, that beareth up things light and swollen, and drowns things weighty and solid.*
> F. BACON (filósofo inglês, 1561-1626), *Essays*, 53, Of Praise.

1417. Quem teria ouvido falar de Heitor, se Tróia tivesse sido feliz?
> *Hectora quis nosset, si felix Troia fuisset?*
> OVÍDIO (poeta latino, 43 a.C.-c. 18 d.C.), *Tristia*, IV, 3, 75.

1418. Ter má fama quando morto não me importa.
> Κακῶς ἀκούειν οὐ μέλει θανόντι μοι.
> EURÍPIDES (trágico grego, 485-406 a.C.), *Alceste*, 726.

1419. O meio mais eficaz para obter fama é fazer o mundo acreditar que já se é famoso.
> *Il mezzo più efficace di ottener fama è quello di far creder al mondo di essere già famoso.*
> G. LEOPARDI (poeta italiano, 1798-1837), *Zibaldone*, VII, 79, 6.

O mérito

1420. O mérito tem seu pudor, como a castidade.
> *Le mérite a sa pudeur comme la chasteté.*
> CH.-P. DUCLOS (escritor francês, 1704-1722), *Considérations sur les moeurs de ce siècle*.

1421. Muitos primeiros virão a ser os últimos, e muitos últimos virão a ser os primeiros.

   Multi autem erunt primi novissimi, et novissimi primi.
   SÃO MATEUS (evangelista), XIX, 30.

Os monumentos

1422. O mau comportamento dos homens vive no bronze; suas virtudes, / nós as escrevemos sobre a água.

   Men's evil manners live in brass; their virtues / We write in water.
   W. SHAKESPEARE (dramaturgo inglês, 1564-1616), *Henrique VIII*, IV, 2, 45-6.

1423. Querem conhecer a civilização de um povo? Reparem naqueles que erguem monumentos.

   Volete conoscere la civiltà di un popolo? Badate a chi erige monumenti.
   C. CANTÙ (escritor italiano, 1804-1895), *Attenzione!*, XXV.

1424. Erguer um monumento a quem está vivo significa declarar que não se pode confiar nos seus pósteros.

   Einem bei Lebzeiten ein Monument setzen, heißt die Erklärung ablegen, daß hinsichtlich seiner der Nachwelt nicht zu trauen sei.
   A. SCHOPENHAUER (filósofo alemão, 1788-1860), *Aforismos sobre a sabedoria de vida*, IV, Daquilo que se representa.

A honra

1425. A glória deve ser conquistada; a honra, por sua vez, basta que não seja perdida.

   Ruhm muß erworben werden; die Ehre hingegen, braucht nur nicht verloren zu werden.
   A. SCHOPENHAUER (filósofo alemão, 1788-1860), *Aforismos sobre a sabedoria de vida*, IV, Daquilo que se representa.

1426. Ao rei a vida e os bens / devem ser dados, mas a honra / é patrimônio da alma, / que pertence apenas a Deus.

Al rey la hacienda y la vida / se ha de dar, pero el honor / es patrimonio del alma, / y el alma sólo es de Dios.
P. CALDERÓN DE LA BARCA (dramaturgo espanhol, 1600-1681), *El alcalde de Zalamea.*

1427. A Honra é o pudor viril.
L'Honneur, c'est la pudeur virile.
A. DE VIGNY (escritor francês, 1797-1863), *Servitude et grandeur militaires.*

1428. Até o sentimento de honra é um narcótico.
Auch das Ehregefühl ist ein Betäubungsmittel.
J. ROTH (escritor austríaco, 1894-1939), *A cripta dos capuchinhos.*

1429. Oh, estes homens terríveis e inflexíveis, que vivem com o olho fixo no espectro da honra, insensíveis a qualquer outro sentimento!
O, über die wilden, unbiegsamen Männer, die nur immer ihr stieres Auge auf das Gespenst der Ehre heften, für alles andere Gefühl sich verhärten!
G. E. LESSING (filósofo alemão, 1729-1781), *Minna von Barnhelm*, IV, 6.

1430. Porque Brutus é um homem honrado.
For Brutus is an honourable man.
W. SHAKESPEARE (dramaturgo inglês, 1564-1616), *Júlio César*, III, 2, 88.

1431. A honra é um velho santo que não se festeja mais.
L'honneur est un vieux saint que l'on ne chôme plus.
M. RÉGNIER (poeta francês, 1573-1613), *Satire*, XIII.

1432. Considera como maior infâmia preferir a vida à honra / e por amor àquela, perder a razão de viver.
Summum crede nefas animam praeferre pudori / et propter vitam vivendi perdere causas.
JUVENAL (poeta latino, c. 50/65-140), *Sátiras*, VIII, 83-4.

1433. Aquele que perde a reputação pelos negócios, perde os negócios e a reputação.
Aquel hombre que pierde la honra por el negocio, pierde el negocio y la honra.

F. G. Quevedo y Vilegas (escritor espanhol, 1580-1645).

1434. Por maior vergonha que tenhamos merecido, está quase sempre em nosso poder o restabelecimento da nossa reputação.

Quelque honte que nous ayons méritée, il est presque toujours en notre pouvoir de rétablir notre réputation.

F. La Rochefoucauld (escritor francês, 1613-1680), *Maximes*, 412.

1435. A reputação e o crédito dependem apenas / da riqueza que se guarda no cofre.

Quantum quisque sua nummorum servat in arca / tantum habet et fidei.

Juvenal (poeta latino, c. 50/65-140), *Sátiras*, III, 143-4.

O APRENDIZADO

O aprendizado

1436. O homem é o único animal que não aprende nada sem ser ensinado: não sabe falar, nem caminhar, nem comer, enfim, não sabe fazer nada no estado natural, a não ser chorar.
   Hominem nihil scire nisi doctrina, non fari, non ingredi, non vesci, breviterque non aliud sponte quam flere.
   PLÍNIO, O VELHO (escritor latino, 23-79), *História natural*, VII, 4.

1437. Os progressos obtidos por meio do ensino são lentos; já os obtidos por meio de exemplos são mais imediatos e eficazes.
   Longum iter est per praecepta, breve et efficax per exempla.
   SÊNECA (filósofo latino, 4 a.C.-65 d.C.), *Cartas a Lucílio*, 6, 5.

1438. É fazendo que se aprende a fazer aquilo que se deve aprender a fazer.
   Μαθόντας ποιεῖν, ταῦτα ποιοῦντες μανθάνομεν.
   ARISTÓTELES (filósofo grego, 384-322 a.C.), *Ética a Nicômaco*, II, 1, 4.

1439. Não há quem aprenda alguma coisa simplesmente por tê-la ouvido, e quem não se esforça sozinho em certas coisas acaba por conhecê-las apenas de modo superficial e pela metade.
   Überhaupt lernet niemand etwas durch bloßes Anhören, und wer sich in gewissen Dingen nicht selbstständig bemühet, weiß die Sache nur oberflächlich und halb.
   J. P. ECKERMANN (literato alemão, 1792-1854), *Colóquios com Goethe*, 20/2/1831.

1440. Em todo lugar aprende-se apenas com quem se ama.
   Überall lernt man nur von dem, den man liebt.

J. P. Eckermann (literato alemão, 1792-1854), *Colóquios com Goethe*, 12/5/1825.

1441. Alguns fazem muitas aquisições, outros aprendem perdendo.

Ch'assai acquista chi perdendo impara.

M. Buonarroti (artista e poeta italiano, 1475-1564), *Rime*, Non mi posso tener né voglio, Amore, 13.

1442. Quanto menos tempo tenho para praticar as coisas, menos curiosidade sinto de aprendê-las.

A mesure que j'ai moins de temps à pratiquer les choses, j'ai moins de curiosité pour les apprendre.

Ch. de Saint-Evremond (escritor francês, 1614-1703), *De la lecture et du choix des livres*.

1443. As coisas, por si sós, não são interessantes, mas tornam-se interessantes apenas se nos interessamos por elas.

Le cose non sono di per sé interessanti, ma lo diventano solamente se ce ne interessiamo.

S. Ceccato (cientista italiano, nascido em 1914), *Ingegneria della felicità*, I, 3.

1444. É melhor ser ignorante de alguma coisa do que aprendê-la mal.

Satius ignorare est rem, quam male discere.

Públio Siro (poeta latino, séc. I a.C.), *Sentenças*, 865.

1445. Qual é a primeira coisa que deve fazer quem começa a filosofar? Rejeitar a presunção de saber. De fato, não é possível começar a aprender aquilo que se pretende saber.

Τί πρῶτόν ἐστι ἔργον τοῦ φιλοσοφοῦντος; ἀποβαλεῖν οἴησιν· ἀμήχανον γάρ, ἅ τις εἰδέναι οἴεται, ταῦτα ἄρξασθαι μανθάνειν.

Epicteto (filósofo grego, 50-115), *Dissertações*, II, 17, 1.

1446. Não estudamos para a vida, mas para a escola.

Non vitae sed scholae discimus.

Sêneca (filósofo latino, 4 a.C.-65 d.C.), *Cartas a Lucílio*, 106, 12.

1447. A inteligência não ensina a aprender muitas coisas.

Πολυμαθίη νόον ἔχειν οὐ διδάσκει.

HERÁCLITO (filósofo grego, c. 550-c. 480 a.C.), citado em DIÓGENES LAÉRCIO, *Vidas dos filósofos*, Heráclito, IX, 1.

1448. Uma coisa é ser um homem erudito, outra, um homem grande.
Altro è esser uomo erudito, ed altro è esser uomo grande.
G. BARETTI (jornalista italiano, 1719-1789), *La frusta letteraria*, N. IX, 1/2/1764.

O ensino

1449. O amor recíproco entre quem aprende e quem ensina é o primeiro e mais importante degrau para se chegar ao conhecimento.
Praecipuus autem discendi gradus est, mutuus inter docentem ac discentem amor.
ERASMO DE ROTTERDAM (humanista holandês, 1466-1536), *Colóquios*, A puérpera.

1450. Mestre – ... depois de pai, é o nome mais nobre e mais doce que um homem pode dar a outro.
Maestro – ... dopo quello di padre è il più nobile, il più dolce nome che possa dare un uomo a un altr'uomo.
E. DE AMICIS (escritor italiano, 1846-1908), *Cuore*, Dicembre: Gratitudine.

1451. Porque jamais esquecerei, e ela me comove, / vossa estimada e boa imagem paterna, / quando no mundo, vez por outra, // me ensináveis como o homem torna-se eterno.
Ché 'n la mente m'è fitta, e or m'accora, / la cara e buona imagine paterna / di voi, quando nel mondo ad ora ad ora // m'insegnavate come l'uom s'eterna.
D. ALIGHIERI (poeta italiano, 1265-1321), *Inferno*, XV, 82-5.

1452. Não sou obrigado a jurar sobre as palavras de nenhum mestre.
Nullius addictus iurare in verba magistri.
HORÁCIO (poeta latino, 65-8 a.C.), *Epístolas*, I, 1, 14.

1453. Tive professores ruins. / Foi uma boa escola.
Ich hatte schlechte Lehrer. / Das war eine gute Schule.
A. ASTEL (poeta alemão, nascido em 1933), *Olhar retrospectivo*.

1454. Admiremos os mestres, mas sem imitá-los.
Admirons les grands maîtres, ne les imitons pas.
V. HUGO (escritor francês, 1802-1885), *Odes et ballades.*

1455. Infeliz é aquele discípulo que não supera seu mestre.
Tristo è quel discepolo che non avanza il maestro.
LEONARDO DA VINCI (artista e cientista italiano, 1452-1519), *Pensieri*, 110.

1456. O verdadeiro professor defende seus alunos contra sua própria influência.
The true teacher defends his pupils against his own personal influence.
A. B. ALCOTT (educador norte-americano, 1799-1888), *Orphic sayings*, The teacher.

1457. Quem pode faz. Quem não pode ensina.
He who can, does. He who cannot, teaches.
G. B. SHAW (comediógrafo irlandês, 1856-1950), *Homem e super-homem*, IV, Máximas para a Revolução.

1458. Dize todas estas coisas aos outros, mas de modo que, ao dizê-las, tu também possas ouvi-las.
Haec aliis dic, ut dum dicis, audias ipse.
SÊNECA (filósofo latino, 4 a.C.-65 d.C.), *Cartas a Lucílio*, 89, 23.

1459. A vantagem é recíproca, pois os homens, enquanto ensinam, aprendem.
Mutuo ista fiunt, et homines dum docent discunt.
SÊNECA (filósofo latino, 4 a.C.-65 d.C.), *Cartas a Lucílio*, 7, 8.

1460. Se ensinares, ensina ao mesmo tempo a duvidar do que estás ensinando.
Siempre que enseñes, enseña a la vez a dudar de lo que enseñas.
J. ORTEGA Y GASSET (filósofo espanhol, 1883-1955).

1461. É preciso ensinar aos homens como se não se ensinasse realmente, / propondo-lhes coisas que não sabem como se as tivessem apenas esquecido.

Men must be taught as if you taught them not, / And things unknown propos'd as things forgot.

A. POPE (poeta inglês, 1688-1744), *An Essay on Criticism*, I, 574-5.

1462. Não podes ensinar o caranguejo a caminhar para a frente.

Οὔποτε ποιήσεις τὸν καρκίνον ὀρθὰ βαδίζειν.

ARISTÓFANES (comediógrafo grego, c. 445-c. 385 a.C.), *A paz*, 1083.

1463. Nunca se ensina demais o que nunca se aprende o suficiente.

Non si insegna mai troppo quello che mai non si impara a bastanza.

P. ARETINO (escritor italiano, 1492-1556), *Lettere*, livro V, n. 28, al Barbaro, julho de 1548.

1464. Coragem... pequeno soldado do imenso exército. Os teus livros são as tuas armas, a tua classe é a tua esquadra, o campo de batalha é a terra inteira, e a vitória é a civilização humana.

Coraggio... piccolo soldato dell'immenso esercito. I tuoi libri sono le tue armi, la tua classe è la tua squadra, il campo di battaglia è la terra intera, e la vittoria è la civiltà umana.

E. DE AMICIS (escritor italiano, 1846-1908), *Cuore*, Ottobre: La scuola.

1465. Os alunos comem o que os professores digerem.

Was die Lehrer verdauen, das essen die Schüler.

K. KRAUS (escritor austríaco, 1874-1936), *Ditos e desditos*.

1466. O cansaço físico, mesmo que suportado forçosamente, não prejudica o corpo, enquanto o conhecimento imposto à força não pode permanecer na alma por muito tempo.

Οἱ μὲν γὰρ τοῦ σώματος πόνοι βίᾳ πονούμενοι χεῖρον οὐδὲν τὸ σῶμα ἀπεργάζονται, ψυχῇ δὲ βίαιον οὐδὲν ἔμμονον μάθημα.

PLATÃO (filósofo grego, 427-347 a.C.), *A república*, VII, 536 e.

1467. Não eduques as crianças nas várias disciplinas recorrendo à força, mas como se fosse um jogo, para que também possas observar melhor qual a disposição natural de cada um.

Μὴ τοίνυν βίᾳ... τοὺς παῖδας ἐν τοῖς μαθήμασιν ἀλλὰ παίζοντας τρέφε, ἵνα καὶ μᾶλλον οἷός τ' ᾖς καθορᾶν ἐφ' ὅ ἕκαστος πέφυκεν.

PLATÃO (filósofo grego, 427-347 a.C.), *A república*, VII, 536 e 537 a.

1468. Ah, Deus, se eu tivesse estudado / No tempo da louca juventude, / E tivesse me dedicado às boas maneiras, / Teria uma casa e um leito macio. / Mas o que eu fazia? Fugia da escola / Como os meninos terríveis. / E ao escrever estas palavras / Sinto o coração quase a despedaçar.

> *Hé! Dieu, si j'eusse étudié / Au temps de ma jeunesse folle, / Et à bonnes moeurs dédié, / J'eusse maison et couche molle. / Mais quoi? Je fuyais l'école, / Comme fait le mauvais enfant. / En écrivant cette parole, / A peu que le coeur ne me fend.*

F. VILLON (poeta francês, c. 1431-1463), *Testament*, XXVI.

1469. A universidade desenvolve todas as capacidades, inclusive a estupidez.

> Университет развивает все способности, в том числе и глупость.

A. P. TCHEKHOV (escritor russo, 1860-1904).

1470. A arte de interrogar não é tão fácil como se pensa. É mais uma arte de mestres do que de discípulos; é preciso já ter aprendido muitas coisas para saber perguntar o que não se sabe.

> *L'art d'interroger n'est pas si facile qu'on pense. C'est bien plus l'art des maîtres que des disciples; il faut avoir déjà beaucoup appris de choses pour savoir demander ce qu'on ne sait pas.*

J.-J. ROUSSEAU (filósofo e escritor francês, 1712-1778), *A nova Heloísa*.

1471. Os exames são temíveis até para quem tem o melhor preparo, pois o homem mais tolo sempre pode fazer uma pergunta que o mais sábio não sabe responder.

> *Examinations are formidable even to the best prepared, for the greatest fool may ask more than the wisest man can answer.*

CH. C. COLTON (prelado e escritor inglês, 1780-1832), *Lacon*, I, 322.

O estudo

1472. Para o estudante, saúde, mente atenta, boa conduta, zelo, prazer nos livros são os cinco meios internos que levam ao sucesso; em contrapartida, professor, livro, habitação, colegas, orelhas são os cinco meios externos para progredir no estudo.

ārogyabuddhivinayodyamaśāstrarāgāḥ pancāntarāḥ paṭhati siddhiguṇā bhavanti / ācāryapustakanivāsasahāyakarṇā bāhyās tu panca paṭhanam parivardhayanti //

Subhāshitarnava (sentenças cingalesas, séc. XVII), 99.

1473. Passar muito tempo estudando é preguiça.
To spend too much time in studies is sloth.
F. Bacon (filósofo inglês, 1561-1626), *Essays*, 50, Of Studies.

1474. Assim como todo reino dividido é desfeito, toda inteligência dividida em diversos estudos se confunde e enfraquece.
Sì come ogni regno in sé diviso è disfatto, così ogni ingegno diviso in diversi studi si confonde e indebolisce.
Leonardo da Vinci (artista e cientista italiano, 1452-1519), *Pensieri*, 27.

1475. O excesso de estudo provoca erro, confusão, melancolia, cólera e fastio.
Il soverchio de lo studio procura errore, confusione, maninconia, còlera e sazietà.
P. Aretino (escritor italiano, 1492-1556), *Lettere*, ad Agostino Ricchi, 3/7/1538.

1476. Estudar, estudar, estudar!
Учиться, учиться и учиться!
V. N. Lenin (político soviético, 1870-1924).

1477. [Os estudos] aperfeiçoam a natureza e são aperfeiçoados pela experiência.
[Studies] perfect nature, and are perfected by experience.
F. Bacon (filósofo inglês, 1561-1626), *Essays*, 50, Of Studies.

A educação

1478. O mestre disse: Por natureza, os homens são próximos; a educação os afasta.

CONFÚCIO (filósofo chinês, c. 551-479 a.C.), *Os colóquios*, XVII, 2.

1479. A orientação inicial que alguém recebe da educação também marca sua conduta ulterior.

'Εκ τῆς παιδείας ὅποι ἄν τις ὁρμήσῃ, τοιαῦτα καὶ τὰ ἑπόμενα εἶναι.

PLATÃO (filósofo grego, 427-347 a.C.), *A república*, IV, 425 b.

1480. Tudo o que é enraizado e congênito pode ser atenuado pela educação, mas não vencido.

Quicquid infixum et ingenitum est, lenitur arte, non vincitur.
SÊNECA (filósofo latino, 4 a.C.-65 d.C.), *Cartas a Lucílio*, 11, 1.

1481. A educação deveria preparar uma personalidade para ser intimamente independente da opinião alheia e para enfrentar na realidade aquelas situações em que é preciso assumir a responsabilidade de tudo e pagar por tudo em primeira pessoa.

Воспитание должно готовить личность, внутренне независимую от чужих суждений и готовую к реальным ситуациям, когда все надо взять на себя и за все платить самому.

S. AVERINTCHEV (escritor soviético), *Tentativas de ser entendido*.

1482. Educação é aquilo que a maior parte das pessoas recebe, muitos transmitem e poucos possuem.

Bildung ist das, was die meisten empfangen, viele weitergeben und wenige haben.
K. KRAUS (escritor austríaco, 1874-1936), *Pro domo et mundo*.

1483. Na verdade, o cuidado e a despesa de nossos pais visam apenas a enriquecer nossas cabeças com ciência; quanto ao juízo e à virtude, as novidades são poucas.

De vrai, le soin et la dépense de nos pères ne visent qu'à nous meubler la tête de science; du jugement et de la vertu, peu de nouvelles.
M. DE MONTAIGNE (escritor francês, 1533-1592), *Os ensaios*, I, 25.

1484. A educação de um povo pode ser julgada, antes de mais nada, pelo comportamento que ele mostra na rua. Onde encontrares a falta de educação nas ruas, encontrarás o mesmo nas casas.

L'educazione d'un popolo si giudica innanzi tutto dal contegno ch'egli tiene per la strada. Dove troverai la villania per le strade, troverai la villania nelle case.

E. DE AMICIS (escritor italiano, 1846-1908), *Cuore*, Febbraio: La strada.

1485. Não se podem censurar os jovens preguiçosos, quando a responsável por eles serem assim é a educação de seus pais.

Τῶν παίδων οἱ ῥᾴθυμοι οὐ μεμπτέοι εἰσίν, ὅταν αὐτοὺς οἱ γονεῖς οὕτως ἄγωσιν.

ESOPO (fabulista grego, séc. VII-VI a.C.), *Fábulas*, 175.

O ENGANO

O engano

1486. São tão simples os homens e obedecem tanto às necessidades presentes, que quem engana sempre encontrará alguém que se deixe enganar.

Sono tanto semplici li uomini e tanto obediscono alle necessità presenti, che colui che inganna troverà sempre chi si lascerà ingannare.

N. MAQUIAVEL (político e escritor italiano, 1469-1527), *O príncipe*, XVIII, 3.

1487. Pode-se enganar toda a população algumas vezes, ou parte dela sempre, mas não se pode enganar toda a população sempre.

You can fool all the people some of the time, and some of the people all the time, but you can not fool all the people all the time.

A. LINCOLN (presidente norte-americano, 1809-1865), discurso em Clinton, 8/9/1858.

1488. É possível ser mais esperto do que outra pessoa, mas não mais esperto do que todas elas.

On peut être plus fin qu'un autre, mais non pas plus fin que tous les autres.

F. LA ROCHEFOUCAULD (escritor francês, 1613-1680), *Maximes*, 394.

1489. Existem mais tolos do que espertos no mundo, caso contrário os espertos não teriam o suficiente para viver.

There are more fools than knaves in the world, else the knaves would not have enough to live upon.

S. BUTLER (poeta inglês, 1612-1680), *The Genuine Remains in Verse and Prose*.

1490. A ingenuidade é uma força que os astutos fazem mal ao desprezar.

L'ingenuità è una forza che gli astuti hanno torto di disprezzare.
A. GRAF (poeta italiano, 1848-1913), *Ecce homo*, 211.

1491. É impossível para um homem ser enganado por outra pessoa que não seja ele mesmo.
It is impossible for a man to be cheated by anyone but himself.
R. W. EMERSON (filósofo e poeta norte-americano, 1803-1882), *Essays*, Compensation.

1492. Gosto mais do engano que nos eleva / do que das verdades obscuras e baixas.
Тьмы низких истин мне дороже / Нас возвышающий обман.
A. S. PUSHKIN (escritor russo, 1799-1837), *O herói*.

1493. Tudo aquilo que engana parece liberar um encanto.
῎Εοικε γάρ... γοητεύειν πάντα ὅσα ἀπατᾷ.
PLATÃO (filósofo grego, 427-347 a.C.), *A república*, III, 413 c.

1494. A arte de agradar é a arte de enganar.
L'art de plaire est l'art de tromper.
L. DE VAUVENARGUES (escritor francês, 1715-1747), *Réflexions et maximes*.

1495. Há enganos tão bem elaborados que seria estupidez não ser enganado por eles.
There are some frauds so well conducted that it would be stupidity not to be deceived by them.
CH. C. COLTON (prelado e escritor inglês, 1780-1832), *Lacon*, I, 96.

1496. O uso freqüente da astúcia é sinal de pouca inteligência, e quase sempre quem se serve dela para cobrir-se de um lado acaba se descobrindo do outro.
L'usage ordinaire de la finesse est la marque d'un petit esprit, et il arrive presque toujours que celui qui s'en sert pour se couvrir en un endroit se découvre en un autre.
F. LA ROCHEFOUCAULD (escritor francês, 1613-1680), *Maximes*, 125.

A confiança

1497. Nossa desconfiança justifica o engano alheio.

Notre défiance justifie la tromperie d'autrui.

F. La Rochefoucauld (escritor francês, 1613-1680), *Maximes*, 86.

1498. Não há nada que faça um homem suspeitar tanto como o fato de saber pouco.

There is nothing makes a man suspect much, more than to know little.

F. Bacon (filósofo inglês, 1561-1626), *Essays*, 31, Of Suspicion.

1499. O leão e o bezerro deitarão juntos, mas o bezerro não dormirá muito.

The lion and the calf shall lie down together but the calf won't get much sleep.

W. Allen (escritor e cineasta norte-americano, nascido em 1935), *Without Feathers*, The Scrolls.

1500. Quem vigiará / os vigias?

Quis custodiet ipsos / custodes.

Juvenal (poeta latino, c. 50/65-140), *Sátiras*, VI, 347-8.

1501. Julgo que minha mulher não deve nem mesmo ser considerada como suspeita.

Τὴν ἐμὴν [γυναῖκα] ἠξίουν μηδ' ὑπονοηθῆναι.

César (político e escritor romano, 100-44 a.C.), citado em Plutarco, *Vidas paralelas*, César, 10, 9.

1502. Cuidado com quem fixa os olhos no sol e não espirra.

Chi guarda fisso nel sole, e non stranuta, guàrdati da quello.

G. C. Croce (escritor italiano, 1550-1609), *Bertoldo e Bertoldino*, As sutilíssimas astúcias de Bertoldo: Ditos sentenciosos de Bertoldo antes da sua morte.

1503. Aquele Cássio tem um aspecto magro e faminto; / Pensa demais: homens assim são perigosos.

Yond Cassius has a lean and hungry look; / He thinks too much: such men are dangerous.

W. SHAKESPEARE (dramaturgo inglês, 1564-1616), *Júlio César*, I, 2, 193-4.

1504. Se ele realmente acredita que não há diferença entre virtude e vício, então (...) quando deixa nossas casas, é melhor contarmos nossas colheres.

If he does really think there is no distinction between virtue and vice, why [...] when he leaves our houses let us count our spoons.

S. JOHNSON (literato inglês, 1709-1784), citado em BOSWELL, *Life of Johnson*, 9/7/1763.

1505. Confiai em Deus, meus meninos, e conservai a pólvora seca.

Put your trust in God, my boys, and keep your powder dry.

V. BLACKER (militar inglês, 1778-1823), *Oliver Cromwell's Advice*.

1506. Lembra-te de desconfiar.

Souviens-toi de te méfier.

Lema gravado no engaste do anel de P. MÉRIMÉE (escritor francês, 1803-1870).

1507. A vida, para os desconfiados e os temerosos, não é vida, mas uma morte constante.

La vida, para los desconfiados y temerosos, no es vida, sino una muerte constante.

J. L. VIVES (humanista espanhol, 1492-1540).

1508. Confia no teu cão até o último momento, mas na tua mulher ou no teu marido, apenas até a primeira ocasião.

Доверяй своей собаке до последнего момента а жене или мужу до первого случая.

A. P. TCHEKHOV (escritor russo, 1860-1904).

1509. Nunca confie em alguém que fala bem de todos.

Never trust a man who speaks well of everybody.

J. CH. COLLINS (educador e ensaísta inglês, 1848-1908), *Aphorisms*, in *The English Review*, 1914.

1510. Não se deve confiar em quem põe a mão no coração ao dar sua palavra.

Man muß keinem Menschen trauen, der bei seinen Versicherungen die Hand auf das Herz legt.

G. Ch. Lichtenberg (cientista e escritor alemão, 1742-1799), *Observações e pensamentos*.

1511. Nunca confie no homem que tem motivo para suspeitar de que você sabe que ele lhe fez mal.
Never trust the man who hath reason to suspect that you know he hath injured you.
H. Fielding (escritor inglês, 1707-1754), *Jonathan Wild*, III, 4.

1512. A confiança pode exaurir-se caso seja muito exigida.
Vertrauen wird dadurch erschöpft, daß es in Anspruch genommen wird.
B. Brecht (escritor alemão, 1898-1956), *Vida de Galileu*, VII.

1513. A confiança é a mãe do descuido.
La confianza es la madre del descuido.
B. Gracián y Morales (escritor espanhol, 1601-1658), *El político Fernando*.

A fidelidade

1514. Acredita na sua fidelidade: farás com que seja fiel.
Fidelem si putaveris, facies.
Sêneca (filósofo latino, 4 a.C.-65 d.C.), *Cartas a Lucílio*, 3, 3.

1515. Tão fiel fui ao glorioso ofício, / que perdi o sono e a saúde.
Fede portai al glorioso offizio, / tanto ch'io ne perde' li sonni e' polsi.
D. Alighieri (poeta italiano, 1265-1321), *Inferno*, XIII, 62-3.

1516. A fidelidade, quando apóia os amigos esmagados pela sorte, / é elogiada, mas paga uma pena.
Dat poenas laudata fides, cum sustinet... / quos fortuna premit.
Lucano (poeta latino, 39-65), *Farsália*, VIII, 485-6.

1517. A fé dos amantes é / como a árabe fênix: / que existe, todos o dizem, / onde está, ninguém sabe.

È la fede degli amanti / come l'Araba fenice: / che vi sia, ciascun lo dice, / dove sia, nessun lo sa.
P. Metastasio (poeta italiano, 1698-1782), *Demetrio*, II, 3.

1518. É preciso julgar-se amado para julgar-se infiel.
Il faut se croire aimé pour se croire infidèle.
J. Racine (tragediógrafo francês, 1639-1699), *Andrômaca*, IV, 5.

1519. E da minha fidelidade não se deveria duvidar; pois, tendo-a sempre observado, não devo aprender a rompê-la agora; e quem foi fiel e bom por quarenta e três anos, como eu, não deve poder mudar de natureza: da minha fidelidade e da minha bondade é testemunha a minha pobreza.

E della fede mia non si doverebbe dubitare; perché, avendo sempre osservato la fede, io non debbo imparare ora a romperla; e chi è stato fedele e buono quarantatrè anni, che io ho, non debbe poter mutare natura: e della fede e bontà mia ne è testimonio la povertà mia.
N. Maquiavel (político e escritor italiano, 1469-1527), *Lettere*, a F. Vettori, 10/12/1513.

1520. Por conseguinte, um senhor prudente não pode nem deve cumprir a palavra dada, quando tal observância lhe for prejudicial e quando as razões que levaram à sua promessa deixarem de existir. E se os homens fossem todos bons, tal preceito não valeria: mas como são pérfidos e não cumprem a palavra contigo, tu também não és obrigado a cumprir a palavra com eles.

Non può pertanto uno signore prudente, né debbe, osservare la fede, quando tale osservanzia li torni contro e che sono spente le cagioni che la feciono promettere. E se li uomini fussono tutti buoni, questo precetto non sarebbe buono: ma perché sono tristi, e non la osservarebbano a te, tu etiam non l'hai ad osservare a loro.
N. Maquiavel (político e escritor italiano, 1469-1527), *O príncipe*, XVIII, 3.

As promessas

1521. Prometemos segundo as nossas esperanças e cumprimos segundo nossos temores.

Nous promettons selon nos espérances, et nous tenons selon nos craintes.
F. La Rochefoucauld (escritor francês, 1613-1680), *Maximes*, 38.

1522. Não prometas mais do que podes oferecer.
Ne plus promittas, quam praestari possiet.
Públio Siro (poeta latino, séc. I a.C.), *Sentenças*, 528.

1523. A regra é: geléia amanhã e geléia ontem, mas nunca geléia hoje.
The rule is, jam to-morrow and jam yesterday, – but never jam to-day.
L. Carroll (escritor e matemático inglês, 1832-1898), *Do outro lado do espelho*, V.

1524. Porque quando alguém, meu caro, vangloria-se / de ser um homem honrado, depois de dar / sua palavra, esta deve ser sagrada. // E mesmo que a estrada seja longa, feia ou bela, / custe o que custar, nem que ele tenha de ser morto, / mas a sua palavra deve ser mantida.
Perché quann'uno, caro mio, se vanta / d'esse' un omo d'onore, quanno ha dato / la parola, dev'esse' sacrosanta. // E sia longa la strada, o brutta o bella, / magaracristo ha da morì ammazzato, / ma la parola sua dev'esse' quella.
C. Pascarella (poeta dialetal italiano, 1858-1940), *La scoperta de l'America*, XIX.

A traição

1525. Nenhum homem merece uma confiança ilimitada – na melhor das hipóteses, sua traição espera uma tentação suficiente.
No man is worthy of unlimited reliance – his treason, at best, awaits sufficient temptation.
H. L. Mencken (escritor norte-americano, 1880-1956), *The Sceptic*, in *The Smart Set*, maio de 1919.

1526. A traição nunca triunfa. Qual o motivo? / Porque, se triunfasse, ninguém mais ousaria chamá-la de traição.

Treason doth never prosper: what's the reason? / For if it prosper, none dare call it treason.
J. HARINGTON (escritor inglês, 1561-1612), *Epigrams*, Of Treason.

1527. Das grandes traições iniciam-se as grandes renovações.
С великих измен начинаются великие возрождения.
V. V. ROZANOV (escritor russo, 1856-1919), *Folhas caídas*.

1528. César declarou... que amava as traições, mas odiava os traidores.
Καῖσαρ... εἰπὼν... φιλεῖν μὲν προδοσίαν, προδότην δὲ μισεῖν.
PLUTARCO (escritor grego, c. 45-125), *Vidas paralelas*, Rômulo, 17.

A INTELIGÊNCIA

A inteligência

1529. Os deuses deram ao homem o intelecto, / que é a maior de todas as riquezas.

> Θεοὶ φύουσιν ἀνθρώποις φρένας, / πάντων ὅσ' ἐστὶ χρημάτων ὑπέρτατον.
>
> Sófocles (trágico grego, 496-406 a.C.), *Antígona*, 683-4.

1530. *Sapere aude!* Tem coragem de servir-te da tua própria inteligência.

> Sapere aude! *Habe Mut, dich deines eigenen Verstandes zu bedienen.*
>
> I. Kant (filósofo alemão, 1724-1804), *Beantwortung der Frage: Was ist Aufklärung?* A expressão *"sapere aude"* [ousa saber] é de Horácio (poeta latino, 65-8 a.C.), *Epístolas*, I, 2, 40.

1531. Não há nada que demonstre tão bem a grandeza e a potência do intelecto humano, nem a superioridade e a nobreza do homem, como o fato de ele poder conhecer, compreender por completo e sentir fortemente a sua exigüidade.

> *Niuna cosa maggiormente dimostra la grandezza e la potenza dell'umano intelletto, né l'altezza e nobiltà dell'uomo, che il poter l'uomo conoscere e interamente comprendere e fortemente sentire la sua piccolezza.*
>
> G. Leopardi (poeta italiano, 1798-1837), *Zibaldone*, V, 223, 3.

1532. Que sorte possuir uma grande inteligência: nunca te faltam bobagens para dizer.

> Какое счастье обладать большим умом: всегда найдешься сказать какую-нибудь глупость.
>
> A. P. Tchekhov (escritor russo, 1860-1904).

1533. A sutileza ainda não é inteligência. Às vezes os tolos e os loucos também são extraordinariamente sutis.

> Тонкость не доказывает еще ума. Глупцы и даже сумасшедшие бывают удивительно тонки.
>
> A. S. Pushkin (escritor russo, 1799-1837).

1534. Cuidado para não chamar de inteligentes apenas aqueles que pensam como você.

> *Vedi di non chiamare intelligenti solo quelli che la pensano come te.*
>
> U. Ojetti (escritor italiano, 1871-1946), *Sessanta*, X.

1535. Muitas vezes a inteligência é incômoda como uma lamparina no quarto.

> *Klugheit ist oft lästig wie ein Nachtlicht im Schlafzimmer.*
>
> L. Börne (escritor alemão, 1786-1837), *Fragmentos e aforismos*.

1536. Há lugares em que emana a inteligência.

> *Il est des lieux où souffle l'esprit.*
>
> M. Barrès (escritor francês, 1862-1923), *La colline inspirée*.

1537. Existem pessoas que economizam sua inteligência como outras fazem com o próprio dinheiro.

> *Es gibt Menschen, die geizen mit ihrem Verstande wie andere mit ihrem Gelde.*
>
> L. Börne (escritor alemão, 1786-1837), *Fragmentos e aforismos*.

1538. O homem não possui nada melhor do que a inteligência, / oh, Quirno, nada mais penoso do que a estupidez.

> Γνώμης δ' οὐδὲν ἄμεινον ἀνὴρ ἔχει αὐτὸς ἐν αὑτῷ / οὐδ' ἀγνωμοσύνης, Κύρν', ὀδυνηρότερον.
>
> Teógnis de Mégara (poeta grego, séc. VI-V a.C.), *Elegias*, I, 895-6.

A estupidez

1539. Infelizes são aqueles que são inteligentes demais para reconhecer suas tolices.

Unglücklich sind die, die gerade so viel Verstand haben, um ihre Dummheiten einzusehen.

FLIEGENDE BLÄTTER (semanário humorístico alemão).

1540. Amigo, perceberás que no mundo existem muito mais tolos do que homens, e lembra-te disso.

Ami, vous noterez que par le monde y a beaucoup plus de couillons que d'hommes, et de ce vous souvienne.

F. RABELAIS (escritor francês, c. 1494-1553), *Gargântua et Pantagruel*.

1541. Que Deus préfère os imbecis é um boato que os imbecis fazem circular há dezenove séculos.

Que Dieu préfère les imbéciles, c'est un bruit que depuis dix-neuf siècles les imbéciles font courir.

F. MAURIAC (escritor francês, 1885-1970), *Bloc-Notes*.

1542. Existem imbecis superficiais e imbecis profundos.

Es gibt seichte und tiefe Hohlköpfe.

K. KRAUS (escritor austríaco, 1874-1936), *Escrever e ler*.

1543. A espécie mais perigosa de estupidez é uma inteligência aguçada.

Die gefährlichste Sorte von Dummheit ist ein scharfer Verstand.

H. VON HOFMANNSTHAL (escritor austríaco, 1874-1929), *O livro dos amigos*.

1544. Veja, senhor, Sherry [Thomas Sheridan] é tolo, naturalmente tolo; mas deve ter-lhe custado muito esforço tornar-se o que é hoje. Tal excesso de estupidez, senhor, não existe na natureza.

Why, Sir, Sherry [Thomas Sheridan] is dull, naturally dull; but it must have taken a great deal of pains to become what we now see him. Such an excess of stupidity, Sir, is not in Nature.

S. JOHNSON (literato inglês, 1709-1784), citado em BOSWELL, *Life of Johnson*, 28/7/1763.

1545. Não existe pecado, exceto a estupidez.

There is no sin except stupidity.

O. WILDE (escritor inglês, 1854-1900), *The Critic as Artist*, II.

1546. Fanfarra, bandeiras, paradas. Um estúpido é um estúpido. Dois estúpidos são dois estúpidos. Dez mil estúpidos são uma força histórica.

Fanfare, bandiere, parate. Uno stupido è uno stupido. Due stupidi sono due stupidi. Diecimila stupidi sono una forza storica.

L. LONGANESI (escritor italiano, 1905-1957), *Parliamo dell'elefante*, 15/12/1938.

1547. Os muito estúpidos e os muito inteligentes vivem bem no mundo; o homem de pouco valor não tem paz.

Gli stupidissimi e gli intelligentissimi se la passano bene nel mondo; l'umo di mezza tacca non ha pace.

MAHĀBHĀRATA (poema épico indiano, séc. II-III d.C.), XII, 759, trad. para o it. P. E. Pavolini.

1548. Contra a estupidez os próprios deuses lutam em vão.

Mit der Dummheit kämpfen Götter selbst vergebens.

F. VON SCHILLER (escritor alemão, 1759-1805), *A donzela de Orleans*, III, 6.

A genialidade

1549. A genialidade, bem como a santidade, não se herda.

Гениальность также не наследуется как святость.

N. A. BERDIAEV (filósofo russo, 1874-1948), *O significado da criação*.

1550. Genialidade e maldade não combinam.

Гений и злодейство две вещи не совместные.

A. S. PUSHKIN (escritor russo, 1799-1837), *Mozart e Salieri*.

1551. Os gênios são aqueles que dizem muito antes o que se dirá muito depois.

Los genios son los que dicen mucho antes lo que se va a decir mucho después.

R. GÓMEZ DE LA SERNA (escritor espanhol, 1891-1963).

1552. Em toda obra de gênio reconhecemos os pensamentos que havíamos rejeitado. Estes retornam a nós com uma certa majestade alienada.

In every work of genius we recognize our own rejected thoughts; they come back to us with a certain alienated majesty.
R. W. EMERSON (filósofo e poeta norte-americano, 1803-1882), *Essays*, Self-Reliance.

1553. Nunca existiu uma grande inteligência sem uma veia de loucura.
Nullum magnum ingenium sine mixtura dementiae fuit.
ARISTÓTELES (filósofo grego, 384-322 a.C.), citado em SÊNECA, *A tranqüilidade da alma*, XVII, 10.

1554. A genialidade não é outra coisa senão uma grande aptidão para a paciência.
Le génie n'est plus qu'une grande aptitude à la patience.
G.-L. BUFFON (naturalista francês, 1707-1788), citado em M.-J. HÉRAULT DE SÉCHELLES, *Voyage à Montbar*.

1555. Genialidade é esforço.
Genie ist Fleiß.
J. W. GOETHE (escritor alemão, 1749-1832), *Epigramas*.

1556. A inteligência é feita por um terço de instinto – um terço de memória – e o último terço de vontade.
L'ingegno è fatto per un terzo d'istinto – un terzo di memoria – e l'ultimo terzo di volontà.
C. DOSSI (escritor italiano, 1849-1910), *Note azzurre*, n. 4587.

1557. O talento sem genialidade é pouca coisa. A genialidade sem talento não é nada.
Le talent sans génie est peu de chose. Le génie sans talent n'est rien.
P. VALÉRY (poeta francês, 1871-1945), *Mélange*.

1558. Não tenho nada a declarar a não ser a minha genialidade.
I have nothing to declare except my genius.
O. WILDE (escritor inglês, 1854-1900), na alfândega de Nova York. Citado por F. HARRIS, *Oscar Wilde*.

1559. O pior que pode acontecer a um gênio é ser compreendido.
Il peggio che può capitare a un genio è di essere compreso.

L. LONGANESI (escritor italiano, 1905-1957), *Parliamo dell'elefante*.

1560. A genialidade é uma variedade da loucura.
Il genio è una varietà della pazzia.
C. DOSSI (escritor italiano, 1849-1910), *Note azzurre*, n. 3917.

A LIBERDADE

A liberdade

1561. Não existe nenhuma liberdade quando não há uma liberdade interior do indivíduo.

Nessuna libertà esiste quando non esiste una libertà interiore dell'individuo.

C. ALVARO (escritor italiano, 1895-1956), *Quasi una vita*, 1929.

1562. Que gostes então de apreciar a sua vinda: / [Dante] vai em busca de sua liberdade, que é tão cara, / como sabe quem por ela deu a vida.

Or ti piaccia gradir la sua venuta: / libertà va cercando, ch'è si cara, / come sa chi per lei vita rifiuta.

D. ALIGHIERI (poeta italiano, 1265-1321), *Purgatório*, I, 70-2.

1563. Pela liberdade, assim como pela honra, pode-se e deve-se arriscar a vida.

Por la libertad, así como por la honra, se puede y se debe aventurar la vida.

M. DE CERVANTES (escritor espanhol, 1547-1616).

1564. A liberdade, como a vida, só a merece / quem deve conquistá-la a cada dia!

Nur der verdient sich Freiheit wie das Leben, / Der täglich sie erobern muß!

J. W. GOETHE (escritor alemão, 1749-1832), *Fausto*, 11575-6.

1565. A liberdade não pode faltar a quem a deseja realmente, / mas a quem deseja conquistá-la, ela indica o caminho dos perigos;

/ é prometida a quem por ela arrisca a vida, / nunca é prêmio de um desejo indolente.

Libertà non fallisce ai volenti, / ma il sentier de'perigli ell'addita; / ma promessa a chi ponvi la vita, / non è premio d'inerte desir.

G. BERCHET (poeta italiano, 1783-1851), *Le fantasie*, Il giuramento di Pontida, 101-4.

1566. A árvore da liberdade deve ser regada de quando em quando com o sangue dos patriotas e dos tiranos. É seu adubo natural.

The tree of liberty must be refreshed from time to time with the blood of patriots and tyrants. It is its natural manure.

TH. JEFFERSON (político norte-americano, 1743-1826), *Letter to W. S. Smith*, 13/11/1787.

1567. Povos livres, lembrai-vos desta máxima: A liberdade pode ser conquistada, mas nunca recuperada.

Peuples libres, souvenez-vous de cette maxime: On peut acquérir la liberté; mais on ne la recouvre jamais.

J.-J. ROUSSEAU (filósofo e escritor francês, 1712-1778), *O contrato social*.

1568. É possível substituir uma idéia por outra, menos a da liberdade.

Man kann eine Idee durch eine andere verdrängen, nur die der Freiheit nicht.

L. BÖRNE (escritor alemão, 1786-1837), *Fragmentos e aforismos*.

1569. A liberdade é um bem comum, e se todos não desfrutam dela, não serão livres nem os que se julgam como tal.

La libertad es un bien común y cuando no partecipen todos de ella, no serán libres los que se creen tales.

M. DE UNAMUNO (escritor espanhol, 1864-1936).

1570. A liberdade é um conceito vago.

Die Freiheit ist ein vager Begriff.

O. VON BISMARCK (político alemão, 1815-1898), *Discursos*.

1571. Quem se torna senhor de uma cidade habituada a viver em liberdade e não a destrói, espere para ser destruído por ela.

Chi diviene patrone di una città consueta a vivere libera, e non la disfaccia, aspetti di essere disfatto da quella.

N. Maquiavel (político e escritor italiano, 1469-1527), *O príncipe*, V, 3.

1572. Quem deseja liberdade deve, em vez de extinguir, nutrir a divisão que a natureza colocou entre a nobreza e o povo, e dar a uma e a outro na ordem social aquela parte de autoridade e poder que lhes convém, com o objetivo comum de liberdade. Não tê-lo feito é o verme que rói as constituições liberais, fundadas sobre a igualdade política de todos os cidadãos.

Chi intende a libertà, deve, anzi che spegnere, nodrire la divisione, che la natura ha posto tra la nobiltà e il popolo, e dare a quella ed a questo nella ordinazione sociale quella parte d'autorità e di potenza, che loro si conviene al fin comune della libertà. Il non averlo fatto è il verme, che rode le costituzioni libere fondate sulla egualità politica di tutti i cittadini.

C. Botta (historiador italiano, 1766-1837), *Storia d'Italia*, I.

1573. A liberdade é, antes de tudo, o direito à desigualdade.

Свобода есть прежде всего право на неравенство.

N. A. Berdiaev (filósofo russo, 1874-1948).

1574. A liberdade é um luxo que nem todos podem se permitir.

Die Freiheit ist ein Luxus, den sich nicht jedermann gestatten kann.

O. von Bismarck (político alemão, 1815-1898), *Discursos*.

1575. A liberdade de cada indivíduo deve ter este limite preciso: não deve disturbar os outros.

The liberty of the individual must be thus far limited; he must not make himself a nuisance to other people.

J. S. Mill (filósofo e economista inglês, 1806-1873), *A liberdade*, III.

1576. Dêem aos outros muita liberdade, se vocês quiserem ter a sua parte.

Date agli altri molta libertà, se volete averne.

C. Dossi (escritor italiano, 1849-1910), *Note azzurre*, n. 655 b.

1577. Mudar de opinião e seguir quem te corrige é também o comportamento do homem livre.
: Καὶ τὸ μετατίθεσθαι καὶ ἕπεσθαι τῷ διορθοῦντι ὁμοίως ἐλεύθερόν ἐστιν.
MARCO AURÉLIO (imperador romano, 121-180), *Recordações*, VIII, 16.

1578. É preciso que a liberdade seja conservada em sua plenitude, a qualquer preço, até na embriaguez. Eis a regra do homem inteligente: *"Habere, non haberi."*
: *Bisogna conservare ad ogni costo intiera la libertà, fin nell'ebrezza. La regola dell'uomo d'intelletto, eccola:* "Habere, non haberi".
G. D'ANNUNZIO (escritor italiano, 1863-1938), *Il piacere*, I, 2.

1579. As piores dificuldades de um homem começam quando ele é capaz de fazer o que quer.
: *A man's worst difficulties begin when he is able to do what he likes.*
TH. H. HUXLEY (naturalista inglês, 1825-1895).

1580. A prova básica da liberdade talvez esteja menos naquilo que somos livres para fazer do que naquilo que somos livres para não fazer.
: *The basic test of freedom is perhaps less in what we are free to do than in what we are free not to do.*
E. HOFFER (escritor norte-americano, 1902-1983).

1581. É liberdade completa a de poder fazer o que se quer, sob a condição de fazer também algo que agrade menos. A verdadeira escravidão é a condenação à privação: Tântalo e não Hércules.
: *È libertà completa quella di poter fare ciò che si vuole a patto di fare anche qualche cosa che piaccia meno. La vera schiavitù è la condanna all'astensione: Tantalo e non Ercole.*
I. SVEVO (escritor italiano, 1861-1928), *A consciência de Zeno*, 5.

1582. Os regimes que reprimem a liberdade da palavra, por se incomodarem com a verdade que ela difunde, fazem como as crianças que fecham os olhos para não serem vistas.

Die Regierungen, welche die Freiheit der Rede unterdrücken, weil die Wahrheiten, die sie verbreitet, ihnen lästig sind, machen es wie die Kinder, welche die Augen zuschließen, um nicht gesehen zu werden.

L. BÖRNE (escritor alemão, 1786-1837), *Fragmentos e aforismos*.

1583. Não há pessoa que não ame a liberdade, mas quem é justo a exige para todos, quem é injusto, apenas para si mesmo.

Es gibt keinen Menschen, der nicht die Freiheit liebte, aber der Gerechte fordert sie für alle, der Ungerechte nur für sich allein.

L. BÖRNE (escritor alemão, 1786-1837), *Fragmentos e aforismos*.

1584. Praticamente não existe palavra nos dias de hoje que se tenha usado tão mal como a palavra "livre"... Não confio nela porque ninguém quer a liberdade para todos; todos a querem para si.

Es gibt kaum ein Wort heutzutage, mit dem mehr Mißbrauch getrieben wird als mit dem Worte "frei"... Ich traue dem Wort nicht, aus dem Grunde, weil keiner die Freiheit für alle will; jeder will sie für sich.

O. VON BISMARCK (político alemão, 1815-1898), *Discursos*, 15/3/1884.

1585. A liberdade, como a felicidade, é nociva para um e útil para outro.

Freiheit ist, wie Glück, dem schädlich und jenem nützlich.

NOVALIS (poeta alemão, 1772-1801), *Fragmentos*.

1586. Ninguém é mais escravo do que aquele que se considera livre sem sê-lo.

Niemand ist mehr Sklave, als der sich für frei hält, ohne es zu sein.

J. W. GOETHE (escritor alemão, 1749-1832), *Máximas e reflexões*, II, 5.

1587. O homem é uma obra-prima da criação também pelo fato de que, com todo determinismo, ele acredita agir como um ser livre.

Ein Meisterstück der Schöpfung ist der Mensch schon auch deswegen, daß er bei allem Determinismus glaubt, er agiere als freier Wesen.

G. Ch. Lichtenberg (cientista e escritor alemão, 1742-1799), *Observações e pensamentos*.

1588. Vós que viveis e sempre atribuís tudo o que ocorre na terra / aos movimentos celestes, como se tal movimento imprimisse / em todas as coisas uma necessidade. // Se assim fosse, em vós seria destruído / o livre-arbítrio, e não seria justo que o homem tivesse / por bem a alegria e por mal a dor.

Voi che vivete ogne cagion recate / pur suso al cielo, pur come se tutto / movesse seco di necessitate. // Se così fosse, in voi fora distrutto / libero arbitrio, e non fora giustizia / per ben letizia, e per male aver lutto.

D. Alighieri (poeta italiano, 1265-1321), *Purgatório*, XVI, 67-72.

1589. Entre dois alimentos, eqüidistantes e igualmente apetitosos, / o homem livre morreria primeiro de fome, / antes de num deles cravar os dentes...

Intra due cibi, distanti e moventi / d'un modo, prima si morria di fame, / che liber'omo l'un recasse ai denti...

D. Alighieri (poeta italiano, 1265-1321), *Paraíso*, IV, 1-3.

1590. Quanto mais se está no alto, menos se é livre.

In maxima fortuna minima licentia est.

Salústio (historiador latino, c. 86-35 a.C.), *A conjuração de Catilina*, LI, 13.

1591. A liberdade econômica é a condição necessária da liberdade política.

La libertà economica è la condizione necessaria della libertà politica.

L. Einaudi (político e economista italiano, 1874-1961), *Chi vuole la libertà*, in *Corriere della Sera*, 13/4/1948.

1592. Toda a vida deles transcorria não segundo leis, estatutos ou regras, mas segundo sua vontade e seu livre-arbítrio. (...) Assim tinha estabelecido Gargântua. A regra deles consistia apenas nesta cláusula:

FAZE O QUE QUISERES,

porque pessoas livres, bem nascidas, bem instruídas, que freqüentam companhias honestas, têm por natureza um instinto e um estímulo que sempre os impelem a atos virtuosos e os afastam do vício, que chamavam de honra.

Toute leur vie était employée non par lois, statuts ou règles, mais selon leur vouloir et franc arbitre. [...] Ainsi l'avait établi Gargantua. En leur règle n'était que cette clause:

FAIS CE QUE VOUDRAS,

parce que gens libres, bien nés, bien instruits, conversant en compagnies honnêtes, ont par nature un instinct et aiguillon, qui toujours les pousse à faits vertueux et retire de vice, lequel ils nommaient honneur.

F. RABELAIS (escritor francês, c. 1494-1553), *Vie inestimable du grand Gargantua, père de Pantagruel*, 57.

1593. Não são todos livres os que escarnecem de suas correntes.

Es sind nicht alle frei, die ihrer Ketten spotten.

G. E. LESSING (filósofo alemão, 1729-1781), *Nathan, o Sábio*, IV, 4.

A sociedade

1594. O homem não é um animal solitário, e enquanto perdura a vida em sociedade, a realização de si mesmo não pode ser o supremo princípio ético.

Man is not a solitary animal, and so long as social life survives, self-realization cannot be the supreme principle of ethics.

B. RUSSELL (filósofo inglês, 1872-1970), *História da filosofia ocidental*, Romantismo.

1595. Se então tirarmos do pacto social aquilo que não constitui a sua essência, descobriremos que ele se reduz aos seguintes termos: cada um de nós põe em comum a própria personalidade e todo o seu poder sob a suprema direção da vontade geral; e recebemos dentro de nós cada membro da sociedade como parte indivisível do todo.

Si donc on écarte du pacte social ce qui n'est pas de son essence, on trouvera qu'il se réduit aux termes suivants: chacun de nous met en commun sa personne et toute sa puissance sous la suprême

direction de la volonté générale; et nous recevons en corps chaque membre comme partie indivisible du tout.
   J.-J. ROUSSEAU (filósofo e escritor francês, 1712-1778), *O contrato social.*

1596. Toda sociedade que pretende assegurar a liberdade aos homens deve começar por garantir-lhes a existência.
   Toute société qui prétend assurer aux hommes la liberté, doit commencer par leur garantir l'existence.
   L. BLUM (político francês, 1872-1950), *Nouvelles conversations de Goethe avec Eckermann.*

A servidão

1597. Decidi-vos a não servir mais, e sereis livres.
   Soyez résolus de ne servir plus, et vous serez libres.
   E. DE LA BOÉTIE (escritor francês, 1530-1563), *Sobre a servidão voluntária.*

1598. São a força e a liberdade que fazem os homens virtuosos. A fraqueza e a escravidão nunca fizeram nada além de pessoas más.
   C'est la force et la liberté qui font les excellents hommes. La faiblesse et l'esclavage n'ont fait jamais que des méchants.
   J.-J. ROUSSEAU (filósofo e escritor francês, 1712-1778), *Les Rêveries du promeneur solitaire.*

1599. Se os homens conduzissem sempre a morte ao seu lado, não serviriam de maneira tão vil.
   Se gli uomini si conducessero sempre al fianco la morte, non servirebbero sì vilmente.
   U. FOSCOLO (poeta italiano, 1778-1827), *Ultime lettere di Jacopo Ortis*, 4 de dezembro.

1600. Para servir estou pronto, mas a ser servil me oponho!
   Служить бы рад, прислуживаться тошно!
   A. S. GRIBOEDOV (dramaturgo russo, 1795-1829), *A inteligência faz sofrer.*

1601. Os servos nunca sentem tanta falta do primeiro senhor como quando experimentam o segundo.

Τότε μάλιστα τοὺς προτέρους δεσπότας οἱ οἰκέται ποθοῦσιν, ὅταν τῶν δευτέρων λάβωσι πεῖραν.

Esopo (fabulista grego, séc. VII-VI a.C.), *Fábulas*, 273.

1602. Quem chamou a servidão de "vida de cão" disse uma bobagem; o cão vagueia a seu prazer, quem serve não dá um passo sem a ordem de outrem.

Chi ha chiamato il servire "vita da cani" ha detto una sciocchezza; il cane gira a suo piacere, chi serve non muove un passo senza l'ordine altrui.

Pañcatantra (coletânea indiana de fábulas), I, 300, trad. para o it. P. E. Pavolini.

1603. ... prefiro suportar pacientemente a pobreza / a ser servo.

... più tosto ch'esser servo / torrò la povertade in pazïenza.

L. Ariosto (poeta italiano, 1474-1533), *Satire*, I, 245-6.

1604. Serve livremente e não serás servo.

Ἐλευθέρως δούλευε· δοῦλος οὐκ ἔσει.

Menandro (comediógrafo grego, 342-291 a.C.), *Fragmentos*, 857.

O LIVRO

O livro

1605. Alguns livros são injustamente esquecidos; nenhum livro é injustamente relembrado.
Some books are undeservedly forgotten; none are undeservedly remembered.
W. H. AUDEN (poeta inglês, 1907-1973), *The Dyer's Hand*, Reading.

1606. Não existem livros morais ou imorais. Os livros são bem ou mal escritos.
There is no such thing as a moral or an immoral book. Books are well written, or badly written.
O. WILDE (escritor inglês, 1854-1900), *O retrato de Dorian Gray*, Prefácio.

1607. A cultura valeu-se principalmente dos livros que fizeram os editores ter prejuízo.
Learning hath gained most by those books by which the printers have lost.
TH. FULLER (historiador inglês, 1608-1661), *The Holy State and the Profane State*, III, 18.

1608. Há coisas boas, medíocres / e muito ruins neste livro: um livro, ó Avito, não é feito de outra maneira.
Sunt bona, sunt quaedam mediocria, sunt mala plura / quae legis hic: aliter non fit, Avite, liber.
MARCIAL (poeta latino, c. 40-102), *Epigramas*, I, 16.

1609. Nenhum livro é tão ruim que não possa ser útil sob algum aspecto.

Nullum esse librum tam malum ut non aliqua parte prodesset.
PLÍNIO, O VELHO (escritor latino, 23-79), citado em PLÍNIO, O JOVEM, *Cartas*, III, 5, 10.

1610. Um livro nunca é uma obra-prima: torna-se uma.

Un livre n'est jamais un chef-d'oeuvre: il le devient.

E. E J. DE GONCOURT (escritores franceses, 1822-1896 e 1830-1870), *Journal*, 23/7/1864.

1611. Um livro, Hubert, é fechado, cheio, liso como um ovo. Não se saberia fazer entrar mais nada dentro dele, nem um alfinete, a não ser à força, mas isso destruiria sua forma.

Un livre, Hubert, est clos, plein, lisse comme un oeuf. On n'y saurait faire entrer rien, pas une épingle, que par force, et sa forme en serait brisée.

A. GIDE (escritor francês, 1869-1951), *Paludes*.

1612. No fundo (...) o mundo é feito para terminar num belo livro.

Au fond [...] le monde est fait pour aboutir à un beau livre.

S. MALLARMÉ (poeta francês, 1842-1898), *Sur l'évolution littéraire*.

1613. Até os livrinhos têm o seu destino.

Habent sua fata libelli.

TERENCIANO MAURO (literato romano, séc. II d.C.), *De litteris syllabis et metris Horatii*, 1286.

1614. Os livros podem ser divididos em dois grupos: aqueles da hora e aqueles de sempre.

All books are divisible into two classes, the books of the hour, and the books of all time.

J. RUSKIN (crítico de arte inglês, 1819-1900), *Sesame and Lilies*, Of Kings' Treasuries.

1615. Os livros mais velhos, para quem não os leu, acabam de ser publicados.

The oldest books are still only just out to those who have not read them.

S. BUTLER (escritor inglês, 1835-1902).

1616. Um livro que não merece ser lido uma segunda vez também não merece ser lido uma primeira.
 Un libro indegno di essere letto una seconda volta è indegno pure di essere letto una prima.
 C. Dossi (escritor italiano, 1849-1910), *Note azzurre*, n. 1873.

1617. Galeotto foi o livro e quem o escreveu.
 Galeotto fu il libro e chi lo scrisse.
 D. Alighieri (poeta italiano, 1265-1321), *Inferno*, V, 137.

1618. De livros, basta um por vez, quando não é demais.
 Di libri basta uno per volta, quando non è d'avanzo.
 A. Manzoni (escritor italiano, 1785-1873), *I promessi sposi*, Introdução.

1619. O livro é o ópio do Ocidente.
 Le livre est l'opium de l'Occident.
 A. France (escritor francês, 1844-1924), *La vie littéraire*.

1620. Como é conveniente e agradável o mundo dos livros! – se não se atribuir a ele as obrigações de um estudante, nem considerá-lo um sedativo para a preguiça, mas entrar nele com o entusiasmo de um aventureiro!
 What a convenient and delightful world is the world of books! – if you bring to it not the obligations of a student, or look upon it as an opiate for idleness, but enter it with the enthusiasm of the adventurer!
 D. Grayson (ensaísta norte-americano, 1870-1946), *Adventures in Contentment*.

1621. A literatura é uma defesa contra as ofensas da vida.
 La letteratura è una difesa contro le offese della vita.
 C. Pavese (escritor italiano, 1908-1950), *Il mestiere di vivere*, 10/11/1938.

1622. Não viajo sem livros, nem em paz nem em guerra (...) É o melhor viático que encontrei para essa viagem humana.
 Je ne voyage sans livres ni en paix ni en guerre [...] C'est la meilleure munition que j'aie trouvé à cet humain voyage.
 M. de Montaigne (escritor francês, 1533-1592), *Os ensaios*, III, 3.

1623. Nunca viajo sem meu diário. É preciso ter sempre algo extraordinário para ler no trem.
> *I never travel without my diary. One should always have something sensational to read on the train.*
> O. WILDE (escritor inglês, 1854-1900), *A importância de ser sério*, II.

1624. Alguns livros devem ser provados, outros, devorados, e poucos, mastigados e digeridos.
> *Some books are to be tasted, others to be swallowed, and some few to be chewed and digested.*
> F. BACON (filósofo inglês, 1561-1626), *Essays*, 50, Of Studies.

1625. Odeio os livros; ensinam apenas a falar daquilo que não se sabe.
> *Je hais les livres; ils n'apprennent qu'à parler de ce qu'on ne sait pas.*
> J.-J. ROUSSEAU (filósofo e escritor francês, 1712-1778), *Emílio ou Da educação*.

1626. Não importa a quantidade dos livros que tens, mas a sua qualidade.
> *Non refert, quam multos [libros], sed quam bonos habeas.*
> SÊNECA (filósofo latino, 4 a.C.-65 d.C.), *Cartas a Lucílio*, 45, 1.

1627. Também leio livros, muitos livros: mas com eles aprendo menos do que com a vida. Apenas um livro me ensinou muito: o dicionário. Oh, o dicionário, adoro-o. Mas também adoro a estrada, um dicionário muito mais maravilhoso.
> *Leggo anche dei libri, molti libri: ma ci imparo meno che dalla vita. Un solo libro mi ha molto insegnato: il vocabolario. Oh, il vocabolario, lo adoro. Ma adoro anche la strada, ben più meraviglioso vocabolario.*
> E. PETROLINI (comediógrafo italiano, 1886-1936), *Modestia a parte*, Come recito.

1628. É mais necessário estudar os homens do que os livros.
> *Il est plus nécessaire d'étudier les hommes que les livres.*
> F. LA ROCHEFOUCAULD (escritor francês, 1613-1680), *Maximes posthumes*.

1629. Os bibliófilos, donos de bibliotecas das quais não viram uma página, podem ser comparados aos eunucos num harém.

> *I bibliofili possessori di biblioteche di cui non volgono una pagina, si possono paragonare agli eunuchi in un harem.*
> C. Dossi (escritor italiano, 1849-1910), *Note azzurre*, n. 1680.

1630. ... Quantos livros tem o mundo / e não saciam meu apetite profundo: / quantos consumi! e ainda morro de jejum.

> *... Quanti libri tiene il mondo / non saziar l'appetito mio profondo: / quanto ho mangiato! e del digiun pur moro.*
> T. Campanella (filósofo italiano, 1568-1639), *Poesie filosofiche*, soneto: Anima immortale.

1631. Poucos livros contêm mais de um pensamento: de fato, a maior parte nem contém muitos.

> *Few books have more than one thought: the generality indeed have not quite so many.*
> J. e A. Hare (escritores ingleses, 1795-1855 e 1792-1834), *Guesses at Truth*.

1632. Até então eu pensara que todo livro falasse das coisas, humanas ou divinas, que estão fora dos livros. Naquele momento percebia que freqüentemente os livros falam de livros, ou seja, é como se falassem entre si.

> *Sino ad allora avevo pensato che ogni libro parlasse delle cose, umane o divine, che stanno fuori dai libri. Ora mi avvedevo che non di rado i libri parlano di libri, ovvero è come si parlassero fra loro.*
> U. Eco (escritor italiano, nascido em 1932), *O nome da rosa*, quarto dia: Terceira.

1633. Um livro é um grande cemitério onde, sobre a maioria dos túmulos, não se podem mais ler os nomes apagados.

> *Un livre est un grand cimetière où sur la plupart des tombes on ne peut plus lire les noms effacés.*
> M. Proust (escritor francês, 1871-1922), *Le temps retrouvé.*

1634. E aquela sua famosa livraria? Talvez ainda se encontre dispersa sobre os parapeitos dos canais.

> *E quella sua famosa libreria? È forse ancora dispersa su per i muriccioli.*

A. MANZONI (escritor italiano, 1785-1873), *I promessi sposi*, XXXVII.

1635. Um livro grosso equivale a uma grande desgraça.

Μέγα βιβλίον ἴσον τῷ μεγάλῳ κακῷ.

CALÍMACO (poeta grego, c. 310-240 a.C.), *Fragmentos*, 359.

1636. Existem homens que parecem ter nascido apenas para sugar o veneno dos livros.

There be some men are born only to suck out the poison of books.

B. JONSON (escritor inglês, 1572-1637), *Works*, III.

Ler

1637. A leitura faz do homem um ser completo; a conversa faz dele um ser preparado, e a escrita o torna preciso.

Reading maketh a full man; conference a ready man; and writing an exact man.

F. BACON (filósofo inglês, 1561-1626), *Essays*, 50, Of Studies.

1638. Ler muito é um dos caminhos para a originalidade; uma pessoa é tão mais original e peculiar quanto mais conhecer o que disseram os outros.

Leer mucho es uno de los caminos de la originalidad; uno es tanto más original y propio cuanto mejor enterado está de lo que han dicho los demás.

M. DE UNAMUNO (escritor espanhol, 1864-1936).

1639. O homem que sabe ler fala com os ausentes e mantém vivos os que já morreram. Comunica-se com o universo – não conhece o tédio – viaja – ilude-se. Mas quem lê e não sabe escrever é mudo.

L'uomo che sa leggere parla cogli assenti, e si mantiene in vita gli estinti. Egli è in comunicazione con l'universo – non conosce la noja – viaggia – s'illude. Ma chi legge e non sa scrivere è un muto.

C. DOSSI (escritor italiano, 1849-1910), *Note azzurre*, n. 520.

1640. Às vezes a leitura é um modo engenhoso de evitar o pensamento.
Reading is sometimes an ingenious device for avoiding thought.
A. HELPS (historiador inglês, 1813-1875), *Friends in Council*, II, 1.

1641. Adoro perder-me na mente alheia. Quando não estou caminhando, estou lendo; não consigo ficar sentado, pensando. Os livros pensam por mim.
I love to lose myself in other men's minds. When I am not walking, I am reading; I cannot sit and think. Books think for me.
CH. LAMB (ensaísta inglês, 1775-1834), *Essays of Elia*, Detached Thoughts on Books and Reading.

1642. Ler, na forma como o concebo, significa pensar profundamente.
Leggere, come io l'intendo, vuol dire profondamente pensare.
V. ALFIERI (escritor italiano, 1749-1803), *Del principe e delle lettere*, I, 8, 4.

1643. A educação (…) criou uma vasta população capaz de ler, mas incapaz de reconhecer o que vale a pena ser lido.
Education [...] has produced a vast population able to read but unable to distinguish what is worth reading.
G. M. TREVELYAN (historiador inglês, 1876-1962), *English Social History*, 18.

1644. As pessoas dizem que a vida é a história verdadeira, mas eu prefiro ler.
People say that life is the thing, but I prefer reading.
L. P. SMITH (escritor norte-americano, 1865-1946), *Afterthoughts*, 6.

1645. POLÔNIO O que estais lendo, meu senhor?
HAMLET Palavras, palavras, palavras.
POLONIUS What do you read, my lord?
HAMLET Words, words, words.
W. SHAKESPEARE (dramaturgo inglês, 1564-1616), *Hamlet*, II, 2, 195-6.

1646. Escolhe um autor como escolhes um amigo.
Choose an author as you choose a friend.
W. D. ROSCOMMON (poeta inglês, 1633-1685), *Essay on Translated Verse*, 96.

1647. Quem leu muito, raramente faz grandes descobertas.
> *Leute die sehr viel gelesen haben, machen selten große Entdeckungen.*
> G. Ch. Lichtenberg (cientista e escritor alemão, 1742-1799), *Observações e pensamentos*.

Escrever

1648. Nunca leio livros. *Escrevo-os.*
> *I never read books. – I write them.*
> Punch (semanário satírico inglês), 1878.

1649. É bom escrever porque reúne as duas alegrias: falar sozinho e falar a uma multidão.
> *È bello scrivere perché riunisce le due gioie: parlare da solo e parlare a una folla.*
> C. Pavese (escritor italiano, 1908-1950), *Il mestiere di vivere*, 4/5/1946.

1650. Antes de aprender a escrever, aprendam a pensar.
> *Avant donc que d'écrire apprenez à penser.*
> N. Boileau-Despréaux (poeta e crítico francês, 1636-1711), *L'Art poétique*, I.

1651. A felicidade do escritor é o pensamento que consegue transformar-se completamente em sentimento, é o sentimento que consegue transformar-se completamente em pensamento.
> *Glück des Schriftstellers ist der Gedanke, der ganz Gefühl, ist das Gefühl, das ganz Gedanke zu werden vermag.*
> Th. Mann (escritor alemão, 1875-1955), *Morte em Veneza*.

1652. Pensar com o coração e escrever com a cabeça.
> *Pensare col cuore e scrivere colla testa.*
> C. Dossi (escritor italiano, 1849-1910), *Note azzurre*, n. 1779.

1653. Escrever é sempre esconder algo de modo que mais tarde seja descoberto.
> *Scrivere è sempre nascondere qualcosa in modo che venga poi scoperto.*

I. Calvino (escritor italiano, 1923-1985), *Se una notte d'inverno un viaggiatore*, VIII.

1654. Escrever é uma maneira de falar sem ser interrompido.

   Écrire, c'est une façon de parler sans être interrompu.

   J. Renard (escritor francês, 1864-1910), *Journal*, 10/4/1895.

1655. De fato, se queres deixar esta vida, eis que te detém o laço / de uma ambição doentia, à qual não podes mais renunciar, e a incurável / mania de escrever, que envelhece no teu coração doente.

   Nam, si discedas, laqueo tenet ambitiosi / consuetudo mali, tenet insanabile multos / scribendi cacoethes et aegro in corde senescit.

   Juvenal (poeta latino, c. 50/65-140), *Sátiras*, VII, 50-2.

1656. Calar um velho é coisa difícil. Calar um velho autor então é coisa impossível.

   Far tacere un vecchio è cosa difficile. Far poi tacere un vecchio autore è cosa impossibile.

   V. Alfieri (escritor italiano, 1749-1803), *Chiacchiere*, Prefácio.

1657. Quando me perguntam como ou por que escrevi isto ou aquilo, sinto sempre um grande embaraço. Gostaria muito de dar uma informação completa não apenas aos interlocutores, mas também a mim mesmo, porém, nunca consigo.

   Wenn ich gefragt werde, wie oder warum ich dieses oder jenes geschrieben habe, gerate ich immer wieder in erheblichen Verlegenheit. Ich möchte gern nicht nur dem Fragenden, auch mir selbst eine erschöpfende Auskunft geben, kann es aber in keinem Fall.

   H. Böll (escritor alemão, 1917-1983), *Discurso para o prêmio Nobel*, 2/5/1973.

1658. Todos os diletantes escrevem com prazer. Por isso alguns deles escrevem tão bem.

   Alle Dilettanten schreiben gern. Darum schreiben einige von ihnen so gut.

   F. Dürrenmatt (escritor suíço, 1921-1991), *Textos sobre teatro e discursos*.

1659. A verdade é que a pena, na mão de um excelente escritor, resulta por si só numa arma muito mais potente e terrível, e de efeito muito mais prolongado, do que jamais poderia ser qualquer outro cetro ou espada nas mãos de um príncipe.

Vero è, che la penna in mano di un eccellente scrittore riesce per sé stessa un'arme assai più possente e terribile, e di assai più lungo effetto, che non lo possa mai essere nessuno scettro, né brando, nelle mani d'un principe..

V. ALFIERI (escritor italiano, 1749-1803), *Del principe e delle lettere*, II, 13, 2.

1660. Quero que à baioneta seja equiparada a pena.

Я хочу, чтоб к штыку приравняли перо.

V. MAIAKOVSKI (poeta soviético, 1893-1930).

1661. A pena é na vida moderna o que a lança foi nos tempos heróicos: protege, mata, conquista. Quem não treina por certo tempo a manejar tais armas, pior para ele! Seu lugar será entre os vassalos ou os servos.

La penna è nella vita moderna ciò che la lancia fu nei tempi eroici: protegge, uccide, conquista. Chi non si addestra per tempo a maneggiar quest'arme, mal per lui! Il suo posto sarà tra i vassalli o i servi.

E. DE MARCHI (escritor italiano, 1851-1901), *L'età preziosa*, Lo scrivere.

1662. A pena é a língua da alma.

La pluma es la lengua del alma.

M. DE CERVANTES (escritor espanhol, 1547-1616), *Dom Quixote*.

1663. Se eu pudesse escrever a beleza dos teus olhos.

If I could write the beauty of your eyes.

W. SHAKESPEARE (dramaturgo inglês, 1564-1616), *Sonetos*, 17.

1664. Eu escrevia silêncios, noites, anotava o inexprimível. Fixava vertigens.

J'écrivais des silences, des nuits, je notais l'inexprimable. Je fixais des vertiges.

A. RIMBAUD (poeta francês, 1854-1891), *Délires I*, Vierge folle.

1665. Na minha opinião, escrever e comunicar significa ser capaz de fazer qualquer pessoa acreditar em qualquer coisa.

> *A mon sens, écrire et communiquer, c'est être capable de faire croire n'importe quoi à n'importe qui.*
>
> J.-M. LE CLÉZIO (escritor francês, nascido em 1940), *Le procès verbal.*

1666. Faça-os rir, faça-os chorar, faça-os esperar.
> *Make 'em laugh; make 'em cry; make 'em walt.*
>
> CH. READE (escritor inglês, 1814-1884), *Receita para um folhetim.*

1667. Uma leitura atenta das obras de um escritor, ao contrário do conhecimento da sua biografia, permite compreender muito mais sua personalidade, pois na biografia reflete-se o que ele tem em comum com o resto da humanidade, enquanto em suas obras, aquilo que tem de diferente.
> Внимательное чтение дает больше для понимания личности писателя, чем знание его биографии, потому что в биографии отражается то, чем он похож на все остальное человечество, а в его искусстве — то, чем он непохож.
>
> V. KAVERIN (escritor soviético, nascido em 1902).

1668. Estamos convencidos de que os grandes escritores colocaram sua própria história em suas obras. Pinta-se bem apenas o próprio coração, atribuindo-o a um outro.
> *Nous sommes persuadés que les grands écrivains ont mis leur histoire dans leurs ouvrages. On ne peint bien que son propre coeur, en l'attribuant à un autre.*
>
> F.-R. DE CHATEAUBRIAND (escritor francês, 1768-1848), *O gênio do cristianismo.*

1669. O que é um escritor? / Crianças abandonadas, uma mulher esquecida, e vaidade, vaidade...
> Что такое «писатель»? / Брошенные дети, забытая жена, и тщеславие, тщеславие...
>
> V. V. ROZANOV (escritor russo, 1856-1919), *Folhas caídas.*

1670. É preciso folhear meia biblioteca para fazer um livro.
> *A man will turn over half a library to make one book.*
>
> S. JOHNSON (literato inglês, 1709-1784), citado em BOSWELL, *Life of Johnson,* 6/4/1775.

1671. Não quero outro exemplo a não ser aquele dos escritores, dos quais se pode dizer que arrancam a pele um do outro e nunca deixam de roubar aqui e ali de tempos em tempos; e cada um ostenta o que pertence ao outro como se fossem suas próprias descobertas.

> *Io non voglio altro esempio, fuorché quello degli scrittori, i quali si può dire che si cavino la pelle l'un l'altro, e non cessino mai di rubacchiare questo da quello; e ognuno fa sfoggio dell'altrui, come di trovati suoi propri.*
>
> G. GOZZI (escritor italiano, 1713-1786), *L'Osservatore veneto*, XXV.

1672. O plágio é necessário. É o progresso que o implica. Ele analisa de perto a frase de um autor, serve-se de suas expressões, apaga uma idéia errada, substitui-a pela correta.

> *Le plagiat est nécessaire. Le progrès l'implique. Il serre de près la phrase d'un auteur, se sert de ses expressions, efface une idée fausse, la remplace par l'idée juste.*
>
> LAUTRÉAMONT (escritor francês, 1846-1870), *Poésies*.

1673. Recheiam seus livros magros com a gordura de outras obras.

> *They lard their lean books with the fat of others' works.*
>
> R. BURTON (erudito inglês, 1577-1640), *Anatomy of Melancholy*, Democritus to the Reader.

1674. Um escritor não lê seus colegas: vigia-os.

> *Un écrivain ne lit pas ses confrères: il les surveille.*
>
> M. CHAPELAN (escritor francês, nascido em 1906), *Lire et Ecrire*.

1675. O talento sozinho não consegue fazer um escritor. Deve existir um homem por trás do livro.

> *Talent alone cannot make a writer. There must be a man behind the book.*
>
> R. W. EMERSON (filósofo e poeta norte-americano, 1803-1882), *Representative Men*, Goethe.

1676. Fazer um livro é menos do que nada, / se o livro feito não refaz as pessoas.

Il fare un libro è meno che niente, / se il libro fatto non rifà la gente.
G. Giusti (poeta italiano, 1809-1850), *Epigrammi*.

1677. Há quem creia ser um grande escritor porque todos o lêem; e há quem creia ser um grande escritor porque ninguém o lê.

 C'è chi crede d'essere un grande scrittore perché tutti lo leggono; e c'è chi crede d'essere un grande scrittore perché non lo legge nessuno.
 R. Gervaso (escritor italiano, nascido em 1937), *Il grillo parlante*.

1678. Quando um escritor transforma-se num clássico, já não há necessidade de lê-lo: basta citá-lo.

 Quando uno scrittore diventa un classico non c'è più bisogno di leggerlo: basta citarlo.
 R. Gervaso (escritor italiano, nascido em 1937), *Il grillo parlante*.

1679. Devolvo ao público o que ele me ofereceu; dele tomei emprestada a matéria desta obra: e é justo que, tendo-a terminado com todo o respeito pela verdade de que sou capaz e que ele merece de mim, eu lhe restitua o que lhe pertence.

 Je rends au public ce qu'il m'a prêté; j'ai emprunté de lui la matière de cet ouvrage: il est juste que, l'ayant achevé avec toute l'attention pour la vérité dont je suis capable, et qu'il mérite de moi, je lui en fasse la restitution.
 J. de La Bruyère (escritor francês, 1645-1696), *Les Caractères*, Préface.

1680. Os escritores não devem preocupar-se em agradar apenas às pessoas que estão vivas quando eles escrevem (…), mas também – e talvez mais ainda – àquelas que viverão depois deles.

 Non debbono gli scrittori per cura di piacere alle genti solamente che sono in vita quando essi scrivono [...], ma a quelle ancora, e per avventura molto più, che sono a vivere dopo loro.
 P. Bembo (literato italiano, 1470-1547), *Prose della volgar lingua*, I.

1681. Os leitores são os meus vampiros.

 I lettori sono i miei vampiri.
 I. Calvino (escritor italiano, 1923-1985), *Se una notte d'inverno un viaggiatore*, VIII.

1682. Pensem agora, meus vinte e cinco leitores...

> *Pensino ora i miei venticinque lettori...*
>
> A. MANZONI (escritor italiano, 1785-1873), *I promessi sposi*, I.

1683. O romancista compõe-se de um observador e de um experimentador. Nele, o observador fornece os fatos no modo como os observou, determina o ponto de partida, estabelece o terreno sólido sobre o qual caminharão as personagens e se desenvolverão os fenômenos. Depois aparece o experimentador e institui a experiência, quero dizer, faz mover as personagens numa história particular, para mostrar que nela a sucessão dos fatos será tal como exige o determinismo dos fenômenos analisados.

> *Le romancier est fait d'un observateur et d'un expérimentateur. L'observateur chez lui donne les faits tels qu'il les a observés, pose le point de départ, établit le terrain solide sur lequel vont marcher les personnages et se développer les phénomènes. Puis l'expérimentateur paraît et institue l'expérience, je veux dire fait mouvoir les personnages dans une histoire particulière, pour y montrer que la succession des faits y sera telle que l'exige le déterminisme des phénomènes mis à l'étude.*
>
> E. ZOLA (escritor francês, 1840-1902), *Le roman expérimental*.

1684. Enquanto eu escrevia "The Shadow of the Glen", o que me ajudou mais do que qualquer leitura foi um furo no chão da velha casa de Wicklow, que me permitia ouvir o que as domésticas diziam na cozinha.

> *When I was writing "The Shadow of the Glen" I got more aid than any learning would have given me from a chink in the floor of the old Wicklow house where I was staying, that let me hear what was being said by the servants in the kitchen.*
>
> J. M. SYNGE (dramaturgo anglo-irlandês, 1871-1909), *The Playboy of the Western World*, Preface.

1685. O acaso é o maior romancista do mundo: para ser fecundo, basta estudá-lo.

> *Le hasard est le plus grand romancier du monde: pour être fécond, il n'y a qu'à l'étudier.*

H. DE BALZAC (escritor francês, 1799-1850), *A comédia humana*, Prefácio.

1686. De todos os homens, o romancista é aquele que mais se assemelha a Deus: é o macaco de Deus.

Le romancier est, de tous les hommes, celui qui ressemble le plus à Dieu: il est le singe de Dieu.

F. MAURIAC (escritor francês, 1885-1970), *Le roman*.

1687. Os verdadeiros escritores encontram suas personagens apenas *depois* de as terem criado.

Die wirklichen Dichter begegnen ihren Figuren erst, nachdem *sie sie geschaffen haben.*

E. CANETTI (escritor austríaco de origem búlgara, nascido em 1905), *A província do homem*, 1946.

1688. Se um escritor quisesse demonstrar que a liberdade não lhe é necessária, pareceria um peixe querendo convencer-nos de que a água não lhe é útil.

Если кто-нибудь из писателей задумал бы доказывать, что свобода ему не нужна, он уподобился бы рыбе, публично уверяющей, что ей не нужна вода.

M. A. BULGAKOV (escritor soviético, 1891-1940), *Carta ao governo da URSS*.

1689. Toda escrita, querendo ou não, é política. A escrita é a continuação da política por outros meios.

Toute écriture, qu'elle le veuille ou non, est politique. L'écriture est la continuation de la politique par d'autres moyens.

PH. SOLLERS (escritor francês, nascido em 1936), *Ecriture et révolution*.

1690. A política (...) é uma pedra que, amarrada no pescoço da literatura, em menos de seis meses a submerge. A política em meio aos interesses da imaginação é um tiro de pistola no meio de um concerto.

La politique [...] est une pierre attachée au cou de la littérature, et qui, en moins de six mois, la submerge. La politique au milieu des intérêts d'imagination, c'est un coup de pistolet au milieu d'un concert.

STENDHAL (escritor francês, 1783-1842), *O vermelho e o negro*, II, 22.

1691. Escrever é um processo ou infinitamente veloz, ou infinitamente lento.

   Schreiben geht entweder unendlich schnell oder unendlich langsam vor sich.
   F. DÜRRENMATT (escritor suíço, 1921-1991), *Textos sobre teatro e discursos.*

1692. O escritor é um homem que mais do que qualquer outro tem dificuldade para escrever.

   Ein Schriftsteller ist ein Mann, dem das Schreiben schwerer fällt, als allen anderen Leuten.
   TH. MANN (escritor alemão, 1875-1955), *Tristão.*

1693. O que é escrito sem esforço em geral é lido sem prazer.

   What is written without effort is in general read without pleasure.
   S. JOHNSON (literato inglês, 1709-1784), *Johnsonian Miscellanies*, II.

O estilo

1694. A arte de um autor está em rasurar.

   L'arte di un autore sta nel cancellare.
   C. DOSSI (escritor italiano, 1849-1910), *Note azzurre*, n. 4468.

1695. Lê o que escreveste, e cada vez que encontrares um trecho que te pareça particularmente belo, rasura-o.

   Read over your compositions, and where ever you meet with a passage which you think is particularly fine, strike it out.
   S. JOHNSON (literato inglês, 1709-1784), citado em BOSWELL, *Life of Johnson*, 30/4/1773.

1696. Os que escrevem como falam, mesmo se falam muito bem, escrevem mal.

   Ceux qui écrivent comme ils parlent, quoiqu'ils parlent très bien, écrivent mal.
   G.-L. BUFFON (naturalista francês, 1707-1788), *Discours sur le style.*

1697. Escreve com Fúria, mas corrige com Fleuma.

And write with Fury, but correct with Phlegm.
W. D. ROSCOMMON (poeta inglês, 1633-1685).

1698. Nisto errou: escrevia em apenas uma hora, que proeza! / Duzentos versos, assim, como se diz, numa sentada! / Mas fluíam de modo torpe, e havia exageros que terias vontade de tirar. / Era muito loquaz, preguiçoso para esforçar-se a escrever: / escrever bem, quero dizer: não conto os excessos.

Nam fuit hoc vitiosus: hora saepe ducentos, / ut magnum, versus dictabat stans pede in uno: / cum flueret lutulentus, erat quod tollere velles: / garrulus atque piger scribendi ferre laborem, / scribendi recte: nam ut multum, nil moror.
HORÁCIO (poeta latino, 65-8 a.C.), *Sátiras*, I, 4, 9-13.

1699. Uma frase perfeitamente sadia é muito rara.
A perfectly healthy sentence is extremely rare.
H. D. THOREAU (escritor norte-americano, 1817-1862), *Journal*, 1841.

1700. O molho dos contos é a propriedade da linguagem.
La salsa de los cuentos es la propiedad del lenguaje.
M. DE CERVANTES (escritor espanhol, 1547-1616), *Los trabajos de Persiles y Sigismunda*.

1701. O estilo é o esquecimento de todos os estilos.
Le style, c'est l'oubli de tous les styles.
J. RENARD (escritor francês, 1864-1910), *Journal*, 7/4/1891.

1702. O estilo não é outra coisa senão a ordem e o movimento que colocamos nos nossos pensamentos.
Le style n'est que l'ordre et le mouvement qu'on met dans ses pensées.
G.-L. BUFFON (naturalista francês, 1707-1788), *Discours sur le style*.

1703. O estilo é o próprio homem.
Le style est l'homme même.
G.-L. BUFFON (naturalista francês, 1707-1788), *Discours sur le style*.

A crítica literária

1704. Elogiam aquele, mas lêem este!

Laudant illa, sed ista legunt.

MARCIAL (poeta latino, c. 40-102), *Epigramas*, IV, 49, 10.

1705. Nunca leio um livro antes de analisá-lo: a leitura influencia negativamente.

I never read a book before reviewing it, it prejudices a man so.

S. SMITH (eclesiástico inglês, 1771-1845), citado em H. PEARSON, *The Smith of Smiths*, 3.

1706. A função de um autor é uma função bastante inútil; é a de um homem que se acha em condições de dar lições ao público. E a função do crítico? É mais inútil ainda; é a de um homem que se acha em condições de dar lições àquele que se acha em condições de dá-las ao público.

Le rôle d'un auteur est un rôle assez vain; c'est celui d'un homme qui se croit en état de donner des leçons au public. Et le rôle du critique? Il est bien plus vain encore; c'est celui d'un homme qui se croit en état de donner des leçons à celui qui se croit en état d'en donner au public.

D. DIDEROT (filósofo francês, 1713-1784), *Discours sur la poésie dramatique*.

1707. Segui as vossas impressões, e sobretudo as primeiras, que são as melhores.

State alle vostre impressioni, e soprattutto alle prime, che sono le migliori.

F. DE SANCTIS (crítico literário italiano, 1817-1883), *Saggi critici*, vol. II, Francesca da Rimini.

1708. Questionais se Nerina era filha de um cocheiro ou de um chapeleiro. Meu Deus, matastes Nerina!

Voi disputate se Nerina era figlia di un cocchiere o di un cappellaio. Oimè, mi avete ucciso Nerina.

F. DE SANCTIS (crítico literário italiano, 1817-1883), *Saggi critici*, vol. III, La Nerina di Giacomo Leopardi.

1709. A poesia é esquecimento da alma no objeto da sua contemplação; a crítica é esquecimento da alma na poesia.

La poesia è oblio dell'anima nell'oggetto della sua contemplazione; la critica è oblio dell'anima nella poesia.

F. DE SANCTIS (crítico literário italiano, 1817-1883), *Saggi critici*, vol. I, "La Divina commedia", versão de F. Lamennais.

1710. A crítica é a consciência ou o olho da poesia, a mesma obra espontânea do gênio reproduzida como obra refletida pelo gosto.

La critica è la coscienza o l'occhio della poesia, la stessa opera spontanea del genio riprodotta come opera riflessa dal gusto.

F. DE SANCTIS (crítico literário italiano, 1817-1883), *Saggi critici*, vol. I, "La Divina commedia", versão de F. Lamennais.

1711. Um cepticismo prudente é o primeiro atributo de um bom crítico.

A wise scepticism is the first attribute of a good critic.

J. R. LOWELL (escritor norte-americano, 1819-1891), *Among my Books*, 2, Shakespeare Once More.

1712. Deveria existir uma pitada de diletantismo na crítica. Pois o diletante é um entusiasta que ainda não se acomodou e não está preso aos hábitos.

There should be a dash of the amateur in criticism. For the amateur is a man of enthusiasm who has not settled down and is not habit bound.

J. B. ATKINSON (ensaísta norte-americano, nascido em 1894), *Once Around the Sun*, 8 de julho.

A LÍNGUA

A língua

1713. A língua... é uma ponte que te permite atravessar com segurança de um lugar a outro.
Language... is bridge, so that you can get safely from one place to another.
A. WESKER (comediógrafo inglês, nascido em 1932), *Roots*, 1.

1714. A língua, por assim dizer, é o *espaço social* das idéias.
La langue est donc, pour ainsi dire, l'espace social *des idées.*
G. DE TARDE (sociólogo francês, 1843-1904), *La logique sociale.*

1715. Apenas no prazer da reprodução lingüística nasce um mundo a partir do caos.
Nur in der Wonne sprachlicher Zeugung wird aus dem Chaos eine Welt.
K. KRAUS (escritor austríaco, 1874-1936), *Pro domo et mundo.*

1716. A língua é poesia fóssil.
Language is fossil poetry.
R. W. EMERSON (filósofo e poeta norte-americano, 1803-1882), *Essays*, The Poet.

1717. Se a língua fosse um produto do espírito lógico, e não do poético, teríamos apenas uma.
Wäre die Sprache ein Produkt des logischen Geistes anstatt des poetischen, so würden wir nur eine haben.
CH. F. HEBBEL (poeta e dramaturgo alemão, 1813-1863), *Diários*, 1858.

1718. Qual é a melhor língua? – Leio Shakespeare e digo que é o inglês – leio Virgílio e digo "é o latim" – leio Dante e digo que é o italiano – leio Richter e digo que é o alemão – leio Porta e digo que é o milanês.

Qual è la miglior lingua? – Leggo Shakespeare, e dico, è l'inglese – leggo Virgilio e dico "è il latino" – leggo Dante e dico è l'italiano – leggo Richter, e dico, è il tedesco – leggo Porta, e dico è il milanese.

C. Dossi (escritor italiano, 1849-1910), *Note azzurre*, n. 1675.

1719. Não é coisa reprovável, mas altamente louvável, tomar emprestadas de uma língua estrangeira as sentenças e palavras e incorporá-las na própria.

Ce n'est point chose vicieuse, mais grandement louable, emprunter d'une langue étrangère les sentences et les mots, et les approprier à la sienne.

J. Du Bellay (poeta francês, 1522-1560), *La Défense et illustration de la langue française*, I, 8.

1720. Não se pode chamar realmente de língua o idioma que não possui escritor.

Non si può dire che sia veramente lingua, alcuna favella che non ha scrittore.

P. Bembo (literato italiano, 1470-1547), *Prose della volgar lingua*, I.

1721. Quem não conhece línguas estrangeiras, não sabe nada da própria.

Wer fremde Sprachen nicht kennt, weiß nichts von seiner eigenen.

J. W. Goethe (escritor alemão, 1749-1832), *Máximas e reflexões*, 91.

1722. As pessoas que aprendem línguas estrangeiras com facilidade geralmente têm uma personalidade forte.

Menschen die mit Leichtigkeit fremde Sprachen erlernen, haben gewöhnlich einen starken Charakter.

L. Börne (escritor alemão, 1786-1837), *Fragmentos e aforismos*.

1723. Minha linguagem é como uma prostituta qualquer que eu transformo em virgem.

Meine Sprache ist die Allerweltshure, die ich zur Jungfrau mache.

K. Kraus (escritor austríaco, 1874-1936), *Pro domo et mundo*.

1724. Dar um sentido mais puro às palavras da tribo.
Donner un sens plus pur aux mots de la tribu.
S. MALLARMÉ (poeta francês, 1842-1898), *Le tombeau d'Edgar Poe.*

1725. A linguagem é a mãe, não a criada do pensamento.
Die Sprache ist die Mutter, nicht die Magd des Gedankens.
K. KRAUS (escritor austríaco, 1874-1936), *Do artista.*

1726. O conhecimento das línguas antigas é sobretudo um luxo.
The knowledge of the ancient languages is mainly a luxury.
J. BRIGHT (político inglês, 1811-1889), in *Pall Mall Gazette*, 30/11/1886.

1727. As línguas, como as religiões, vivem de heresias.
Las lenguas, como las religiones, viven de herejías.
M. DE UNAMUNO (escritor espanhol, 1864-1936).

A gramática

1728. Enganam-se aqueles que querem combater o uso com a gramática.
Ceux qui veulent combattre l'usage par la grammaire se moquent.
M. DE MONTAIGNE (escritor francês, 1533-1592), *Os ensaios*, III, 5.

1729. A gramática, a mesma árida gramática, transforma-se em algo parecido a uma feitiçaria evocatória; as palavras ressuscitam revestidas de carne e osso, o substantivo, em sua majestade substancial, o adjetivo, roupa transparente que o veste e colore como um verniz, e o verbo, anjo do movimento que dá impulso à frase.
La grammaire, l'aride grammaire elle-même, devient quelque chose comme une sorcellerie évocatoire; les mots ressuscitent revêtus de chair et d'os, le substantif, dans sa majesté substantielle, l'adjectif, vêtement transparent qui l'habille et le colore comme un glacis, et le verbe, ange du mouvement qui donne le branle à la phrase.
CH. BAUDELAIRE (poeta francês, 1821-1867), *Le poème du haschisch.*

1730. Embora as gramáticas sejam tão numerosas quanto os gramáticos, ou melhor, mais numerosas...

> *Cum totidem sint grammaticae quot grammatici, imo plures...*
> ERASMO DE ROTTERDAM (humanista holandês, 1466-1536), *Elogio da loucura*, XLIX.

1731. "Essa palavra se escreve com 'V' ou com 'W'?", perguntou o juiz. "Depende do gosto e da fantasia de quem está escrevendo, senhor", respondeu Sam.

> *"Do you spell it with a 'V' or a 'W'?", inquired the judge.*
> *"That depends upon the taste and fancy of the speller, my Lord",*
> *replied Sam.*
> CH. DICKENS (escritor inglês, 1812-1870), *Pickwick Papers*, 34.

1732. MAGNA, ROMA.
Meu Deus, como uma vírgula / pode mudar tudo.

> *MAGNA, ROMA.*
> *Dio, come una virgola / può cambiare tutto.*
> G. GUERRASIO (cineasta e poeta italiano, nascido em 1920), *Come passa il tempo, è già la fine del mondo.*

A semântica

1733. O vínculo que une o signo ao significado é arbitrário, ou melhor, uma vez que entendemos por signo o total resultante da associação de um significante a um significado, podemos dizer de modo mais simples: *o signo lingüístico é arbitrário.*

> *Le lien unissant le signe au signifié est arbitraire, ou encore, puisque nous entendons par signe le total résultant de l'association d'un signifiant à un signifié, nous pouvons dire plus simplement:* le signe linguistique est arbitraire.
> F. DE SAUSSURE (lingüista suíço, 1857-1913), *Cours de linguistique générale.*

1734. O signo lingüístico não une uma coisa e um nome, mas um conceito e uma imagem acústica.

> *Le signe linguistique unit non une chose et un nom, mais un concept et une image acoustique.*

F. DE SAUSSURE (lingüista suíço, 1857-1913), *Cours de linguistique générale*.

1735. O intolerável luta / com palavras e com seu significado.
The intolerable wrestle / With words and their meaning.
TH. S. ELIOT (poeta e dramaturgo anglo-americano, 1888-1965), *Four Quartets*, East Coker, 2.

1736. "Quando uso uma palavra", replicou Humpty Dumpty com um tom meio desdenhoso, "ela significa exatamente o que quero que signifique – nem mais, nem menos."
"When I use a word", Humpty Dumpty said in a rather scornful tone, "it means just what I chose it to mean, – neither more nor less."
L. CARROLL (escritor e matemático inglês, 1832-1898), *Do outro lado do espelho*, VI.

1737. Como podemos nos entender (...), se nas palavras que digo coloco o sentido e o valor das coisas como se encontram dentro de mim; enquanto quem as escuta inevitavelmente as assume com o sentido e o valor que têm para si, do mundo que tem dentro de si?
Come possiamo intenderci [...] se nelle parole ch'io dico metto il senso e il valore delle cose come sono dentro di me; mentre chi le ascolta, inevitabilmente le assume col senso e col valore che hanno per sé, del mondo com'egli l'ha dentro?
L. PIRANDELLO (escritor italiano, 1867-1936), *Seis personagens à procura do autor*, I.

1738. O que há em um nome? Aquilo que chamamos de rosa, / Mesmo com outro nome, teria o mesmo perfume suave.
What's in a name? That which we call a rose / By any other name would smell as sweet.
W. SHAKESPEARE (dramaturgo inglês, 1564-1616), *Romeu e Julieta*, II, 2.

A semiologia

1739. É possível, portanto, conceber uma *ciência que estude a vida dos signos no seio da vida social*; ela constituiria uma parte da psicologia social e, por conseguinte, da psicologia geral; chamá-la-emos de *semiologia*.

> *On peut donc concevoir une science qui étudie la vie des signes au sein de la vie sociale; elle formerait une partie de la psychologie sociale, et par conséquent de la psychologie générale; nous la nommerons sémiologie.*
>
> F. DE SAUSSURE (lingüista suíço, 1857-1913), *Cours de linguistique générale*.

A tradução

1740. Parece-me que traduzir de uma língua para outra, se não for das rainhas das línguas, a grega e a latina, seria como olhar as tapeçarias flamengas pelo avesso: mesmo sendo visíveis, as figuras apresentam-se cheias de fios que as tornam confusas, e não com a lisura e a clareza do lado direito.

> *Me parece que traducir de una lengua a otra, como no sea de las reinas de las lenguas, griega y latina, es como quien mira los tapices flamencos por el revés, que aunque se ven las figuras, son llenas de hilos que las oscurecen y no se ven con la lisura y tez de la faz.*
>
> M. DE CERVANTES (escritor espanhol, 1547-1616).

1741. A tradução, na melhor das hipóteses, é um eco.

> *Translation is at best an echo.*
>
> G. H. BORROW (escritor inglês, 1803-1881), *The Bible in Spain*, 1.

1742. O original não é fiel à tradução.

> *El original es infiel a la traducción.*
>
> J. L. BORGES (escritor argentino, 1899-1986), referindo-se à tradução que W. E. Henly fez do *Vathek*, de W. Beckford, em *Sobre el "Vathek" de William Beckford*.

1743. As traduções das obras literárias ou são fiéis e só podem ser ruins, ou são boas e só podem ser infiéis.

> *Le traduzioni delle opere letterarie, o sono fedeli e non possono essere se non cattive, o sono buone e non possono essere se non infedeli.*
>
> C. DOSSI (escritor italiano, 1849-1910), *Note azzurre*, n. 4826.

1744. Aquele ali julga-se Kant porque o traduziu.
Celui-là se croit Kant parce qu'il l'a traduit.
D. GAY DE GIRARDIN (escritora francesa, 1806-1881), *L'école des journalistes*, I, 5.

1745. Ai dos feitores de traduções literárias que, ao traduzir cada palavra, enfraquecem o sentido! Este é bem o caso em que se pode dizer que a letra mata e o espírito vivifica.
Malheur aux faiseurs de traductions littérales, qui en traduisant chaque parole énervent le sens! C'est bien là qu'on peut dire que la lettre tue, et que l'esprit vivifie.
VOLTAIRE (escritor e filósofo francês, 1694-1778), *Lettres philosophiques*.

O ELOGIO

O elogio

1746. Não louves homem algum antes da morte.
   Ante mortem ne laudes hominem quemquam.
   ECLESIÁSTICO (livro sapiencial do Antigo Testamento), XI, 30.

1747. Podes conhecer o espírito de qualquer pessoa, se observares como ela se comporta ao elogiar e receber elogios.
   Qualis quisque sit, scies, si quemadmodum laudet, quemadmodum laudetur, aspexeris.
   SÊNECA (filósofo latino, 4 a.C.-65 d.C.), *Cartas a Lucílio*, 52, 12.

1748. As coisas não são elogiadas porque são desejáveis, mas desejadas porque são elogiadas.
   Non enim, quia concupiscenda sunt, laudantur, sed concupiscuntur, quia laudata sunt.
   SÊNECA (filósofo latino, 4 a.C.-65 d.C.), *Cartas a Lucílio*, 81, 29.

1749. O homem reconhece e elogia apenas aquilo que é capaz de fazer.
   Der Mensch erkennt nur das an und preist nur das, was er selber zu machen fähig ist.
   J. P. ECKERMANN (literato alemão, 1792-1854), *Colóquios com Goethe*, 18/3/1831.

1750. Elogiamos ou criticamos de acordo com a maior oportunidade que o elogio ou a crítica oferecem para fazer brilhar nossa capacidade de julgamento.
   Man lobt oder tadelt, je nachdem das eine oder das andere mehr Gelegenheit gibt, unsere Urteilskraft leuchten zu lassen.

F. W. Nietzsche (filósofo alemão, 1844-1900), *Humano, demasiado humano*, O fiel da balança, I, 86.

1751. Não apenas nos tornamos insensíveis ao elogio e nunca à crítica..., mas em qualquer tempo, os elogios de mil pessoas muito estimáveis não nos consolam, não servem de contrapeso à dor que nos causa a crítica, um motejo, um desprezo de uma pessoa muito desprezível, de um carregador.

Non solo noi diveniamo insensibili alla lode e non mai al biasimo..., ma in qualunque tempo, le lodi di mille persone stimabilissime non ci consolano, non fanno contrappeso al dolore che ci dà il biasimo, un motteggio, un disprezzo di persona disprezzatissima, di un facchino.

G. Leopardi (escritor italiano, 1798-1837), *Zibaldone*, 29/7/1829.

1752. Amigos, romanos, compatriotas, ouçam-me com atenção; / Venho para enterrar César, não para elogiá-lo.

Friends, Romans, countrymen, lend me your ears; / I come to bury Caesar, not to praise him.

W. Shakespeare (dramaturgo inglês, 1564-1616), *Júlio César*, III, 2, 79-80.

1753. Contra os ataques é possível se defender: contra o elogio não se pode fazer nada.

Gegen Angriffe kann man sich wehren: gegen Lob ist man machtlos.

S. Freud (médico austríaco, 1856-1939), *O mal-estar na civilização*.

A adulação

1754. Melhores são as feridas feitas por quem te ama do que os ósculos falsos de quem te quer mal.

Meliora sunt vulnera diligentis, quam fraudulenta oscula odientis.

Provérbios (livro sapiencial do Antigo Testamento), XXVII, 6.

1755. Os aduladores assemelham-se aos amigos como os lobos aos cães.

Flatterers look like friends as wolves like dogs.

J. J. Chapman (poeta e dramaturgo norte-americano, 1862-1933), *Byron's conspiracy*, III, 1.

1756. Os aduladores são hábeis leitores do pensamento; dizem exatamente aquilo que você está pensando.

Die Schmeichler sind geschickte Gedankenleser; sie sagen genau was du denkst.

FLIEGENDE BLÄTTER (semanário humorístico alemão).

1757. O que realmente deixa um homem lisonjeado é o fato de você considerá-lo digno de adulação.

What really flatters a man is that you think him worth flattering.

G. B. SHAW (comediógrafo irlandês, 1856-1950), *John Bull's other Island.*

1758. O adulador é um ser que não tem estima nem pelos outros, nem por si mesmo. Aspira apenas a cegar a inteligência do homem, para depois fazer dele o que quiser. É um ladrão noturno que primeiro apaga a luz e em seguida começa a roubar.

Льстец есть тварь, которая не только о других, ниже о себе хорошего мнения не имеет. Все его стремление к тому, чтоб сперва ослепить ум у человека, а потом делать из него, что ему надобно. Он ночной вор, который сперва свечу погасит, а потом красть станет.

D. I. FONVIZIN (comediógrafo russo, 1745-1792), *O menor de idade.*

1759. Quem não sente amor, deve aprender a adular; caso contrário, não consegue viver.

Wer keine Liebe fühlt, muß schmeicheln lernen; sonst kommt er nicht aus.

J. W. GOETHE (escritor alemão, 1749-1832), *Máximas e reflexões*, X, 20.

1760. As sereias cantam mais docemente quando querem trair.

Sirens sing sweetest when they would betray.

M. DRAYTON (poeta inglês, 1563-1631), *Legend of Matilda the Fair.*

1761. Voltando de Genebra, de uma conferência sobre gases venenosos, o embaixador Salvatore Razzi respondeu a Mussolini, que lhe perguntava qual o gás mais letal: "O incenso, Excelência."

Di ritorno da Ginevra, da una conferenza sui gas venefici, l'am-

basciatore Salvatore Razzi rispose a Mussolini che gli chiedeva quale fosse il più letale: "L'incenso, Eccellenza."
De *Il Giornale*, de 20/7/1988.

1762. Onde havia sombra, agora o carvalho estende-se / morto, nem se bate mais com os redemoinhos. / As pessoas dizem: Agora vejo: era mesmo grande! / Pendem daqui e dali da coroa / os pequenos ninhos da primavera. / Dizem as pessoas: Agora vejo: era mesmo bom! / Todos elogiam, todos cortam...

Dov'era l'ombra, or sé la quercia spande / morta, né più coi turbini tenzona. / La gente dice: Or vedo: era pur grande! / Pendono qua e là dalla corona / i nidietti della primavera. / Dice la gente: Or vedo: era pur boana! / Ognuno loda, ognuno taglia...

G. Pascoli (poeta italiano, 1855-1912), *Primi poemetti*, La quercia caduta.

1763. Um Porco disse ao Carvalho: "Você é grande, / forte e potente! Admiro-o muito!" / "Eu sei", respondeu o Carvalho com um suspiro, / "faz um bom tempo que você engorda com meus frutos!"

Disse un Porco a la Quercia: "Tu sei grande, / forte e potente! È tanto che t'ammiro!" / "Lo so" rispose lei con un sospiro / "è un pezzo che t'ingrassi co'le ghiande!"

Trilussa (poeta dialetal italiano, 1871-1950), *Libro muto*, Disinteresse.

1764. O homem, por natureza, é levado a desprezar quem o bajula e a admirar quem não se mostra condescendente.

Πέφυκε γὰρ ἄνθρωπος τὸ μὲν θεραπεῦον ὑπερφρονεῖν, τὸ δὲ μὴ ὑπεῖχον θαυμάζειν.

Tucídides (historiador grego, c. 460-c. 404 a.C.), *História da Guerra do Peloponeso*, III, 39, 5.

A admiração

1765. *Admiração*. Nosso reconhecimento cortês de que outra pessoa assemelha-se a nós.

Admiration. *Our polite recognition of another's resemblance to ourselves.*

A. Bierce (escritor norte-americano, 1842-1914), *The Devil's Dictionary*.

1766. A admiração é sempre um cansaço para a espécie humana.

L'admiration est toujours une fatigue pour l'espèce humaine.
H. DE BALZAC (escritor francês, 1799-1850), *Le Bal de Sceaux*.

1767. Assusta pensar que talvez a admiração mais sincera de que gozamos seja a das pessoas que não nos compreenderam.

Asusta pensar que acaso las admiraciones más sinceras que tenemos son las de las personas que no nos han comprendido.
B. PÉREZ GALDÓS (escritor espanhol, 1843-1920).

1768. Um tolo sempre encontra alguém mais tolo que o admire.

Un sot trouve toujours un plus sot qui l'admire.
N. BOILEAU-DESPRÉAUX (poeta e crítico francês, 1636-1711), *L'Art poétique*, I.

1769. Reverencio até a pulga do seu cão.

I do honour the very flea of his dog.
B. JONSON (escritor inglês, 1572-1637), *Every Man in His Humour*, IV, 2.

1770. É uma grande virtude considerar todos melhores do que nós.

Es gran virtud tener a todos por mejores que nosotros.
TERESA D'ÁVILA (mística espanhola, 1515-1582).

1771. Se víssemos apenas aqueles que estimamos, não veríamos ninguém.

Si l'on ne voyait que les gens qu'on estime, on ne verrait personne.
C.-P.-J. DE CRÉBILLON (escritor francês, 1707-1777), *Les égarements du coeur et de l'esprit*.

A imitação

1772. ... e no sulco marcado / pelos teus pés fielmente imprimo as pegadas dos meus; / não que eu ambicione emular-te, mas tão grande é o amor / que imitar-te é para mim uma alegria. De fato, como a andorinha / competiria com os cisnes, ou como os cabritos / de passo trêmulo poderiam assemelhar-se ao impetuoso / corcel?

... inque tuis nunc / ficta pedum pono pressis vestigia signis, / non ita certandi cupidus quam propter amorem / quod te imitari aveo;

> *quid enim contendat hirundo / cygnis, aut quidnam tremulis facere artubus haedi / consimile in cursu possint et fortis equi vis?*
> Lucrécio (poeta latino, c. 98-55 a.C.), *Da natureza*, III, 3-8.

1773. O humano se estabelece na imitação: um homem torna-se um homem apenas imitando outros homens.

> *Das Humane haftet an der Nachahmung: ein Mensch wird zum Menschen, überhaupt erst, indem er andere Menschen imitiert.*
> Th. W. Adorno (filósofo alemão, 1903-1969), *Minima moralia*, II, Pedra de toque.

1774. A imitação é a forma mais sincera de adulação.

> *Imitation is the sincerest form of flattery.*
> Ch. C. Colton (prelado e escritor inglês, 1780-1832), *Lacon*, I.

A ofensa

1775. Raramente vale a pena ser rude. Nunca vale a pena ser rude pela metade.

> *It seldom pays to be rude. It never pays to be only half rude.*
> N. Douglas (escritor inglês, 1868-1952).

1776. As mulheres e os elefantes nunca esquecem uma ofensa.

> *Women and elephants never forget an injury.*
> Saki (escritor inglês, 1870-1916), *Reginald*, Reginald on Besetting Sins.

1777. Nada ofende mais a mulher, / do que chamá-la de velha ou feia.

> *Ch'a donna non si fa maggior dispetto, / che quando o vecchia o brutta le vien detto.*
> L. Ariosto (poeta italiano, 1474-1533), *Orlando furioso*, XX, oitava 120.

1778. Esquece-se muito antes uma ferida do que um insulto.

> *An injury is much sooner forgotten than an insult.*
> Ph. D. Chesterfield (estadista inglês, 1694-1773), *Letters to his Son*, 9/10/1746.

1779. O melhor remédio contra as ofensas é desprezá-las.

> *El mejor remedio en las injurias es despreciarlas.*
> M. Alemán (escritor espanhol, c. 1547-1614), *Vida del pícaro Guzmán de Alfarache*.

1780. Responder à ofensa com ofensa é lavar a lama com a lama.
Contestar injuria con injuria es lavar el barro con el barro.
J. L. Vives (humanista espanhol, 1492-1540).

1781. Os homens envergonham-se não das injúrias que cometem, mas daquelas que recebem. Porém, para fazer com que os ofensores se envergonhem, não há outro caminho senão o de devolver-lhes a ofensa.
Gli uomini si vergognano, non delle ingiurie che fanno, ma di quelle che ricevono. Però ad ottenere che gl'ingiuriatori si vergognino, non v'è altra via che di rendere loro il cambio.
G. Leopardi (poeta italiano, 1798-1837), *Pensieri*, LVII.

1782. O elogio que se conquista em não se deixar ofender supera a glória que se ganha vingando-se.
La lode che s'acquista in non lasciarsi offendere avanza la gloria che si guadagna vendicandosi.
P. Aretino (escritor italiano, 1492-1556), *La Talanta*, III, 17.

1783. As injúrias devem ser feitas todas de uma só vez, a fim de que, saboreando-as menos, ofendam menos: e os benefícios devem ser feitos pouco a pouco, a fim de que sejam mais bem saboreados.
Le iniurie si debbono fare tutte insieme, acciò che, assaporandosi meno, offendino meno: e' benefizii si debbono fare a poco a poco, acciò che si assaporino meglio.
N. Maquiavel (político e escritor italiano, 1469-1527), *O príncipe*, VIII, 8.

A calúnia

1784. A melhor resposta às calúnias é o silêncio.
Calumnies are answered best with silence.
B. Jonson (escritor inglês, 1572-1637), *Volpone*, II, 2.

1785. Falar mal dos outros agrada tanto às pessoas que é muito difícil deixar de condenar um homem para comprazer nossos interlocutores.

> Злословие так нравится людям, что очень трудно удержаться от того, чтобы не сделать приятное своим собеседникам: не осудить человека.
>
> L. N. TOLSTOI (escritor russo, 1828-1910).

1786. Lésbia calunia, nunca cessa de falar mal / de mim: que eu possa morrer se não me ama.

> *Lesbia mi dicit semper male nec tacet umquam / de me: Lesbia me disperream nisi amat.*
>
> CATULO (poeta latino, 87-54 a.C.), *Poesias*, XCII, 1-2.

1787. Queimados pelo fogo intenso da glória alheia, os vis, impotentes para atingir a mesma altura, desabafam com o vitupério.

> *Bruciàti dall'acuto fuoco della gloria altrui, i vili, impotenti a raggiungerne l'altezza, si sfogano col vituperio.*
>
> VṚDDHACĀṆAKYA (sentenças indianas), XIII, 11, trad. para o it. P. E. Pavolini.

1788. A calúnia é como uma moeda falsa: muitos que não gostariam de tê-la emitido, fazem-na circular sem escrúpulos.

> *La calomnie est comme la fausse monnaie: bien des gens qui ne voudraient pas l'avoir émise, la font circuler sans scrupule.*
>
> DIANE DE POITIERS (duquesa francesa, 1499-1566), *Maximes de la vie*, 4.

O desprezo

1789. Muitas vezes descobre-se que aquilo que se despreza vale mais / do que aquilo que se exalta.

> *Laudatis utiliora, quae contempseris, / saepe inveniri.*
>
> FEDRO (fabulista latino, séc. I d.C.), *Fábulas*, I, 12, 1-2.

1790. Apenas quem é desprezível pode ter medo de ser desprezado.

> *Il n'y a que ceux qui sont méprisables qui craignent d'être méprisés.*
>
> F. LA ROCHEFOUCAULD (escritor francês, 1613-1680), *Maximes*, 322.

1791. O desprezo, a falta de zelo, a severidade em demasia, o rigor, a insatisfação, a intolerância etc., seja em relação aos homens em geral, seja em relação àqueles da mesma profissão (...) é sinal de pouco ou nenhum valor, tanto no relacionamento comum como no profissional, pois sempre quem pouco vale, não podendo justamente estimar a si mesmo nem aos outros, tem muito orgulho de si e desprezo pelo próximo.

> *L'essere disprezzante, non curante, severissimo, esigente, incontentabile, intollerante ecc. o verso gli uomini in genere, o verso quelli della propria professione [...] è segno di poco o niun valore, sia in genere sia nella sua professione, perché sempre chi poco vale, non potendo giustamente estimar se stesso né gli altri, è superbo verso se, e verso gli altri disprezzante.*
> G. LEOPARDI (poeta italiano, 1798-1837), *Zibaldone*, VI, 131.

1792. Muitos conseguem suportar a adversidade, mas poucos toleram o desprezo.

> *Many can bear adversity, but few contempt.*
> TH. FULLER (escritor inglês, 1654-1734), *Gnomologia*.

1793. Nunca se deve fazer pouco caso de ninguém, mesmo se se tratar de um inimigo; pois o escárnio parece ser maior sinal de desprezo do que a injúria; isso porque as injúrias são feitas ou por ira, ou por alguma cobiça; e não há quem se irrite com alguma coisa ou por aquilo que lhe é insignificante, nem quem passe a desejar aquilo que despreza totalmente.

> *Schernire non si dee mai persona, quantunque inimica; perché maggior segno di dispregio pare che si faccia schernendo, che ingiuriando; con ciò sia che le ingiurie si fanno o per istizza o per alcuna cupidità; e niuno è che si adiri con cosa o per cosa che egli abbia per niente, o che appetisca quello che egli sprezza del tutto.*
> G. DELLA CASA (escritor italiano, 1503-1556), *Galateo ou Dos costumes*, XIX.

A crítica

1794. Uma mosca, senhor, pode picar um majestoso cavalo e fazê-lo estremecer; mas a mosca é sempre um inseto, e o outro será sempre um cavalo.

A fly, Sir, may sting a stately horse and make him wince; but one is but an insect, and the other is a horse still.

S. JOHNSON (literato inglês, 1709-1784), citado em BOSWELL, *Life of Johnson*, I.

1795. As pessoas te pedem uma crítica, mas querem apenas um elogio.
People ask you for criticism, but they only want praise.
W. S. MAUGHAM (escritor inglês, 1874-1965), *Of Human Bondage*, V.

1796. A crítica é como o champanhe; nada mais execrável quando é ruim, nada mais excelente quando é boa.
Criticism is like champagne: nothing more execrable if bad, nothing more excellent if good.
CH. C. COLTON (prelado e escritor inglês, 1780-1832), *Lacon*, II, 122.

1797. Sem a liberdade de criticar não existe elogio lisonjeiro.
Sans la liberté de blâmer, il n'est point d'éloge flatteur.
P.-A. BEAUMARCHAIS (comediógrafo francês, 1732-1799), *As bodas de Fígaro*.

1798. Do mesmo modo como o homem de bem se sente mal ao criticar os outros, o malvado se compraz ao fazer o mesmo.
anyān parivadan sādhur yathā hi paritapyate / tathā parivadann anyāṃs tuṣṭo bhavati durjanaḥ //
MAHĀBHĀRATA (poema épico indiano, séc. II-III d.C.), 1, 3079.

1799. Agradeço pela crítica mais severa apenas se ela permanecer imparcial.
Ich bin dankbar für die schärfste Kritik, wenn sie nur sachlich bleibt.
O. VON BISMARCK (político alemão, 1815-1898), *Discursos*, 30/11/1874.

1800. As paródias e as caricaturas são as formas mais agudas de crítica.
Parodies and caricatures are the most penetrating of criticisms.
A. L. HUXLEY (escritor inglês, 1894-1963), *Point Counter Point*, 28.

1801. Por natureza, todos nós estamos mais prontos a criticar os erros do que a elogiar as coisas bem feitas.
Tutti da natura siamo pronti più a biasimare gli errori, che a laudar le cose ben fatte.
B. CASTIGLIONE (escritor italiano, 1478-1529), *O cortesão*, II, 7.

A DOENÇA

A doença

1802. A doença deve ser combatida ao nascer.
   Venienti occurrite morbo.
   PÉRSIO (poeta latino, 34-62), *Sátiras*, III, 64.

1803. A cura está ligada ao tempo e às vezes também às circunstâncias.
   Ἄκεσις χρόνῳ, ἔστι δὲ ἡνίκα καὶ καιρῷ.
   HIPÓCRATES (médico grego, c. 460-377 a.C.), *Preceitos*, I.

1804. Para males extremos, extremos remédios, levados ao máximo rigor, são os mais válidos.
   Ἐς δὲ τὰ ἔσχατα νοσήματα αἱ ἔσχαται θεραπεῖαι ἐς ἀκρίβειαν κράτισται.
   HIPÓCRATES (médico grego, c. 460-377 a.C.), *Aforismos*, I, 6.

1805. Às vezes faz bem ficar doente.
   Tis healthy to be sick sometimes.
   H. D. THOREAU (escritor norte-americano, 1817-1862).

1806. É a doença que torna a saúde agradável e boa, o mesmo faz a fome com a saciedade, e o cansaço, com o repouso.
   Νοῦσος ὑγιείην ἐποίησεν ἡδὺ καὶ ἀγαθόν, λιμὸς κόρον, κάματος ἀνάπαυσιν.
   HERÁCLITO (filósofo grego, c. 550-c. 480 a.C.), *Fragmentos*, 111.

1807. O homem deve cuidar pouco da vida, mas muitíssimo da saúde.
   L'uomo dee curar poco la vita, ma moltissimo la salute.

J. DE WITT (político holandês, 1625-1672), citado em G. BARETTI, *La frusta letteraria*, N. XX, 15/7/1764.

1808. Deve-se rezar para se ter mente sã em corpo são.

Orandum est, ut sit mens sana in corpore sano.

JUVENAL (poeta latino, c. 50/65-140), *Sátiras*, X, 356.

1809. Em geral, nove décimos da nossa felicidade baseiam-se exclusivamente na saúde. Com ela, tudo se transforma em fonte de prazer.

Überhaupt aber beruhen neun Zehntel unseres Glückes allein auf der Gesundheit. Mit ihr wird alles eine Quelle des Genusses.

A. SCHOPENHAUER (filósofo alemão, 1788-1860), *Aforismos sobre a sabedoria de vida*, II, Daquilo que se é.

1810. Cheguei à conclusão de que a única doença que eu não tinha era inchaço no joelho.

The only malady I could conclude I had not got was housemaid's knee.

J. K. JEROME (escritor inglês, 1859-1927), *Three Men in a Boat*, I.

1811. Nada se compreendeu em relação à doença enquanto não se reconheceu sua estranha semelhança com a guerra e o amor: seus acordos, seus fingimentos, suas exigências, esse amálgama bizarro e único, produzido pela mistura de um temperamento e de um mal.

On n'a rien compris à la maladie, tant qu'on n'a pas reconnu son étrange ressemblance avec la guerre et l'amour: ses compromis, ses feintes, ses exigences, ce bizarre et unique amalgame produit par le mélange d'un tempérament et d'un mal.

M. YOURCENAR (escritora belga, 1903-1987), *Memórias de Adriano*, Disciplina augusta.

1812. As grandes doenças da alma, bem como aquelas do corpo, renovam o homem; e as convalescências espirituais não são menos agradáveis nem menos miraculosas do que as físicas.

Le grandi malattie dell'anima come quelle del corpo rinnovellano l'uomo; e le convalescenze spirituali non sono meno soavi e meno miracolose di quelle fisiche.

G. D'Annunzio (escritor italiano, 1863-1938), *L'innocente*, II.

1813. Como a doença amplia as dimensões internas do homem!
How sickness enlarges the dimensions of a man's self to himself.
Ch. Lamb (ensaísta inglês, 1775-1834), *Last Essays of Elia*, The Convalescent.

1814. A doença é o preço que a alma paga por ocupar o corpo, como o aluguel que um inquilino paga pelo apartamento em que mora.
Shrī Ramakrishna (asceta indiano, 1836-1886), *Ensinamentos de Ramakrishna*, 588.

1815. Quão poucas casas de amigos um homem escolheria para ficar quando está doente!
How few of his friends' houses would a man choose to be at when he is sick.
S. Johnson (literato inglês, 1709-1784), citado em Boswell, *Life of Johnson*, IV.

1816. As pessoas sadias são doentes que ignoram sê-lo.
Les gens bien portants sont des malades qui s'ignorent.
J. Romains (escritor francês, 1885-1927), *Knock*.

A medicina

1817. Não contesto que a medicina seja útil a alguns homens, mas digo que ela é funesta ao gênero humano.
Je ne dispute donc pas que la médecine ne soit utile à quelques hommes, mais je dis qu'elle est funeste au genre humain.
J.-J. Rousseau (filósofo e escritor francês, 1712-1778), *Emílio ou Da educação*.

1818. A medicina cria pessoas doentes, a matemática, pessoas tristes, e a teologia, pecadores.
Die Arznei macht kranke, die Mathematik traurige und die Theologie sündhafte Leute.
M. Lutero (reformador religioso alemão, 1483-1546), *Apophthegmata*.

1819. Acreditar na medicina seria a suprema loucura se não acreditar nela não fosse uma maior ainda, pois desse acúmulo de erros, com o tempo, resultaram algumas verdades.

> Croire à la médecine serait la suprême folie si n'y pas croire n'en était pas une plus grande, car de cet amoncellement d'erreurs se sont dégagées, à la longue, quelques vérités.
> M. PROUST (escritor francês, 1871-1922), *Le côté des Guermantes*.

1820. O purgatório moderno é feito de purgantes, injeções e intervenções cirúrgicas.

> Il purgatorio moderno è fatto di purghe, di iniezioni, di interventi chirurgici.
> L. BIANCIARDI (escritor italiano, 1922-1971), *La vita agra*, XI.

1821. Eu estava doente; mas tu, acompanhado de cem discípulos, / veio logo me visitar, ó Símaco. / Cem mãos, geladas pelo Aquilão, tocaram-me. / Eu não tinha febre, Símaco, mas agora tenho.

> Languebam; sed tu comitatus protinus ad me / venisti centum, Symmache, discipulis. / Centum me titigere manus Aquilone gelatae; / non habui febrem, Symmache, nunc habeo.
> MARCIAL (poeta latino, c. 40-102), *Epigramas*, V, 9.

1822. Diaulo era médico, agora é coveiro; / aquilo que faz como coveiro, já o fazia quando doutor.

> Nuper erat medicus, nunc est vispillo Diaulus; / quod vispillo facit, fecerat et medicus.
> MARCIAL (poeta latino, c. 40-102), *Epigramas*, I, 47.

1823. Morreu de quatro médicos e dois farmacêuticos.

> Elle est morte de quatre médecins et de deux apothicaires.
> MOLIÈRE (comediógrafo francês, 1622-1673), *O amor médico*, II, 1.

1824. Um dedo na garganta e outro no reto fazem um bom diagnosticador.

> One finger in the throat and one in the rectum make a good diagnostician.

W. OSLER (médico canadense, 1849-1919), *Aequanimitas, with Other Addresses*.

1825. Quase todos os médicos têm a sua doença preferida.
Every physician almost hath his favourite disease.
H. FIELDING (escritor inglês, 1707-1754), *Tom Jones*, II, 9.

1826. Quem pode decidir quando os doutores discordam?
Who shall decide when doctors disagree?
A. POPE (poeta inglês, 1688-1744), *Moral Essays*, III, 1.

1827. O CORVO: "Na minha opinião, o boneco está morto; mas se por desgraça não estiver, então seria um indício seguro de que ainda está vivo."
IL CORVO: "A mio credere il burattino è bell'e morto; ma se per disgrazia non fosse morto, allora sarebbe indizio sicuro che è sempre vivo."
C. COLLODI (escritor italiano, 1826-1890), *As aventuras de Pinóquio*, XVI.

1828. "Quando o morto chora, é sinal de que está para se curar" – disse solenemente o Corvo. "Lamento contradizer meu ilustre amigo e colega" – acrescentou a Coruja – "mas, para mim, quando o morto chora, é sinal de que não quer morrer."
"Quando il morto piange, è segno che è in via di guarigione" – disse solennemente il Corvo. "Mi duole di contraddire il mio illustre amico e collega – soggiunse la Civetta, – ma per me, quando il morto piange, è segno che gli dispiace a morire."
C. COLLODI (escritor italiano, 1826-1890), *As aventuras de Pinóquio*, XVI.

1829. Enquanto os homens puderem morrer e enquanto amarem a vida, o médico será ridicularizado e bem pago.
Tant que les hommes pourront mourir, et qu'ils aimeront à vivre, le médecin sera raillé, et bien payé.
J. DE LA BRUYÈRE (escritor francês, 1645-1696), *Les Caractères*.

1830. Todo homem deseja ganhar dinheiro para dá-lo aos médicos, destruidores de vidas. Devem, portanto, ser ricos.
Ogni omo desidera far capitale per dare a' medici, destruttori di vite. Adunque debbono esser ricchi.

Leonardo da Vinci (artista e cientista italiano, 1452-1519), *Pensieri*, 12.

1831. Se não tens um médico, teus médicos serão / a alegria, o repouso e uma dieta moderada.

Si tibi deficiant medici, medici tibi fiant / haec tria: mens laeta, requies, moderata diaeta.

Flos sanitatis (obra da Escola médica salernitana, séc. VIII-XIV), 19-20.

O COMER

O comer

1832. Qual o melhor momento para o jantar? "Se alguém é rico, quando quiser, se é pobre, quando puder."

> Πρὸς τὸν πυθόμενον ποίᾳ ὥρᾳ δεῖ ἀριστᾶν, «εἰ μὲν πλούσιος, ὅταν θέλῃ· εἰ δὲ πένης, ὅταν ἔχῃ.»

DIÓGENES, O CÍNICO (filósofo grego, morto em c. 323 a.C.), citado em DIÓGENES LAÉRCIO, *Vidas dos filósofos*, Diógenes, VI, 40.

1833. Dizia que os outros homens vivem para comer, enquanto ele comia para viver.

> Ἔλεγέ τε τοὺς μὲν ἄλλους ἀνθρώπους ζῆν ἵν' ἐσθίοιεν· αὐτὸς δὲ ἐσθίειν ἵνα ζώη.

SÓCRATES (filósofo grego, 469-399 a.C.), citado em DIÓGENES LAÉRCIO, *Vidas dos filósofos*, Sócrates, II, 34.

1834. Não existe amor mais sincero do que aquele pela comida.

> *There is no love sincerer than the love for food.*

G. B. SHAW (comediógrafo irlandês, 1856-1950), *Homem e super-homem*.

1835. Como mal quando tenho apenas o pão possível.

> *Je mange mal quand je n'ai que du pain possible.*

D. DIDEROT (filósofo francês, 1713-1784), *Lettre apologétique de l'abbé Raynal*.

1836. Não só de pão vive o homem, mas de toda palavra que sai da boca de Deus.

> *Non in solo pane vivit homo, sed in omni verbo quod procedit de ore Dei.*

SÃO MATEUS (evangelista), IV, 4.

1837. Todos os homens se nutrem, mas poucos sabem distinguir os sabores.
CONFÚCIO (filósofo chinês, c. 551-479 a.C.), *O meio justo*, 4.

1838. O homem come; apenas o homem inteligente sabe comer.
L'homme mange; l'homme d'esprit seul sait manger.
A. BRILLAT-SAVARIN (escritor francês, 1755-1826), *La physiologie du goût*.

1839. Diz-me o que comes; eu te direi quem és.
Dis-moi ce que tu manges; je te dirai ce que tu es.
A. BRILLAT-SAVARIN (escritor francês, 1755-1826), *La physiologie du goût*.

1840. Quem não se importa com o próprio estômago, dificilmente irá se importar com outra coisa.
He who does not mind his belly, will hardly mind anything else.
S. JOHNSON (literato inglês, 1709-1784), citado em BOSWELL, *Life of Johnson*, 5/8/1763.

1841. A sociedade é composta de duas grandes classes: aqueles que têm mais refeições do que apetite, e aqueles que têm mais apetite do que refeições.
La société est composée de deux grandes classes: ceux qui ont plus de dîners que d'appétit, et ceux qui ont plus d'appétit que de dîners.
N. DE CHAMFORT (escritor francês, c. 1740-1794), *Máximas e pensamentos*, III, 194.

1842. Para quem tem uma boa posição social, / falar de comer é coisa baixa. / É compreensível: eles já / comeram.
Bei den Hochgestellten / Gilt das Reden von Essen als niedrig. / Das kommt: sie haben / Schon gegessen.
B. BRECHT (escritor alemão, 1898-1956), *Breviário alemão*.

1843. Comer e beber em santa liberdade, / em meio aos homens de bem, aos amigos, / em lugar quente quando é inverno, em lugar fresco quando é verão, / diga quem quiser, é um prazer excelente.

El mangià e bev in santa libertaa / in mezz ai galantomen, ai amis, / in temp d'inverna al cold, al fresch d'estaa / diga chi voeur, l'è on gust cont i barbis.
C. PORTA (poeta dialetal italiano, 1775-1821), *Poesie*, 36.

1844. Come pouco no almoço e menos ainda no jantar, que a saúde de todo o corpo se constrói na oficina do estômago.

Come poco y cena más poco, que la salud de todo el cuerpo se fragua en la oficina del estómago.
M. DE CERVANTES (escritor espanhol, 1547-1616), *Dom Quixote*.

1845. A grande variedade de comidas produziu muitas doenças.

Multos morbos multa fericula fecerunt.
SÊNECA (filósofo latino, 4 a.C.-65 d.C.), *Cartas a Lucílio*, 95, 19.

A fome

1846. A voz da consciência e da honra é bem fraca quando as tripas gritam.

La voix de la conscience et de l'honneur est bien faible quand les boyaux crient.
D. DIDEROT (filósofo francês, 1713-1784), *O sobrinho de Rameau*.

1847. Sim, mais do que a razão, é o estômago que nos governa.

Oui, mieux que la raison l'estomac nous dirige.
A. ANCELOT (dramaturgo francês, 1794-1854), *L'Important*.

1848. Quem tem fome não tem escolha. Seu espírito não vem de onde ele gostaria, mas da fome.

Der Hungernde hat keine Wahl. Sein Geist kommt nicht, woher er will, sondern er kommt aus dem Hunger.
M. FRISCH (escritor suíço, 1911-1991), *Diário*.

1849. É difícil, ó cidadãos, discutir com o ventre, que não tem orelhas.

Χαλεπὸν μέν ἐστιν, ὦ πολῖται, πρὸς γαστέρα λέγειν ὦτα οὐκ ἔχουσαν.

CATÃO, O CENSOR (político e escritor latino, 234-149 a.C.), citado em PLUTARCO, *Vidas paralelas*, Marcos Catão, 8.

1850. A fome não é exigente: basta contentá-la; como, não importa.
> *Ambitiosa non est fames. Contenta desinere est; quo desinat, non nimis curat.*
> SÊNECA (filósofo latino, 4 a.C.-65 d.C.), *Cartas a Lucílio*, 119, 14.

1851. O melhor tempero da comida é a fome.
> *Cibi condimentum est fames.*
> CÍCERO (escritor e político romano, 106-43 a.C.), *De finibus bonorum et malorum*, II, 28, 90.

1852. Hoje, setenta por cento da humanidade ainda morre de fome... e trinta por cento faz regime.
> *Oggi il settanta per cento dell'umanità si muore ancora di fame... e il trenta per cento fa la dieta.*
> L. DE CRESCENZO (escritor italiano, nascido em 1928), *Così parlò Bellavista*, XV, La rosa dei 16 mestieri.

1853. No mundo governa um czar impiedoso: fome é o seu nome.
> В мире есть царь, этот царь беспощаден, голод — название ему.
> N. A. NEKRASOV (poeta russo, 1821-1878), *A estrada de ferro*.

1854. A Fome é a companheira do homem ocioso.
> Λιμὸς γάρ τοι πάμπαν ἀεργῷ σύμφορος ἀνδρί.
> HESÍODO (poeta grego, séc. VIII-VII a.C.), *Os trabalhos e os dias*, I, 302.

A obesidade

1855. Aprisionado dentro de todo homem obeso existe um homem magro que apela desesperadamente para ser libertado.
> *Imprisoned in every fat man, a thin one is wildly signaling to be let out.*
> C. CONNOLLY (jornalista inglês, 1903-1974), *The Unquiet Grave*.

1856. Outro dia mesmo, no metrô, tive o prazer de oferecer meu lugar a três senhoras.

Just the other day in the Underground I enjoyed the pleasure of offering my seat to three ladies.

G. K. CHESTERTON (escritor inglês, 1874-1936), citado em W. SCHOLZ, *O livro das risadas*.

1857. Este é o meu conselho se você insiste em emagrecer: coma quanto quiser, mas não engula.

My advice if you insist on slimming: Eat as much as you like – just don't swallow it.

H. SECOMBE (ator e cantor galês, nascido em 1921), no *Daily Herald* de 5/10/1962.

A MATEMÁTICA

A matemática

1858. A matemática é a única ciência exata em que nunca se sabe do que se está falando nem se o que aquilo que se diz é verdadeiro.

Mathematics is the only exact science where one never knows what one is talking about nor whether what is said is true.
B. RUSSELL (filósofo inglês, 1872-1970), *Misticismo e lógica*, IV.

1859. A matemática, vista corretamente, possui não apenas verdade, mas também suprema beleza – uma beleza fria e austera, como a da escultura.

Mathematics, rightly viewed, possesses not only truth by supreme beauty – a beauty cold and austere like that of sculpture.
B. RUSSELL (filósofo inglês, 1872-1970), *Misticismo e lógica*, IV.

1860. O homem é confinado nos limites estreitos do corpo, como numa prisão, mas a matemática o liberta e o faz maior do que todo o universo... É levado pela tempestade das paixões a um canto e a outro, sem nenhuma meta, mas a matemática lhe restitui a paz interior, resolvendo harmoniosamente os movimentos opostos da alma e reconduzindo-a, sob a orientação da razão, ao acordo e à harmonia.

Hominem corporis exigui, velut carceris angusti custodia constrictum querimur? Mathesis liberat, seu potius hominem hac mundi universitate maiorem reddit... Hominem maximis et turbolentis cupiditatum motibus misere iactatum lamentamur? Mathesis tranquillitatem parit, et discordes animae motus harmoniae suavitate temperat et ad concordiam rationis imperio consonantem redigit.
P. RAMO (humanista francês, 1515-1572), *Institutiones dialecticae*.

1861. Não entre quem não conhece a geometria.
'Αγεωμέτρητος μηδείς εἰσίτω.
PLATÃO (filósofo grego, 429-347 a.C.), inscrição colocada sobre a entrada da Academia de Atenas.

1862. Os números constituem a única linguagem universal.
Numbers constitute the only universal language.
N. WEST (escritor norte-americano, 1903-1940), *Senhorita coração-partido*.

1863. O intelecto humano compreende algumas coisas com tal perfeição, e delas tem uma certeza tão absoluta, quanto as possui a própria natureza: e tais são as ciências matemáticas puras, ou seja, a geometria e a aritmética, das quais o intelecto divino conhece muito mais infinitos teoremas, pois conhece todos eles: mas daqueles poucos compreendidos pelo intelecto humano, creio que a cognição se compare à divina na certeza objetiva...
L'intelletto umano intende alcune cose così perfettamente, e ne ha così assoluta certezza, quanto se n'abbia l'istessa natura: e tali sono le scienze matematiche pure, cioè la geometria e l'aritmetica; delle quali l'intelletto divino ne sa bene infinite proposizioni di più, perché le sa tutte: ma di quelle poche intese dall'intelletto umano credo che la cognizione agguagli la divina nella certezza obiettiva...
G. GALILEI (físico italiano, 1564-1642), *Dialogo sopra i due massimi sistemi del mondo*.

1864. A música é a alma da geometria.
La musique est l'âme de la géométrie.
P. CLAUDEL (poeta francês, 1868-1955), *Journal*.

1865. Não existe um caminho "régio" para se chegar à geometria.
Μὴ εἶναι βασιλικὴν ἀτραπὸν ἐπὶ γεωμετρίαν.
EUCLIDES (matemático grego, séc. III a.C.) ao rei Ptolomeu, que lhe pedia "um atalho" para aprender geometria; citado em PROCLO, *Comentário sobre Euclides*, II, 4.

1866. Uma geometria não pode ser mais verdadeira do que outra; pode apenas ser mais conveniente. A geometria não é verdadeira, é útil.

One geometry cannot be more true than another; it can only be more convenient. Geometry is not true, it is advantageous.

R. M. PIRSIG (escritor norte-americano, nascido em 1928), *O Zen e a arte da manutenção da motocicleta.*

O MATRIMÔNIO

O matrimônio

1867. O matrimônio tem muitas dores; mas o celibato não tem alegrias.
Marriage has many pains; but celibacy has no pleasures.
S. Johnson (literato inglês, 1709-1784), *Rasselas*, 26.

1868. A sentença mais correta e ponderada que já se pronunciou sobre a questão do celibato e do matrimônio é esta: "Qualquer decisão que tomes, ficarás arrependido."
Le mot le plus raisonnable et le plus mesuré qui ait été dit sur la question du célibat et du mariage, est celui-ci: Quelque parti que tu prennes, tu t'en repentiras.
N. de Chamfort (escritor francês, c. 1740-1794), *Máximas e pensamentos*, VI, 393.

1869. Um matrimônio feliz pode existir apenas entre um marido surdo e uma mulher cega.
Счастливое супружество может быть только между глухим мужем и слепой женой.
A. P. Tchekhov (escritor russo, 1860-1904).

1870. O amor agrada mais do que o matrimônio, pela mesma razão de os romances serem mais divertidos do que a história.
L'amour plaît plus que le mariage, par la raison que les romans sont plus amusants que l'histoire.
N. de Chamfort (escritor francês, c. 1740-1794), *Máximas e pensamentos*, VI, 391.

1871. Por mim, teria evitado casar até mesmo com a sabedoria, caso ela me quisesse.
De mon dessein, j'eusse fui d'épouser la sagesse même, si elle m'eût voulu.

M. de Montaigne (escritor francês, 1533-1592), *Os ensaios*, III, 5.

1872. Quem pede a mão de uma mulher, o que realmente deseja é o resto do corpo.

El que pide la mano de una mujer, lo que realmente desea es el resto del cuerpo.

E. Jardiel Poncela (escritor espanhol, 1901-1952).

1873. Casar-me com ele! Asseguro-te que não; já basta que ele se case comigo.

Moi l'épouser! Je t'assure que non; c'est bien assez qu'il m'épouse.

P. de Marivaux (escritor francês, 1688-1763), *L'École des mères*.

1874. De todas as coisas sérias, sendo o matrimônio a mais burlesca...

De toutes les choses sérieuses, le mariage étant la plus bouffonne...

P.-A. Beaumarchais (comediógrafo francês, 1732-1799), *As bodas de Fígaro*, I, 9.

1875. O matrimônio é o túmulo do amor, mas do amor louco, do amor sensual.

Il matrimonio è il sepolcro dell'amore, però dell'amor pazzo, dell'amor sensuale.

F. D. Guerrazzi (escritor italiano, 1804-1873), *Epistolario*, 421.

1876. Um rico matrimônio é comparável ao batismo pela prontidão com que apaga toda mácula anterior.

Un riche mariage est comparable au baptême, par la promptitude avec laquelle il efface toute souillure antérieure.

Ch. Fourier (filósofo francês, 1772-1837), *Théorie des quatre mouvements*.

1877. O matrimônio deve combater incessantemente um monstro que devora tudo: o hábito.

Le mariage doit incessamment combattre un monstre qui dévore tout: l'habitude.

H. de Balzac (escritor francês, 1799-1850), *Physiologie du mariage*.

1878. Aprende-se a conhecer por três semanas, ama-se por três meses, briga-se por três anos, tolera-se por trinta anos – e os filhos recomeçam.

On s'étudie trois semaines, on s'aime trois mois, on se dispute trois ans, on se tolère trente ans, – et les enfants recommencent.
H.-A. TAINE (filósofo francês, 1828-1893), *Vie et opinions de Frédéric-Thomas Graindorge.*

1879. O matrimônio é feito justamente para cortar as asas da imaginação e trazer-nos à terra.

Die Ehe ist recht dazu gemacht, die Flügel der Einbildungskraft zu beschneiden und uns auf die Erde zu bringen.
TH. VON HIPPEL (escritor alemão, 1741-1796), *Do matrimônio.*

1880. Ouso afirmar que são os homens, e não as mulheres, os culpados pela maioria dos casamentos infelizes.

Ich getreue mir zu behaupten, daß die Männer und nicht die Weiber an den meisten unglücklichen Ehen schuld sind.
TH. VON HIPPEL (escritor alemão, 1741-1796), *Do matrimônio.*

1881. A propriedade enobrece a posse, assim como o matrimônio enobrece o prazer físico.

Durch das Eigentum wird der Besitz veredelt, wie durch die Ehe der körperliche Genuß.
NOVALIS (poeta alemão, 1772-1801), *Fragmentos.*

1882. No matrimônio, cada pessoa deve realizar a função que lhe compete. O homem deve ganhar dinheiro, a mulher deve economizar.

Eine jegliche Person in der Ehe soll ihr Amt tun, das ihr gebührt. Der Mann soll erwerben, das Weib aber soll ersparen.
M. LUTERO (reformador religioso alemão, 1483-1546), *Discursos à mesa.*

1883. O matrimônio dá um limite ao indivíduo e, por conseguinte, segurança à coletividade.

Die Ehe gibt den Einzelnen Begrenzung und dadurch dem Ganzen Sicherheit.
CH. F. HEBBEL (poeta e dramaturgo alemão, 1813-1863), *Diários*, 1839.

1884. Onze anos de vida conjugal exaurem a conversa.

Elf Ehstandsjahr' erschöpfen das Gespräch.

H. von Kleist (escritor alemão, 1777-1811), *Anfitrião*, I, 5.

1885. Um noivo é um homem feliz que está prestes a deixar de sê-lo.

Un novio es un hombre feliz que está pronto a dejar de serlo.

E. Jardiel Poncela (escritor espanhol, 1901-1952).

1886. Por acaso acreditas que existiria? / Se no mundo não existisse o matrimônio, / imagina quanta gente se casaria!

Che te credi che ce se penserebbe? / Si ar monno nun ce fosse er matrimonio, / ma sai si quanta gente sposerebbe!

C. Pascarella (poeta dialetal italiano, 1858-1940), *La scoperta de l'America*, XXXVIII.

1887. O matrimônio é como uma ratoeira; aqueles que estão presos gostariam de sair, e os outros ficam girando em volta para serem pegos.

Il matrimonio è come una trappola di topi; quelli che son dentro vorrebbero uscirne, e gli altri ci girano intorno per entrarvi.

G. Verga (escritor italiano, 1840-1922), *I Malavoglia*, XV.

1888. O único remédio para se salvar dos arrependimentos no matrimônio é abrir os olhos antes de contraí-lo e fechá-los depois.

L'unico rimedio per salvarsi dai pentimenti nel matrimonio è di aprir gli occhi prima di contrarlo, e chiuderli dopo.

G. G. Belli (poeta dialetal italiano, 1791-1863), *Appunti vari*.

1889. Melhor era casar contigo, loira Maria!

Meglio era sposar te, bionda Maria!

G. Carducci (poeta italiano, 1835-1907), *Rime nuove*, Idillio maremmano.

1890. Não importa muito com quem te casas, já que na manhã seguinte seguramente descobrirás que se tratava de outra pessoa.

It doesn't much signify whom one marries, for one is sure to find next morning that it was someone else.

S. Rogers (poeta inglês, 1763-1855), *Table Talk*.

1891. Uma mulher que se casa com um jovem por dinheiro rebaixa a si mesma à categoria de concubina.

Ein Frauenzimmer, das einen jungen Menschen des Geldes wegen heiratet, setzt sich selbst zur Konkubine herab.
TH. VON HIPPEL (escritor alemão, 1741-1796), *Do matrimônio.*

1892. Se os homens soubessem como as mulheres passam o tempo quando estão sozinhas, nunca se casariam.
If men knew how women pass the time when they are alone, they'd never marry.
O. HENRY (escritor norte-americano, 1862-1910), *Memoirs of a Yellow Dog.*

1893. No matrimônio, é mais seguro começar com um pouco de aversão.
'Tis safest in matrimony to begin with a little aversion.
R. B. SHERIDAN (dramaturgo inglês, 1751-1816), *The Rivals*, I, 2.

1894. Ele [Brigham Young] é terrivelmente casado. É o homem mais casado que já vi na minha vida.
He [Brigham Young] is dreadfully married. He's the most married man I ever saw in my life.
A. WARD (escritor norte-americano, 1834-1867), *Artemus Ward's Lecture.*

1895. Toda mulher, e nenhum homem, deveria se casar.
Every woman should marry, – and no man.
B. DISRAELI (político inglês, 1804-1881), *Lothair*, 30.

1896. O matrimônio é o grande dever do homem.
MÊNCIO (filósofo chinês, 371-289 a.C.), *O livro de Mêncio*, V, 2.

1897. As únicas mulheres com quem vale a pena casar são aquelas que não são confiáveis para o casamento.
Le uniche donne che vale la pena di sposare, sono quelle che non ci si può fidare a sposare.
C. PAVESE (escritor italiano, 1908-1950), *Il mestiere di vivere*, 30/9/1937.

1898. Com que idade um homem deve se casar? "Não quando ainda é jovem, nunca quando já é velho."

Ποίῳ καιρῷ δεῖ γαμεῖν; «Τοὺς μὲν νέους μηδέπω, τοὺς δὲ πρεσβυτέρους μηδεπώποτε.»

DIÓGENES, O CÍNICO (filósofo grego, morto em c. 323 a.C.), citado em DIÓGENES LAÉRCIO, *Vidas dos filósofos*, Diógenes, VI, 54.

1899. Mas para a mulher o tempo é breve, e se ela não o aproveita no momento correto, / ninguém mais se casará com ela: terá de permanecer sozinha fazendo horóscopos.

Τῆς δὲ γυναικὸς μικρὸς ὁ καιρός, κἂν τούτου μὴ 'πιλάβηται, / οὐδεὶς ἐθέλει γῆμαι ταύτην, ὀττευομένη δὲ κάθηται.

ARISTÓFANES (comediógrafo grego, c. 445-c. 385 a.C.), *Lisístrata*, 596-7.

1900. O matrimônio, se queres saber a verdade, / é um mal, mas um mal necessário.

Τὸ γαμεῖν, ἐάν τις τὴν ἀλήθειαν σκοπῇ, / κακὸν μέν ἐστιν, ἀλλ' ἀναγκαῖον κακόν.

MENANDRO (comediógrafo grego, 342-291 a.C.), *Fragmentos*, 561.

1901. Sem dúvida, o período mais feliz do matrimônio é a lua-de-mel; o problema é que, para poder repeti-la, devem acontecer coisas muito desagradáveis.

Indudablemente la época más feliz del matrimonio es la luna de miel; lo malo es que, para repetirla, han de suceder cosas muy desagradables.

N. CLARASÓ (escritor espanhol, nascido em 1905).

1902. O divórcio é tão natural que em muitas casas dorme todas as noites entre os cônjuges.

Le divorce est si naturel, que dans plusieurs maisons, il couche toutes les nuits entre les deux époux.

N. DE CHAMFORT (escritor francês, c. 1740-1794), *Máximas e pensamentos*, VI, 399.

1903. Se tendes medo de não tratar com igualdade as crianças órfãs, casai-vos com duas, três ou mesmo quatro mulheres que vos aprouver; mas, se temeis tornar-vos injusto, casai-vos com apenas uma ou recorrei às vossas escravas, posse da vossa mão direita. Será a melhor maneira de não vos distanciar do que é correto.

Se avete paura di non trattare con equità gli orfanelli, sposate pure due, tre o anche quattro donne di cui siate innamorati; ma se temete di diventare ingiusti, sposatene una sola, o ricorrete alle vostre schiave, possesso delle vostre mani destre. Sarà la maniera migliore per non allontanarvi dal giusto.
ALCORÃO (livro sagrado islâmico), Surata IV, 3, trad. para o it. F. Peirone.

1904. Esta é a vantagem / dos solteiros de má fama como nós: / aquilo que os outros devem dividir todos os dias, / sob escassez e preocupação, com a mulher e os filhos, / nós podemos desfrutar em abundância com um amigo / no momento oportuno.

Das ist der Vorteil / Von uns verrufnen hagestolzen Leuten, / Daß wir, was andre knapp und kummervoll / Mit Weib und Kindern täglich teilen müssen, / Mit einem Freunde zur gelegnen Stunde / Vollauf genießen.
H. VON KLEIST (escritor alemão, 1777-1811), *O jarro quebrado*, X.

1905. [Perpétua]... já havia passado a idade sinodal dos quarenta, permanecendo solteira por ter recusado todos os partidos que se lhe tinham oferecido, como ela mesma dizia, ou por nunca ter encontrado um cão que a quisesse, como diziam suas amigas.

[Perpetua]... aveva passata l'età sinodale dei quaranta, rimanendo celibe, per aver rifiutato tutti i partiti che le si erano offerti, come diceva lei, o per non aver mai trovato un cane che la volesse, come dicevan le sue amiche.
A. MANZONI (escritor italiano, 1785-1873), *I promessi sposi*, I.

1906. Como é bizarro, curioso, estranho! Então, senhora, moramos no mesmo quarto e dormimos na mesma cama, cara senhora. Talvez tenha sido nele que nos encontramos!

Comme c'est bizarre, curieux, étrange! alors, Madame, nous habitons dans la même chambre et nous dormons dans le même lit, chère Madame. C'est peut-être là que nous nous sommes rencontrès!
E. IONESCO (comediógrafo francês, nascido em 1912), *A cantora careca*.

A esposa

1907. A esposa diligente é a coroa de seu marido; e a que lhe causa confusão é o câncer dos seus ossos.

> *Mulier diligens corona est viro suo, et putredo in ossibus eius quae confusione res dignas gerit.*
>
> PROVÉRBIOS (livro sapiencial do Antigo Testamento), XII, 4.

1908. As esposas são amantes dos homens jovens, companheiras para a meia-idade e babás para os velhos.

> *Wives are young men's mistresses; companions for middle age; and old men's nurses.*
>
> F. BACON (filósofo inglês, 1561-1626), *Essays*, Of Marriage and Single Life.

1909. A maior grosseria que se pode fazer a um homem que roubou a tua mulher é deixá-la para ele.

> *La plus grande saleté qu'on puisse faire à un homme qui vous a pris votre femme, c'est de la lui laisser.*
>
> S. GUITRY (ator e dramaturgo francês, 1885-1957), *La Pèlerine écossaise*.

1910. É preciso escolher como esposa apenas a mulher que se escolheria como amigo se ela fosse homem.

> *Il ne faut choisir pour épouse que la femme qu'on choisirait pour ami, si elle était homme.*
>
> J. JOUBERT (escritor francês, 1754-1824), *Carnets*.

1911. Mediante a obediência ao marido, a esposa obtém o céu supremo, mesmo se nunca reverenciou nenhum sacerdote nem praticou o culto aos deuses.

> *Mediante l'obbedienza al marito, la moglie ottiene il cielo supremo, anche se non abbia mai fatto reverenza ad alcun sacerdote né praticato il culto degli dèi.*
>
> RĀMĀYANA (poema épico indiano), II, 24, trad. para o it. P. E. Pavolini.

1912. Uma esposa acredita de bom grado na inocência do marido.

> *Ein Weib glaubt gern an ihres Mannes Unschuld.*
>
> H. VON KLEIST (escritor alemão, 1777-1811), *O príncipe de Homburg*, IV, 1.

1913. É sabido que nós homens não buscamos na esposa as qualidades que adoramos e desprezamos na amante.
> È noto che noi uomini non cerchiamo nella moglie le qualità che adoriamo e disprezziamo nell'amante.
>
> I. Svevo (escritor italiano, 1861-1928), *A consciência de Zeno*, 5.

1914. Os assaltantes te pedem ou a bolsa, ou a vida; as mulheres exigem as duas.
> Brigands demand your money or your life; women require both.
>
> S. Butler (escritor inglês, 1835-1902), atribuído.

1915. Aqui jaz minha esposa: que ela tenha repouso! / Agora ela está em paz, e eu também.
> Here lies my wife: here let her lie! / Now she's at rest, and so am I.
>
> J. Dryden (poeta inglês, 1631-1700), *Epitaph Intended for His Wife*.

1916. Este é o modo de matar uma esposa com gentileza.
> This is a way to kill a wife with kindness.
>
> W. Shakespeare (dramaturgo inglês, 1564-1616), *A megera domada*, IV, 1, 211.

1917. Quem poderia suportar uma esposa dotada de todas as qualidades?
> Quis feret uxorem cui constant omnia?
>
> Juvenal (poeta latino, c. 50/65-140), *Sátiras*, VI, 166.

1918. Em geral, um homem fica muito mais feliz de encontrar um bom jantar na mesa do que uma mulher que fale grego.
> A man is in general better pleased when he has a good dinner upon his table than when his wife talks Greek.
>
> S. Johnson (literato inglês, 1709-1784), *Johnsonian Miscellanies*, Apophthegms from Hawkin's edition of Johnson's works.

1919. Era uma vez um romano que repudiou a esposa. Os amigos o repreendiam, dizendo: "Por acaso não é sábia? Não é bela? Não é fecunda?" O marido então tirou o sapato... e disse: "Este sapato não é bonito? Não é novo? Mas nenhum de vós sabe onde esfola meu pé."

> Ἀνὴρ Ῥωμαῖος ἀπεπέμπετο γυναῖκα, τῶν δὲ φίλων νουθετούντων αὐτόν· «Οὐχὶ σώφρων; οὐκ εὔμορφος; οὐχὶ παιδοποιός;», προτείνας τὸ ὑπόδημα... εἶπεν· «Οὐκ εὐπρεπὴς οὗτος; οὐ νεουργής; ἀλλ' οὐκ ἂν εἰδείη τις ὑμῶν καθ' ὅ τι θλίβεται μέρος οὑμὸς πούς».

PLUTARCO (escritor grego, c. 45-125), *Vidas paralelas*, Emilio Paolo, 5.

1920. Ouço-vos, velhos amigos; já faz tempo que me dizeis: / "Tranca a porta com um cadeado! Impede-a de sair!" / Mas quem vigiará / os vigias? Minha mulher é hábil e começa justamente com eles.

> *Audio quid veteres olim moneatis amici: / "Pone seram, cohibe". Sed quis custodiet ipsos / custodes? Cauta est et ab illis incipit uxor.*

JUVENAL (poeta latino, c. 50/65-140), *Sátiras*, VI, 346-8.

1921. Existem três coisas no mundo, dizia o sábio Sócrates, / que afugentam o homem e fazem-no sair de casa: / o fogo, a fumaça e uma mulher má.

> *Tres cosas prudens Socrates mundo esse provabat, / quae cazzant hominem faciuntque uscire de casam: / scilicet ignis edax, fumusque, uxorque cativa.*

T. FOLENGO (poeta italiano, 1491-1544), *Baldus*, II, 230-2.

1922. Assim dizendo, colocou a criança nos braços / Da querida esposa; e ela, / Com um misto de choro e almo sorriso, / Acolheu-o no perfumado seio. / Com o espírito comovido por secreta piedade, / O marido voltou a olhá-la...

> Ὣς εἰπὼν ἀλόχοιο φίλης ἐν χερσὶν ἔθηκε / παῖδ' ἑόν· ἡ δ' ἄρα μιν κηώδεϊ δέξατο κόλπῳ / δακρυόεν γελάσασα· πόσις δ' ἐλέησε νοήσας.

HOMERO (poeta grego, séc. VIII-VII a.C.), *Ilíada*, VI, 482-4.

1923. Ela será minha mulher, mas, em compensação, serei seu marido, é o que me consola.

> *Elle sera ma femme, mais en revanche je serai son mari, c'est ce qui me console.*

P. DE MARIVAUX (escritor francês, 1688-1763), *O legado*.

1924. Ontem, a senhora Hall de Sherbourne deu à luz uma criança morta, algumas semanas antes do previsto, por causa de um susto. Creio que tenha olhado inesperadamente para seu marido.
   Mrs Hall of Sherbourne was brought to bed yesterday of a dead child, some weeks before she expected, owing to a fright. I supposed she happened unawares to look at her husband.
   J. AUSTEN (escritora inglesa, 1775-1817), *Letters*, 27/10/1798.

1925. A maior parte das mulheres são incapazes tanto de fazer seu marido feliz dentro de casa, como de permitir que ele seja feliz com outra fora de casa.
   La mayoría de las mujeres son tan incapaces de hacer feliz a su marido dentro de casa, como de consentir que el marido sea feliz con otra, fuera de casa.
   N. CLARASÓ (escritor espanhol, nascido em 1905).

1926. Em grande parte, os maridos são como as mulheres os fazem.
   Non minimum momenti est in uxoribus, quales sint mariti.
   ERASMO DE ROTTERDAM (humanista holandês, 1466-1536), *Colóquios*, Um matrimônio.

O marido

1927. Ser marido é um trabalho de tempo integral.
   Being a husband is a whole-time job.
   A. BENNETT (escritor inglês, 1867-1931), *The Title*, I.

1928. Um marido, como um governo, nunca deve confessar seus erros.
   Un mari, comme un gouvernement, ne doit jamais avouer de faute.
   H. DE BALZAC (escritor francês, 1799-1850), *Physiologie du mariage*.

1929. Um marido nunca deve ser o primeiro a pegar no sono nem o último a acordar.
   Un mari ne doit jamais s'endormir le premier ni se réveiller le dernier.

H. de Balzac (escritor francês, 1799-1850), *Physiologie du mariage*.

1930. Para um marido, não existe gafe maior do que falar à amante da própria mulher, quando esta é virtuosa, a não ser aquela de falar à esposa da própria amante, quando esta é bela.

Il n'y a pas de plus grande maladresse pour un mari que de parler de sa femme quand elle est vertueuse à sa maîtresse, si ce n'est de parler de sa maîtresse, quand elle est belle, à sa femme.

H. de Balzac (escritor francês, 1799-1850), *Béatrix*.

1931. Qual rival deveis combater? Um marido! Não vos sentis humilhado diante dessa única palavra? Que vergonha se fracassardes! E quão pouca glória no sucesso!

Quel rival avez-vous à combattre? un mari! Ne vous sentez-vous pas humilié à ce seul mot? Quelle honte si vous échouez! et même combien peu de gloire dans le succès!

P.-A.-F. Ch. de Laclos (escritor francês, 1741-1803), *Ligações perigosas*.

1932. Um marido é um emplastro que cura todos os males das moças.

Un mari est un emplâtre qui guérit tous le maux des filles.

Molière (comediógrafo francês, 1622-1673), *Médico à força*.

1933. Deus, como existem maridos tolos!

Dieu, qu'il y a des maris bêtes!

E. Labiche (comediógrafo francês, 1815-1888), *Le plus heureux des trois*.

1934. Os maridos das mulheres de que gostamos são sempre uns imbecis.

Les maris des femmes qui nous plaisent sont toujours des imbéciles.

G. Feydeau (comediógrafo francês, 1862-1948), *Le dindon*.

1935. Assim são as mulheres: antes de se casar, querem que o marido seja um gênio. Depois que se casam, querem que seja um idiota.

Così sono le donne: prima di sposarlo, vogliono che il marito sia un genio. Quando l'hanno sposato, vogliono che sia un babbeo.

A. Campanile (escritor italiano, 1900-1977), *Agosto, moglie mia non ti conosco*.

1936. Claro que estes maridos / são grandes desgraçados. / O pão de casa nunca lhes basta.
> *Certo che sti marii / i xe i gran desgraziai. / El pan de casa no ghe basta mai.*
> C. Goldoni (comediógrafo italiano, 1707-1793), *Il campiello*, I, 2.

O ciúme

1937. Nenhuma mulher considera o marido realmente inteligente se é ciumento; tenha ele motivo ou não para sê-lo.
> *Kein Weib hält übrigens ihren Mann für echt klug, wenn er eifersüchtig ist; er habe dazu Ursache oder nicht.*
> Th. von Hippel (escritor alemão, 1741-1796), *Do matrimônio*.

1938. Um ciumento sempre encontra mais do que procura.
> *Un jaloux trouve toujours plus qu'il ne cherche.*
> M. de Scudéry (escritora francesa, 1607-1701), *Choix de pensées*.

1939. Oh! Cuidado com o ciúme, meu senhor. / É um monstro de olhos verdes que se deleita / com a comida de que se alimenta.
> *O! beware, my lord, of jealousy; / It is the green-ey'd monster with doth mock / The meat it feeds on.*
> W. Shakespeare (dramaturgo inglês, 1564-1616), *Otelo*, III, 3, 165-7.

1940. O ciúme é o maior de todos os males e é aquele que inspira menos piedade às pessoas que o causam.
> *La jalousie est le plus grand de tous les maux, et celui qui fait le moins de pitié aux personnes qui le causent.*
> F. La Rochefoucauld (escritor francês, 1613-1680), *Maximes*, 503.

1941. O ciúme é um latido que atrai os ladrões.
> *Eifersucht ist ein Hundegebell, das die Diebe anlockt.*
> K. Kraus (escritor austríaco, 1874-1936), *Ditos e desditos*.

1942. Não tenhas ciúme da mulher do teu coração, para que ela não exponha contra ti a malícia da tua má doutrina.

Non zeles mulierem sinus tui, ne ostendat super te malitiam doctrinae nequam.
ECLESIÁSTICO (livro sapiencial do Antigo Testamento), IX, 1.

Os "cornos"

1943. "Cornudo": estranho que essa palavrinha não tenha o feminino.
"Cocu": chose étrange que ce petit mot n'ait pas de féminin.
J. RENARD (escritor francês, 1864-1910), *Journal*.

1944. Mulher que te traiu / não pode mais te beijar / não volta ao teu ninho / com a carne de leite.
Dona che t'ha tradìo / no la pol più basate, / no la torna al to nio / co'le carne de late.
B. MARIN (poeta italiano, 1891-1985), *Pan de pura farina*, Bela.

1945. Se não ser cornudo vos parece um bem tão grande, / Não casar-se é o verdadeiro meio para não sê-lo.
Si n'être point cocu vous semble un si grand bien, / Ne vous point marier en est le vrai moyen.
MOLIÈRE (comediógrafo francês, 1622-1673), *Escola de mulheres*, V, 9.

1946. Você sabe, é claro, que os tasmanianos, que nunca cometeram adultério, hoje estão extintos.
You know, of course, that the Tasmanians, who never committed adultery, are now extinct.
W. S. MAUGHAM (escritor inglês, 1874-1965), *The Bread-Winner*, III.

1947. A ofensa dos cornos é a mais leve / que existe no mundo, embora desonre tanto o homem: / quase todas as pessoas os vêem; / e quem os carrega na cabeça, nunca os sente.
L'incarco de le corna è lo più lieve / ch'al mondo sia, se ben l'uom tanto infama: / lo vede quasi tutta l'altra gente; / e chi l'ha in capo, mai non se lo sente.
L. ARIOSTO (poeta italiano, 1474-1533), *Orlando furioso*, XLII, oitava 100.

1948. Mas uma ofensa como essa obriga o amante / a amar mais e a querer menos bem.

Quod amantem iniuria talis / cogit amare magis, sed bene velle minus.

CATULO (poeta latino, 87-54 a.C.), *Poesias*, LXXII, 7-8.

A MORTE

A morte

1949. Nisto erramos: em ver a morte à nossa frente, como um acontecimento futuro, enquanto grande parte dela já ficou para trás. Cada hora do nosso passado pertence à morte.
In hoc enim fallimur, quod mortem prospicimus: magna pars eius iam praeteriit. Quidquid aetatis retro est mors tenet.
Sêneca (filósofo latino, 4 a.C.-65 d.C.), *Cartas a Lucílio*, 1, 2.

1950. A maior parte das pessoas morre apenas no último momento; outras começam a morrer e a se ocupar com a morte vinte anos antes, e às vezes até mais. São os infelizes da terra.
La plupart des gens ne meurent qu'au dernier moment; d'autres commencent et s'y prennent vingt ans d'avance et parfois davantage. Ce sont les malheureux de la terre.
L.-F. Céline (escritor francês, 1894-1961), *Voyage au bout de la nuit*.

1951. Morre-se apenas uma vez, mas por tanto tempo!
On ne meurt qu'une fois, et c'est pour si longtemps!
Molière (comediógrafo francês, 1622-1673), *Le dépit amoureux*.

1952. Nenhum jovem acredita que um dia morrerá.
No young man believes he shall ever die.
W. Hazlitt (escritor inglês, 1778-1830), *On the Feeling of Immortality in Youth*.

1953. Com a mente seca e a cabeça ébria / Acabado, mas sem saber acabar, / Morreu esperando viver / e viveu esperando morrer.
L'esprit à sec et la tête ivre, / Fini, mais ne sachant finir, / Il mourut en s'attendant vivre / Et vécut s'attendant mourir.
T. Corbière (poeta francês, 1845-1875), *Les amours jaunes*.

1954. Morro toda noite para ressuscitar toda manhã. (...) Cada noite em que se entra é aquela da Santíssima Agonia...

> *Je meurs chaque nuit pour ressusciter chaque matin. [...] Chaque nuit où l'on entre est celle de la Très Sainte Agonie...*
>
> G. BERNANOS (escritor francês, 1888-1948), *Dialogues des Carmélites.*

1955. Quando chegar a hora de morrer não quero perder nem um segundo: morre-se apenas uma vez.

> *Quando verrà l'ora di morire non voglio perderne neanche un attimo: si muore una volta sola.*
>
> A. AMURRI (escritor italiano, nascido em 1925), *Qui lo dico e qui lo nego*, Il Privato.

1956. Morrer sim, / não ser agredido pela morte. / Morrer convencido de que tal viagem seja a melhor. / E naquele último instante estar alegre / como quando se contam os minutos / do relógio da estação / e cada um vale um século.

> *Morire sì, / non essere aggrediti dalla morte. / Morire persuasi / che un siffatto viaggio sia il migliore. / E in quell'ultimo istante essere allegri / come quando si contano i minuti / dell'orologio della stazione / e ognuno vale un secolo.*
>
> V. CARDARELLI (poeta italiano, 1887-1959), *Poesie*, Alla morte.

1957. Agora que ouço o freio / ranger com mais força, deixo-vos / de verdade, amigos. / Disto estou certo: / cheguei ao desespero / calmo, sem medo. / Desço. Boa viagem.

> *Ora che più forte sento / stridere il freno, vi lascio / davvero, amici. Addio. / Di questo, sono certo: io / son giunto alla disperazione / calma, senza sgomento. / Scendo. Buon proseguimento.*
>
> G. CAPRONI (poeta italiano, 1912-1990), *Congedo del viaggiatore cerimonioso*, Congedo.

1958. Pois bem, é hora de ir: eu para morrer, e vós para viver. Quem de nós irá para o melhor é obscuro a todos, menos a Deus.

> Ἀλλὰ γὰρ ἤδη ὥρα ἀπιέναι, ἐμοὶ μὲν ἀποθανουμένῳ, ὑμῖν δὲ βιωσομένοις· ὁπότεροι δὲ ἡμῶν ἔρχονται ἐπὶ ἄμεινον πρᾶγμα, ἄδηλον παντὶ πλὴν ἢ τῷ θεῷ.
>
> SÓCRATES (filósofo grego, 469-399 a.C.), citado em PLATÃO, *Apologia de Sócrates*, 42 a.

1959. Quando se está morrendo, tem-se muito mais o que fazer do que pensar na morte.
Quando si muore si ha ben altro da fare che di pensare alla morte.
I. Svevo (escritor italiano, 1861-1928), *A consciência de Zeno*, 4.

1960. Os homens deste mundo são como / os grãos de café na máquina de moer: / um antes, um depois, outro em seguida, / todos acabam indo para o mesmo destino.
L'ommini de sto monno sò l'istesso / che vaghi de caffè ner macinino: / ch'uno prima, uno doppo, e un antro appresso, / tutti quanti però vanno a un distino.
G. G. Belli (poeta dialetal italiano, 1791-1863), *Sonetti*, Er caffettiere fisolofo.

1961. Algumas espécies crescem, outras / diminuem; em breve tempo, as gerações se substituem e, / assim como os corredores, transmitem a chama da existência.
Augescunt aliae gentes, aliae minuuntur, / inque brevi spatio mutantur saecla animantum, / et quasi cursores vitai lampada tradunt.
Lucrécio (poeta latino, c. 98-55 a.C.), *Da natureza*, II, 77-9.

1962. Ímpia Filistéia, / aqui me encontrarás, porém ao menos como rei... morto.
Empia Filiste, / me troverai, ma almen da re, qui... morto.
V. Alfieri (escritor italiano, 1749-1803), *Saul*, V, 5, 224-5.

1963. Nunca perco a ocasião de aprender a morrer.
Non perdo mai occasione d'imparare a morire.
V. Alfieri (escritor italiano, 1749-1803), *Giornali*, 26/4/1777.

1964. Muitas vezes, viver, / mais do que morrer, é para quem é forte.
Spesso è da forte, / più che il morire, il vivere.
V. Alfieri (escritor italiano, 1749-1803), *Oreste*, IV, 2, 118-9.

1965. Não é difícil morrer nessa vida: / Viver é muito mais difícil.
В этой жизни умереть не трурно: / сделать жизнь значительно трудней.
V. Maiakovski (poeta soviético, 1893-1930), *A Sergei Esenin*.

1966. É preciso realmente que o homem morra para que outros, e ele mesmo, possam apurar seu justo valor.
> *Bisogna veramente che l'uomo muoia, perché altri possa appurare, ed ei stesso, il di lui giusto valore.*
> V. ALFIERI (escritor italiano, 1749-1803), *Vita*, I, III, 14.

1967. Homem, és grande ou vil? Morre e saberás.
> *Uom, se' tu grande, o vil? Muori, e il saprai.*
> V. ALFIERI (escritor italiano, 1749-1803), *Rime*, Sublime specchio di veraci detti.

1968. Quem pode morrer honradamente deve morrer; / Porque, para continuar nessa vida triste, / Chega-se ao mesmo tempo à morte e à vergonha / Com freqüência e facilidade.
> *Chi morir può onorato, die' morire; / Ché spesse volte avviene e di leggiero / Che, per durare in questa vita trista, / Morte e vergogna ad un tratto s'acquista.*
> M. M. BOIARDO (poeta italiano, 1441-1494), *Orlando innamorato*, I, XVIII, oitava 33.

1969. E depois, morrer não é nada, é terminar de nascer!
> *Et puis, mourir n'est rien, c'est achever de naître!*
> S. DE CYRANO DE BERGERAC (escritor francês, 1619-1655), *A morte de Agripina*, II, 4.

1970. Se eu fosse um fabricante de livros, faria um registro comentado das diversas mortes. Quem ensinasse os homens a morrer, ensiná-los-ia a viver.
> *Si j'étais faiseur de livres, je ferais un registre commenté des morts diverses. Qui apprendrait les hommes à mourir, leur apprendrait à vivre.*
> M. DE MONTAIGNE (escritor francês, 1533-1592), *Os ensaios*, I, 20.

1971. Morre jovem quem é estimado pelo Céu.
> Ὃν οἱ θεοὶ φιλοῦσιν, ἀποθνῄσκει νέος.
> MENANDRO (comediógrafo grego, 342-291 a.C.), *A dupla brincadeira*, frag. 125.

1972. O pior não é morrer, mas ter de desejar / a morte e não conseguir obtê-la.

Οὐ γὰρ θανεῖν ἔχθιστον, ἀλλ' ὅταν θανεῖν / χρῄζων τις εἶτα μηδὲ τοῦτ' ἔχῃ λαβεῖν.

Sófocles (trágico grego, 496-406 a.C.), *Electra*, 1007-8.

1973. Há quem esteja disposto a morrer para fazer com que morram os seus inimigos.

Τινὲς τοῖς ἐχθροῖς αἱροῦνται συναποθνῄσκειν.

Esopo (fabulista grego, séc. VII-VI a.C.), *Fábulas*, 331.

1974. Vem morte, tão escondida, / que eu não te sinta chegar, / para que o prazer de morrer / não me dê novamente a vida.

Ven muerte, tan escondida / que no te sienta venir / porque el placer de morir / no me vuelva a dar la vida.

Teresa d'Ávila (mística espanhola, 1515-1582).

1975. Morremos a cada dia, a cada dia falta uma parte da vida.

Cotidie morimur. Cotidie enim demitur aliqua pars vitae.

Sêneca (filósofo latino, 4 a.C.-65 d.C.), *Cartas a Lucílio*, 24, 19-20.

1976. Alguns cessam de viver antes de começar a viver.

Quidam ante vivere desierunt quam inciperent.

Sêneca (filósofo latino, 4 a.C.-65 d.C.), *Cartas a Lucílio*, 23, 11.

1977. Por que não te retiras da vida como um comensal já satisfeito, / ou te concedes serenamente, ó tolo, um tranqüilo repouso?

Cur non ut plenus vitae conviva recedis, / aequo animoque capis securam, stulte, quietem?

Lucrécio (poeta latino, c. 98-55 a.C.), *Da natureza*, III, 938-9.

1978. O senhor Better me surpreendeu quando eu olhava encantado para o teto e gritou: "Que seja a última vez que o pego pensando na morte no escritório."

Il signor Better mi sorprese che guardavo incantato il soffitto e gridò: "Sia l'ultima volta che vi trovo a pensare alla morte in ufficio."

C. Zavattini (escritor italiano, 1902-1989), *Parliamo tanto di me*, III.

1979. Os homens, ao fugir da morte, perseguem-na.

   Ἄνθρωποι τὸν θάνατον φεύγοντες διώκουσιν.

   DEMÓCRITO (filósofo grego, c. 460-370 a.C.), *Fragmentos*, B 203 Diels.

1980. A morte não é nada para nós, pois, quando existimos, não existe a morte, e quando existe a morte, não existimos mais.

   Ὁ θάνατος οὐθὲν πρὸς ἡμᾶς, ἐπειδήπερ ὅταν μὲν ἡμεῖς ὦμεν, ὁ θάνατος οὐ πάρεστιν, ὅταν δὲ ὁ θάνατος παρῇ, τόθ' ἡμεῖς οὐκ ἐσμέν.

   EPICURO (filósofo grego, 341-270 a.C.), *Carta a Meneceu*, citado em DIÓGENES LAÉRCIO, *Vidas dos filósofos*, Epicuro, X, 125.

1981. Ó morte, por que não és negada aos vis, / por que não és prêmio apenas para os fortes?

   Mors, utinam pavidos vitae subducere nolles, / sed virtus te sola daret!

   LUCANO (poeta latino, 39-65), *Farsália*, IV, 580-1.

1982. Webster era obcecado pela morte / e via a caveira sob a pele.

   Webster was much possessed by death / And saw the skull beneath the skin.

   TH. S. ELIOT (poeta e dramaturgo anglo-americano, 1888-1965), *Whispers of Immortality*.

1983. Todos nós somos levados ao mesmo lugar; / na urna agita-se a sorte de cada um: / mais cedo ou mais tarde, a sorte terá de ser lançada, / e nos fará entrar no barquinho em direção ao exílio eterno.

   Omnes eodem cogimur, omnium / versatur urna serius ocius / sors exitura et nos in aeternum / exilium impositura cumbae.

   HORÁCIO (poeta latino, 65-8 a.C.), *Odes*, II, 3, 25-8.

1984. A Morte é o Nada / e velha fábula o Céu.

   La Morte è il Nulla / e vecchia fola il Ciel.

   A. BOITO (poeta e músico italiano, 1842-1918), livreto para o *Otelo*, de VERDI, II, 2. São palavras pronunciadas por Iago.

1985. Nas mandíbulas da Morte, / Na boca do Inferno.

Into the jaws of Death, / Into the mouth of Hell.
A. TENNYSON (poeta inglês, 1809-1892), *The Charge of the Light Brigade*.

1986. Você tem uma aversão mórbida pela morte.
You have a morbid aversion to dying.
J. HELLER (escritor norte-americano, nascido em 1923), *Catch 22*, 27.

1987. Mesmo o cataclismo de todos os sistemas solares e estelares poderia te matar apenas uma vez.
The crash of the whole solar and stellar systems could only kill you once.
TH. CARLYLE (historiador escocês, 1795-1881), *Letter to John Carlyle*, 1831.

1988. O único consolo que sinto ao pensar na inevitabilidade da minha morte é o mesmo que se sente quando o barco está em perigo: encontramo-nos todos na mesma situação.
Единственное утешение при мысли о необходимости моей смерти состоит в том, в чем состоит утешение в опасности на корабле: в том, что все в том же, что и я, положении.
L. N. TOLSTOI (escritor russo, 1828-1910), *Diários*.

1989. A morte é terrível, porém mais terrível ainda seria ter a consciência de viver eternamente e de nunca poder morrer.
Смерть страшна, но еще страшнее было бы сознание, что будешь жить вечно и никогда не умрешь.

A. P. TCHEKHOV (escritor russo, 1860-1904), *Apontamentos*.

1990. A morte não é ruim, pois libera o homem de todos os males e com os bens tira-lhe também os desejos. A velhice é o mal supremo, pois priva o homem de todos os prazeres, deixando-lhe apenas os apetites, e traz consigo todas as dores. Não obstante, os homens temem a morte e desejam a velhice.
La morte non è male: perché libera l'uomo da tutti i mali e insieme coi beni gli toglie i desiderii. La vecchiezza è male sommo: perché priva l'uomo di tutti i piaceri lasciandogliene gli appetiti; e porta seco tutti i dolori. Nondimeno gli uomini temono la morte e desiderano la vecchiezza.
G. LEOPARDI (poeta italiano, 1798-1837), *Pensieri*, VI.

1991. RUYSCH De qualquer maneira, todos se convencem de que o sentimento da morte é muito doloroso.
MORTO Como se a morte fosse um sentimento, e não o contrário.

RUYSCH A ogni modo, tutti si persuadono che il sentimento della morte sia dolorosissimo.
MORTO Quasi che la morte fosse un sentimento, e non piuttosto il contrario.

G. LEOPARDI (poeta italiano, 1798-1837), *Operette morali*, Dialogo di Federico Ruysch e delle sue mummie.

1992. RUYSCH Então, o que é a morte se não é dor?
MORTO Mais um prazer do que outra coisa.

RUYSCH Dunque che cosa è la morte, se non è dolore?
MORTO Piuttosto piacere che altro.

G. LEOPARDI (poeta italiano, 1798-1837), *Operette morali*, Dialogo di Federico Ruysch e delle sue mummie.

1993. A morte está escondida nos relógios.

La morte sta anniscosta in ne l'orloggi.

G. G. BELLI (poeta dialetal italiano, 1791-1863), *Sonetti*, La golaccia.

1994. Aos generosos / a Morte justa dispensa glórias.

A' generosi / giusta di glorie dispensiera è Morte.

U. FOSCOLO (poeta italiano, 1778-1827), *I Sepolcri*, 220-1.

1995. Torva, ó Morte, ameaças? e com uma atitude que suscita horror, / brandes diante de mim a foice aduncta? / Vibra-a, vamos: nunca me verás trêmulo / pedir-te para suspender o grande golpe.

Bieca, o Morte, minacci? e in atto orrenda, / l'adunca falce a me brandisci innante? / Vibrala, su: me non vedrai tremante / pregarti mai, che il gran colpo sospenda.

V. ALFIERI (escritor italiano, 1749-1803), *Rime*, Bieca, o Morte, minacci? e in atto orrenda.

1996. Não é verdade que a morte é / o pior de todos os males; / é um alívio para os mortais / que estão cansados de sofrer.

Non è ver che sia la morte / il peggior di tutti i mali; / è un sollievo de' mortali / che son stanchi di soffrir.

P. Metastasio (poeta italiano, 1698-1782), *Adriano in Siria*, III, 6.

1997. O resto é silêncio.
The rest is silence.
W. Shakespeare (dramaturgo inglês, 1564-1616), *Hamlet*, V, 2, 372.

1998. E a morte deixará de existir; morte, tu morrerás.
And death shall be no more; death, thou shalt die.
J. Donne (poeta inglês, 1573-1631), *Holy Sonnets*, X.

1999. A morte de todo homem é uma perda para mim, porque estou envolvido na raça humana. Por isso, nunca mandes perguntar por quem dobra o sino: dobra por ti.
Any man's death diminishes me, because I am involved in Mankind. And therefore never send to know for whom the bell tolls; it tolls for thee.
J. Donne (poeta inglês, 1573-1631), *Devotions upon Emergent Occasions*, Meditation XVII.

2000. Eu sabia que meu filho era mortal.
Ἤιδειν θνητὸν γεγεννηκώς.
Xenofonte (escritor e historiador grego, c. 430-c. 355 a.C.), ao receber a notícia de que seu filho tinha sido morto em batalha. Citado em Diógenes Laércio, *Vidas dos filósofos*, Xenofonte, II, 55.

2001. O homem livre não pensa em nada a não ser na morte; e a sua sabedoria é uma meditação não sobre a morte, mas sobre a vida.
Homo liber de nulla re minus, quam de morte cogitat, et eius sapientia non mortis, sed vitae meditatio est.
B. Spinoza (filósofo holandês, 1632-1677), *Ética*, IV, proposição LXVII.

2002. A morte mostra ao homem aquilo que ele é.
Der Tod zeigt dem Menschen, was er ist.
Ch. F. Hebbel (poeta e dramaturgo alemão, 1813-1863), *Diários*, 1846.

2003. Acreditamos ficar tristes pela morte de uma pessoa, quando na verdade é apenas a morte que nos impressiona.

Nous croyons être affligés de la mort d'une personne, quand c'est la mort seule qui fait impression sur nous.

G. Sénac de Meilhan (escritor francês, 1736-1803), *Histoire de la vicomtesse de Vassy.*

2004. Morte, a única das minhas aventuras que não comentarei...

Mort, la seule de mes aventures que je ne commenterai pas...

F. Mauriac (escritor francês, 1885-1970), *Journal*, II.

2005. Ó Deus! como deve ser feliz / A morte do pássaro – nos bosques!

Hélas! qu'elle doit être heureuse / La mort de l'oiseau – dans les bois!

G. de Nerval (escritor francês, 1808-1855), *Dans les bois.*

2006. Quero que a morte me encontre plantando minhas couves, mas nem um pouco preocupado com ela e menos ainda com minha horta imperfeita.

Je veux que la mort me trouve plantant mes choux, mais nonchalant d'elle, et encore plus de mon jardin imparfait.

M. de Montaigne (escritor francês, 1533-1592), *Os ensaios*, I, 19.

2007. É para a morte que somos todos conservados e engordados / vara de porcos abatidos ao acaso.

Πάντες τῷ θανάτῳ τηρούμεθα καὶ τρεφόμεσθα / ὡς ἀγέλη χοίρων σφαζομένων ἀλόγως.

Pallada (poeta grego, séc. IV-V), *Antologia palatina*, X, 85.

2008. Poucos se dão conta de que sua morte coincidirá com o fim do universo.

Pochi si rendono conto che la loro morte coinciderà con la fine dell'universo.

G. Bufalino (escritor italiano, nascido em 1920), *Il Malpensante*, setembro.

2009. A morte / se conta / vivendo.

La morte / si sconta / vivendo.

G. Ungaretti (poeta italiano, 1888-1970), *L'allegria*, Sono una creatura.

2010. A morte é o repouso, mas o pensamento da morte é o perturbador de todo repouso.

La morte è il riposo, ma il pensiero della morte è il disturbatore di ogni riposo.

C. Pavese (escritor italiano, 1908-1950), *Il mestiere di vivere*, 7/6/1938.

2011. Nem o sol, nem a morte podem-se olhar fixamente.

Le soleil ni la mort ne se peuvent regarder fixement.

F. La Rochefoucauld (escritor francês, 1613-1680), *Maximes*, 26.

2012. Não sabendo onde a morte nos espera, esperemo-la em todo lugar. A premeditação da morte é premeditação da liberdade. Quem aprendeu a morrer desaprendeu a servir.

Il est incertain où la mort nous attende, attendons-la partout. La préméditation de la mort est préméditation de la liberté. Qui a appris à mourir, il a désappris à servir.

M. de Montaigne (escritor francês, 1533-1592), *Os ensaios*, I, 20.

2013. O medo da morte é mais cruel do que a própria morte.

Mortem timere crudelius est quam mori.

Públio Siro (poeta latino, séc. I a.C.), *Sentenças*, 511.

2014. A ignorância, ou melhor, a demência humana é tão grande que alguns são levados à morte justamente pelo medo da morte.

Tantam hominum inprudentiam esse, immo dementiam, ut quidam timore mortis cogantur ad mortem.

Sêneca (filósofo latino, 4 a.C.-65 d.C.), *Cartas a Lucílio*, 24, 23.

2015. Não é da morte que temos medo, mas de pensar nela.

Non mortem timemus, sed cogitationem mortis.

Sêneca (filósofo latino, 4 a.C.-65 d.C.), *Cartas a Lucílio*, 30, 17.

2016. Temam menos a morte e mais a vida insuficiente!

Fürchtet doch nicht so den Tod und mehr das unzulängliche Leben!

B. Brecht (escritor alemão, 1898-1956), *A mãe*, X.

2017. Estes que exaltam tanto a incorruptibilidade, a inalterabilidade etc. [dos corpos celestes], creio que se reduzam a dizer tais coisas pelo grande desejo de viver muito e pelo terror que possuem da morte: e não consideram que se os homens fossem imortais não lhes caberia vir ao mundo.

Questi che esaltano tanto l'incorruttibilità, l'inalterabilità, etc. [dei corpi celesti], credo che si riduchino a dir queste cose per il desiderio grande di campare assai e per il terrore che hanno della morte: e non considerano che quando gli uomini fussero immortali, a loro non toccava a venire al mondo.

G. GALILEI (físico italiano, 1564-1642), *Dialogo sopra i due massimi sistemi del mondo*.

2018. A morte é menos temível do que nada, caso houvesse algo menos temível. Ela não vos diz respeito nem em morte, nem em vida: em vida, porque existis; em morte, porque não existis mais.

La mort est moins à craindre que rien, s'il y avait quelque chose de moins. Elle ne vous concerne ni mort ni vif: vif, parce que vous êtes; mort, parce que vous n'êtes plus.

M. DE MONTAIGNE (escritor francês, 1533-1592), *Os ensaios*, I, 20.

2019. Portanto, uma vez que a alma deve ser considerada mortal, / a morte é nada para nós e não nos diz respeito.

Nil igitur mors est ad nos neque pertinet hilum, / quandoquidem natura animi mortalis habetur.

LUCRÉCIO (poeta latino, c. 98-55 a.C.), *Da natureza*, III, 830-1.

2020. Os Manes são alguma coisa; na morte, nem tudo morre de nós: / esquálida, a sombra se eleva das cinzas da pira.

Sunt aliquid Manes; letum non omnia finit, / luridaque evictos effugit umbra rogos.

PROPÉRCIO (poeta latino, c. 50-16 a.C.), *Elegias*, IV, 7, 1-2.

2021. A pálida morte bate com pé igual nos casebres dos pobres / e nos palácios dos ricos.

Pallida Mors aequo pulsat pede pauperum tabernas / regumque turris.

HORÁCIO (poeta latino, 65-8 a.C.), *Odes*, I, 4, 13-4.

2022. Fácil é a descida ao Averno: / noite e dia a porta do Dite negro está aberta: / mas reconduzir para cima o passo, sair ao ar superior, / este é o empenho, este é o esforço.

> *Facilis descensus Averno: / noctes atque dies patet atri ianua Ditis; / sed revocare gradum superasque evadere ad auras, / hoc opus, hic labor est.*
>
> VIRGÍLIO (poeta latino, 70-19 a.C.), *Eneida*, VI, 126-9.

2023. A descida ao Hades é a mesma de qualquer lugar.

> Πανταχόθεν ὁμοία ἐστὶν ἡ εἰς ᾅδου κατάβασις.
>
> ANAXÁGORAS (filósofo grego, 499-428 a.C.), citado em DIÓGENES LAÉRCIO, *Vidas dos filósofos*, Anaxágoras, 2.

2024. O sol pode se pôr e renascer; / para nós, quando a breve luz se apaga, / resta uma única eterna noite para dormir.

> *Soles occidere et redire possunt: / nobis cum semel occidit brevis lux, / nox est perpetua una dormienda.*
>
> CATULO (poeta latino, 87-54 a.C.), *Poesias*, V, 4-6.

2025. Minha mãe me gerou infeliz. / Invejo os mortos, amo-os ardentemente, / aspiro a morar em suas casas.

> Ἡ βαρυδαίμονα μήτηρ μ' ἔτεκεν. / Ζηλῶ φθιμένους, κείνων ἔραμαι / κεῖν' ἐπιθυμῶ δώματα ναίειν.
>
> EURÍPIDES (trágico grego, 485-406 a.C.), *Alceste*, 865-7.

2026. A morte é o último médico das doenças.

> Ἀλλ' ἔσθ' ὁ θάνατος λοῖσθος ἰατρὸς νόσων.
>
> SÓFOCLES (trágico grego, 496-406 a.C.), *Filoctetes em Tróia*, frag. 636.

2027. Não me louve a morte, esplêndido Odisseus. / Eu preferiria ser camponês, servir a um senhor, / ser um miserável, que não tivesse riqueza, / a dominar sobre todas as sombras consumidas.

> Μὴ δή μοι θάνατόν γε παραύδα, φαίδιμ' Ὀδυσσεῦ. / βουλοίμην κ' ἐπάρουρος ἐὼν θητευέμεν ἄλλῳ, / ἀνδρὶ παρ' ἀκλήρῳ, ᾧ μὴ βίοτος πολὺς εἴη, / ἢ πᾶσιν νεκύεσσι καταφθιμένοισιν ἀνάσσειν.
>
> HOMERO (poeta grego, séc. VIII-VII a.C.), *Odisséia*, XI, 488-91, fala de Aquiles.

2028. A morte produz algo de agradável: as viúvas.
> *La muerte hace algo agradable: viudas.*
> E. JARDIEL PONCELA (escritor espanhol, 1901-1952).

2029. Pálida, porém não mais do que a branca neve, / que sem ventos parecia cair sobre uma bela colina / como uma pessoa cansada; // O que os tolos chamam de morrer / era nos seus belos olhos quase um doce dormir, tendo o espírito já se separado dela: // a morte parecia bela no seu belo rosto.
> *Pallida no ma più che neve bianca / che senza venti in un bel colle fiocchi, / parea posar come persona stanca; // quasi un dolce dormir ne' suo' belli occhi / sendo lo spirto già da lei diviso, / era quel che morir chiaman gli sciocchi: // morte bella parea nel suo bel viso.*
> F. PETRARCA (poeta italiano, 1304-1374), *Il trionfo della Morte*, I, 166-72.

2030. Louvado seja, meu Senhor, por ter criado a morte corporal / da qual nenhum homem vivo pode escapar; / triste daqueles que morrerão nos pecados mortais; / felizes daqueles que a morte encontrará em graça de Deus, / pois a morte da alma não lhes fará mal.
> *Laudato si', mi' Signore, per sora nostra morte corporale, / da la quale nullu homo vivente po' skappare; / guai a cquelli ke morrano ne le peccata mortali; / beati quelli ke trovarà ne le tue sanctissime voluntati, / ka la morte secunda no'l farrà male.*
> SÃO FRANCISCO DE ASSIS (frade italiano, 1182-1226), *Cantico delle creature*.

2031. Sou aquela que nominais / tão intempestiva e cruel, vós que sois surda e cega / gente, a quem noite chega antes de escurecer.
> *Io son colei che sì importuna e fera / chiamata son da voi, e sorda e cieca / gente, a cui si fa notte innanzi sera.*
> F. PETRARCA (poeta italiano, 1304-1374), *Il trionfo della Morte*, I, 37-9, fala da Morte.

2032. Os mortos nunca foram pecadores.
> *I morti non sono mai stati peccatori.*
> I. SVEVO (escritor italiano, 1861-1928), *A consciência de Zeno*, 7.

2033. Perdoa ao morto.
>   *Parce sepulto.*
>   VIRGÍLIO (poeta latino, 70-19 a.C.), *Eneida*, III, 41.

2034. Não fales mal dos mortos.
>   Τὸν τεθνηκότα μὴ κακολογεῖν.
>   QUÍLON (um dos Sete Sábios, séc. VI a.C.), citado em DIÓGENES LAÉRCIO, *Vidas dos filósofos*, I, 70.

2035. É o dia dos mortos, alegria! / Sob as pérgulas há dança, / risos e bebida; / passam os bondes negros / com aqueles que voltam para casa / para comer e embriagar-se: / grão-de-bico e têmpora de porco... alegria! / meus filhos, que estamos todos fodidos!
>   *L'è el dì di Mort, alegher! / Sotta ai topiett se balla, / se rid e se boccalla; / passen i tramm ch'hin negher / de quij che torna a cà / per magnà, boccallà: / scisger e tempia... alegher / fioeuj, che semm fottuu...*
>   D. TESSA (poeta dialetal italiano, 1886-1939), *L'è el dì di Mort, alegher!*, Caporetto 1917.

2036. Meu Deus, como ficam / sozinhos os mortos!
>   *¡ Dios mío, qué solos / se quedan los muertos!*
>   G. A. BÉCQUER (escritor espanhol, 1836-1870), *Rimas*.

2037. É o pensamento / da morte que, no final, ajuda a viver.
>   *Ed è il pensiero / della morte che, in fine, aiuta a vivere.*
>   U. SABA (poeta italiano, 1883-1957), *Ultime cose*, Sera di febbraio.

2038. A morte é doce para quem a vida é amarga.
>   *La morte è dolce a chi la vita è amara.*
>   T. CAMPANELLA (filósofo italiano, 1568-1639), *Canzone terza del medesimo tema*, Dispregio della morte, madrigale V.

2039. Cada um deixa a vida como se tivesse acabado de começá-la.
>   Πᾶς ὥσπερ ἄρτι γεγονὼς ἐκ τοῦ ζῆν ἀπέρχεται.

EPICURO (filósofo grego, 341-270 a.C.), *Exortações*, in *Gnomologio Epicureo Vaticano*, 60.

2040. Waldo é uma daquelas pessoas que melhorariam enormemente se estivessem mortas.

Waldo is one of those people who would be enormously improved by death.
SAKI (escritor inglês, 1870-1916), *Beast and Super-Beasts*, The Feast of Nemesis.

2041. Um instante, vivido no paraíso, / não é pago muito caro com a morte.

Ein Augenblick, gelebt im Paradiese / Wird nicht zu teuer mit dem Tod gebüßt.
F. VON SCHILLER (escritor alemão, 1759-1805), *Don Carlos*, I, 5.

2042. No fundo, morrer não seria nada. O que não suporto é não poder saber como terminará.

In fondo morire non sarebbe niente. Quel che non sopporto è il non poter sapere come andrà a finire.
A. AMURRI (escritor italiano, nascido em 1925), *Qui lo dico e qui lo nego*, Il Privato.

2043. Se é mesmo verdade o que os sábios nos dizem e se existe um lugar que nos acolhe (depois da morte), talvez o amigo que acreditamos extinto tenha apenas nos precedido.

Et fortasse, si modo vera sapientium fama est recipitque nos locus aliquis, quem putamus perisse praemissus est.
SÊNECA (filósofo latino, 4 a.C.-65 d.C.), *Cartas a Lucílio*, 63, 16.

2044. Corre-se às comédias, às festas, / vai-se às tabernas, faz-se amor, / faz-se comércio, enchem-se os poços de dinheiro, / mete-se todo o mundo no mesmo saco... e depois se morre! // E depois? Depois vêm os problemas. / Depois existe a outra vida, um outro mundo, / que dura para sempre e não acaba mais!

Se curre a le commedie, a li festini, / se va pe l'ostarie, se fa l'amore, / se trafica, s'impozzeno quadrini, / se fa d'ogn'erba un fascio... eppoi se more! // E doppo? doppo viengheno li guai. / Doppo c'è l'antra vita, un antro monno, / che dura sempre e nun finisce mai!

G. G. Belli (poeta dialetal italiano, 1791-1863), *Sonetti*, La morte co la coda.

2045. Duas verdades em que os homens em geral nunca acreditarão: a primeira, a de não saber nada, a segunda, a de não ser nada. Acrescente á terceira, que depende muito da segunda: a de não ter nada a esperar depois da morte.

Due verità che gli uomini generalmente non crederanno mai: l'una di non saper nulla, l'altra di non esser nulla. Aggiungi la terza, che ha molta dipendenza dalla seconda: di non aver nulla a sperare dopo la morte.

G. Leopardi (poeta italiano, 1798-1837), *Zibaldone*, VII, 462, 5.

2046. É preciso ter muita força para dizer moribundo o mesmo que se diria com saúde.

Il faut bien de la force pour dire en mourant les mêmes choses qu'on dirait en bonne santé.

R. Bussy-Rabutin (escritor francês, 1618-1693), *Lettres*.

As "últimas palavras"

2047. Quis, meu filho, que estivésseis presente nesta cerimônia para que vísseis como tudo termina.

He querido, hijo mío, que os hallárais presente a este acto para que veáis en qué para todo.

Filipe II (rei da Espanha, 1527-1598). Palavras ditas ao filho, o futuro Filipe III, antes de morrer no Escorial.

2048. Perguntavam a Fontenelle moribundo: "Como vai?" – "Não vai", respondeu, "vai embora."

On demandait à M. de Fontenelle mourant: "Comment cela va-t-il?" – "Cela ne va pas, dit-il; cela s'en va."

N. de Chamfort (escritor francês, c. 1740-1794), *Máximas e anedotas*.

2049. O espetáculo terminou.

Acta est fabula.

Augusto (imperador romano, 63 a.C.-14 d.C.). Atribuído.

2050. Você ensaiou hoje também? Sorte sua.
Hai provato anche oggi? Beato te.
P. DE FILIPPO (ator e comediógrafo italiano, 1903-1980) ao filho Luigi, num momento de lucidez, no leito de morte.

2051. Vede com que paz pode morrer um cristão.
See in what peace a Christian can die.
J. ADDISON (escritor inglês, 1672-1719).

2052. A montanha foi ultrapassada, agora será mais fácil ir adiante.
Der Berg ist überschritten, jetzt wird leichter gehen.
FREDERICO, O GRANDE (rei da Prússia, 1712-1786).

2053. Todo o mundo tem de morrer, mas eu sempre acreditei que seria feita uma exceção no meu caso. E agora?
Everybody has got to die, but I have always believed an exception would be made in my case. Now what?
W. SAROYAN (escritor norte-americano, 1908-1982), citado no *Time* de 16/1/1984.

2054. Caro Mundo, deixo-te porque estou entediado. Deixo-te com as tuas preocupações. Boa sorte.
Dear World, I am leaving you because I am bored. I am leaving you with your worries. Good luck.
G. SANDERS (ator inglês, 1906-1972), escrito antes do suicídio.

2055. E depois de ter recebido o vinagre, Jesus disse: "Tudo está cumprido."
Cum ergo accepisset Iesus acetum, dixit: "Consummatum est."
SÃO JOÃO (evangelista), XIX, 30.

2056. Críton, devemos um galo a Esculápio: dai-lo a ele e não vos esqueceis.
˜Ω Κρίτων, τῷ ’Ασχληπιῷ ὀφείλομεν ἀλεκτρυόνα· ἀλλὰ ἀπόδοτε καὶ μὴ ἀμελήσητε.
SÓCRATES (filósofo grego, 469-399 a.C.) antes de morrer, in PLATÃO, *Fédon*, 118 a.

2057. Peto, não dói.

Paete, non dolet.

Assim teria dito ARRIA ao marido Cecina Peto, que teria recebido a ordem do imperador Cláudio para se matar, e não encontrava a força para suicidar-se; sua mulher teria se apunhalado e, em seguida, ter-lhe-ia passado a arma, dizendo que não doía. PLÍNIO, O JOVEM (escritor latino, c. 61-113), *Epístolas*, III, 16.

2058. Ai de mim, creio estar me tornando um deus!

Vae, puto deus fio.

VESPASIANO (imperador romano, 9-79), in SUETÔNIO, *Vidas dos Césares*, Vespasiano, 23.

2059. Vou em busca de um grande talvez.

Je vais quérir un grand peut-être.

F. RABELAIS (escritor francês, c. 1494-1553).

2060. Meu trabalho está feito. Por que esperar?

My work is done. Why wait?

G. EASTMAN (inventor norte-americano, 1854-1932), escrito antes do suicídio.

2061. Ou se vai aquele papel de parede, ou vou eu!

Either that wall paper goes, or I do.

O. WILDE (escritor inglês, 1854-1900), citado no *Time* de 16/1/1984. É o que teria dito antes de morrer num quarto cinzento em Paris.

2062. Tão pouco foi realizado, tanto há para se realizar.

So little done, so much to do.

C. RHODES (político sul-africano, 1853-1902).

2063. Estou para realizar minha última viagem, um grande salto no escuro.

I am about to take my last voyage, a great leap in the dark.

TH. HOBBES (filósofo inglês, 1588-1679).

2064. Amei a justiça, odiei a iniqüidade, e por isso morro no exílio.

Dilexi iustitiam et odivi iniquitatem, propterea morior in exilio.

Últimas palavras atribuídas a GREGÓRIO VII (papa, 1020-1085), morto exilado em Salerno, em 1085, citado em L. A. MURATORI, *Rerum Italicarum Scriptores*, III, 110.

2065. Vivi bastante: de fato morro sem nunca ter sido vencido.
Satis vixi: invictus enim morior.
EPAMINONDAS (general grego, c. 418-362 a.C.), citado em CORNÉLIO NEPOS, *Vidas dos máximos condottieri*, XV, 9.

2066. Deus me perdoará, é sua função.
Dieu me pardonnera, c'est son métier.
H. HEINE (poeta alemão, 1797-1856), in *Journal*, de E. E J. DE GONCOURT, de 23/2/1863.

2067. Mais luz!
Mehr licht!
J. W. GOETHE (escritor alemão, 1749-1832). Atribuído. É o que teria dito ao pedir que abrissem a segunda janela do seu quarto para que entrasse mais luz.

2068. Tudo o que possuo por um instante.
All my possessions for a moment of time.
ELIZABETH I (rainha da Inglaterra, 1533-1603).

O funeral

2069. Como eu gostaria de ver meu funeral antes de morrer!
I've a great fancy to see my own funeral afore I die.
M. EDGEWORTH (escritora anglo-irlandesa, 1767-1849), *Castle Rackrent*, Continuation of Memoir.

2070. De minha parte, peço que me levem ao cemitério num caminhão de mudança.
Je demande, pour ma part, à être conduit au cimetière dans une voiture de déménagement.
A. BRETON (poeta francês, 1896-1966), *Manifesto surrealista*.

2071. Vi um funeral tão pobre / que não havia nem mesmo o morto / no caixão. / Quem vinha atrás chorava. / Eu também chorava / sem saber por quê / no meio da névoa.
O vést an funeral acsé puvrét / c'an ghéra gnanc'al mort / dentr'in dla casa. / La gent adré i sigava. / A sigava anca mé / senza savé al parché / in mes a la fümana.

C. ZAVATTINI (escritor italiano, 1902-1989), *Stricarm' in d'na parola*, La basa.

2072. Se você não for aos funerais dos outros – disse ao pai com tom severo –, eles não irão ao seu.
If you don't go to other men's funerals – he told Father stiffly – they won't go to yours.
C. SH. DAY (escritora norte-americana, 1874-1935), *Vida com o pai*.

A sepultura

2073. Ai, sobre os túmulos / não pode nascer a flor [da lembrança] se esta não for nutrida pelo louvor / dos sobreviventes e por seu amoroso pranto.
Ahi, sugli estinti / non sorge fiore, ove non sia d'umane / lodi onorato e d'amoroso pianto.
U. FOSCOLO (poeta italiano, 1778-1827), *I Sepolcri*, 88-90.

2074. Até a Esperança, / última Deusa, foge das sepulturas.
Anche la Speme, / ultima Dea, fugge i sepolcri.
U. FOSCOLO (poeta italiano, 1778-1827), *I Sepolcri*, 16-7.

2075. Somente quem não deixa uma boa lembrança de si mesmo / não se preocupa com a própria sepultura.
Sol chi non lascia eredità d'affetti / poca gioia ha dell'urna.
U. FOSCOLO (poeta italiano, 1778-1827), *I Sepolcri*, 41-2.

2076. Os amigos tiram uma faísca do Sol / para iluminar a noite subterrânea, / porque os olhos do homem moribundo buscam / o Sol, e todos os peitos mandam o último suspiro / à luz fugaz.
Rapian gli amici una favilla al Sole / a illuminar la sotterranea notte, / perché gli occhi dell'uomo cercan morendo / il Sole, e tutti l'ultimo sospiro / mandano i petti alla fuggente luce.
U. FOSCOLO (poeta italiano, 1778-1827), *I Sepolcri*, 119-23.

2077. Não terás nada além do canto do filho, / ó minha materna terra; o destino nos impôs / uma sepultura sem pranto.

Tu non altro che il canto avrai del figlio, / o materna mia terra; a noi prescrisse / il fato illacrimata sepoltura.

U. Foscolo (poeta italiano, 1778-1827), *Sonetti*, A Zacinto.

2078. Darei... / (...) meu vasto reino por uma pequena sepultura, / Uma sepultura bem pequena, uma sepultura obscura.

I'll give... / [...] my large kingdom for a little grave, / A little little grave, an obscure grave.

W. Shakespeare (dramaturgo inglês, 1564-1616), *Ricardo II*, III, 3, 147, 153-4.

O epitáfio

2079. Forasteiro, anuncia em Esparta que aqui / permanecemos em obediência às suas leis.

ᵗΩ ξεῖν', ἀγγέλλειν Λακεδαιμονίοις ὅτι τῇδε / κείμεθα τοῖς κείνων ῥήμασι πειθόμενοι.

Simônides de Ceos (poeta grego, c. 556-468 a.C.), citado em Heródoto, *Histórias*, VII, 228.

2080. Quem nunca repousou, agora repousa.

Qui numquam quievit quiescit.

Epitáfio sobre o túmulo de G. G. Trivulzio (*condottiero* italiano, 1441-1518), na igreja de S. Nazaro Maggiore, em Milão.

2081. Aqui jaz Aretino, poeta toscano, / Que falou mal de todos, menos de Deus, / desculpando-se por não conhecê-lo.

Qui giace l'Aretin poeta tosco, / Che disse mal d'ognun fuor che di Dio, / Scusandosi col dir non lo conosco.

Epigrama sobre o túmulo de Aretino (escritor italiano, 1492-1556).

2082. Meu epitáfio: A preguiça roubara-o de nós antes da morte.

Mon épitaphe: La paresse nous l'avait ravi avant la mort.

A. Rivarol (escritor francês, 1753-1801), *Rivaroliana*.

2083. Arrancou o raio do céu e o cetro dos tiranos.

Eripuit caelo fulmen sceptrumque tyrannis.

Ditado por A. R. J. TURGOT (filósofo francês, 1727-1781) para um busto de B. FRANKLIN, inventor do pára-raio e combatente pela liberdade dos estados americanos.

2084. Aqui jaz alguém, cujo nome foi escrito sobre a água.

Here lies one whose name was writ in water.

J. KEATS (poeta inglês, 1795-1821), escrito para o seu epitáfio.

2085. Desculpem-me pela poeira.

Excuse my dust.

D. PARKER (escritora norte-americana, 1893-1967), escrito para o seu epitáfio.

2086. Agora a Rosa vermelha também desapareceu. / Onde jaz, não se sabe. / Por ter dito a verdade aos pobres, / Os ricos também a expulsaram do mundo.

Die rote Rosa nun auch verschwand. / Wo liegt, ist unbekannt. / Weil sie den Armen die Wahrheit gesagt / Haben die Reichen sie auch der Welt gejagt.

B. BRECHT (escritor alemão, 1898-1956), *Epitáfio para Rosa Luxemburgo.*

2087. Tirado muito *al dente* / deste mundo.

Tolto da questo mondo / troppo al dente.

Epitáfio para o túmulo de A. FABRIZI (ator italiano, 1906-1990). De um soneto seu.

A NATUREZA

A natureza

2088. Em todas as coisas da natureza existe algo de maravilhoso.
'Εν πᾶσι γὰρ τοῖς φυσικοῖς ἔνεστί τι θαυμαστόν.
ARISTÓTELES (filósofo grego, 384-322 a.C.), *As partes dos animais*, I, 5.

2089. A natureza só é comandada se é obedecida.
Naturae enim non imperatur, nisi parendo.
F. BACON (filósofo inglês, 1561-1626), *Novum Organum*, I, 3.

2090. Tudo acontece conforme a natureza.
Γίνεται δὲ κατὰ φύσιν ἕκαστα.
HIPÓCRATES (médico grego, c. 460-377 a.C.), *O ar, as águas, os lugares*, 22.

2091. Dada a causa, a natureza produz o efeito no modo mais breve em que pode ser produzido.
Data la causa, la natura opera l'effetto nel più breve modo che operar si possa.
LEONARDO DA VINCI (artista e cientista italiano, 1452-1519), *Pensieri*, 20.

2092. Nada pode nascer / do nada.
Nil posse creari / de nihilo.
LUCRÉCIO (poeta latino, c. 98-55 a.C.), *Da natureza*, I, 155-6.

2093. Toda a concepção moderna do mundo tem como fundamento a ilusão de que as chamadas leis da natureza sejam as explicações dos fenômenos naturais.
Der ganzen modernen Weltanschauung liegt der Täuschung zugrunde, daß die sogenannten Naturgesetze die Erklärungen der Naturerscheinungen seien.

L. WITTGENSTEIN (filósofo austríaco, 1889-1951), *Tractatus logico-philosophicus.*

2094. Tudo é artificial, uma vez que a Natureza é a arte de Deus.
All things are artificial; for Nature is the art of God.
TH. BROWNE (escritor e médico inglês, 1605-1682), *Religio medici,* I, 16.

2095. A Natureza é um templo onde colunas vivas / Às vezes deixam sair palavras confusas; / O homem passa entre florestas de símbolos / Que o observam com olhares familiares.
La Nature est un temple où de vivants piliers / Laissent parfois sortir de confuses paroles; / L'homme y passe à travers des forêts de symboles / Qui l'observent avec des regards familiers.
CH. BAUDELAIRE (poeta francês, 1821-1867), *As flores do mal,* Correspondências.

2096. Os perfumes, as cores e os sons correspondem-se.
Les parfums, les couleurs et les sons se répondent.
CH. BAUDELAIRE (poeta francês, 1821-1867), *As flores do mal,* Correspondências.

2097. Sempre que me lembro das minhas tantas e agradáveis esperanças, / uma angústia profunda e desconsolada / invade meu coração, / e volto a sofrer pela minha desventura. / Ó natureza, ó natureza, / por que não cumpres / o que prometeste? Por que / enganas tanto teus filhos?
Quando sovviemmi di cotanta speme, / un affetto mi preme / acerbo e sconsolato, / e tornami a doler di mia sventura. / O natura, o natura, / perché non rendi poi / quel che prometti allor? perché di tanto / inganni i figli tuoi?
G. LEOPARDI (poeta italiano, 1798-1837), *Canti,* A Silvia.

2098. HAMM A natureza nos esqueceu. CLOV Não existe mais natureza. HAMM Não existe mais natureza! Você está exagerando. CLOV Na vizinhança.
HAMM Nature has forgotten us. CLOV There's no more nature. HAMM No more nature! You exaggerate. CLOV In the vicinity.
S. BECKETT (escritor irlandês, 1906-1989), *Endgame.*

2099. De modo que não é fácil estabelecer se (a natureza) foi para o homem mais uma boa mãe do que uma madrasta cruel.

Ut non satis aestimare parens melior homini an tristior noverca fuerit.

PLÍNIO, O VELHO (escritor latino, 23-79), *História natural*, VII, 1.

2100. A natureza é um doce guia, mas não mais doce do que prudente e justa.

Nature est un doux guide, mais non pas plus doux que prudent et juste.

M. DE MONTAIGNE (escritor francês, 1533-1592), *Os ensaios*, III, 13.

2101. Tudo o que está em harmonia contigo, ó mundo, está em harmonia comigo. Nada do que para ti chega no momento oportuno chega para mim antecipada ou tardiamente; tudo o que trazem as tuas estações é fruto para mim, ó Natureza. Tudo vem de ti, tudo tem em ti a sua essência, tudo reflui a ti.

Πᾶν μοι συναρμόζει, ὃ σοὶ εὐάρμοστόν ἐστιν, ὦ κόσμε. οὐδέν μοι πρόωρον οὐδὲ ὄψιμον τὸ σοὶ εὔκαιρον. πᾶν μοι καρπὸς ὃ φέρουσιν αἱ σαὶ ὧραι, ὦ φύσις. ἐκ σοῦ πάντα, ἐν σοὶ πάντα, εἰς σὲ πάντα.

MARCO AURÉLIO (imperador romano, 121-180), *Recordações*, IV, 23.

2102. A natureza fez o homem feliz e bom, mas (...) a sociedade o corrompe e torna-o miserável.

La nature a fait l'homme heureux et bon, mais [...] la société le déprave et le rend misérable.

J.-J. ROUSSEAU (filósofo e escritor francês, 1712-1778), *Rousseau juge de Jean-Jacques*.

O universo

2103. O universo não é nem hostil, nem amigável. É simplesmente indiferente.

The universe is not hostile, nor yet is it friendly. It is simply indifferent.

J. H. HOLMES (eclesiástico norte-americano, 1879-1964), *Sensible Man's View of Religion*.

2104. No universo tudo procede por vias indiretas. Não existem linhas retas.

Everything in the universe proceeds by indirection. There are no straight lines.

R. W. EMERSON (filósofo e poeta norte-americano, 1803-1882), *Society and Solitude*, Works and Days.

2105. Toda a ordem dos céus e todas as coisas que preenchem a terra – em suma, todos aqueles corpos que compõem a enorme estrutura do mundo – não possuem nenhuma subsistência sem uma mente.

All the choir of heaven and furniture of earth – in a word, all those bodies which compose the mighty frame of the world – have not any subsistence without a mind.

G. BERKELEY (filósofo irlandês, 1685-1753), *Tratado sobre os princípios do conhecimento humano*.

2106. Meu caminho é o percurso do universo: por isso, até aquela última estrela brilha para mim, a harmonia de todas as estrelas soa para mim nos conceitos e nas relações espirituais.

Mein Gang ist die Bahn des Weltalls: dazu leuchtet mir auch jener letzte Stern, dazu klingt mir, in geistigen Begriffen und Verhältnissen, die Harmonie aller Sterne.

J. G. HERDER (filósofo alemão, 1744-1803), *Sobre a metempsicose*.

2107. Minha suspeita é de que o universo seja não apenas mais estranho de quanto supomos, porém mais estranho do que *podemos* supor.

My suspicion is that the universe is not only queerer than we suppose, but queerer that we can *suppose.*

J. B. S. HALDANE (cientista inglês, 1892-1964), *Possible Worlds*.

2108. E senti a Terra no Universo. / Senti fremente que ela também faz parte do céu, / e vi-me aqui embaixo, pequeno e desorientado, / errar, entre as estrelas, numa estrela.

E la Terra sentii nell'Universo. / Sentii fremendo ch'è del cielo anch'ella, / e mi vidi quaggiù piccolo e sperso / errare, tra le stelle, in una stella.

G. PASCOLI (poeta italiano, 1855-1912), *Canti di Castelvecchio*, Il bolide.

O infinito

2109. É uma esfera infinita, cujo centro está em toda parte e a circunferência em nenhum lugar.
> *C'est une sphère infinie dont le centre est partout, la circonférence nulle part.*
> B. PASCAL (filósofo francês, 1623-1662), *Pensamentos*, II, 72.

2110. O silêncio eterno desses espaços infinitos me assusta.
> *Le silence éternel de ces espaces infinis m'effraie.*
> B. PASCAL (filósofo francês, 1623-1662), *Pensamentos*, III, 206.

2111. Não posso fazer nada, o infinito me atormenta.
> *Malgré moi, l'infini me tourmente.*
> A. DE MUSSET (escritor francês, 1810-1857), *Premières Poésies*, L'Espoir en Dieu.

2112. O infinito, meu caro, não é mais grande coisa – é uma questão de escrita. *O universo existe apenas no papel.*
> *L'infini, mon cher, n'est plus grand-chose, – c'est une affaire d'écriture. L'univers n'existe que sur le papier.*
> P. VALÉRY (poeta francês, 1871-1945), *Monsieur Teste*.

A terra

2113. O canteiro que nos faz tão ferozes.
> *L'aiuola che ci fa tanto feroci.*
> D. ALIGHIERI (poeta italiano, 1265-1321), *Paraíso*, XXII, 151.

2114. Tudo o que vem da terra voltará a ela.
> *Omnia quae de terra sunt in terram convertentur.*
> ECLESIÁSTICO (livro sapiencial do Antigo Testamento), XL, 11.

2115. A terra é a sala de espera para a viagem ao além.
> *Die Erde ist der Wartesaal für die Reise ins Jenseits.*
> FLIEGENDE BLÄTTER (semanário humorístico alemão).

2116. As árvores são o extremo esforço da terra para falar com o céu.
Trees are the extreme endeavour of the earth to speak to the sky.
R. TAGORE (escritor indiano, 1861-1941), *Fireflies*.

2117. Não penso que algum dia verei / Uma poesia tão bela como uma árvore.
I think that I shall never see / A poem lovely as a tree.
A. J. KILMER (poeta norte-americano, 1886-1918), *Trees*.

2118. As poesias são feitas por tolos como eu, / Mas apenas Deus é capaz de fazer uma árvore.
Poems are made by fools like me, / But only God can make a tree.
A. J. KILMER (poeta norte-americano, 1886-1918), *Trees*.

O mundo

2119. Considero o mundo por aquilo que ele é, Graciano: / Um palco em que cada um deve recitar um papel, / E o meu é um papel triste.
I hold the world but as the world, Gratiano; / A stage where every man must play a part, / And mine a sad one.
W. SHAKESPEARE (dramaturgo inglês, 1564-1616), *O mercador de Veneza*, I, 1, 77-9.

2120. O mundo inteiro é um palco, / e todos os homens e todas as mulheres são apenas atores.
All the world's a stage, / And all the men and women merely players.
W. SHAKESPEARE (dramaturgo inglês, 1564-1616), *Ao vosso gosto*, II, 7, 139-40.

2121. O mundo está desarticulado.
The time is out of joint.
W. SHAKESPEARE (dramaturgo inglês, 1564-1616), *Hamlet*, I, 5, 188.

2122. O mundo é um belo livro, mas é pouco útil a quem não o sabe ler.
Il mondo è un bel libro, ma poco serve a chi non lo sa leggere.
C. GOLDONI (comediógrafo italiano, 1707-1793), *La Pamela*, I, 14.

2123. O mundo é uma gaiola de loucos.
> *Gabbia de' matti è il mondo.*
>> T. CAMPANELLA (filósofo italiano, 1568-1639), *Al primo senno*, canzone III, madrigale 2.

2124. O mundo é uma prisão em que é preferível a cela de isolamento.
> *Die Welt ist ein Gefängnis, in dem Einzelhaft vorzuziehen ist.*
>> K. KRAUS (escritor austríaco, 1874-1936), *Ditos e desditos*.

2125. O mundo é cego, e tu vens exatamente dele.
> *Lo mondo è cieco, e tu vien ben da lui.*
>> D. ALIGHIERI (poeta italiano, 1265-1321), *Purgatório*, XVI, 66.

2126. O mundo é tudo o que acontece.
> *Die Welt ist alles, was der Fall ist.*
>> L. WITTGENSTEIN (filósofo austríaco, 1889-1951), *Tractatus logico-philosophicus*.

2127. O mundo é a totalidade dos fatos, não das coisas.
> *Die Welt ist die Gemeinheit der Tatsachen, nicht der Dinge.*
>> L. WITTGENSTEIN (filósofo austríaco, 1889-1951), *Tractatus logico-philosophicus*.

2128. Ninguém se sente tão completamente desiludido com o mundo, nem o conhece tão profundamente, nem o odeia tanto que, observado por ele com benevolência por um instante, não se sinta em parte reconciliado com ele.
> *Nessuno è sì compiutamente disingannato del mondo, né lo conosce sì addentro, né tanto l'ha in ira, che guardato un tratto da esso con benignità, non se gli senta in parte riconciliato.*
>> G. LEOPARDI (poeta italiano, 1798-1837), *Pensieri*, XXV.

2129. O mundo é como um camponês embriagado; basta ajudá-lo a montar sobre a sela de um lado para ele cair do outro logo em seguida.
> *Die Welt ist wie ein betrunkener Bauer; hebt man ihn auf einer Seite in den Sattel, so fällt er auf den andern wieder herab.*
>> M. LUTERO (reformador religioso alemão, 1483-1546), *Apophthegmata*.

2130. Porque não considero o mundo como uma hospedaria, mas como um hospital; não como um lugar para se viver, mas para morrer.
For the world, I count it not an inn, but an hospital; and a place not to live but to die in.
TH. BROWNE (escritor e médico inglês, 1605-1682), *Religio medici*, II, 11.

2131. Considero o mundo inteiro como a minha paróquia.
I look upon all the world as my parish.
J. WESLEY (eclesiástico inglês, 1703-1791), *Journal*, 11/6/1739.

2132. Eu, estrangeiro e assustado, / Num mundo que nunca fiz.
I, a stranger and afraid, / In a world I never made.
A. E. HOUSMAN (poeta inglês, 1859-1936), *Last Poems*, XII.

2133. O mundo é mesmo feio como o pecado, / e quase sempre tão delicioso quanto ele.
The world's as ugly, ay, as sin, / And almost as delightful.
F. LOCKER-LAMPSON (poeta inglês, 1821-1895), *The Jester's Plea*.

2134. É assim que o mundo termina, / não com um estrondo, mas com uma choradeira.
This is the way the world ends / Not with a bang but a whimper.
TH. S. ELIOT (poeta e dramaturgo anglo-americano, 1888-1965), *The Hollow Men*.

2135. O macrocosmo e o microcosmo são construídos exatamente com base no mesmo projeto.
SWĀMI VIVEKĀNANDA (líder espiritual indiano, 1863-1902).

2136. As lágrimas do mundo são inalteráveis. Para cada um que começa a chorar, em algum lugar outro pára. O mesmo vale para o riso.
Les larmes du monde sont immuables. Pour chacun qui se met à pleurer, quelque part un autre s'arrête. Il en va de même du rire.
S. BECKETT (escritor irlandês, 1906-1989), *Esperando Godot*, I.

2137. O mundo será julgado pelas crianças. O espírito da infância julgará o mundo.

Le monde va être jugé par les enfants. L'esprit d'enfance va juger le monde.

G. BERNANOS (escritor francês, 1888-1948), *Les grands cimetières sous la lune*.

A NOBREZA

A nobreza

2138. A nobreza cria obrigações.
Noblesse oblige.
Duc de Lévis (escritor e militar francês, 1764-1830), *Réflexions*.

2139. Quem nasceu nobre / deve viver bem ou morrer bem.
"Η καλῶς ζῆν ἢ καλῶς τεθνηκέναι / τὸν εὐγενῆ χρή.
Sófocles (trágico grego, 496-406 a.C.), *Ajax*, 479-80.

2140. Meu caro bom Jesus, que por decreto / da vossa infalível vontade / fizestes-me nascer na classe / distinta da alta nobreza, / enquanto, a um mínimo sinal vosso, / eu bem poderia ter nascido plebéia, um verme vil, um monstro: // eu vos agradeço por terdes coberto minha humilde pessoa / de um bem tão grande, / tanto mais que, sendo as hierarquias terrenas / símbolos daquelas angélicas, / desfruto de um grau que reflete / o grau de Tronos e de Soberania.

Mio caro buon Gesù, che per decreto / dell'infallibil vostra volontà / m'avete fatta nascere nel ceto / distinto della prima nobiltà, / mentre poteva a un minim cenno vostro / nascer plebea, un verme vile, un mostro: // io vi ringrazio che d'un sì gran bene / abbiev ricolma l'umil mia persona, / tant più che essend le gerarchie terrene / simbol di quelle che vi fan corona / godo così di un grad ch'è riflession / del grad di Troni e di Dominazion.
C. Porta (poeta dialetal italiano, 1775-1821), *Poesie*, 106, Offerta a Dio, 67-78.

2141. Marquês Entre vós e mim existe uma certa diferença. Conde Na estalagem vosso dinheiro vale tanto quanto o meu. Marquês Mas se a estalajadeira me faz distinções, estas convêm mais a mim do que a vós. CONDE Por qual razão? MARQUÊS Eu sou o marquês de Forlipopoli. CONDE E eu sou o conde D'Albafiorita. MARQUÊS Sim, conde! Condado comprado. CONDE Comprei o condado quando vendestes o marquesado.

MARCHESE Fra voi e me vi è qualche differenza. CONTE Sulla locanda tanto vale il vostro denaro quanto vale il mio. MARCHESE Ma se la locandiera usa a me delle distinzioni, mi si convengono più che a voi. CONTE Per qual ragione? MARCHESE Io sono il marchese di Forlipopoli. CONTE Ed io sono il conte D'Albafiorita. MARCHESE Sì, conte! Contea comprata. CONTE Io ho comprata la contea quando voi avete venduto il marchesato.

C. GOLDONI (comediógrafo italiano, 1707-1793), *La locandiera*, I, 1.

2142. Ó nossa pouca nobreza de sangue, / não me surpreenderei nunca se neste mundo, / onde o amor cede às coisas transitórias e vãs, // os homens se gloriem de ti: / pois lá no céu, onde o amor não se deixa atrair por coisas indignas, / glorieime da minha nobreza.

O poca nostra nobiltà di sangue, / se gloriar di te la gente fai / qua giù dove l'affetto nostro langue, // mirabil cosa non mi sarà mai: / ché là dove appetito non si torce, / dico nel cielo, io me ne gloriai.

D. ALIGHIERI (poeta italiano, 1265-1321), *Paraíso*, XVI, 1-6.

2143. Existe uma classe de pessoas que dá provas e atribui-se o mérito de ser ilustre há muitas gerações, embora permaneça ociosa e inútil. Intitula-se nobreza; e, não menos do que a classe dos sacerdotes, deve ser considerada como um dos maiores obstáculos à vida livre e um dos mais ferozes e permanentes pilares da tirania.

Havvi una classe di gente che fa prova e vanto di essere da molte generazioni illustre, ancorché oziosa si rimanga ed inutile. Intitolasi nobiltà; e si dee, non meno che la classe dei sacerdoti, riguardare come uno dei maggiori ostacoli al viver libero, e uno dei più feroci e permanenti sostegni della tirannide.

V. ALFIERI (escritor italiano, 1749-1803), *Della tirannide*, I, 11.

2144. A estirpe não transforma os indivíduos em nobres, mas os indivíduos dão nobreza à estirpe.

> *La stirpe non fa le singulari persone nobili, ma le singulari persone fanno nobile la stirpe.*
> D. ALIGHIERI (poeta italiano, 1265-1321), *Convivio*, IV, 20.

2145. A nobreza do espírito, com respeito àquela tradicional, oferece-nos a vantagem de podermos atribuí-la a nós mesmos.

> *Der geistige Adel hat vor dem alten Adel überdies das voraus, daß man ihn sich selbst zusprechen kann.*
> R. MUSIL (escritor austríaco, 1880-1942), *Fragmentos póstumos em prosa*, Monólogo de um aristocrata do espírito.

2146. A única nobreza é a virtude.

> *Nobilitas sola est atque unica virtus.*
> JUVENAL (poeta latino, c. 50/65-140), *Sátiras*, VIII, 20.

2147. Não existe nobreza sem generosidade, assim como não existe sede de vingança sem vulgaridade.

> *Es gibt keine Noblesse ohne Großzügigkeit, wie es keine Rachsucht gibt ohne Vulgarität.*
> J. ROTH (escritor austríaco, 1894-1939), *A cripta dos capuchinhos*.

2148. Natureza nobre é aquela / que tem coragem / de olhar nos olhos / o destino comum, e que com franca língua, / sem subtrair nada da verdade, / confessa o mal que nos foi dado como destino / e a condição baixa e frágil do homem.

> *Nobil natura è quella / che a sollevar s'ardisce / gli occhi mortali incontra / al comun fato, e che con franca lingua, / nulla al ver detraendo, / confessa il mal che ci fu dato in sorte, / e il basso stato e frale.*
> G. LEOPARDI (poeta italiano, 1798-1837), *Canti*, La ginestra.

A aristocracia

2149. A aristocracia numa república é como um frango cuja cabeça foi cortada: pode até correr com vivacidade de um lado para outro, mas na verdade está morto.

An aristocracy in a republic is like a chicken whose head has been cut off: it may run about in a lively way, but in fact it is dead.
N. MITFORD (escritora inglesa, 1904-1973), *Noblesse Oblige.*

2150. Sob o cinzento dilúvio democrático atual, que submerge miseravelmente muitas coisas belas e raras, também desaparece pouco a pouco aquela classe especial de antiga nobreza itálica, em que se mantinha viva, de geração a geração, uma certa tradição familiar de distinta cultura, de elegância e de arte.

Sotto il grigio diluvio democratico odierno, che molte belle cose e rare sommerge miseramente, va anche a poco a poco scomparendo quella special classe di antica nobiltà italica, in cui era tenuta viva di generazione in generazione una certa tradizion familiare d'eletta cultura, d'eleganza e di arte.

G. D'ANNUNZIO (escritor italiano, 1863-1938), *Il piacere*, I, 2.

2151. Um grande senhor é um homem que vê o rei, que fala com os ministros, que tem antepassados, dívidas e rendas.

Un grand seigneur est un homme qui voit le roi, qui parle aux ministres, qui a des ancêtres, des dettes et des pensions.

CH. MONTESQUIEU (escritor político francês, 1689-1755), *Cartas persas.*

2152. As pessoas da alta sociedade são insensíveis às necessidades e aflições dos homens, do mesmo modo como os cirurgiões são insensíveis às dores físicas.

People in high life are hardened to the wants and distresses of mankind as surgeons are to their bodily pains.

PH. D. CHESTERFIELD (estadista inglês, 1694-1773), *Letters.*

2153. As pessoas de classe deixam à plebe tanto a preocupação de pensar, quanto o temor de pensar erroneamente.

Les gens du bon ton laissent au vulgaire, et le soin de penser, et la crainte de penser faux.

C.-P.-J. DE CRÉBILLON (escritor francês, 1707-1777), *Les égarements du coeur et de l'esprit.*

2154. Viver? Os serviçais fazem isso por nós.

Vivre? les serviteurs feront cela pour nous.

PH.-A. VILLIERS DE L'ISLE-ADAM (escritor francês, 1838-1889), *Axel*, III, 5.

O cavalheiro

2155. A única regra infalível que conhecemos é que o homem que sempre diz ser um cavalheiro não o é.

> *The only infallible rule we know is that the man who is always talking about being a gentleman never is one.*
> R. S. SURTEES (escritor inglês, 1803-1864), *Ask Mamma*, 1.

2156. Deus perguntou a Adão: "Quem comeu o pomo?" / "Eu!", respondeu. "Mas foi ela quem me deu." / "Eva?" "Isso mesmo. Eu nem ia dizer..." / E assim surgiu o primeiro cavalheiro.

> *Dio chiese a Adamo: "Chi ha magnato er pomo?". / "Io!" fece lui. "Ma me l'ha dato lei." / "Eva?" "Sicuro. Mica lo direi..." / E scappò fòra er primo gentilomo.*
> TRILUSSA (poeta dialetal italiano, 1871-1950), *Libro muto*, Peccato N. 1.

2157. O verdadeiro cavalheiro é aquele que não se vangloria de nada.

> *Le vrai honnête homme est celui qui ne se pique de rien.*
> F. LA ROCHEFOUCAULD (escritor francês, 1613-1680), *Maximes*, 203.

2158. Dez contra um!... Dez homens grosseiros contra um cavalheiro são cinco a mais!

> *Dix contre un!... Dix manants contre un gentilhomme, c'est cinq de trop!*
> A. DUMAS (escritor francês, 1802-1870), *La Tour de Nesle*.

A PAZ

A paz

2159. É claro, portanto, que a paz universal é a melhor dentre todas as coisas que contribuem à nossa felicidade.
Unde manifestum est quod pax universalis est optimum eorum quae ad nostram beatitudinem ordinantur.
D. ALIGHIERI (poeta italiano, 1265-1321), *Monarchia*, I, 4.

2160. A paz não é um estado primitivo paradisíaco, nem uma forma de convivência regulada pelo acordo. A paz é algo que não conhecemos, que apenas buscamos e imaginamos. A paz é um ideal.
Friede ist weder ein paradiesischer Urzustand noch eine Form durch Übereinkunft geregelten Zusammenlebens. Friede ist etwas, was wir nicht kennen, was wir nur suchen und ahnen. Friede ist ein Ideal.
H. HESSE (escritor alemão, 1877-1962), *Guerra e paz.*

2161. Uma paz certa é melhor e mais segura do que uma vitória esperada.
Melior tutiorque est certa pax quam sperata victoria.
TITO LÍVIO (historiador latino, 59 a.C.-17 d.C.), *História de Roma*, XXX, 30, 18.

2162. Se colocares numa parte da balança as vantagens e na outra as desvantagens, perceberás que uma paz injusta é muito melhor do que uma guerra justa.
Quod si ceu lancibus hinc atque hinc expensis commodis et incommodis, comperis multo potiorem esse pacem iniquam quam bellum aequum.

Erasmo de Rotterdam (humanista holandês, 1466-1536), *Adagia*, É bela a guerra para quem não a provou.

2163. Uma paz honrosa, fundada na justiça, certamente é o que há de mais belo e vantajoso; porém, uma paz que nasce da covardia e desonra é o que há de mais aviltante e nocivo.

Εἰρήνη γὰρ μετὰ μὲν τοῦ δικαίου καὶ πρέποντος κάλλιστόν ἐστι κτῆμα καὶ λυσιτελέστατον, μετὰ δὲ κακίας ἢ δειλίας ἐπονειδίστου πάντων αἴσχιστον καὶ βλαβερώτατον.

Políbio (historiador grego, c. 202-120 a.C.), *Histórias*, IV, 31, 8.

2164. Nunca houve uma guerra boa nem uma paz ruim.

There never was a good war, or a bad peace.

B. Franklin (político e escritor norte-americano, 1706-1790), *Letter to Quincy*, 11/9/1773.

2165. Não me fales de acordos, abominado / Inimigo, replicou Aquiles com tom ameaçador: / Nenhum pacto entre o homem e o leão, / Nenhuma paz entre a eterna guerra / Do cordeiro e do lobo, e entre nós / Nem juramento, nem qualquer amizade, / Até que um de nós caia morto e, com seu sangue, / satisfaça o invicto Marte.

Τὸν δ' ἄρ', ὑπόδρα ἰδὼν προσέφη πόδας ὠκὺς Ἀχιλλεύς· / «Ἕκτορ, μή μοι, ἄλαστε, συνημοσύνας ἀγόρευε· / ὡς οὐκ ἔστι λέουσι καὶ ἀνδράσιν ὅρκια πιστά, / οὐδὲ λύκοι τε καὶ ἄρνες ὁμόφρονα θυμὸν ἔχουσιν, / ἀλλὰ κακὰ φρονέουσι διαμπερὲς ἀλλήλοισιν, / ὣς οὐκ ἔστ' ἐμὲ καὶ σὲ φιλήμεναι, οὐδέ τι νῶϊν / ὅρκια ἔσσονται, πρίν γ' ἢ ἕτερόν γε πεσόντα / αἵματος ἆσαι Ἄρηα, ταλαύρινον πολεμιστήν».

Homero (poeta grego, séc. VIII-VII a.C.), *Ilíada*, XXII, 260-7.

2166. Canção, eu te exorto / a que tuas palavras expressem-se com cortesia; / pois te convém chegar aos príncipes, / e as intenções já estão repletas / do costume péssimo e antigo / de ouvir sempre as adulações e nunca a verdade. / Encontrarás teu destino / apenas entre os poucos magnânimos que gostam do bem. / Pede-lhes que te protejam, / para que possas gritar "paz, paz, paz!".

Canzone, io t'ammonisco / che tua ragion cortesemente dica; / perché fra gente altèra ir ti convene, / e le voglie son piene / già dell'usanza pessima et antica, / del ver sempre nemica. / Proverai tua ventura / fra magnanimi pochi a chi 'l ben piace: / di' lor: – Chi m'assicura? / l' vo gridando: "Pace, pace, pace!" –

F. PETRARCA (poeta italiano, 1304-1374), *Canzoniere*, Canzone 128, All'Italia.

2167. Nem mesmo o homem mais bondoso consegue ficar em paz, / se isso não agrada a seu vizinho mau.

Es kann der Frömmste nicht im Frieden bleiben, / Wenn es dem bösen Nachbar nicht gefällt.

F. VON SCHILLER (escritor alemão, 1759-1805), *Guilherme Tell*, IV, 3.

2168. Homens, paz! Na terra prona, / grande é o mistério; e apenas quem procura / ter irmãos em seu temor não erra.

Uomini, pace! Nella prona terra / troppo è il mistero; e solo chi procaccia / d'aver fratelli in suo timor, non erra.

G. PASCOLI (poeta italiano, 1855-1912), *Primi poemetti*, I due fanciulli.

2169. Cabe a quem dá, não a quem pede, ditar as condições de paz.

Est quidem eius qui dat, non qui petit, condiciones dicere pacis.

TITO LÍVIO (historiador latino, 59 a.C.-17 d.C.), *História de Roma*, XXX, 30, 24.

2170. Em época de paz, os filhos enterram os pais, enquanto em época de guerra são os pais que enterram os filhos.

Ἐν μὲν γὰρ τῇ [εἰρήνῃ] οἱ παῖδες τοὺς πατέρας θάπτουσι, ἐν δὲ τῷ [πολέμῳ] οἱ πατέρες τοὺς παῖδας.

HERÓDOTO (historiador grego, c. 484-430 a.C.), *Histórias*, I, 87.

2171. Chamam de paz o lugar onde fazem o deserto.

Ubi solitudinem faciunt, pacem appellant.

TÁCITO (historiador latino, c. 54-120), *Vida de Agrícola*, 30, 6.

A guerra

2172. A guerra é mãe e rainha de todas as coisas; alguns transforma em deuses, outros, em homens; de alguns faz escravos, de outros, homens livres.

Πόλεμος πάντων μὲν πατήρ ἐστι, πάντων δὲ βασιλεύς, καὶ τοὺς μὲν θεοὺς ἔδειξε τοὺς δὲ ἀνθρώπους, τοὺς μὲν δούλους ἐποίησε τοὺς δὲ ἐλευθέρους.

HERÁCLITO (filósofo grego, c. 550-c. 480 a.C.), *Fragmentos*, 53.

2173. A guerra nutre a si mesma.

Bellum se ipsum alet.

TITO LÍVIO (historiador latino, 59 a.C.-17 d.C.), *História de Roma*, XXXIV, 9.

2174. Sendo assim, insinua-se em nós, ai, infelizes! um delírio / inato de batalha; e mesmo se as Deusas piedosas aplacam-no, muitas vezes acaba por arder em nós, / ostentando como troféu os ossos fraternos.

Quindi in noi serpe, ahi miseri! un natìo / delirar di battaglia; e se pietose / ne'l placano le Dee, spesso riarde / ostentando trofeo l'ossa fraterne.

U. FOSCOLO (poeta italiano, 1778-1827), *Le Grazie*, I, 145-8.

2175. Façamos a guerra para poder viver em paz.

Πολεμοῦμεν ἵν' εἰρήνην ἄγωμεν.

ARISTÓTELES (filósofo grego, 384-322 a.C.), *Ética a Nicômaco*, X, 7.

2176. Uma espada obriga a outra a ficar na bainha.

One sword keeps another in the sheath.

G. HERBERT (poeta inglês, 1593-1633), *Jacula Prudentium*.

2177. Somos a favor da abolição da guerra, não queremos a guerra. Mas a guerra só pode ser abolida com a guerra. Para que não existam mais fuzis, é preciso empunhar o fuzil.

MAO TSÉ-TUNG (político chinês, 1893-1976), *Problemas da guerra e da estratégia*, 6/11/1938.

2178. A bomba atômica é um tigre de papel que os reacionários americanos usam para assustar as pessoas.

MAO TSÉ-TUNG (político chinês, 1893-1976), entrevista com a jornalista americana L. Strong, agosto de 1946.

2179. Quanto mais fortes somos, menos provável é a guerra.
Je stärker wir sind, desto unwahrscheinlicher ist der Krieg.
O. VON BISMARCK (político alemão, 1815-1898), *Discursos*, 11/1/1887.

2180. Basta que ameaceis com a guerra: tereis a paz.
Ostendite modo bellum; pacem habebitis.
TITO LÍVIO (historiador latino, 59 a.C.-17 d.C.), *História de Roma*, VI, 18, 7.

2181. Que as armas cedam à toga, o triunfo militar à glória cívica.
Cedant arma togae, concedat laurea laudi.
CÍCERO (escritor e político romano, 106-43 a.C.), *De Officiis*, I, 22.

2182. Em meio às armas, as leis calam.
Silent leges inter arma.
CÍCERO (escritor e político romano, 106-43 a.C.), *Pro Milone*, IV, 10.

2183. Uma aliança cujo objetivo não compreenda o propósito de guerra não tem sentido nem valor. Alianças são feitas apenas para combater. E por mais distante no tempo que esteja o conflito no momento de concluir um pacto de aliança, a perspectiva de uma realização armada é, contudo, o íntimo pretexto para que aconteça.
Ein Bündnis, dessen Ziel nicht die Absicht zu einem Krieg umfaßt, ist sinn- und wertlos. Bündnisse schließt man nur zum Kampf. Und mag die Auseinandersetzung im Augenblick des Abschlusses eines Bündnisvertrags in noch so weitere Ferne liegen, die Aussicht auf eine kriegerische Verwirklichung ist nichtsdestowenig die innere Veranlassung zu ihm.
A. HITLER (político alemão, 1889-1945), *Minha luta*.

2184. Os pactos sem a espada são apenas palavras e não têm a força para defender ninguém.
Covenants without the sword are but words and of no strength to secure a man at all.
TH. HOBBES (filósofo inglês, 1588-1679), *Leviatã*, II, 17.

2185. As duas virtudes cardinais na guerra são a força e a fraude.

Force and fraud are in war the two cardinal virtues.
TH. HOBBES (filósofo inglês, 1588-1679), *Leviatã*, I, 13.

2186. Nunca se deve deixar que aconteça uma desordem para evitar uma guerra, pois ela é inevitável, mas, sendo protelada, resulta em tua desvantagem.

Non si debbe mai lasciare seguire uno disordine per fuggire una guerra, perché la non si fugge, ma si differisce a tuo disavvantaggio.
N. MAQUIAVEL (político e escritor italiano, 1469-1527), *O príncipe*, III, 13.

2187. Quem foi o primeiro a inventar as horríveis espadas? / Como foi cruel e realmente desumano!

Quis fuit horrendos primus qui protulit enses? / Quam ferus et vere ferreus ille fuit!
TIBULO (poeta latino, c. 54-19 a.C.), *Elegias*, I, 10, 1-2.

2188. Queremos glorificar a guerra – única higiene do mundo –, o militarismo, o patriotismo, o gesto destruidor dos libertários, as belas idéias pelas quais se morre, e o desprezo da mulher.

Noi vogliamo glorificare la guerra – sola igiene del mondo –, il militarismo, il patriottismo, il gesto distruttore dei libertari, le belle idee per cui si muore, e il disprezzo della donna.
F. T. MARINETTI (escritor italiano, 1876-1944), *Manifesto futurista*.

2189. Uma vez declarada a guerra, é impossível deter os poetas. A rima ainda é o melhor tambor.

Dès que la guerre est déclarée, impossible de tenir les poètes. La rime, c'est encore le meilleur tambour.
J. GIRAUDOUX (escritor francês, 1882-1944), *A guerra de Tróia não acontecerá*.

2190. Certamente têm razão aqueles que definem a guerra como estado primitivo e natural. Enquanto o homem for um animal, viverá por meio de luta e à custa dos outros, temerá e odiará o próximo. – A vida, portanto, é guerra.

Gewiβ haben jene recht, welche den Krieg den Ur- und natürlichen Zustand nennen. Insofern der Mensch ein Tier ist, lebt er durch Kampf, lebt auf Kosten anderer, fürchtet und haβt andere. – Leben ist also Krieg.

H. HESSE (escritor alemão, 1877-1962), *Guerra e paz.*

2191. O homem existe apenas no combate, o homem vive apenas se arrisca a vida.

L'homme n'existe que dans le combat, l'homme ne vit que s'il risque la mort.

P. DRIEU LA ROCHELLE (escritor francês, 1893-1945), *Le feu follet.*

2192. Sempre que os homens são impedidos de combater por necessidade, combatem por ambição.

Qualunque volta è tolto agli uomini il combattere per necessità, combattono per ambizione.

N. MAQUIAVEL (político e escritor italiano, 1469-1527), *Discursos sobre a primeira década de Tito Lívio*, III, 37.

2193. A guerra não é outra coisa senão a continuação das relações políticas com interferência de outros meios.

Der Krieg ist nichts anderes als eine Fortsetzung des politischen Verkehrs mit Einmischung anderer Mittel.

C. VON CLAUSEWITZ (teórico militar prussiano, 1780-1831), *Da guerra*, VIII, 68.

2194. É sábio experimentar todos os caminhos antes de chegar às armas.

Omnia prius experiri quam armis sapientem decet.

TERÊNCIO (comediógrafo latino, 185-159 a.C.), *O eunuco*, 789.

2195. Nos conflitos europeus, para os quais não existe um tribunal competente, o direito se faz valer apenas com as baionetas.

Das Recht läβt sich in europäischen Streitigkeiten, wo ein kompetenter Gerichtshof nicht besteht, nur durch die Bajonette geltend machen.

O. VON BISMARCK (político alemão, 1815-1898), *Discursos*, 22/1/1864.

2196. Questiono-me se a guerra não estoura com o único objetivo de permitir ao adulto *voltar a ser criança*, regredir com alívio à idade das fantasias e dos soldadinhos de chumbo.

> *Je me demande si la guerre n'éclate pas dans le seul but de permettre à l'adulte de* faire l'enfant, *de régresser avec soulagement jusqu'à l'âge des panoplies et des soldats de plomb.*
> M. TOURNIER (escritor francês, nascido em 1924), *Le roi des aulnes.*

2197. Assim que um soberano da terra / acredita que outro soberano tenha encostado em qualquer mínima coisa que lhe pertença, / diz ao seu povo: "És inimigo / de tal ou tal rei; faze a guerra contra ele."

> *Subbito ch'un zovrano de la terra / crede ch'un antro j'abbi tocco un fico, / dice ar popolo suo: "Tu sei nimmico / der tale o der tar re; fàje la guerra."*
> G. G. BELLI (poeta dialetal italiano, 1791-1863), *Sonetti,* Li sordati boni.

2198. A guerra é uma desgraça tão grande, seu êxito é tão incerto e suas conseqüências para um país são tão devastadoras que os soberanos simplesmente não são capazes de refletir o suficiente antes de iniciá-la.

> *Der Krieg ist ein solcher Abgrund des Jammers, sein Ausgang so wenig sicher und seine Folgen für ein Land so verheerend, daß es sich die Landesherren gar nicht genug überlegen können, ehe sie ihn auf sich nehmen.*
> FREDERICO, O GRANDE (rei da Prússia, 1712-1786), *O anti-Maquiavel.*

2199. A guerra, assim como é madrasta dos covardes, é mãe dos corajosos.

> *La guerra, así como es madrastra de los cobardes, es madre de los valientes.*
> M. DE CERVANTES (escritor espanhol, 1547-1616).

2200. A mais injusta condição das guerras está no fato de que todos se atribuem o mérito das proezas, enquanto as derrotas são sempre atribuídas a uma única pessoa.

> *Iniquissima haec bellorum condicio est: prospera omnes sibi vindicant, adversa uni imputantur.*
> TÁCITO (historiador latino, c. 54-120), *Vida de Agrícola,* 27, 1.

2201. Não é a fome, mas, ao contrário, a abundância, o excesso de energias que provocam a guerra.

> *No es el hambre, sino, al contrario, la abundancia, la sobra de energías, quien suscita la guerra.*

J. ORTEGA Y GASSET (filósofo espanhol, 1883-1955).

2202. Eu, meu amigo, nunca me defendo; ataco. Não quero escudo que me atrapalhe e me incomode; quero apenas a espada.

> *Yo, amigo mío, no me defiendo jamás; ataco. No quiero escudo que me embaraza y estorba; no quiero más que espada.*

M. DE UNAMUNO (escritor espanhol, 1864-1936).

2203. Todo ataque tem de terminar com uma defesa.

> *Jeder Angriff muβ mit einem Verteidigen enden.*

C. VON CLAUSEWITZ (teórico militar prussiano, 1780-1831), *Da guerra*, VII, 3.

2204. A vantagem quase única da ofensiva consiste na surpresa.

> *Der Angriff besitzt seinen fast einzigen Vorzug in der Überraschung.*

C. VON CLAUSEWITZ (teórico militar prussiano, 1780-1831), *Da guerra*, VIII, 9.

2205. O chamado deus dos exércitos está sempre do lado da nação que tem a melhor artilharia, os melhores generais.

> *Le prétendu dieu des armées est toujours pour la nation qui a la meilleure artillerie, les meilleurs généraux.*

E. RENAN (escritor francês, 1823-1892), *Dialogues et fragments philosophiques*.

2206. Deus está sempre com os batalhões mais fortes.

> *Gott ist immer mit den stärksten Bataillonen.*

FREDERICO, O GRANDE (rei da Prússia, 1712-1786), *Cartas*, À duquesa von Sachsen-Gotha, 1760.

Os soldados

2207. A guerra! É uma coisa muito séria para confiá-la a militares.

> *La guerre! c'est une chose trop grave pour la confier à des militaires.*

G. CLEMENCEAU (político francês, 1841-1929), citado em G. SUAREZ, *60 années d'histoire française.*

2208. Os militares são como as crianças, pode-se sempre esperar que um dia se tornem adultos.

Les militaires sont comme les enfants, on peut toujours espérer qu'ils deviendront un jour adultes.

J.-L. DE VILALLONGA (jornalista e escritor espanhol, nascido em 1920), *Les gangrènes de l'honneur.*

2209. Digo, portanto, que não é o ouro, como clama a opinião comum, o nervo da guerra, mas os bons soldados; pois o ouro não é capaz de encontrar os bons soldados, mas os bons soldados são bem capazes de encontrar o ouro.

Dico, pertanto, non l'oro, come grida la comune opinione, essere il nervo della guerra, ma i buoni soldati; perché l'oro non è sufficiente a trovare i buoni soldati, ma i buoni soldati sono ben sufficienti a trovar l'oro.

N. MAQUIAVEL (político e escritor italiano, 1469-1527), *Discursos sobre a primeira década de Tito Lívio,* II, 10.

2210. Nunca espero que um soldado pense.

I never expect a soldier to think.

G. B. SHAW (comediógrafo irlandês, 1856-1950), *The Devil's Disciple,* III.

2211. Não sabe nada; e pensa saber tudo. Isso indica claramente uma vocação para a carreira política.

He knows nothing; and he thinks he knows everything. That points clearly to a political carreer.

G. B. SHAW (comediógrafo irlandês, 1856-1950), *Major Barbara,* III.

2212. As crianças brincam de ser soldado. É compreensível. Mas por que os soldados brincam de ser criança?

Kinder spielen Soldaten. Das ist sinnvoll. Warum aber spielen Soldaten Kinder?

K. KRAUS (escritor austríaco, 1874-1936), *Moral,* Cristianismo.

A vitória

2213. Sabes vencer, Aníbal, mas não sabes aproveitar a vitória.

Vincere scis, Hannibal, victoria uti nescis.

MAHARBAL (oficial cartaginês, séc. III a.C.), citado em TITO LÍVIO, *História de Roma*, XXII, 51, 4.

2214. Os problemas da vitória são mais agradáveis do que aqueles da derrota, mas não são menos difíceis.

The problems of victory are more agreeable than those of defeat, but they are no less difficult.

W. CHURCHILL (político britânico, 1874-1965), Discurso na Câmara dos Comuns, 11/11/1942.

2215. A vitória tem mil pais, mas a derrota é órfã.

Victory has a thousand fathers but defeat is an orphan.

J. F. KENNEDY (presidente norte-americano, 1917-1963), atribuído.

2216. Vencendo sem perigo, triunfa-se sem glória.

A vaincre sans péril, on triomphe sans gloire.

P. CORNEILLE (dramaturgo francês, 1606-1684), *Le Cid*, II, 2.

2217. Vence duas vezes quem no momento da vitória vence a si mesmo.

Bis vincit qui se vincit in victoria.

PÚBLIO SIRO (poeta latino, séc. I a.C.), *Sentenças*, 77.

2218. Quem supera, vence.

Wer überwindet, der gewinnt.

J. W. GOETHE (escritor alemão, 1749-1832), *Fausto*, 2835.

2219. A verdadeira glória de um vencedor é a de ser clemente.

La vera gloria di un vincitore è quella di essere clemente.

V. CUOCO (político e historiador italiano, 1770-1823), *Saggio storico sulla rivoluzione napoletana del 1799*, XLIX.

2220. Os que vencem, não importa o modo como vençam, nunca conquistam a vergonha.

Coloro che vincono, in qualunque modo vincano, mai non ne riportano vergogna.
N. MAQUIAVEL (político e escritor italiano, 1469-1527), *História de Florença*, III, 13.

A derrota

2221. A causa vitoriosa agradou aos deuses, mas a derrotada agradou a Catão.
Victrix causa deis placuit, sed victa Catoni.
LUCANO (poeta latino, 39-65), *Farsália*, I, 128.

2222. A única salvação para os vencidos é não esperarem nenhuma salvação.
Una salus victis nullam sperare salutem.
VIRGÍLIO (poeta latino, 70-19 a.C.), *Eneida*, II, 353.

2223. Um homem pode ser destruído, mas não derrotado.
A man can be destroyed but not defeated.
E. HEMINGWAY (escritor norte-americano, 1899-1961), *O velho e o mar*.

2224. Todo homem acaba encontrando a sua Waterloo.
Every man meets his Waterloo at last.
W. PHILLIPS (reformador norte-americano, 1811-1884), discurso em Brooklyn, 1/11/1859.

2225. Faz parte da natureza dos mortais / pisar ainda mais em quem já caiu.
"Ὥς τε σύγγονον / βροτοῖσι τὸν πεσόντα λακτίσαι πλέον.
ÉSQUILO (trágico grego, c. 525-456 a.C.), *Agamêmnon*, 884-5.

2226. Para quem luta com os grandes, até a derrota é honrosa; os elefantes que quebram as próprias presas para despedaçar uma rocha são dignos de louvor.
Mahadbhiḥ spardhamānasya vipad eva garīyasī / dantabhaṅgo hi nagānām ślāghyo girividāraṇe //
VṚDDHACĀṆAKYA (sentenças indianas), 278, B 4746.

A fuga

2227. O homem que foge pode combater outra vez.

> 'Ανὴρ ὁ φεύγων καὶ πάλιν μαχήσεται.

MENANDRO (comediógrafo grego, 342-291 a.C.), *Versos individuais*, 45.

2228. Quem se retira não foge.

> *No huye el que se retira.*

M. DE CERVANTES (escritor espanhol, 1547-1616), *Dom Quixote*.

A PALAVRA

A palavra

2229. Só é possível pensar com palavras, isto é, com imagens. Por isso as palavras dominam o mundo, e as idéias, em sua ação imediata, pertencem a elas.

Man kann nur in Worten, das heißt in Bildern, denken. Darum führen die Worte die Welt, und die Ideen gehören, in ihrer unmittelbaren Aktion, den Worten.

F. BLEI (escritor e ensaísta alemão, 1871-1942), *O bestiário da literatura.*

2230. A palavra é a desculpa do pensamento.

Le mot est l'excuse de la pensée.

J. RENARD (escritor francês, 1864-1910), *Journal*, 17/4/1896.

2231. A frase é a toalete do espírito.

Die Phrase ist die Toilette des Geistes.

FLIEGENDE BLÄTTER (semanário humorístico alemão).

2232. Não permitais à língua ultrapassar o pensamento.

Не позволяй языку опережать мысль.

A. P. TCHEKHOV (escritor russo, 1860-1904).

2233. [Os homens] servem-se das palavras apenas para disfarçar seus pensamentos.

Ils... n'emploient les paroles que pour déguiser leurs pensées.

VOLTAIRE (escritor e filósofo francês, 1694-1778), *Dialogues*, XIV, Le Chapon et la Poularde.

2234. Um coração cheio não consegue medir as palavras.

Ein volles Herz kann die Worte nicht wägen.
G. E. LESSING (filósofo alemão, 1729-1781), *Minna von Barnhelm*, V, 3.

2235. Uma língua afiada é a única ferramenta aguçada que melhora com o uso constante.

A sharp tongue is the only edged tool that grows keener with constant use.
W. IRVING (escritor norte-americano, 1783-1859), *The Sketch Book*, Rip Van Winkle.

2236. O que há de bom e ao mesmo tempo de ruim no homem? "A língua."

Τί ἐστιν ἐν ἀνθρώποις ἀγαθόν τε καὶ φαῦλον; «γλῶσσα.»
ANACÁRSIS (sábio cita, séc. VI a.C.), citado em DIÓGENES LAÉRCIO, *Vidas dos filósofos*, Anacársis, 5.

2237. Tem idéia de quanto mal nos fazemos por essa maldita necessidade de falar?

Lo sa quanto male ci facciamo per questo maledetto bisogno di parlare!
L. PIRANDELLO (escritor italiano, 1867-1936), *Ciascuno a suo modo*, I.

2238. Um bom discurso é mais escondido do que uma preciosa esmeralda, e no entanto podemos ouvi-lo de uma escrava no moinho.

Un buon discorso è più nascosto di un prezioso smeraldo, eppure lo possiamo udire da una schiava alla macina.
PTAHHOTEP (vizir do rei egípcio Isessi, V dinastia), citado em Papiro Prisse da XI dinastia, trad. para o it. B. de Rachewiltz.

2239. A palavra sábia é aquela que, dita a uma criança, é sempre compreendida sem a necessidade de explicações.

La palabra sabia es aquella que, dicha a un niño, se entiende siempre aunque no se explique.
M. DE UNAMUNO (escritor espanhol, 1864-1936).

2240. Meditar sozinho é onanismo – pensar com outros (conversar) é coito.

Il meditare da solo è onanismo – il pensare con altri (conversare) è coito.
C. Dossi (escritor italiano, 1849-1910), *Note azzurre*, n. 1589.

2241. Dêem uma companhia ao solitário e ele falará mais do que qualquer pessoa.

Date una compagnia al solitario e parlerà più di chiunque.
C. Pavese (escritor italiano, 1908-1950), *Il mestiere di vivere*, 19/9/1938.

2242. Aquele que sabe não fala; / aquele que fala não sabe.

Colui che sa, non parla; / colui che parla, non sa.
Lao-tzu (filósofo chinês, séc. VI-V a.C.), *A regra celestial*, 56, trad. para o it. A. Castellani.

2243. Dizer facilmente até as coisas mais fáceis de serem ditas não é nada fácil, ou melhor, é algo muito difícil entre as coisas mais difíceis.

Il dire facilmente anche le cose più facili a dirsi, è cosa tutt'altro che facile, anzi pure difficilissima tra le più difficilissime.
G. Baretti (jornalista italiano, 1719-1789), *La frusta letteraria*, N. III, 1/11/1763.

2244. Em duas ocasiões as mulheres não sabem o que dizer: no início e no fim de um amor.

Con le donne accade due volte di non saper cosa dire: all'inizio e alla fine d'un amore.
G. Bufalino (escritor italiano, nascido em 1920), *Il Malpensante*, julho.

2245. Se ficasse quieta e não falasse de mim, / não estaria com febre; mas agora que resmunga e injuria, / não apenas pensa em mim, mas também, e é o que conta, / está enraivecida. Ou seja, queima de febre e fala.

Si nostri oblita taceret, / sana esset: nunc quod gannit et obloquitur, / non solum meminit, sed, quae multo acrior est res, / irata est. Hoc est, uritur et loquitur.
Catulo (poeta latino, 87-54 a.C.), *Poesias*, LXXXIII, 3-6.

2246. Existem palavras que deveriam servir uma única vez.

Il est des paroles qui ne devraient servir qu'une fois.

F.-R. DE CHATEAUBRIAND (escritor francês, 1768-1848), *Mémoires d'Outre-tombe.*

2247. Não importa o que tenhamos a dizer, existe apenas uma palavra para exprimi-lo, um único verbo para animá-lo e um único adjetivo para qualificá-lo.

Quelle que soit la chose qu'on veut dire, il n'y a qu'un mot pour l'exprimer, qu'un verbe pour l'animer et qu'un adjectif pour la qualifier.

G. DE MAUPASSANT (escritor francês, 1850-1893), *Pierre et Jean.*

2248. Não se diz nada que já não tenha sido dito.

Nullum est iam dictum quod non dictum sit prius.

TERÊNCIO (comediógrafo latino, 185-159 a.C.), *O eunuco*, prólogo, 41.

2249. Se prestares atenção no teu discurso, perceberás que ele é guiado pelos teus propósitos menos conscientes.

Watch your own speech, and notice how it is guided by your less conscious purposes.

G. ELIOT (escritora inglesa, 1819-1880), *The Mill on the Floss.*

2250. Você fala, fala, é a única coisa que sabe fazer.

Tu causes, tu causes, c'est tout ce que tu sais faire.

R. QUENEAU (escritor francês, 1903-1976), *Zazie dans le métro.*

2251. Demétrio costumava dizer que não existe nenhuma diferença entre as palavras e a voz dos inexpertos ignorantes e os sons e estrépitos causados pelo ventre repleto de supérfluo vento. E dizia isso não sem razão, uma vez que não julgava haver diferença entre a parte de onde emitiam a voz, as partes inferiores ou a boca, pois tanto uma quanto outra tinham o mesmo valor e substância.

Demetrio solea dire non essere differenzia dalle parole e voce dell'imperiti ignoranti che sia da soni e strepidi causati dal ventre ripieno di superfluo vento. E questo non senza cagion dicea, imperocché lui non reputava esser differenzia da qual parte costoro mandassino fuora la voce o dalle parte inferiori o dalla bocca, che l'una e l'altra era di pari valimento e sustanzia.

LEONARDO DA VINCI (artista e cientista italiano, 1452-1519), *Pensieri*, 102.

2252. Frases! Frases! Como se o conforto de todos, diante de um fato que não se explica, diante de um mal que nos consome, não fosse encontrar uma palavra que não diz nada e na qual nos tranqüilizamos!

Frasi! Frasi! Come se non fosse il conforto di tutti, davanti a un fatto che non si spiega, davanti a un male che ci consuma, trovare una parola che non dice nulla, e in cui ci si acquieta!

L. PIRANDELLO (escritor italiano, 1867-1936), *Seis personagens à procura do autor*, Primeira parte.

2253. Sempre existiram drogas mais potentes, mais calmantes, mais tranqüilizantes, mais alucinógenas do que todas as drogas da farmacopéia antiga e da farmacologia moderna. Essas *miracle-drugs*, essas drogas-milagre são as palavras.

Esistono da sempre delle droghe più potenti, più calmanti, più tranquillanti, più allucinogene di tutte le droghe della farmacopea antica e della farmacologia moderna. Questo miracle-drugs, *queste droghe-miracolo sono le parole.*

PITIGRILLI (escritor italiano, 1893-1975), *Amori express*, Le droghe-miracolo.

2254. As palavras são um remédio para a alma que sofre.

Ὀργῆς νοσούσης εἰσὶν ἰατροὶ λόγοι.

ÉSQUILO (trágico grego, c. 525-456 a.C.), *Prometeu acorrentado*, 378.

2255. Em determinados momentos, as palavras podem ser fatos.

Le parole in determinati momenti possono essere dei fatti.

B. MUSSOLINI (político italiano, 1883-1945), Discurso para a segunda assembléia nacional dos Grupos de Combate, Milão, 25/5/1929.

2256. Os fatos devem provar a bondade das palavras.

Verba rebus proba.

SÊNECA (filósofo latino, 4 a.C.-65 d.C.), *Cartas a Lucílio*, 20, 1.

2257. A palavra é o espelho da ação.

Τὸν μὲν λόγον εἴδωλον εἶναι τῶν ἔργων.

SÓLON (político grego, 640-560 a.C.), citado em DIÓGENES LAÉRCIO, *Vidas dos filósofos*, Sólon, I, 58.

2258. A palavra é o espelho da alma: tal o homem, tal a palavra.
Sermo imago animi est: qualis vir, talis et oratio est.
PÚBLIO SIRO (poeta latino, séc. I a.C.), *Sentenças*, 1073.

2259. As palavras vivem mais do que os feitos.
'Ρῆμα δ' ἐργμάτων χρονιώτερον βιοτεύει.
PÍNDARO (poeta grego, 518-438 a.C.), *Odes*, Quarta neméia, 10.

2260. As palavras são fêmeas, e os fatos, machos.
Les paroles sont femelles, et les faits mâles.
G. MEURIER (filólogo flamengo, morto em 1578), *Trésor des sentences*.

2261. A palavra é apenas um ruído, e os livros são apenas papel.
La parole n'est qu'un bruit et les livres ne sont que du papier.
P. CLAUDEL (poeta francês, 1868-1955), *Tête d'or*.

2262. E uma vez lançada, a palavra voa irrevogável.
Et semel emissum volat irrevocabile verbum.
HORÁCIO (poeta latino, 65-8 a.C.), *Epístolas*, I, 18, 71.

2263. Toda palavra pronunciada é falsa. Toda palavra escrita é falsa. Toda palavra é falsa. Mas o que existe sem palavras?
Jedes gesprochene Wort ist falsch. Jedes geschriebene Wort ist falsch. Jedes Wort ist falsch. Was aber gibt es ohne Worte?
E. CANETTI (escritor austríaco de origem búlgara, nascido em 1905), *A província do homem*.

2264. Toda palavra pronunciada suscita seu sentido contrário.
Jedes ausgesprochene Wort erregt den Gegensinn.
J. W. GOETHE (escritor alemão, 1749-1832), *Máximas e reflexões*, 9.

2265. Oh, quão insuficiente é a palavra e quão ineficaz / ao meu conceito!
Oh quanto è corto il dire e come fioco / al mio concetto!
D. ALIGHIERI (poeta italiano, 1265-1321), *Paraíso*, XXXIII, 121-2.

2266. Não se pode exprimir *com palavras* / a passagem do estado humano ao divino...

Trasumanar significar per verba / non si poria...
D. ALIGHIERI (poeta italiano, 1265-1321), *Paraíso*, I, 70-1.

2267. É extremamente difícil falar muito sem dizer algo a mais.

Il est très malaisé de parler beaucoup sans dire quelque chose de trop.
LUÍS XIV (rei da França, 1638-1715), *Mémoires historiques et instructions pour le Dauphin son fils.*

A eloqüência

2268. O falar é um efeito natural; / mas, de um modo ou de outro, a natureza deixa o homem / escolher aquele que mais lhe agrada.

Opera naturale è ch'uom favella; / ma così o così, natura lascia / poi fare a voi secondo che v'abbella.
D. ALIGHIERI (poeta italiano, 1265-1321), *Paraíso*, XXVI, 130-2.

2269. São a paixão e a fantasia que nos deixam eloqüentes.

Pectus est enim, quod disertos facit, et vis mentis.
QUINTILIANO (escritor latino, 35-95), *A instituição oratória*, X, 7, 15.

2270. Pega a eloqüência e torce seu pescoço!

Prends l'éloquence et tords-lui son cou!
P. VERLAINE (poeta francês, 1844-1896), *Art poétique.*

2271. De fato, assim como se diz que existem mulheres que são estimadas justamente por serem desadornadas, esse modo tênue de falar, embora desadornado, agrada; e em ambos os casos realiza-se algo pelo qual se determina uma certa elegância que, no entanto, não se mostra.

Nam ut mulieres esse dicuntur non nullae inornatae, quas id ipsum deceat, sic haec subtilis oratio etiam incompta delectat; fit enim quiddam in utroque, quo sit venustius, sed non ut appareat.
CÍCERO (escritor e político romano, 106-43 a.C.), *Orator*, LXXVIII.

2272. O objetivo da oratória, considerada isoladamente, não é a verdade, mas a persuasão.
The object of oratory alone is not truth but persuasion.
TH. B. MACAULAY (historiador inglês, 1800-1859), *Essay on Athenian Orators*.

2273. Os hábeis oradores, com astúcia e prudência, sabem converter em elogios os insultos recebidos dos inimigos.
Οἱ φρόνιμοι τῶν ῥητόρων τὰ ὑπὸ τῶν ἐχθρῶν ὀνείδη εὐμεθόδως εἰς ἔπαινον μετασχηματίζουσιν.
ESOPO (fabulista grego, séc. VII-VI a.C.), *Fábulas*, 329.

2274. Enfim, a retórica está na língua de quem ama, de quem engana e de quem tem necessidade.
In fine, retorica è ne la lingua di chi ama, di chi inganna e di chi ha bisogno.
P. ARETINO (escritor italiano, 1492-1556), *La Talanta*, I, 13.

2275. Sê senhor do argumento, e as palavras virão.
Rem tene, verba sequentur.
CATÃO, O CENSOR (político e escritor latino, 234-149 a.C.), citado em GIULIO VITTORE, *Arte retorica*, I.

2276. Fala com calma, mas não de maneira que dê a impressão de que estais escutando a ti mesmo; toda afetação é ruim.
Habla con reposo, pero no de manera que parezca que te escuchas a ti mismo; que toda afectación es mala.
M. DE CERVANTES (escritor espanhol, 1547-1616), *Dom Quixote*.

2277. Eu / deformarei minha voz de tal modo que brame para ti / tão suavemente como uma pomba lactente. Bramarei para ti / como um rouxinol.
I / will aggravate my voice so that I will roar you / as gently as any sucking dove; I will roar you / as 'twere any nightingale.
W. SHAKESPEARE (dramaturgo inglês, 1564-1616), *Sonho de uma noite de verão*, I, 2, 84-7.

2278. As palavras de uma língua, caro senhor Gorelli, / são uma paleta de cores, / que podem fazer o quadro feio, como podem fazê-lo belo, / segundo a maestria do pintor.

I paroll d'on lenguagg, car sur Gorell, / hin ona tavolozza de color, / che ponn fà el quader brutt, e el ponn fà bell / segond la maestria del pittor.
C. PORTA (poeta dialetal italiano, 1775-1821), *Poesie*, 8.

A concisão

2279. Não há bom raciocínio que pareça tal quando é muito longo.
No hay razonamiento bueno que, siendo largo, lo parezca.
M. DE CERVANTES (escritor espanhol, 1547-1616), *Los trabajos de Persiles y Sigismunda*.

2280. Tento ser conciso, / e resulto obscuro.
Brevis esse laboro, / obscurus fio.
HORÁCIO (poeta latino, 65-8 a.C.), *A arte poética*, 25-6.

2281. Considero capaz das piores ações aquele que, podendo exprimir um conceito em dez palavras, usa doze.
Colui che potendo esprimere un concetto in dieci parole ne usa dodici, io lo ritengo capace delle peggiori azioni.
G. CARDUCCI (poeta italiano, 1835-1907), citado em PITIGRILLI, *Pitigrilli parla di Pitigrilli*.

2282. Os homens de poucas palavras são os melhores.
Men of few words are the best men.
W. SHAKESPEARE (dramaturgo inglês, 1564-1616), *Henrique V*, III, 2, 40.

2283. A concisão na fala leva a uma extensão do pensamento.
Sprachkürze gibt Denkweite.
JEAN PAUL (escritor alemão, 1763-1825).

2284. Entre duas palavras é preciso escolher a menor.
Entre deux mots il faut choisir le moindre.
P. VALÉRY (poeta francês, 1871-1945), *Tel quel*.

O silêncio

2285. Uma palavra vale uma moeda; o silêncio vale duas.
TALMUD (obra hebraica pós-bíblica), *Megilla*, 18.

2286. Avaras sejam as tuas palavras e eloqüente seja o teu silêncio.
Пусть твоя речь будет скупа, а молчание красноречиво.
FILARETE (teólogo e metropolita russo, 1782-1867).

2287. É magnífico ouvir o silêncio daquele homem.
That man's silence is wonderful to listen to.
TH. HARDY (escritor inglês, 1840-1928), *Sob a árvore do verde bosque*, 14.

2288. O silêncio tornou-se sua língua materna.
Silence is become his mother tongue.
O. GOLDSMITH (escritor inglês, 1728-1774), *The Good-Natured Man*, II.

2289. Apenas o silêncio é grande, todo o resto é fraqueza.
Seul le silence est grand, tout le reste est faiblesse.
A. DE VIGNY (escritor francês, 1797-1863), *La mort du loup*.

2290. Contra quem cala não há castigo nem resposta.
Contra el callar no hay castigo ni respuesta.
M. DE CERVANTES (escritor espanhol, 1547-1616), *Los trabajos de Persiles y Sigismunda*.

2291. O silêncio deles é uma eloqüente afirmação.
Cum tacent, clamant.
CÍCERO (escritor e político romano, 106-43 a.C.), *Catilinárias*, I, 8.

2292. Na corte, meu filho, a arte mais necessária / Não é falar bem, mas saber calar.
A la cour, mon fils, l'art le plus nécessaire / N'est pas de bien parler, mais de savoir se taire.
VOLTAIRE (escritor e filósofo francês, 1694-1778), *L'Indiscret*.

2293. É difícil viver com as pessoas porque calar é muito difícil.

Es ist schwer, mit Menschen zu leben, weil schweigen so schwer ist.
F. W. NIETZSCHE (filósofo alemão, 1844-1900), *Humano, demasiado humano*, Compassivos.

2294. A sabedoria humana ensina muito se ensina a calar.
La sagesse humaine apprend beaucoup, si elle apprend à se taire.
J.-B. BOSSUET (escritor francês, 1627-1704), *Élévation à Dieu sur tous les mystères*.

2295. Da árvore do silêncio pende seu fruto, a paz.
Am Baume des Schweigens hängt seine Frucht, der Friede.
A. SCHOPENHAUER (filósofo alemão, 1788-1860), *Aforismos sobre a sabedoria de vida*, V.

2296. Não é bom que toda verdade revele tranqüilamente sua essência; e muitas vezes o silêncio é para o homem a melhor decisão.
Οὔ τοι ἅπασα κερδίων / φαίνοισα πρόσωπον ἀλάθει' ἀτρεκές· / καὶ τὸ σιγᾶν πολλάκις ἐστὶ σοφώ- / τατον ἀνθρώπῳ νοῆσαι.
PÍNDARO (poeta grego, 518-438 a.C.), *Odes*, Quinta neméia, 30-3.

2297. E eu que ouvi o que não dizias, / apaixonei-me por ti porque calavas.
E io che intesi quel che non dicevi, / m'innamorai di te perché tacevi.
L. STECCHETTI (poeta italiano, 1845-1916), *Postuma*.

2298. As pessoas mais silenciosas geralmente são aquelas que pensam o melhor de si mesmas.
The most silent people are generally those who think most highly of themselves.
W. HAZLITT (escritor inglês, 1778-1830), *Characteristics*.

2299. As pessoas que não fazem barulho são perigosas.
Les gens sans bruit sont dangereux.
J. DE LA FONTAINE (poeta francês, 1621-1695), *Fables*, VIII, 23.

2300. O silêncio é a mais perfeita expressão do desprezo.
Silence is the most perfect expression of scorn.
G. B. SHAW (comediógrafo irlandês, 1856-1950), *Back to Methuselah*.

2301. Se eu fosse rei, instituiria cátedras para ensinar a calar.
Si rey fuera, instituyera cátedras para enseñar a callar.
L. DE VEGA (dramaturgo espanhol, 1562-1635).

2302. O estulto cala? É considerado sábio.
Stultus tacebit? pro sapiente habebitur.
PÚBLIO SIRO (poeta latino, séc. I a.C.), *Sentenças*, 914.

2303. Vós, palavras, traís em vão o ataque / secreto, o vento que sopra no coração. / A razão mais verdadeira é de quem cala.
Voi, parole, tradite invano il morso / secreto, il vento che nel cuore soffia. / La più vera ragione è di chi tace.
E. MONTALE (poeta italiano, 1896-1981), *Ossi di seppia*, So l'ora.

2304. Muitas vezes me arrependi de ter falado, nunca de ter calado.
Saepius locutum, numquam me tacuisse poenitet.
PÚBLIO SIRO (poeta latino, séc. I a.C.), *Sentenças*, 1070.

2305. Sobre aquilo que não se pode falar, deve-se calar.
Worüber man nicht sprechen kann, darüber muβ man schweigen.
L. WITTGENSTEIN (filósofo austríaco, 1889-1951), *Tractatus logico-philosophicus*.

O MEDO

O medo

2306. A única coisa de que devemos ter medo é do próprio medo.
The only thing we have to fear is fear itself.
F. D. Roosevelt (presidente norte-americano, 1882-1945), Discurso, 4/3/1933.

2307. O que devo temer se não temo a morte?
Was soll ich fürchten, der den Tod nicht fürchtet?
F. von Schiller (escritor alemão, 1759-1805), *Don Carlos*, III, 2.

2308. Nunca aconteceu a ninguém de cortarem-lhe outra vez a cabeça, ou uma terceira vez a mão; portanto, que não se tema aquilo que não pode acontecer.
Non è mai avvenuto che a qualcuno si tagli un'altra volta la testa, o una terza volta la mano; dunque non si tema di ciò che non può avvenire.
Mahābhārata (poema épico indiano, séc. II-III d.C.), XII, 6718, trad. para o it. E. P. Pavolini.

2309. O verdadeiro modo de vencer os escrúpulos é não deixar nada a perder a quem os tem.
La vraie façon de vaincre les scrupules est de ne laisser rien à perdre à ceux qui en ont.
P.-A.-F. Ch. de Laclos (escritor francês, 1741-1803), *Ligações perigosas*.

2310. Conselho que uma vez ouvi darem a um jovem: "Faça sempre o que você tem medo de fazer."
Council that I once heard given to a young person: "Always do what you are afraid to do."
R. W. Emerson (filósofo e poeta norte-americano, 1803-1882), *Essays*, Heroism.

2311. O primeiro grau do heroísmo é vencer o medo.
Il primo grado dell'eroismo è vincere la paura.
C. P. BONA (escritor italiano, nascido em 1926), *Passeggiata con il diavolo*, III.

2312. Infeliz do país que precisa de heróis.
Unglücklich das Land, das Helden nötig hat.
B. BRECHT (escritor alemão, 1898-1956), *Vida de Galileu*, XIII.

2313. É sempre melhor que quem nos incute medo tenha mais medo do que nós.
È sempre meglio che chi ci incute paura abbia più paura di noi.
U. ECO (escritor italiano, nascido em 1932), *O nome da rosa*, segundo dia: Completas.

2314. De onde aprendi desde então que o medo recíproco era aquele que governava o mundo.
Onde io imparai sin da allora, che la vicendevole paura era quella che governava il mondo.
V. ALFIERI (escritor italiano, 1749-1803), *Vita*, I, II, 4.

2315. Quem tem medo não faz outra coisa a não ser sentir rumores.
Ἅπαντα γάρ τοι τῷ φοβουμένῳ ψοφεῖ.
SÓFOCLES (trágico grego, 496-406 a.C.), *Acrísio*, frag. 58.

2316. O terror dá asas aos pés.
Pedibus timor addidit alas.
VIRGÍLIO (poeta latino, 70-19 a.C.), *Eneida*, VIII, 224.

2317. Mostrar-vos-ei o medo num punhado de poeira.
I will show you fear in a handful of dust.
TH. S. ELIOT (poeta e dramaturgo anglo-americano, 1888-1965), *A terra devastada*, O sepultamento do morto.

2318. Ele não põe a tranca na porta: / dorme tranqüilo.
Κοὐ μοχλὸν ἐν θύρῃσι διξῇσιν βαλὼν / ἥσυχος καθεύδει.
ANACREONTE (poeta grego, c. 560-480 a.C.), *Fragmentos*, 78 Diehl.

2319. Quando se tem tudo para temer, não se deve temer nada.
Quand on a tout à craindre, on ne doit craindre rien.
TH. CORNEILLE (dramaturgo francês, 1625-1709), *Le geôlier de soi-même*, III, 7.

2320. Quem é temido por muitos deve temer muitos.
Multos timere debet quem multi timent.
PÚBLIO SIRO (poeta latino, séc. I a.C.), *Sentenças*, 338.

2321. Quem é temido, teme: não pode ficar tranqüilo quem é objeto do medo alheio.
Qui timetur, timet: nemo potuit terribilis esse secure.
SÊNECA (filósofo latino, 4 a.C.-65 d.C.), *Cartas a Lucílio*, 105, 4.

2322. Justamente aquelas coisas que provocam mais medo são menos temíveis.
Quaedam ideo minus timenda, quia multum metus adferunt.
SÊNECA (filósofo latino, 4 a.C.-65 d.C.), *Cartas a Lucílio*, 4, 3.

2323. Assim como as crianças, que no escuro tremem de medo e tememtudo, / nós, na claridade, às vezes temos receio de certas coisas / que não são mais terríveis do que aquelas que as crianças temem / no escuro e pensam que acontecerão a elas.
Nam veluti pueri trepidant atque omnia caecis / in tenebris metuunt, sic nos in luce timemus / interdum nihilo quae sunt metuenda magis quam / quae pueri in tenebris pavitant finguntque futura.
LUCRÉCIO (poeta latino, c. 98-55 a.C.), *Da natureza*, III, 87-90.

2324. O medo nunca levou ninguém ao topo.
Nemo timendo ad summum pervenit locum.
PÚBLIO SIRO (poeta latino, séc. I a.C.), *Sentenças*, 471.

2325. Muitos, por medo, não hesitam em beneficiar aqueles que os odeiam.
Πολλοὶ διὰ φόβον τοὺς ἐχθροὺς εὐεργετεῖν οὐκ ὀκνοῦσιν.
ESOPO (fabulista grego, séc. VII-VI a.C.), *Fábulas*, 171.

2326. O medo segue o crime e é seu castigo.
La crainte suit le crime, et c'est son châtiment.
VOLTAIRE (escritor e filósofo francês, 1694-1778), *Sémiramis*, V, 1.

2327. Morreu de medo de pegar cólera.
Умер оттого, что боялся холеры.
A. P. TCHEKHOV (escritor russo, 1860-1904).

2328. Nada inspira mais coragem ao medroso do que o medo alheio.
Nulla infonde più coraggio al pauroso della paura altrui.
U. ECO (escritor italiano, nascido em 1932), *O nome da rosa*, terceiro dia: Noite.

2329. É possível inspirar tanto a coragem quanto o medo.
Ci si può infondere sia il coraggio che la paura.
S. CECCATO (cientista italiano, nascido em 1914), *Ingegneria della felicità*, I, 3.

O perigo

2330. É oportuno fazer-se de temeroso enquanto o perigo estiver distante, mas ao vê-lo aproximar-se, é preciso combatê-lo sem medo.
bhītavat saṃvidhātavyaṃ yāvad bhayam anāgatam / āgatam tu bhayaṃ dṛṣṭvā prahartavyam abhītavat //
MAHĀBHĀRATA (poema épico indiano, séc. II-III d.C.), 1, 5622.

2331. Prova-se a virtude de um homem / apenas na hora do perigo.
Eines Mannes Tugend / Erprobt allein die Stunde der Gefahr.
F. VON SCHILLER (escritor alemão, 1759-1805), *Maria Stuart*, I, 7.

2332. Não se vence um perigo sem perigo.
Numquam periculum sine periclo vincitur.
PÚBLIO SIRO (poeta latino, séc. I a.C.), *Sentenças*, 383.

2333. De espírito forte devem ser considerados, e com razão, os que, mesmo conhecendo claramente as dificuldades da situação e apreciando os prazeres da vida, justamente por isso não se retiram diante dos perigos.

Κράτιστοι δ' ἂν τὴν ψυχὴν δικαίως κριθεῖεν οαί τά τε δεινὰ καὶ ἡδέα σαφέστατα γιγνώσκοντες καὶ διὰ ταῦτα μὴ ἀποτρεπόμενοι ἐκ τῶν κινδύνων.

TUCÍDIDES (historiador grego, c. 460-c. 404 a.C.), *História da Guerra do Peloponeso*, II, 40, 3 (oração fúnebre de Péricles).

2334. As grandes coisas são obtidas à custa de grandes perigos.

Μεγάλα γὰρ πρήγματα μεγάλοισι κινδύνοισι ἐθέλει καταιρέεσθαι.

HERÓDOTO (historiador grego, c. 484-430 a.C.), *Histórias*, VII, 50.

2335. Não conseguimos nos livrar de uma coisa evitando-a, mas apenas atravessando-a.

Non ci si libera di una cosa evitandola, ma soltanto attraversandola.

C. PAVESE (escritor italiano, 1908-1950), *Il mestiere di vivere*, 22/11/1945.

2336. Nos perigos graves, atropela-se toda razão.

En los apretados peligros, toda razón se atropella.

M. DE CERVANTES (escritor espanhol, 1547-1616), *Los trabajos de Persiles y Sigismunda.*

A coragem

2337. A coragem espera; o medo vai buscar.

El valor espera; el miedo va a buscar.

J. BERGAMÍN (escritor espanhol, 1897-1983).

2338. Estou te dizendo, é preciso muita coragem para escapar!

A ve dighe che l'è in gran cuore chi se mete muzare!

RUZANTE (comediógrafo italiano, c. 1496-1542), *Parlamento de Ruzante che jera vegnù da campo.*

2339. Algumas pessoas foram consideradas corajosas porque tinham medo de fugir.

Some have been thought brave because they were afraid to run away.

TH. FULLER (historiador inglês, 1608-1661).

2340. A coragem é de duas espécies: aquela contra o perigo pessoal e aquela contra a responsabilidade, tanto diante do tribunal de qualquer poder externo quanto interno, ou melhor, a consciência. Reunidas, ambas constituem o gênero mais perfeito de coragem.

> *Der Mut ist doppelter Art: einmal Mut gegen die persönliche Gefahr und dann Mut gegen die Verantwortlichkeit, sei es vor dem Richterstuhl irgendeiner äußeren Macht oder der inneren, nämlich des Gewissen. Beide vereinigt geben die vollkommenste Art des Mutes.*

C. von Clausewitz (teórico militar prussiano, 1780-1831), *Da guerra*, I, 3.

2341. Ah, Deus! dai-me a força e a coragem / Para contemplar meu coração e meu corpo sem desgosto!

> *Ah! Seigneur! donnez-moi la force et le courage / De contempler mon coeur et mon corps sans dégoût!*

Ch. Baudelaire (poeta francês, 1821-1867), *As flores do mal*, Uma viagem a Citera.

2342. A coragem é filha da prudência, não da temeridade.

> *El valor es hijo de la prudencia, no de la temeridad.*

P. Calderón de la Barca (dramaturgo espanhol, 1600-1681).

2343. A coragem não serve a nada quando não vem acompanhada da justiça, e se todos os homens fossem justos, não haveria a necessidade de serem tão corajosos.

> Ἀνδρείας μὲν γὰρ οὐδὲν ὄφελος εἶναι, μὴ παρούσης δικαιοσύνης, εἰ δὲ δίκαιοι πάντες γένοιντο, μηδὲν ἀνδρείας δεήσεσθαι.

Agesilau (rei de Esparta, c. 444-c. 360 a.C.), citado em Plutarco, *Vidas paralelas*, Agesilau, 23.

2344. A temeridade é boa para poucos e ruim para muitos.

> *Paucis temeritas est bono, multis malo.*

Fedro (fabulista latino, séc. I d.C.), *Fábulas*, V, 4, 12.

A covardia

2345. Um corajoso pensa em seu íntimo que deve atingir seu objetivo com coragem; o temeroso, com a covardia; e não ocorre de outra forma.

> *Un coraggioso pensa nell'animo suo di dover raggiungere il suo scopo col coraggio, il pauroso con la viltà; e non avviene altrimenti.*

RĀJATARANGINĪ (poema épico indiano), 6, 363, trad. para o it. P. E. Pavolini.

2346. Timócritos foi corajoso em guerra: este é o seu túmulo. / Ares poupa os covardes e não poupa os fortes.

> Καρτερὸς ἐν πολέμοις Τιμόκριτος, οὗ τόδε σᾶμα· / Ἄρης δ' οὐκ ἀγαθῶν φείδεται, ἀλλὰ κακῶν.

ANACREONTE (poeta grego, c. 560-480 a.C.), *Fragmentos*, 101 Diehl.

2347. Apoiada, a coragem nasce até mesmo naqueles que são muito covardes.

> Συμφερτὴ δ' ἀρετὴ πέλει ἀνδρῶν καὶ μάλα λυγρῶν.

HOMERO (poeta grego, séc. VIII-VII a.C.), *Ilíada*, XIII, 237.

2348. O covarde teme a morte, e isso é tudo o que teme.

> *Le lâche craint la mort, et c'est tout ce qu'il craint.*

J. RACINE (tragediógrafo francês, 1639-1699), *Andrômaca*.

2349. Pois a flecha não fere os covardes.

> Κωφὸν γὰρ βέλος ἀνδρὸς ἀνάλκιδος οὐτιδανοῖο.

HOMERO (poeta grego, séc. VIII-VII a.C.), *Ilíada*, XI, 390.

2350. Desse modo, a consciência faz de todos nós covardes.

> *Thus conscience does make cowards of us all.*

W. SHAKESPEARE (dramaturgo inglês, 1564-1616), *Hamlet*, III, 3, 83.

2351. A diferença entre os corajosos e os covardes é esta: os primeiros reconhecem o perigo e não sentem medo, os segundos sentem medo sem reconhecer o perigo.

Различие между храбрым и трусом в том, что первый, сознавая опасность, не чувствует страха, а второй чувствует страх, не сознавая опасности.

V. O. KLIUTCHEVSKI (historiador russo, 1841-1911), *Aforismos*.

2352. Os covardes morrem várias vezes antes da sua morte; / O homem corajoso experimenta a morte apenas uma vez.

Cowards die many times before their deaths; / The valiant never taste of death but once.

W. SHAKESPEARE (dramaturgo inglês, 1564-1616), *Júlio César*, II, 2, 32-3.

2353. Era um homem corajoso diante dos perigos e pusilânime diante dos aborrecimentos.

Era un hombre valiente para los peligros y pusilánime para las molestias.

P. BAROJA Y NESSI (escritor espanhol, 1872-1956).

2354. Felizmente para eles mesmos e para o mundo, quase todos os homens são covardes e não ousam agir segundo aquilo em que acreditam. Quase todos os nossos desastres derivam de alguns tolos que têm a "coragem das suas convicções".

Fortunately for themselves and the world, nearly all men are cowards and dare not act on what they believe. Nearly all our disasters come of a few fools having the "courage of their convictions".

C. PATMORE (poeta inglês, 1823-1896).

2355. Depois de ter reconhecido alguns, / vi e conheci a sombra daquele / que, por covardia, fez grande renúncia.

Poscia ch'io v'ebbi alcun riconosciuto, / vidi e conobbi l'ombra di colui / che fece per viltà il gran rifiuto.

D. ALIGHIERI (poeta italiano, 1265-1321), *Inferno*, III, 58-60.

2356. E ele me respondeu: "A esta mísera condição / estão condenadas as almas infelizes daqueles / que viveram sem infâmias e sem louvores."

Ed egli a me: "Questo misero modo / tengon l'anime triste di coloro / che visser sanza infamia e sanza lodo."

D. ALIGHIERI (poeta italiano, 1265-1321), *Inferno*, III, 34-6.

2357. Muitos seriam covardes se tivessem coragem suficiente.
Many would be cowards if they had courage enough.
TH. FULLER (escritor inglês, 1654-1734), *Gnomologia*.

O PENSAMENTO

O pensamento

2358. Tudo aquilo que somos é o resultado daquilo que pensamos: é baseado nos nossos pensamentos, é composto por nossos pensamentos.

DHAMMAPADA (sentenças budistas), I, 1.

2359. O que sou, afinal? Uma coisa que pensa. E o que é uma coisa que pensa?

Mais qu'est-ce donc que je suis? Une chose qui pense. Qu'est-ce qu'une chose qui pense?

R. DESCARTES (filósofo francês, 1596-1650), *Méditations*.

2360. O homem não passa de um caniço, o mais fraco da natureza; mas é um caniço que pensa. Não é preciso que o universo inteiro se arme para destruí-lo: um vapor, uma gota d'água basta para matá-lo. (...) Toda a nossa dignidade consiste, portanto, no pensamento. É a partir dele que precisamos nos reerguer, e não a partir do espaço e da duração, que não saberíamos preencher. Esforcemo-nos então para pensar bem: eis o princípio da moral.

L'homme n'est qu'un roseau, le plus faible de la nature; mais c'est un roseau pensant. Il ne faut pas que l'univers entier s'arme pour l'écraser: une vapeur, une goutte d'eau suffit pour le tuer. [...] Toute notre dignité consiste donc en la pensée. C'est de là qu'il faut nous relever et non de l'espace et de la durée, que nous ne saurions remplir. Travaillons donc à bien penser: voilà le principe de la morale.

B. PASCAL (filósofo francês, 1623-1662), *Pensamentos*, VI, 347.

2361. O pensamento faz a grandeza do homem.
Pensée fait la grandeur de l'homme.
B. PASCAL (filósofo francês, 1623-1662), *Pensamentos.*

2362. *Cérebro*, sm. Um aparelho com o qual pensamos que pensamos.
Brain, n. An apparatus with which we think that we think.
A. BIERCE (escritor norte-americano, 1842-1914), *The Devil's Dictionary.*

2363. O pensamento é algo que dá vertigem.
Thinking's a dizzy business.
D. HAMMETT (escritor norte-americano, 1894-1961), *The Dain Curse.*

2364. Oh, se eu ao menos pudesse ter uma vida de sensações em vez de uma vida de pensamentos!
O for a life of sensations rather than of thoughts!
J. KEATS (poeta inglês, 1795-1821), Carta a Benjamin Bailey, 22/11/1827.

2365. Poucas pessoas pensam, mas todas querem decidir.
Wenige Menschen denken, und doch wollen alle entscheiden.
FREDERICO, O GRANDE (rei da Prússia, 1712-1786), *Cartas.*

2366. O senhor parece estar sonhando, disse o guarda noturno. – Não é do meu estilo, disse Pierrot. Mas muitas vezes acontece de eu não pensar em nada. – Já é melhor do que simplesmente não pensar, disse o guarda.
Monsieur a l'air rêveur, dit le veilleur de nuit. – C'est pas mon genre, dit Pierrot. Mais ça m'arrive souvent de ne penser à rien. – C'est déjà mieux que de ne pas penser du tout, dit le veilleur de nuit.
R. QUENEAU (escritor francês, 1903-1976), *Pierrot mon ami.*

2367. Pensamentos não pagam imposto alfandegário.
Gedanken sind zollfrei.
M. LUTERO (reformador religioso alemão, 1483-1546), *Sobre a autoridade secular.*

2368. Meus pensamentos são minhas meretrizes.

Mes pensées, ce sont mes catins.
D. DIDEROT (filósofo francês, 1713-1784), *O sobrinho de Rameau.*

2369. Assim como existem os filhos ilegítimos, existem também os pensamentos bastardos.

Come ci sono i figli illegittimi, ci sono anche i pensieri bastardi.
L. PIRANDELLO (escritor italiano, 1867-1936), *Ciascuno a suo modo*, I.

2370. Um pensamento, quando é escrito, é menos opressor, embora às vezes se comporte como um tumor maligno: mesmo se extirpado ou arrancado, volta a se desenvolver, tornando-se pior do que antes.

Написанная мысль меньше давит, хотя иная — как раковая опухоль: вырежешь, вырежешь, и опять нарастает хуже прежнего.

V. NABOKOV (escritor russo-americano, 1899-1977).

2371. O pensamento é o consolo e o remédio para tudo. Se às vezes vos faz mal, pedi-lhe o remédio para o mal que vos causou, e ele vos dará.

La pensée console de tout, et remédie à tout. Si quelquefois elle vous fait du mal, demandez-lui le remède du mal qu'elle vous a fait, et elle vous le donnera.
N. DE CHAMFORT (escritor francês, c. 1740-1794), *Máximas e pensamentos*, I, 29.

2372. Todos os pensamentos inteligentes já foram pensados; é preciso apenas tentar repensá-los.

Alles Gescheite ist schon gedacht worden; man muβ nur versuchen, es noch einmal zu denken.
J. W. GOETHE (escritor alemão, 1749-1832), *Máximas e reflexões*, I, 2.

2373. Para saber se um pensamento é novo, basta exprimi-lo com muita simplicidade.

Pour savoir si une pensée est nouvelle, il n'y a qu'à l'exprimer bien simplement.
L. DE VAUVENARGUES (escritor francês, 1715-1747), *Pensées diverses.*

2374. Muitas vezes um pensamento continua sendo original, mesmo depois de ter sido proferido uma centena de vezes.

A thought is often original, though you have uttered it a hundred times.

O. W. HOLMES (escritor norte-americano, 1809-1894), *The Autocrat of the Breakfast-Table*, 1.

2375. Deu ao homem a linguagem, e a linguagem criou o pensamento, / Que é a medida do universo.

He gave man speech, and speech created thought, / Which is the measure of the Universe.

P. B. SHELLEY (poeta inglês, 1792-1822), *Prometeu libertado*, II, 4, 72-3.

A idéia

2376. Fuga de tempos e bárbaros silêncios / vence e da onda das coisas emerge / sozinha, de luz aos séculos afluentes / farol, a idéia.

Fuga di tempi e barbari silenzi / vince e dal flutto de le cose emerge / sola, di luce a' secoli affluenti / faro, l'idea.

G. CARDUCCI (poeta italiano, 1835-1907), *Rime e ritmi*, La chiesa di Polenta.

2377. Nada é mais perigoso do que uma idéia quando se tem apenas uma.

Rien n'est plus dangereux qu'une idée quand on n'a qu'une idée.

ALAIN (filósofo francês, 1868-1951), *Propos sur la religion*.

2378. Devemos gostar de uma convicção apenas porque é *verdadeira* e não porque é *nossa*.

Убеждение должно быть дорого потому только, что оно *истинно*, а совсем не потому, что оно *наше*.

V. G. BELINSKI (crítico russo, 1811-1848).

2379. E tendo mais idéias, tiveram mais sofrimento.

Et ayant plus d'idées, ils eurent plus de souffrances.

G. FLAUBERT (escritor francês, 1821-1880), *Bouvard et Pécuchet*.

2380. A experiência nunca falha, apenas as nossas opiniões falham, ao esperar da experiência aquilo que ela não é capaz de oferecer.

> *La esperienza non falla mai, ma sol fallano i nostri giudizi, promettendosi di lei cose che non sono in sua potestà.*
> LEONARDO DA VINCI (artista e cientista italiano, 1452-1519), *Pensieri*, 15 b.

2381. Com as idéias, dona Prassede se comportava como dizem que se deve fazer com os amigos: tinha poucas, mas àquelas poucas era muito afeiçoada.

> *Con l'idee donna Prassede si regolava come dicono che si deve far con gli amici: n'aveva poche; ma a quelle poche era molto affezionata.*
> A. MANZONI (escritor italiano, 1785-1873), *I promessi sposi*, XXV.

2382. As idéias belas e verdadeiras pertencem a todos.

> *Quae optima sunt, esse communia.*
> SÊNECA (filósofo latino, 4 a.C.-65 d.C.), *Cartas a Lucílio*, 12, 11.

2383. A maior parte daqueles que pensam em mudar de idéia nunca teve nenhuma.

> *La mayoría de los que presumen de cambiar de ideas, nunca las han tenido.*
> M. DE UNAMUNO (escritor espanhol, 1864-1936).

2384. Apenas os sábios possuem idéias; a maior parte da humanidade é possuída por elas.

> *The wise only possess ideas; the greater part of mankind are possessed by them.*
> S. T. COLERIDGE (poeta inglês, 1772-1834), *Miscellanies*.

2385. Para uma idéia é de péssimo agouro estar na moda, pois significa que em seguida tornar-se-á antiquada para sempre.

> *Para una idea es de muy mal agüero estar de moda, pues esto implica que más adelante estará anticuada para siempre.*
> G. SANTAYANA (filósofo norte-americano de origem espanhola, 1863-1952).

2386. Muitas vezes a utopia de um século torna-se a idéia vulgar do século seguinte.

L'utopia di un secolo spesso diviene l'idea volgare del secolo seguente.

C. Dossi (escritor italiano, 1849-1910), *Note azzurre*, 4069.

2387. Os paradoxos de hoje são os preconceitos de amanhã.

Les paradoxes d'aujourd'hui sont les préjugés de demain.

M. Proust (escritor francês, 1871-1922), *Les plaisirs et les jours*.

Os ideais

2388. Se um homem não descobriu nada pelo qual morreria, não está pronto para viver.

If a man hasn't discovered something that he would die for, he isn't fit to live.

M. L. King (religioso norte-americano, 1929-1968), Discurso em Detroit, 23/6/1963.

2389. Mantenho-o exclusivamente até a fogueira.

Je le maintiens jusques au feu exclusivement.

F. Rabelais (escritor francês, c. 1494-1553), *Le tiers livre*.

2390. Quem não está pronto para morrer pela sua fé, não é digno de professá-la.

Chi non è pronto a morire per la sua fede non è degno di professarla.

B. Mussolini (político italiano, 1883-1945), Discurso aos diretores federais do PNF (Partido Nacional Fascista), 27/10/1930.

2391. Um radical é um homem com os pés firmemente plantados no ar.

A radical is a man with both feet firmly planted in the air.

F. D. Roosevelt (presidente norte-americano, 1882-1945), Discurso radiofônico, 26/10/1939.

O fanatismo

2392. Uma idéia morta produz mais fanatismo do que uma idéia viva; ou melhor, apenas a morta o produz. Pois os estúpidos, assim como os corvos, sentem apenas o cheiro das coisas mortas.

Un'idea morta produce più fanatismo di un'idea viva; anzi soltanto quella morta ne produce. Poiché gli stupidi, come i corvi, sentono solo le cose morte.

L. Sciascia (escritor italiano, 1921-1989), *Nero su nero*.

2393. O fanatismo consiste em redobrar o próprio esforço quando nos esquecemos do objetivo.

Fanaticism consists in redoubling your effort when you have forgotten your aim.

G. Santayana (filósofo norte-americano de origem espanhola, 1863-1952), *The Life of Reason*, 1905.

A heresia

2394. O destino normal das novas verdades é começar como heresias e terminar como superstições.

It is the customary fate of new truths to begin as heresies and to end as superstitions.

Th. H. Huxley (naturalista inglês, 1825-1895), *Science and Culture*, XII, The Coming of Age of the Origin of Species.

2395. Toda nova fé começa com uma heresia.

Toute foi nouvelle commence par une hérésie.

R. Aron (filósofo francês, 1905-1983), *Ce que je crois*.

2396. Muitas vezes são os inquisidores a criar os heréticos.

Spesso sono gli inquisitori a creare gli eretici.

U. Eco (escritor italiano, nascido em 1932), *O nome da rosa*, primeiro dia: Sexta.

A opinião

2397. Tantas cabeças, quantas sentenças: cada um tem o seu modo de ver.

Quot homines tot sententiae: suus cuique mos.

TERÊNCIO (comediógrafo latino, 185-159 a.C.), *Formião*, 454.

2398. A ortodoxia é o meu credo; a heterodoxia é o credo de um outro.

Orthodoxy is my doxy; heterodoxy is another man's doxy.

B. W. WARBURTON (teólogo inglês, 1698-1779), citado em PRIESTLEY, *Memoirs*, I.

2399. Nunca podemos ter certeza de que a opinião que tentamos sufocar é falsa; e se tivéssemos, sufocá-la continuaria sendo um mal.

We can never be sure that the opinion we are endeavouring to stifle is a false opinion; and if we were sure, stifling it would be an evil still.

J. S. MILL (filósofo e economista inglês, 1806-1873), *A liberdade*, II.

2400. É minha opinião, e eu a compartilho.

C'est mon opinion, et je la partage.

H.-B. MONNIER (escritor francês, 1805-1877), *Mémoires de M. Joseph Prudhomme*.

2401. Muitas vezes as objeções nascem do simples fato de que aqueles que as fazem não são os mesmos que tiveram a idéia que estão atacando.

Les objections naissent souvent de cette simple cause que ceux qui les font n'ont pas trouvé eux-mêmes l'idée qu'ils attaquent.

P. VALÉRY (poeta francês, 1871-1945), *Tel quel*.

2402. Os adversários acreditam que nos refutam quando repetem a própria opinião e não consideram a nossa.

Gegner glauben uns zu widerlegen, wenn sie ihre Meinung wiederholen und auf die unsrige nicht achten.

J. W. GOETHE (escritor alemão, 1749-1832), *Máximas e reflexões*, 885.

2403. Mesmo se me convenceres, não me convencerás.

Οὐ γὰρ πείσεις, οὐδ' ἢν πείσῃς.

ARISTÓFANES (comediógrafo grego, c. 445-c. 385 a.C.), *Pluto*, 600.

2404. Se queres convencer os outros, deves parecer pronto a ser convencido.

If you would convince others, seem open to conviction yourself.

PH. D. CHESTERFIELD (estadista inglês, 1694-1773), *Letters to his Son*, 22/2/1748.

2405. O público compra opiniões do mesmo modo que compra a carne ou o leite, partindo do princípio de que custa menos fazer isso do que manter uma vaca. É verdade, mas é mais provável que o leite seja aguado.

The public buys its opinions as it buys its meat, or takes its milk, on the principle that it is cheaper to do this than to keep a cow. So it is, but the milk is more likely to be watered.

S. BUTLER (escritor inglês, 1835-1902), *Notebooks*, XVII.

2406. Não se deve julgar os homens por suas opiniões, mas por aquilo que essas opiniões fazem deles.

Man muß die Menschen nicht nach ihrer Meinung beurteilen, sondern nach dem, was diese Meinungen aus ihnen machen.

G. CH. LICHTENBERG (cientista e escritor alemão, 1742-1799), *Observações e pensamentos*.

2407. Boas opiniões não têm valor. Depende de quem as tem.

Gute Ansichten sind wertlos. Es kommt darauf an, wer sie hat.

K. KRAUS (escritor austríaco, 1874-1936), *Pro domo et mundo*.

2408. Os homens são movidos e perturbados não pelas coisas, mas pelas opiniões que eles têm delas.

Ταράσσει τοὺς ἀνθρώπους οὐ τὰ πράγματα, ἀλλὰ τὰ περὶ τῶν πραγμάτων δόγματα.

EPICTETO (filósofo grego, 50-115), *Manual*, 5.

2409. A opinião é determinada, em última análise, pelos sentimentos e não pelo intelecto.

Opinion is ultimately determined by the feelings, and not by the intellect.

H. SPENCER (filósofo inglês, 1820-1903), *Estática social*, IV, 30, 8.

2410. A opinião é a rainha do mundo.

L'opinion est la reine du monde.

B. PASCAL (filósofo francês, 1623-1662), *Pensamentos*, V, 311.

2411. Existe uma espécie de tribunal que se encontra em todas as nações; que é invisível, pois não tem nenhum dos sinais que poderiam manifestá-lo, mas age continuamente, e que é mais forte do que os juízes e as leis, do que os ministros e os reis; que pode ser corrompido pelas más leis; corrigido, dirigido, transformado em justo e virtuoso pelas boas leis; mas que não pode ser disputado e dominado nem pelas primeiras, nem pelas segundas. Esse tribunal... é o da opinião pública.

> *Vi è un tribunale che esiste in ciascheduna nazione; ch'è invisibile, perché non ha alcuno de' segni che potrebbero manifestarlo, ma che agisce di continuo, e che è più forte dei magistrati e delle leggi, de' ministri e de' re; che può essere pervertito dalle cattive leggi; corretto, diretto, reso giusto e virtuoso dalle buone; ma che non può né dalle une né dalle altre essere contrastato e dominato. Questo tribunale... è quello dell'opinione pubblica.*

G. FILANGIERI (escritor italiano, 1753-1788), *Scienza della legislazione*.

2412. O fato de uma opinião ser amplamente compartilhada não é nenhuma evidência de que não seja completamente absurda; de fato, tendo-se em vista a maioria da humanidade, é mais provável que uma opinião difundida seja tola do que sensata.

> *The fact that an opinion has been widely held is no evidence that it is not utterly absurd; indeed in view of the majority of mankind, a widespread belief is more likely to be foolish than sensible.*

B. RUSSELL (filósofo inglês, 1872-1970), *Matrimônio e moral*.

2413. As opiniões reproduzem-se por divisão, os pensamentos, por germinação.

> *Ansichten pflanzen sich durch Teilung, Gedanken durch Knospung fort.*

K. KRAUS (escritor austríaco, 1874-1936), *Ditos e desditos*.

2414. Muitas vezes, todos nós... acreditamos mais nas opiniões alheias do que em nossas próprias.

> *Tutti molte volte... credemo più alla altrui opinione che alla nostra propria.*

B. CASTIGLIONE (escritor italiano, 1478-1529), *O cortesão*, II, 35.

2415. Ah! Não me diga que concorda comigo! Quando as pessoas concordam comigo, tenho sempre a impressão de que estou errado.

Ah! don't say you agree with me. When people agree with me I always feel I must be wrong.

O. WILDE (escritor inglês, 1854-1900), *The Critic as Artist*, II.

2416. Estou sempre de acordo com os eruditos, se são os primeiros a falar.

I am always of the opinion with the learned, if they speak first.

W. CONGREVE (comediógrafo inglês, 1670-1729), *Incógnita*.

O conformismo

2417. Para ele [o conformista], as relações humanas são essencialmente aquelas de autômatos alienados, cuja segurança baseia-se em permanecer o mais próximo possível do rebanho, sem se diferenciar no pensamento, no sentimento ou na ação.

Die menschliche Beziehungen sind ihm wesentlichen die entfremdeter Automaten, deren Sicherheit darauf beruht, möglichst dicht bei der Herde zu bleiben und sich im Denken, Fühlen oder Handeln nicht von ihr zu unterscheiden.

E. FROMM (psicanalista alemão, 1900-1980), *A arte de amar*.

2418. Na minha opinião, em quase toda sociedade, a qualidade dos inconformistas é provavelmente tão boa quanto, e não melhor do que, a dos conformistas.

In almost any society, I think, the quality of the nonconformist is likely to be just as good as and no better than that of the conformists.

M. MEAD (antropóloga norte-americana, 1901-1979), *Redbook*, janeiro de 1961.

2419. Por que você tem de ser um inconformista como todos os outros?

Why do you have to be a nonconformist like everybody else?

J. G. THURBER (humorista norte-americano, 1894-1961), atribuído.

2420. Na condição atual da nossa sociedade, é impossível não ser um esnobe de vez em quando.

It is impossible, in our condition of society, not to be sometimes a snob.

W. M. THACKERAY (escritor inglês, 1811-1863), *The Book of Snobs*, III.

A coerência

2421. É preciso viver como se pensa, caso contrário acaba-se por pensar como se viveu.

Il faut vivre comme on pense, sans quoi l'on finira par penser comme on a vécu.

P. BOURGET (escritor francês, 1852-1935), *Le démon de midi*.

2422. Antes de mais nada, dize a ti mesmo quem queres ser; depois, segue esse modelo em tudo o que fizeres.

Τίς εἶναι θέλεις σαυτῷ πρῶτον εἰπέ· εἶθ' οὕτως ποίει ἃ ποιεῖς.

EPICTETO (filósofo grego, 50-115), *Dissertações*, III, 23, 1.

2423. O homem que pretende ser sempre coerente no seu pensamento e nas suas decisões morais ou é uma múmia ambulante ou, se não conseguiu sufocar toda a sua vitalidade, um monomaníaco fanático.

The consistent thinker, the consistent moral man, is either a walking mummy or else, if he has not succeeded in stifling all his vitality, a fanatical monomaniac.

A. L. HUXLEY (escritor inglês, 1894-1963), *Do What you Will*.

2424. Respeita-se, mas não se ama, o homem que age segundo princípios.

Man ehrt den Mann, der nach Grundsätzen handelt, allein man liebt ihn nicht.

TH. VON HIPPEL (escritor alemão, 1741-1796), *Do matrimônio*.

2425. Não existe princípio, por mais justo e razoável que seja, que, se exagerado, não possa conduzir-nos às conseqüências mais funestas.

441

Non vi è principio, per quanto giusto e ragionevole, il quale, se lo si esageri, non possa condurci alle conseguenze le più funeste.
C. CAVOUR (político italiano, 1810-1861), *Discorsi parlamentari*, In difesa della tassa di successione, 21/2/1851.

2426. Todo caráter coerente consigo mesmo / tem sempre razão; perder / a razão é a única contradição.
Recht hat jeder eigne Charakter, / Der übereinstmmt mit sich selbst; es gibt / Kein anderes Unrecht, als den Widerspruch.
F. VON SCHILLER (escritor alemão, 1759-1805), *A morte de Wallenstein*.

2427. Estou me contradizendo? / Ótimo, então me contradigo, / (sou imenso, contenho multidões).
Do I contradict myself? / Very well then I contradict myself, / (I am large, I contain multitudes).
W. WHITMAN (poeta norte-americano, 1819-1892), *Song of Myself*, 51.

2428. Muitas vezes tenho uma opinião quando estou deitado e outra quando estou de pé.
Ich habe oft die Meinung, wenn ich liege, und eine andere wenn ich stehe.
G. CH. LICHTENBERG (cientista e escritor alemão, 1742-1799), *Observações e pensamentos*.

2429. A vida inteira é uma contradição digerível.
Das ganze Leben ist ein verdaulicher Widerspruch.
CH. F. HEBBEL (poeta e dramaturgo alemão, 1813-1863), *Diários*, 1838.

2430. O escândalo de contradizer-me, de estar / contigo e de ser contra ti; contigo no coração, / à luz, contra ti nas escuras vísceras.
Lo scandalo del contraddirmi, dell'essere / con te e contro te; con te nel cuore, / in luce, contro te nelle buie viscere.
P. P. PASOLINI (escritor e cineasta italiano, 1922-1975), *Le ceneri di Gramsci*, IV.

2431. A contradição não consente / o arrependimento e o pecado ao mesmo tempo.
Né pentére e volere insieme puossi, / per la contradizion che nol consente.

D. ALIGHIERI (poeta italiano, 1265-1321), *Inferno*, XXVII, 119-20.

2432. Protágoras diz que todo argumento sempre permite a discussão de duas teses contrárias, inclusive este de que a tese favorável e a contrária são igualmente defensáveis.

> *Protagoras ait de omni re in utramque partem disputari posse ex aequo et de hac ipsa, an omnis res in utramque partem disputabilis sit.*

PROTÁGORAS (filósofo grego, c. 491-411 a.C.), citado em SÊNECA, *Cartas a Lucílio*, 88, 43.

2433. O homem que vê os dois lados de uma questão é um homem que não vê absolutamente nada.

> *The man who sees both sides of a question is a man who sees absolutely nothing at all.*

O. WILDE (escritor inglês, 1854-1900), *The Critic as Artist*, II.

Ter ou não razão

2434. Dom Abbondio sempre sabia encontrar alguma culpa em quem, empenhado em sustentar as próprias razões contra um poderoso, ficasse com a cabeça partida; o que não era difícil, pois o fato de se ter ou não razão nunca se divide com um corte tão preciso, de modo que cada parte esteja totalmente certa ou errada.

> *A chi, messosi a sostener le sue ragioni contro un potente, rimaneva col capo rotto, don Abbondio sapeva trovar sempre qualche torto; cosa non difficile, perché la ragione e il torto non si dividon mai con un taglio così netto, che ogni parte abbia soltanto dell'una o dell'altro.*

A. MANZONI (escritor italiano, 1785-1873), *I promessi sposi*, I.

2435. Só ficamos satisfeitos em ter razão se conseguimos provar que os outros estão totalmente errados.

> *We are not satisfied to be right, unless we can prove others to be quite wrong.*

W. HAZLITT (escritor inglês, 1778-1830), *Conversations of James Northcote*, 1830.

2436. Não há nada mais feio do que a razão, quando ela não está do nosso lado.

Nothing hath an uglier look to us than reason, when it is not on our side.

G. S. HALIFAX (político inglês, 1633-1695), *Political, Moral and Miscellaneous Thoughts and Reflections.*

2437. Provar que tenho razão significaria reconhecer que posso estar errado.

Prouver que j'ai raison serait accorder que je puis avoir tort.

P.-A. BEAUMARCHAIS (comediógrafo francês, 1732-1799), *As bodas de Fígaro*, I, 1.

2438. A razão do mais forte é sempre a melhor.

La raison du plus fort est toujours la meilleure.

J. DE LA FONTAINE (poeta francês, 1621-1695), *Fables*, I, 10, Le loup et l'agneau.

2439. A razão do melhor é sempre a mais forte.

La raison du meilleur est toujours la plus forte.

V. HUGO (escritor francês, 1802-1885), *Tas de pierres.*

2440. Um homem barulhento tem sempre razão.

A noisy man is always in the right.

W. COWPER (poeta inglês, 1731-1800), *Conversation*, 114.

O PRAZER

O prazer

2441. Afinal de contas, o prazer é um critério mais seguro do que o dever e do que o direito.
Pleasure after all is a safer guide than either duty or right.
S. BUTLER (escritor inglês, 1835-1902), *The Way of All Flesh*, XIX.

2442. O prazer é o meio mais certo de conhecimento que a Natureza nos oferece e... aquele que muito sofreu é menos sábio do que aquele que muito se alegrou.
Il piacere è il più certo mezzo di conoscimento offertoci dalla Natura e... colui il quale molto ha sofferto è men sapiente di colui il quale molto ha gioito.
G. D'ANNUNZIO (escritor italiano, 1863-1938), *Il fuoco*, I.

2443. Uma metade do mundo não consegue entender os prazeres da outra metade.
One half of the world cannot understand the pleasures of the other.
J. AUSTEN (escritora inglesa, 1775-1817), *Emma*, IX.

2444. Quando simplesmente considerados em si, os prazeres são todos iguais. Quem sente prazer em ouvir sermões deleita-se tanto quanto quem vai ao teatro.
Pleasures are all alike simply considered in themselves. He that takes pleasure to hear sermons enjoys himself as much as he that hears plays.
J. SELDEN (historiador inglês, 1584-1654), *Table Talk*, CIV.

2445. De modo algum o prazer é um guia crítico infalível, mas é o menos falível.

Pleasure is by no means an infallible critical guide, but it is the least fallible.
W. H. AUDEN (poeta inglês, 1907-1973), *The Dyer's Hand*, Writing.

2446. A maioria das pessoas gosta de ler a própria caligrafia e sentir o cheiro dos próprios peidos.
Most people enjoy the sight of their own handwriting as they enjoy the smell of their own farts.
W. H. AUDEN (poeta inglês, 1907-1973), *The Dyer's Hand*, Writing.

2447. Não há prazer que dure se não for reanimado pela variedade.
Iucundum nihil est, nisi quod reficit varietas.
PÚBLIO SIRO (poeta latino, séc. I a.C.), *Sentenças*, 406.

2448. Cada um é atraído pelo seu prazer.
Trahit sua quemque voluptas.
VIRGÍLIO (poeta latino, 70-19 a.C.), *Bucólicas*, II, 65.

2449. Todo prazer tem seu momento culminante quando está para acabar.
Quod in se iucundissimum omnis voluptas habet, in finem sui differt.
SÊNECA (filósofo latino, 4 a.C.-65 d.C.), *Cartas a Lucílio*, 12, 5.

2450. Conta-me tu se em algum instante da tua vida te lembras de ter dito com toda a sinceridade e convicção: estou contente. Sempre disseste e dizes sinceramente: ficarei contente; e, muitas vezes, mas com menos sinceridade: fiquei contente. De modo que o prazer é sempre ou passado, ou futuro, e nunca presente.
Narrami tu se in alcun istante della tua vita ti ricordi di aver detto con piena sincerità ed opinione: io godo. Ben tutto giorno dicesti e dici sinceramente: io godrò; e parecchie volte, ma con sincerità minore: ho goduto. Di modo che il piacere è sempre o passato o futuro, e non mai presente.
G. LEOPARDI (poeta italiano, 1798-1837), *Operette morali*, Dialogo di Torquato Tasso e del suo Genio familiare.

2451. Se perdi meus dias na volúpia, *ah! devolvei-los a mim, grandes deuses*, para que eu volte a perdê-los.

Si j'ai perdu mes jours dans la volupté, ah! rendez-les-moi, grands dieux, *pour les reperdre encore.*
J. O. DE LA METTRIE (filósofo francês, 1709-1751), *A arte de ter prazer.*

2452. Tudo o que depende dos outros é dor, tudo o que depende de nós mesmos é prazer; em suma, saiba que tal é a característica do prazer e da dor.
sarvaṃ paravaśaṃ duḥkhaṃ sarvam ātmavaśaṃ sukham / etad vidyāt samāsena lakṣaṇaṃ sukhaduḥkhayoḥ //
MĀNAVADHARMAŚĀSTRA (código de leis indiano), 4, 160.

2453. É justamente em meio aos prazeres que nascem as causas de dor.
In ipsis voluptatibus causae doloris oriuntur.
SÊNECA (filósofo latino, 4 a.C.-65 d.C.), *Cartas a Lucílio*, 91, 5.

2454. Não existe deleite sem um misto de tristeza.
Non è delettazione senza mistura di tristezza.
G. BRUNO (filósofo italiano, 1548-1600), *Spaccio de la bestia trionfante*, I.

2455. O homem pode suportar a dor sozinho, mas é preciso estar em dois para ficar contente.
One can bear grief, but it takes two to be glad.
E. G. HUBBARD (escritor norte-americano, 1856-1915).

2456. Nenhum bem sem um companheiro nos dá alegria.
Nullius boni sine socio iucunda possessio est.
SÊNECA (filósofo latino, 4 a.C.-65 d.C.), *Cartas a Lucílio*, 6, 4.

2457. O prazer não é outra coisa senão a remissão da dor.
Pleasure is nothing else but the remission of pain.
J. SELDEN (historiador inglês, 1584-1654), *Table Talk*, CIV.

2458. Prazer filho da angústia.
Piacer figlio d'affanno.
G. LEOPARDI (poeta italiano, 1798-1837), *Canti*, La quiete dopo la tempesta.

2459. Na verdade, só existe prazer no uso e no sentimento das próprias forças, e a maior dor é a reconhecida falta de forças onde elas seriam necessárias.

Es gibt eigentlich gar keinen Genuβ anders als im Gebrauch und Gefühl der eigenen Kräfte, und der gröβte Schmerz ist wahrgenommenen Mangel an Kräfte, wo man ihnen bedarf.

A. Schopenhauer (filósofo alemão, 1788-1860), *O mundo como vontade e representação*.

2460. A alegria torna o homem sociável, a dor individualiza-o.

Die Freude verallgemeinert, der Schmerz individualisiert den Menschen.

Ch. F. Hebbel (poeta e dramaturgo alemão, 1813-1863), *Diários*, 1847.

2461. Posso compartilhar as dores das pessoas, mas não seus prazeres. Existe algo curiosamente aborrecedor na felicidade alheia.

I can sympathize with people's pains, but not with their pleasures. There is something curiously boring about somebody else's happiness.

A. L. Huxley (escritor inglês, 1894-1963), *Limbo*, Cynthia.

A dor

2462. Posso compartilhar tudo, menos o sofrimento.

I can sympathize with everything, except suffering.

O. Wilde (escritor inglês, 1854-1900), *O retrato de Dorian Gray*, III.

2463. Existe apenas uma coisa que excita os animais mais do que o prazer, e é a dor.

C'è una sola cosa che eccita gli animali più del piacere, ed è il dolore.

U. Eco (escritor italiano, nascido em 1932), *O nome da rosa*, primeiro dia: Sexta.

2464. A dor é o pai, e o amor é a mãe da sabedoria.

Schmerz ist Vater und Liebe die Mutter der Weisheit.

L. Börne (escritor alemão, 1786-1837), *Fragmentos e aforismos*.

2465. Dizem que a dor nos torna sábios.
> 'Tis held that sorrow makes us wise.
>
> A. TENNYSON (poeta inglês, 1809-1892), *In memoriam A. H. H.*, CXIII.

2466. HÉRACLES O tempo aliviará a dor: agora a ferida está fresca. ADMETO O tempo, se o tempo for a morte.
> ΗΡΑΚΛΗΣ Χρόνος μαλάξει, νῦν δ' ἔθ' ἡβᾷ σοι κακόν. ΑΔΜΗΤΟΣ Χρόνον λέγοις ἄν, εἰ χρόνος τὸ κατθανεῖν.
>
> EURÍPIDES (trágico grego, 485-406 a.C.), *Alceste*, 1085-6.

2467. Canta a alegria! Longe da nossa / alma a dor, veste cinérea. / É um mísero escravo aquele / que da dor faz a sua veste.
> *Canta la gioia! Lungi da l'anima / nostra il dolore, veste cinerea. / È un misero schiavo colui / che del dolore fa la sua veste.*
>
> G. D'ANNUNZIO (escritor italiano, 1863-1938), *Canto novo*, Canto dell'ospite.

2468. ... o destino humano / é movido por arcano conselho. Arcano é tudo, / menos a nossa dor. Descuidada prole / nascemos por infelicidade, e apenas os deuses / conhecem a razão.
> *... i destinati eventi / move arcano consiglio. Arcano è tutto / fuor che il nostro dolor. Negletta prole / nascemmo al pianto, e la ragione in grembo / de' celesti si posa.*
>
> G. LEOPARDI (poeta italiano, 1798-1837), *Canti*, Ultimo canto di Saffo.

2469. Poucas são as dores, por mais agudas que sejam, às quais uma boa renda anual não traga um certo conforto.
> *There are few sorrows, however poignant, in which a good income is of no avail.*
>
> L. P. SMITH (escritor norte-americano, 1865-1946), *Afterthoughts*, I.

2470. É mais fácil suportar as aflições de estômago cheio.
> *Los peores trabajos, comiendo se pasan mejor.*
>
> M. ALEMÁN (escritor espanhol, c. 1547-1614), *Vida del pícaro Guzmán de Alfarache*.

2471. O fato de as dores se revezarem torna a vida suportável.
> *Daβ die Schmerzen miteinander abwechseln, macht das Leben erträglich.*

CH. F. HEBBEL (poeta e dramaturgo alemão, 1813-1863), *Diários*, 1838.

2472. Mordi ambas as mãos de dor.
Ambo le man per lo dolor mi morsi.
D. ALIGHIERI (poeta italiano, 1265-1321), *Inferno*, XXXIII, 58.

2473. Depois, mais do que a dor, venceu a fome.
Poscia, più che il dolor, poté il digiuno.
D. ALIGHIERI (poeta italiano, 1265-1321), *Inferno*, XXXIII, 75.

2474. A dor que mata a dor age como remédio.
Pro medicina est dolor dolorem qui necat.
PÚBLIO SIRO (poeta latino, séc. I a.C.), *Sentenças*, 511.

2475. As dores grandes duram pouco, aquelas que duram de fato não são grandes.
Οἱ μεγάλοι πόνοι συντόμως ἐξάγουσιν· οἱ δὲ χρόνιοι μέγεθος οὐκ ἔχουσιν.
PLUTARCO (escritor grego, c. 45-125), *Obras morais*, Como os jovens devem ouvir os poetas, 36 B.

2476. Toda dor é grande para um coração pequeno.
Toda pena es grande para un corazón pequeño.
J. BENAVENTE Y MARTÍNEZ (dramaturgo espanhol, 1866-1954), *Cartas de mujeres*.

2477. Nunca houve um filósofo / que conseguisse suportar pacientemente uma dor de dente.
There was never yet philosopher / That could endure the toothache patiently.
W. SHAKESPEARE (dramaturgo inglês, 1564-1616), *Muito barulho por nada*, V, 1, 35-6.

2478. Adão e Eva tiveram muitas vantagens, mas a principal é que escaparam da dentição.
Adam and Eve had many advantages, but the principal one was that they escaped teething.
M. TWAIN (escritor norte-americano, 1835-1910), *Pudd'nhead Wilson's Calendar*.

2479. O grande problema da vida é a dor que se provoca, e a metafísica mais engenhosa não justifica o homem que maltratou o coração que o amava.

> *La grande question dans la vie, c'est la douleur que l'on cause, et la métaphysique la plus ingénieuse ne justifie pas l'homme qui a déchiré le coeur qui l'aimait.*
>
> B. Constant de Rebecque (escritor francês, 1767-1830), *Adolphe.*

2480. Dor inefável queres que eu renove, ó rainha, / ao me perguntar como os Dánaos destruíram / a força troiana e seu mísero reino: / eventos tristes que presenciei e dos quais tomei grande parte.

> *Infandum, regina, iubes renovare dolorem, / Troianas ut opes et lamentabile regnum / eruerint Danai quaeque ipse miserrima vidi / et quorum pars magna fui.*
>
> Virgílio (poeta latino, 70-19 a.C.), *Eneida*, II, 3-6.

2481. Porque a dor é mais dor se cala.

> *Perché dolore è più dolor, se tace.*
>
> G. Pascoli (poeta italiano, 1855-1912), *Nuovi poemetti*, Il prigioniero.

2482. Sua tristeza tinha um ar teatral, como muitas vezes ocorre quando a tristeza é autêntica.

> *His misery had a theatrical flavour, as real misery so often does.*
>
> R. Chandler (escritor norte-americano, 1888-1959), *The Lady in the Lake*, XVII.

2483. É o meu coração / a terra mais maltratada.

> *È il mio cuore / il paese più straziato.*
>
> G. Ungaretti (poeta italiano, 1888-1970), *L'allegria*, San Martino del Carso.

2484. É mesmo verdade que a maior parte dos males que ocorrem ao homem são provocados por ele próprio.

> *At Hercule homini plurima ex homine sunt mala.*
>
> Plínio, o Velho (escritor latino, 23-79), *História natural*, VII, 5.

2485. Pois no homem o Destino pôs alma que sofre.

> Τλητὸν γὰρ Μοῖραι θυμὸν θέσαν ἀνθρώποισιν.

HOMERO (poeta grego, séc. VIII-VII a.C.), *Ilíada*, XXIV, 49.

2486. O sofrimento encontra-se inserido na natureza humana; mas nunca sofremos, ou, pelo menos, muito raramente, sem nutrir a esperança do restabelecimento; e a esperança é um prazer.

La sofferenza è insita nella natura umana; ma non soffriamo mai, o almeno molto di rado, senza nutrire la speranza della guarigione; e la speranza è un piacere.

G. CASANOVA (aventureiro italiano, 1725-1798), *Memorie scritte da lui medesimo*, XII.

2487. Aquilo que foi doloroso suportar torna-se agradável depois de suportado; é natural sentir prazer ao final do próprio sofrimento.

Quod acerbum fuit ferre, tulisse iucundum est; naturale est mali sui fine gaudere.

SÊNECA (filósofo latino, 4 a.C.-65 d.C.), *Cartas a Lucílio*, 78, 14.

2488. À medida que nos elevamos na escala dos seres, a capacidade nervosa aumenta, ou seja, a capacidade de sofrer. Sofrer e pensar seriam então a mesma coisa?

À mesure qu'on s'élève dans l'échelle des êtres, la faculté nerveuse augmente, c'est-à-dir la faculté de souffrir. Souffrir et penser seraient-ils donc la même chose?

G. FLAUBERT (escritor francês, 1821-1880), *Pensées*, 158.

2489. Sofrer não serve para nada / Sofrer limita a eficiência espiritual / Sofrer é sempre culpa nossa / Sofrer é uma fraqueza.

Soffrire non serve a niente / Soffrire limita l'efficienza spirituale / Soffrire è sempre colpa nostra / Soffrire è una debolezza.

C. PAVESE (escritor italiano, 1908-1950), *Il mestiere di vivere*, 28/10/1938.

2490. Em geral, quem não sabe dar um sentido à própria vida dispõe-se por profissão a sacrificar-se.

In genere è per mestiere disposto a sacrificarsi chi non sa altrimenti dare un senso alla sua vita.

C. PAVESE (escritor italiano, 1908-1950), *Il mestiere di vivere*, 9/2/1940.

2491. Existem pessoas que têm sede de sofrer. O prazer nunca é forte o suficiente, e elas anseiam a dor.

> *There are people who have an appetite for grief; pleasure is not strong enough and they crave pain.*
> R. W. EMERSON (filósofo e poeta norte-americano, 1803-1882), *Works*, IV.

2492. Diante de qualquer desgraça que nos aflige, sempre nos admiramos por sofrer menos do que, na nossa opinião, deveríamos ter sofrido.

> *Ante cualquier desdicha que nos aflige, siempre nos admiramos al sentir menos de lo que a nuestro parecer deberíamos haber sentido.*
> J. BENAVENTE Y MARTÍNEZ (dramaturgo espanhol, 1866-1954).

2493. Quem muito sofreu muito aprendeu!

> *Mult ad apris ki bien conuist ahan!*
> CHANSON DE ROLAND (canção de gesta francesa), 2524.

A felicidade

2494. Felicidade: circulação apropriada de lubrificantes endócrinos.

> *Happiness, suitable flow of endocrine lubricants.*
> E. POUND (poeta norte-americano, 1885-1972), *Suggestions on the Psychology of Pleasure*.

2495. Perguntai a vós mesmos se sois felizes e deixareis de sê-lo.

> *Ask yourself whether you are happy, and you cease to be so.*
> J. S. MILL (filósofo e economista inglês, 1806-1873), *Autobiografia*, V.

2496. A felicidade é como a saúde: se não sentes a falta dela, significa que ela existe.

> Счастье — как здоровье: когда его не замечаешь, значит оно есть.
> I. S. TURGENEV (escritor russo, 1818-1883).

2497. Atrás da porta do homem feliz deveria existir alguém com um pequeno martelo nas mãos que, batendo-o constantemente, lembrasse que a infelicidade existe e, passada a breve felicidade, fatalmente sobrevirá.

> За дверью счастливого человека должен стоять ктонибудь с молоточком, постоянно стучать и напоминать, что есть несчастные и что после непродолжительного счастья обязательно наступит несчастье.
>
> A. P. TCHEKHOV (escritor russo, 1860-1904).

2498. Há uma Abelha que pousa / sobre um botão de rosa: / suga-o e vai-se embora... / Em suma, a felicidade / é uma coisa pequena.

> *C'è un'Ape che se posa / su un bottone de rosa: / lo succhia e se ne va... / Tutto sommato, la felicità / è una piccola cosa.*
>
> TRILUSSA (poeta dialetal italiano, 1871-1950), *Acqua e vino*, Felicità.

2499. Toda felicidade é uma obra-prima: o menor erro a deturpa, a menor hesitação a altera, a menor deselegância a estraga, a menor tolice a embrutece.

> *Tout bonheur est un chef-d'oeuvre: la moindre erreur le fausse, la moindre hésitation l'altère, la moindre lourdeur le dépare, la moindre sottise l'abêtit.*
>
> M. YOURCENAR (escritora belga, 1903-1987), *Memórias de Adriano*.

2500. Felicidade alcançada, caminha-se / por ti sobre o fio de uma lâmina. / Aos olhos és vislumbre que vacila, / ao pé, gelo teso que racha; / e portanto que não te toque quem mais te ama.

> *Felicità raggiunta, si cammina / per te su fil di lama. / Agli occhi sei barlume che vacilla, / al piede, teso ghiaccio che s'incrina; / e dunque non ti tocchi chi più t'ama.*
>
> E. MONTALE (poeta italiano, 1896-1981), *Ossi di seppia*, Felicità raggiunta.

2501. Não há dever que subestimemos mais do que o dever de ser feliz.

> *There is no duty we so much underrate as the duty of being happy.*
>
> R. L. STEVENSON (escritor inglês, 1850-1894), *Virginibus puerisque*.

2502. A tarefa de ser feliz pode ser desempenhada. Estuda.

> *Il compito di essere più felici si può svolgere. Studia.*
> S. Ceccato (cientista italiano, nascido em 1914), *Ingegneria della felicità*, I, 3.

2503. Às vezes acontece de nos sentirmos felizes por um minuto. Não se deixem levar pelo pânico: é uma questão de segundos e depois passa.

> *Capita a volte di sentirsi per un minuto felici. Non fatevi cogliere dal panico: è questione di un attimo e passa.*
> G. Bufalino (escritor italiano, nascido em 1920), *Il Malpensante*, setembro.

2504. Nosso direito de consumir felicidade sem produzi-la não é maior do que o de consumir riquezas sem produzi-las.

> *We have no more right to consume happiness without producing it than to consume wealth without producing it.*
> G. B. Shaw (comediógrafo irlandês, 1856-1950), *Candida*, I.

2505. Renda anual de vinte libras, despesa anual de dezenove libras, dezenove xelins e seis pence, resultado: felicidade. Renda anual de vinte libras, despesa anual de vinte libras e seis pence, resultado: desespero.

> *Annual income twenty pounds, annual expenditure nineteen ninetee six, result happiness. Annual income twenty pounds, annual expenditure twenty pounds ought and six, result misery.*
> Ch. Dickens (escritor inglês, 1812-1870), *David Copperfield*, XII.

2506. Não se deve acreditar que é possível ser feliz procurando a infelicidade alheia.

> *Non est quod credas quemquam fieri aliena infelicitate felicem.*
> Sêneca (filósofo latino, 4 a.C.-65 d.C.), *Cartas a Lucílio*, 94, 67.

2507. Não é feliz quem não se considera como tal.

> *Non est beatus, esse qui se non putat.*
> Públio Siro (poeta latino, séc. I a.C.), *Sentenças*, 584.

2508. Apenas quem terminou sua vida sem sofrimento / pode considerar-se feliz.

> Ὀλβίσαι δὲ χρὴ / βίον τελευτήσαντ' ἐν εὐεστοῖ φίλῃ.
> Ésquilo (trágico grego, c. 525-456 a.C.), *Agamêmnon*, 928-9.

2509. Não existe / felicidade perfeita.
Nihil est ab omni / parte beatum.
HORÁCIO (poeta latino, 65-8 a.C.), *Odes*, II, 16, 27-8.

2510. Uns sofrem de um mal, outros, de outro, e entre os homens / – quantos o sol é capaz de ver – ninguém é perfeitamente feliz.
Ἀλλ' ἄλλῳ κακόν ἐστι, τὸ δ' ἀτρεκὲς ὄλβιος οὐδεὶς / ἀνθρώπων ὁπόσους ἠέλιος καθορᾷ.
TEÓGNIS DE MÉGARA (poeta grego, séc. VI-V a.C.), *Elegias*, I, 167-8.

2511. É melhor imaginar a felicidade do que possuí-la.
La felicidad es mejor imaginarla que tenerla.
J. BENAVENTE Y MARTÍNEZ (dramaturgo espanhol, 1866-1954).

2512. Fazer um homem feliz significa merecer sê-lo.
Faire un homme heureux, c'est mériter de l'être.
J.-J. ROUSSEAU (filósofo e escritor francês, 1712-1778), *Correspondance*.

2513. Se se construísse a casa da felicidade, o maior cômodo seria a sala de espera.
Si l'on bâtissait la maison du bonheur, la plus grande pièce serait la salle d'attente.
J. RENARD (escritor francês, 1864-1910), *Journal*, 1899.

2514. Queres ser feliz? Aprende primeiro a sofrer.
Хочешь быть счастливым? Выучись сперва страдать.
I. S. TURGENEV (escritor russo, 1818-1883).

A infelicidade

2515. Não apenas os homens, mas o gênero humano foi e sempre será necessariamente infeliz. Não apenas o gênero humano, mas todos os animais. Não apenas os animais, mas todos os seres a seu modo. Não os indivíduos, mas as espécies, os gêneros, os reinos, os globos, os sistemas, os mundos...

Non gli uomini solamente, ma il genere umano fu e sarà sempre infelice di necessità. Non il genere umano solamente, ma tutti gli animali. Non gli animali soltanto, ma tutti gli altri esseri al loro modo. Non gli individui, ma le specie, i generi, i regni, i globi, i sistemi, i mondi...
G. LEOPARDI (poeta italiano, 1798-1837), *Zibaldone*, VII, 104, 5.

2516. Em toda adversidade do destino, a condição que gera mais infelicidade é o fato de se ter sido feliz.
Nam in omni adversitate fortunae infelicissimum genus est infortunii fuisse felicem.
BOÉCIO (filósofo latino, c. 480-526), *O consolo da filosofia*, II, 4.

2517. E ela me respondeu: "Nenhuma dor maior / do que relembrar-se do tempo feliz / na miséria; e o teu doutor sabe disso."
E quella a me: "Nessun maggior dolore / che ricordarsi del tempo felice / nella miseria; e ciò sa il tuo dottore."
D. ALIGHIERI (poeta italiano, 1265-1321), *Inferno*, V, 121-3.

2518. É um consolo para os infelizes ter companheiros de desventura.
Calamitatum habere socios miseris est solacio.
PÚBLIO SIRO (poeta latino, séc. I a.C.), *Sentenças*, 995.

2519. Ninguém pode nos fazer infelizes, apenas nós mesmos.
Οὐδεὶς γὰρ ἡμᾶς ἀθλίους ποιῆσαι δυνήσεται, ἐὰν μὴ ἑαυτοὺς ποιήσωμεν.
SÃO JOÃO CRISÓSTOMO (padre da Igreja, 345-407), *Homilias ao povo da Antióquia*, XVIII, 4.

2520. O segredo para ser infeliz é ter tempo livre para se preocupar se se é feliz ou não.
The secret of being miserable is to have leisure to bother about whether you are happy or not.
G. B. SHAW (comediógrafo irlandês, 1856-1950), *Misalliance*, Prefácio.

2521. Ele simplesmente desenvolveu muito o instinto de ser infeliz.
He's simply got the instinct for being unhappy highly developed.
SAKI (escritor inglês, 1870-1916), *The Match-Maker*.

2522. Os infelizes gostam de se unir uns aos outros.
Die Unglücklichen ketten sich so gern aneinander.
G. E. LESSING (filósofo alemão, 1729-1781), *Emília Galotti*, IV, 7.

2523. Viveram infelizes porque custava menos.
Vissero infelici perché costava meno.
L. LONGANESI (escritor italiano, 1905-1957), *Parliamo dell'elefante*, 15/3/1938.

2524. À força de ser infeliz acaba-se por tornar-se ridículo.
A force d'être malheureux on finit par devenir ridicule.
F.-X. DE MAISTRE (escritor francês, 1763-1852), *Voyage autour de ma chambre*.

2525. Cada um é tão infeliz quanto acredita sê-lo.
Tam miser est quisque quam credidit.
SÊNECA (filósofo latino, 4 a.C.-65 d.C.), *Cartas a Lucílio*, 78, 13.

2526. A infelicidade tem sua melhor definição na diferença entre nossas capacidades e nossas expectativas.
Unhappiness is best defined as the difference between our talents and our expectations.
E. DE BONO (escritor e médico inglês, nascido em 1933), in *The Observer*, 12/7/1977.

O pranto

2527. O homem é o único ser que, ao nascer, nu sobre a terra nua, é abandonado ao vagido e ao pranto; e nenhum animal é mais propenso às lágrimas do que ele, e desde o início da vida.
Hominem tantum nudum et in nuda humo natali die abicit ad vagitus statim et ploratum, nullumque tot animalium aliud pronius ad lacrimas, et has protinus vitae principio.
PLÍNIO, O VELHO (escritor latino, 23-79), *História natural*, VII, 2.

2528. Pouco dura a dor que termina em lágrimas, e muito longo é o período em que o sofrimento permanece no coração.
Poco dura la doglia che finisce in le lagrime, e assai lungo è il termine del patire che si rimane nel cuore.

P. Aretino (escritor italiano, 1492-1556), *Lettere*, livro V, n. 45, A messer Antonio Anselmi, julho de 1548.

2529. As desventuras dos mortais têm suas lágrimas e tocam o espírito.

Sunt lacrimae rerum et mentem mortalia tangunt.

Virgílio (poeta latino, 70-19 a.C.), *Eneida*, I, 462.

2530. E se não choras, do que costumas chorar?

E se non piangi, di che pianger suoli?

D. Alighieri (poeta italiano, 1265-1321), *Inferno*, XXXIII, 42.

O tédio

2531. Tudo me aborrece: arrasto com esforço meu tédio com meus dias e vou por todos os lugares bocejando minha vida.

Tout me lasse: je remorque avec peine mon ennui avec mes jours, et je vais partout bâillant ma vie.

F.-R. de Chateaubriand (escritor francês, 1768-1848), *Mémoires d'Outre-tombe*, VIII, 4.

2532. O tédio pode ser tão intenso a ponto de tornar-se uma experiência mística.

One can be bored until boredom becomes a mystical experience.

L. P. Smith (escritor norte-americano, 1865-1946), *Afterthoughts*, 4.

2533. O tédio é a asma da alma.

La noia è l'asma dell'anima.

C. Bini (escritor italiano, 1806-1842), *Manoscritto di un prigioniero*, XX.

2534. Tasso Qual remédio poderia fazer efeito contra o tédio?
Gênio O sono, o ópio e a dor. E esta última é a mais poderosa de todos: pois o homem, enquanto sofre, não se aborrece por nada.

Tasso Che rimedio potrebbe giovare contro la noia?
Genio Il sonno, l'oppio, e il dolore. E questo è il più potente di tutti: perché l'uomo, mentre patisce, non si annoia per niuna maniera.

G. LEOPARDI (poeta italiano, 1798-1837), *Operette morali*, Dialogo di Torquato Tasso e del suo Genio familiare.

2535. De certo modo, o tédio é o mais sublime dos sentimentos humanos.

La noia è in qualche modo il più sublime dei sentimenti umani.

G. LEOPARDI (poeta italiano, 1798-1837), *Pensieri*, LXVIII.

2536. Quando você estiver aborrecido consigo mesmo, case e fique aborrecido com outra pessoa.

When you're bored with yourself, marry and be bored with someone else.

D. PRYCE-JONES (escritor e crítico inglês, nascido em 1936), *Owls and Satyrs*.

2537. O tédio é uma invenção dos preguiçosos.

La noia è un'invenzione degl'infingardi.

U. OJETTI (escritor italiano, 1871-1946), *Sessanta*, VII.

2538. Aqueles que conhecem a tempestade enjoam com a bonança.

They sicken of the calm, who know the storm.

D. PARKER (escritora norte-americana, 1893-1967), *Sunset Gun*, Fair Weather.

A tristeza

2539. A tristeza também provoca doenças.

Τίκτουσι γάρ τοι καὶ νόσους δυσθυμίαι.

SÓFOCLES (trágico grego, 496-406 a.C.), *Tiro*, frag. 602.

2540. A alma triste nos prazeres chora.

El alma triste en los gustos llora.

M. ALEMÁN (escritor espanhol, c. 1547-1614).

2541. As tristezas não foram feitas para os animais, mas para os homens; mas se os homens as sentem muito, tornam-se animais.

Las tristezas no se hicieron para las bestias, sino para los hombres; pero si los hombres las sienten mucho se vuelven bestias.

M. DE CERVANTES (escritor espanhol, 1547-1616), *Dom Quixote*.

2542. Melancolia, / amável ninfa, / a minha vida / entrego a ti. // Quem despreza / os teus prazeres, / não nasceu / para os prazeres verdadeiros.

> *Melanconia, / ninfa gentile, / la vita mia / consegno a te. // I tuoi piaceri / chi tiene a vile, / ai piacer veri / nato non è.*
> I. Pindemonte (poeta italiano, 1753-1828), *La Melanconia*.

2543. Se na terra existe algum inferno, este certamente se encontra no coração de um homem melancólico.

> *If there is a hell upon earth, it is to be found in a melancholy man's heart.*
> R. Burton (erudito inglês, 1577-1640), *Anatomy of Melancholy*, I, 4, 3.

2544. No mesmo templo do deleite / A velada Melancolia tem seu santuário.

> *Ay, in the very temple of delight / Veiled Melancholy has her sovran shrine.*
> J. Keats (poeta inglês, 1795-1821), *Ode on Melancholy*, III.

2545. Minha alegria é a melancolia.

> *La mia allegrezz'è la maninconia.*
> M. Buonarroti (artista e poeta italiano, 1475-1564), *Rime*, I' sto rinchiuso come la midolla, 25.

2546. Feliz na tristeza, triste na alegria.

> *In tristitia hilaris, in hilaritate tristis.*
> G. Bruno (filósofo italiano, 1548-1600), *Il Candelaio*, frontispício da obra.

O descontentamento

2547. A maioria dos homens é insatisfeita, pois pouquíssimos sabem que a distância entre um e zero é maior do que a distância entre um e mil.

> *Die meisten Menschen sind unzufrieden, weil die wenigsten wissen, daß der Abstand zwischen Eins und Nichts größer ist als der Abstand zwischen Eins und Tausend.*

L. BÖRNE (escritor alemão, 1786-1837), *Fragmentos e aforismos*.

2548. Parem o mundo. Quero descer.

Stop the world. I want to get off.

A. NEWLEY (ator e comediógrafo inglês, nascido em 1931), título de uma comédia musical.

2549. Em Roma sonhas com o campo; quando estás no campo, / inconstante, exaltas a cidade.

Romae rus optas, absentem rusticus urbem / tollis ad astra levis.

HORÁCIO (poeta latino, 65-8 a.C.), *Sátiras*, II, 7, 28-9.

2550. Uma única coisa foi dada em comum / aos jovens e aos velhos: o descontentamento.

One thing only has been lent / To youth and age in common – discontent.

M. ARNOLD (poeta inglês, 1822-1888), *Youth's Agitations*.

A POESIA

A poesia

2551. "Senhor, o que é poesia?" "Bem, senhor, é muito mais fácil dizer o que não é. Todos nós *sabemos* o que é a luz, mas não é fácil *dizer* o que é."

"Sir, what is poetry?" "Why Sir, it is much easier to say what it is not. We all know *what light is; but it is not easy to* tell *what it is."*
S. Johnson (literato inglês, 1709-1784), citado em Boswell, *Life of Johnson*, 10/4/1776.

2552. Todos os homens, desde Adão até o sapateiro que nos faz belas botas, têm no fundo da alma uma inclinação à poesia. Essa inclinação, que é ativa em pouquíssimos, nos outros é apenas passiva; não passa de uma corda que responde com oscilações simpáticas ao toque da primeira.

Tutti gli uomini, da Adamo giù fino al calzolaio che ci fa i begli stivali, hanno nel fondo dell'anima una tendenza alla poesia. Questa tendenza, che in pochissimi è attiva, negli altri non è che passiva; non è che una corda che risponde con simpatiche oscillazioni al tocco della prima.
G. Berchet (poeta italiano, 1783-1851), *Lettera semiseria di Grisostomo*.

2553. A poesia é a linguagem natural de todos os cultos.

La poésie est le langage naturel de tous les cultes.
A.-L.-G. Necker Madame de Staël (escritora francesa, 1766-1817), *De l'Allemagne*.

2554. Apenas em pequena parte a poesia se encontra nos inúmeros livros ditos de poesia.

La poesia solo in piccola parte si trova negli innumeri libri detti di poesia.

B. Croce (filósofo italiano, 1866-1952), *La storia come pensiero e come azione*, La certezza e la verità storica.

2555. Ninguém nunca foi um grande poeta sem ter sido ao mesmo tempo um grande filósofo.

> *No man was ever yet a great poet, without being at the same time a great Philosopher.*
> S. T. Coleridge (poeta inglês, 1772-1834), *Biographia Literaria*, XV.

2556. A poesia é algo mais filosófico e elevado do que a história; a poesia tende mais a representar o universal, enquanto a história tende a representar o particular.

> Φιλοσοφώτερον καὶ σπουδαιότερον ποίησις ἱστορίας ἐστίν· ἡ μὲν γὰρ ποίησις μᾶλλον τὰ καθόλου, ἡ δ' ἱστορία τὰ καθ' ἕκαστον λέγει.
> Aristóteles (filósofo grego, 384-322 a.C.), *Poética*, 9.

2557. Se a poesia não vem naturalmente como as folhas crescem numa árvore, é melhor não vir de modo algum.

> *If poetry comes not as naturally as the leaves to a tree it had better not come at all.*
> J. Keats (poeta inglês, 1795-1821), Carta a John Taylor, 27/2/1818.

2558. A poesia nasce simples de uma mente serena.

> *Carmina proveniunt animo deducta sereno.*
> Ovídio (poeta latino 43 a.C.-c. 18 d.C.), *Tristia*, I, 1, 39.

2559. A poesia não é um modo de liberar a emoção, mas uma fuga da emoção; não é uma expressão da própria personalidade, mas uma fuga da personalidade.

> *Poetry is not a turning loose of emotion, but an escape from emotion; it is not an expression of personality, but an escape from personality.*
> Th. S. Eliot (poeta e dramaturgo anglo-americano, 1888-1965), *Tradition and the Individual Talent*.

2560. Tem de saber / que o grande busílis da poesia / consiste na arte de agradar, / e essa arte está toda na magia / de mover, de remexer, da forma como se quiser, / todas as paixões que escondemos no coração.

> *L'ha da savè / che el gran busilles de la poesia / el consist in de l'arte de piasè, / e st'arte la sta tutta in la magia / de moeuv, de messedà, come se voeur, / tutt i passion che gh'emm sconduu in del coeur.*
>
> C. PORTA (poeta dialetal italiano, 1775-1821), *Poesie*, Il Romanticismo, 49-54.

2561. A poesia é o transbordamento espontâneo de sentimentos intensos: tem sua origem na emoção recordada num estado de tranqüilidade.

> *Poetry is the spontaneous overflow of powerful feelings: it takes its origin from emotion recollected in tranquillity.*
>
> W. WORDSWORTH (poeta inglês, 1770-1850), *Lyrical Ballads*, Prefácio.

2562. A verdadeira poesia mantém a mesma distância da insensibilidade e do sentimentalismo.

> *Die eigentlich Dichterische hält sich gleich weit vom Herzlosen und vom Empfindsamkeit.*
>
> H. VON HOFMANNSTHAL (escritor austríaco, 1874-1929), *O livro dos amigos*.

2563. A poesia é como a pintura.

> *Ut pictura poesis.*
>
> HORÁCIO (poeta latino, 65-8 a.C.), *A arte poética*, 361.

2564. Prosa: palavras na sua melhor ordem; poesia: as *melhores* palavras na melhor ordem.

> *Prose: words in their best order; poetry: the* best *words in the best order.*
>
> S. T. COLERIDGE (poeta inglês, 1772-1834), *Table Talk*, 12/7/1827.

2565. Evocar, numa sombra proposital, o objeto silenciado, com palavras alusivas, nunca diretas, que se reduzem a um silêncio igual, comporta uma tentativa próxima da criação...

> *Évoquer, dans une ombre exprès, l'objet tu, par des mots allusifs, jamais directs, se réduisant à du silence égal, comporte tentative proche de créer...*
>
> S. MALLARMÉ (poeta francês, 1842-1898), *Variations sur un sujet*.

2566. *Nomear* um objeto equivale a suprimir os três quartos de prazer da poesia, que é feito de adivinhar pouco a pouco: *sugeri-lo*, eis o sonho.

> Nommer *un objet, c'est supprimer les trois quarts de la jouissance du poème qui est faite de deviner peu à peu:* le suggérer, *voilà le rêve.*
> S. MALLARMÉ (poeta francês, 1842-1898), *Sur l'évolution littéraire.*

2567. As palavras *noite, noturno* etc., as descrições da noite etc. são muito poéticas porque, com a noite confundindo os objetos, a alma concebe apenas uma imagem vaga, indistinta, incompleta, tanto da noite quanto daquilo que ela contém.

> *Le parole* notte, notturno, *ecc., le descrizioni della notte ecc., sono poeticissime, perché, la notte confondendo gli oggetti, l'animo non ne concepisce che un'immagine vaga, indistinta, incompleta, sì di essa che di quanto ella contiene.*
> G. LEOPARDI (poeta italiano, 1798-1837), *Zibaldone*, III, 374, 3.

2568. A lembrança é poesia, e a poesia é apenas lembrança.

> *Il ricordo è poesia, e la poesia non è se non ricordo.*
> G. PASCOLI (poeta italiano, 1855-1912), *Primi poemetti*, Prefácio.

2569. A lembrança é essencial e principal no sentimento poético, não por outra coisa senão pelo fato de que o presente, qualquer que ele seja, não pode ser poético; e o poético, de um ou outro modo, consiste sempre no que é distante, indefinido, vago.

> *La rimembranza è essenziale e principale nel sentimento poetico, non per altro se non perché il presente, qual ch'egli sia, non può esser poetico; e il poetico, in uno o in altro modo, si trova sempre consistere nel lontano, nell'indefinito, nel vago.*
> G. LEOPARDI (poeta italiano, 1798-1837), *Zibaldone*, VII, 360, 1.

2570. Universo que me abraça e me isola, poesia.

> *Universo che mi spazia e m'isola, poesia.*
> A. GATTO (poeta italiano, 1909-1976), *Isola*, Poesia.

2571. A poesia é um nexo entre dois mistérios: o do poeta e o do leitor.

> *El poema es un nexo entre dos misterios: el del poeta y el del lector.*
> D. ALONSO (crítico e poeta espanhol, 1898-1990).

2572. Fazer poesia é como fazer amor: nunca se saberá se a própria alegria é compartilhada.
 Far poesie è come far l'amore: non si saprà mai se la propria gioia è condivisa.
 C. PAVESE (escritor italiano, 1908-1950), *Il mestiere di vivere*, 17/11/1937.

2573. Todo homem saudável consegue ficar dois dias sem comer – sem a poesia, jamais.
 Tout homme bien portant peut se passer de manger pendant deux jours, – de poésie, jamais.
 CH. BAUDELAIRE (poeta francês, 1821-1867), *L'art romantique*.

2574. E que não fiquem assoprando em meus ouvidos os seus poemas, nem Melpomene, nem a tola Talia, nem Febo, que passa o dia inteiro arranhando sua violinha; pois, quando penso nas tripas do meu ventre, não é para mim, para a minha cornamusa, a conversa do Parnaso.
 Non mihi Melpomene, mihi non menchiona Thalia, / non Phoebus grattans chitarrinum carmina dictent; / panzae namque meae quando ventralia penso, / non facit ad nostram Parnassi chiacchiara pivam.
 T. FOLENGO (poeta italiano, 1491-1544), *Baldus*, I, 9-12.

2575. A poesia é uma doença cerebral.
 La poésie est une maladie du cerveau.
 A. DE VIGNY (escritor francês, 1797-1863), *Chatterton*, III, 5.

2576. Nunca me abandono à poesia, a menos que esteja de cama com reumatismo.
 Numquam poetor nisi si podager.
 ÊNIO (poeta latino, c. 239-169 a.C.), *Sátiras*, frag. 64.

2577. Acendamos nossas chamas a seus ardores poéticos; / Façamos versos antigos sobre pensamentos novos.
 Allumons nos flambeaux à leurs feux poétiques; / Sur des pensers nouveaux faisons des vers antiques.
 A. CHÉNIER (poeta francês, 1762-1794), *L'invention*.

2578. É possível ser um homem nobre e fazer versos ruins.
On peut être honnête homme et faire mal des vers.
MOLIÈRE (comediógrafo francês, 1622-1673), *O misantropo*, IV, 1.

2579. Desprezo o verso que soa e não cria.
Sdegno il verso che suona e che non crea.
U. FOSCOLO (poeta italiano, 1778-1827), *Le Grazie*, I, 25.

2580. O verso é tudo.
Il verso è tutto.
G. D'ANNUNZIO (escritor italiano, 1863-1938), *Il piacere*, II, 1.

2581. Vocês sabem, amigos, e eu também sei. / Até mesmo os versos parecem bolhas / de sabão; uma sobe e a outra não.
Voi lo sapete, amici, ed io lo so. / Anche i versi somigliano alle bolle / di sapone; una sale e un'altra no.
U. SABA (poeta italiano, 1883-1957), *Cose leggere e vaganti*, Commiato.

2582. Um soneto sem defeitos vale sozinho um longo poema.
Un sonnet sans défauts vaut seul un long poème.
N. BOILEAU-DESPRÉAUX (poeta e crítico francês, 1636-1711), *L'Art poétique*, II.

2583. A poesia não nasce das regras, a não ser em parte mínima e insignificante; mas as regras derivam das poesias; e, no entanto, são tantos os gêneros e as espécies de verdadeiras regras, quanto são os gêneros e as espécies de verdadeiros poetas.
La poesia non nasce dalle regole, se non per leggerissimo accidente; ma le regole derivano da le poesie; e però tanti son geni e specie di vere regole, quanti son geni e specie di veri poeti.
G. BRUNO (filósofo italiano, 1548-1600), *De gli heroici furori*.

2584. Pretendo saber as regras mais do que todos os formalistas juntos; mas a verdadeira regra, meu belo coração, é saber romper as regras no momento certo.
Io pretendo di saper le regole più che non sanno tutti i pedanti insieme; ma la vera regola, cor mio bello, è saper rompere le regole a tempo e luogo.

G. Marino (poeta italiano, 1569-1625), *Lettere*.

2585. As regras e os modelos destroem o gênio e a arte.
Rules and models destroy genius and art.
W. Hazlitt (escritor inglês, 1778-1830), *Sketches and Essays*, On Taste.

2586. A arte faz apenas versos: somente o coração é poeta.
L'art ne fait que des vers: le coeur seul est poète.
A. Chénier (poeta francês, 1762-1794), *Elégies*.

2587. A poesia não responde, mas questiona.
Поэзия не отвечает, а спрашивает.
P. G. Antokolski (escritor soviético, nascido em 1896), *Diário de viagem do escritor*.

2588. O trabalho mais sublime da poesia é dar sentido às coisas insensatas, e é próprio das crianças tomar coisas inanimadas nas mãos e, entretendo-se, conversar como se elas fossem pessoas vivas... Os homens do mundo infantil, por natureza, foram sublimes poetas.
Il più sublime lavoro della poesia è alle cose insensate dare senso, ed è proprietà de' fanciulli di prender cose inanimate tra mani e, trastullandosi, favellarvi come se fussero, quelle, persone vive... Gli uomini del mondo fanciullo, per natura, furono sublimi poeti.
G. B. Vico (filósofo italiano, 1668-1744), *La scienza nuova*, I, II, 37.

2589. Dentro de nós há um menininho que não apenas tem arrepios – do mesmo modo como pensava Cebes Tebano, o primeiro a descobri-lo dentro de si –, mas também lágrimas e alegrias. Quando nossa idade ainda é tenra, ele confunde a própria voz com a nossa... Mas depois nós crescemos, e ele permanece pequeno; acendemos nos olhos um novo desejo, e ele mantém imutável sua antiga admiração serena; nós engrossamos e enferrujamos a voz, e ele ainda produz e sempre produzirá seu tinido agudo como o de uma campainha.
È dentro di noi un fanciullino che non solo ha brividi, come credeva Cebes Tebano che primo in sé lo scoperse, ma lagrime ancora e tripudi suoi. Quando la nostra età è tuttavia tenera, egli con-

fonde la sua voce con la nostra... Ma quindi noi cresciamo, ed egli resta piccolo; noi accendiamo negli occhi un nuovo desiderare, ed egli vi tiene fissa la sua antica serena meraviglia; noi ingrossiamo e arrugginiamo la voce, ed egli fa sentire tuttavia e sempre il suo tinnulo squillo come di campanello.

G. PASCOLI (poeta italiano, 1855-1912), *Pensieri e discorsi*, Il fanciullino.

2590. Em geral, quanto mais um povo é civilizado, educado, menos os seus costumes são poéticos; tudo se atenua ao se tornar melhor.

En général, plus un peuple est civilisé, poli, moins ses moeurs sont poétiques; tout s'affaiblit en s'adoucissant.

D. DIDEROT (filósofo francês, 1713-1784), *Discours sur la poésie dramatique*.

2591. É do poeta o fim do espanto: / falo do que é excelente, e não do que é deselegante: / quem não sabe causar admiração, que passe pela almofaça!

È del poeta il fin la meraviglia: / parlo dell'eccellente e non del goffo: / chi non sa far stupir, vada alla striglia!

G. MARINO (poeta italiano, 1569-1625), *La Murtoleide*.

2592. Sem portento, sem espanto / a poesia não existe mais, e pouco se harmonizam / o espanto e o portento à verdade / nua e árida, que dos vates é túmulo.

Senza portento, senza meraviglia / nulla è l'arte de' carmi, e mal s'accorda / la meraviglia ed il portento al nudo / arido vero che de' vati è tomba.

V. MONTI (poeta italiano, 1754-1828), *Sermone sulla mitologia*.

2593. A palavra de um poeta é a essência do seu ser.

Слова поэта суть уже его дела.

A. S. PUSHKIN (escritor russo, 1799-1837).

O poeta

2594. Digo que é preciso ser *vidente*, fazer-se *vidente*. O poeta se faz *vidente* mediante uma longa, imensa e pensada *desordem de todos os sentidos*. Todas as formas de amor, de sofrimento, de loucura; ele busca a si mesmo, esgota em si todos os venenos, para conservar apenas as quinta-essências. Inefável tortura em que tem necessidade de toda a fé, de toda a força sobre-humana, em que se torna o grande doente dentre todos, o grande criminoso, o grande maldito – e o supremo Sábio!

Je dis qu'il faut être voyant, *se faire* voyant. *Le poète se fait voyant par un long, immense et raisonné* dérèglement *de tous les sens. Toutes les formes d'amour, de souffrance, de folie; il cherche luimême, il épuise en lui tous les poisons, pour n'en garder que les quintessences. Ineffable torture où il a besoin de toute la foi, de toute la force surhumaine, où il devient entre tous le grand malade, le grand criminel, le grand maudit, – et le suprême Savant!*

A. RIMBAUD (poeta francês, 1854-1891), *Lettre du voyant.*

2595. Talvez ninguém possa ser poeta, ou nem mesmo apreciar a poesia, sem uma certa perversão da mente.

Perhaps no person can be a poet, or can even enjoy poetry, without a certain unsoundness of mind.

TH. B. MACAULAY (historiador inglês, 1800-1859), *Literary Essays*, Milton.

2596. Todos os poetas são loucos.

All poets are mad.

R. BURTON (erudito inglês, 1577-1640), *Anatomy of Melancholy*, Democritus to the Reader.

2597. Os camaleões alimentam-se de luz e de água: / O alimento dos poetas é o amor e a fama.

Chameleons feed on light and air: / Poets' food is love and fame.

P. B. SHELLEY (poeta inglês, 1792-1822), *An Exhortation.*

2598. E eu a ele: "Sou um que escreve apenas / quando me fala o Amor e tenta relatar fielmente / o que ele dita dentro de mim."

E io a lui: "I' mi son un che, quando / Amor mi spira, noto, e a quel modo / ch'e' ditta dentro vo significando."

D. ALIGHIERI (poeta italiano, 1265-1321), *Purgatório*, XXIV, 52-4.

2599. Para que haja grandes poetas é preciso que haja também um grande público.

To have great poets there must be great audiences too.

W. Whitman (poeta norte-americano, 1819-1892), *Notes Left Over*, Ventures on an Old Theme.

2600. Podemos dizer apenas aquilo que já foi dito (...) Nossos poetas roubam de Homero (...) Quem vem por último geralmente é o melhor.

We can say nothing but what has been said [...] Our poets steal from Homer [...] He that comes last is commonly best.

R. Burton (erudito inglês, 1577-1640), *Anatomy of Melancholy*, Democritus to the Reader.

2601. Para todos os homens sobre a terra, os cantores / são dignos de honra e respeito, pois a Musa / ensinou-lhes os cantos; ela ama os cantores.

Πᾶσι γὰρ ἀνθρώποισιν ἐπιχθονίοισιν ἀοιδοὶ / τιμῆς ἔμμοροί εἰσι καὶ αἰδοῦς, οὕνεκ' ἄρα σφέας / οἴμας Μοῦσ' ἐδίδαξε, φίλησε δὲ φῦλον ἀοιδῶν.

Homero (poeta grego, séc. VIII-VII a.C.), *Odisséia*, VIII, 479-81.

2602. "Ó jovem afortunado, que encontraste em Homero o cantor da tua glória!"

"O fortunate... adulescens, qui tuae virtutis Homerum praeconem inveneris!"

Alexandre, o Grande (rei da Macedônia, 356-323 a.C.), diante do túmulo de Aquiles, citado em Cícero, *Pro Archia*, 24.

2603. Não se deve duvidar de que antes de Homero existissem poetas.

Nec dubitari debet quin fuerint ante Homerum poetae.

Cícero (escritor e político romano, 106-43 a.C.), *Brutus*, 71.

2604. Assim vi reunir-se a bela escola / daquele senhor [Homero] de altíssimo canto, / que sobre os outros voa como águia.

Così vid'i' adunar la bella scola / di quel segnor de l'altissimo canto / che sovra li altri com'aquila vola.

D. Alighieri (poeta italiano, 1265-1321), *Inferno*, IV, 94-6.

2605. Exaspero-me se às vezes o grande Homero cochila.

Indignor quandoque bonus dormitat Homerus.

Horácio (poeta latino, 65-8 a.C.), *A arte poética*, 359.

2606. Receberá todos os aplausos quem souber misturar o útil ao agradável, / oferecendo divertimento ao leitor e, ao mesmo tempo, instruindo-o.

> *Omne tulit punctum qui miscuit utile dulci, / lectorem delectando pariterque monendo.*
> HORÁCIO (poeta latino, 65-8 a.C.), *A arte poética*, 343-4.

2607. O santo poeta deve ser casto, / quanto aos versos, não é necessário que o sejam.

> *Nam castum esse decet pium poetam / ipsum, versiculos nihil necesse est.*
> CATULO (poeta latino, 87-54 a.C.), *Poesias*, XVI, 5-6.

2608. Minhas páginas são lascivas, mas minha vida é honesta.

> *Lasciva est nobis pagina, vita proba est.*
> MARCIAL (poeta latino, c. 40-102), *Epigramas*, I, 5.

2609. Aos poetas não permitem ser medíocres / nem os homens, nem os deuses, nem as lojas dos livreiros.

> *Mediocribus esse poetis / non homines, non di, non concessere columnae.*
> HORÁCIO (poeta latino, 65-8 a.C.), *A arte poética*, 372-3.

2610. O poeta, ou vulgo tolo, / Um mendigo / Já não é ... / ... / O poeta é um grande artesão, / Que no ofício / Formou músculos de aço: / A cabeça tem altivez, pescoço robusto, / Busto nu, / Braço duro e olho alegre.

> *Il poeta, o vulgo sciocco, / Un pitocco / Non è già... / ... / Il poeta è un grande artiere, / Che al mestiere / Fece i muscoli d'acciaio: / Capo ha fier, collo robusto, / Nudo il busto, / Duro il braccio, e l'occhio gaio.*
> G. CARDUCCI (poeta italiano, 1835-1907), *Rime nuove*, Congedo.

2611. O Poeta é semelhante ao príncipe das nuvens / Que freqüenta a tempestade e ri do arqueiro; / Exilado sobre a terra em meio às vaias, / suas asas de gigante impedem-no de caminhar.

> *Le Poète est semblable au prince des nuées / Qui hante la tempête et se rit de l'archer; / Exilé sur le sol au milieu des huées, / Ses ailes de géant l'empêchent de marcher.*
> CH. BAUDELAIRE (poeta francês, 1821-1867), *As flores do mal*, O albatroz.

2612. Eu, sacerdote da augusta verdade, / Vate do futuro.
> *Io sacerdote de l'augusto vero, / Vate de l'avvenire.*
> G. CARDUCCI (poeta italiano, 1835-1907), *Giambi ed epodi*, Per Eduardo Corazzini.

2613. Morre Júpiter, e o hino do poeta permanece.
> *Muor Giove, e l'inno del poeta resta.*
> G. CARDUCCI (poeta italiano, 1835-1907), *Rime nuove*, Dante.

2614. Quem sou? / Talvez eu seja um poeta? / Não exatamente... / Então... o que sou? / Coloco uma lente / diante do meu coração, / para que as pessoas possam vê-lo. / Quem sou? / O saltimbanco da minha alma.
> *Chi sono? / Sono forse un poeta? / No certo... / Sono dunque... che cosa? / Io metto una lente / dinanzi al mio core, / per farlo vedere alla gente. / Chi sono? / Il saltimbanco dell'anima mia.*
> A. PALAZZESCHI (escritor italiano, 1885-1974), *Poemi*, Chi sono?

2615. Por que me dizes: poeta? / Não sou um poeta. / Sou apenas um menininho que chora. / Vê: tenho apenas as lágrimas para oferecer ao Silêncio. / Por que me consideras um poeta?
> *Perché tu mi dici: poeta? / Io non sono un poeta. / Io non sono che un piccolo fanciullo che piange. / Vedi: non ho che le lagrime da offrire al Silenzio. / Perché tu mi dici poeta?*
> S. CORAZZINI (poeta italiano, 1886-1907), *Piccolo libro inutile*, Desolazione del povero poeta sentimentale.

2616. Foi o melhor artesão do falar materno.
> *Fu miglior fabbro del parlar materno.*
> D. ALIGHIERI (poeta italiano, 1265-1321), *Purgatório*, XXVI, 117.

2617. O poeta não enxerga profundamente, mas amplamente.
> *Not deep the poet sees, but wide.*
> M. ARNOLD (poeta inglês, 1822-1888), *Resignation*, 214.

2618. "Ó glória dos Latinos", disse, "por quem / mostrou tudo o que podia a nossa língua..."
> *"O gloria de' Latin", disse, "per cui / mostrò ciò che potea la lingua nostra..."*
> D. ALIGHIERI (poeta italiano, 1265-1321), *Purgatório*, VII, 16-7.

2619. Escrevo poesias que são compreendidas, devo parecer um cavernícola.
> *Scrivo poesie che si capiscono, devo sembrare un cavernicolo.*
> G. BUFALINO (escritor italiano, nascido em 1920), *Il Malpensante*, fevereiro.

2620. Alguns poetas atuais lembram aranhas embriagadas com LSD.
> *Certi poeti odierni fanno pensare a ragni ubriacati con LSD.*
> G. BUFALINO (escritor italiano, nascido em 1920), *Il Malpensante*, outubro.

2621. Escrever sobre poesia hoje é quase tão difícil quanto escrever poesias. E escrever poesias é quase tão difícil quanto lê-las. Eis um círculo vicioso do nosso tempo.
> Писать о стихах теперь почти так же трудно, как писать стихи. Писать же стихи почти так же трудно, как читать их. Таков порочный круг нашего времени.
> I. N. TYNIANOV (escritor soviético, 1894-1943), *Interstício*.

2622. Não se pode dizer que o poeta persiga a verdade, visto que a cria.
> *No se puede decir que el poeta persiga la verdad, puesto que él la crea.*
> J. ORTEGA Y GASSET (filósofo espanhol, 1883-1955).

2623. Diante de um grande poeta, tem-se a sensação de que as coisas que permaneceram escondidas no caos emergem.
> *Bei einem großen Dichter hat man das Gefühl, als ob Dinge emportauchen, die im Chaos steckengeblieben sind.*
> CH. F. HEBBEL (poeta e dramaturgo alemão, 1813-1863), *Diários*, 1861.

2624. O verdadeiro poeta é onisciente: é realmente um microcosmo.
> *Der echte Dichter ist allwissend – er ist eine wirkliche Welt im kleinen.*
> NOVALIS (poeta alemão, 1772-1801), *Fragmentos*.

A POLÍTICA

A política

2625. A política não é uma ciência exata.
Die Politik ist keine exakte Wissenschaft.
O. VON BISMARCK (político alemão, 1815-1898), *Discursos*, 18/12/1863.

2626. A política é a doutrina do possível.
Die Politik ist die Lehre vom Möglichen.
O. VON BISMARCK (político alemão, 1815-1898), conversa com M. von Waldeck, redator da *Gazeta de S. Petersburgo*, 11/8/1867.

2627. A política é mesmo a arte de entender-se bem, tanto em favor próprio quanto em favor do próximo, e de desfrutar um pelo outro, servindo-se do próximo de forma que o faça pensar que é ele quem está sendo servido.
Politik ist recht eigentlich die Kunst, sich auf den eigenen Vorteil ebenso gut als auf den des Nachbars verstehen und diesen für jenen auszunützen, indem man sich des Nachbars so bedient, daß er dabei meinem muß, man diene ihm.
H. BAHR (escritor austríaco, 1863-1934), *Liebe der Lebendigen*.

2628. Não se faz política com a moral, mas também não se faz mais sem ela.
On ne fait pas de politique avec de la morale, mais on n'en fait pas davantage sans.
A. MALRAUX (escritor francês, 1901-1976), *A esperança*.

2629. A política é guerra sem derramamento de sangue, e a guerra é política com derramamento de sangue.

MAO TSÉ-TUNG (político chinês, 1893-1976), *Sobre a guerra de longa duração*, maio de 1938.

2630. A diferença entre a moral e a política está no fato de que, para a moral, o homem é um fim, enquanto para a política é um meio. A moral, portanto, nunca pode ser política, e a política que for moral deixa de ser política.

La diferencia entre la moral y la política es esta: que para la moral el hombre es un fin y para la política un medio. La moral nunca puede, pues, ser política, y la política que es moral deja de ser política.

P. BAROJA Y NESSI (escritor espanhol, 1872-1956).

2631. Digo ainda que, relativamente à política interna, a repressão, quando ultrapassa um certo limite, em vez de trazer efeitos úteis, produz efeitos péssimos, e em vez de atingir o objetivo que o legislador se propõe, conduz a conseqüências realmente contrárias.

Dico inoltre che relativamente alla politica interna, la repressione, quando oltrepassa un certo limite, invece di portare utili effetti, ne produce di pessimi, ed invece di raggiungere lo scopo che il legislatore si prefigge, conduce a conseguenze affatto contrarie.

C. CAVOUR (político italiano, 1810-1861), *Discorsi parlamentari*, Libertà e disciplina della stampa, 5/2/1852.

2632. Política é magia.
Politik ist Magie.
H. VON HOFMANNSTHAL (escritor austríaco, 1874-1929), *O livro dos amigos*.

2633. Quem não se ocupa de política já tomou a decisão política de que gostaria de ter-se poupado: serve o partido dominante.

Wer sich nicht mit Politik befaßt, hat die politische Parteinahme, die er sich sparen möchte, bereits vollzogen: er dient der herrschenden Partei.

M. FRISCH (escritor suíço, 1911-1991), *Diário*.

2634. A política é o governo da opinião.

La politica è il governo dell'opinione.
C. BINI (escritor italiano, 1806-1842), *Manoscritto di un prigioniero*, XXII.

2635. Vã esperança a de querer fazer os homens felizes por meio da política!

Vain hope to make men happy by politics.
TH. CARLYLE (historiador escocês, 1795-1881), *Journal*.

2636. A política não se faz com discursos, festas populares e canções; ela se faz apenas com sangue e ferro.

Mit Reden und Schützenfesten und Liedern macht die Politik sich nicht, sie macht sich nur durch Blut und Eisen.
O. VON BISMARCK (político alemão, 1815-1898), *Discursos*, 28/1/1886.

2637. Em política, nada é desprezível.

In politics nothing is contemptible.
B. DISRAELI (político inglês, 1804-1881), *Vivian Grey*.

2638. A diplomacia é uma partida de xadrez em que os povos levam xeque-mate.

Diplomatie ist ein Schachspiel, bei dem die Völker matt gezetzt werden.
K. KRAUS (escritor austríaco, 1874-1936).

2639. A política... há muito tempo deixou de ser ciência do bom governo e, em vez disso, tornou-se arte da conquista e da conservação do poder.

La politica... ha cessato da molto tempo di essere scienza del buon governo, ed è diventata invece arte della conquista e della conservazione del potere.
L. BIANCIARDI (escritor italiano, 1922-1971), *La vita agra*, VII.

Os políticos

2640. Precisando um príncipe saber utilizar bem o animal, deve tomar como exemplo a raposa e o leão; pois o leão não é capaz de se defender das armadilhas, assim como a raposa não sabe se defender dos lobos. Deve, portanto, ser raposa para conhecer as armadilhas e leão para espantar os lobos.

Sendo uno principe necessitato sapere bene usare la bestia, debbe di quelle pigliare la golpe et il lione; perché il lione non si difende da' lacci, la golpe non si difende da' lupi. Bisogna adunque essere golpe a conoscere e' lacci, e lione a sbigottire e' lupi.

N. MAQUIAVEL (político e escritor italiano, 1469-1527), *O príncipe*, XVIII, 3.

2641. Todos os profetas armados venceram, e os desarmados foram destruídos.

Tutti i profeti armati vinsono, e li disarmati ruinorono.

N. MAQUIAVEL (político e escritor italiano, 1469-1527), *O príncipe*, VI, 6.

2642. E os ministros de qualquer Estado / sempre foram iguais. / Blá, blá, falam, falam sem chegar a lugar nenhum, / e te deixam feliz e enganado.

E li ministri di qualunque Stato / so' stati sempre tutti de 'na setta. / Irre orre, te porteno in barchetta, / e te fanno contento e cojonato.

C. PASCARELLA (poeta dialetal italiano, 1858-1940), *La scoperta de l'America*, VII.

2643. A bondade de um político não se mede pelo bem que ele consegue fazer aos outros, mas pela rapidez com que chega ao poder máximo e pelo tempo que nele permanece.

La bontà di un uomo politico non si misura sul bene che egli riesce a fare agli altri, ma sulla rapidità con cui arriva al vertice e sul tempo che vi si mantiene.

L. BIANCIARDI (escritor italiano, 1922-1971), *La vita agra*, VII.

2644. Vocês... / ladrõezinhos bastardos.

Voi... / piccioletti ladruncoli bastardi.

G. CARDUCCI (poeta italiano, 1835-1907), *Giambi ed epodi*, Heu pudor!, II.

2645. Os políticos não conhecem nem o ódio, nem o amor. São conduzidos pelo interesse e não pelo sentimento.

Politicians neither love nor hate. Interest, not sentiment, directs them.

PH. D. CHESTERFIELD (estadista inglês, 1694-1773), *Letters*, 1745.

2646. Tudo o que peço aos políticos é que se contentem em mudar o mundo sem começar por mudar a verdade.

Tout ce que je demande aux Politiques, c'est qu'ils se contentent de changer le monde, sans commencer par changer la vérité.
J. PAULHAN (escritor francês, 1884-1968), *De la paille et du grain*.

2647. É um erro popular muito comum o de acreditar que aqueles que fazem mais barulho ao se lamentar a favor do público sejam os mais preocupados com seu bem-estar.

It is a general popular error to imagine the loudest complainers for the public to be the most anxious for their welfare.
E. BURKE (político inglês, 1729-1797), *Observations on "The Present State of the Nation"*.

2648. Quem tenta convencer uma multidão de que ela não está sendo tão bem governada como deveria, nunca deixará de ter ouvintes atentos e favoráveis.

He that goeth about to persuade a multitude that they are not so well governed as they ought to be, shall never want attentive and favourable hearers.
R. HOOKER (teólogo anglicano, 1554-1600), *Of the Laws of Ecclesiastical Polity*, I, 1.

O partido

2649. Um grande estado não pode ser governado com base nas opiniões de um partido.

Ein großer Staat regiert sich nicht nach Parteiansichten.
O. VON BISMARCK (político alemão, 1815-1898), *Discursos*, 15/1/1867.

2650. Muitas vezes é preciso mudar de opinião para permanecer sempre no mesmo partido.

Il faut souvent changer d'opinion pour être toujours de son parti.
J.-F.-P. RETZ (político e escritor francês, 1613-1679), *Mémoires*.

2651. O partido é a mente, a honra e a consciência da nossa época.

Партия это ум, честь и совесть нашей эпохи.

V. N. LENIN (político soviético, 1870-1924), *A chantagem política*.

2652. É muito importante que a tarefa da oposição seja exercida por um grande partido, fixado em bases democráticas... Considero que uma boa oposição num parlamento seja uma necessidade absoluta; sem uma oposição realmente boa, cria-se acescência e esterilidade.

Es ist sehr wichtig, daß die Aufgabe der Opposition von einer großen, auf demokratischen Boden stehenden Partei ausgeübt wird... Ich halte eine gute Opposition in einem Parlament für eine absolute Notwendigkeit; ohne eine wirklich gute Opposition entsteht Stichluft und Unfruchtbarkeit.

K. ADENAUER (político alemão, 1876-1967).

2653. Todo partido existe para o povo e não para si mesmo.

Jede Partei ist für das Volk da und nicht für sich selbst.

K. ADENAUER (político alemão, 1876-1967).

O povo

2654. Um povo existe apenas em virtude da consciência que tem de sua existência. Existem três milhões de chineses; mas eles não sabem disso. Enquanto não se contarem, não contarão.

Un peuple n'existe que par le sentiment qu'il a de son existence. Il y a trois cents millions de Chinois; mais ils ne le savent pas. Tant qu'ils ne se seront pas comptés ils ne compteront pas.

A. FRANCE (escritor francês, 1844-1924), *Sur la pierre blanche*.

2655. A paciência dos povos é a manjedoura dos tiranos.

La pazienza dei popoli è la mangiatoia dei tiranni.

E. DE MARCHI (escritor italiano, 1851-1901), *Demetrio Pianelli*, II, 2.

2656. Os povos livres são os únicos a ter uma história; os outros possuem apenas crônicas: são matéria para o erudito, e o gênero humano não os conhece.

Les peuples libres sont les seuls qui aient une histoire; les autres n'ont que des chroniques: matière pour l'érudit, le genre humain ne les connaît pas.

E. QUINET (poeta e político francês, 1803-1875), *La Révolution*, XXII, 9.

2657. Existem duas verdades que nunca podem ser separadas neste mundo: 1ª que a soberania reside no povo; 2ª que o povo nunca deve exercê-la.

Il y a deux vérités qu'il ne faut jamais séparer, en ce monde: 1. que la souveraineté réside dans le peuple; 2. que le peuple ne doit jamais l'exercer.

A. RIVAROL (escritor francês, 1753-1801), *Journal politique national*.

2658. Sou do povo, nunca fui outra coisa, não quero ser outra coisa; desprezo qualquer pessoa que tenha a pretensão de ser algo superior.

Je suis du peuple, je n'ai jamais été que cela, je ne veux être que cela; je méprise quiconque a la prétention d'être quelque chose de plus.

M. DE ROBESPIERRE (político francês, 1758-1794), *Aux Jacobins*, 2/1/1792.

2659. Sobretudo não temei o povo, ele é mais conservador do que vós.

Surtout n'ayez pas peur du peuple, il est plus conservateur que vous!

NAPOLEÃO III (imperador da França, 1808-1873), *Mélanges*.

2660. No início, a natureza dos povos é cruel, depois torna-se severa, em seguida, benevolente, mais tarde, delicada, e finalmente, corrupta.

La natura dei popoli prima è cruda, dipoi severa, quindi benigna, appresso delicata, finalmente dissoluta.

G. B. VICO (filósofo italiano, 1668-1744), *La scienza nuova*, degnità LXVII.

2661. O mestre disse: Pode-se induzir o povo a seguir uma causa, mas não a compreendê-la.

CONFÚCIO (filósofo chinês, c. 551-479 a.C.), *Os colóquios*, VIII, 9.

2662. O povo deve ser instruído, mas não deve ser douto.

Il popolo deve essere istruito, ma non deve essere dotto.
V. Cuoco (político e historiador italiano, 1770-1823), *Utilità pubblica*, in *Giornale Italiano*, 29/10/1804.

2663. Indubitavelmente o povo tem direito ao poder, mas o que o povo quer não é o poder (apenas dois por cento o deseja), e sim, antes de tudo, uma ordem estável.

Народ имеет несомненное право на власть, но хочет народ — не власти (жажда ее свойственна лишь процентам двум), а хочет прежде всего устойчивого порядка.

A. I. Soljenitsine (escritor soviético, nascido em 1918), *Como devemos reconstruir a Rússia*.

2664. Faze com que o povo não tenha nem ciência, nem desejos.

Fa' sì che il popolo non abbia né scienza né voglie.

Lao-tzu (filósofo chinês, séc. VI-V a.C.), *A regra celestial*, 3, trad. para o it. A. Castellani.

2665. Coloca o povo de cabeça vazia sob os pés, / fere-o com o aguilhão pontiagudo e joga-lhe jugo pesado; / pois não encontrarás, sob os olhos do sol, / uma massa de homens tão desejosos de um senhor.

Λὰξ ἐπίβα δήμῳ κενεόφρονι, τύπτε δὲ κέντρῳ / ὀξέι, καὶ ζεύγλην δύσλοφον ἀμφιτίθει· / οὐ γὰρ ἔθ' εὑρήσεις δῆμον φιλοδέσποτον ὧδε / ἀνθρώπων ὁπόσους ἠέλιος καθορᾷ.

Teógnis de Mégara (poeta grego, séc. VI-V a.C.), *Elegias*, I, 847-50.

2666. Voz do povo, voz de Deus.

Vox populi, vox Dei.

Anônimo.

2667. Não devemos dar ouvidos àqueles que dizem: "Voz do povo, voz de Deus", pois o desregramento da multidão é sempre muito próximo da loucura.

Nec audiendi sunt qui solent dicere, "Vox populi, vox Dei"; cum tumultuositas vulgi semper insaniae proxima est.

Alcuíno de York (erudito anglo-saxão, 735-804), *Epistulae*, 127.

2668. A multidão: esse enorme pedaço de monstruosidade que, considerada a partir de seus elementos, parece feita de homens e das criaturas sensatas de Deus; mas, considerada como um todo, forma uma enorme besta e uma monstruosidade mais horrível do que Hidra.

> *The multitude: that numerous piece of monstrosity, which, taken asunder, seem men, and the reasonable creatures of God; but, confused together, make one great beast, and a monstrosity more hideous than Hydra.*

TH. BROWNE (escritor e médico inglês, 1605-1682), *Religio medici*, II, 1.

2669. A multidão nunca tem razão.

> *The multitude is always in the wrong.*

W. D. ROSCOMMON (poeta inglês, 1633-1685), *Essay on Translated Verse*, 183.

2670. A multidão não pode ficar sem homens valentes, e os valentes são sempre um peso para ela.

> *Die Menge kann tüchtige Menschen nicht entbehren, und die Tüchtigen sind ihnen jederzeit zur Last.*

J. W. GOETHE (escritor alemão, 1749-1832), *Máximas e reflexões*, II, 9.

2671. Quando o populacho se põe a refletir, tudo está perdido.

> *Quand la populace se mêle de raisonner, tout est perdu.*

VOLTAIRE (escritor e filósofo francês, 1694-1778), *Correspondance*, 1/4/1766.

2672. "Nesses casos, é sempre melhor fazer o que faz a multidão." "E se existem duas multidões?", perguntou Mr. Snodgrass. "Grite com a mais numerosa", respondeu Mr. Pickwick.

> *"It's always best on these occasions to do what the mob do." "But suppose there are two mobs?", suggested Mr Snodgrass. "Shout with the largest", replied Mr Pickwick.*

CH. DICKENS (escritor inglês, 1812-1870), *Pickwick Papers*, 13.

2673. Serve e teme / A fúria do monstro de muitas cabeças, / A vertiginosa multidão.

> *Serves and fears / The fury of the many-headed monster, / The giddy multitude.*

PH. MASSINGER (dramaturgo inglês, c. 1583-1640), *The Unnatural Combat*, III, 2.

A revolução

2674. A plebe pode fazer apenas tumultos. Para fazer uma revolução, é preciso o povo.

La populace ne peut faire que des émeutes. Pour faire una révolution, il faut le peuple.

V. Hugo (escritor francês, 1802-1885), *Tas de pierres*.

2675. Os inferiores se rebelam para serem iguais, e os iguais se rebelam para serem superiores. Esse é o estado de espírito que gera as revoluções.

'Ελάττους τε γὰρ ὄντες ὅπως ἴσοι ὦσι στασιάζουσι, καὶ ἴσοι ὄντες ὅπως μείζους. πῶς μὲν οὖν ἔχοντες στασιάζουσιν.

Aristóteles (filósofo grego, 384-322 a.C.), *Política*, V, 2, 2.

2676. Quanto mais os fenômenos históricos são vistos de perto, mais se percebe que as revoluções sempre foram feitas pela burguesia ou por parte dela. O povo é bom apenas para fazer *jacqueries* que não concluem.

Più si vedono da vicino i fenomeni storici, meglio si scorge che le rivoluzioni le hanno sempre fatte la borghesia o parte di essa. Il popolo è buono a compiere soltanto delle jacqueries, *che non concludono.*

A. Cajumi (escritor italiano, 1899-1955), *Pensieri di un libertino*, III, Il malpensante.

2677. Um pouco de rebelião de vez em quando é uma boa coisa.

A little rebellion now and then is a good thing.

Th. Jefferson (político norte-americano, 1743-1826), *Letter to James Madison*, 30/1/1787.

2678. Querer reformar tudo é o mesmo que querer destruir tudo.

Il voler tutto riformare è lo stesso che voler tutto distruggere.

V. Cuoco (político e historiador italiano, 1770-1823), *Lettere a Vincenzio Russo*.

2679. A paixão pela destruição é uma paixão criativa.

Страсть к разрушению есть творческая страсть.

M. A. Bakunin (político russo, 1814-1876), *Estado e anarquia*.

2680. Se quisermos que tudo permaneça como está, é preciso que tudo mude.
Se vogliamo che tutto rimanga com'è, bisogna che tutto cambi.
G. Tomasi di Lampedusa (escritor italiano, 1896-1957), *Il Gattopardo*.

2681. Apenas quando somos instruídos pela realidade é que podemos mudá-la.
Nur belehrt von der Wirklichkeit, können wir die Wirklichkeit ändern.
B. Brecht (escritor alemão, 1898-1956), *A linha de conduta*, Coro de controle, VIII.

2682. Quem nasce incendiário acaba como bombeiro.
Si nasce incendiari e si finisce pompieri.
Pitigrilli (escritor italiano, 1893-1975), *Pitigrilli parla di Pitigrilli*.

2683. O modo mais seguro de prevenir as revoltas... é eliminar sua matéria.
The surest way to prevent seditions... is to take away the matter of them.
F. Bacon (filósofo inglês, 1561-1626), *Essays*, XV, Of Seditions and Troubles.

2684. No fundo, uma revolta é a linguagem dos que não foram ouvidos.
A riot is at bottom the language of the unheard.
M. L. King (religioso norte-americano, 1929-1968), *Chaos or Community*, IV.

2685. A revolução é como Saturno, devora os próprios filhos.
Die Revolution ist wie Saturn, sie frißt ihre eigene Kinder.
G. Büchner (escritor alemão, 1813-1837), *A morte de Danton*.

2686. Todas as revoluções começam na rua e terminam à mesa.
Tutte le rivoluzioni cominciano per strada e finiscono a tavola.
L. Longanesi (escritor italiano, 1905-1957), *Parliamo dell'elefante*, 27/5/1940.

2687. O revolucionário inventa as idéias. Quando as exaure, o conservador as adota.
The radical invents the views. When he has worn them out, the conservative adopts them.

M. TWAIN (escritor norte-americano, 1835-1910), *Apontamentos*.

2688. A revolução, se quiser resistir, deve permanecer revolução. Se se transforma em governo, já está falida... Os lugares que deixaram de ter uma revolução permanente recuperaram a tirania.

La rivoluzione, se vuol resistere, deve restare rivoluzione. Se diventa governo è già fallita... dovunque la rivoluzione ha cessato di essere permanente, là è ritornata la tirannia.

L. BIANCIARDI (escritor italiano, 1922-1971), *Aprire il fuoco*, XIV.

2689. A revolução deve começar de muito mais longe, deve começar *in interiore homine*.

La rivoluzione deve cominciare da ben più lontano, deve cominciare in interiore homine.

L. BIANCIARDI (escritor italiano, 1922-1971), *La vita agra*, X.

2690. Sendo assim, as revoluções não concernem a pequenas questões, mas nascem de pequenas questões e põem em jogo grandes questões.

Γίγνονται μὲν οὖν αἱ στάσεις οὐ περὶ μικρῶν ἀλλ' ἐκ μικρῶν, στασιάζουσιν δὲ περὶ μεγάλων.

ARISTÓTELES (filósofo grego, 384-322 a.C.), *Política*, V, 3, 1.

A democracia

2691. A democracia... é uma constituição agradável, anárquica e variada, distribuidora de igualdade indiferentemente a iguais e a desiguais.

Δημοκρατία... ἡδεῖα πολιτεία καὶ ἄναρχος καὶ ποικίλη, ἰσότητά τινα ὁμοίως ἴσοις τε καὶ ἀνίσοις διανέμουσα.

PLATÃO (filósofo grego, 427-347 a.C.), *A república*, VIII, 558 c.

2692. A democracia surgiu quando, devido ao fato de que todos são iguais em certo sentido, acreditou-se que todos fossem absolutamente iguais entre si.

Δῆμος μὲν γὰρ ἐγένετο ἐκ τοῦ ἴσους ὁτιοῦν ὄντας οἴεσθαι ἁπλῶς ἴσους εἶναι.

ARISTÓTELES (filósofo grego, 384-322 a.C.), *Política*, V, 1, 2.

2693. A democracia substitui a eleição da parte dos muitos incompetentes pela nomeação da parte dos poucos corruptos.
Democracy substitutes election by the incompetent many for appointment by the corrupt few.
G. B. SHAW (comediógrafo irlandês, 1856-1950), *Maxims for Revolutionists*, Democracy.

2694. A democracia é um instrumento com o qual uma minoria bem organizada governa uma maioria organizada.
Демократия — это способ, с помощью которого хорошо организованное меньшинство управляет организованным большинством.

V. V. ROZANOV (escritor russo, 1856-1919).

2695. A democracia não corre, mas chega segura ao objetivo.
Die Demokratie rennt nicht, aber sie kommt sicher zum Ziel.
J. W. GOETHE (escritor alemão, 1749-1832), *Epigramas*.

2696. O sufrágio universal, a mais monstruosa e a mais iníqua das tiranias, pois a força do número é a mais brutal das forças, não tendo ao seu lado nem a audácia, nem o talento.
Le suffrage universel, la plus monstrueuse et la plus inique des tyrannies, – car la force du nombre est la plus brutale des forces, n'ayant même pas pour elle l'audace et le talent.
P. BOURGET (escritor francês, 1852-1935), *Le disciple*.

2697. A pior democracia é preferível à melhor das ditaduras.
R. BARBOSA (escritor e político brasileiro, 1849-1923), *Cartas da Inglaterra*.

2698. A democracia fundada sobre a igualdade absoluta é a mais absoluta tirania.
La democrazia fondata sull'uguaglianza assoluta è la più assoluta tirannide.
C. CANTÙ (escritor italiano, 1804-1895), *Attenzione!*, XIV.

2699. Temos uma forma de governo que não vê com inveja as constituições dos povos vizinhos, e não apenas não imitamos os outros, como servimos nós mesmos de exemplo a alguém. Quanto ao nome, chama-se democracia, pois é administrada não para o bem de poucos, mas para a vantagem de muitos.

> Χρώμεθα γὰρ πολιτείᾳ οὐ ζηλούσῃ τοὺς τῶν πέλας νόμους, παράδειγμα δὲ μᾶλλον αὐτοὶ ὄντες τισὶν ἢ μιμούμενοι ἑτέρους· καὶ ὄνομα μὲν διὰ τὸ μὴ ἐς ὀλίγους ἀλλ' ἐς πλείονας οἰκεῖν δημοκρατία κέκληται.
>
> Tucídides (historiador grego, c. 460-c. 404 a.C.), *História da Guerra do Peloponeso*, II, 37, 1.

2700. A democracia é frágil, e se ainda lhe fincarem muitas bandeiras, ela se desfaz.

> *La democrazia è fragile, e a piantarci sopra troppe bandiere si sgretola.*
>
> E. Biagi (jornalista italiano, nascido em 1920), *Fatti personali*, La stagione dei funzionari.

2701. Democracia é o nome que damos ao povo todas as vezes que precisamos dele.

> *La démocratie est le nom que nous donnons au peuple toutes les fois que nous avons besoin de lui.*
>
> R. Flers e G. Caillavet (comediógrafos franceses, 1872-1927 e 1869-1915), *L'habit vert*.

2702. O amor da democracia é o da igualdade.

> *L'amour de la démocratie est celui de l'égalité.*
>
> Ch. Montesquieu (escritor político francês, 1689-1755), *O espírito das leis*.

A maioria

2703. Nada é mais repugnante do que a maioria.

> *Nichts ist widerwärtiger als die Majorität.*
>
> J. W. Goethe (escritor alemão, 1749-1832), *Máximas e reflexões*, 604.

2704. Se toda a humanidade menos um fosse da mesma opinião, e apenas um indivíduo fosse da opinião contrária, a humanidade não teria maior direito de silenciar essa pessoa do que esta o teria, se pudesse, de silenciar a humanidade.

If all mankind minus one, were of one opinion, and only one person were of the contrary opinion, mankind would be non more justified in silencing that one person, that he, if he had the power, would be justified in silencing mankind.

J. S. MILL (filósofo e economista inglês, 1806-1873), *A liberdade*, II.

2705. Nas divergências civis, quando os bons valem mais do que os muitos, os cidadãos devem se pesar, não contar.

Et vero in dissensione civili, cum boni plus quam multi valent, expendendos cives, non numerandos.

CÍCERO (escritor e político romano, 106-43 a.C.), *De republica*, VI, 1.

A igualdade

2706. Todos os animais são iguais, mas uns são mais iguais do que os outros.

All animals are equal, but some animals are more equal than others.

G. ORWELL (romancista inglês, 1903-1950), *A revolução dos bichos*, X.

2707. A igualdade não gera guerras.

῎Ισον πόλεμον οὐ ποιεῖ.

SÓLON (político grego, 640-560 a.C.), citado em PLUTARCO, *Vidas paralelas*, Sólon, 14.

2708. Não se pode colocar todos no mesmo nível. A igualdade é antinatural e anti-histórica.

Non si può mettere tutti allo stesso livello. L'eguaglianza è antinaturale e antistorica.

B. MUSSOLINI (político italiano, 1883-1945), Discurso por ocasião da inauguração da Sede da Sociedade dos Autores, Roma, 1/8/1926.

2709. A liberdade e a fraternidade são palavras, enquanto a igualdade é uma coisa.

La liberté et la fraternité sont des mots, tandis que l'égalité est une chose.

H. Barbusse (escritor francês, 1873-1935), *Le feu*.

2710. Toda a sociedade se transformará num único escritório e numa única fábrica com igual trabalho e igual salário.

> Все общество будет одной конторой и одной фабрикой с равенством труда и равенством платы.

V. N. Lenin (político soviético, 1870-1924).

2711. Consideramos como verdades sagradas e inegáveis: que todos os homens são criados com igualdade e independência, que dessa igualdade na criação os homens derivam direitos inerentes e inalienáveis, dentre os quais a preservação da própria vida, a liberdade e a busca da felicidade.

> *We hold these truths to be sacred and undeniable; that all men are created equal and independent, that from that equal creation they derive rights inherent and inalienable, among which are the preservation of life, and liberty, and the pursuit of happiness.*

Th. Jefferson (político norte-americano, 1743-1826), documento original da *American Declaration of Independence*.

A diversidade

2712. As uniões dos homens, suas razões, são determinadas por um único objetivo: conquistar o direito dos homens a ser diferente.

> Человеческие объединения, их смысл определены одной главной целью — завоевать людям право быть разными, особыми.

V. S. Grossman (escritor soviético, 1905-1964), *Vida e destino*.

2713. Louvada seja, Diversidade / das criaturas, sereia / do mundo! Às vezes não escolhi / pois pareceu-me que, ao escolher, / eu estaria te excluindo, / ó Diversidade, maravilha perpétua...

> *Laudata sii, Diversità / delle creature, sirena / del mondo! Talor non elessi / perché parvemi che eleggendo / io t'escludessi, / o Diversità, meraviglia / sempiterna...*

G. D'Annunzio (escritor italiano, 1863-1938), *Laudi*, Maia, I, Laus vitae, 46-53.

2714. Às vezes, entre um homem e outro existe tanta diferença quanto entre um homem e um animal.

> *Hay a veces entre un hombre y otro casi otra tanta distancia como entre el hombre y la bestia.*

B. Gracián y Morales (escritor espanhol, 1601-1658).

2715. É um grande erro falar das coisas do mundo sem proceder às distinções oportunas e de forma absoluta e, por assim dizer, tentando forçosamente enquadrá-las numa regra universal; pois quase todas têm distinção e exceção pela variedade das circunstâncias que não podem ser reduzidas a uma mesma medida: e essas distinções e exceções não se encontram escritas nos livros, mas precisam ser ensinadas pela capacidade de discernir caso por caso.

> *È grande errore parlare delle cose del mondo indistintamente e assolutamente e, per dire così, per regola; perché quasi tutte hanno distinzione e eccezione per la varietà delle circunstanze, le quali non si possono fermare con una medesima misura: e queste distinzione e eccezione non si truovano scritte in su' libri, ma bisogna le insegni la discrezione.*

F. Guicciardini (escritor político italiano, 1483-1540), *Ricordi*, C, 6.

2716. Quanto se enganam aqueles que a cada palavra citam o exemplo dos romanos! Seria necessário existir uma cidade organizada como era a deles e depois ser governada segundo o seu exemplo; para aqueles que se encontram em outra situação e com qualidades bem diferentes, tal fato é tão desproporcionado quanto seria o de querer que um asno corresse como um cavalo.

> *Quanto si ingannano coloro che a ogni parola allegano e' romani! Bisognerebbe avere una città condizionata come era la loro, e poi governarsi secondo quello esempio; el quale a chi ha le qualità disproporzionate è tanto disproporzionato, quanto sarebbe volere che uno asino facessi il corso di uno cavallo.*

F. Guicciardini (escritor político italiano, 1483-1540), *Ricordi*, C, 110.

2717. Nós dois lemos a Bíblia dia e noite, / mas tu lês negro onde eu leio branco.

> *Both read the Bible day and night, / But thou read'st black where I read white.*
>
> W. BLAKE (poeta inglês, 1757-1827), *The Everlasting Gospel*, alpha.

2718. Vivemos todos sob o mesmo céu, mas nem todos temos o mesmo horizonte.

> *Wir leben alle unter dem gleichen Himmel, aber wir haben nicht alle den gleichen Horizont.*
>
> K. ADENAUER (político alemão, 1876-1967).

2719. Não se adapta uma sela ou uma única albarda / a qualquer dorso; num, nem se sente seu peso, / noutro aperta, e comprime, e dói.

> *Non si adatta una sella o un basto solo / ad ogni dosso; ad un non par che l'abbia, / all'altro stringe e preme e gli dà duolo.*
>
> L. ARIOSTO (poeta italiano, 1474-1533), *Satire*, III, 34-6.

A superioridade

2720. Dois homens não podem passar meia hora juntos sem que um conquiste uma evidente superioridade em relação ao outro.

> *No two men can be half an hour together, but one shall acquire an evident superiority over the other.*
>
> S. JOHNSON (literato inglês, 1709-1784), atribuído.

2721. É agradável quando seres iguais se unem, mas é divino quando um grande homem eleva para si quem é inferior a ele.

> *Es ist erfreulich, wenn gleiches sich zu gleichen gesellt, aber es ist göttlich, wenn ein großer Mensch die kleineren zu sich aufzieht.*
>
> F. HÖLDERLIN (poeta alemão, 1770-1843), *Hipérion*.

2722. Comporta-te com o teu inferior como gostarias que o teu superior se comportasse contigo.

> *Sic cum inferiore vivas, quemadmodum tecum superiorem velis vivere.*
>
> SÊNECA (filósofo latino, 4 a.C.-65 d.C.), *Cartas a Lucílio*, 47, 11.

2723. Ninguém pode fazer com que te sintas inferior sem o teu consentimento.
No one can make you feel inferior without your consent.
E. ROOSEVELT (escritora norte-americana, 1884-1962), *This is my Story*.

2724. Há quem brilhe na segunda fila e se eclipse na primeira.
Tel brille au second rang qui s'éclipse au premier.
VOLTAIRE (escritor e filósofo francês, 1694-1778), *La Henriade*, I.

2725. Em terra de cego, quem tem um olho é rei.
In the Country of the Blind the One-eyed Man is King.
H. G. WELLS (escritor inglês, 1866-1946), *The Country of the Blind*.

POVOS E PAÍSES

Os americanos

2726. A América é um país de gente jovem.
> *America is a country of young men.*
> R. W. EMERSON (filósofo e poeta norte-americano, 1803-1882), *Society and Solitude*, Old Age.

2727. Às vezes as pessoas me chamam de idealista. Bem, isso me faz entender que sou um americano. A América é a única nação idealista do mundo.
> *Sometimes people call me an idealist. Well, that is the way I know I am an American. America is the only idealistic nation in the world.*
> TH. W. WILSON (presidente norte-americano, 1856-1924), *Discursos*, 8/9/1919.

2728. Nos Estados Unidos, há mais espaço onde não há ninguém do que onde há alguém. Isso é o que faz a América ser o que é.
> *In the United States there is more space where nobody is than where anybody is. That is what makes America what it is.*
> G. STEIN (escritora norte-americana, 1874-1946), *História geográfica da América*.

Os franceses

2729. Na França, a brincadeira é rainha e senhora de tudo: brinca-se sobre o patíbulo, às margens do Berezina, nas barricadas, e algum francês provavelmente também fará brincadeiras nas grandes audiências do juízo final.
> *En France, tout est du domaine de la plaisanterie, elle y est reine: on plaisante sur l'échafaud, à la Bérésina, aux barricades, et*

quelque Français plaisantera sans doute aux grandes assises du jugement dernier.
H. DE BALZAC (escritor francês, 1799-1850), *Une ténébreuse affaire.*

2730. O aperitivo é a oração noturna dos franceses.
L'apéritif, c'est la prière du soir des Français.
P. MORAND (escritor francês, 1888-1976), *Ouvert la nuit.*

2731. A França é uma nação que se aborrece.
La France est une nation qui s'ennuie.
A. DE LAMARTINE (poeta francês, 1790-1869), Discurso na Câmara dos Deputados, 10/1/1839.

Os espanhóis

2732. A diferença cultural entre os franceses e os espanhóis é que nós espanhóis sabemos tudo sobre a França, e os franceses não sabem nada sobre a Espanha.
La diferencia cultural entre los franceses y los españoles es que los españoles sabemos todo de Francia y los franceses no saben nada de España.
L. BUÑUEL (cineasta espanhol, 1900-1983).

2733. – O senhor não parece um espanhol qualquer. – Um espanhol nunca é um espanhol qualquer.
– No parece usted un español cualquiera. – Un español nunca es un español cualquiera.
T. DE IRIARTE (poeta e dramaturgo espanhol, 1750-1791).

Os ingleses

2734. Um inglês nunca brinca quando se trata de uma coisa importante como uma aposta.
Un Anglais ne plaisante jamais quand il s'agit d'une chose aussi importante qu'un pari.
J. VERNE (escritor francês, 1828-1905), *A volta ao mundo em 80 dias.*

2735. Todo inglês é uma ilha.
> *Jeder Engländer ist eine Insel.*
> NOVALIS (poeta alemão, 1772-1801), *Fragmentos*.

2736. Quando dois ingleses se encontram, sua primeira conversa é sobre o tempo.
> *When two Englishmen meet, their first talk is the weather.*
> S. JOHNSON (literato inglês, 1709-1784), *The Idler*, 11.

2737. Se alguém está cansado de Londres, está cansado da vida: pois em Londres há tudo o que a vida pode dar.
> *When a man is tired of London he is tired of life; for there is in London all that life can afford.*
> S. JOHNSON (literato inglês, 1709-1784), citado em BOSWELL, *Life of Johnson*, 20/9/1777.

Os italianos

2738. Esse povo de santos, poetas, navegadores, sobrinhos, cunhados...
> *Questo popolo di santi, di poeti, di navigatori, di nipoti, di cognati...*
> E. FLAIANO (escritor italiano, 1910-1972), *Diario notturno*.

2739. Nobre sangue latino...
> *Latin sangue gentile...*
> F. PETRARCA (poeta italiano, 1304-1374), *Canzoniere*, canção 128, All'Italia.

2740. Ah, Itália escrava, abrigo de dor, / nau sem timoneiro em grande tempestade, / não senhora de províncias, mas de bordel!
> *Ahi serva Italia, di dolore ostello, / nave sanza nocchiere in gran tempesta, / non donna di provincie, ma bordello!*
> D. ALIGHIERI (poeta italiano, 1265-1321), *Purgatório*, VI, 76-8.

Os russos

2741. Em nós, o amor-próprio e a presunção são europeus, mas os comportamentos e os resultados são asiáticos.

Самолюбие и самомнение у нас европейские, а развитие и поступки азиатские.

A. P. Tchekhov (escritor russo, 1860-1904).

2742. Raspem o russo e encontrarão o tártaro.

Grattez le Russe et vous trouverez le Tartare.

J. de Maistre (diplomata e escritor savoiano, 1753-1821), atribuído.

2743. Nutro uma certa suspeita e desconfiança em relação ao homem russo no poder: ele, que foi escravo até há pouco tempo, torna-se um déspota desenfreado, assim que lhe oferecem a possibilidade de ser senhor do seu vizinho.

Я особенно подозрительно, особенно недоверчиво отношусь к русскому человеку у власти, — недавний раб он становится самым разнузданным деспотом, как только приобретает возможность быть владыкой ближнего своего.

M. Górki (escritor soviético, 1868-1936), *Pensamentos inatuais*.

Os alemães

2744. Nós alemães tememos a Deus, mas a nada mais no mundo!

Wir Deutsche fürchten Gott, aber sonst nichts in der Welt!

O. von Bismarck (político alemão, 1815-1898), *Discursos*, 6/2/1888.

O PODER

O poder

2745. O poder ilimitado corrompe a mente dos que o possuem.
Unlimited power is apt to corrupt the minds of those who possess it.
W. PITT (político inglês, 1708-1778), Discurso na Câmara dos Lordes, 9/1/1770.

2746. O poder tende a corromper, e o poder absoluto corrompe absolutamente. Os grandes homens são quase sempre homens ruins.
Power tends to corrupt and absolute power corrupts absolutely. Great men are almost always bad men.
J. E. E. DALBERG ACTON (historiador inglês, 1834-1902), *Historical Essays and Studies*, Appendix.

2747. Quanto maior o poder, mais perigoso é o abuso.
The greater the power, the more dangerous the abuse.
E. BURKE (político inglês, 1729-1797), Discurso de 7/2/1771.

2748. O poder não satisfaz, ou melhor, é como a droga e sempre exige doses maiores.
Il potere non sazia, anzi è come la droga e richiede sempre dosi maggiori.
L. DE CRESCENZO (escritor italiano, nascido em 1928), *Così parlò Bellavista*, XVII, Il quarto sesso.

2749. O poder político nasce do cano da espingarda.
MAO TSE-TUNG (político chinês, 1893-1976), *Problemas da guerra e da estratégia*, 6/11/1938.

2750. O poder desgasta quem não o possui.

Il potere logora chi non ce l'ha.

G. ANDREOTTI (político italiano, nascido em 1919), atribuído.

2751. O galo tem grande poder no [seu] galinheiro.

In sterculino plurimum gallus potest.

PÚBLIO SIRO (poeta latino, séc. I a.C.), *Sentenças*, 357.

2752. Por acaso nunca vistes brigarem no galinheiro por um pedaço de comida os frangos / dos quais já decidistes torcer o pescoço no dia seguinte? / Assim também os homens brigam entre si pelo poder, / e nem mesmo sabem por quanto tempo poderão conservá-lo.

Ut in cavea certant pulli gallinacii / esce causa, quibus cras est decretum mori, / sic propter imperium contendunt homines, / quod quam diu tenere debeant nesciunt.

E. S. PICCOLOMINI (papa Pio II, 1405-1464), *Criside*, IV.

2753. O segredo de todo poder consiste em saber que os outros são ainda mais covardes do que nós.

Das Geheimnis jeder Macht besteht darin: zu wissen daβ andere noch feiger sind als wir.

L. BÖRNE (escritor alemão, 1786-1837), *O louco no cisne branco*.

2754. É melhor reinar no inferno do que servir no céu.

Better to reign in hell than serve in heav'n.

J. MILTON (poeta inglês, 1608-1674), *Paraíso perdido*, I, 261.

2755. Nada revela mais o caráter de um homem do que seu modo de se comportar quando detém um poder e uma autoridade sobre os outros: essas duas prerrogativas despertam toda paixão e revelam todo vício.

Τρόπον ἀνδρὸς ἐπιδεικνύναι καὶ βασανίζειν ἐξουσία καὶ ἀρχὴ πᾶν πάθος κινοῦσα καὶ πᾶσαν ἀποκαλύπτουσα κακίαν.

PLUTARCO (escritor grego, c. 45-125), *Vidas paralelas*, Confronto entre Demóstenes e Cícero, 3.

2756. É o cargo que permite conhecer o homem.

Ἀρχὰ ἄνδρα δείξει.

BIANTE (legislador grego, nascido em c. 570 a.C.), citado em ARISTÓTELES, *Ética a Nicômaco*, V.

2757. Até mesmo os poderosos podem precisar dos fracos.

Οἱ σφόδρα δυνατοὶ τῶν ἀσθενεστέρων ἐνδεεῖς γίνονται.

ESOPO (fabulista grego, séc. VII-VI a.C.), *Fábulas*, 206.

2758. Os humildes sofrem quando os poderosos combatem entre si.

Humiles laborant, ubi potentes dissident.

FEDRO (fabulista latino, séc. I d.C.), *Fábulas*, I, 30, 1.

2759. Quem toma conta da bolsa tem o poder.

Wer den Daumen auf dem Beutel hat, hat die Macht.

O. VON BISMARCK (político alemão, 1815-1898), *Discursos*, 16/4/1868.

A autoridade

2760. A autoridade que não é equilibrada é tirania.

L'autorità non ragionevole è tirannia.

C. CANTÙ (escritor italiano, 1804-1895), *Attenzione!*, XII.

2761. Autoridade: sem ela o homem não pode existir e, no entanto, ela traz consigo tanto o erro quanto a verdade.

Autorität: ohne sie kann der Mensch nicht existieren, und doch bringt sie ebensoviele Irrtum als Wahrheit mit sich.

J. W. GOETHE (escritor alemão, 1749-1832), *Epigramas*.

2762. Quem perdeu a autoridade que tinha antes, / na desgraça torna-se alvo até dos covardes.

Quicunque amisit dignitatem pristinam, / ignavis etiam iocus est in casu gravi.

FEDRO (fabulista latino, séc. I d.C.), *Fábulas*, I, 21, 1-2.

2763. Foram os discípulos que deram a autoridade a Aristóteles, e não ele que a usurpou ou tomou.

Sono i suoi seguaci che hanno data l'autorità ad Aristotele, e non esso che se la sia usurpata o presa.

G. Galilei (físico italiano, 1564-1642), *Dialogo sopra i due massimi sistemi del mondo*.

2764. Quem discute alegando autoridade não usa a inteligência, mas a memória.

Chi disputa allegando l'alturità non adopera lo 'ngegno, ma più tosto la memoria.

Leonardo da Vinci (artista e cientista italiano, 1452-1519), *Proemi*, 11.

2765. Roma falou: o caso está encerrado.

Roma locuta est: causa finita est.

Santo Agostinho (padre da Igreja, 354-430), *Sermões*, 131, 10.

O comandar

2766. Comandar não significa dominar, mas cumprir um dever.

Officium... imperare, non regnum.

Sêneca (filósofo latino, 4 a.C.-65 d.C.), *Cartas a Lucílio*, 90, 5.

2767. Quem se dispõe a tornar-se um bom chefe, deve primeiro ter servido a um chefe.

Τόν τε γὰρ μέλλοντα καλῶς ἄρχειν ἀρχθῆναι... δεῖν πρῶτον.

Aristóteles (filósofo grego, 384-322 a.C.), *Política*, VII, 13, 4.

2768. Em todos os países vi homens sempre de três espécies: os poucos que comandam, a universalidade que serve e os muitos que armam intrigas.

In tutti i paesi ho veduto gli uomini sempre di tre sorta: i pochi che comandano, l'universalità che serve e i molti che brigano.

U. Foscolo (poeta italiano, 1778-1827), *Ultime lettere di Jacopo Ortis*, 4 de dezembro.

2769. Quando tenho mais idéias do que os outros, dou-lhes essas idéias, se as aceitam; e isso é comandar.

Quando ho più idee degli altri, do agli altri queste idee, se le accettano; e questo è comandare.

I. Calvino (escritor italiano, 1923-1985), *Il barone rampante*, XIV.

2770. Onde existem muitos para comandar, nasce a confusão.
Dove son troppi a comandare, nasce la confusione.
L. EINAUDI (político e economista italiano, 1874-1961), *La riforma tributaria*, in *Corriere della Sera*, 12/8/1919.

2771. Aprende a obedecer antes de comandar.
Ἄρχε πρῶτον μαθὼν ἄρχεσθαι.
SÓLON (político grego, 640-560 a.C.), citado em DIÓGENES LAÉRCIO, *Vidas dos filósofos*, Sólon, I, 60.

2772. Quem obedece é quase sempre melhor do que quem comanda.
Celui qui obéit est presque toujours meilleur que celui qui commande.
E. RENAN (escritor francês, 1823-1892), *Dialogues et fragments philosophiques*.

2773. Deus, que bom vassalo, se tivesse um bom senhor!
¡Dios, qué buen vassallo, si hobiese buen señor!
POEMA DE MIO CID (poema épico espanhol de autor anônimo, séc. XII).

2774. Somente obedecendo, somente tendo o orgulho humilde, mas sagrado, de obedecer é que se conquista então o direito de comandar.
Solo obbedendo, solo avendo l'orgoglio umile ma sacro di obbedire, si conquista poi il diritto di comandare.
B. MUSSOLINI (político italiano, 1883-1945), Discurso de Udine, 20/9/1922.

2775. A disciplina consiste num imbecil que se faz obedecer por outros mais inteligentes do que ele.
La disciplina consiste en que un imbécil se haga obedecer por otros que son más inteligentes.
J. BENAVENTE Y MARTÍNEZ (dramaturgo espanhol, 1866-1954).

O rei

2776. A arte de um soberano consiste em fazer o bem diretamente e o mal por um intermediário.

El arte de un príncipe consiste en hacer el bien personalmente y el mal por segunda mano.
A. GANIVET (escritor espanhol, 1865-1898), *La conquista del reino de Maya.*

2777. Um príncipe é o primeiro servidor do seu estado.
Der Fürst ist der erste Diener seines Staates.
FREDERICO, O GRANDE (rei da Prússia, 1712-1786), *Testamento político.*

2778. Na minha opinião, os bons príncipes fabricam as cidades, e os maus as destroem.
A mio credere, i buoni principi fabbricano le città e i cattivi le distruggono.
A. L. MURATORI (historiador italiano, 1672-1750), *Annali d'Italia,* 1162; dito com referência a Frederico I, o Barba-Roxa.

2779. Não se aprecia ninguém além daquele que nos é útil. Reconhecemos a autoridade do príncipe porque vemos sob sua assinatura a propriedade assegurada. Dele esperamos proteção contra situações externas e internas que sejam adversas.
Man erkennt niemand an als den, der uns nützt. Wir erkennen den Fürsten an, weil wir unter seiner Firma den Besitz gesichert sehen. Wir gewärtigen uns von ihm Schutz gegen äußere und innere widerwärtige Verhältnisse.
J. W. GOETHE (escritor alemão, 1749-1832), *Máximas e reflexões,* 526.

2780. Ao Rei Bonachão, / caído do céu para as rãs, / tiro meu chapéu / e me ajoelho; / eu também o preconizo / como um enviado de Deus: / ó cômodo, ó belo / um Rei Bonachão!
Al Re Travicello / piovuto ai ranocchi, / mi levo il cappello / e piego i ginocchi; / lo prèdico anch'io / cascato da Dio: / oh comodo, oh bello / un Re Travicello!
G. GIUSTI (poeta italiano, 1809-1850), *Il Re Travicello.*

2781. O rei que domina os homens com a força não domina o seu coração.
Il re che doma gli uomini con la forza, non doma il loro cuore.
MÊNCIO (filósofo chinês, 371-289 a.C.), *O livro de Mêncio,* II, 1, 3.

2782. Mesmo no trono mais alto do mundo, o único lugar onde se senta é sobre o próprio traseiro.
Au plus élevé trône du monde, si ne sommes assis que sur notre cul.
M. DE MONTAIGNE (escritor francês, 1533-1592), *Os ensaios*, III, 13.

2783. A necessidade elevou os tronos, as ciências e as artes os consolidaram.
Le besoin éleva les trônes, les sciences et les arts les ont affermis.
J.-J. ROUSSEAU (filósofo e escritor francês, 1712-1778), *Discours sur les sciences et les arts*.

2784. Os rios correm para se misturar no mar: as monarquias se perderão no despotismo.
Les fleuves courent se mêler dans la mer: les monarchies vont se perdre dans le despotisme.
CH. MONTESQUIEU (escritor político francês, 1689-1755), *O espírito das leis*.

O despotismo

2785. Definição de um governo déspota: uma ordem de coisas em que o superior é vil, e o inferior, humilhado.
Définition d'un gouvernement despotique: Un ordre de choses où le supérieur est vil, et l'inférieur avili.
N. DE CHAMFORT (escritor francês, c. 1740-1794), *Máximas e anedotas*.

2786. Nada é mais perigoso do que um déspota clemente.
Rien n'est plus dangereux qu'un despote clément.
P.-D. LE BRUN-PINDARE (poeta francês, 1729-1807), *Brumaire an II*.

2787. "Posso até contar pouco, é verdade" / dizia o Um ao Zero / "mas você, quanto vale? Nada, nada mesmo. / Tanto na ação como no pensamento / você não passa de uma coisa vazia e inconcludente. / Já eu, se me ponho no início da fila / de cinco zeros iguaizinhos a você, / sabe o que viro? Cem mil. / É uma questão de números. É o que mais ou menos / acontece ao ditador / que cresce em poder e valor / quanto mais forem os zeros que o seguirem."

"Conterò poco, è vero" / diceva l'Uno ar Zero / "ma tu che vali? Gnente, proprio gnente. / Sia ne l'azzione come ner pensiero / rimani un coso voto e inconcrudente. / Io, invece, se me metto a capofila / de cinque zeri tale e quale a te, / lo sai quanto divento? Centomila. / È questione de nummeri. A un dipresso / è quello che succede ar dittatore / che cresce de potenza e de valore / più so' li zeri che je vanno appresso."

TRILUSSA (poeta dialetal italiano, 1871-1950), *Acqua e vino*, Nummeri.

2788. Os ditadores cavalgam para a frente e para trás sobre tigres dos quais não ousam descer. E os tigres vão ficando cada vez mais famintos.

Dictators ride to and fro upon tigers which they dare not dismount. And the tigers are getting hungry.

W. CHURCHILL (político britânico, 1874-1965), *While England Slept*.

2789. O Grande Irmão está te observando.

Big Brother is watching you.

G. ORWELL (romancista inglês, 1903-1950), *1984*, 1.

2790. É da violência que nasce a tirania.

Ὕβρις φυτεύει τύραννον.

SÓFOCLES (trágico grego, 496-406 a.C.), *Édipo rei*, 872.

2791. Viver sem alma é a recompensa mais breve e mais segura para viver por muito tempo e com segurança na tirania; mas dessa vergonhosa morte contínua (que eu por honra à espécie não chamarei de vida, mas de vegetação) não posso nem quero ensinar os preceitos.

Il vivere senz'anima è il più breve e il più sicuro compenso per lungamente vivere in sicurezza nella tirannide; ma di questa obbrobriosa morte continua (che io per l'onore della specie non chiamerò vita, ma vegetazione) non posso né voglio insegnare i precetti.

V. ALFIERI (escritor italiano, 1749-1803), *Della tirannide*, II, 2.

2792. Do medo de todos nasce na tirania a fraqueza da maioria.

Dalla paura di tutti nasce nella tirannide la viltà dei più.

V. ALFIERI (escritor italiano, 1749-1803), *Della tirannide*, I, 4.

2793. A argamassa com a qual se constroem os estados dos tiranos é o sangue dos cidadãos. No entanto, cada um deveria se esforçar para que na própria cidade não houvesse tais palácios a serem construídos.

> *La calcina con che si murano gli stati de' tiranni è el sangue de' cittadini. Però doverebbe sforzarsi ognuno che nella città sua non s'avessino a murare tali palazzi.*
>
> F. GUICCIARDINI (escritor e político italiano, 1483-1540), *Ricordi*, B, 20.

2794. Mas, meu filho! A humanidade geme ao nascer de um conquistador e tem por conforto apenas a esperança de sorrir sobre o seu caixão.

> *Ma, o figliuolo! l'umanità geme al nascere di un conquistatore, e non ha per conforto se non la speranza di sorridere su la sua bara.*
>
> U. FOSCOLO (poeta italiano, 1778-1827), *Ultime lettere di Jacopo Ortis*, 4 de dezembro.

2795. O povo pode ser tirano de si mesmo, e muitas vezes foi assim que aconteceu.

> *Es kann das Volk sein eigener Tyrann sein und es ist es oft gewesen.*
>
> L. BÖRNE (escritor alemão, 1786-1837), *Críticas*.

2796. Nos nossos dias, os tiranos são os mais perigosos pregadores da liberdade.

> *Tyrannen sind in unseren Tagen die gefährlichsten Freiheitsprediger.*
>
> L. BÖRNE (escritor alemão, 1786-1837), *Fragmentos e aforismos*.

2797. Os tiranos não passeiam.

> *I tiranni non vanno a spasso.*
>
> E. FLAIANO (escritor italiano, 1910-1972), *Diario notturno*.

A RAZÃO

A razão

2798. A razão, aquele fogo-fátuo da mente.
> *Reason, an* ignis fatuus *of the mind.*
> J. WILMOT (poeta inglês, 1647-1680), *A Satire Against Mankind*, 12.

2799. O último passo da razão é reconhecer que existe uma infinidade de coisas que a ultrapassam.
> *La dernière démarche de la raison est de reconnaître qu'il y a une infinité de choses qui la surpassent.*
> B. PASCAL (filósofo francês, 1623-1662), *Pensamentos.*

2800. Um homem será tão menos e tão mais dificilmente grande quanto mais for dominado pela razão.
> *Un uomo tanto meno e tanto più difficilmente sarà grande, quanto più sarà dominato dalla ragione.*
> G. LEOPARDI (poeta italiano, 1798-1837), *Zibaldone*, 14.

2801. Vês que a razão, / seguindo o caminho indicado pelos sentidos, tem asas curtas.
> *Dietro ai sensi / vedi che la ragione ha corte l'ali.*
> D. ALIGHIERI (poeta italiano, 1265-1321), *Paraíso*, II, 56-7.

2802. A razão foi dada ao homem para que ele pudesse viver com juízo, e não tanto para que ele pudesse dar-se conta de viver irracionalmente.
> Разум дан человеку для того, чтобы он разумно жил, а не для того только, чтобы он видел, что неразумно живет.
> V. G. BELISNKI (crítico russo, 1811-1848), extraído de uma carta.

2803. A dialética é um desenvolvimento do espírito de contradição, dado ao homem para que ele aprenda a reconhecer a diferença das coisas.

Die Dialektik ist die Ausbildung des Widersprechungsgeistes, welche dem Menschen gegeben, damit er den Unterschied der Dinge erkennen lerne.

J. W. GOETHE (escritor alemão, 1749-1832), *Epigramas*.

2804. O sono da razão produz monstros.

El sueño de la razón produce monstruos.

F. GOYA (pintor espanhol, 1746-1828), título de um quadro dos "Caprichos".

2805. E, no entanto, será preciso chamar de *racional* um animal que não sabe nem mesmo ficar vinte e quatro horas, ou melhor, doze ou quatorze, sem opor-se à razão e sem violar seus preceitos?

E bisognerà egli tuttavia chiamar ragionevole *un animale che non sa neppur stare ventiquattr'ore, anzi dodici o quattordici, senza calcitrare contro la ragione, e senza violarne i precetti?*

G. BARETTI (jornalista italiano, 1719-1789), *La frusta letteraria*, N. V, 1/12/1763.

2806. Para o ser racional, apenas o que é contrário à razão é insuportável.

Τῷ λογικῷ ζῴῳ μόνον ἀφόρητόν ἐστι τὸ ἄλογον.

EPICTETO (filósofo grego, 50-115), *Dissertações*, I, 2, 1.

2807. O absurdo é a razão lúcida que constata seus limites.

L'absurde, c'est la raison lucide qui constate ses limites.

A. CAMUS (escritor francês, 1913-1960), *O mito de Sísifo*.

2808. O privilégio do absurdo, ao qual nenhum ser vivo está sujeito, exceto o homem.

The priviledge of absurdity; to which no living creature is subject but man only.

TH. HOBBES (filósofo inglês, 1588-1679), *Leviatã*, I, 5.

Os sentidos

2809. O homem é um sol, os seus sentidos são seus planetas.
Der Mensch ist eine Sonne, seine Sinne sind seine Planeten.
Novalis (poeta alemão, 1772-1801), *Fragmentos.*

2810. Os sentidos não enganam, mas o julgamento sim.
Die Sinne trügen nicht, aber das Urteil trügt.
J. W. Goethe (escritor alemão, 1749-1832), *Máximas e reflexões*, 1193.

2811. Os cinco sentidos imperfeitos, dados pela natureza, / De nossos bens, de nossos males são a única medida.
Nos cinq sens imparfaits, donnés par la nature, / De nos biens, de nos maux sont la seule mesure.
Voltaire (escritor e filósofo francês, 1694-1778), *Discurso sobre o homem.*

O coração

2812. A razão é o pára-fogo do coração.
Die Vernunft ist der Ofenschirm für das Herz.
Fliegende Blätter (semanário humorístico alemão).

2813. A parte fraca da cabeça é chamada de coração.
Die schwache Seite des Kopfes wird das Herz genannt.
Fliegende Blätter (semanário humorístico alemão).

2814. O coração tem razões que a própria razão desconhece; sabemos disso em mil coisas.
Le coeur a ses raisons, que la raison ne connaît point; on le sait en mille choses.
B. Pascal (filósofo francês, 1623-1662), *Pensamentos*, IV, 277.

2815. O coração tem suas prisões que a inteligência não abre.
Le coeur a ses prisons que l'intelligence n'ouvre pas.
M. Jouhandeau (escritor francês, 1888-1979), *De la grandeur.*

2816. Temos um coração, servimo-nos dele, é natural.
>   *On a un coeur, on s'en sert, cela est naturel.*
>   P. DE MARIVAUX (escritor francês, 1688-1763), *La seconde surprise de l'Amour*.

2817. Ou como se pudéssemos entrar num relacionamento novo e repleto de pressentimentos com toda a existência, se começássemos a pensar com o coração.
>   *Oder als könnten wir in ein neues, ahnungsvolles Verhältnis zum ganzen Dasein treten, wenn wir anfingen, mit dem Herzen zu denken.*
>   H. VON HOFMANNSTHAL (escritor austríaco, 1874-1929), *Carta de Lord Chandos*.

2818. Quando se amarra bem o próprio coração e se faz dele um prisioneiro, pode-se permitir ao próprio espírito muitas liberdades.
>   *Wenn man sein Herz hart bindet und gefangen legt, kann man seinem Geist viele Freiheiten geben.*
>   F. W. NIETZSCHE (filósofo alemão, 1844-1900), *Além do bem e do mal*, IV, Sentenças e intermezzi.

2819. É assim que é feita essa miscelânea do coração humano.
>   *Così fatto è questo guazzabuglio del cuore umano.*
>   A. MANZONI (escritor italiano, 1785-1873), *I promessi sposi*, X.

2820. Sim, qual é o mais profundo, o mais impenetrável dos dois: o oceano ou o coração humano?
>   *Oui, quel est le plus profond, le plus impénétrable des deux: l'océan ou le coeur humain?*
>   LAUTRÉAMONT (escritor francês, 1846-1870), *Os cantos de Maldoror*, I.

2821. Existem cordas... no coração humano, que de preferência não deveriam ser vibradas.
>   *There are strings... in the human heart that had better not be vibrated.*
>   CH. DICKENS (escritor inglês, 1812-1870), *Barnaby Rudge*, XXII.

2822. O coração do homem é como o mercúrio, agora está aqui, logo está em outro lugar, hoje assim, amanhã pensando de outra forma.

Des Menschen Herz ist wie Quecksilber, jetzt da, bald anderswo, heute so, morgen anders gesinnet.

M. LUTERO (reformador religioso alemão, 1483-1546), *Discursos à mesa.*

2823. Os corações das mulheres são como aqueles pequenos guarda-segredos, cheios de gavetas encaixadas umas nas outras; fazemos de tudo, quebramos as unhas, e no fundo encontramos alguma flor ressecada, grãos de poeira – ou o vazio!

Les coeurs des femmes sont comme ces petits meubles à secret, pleins de tiroirs emboîtés les uns dans les autres; on se donne du mal, on se casse les ongles, et on trouve au fond quelque fleur desséchée, des brins de poussière – ou le vide!

G. FLAUBERT (escritor francês, 1821-1880), *A educação sentimental.*

2824. Quando o coração pode falar, não há necessidade de preparar o discurso.

Wo das Herz reden darf, braucht es keiner vorbereiten.

G. E. LESSING (filósofo alemão, 1729-1781), *Minna von Barnhelm,* V, 4.

2825. A mente é sempre enganada pelo coração.

L'esprit est toujours la dupe du coeur.

F. LA ROCHEFOUCAULD (escritor francês, 1613-1680), *Maximes,* 102.

O sentimento

2826. O sentimento é o primeiro, o mais profundo e quase o único sentido do homem; a fonte da maior parte dos nossos conceitos e das nossas sensações; o verdadeiro e primeiro órgão da alma, capaz de recolher as manifestações externas; o sentido que, de certo modo, envolve completamente a alma e contém em si os outros sentidos como gêneros, partes ou abreviações; a medida da nossa sensibilidade; a verdadeira origem da verdade, do bom, do belo!

Gefühl ist der erste, profundeste und fast einzige Sinn der Menschen: die Quelle der meisten unser Begriffe und Empfindungen: das wahre und erste Organum der Seele, Vorstellungen von außen zu sammeln: der Sinn, der die Seele gleichsam ganz umgibt, und die andren Sinnen als Arten, Teile oder Verkürzungen in sich enthält: die Maβe unsrer Sinnlichkeit: der wahre Ursprung des Wahren, Guten, Schönen!

J. G. HERDER (filósofo alemão, 1744-1803), *Estudos e projetos para a escultura*.

2827. O não-humano, o animalesco consiste em permanecer no sentimento e em poder se comunicar apenas por meio dele.

Das Widermenschliche, das Tierische besteht darin, im Gefühle stehen zu bleiben und nur durch dieses sich mitteilen zu können.

G. W. F. HEGEL (filósofo alemão, 1770-1831), *Fenomenologia do espírito*.

2828. Existe um caminho que vai dos olhos ao coração sem passar pelo intelecto.

There is a road from the eye to the heart that does not go through the intellect.

G. K. CHESTERTON (escritor inglês, 1874-1936), *The Defendant*.

A paixão

2829. Assim como a chuva penetra numa casa com o teto mal vedado, a paixão penetra na mente que não foi bem exercitada.

yathā agāraṃ ducchannaṃ vuṭṭhi samativijjhati / evam abhāvitaṃ cittaṃ rāgo samativijjhati / /

DHAMMAPADA (sentenças budistas), I, 13.

2830. Todas as paixões são exageradoras, e são paixões apenas porque exageram.

Toutes les passions sont exagératrices, et elles ne sont des passions que parce qu'elles exagèrent.

N. DE CHAMFORT (escritor francês, c. 1740-1794), *Máximas e pensamentos*, I, 72.

2831. A espada desgasta a bainha, dizem algumas vezes. Eis a minha história. Minhas paixões fizeram-me viver, e minhas paixões me mataram.

L'épée use le fourreau, dit-on quelquefois. Voilà mon histoire. Mes passions m'ont fait vivre, et mes passions m'ont tué.

J.-J. ROUSSEAU (filósofo e escritor francês, 1712-1778), *Les confessions*.

2832. Todas as paixões passam e se apagam, exceto as mais antigas, aquelas da infância.
Tutte le passioni passano e si spengono tranne le più antiche, quelle dell'infanzia.
C. Pavese (escritor italiano, 1908-1950), *Il mestiere di vivere*, 5/4/1949.

2833. A paixão – que coisa incômoda!
It's so uncomfortable – passion.
N. Coward (escritor inglês, 1899-1973), *Fallen Angels*, I.

A RELIGIÃO

A religião

2834. O homem, por constituição, é um animal religioso.
Man is by his constitution a religious animal.
E. BURKE (político inglês, 1729-1797), *Reflections on the Revolution in France.*

2835. Há uma única religião, embora haja centenas de versões dela.
There is only one religion, though there are a hundred versions of it.
G. B. SHAW (comediógrafo irlandês, 1856-1950), *Plays Pleasant and Unpleasant*, vol. II, prefácio.

2836. As religiões que chamamos de falsas já foram verdadeiras um dia.
The religions we call false were once true.
R. W. EMERSON (filósofo e poeta norte-americano, 1803-1882), *Essays*, Character.

2837. Uma religião é tão verdadeira quanto a outra.
One religion is as true as another.
R. BURTON (erudito inglês, 1577-1640), *Anatomy of Melancholy*, parte III.

2838. Existe alguma religião cujos fiéis possam ser apontados como nitidamente mais amáveis e dignos de confiança do que os de qualquer outra? Se existe, isso deveria ser suficiente.
Is there any religion whose followers can be pointed to as distinctly more amiable and trustworthy than those of any other? If so, this should be enough.
S. BUTLER (escritor inglês, 1835-1902), *Notebooks.*

2839. As religiões se contagiam reciprocamente. Mal nos aprofundamos numa, e outra já desperta em nós.

Die Religionen stecken einander an. Kaum geht man auf eine ein, wird die andre in einem lebendig.
E. Canetti (escritor austríaco de origem búlgara, nascido em 1905), *A província do homem*, 1954.

2840. Sou um milionário. Essa é a minha religião.
I am a millionaire. That is my religion.
G. B. Shaw (comediógrafo irlandês, 1856-1950), *Major Barbara*, II.

2841. Entrai na Bolsa de Londres (...) Lá, o judeu, o maometano e o cristão tratam-se reciprocamente como se fossem da mesma religião, e chamam de infiéis apenas os que vão à falência.
Entrez dans la Bourse de Londres [...] Là, le juif, le mahométan et le chrétien traitent l'un avec l'autre comme s'ils étaient de la même religion, et ne donnent le nom d'infidèles qu'à ceux qui font banqueroute.
Voltaire (escritor e filósofo francês, 1694-1778), *Lettres philosophiques*.

2842. A religião consiste em acreditar que *tudo aquilo que nos acontece é extraordinariamente importante*. Nunca poderá desaparecer do mundo, justamente por essa razão.
La religione consiste nel credere che tutto quello che ci accade è straordinariamente importante. Non potrà mai sparire dal mondo, proprio per questa ragione.
C. Pavese (escritor italiano, 1908-1950), *Il mestiere di vivere*, 13/10/1938.

2843. A religião de um não leva aos outros nem danos, nem vantagens.
Nec alii obest aut prodest alterius religio.
Tertuliano (escritor latino cristão, c. 160-220), *A Scapola*, II, 2.

2844. A religião exige por si só a renúncia a qualquer obrigação em matéria religiosa.
Nec religionis est cogere religionem.
Tertuliano (escritor latino cristão, c. 160-220), *A Scapola*, II, 2.

2845. As coisas não ficam nada bem quando permitimos que a religião invada a esfera da vida privada.

> *Things have come to a pretty pass when religion is allowed to invade the sphere of private life.*
>
> W. LAMB (político inglês, 1779-1848), *Remark on Hearing an Evangelical Sermon*, in G. W. E. RUSSELL, *Collections and Recollections*, cap. 6.

2846. Já temos o suficiente de religião para odiar o nosso próximo, mas não para amá-lo.

> *We have just enough religion to make us hate, but not enough to make us love one another.*
>
> J. SWIFT (escritor inglês, 1667-1745), *Thoughts on Various Subjects*.

2847. Considero a religião como um brinquedo infantil, / e acho que o único pecado é a ignorância.

> *I count religion as a childish toy, / And hold there is no sin but ignorance.*
>
> CH. MARLOWE (dramaturgo inglês, 1564-1593), *The Jew of Malta*, I, 14.

2848. Jamais combatas com a religião, nem com as coisas que pareçam depender de Deus; pois tal argumento tem muita força na mente dos tolos.

> *Non combattere mai con la religione, né con le cose che pare dependino da Dio; perché questo obietto ha troppa forza nella mente degli sciocchi.*
>
> F. GUICCIARDINI (escritor político italiano, 1483-1540), *Ricordi*, B, 31.

2849. Os príncipes ou as repúblicas que querem se manter incorruptas têm, acima de qualquer coisa, de manter incorruptas as cerimônias religiosas e de preservá-las sempre em sua veneração; pois não pode haver nenhum maior indício de destruição de uma província do que ver desprezado o culto divino.

> *Quelli principi o quelle repubbliche le quali si vogliono mantenere incorrotte hanno, sopra ogni altra cosa, a mantenere incorrotte le cerimonie della religione, e tenerle sempre nella loro venerazione; perché nissuno maggiore indizio si puote avere della rovina d'una provincia, che vedere dispregiato il culto divino.*
>
> N. MAQUIAVEL (político e escritor italiano, 1469-1527), *Discursos sobre a primeira década de Tito Lívio*, I, 12.

2850. Tantos males a religião pôde aconselhar!
Tantum religio potuit suadere malorum!
Lucrécio (poeta latino, c. 98-55 a.C.), *Da natureza*, I, 101.

2851. Honro a religião, sabes disso. Sinto que ela pode ser um sustento para quem perdeu as forças, um alívio para quem sofreu privações. A única dúvida: ela pode, deve ter a mesma função para todos?
Ich ehre die Religion, das weißt Du. Ich fühle, daß sie manchem Ermatten Stab, manchem Verschmachtenden Erquickung ist. Nur – kann sie denn, muß sie denn das einem jeden sein?
J. W. Goethe (escritor alemão, 1749-1832), *Os sofrimentos do jovem Werther*, 15/11/1772.

O ateísmo

2852. Um ateu é um homem que não possui meios invisíveis de apoio.
An atheist is a man who has no invisible means of support.
H. E. Fosdick (eclesiástico norte-americano, 1878-1969), atribuído.

2853. Aquele que pode negar Deus diante de uma noite estrelada, diante da sepultura das pessoas que mais estima, diante do martírio, é muito infeliz ou muito culpado.
Colui che può negar Dio davanti a una notte stellata, davanti alla sepoltura dei suoi più cari, davanti al martirio, è grandemente infelice o grandemente colpevole.
G. Mazzini (político italiano, 1805-1872), *I doveri dell'uomo*, 2.

2854. Nos dias de hoje, apenas nos ateus sobrevive a paixão pelo divino. Nenhum outro se salvará.
Solo negli empi sopravvive oggigiorno la passione per il divino. Nessun altro si salverà.
G. Bufalino (escritor italiano, nascido em 1920), *Il Malpensante*, janeiro.

2855. Quando o ateísmo quiser mártires, que o diga, meu sangue está pronto.

> *Quand l'athéisme voudra des martyrs, qu'il le dise et mon sang est tout prêt.*
>
> D. A. F. DE SADE (escritor francês, 1740-1814), *A nova Justine*.

A fé

2856. Creio por ser absurdo.
> *Credo quia absurdum.*
>
> ANÔNIMO. Atribuído impropriamente a Tertuliano ou a Santo Agostinho.

2857. Louco é quem espera que nossa razão / possa percorrer a infinita via / que tem uma substância em três pessoas.
> *Matto è chi spera che nostra ragione / possa trascorrer la infinita via / che tiene una sustanza in tre persone.*
>
> D. ALIGHIERI (poeta italiano, 1265-1321), *Purgatório*, III, 34-6.

2858. Se tiverdes fé como um grão de mostarda, direis a esta amoreira: Arranca-te e transplanta-te no mar, e ela vos obedecerá.
> *Si habueritis fidem, sicut granum sinapis, dicetis huic arbori moro: Eradicare et transplantare in mare, et oboediet vobis.*
>
> SÃO LUCAS (evangelista), XVII, 6.

2859. Creio em Deus, Pai Onipotente. Mas... / "Tens alguma dúvida? Guarda-a para ti. / A Fé é bela sem o 'talvez', / sem o 'como' e sem o 'por quê'."
> *Credo in Dio Padre Onnipotente. Ma... / "Ciai quarche dubbio? Tiettelo per te. / La Fede è bella senza li "chissà", / senza li "come" e senza li "perché".*"
>
> TRILUSSA (poeta dialetal italiano, 1871-1950), *Acqua e vino*, Fede.

2860. Creio que dois e dois são quatro, Sganarelle, e que quatro e quatro são oito.
> *Je crois que deux et deux sont quatre, Sganarelle, et que quatre et quatre sont huit.*
>
> MOLIÈRE (comediógrafo francês, 1622-1673), *Dom Juan*, III, 1.

2861. Chorei e acreditei.

J'ai pleuré et j'ai cru.
F.-R. DE CHATEAUBRIAND (escritor francês, 1768-1848), *O gênio do cristianismo*, Prefácio.

2862. Quem não vive segundo o que acredita não acredita.
He does not believe that does not live according to his belief.
TH. FULLER (escritor inglês, 1654-1734), *Gnomologia*.

2863. Um credo é uma metáfora fossilizada.
A creed is an ossified metaphor.
E. G. HUBBARD (escritor norte-americano, 1856-1915), *The Notebook*.

2864. A fé é a substância de coisas esperadas, e o argumento de coisas que não se vêem.
Est autem fides sperandarum substantia rerum, argumentum non apparentium.
SÃO PAULO (apóstolo), *Epístola aos Hebreus*, XI, 1.

2865. A fé é a substância de coisas esperadas / e o argumento das que não aparecem; / e isso me parece ser a essência da fé.
Fede è sustanza di cose sperate / ed argomento delle non parventi; / e questa pare a me sua quiditate.
D. ALIGHIERI (poeta italiano, 1265-1321), *Paraíso*, XXIV, 64-6.

2866. Crer apenas naquilo que é possível não é fé, mas mera filosofia.
To believe only possibilities is not faith, but mere philosophy.
TH. BROWNE (escritor e médico inglês, 1605-1682), *Religio medici*, I, 47.

2867. A fé e as demonstrações matemáticas são duas coisas inconciliáveis.
Вера и математические доказательства — две вещи несовместимые.
F. M. DOSTOIEVSKI (escritor russo, 1821-1881), *Diários*.

2868. A ciência sem a religião é manca, a religião sem a ciência é cega.
Science without religion is lame, religion without science is blind.
A. EINSTEIN (físico alemão, 1879-1955), *Out of My Later Years*.

2869. Quando tens sede, acreditas que podes beber um mar inteiro: essa é a fé; quando começas a beber, dois copos te bastam: essa é a ciência.

> Когда хочется пить, то кажется, что выпьешь целое море — это вера, а когда станешь пить, выпьешь два стакана — это наука.

A. P. Tchekhov (escritor russo, 1860-1904).

2870. Há religião na sabedoria e sabedoria na religião.

> *Et in sapientia religio et in religione sapientia est.*

Lattanzio (escritor latino cristão, séc. III-IV), *Divinae Institutiones*, IV, 3, 10.

2871. A devota crê nos devotos, a não-devota crê nos filósofos; mas ambas são igualmente crédulas.

> *La dévote croit aux dévots, l'indévote aux philosophes; mais toutes deux sont également crédules.*

A. Rivarol (escritor francês, 1753-1801), *Rivaroliana*.

2872. Os mistérios ainda não são milagres.

> *Geheimnisse sind noch keine Wunder.*

J. W. Goethe (escritor alemão, 1749-1832), *Máximas e reflexões*, 210.

2873. No fundo, sinto que minha vida é sempre governada por uma fé que não tenho mais. A fé tem isto de particular: mesmo quando desaparece, continua a agir.

> *Au fond je sens que ma vie est toujours gouvernée par une foi que je n'ai plus. La foi a cela de particulier que, disparue, elle agit encore.*

E. Renan (escritor francês, 1823-1892), *Souvenirs d'enfance et de jeunesse*.

2874. A incredulidade tem os seus entusiastas, assim como a superstição.

> *L'incrédulité a ses enthousiastes, ainsi que la superstition.*

L. de Vauvenargues (escritor francês, 1715-1747), *Réflexions et maximes*.

A superstição

2875. A superstição é a poesia da vida.
Der Aberglaube ist die Poesie des Lebens.
J. W. GOETHE (escritor alemão, 1749-1832), *Máximas e reflexões*, XIII, 5.

2876. A superstição transforma a divindade em ídolo, e o idólatra é muito mais perigoso, pois é um fanático.
Der Aberglaube macht die Gottheit zum Götzen, und der Götzendiener ist um so gefährlicher, weil er ein Schwärmer ist.
J. G. HERDER (filósofo alemão, 1744-1803), *Folhas de palmeira*, 4, 1.

2877. Existe uma certa superstição em se evitar a superstição.
There is a superstition in avoiding superstition.
F. BACON (filósofo inglês, 1561-1626), *Essays*, 17, Of Superstition.

2878. A superstição é a religião das mentes fracas.
Superstition is the religion of feeble minds.
E. BURKE (político inglês, 1729-1797), *Reflections on the Revolution in France*.

2879. Sim, afirmo, a superstição é mais injuriosa a Deus do que o ateísmo.
Oui, je le soutiens, la superstition est plus injurieuse à Dieu que l'athéisme.
D. DIDEROT (filósofo francês, 1713-1784), *Pensées philosophiques*.

O cristianismo

2880. Não existe religião que não seja cristianismo.
Es gibt keine Religion, die nicht Christentum wäre.
NOVALIS (poeta alemão, 1772-1801), *Fragmentos*.

2881. O cristianismo foi pregado por ignorantes e acreditado por doutos, e nisso não se assemelha a nada conhecido.
Le Christianisme a été prêché par des ignorants et cru par des savants, et c'est en quoi il ne ressemble à rien de connu.

J. DE MAISTRE (diplomático e escritor saboiardo, 1753-1821), *Considérations sur la France*.

2882. Quase toda seita do cristianismo representa uma perversão da sua essência, com a finalidade de adaptá-lo aos preconceitos do mundo.

Almost every sect of Christianity is a perversion of its essence, to accomodate it to the prejudices of the world.

W. HAZLITT (escritor inglês, 1778-1830), *Round Table*, On the Causes of Methodism.

2883. Aquele que começa a amar o cristianismo mais do que a verdade acabará amando a sua seita ou a sua igreja mais do que o cristianismo, e depois a amar a si mesmo mais do que qualquer outra coisa.

He who begins by loving Christianity better than Truth will proceed by loving his own sect or church better than Christianity, and end by loving himself better than all.

S. T. COLERIDGE (poeta inglês, 1772-1834), *Aids to Reflection: Moral and Religious Aphorisms*, XXV.

2884. Como é difícil / Ser cristão!

How very hard it is / To be a Christian!

R. BROWNING (poeta inglês, 1812-1889), *Easter-Day*, I.

2885. *Cristão*. Alguém que acredita que o Novo Testamento seja um livro inspirado por Deus, admiravelmente adaptado às necessidades espirituais do seu próximo.

Christian. *One who believes that the New Testament is a divinely inspired book admirably suited to the spiritual needs of this neighbour.*

A. BIERCE (escritor norte-americano, 1842-1914), *The Devil's Dictionary*.

2886. O verdadeiro trabalho cristão e aquilo que no mundo dá os maiores frutos consistem em ações negativas: não fazer o que é contrário a Deus e à consciência.

Истинная христианская и самая плодотворная в мире деятельность состоит в отрицательных поступках — не делать того, что противно Богу и совести.

L. N. TOLSTOI (escritor russo, 1828-1910).

2887. Se a nossa religião exige força de ti, é porque quer que estejas pronto mais para sofrer do que para realizar algo forte. Esse modo de viver, portanto, parece ter enfraquecido o mundo e tê-lo dado como presa aos homens maus; estes certamente podem governá-lo, pois sabem que a maioria dos homens, para ir ao paraíso, prefere suportar as suas punições a vingá-las.

Se la religione nostra richiede che abbia in te fortezza, vuole che tu sia atto a patire più che a fare una cosa forte. Questo modo di vivere adunque pare ch'abbia renduto il mondo debole, e datolo in preda agli uomini scellerati; i quali sicuramente lo possono maneggiare, veggendo come l'universalità degli uomini, per andare in paradiso, pensa più a sopportar le sue battiture che a vendicarle.

N. Maquiavel (político e escritor italiano, 1469-1527), *Discursos sobre a primeira década de Tito Lívio*, II, 2.

2888. Sede, cristãos, mais ponderados ao formular um voto; / não sejais como pena a qualquer vento, / e não creiais que qualquer água vos lave.

Siate, Cristiani, a muovervi più gravi; / non siate come penna ad ogne vento, / e non crediate ch'ogne acqua vi lavi.

D. Alighieri (poeta italiano, 1265-1321), *Paraíso*, 73-5.

2889. Se a má cobiça vos chama para outro caminho, / sede homens e não tolas ovelhas, / para que não sejais enganados pela maldade judaica!

Se mala cupidigia altro vi grida, / uomini siate, e non pecore matte, / sì che 'l Giudeo di voi tra voi non rida!

D. Alighieri (poeta italiano, 1265-1321), *Paraíso*, 79-81.

2890. Para os cristãos, encontrar algo inacreditável é uma bela ocasião para acreditar.

C'est aux Chrétiens une occasion de croire, que de rencontrer une chose incroyable.

M. de Montaigne (escritor francês, 1533-1592), *Os ensaios*, II, 12.

2891. Todo cristão sem heroísmo é um porco.

Tout chrétien sans héroïsme est un porc.

L. BLOY (escritor francês, 1846-1917), *Quatre ans de captivité à Cochons-sur-Marne*.

Os mártires

2892. Multiplicamo-nos todas as vezes que somos ceifados por vós: o sangue dos cristãos é semente.

Plures efficimur quotiens metimur a vobis; semen est sanguis Christianorum.

TERTULIANO (escritor latino cristão, c. 160-220), *Apologética*, L, 13.

2893. Uma coisa não é necessariamente verdadeira pelo fato de um homem morrer por ela.

A thing is not necessarily true because a man dies for it.

O. WILDE (escritor inglês, 1854-1900), *Oscariana*.

A Bíblia

2894. A Bíblia contém, para cada um de nós, uma mensagem cifrada. A chave, é a fé que nos dá.

La Bible contient pour chacun de nous un message chiffré. Le chiffre, c'est la foi qui nous le donne.

J. GREEN (escritor francês, nascido em 1900), *Journal*, 4/9/1940.

2895. VLADIMIR Nunca leu a Bíblia? ESTRAGON A Bíblia? (...) Devo ter dado uma olhada.

VLADIMIR Tu as lu la Bible? ESTRAGON La Bible [...] J'ai dû y jeter un coup d'oeil.

S. BECKETT (escritor irlandês, 1906-1989), *Esperando Godot*, I.

2896. Sendo assim, a revelação também não ensina à humanidade nada a que a razão humana, entregue a si mesma, não pudesse chegar.

Also gibt auch die Offenbarung dem Menschengeschlechte nichts, worauf die menschliche Vernunft, sich selbst überlassen, nicht auch kommen würde.

G. E. LESSING (filósofo alemão, 1729-1781), *A educação do gênero humano*, 4.

2897. A revelação é para a humanidade o que a educação é para o indivíduo.

Was die Erziehung bei dem einzelnen Menschen ist, ist die Offenbarung bei dem ganzen Menschegeschlecht.

G. E. LESSING (filósofo alemão, 1729-1781), *A educação do gênero humano*, 1.

2898. Um homem que conhece apenas a Bíblia não conhece nem mesmo a Bíblia.

No man, who knows nothing else, knows even his Bible.

M. ARNOLD (poeta inglês, 1822-1888), *Culture and Anarchy*, 5.

2899. A Bíblia é literatura, não dogma.

The Bible is literature, not dogma.

G. SANTAYANA (filósofo norte-americano de origem espanhola, 1863-1952), *Introduction to the Ethics of Spinoza*.

Os santos

2900. O melhor modo de venerar os santos é imitá-los.

Sanctissime coluit divos, quisquis imitatus est.

ERASMO DE ROTTERDAM (humanista holandês, 1466-1536), *Colóquios*, Os franciscanos ou os ricos mendicantes.

2901. Que Deus nos proteja dos santos!

Dieu nous préserve des saints!

G. BERNANOS (escritor francês, 1888-1948), *Journal d'un curé de campagne*.

2902. "Oh, que santo homem! Mas que tormento!", pensava dom Abbondio.

"Oh che sant'uomo! ma che tormento!" pensava don Abbondio.

A. MANZONI (escritor italiano, 1785-1873), *I promessi sposi*, XXVI.

A Igreja

2903. Quanto mais próximo da Igreja, mais longe de Deus.

The nearer the Church the further from God.

L. ANDREWES (prelado e escritor inglês, 1555-1626), *Sermon on Nativity*, 1622.

2904. Fora da Igreja não há salvação.
Extra Ecclesiam nulla salus.
SÃO CIPRIANO (escritor latino cristão, c. 200-258), *Cartas*, IV, 4.

2905. Não pode ter Deus como pai quem não tem a Igreja como mãe.
Habere non potest Deum patrem qui Ecclesiam non habet matrem.
SÃO CIPRIANO (escritor latino cristão, c. 200-258), *A unidade da Igreja*, 6.

2906. Não tenho nada contra as igrejas, contanto que não interfiram na obra de Deus.
I have no objections to churches so long as they do not interfere with God's work.
J. B. ATKINSON (ensaísta norte-americano, nascido em 1894), *Once Around the Sun*, November 10.

2907. Deus constrói seu templo no nosso coração sobre as ruínas das igrejas e das religiões.
God builds his temple in the heart on the ruins of churchs and religions.
R. W. EMERSON (filósofo e poeta norte-americano, 1803-1882), *The Conduct of Life*, Worship.

2908. A minha mente é a minha igreja.
My own mind is my own church.
TH. PAINE (escritor e político inglês, 1737-1809), *The Age of Reason*, I.

2909. Também eu te digo que és Pedro, e sobre esta pedra edificarei a minha igreja, e as portas do inferno não prevalecerão contra ela.
Et ego dico tibi quia tu es Petrus, et super hanc petram aedificabo ecclesiam meam, et portae inferi non praevalebunt adversus eam.
SÃO MATEUS (evangelista), XVI, 18.

2910. Nós italianos temos, portanto, essa primeira obrigação com a Igreja e com os padres, de termos nos tornado sem religião e pessoas ruins; mas temos uma maior ainda, que é a causa da nossa destruição: o fato de a Igreja ter mantido e ainda manter nossa província [Itália] dividida.

Abbiamo adunque con la Chiesa e con i preti noi Italiani questo primo obbligo, d'essere diventati senza religione e cattivi; ma ne abbiamo ancora un maggiore, il quale è cagione della rovina nostra: questo è che la Chiesa ha tenuto e tiene questa nostra provincia divisa.

N. MAQUIAVEL (político e escritor italiano, 1469-1527), *Discursos sobre a primeira década de Tito Lívio*, I, 12.

2911. Fizestes um Deus de ouro e de prata: / e que outra diferença vos distingue dos idólatras, / se não a de que eles adoram um único ídolo, e vós adorais cem?

Fatto v'avete Dio d'oro e d'argento: / e che altro è da voi all'idolatre, / se non ch'elli uno, e voi n'orate cento?

D. ALIGHIERI (poeta italiano, 1265-1321), *Inferno*, XIX, 112-4.

2912. Podes concluir que a Igreja de Roma, / por confundir em si dois poderes, / desonra a si mesma e àquele poder imperial que usurpa.

Dì oggimai che la Chiesa di Roma, / per confondere in sé due reggimenti, / cade nel fango, e sé brutta e la soma.

D. ALIGHIERI (poeta italiano, 1265-1321), *Purgatório*, XVI, 127-9.

O papa

2913. O papa é um ídolo ao qual se unem as mãos e se beijam os pés.

Le pape est une idole à qui on lie les mains et dont on baise les pieds.

VOLTAIRE (escritor e filósofo francês, 1694-1778), *Le Sottisier*.

2914. Aquele que usurpa na terra o meu lugar, / o meu lugar, o meu lugar que está vago / na presença do Filho de Deus, // fez do meu túmulo cloaca / do sangue e da podridão; onde o perverso [Lúcifer] / que cai do céu, compraz-se no fundo do inferno.

Quelli ch'usurpa in terra il luogo mio, / il luogo mio, il luogo mio che vaca / ne la presenza del Figliuol di Dio, // fatt'ha del cimite-

ro mio cloaca / del sangue e de la puzza; onde 'l perverso / che cadde di qua sù, là giù si placa.
D. ALIGHIERI (poeta italiano, 1265-1321), *Paraíso*, XXVII, 22-7.

2915. O que me importam os padres e os tiranos? / São mais velhos do que seus ideais decrépitos. / Já faz dez anos que amaldiçoei o papa, / Hoje me reconciliaria com ele. / ... / Abri o Vaticano. Pego pelo braço / Quem de si mesmo é antigo prisioneiro. / Vem: faço um brinde à liberdade: / Cidadão Mastai, bebe um copo!

Che m'importa di preti e di tiranni? / Ei son più vecchi de' lor vecchi dèi. / Io maledissi al papa or son dieci anni, / Oggi co 'l papa mi concilierei. /... / Aprite il Vaticano. Io piglio a braccio / Quel di sé stesso antico prigionier. / Vieni: a la libertà brindisi io faccio: / Cittadino Mastai, bevi un bicchier!
G. CARDUCCI (poeta italiano, 1835-1907), *Giambi ed epodi*, Il canto dell'amore.

2916. O papado não passa do espectro do falecido Império Romano, sentado sobre o túmulo deste com a coroa na cabeça.

The Papacy is not other than the Ghost of the deceased Roman Empire, sitting crowned upon the grave thereof.
TH. HOBBES (filósofo inglês, 1588-1679), *Leviatã*, IV, 47.

Os padres

2917. Existem apenas três seres respeitáveis: o padre, o guerreiro, o poeta. Saber, matar, criar.

Il n'existe que trois êtres respectables: le prêtre, le guerrier, le poète. Savoir, tuer et créer.
CH. BAUDELAIRE (poeta francês, 1821-1867), *Mon coeur mis à nu*.

2918. A perseguição de *quem pensa de outra forma* é monopólio sobretudo do clero.

Verfolgung der Andersdenkenden *ist überall das Monopol der Geistlichkeit.*
H. HEINE (poeta alemão, 1797-1856), *Reisebilder*, 2, frag. 11.

2919. Nunca vi, nem ouvi, nem li que o clero seja amado em algum país onde o cristianismo seja a religião oficial. Nada pode tornar os padres populares, a não ser uma certa perseguição.

I never saw, heard, nor read, that the clergy were beloved in any nation where Christianity was the religion of the country. Nothing can render them popular but some degree of persecution.
J. SWIFT (escritor inglês, 1667-1745), *Thoughts on Religion.*

2920. Gostaria de ver três coisas antes da minha morte, mas, mesmo que eu vivesse muito, duvido que veria alguma delas: viver numa república bem organizada na nossa cidade, a Itália liberada de todos os bárbaros e o mundo liberado da tirania desses malditos padres.

Tre cose desidero vedere innanzi alla mia morte, ma dubito, ancora che io vivessi molto, non ne vedere alcuna: uno vivere di republica bene ordinato nella città nostra, Italia liberata da tutti e' barbari e liberato el mondo dalla tirannide di questi scelerati preti.
F. GUICCIARDINI (escritor político italiano, 1483-1540), *Ricordi*, B, 14.

A RIQUEZA

As riquezas

2921. As riquezas pintam o homem, e com as suas cores cobrem e escondem não apenas os defeitos do corpo, mas também os da alma.

Le ricchezze dipingono l'uomo, e con i loro colori cuoprono e nascondono non solamente i difetti del corpo, ma ancora quelli dell'anima.

G. BOCCACCIO (escritor italiano, 1313-1375), *Lettere*, a Pino de' Rossi.

2922. É preciso contar as próprias riquezas com os meios de que se dispõe para satisfazer os próprios desejos.

Il faut compter ses richesses par les moyens qu'on a de satisfaire ses désirs.

A.-F. PRÉVOST (escritor francês, 1697-1763), *Histoire du chevalier Des Grieux et de Manon Lescaut*.

2923. Mais do que riqueza, quero paz.

Più tosto che arricchir, voglio quïete.

L. ARIOSTO (poeta italiano, 1474-1533), *Satire*, I, 160.

2924. Que o outro acumule para si riquezas de fulvo ouro / e possua muitas jeiras de terreno bem cultivado; / de modo que a contínua preocupação pela proximidade do inimigo o faça tremer / e os toques de trombeta guerreira tirem-lhe o sono; / quanto a mim, que minha vida modesta me faça passar por uma existência pacífica, / desde que nunca falte fogo em minha lareira.

Divitias alius fulvo sibi congerat auro / et teneat culti iugera multa soli; / quem labor adsiduus vicino terreat hoste, / Martia cui

somnos classica pulsa fugent. / Me mea paupertas vita traducat inerti, / dum meus adsiduo luceat igne focus.
TIBULO (poeta latino, c. 54-19 a.C.), *Elegias*, I, 1, 1-6.

2925. Muitos desprezam a riqueza, mas poucos sabem dá-la.
Assez de gens méprisent le bien, mais peu savent le donner.
F. LA ROCHEFOUCAULD (escritor francês, 1613-1680), *Maximes*, 301.

2926. As riquezas sem a generosidade são a pobreza dos plebeus.
Le ricchezze senza generosità sono povertà de' plebei.
P. ARETINO (escritor italiano, 1492-1556), *La Talanta*, V, 21.

2927. A melhor maneira de conservar as riquezas adquiridas é desfazendo-se delas: do mesmo modo como com a água contida num pântano se irrigam os campos.
Upārjitānām vittānām tyāga eva hi rakṣaṇam / taḍāgodarasamsthānām perīvāha ivāmbhasām / /
VṚDDHACĀṆAKYA (sentenças indianas), B 1307.

2928. A riqueza endurece mais rápido o coração do que a água fervente endurece um ovo.
Reichtum macht das Herz schneller hart als kochendes Wasser ein Ei.
L. BÖRNE (escritor alemão, 1786-1837), *Fragmentos e aforismos*.

2929. Supor, como todos nós fazemos, que podemos ficar ricos sem nos comportar do modo como se comportam os ricos é como supor que podemos beber todos os dias e permanecer sóbrios.
To suppose, as we all suppose, that we could be rich and not behave the way the rich behave, is like supposing that we could drink all day and stay sober.
L. P. SMITH (escritor norte-americano, 1865-1946), *Afterthoughts*, In the World.

2930. A riqueza estraga a inteligência, assim como uma refeição muito forte cobre de sono até o olho mais vivaz.
La ricchezza guasta l'intelligenza, come un pasto troppo forte vela di sonno anche l'occhio più vivace.
V. BRANCATI (escritor italiano, 1907-1954), *I piaceri*, I piaceri della povertà, 34.

2931. De nada vale possuir uma coisa sem desfrutá-la.
Οὐδὲν ἡ κτῆσις ἐὰν μὴ ἡ χρῆσις προσῇ.
ESOPO (fabulista grego, séc. VII-VI a.C.), *Fábulas*, 344.

2932. Não há prazer em possuir algo sem companhia.
Nullius boni iucunda sine socio possessio.
ERASMO DE ROTTERDAM (humanista holandês, 1466-1536), *Elogio da loucura*, XLVI.

2933. Para quem vive segundo os verdadeiros princípios, / a grande riqueza seria viver com pouco, / serenamente: o que é pouco nunca é escasso.
Quod si quis vera vitam ratione gubernet, / divitiae grandes homini sunt vivere parce / aequo animo; neque enim est umquam penuria parvi.
LUCRÉCIO (poeta latino, c. 98-55 a.C.), *Da natureza*, V, 1117-9.

2934. É grande quem sabe ser pobre na riqueza.
Magnus ille, qui in divitiis pauper est.
SÊNECA (filósofo latino, 4 a.C.-65 d.C.), *Cartas a Lucílio*, 20, 10.

2935. Ninguém se torna senhor das coisas possuindo todas elas: é preciso tornar-se senhor das coisas desprezando-as por completo.
On ne peut se rendre maître des choses en les possédant toutes: il faut s'en rendre le maître en les méprisant toutes.
J.-B. BOSSUET (escritor francês, 1627-1704), *Pensées*.

2936. O primeiro efeito de um excessivo amor pela riqueza é a perda da própria personalidade. Quanto menos se amam as coisas, mais pessoa se é.
Il primo effetto di un eccessivo amore per la ricchezza è la perdita della propria personalità. Si è tanto più persone quanto meno si amano le cose.
V. BRANCATI (escritor italiano, 1907-1954), *I piaceri*, I piaceri della povertà, 36.

2937. Até mesmo num casebre pode-se ter a doença da *riqueza*; assim como num castelo pode-se encontrar alguém no caminho da cura.

Anche in un tugurio si può essere ammalati di ricchezza; *come in un castello ci si può trovare in via di guarirne.*
V. BRANCATI (escritor italiano, 1907-1954), *I piaceri*, I piaceri della povertà, 52.

2938. A riqueza assemelha-se à água do mar: quanto mais alguém bebe dela, mais sede tem.
Der Reichtum gleicht dem Seewasser; je mehr man davon trinkt, desto durstiger wird man.
A. SCHOPENHAUER (filósofo alemão, 1788-1860), *Aforismos sobre a sabedoria de vida*, III, Daquilo que se tem.

2939. O povo assobia para mim, mas eu me aplaudo sozinho, / em minha casa, quando contemplo as riquezas que guardo no cofre.
Populus me sibilat; at mihi plaudo / ipse domi, simul ac nummos contemplor in arca.
HORÁCIO (poeta latino, 65-8 a.C.), *Sátiras*, I, 1, 66-7.

2940. Não chames de feliz quem possui / muitas riquezas; consagra-se / esse termo mais a quem sabe cuidar / com sabedoria dos dons dos deuses, // e a quem sabe suportar a dura pobreza; / a quem teme mais a desonra do que a morte, / e não hesita em perder a vida / pelos caros amigos ou pela pátria.
Non possidentem multa vocaveris / recte beatum: rectius occupat / nomen beati, qui deorum / muneribus sapienter uti // duramque callet pauperiem pati / peiusque leto flagitium timet, / non ille pro caris amicis / aut patria timidus perire.
HORÁCIO (poeta latino, 65-8 a.C.), *Odes*, IV, 9, 45-52.

2941. É grande quem usa vasos de argila como se fossem de prata, mas não é inferior quem usa vasos de prata como se fossem de argila. Uma alma fraca não sabe suportar a riqueza.
Magnus ille est, qui fictilibus sic utitur quemadmodum argento, nec ille minor est qui sic argento utitur quemadmodum fictilibus. Infirmi animi est pati non posse divitias.
SÊNECA (filósofo latino, 4 a.C.-65 d.C.), *Cartas a Lucílio*, 5, 6.

2942. A riqueza é remédio para muitos problemas.

Πλοῦτος δὲ πολλῶν ἐπικάλυμμ' ἐστὶν κακῶν.

MENANDRO (comediógrafo grego, 342-291 a.C.), *A moça beócia*, frag. 90.

2943. Todos os meus bens estão comigo.

Omnia mea mecum sunt.

SÊNECA (filósofo latino, 4 a.C.-65 d.C.), *Cartas a Lucílio*, 9, 19.

2944. Isto vale a riqueza para os homens: que ninguém chega ao Hades / com todas as riquezas, por mais imensas que sejam, / também não poderia escapar da morte, mesmo se pagasse um preço de resgate, / nem das doenças graves, nem da funesta velhice que lhe vem no encalço.

Ταῦτ' ἄφενος θνητοῖσι· τὰ γὰρ περιώσια πάντα / χρήματ' ἔχων οὐδεὶς ἔρχεται εἰς 'Αίδεω, / οὐδ' ἂν ἄποινα διδοὺς θάνατον φύγοι οὐδὲ βαρείας / νούσους οὐδὲ κακὸν γῆρας ἐπερχόμενον.

TEÓGNIS DE MÉGARA (poeta grego, séc. VI-V a.C.), *Elegias*, I, 725-8.

2945. Quando lhe disseram que era hora de deixar seus bens para pensar na alma, saiu no galinheiro feito um louco, cambaleando, e ia matando a pauladas seus patos e seus perus, e berrava: "Meus bens, venham comigo!".

Quando gli dissero che era tempo di lasciare la sua roba, per pensare all'anima, uscì nel cortile come un pazzo, barcollando, e andava ammazzando a colpi di bastone le sue anitre e i suoi tacchini, e strillava: "Roba mia, vientene con me!"

G. VERGA (escritor italiano, 1840-1922), *Novelle rusticane*, La roba.

2946. Isso é uma injustiça de Deus, depois de se ter consumido a vida inteira para adquirir bens, quando se consegue tê-los e ainda se queria mais, tem-se de deixá-los!

Questa è una ingiustizia di Dio, che dopo di essersi logorata la vita ad acquistare della roba, quando arrivate ad averla, che ne vorreste ancora, dovete lasciarla!

G. VERGA (escritor italiano, 1840-1922), *Novelle rusticane*, La roba.

2947. Não se deve querer parecer mais rico do que se é.

Man muß nicht reicher scheinen wollen, als man ist.

G. E. LESSING (filósofo alemão, 1729-1781), *Minna von Barnhelm*, III, 7.

2948. O homem rico se acha sábio, mas o pobre que é prudente o sondará.

   Sapiens sibi videtur vir dives: pauper autem prudens scrutabitur eum.

   Provérbios (livro sapiencial do Antigo Testamento), XXVIII, 11.

2949. Havia dois meninos muito bonitos, loiros, filhos de gente rica: todos os filhos de gente rica são loiros e iguais, os filhos dos assalariados rurais calabreses são escuros e desiguais.

   C'erano due bambini molto belli, biondi, figli di ricchi: tutti i figli dei ricchi sono biondi e uguali, i figli dei braccianti calabresi sono scuri e disuguali.

   P. Villaggio (ator italiano, nascido em 1938), *Fantozzi*, Fantozzi sul treno dei ricchi.

2950. É mais fácil um camelo passar pelo buraco de uma agulha do que um rico entrar no reino dos céus.

   Facilius est camelum per foramen acus transire, quam divitem intrare in regnum caelorum.

   São Mateus (evangelista), XIX, 24.

2951. Um grande provérbio / estimado pelo Poder / diz que ser / está em ter.

   Un gran proverbio / caro al Potere / dice che l'essere / sta nell'avere.

   G. Giusti (poeta dialetal italiano, 1809-1850), *Versi*, Gingillino, I, 26.

2952. Aqui, quem tem é: e quem não tem, Pasquale, / nem é visto no mundo de hoje.

   Qua chi ha, è: e chi non ha, Pasquale, / ar monno d'oggidì manco se guarda.

   G. G. Belli (poeta italiano, 1791-1863), *Sonetti*, Le funzione de Palazzo.

2953. Se tens um asse, vales um asse; se tens mais, vales mais.

   Assem habeas, assem valeas; haber, habeberis.

   Petrônio Árbitro (escritor latino, morto em 66 d.C.), *Satyricon*, 77, 6.

2954. A que não obrigas os corações humanos, / execrável fome de ouro!

Quid non mortalia pectora cogis / auri sacra fames!
Virgílio (poeta latino, 70-19 a.C.), *Eneida*, III, 56-7.

2955. Chamou-se de idade do ouro aquela em que ouro não havia.
Dicesi età dell'oro quella in cui oro non c'era.
C. Dossi (escritor italiano, 1849-1910), *Note azzurre*, n. 1315.

2956. Considero a piedade do rico para com o pobre injuriosa e contrária à fraternidade humana.
Je tiens la pitié du riche envers le pauvre pour injurieuse et contraire à la fraternité humaine.
A. France (escritor francês, 1844-1924), *L'affaire Crainquebille.*

2957. Existem dois tipos de pessoas que merecem ser jogadas na água com uma pesada pedra amarrada ao pescoço: o rico que não dá e o pobre que não se entrega à ascese.
dvāv ambhasi vinikṣepyau gāḍham baddhvā gale śilām / dhaninaṃ cāpradātāraṃ daridraṃ cātapasvinam //
Mahābhārata (poema épico indiano, séc. II-III d.C.), B 3007.

2958. Sou rico? Todos estão prontos a me dar a própria pele; / sou pobre? Ninguém quer me dar nem uma moeda.
Sum riccus, quisquis pro me vult ponere vitam; / Sum pauper, nemo pro me vult spendere bezzum.
T. Folengo (poeta italiano, 1491-1544), *Baldus*, IV, 229-30.

2959. Aqui todos pretendem viver como ricos / sem ter nenhum dinheiro.
Hic vivimus ambitiosa / paupertate omnes.
Juvenal (poeta latino, c. 50/65-140), *Sátiras*, III, 182-3.

2960. Pobre entre grandes riquezas.
Magnas inter opes inops.
Horácio (poeta latino, 65-8 a.C.), *Odes*, III, 16, 28.

2961. *Mérito é o que dizeis? Ah, pobres ingênuos! / O dinheiro, esse sim é que é mérito, irmãos. / Apenas os ricos são bons, bonitos, / amáveis, jovens e sábios.*

Merito *dite? eh poveri merlotti! / Li quadrini, ecco er merito, fratelli. / Li ricchi soli sò boni, sò belli, / sò grazziosi, sò gioveni e sò dotti.*

G. G. BELLI (poeta dialetal italiano, 1791-1863), *Sonetti*, Er merito.

2962. Aqueles que dispõem de meios pensam que a coisa mais importante no mundo seja o amor. Os pobres sabem que é o dinheiro.

Those who have some means think that the most important thing in the world is love. The poor know that it is money.

G. BRENAN (escritor inglês, 1894-1987), *Thoughts in a Dry Season*.

A pobreza

2963. O grito do pobre sobe até Deus, mas não chega aos ouvidos do homem.

Le cri du pauvre monte jusqu'à Dieu, mais il n'arrive pas à l'oreille de l'homme.

F.-R. DE LAMENNAIS (escritor francês, 1782-1854), *Palavras de um homem de fé*.

2964. Bem-aventurados os pobres de espírito, porque deles é o reino dos céus.

Beati pauperes spiritu, quoniam ipsorum est regnum caelorum.

SÃO MATEUS (evangelista), V, 3.

2965. O homem esquecido no fundo da pirâmide econômica.

The forgotten man at the bottom of the economic pyramid.

F. D. ROOSEVELT (presidente norte-americano, 1882-1945), *Discursos*, 2/7/1932.

2966. Um pobre que quer fazer dinheiro não consegue juntá-lo; o dinheiro se pega com o dinheiro, assim como os grandes elefantes com outros elefantes.

Un povero, che vuol far quattrini, non riesce a metterli insieme; il denaro si prende col denaro, come i grandi elefanti con altri elefanti.

MAHĀBHĀRATA (poema épico indiano, séc. II-III d.C.), XII, 220, trad. para o it. P. E. Pavolini.

2967. Não é preciso muito para fazer os pobres parecerem trapaceiros.

I poveri, ci vuol poco a farli comparir birboni.

A. Manzoni (escritor italiano, 1785-1873), *I promessi sposi*, XXIV.

2968. Para os ricos, a pobreza é uma anomalia. É muito difícil entender por que as pessoas que querem comer não tocam o sininho para mandar trazer o jantar.

Poverty is an anomaly to rich people. It is very difficult to make out why people who want dinner do not ring the bell.

W. Bagehot (economista e jornalista inglês, 1826-1877), *Literary Studies*, II.

2969. A pobreza e a esperança são mãe e filha. Ao se entreter com a filha, esquece-se da mãe.

Die Armut und die Hoffnung sind Mutter und Tochter. Indem man sich mit der Tochter unterhält, vergiβt man die andere.

Jean Paul (escritor alemão, 1763-1825).

2970. A própria pobreza torna orgulhosas as pessoas que não a merecem.

Armut selbst macht stolz, die unverdiente.

J. W. Goethe (escritor alemão, 1749-1832), *Hermano e Dorotéia*, VI, 241.

2971. As boas qualidades de um pobre podem muito bem existir, mas não reluzem; do mesmo modo como as criaturas são iluminadas pelo sol, as boas qualidades são iluminadas pela riqueza.

santo 'pi na virājante hīnārthasyetare guṇāh / āditya iva bhūtānāṃ śrīr guṇānām prakāśinī //

Pañcatantra (coletânea indiana de fábulas), B 6795.

2972. Aplaudem-se as tolices de um rico enquanto nem se dá ouvidos às máximas de um pobre.

Son aplaudidas las necedades de un rico, cuando las sentencias de un pobre no son escuchadas.

G. Gracián y Morales (escritor espanhol, 1601-1658).

2973. A miséria também é uma herança.

Anche la miseria è un'eredità.
R. Bacchelli (escritor italiano, 1891-1985), *Il diavolo al Pontelungo*, II, 12.

2974. Quando a bolsa se estreita, a consciência se alarga.

Quand la bourse se rétrécit, la conscience s'élargit.
N. Du Fail (escritor francês, c. 1520-1591), *Contes et Discours d'Eutrapel*, 31.

2975. Pois o jovenzinho enfrentou a ira do pai / por amor a tal mulher [a pobreza], que, como a morte, / ninguém recebe de maneira calorosa; // e diante da sua corte espiritual / *et coram patre* uniu-se a ela; / depois amou-a cada dia com mais força.

Ché per tal donna, giovinetto, in guerra / del padre corse, a cui, come a la morte, / la porta del piacer nessun diserra; // e dinanzi a la sua spiritual corte / et coram patre *le si fece unito; / poscia di dì in dì l'amò più forte.*
D. Alighieri (poeta italiano, 1265-1321), *Paraíso*, XI, 58-63. Refere-se a São Francisco e à Pobreza.

2976. A pior coisa que a miséria te oferece / é a de fazer-te ridículo diante de todos.

Nil habet infelix paupertas durius in se / quam quod ridiculos homines facit.
Juvenal (poeta latino, c. 50/65-140), *Sátiras*, III, 152-3.

2977. A miséria habitua o homem a estranhos companheiros de cama.

Misery acquaints a man with strange bedfellows.
W. Shakespeare (dramaturgo inglês, 1564-1616), *A tempestade*, II, 2.

2978. É muito difícil que emerjam aqueles a cujas virtudes a escassez do patrimônio / é um obstáculo insuperável.

Haud facile emergunt, quorum virtutibus obstat / res angusta domi.
Juvenal (poeta latino, c. 50/65-140), *Sátiras*, III, 164-5.

2979. Entre nós é vergonhoso reconhecer a própria pobreza; mas pior do que isso é não esforçar-se para escapar dela.

Τὸ πένεσθαι οὐχ ὁμολογεῖν τινὶ αἰσχρόν, ἀλλὰ μὴ διαφεύγειν ἔργῳ αἴσχιον.

TUCÍDIDES (historiador grego, c. 460-c. 404 a.C.), *História da Guerra do Peloponeso*, II, 40.

2980. É um grande esforço para o pobre obter o que lhe falta, e também um grande trabalho para o rico conservar o que lhe sobra.

Gran pena es al pobre procurar lo que le falta, y también muy gran trabajo al rico guardar lo que le sobra.

A. DE GUEVARA (escritor espanhol, 1480-1545).

O luxo

2981. O luxo... (que eu definiria como "o amor imoderado e o uso das comodidades supérfluas e pomposas") corrompe igualmente todas as classes diversas numa nação.

Il lusso... (che io definirei "l'immoderato amore ed uso degli agi superflui e pomposi") corrompe in una nazione ugualmente tutti i ceti diversi.

V. ALFIERI (escritor italiano, 1749-1803), *Della Tirannide*, I, 13.

2982. Odeio, jovem, o luxo dos persas / e as coroas entrelaçadas de tília; / não procures para mim onde esmorece / a última rosa. // Não quero que te preocupes, o mirto / me basta. A ti, servo, convém / apenas o mirto, e a mim também, que bebo sob densa pérgula.

Persicos odi, puer, apparatus, / displicent nexae philyra coronae; / mitte sectari, rosa quo locorum / sera moretur. // Simplici myrto nihil allabores / sedulus curo: neque te ministrum / dedecet myrtus neque me sub arta / vite bibentem.

HORÁCIO (poeta latino, 65-8 a.C.), *Odes*, I, 38.

2983. A coisa mais triste que posso imaginar é habituar-me ao luxo.

The saddest thing I can imagine is to get used to luxury.

CH. CHAPLIN (ator e cineasta inglês, 1889-1977), *My Autobiography*.

O dinheiro

2984. Para se desprezar o dinheiro é preciso justamente tê-lo, e muito.
Per disprezzare il denaro bisogna appunto averne, e molto.
C. PAVESE (escritor italiano, 1908-1950), *Il mestiere di vivere*, 2/2/1938.

2985. O desprezo pelo dinheiro é freqüente, sobretudo naqueles que não o possuem.
Le dédain de l'argent est fréquent, surtout chez ceux qui nén ont pas.
G. COURTELINE (escritor francês, 1860-1929), *La philosophie de G. C.*

2986. Dinheiro. À primeira vista se percebe se alguém o tem, à segunda, há quanto tempo.
Denaro. Alla prima occhiata si vede se uno ce l'ha, alla seconda da quanto.
L. SOTIS (jornalista italiana), atribuído.

2987. O dinheiro é como o adubo, não é bom se não for distribuído.
Money is like muck, not good except it be spread.
F. BACON (filósofo inglês, 1561-1626), *Essays*, XV, Of Seditions and Troubles.

2988. Os que acreditam que o dinheiro faz tudo provavelmente estão dispostos a fazer tudo pelo dinheiro.
Ceux qui croient que l'argent fait tout, sont sans doute disposés à tout faire pour de l'argent.
H. BEAUCHESNE (editor francês, nascido em 1898), *Maximes*.

2989. Os bons parentes, diga quem quiser, / a quem pode tê-los, são os florins. / Estes são irmãos de sangue e verdadeiros primos, / e pai e mãe, filhos e filhas.
I buon parenti, dica chi dir vuole, / a chi ne può aver, sono i fiorini. / Quei son fratei carnali e ver cugini, / e padre e madre, figliuoli e figliuole.
C. ANGIOLIERI (poeta italiano, c. 1260-1310), *Rime*, sonetto: I buon parenti, dica chi dir vuole, 1-4.

2990. Acredito na Casa da Moeda onipotente / e na sua filha, chamada Moeda de Ouro Puro, / na Letra de Câmbio e na Conta corrente...

Io credo nella Zecca onnipotente / e nel figliolo suo detto Zecchino, / nella Cambiale e nel Conto corrente...
G. Giusti (poeta italiano, 1809-1850), *Versi*, Gingillino, III.

2991. O dinheiro fala sensatamente numa língua que todas as nações entendem.
Money speaks sense in a language all nations understand.
A. Behn (escritora inglesa, 1640-1689), *The Rover*, II, 3, 1.

2992. Quanto mais o dinheiro aumenta, mais cresce a vontade de possuí-lo.
Crescit amor nummi quantum ipsa pecunia crevit.
Juvenal (poeta latino, c. 50/65-140), *Sátiras*, XIV, 139.

2993. O dinheiro, sozinho, governa todas as coisas.
Pecunia una regimen est rerum omnium.
Públio Siro (poeta latino, séc. I a.C.), *Sentenças*, 656.

2994. Disseram que o amor pelo dinheiro é a raiz de todos os males. O mesmo se pode dizer da falta de dinheiro.
It has been said that the love of money is the root of all evil. The want of money is so quite as truly.
S. Butler (escritor inglês, 1835-1902), *Erewhon*, XX.

2995. Não há nada pior do que o dinheiro / na sociedade humana.
Οὐδὲν γὰρ ἀνθρώποισιν οἷον ἄργυρος / κακὸν νόμισμ' ἔβλαστε.
Sófocles (trágico grego, 496-406 a.C.), *Antígona*, 295-6.

2996. Os homens esquecem mais rapidamente a morte do pai do que a perda do patrimônio.
Li uomini sdimenticano più presto la morte del padre che la perdita del patrimonio.
N. Maquiavel (político e escritor italiano, 1469-1527), *O príncipe*, XVII, 3.

2997. Prefiro um homem sem dinheiro a dinheiro sem homem.
Ζητεῖν ἄνδρα χρημάτων δεόμενον μᾶλλον ἢ χρήματα ἀνδρός.

TEMÍSTOCLES (político grego, c. 528-462 a.C.), quando escolheu entre dois pretendentes à mão da sua filha, preferindo o mais virtuoso ao mais rico; citado em PLUTARCO, *Vidas paralelas*, Temístocles, 18.

2998. Essa história de que dinheiro não dá felicidade é um boato espalhado pelos ricos para que os pobres não tenham muita inveja deles.

Eso de que el dinero no da la felicidad son voces que hacen correr los ricos para que los pobres no les envidien demasiado.

J. BENAVENTE Y MARTÍNEZ (dramaturgo espanhol, 1866-1954).

2999. Todo dinheiro tem um pecado original. E a única maneira de redimir-se é gastá-lo.

Todo dinero tiene un pecado original. Y la única manera de redimirse, es gastarlo.

J. BENAVENTE Y MARTÍNEZ (dramaturgo espanhol, 1866-1954).

3000. Ganha dinheiro honestamente, / se puderes, se não, como puderes.

Rem facias, rem, / si possis, recte, si non, quocumque modo rem.

HORÁCIO (poeta latino, 65-8 a.C.), *Epístolas*, I, 1, 65-6.

3001. O dinheiro que se possui é o instrumento da liberdade; aquele que se persegue é o instrumento da escravidão.

L'argent qu'on possède est l'instrument de la liberté; celui qu'on pourchasse est celui de la servitude.

J.-J. ROUSSEAU (filósofo e escritor francês, 1712-1778), *Les confessions*.

3002. Quem não tem dinheiro na bolsa, que tenha mel na boca.

Qui n'a pas d'argent en bourse, qu'il ait du miel en bouche.

B. DE MONLUC (memorialista francês, 1502-1577), *Commentaires*.

3003. Nada hipnotiza e inebria mais do que o dinheiro: quando ele é muito, o mundo parece melhor do que é.

Ничто так не усыпляет и не опьяняет как деньги, когда их много, то мир кажется лучше, чем он есть.

A. P. TCHEKHOV (escritor russo, 1860-1904).

3004. Quem tem dinheiro paga, mas nunca paga caro.
Chi ha denaro paga, ma mai di persona.
C. Alvaro (escritor italiano, 1895-1956), *Quasi una vita*, 1936.

O ganho

3005. Para ganhar é preciso gastar.
Sumtum faciat, oportet, qui quaerit lucrum.
Erasmo de Rotterdam (humanista holandês, 1466-1536), *Colóquios*, Caronte.

3006. Para ser suficientemente esperto para ganhar todo aquele dinheiro, é preciso ser muito estúpido para querê-lo.
To be clever enough to get all that money, one must be stupid enough to want it.
G. K. Chesterton (escritor inglês, 1874-1936), *The Innocence of Father Brown*.

3007. Não gastes contando com os ganhos futuros, pois muitas vezes eles te faltam ou são menores do que o esperado.
Non spendere in sullo assegnamento de' guadagni futuri, perché molte volte o ti mancano o riescono minori del disegno.
F. Guicciardini (escritor político italiano, 1483-1540), *Ricordi*, C, 55.

A economia

3008. Quem não descuida o soldo e o quatrim / pouco a pouco chega ao cequim.
Chi non trascura il soldo ed il quattrino / adagio adagio arriva allo zecchino.
F. Pananti (poeta italiano, 1766-1837), *Il paretaio*.

3009. Economia significa ficar sem alguma coisa que se deseja intensamente, caso um dia você venha a querer algo de que provavelmente não terá necessidade.
Economy is going without something you do want in case you should, some day, want something you probably won't want.
A. Hope (escritor inglês, 1863-1933), *The Dolly Dialogues*, n. 12.

3010. Se acrescentas pouco ao pouco, / mas com freqüência, logo esse pouco passará a ser muito.

> Εἰ γάρ κεν καὶ σμικρὸν ἐπὶ σμικρῷ καταθεῖο / καὶ θαμὰ τοῦτ' ἔρδοις, τάχα κεν μέγα καὶ τὸ γένοιτο.
>
> HESÍODO (poeta grego, séc. VIII-VII a.C.), *Os trabalhos e os dias*, 361-2.

O empréstimo

3011. Não peças emprestado nem emprestes.

> *Neither a borrower, nor a lender be.*
>
> W. SHAKESPEARE (dramaturgo inglês, 1564-1616), *Hamlet*, I, 3, 75.

3012. Emprestai aos pobres e pedi emprestado aos ricos, que logo sereis abandonados por uns e por outros.

> *Prestate ai poveri, e domandate prestito ai ricchi, e voi sarete subito abbandonati dagli uni e dagli altri.*
>
> SAADI (literato persa, 1184-1291), *O jardim das rosas*.

A propriedade

3013. O primeiro que, depois de ter cercado um terreno, teve a idéia de dizer: "Isto me pertence", e encontrou pessoas bastante simples para acreditar nisso, foi o verdadeiro fundador da sociedade civil. Quantos crimes, quantas guerras, quantos homicídios, quantas misérias e quantos horrores não teria poupado ao gênero humano aquele que, arrancando as estacas e enchendo o fosso, tivesse gritado aos seus semelhantes: "Cuidado para não cairdes na conversa deste impostor; estais perdidos e esqueceis que os frutos são de todos, e que a terra não é de ninguém!"

> *Le premier qui, ayant enclos un terrain, s'avisa de dire: "Ceci est à moi" et trouva des gens assez simples pour le croire, fut le vrai fondateur de la société civile. Que de crimes, de guerres, de meurtres, que de misères et d'horreurs n'eût point épargnés au genre*

humain celui qui, arrachant les pieux et comblant le fossé, eût crié à ses semblabes: "Gardez-vous d'écouter cet imposteur; vous êtes perdus et vous oubliez que les fruits sont à tous, et que la terre n'est à personne!".

J.-J. ROUSSEAU (filósofo e escritor francês, 1712-1778), *Discurso sobre a origem e os fundamentos da desigualdade entre os homens*.

3014. A propriedade tem os seus deveres bem como os seus direitos.

Property has its duties as well as its rights.

TH. DRUMMOND (político britânico, 1797-1840), carta ao conde de Donoughmore, 22/5/1838.

3015. A propriedade é um roubo organizado.

Property is organised robbery.

G. B. SHAW (comediógrafo irlandês, 1856-1950), *Major Barbara*, Prefácio.

3016. Uma vaca pertence ao bezerro, ao pastor, ao proprietário e ao ladrão que a rouba; mas a sentença diz que a vaca é de quem bebe seu leite.

Una mucca appartiene al vitello, al pastore, al padrone e al ladro che la ruba; ma la sentenza dice che la mucca è di chi ne beve il latte.

MAHĀBHĀRATA (poema épico indiano, séc. II-III d.C.), XII, 6489, trad. para o it. P. E. Pavolini.

O furto

3017. Que o ladrão e a ladra tenham a mão cortada; esta será a recompensa pelo que fizeram e a punição da parte de Deus; pois Deus é poderoso e sábio.

ALCORÃO (livro sagrado islâmico), Surata V, 38.

3018. Rouba um prego, e serás enforcado como um malfeitor; rouba um reino, e tornar-te-ás duque.

CHUANG-TZU (filósofo chinês, 369-286 a.C.), *A abertura dos baús ou um protesto contra a civilização*.

3019. Os ladrões de bens particulares passam a vida na prisão e acorrentados; aqueles de bens públicos, nas riquezas e nas honrarias.

Fures privatorum furtorum in nervo atque in compedibus aetatem agunt, fures publici in auro atque in purpura.

CATÃO, O CENSOR (político e escritor latino, 239-149 a.C.), citado em AULO GÉLIO, *Noites Áticas*, XI, 18, 18.

3020. Dizem que tudo o que é roubado / tem mais sabor.

Que todo lo que es hurtado / dicen que sabe mejor.

TIRSO DE MOLINA (dramaturgo espanhol, 1584-1648).

O RISO

O riso

3021. O dia mais perdido de todos é aquele em que não se riu.
La plus perdue de toutes les journées est celle où l'on n'a pas ri.
N. DE CHAMFORT (escritor francês, c. 1740-1794), *Máximas e pensamentos.*

3022. Um homem que tenha rido com gosto ao menos uma vez na vida não pode ser de todo irremediavelmente ruim.
No man who has once heartily and wholly laughed can be altogether irreclaimably bad.
TH. CARLYLE (historiador escocês, 1795-1881), *Sartor Resartus*, I, 4.

3023. Tenho certeza de que, desde que pude fazer pleno uso da minha razão, nunca ninguém me ouviu rir.
I am sure that since I have had the full use of my reason, nobody has ever heard me laugh.
PH. D. CHESTERFIELD (estadista inglês, 1694-1773), *Letters to his Son*, 9/3/1748.

3024. Rir sobre o que é ridículo não chega a ser um pecado.
Смеяться, право, не грешно, над тем, что кажется смешно.
N. M. KARAMZIN (escritor russo, 1766-1826), *Carta a A. A. Plesceev*, 1796.

3025. O riso é a fraqueza, a corrupção, a insipidez da nossa carne.
Il riso è la debolezza, la corruzione, l'insipidità della nostra carne.
U. ECO (escritor italiano, nascido em 1932), *O nome da rosa*, sétimo dia: Noite.

3026. O que impede de dizer a verdade / rindo?
Quamquam ridentem dicere verum / quid vetat?
HORÁCIO (poeta latino, 65-8 a.C.), *Sátiras*, I, 1, 24-5.

3027. Apenas o homem ri, / e nenhum outro animal; / apenas ele ri, e ninguém teria mais que chorar.

Solamente el hombre ríe, / y ningún otro animal; / él sólo ríe, y ninguno / tiene más que llorar.

F. DE LA TORRE (poeta espanhol, séc. XVII), *Poesías*.

3028. Apresso-me em rir de tudo, por medo de ter de ser obrigado a chorar.

Je me presse de rire de tout, de peur d'être obligé d'en pleurer.

P.-A. DE BEAUMARCHAIS (comediógrafo francês, 1732-1799), *O barbeiro de Sevilha*, I, 2.

3029. Ri, e o mundo rirá contigo; / chora, e serás o único a chorar.

Laugh, and the world laughs with you; / Weep, and you weep alone.

E. W. WILCOX (poeta norte-americano, 1850-1919), *The Way of the World*.

3030. Ele ri. Por qualquer ocasião, em qualquer lugar, / qualquer coisa que faça, ele ri. Tem essa doença, / pouco elegante, parece-me, e tampouco educada.

Renidet ille. Quidquid est, ubicumque est, / quodcumque agit, renidet: hunc habet morbum, / neque elegantem, ut arbitror, neque urbanum.

CATULO (poeta latino, 87-54 a.C.), *Poesias*, XXXIX, 6-8.

3031. Não há nada mais estúpido do que um sorriso estúpido.

Nam risu inepto res ineptior nulla est.

CATULO (poeta latino, 87-54 a.C.), *Poesias*, XXXIX, 16.

3032. É melhor escrever de risos do que de lágrimas, / pois o riso é o apanágio do homem.

Mieux est de ris que de larmes écrire, / Pour ce que rire est le propre de l'homme.

F. RABELAIS (escritor francês, c. 1494-1553), *Vida inestimável do grande Gargântua, pai de Pantagruel,* Aos leitores.

3033. O simples fato de rir alto vos dá uma superioridade assegurada em relação a todos os presentes ou circunstantes, sem exceção. Terrível e *awful* é a potência do riso: quem tem a coragem de rir é senhor dos outros, do mesmo modo como quem tem a coragem de morrer.

Il semplice rider alto vi dà una decisa superiorità sopra tutti gli astanti o circostanti senza eccezione. Terribile ed awful è la potenza del riso: chi ha il coraggio di ridere, è padrone degli altri, come chi ha il coraggio di morire.

G. LEOPARDI (poeta italiano, 1798-1837), *Zibaldone*, VII, 329, 3.

3034. Sois feliz e contente, como uma brincadeira poderia ferir-vos? / Mas aquele que sofre sente dor até quando lhe tocam levemente.

Ihr seid glücklich und froh, wie sollt' ein Scherz euch verwunden! / Doch der Krankende fühlt auch schmerzlich die leise Berührung.

J. W. GOETHE (escritor alemão, 1749-1832), *Hermano e Dorotéia*, IX, 137-8.

O divertimento

3035. Se um homem quiser ocupar-se incessantemente de coisas sérias e não se abandonar de vez em quando ao divertimento, sem perceber, fica louco ou idiota.

["Ἄνθρωπος] εἰ ἐθέλοι κατεσπουδάσθαι αἰεὶ μηδὲ ἐς παιγνίην τὸ μέρος ἑωυτὸν ἀνιέναι, λάθοι ἂν ἤτοι μανεὶς ἢ ὅ γε ἀπόπληκτος γενόμενος.

HERÓDOTO (historiador grego, c. 484-430 a.C.), *Histórias*, II, 173.

3036. Lembra-te bem de que os homens, por mais que ouças dizer "tal tem quarenta, cinquenta, sessenta anos, ou mais", embora nunca deixem de envelhecer, têm de ser sempre considerados como jovens; de fato, eles não fazem outra coisa senão mudar de brincadeiras com o passar dos anos, o que lhes permite ter entre si as brincadeiras da infância de seis anos, aquelas da puerilidade dos doze, e dos vinte, e dos trinta, e de todos os outros; no entanto, são brincadeiras, e cada idade tem a sua criancice, de modo que as rugas são defeitos do corpo, mas não do intelecto.

Ricordati bene che gli uomini, per quanto tu oda dire: il tale ha quaranta, cinquanta, sessant'anni, o più; non è però vero che mai sieno invecchiati, ma gli hai a giudicare sempre fanciulli, i quali altro non fanno in effetto, fuorché cambiare scherzi con gli anni; onde hanno fra loro i giuochi della fanciullezza de' sei anni, quelli della bambineria di dodici, e di venti, e di trenta, e di tutti gli altri; ma sono tuttavia giuochi, e ogni età ha la fanciullaggine sua, sicché le grinze sono magagne del corpo, ma non dell'intelletto.

G. Gozzi (escritor italiano, 1713-1786), *L'Osservatore veneto*, XXIV.

3037. A moderação nos passatempos é remédio para a vida; e vejo magros, franzinos e desajeitados tanto os que pensam apenas no divertimento, quanto os que fazem aqueles benditos trabalhos pesados.

La misura ne' passatempi è rimedio della vita; ed io tanto veggo magri, sparuti e disossati quelli che non pensano ad altro che al sollazzo, quanto quelli che tirano continuamente quella benedetta carretta delle faccende.

G. Gozzi (escritor italiano, 1713-1786), *L'Osservatore veneto*, II.

3038. O divertimento é a felicidade daqueles que não sabem pensar.

Amusement is the happiness of those that cannot think.

A. Pope (poeta inglês, 1688-1744), *Thoughts on Various Subjects*.

3039. Para se ter uma idéia da miséria dos nossos compatriotas, basta ver como se divertem.

One way of getting an idea of our fellow countrymen's miseries is to go and look at their pleasures.

G. Eliot (escritora inglesa, 1819-1880), *Felix Holt*.

O humorismo

3040. Todo humorismo sublime começa com a renúncia de se levar a sério a própria pessoa.

Aller höher Humor fängt damit an, daß man die eigene Person nicht mehr ernst nimmt.

H. Hesse (escritor alemão, 1877-1962), *O lobo da estepe*.

3041. A inconveniência é a alma do humorismo.

Impropriety is the soul of wit.

W. S. MAUGHAM (escritor inglês, 1874-1965), *The Moon and Sixpence*, 4.

3042. Os Humoristas dizem coisas sensatas revestidas de loucura, e loucuras revestidas de sensatez.

Gli Umoristi dicono cose savie vestite di pazzia, e pazzie vestite di saviezza.

C. DOSSI (escritor italiano, 1849-1910), *Note azzurre*, n. 2384.

3043. Os homens podem confessar uma traição, um assassinato, um incêndio premeditado, uma dentadura ou uma peruca. Quantos vão confessar não ter senso de humor?

Men will confess to treason, murder, arson, false teeth, or a wig. How many of them will own up to a lack of humour?

F. M. COLBY (editor norte-americano, 1865-1925), *Essays*, I.

3044. O cômico é riso; o humorismo, sorriso.

Il comico è riso, l'umorismo sorriso.

C. DOSSI (escritor italiano, 1849-1910), *Note azzurre*, n. 2429.

3045. O cômico é justamente uma *advertência do contrário*. Mas se a reflexão acabar por intervir dentro de mim... então não posso mais rir como antes, pois a reflexão, trabalhando em mim, fez-me ir além daquela primeira advertência, ou melhor, mais profundamente: daquela primeira *advertência do contrário* me fez passar a esse *sentimento do contrário*. E toda a diferença entre o cômico e o humorístico está nisso.

Il comico è appunto un avvertimento del contrario. *Ma se ora interviene in me la riflessione... ecco che io non posso più ridernecome prima, perché appunto la riflessione, lavorando in me, mi ha fatto andar oltre a quel primo avvertimento, o piuttosto, più addentro: da quel primo* avvertimento del contrario *mi ha fatto passare a questo* sentimento del contrario. *Ed è tutta qui la differenza tra il comico e l'umoristico.*

L. PIRANDELLO (escritor italiano, 1867-1936), *L'umorismo*, II, 2.

3046. O senso de ironia é uma forte garantia de liberdade.

Le sens de l'ironie est une forte garantie de liberté.

M. BARRÈS (escritor francês, 1862-1923), *Sous l'oeil des Barbares*.

3047. O humorista corre com a lebre, o satirista caça com os cães.
The humorist runs with the hare; the satirist hunts with the hounds.
R. Knox (sacerdote católico inglês, 1888-1957).

A sátira

3048. É difícil não escrever sátiras.
Difficile est satiram non scribere.
Juvenal (poeta latino, c. 50/65-140), *Sátiras*, I, 30.

3049. Aonde a espada da lei não chega, o açoite da sátira alcança.
Куда не достигает меч законов, туда достигает бич сатиры.
A. S. Pushkin (escritor russo, 1799-1837).

A argúcia

3050. Melhor e mais contundente do que um ataque severo, / a facécia põe fim até nas grandes questões.
Ridiculum acri / fortius et melius magnas plerumque secat res.
Horácio (poeta latino, 65-8 a.C.), *Sátiras*, I, 10, 14-5.

3051. A argúcia é uma explosão do espírito aprisionado.
Witz ist eine Explosion von gebundnem Geist.
F. von Schlegel (escritor alemão, 1772-1829), *Lyceum*, Fragmentos.

3052. A argúcia e o humor devem ser administrados com cautela, assim como todas as substâncias corrosivas.
Witz und Laune müssen wie alle korrosiven Sachen mit Sorgfalt behandelt werden.
G. Ch. Lichtenberg (cientista e escritor alemão, 1742-1799), *Observações e pensamentos*.

3053. Por um dito espirituoso, mataria meu pai e minha mãe. Felizmente sou órfão.

Pour faire un mot drôle, je tuerais père et mère. Heureusement que je suis orphelin.
M. ACHARD (comediógrafo francês, 1899-1974), *Patate*.

3054. A brevidade é a alma da argúcia.
Brevity is the soul of wil.
W. SHAKESPEARE (dramaturgo inglês, 1564-1616), *Hamlet*, II, 2.

3055. Muitas idéias espirituosas são como o reencontro inesperado de dois pensamentos amigos depois de uma longa separação.
Manche witzige Einfälle sind wie das überraschende Wiedersehen zwei befreundeter Gedanken nach einer langen Trennung.
F. VON SCHLEGEL (escritor alemão, 1772-1829), *Athenäum*, Fragmentos.

O ridículo

3056. Nada descreve melhor o caráter dos homens do que aquilo que eles acham ridículo.
Durch nichts bezeichnen die Menschen mehr ihren Charakter als durch das, was sie lächerlich finden.
J. W. GOETHE (escritor alemão, 1749-1832), *Máximas e reflexões*, II, 11.

3057. As pessoas são ridículas apenas quando querem parecer ou ser o que não são.
Le persone non sono ridicole se non quando vogliono parere o essere ciò che non sono.
G. LEOPARDI (poeta italiano, 1798-1837), *Pensieri*, IC.

3058. Uma coisa dita apropriadamente será espirituosa em qualquer língua.
A thing well-said will be wit in all languages.
J. DRYDEN (poeta inglês, 1631-1700), *Essay on Dramatic Poesy*.

3059. Muitas vezes, o sublime e o ridículo encontram-se tão estreitamente relacionados, que é difícil classificá-los separadamente. Um passo além do sublime, e cai-se no ridículo; um passo além do ridículo, e chega-se ao sublime.

The sublime and the ridiculous are often so nearly related, that it is difficult to class them separately. One step above the sublime, makes the ridiculous; and one step above the ridiculous, makes the sublime.

TH. PAINE (escritor e político inglês, 1737-1809), *The Age of Reason*, II.

A SABEDORIA

A sabedoria

3060. A sabedoria amadurece / por meio do sofrimento.
> Τῷ πάθει μάθος / θέντα κυρίως ἔχειν.
> Ésquilo (trágico grego, c. 525-456 a.C.), *Agamêmnon*, 177-8.

3061. O homem sábio... nunca poderá ser completamente infeliz.
> *L'uomo saggio... non potrà mai essere completamente infelice.*
> G. Casanova (aventureiro italiano, 1725-1798), *Memorie scritte da lui medesimo*, XII.

3062. Um sábio não costuma ficar contente quando lhe acontece algo agradável, nem perturbar-se quando lhe acontece algo desagradável.
> *Un savio non suole rallegrarsi quando gli capita qualcosa di gradito, né suole turbarsi quando gli capita qualcosa di sgradito.*
> Bhagavadgìtā (antigo poema indiano), V, 20, trad. para o it. R. Gnoli.

3063. Os sábios são piedosos mesmo com quem não tem qualidades; a lua não deixa de iluminar as casas dos que não pertencem à casta.
> *nirguṇeṣv api sattveṣu dayāṃ kurvanti sādhavaḥ / na hi saṃharate jyotsnāṃ candras cāṇḍālaveśmasu //*
> Hitopadeśa (coletânea de novelas sânscritas), 1, 55.

3064. Um homem sábio viverá tanto nos limites da própria presença de espírito quanto nos da própria renda.
> *A wise man will live as much within his wit as his income.*
> Ph. D. Chesterfield (estadista inglês, 1694-1773), *Letters*.

3065. Nada impede alguém de ser sábio / e pensar na beleza das próprias unhas.

> Быть можно дельным человеком / И думать о красе ногтей.

A. S. Pushkin (escritor russo, 1799-1837), *Eugênio Oneguin*.

3066. Um homem nunca deveria ter vergonha de confessar que errou, pois na verdade é como dizer, em outras palavras, que hoje ele é mais sábio do que foi ontem.

> *A man should never be ashamed to own he has been in the wrong, which is but saying, in other words, that he is wiser to-day than he was yesterday.*

J. Swift (escritor inglês, 1667-1745), *Thoughts of Various Subjects*.

3067. As pessoas sempre acham que precisam envelhecer para se tornar sábias; mas, na verdade, com o passar dos anos, acabam se ocupando em manter-se tão sábias quanto eram antes.

> *Man meint immer, man müsse alt werden, um gescheit zu sein; im Grunde aber hat man bei zunehmenden Jahren zu tun, sich so klug zu erhalten, als man gewesen ist.*

J. P. Eckermann (literato alemão, 1792-1854), *Colóquios com Goethe*, 17/2/1831.

3068. Nos jovens, sabedoria demais é mau sinal.

> *Ne' giovani troppa saviezza è mal segno.*

B. Castiglione (escritor italiano, 1478-1529), *O cortesão*, II, 16.

3069. Existe mais de uma sabedoria, e todas são necessárias para o mundo; não é ruim que elas se alternem.

> *Il y a plus d'une sagesse, et toutes sont nécessaires au monde; il n'est pas mauvais qu'elles alternent.*

M. Yourcenar (escritora belga, 1903-1987), *Memórias de Adriano*.

3070. Pensa em quanto é sábio o ratinho, / que nunca confia sua vida a um único buraco.

> *Cogitato mus pusillus quam sit sapiens bestia, / aetatem qui non cubili uni umquam committit suam.*

Plauto (comediógrafo latino, c. 250-184 a.C.), *Truculentus*, 868-9.

3071. Pois não seria uma idéia muito inteligente / perder dois vivos para salvar um morto.

Che sarebbe pensier non troppo accorto, / perder duo vivi per salvar un morto.

L. Ariosto (poeta italiano, 1474-1533), *Orlando furioso*, XVIII, oitava 189.

3072. O homem sábio / rejeita o excesso / rejeita a prodigalidade / rejeita a grandeza.

L'uomo saggio / rigetta l'eccesso / rigetta la prodigalità / rigetta la grandezza.

Lao-tzu (filósofo chinês, séc. VI-V a.C.), *A regra celestial*, 29, trad. para o it. A. Castellani.

3073. Os que querem parecer sábios entre os tolos, acabam por parecer tolos entre os sábios.

Qui stultis videri eruditi volunt, stulti eruditis videntur.

Quintiliano (escritor latino, 35-95), *A instituição oratória*, X, 7, 21.

3074. Em geral, na natureza humana existe mais tolice do que sabedoria.

There is in human nature generally more of the fool than of the wise.

F. Bacon (filósofo inglês, 1561-1626), *Essays*, 12, Of Boldness.

3075. Os sábios se aproveitam dos tolos mais do que os tolos se aproveitam dos sábios, uma vez que os sábios evitam os erros dos tolos, enquanto estes últimos não imitam a prudência dos sábios.

Τοὺς δὲ φρονίμους ἔλεγε μᾶλλον ὑπὸ τῶν ἀφρόνων ἢ τοὺς ἄφρονας ὑπὸ τῶν φρονίμων ὠφελεῖσθαι· τούτους μὲν γὰρ φυλάττεσθαι τὰς ἐκείνων ἁμαρτίας, ἐκείνους δὲ τὰς τούτων μὴ μιμεῖσθαι κατορθώσεις.

Catão, o Censor (político e escritor latino, 234-149 a.C.), citado em Plutarco, *Vidas paralelas*, Marcos Catão, 9, 4.

3076. Ao homem sábio são mais úteis os seus inimigos do que ao tolo os seus amigos.

Al varón sabio más le aprovechan sus enemigos que al necio sus amigos.

B. Gracián y Morales (escritor espanhol, 1601-1658), *Oráculo manual.*

3077. Dizia o senhor Antonio da Venafra, e dizia bem: "Coloca seis ou oito sábios juntos que ficam todos loucos"; pois, como não entram em acordo, é mais fácil questionarem do que resolverem um assunto.

Diceva messer Antonio da Venafra, e diceva bene: "Metti sei o otto savi insieme, diventano tanti pazzi"; perché, non si accordando, mettono le cose più presto in disputa che in resoluzione.

F. Guicciardini (escritor político italiano, 1483-1540), *Ricordi,* C, 112.

3078. A sabedoria não pode ser transmitida. A sabedoria que um sábio tenta transmitir soa mais como loucura.

Weisheit ist nicht mittelbar. Weisheit, welche ein Weiser mitzuteilen versucht, klingt immer wie Narrheit.

H. Hesse (escritor alemão, 1877-1962), *O lobo da estepe.*

3079. Mistura à sabedoria um pouco de loucura: / é doce louquejar no momento certo!

Misce stultitiam consiliis brevem: / dulce est desipere in loco.

Horácio (poeta latino, 65-8 a.C.), *Odes,* IV, 12, 27-8.

3080. Quem não perde o juízo por certas coisas, não tem juízo para perder.

Wer über gewisse Dinge den Verstand nicht verliert, der hat keinen zu verlieren.

G. E. Lessing (filósofo alemão, 1729-1781), *Emília Galotti,* IV, 7.

3081. Uns perdem-no [o juízo] no amor, outros, na honra, / outros, percorrendo o mar em busca de riquezas; / outros, nas esperanças depositadas nos senhores, / outros, por trás das tolas práticas de magia; / outros, em pedras preciosas, outros, em obras de pintores, / e outros, em qualquer outra coisa que apreciem mais do que tudo.

Altri in amar lo [il senno] perde, altri in onori, / altri in cercar, scorrendo il mar, ricchezze; / altri ne le speranze de' signori, / altri dietro alle magiche sciocchezze; / altri in gemme, altri in opre di pittori, / et altri in altro che più d'altro apprezze.

L. ARIOSTO (poeta italiano, 1474-1533), *Orlando furioso*, XXXIV, oitava 85.

3082. Tudo retorna; e a sabedoria é vã. / A sabedoria não vale a madeira da figueira / nem o esterco no pêlo da cabra. Quero, como um sequaz de Baco, morrer de morte insana.

Tutto ritorna; e la saggezza è vana. / La saggezza non val legno ficulno / né zàccaro caprino. Io voglio, alunno / di Libero, finir di fine insana.

G. D'ANNUNZIO (escritor italiano, 1863-1938), *Laudi*, Alcyone, XXII, L'otre, 265-8.

3083. Tudo é loucura neste mundo, exceto louquejar. Tudo é digno de riso, exceto rir-se de tudo. Tudo é inutilidade, exceto as belas ilusões e as frivolidades deleitáveis.

Tutto è follia in questo mondo, fuorché il folleggiare. Tutto è degno di riso, fuorché il ridersi di tutto. Tutto è vanità fuorché le belle illusioni e le dilettevoli frivolezze.

G. LEOPARDI (poeta italiano, 1798-1837), *Zibaldone*, VI, 361, 1.

A loucura

3084. Os loucos abrem os caminhos que mais tarde serão percorridos pelos sábios.

I pazzi aprono le vie che poi percorrono i savi.

C. DOSSI (escritor italiano, 1849-1910), *Note azzurre*, n. 4971.

3085. Basta que ela comece a gritar a verdade na cara de todos. Ninguém acredita no que diz e todos a tomam por louca!

Basta che lei si metta a gridare in faccia a tutti la verità. Nessuno ci crede e tutti la prendono per pazza!

L. PIRANDELLO (escritor italiano, 1867-1936), *Il berretto a sonagli*, III.

3086. Todas as outras artes são aprendidas, mas com a da loucura se nasce.

Tutte l'altre arti s'imparano, ma con quella della pazzia ci si nasce.

P. ARETINO (escritor italiano, 1492-1556), *Lettere*, livro V, n. 73, Al cavalier Rota, abril de 1546.

3087. As únicas falsas loucuras que ainda existem são aquelas que vez por outra os sábios cometem.
Non ci sono le più false pazzie, che quelle che talor fanno i savi.
P. ARETINO (escritor italiano, 1492-1556), *La Talanta*, II, 10.

3088. Existe um prazer garantido / em ser louco e que apenas os loucos conhecem!
There is a pleasure sure / In being mad, which none but madmen know!
J. DRYDEN (poeta inglês, 1631-1700), *The Spanish Friar*, II, 1.

3089. Vocês sabem o que significa encontrar-se diante de um louco? Encontrar-se diante de alguém que sacode dos alicerces tudo o que vocês construíram dentro de si, em torno de si, a lógica, a lógica de todas as suas construções!
Trovarsi davanti a un pazzo sapete che significa? trovarsi davanti a uno che vi scrolla dalle fondamenta tutto quanto avete costruito in voi, attorno a voi, la logica, la logica di tutte le vostre costruzioni!
L. PIRANDELLO (escritor italiano, 1867-1936), *Enrico IV*, II.

3090. Abrir-se com alguém, isto sim é realmente coisa de louco!
Confidarsi con qualcuno, questo sì è veramente da pazzo!
L. PIRANDELLO (escritor italiano, 1867-1936), *Enrico IV*, III.

3091. Não é sempre, nem em toda situação que o juízo é necessário; / às vezes é melhor cometer loucuras junto aos outros.
Οὐ πανταχοῦ τὸ φρόνιμον ἁρμόττει παρόν, / καὶ συμμανῆναι δ' ἔνια δεῖ.
MENANDRO (comediógrafo grego, 342-291 a.C.), *Os vendidos*, frag. 421.

3092. Todos nós nascemos loucos. Alguns permanecem.
Nous naissons tous fous. Quelques-uns le demeurent.
S. BECKETT (escritor irlandês, 1906-1989), *Esperando Godot*.

3093. REI Qual é a maior loucura do homem? BERTOLDO Julgar-se sábio.
RE Qual è la più gran pazzia dell'uomo? BERTOLDO Il reputarsi savio.

G. C. CROCE (poeta italiano, 1550-1609), *Bertoldo e Bertoldino*, As sutilíssimas astúcias de Bertoldo: Astúcia galante de Bertoldo ao voltar diante do Rei como este lhe havia dito.

3094. Nos indivíduos, a loucura é algo raro – mas nos grupos, nos partidos, nos povos, nas épocas, é regra.

Der Irrsinn ist bei einzelnen etwas seltenes, – aber bei Gruppen, Parteien, Völkern, Zeiten die Regel.

F. W. NIETZSCHE (filósofo alemão, 1844-1900), *Além do bem e do mal*, IV, Sentenças e intermezzi.

3095. A psicologia nunca poderá dizer a verdade sobre a loucura, pois é a loucura que detém a verdade da psicologia.

Jamais la psychologie ne pourra dire sur la folie la vérité, puisque c'est la folie qui détient la vérité de la psychologie.

M. FOUCAULT (filósofo e ensaísta francês, 1926-1984), *Maladie mentale et psychologie.*

Os excessos

3096. A estrada do excesso conduz ao palácio da sabedoria.

The road to excess leads to the palace of wisdom.

W. BLAKE (poeta inglês, 1757-1827), *The Marriage of Heaven and Hell*, Proverbs of Hell.

3097. Os excessos são, por si sós, contrários ao aproveitamento pacífico de qualquer bem.

Gli eccessi sono di per se stessi contrari al pacifico godimento di qualsivoglia bene.

G. BERTO (escritor italiano, 1914-1978), *La cosa buffa*, V.

3098. Em todas as coisas, foge do excesso.

Huye en todo de la demasía.

B. GRACIÁN Y MORALES (escritor espanhol, 1601-1658).

3099. Limpeza exagerada ou falta de limpeza; crítica abundante, elogio abundante; excesso de cortesia ou descortesia – seis características do estúpido.

Esagerata pulizia o mancanza di pulizia; soverchio biasimo, soverchia lode; eccesso di cortesia o scortesia – sei indizi dello stolto.
SUBHĀSHITARNAVA (sentenças cingalesas, séc. XVII), 35, trad. para o it. P. E. Pavolini.

A moderação

3100. Há uma medida nas coisas; existem enfim limites precisos, / além dos quais e antes dos quais o bem não pode subsistir.
Est modus in rebus: sunt certi denique fines, / quos ultra citraque nequit consistere rectum.
HORÁCIO (poeta latino, 65-8 a.C.), *Sátiras*, I, 1, 106-7.

3101. Com aquela medida que o homem usa para medir a si mesmo, mede as suas coisas.
Con quella misura che l'uomo misura se medesimo, misura le sue cose.
D. ALIGHIERI (poeta italiano, 1265-1321), *Convivio*, I, 11.

3102. A moderação é uma coisa fatal (...). Nada tem mais sucesso do que o excesso.
Moderation is a fatal thing [...]. Nothing succeeds like excess.
O. WILDE (escritor inglês, 1854-1900), *Uma mulher sem importância*, 3.

3103. Pelo meio irás bem seguro.
Medio tutissimus ibis.
OVÍDIO (poeta latino, 43 a.C.-c. 18 d.C.), *Metamorfose*, II, 137.

3104. Quem ama a áurea moderação, / seguramente não sente falta da desolação do vil abrigo, / nem do esplendor frugal do palácio invejado.
Auream quisquis mediocritatem / diligit, tutus caret obsoleti / sordidus tecti, caret invidenda / sobrius aula.
HORÁCIO (poeta latino, 65-8 a.C.), *Odes*, II, 10, 5-8.

3105. A moderação é sempre a tática preferível.
La moderación es siempre la táctica preferible.
CARLOS V (imperador, 1500-1558).

3106. O mestre disse: Quem se modera, raramente se perde.
CONFÚCIO (filósofo chinês, c. 551-479 a.C.), *Os colóquios*, IV, 23.

3107. Não bebia, não fumava, não andava de bicicleta. Vivendo de modo frugal, economizando o dinheiro, morreu cedo, rodeado de parentes ávidos. Foi uma grande lição para mim.
He neither drank, smoked, nor rode a bicycle. Living frugally, saving his money, he died early, surrounded by greedy relatives. It was a great lesson to me.
J. BARRYMORE (ator norte-americano, 1882-1942), in *The Stage*, janeiro de 1941.

A serenidade

3108. Quem, senhor de si, move-se entre os objetos dos sentidos com os sentidos livres de ódio e de amor, obedientes à própria consciência, chega a uma calma serenidade.
Chi, signore di sé, si muove tra gli oggetti dei sensi con sensi sgombri d'odio e d'amore, obbedienti al sé, raggiunge una calma serenità.
BHAGAVADGĪTĀ (antigo poema indiano), II, 64, trad. para o it. R. Gnoli.

3109. O homem sereno procura serenidade para si e para os outros.
Ὁ ἀτάραχος ἑαυτῷ καὶ ἑτέρῳ ἀόχλητος.
EPICURO (filósofo grego, 341-270 a.C.), *Exortações*, in *Gnomologio Epicureo Vaticano*, 79.

3110. É agradável, quando os ventos perturbam a extensão do amplo mar, / ver da margem o cansativo trabalho de outra pessoa; / não porque seja fonte de alegria ou de prazer o fato de alguém estar aflito, / mas porque é bom ver de que males estais livre.
Suave, mari magno turbantibus aequora ventis, / e terra magnum alterius spectare laborem; / non quia vexari quemquamst iucunda voluptas, / sed quibus ipse malis careas quia cernere suave est.
LUCRÉCIO (poeta latino, c. 98-55 a.C.), *Da natureza*, II, 1-4.

O bom senso

3111. O bom senso existia; mas estava escondido, por medo do senso comum.

Il buon senso c'era; ma se ne stava nascosto, per paura del senso comune.
A. MANZONI (escritor italiano, 1785-1873), *I promessi sposi*, XXXII.

3112. Quando perguntaram a uma tal pessoa o que haveria de mais raro no mundo, ela respondeu: "Aquilo que é de todos, ou seja, o senso comum."

Domandato un tale qual cosa al mondo fosse più rara, rispose: "Quello che è di tutti, cioè il senso comune".
G. LEOPARDI (poeta italiano, 1798-1837), *Zibaldone*, II, 453.

3113. Muitas vezes há mais bom senso numa única pessoa do que numa multidão.

Plus esse in uno saepe, quam in turba boni.
FEDRO (fabulista latino, séc. I d.C.), *Fábulas*, IV, 5, 1.

3114. O bom senso é o senso do momento.

Il buonsenso è il senso del momento.
PITIGRILLI (escritor italiano, 1893-1975), *La maledizione*, VIII.

3115. O bom senso é tão raro quanto o gênio.

Common sense is as rare as genius.
R. W. EMERSON (filósofo e poeta norte-americano, 1803-1882), *Essays*.

3116. Na vida, muitas vezes o homem é considerado de bom senso apenas por não ter talento.

In the world a man will often be reputed to be a man of sense, only because he is not a man of talent.
H. TAYLOR (escritor inglês, 1711-1785), in *The Statesman*, 1836.

A CIÊNCIA

A ciência

3117. Os deuses certamente não revelaram tudo aos mortais desde o princípio, / mas, procurando, os homens encontram pouco a pouco o melhor.

Οὔτοι ἀπ' ἀρχῆς πάντα θεοὶ θνητοῖσ' ὑπέδειξαν, / ἀλλὰ χρόνῳ ζητοῦντες ἐφευρίσκουσιν ἄμεινον.

XENÓFANES (poeta e filósofo grego, c. 565-470 a.C.), *Fragmentos*, 18.

3118. A ciência consiste em substituir o saber que parecia seguro por uma teoria, ou seja, por algo problemático.

La ciencia consiste en sustituir el saber que parecía seguro, por una teoría, o sea, por algo problemático.

J. ORTEGA Y GASSET (filósofo espanhol, 1883-1955).

3119. A descoberta consiste em ver o que todos viram e em pensar no que ninguém pensou.

Discovery consists of seeing what everybody has seen and thinking what nobody has thought.

A. SZENT-GYÖRGYI (cientista norte-americano, 1893-1986), citado em I. J. GOOD, *The Scientist Speculates*.

3120. São todos descobridores ruins, que pensam que não há terra quando conseguem ver apenas o mar.

They are ill discoverers that think there is no land, when they can see nothing but sea.

F. BACON (filósofo inglês, 1561-1626), *Advancement of Learning*, II, 7.

3121. Achei!

Εὕρηκα.

ARQUIMEDES (matemático grego, 287-212 a.C.), citado em VITRÚVIO, *Da arquitetura*, IX, 215.

3122. **Dai-me um ponto de apoio e levantarei o mundo.**

Δός μοι ποῦ στῶ καὶ κινῶ τὴν γῆν.

ARQUIMEDES (matemático grego, 287-212 a.C.), citado em PAPUS DE ALEXANDRIA, *Collectio*, VIII, 10, 11.

3123. **Esta é a essência da ciência: faça uma pergunta impertinente e você cairá no caminho da resposta pertinente.**

That is the essence of science: ask an impertinent question, and you are on the way to the pertinent answer.

J. BRONOWSKI (cientista e escritor inglês, 1908-1974), *The Ascent of Man*, IV.

3124. **A ciência é o grande antídoto ao veneno do entusiasmo e da superstição.**

Science is the great antidote to the poison of enthusiasm and superstition.

A. SMITH (economista escocês, 1723-1790), *A riqueza das nações*, V, 1.

3125. **A ciência é a inteligência do mundo; a arte, o seu coração.**

Как наука является разумом мира, так искусство — сердцем его.

M. GÓRKI (escritor soviético, 1868-1936), *Pensamentos inatuais*.

3126. **Qualquer pessoa que tenha experiência com o trabalho científico sabe que aqueles que se recusam a ir além dos fatos raramente chegam aos fatos em si.**

Anyone who is practically acquainted with scientific work is aware that those who refuse to go beyond fact rarely get as far as fact.

TH. H. HUXLEY (naturalista inglês, 1825-1895).

3127. **A grande tragédia da ciência: o massacre de uma bela hipótese por parte de um horrível fato.**

The great tragedy of science – the slaying of a beautiful hypothesis by an ugly fact.

TH. H. HUXLEY (naturalista inglês, 1825-1895), *Collected Essays*, Biogenesis and Abiogenesis.

3128. A ciência é a experiência, e a experiência é um manto que se tece ao longo de vários séculos; e quanto mais o manto se estende, mais a ciência é completa e segura.

La scienza è l'esperienza, e l'esperienza è un manto che si trama a fila di secoli; e più il manto si distende e più la scienza è completa e sicura.
C. Bini (escritor italiano, 1806-1842), *Manoscritto di un prigioniero*, XXII.

3129. A ciência é a experiência concentrada.

La scienza è esperienza concentrata.
R. Bacchelli (escritor italiano, 1891-1985), *Il diavolo al Pontelungo*, I, 5.

3130. A tentação que emana de uma prova é muito grande. A maioria sucumbe a ela imediatamente, e todos acabam cedendo com o tempo.

Die Verführung, die von einem Beweis ausgeht, ist zu groß. Ihr erliegen die meisten, auf die Dauer alle.
B. Brecht (escritor alemão, 1898-1956), *Vida de Galileu*, III.

3131. Os que se encantam com a prática sem a ciência são como os timoneiros que entram no navio sem timão nem bússola, nunca tendo certeza do seu destino.

Quelli che s'innamoran di pratica sanza scienzia son come 'l nocchieri ch'entra in navilio sanza timone o bussola, che mai ha certezza dove si vada.
Leonardo da Vinci (artista e cientista italiano, 1452-1519), *Pensieri*, 10.

3132. O que hoje é demonstrado, um dia foi apenas imaginado.

What is now proved was once only imagined.
W. Blake (poeta inglês, 1757-1827), *The Marriage of Heaven and Hell*, Proverbs of Hell.

3133. Todas as ciências exatas são dominadas pela idéia da aproximação.

All exact science is dominated by the idea of approximation.
B. Russell (filósofo inglês, 1872-1970).

3134. O homem pode chegar apenas a aproximações.
L'homme ne peut aboutir qu'à des à peu près.
J. SUPERVIELLE (escritor francês, 1884-1960), *Boire à la source.*

3135. A ciência da natureza é apenas uma ciência de relações. Todos os progressos do nosso espírito consistem no descobrimento das relações.
La scienza della natura non è che scienza di rapporti. Tutti i progressi del nostro spirito consistono nello scoprire i rapporti.
G. LEOPARDI (poeta italiano, 1798-1837), *Zibaldone,* III, 395.

3136. Creio que o único objetivo da ciência consista em aliviar a fadiga da existência humana.
Ich halte dafür, daβ das einzige Ziel der Wissenschaft darin besteht, die Mühseligkeiten der menschlichen Existenz zu erleichtern.
B. BRECHT (escritor alemão, 1898-1956), *Vida de Galileu,* XIV.

3137. Deus, arquiteto do universo, proibiu o homem de provar os frutos da árvore da ciência, como se a ciência fosse um veneno para a felicidade.
Deus ille orbis architectus interminatur ne quid de arbore scientiae degustarent, perinde quasi scientia felicitatis sit venenum.
ERASMO DE ROTTERDAM (humanista holandês, 1466-1536), *Elogio da loucura,* LXV.

3138. Faço um brinde à ciência: enquanto ela não fizer mal ao povo.
Пью за науку: пока она не вредна народу.
A. P. TCHEKHOV (escritor russo, 1860-1904).

3139. Não se conhece completamente uma ciência enquanto não se souber da sua história.
On ne connaît pas complètement une science tant qu'on n'en sait pas l'histoire.
A. COMTE (filósofo francês, 1798-1857), *Curso de filosofia positiva.*

3140. A ciência não tem pátria.
La science n'a pas de patrie.
L. PASTEUR (biólogo francês, 1822-1895), *Discours,* 14/11/1888.

3141. A ciência comete suicídio quando adota um credo.
   Science commits suicide when it adopts a creed.
   TH. H. HUXLEY (naturalista inglês, 1825-1895).

3142. Não é possível que exista uma moral científica; mas também não é possível que haja uma ciência imoral.
   Il ne peut pas y avoir de morale scientifique; mais il ne peut pas non plus y avoir de science immorale.
   J.-H. POINCARÉ (cientista francês, 1854-1912), *Dernières pensées.*

3143. Conhecer é um ato. *A ciência pertence, portanto, ao âmbito da moral.* Agir é seguir um pensamento. *A moral pertence, portanto, ao campo da ciência.*
   Connaître est un acte. La science est donc du ressort de la morale. *Agir c'est suivre une pensée.* La morale est donc du domaine de la science.
   H.-F. AMIEL (escritor suíço, 1821-1881), *Journal intime*, 19/2/1849.

3144. EINSTEIN Nós fornecemos à humanidade enormes meios de poder. Isso nos dá o direito de impor condições. Devemos decidir a favor de quem vamos usar a nossa ciência, e eu já me decidi.
   EINSTEIN *Wir liefern der Menschheit gewaltige Machtmittel. Das gibt uns das Recht, Bedingungen zu stellen. Wir müssen entscheiden, zu wessen Gunsten wir unsere Wissenschaft anwenden, und ich habe mich entschieden.*
   F. DÜRRENMATT (escritor suíço, 1921-1991), *Os físicos*, II.

3145. Não há nenhum mal no átomo, apenas na alma dos homens.
   There is no evil in the atom, only in men's souls.
   A. E. STEVENSON (político norte-americano, 1900-1965), Discurso de 18/9/1952 em Hartford, Connecticut.

3146. No estudo da história natural existem dois obstáculos igualmente perigosos: o primeiro é não possuir nenhum método; o segundo, querer referir tudo a um sistema particular.
   Il y a dans l'étude de l'histoire naturelle deux écueils également dangereux: le premier, de n'avoir aucune méthode; et le second, de vouloir tout rapporter à un système particulier.

G.-L. Buffon (naturalista francês, 1707-1788), *Histoire naturelle*.

3147. Uma ciência que hesita em esquecer seus fundadores está perdida.
A science which hesitates to forget its founders is lost.
A. N. Whitehead (filósofo inglês, 1861-1947), atribuído.

O cientista

3148. O cientista não é o homem que fornece as verdadeiras respostas; é quem faz as verdadeiras perguntas.
Le savant n'est pas l'homme qui fournit les vraies réponses; c'est celui qui pose les vraies questions.
C. Lévi-Strauss (antropólogo francês, nascido em 1908), *O cru e o cozido*.

3149. Não sei como pareço aos olhos do mundo, mas eu mesmo me vejo como um pobre garoto que brincava na praia e se divertia em encontrar uma pedrinha mais lisa vez por outra, ou uma concha mais bonita do que de costume, enquanto o grande oceano da verdade se estendia totalmente inexplorado diante de mim.
I do not know what I may appear to the world, but to myself I seem to have been only a poor boy playing on the sea-shore, and diverting myself in now and then finding a smoother pebble or a prettier shell than ordinary, whilst the great ocean of truth lay all undiscovered before me.
I. Newton (cientista inglês, 1642-1727), citado em Brewster, *Memoirs of Newton*, II, 27.

3150. O observador deve ser o fotógrafo da natureza, sua observação deve representar exatamente a natureza. É preciso observar sem idéias preconcebidas; o espírito do observador deve ser passivo, ou seja, deve calar-se; ele ouve a natureza e escreve o que ela dita.
L'observateur doit être le photographe de la nature, son observation doit représenter exactement la nature. Il faut observer sans idée préconçue; l'esprit de l'observateur doit être passif, c'est-à-dire se taire; il écoute la nature et écrit sous sa dictée.

C. BERNARD (fisiólogo francês, 1813-1878), *Introduction à l'étude de la médecine expérimentale*.

3151. Na cabeça de um naturalista, uma mosca não deve ocupar mais espaço do que ocupa na natureza.

Une mouche ne doit pas tenir, dans la tête d'un naturaliste, plus de place qu'elle n'en tient dans la nature.

G.-L. BUFFON (naturalista francês, 1707-1788), *Histoire naturelle*.

O especialista

3152. Especialista: um homem que conhece cada vez mais sobre cada vez menos.

Specialist: a man who knows more and more about less and less.

W. J. MAYO (médico norte-americano, 1861-1934), atribuído.

3153. Todos os outros homens são especialistas, mas a especialidade dele é a onisciência.

All other men are specialists, but his specialism is omniscience.

A. C. DOYLE (escritor inglês, 1859-1930), *His Last Bow*, The Bruce-Partington Plans.

3154. O problema dos especialistas é que eles tendem a pensar sempre nas mesmas coisas.

The trouble with specialists is that they tend to think in grooves.

E. MORGAN (escritor inglês, nascido em 1920), *The Descent of Woman*, I.

O SEXO

O sexo

3155. O sexo é um acidente: o que dele recebemos é momentâneo e casual; visamos a algo mais secreto e misterioso do qual o sexo é apenas um sinal, um símbolo.

Il sesso è un incidente: ciò che ne riceviamo è momentaneo e casuale; noi miriamo a qualcosa di più riposto e misterioso di cui il sesso è solo un segno, un simbolo.

C. PAVESE (escritor italiano, 1908-1950), *Il mestiere di vivere*, 15/5/1939.

3156. Aqueles prazeres que irrefletidamente são chamados de físicos.

Ces plaisirs qu'on nomme, à la légère, physiques.

S.-G. COLETTE (escritora francesa, 1873-1954), *Ces plaisirs*.

3157. Neste momento, a tua filha e o Mouro estão fazendo a besta com duas garupas.

Your daughter and the Moor are now making the beast with two backs.

W. SHAKESPEARE (dramaturgo inglês, 1564-1616), *Otelo*, I, 1, 116-8.

3158. Foi a coisa mais divertida que já fiz sem rir.

It was the most fun I ever had without laughing.

W. ALLEN (escritor e cineasta norte-americano, nascido em 1935), *Noivo neurótico, noiva nervosa*.

3159. Sexo é indecente? Somente se é bem feito.

Is sex dirty? Only if it's done right.

W. ALLEN (escritor e cineasta norte-americano, nascido em 1935), *Tudo o que você queria saber sobre sexo e não teve coragem de perguntar*.

3160. Eu ficaria contente se pudéssemos procriar como árvores, sem conjunção, ou se houvesse outro modo de perpetuar a espécie sem essa maneira trivial e vulgar de união.

I could be content that we might procreate like trees, without conjunction, or that there were any way to perpetuate the world without this trivial and vulgar way of union.

TH. BROWNE (escritor e médico inglês, 1605-1682), *Religio medici*, II, 9.

3161. Se Deus quisesse que fizéssemos sexo grupal, imagino que nos teria dado mais órgãos.

If God had meant us to have group sex, I guess he'd have given us all more organs.

M. BRADBURY (escritor inglês, nascido em 1932), *Who Do You Think You Are?*

3162. Respondo a vinte mil cartas por ano, e são tantos os casais que têm problemas por não estarem tomando as proteínas e vitaminas adequadas.

I answer 20000 letters a year and so many couples are having problems because they are not getting the right proteins and vitamins.

B. CARTLAND (escritora inglesa, nascida em 1901), in *The Observer*, 12/7/1987.

3163. Duro, e que dure.

Dur, e ch'el dura.

C. PORTA (poeta dialetal italiano, 1775-1821), *Poesie*, 95, Dormiven dò tosann tutt dò attaccaa.

3164. Nojento maldito, parasita horroroso, / o cu é meu, quero fazer dele o que bem entender.

Malerbetto ludron, brutto pendizzi, / el cul l'è mè, vuj fann quell che vuj mi.

C. PORTA (poeta dialetal italiano, 1775-1821), *Poesie*, La Ninetta del Verzee, 306-7.

3165. Neste século, o falo torna-se doutrinário.

Le phallus en ce siècle devient doctrinaire.

H. MICHAUX (poeta e pintor francês, 1899-1984), *Face aux verrous*.

3166. Muitas vezes, um pênis apaixonado é balbuciante.

Un pene innamorato è spesso balbuziente.

G. BUFALINO (escritor italiano, nascido em 1920), *Il Malpensante*, março.

3167. A mente também pode ser uma zona erógena.
The mind can also be an erogenous zone.
R. WELCH (atriz norte-americana, nascida em 1940), citado em J. R. COLOMBO, *Colombo's Hollywood.*

3168. Não falem mal da masturbação: é sexo com alguém que vocês amam.
Don't knock masturbation, it's sex with someone you love.
W. ALLEN (escritor e cineasta norte-americano, nascido em 1935), *Noivo neurótico, noiva nervosa.*

3169. Masturbação: atividade sexual primária do gênero humano. No século XIX, era uma doença; no século XX, é uma cura.
Masturbation: the primary sexual activity of mankind. In the nineteenth century it was a disease; in the twentieth, it's a cure.
TH. SZASZ (psiquiatra norte-americano, nascido em 1920), *The Second Sin.*

3170. Toda a sua vida foi uma viagem dolorosa, interminável e sem objeto em torno de seu sexo.
Toda su vida fue un viaje doloroso, inacabable y sin objeto alrededor de su sexo.
G. MARAÑÓN (ensaísta espanhol, 1887-1960).

3171. Ereção: é mencionada apenas quando se trata de monumentos.
Érection: ne se dit qu'en parlant des monuments.
G. FLAUBERT (escritor francês, 1821-1880), *Dictionnaire des idées reçues.*

3172. ESTRAGON E se nos enforcássemos? VLADIMIR Hmm. Seria um meio de termos uma ereção.
ESTRAGON Si on se pendait? VLADIMIR Ce serait un moyen de bander.
S. BECKETT (escritor irlandês, 1906-1989), *Esperando Godot,* I.

3173. Vossas mulheres são para vós como um campo a ser arado: arai-o quando quiserdes, mas, antes, preparai vossas almas com uma ação pia.
Le vostre mogli sono per voi come un campo da arare: aratelo quando lo desiderate, ma, prima, preparate le anime vostre con qualche azione pia.

ALCORÃO (livro sagrado islâmico), Surata II, 223, trad. para o it. F. Peirone.

3174. Querida, quando estamos na cama, é inútil que me chame de comendador. Sim, entendo, o hábito, o respeito, tudo o que você quiser: mas e a intimidade? Vamos fazer assim, você me chama simplesmente de doutor.
Cara, quando siamo a letto è inutile che mi chiami commendatore. Sì, capisco, l'abitudine, il rispetto, tutto quello che vuoi: ma dove va a finire l'intimità? Facciamo così, chiamami semplicemente dottore.
E. FLAIANO (escritor italiano, 1910-1972), *Diario notturno*.

3175. No início, devo confessar, era divertido. Minhas mãos, segundo dizem, são como uma varinha hidroscópica; encontram na fonte do desejo o que o marido nunca encontrou em dez anos.
Im Anfang, ich bekenne es, machte es Spaß. Meine Hände, so hörte ich, sind wie Wünschelruten; sie finden, was der Gatte zehn Jahre lang nie gefunden hat an Quellen der Lust.
M. FRISCH (escritor suíço, 1911-1991), *Don Juan ou o amor pela geometria*.

3176. A sexualidade das bailarinas está nas pernas, a dos tenores, na laringe. Por isso as mulheres se enganam sobre os tenores, e os homens, sobre as bailarinas.
Tänzerinnen haben die Sexualität in den Beinen, Tenöre im Kehlkopf. Darum täuschen sich die Frauen in den Tenören und die Männer in den Tänzerinnen.
K. KRAUS (escritor austríaco, 1874-1936), *Ditos e desditos*.

3177. Depois de se fazer amor, o primeiro a falar diz uma besteira.
Après avoir fait l'amour, le premier qui parle dit une bêtise.
H. M. DE MONTHERLANT (escritor francês, 1896-1972), *Carnets*, 1930-1941.

3178. Uma moça bonita deve dedicar-se apenas a fornicar e nunca a procriar.
Une jolie fille ne doit s'occuper que de foutre et jamais d'engendrer.
D. A. F. DE SADE (escritor francês, 1740-1814), *La philosophie dans le boudoir*.

3179. Como é bom aos vinte anos num celeiro!

Dans un grenier qu'on est bien à vingt ans!
P.-J. DE BÉRANGER (poeta francês, 1780-1857), *Le grenier*.

3180. No escuro, o amor é desperdiçado! / Não sabes que os olhos são o melhor guia no prazer?

Non iuvat in caeco Venerem corrumpere motu; / si nescis, oculi sunt in amore duces.
PROPÉRCIO (poeta latino, c. 50-16 a.C.), *Elegias*, II, 15, 11-2.

3181. Com a luz apagada, todas as mulheres são iguais.

Πᾶσα γυνὴ τοῦ λύχνου ἀρθέντος ἡ αὐτή ἐστι.
PLUTARCO (escritor grego, c. 45-125), *Obras morais*, Preceitos conjugais, 144 E.

3182. Ela me fez feliz, eu a fiz mãe: estamos quites.

Elle m'a rendu heureux, je l'ai rendue mère: nous sommes quittes.
N. RESTIF DE LA BRETONNE (escritor francês, 1734-1806), *Mon Kalendrier*.

3183. Depois que Adão começou com Eva, / todas as mulheres passaram a fornicar.

Doppo ch'Adamo cominciò co Eva / tutte le donne se sò fatte fotte.
G. G. BELLI (poeta dialetal italiano, 1791-1863), *Sonetti*, Chi risica rosica.

3184. Em mais de uma ocasião, notei que aquela que acreditava seguir sua cabeça, obedecia à sua jóia. Um grande filósofo localizava a alma – a nossa, naturalmente – na glândula pineal. Se eu desse uma às mulheres, bem sei onde a localizaria.

J'ai remarqué dans plus d'une occasion, que telle qui croyait suivre sa tête, obéissait à son bijou. Un grand philosophe plaçait l'âme, la nôtre s'entend, dans la glande pinéale. Si j'en accordais une aux femmes, je sais bien, moi, où je la placerais.
D. DIDEROT (filósofo francês, 1713-1784), *Les bijoux indiscrets*.

A castidade

3185. E tem certeza disso: é casta apenas aquela que nunca foi pedida por ninguém, ou que, se pediu, não foi ouvida.

> *Ed abbi questo per certo, che colei sola è casta la quale o non fu mai da alcuno pregata, o se pregò, non fu esaudita.*
> G. BOCCACCIO (escritor italiano, 1313-1375), *Decamerão*, II, 9.

3186. Aqueles que não praticam a castidade, que não conquistam méritos quando ainda são jovens, perecem como velhas garças num lago sem peixes.

> *acaritvā brahmacariyam aladdhā yobbane dhanam / jiṇṇakoñcā va jhāyanti khīṇamacche va pallale //*
> DHAMMAPADA (sentenças budistas), XI, 155.

3187. Faz bem conservar a própria virtude; / Mas não é o caso de enforcar-se se ela foi perdida.

> *Il est bon de garder sa fleur; / Mais pour l'avoir perdue, il ne se faut pas pendre.*
> J. DE LA FONTAINE (poeta francês, 1621-1695), *Contes et Nouvelles*, La fiancée du roi de Garbe.

3188. As adolescências muito castas fazem as velhices dissolutas.

> *Les adolescences trop chastes font les vieillesses dissolues.*
> A. GIDE (escritor francês, 1869-1951), *Journal*.

3189. Não é sempre por coragem e por castidade que os homens são corajosos e as mulheres, castas.

> *Ce n'est pas toujours par valeur et par chasteté que les hommes sont vaillants, et que les femmes sont chastes.*
> F. LA ROCHEFOUCAULD (escritor francês, 1613-1680), *Maximes*, 1.

3190. Para as moças pobres, a honestidade é um defeito que pode tornar-se mortal.

> *L'honnêteté est pour les filles pauvres un défaut qui peut devenir mortel.*
> P. MACORLAN (escritor francês, 1882-1970), *Les dés pipés*.

O pudor

3191. O pudor é uma provocação sexual. A verdadeira inocência é impudica.

Il pudore è una provocazione sessuale. La vera innocenza è impudica.

F. ORESTANO (escritor italiano, 1873-1945), *Pensieri*, CXXIX.

3192. O pudor inventou a roupa para que se tenha mais prazer com a nudez.

Il pudore inventò il vestito per maggiormente godere la nudità.

C. DOSSI (escritor italiano, 1849-1910), *Note azzurre*, n. 2720.

3193. Mulher que a boca concede, / o resto também logo cede.

Fame qui sa bouche abandone / Le surplus molt de legier done.

CHRÉTIEN DE TROYES (poeta francês, séc. XII), *Perceval ou O romance do Graal*.

3194. "Boca beijada não perde ventura." / "Ao contrário, renova como faz a lua."

"Bocca baciata non perde ventura." / "Anzi rinnova come fa la luna."

A. BOITO (poeta e músico italiano, 1842-1918), libreto para o *Falstaff*, I, 2.

3195. É muito mais contrário ao pudor ir para a cama com um homem que se viu apenas duas vezes, depois de três palavras em latim na igreja, do que ceder, mesmo contra a própria vontade, a um homem que se adora há dois anos.

Il est beaucoup plus contre la pudeur de se mettre au lit avec un homme qu'on n'a vu que deux fois, après trois mots latins dits à l'église, que de céder malgré soi à un homme qu'on adore depuis deux ans.

STENDHAL (escritor francês, 1783-1842), *Do amor*.

3196. É... muito mais honesto estar nu,... do que usar roupas transparentes.

Verecundius... est, nudum esse,... quam uti veste pellucente.

ERASMO DE ROTTERDAM (humanista holandês, 1466-1536), *Colóquios*, Os franciscanos ou os ricos mendicantes.

3197. Uma mulher, quando tira sua túnica, despe-se também do seu pudor.

Ἅμα δὲ κιθῶνι ἐκδυομένῳ συνεκδύεται καὶ τὴν αἰδῶ γυνή.

HERÓDOTO (historiador grego, c. 484-430 a.C.), *Histórias*, I, 8.

3198. Ó bela idade do ouro, / não pelo leite / que banha os rios e pelo mel que exsuda dos bosques / ... / mas apenas porque aquele nome vão, / ao qual não corresponde nada de concreto, / aquele ídolo portador de erros e enganos, / que o vulgo insano / chamou de honra / e transformou em tirano da nossa natureza, / não misturava sua ânsia / aos ledos prazeres / dos apaixonados; / e aqueles homens, avessos à expansão da própria natureza e do próprio afeto, / não conheceram suas duras leis; / mas apenas uma lei áurea e repleta de felicidade, / que foi esculpida pela natureza: Se uma coisa agrada, é lícita.

> *O bella età de l'oro, / non già perché di latte / se'n corse il fiume e stillò miele il bosco/ ... / ma sol perché quel vano / nome senza soggetto, / quell'idolo d'errori, idol d'inganno, / quel che dal volgo insano / Onor poscia fu detto, / che di nostra natura il feo tiranno, / non mischiava il suo affanno / fra le liete dolcezze / de l'amoroso gregge; / né fu sua dura legge / nota a quell'alme in libertate avvezze; / ma legge aurea e felice / che Natura scolpì: S'ei piace, ei lice.*

T. TASSO (poeta italiano, 1544-1595), *Aminta*, Coro do ato I.

3199. Foste a primeira, Honra, a velar / a fonte dos prazeres, / negando a satisfação da sede do amor: / a belos olhos ensinaste / a estar em si recolhidos / e a manter a própria beleza escondida dos olhos alheios: / recolheste numa rede / os cabelos em áurea divisão: / os doces gestos, / transformaste em tímidos e esquivos, / às palavras puseste um freio, aos passos ensinaste uma arte; / és a única culpada, ó Honra, / se aquilo que o Amor concedia livremente tornou-se um furto.

> *Tu prima, Onor, velasti / la fonte de i diletti, / negando l'onde a l'amorosa sete: / tu a' begli occhi insegnasti / a starne in sé ristretti, / e tener lor bellezze altrui secrete: / tu raccogliesti in rete / le chiome a l'aura sparte: / tu i dolci atti lascivi / festi ritrosi e schivi, / a i detti il fren ponesti, a i passi l'arte; / opra è tua sola, o Onore, / che furto sia quel che fu don d'Amore.*

T. TASSO (poeta italiano, 1544-1595), *Aminta*, Coro do ato I.

3200. Unir a extrema audácia ao extremo pudor é uma questão de estilo.
> Unir l'extrême audace à l'extrême pudeur, c'est une question de style.
>
> F. MAURIAC (escritor francês, 1885-1970), *Le roman*.

A virgindade

3201. Amo o horror de ser virgem.
> *J'aime l'horreur d'être vierge.*
>
> S. MALLARMÉ (poeta francês, 1842-1898), *Hérodiade*, II.

3202. ESPOSA Virgindade, me abandonas, aonde vais? / VIRGINDADE Não virei mais, não virei mais a ti, cara esposa.
> Α': «Παρθενία, παρθενία, ποῖ με λίποισ᾽ ἀποίχῃ;». Β': «Οὔκετι ἴξω πρὸς σέ, οὔκετι ἴξω».
>
> SAFO (poetisa grega, séc. VII-VI a.C.), *Fragmentos*, 131.

3203. A virgenzinha é como a rosa / da qual nem o rebanho nem o pastor se aproxima / enquanto descansa sozinha e segura / sobre o ramo espinhoso do belo jardim; / a aura suave e o alvorecer orvalhoso, / a água e a terra a ela se inclinam como a uma rainha: / jovens enamorados e mulheres apaixonadas / gostam de ter os seios e as fontes com ela ornados.
> *La verginella è simile alla rosa / ch'in bel giardin su la nativa spina / mentre sola e sicura si riposa / né gregge né pastor se le avvicina: / l'aura soave e l'alba rugiadosa, / l'acqua, la terra al suo favor s'inchina: / giovani vaghi e donne innamorate / amano averne e seni e tempie ornate.*
>
> L. ARIOSTO (poeta italiano, 1474-1533), *Orlando furioso*, I, oitava 42.

3204. Acho mais fácil carregar uma couraça por toda a vida do que a virgindade.
> *Je trouve plus aisé de porter une cuirasse toute sa vie qu'un pucelage.*
>
> M. DE MONTAIGNE (escritor francês, 1533-1592), *Os ensaios*, III, 5.

3205. Quem sabe quantas moças teriam necessidade de perder a inocência para conservar a sabedoria!

Combien de jeunes filles, peut-être, auraient besoin de perdre leur innocence pour conserver leur sagesse!

G. SÉNAC DE MEILHAN (escritor francês, 1736-1803), *Histoire du Marquis de Saint-Alban.*

SI MESMOS

O autoconhecimento

3206. Conhece-te a ti mesmo.

> Γνῶθι σεαυτόν.
>
> Inscrição colocada sobre o templo de Apolo, em Delfos. Citada em PLATÃO, *Protágoras*, 343 b, atribuída aos Sete Sábios.

3207. *Conhece-te a ti mesmo*. Máxima tão perniciosa quanto feia. Qualquer pessoa que se observe cessa o próprio desenvolvimento. A lagarta que tentasse "conhecer-se bem" jamais se tornaria uma borboleta.

> Connais-toi toi-même. *Maxime aussi pernicieuse que laide. Quiconque s'observe arrête son développement. La chenille qui chercherait à "bien se connaître" ne deviendrait jamais papillon.*
>
> A. GIDE (escritor francês, 1869-1951), *Nouvelles nourritures*.

3208. Quem conhece os outros é sábio; / Quem conhece a si mesmo é iluminado.

> LAO-TZU (filósofo chinês, séc. VI-V a.C.), *A regra celestial*, 33.

3209. E os homens se vão a contemplar os topos das montanhas, as vastas ondas do mar, as amplas correntes dos rios, a imensidão do oceano, o curso dos astros, e não pensam em si mesmos.

> *Et eunt homines admirari alta montium et ingentes fluctus maris et latissimos lapsus fluminum et oceani ambitum et giros siderum, et relinquunt se ipsos.*
>
> SANTO AGOSTINHO (padre da Igreja, 354-430), *As confissões*, X, 8.

3210. É tão difícil observar a si mesmo quanto olhar para trás sem se voltar.

> *It is as hard to see one's self as to look backwards without turning round.*
>
> H. D. Thoreau (escritor norte-americano, 1817-1862).

3211. Conheço tudo, menos a mim mesmo.

> *Je connais tout, fors que moi-même.*
>
> F. Villon (poeta francês, c. 1431-1463), *Ballade des menus propos*.

3212. Busca o teu complementar / que está sempre perto de ti / e costuma ser o teu contrário.

> *Busca a tu complementario / que marcha siempre contigo, / y suele ser tu contrario.*
>
> A. Machado y Ruiz (poeta espanhol, 1875-1939), *Proverbios y cantares*.

3213. Oh, se algum poder nos tivesse dado o dom / de vermos a nós mesmos como os outros nos vêem! / Isso nos teria salvado de muitos erros / e de muitas idéias tolas!

> *O wad some Pow'r the giftie gie us / To see oursels as others see us! / It wad frae mony a blunder free us, / And foolish notion.*
>
> R. Burns (poeta escocês, 1759-1796), *To a Louse*.

3214. Aprendi a conhecer a mim mesmo, e certamente desde então nunca mais ri ou escarneci de ninguém que não fosse eu mesmo.

> *Ich lernte mich selbst kennen, und seit der Zeit habe ich gewiβ über niemanden mehr gelacht und gespottet, als über mich selbst.*
>
> G. E. Lessing (filósofo alemão, 1729-1781), Carta à mãe, 20/1/1749.

3215. Escava dentro de ti. É lá que está a fonte do bem, e esta pode jorrar continuamente, se a escavares sempre.

> Ἔνδον σκέπε. ἔνδον ἡ πηγὴ τοῦ ἀγαθοῦ καὶ ἀεὶ ἀναβλύειν δυναμένη, ἐὰν ἀεὶ σκάπτῃς.
>
> Marco Aurélio (imperador romano, 121-180), *Recordações*, VII, 59.

3216. Para conhecer a si mesmo é preciso conhecer os outros.

> *Man muβ andere kennenlernen, um sich selbst zu kennen.*
>
> L. Börne (escritor alemão, 1786-1837), *Críticas*.

3217. O conhecimento do próximo tem isto de especial: passa necessariamente pelo conhecimento de si mesmo.

La conoscenza del prossimo ha questo di speciale: passa necessariamente attraverso la conoscenza di se stesso.

I. CALVINO (escritor italiano, 1923-1985), *Palomar*, Le meditazioni di Palomar: L'universo come specchio.

3218. Não dá para você entender que a sua consciência significa justamente os outros dentro de você?

Non vuoi capire che la tua coscienza significa appunto gli altri dentro di te?

L. PIRANDELLO (escritor italiano, 1867-1936), *Ciascuno a suo modo*, I.

3219. Corto-me, faço a anatomia do meu coração, de todas as suas vontades, do meu cérebro, do intelecto, e de tudo aquilo que se encontra dentro de mim, que se assemelha a tudo aquilo que se encontra nos outros; e ao fazer, minuciosamente, a anatomia de mim mesmo, sei reconhecer o que são todos os outros homens em geral.

Io taglio me medesimo, fo notomia del cuor mio, di tutte le voglie di quello, del mio cervello, dell'intelletto, e di tutto quello ch'è in me, che somiglia a tutto quello ch'è in altrui; e notomizzando me stesso minutamente, so conoscere quel che sono tutti gli altri uomini in generale.

G. GOZZI (escritor italiano, 1713-1786), *L'Osservatore veneto*, Prefácio.

3220. O estudo apropriado para a humanidade é o próprio homem.

The proper study of mankind is man.

A. POPE (poeta inglês, 1688-1744), *An Essay on Man*, II, 1.

3221. Onde encontrar a ti mesmo? Sempre no encantamento mais profundo que tenhas sofrido.

Wo ist dein selbst zu finden? Immer in der tiefsten Bezauberung, die du erlitten hast.

H. VON HOFMANNSTHAL (escritor austríaco, 1874-1929), *O livro dos amigos*.

3222. Como se pode conhecer a si mesmo? Nunca por meio da contemplação, mas por meio da ação.

> *Wie kann man sich selbst kennenlernen? Durch Betrachten niemals, wohl aber durch Handeln.*
>
> J. W. Goethe (escritor alemão, 1749-1832), *Máximas e reflexões*, VII, 1.

3223. Se queres um escudo impenetrável, permanece dentro de ti mesmo.

> *For an impenetrable shield, stand inside yourself.*
>
> H. D. Thoreau (escritor norte-americano, 1817-1862), *Journal*, 27/6/1840.

A auto-estima

3224. O homem que perdeu... a estima por si mesmo, deixa de ser bom para algo de grande ou magnânimo.

> *L'uomo che ha perduto... la stima di se stesso, non è più buono a niente di grande né di magnanimo.*
>
> G. Leopardi (poeta italiano, 1798-1837), *Zibaldone*, II, 298.

3225. Pode querer bem aos outros quem não quer bem a si mesmo?

> *Num quenquam amabit, qui ipse semet oderit?*
>
> Erasmo de Rotterdam (humanista holandês, 1466-1536), *Elogio da loucura*, XXII.

3226. Perguntas-me qual foi o meu progresso? Comecei a ser amigo de mim mesmo.

> *Quaeris... quid profecerim? Amicus esse mihi coepi.*
>
> Sêneca (filósofo latino, 4 a.C.-65 d.C.), *Cartas a Lucílio*, 6, 7.

3227. Estou convencido de que não apenas nos amamos nos outros, mas também nos odiamos neles.

> *Ich bin überzeugt, man liebt sich nicht bloß in andern, sondern haßt sich auch in andern.*
>
> G. Ch. Lichtenberg (cientista e escritor alemão, 1742-1799), *Observações e pensamentos*.

3228. Qual é a maior experiência que vocês podem viver? É a hora do grande desprezo. A hora em que vocês sentem nojo até da própria felicidade, bem como da própria razão e da própria virtude.

Was ist das Größte, das ihr erleben könnt? Das ist die Stunde der großen Verachtung. Die Stunde, in der euch auch euer Glück zum Ekel wird und ebenso eure Vernunft und eure Tugend.

F. W. NIETZSCHE (filósofo alemão, 1844-1900), *Assim falou Zaratustra*, Prefácio de Zaratustra, 3.

3229. Um grande erro: crer-se mais importante do que se é e estimar-se menos do que se vale.

Ein großer Fehler: daß man sich mehr dünkt, als man ist, und sich weniger schätzt, als man wert ist.

J. W. GOETHE (escritor alemão, 1749-1832), *Máximas e reflexões*, 476.

3230. É um péssimo cozinheiro aquele que não pode lamber os próprios dedos.

'Tis an ill cook that cannot lick his own fingers.

W. SHAKESPEARE (dramaturgo inglês, 1564-1616), *Romeu e Julieta*, IV, 2, 6-7.

3231. Ninguém conhece as próprias capacidades enquanto não as colocar à prova.

Quid quisque possit, nisi tentando nesciet.

PÚBLIO SIRO (poeta latino, séc. I a.C.), *Sentenças*, 786.

3232. Valoriza-te para mais: os outros se ocuparão em abaixar o preço.

Цени себя выше. Люди все равно цену сбавят.

A. P. TCHEKHOV (escritor russo, 1860-1904), *Apontamentos*.

3233. Quem se mostra sozinho não aparece à luz / quem se aprova sozinho não é visto / quem se orgulha sozinho não tem valor / quem se vangloria sozinho não alcança a glória.

Chi si mostra da sé non viene in luce / chi si approva da sé non cade in vista / chi si vanta da sé non ha valore / chi si gloria da sé non sale in gloria.

LAO-TZU (filósofo chinês, séc. VI-V a.C.), *A regra celestial*, 24, trad. para o it. A. Castellani.

O autocontrole

3234. Não há quem sustente uma luta mais árdua do que aquele que tenta vencer a si mesmo.

   Quis habet fortius certamen quam qui nititur vincere seipsum?
   Tomás a Kempis (místico alemão, 1379-1471), *A imitação de Cristo*, I, 3, 3.

3235. Dentre aqueles que, em batalha, vencem mil vezes mil inimigos, o homem que vence a si mesmo é o maior dos conquistadores.

   Yo sahassaṃ sahassena saṅgāme mānuse jine / ekaṃ ca jeyya attānaṃ sa ve saṅgāmajuttamo //
   Dhammapada (sentenças budistas), VIII, 103.

3236. Um homem que dobrou a si mesmo nunca poderá endireitar os outros.

   Mêncio (filósofo chinês, 371-289 a.C.), *O livro de Mêncio*, III, 2, 1.

3237. Não podendo regularizar os acontecimentos, regularizo a mim mesmo.

   Ne pouvant régler les événements, je me règle moi-même.
   M. de Montaigne (escritor francês, 1533-1592), *Os ensaios*, II, 17.

Nós e os outros

3238. Os outros são realmente terríveis. A única sociedade possível é a de nós mesmos.

   Other people are quite dreadful. The only possible society is oneself.
   O. Wilde (escritor inglês, 1854-1900), *An Ideal Husband*, III.

3239. O eu é detestável... mas se trata daquele dos outros.

   Le moi est haïssable... mais il s'agit de celui des autres.
   P. Valéry (poeta francês, 1871-1945), *Mélange*.

3240. Se o "eu" é detestável, amar o próximo "como a si mesmo" torna-se uma ironia atroz.

Que si le "moi" est haïssable, aimer son prochain "comme soi-même" devient une atroce ironie.
P. VALÉRY (poeta francês, 1871-1945), *Tel quel.*

3241. Júpiter colocou sobre nós dois alforjes: / sobre nossas costas, aquele carregado com os nossos defeitos / e, na frente, sobre o nosso peito, aquele com os defeitos dos outros. / Por isso não podemos distinguir nossos defeitos, / mas basta que os outros errem, para estarmos prontos a criticá-los.

Peras imposuit Iuppiter nobis duas: / propriis repletam vitiis post tergum dedit, / alienis ante pectus suspendit gravem. / Hac re videre nostra mala non possumus: / alii simul delinquunt, censores sumus.
FEDRO (fabulista latino, séc. I d.C.), *Fábulas*, IV, 10, 1-5.

3242. Não fiques feliz com o mal alheio.

Malum alienum ne feceris tuum gaudium.
PÚBLIO SIRO (poeta latino, séc. I a.C.), *Sentenças*, 467.

3243. Do mesmo modo como o homem de bem se aborrece ao criticar os outros, o malvado sente prazer.

Allo stesso modo che l'uomo dabbene si addolora nel biasimare gli altri, il malvagio ne gode.
MAHĀBHĀRATA (poema épico indiano, séc. II-III d.C.), I, 3079, trad. para o it. P. E. Pavolini.

3244. As pessoas são assim mesmo! E uma é igual à outra; / gostam de se meter na vida alheia quando ocorre uma desgraça ao vizinho!

So sind die Menschen fürwahr! und einer ist doch wie der andre / Daβ er zu gaffen sich freut: wenn den Nächsten ein Unglück befället!
J. W. GOETHE (escritor alemão, 1749-1832), *Hermano e Doroteia*, I, 70-1.

3245. Que a reputação do teu semelhante seja tão estimada por ti quanto a tua.

TALMUD (obra hebraica pós-bíblica), *Aboth*, II, 15.

3246. Quem não ama o seu semelhante vive uma vida estéril e prepara um túmulo triste para a sua velhice.

Those who love not their fellow-beings live unfruitful lives, and prepare for their old age a miserable grave.

P. B. SHELLEY (poeta inglês, 1792-1822), *Alastor*, Preface.

3247. Não conhecemos as pessoas quando elas se dirigem a nós; somos nós que temos de nos dirigir a elas para saber como estão.

Wir lernen die Menschen nicht kennen, wenn sie zu uns kommen; wir müssen zu ihnen gehen, um zu erfahren, wie es mit ihnen steht.

J. W. GOETHE (escritor alemão, 1749-1832), *As afinidades eletivas*, 2, V.

3248. O que os outros pensam de nós teria pouca importância se não influenciasse tão profundamente o que pensamos de nós mesmos quando tomamos conhecimento da opinião alheia.

What others think of us would be of little moment did it not, when known, so deeply tinge what we think of ourselves.

G. SANTAYANA (filósofo norte-americano de origem espanhola, 1863-1952).

3249. O mestre disse: Não é grave se os homens não te conhecem, grave é se tu não os conheces.

Il maestro disse: Non è grave se gli uomini non ti conoscono, è grave se tu non li conosci.

CONFÚCIO (filósofo chinês, c. 551-479 a.C.), *Os colóquios*, I, 16, trad. para o it. R. Pilone.

3250. Fazei aos outros o que quereis que façam a vós; esta é a lei e os profetas.

Omnia ergo quaecumque vultis ut faciant vobis homines, et vos facite illis: haec enim lex et prophetae.

SÃO MATEUS (evangelista), VII, 12.

3251. Não façamos aos outros o que não gostaríamos que fizessem a nós: esta é, em resumo, a lei moral; qualquer outra lei procede *ad libitum*.

na tat parasya saṃdadhyāt pratikūlaṃ yad ātmanaḥ / saṃgrahaṇaiṣa dharmaḥ syāt kāmād anyaḥ pravartate //

MAHĀBHĀRATA (poema épico indiano, séc. II-III d.C.), 5, 1517.

3252. Não faça aos outros o que gostaria que fizessem a você. O gosto deles pode não ser o mesmo.

Do not do unto others as you would that they should do unto you. Their taste might not be the same.

G. B. SHAW (comediógrafo irlandês, 1856-1950), Maxims for Revolutionists, The Golden Rule.

3253. Aprende com os outros a experiência que te pode ser útil!

Periclum ex aliis facito tibi quod ex usu siet.

TERÊNCIO (comediógrafo latino, 185-159 a.C.), *O homem que puniu a si mesmo*, 221.

3254. O aluno de Tse Kung perguntou: Existe alguma palavra que possa ser a norma de toda uma vida? O mestre respondeu: Essa palavra é "reciprocidade". E isso significa que não deves te comportar com os outros como não gostarias que os outros se comportassem contigo.

L'allievo Tse Kung chiese: Esiste una parola che possa esser la norma di tutta una vita? Il maestro rispose: Questa parola è "reciprocità". E cioè, non comportarti con gli altri come non vuoi che gli altri si comportino con te.

CONFÚCIO (filósofo chinês, c. 551-479 a.C.), *Os colóquios*, XV, 23, trad. para o it. R. Pilone.

3255. É fácil amar a humanidade, difícil é amar o próximo.

È facile amare l'umanità, difficile è amare il prossimo.

L. DE CRESCENZO (escritor italiano, nascido em 1928), *Così parlò Bellavista*, VII, La teoria dell'amore e della libertà.

3256. O homem se interessa tão pouco pelo próximo que até mesmo o cristianismo recomenda fazer o bem *por amor a Deus*.

Tanto poco un uomo s'interessa dell'altro, che persino il cristianesimo raccomanda di fare il bene per amore di Dio.

C. PAVESE (escritor italiano, 1908-1950), *Il mestiere di vivere*, 8/7/1938.

3257. O meu próximo sou eu mesmo!

Proxumus sum egomet mihi.

TERÊNCIO (comediógrafo latino, 185-159 a.C.), *Andria*, 635.

3258. "Se cada um cuidasse da própria vida", disse a duquesa quase rosnando, "o mundo giraria com muito mais velocidade."
"If everybody minded their own business" said the Duchess in a hoarse growl "the world would go round a deal faster than it does."
L. CARROLL (escritor e matemático inglês, 1832-1898), *Alice no País das Maravilhas*, 6.

3259. Quanto não ganha em tranqüilidade quem não se preocupa com o que o vizinho diz, faz ou pensa, mas apenas com seus próprios atos!
Ὅσην εὐσχολίαν κερδαίνει ὁ μὴ βλέπων, τί ὁ πλησίον εἶπεν ἢ ἔπραξεν ἢ διενοήθη, ἀλλὰ μόνον τί αὐτὸς ποιεῖ.
MARCO AURÉLIO (imperador romano, 121-180), *Recordações*, IV, 18.

3260. Prepara males a si mesmo o homem que prepara males aos outros; / o mau conselho é prejudicial ao próprio conselheiro.
Οἷ γ' αὐτῷ κακὰ τεύχει ἀνὴρ ἄλλῳ κακὰ τεύχων, / ἡ δὲ κακὴ βουλὴ τῷ βουλεύσαντι κακίστη.
HESÍODO (poeta grego, séc. VIII-VII a.C.), *Os trabalhos e os dias*, 265-6.

3261. Se você ofender seu vizinho, é melhor não o fazer pela metade.
If you injure your neighbour, better not do it by halves.
G. B. SHAW (comediógrafo irlandês, 1856-1950).

3262. Quem trama desventuras para os outros estende armadilhas para si mesmo.
Ὁ καθ' ἑτέρου μηχανώμενος καθ' ἑαυτοῦ τὴν μηχανὴν περιτρέπει.
ESOPO (fabulista grego, séc. VII-VI a.C.), *Fábulas*, 205.

3263. Na vida pública, ninguém olha para os que estão pior, mas apenas para os que estão melhor.
Nemo eorum qui in re publica versantur, quot vincat, sed a quibus vincatur, aspicit.
SÊNECA (filósofo latino, 4 a.C.-65 d.C.), *Cartas a Lucílio*, 73, 3.

3264. Quando consideras o número de homens que estão diante de ti, pensa em quantos te seguem!

Cum aspexeris, quot te antecedant, cogita, quot sequantur.
SÊNECA (filósofo latino, 4 a.C.-65 d.C.), *Cartas a Lucílio*, 15, 10.

3265. Quereis que muitos vos ajudem? Procurai não precisar deles.
Volete aver molti in aiuto? cercate di non averne bisogno.
A. MANZONI (escritor italiano, 1785-1873), *I promessi sposi*, XXV.

3266. O vizinho maldoso é uma ruína, o bom é uma grande ajuda.
Πῆμα κακὸς γείτων, ὅσσον τ' ἀγαθὸς μέγ' ὄνειαρ.
HESÍODO (poeta grego, séc. VIII-VII a.C.), *Os trabalhos e os dias*, 346.

3267. Que a propriedade do teu semelhante seja tão importante para ti quanto o é a tua.
TALMUD (obra hebraica pós-bíblica), *Aboth*, II, 17.

O SOCIALISMO

O socialismo

3268. O socialismo não é outra coisa senão a decisão necessária de não enfiar a cabeça na areia das coisas metafísicas diante das exigências mais urgentes da matéria, da vida social e coletiva, mas de colocar-se do lado daqueles que querem dar um sentido à terra, um sentido humano.

Sozialismus ist nichts anderes als der pflichtmäβige Entschluβ, den Kopf nicht vor den dringendsten Anforderungen der Materie, des gesellschaftlichen, kollektiven Lebens in den Sand der metaphysischen Dinge zu stecken, sondern sie auf der Seite derer zu schlagen, die der Erde einen Sinn geben wollen, einen Menschensinn.

TH. MANN (escritor alemão, 1875-1955), *Medida e valor*, Prefácio da revista homônima, in *Escritos políticos*, 1937.

3269. O socialismo só pode chegar de bicicleta.

El socialismo puede llegar sólo en bicicleta.

J. A. VIERA GALLO (político chileno, nascido em 1943), citado em I. Illich, *Energy and Equity*.

3270. O socialismo conduz, necessariamente, à subordinação dos direitos e da dignidade dos indivíduos ao Estado ou a qualquer instituição coletiva semelhante ao Estado.

Der Sozialismus führt notwendigerweise zur Unterordnung der Rechte und der Würde der einzelnen unter den Staat oder irgendein staatenähnliches Kollektiv.

K. ADENAUER (político alemão, 1876-1967).

3271. Em sua essência mais profunda e em seu pensamento mais genérico, e não apenas em sua forma casual e particular de atuação, o socialismo é um sistema de vida que rejeita o ideal cristão de livre amor fraternal e o substitui com a realização estatal-jurídica e, portanto, forçada, da justiça social.

> Социализм — не в какой-либо случайной, отдельной форме своего осуществления, а в самом своем существе и общем замысле — есть система жизни, отвергающая христианский идеал *свободной братской любви* и заменяющая его государственно-правовым, то есть *принудительным* осуществлением социальной справедливости.

S. L. Frank (filósofo russo, 1877-1950), *O problema do "socialismo cristão"*.

3272. Imaginar é mais fácil do que trabalhar: eis a origem do socialismo (pelo menos do indolente socialismo russo).

> Воображать легче, чем работать: вот происхождение социализма (по крайней мере ленивого русского социализма).

V. V. Rozanov (escritor russo, 1856-1919), *Folhas caídas*.

3273. Confirmo-me em duas antigas opiniões minhas. A desgraça do socialismo é o socialismo, ou seja, encontra-se em seu próprio sistema de estadismo. A desgraça do capitalismo são os capitalistas, que, quase sempre muito eficientes dentro da sua empresa, fora dela freqüentemente são imbecis obtusos e enfadonhos, e às vezes até pior do que isso.

> *Mi confermo in due mie vecchie opinioni. Il guaio del socialismo è il socialismo, cioè sta proprio nel suo sistema statalistico. Il guaio del capitalismo sono i capitalisti che, quasi sempre bravissimi all'interno della loro azienda, fuori di lì sono spesso degli ottusi e noiosi imbecilli, e talvolta anche peggio.*

I. Montanelli (jornalista italiano, nascido em 1909), in *Oggi*, n. 22, 1983.

3274. Para o socialismo, assim como para a religião cristã, a pior propaganda são os seus sequazes.

> *As with the Christian religion, the worst advertisement for Socialism is its adherents.*

G. Orwell (romancista inglês, 1903-1950), *The Road to Wigan Pier*, XI.

3275. Considero particularmente importante a superação da divisão do mundo em grupos contrapostos de estados, e, portanto, o processo de aproximação (de convergência) do sistema socialista e capitalista.

> Я считаю особенно важным преодоление распада мира на антагонистические группы государств, процесс сближения (конвергенции) капиталистической и социалистической систем.

A. D. SAKAROV (físico soviético, 1921-1989).

O capitalismo

3276. O capitalismo moderno necessita de homens que, sem dificuldades, colaborem em grande número; que queiram consumir cada vez mais; que tenham, porém, um gosto padronizado, fácil de ser influenciado e previsto.

> *Der moderne Kapitalismus braucht Menschen, die reibungslos und in groβer Zahl zusammenarbeiten, die mehr und mehr konsumieren wollen, deren Geschmack jedoch standardisiert, leicht zu beeinflussen und vorauszusagen ist.*

E. FROMM (psicanalista alemão, 1900-1980), *A arte de amar*.

3277. O capital é *trabalho roubado*.

> *Le capital est du* travail volé.

L.-A. BLANQUI (político francês, 1805-1881), *Critique sociale*.

3278. Não podemos eliminar os males do capitalismo sem tirar-lhe a fonte da sua força: a propriedade.

> *We cannot remove the evils of capitalism without taking its source of power: ownership.*

N. KINNOCK (político inglês, nascido em 1942), in *Tribune*, 1975.

O comunismo

3279. O comunismo é como o proibicionismo: a idéia é boa, mas nunca funcionará.

> *Communism is like prohibition, it's a good idea but it won't work.*

W. ROGERS (ator e cômico norte-americano, 1879-1935), *Autobiografia*, novembro de 1927.

3280. Comunismo. Uma igualdade de águias e pardais, de colibris e morcegos, que consistiria em colocar todas as envergaduras na mesma gaiola e todas as pupilas no mesmo crepúsculo; não quero saber.

Communisme. Une égalité d'aigles et de moineaux, de colibris et de chauvessouris, qui consisterait à mettre toutes les envergures dans la même cage et toutes les prunelles dans le même crépuscule, je n'en veux pas.

V. HUGO (escritor francês, 1802-1885), *Tas de pierres*.

3281. Para mim não há dúvidas de que esses estados eslavos de segunda ordem, tão bárbaros quanto a Rússia, representam um terreno ideal para o comunismo.

Для меня нет никакого сомнения в том, что эти второстепенные славянские государства столь же дикие, как и Россия, представляют великолепную почву для коммунизма.

M. A. BULGAKOV (escritor soviético, 1891-1940), *Diário*, 1923.

3282. Nós comunistas somos como a semente, e o povo é como a terra. Por onde quer que passemos, devemos nos unir ao povo, fincar raízes e florescer em meio a ele.

MAO TSE-TUNG (político chinês, 1893-1976), in *Obras escolhidas*, IV, Sobre as negociações de Chungking, 17/10/1945.

3283. Quem luta pelo comunismo, / de todas as virtudes possui apenas uma: / a de lutar pelo comunismo.

Wer für den Kommunismus kämpft, / hat von allen Tugenden nur eine: / Daß er für den Kommunismus kämpft.

B. BRECHT (escritor alemão, 1898-1956), *A linha de conduta*, Coro de controle, II.

3284. O comunismo é o poder soviético mais a eletrificação do país.

Коммунизм есть советская власть плюс электрификация всей страны.

V. N. LENIN (político soviético, 1870-1924), *slogan* político de 1920 para a difusão do programa de eletrificação na Rússia.

3285. O comunismo, que é a própria revolução, deve tomar cuidado para não assumir o aspecto da utopia e nunca se separar da política.
Le communisme, qui est la Révolution même, doit se garder des allures de l'utopie et ne se séparer jamais de la politique.
L.-A. BLANQUI (político francês, 1805-1881), *Critique sociale.*

A SOLIDÃO

A solidão

3286. A solidão é impossível, e a sociedade, fatal.
Solitude is impracticable, and society fatal.
R. W. EMERSON (filósofo e poeta norte-americano, 1803-1882).

3287. Nenhum homem é uma ilha auto-suficiente; / cada um é parte do continente.
No man is an Island, entire of itself; / Every man is a piece of the Continent.
J. DONNE (poeta inglês, 1573-1631), *Devotions upon Emergent Occasions*, Meditation XVII.

3288. Não nascemos apenas para nós mesmos.
Non nobis solum nati sumus.
CÍCERO (escritor e político romano, 106-43 a.C.), *De Officiis*, I, 7.

3289. A solidão é o destino de todos os espíritos eminentes.
Einsamkeit ist das Los aller hervorragenden Geister.
A. SCHOPENHAUER (filósofo alemão, 1788-1860), *Aforismos sobre a sabedoria de vida*.

3290. Em suma, todo o problema da vida é este: como romper a própria solidão, como comunicar-se com os outros.
Tutto il problema della vita è dunque questo: come rompere la propria solitudine, come comunicare con altri.
C. PAVESE (escritor italiano, 1908-1950), *Il mestiere di vivere*, 15/5/1939.

3291. O que torna as pessoas sociáveis é a sua incapacidade de suportar a solidão e, nela, a si mesmos.

> *Was die Menschen gesellig macht, ist ihre Unfähigkeit, die Einsamkeit, und in dieser sich selbst zu ertragen.*
> A. SCHOPENHAUER (filósofo alemão, 1788-1860), *Aforismos sobre a sabedoria de vida*.

3292. Um dos principais estudos dos jovens deveria ser aprender a suportar a solidão, pois ela é a fonte da felicidade e da serenidade.

> *Ein Hauptstudium der Jugend sollte sein, die Einsamkeit ertragen zu lernen, weil sie die Quelle des Glückes und der Gemütsruhe ist.*
> A. SCHOPENHAUER (filósofo alemão, 1788-1860), *Aforismos sobre a sabedoria de vida*.

3293. A civilização converteu a solidão num dos bens mais preciosos que a alma humana possa desejar.

> *La civilización ha convertito la soledad en uno de los bienes más delicados que el alma humana puede desear.*
> G. MARAÑÓN (ensaísta espanhol, 1887-1960).

3294. A busca da solidão é uma tendência do nosso tempo; antes, e desde o seu aparecimento sobre a terra, o homem buscou apenas não ficar sozinho.

> *La busca de la soledad es una tendencia de nuestro tiempo; antes, y desde su aparición sobre la tierra, el hombre sólo ha buscado no estar solo.*
> G. MARAÑÓN (ensaísta espanhol, 1887-1960).

3295. Quem se abandona à solidão, / Ah, logo fica sozinho.

> *Wer sich der Einsamkeit ergibt, / Ach, der ist bald allein.*
> J. W. GOETHE (escritor alemão, 1749-1832), *Wilhelm Meister*, A vocação teatral, 4, XIII.

3296. A solidão mostra o original, a beleza ousada e surpreendente, a poesia. Mas a solidão também mostra o avesso, o desproporcionado, o absurdo e o ilícito.

> *Einsamkeit zeigt das Originale, das gewagt und befremdend Schöne, das Gedicht. Einsamkeit zeigt aber auch das Verkehrte, das Unverhältnismäβige, das Absurde und Unerlaubte.*
> TH. MANN (escritor alemão, 1875-1955), *Morte em Veneza*.

3297. Cada um está só sobre o coração da terra / atravessado por um raio de sol: / e logo anoitece.

Ognuno sta solo sul cuor della terra / trafitto da un raggio di sole: / ed è subito sera.

S. QUASIMODO (poeta italiano, 1901-1968), *Acque e terre*, Ed è subito sera.

3298. É sobretudo na solidão que se sente a vantagem de viver com alguém que saiba pensar.

C'est surtout dans la solitude qu'on sent l'avantage de vivre avec quelqu'un qui sait penser.

J.-J. ROUSSEAU (filósofo e escritor francês, 1712-1778), *Les confessions.*

3299. Oh, alegre solidão, companhia dos tristes!

¡Oh, soledad alegre, compañía de los tristes!

M. DE CERVANTES (escritor espanhol, 1547-1616), *Los trabajos de Persiles y Sigismunda.*

3300. No tumulto dos homens e dos acontecimentos, a solidão era minha tentação. Agora, é minha amiga. De que outra coisa podemos nos contentar quando encontramos a História?

Dans le tumulte des hommes et des événements, la solitude était ma tentation. Maintenant, elle est mon amie. De quelle autre se contenter quand on a rencontré l'Histoire?

CH. DE GAULLE (general e político francês, 1890-1970), *Mémoires de guerre.*

3301. Às minhas solidões vou, / das minhas solidões venho, / porque para andar comigo / bastam-me meus pensamentos.

A mis soledades voy, / de mis soledades vengo, / porque para andar conmigo / me bastan mis pensamientos.

L. DE VEGA (dramaturgo espanhol, 1562-1635), *Poesias.*

3302. Ó conviva deste casamento! Esta alma ficou / só sobre um mar enorme, enorme; / tão só parece que nem / Deus o foi.

O Wedding Guest! this soul hath been / Alone on a wide sea; / So lonely 'twas that God himself / Scarce seemed there to be.

S. T. COLERIDGE (poeta inglês, 1772-1834), *The Ancient Mariner*, VII.

3303. Quando fechais a porta e ficais no escuro, lembrai-vos de nunca dizer que estais sós; de fato, não estais: dentro de vós está Deus, e o vosso espírito. E por acaso estes precisam de luz para ver como agis?

"Ὅταν κλείσητε τὰς θύρας καὶ σκότος ἔνδον ποιήσητε, μέμνησθε μηδέποτε λέγειν ὅτι μόνοι ἐστέ· οὐ γὰρ ἐστέ, ἀλλ' ὁ θεὸς ἔνδον ἐστὶ καὶ ὁ ὑμέτερος δαίμων ἐστίν. καὶ τίς τούτοις χρεία φωτὸς εἰς τὸ βλέπειν τί ποιεῖτε;

EPICTETO (filósofo grego, 50-115), *Dissertações*, I, 14, 13-4.

3304. (Dizia que) nunca era assim tão pouco ocioso como quando estava ocioso, e nunca tão pouco só como quando estava só.

(Dicere solitum)... numquam se minus otiosum esse, quam cum otiosus, nec minus solum, quam cum solus esset.

CÍCERO (escritor e político romano, 106-43 a.C.), *De Officiis*, III, 1.

3305. A solidão é uma necessidade: mas evita apenas de comprometer tua dignidade, / pois assim qualquer lugar poderá ser um deserto para ti.

Die Einsamkeit ist Not: doch sei nur nicht gemein. / So kannst du überall in einer Wüste sein.

ANGELUS SILESIUS (poeta alemão, 1624-1677), *Cherubinischer Wandersmann*.

3306. O forte tem o máximo poder quando está só.

Der Starke ist am mächtigsten allein.

F. VON SCHILLER (escritor alemão, 1759-1805), *Guilherme Tell*, I, 3.

3307. Ai de quem é só, pois se cai não tem quem o levante.

Vae soli, quia cum ceciderit, non habet sublevantem se.

ECLESIASTES (livro sapiencial do Antigo Testamento), IV, 10.

3308. Somos sozinhos com tudo o que amamos.

Man ist allein mit allem, was man liebt.

NOVALIS (poeta alemão, 1772-1801), *Fragmentos*.

3309. Um homem só está sempre em má companhia.

Un homme seul est toujours en mauvaise compagnie.

P. VALÉRY (poeta francês, 1871-1945), *L'idée fixe*.

3310. Somos paquidermes, estendemos as mãos uns aos outros, mas é um esforço em vão; conseguimos apenas esfregar nossas peles ásperas uns contra os outros – somos muito sozinhos.

Wir sind Dickhäuter, wir strecken die Hände nacheinander aus, aber es ist vergebliche Mühe, wir reiben nur das grobe Leder aneinander ab, – wir sind sehr einsam.
G. BÜCHNER (escritor alemão, 1813-1837), *A morte de Danton*.

A companhia

3311. Diz-se da melhor companhia: sua conversa é instrutiva, seu silêncio, formativo.

Von der besten Gesellschaft sagt man: Ihr Gespräch ist unterrichtend, ihr Schweigen bildend.
J. W. GOETHE (escritor alemão, 1749-1832), *Máximas e reflexões*, 365.

3312. A companhia da multidão é nociva: há sempre alguém que nos ensina a gostar de um vício, ou que, sem que percebamos, transmite-nos esse vício por completo ou em parte. Quanto mais numerosas forem as pessoas com as quais vivemos, maior é o perigo.

Inimica est multorum conversatio: nemo non aliquod nobis vitium aut commendat aut imprimit aut nescientibus adlinit. Utique quo maior est populus, cui miscemur, hoc periculi plus est.
SÊNECA (filósofo latino, 4 a.C.-65 d.C.), *Cartas a Lucílio*, 7, 2.

3313. Caminhávamos com os dez demônios. / Ah, feroz companhia! Mas na igreja / com os santos, e na taberna com os patifes.

Noi andavam con li dieci demoni. / Ahi fiera compagnia! Ma nella chiesa / coi santi, e in taverna co' ghiottoni.
D. ALIGHIERI (poeta italiano, 1265-1321), *Inferno*, XXII, 13-5.

3314. E o que mais te pesará sobre as costas / será a companhia maldosa e estúpida / com a qual cairás neste vale; // completamente ingrata, louca e ímpia / voltar-se-á contra ti; mas, pouco depois, / ela, e não tu, terá o rosto coberto de vergonha.

// Da sua bestialidade, a sua maneira de agir / fará a prova; a ponto de ser honroso para ti / separar-te dela e seguir sozinho o teu caminho.

E quel che più ti graverà le spalle, / sarà la compagnia malvagia e scempia / con la qual tu cadrai in questa valle; // che tutta ingrata, tutta matta ed empia / si farà contr'a te; ma poco appresso, / ella, non tu, n'avrà rossa la tempia. // Di sua bestialitate il suo processo / farà la prova; sì ch'a te fia bello / averti fatta parte per te stesso.

D. ALIGHIERI (poeta italiano, 1265-1321), *Paraíso*, XVII, 61-9.

3315. Dizem a verdade aqueles que afirmam que as más companhias conduzem os homens à forca.

E' dicono el vero quelli che dicono che le cattive compagnie conducono li uomini alle forche.

N. MAQUIAVEL (político e escritor italiano, 1469-1527), *A mandrágora*, IV, 6.

3316. O homem ama a companhia, mesmo que seja apenas a de uma vela que queima.

Der Mensch liebt die Gesellschaft, und sollte es auch nur die von einem brennenden Rauchkerzen sein.

G. CH. LICHTENBERG (cientista e escritor alemão, 1742-1799), *Observações e pensamentos*.

O SONO

O sono

3317. Tens no sono a imagem da morte.
>   *Habes somnum imaginem mortis.*
>   CÍCERO (escritor e político romano, 106-43 a.C.), *Tusculanae disputationes*, I, 38.

3318. Ó, tu que dormes, o que é o sono? O sono assemelha-se à morte; por que não fazes então algo que depois da morte te dê o aspecto de um perfeito vivo, em vez de, enquanto vivo, com o sono assemelhar-te aos tristes mortos?
>   *O dormiente che cosa è sonno? Il sonno ha similitudine colla morte; o perché non fai adunque tale opera che dopo la morte tu abbi similitudine di perfetto vivo, (piuttosto) che vivendo farsi col sonno simile ai tristi morti?*
>   LEONARDO DA VINCI (artista e cientista italiano, 1452-1519), *Pensieri*, 79.

3319. O que a noite tem a ver com o sono?
>   *What hath night to do with sleep?*
>   J. MILTON (poeta inglês, 1608-1674), *Comus*, I, 122.

3320. O sono, e tudo aquilo que o inspira etc., é por si só agradável... Não há prazer maior (nem maior felicidade) na vida do que não senti-la.
>   *Il sonno, e tutto quello che induce il sonno ecc., è per se stesso piacevole... Non c'è maggior piacere (né maggior felicità) nella vita, che il non sentirla.*
>   G. LEOPARDI (poeta italiano, 1798-1837), *Zibaldone*, VI, 272, 2.

3321. O sono é um rastejar do homem dentro de si mesmo.

Schlaf ist ein Hineinkriechen des Menschen in sich selbst.
CH. F. HEBBEL (poeta e dramaturgo alemão, 1813-1863), *Diários*, 1839.

3322. O sono ocupa um terço da nossa vida. É o consolo das penas dos nossos dias ou a pena de seus prazeres; mas nunca experimentei o sono como repouso.

Le sommeil occupe le tiers de notre vie. Il est la consolation des peines de nos journées ou la peine de leurs plaisirs; mais je n'ai jamais éprouvé que le sommeil fût un repos.
G. DE NERVAL (escritor francês, 1808-1855), *Aurélia*.

3323. Dormir seis horas é o suficiente, tanto para os jovens quanto para os velhos; / concedemos não mais de sete a um preguiçoso, oito a ninguém.

Sex horis dormire sat est iuvenique senique: / septem vix pigro, nulli concedimus octo.
FLOS SANITATIS (obra da Escola médica salernitana, séc. XIII), 129-30.

3324. Se eu pudesse contrair-me numa palavra, / dormiria.

Sa pudés stricarm'in d'na parola / a durmirés.
C. ZAVATTINI (escritor italiano, 1902-1989), *Stricarm'in d'na parola*, Invcend.

3325. Bendito seja quem inventou a cama! / No mundo não há coisa melhor. / E depois, digam vocês que são casadas. / Bendito seja mil e mil vezes!

Oh benedetto chi ha inventato er letto! / Ar monno nun ze dà più bella cosa. / Eppoi, ditelo voi che séte sposa. / Sia mille e mille vorte benedetto!
G. G. BELLI (poeta dialetal italiano, 1791-1863), *Sonetti*, Er letto.

3326. Dormindo velamos, e velando dormimos.

Nous veillons dormant, et veillant dormons.
M. DE MONTAIGNE (escritor francês, 1533-1592), *Os ensaios*, II, 12.

3327. Pareceu-me ouvir uma voz que dizia: "Não durmas mais! / Macbeth matou o sono."

Methought I heard a voice cry "Sleep no more! Macbeth does murder sleep."

W. Shakespeare (dramaturgo inglês, 1564-1616), *Macbeth*, II, 2, 36-7.

3328. A humanidade se divide em duas categorias: aqueles que se levantam tarde e aqueles que se levantam cedo.

L'umanità si divide in due categorie: quelli che s'alzan tardi e quelli che s'alzan presto.

A. Campanile (escritor italiano, 1900-1977), *In campagna è un'altra cosa*, I, Lo zio Alessandro.

3329. Decidiu mudar de vida, aproveitar as horas matinais. Levantou-se às seis, tomou banho, fez a barba, vestiu-se, saboreou o café da manhã, fumou alguns cigarros, sentou-se à mesa de trabalho e acordou ao meio-dia.

Decise di cambiar vita, di approfittare delle ore del mattino. Si levò alle sei, fece la doccia, si rase, si vestì, gustò la colazione, fumò un paio di sigarette, si mise al tavolo di lavoro e si svegliò a mezzogiorno.

E. Flaiano (escritor italiano, 1910-1972), *Diario notturno*.

3330. Quem alguma vez já teve a fama de acordar cedo pode permitir-se dormir até o meio-dia.

Who has once the fame of being an early riser may sleep till noon.

J. Howell (ensaísta inglês, 1594-1666), *Familiar Letters*.

O sonho

3331. Sem dúvida o sonho é para o espírito o que o sono é para o corpo.

Der Traum ist ganz entschieden für den Geist, was der Schlaf für den Leiben.

Ch. F. Hebbel (poeta e dramaturgo alemão, 1813-1863), *Diários*, 1846.

3332. Na noite falaz os sonhos temerários divertem-se conosco / e fazem trepidar de falsos temores as nossas mentes assustadas.

Somnia fallaci ludunt temeraria nocte / et pavidas mentes falsa timere iubent.

Tibulo (poeta latino, c. 54-19 a.C.), *Elegias*, III, 4, 7-8.

3333. Tive-te como um sonho lisonjeiro, / no sono um rei, mas, ao acordar, nada de especial.
> *Thus have I had thee, as a dream does flatter, / In sleep a king, but, waking, no such matter.*
> W. SHAKESPEARE (dramaturgo inglês, 1564-1616), *Sonetos*, 87.

3334. Durante o dia, estamos todos aqui; durante a noite, somos lançados / pelos sonhos, cada um a um mundo separado.
> *Here we are all by day; by night w'are hurled / By dreams each one onto a sev'rall world.*
> R. HERRICK (poeta inglês, 1591-1674), *Dreams*.

3335. Os sonhos são verdadeiros enquanto duram, e não vivemos nos sonhos?
> *Dreams are true while they last, and do we not live in dreams?*
> A. TENNYSON (poeta inglês, 1809-1892), *The Higher Pantheism*.

3336. O Sonho é uma segunda vida. Não pude deixar de tremer ao atravessar essas portas de marfim ou de chifre que nos separam do mundo invisível.
> *Le Rêve est une seconde vie. Je n'ai pu percer sans frémir ces portes d'ivoire ou de corne qui nous séparent du monde invisible.*
> G. DE NERVAL (escritor francês, 1808-1855), *Aurélia*.

3337. De Júpiter / também provém o sonho.
> Καὶ γάρ τ' ὄναρ ἐκ Διός ἐστιν.
> HOMERO (poeta grego, séc. VIII-VII a.C.), *Ilíada*, I, 63.

3338. Hoje não sei mais se naquela época eu era um homem que sonhava ser uma borboleta, ou se hoje sou uma borboleta que sonha ser um homem.
> CHUANG-TZU (filósofo chinês, 369-286 a.C.), *O nivelamento de todas as coisas*.

3339. Às vezes acontece-me também o contrário: aparecer-me como falso e irreal o que realmente vivi.
> *Manchmal ergeht es mir auch umgekehrt: daβ mir das, was ich wircklich erlebt habe, als unwahr und nicht real erscheint.*

H. Böll (escritor alemão, 1917-1985), *Opiniões de um palhaço*.

3340. Estrangeiro, os sonhos são vãos, inexplicáveis: / infelizmente, nem todos se realizam para os homens. / Duas são as portas dos sonhos inconsistentes: / uma tem batentes de chifre, a outra, de marfim: / os que saem do cândido marfim / envolvem a mente em enganos, carregando palavras vãs; / os que saem do lúcido chifre / são coroados pela verdade, caso um mortal os veja.

> Ξεῖν', ἤ τοι μὲν ὄνειροι ἀμήχανοι ἀκριτόμυθοι / γίγνοντ', οὐδέ τι πάντα τελείεται ἀνθρώποισι. / δοιαὶ γάρ τε πύλαι ἀμενηνῶν εἰσὶν ὀνείρων· / αἱ μὲν γὰρ κεράεσσι τετεύχαται, αἱ δ' ἐλέφαντι· / τῶν οἳ μέν κ' ἔλθωσι διὰ πριστοῦ ἐλέφαντος, / οἵ ῥ' ἐλεφαίρονται, ἔπε' ἀκράαντα φέροντες· / οἳ δὲ διὰ ξεστῶν κεράων ἔλθωσι θύραζε, / οἵ ῥ' ἔτυμα κραίνουσι, βροτῶν ὅτε κέν τις ἴδηται.

Homero (poeta grego, séc. VIII-VII a.C.), *Odisséia*, XIX, 560-7.

3341. Sonhos e oráculos são compreendidos, quase sempre, no dia em que se realizam.

> Χρησμοὶ γὰρ καὶ ὄνειροι τὰ πολλὰ τοῖς τέλεσι κρίνονται.

Heliodoro (romancista grego, séc. III-IV), *As etiópicas*, II, 36, 2.

3342. O homem, quando sonha, é um deus, quando reflete, é um mendigo.

Ein Gott ist der Mensch, wenn er träumt, ein Bettler, wenn er nachdenkt.

F. Hölderlin (poeta alemão, 1770-1843), *Hipérion*.

3343. Tudo o que vemos ou parecemos / não passa de um sonho dentro de um sonho.

All that we see or seem / Is but a dream within a dream.

E. A. Poe (escritor norte-americano, 1809-1849), *A Dream within a Dream*.

3344. A nossa condição cotidiana... é a de conviver com os fantasmas.

La nostra condizione quotidiana... è quella di convivere con i fantasmi.

P. Citati (ensaísta italiano, nascido em 1930), *Il sogno della camera rossa*, Il giro di vite.

3345. "Se ele deixasse de sonhar com você, onde você pensa que estaria?" "Onde estou agora, naturalmente", respondeu Alice. "Nada disso!", replicou Tweediedee com desdém. "Não estaria em lugar nenhum. Ora essa, você é apenas uma coisinha dentro do sonho dele!"

"If he left off dreaming about you, where do you suppose you'd be?" "Where I am now, of course", said Alice. "Not you!", Tweediedee retorted contemptously. "You'd be nowhere. Why, you're only a sort of thing in his dream!"

L. CARROLL (escritor e matemático inglês, 1832-1898), *Do outro lado do espelho*.

3346. Tudo foi cobiçado / e tudo foi tentado. / O que não foi feito / eu sonhei; / e tanto era o ardor / que o sonho se igualou ao ato.

Tutto fu ambìto / e tutto fu tentato. / Quel che non fu fatto / io lo sognai; / e tanto era l'ardore / che il sogno eguagliò l'atto.

G. D'ANNUNZIO (escritor italiano, 1863-1938), *Laudi*, Maia.

3347. O sonho é a infinita sombra da Verdade.

Il sogno è l'infinita ombra del Vero.

G. PASCOLI (poeta italiano, 1855-1912), *Poemi conviviali*, Alexandros.

3348. Tomei a decisão de fingir que todas as coisas que até então haviam entrado em minha mente não eram mais verdadeiras do que as ilusões dos meus sonhos.

Je me résolus de feindre que toutes les choses qui m'étaient jamais entrées en l'esprit n'étaient non plus vraies que les illusions de mes songes.

R. DESCARTES (filósofo francês, 1596-1650), *Discurso do método*.

O impossível

3349. O verdadeiro sonhador é aquele que sonha o impossível.

Le vrai rêveur est celui qui rêve de l'impossible.

E. TRIOLET (escritora francesa, 1896-1970), *Mille regrets*.

3350. O impossível é a esposa prometida da humanidade: a ele voam as nossas almas.

Невозможное — невеста человечества, к невозможному летят наши души.

A. P. PLATONOV (escritor e jornalista russo, 1899-1951).

3351. O homem pode acreditar no impossível, mas nunca pode acreditar no improvável.

Man can believe the impossible, but man can never believe the improbable.

O. WILDE (escritor inglês, 1854-1900), *The Decay of Lying*.

3352. Oh, senhor, o senhor bem sabe que a vida é cheia de absurdos infinitos, que descaradamente não têm nem mesmo a necessidade de parecer verossímeis; pois são reais.

Oh, signore, lei sa bene che la vita è piena d'infinite assurdità, le quali sfacciatamente non han neppure bisogno di parer verosimili; perché sono vere.

L. PIRANDELLO (escritor italiano, 1867-1936), *Seis personagens à procura do autor*, I.

A imaginação

3353. A imaginação governa o mundo.

L'imagination gouverne le monde.

NAPOLEÃO I (imperador da França, 1769-1821), citado em LAS CASES, *Mémorial de Sainte-Hélène*.

3354. A imaginação não faz castelos no ar, mas transforma cabanas em castelos no ar.

Phantasie hat nicht Luftschlösser, sondern Luftschlösser aus Baracken.

K. KRAUS (escritor austríaco, 1874-1936), *Pro domo et mundo*.

3355. A imaginação humana é imensamente mais pobre do que a realidade.

La fantasia umana è immensamente più povera della realtà.

C. PAVESE (escritor italiano, 1908-1950), *Il mestiere di vivere*, 25/10/1938.

3356. A imaginação é tão mais robusta quanto mais fraco o raciocínio.
> *La fantasia tanto più è robusta quanto più è debole il raziocinio.*
> G. B. VICO (filósofo italiano, 1668-1744), *La scienza nuova*, I, II, 36.

3357. Aqui a imaginação perdeu a força.
> *A l'alta fantasia qui mancò possa.*
> D. ALIGHIERI (poeta italiano, 1265-1321), *Paraíso*, XXXIII, 142.

3358. Deixa sempre a imaginação vagar, / o prazer nunca está em nossa casa.
> *Ever let the fancy roam, / Pleasure never is at home.*
> J. KEATS (poeta inglês, 1795-1821), *Fancy*, I, 1-2.

3359. O prazer que um objeto nos proporciona não se encontra no próprio objeto. A imaginação o embeleza, cercando-o e quase irradiando-o com imagens estimadas. Em suma, no objeto amamos aquilo que nós mesmos colocamos nele.
> *Il piacere che un oggetto ci procura non si trova nell'oggetto per sé medesimo. La fantasia lo abbellisce cingendolo e quasi irraggiandolo d'immagini care. Nell'oggetto insomma amiamo quel che vi mettiamo noi.*
> L. PIRANDELLO (escritor italiano, 1867-1936), *Il fu Mattia Pascal*, IX.

3360. Na verdade, a imaginação não passa de um modo da memória, emancipado da ordem do tempo e do espaço.
> *The Fancy is indeed no other than a mode of memory emancipated from the order of time and space.*
> S. T. COLERIDGE (poeta inglês, 1772-1834), *Biographia Literaria*, XIII.

3361. Se não fosse pela imaginação, o homem seria tão feliz nos braços de uma camareira quanto nos de uma duquesa.
> *Were it not for imagination, a man would be as happy in the arms of a chambermaid as of a duchess.*
> S. JOHNSON (literato inglês, 1709-1784), citado em BOSWELL, *Life of Johnson*, III.

3362. O que imaginamos precisa ser ou uma das coisas já vistas, ou um composto de coisas ou partes das coisas também já vistas.

Quello che noi ci immaginiamo bisogna che sia o una delle cose già vedute, o un composto di cose o di parti delle cose altra volta vedute.

G. GALILEI (físico italiano, 1564-1642), *Dialogo sopra i due massimi sistemi del mondo.*

3363. A imaginação é a primeira fonte da felicidade humana.

L'immaginazione è il primo fonte della felicità umana.

G. LEOPARDI (poeta italiano, 1798-1837), *Zibaldone*, I, 274.

3364. A raça humana / não consegue suportar muita realidade.

Human kind / Cannot bear very much reality.

TH. S. ELIOT (poeta e dramaturgo anglo-americano, 1888-1965), *Four Quartets*, Burnt Norton, 1.

A ilusão

3365. Nada é mais fácil do que se iludir, pois todo homem acredita que aquilo que deseja seja também verdadeiro.

ʻΡᾷστον ἁπάντων ἐστὶν αὑτὸν ἐξαπατῆσαι· ὃ γὰρ βούλεται, τοῦθ' ἕκαστος καὶ οἴεται.

DEMÓSTENES (orador ateniense, 384-322 a.C.), *Orações*, Terça olíntica, 19.

3366. Pobre Catulo, deixa de devanear, / e, o que vês como perdido, considera-o como perdido.

Miser Catulle, desinas ineptire, / et quod vides perisse perditum ducas.

CATULO (poeta latino, 87-54 a.C.), *Poesias*, VIII, 1-2.

3367. Para alguns homens, as ilusões sobre as coisas que lhes interessam são tão necessárias quanto a vida.

Il y a des hommes à qui les illusions sur les choses qui les intéressent sont aussi nécessaires que la vie.

N. DE CHAMFORT (escritor francês, c. 1740-1794), *Máximas e pensamentos*, V, 296.

3368. As ilusões caem uma após a outra, como as cascas de uma fruta, e a fruta é a experiência. Seu sabor é amargo; no entanto, ela possui algo acre que a fortifica.

Les illusions tombent l'une après l'autre, comme les écorces d'un fruit, et le fruit, c'est l'expérience. Sa saveur est amère; elle a pourtant quelque chose d'âcre qui fortifie.

G. DE NERVAL (escritor francês, 1808-1855), *Angélique*.

3369. O mais sólido prazer desta vida é o prazer vão das ilusões.

Il più solido piacere di questa vita è il piacer vano delle illusioni.

G. LEOPARDI (poeta italiano, 1798-1837), *Zibaldone*, I, 157, 2.

3370. Parece um absurdo, e no entanto é a exata verdade, que, se toda a realidade for vazia, não haverá mais nada de real nem de substancial no mundo além das ilusões.

Pare un assurdo, e pure è esattamente vero, che, tutto il reale essendo un nulla, non v'è altro di reale, né altro di sostanza al mondo che le illusioni.

G. LEOPARDI (poeta italiano, 1798-1837), *Zibaldone*, I, 210, 1.

3371. Perder uma ilusão nos torna mais sábios do que encontrar uma verdade.

Ein Wahn verlieren macht weiser als eine Wahrheit finden.

L. BÖRNE (escritor alemão, 1786-1837), *Fragmentos e aforismos*.

A ESPERANÇA

A esperança

3372. Não há Esperança sem Medo, nem Medo sem Esperança.
Non dari Spem sine Metu, neque Metum sine Spe.
B. SPINOZA (filósofo holandês, 1632-1677), *Ética*, III, 50, Escólio.

3373. Doce, e afaga-lhe o coração, / nutriz da velhice, a Esperança / acompanha-a e rege soberana / o espírito volúvel dos homens.
Γλυκεῖά οἱ καρδίαν / ἀτάλλοισα γηροτρόφος συναορεῖ / ’Ελπίς, ἃ μάλιστα θνατῶν πολύστροφον γνώ- / μαν κυβερνᾷ.
PÍNDARO (poeta grego, 518-438 a.C.), *Fragmentos*, 214.

3374. A esperança...: um sonho feito de despertares.
’Ελπίς... ἐγρηγορότος... ἐνύπνιον.
ARISTÓTELES (filósofo grego, 384-322 a.C.), citado em DIÓGENES LAÉRCIO, *Vidas dos filósofos*, Aristóteles, V, 18.

3375. Até a Esperança, / última Deusa, foge dos sepulcros.
Anche la Speme, / ultima Dea, fugge i sepolcri.
U. FOSCOLO (poeta italiano, 1778-1827), *I Sepolcri*, 16-7.

3376. O que não se espera acontece com mais freqüência do que o que se espera.
Insperata accidunt magi' saepe quam quae speres.
PLAUTO (comediógrafo latino, c. 250-184 a.C.), *Mostellaria*, 197.

3377. Esperar uma alegria também é uma alegria.
Ein Vergnügen erwarten ist auch ein Vergnügen.
G. E. LESSING (filósofo alemão, 1729-1781), *Minna von Barnhelm*, IV, 6.

3378. Ó esperanças, esperanças, suaves enganos / da minha primeira idade!
>   *O speranze, speranze, ameni inganni / della mia prima età!*
>   G. LEOPARDI (poeta italiano, 1798-1837), *Canti*, Le ricordanze.

3379. Ter perdido todas as esperanças deu-lhe a mesma paz que tê-las conservado todas intactas.
>   *Averle perse tutte, le speranze, gli dette la stessa pace che averle tutte intatte.*
>   R. BACCHELLI (escritor italiano, 1891-1985), *Il diavolo al Pontelungo*, II, 12.

3380. A esperança está na obra. / Sou um cínico a quem permanece este além pela sua fé. / Sou um cínico que tem fé naquilo que faz.
>   *La speranza è nell'opera. / Io sono un cinico a cui rimane / per la sua fede questo al di là. / Io sono un cinico che ha fede in quel che fa.*
>   V. CARDARELLI (poeta italiano, 1887-1959), *Poesie*, La speranza è nell'opera.

3381. Posso suportar o meu desespero, mas não a esperança alheia.
>   *I can endure my own despair, but not another's hope.*
>   R. WALPOLE (político inglês, 1676-1745), *Of All Torments*.

O desespero

3382. Nunca foi sensata a decisão de causar desespero nos homens, pois quem não espera o bem não teme o mal.
>   *Non fu mai savio partito far disperare gli uomini, perché chi non spera il bene non teme il male.*
>   N. MAQUIAVEL (político e escritor italiano, 1469-1527), *História de Florença*, II, 14.

3383. A maioria dos homens vive uma existência de tranqüilo desespero.
>   *The mass of men live a life of quiet desperation.*
>   H. D. THOREAU (escritor norte-americano, 1817-1862), *Walden*, Economia.

3384. Para o desesperado, a partida não parece menos impossível do que o retorno.
Die Abreise dünkt dem Gequälten unmöglich, die Umkehr nicht minder.
TH. MANN (escritor alemão, 1875-1955), *Morte em Veneza*.

Otimismo e pessimismo

3385. Tudo está bem, tudo vai bem, tudo vai o melhor possível.
Tout est bien, tout va bien, tout va le mieux qu'il soit possible.
VOLTAIRE (escritor e filósofo francês, 1694-1778), *Cândido ou O otimismo*, 23.

3386. Está provado, dizia, que as coisas não podem ser diferentes: pois, uma vez que tudo é feito tendo-se em vista um objetivo, tudo é necessariamente feito tendo-se em vista o melhor objetivo. Notai que os narizes foram feitos para carregar óculos; sendo assim, usamos óculos. As pernas são visivelmente criadas para serem vestidas com culotes, e nós usamos culotes. As pedras foram formadas para serem cortadas e com elas serem construídos castelos; e assim o monsenhor tem um belíssimo castelo: o maior barão da província deve ser o mais bem alojado; e os porcos tendo sido feitos para serem comidos, nós os comemos durante todo o ano. Conseqüentemente, aqueles que proferiram que tudo está bem, disseram uma estupidez: era preciso dizer que tudo está o melhor possível.
Il est démontré, disait-il, que les choses ne peuvent être autrement: car tout étant fait pour une fine, tout est nécessairement pour la meilleure fin. Remarquez bien que les nez ont été faits pour porter des lunettes; aussi avons-nous des lunettes. Les jambes sont visiblement instituées pour être chaussées, et nous avons des chausses. Les pierres ont été formées pour être taillées et pour en faire des châteaux; aussi monseigneur a un très beau château: le plus grand baron de la province doit être le mieux logé; et les cochons étant faits pour être mangés, nous mangeons du porc toute l'année. Par conséquent, ceux qui ont avancé que tout est bien ont dit une sottise; il fallait dire que tout est au mieux.
VOLTAIRE (escritor e filósofo francês, 1694-1778), *Cândido ou O otimismo*.

3387. Ser pessimista em relação às coisas do mundo e à vida em geral é um pleonasmo, ou seja, significa antecipar o que acontecerá.

Essere pessimisti circa le cose del mondo e la vita in generale è un pleonasmo, ossia anticipare quello che accadrà.

E. FLAIANO (escritor italiano, 1910-1972), *Diario notturno.*

3388. O otimista proclama que vivemos no melhor de todos os mundos possíveis; e o pessimista teme que seja verdade.

The optimist proclaims that we live in the best of all possible worlds; and the pessimist fears that this is true.

J. CABELL (escritor norte-americano, 1879-1958), *The Silver Stallion*, IV, 4.

3389. O pessimismo, depois que você se acostuma com ele, é tão agradável quanto o otimismo.

Pessimism, when you get used to it, is just as agreeable as optimism.

A. BENNETT (escritor inglês, 1867-1931), *Things that Have Interested Me*, The Slump of Pessimism.

3390. É preciso, ao contrário, atrair violentamente a atenção para o presente do modo como ele é, se se quer transformá-lo. Pessimismo da inteligência, otimismo da vontade.

Occorre invece violentemente attirare l'attenzione nel presente così com'è, se si vuole trasformarlo. Pessimismo dell'intelligenza, ottimismo della volontà.

A. GRAMSCI (político italiano, 1891-1937), *Passato e presente*, Del sognare ad occhi aperti e del fantasticare.

O ESTADO

O estado

3391. No final das contas, o valor de um Estado é o valor dos indivíduos que o compõem.
The worth of a State, in the long run, is the worth of the individuals composing it.
J. S. MILL (filósofo e economista inglês, 1806-1873), *A liberdade*, III.

3392. Os Estados totalitários conhecem apenas um fator determinante, que é o poder.
Totalitäre Staaten kennen nur einen maßgebenden Faktor, und das ist die Macht.
K. ADENAUER (político alemão, 1876-1967).

3393. Todo Estado é uma ditadura.
Ogni Stato è una dittatura.
A. GRAMSCI (político italiano, 1891-1937), *Ordine nuovo*, Capo.

3394. O Estado é a organização econômico-política da classe burguesa. O Estado é a classe burguesa na sua concreta força atual.
Lo Stato è l'organizzazione economico-politica della classe borghese. Lo Stato è la classe borghese nella sua concreta forza attuale.
A. GRAMSCI (político italiano, 1891-1937), *Scritti giovanili*, L'intransigenza di classe e la storia italiana.

3395. Deus é quem nutre todos os homens, e o Estado é quem os reduz à fome.
Der Ernährer aller Menschen ist Gott und der Staat ihr Unternährer.
W. BENJAMIN (filósofo alemão, 1892-1940), *Rua de mão única*.

3396. Nada provoca mais danos num Estado do que homens astutos querendo se passar por sábios.

Nothing doth more hurt in a state than that cunning men pass for wise.

F. BACON (filósofo inglês, 1561-1626), *Essays*, Of Cunning.

3397. Que a salvação do Estado seja a lei suprema.

Salus populi suprema lex esto.

CÍCERO (escritor e político romano, 106-43 a.C.), *De legibus*, III, 8.

3398. A razão de Estado não deve se opor ao estado da razão.

La razón de estado no se ha de oponer al estado de la razón.

CARLOS V (imperador, 1500-1558).

3399. Para agir corretamente no governo de um Estado, é preciso ouvir muito e falar pouco.

Il faut écouter beaucoup et parler peu pour bien agir au gouvernement d'un État.

A.-J. RICHELIEU (político francês, 1585-1642), *Maximes d'État*, 105.

3400. O Estado é como o corpo humano. Nem todas as funções que desempenha são nobres.

L'État est comme le corps humain. Toutes les fonctions qu'il accomplit ne sont pas nobles.

A. FRANCE (escritor francês, 1844-1924), *Les opinions de M. Jérôme Coignard*.

O governo

3401. Um governo que se sustenta é um governo que cai.

Un ministère qu'on soutient est un ministère qui tombe.

CH.-M. TALLEYRAND (diplomático francês, 1754-1838), citado por B. DE LACOMBE, in *Vie privée de Talleyrand*.

3402. Os governos são as velas, o povo é o vento, o Estado é a embarcação, o tempo é o mar.

Regierungen sind Segel, das Volk ist Wind, der Staat ist Schiff, die Zeit ist See.

L. BÖRNE (escritor alemão, 1786-1837), *Fragmentos e aforismos.*

3403. Se os navios geralmente vão melhor do que os Estados, isso ocorre pela única razão de que naqueles cada um aceita a parte que lhe compete, enquanto nos Estados, na maioria das vezes, quanto menos se sabe, mais se tem o desejo de comandar.

Se le navi vanno generalmente meglio degli Stati, ciò accade per la sola ragione, che in esse ognuno accetta la parte che gli compete, mentre negli Stati, generalmente, meno se ne sa, e più s'ha la smania di comandare.

M. T. D'AZEGLIO (político italiano, 1798-1866), *I miei ricordi*, II.

3404. Existem épocas em que se tem a necessidade de um governo liberal, e épocas em que se tem a necessidade da ditadura; tudo muda, aqui não existe eternidade.

Es gibt Zeiten, wo man liberal regieren muß, und Zeiten wo man diktatorisch regieren muß; es wechselt alles, hier gibt es keine Ewigkeit.

O. VON BISMARCK (político alemão, 1815-1898), *Discursos*, 24/2/1881.

3405. Ninguém é bastante competente para governar outra pessoa sem o seu consentimento.

No man is good enough to govern another man without that other's consent.

A. LINCOLN (presidente norte-americano, 1809-1865), discurso em Peoria, Illinois, 16/10/1854.

3406. Quem quer governar deve aprender a dizer "não".

Chi vuol governare, deve imparare a dir "no".

B. MUSSOLINI (político italiano, 1883-1945), citado em M. SARFATTI, *Dux*, XLIV.

3407. Aprender a dominar é fácil, mas a governar é difícil.

Herrschen lernt sich leicht, Regieren schwer.

J. W. GOETHE (escritor alemão, 1749-1832), *Máximas e reflexões*, XI, 6.

3408. Para os que não conseguem governar a própria casa nem os povos, uma boa desculpa é dizer que estes são ingovernáveis.

Buena excusa de los que no aciertan a gobernar casa ni pueblos, decir que son ingobernables.
J. BENAVENTE Y MARTÍNEZ (dramaturgo espanhol, 1866-1954).

3409. Toda cozinheira deveria aprender a governar o Estado.

Каждая кухарка должна научиться управлять государством.

V. N. LENIN (político soviético, 1870-1924), citado em A. I. SOLJENITSINE, *O primeiro círculo*.

3410. O governo, mesmo na sua melhor forma, é apenas um mal necessário; na sua pior forma, um mal intolerável.

Government, even in its best state, is but a necessary evil; in its worst state, an intolerable one.
TH. PAINE (escritor e político inglês, 1737-1809), *Common Sense*, I.

3411. Uma república sem cidadãos de boa reputação não pode existir nem ser bem governada; por outro lado, a reputação dos cidadãos é motivo da tirania das repúblicas.

Una repubblica senza cittadini riputati non può stare, né può governarsi in alcun modo bene; dall'altro canto, la riputazione de' cittadini è cagione della tirannide delle repubbliche.
N. MAQUIAVEL (político e escritor italiano, 1469-1527), *Discursos sobre a primeira década de Tito Lívio*, III, 28.

3412. Quem governa uma instituição pública ou privada é sempre objeto do ódio e das queixas dos governados. Os homens estão sempre descontentes porque estão sempre infelizes. Por isso ficam descontentes com o próprio Estado, e também por isso ficam descontentes com quem o governa... Entretanto, no que concerne ao ato de governar, infelizmente existem apenas duas alternativas realmente sensatas: ou abster-se do governo, seja ele público ou privado, ou administrá-lo totalmente em vantagem própria e não dos governados.

Chi governa in pubblico o in privato è sempre oggetto d'odio e di querele de' governati. Gli uomini sono sempre scontenti perché sono sempre infelici. Perciò sono scontenti del loro stato, perciò medesimo di chi li governa... Però circa il governare non v'ha pur troppo che due partiti veramente savi, o astenersi dal governo, sia pubblico sia privato, o amministrarlo totalmente a vantaggio proprio e non de' governati.

G. LEOPARDI (poeta italiano, 1798-1837), *Zibaldone*, VI, 448, 3.

3413. Não consigo conceber maior desventura para um povo culto do que ver reunida, numa única mão, na mão dos seus governantes, o poder civil e o poder religioso.

Io non so concepire maggior sventura per un popolo colto che vedere riunita in una sola mano, in mano de' suoi governanti, il potere civile e il potere religioso.

C. CAVOUR (político italiano, 1810-1861), *Discorsi parlamentari*, Per Roma capitale, 25/3/1861.

3414. Os princípios de uma constituição livre são irrevogavelmente perdidos quando o poder legislativo é nomeado pelo executivo.

The principles of a free constitution are irrevocably lost when the legislative power is nominated by the executive.

E. GIBBON (historiador inglês, 1737-1794), *Decline and Fall of the Roman Empire*, 3.

Os impostos

3415. A força dos governos é inversamente proporcional ao peso dos impostos.

La force des gouvernements est en raison inverse du poids des impôts.

D. GAY DE GIRARDIN (jornalista francês, 1806-1881), *Le socialisme et l'impôt.*

3416. O contribuinte é alguém que trabalha para o governo federal, mas não precisa prestar concurso para a administração pública.

The taxpayer is someone who works for the federal government but doesn't have to take a civil service examination.

R. REAGAN (presidente norte-americano, nascido em 1911), atribuído.

3417. Neste mundo, nada é seguro, apenas a morte e os impostos.

In this world nothing is certain but death and taxes.

B. FRANKLIN (político e escritor norte-americano, 1706-1790), carta a J.-B. Leroy, 13/11/1789.

3418. O dinheiro dos contribuintes deve ser sagrado.

Il denaro dei contribuenti deve essere sacro.

L. EINAUDI (político e economista italiano, 1874-1961), *La riforma burocratica*, in *Corriere della sera*, 20/6/1921.

3419. Tributação sem representação é tirania.

Taxation without representation is tyranny.

J. OTIS (político norte-americano, 1725-1783), atribuído. Foi a divisa da Revolução Americana.

A burocracia

3420. Algumas repartições públicas são como os cemitérios; sobre cada porta poder-se-ia escrever: "Aqui jaz o senhor fulano de tal."

Manche Bureaux sind wie die Friedhofe, man könnte auf jede Tür setzen: "Hier ruht der Herr so und so".

M. G. SAPHIR (crítico austríaco, 1789-1856), *Ausgewählte Werke*, 179.

3421. Um funcionário geralmente é um homem que se distingue pela diligência dos seus subordinados.

Ein Beamter ist oft ein Mann, der sich durch den Fleiß seiner Untergebenen auszeichnet.

FLIEGENDE BLÄTTER (semanário humorístico alemão).

3422. Apresentam-lhe o projeto para a agilização da burocracia. Agradece calorosamente. Lamenta a ausência do módulo H. Conclui que passará o projeto à repartição competente, que está criando, para um exame cuidadoso.

Gli presentano il progetto per lo snellimento della burocrazia. Ringrazia vivamente. Deplora l'assenza del modulo H. Conclude che passerà il progetto, per un sollecito esame, all'ufficio competente, che sta creando.

E. FLAIANO (escritor italiano, 1910-1972), *Diario notturno*.

3423. [Burocracia:] uma dificuldade para cada solução.
A difficulty for every solution.
H. SAMUEL (político inglês, 1870-1963), atribuído.

A HISTÓRIA

A história

3424. A história é testemunha do passado, luz da verdade, vida da memória, mestra da vida, anunciadora dos tempos antigos.

Historia testis temporum, lux veritatis, vita memoriae, magistra vitae, nuntia vetustatis.

CÍCERO (escritor e político romano, 106-43 a.C.), *De oratore*, II, 9.

3425. Não saber o que aconteceu antes do teu nascimento seria para ti como permanecer criança para sempre.

Nescire quid ante quam natus sis acciderit, id est semper esse puerum.

CÍCERO (escritor e político romano, 106-43 a.C.), *Orator*, XXXIV, 120.

3426. A história universal é o juízo universal.

Die Weltgeschichte ist das Weltgericht.

F. VON SCHILLER (escritor alemão, 1759-1805), primeira aula como professor de história em Jena, 26/5/1789.

3427. Ó italianos, eu vos exorto às histórias.

O Italiani, io vi esorto alle storie.

U. FOSCOLO (poeta italiano, 1778-1827), *Dell'origine e dell'ufficio della letteratura*, XV.

3428. A história é filosofia inspirada nos exemplos.

Ἱστορία φιλοσοφία ἐστὶν ἐκ παραδειγμάτων.

DIONÍSIO DE HALICARNASSO (historiador e orador grego, c. 60 a.C.-c. 7 d.C.), *Arte retórica*, XI, 2.

3429. Cada homem age por si, segundo um plano próprio, mas o resultado é uma ação social, em que outro plano, externo a ele, realiza-se; e com os fios crus, finos e desfeitos da vida de cada um, tece-se a tela de pedra da história.

> Каждый человек действует для себя, по своему плану, а выходит общее действие, исполняется другой внешний план, и из суровых, тонких, гнилых биографических нитей сплетается каменная ткань истории.

R. P. POGODIN (escritor russo, nascido em 1925), *Aforismos históricos*.

3430. Este mundo da história certamente foi feito pelos homens; ele traz dentro de si o mistério da mente humana, e é feito à sua imagem e semelhança. Se alguém refletir a respeito de tal fato, certamente provará espanto, considerando que todos os filósofos esforçaram-se para obter a ciência deste mundo natural, do qual apenas Deus tem a ciência, pois foi Ele quem o fez; e esqueceram-se de meditar sobre este mundo das nações, ou seja, o mundo civil, do qual apenas os homens poderiam obter a ciência, pois foram eles que o fizeram.

> *Questo mondo civile egli certamente è stato fatto dagli uomini, onde se ne possono, perché se ne debbono, ritruovare i princìpi dentro le modificazioni della nostra medesima mente umana. Lo che, a chiunque vi rifletta, dee recar maraviglia come tutti i filosofi seriosamente si studiarono di conseguire la scienza di questo mondo naturale, del quale, perché Iddio egli il fece, esso solo ne ha la scienza; e trascurarono di meditare su questo mondo delle nazioni, o sia mondo civile, del quale, perché l'avevano fatto gli uomini, ne potevano conseguire la scienza gli uomini.*

G. B. VICO (filósofo italiano, 1668-1744), *La scienza nuova*, I, II, De' princìpi.

3431. Na verdade, não existe história, apenas biografia.

There is properly no history; only biography.

R. W. EMERSON (filósofo e poeta norte-americano, 1803-1882), *Essays*, History.

3432. A história é a essência de inúmeras biografias.

History is the essence of innumerable biographies.

TH. CARLYLE (historiador escocês, 1795-1881), *Critical and Miscellaneous Essays*, On History.

3433. Aquela montanha de pó que chamamos de "história".
> *That great dust-heap called "history".*
> A. BIRRELL (político e escritor inglês, 1850-1933), *Obiter Dicta*, Carlyle.

3434. O ressentimento da história é muito maior do que vocês imaginam, não se escapa às maldições do tempo... Mesmo destruindo, continuamos escravos do velho mundo: a destruição da tradição também é uma tradição.
> Зуб истории гораздо ядовитее, чем вы думаете, проклятия времени не избыть... Разрушая, мы все те же еще рабы старого мира: нарушение традиций — та же традиция.
> A. BLOK (poeta russo, 1880-1921), *Diário*, 1918.

3435. Ao analisar fatos históricos, evita ser profundo, pois muitas vezes as causas são bastante superficiais.
> *In analyzing history, do not be profound, for often the causes are quite superficial.*
> R. W. EMERSON (filósofo e poeta norte-americano, 1803-1882).

3436. A história, disse Stephen, é um pesadelo do qual estou tentando acordar.
> *History, Stephen said, is a nightmare from which I am trying to awake.*
> J. JOYCE (escritor irlandês, 1882-1941), *Ulisses*, I.

3437. Não basta dizer que a história é o juízo histórico, mas é preciso acrescentar que todo juízo é juízo histórico, ou história, com certeza.
> *Non basta dire che la storia è il giudizio storico, ma bisogna soggiungere che ogni giudizio è giudizio storico, o storia senz'altro.*
> B. CROCE (filósofo italiano, 1866-1952), *La storia come pensiero e come azione*, V, La conoscenza storica come tutta la conoscenza.

3438. A cultura histórica tem o objetivo de manter viva a consciência que a sociedade humana tem do próprio passado, ou melhor, do seu presente, ou melhor, de si mesma.
> *La cultura storica ha il fine di serbare viva la coscienza che la*

società umana ha del proprio passato, cioè del suo presente, cioè di se stessa.

B. CROCE (filósofo italiano, 1866-1952), *La storia come pensiero e come azione*, Storiografia e politica, VI, La necessità della conoscenza storica per l'azione.

3439. Qualquer coisa, menos a história, pois a história está sempre errada.

Anything but history, for history must be false.

R. WALPOLE (político inglês, 1676-1745), in *Walpoliana*, dito a seu filho que se preparava para ler para ele.

3440. Feliz do povo cujos anais estão vazios nos livros de história!

Happy the people whose annals are blank in history-books!

TH. CARLYLE (historiador escocês, 1795-1881), *Frederick the Great*, XIV, 1.

3441. A história não passa de um quadro de crimes e desgraças.

L'histoire n'est que le tableau des crimes et des malheurs.

VOLTAIRE (escritor e filósofo francês, 1694-1778), *L'Ingénu*, X.

3442. Na história universal existem eventos misteriosos, mas não insensatos.

В истории мира есть события таинственные, но нет бессмысленных.

V. S. SOLOVIEV (teólogo russo, 1853-1900), *A idéia russa*.

3443. A história é uma galeria de quadros onde há poucos originais e muitas cópias.

L'histoire est une galerie de tableaux où il y a peu d'originaux et beaucoup de copies.

CH.-A. DE TOCQUEVILLE (historiador francês, 1805-1859), *L'Ancien Régime et la Révolution*, II, 6.

3444. A história é a ciência da infelicidade humana.

L'histoire est la science du malheur des hommes.

R. QUENEAU (escritor francês, 1908-1976), *Une histoire modèle*.

3445. A história universal é a de um só homem.

La historia universal es la de un solo hombre.

J. L. BORGES (escritor argentino, 1899-1986).

3446. **A história é mais ou menos um disparate!**

History is more or less bunk.

H. Ford (industrial norte-americano, 1863-1947), do banco de testemunhas, durante um processo contra o *Chicago Tribune*, 25/5/1916.

3447. **A história é a mãe da verdade, êmula do tempo, depositária das ações, testemunha do passado, exemplo e anúncio do presente, advertência para o futuro.**

Es la historia madre de la verdad, émula del tiempo, depósito de las acciones, testigo de lo pasado, ejemplo y aviso de lo presente, advertencia de lo porvenir.

M. de Cervantes (escritor espanhol, 1547-1616), *Dom Quixote*.

3448. **Os que não conseguem relembrar o passado estão condenados a repeti-lo.**

Those who cannot remember the past are condemned to repeat it.

G. Santayana (filósofo norte-americano de origem espanhola, 1863-1952), *The Life of Reason*, I, 12.

3449. **O respeito pelo passado – eis o traço que distingue a instrução da barbárie; as tribos nômades não possuem nem história, nem nobreza.**

Уважение к минувшему — вот черта, отличающая образованность от дикости; кочующие племена не имеют ни истории, ни дворянства.

A. S. Pushkin (escritor russo, 1799-1837), *Esboços de um artigo sobre a literatura russa*.

3450. **Cancelar o passado / é a única coisa negada até a Deus.**

Μόνου γὰρ αὐτοῦ καὶ θεὸς στερίσκεται, / ἀγένητα ποιεῖν ἄσσ' ἂν ᾖ πεπραγμένα.

Agatão (tragediógrafo grego, séc. V a.C.), citado em Aristóteles, *Ética a Nicômaco*, VI, 2, 6.

3451. **A carruagem do passado não leva longe.**

В карете прошлого далеко не уедешь.

M. Górki (escritor soviético, 1868-1936), *O submundo*.

3452. Escrever a história é um modo de se livrar do passado.
> Geschichte schreiben ist eine Art, sich das Vorgangene vom Halse zu schaffen.
> J. W. GOETHE (escritor alemão, 1749-1832), *Máximas e reflexões*, XIV, 3.

O historiador

3453. O talento do historiador consiste em compor um conjunto verdadeiro com elementos que são verdadeiros apenas pela metade.
> La talent de l'historien consiste à faire un ensemble vrai avec des traits qui ne sont vrais qu'à demi.
> E. RENAN (escritor francês, 1823-1892), *Vie de Jésus*.

3454. O primeiro dever do historiador é não trair a verdade, não calar a verdade, não ser suspeito de parcialidades ou rancores.
> Quis nescit, primam esse historiae legem, ne quid falsi dicere audeat? Deinde ne quid veri non audeat? Ne qua suspicio gratiae sit in scribendo? Ne qua simultatis?
> CÍCERO (escritor e político romano, 106-43 a.C.), *De oratore*, II, 15, 62.

3455. Para mim, o romancista é o historiador do presente, enquanto o historiador é o romancista do passado.
> Je tiens que le romancier est l'historien du présent, alors que l'historien est le romancier du passé.
> G. DUHAMEL (escritor francês, 1803-1870), *Chronique des Pasquier*.

3456. A história é um romance que aconteceu; o romance é a história que poderia ter acontecido.
> L'histoire est un roman qui a été; le roman est de l'histoire qui aurait pu être.
> E. E J. DE GONCOURT (escritores franceses, 1822-1896 e 1830-1870), *Idées et sensations*.

3457. Minha história foi composta como uma aquisição para a eternidade, não para ser ouvida por ocasião do triunfo na competição de um dia.

Κτῆμά τε ἐς αἰεὶ μᾶλλον ἢ ἀγώνισμα ἐς τὸ παραχρῆμα ἀκούειν ξύγκειται.

Tucídides (historiador grego, c. 460-c. 404 a.C.), *História da Guerra do Peloponeso*, I, 22, 4.

3458. Quando, no silêncio da abjeção, ouve-se apenas o tilintar da corrente do escravo e a voz do delator; quando tudo treme diante do tirano, e é tão perigoso expor-se a seu favor quanto merecer sua desgraça, o historiador se apresenta, com o peso da vingança dos povos. Nero prospera em vão, Tácito já nasceu no império.

Lorsque, dans le silence de l'abjection, l'on n'entend plus retentir que la chaîne de l'esclave et la voix du délateur; lorsque tout tremble davant le tyran, et qu'il est aussi dangereux d'encourir sa faveur que de mériter sa disgrâce, l'historien paraît, chargé de la vengeance des peuples. C'est en vain que Néron prospère, Tacite est déjà né dans l'empire.

F.-R. de Chateaubriand (escritor francês, 1768-1848), *Mélanges littéraires*.

As lembranças

3459. As coisas são descobertas por meio das lembranças que se têm delas. Relembrar uma coisa significa vê-la – apenas agora – pela primeira vez.

Le cose si scoprono attraverso i ricordi che se ne hanno. Ricordare una cosa significa vederla – ora soltanto – per la prima volta.

C. Pavese (escritor italiano, 1908-1950), *Il mestiere di vivere*, 28/1/1942.

3460. Não sei ver nada do que vejo; vejo bem apenas o que relembro e tenho inteligência apenas nas minhas lembranças.

Je ne sais rien voir de ce que je vois; je ne vois bien que ce que je me rappelle, et je n'ai de l'esprit que dans mes souvenirs.

J.-J. Rousseau (filósofo e escritor francês, 1712-1778), *Les confessions*.

3461. Vamos passando, passando, pois tudo passa / Muitas vezes me voltarei / As lembranças são trombetas de caça / Cujo som morre no vento.

Passons passons puisque tout passe / Je me retournerai souvent / Les souvenirs sont cors de chasse / Dont meurt le bruit parmi le vent.

G. APOLLINAIRE (poeta francês, 1880-1918), *Cors de chasse.*

3462. O homem bom amplia o espaço da sua vida: / poder usufruir da vida passada é poder viver duas vezes.

Ampliat aetatis spatium sibi vir bonus: hoc est / vivere bis, vita posse priore frui.

MARCIAL (poeta latino, c. 40-102), *Epigramas*, X, 23, 7-8.

3463. A lembrança serena de uma dor passada traz um prazer.

Habet enim praeteriti doloris secura recordatio delectationem.

CÍCERO (escritor e político romano, 106-43 a.C.), *Epistulae ad familiares*, V, 12, 5.

3464. Ao reencontrar os amigos, todos nós já provamos o encanto das más lembranças.

Nous avons tous goûté, en retrouvant des camarades, l'enchantement des mauvais souvenirs.

A. DE SAINT-EXUPÉRY (escritor francês, 1900-1944), *Terre des hommes.*

3465. Talvez um dia seja bom relembrar este dia.

Forsan et haec olim meminisse iuvabit.

VIRGÍLIO (poeta latino, 70-19 a.C.), *Eneida*, I, 203.

3466. Quando te fará bem dizer "fui".

Quando ti gioverà dicere "I' fui".

D. ALIGHIERI (poeta italiano, 1265-1321), *Inferno*, XVI, 84.

3467. Ah, memória, inimiga mortal do meu repouso!

¡Oh memoria, enemiga mortal de mi descanso!

M. DE CERVANTES (escritor espanhol, 1547-1616), *Dom Quixote.*

3468. As lembranças, estas sombras tão longas / do nosso breve corpo, / este rasto de morte / que deixamos vivendo.

I ricordi, queste ombre troppo lunghe / del nostro breve corpo, / questo strascico di morte / che noi lasciamo vivendo.

V. CARDARELLI (poeta italiano, 1887-1959), *Poesie*, Passato.

3469. Toda lembrança verdadeira ainda é um chamado, uma verdade que trabalha em nossos ossos, um ato febril de desafio à escuridão de amanhã.

> *Ogni vero ricordo è ancora un richiamo, una verità che ci lavora nelle ossa, un febbrile atto di sfida al buio di domani.*
> G. Arpino (escritor italiano, 1927-1987), *L'ombra delle colline*, VI.

3470. Chega uma época em que nos damos conta de que tudo o que fazemos se transformará em lembrança um dia. É a maturidade. Para alcançá-la, é preciso justamente já ter lembranças.

> *Viene un'epoca in cui ci si rende conto che tutto ciò che facciamo diventerà a suo tempo ricordo. È la maturità. Per arrivarci bisogna appunto già avere dei ricordi.*
> C. Pavese (escritor italiano, 1908-1950), *Il mestiere di vivere*, 1/10/1944.

3471. Embora o espírito estremeça à lembrança e seja avesso ao pranto, / começarei.

> *Quamquam animus meminisse horret luctuque refugit, / incipiam.*
> Virgílio (poeta latino, 70-19 a.C.), *Eneida*, II, 12-3.

3472. Oh, como é bom / na juventude, quando a esperança / ainda é longa, e breves são o nosso passado doloroso / e a lembrança das coisas passadas, / mesmo se foram tristes e se a vida presente ainda é dolorosa como essa lembrança.

> *Oh come grato occorre / nel tempo giovanil, quando ancor lungo / la speme e breve ha la memoria il corso, / il rimembrar delle passate cose, / ancor che triste, e che l'affanno duri!*
> G. Leopardi (poeta italiano, 1798-1837), *Canti*, Alla luna.

3473. Covarde, realmente covarde é apenas quem teme as próprias lembranças.

> *Feig, wirklich feig ist nur, wer sich vor seinen Erinnerungen fürchtet.*
> E. Canetti (escritor austríaco de origem búlgara, nascido em 1905), *A província do homem*, 1954.

3474. Faz tão bem relembrar o amor / nos momentos de melancolia: / sentes uma espécie de não sei o quê, / como um prazer de sentir dor.

Fa tanto bene a ripensà a l'amore / ne li momenti de malinconia: / provi una specie di nun so che sia, / come un piacere de sentì dolore.
TRILUSSA (poeta dialetal italiano, 1871-1950), *Momenti scemi*.

3475. Lembro-me perfeitamente do seu nome, mas não me vem em mente o seu rosto.
I remember your name perfectly, but I just can't think of your face.
A. SPOONER (eclesiástico inglês, 1844-1930), atribuído.

A memória

3476. Minha memória é excelente para esquecer, David.
I've great memory for forgetting, David.
R. L. STEVENSON (escritor inglês, 1850-1894), *Kidnapped*, 18.

3477. A memória é o mealheiro do espírito.
Das Gedächtnis ist die Sparbüchse des Geistes.
FLIEGENDE BLÄTTER (semanário humorístico alemão).

3478. A memória diminui... se não é exercitada.
Memoria minuitur... nisi eam exerceas.
CÍCERO (escritor e político romano, 106-43 a.C.), *De senectute*, VII.

3479. Quando o interesse diminui, com a memória ocorre o mesmo.
Wo der Anteil sich verliert, verliert sich auch das Gedächtnis.
J. W. GOETHE (escritor alemão, 1749-1832), *Máximas e reflexões*, 192.

A saudade

3480. A saudade é o alimento vão de um espírito desocupado. É preciso, acima de tudo, evitar a saudade ocupando sempre o espírito com novas sensações e novas imaginações.
Il rimpianto è il vano pascolo d'uno spirito disoccupato. Bisogna sopra tutto evitare il rimpianto occupando sempre lo spirito con nuove sensazioni e con nuove imaginazioni.

G. D'ANNUNZIO (escritor italiano, 1863-1938), *Il piacere*, I, 2.

3481. Olha-me no rosto; meu nome é Poderia-ter-sido. / Também sou chamado de Não-mais, Tarde-demais, Adeus.

Look in my face; my name is Might-have-been. / I am also called No-more, Too-late, Farewell.

D. G. ROSSETTI (poeta e pintor inglês, 1828-1882), *The House of Life*, XCVII.

O SUCESSO

O sucesso

3482. O sucesso: / entre os mortais, este é um deus, ou melhor, mais do que um deus.
    Τὸ δ' εὐτυχεῖν / τόδ' ἐν βροτοῖς θεός τε καὶ θεοῦ πλέον.
    ÉSQUILO (trágico grego, c. 525-456 a.C.), *As Coéforas*, 59-60.

3483. O sucesso é o único critério infalível de sabedoria para as mentes vulgares.
    The only infallible criterion of wisdom to vulgar minds – success.
    E. BURKE (político inglês, 1729-1797), *Letter to a Member of the National Assembly*.

3484. Ninguém é obrigado a correr pela via do sucesso.
    Nulli necesse est felicitatem cursu sequi.
    SÊNECA (filósofo latino, 4 a.C.-65 d.C.), *Cartas a Lucílio*, 22, 4.

3485. O sucesso os encoraja: eles podem porque pensam que podem.
    Hos successus alit: possunt, quia posse videntur.
    VIRGÍLIO (poeta latino, 70-19 a.C.), *Eneida*, V, 231.

3486. Defender a idéia de que os nossos sucessos nos são concedidos pela Providência, e não pela astúcia, é uma astúcia a mais para aumentar aos nossos olhos a importância desses sucessos.
    Sostenere che i nostri successi ci sono impartiti dalla Provvidenza e non dall'astuzia, è un'astuzia di più per aumentare ai nostri occhi l'importanza di questi successi.
    C. PAVESE (escritor italiano, 1908-1950), *Il mestiere di vivere*, 4/11/1938.

3487. Os mortais não têm o poder de comandar o sucesso. Mas nós conseguiremos mais, Semprônio; merecemos isso.

> 'Tis not in mortals to command success. But we'll do more, Sempronius; we'll deserve it.

J. ADDISON (escritor inglês, 1672-1719), *Catão*, I, 2, 43.

3488. Colherás conforme tiveres semeado.

> *Ut sementem feceris, ita metes.*

CÍCERO (escritor e político romano, 106-43 a.C.), *De oratore*, II, 65, 262.

3489. Preferiria ser o primeiro entre estes a ser o segundo em Roma.

> Ἐγὼ μὲν ἐβουλόμην παρὰ τούτοις εἶναι μᾶλλον πρῶτος ἢ παρὰ Ῥωμαίοις δεύτερος.

CÉSAR (político e escritor romano, 100-44 a.C.), citado em PLUTARCO, *Vidas paralelas*, César, 11, 2.

3490. Para quem aspira ao primeiro lugar, não é indecoroso parar no segundo ou no terceiro.

> *Prima enim sequentem honestum est in secundis tertiisque consistere.*

CÍCERO (escritor e político romano, 106-43 a.C.), *Orator*, IV.

3491. Toda vantagem obtida no passado é julgada à luz do resultado final.

> Πρὸς γὰρ τὸ τελευταῖον ἐκβὰν ἕκαστον τῶν πρὶν ὑπαρξάντων κρίνεται.

DEMÓSTENES (orador ateniense, 384-322 a.C.), *Orações*, Primeira olíntica, 11.

3492. Nas ações de todos os homens, sobretudo nas dos príncipes, para quem não existe tribunal a que recorrer, visa-se apenas ao objetivo final. Que um príncipe trate, portanto, de vencer e manter o Estado; e os meios de que se servir serão sempre considerados honrosos e louvados por todos: pois o vulgo deixa-se levar pelas aparências e pelo acontecimento das coisas; e o mundo se compõe de vulgo.

> *Nelle azioni di tutti li uomini, e massime de' principi, dove non è iudizio [tribunale] da reclamare, si guarda al fine. Facci dunque uno principe di vincere e mantenere lo stato; e mezzi sempre sa-*

ranno iudicati onorevoli e da ciascuno laudati: perché el vulgo ne va preso con quello che pare, e con lo evento della cosa; e nel mondo non è se non vulgo.

N. Maquiavel (político e escritor italiano, 1469-1527), *O príncipe*, XVIII, 5.

3493. É preciso impor a si mesmo algumas metas para se ter a coragem de alcançá-las.

Bisogna porsi delle mete per aver il coraggio di raggiungerle.

B. Mussolini (político italiano, 1883-1945), Discurso para a comemoração do III Aniversário da Marcha em Roma, Milão, 28/10/1925.

3494. Nus à meta.

Nudi alla meta.

B. Mussolini (político italiano, 1883-1945), citado em M. Sarfatti, *Dux*, XLVI.

3495. O resultado / está nas mãos de Deus.

Ἐν θεῷ γε μὰν / τέλος.

Píndaro (poeta grego, 518-438), *Odes*, Décima terceira olímpica, 148-9.

A prosperidade

3496. Para cada homem que consegue suportar a prosperidade existem cem que conseguem suportar a adversidade.

For a man that can stand prosperity, there are a hundred that will stand adversity.

Th. Carlyle (historiador escocês, 1795-1881), *Hero and Hero-Worship*, V, The Hero as Man of Letters.

3497. A prosperidade põe à prova até mesmo o espírito dos sábios.

Secundae res sapientium animos fatigant.

Salústio (historiador latino, 86-35 a.C.), *A conjuração de Catilina*, XI, 8.

3498. A saciedade gera insolência, quando a prosperidade toma por companhia / um homem malvado e que não tenha mente sã.

Τίκτει τοι κόρος ὕβριν, ὅταν κακῷ ὄλβος ἔπηται / ἀνθρώπων καὶ ὅτῳ μὴ νόος ἄρτιος ᾖ.

Teógnis de Mégara (poeta grego, séc. VI-V a.C.), *Elegias*, I, 153-4.

3499. A grandeza precipita-se sobre si mesma: esse limite foi imposto / pelos deuses ao crescer da prosperidade.
> *In se magna ruunt; laetis hunc Numina rebus / crescendi posuere modum.*
> Lucano (poeta latino, 39-65), *Farsália*, I, 81-2.

3500. A prosperidade contém muitos temores e dissabores; e a adversidade contém confortos e esperanças.
> *Prosperity is not without many fears and distastes; and adversity is not without comforts and hopes.*
> F. Bacon (filósofo inglês, 1561-1626), *Essays*, V, Of Adversity.

As desventuras

3501. As desventuras servem de lição aos homens.
> Τὰ παθήματα τοῖς ἀνθρώποις μαθήματα γίνονται.
> Esopo (fabulista grego, séc. VII-VI a.C.), *Fábulas*, 183.

3502. Lembra-te de manter na adversidade / o ânimo sereno.
> *Aequam memento rebus in arduis, / servare mentem.*
> Horácio (poeta latino, 65-8 a.C.), *Odes*, II, 3, 1-2.

3503. As desventuras que mais atingem / os homens são aquelas escolhidas por eles.
> Τῶν δὲ πημονῶν / μάλιστα λυποῦσ' αἳ φανῶσ' αὐθαίρετοι.
> Sófocles (trágico grego, 496-406 a.C.), *Édipo rei*, 1230-1.

3504. Toma coragem: o ápice da desventura não durará muito tempo.
> Θάρσει· πόνου γὰρ τἄκρον οὐκ ἔχει χρόνον.
> Ésquilo (trágico grego, c. 525-456 a.C.), *Fragmentos*, 352.

3505. O fogo é a prova do ouro; a miséria, a do homem forte.
> *Ignis aurum probat, miseria fortes viros.*
> Sêneca (filósofo latino, 4 a.C.-65 d.C.), *A providência*, V, 10.

3506. Os raios caem sobre os montes mais elevados, e onde encontram mais resistência provocam dano maior.

En los montes más levantados caen los rayos, y adonde hallan mayor resistencia hacen más daño.
M. DE CERVANTES (escritor espanhol, 1547-1616), *Los trabajos de Persiles y Sigismunda.*

3507. As calamidades são de duas espécies: a desgraça que nos acontece e a sorte que acontece aos outros.

Calamities are of two kinds: misfortune to ourselves, and good fortune to others.
A. BIERCE (escritor norte-americano, 1842-1914), *The Devil's Dictionary.*

3508. Nas desventuras comuns, reconciliam-se os ânimos e travam-se amizades.

En las comunes desventuras se reconcilían los ánimos y se traban las amistades.
M. DE CERVANTES (escritor espanhol, 1547-1616), *Los trabajos de Persiles y Sigismunda.*

3509. Consolamo-nos facilmente com as desgraças dos nossos amigos, quando elas servem para pôr em evidência nosso carinho por eles.

Nous nous consolons aisément des disgraces de nos amis lorsque'elles servent à signaler notre tendresse pour eux.
F. LA ROCHEFOUCAULD (escritor francês, 1613-1680), *Maximes*, 235.

3510. Concluíram que as desgraças ocorrem com freqüência, pois antes se deu motivo a elas; mas que nem a conduta mais cauta e mais inocente basta para mantê-las afastadas; e que, quando ocorrem, com culpa ou não, a fé em Deus as abranda e as torna úteis para uma vida melhor. Tal conclusão, embora alcançada por pessoas humildes, pareceu-nos tão justa que pensamos em colocá-la aqui, como o molho de toda a história.

Conclusero che i guai vengono bensì spesso, perché ci si è dato cagione; ma che la condotta più cauta e più innocente non basta a tenerli lontani; e che quando vengono, o per colpa o senza colpa, la fiducia in Dio li raddolcisce, e li rende utili per una vita migliore. Questa conclusione, benché trovata da povera gente, c'è parsa così giusta, che abbiamo pensato di metterla qui, come il sugo di tutta la storia.

A. MANZONI (escritor italiano, 1785-1873), *I promessi sposi*, XXXVIII.

3511. As desgraças buscam o desgraçado mesmo que ele se esconda nos cantos mais remotos da terra.

Al desdichado las desdichas le buscan y le hallan aunque se esconda en los últimos rincones de la tierra.

M. DE CERVANTES (escritor espanhol, 1547-1616), *Coloquio de los perros*.

3512. Acidentes acontecem até nas melhores famílias.

Accidents will occur in the best-regulated families.

CH. DICKENS (escritor inglês, 1812-1870), *David Copperfield*, 28.

3513. As desgraças não requerem pranto, mas conselho.

Ne' guai non ci vuol pianto ma consiglio.

G. LEOPARDI (poeta italiano, 1798-1837), *Zibaldone*, I, 81, 2.

A SOBERBA

A soberba

3514. Todos os vícios são enriquecidos pela soberba, assim como as virtudes são enriquecidas pela caridade e dela recebem vida.
Tutti e' vizi sonno conditi dalla superbia, sì come le virtù sonno condite e ricevono vita dalla carità.
CATARINA DE SIENA (santa e escritora italiana, 1347-1380), *Libro della divina dottrina*, CXXVIII.

3515. Quantos no mundo são considerados grandes reis, / que aqui ficarão como porcos na lama, / de si deixando ações desprezíveis!
Quanti si tengon or lassù gran regi, / che qui staranno come porci in brago, / di sé lasciando orribili dispregi!
D. ALIGHIERI (poeta italiano, 1265-1321), *Inferno*, VIII, 49-51.

A presunção

3516. Todo homem pensa que todos os homens são mortais, menos ele.
All men think all men mortal, but themselves.
E. YOUNG (poeta inglês, 1683-1765), *Pensamentos noturnos*.

3517. Nada desagrada mais o presuntuoso do que ser considerado pouco avisado.
Ninguna cosa siente más el presuntuoso que ser notado de poco avisado.
LUIS DE LEÓN (escritor espanhol, 1527-1591).

3518. Ó Roma afortunada, nascida sob o meu consulado!

O fortunatam natam me consule Romam.
Cícero (escritor e político romano, 106-43 a.C.), citado em Juvenal, *Sátiras*, X, 122.

3519. Idéias genéricas e uma grande presunção estão sempre em via de causar uma terrível desgraça.

Allgemeine Begriffe und großer Dünkel sind immer auf dem Wege, entsetzliches Unheil anzurichten.
J. W. Goethe (escritor alemão, 1749-1832), *Máximas e reflexões*, 471.

3520. Ele era como um galo que pensava que o sol surgisse para ouvi-lo cantar.

He was like a cock who thought the sun had risen to hear him crow.
G. Eliot (escritora inglesa, 1819-1880), *Adam Bede*, 33.

3521. O orgulho... é filho da ignorância.

L'orgoglio... è figlio dell'ignoranza.
G. Baretti (jornalista italiano, 1719-1789), *La frusta letteraria*, N. XI, 1/3/1764, Il giovane istruito.

A vaidade

3522. O que torna a vaidade alheia insuportável para nós é o fato de ela ferir a nossa.

Ce qui nous rend la vanité des autres insupportable, c'est qu'elle blesse la nôtre.
F. La Rochefoucauld (escritor francês, 1613-1680), *Maximes*, 389.

3523. Vaidade de vaidades, e tudo é vaidade.

Vanitas vanitatum et omnia vanitas.
Eclesiastes (livro sapiencial do Antigo Testamento), I, 2.

3524. A vaidade quer aplauso.

La vanità vuol l'applauso.
M. T. D'Azeglio (político italiano, 1798-1866), *I miei ricordi*, XI.

3525. Não existe vaidade inteligente.

Il n'y a pas de vanité intelligente.
L.-F. Céline (escritor francês, 1894-1961), *Voyage au bout de la nuit*.

3526. Cheguei à firme convicção de que a vaidade é a base de tudo, e de que finalmente o que chamamos de consciência é apenas a vaidade interior.

Je suis parvenu à avoir la ferme conviction que la vanité est la base de tout, et enfin que ce qu'on appelle conscience n'est que la vanité intérieure.
G. Flaubert (escritor francês, 1821-1880), *Pensées*, 3.

A prepotência

3527. Nesse mundo, vive-se apenas de prepotência. Se não quiseres ou não souberes aplicá-la, os outros a aplicarão sobre ti. Sede, portanto, prepotentes. O mesmo digo da impostura.

Non si vive al mondo che di prepotenza. Se tu non vuoi o sai adoperarla, gli altri l'adopreranno su di te. Siate dunque prepotenti. Così dico dell'impostura.
G. Leopardi (poeta italiano, 1798-1837), *Zibaldone*, III, 330, 2.

3528. Pego a primeira parte para mim porque me chamo leão, / a segunda, sois vós a me dar porque sou robusto, / a terceira cabe a mim porque valho mais. / A quarta, pobre daquele que ousar tocá-la.

Ego primam tollo, nominor quoniam leo; / secundam, quia sum fortis, tribuetis mihi; / tum, quia plus valeo, me sequetur tertia; / malo adficietur, siquis quartam tetigerit.
Fedro (fabulista latino, séc. I d.C.), *Fábulas*, I, 5, 7-10.

O egoísmo

3529. O egoísmo sempre foi a peste da sociedade, e quanto maior, tanto pior foi a condição dela.

L'egoismo è sempre stata la peste della società e quanto è stato maggiore, tanto peggiore è stata la condizione della società.
G. Leopardi (poeta italiano, 1798-1837), *Zibaldone*, II, 124.

3530. O amor-próprio é o maior de todos os aduladores.
L'amour-propre est le plus grand de tous les flatteurs.
F. La Rochefoucauld (escritor francês, 1613-1680), *Maximes*, 2.

3531. O egoísmo é o único móbil das ações humanas.
L'egoismo è l'unico movente delle azioni umane.
C. Bini (escritor italiano, 1806-1842), *Manoscritto di un prigioniero*, XII.

A ambição

3532. Em vida, / eu jamais teria sido tão cortês, / tal era meu desejo de sobressair.
Ben non sare' io stato sì cortese / mentre ch'io vissi, per lo gran disio / de l'eccellenza ove mio core intese.
D. Alighieri (poeta italiano, 1265-1321), *Purgatório*, XI, 85-7.

3533. O intenso desejo de honras perturba a mente humana e obscurece a visão dos perigos.
Ὁ τῆς φιλοδοξίας ἔρως τὸν ἀνθρώπινον νοῦν ἐπιθολοῖ καὶ τὰς τῶν κινδύνων συμφορὰς οὐ κατανοεῖ.
Esopo (fabulista grego, séc. VII-VI a.C.), *Fábulas*, 199.

3534. De todas as doenças do espírito humano, a fúria de dominar é a mais terrível.
La fureur de dominer est de toutes les maladies de l'esprit humain la plus terrible.
Voltaire (escritor e filósofo francês, 1694-1778), *Questions sur les miracles*, XIII.

A modéstia

3535. Todos os grandes homens são modestos.
Alle großen Männer sind bescheiden.
G. E. Lessing (filósofo alemão, 1729-1781), *Cartas sobre a literatura contemporânea*.

3536. Nas pessoas de capacidade limitada, a modéstia não passa de mera honestidade, mas em quem possui grande talento, é hipocrisia.

> *Bescheidenheit bei mittelmäßigen Fähigkeiten ist bloße Ehrlichkeit: bei großen Talenten ist sie Heuchelei.*
>
> A. SCHOPENHAUER (filósofo alemão, 1788-1860), *Aforismos sobre a sabedoria de vida*.

3537. A modéstia não pode ser considerada uma virtude, pois assemelha-se mais a um sofrimento do que a uma qualidade.

> Περὶ δὲ αἰδοῦς ὥς τινος ἀρετῆς οὐ προσήκει λέγειν· πάθει γὰρ μᾶλλον ἔοικεν ἢ ἕξει.
>
> ARISTÓTELES (filósofo grego, 384-322 a.C.), *Ética a Nicômaco*, IV, 9, 1.

3538. É curioso observar que quase todos os homens que valem muito têm maneiras simples, e que quase sempre as maneiras simples são vistas como indício de pouco valor.

> *È curioso a vedere che quasi tutti gli uomini che vagliono molto, hanno le maniere semplici, e che quasi sempre le maniere semplici sono prese per indizio di poco valore.*
>
> G. LEOPARDI (poeta italiano, 1798-1837), *Pensieri*, CXI.

3539. Talvez a única verdadeira qualidade do homem seja a sua capacidade de desprezar a si mesmo.

> *Perhaps the only true dignity of man is his capacity to despise himself.*
>
> G. SANTAYANA (filósofo norte-americano de origem espanhola, 1863-1952), *Dialogues in Limbo*.

3540. Festejou-se o aniversário de um homem muito modesto. E apenas ao final do banquete é que se percebeu que alguém não havia sido convidado: o festejado.

> Праздновали юбилей скромного человека. И только к концу обеда хватились: юбиляр не был приглашен.
>
> A. P. TCHEKHOV (escritor russo, 1860-1904).

O TEMPO

O tempo

3541. O homem não tem porto, o tempo não tem margem; / ele corre e nós passamos!

> *L'homme n'a point de port, le temps n'a pas de rive; / It coule et nous passons!*
> A. DE LAMARTINE (poeta francês, 1790-1869), *Le lac*.

3542. Ai de mim, Póstumo, Póstumo, fugazes / correm os anos; e as preces / não podem retardar as rugas, a velhice / premente e a morte inevitável.

> *Eheu fugaces, Postume, Postume, / labuntur anni nec pietas moram / rugis et instanti senectae / adferet indomitaeque morti.*
> HORÁCIO (poeta latino, 65-8 a.C.), *Odes*, II, 14, 1-4.

3543. Os homens ficam felizes quando vêem uma nova estação se aproximar, como se uma coisa nova estivesse para sobrevir; com a mudança das estações, a vida dos seres humanos é consumida.

> *Si rallegrano gli uomini vedendo avvicinarsi una nuova stagione, come se una cosa nuova dovesse sopraggiungere; col volgere delle stagioni si consuma la vita dei viventi.*
> RĀMĀYANA (poema épico indiano), II, 105, trad. para o it. P. E. Pavolini.

3544. O espaço mescla-se com o tempo assim como o corpo se mescla com a alma.

> *Der Raum geht in die Zeit, wie der Körper in die Seele über.*
> NOVALIS (poeta alemão, 1772-1801), *Fragmentos*.

3545. Vamos esquecer que existe um tempo e não vamos contar os dias da vida!
> *Laβ uns vergessen, daβ es eine Zeit gibt und zähle die Lebenstage nicht!*
> F. HÖLDERLIN (poeta alemão, 1770-1843), *Hipérion*.

3546. VLADIMIR Isso fez o tempo passar. ESTRAGON Teria passado sem isso. VLADIMIR Sim, mas não tão rapidamente.
> *VLADIMIR Ça a fait passer le temps. ESTRAGON It serait passé sans ça. VLADIMIR Oui. Mais moins vite.*
> S. BECKETT (escritor irlandês, 1906-1989), *Esperando Godot*, I.

3547. O tempo, filha, é pior do que uma lima. / Corrói silenciosamente e te desgasta tanto, / que nunca mais voltas a ser o que eras antes.
> *Er tempo, fija, è peggio d'una lima. / Rosica sordo sordo e t'assottija, / che gnisun giorno sei quella de prima.*
> G. G. BELLI (poeta dialetal italiano, 1791-1863), *Sonetti*, La monizzione.

3548. Como se fosse possível matar o tempo sem ferir a eternidade.
> *As if you could kill time without injuring eternity.*
> H. D. THOREAU (escritor norte-americano, 1817-1862), *Walden*, Economia.

3549. A eternidade é um pensamento terrível. Quero dizer: onde será que vai dar?
> *Eternity's a terrible thought. I mean, where's it going to end?*
> T. STOPPARD (dramaturgo inglês, nascido em 1937), *Rosencrantz e Guildenstern estão mortos*, II.

3550. É melhor fazer a menor coisa do mundo do que dar pouco valor a meia hora do nosso tempo.
> *Es ist besser das geringste Ding von der Welt zu tun, als es eine halbe Stunde für gering halten.*
> J. W. GOETHE (escritor alemão, 1749-1832), *Máximas e reflexões*, 752.

3551. O tempo tudo ensina com o amadurecimento.
> Ἐκδιδάσκει πάνθ' ὁ γηράσκων χρόνος.

ÉSQUILO (trágico grego, c. 525-456 a.C.), *Prometeu acorrentado*, 982.

3552. Nada do que é grande surge repentinamente, nem mesmo a uva, nem os figos. Se agora me disseres: "Quero um figo", respondo-te: "É preciso tempo." Antes de tudo, deixa virem as flores, depois que se desenvolvam os frutos e que amadureçam.

Οὐδὲν (ἔφη) τῶν μεγάλων ἄφνω γίνεται, ὅπου γε οὐδ' ὁ βότρυς οὐδὲ σῦκον· ἄν μοι νῦν λέγῃς ὅτι «θέλω σῦκον», ἀποκρινοῦμαί σοι ὅτι «χρόνου δεῖ». ἄφες ἀνθήσῃ πρῶτον, εἶτα προβάλῃ τὸν καρπόν, εἶτα πεπανθῇ.

EPICTETO (filósofo grego, 50-115), *Dissertações*, I, 15, 7.

3553. O tempo consome as coisas, e tudo envelhece com o tempo.

Κατατήκει ὁ χρόνος, καὶ γηράσκει πανθ' ὑπὸ τοῦ χρόνου.

ARISTÓTELES (filósofo grego, 384-322 a.C.), *Física*, IV, 12.

3554. Como os objetos envelhecem rápido hoje. Um automóvel Balilla já está parecendo uma coluna dórica.

Come invecchiano presto oggi gli oggetti. Una Balilla è già come una colonna dorica.

G. BUFALINO (escritor italiano, nascido em 1920), *Il Malpensante*, junho.

3555. O tempo tudo tira e tudo dá; tudo se transforma, nada se destrói.

Il tempo tutto toglie e tutto dà; ogni cosa si muta, nulla s'annichila.

G. BRUNO (filósofo italiano, 1548-1600), *Il Candelaio*, carta dedicatória à senhora Morgana B.

3556. O tempo é a coisa mais preciosa que um homem pode gastar.

Πολυτελὲς ἀνάλωμα εἶναι τὸν χρόνον.

TEOFRASTO (filósofo e cientista grego, 371-288 a.C.), citado em DIÓGENES LAÉRCIO, *Vidas dos filósofos*, Teofrasto, V, 40.

3557. Lembra que tempo é dinheiro.

Remember that time is money.

B. FRANKLIN (político e escritor norte-americano, 1706-1790), *Advice to Young Tradesman*.

3558. Apenas os operários sabem quanto vale o tempo; sempre fazem com que ele lhes seja pago.
Il n'y a que le ouvriers qui sachent le prix du temps; ils se le font toujours payer.
VOLTAIRE (escritor e filósofo francês, 1694-1778), *Le Sottisier*.

3559. O tempo libera o homem das inquietações.
Diem adimere aegritudinem hominibus.
TERÊNCIO (comediógrafo latino, 185-159 a.C.), *O homem que puniu a si mesmo*, 422.

3560. Se eu disser ao instante: / Demora-te, és tão belo! / Lança-me às correntes, / Sucumbo satisfeito!
Werd ich zum Augenblicke sagen: / Verweile doch du bist so schön! / Dann magst du mich in Fesseln schlagen, / Dann will ich gern zugrunde gehn!
J. W. GOETHE (escritor alemão, 1749-1832), *Fausto*, 1699-702.

3561. Sou tudo o que fui, o que sou, o que serei.
Ἐγώ εἰμι πᾶν τὸ γεγονὸς καὶ ὂν καὶ ἐσόμενον.
PLUTARCO (escritor grego, c. 45-125), *Obras morais*, Ísis e Osíris, 9 C.

3562. Pois perder tempo desagrada mais a quem mais conhece o seu valor.
Ché perder tempo a chi più sa più spiace.
D. ALIGHIERI (poeta italiano, 1265-1321), *Purgatório*, III, 78.

3563. O tempo passa e o homem não percebe.
Vassene 'l tempo e l'uom non se n'avvede.
D. ALIGHIERI (poeta italiano, 1265-1321), *Purgatório*, IV, 9.

3564. Pensa que o dia passado não volta mais!
Pensa che questo dì mai non raggiorna!
D. ALIGHIERI (poeta italiano, 1265-1321), *Purgatório*, XII, 84.

3565. Todos os meus dias são adeuses.
Tous mes jours sont des adieux.
F.-R. DE CHATEAUBRIAND (escritor francês, 1768-1848), *Mémoires d'Outre-tombe*, III, 9.

3566. Todos os dias vão em direção à morte, o último chega a ela.
Tous les jours vont à la mort, le dernier y arrive.
M. DE MONTAIGNE (escritor francês, 1533-1592), *Os ensaios*, I, 20.

3567. Quem é feliz não repara nas horas que passam.
Счастливые часов не наблюдают.
A. S. GRIBOEDOV (dramaturgo russo, 1795-1829), *A inteligência faz sofrer.*

3568. Máquina que se move com rodas denteadas / dilacera o dia e divide-o em horas, / e por fora traz escrito com letras escuras / para quem sabe ler: Sempre se morre.
Mobile ordigno di dentate rote / lacera il giorno e lo divide in ore, / ed ha scritto di fuor con fosche note / a chi legger le sa: Sempre si more.
C. DI PERS (poeta italiano, 1599-1663), *Sonetto sull'orologio da rote.*

3569. Para quem está mal, uma única noite é um tempo infinito; / para quem está bem, o dia chega cedo demais.
Τῷ γὰρ κακῶς πράσσοντι μυρία μία / νύξ ἐστιν, εὖ παθόντα δ' ἡμέρα φθάνει.
SÓFOCLES (trágico grego, 496-406 a.C.), *Náuplio*, frag. 401.

3570. O tempo falta apenas para quem não sabe aproveitá-lo.
Sólo falta el tiempo a quien no sabe aprovecharlo.
G. M. DE JOVELLANOS (escritor espanhol, 1744-1811).

3571. As pessoas que nunca têm tempo são aquelas que produzem menos.
Die Menschen, die niemals Zeit haben, tun am wenigsten.
G. CH. LICHTENBERG (cientista e escritor alemão, 1742-1799), *Observações e pensamentos.*

3572. Um único homem, contemporizando, restituiu-nos a nossa sorte.
Unus homo nobis cunctando restituit rem.
ÊNIO (poeta latino, c. 239-169 a.C.), a propósito de Q. Fábio Máximo, o Contemporizador, citado em CÍCERO, *De senectute*, IV.

3573. Todas as coisas têm seu tempo, existe o momento certo para cada uma delas sob o céu.

Omnia tempus habent; et suis spatiis transeunt universa sub caelo.
Eclesiastes (livro sapiencial do Antigo Testamento), III, 1.

3574. Escolher o tempo significa poupar tempo.

To choose time is to save time.
F. Bacon (filósofo inglês, 1561-1626), *Essays*, XXV, Of Dispatch.

3575. O homem inteligente previne.

Der kluge Mann baut vor.
F. von Schiller (escritor alemão, 1759-1805), *Guilherme Tell*, I, 2.

3576. Sabe reconhecer o momento oportuno.

Καιρὸν γνῶθι.

Pítaco (um dos Sete Sábios, c. 650-570 a.C.), citado em Diógenes Laércio, *Vidas dos filósofos*, I, 79.

O instante fugaz

3577. Nunca te perguntes, pois não se pode, qual destino os deuses / Prepararam para mim, para ti, Leucónoe, nem penses nos horóscopos / Babilônicos. O melhor é aceitar o que virá do modo como se apresenta. / Se Deus nos der muitos invernos, ou se este for o último, / que espumante lança o Tirreno, fazendo-o rebentar contra os penhascos, / Reconhece tuas falhas, deita-me o vinho, controla tuas esperanças / Dia a dia. Enquanto conversamos, a hora passa com rapidez. / Aproveita o teu tempo, confia o mínimo que puderes no amanhã.

Tu ne quaesieris, scire nefas, quem mihi, quem tibi / finem di dederint, Leuconoe, nec Babylonios / temptaris numeros. Ut melius, quidquid erit, pati, / seu pluris hiemes seu tribuit Iuppiter ultimam, / quae nunc oppositis debilitat pumicibus mare / Tyrrenum: sapias, vina liques, et spatio brevi / spem longam reseces. Dum loquimur, fugerit invida / aetas: carpe diem, quam minimum credula postero.
Horácio (poeta latino, 65-8 a.C.), *Odes*, I, 11.

3578. Usa, senhora, tua bela idade verde: / quem tem tempo e tempo espera, tempo perde.
> *Usa, madonna, tua bella età verde: / chi ha tempo e tempo aspetta, tempo perde.*
> A. POLIZIANO (poeta italiano, 1454-1494), *Rispetti d'amore*.

3579. Crê-me, não é atitude inteligente dizer: "Viverei": / é tarde demais para viver amanhã: vive hoje.
> *Non est, crede mihi, sapientis dicere "Vivam": / sera nimis vita est crastina: vive hodie.*
> MARCIAL (poeta latino, c. 40-102), *Epigramas*, I, 15, 11-2.

3580. Aproveitemos então / enquanto somos jovens!
> *Gaudeamus igitur / iuvenes dum sumus!*
> ANÔNIMO, Canto estudantil medieval.

3581. Colheu a rosa fresca e matinal, / que, com o passar do tempo, poderia perder sua beleza.
> *Corrò la fresca e matutina rosa, / che, tardando, stagion perder potria.*
> L. ARIOSTO (poeta italiano, 1474-1533), *Orlando furioso*, I, oitava 58.

3582. Alma minha, não te atormentes por uma vida imortal; / aproveita os frutos que tens ao teu alcance.
> Μή, φίλα ψυχά, βίον ἀθάνατον / σπεῦδε, τὰν δ' ἔμπρακτον ἄντλει μαχανάν.
> PÍNDARO (poeta grego, 518-438 a.C.), *Odes*, Terça pítica, 109-10.

3583. Não olhes longe demais.
> Μηκέτι πάπταινε πόρσιον.
> PÍNDARO (poeta grego, 518-438 a.C.), *Odes*, Primeira olímpica, 114.

O presente

3584. A época mais obscura é hoje.
> *The obscurest epoch is today.*
> R. L. STEVENSON (escritor inglês, 1850-1894), *Across the Plains*.

3585. Nos tempos antigos, bárbaros e ferozes, / os ladrões eram pendurados nas cruzes: / mas nos tempos modernos, mais magnificentes, / as cruzes são penduradas no peito dos ladrões.

Nei tempi antichi, barbari e feroci, / i ladri s'appendevano alle croci: / ma nei presenti tempi più leggiadri / s'appendono le croci in petto ai ladri.

G. MAZZINI (político italiano, 1805-1872), atribuído.

3586. Ó tempos, ó costumes!

O tempora, o mores!

CÍCERO (escritor e político romano, 106-43 a.C.), *Catilinárias*, I, 1, 2.

3587. Não digas: "Por que os primeiros tempos eram melhores do que são agora?", pois tal pergunta é estulta.

Ne dicas: "Quid putas causae est quod priora tempora meliora fuere quam nunc sunt?". Stulta enim est huiuscemodi interrogatio.

ECLESIASTES (livro sapiencial do Antigo Testamento), VII, 11.

3588. Quando leio em meu Plutarco as vidas dos grandes homens, causa-me repugnância este século escrevinhador.

Mir ekelt vor diesem tintenklecksende Säkulum, wenn ich in meinem Plutarch lese von groβen Menschen.

F. VON SCHILLER (escritor alemão, 1759-1805), *Don Carlos*, I, 2.

3589. Os tempos primitivos são líricos, os tempos antigos são épicos, os tempos modernos são dramáticos.

Les temps primitifs sont lyriques, les temps antiques sont épiques, les temps modernes sont dramatiques.

V. HUGO (escritor francês, 1802-1885), *Cromwell*, Préface.

3590. É preciso ser absolutamente moderno.

Il faut être absolument moderne.

A. RIMBAUD (poeta francês, 1854-1891), *Adieu*.

O passado

3591. Onde não estamos é que estamos bem. Já não estamos no passado, e ele nos parece belíssimo.

> Там хорошо, где нас нет. В прошлом нас уже нет, и оно кажется нам прекрасным.
>
> A. P. TCHEKHOV (escritor russo, 1860-1904).

3592. Quando se quer muito saber das coisas que se praticavam nos séculos passados, geralmente acaba-se por ignorar em grande medida as que se praticam no atual.

> *Lorsqu'on est trop curieux des choses qui se pratiquaient aux siècles passés, on demeure ordinairement fort ignorant de celles qui se pratiquent en celui-ci.*
>
> R. DESCARTES (filósofo francês, 1596-1650), *Discurso do método.*

3593. Os verdadeiros paraísos são os paraísos que se perderam.

> *Les vrais paradis sont les paradis qu'on a perdus.*
>
> M. PROUST (escritor francês, 1871-1922), *Le temps retrouvé.*

3594. Apologista do passado.

> *Laudator temporis acti.*
>
> HORÁCIO (poeta latino, 65-8 a.C.), *A arte poética,* 173.

3595. Apenas o que passou, ou mudou, ou desapareceu nos revela sua verdadeira natureza.

> *Solo ciò che è trascorso o mutato o scomparso ci rivela il suo volto reale.*
>
> C. PAVESE (escritor italiano, 1908-1950), *Racconti,* Terra d'esilio.

3596. Admira apenas os antigos, Vacerra, / e louva os poetas apenas se já estiverem mortos. / Perdoa-me, Vacerra, mas não vale a pena / que eu morra para te agradar.

> *Miraris veteres, Vacerra, solos / nec laudas nisi mortuos poetas. / Ignoscas petimus, Vacerra: tanti / non est, ut placeam tibi, perire.*
>
> MARCIAL (poeta latino, c. 40-102), *Epigramas,* VIII, 69.

3597. Muitas obras dos antigos tornaram-se fragmentos. Muitas obras dos modernos já nascem como tal.

Viele Werke der Alten sind Fragmente geworden. Viele Werke der Neuern sind es gleich bei der Entstehung.

F. VON SCHLEGEL (escritor alemão, 1772-1829), *Athenäum*, Fragmentos.

3598. Todos os homens sentem uma atração secreta pelas ruínas. Esse sentimento depende da fragilidade da nossa natureza, de uma conformidade secreta entre esses monumentos destruídos e a rapidez da nossa existência. A isso se acrescenta ainda uma idéia que consola a nossa pequenez, ao ver que povos inteiros, homens às vezes tão famosos, não puderam, entretanto, viver além dos poucos dias destinados à nossa obscuridade. Sendo assim, as ruínas lançam uma grande moralidade em meio às cenas da natureza.

Tous les hommes ont un secret attrait pour les ruines. Ce sentiment tient à la fragilité de notre nature, à une conformité secrète entre ces monuments détruits et la rapidité de notre existence. Il s'y joint en outre une idée qui console notre petitesse, en voyant que des peuples entiers, des hommes quelquefois si fameux, n'ont pu vivre cependant au-delà du peu de jours assignés à notre obscurité. Ainsi les ruines jettent une grande moralité au milieu des scènes de la nature.

F.-R. DE CHATEAUBRIAND (escritor francês, 1768-1848), *O gênio do cristianismo*, III, 5, 3.

3599. Talvez a antiguidade tenha sido inventada para ser o pão dos professores.

L'antiquité a peut-être été faite pour être le pain des professeurs.

E. E J. DE GONCOURT (escritores franceses, 1822-1896 e 1830-1870), *Idées et sensations*.

3600. Oh, grande bondade dos cavaleiros antigos!

Oh gran bontà de' cavalieri antiqui!

L. ARIOSTO (poeta italiano, 1474-1533), *Orlando furioso*, I, oitava 22.

O futuro

3601. Reinventei o passado para ver a beleza do futuro.

> *J'ai réinventé le passé pour voir la beauté de l'avenir.*
> L. ARAGON (escritor francês, 1897-1982), *Le fou d'Elsa*.

3602. Não se pode planejar o futuro a partir do passado.

> *You can never plan your future by the past.*
> E. BURKE (político inglês, 1729-1797), *Letter to a Member of the National Assembly*.

3603. A única coisa que vale a pena é fixar o olhar com mais atenção no presente; o futuro chegará sozinho, inesperadamente. É tolo quem pensa no futuro antes de pensar no presente.

> Стоит только попристальнее вглядеться в настоящее, будущее вдруг выступит само собою. Дурак тот, кто думает о будущем мимо настоящего.
>
> N. V. GOGOL (escritor russo, 1809-1852), *Trechos escolhidos da correspondência com os amigos*.

3604. O futuro, fantasma de mãos vazias, / Que tudo promete e nada possui!

> *L'avenir, fantôme aux mains vides, / Qui promet tout et qui n'a rien!*
> V. HUGO (escritor francês, 1802-1885), *Les Voix intérieures*, "Sunt lacrymae rerum".

3605. PASSAGEIRO Aquela vida que é bela, não é a vida que se conhece, mas a que não se conhece; não a vida passada, mas a futura. Com o novo ano, o destino começará a tratar bem a vós, a mim e a todos os outros, e a vida feliz se iniciará. Não é verdade? VENDEDOR Esperamos.

> *PASSEGGERE Quella vita ch'è una cosa bella, non è la vita che si conosce, ma quella che non si conosce; non la vita passata, ma la futura. Coll'anno nuovo, il caso incomincerà a trattar bene voi e me e tutti gli altri, e si principierà la vita felice. Non è vero? VENDITORE Speriamo.*
>
> G. LEOPARDI (poeta italiano, 1798-1837), *Operette morali*, Dialogo di un venditore di almanacchi e di un passeggere.

3606. Dedica-se a esperar o futuro apenas quem não sabe viver o presente.
Ille ex futuro suspenditur, cui inritum est praesens.
SÊNECA (filósofo latino, 4 a.C.-65 d.C.), *Cartas a Lucílio*, 101, 9.

3607. O que é o homem para poder fazer projetos?
Was ist der Mensch, daβ er Pläne macht?
H. VON HOFMANNSTHAL (escritor austríaco, 1874-1929), *Carta de Lord Chandos*.

3608. Infeliz é o espírito ansioso pelo futuro.
Calamitosus est animus futuri anxius.
SÊNECA (filósofo latino, 4 a.C.-65 d.C.), *Cartas a Lucílio*, 98, 6.

As previsões

3609. Dentre as penas humanas, a mais dolorosa é a de prever muitas coisas e não poder fazer nada.
'Εχθίστη δὲ ὀδύνη ἐστὶ τῶν ἐν ἀνθρώποισι αὕτη, πολλὰ φρονέοντα μηδενὸς κρατέειν.
HERÓDOTO (historiador grego, c. 484-430 a.C.), *Histórias*, IX, 16.

3610. Nem mesmo chega a ser útil saber o que acontecerá: é muito triste angustiar-se por aquilo que não se pode remediar.
Ne utile quidem est scire quid futurum sit: miserum est enim nihil proficientem angi.
CÍCERO (escritor e político romano, 106-43 a.C.), *De natura deorum*, III, 6.

3611. Ninguém olha para o que tem diante dos pés: todos olham para as estrelas.
Quod est ante pedes, nemo spectat, caeli scrutantur plagas.
ÊNIO (poeta latino, c. 239-169 a.C.), citado em CÍCERO, *De divinatione*, II, 13.

3612. É de admirar que um adivinho não ria ao ver outro adivinho.
Mirabile videtur, quod non rideat haruspex, cum haruspicem viderit.
CÍCERO (escritor e político romano, 106-43 a.C.), *De natura deorum*, I, 26.

3613. Todos os astrólogos serão castrados.
Tutti li strolagi saran castrati.
LEONARDO DA VINCI (artista e cientista italiano, 1452-1519), *Profezie*, 141.

3614. A melhor qualificação para um profeta é ter boa memória.
The best Qualification of a Prophet is to have a good Memory.
G. S. HALIFAX (político inglês, 1633-1695), *Political, Moral and Miscellaneous Thoughts and Reflections*.

3615. O século XIX é grande, mas o século XX será feliz.
Le dix-neuvième siècle est grand, mais le vingtième sera heureux.
V. HUGO (escritor francês, 1802-1885), *Os miseráveis*, V, 1, 4.

3616. Nos séculos futuros virá / um tempo em que o Oceano / romperá as correntes do universo, / e uma imensa Terra surgirá, e Tétis revelará / novos mundos, não existirá mais sobre o globo terrestre nem / uma última Tule!
Venient annis / saecula seris quibus Oceanus / vincula rerum laxet et ingens / pateat tellus, Tethysque novos / detegat orbes, nec sit terris / ultima Thule.
SÊNECA (filósofo latino, 4 a.C.-65 d.C.), *Medéia*, I, Coro.

3617. Talvez, por meio de uma catástrofe inaudita, produzida pelas máquinas, voltemos à saúde. Quando os gases venenosos não forem mais suficientes, um homem feito como todos os outros, na intimidade de um quarto deste mundo, inventará um explosivo incomparável, em confronto ao qual os explosivos atualmente existentes serão considerados como inócuos brinquedos. E outro homem, também feito como todos os outros, mas um pouco mais doente do que os outros, roubará tal explosivo e subirá no centro da terra para colocá-lo onde seu efeito possa ser máximo. Haverá uma explosão enorme que ninguém ouvirá, e a terra, voltando à forma de nebulosa, errará nos céus sem parasitas nem doenças.
Forse traverso una catastrofe inaudita prodotta dagli ordigni ritorneremo alla salute. Quando i gas velenosi non basteranno più, un uomo fatto come tutti gli altri, nel segreto di una stanza di ques-

to mondo, inventerà un esplosivo incomparabile, in confronto al quale gli esplosivi attualmente esistenti saranno considerati quali innocui giocattoli. Ed un altro uomo fatto anche lui come tutti gli altri, ma degli altri un po' più ammalato, ruberà tale esplosivo e s'arrampicherà al centro della terra per porlo nel punto ove il suo effetto potrà essere il massimo. Ci sarà un'esplosione enorme che nessuno udrà e la terra ritornata alla forma di nebulosa errerà nei cieli priva di parassiti e di malattie.

I. SVEVO (escritor italiano, 1861-1928), *A consciência de Zeno*, 8.

Os pósteros

3618. Estamos sempre fazendo... algo pela Posteridade, mas eu ficaria feliz de ver a Posteridade fazendo alguma coisa por nós.

We are always doing... something for Posterity, but I would fain see Posterity to something for us.

J. ADDISON (escritor inglês, 1672-1719), *The Spectator*, 583.

3619. Nunca existiram grandes homens enquanto vivos. É a posteridade que os cria.

Il n'y a jamais eu de grands hommes vivants. C'est la postérité qui les fait.

G. FLAUBERT (escritor francês, 1821-1880), *Correspondance*.

A TOLERÂNCIA

A tolerância

3620. A tolerância é a virtude do fraco.
> *La tolérance est la vertu du faible.*
> D. A. F. DE SADE (escritor francês, 1740-1814), *A nova Justine.*

3621. Vi demonstrarem uma grande intolerância em defesa da tolerância.
> *I have seen gross intolerance shown in support of tolerance.*
> S. T. COLERIDGE (poeta inglês, 1772-1834), *Biographia Literaria*, X.

3622. A tolerância é sempre um indício de que um poder é visto como seguro; quando se sente em perigo, nasce sempre a pretensão de ser absoluta; nasce, portanto, a falsidade, o direito divino do meu privilégio, a inquisição.
> *Toleranz ist immer das Zeichen, daβ sich eine Herrschaft als gesichert betrachtet; wo sie sich gefährdet sieht, erhebt sich immer auch der Anspruch, unbedingt zu sein, also die Verlogenheit, das Gottesgnadentum meines Vorteils, die Inquisition.*
> M. FRISCH (escritor suíço, 1911-1991), *Diário.*

3623. O efeito mais determinado, e quase a soma dos efeitos que produz num homem de raro e elevado espírito o conhecimento e a experiência dos homens, é o ato de torná-lo muito indulgente em relação a qualquer fraqueza maior e excessiva, qualquer pequenez, tolice, ignorância, estupidez, maldade, vício e defeito alheio, natural ou adquirido...
> *Il più deciso effetto, e quasi la somma degli effetti che produce in un uomo di raro ed elevato spirito la cognizione e l'esperienza degli uomini, si è il renderlo indulgentissimo verso qualunque*

maggiore e più eccessiva debolezza, piccolezza, sciocchezza, ignoranza, stoltezza, malvagità, vizio e difetto altrui, naturale o acquisito...

G. LEOPARDI (poeta italiano, 1798-1837), *Zibaldone*, VI, 18, 1.

3624. Basta envelhecer para tornar-se mais indulgente; não vejo ninguém cometer um erro que eu também não tenha cometido.

Man darf nur alt werden, um milder zu sein; ich sehe keinen Fehler begehen, den ich nicht auch begangen hätte.

J. W. GOETHE (escritor alemão, 1749-1832), *Máximas e reflexões*, X, 1.

3625. Nenhuma qualidade humana é mais intolerável do que a intolerância.

Nessuna qualità umana è più intollerabile che l'intolleranza.

G. LEOPARDI (poeta italiano, 1798-1837), *Pensieri*, XXXVII.

3626. As pessoas que cedem e concordam com tudo são sempre as mais saudáveis, as mais belas, e de figura mais harmoniosa. Basta alguém ter um defeito para ter a própria opinião.

Die gesündesten und schönsten, regelmäßigst gebauten Menschen sind die, die sich alles gefallen lassen. Sobald einer ein Gebrechen hat, so hat er seine eigene Meinung.

G. CH. LICHTENBERG (cientista e escritor alemão, 1742-1799), *Observações e pensamentos*.

A paciência

3627. A paciência é a mais heróica das virtudes, justamente por não ter nenhuma aparência heróica.

La pazienza è la più eroica delle virtù, giusto perché non ha nessuna apparenza d'eroico.

G. LEOPARDI (poeta italiano, 1798-1837), *Zibaldone*, I, 223, 3.

3628. Mas os imortais, amigo, às irremediáveis angústias / deram apenas um remédio, a viril / paciência.

Ἀλλὰ θεοὶ γὰρ ἀνηκέστοισιν κακοῖσιν, / ὦ φίλ', ἐπὶ κρατερὴν τλημοσύνην ἔθεσαν / φάρμακον.

ARQUÍLOCO (poeta grego, séc. VII a.C.), *Fragmentos*, 7 Diehl.

3629. A paciência faz contra as ofensas o mesmo que as roupas fazem contra o frio; pois, se vestires mais roupas conforme o inverno aumenta, tal frio não te poderá afetar. De modo semelhante, a paciência deve crescer em relação às grandes ofensas; tais injúrias não poderão ofender tua mente.

La pazienza fa contro alle 'ngiurie non altrimenti che si faccino i panni contra del freddo; imperocché se ti multiplicherai di panni secondo la multiplicazione del freddo, esso freddo nòcere non ti potrà. Similmente alle grandi ingiurie cresci la pazienza; esse ingiurie offendere non ti potranno la tua mente.

LEONARDO DA VINCI (artista e cientista italiano, 1452-1519), *Pensieri*, 87.

3630. Triste Paciência, tão próxima do Desespero.

Sad Patience, too near neighbour do Despair.

M. ARNOLD (poeta inglês, 1822-1888), *The Scholargipsy*, I, 195.

3631. Arte e ciência não bastam; / A paciência também é necessária à obra.

Nicht Kunst und Wissenschaft allein, / Geduld will bei dem Werke sein.

J. W. GOETHE (escritor alemão, 1749-1832), *Fausto*, 2370-1.

3632. Até quando, Catilina, abusarás da nossa paciência?

Quo usque tandem abutere, Catilina, patientia nostra?

CÍCERO (escritor e político romano, 106-43 a.C.), *Catilinárias*, I, 1.

3633. Cuidado com a fúria de um homem paciente.

Beware the fury of a patient man.

J. DRYDEN (poeta inglês, 1631-1700), *Absalom and Achitophel*, I, 1005.

A suportação

3634. Nem sempre temos força suficiente para suportar os males alheios.

Nous n'avons pas toujours assez de force pour supporter les maux d'autrui.
ALAIN (filósofo francês, 1868-1951), *Propos sur le bonheur.*

3635. Todos temos força suficiente para suportar os males alheios.
Nous avons tous assez de force pour supporter les maux d'autrui.
F. LA ROCHEFOUCAULD (escritor francês, 1613-1680), *Maximes*, 19.

3636. Nunca acontece algo que, por natureza, não somos capazes de suportar.
Οὐδὲν οὐδενὶ συμβαίνει, ὃ οὐχὶ πέφυκε φέρειν.
MARCO AURÉLIO (imperador romano, 121-180), *Recordações*, V, 18.

3637. Quem suporta os meus defeitos é meu senhor e como se fosse meu empregado.
Wer meine Fehler überträgt, ist mein Herr, und wenn's mein Diener wäre.
J. W. GOETHE (escritor alemão, 1749-1832), *Máximas e reflexões*, 178.

3638. Quem não suporta uma cruz não merece uma coroa.
He that had no cross deserves no crown.
F. QUARLES (poeta inglês, 1592-1644), *Esther*, IX, 9.

A resignação

3639. Do hábito da resignação sempre nasce a falta de interesse, a negligência, a indolência, a inatividade, e quase a imobilidade.
Dall'abito della rassegnazione sempre nasce noncuranza, negligenza, indolenza, inattività, e quasi immobilità.
G. LEOPARDI (poeta italiano, 1798-1837), *Zibaldone*, V, 50, 1.

3640. É estranho que neste mundo existam poucas pessoas que se conformem com perdas pequenas; são as grandes que levam imediatamente à grande resignação.
Curioso come a questo mondo vi sia poca gente che si rassegni a perdite piccole; sono le grandi che inducono immediatamente alla grande rassegnazione.

I. SVEVO (escritor italiano, 1861-1928), *A consciência de Zeno*, 7.

3641. Não adianta discutir com o inevitável. O único argumento disponível contra o vento do leste é colocar o sobretudo.

There is no good in arguing with the inevitable. The only argument available with an east wind is to put on your overcoat.

J. R. LOWELL (escritor norte-americano, 1819-1891), *Democracy and Addresses*, Democracy.

A HUMANIDADE

A humanidade

3642. Odeio e detesto principalmente aquele animal chamado homem; embora ame cordialmente John, Peter, Thomas, e assim por diante.
Principally I hate and detest that animal called man; although I heartily love John, Peter, Thomas, and so forth.
J. Swift (escritor inglês, 1667-1745), carta a Pope, 29/9/1725.

3643. Amo a humanidade – o que não consigo suportar são as pessoas.
I love mankind – it's people I can't stand.
Ch. M. Schultz (cartunista norte-americano, nascido em 1923), *Go Fly a Kite, Charlie Brown*.

3644. Sempre me interessei pelas pessoas, mas nunca gostei delas.
I've always been interested in people, but I've never liked them.
W. S. Maugham (escritor inglês, 1874-1965), in *The Observer*, 28/8/1949.

3645. A natureza humana é mísera, e quem a vê em sua essência só pode sentir-se misantropo.
La natura umana è misera, e chi la vede a nudo non può che sentirsi misantropo.
A. Cajumi (escritor italiano, 1899-1955), *Pensieri di un libertino*, VII, Le anime morte.

3646. Cuidado para nunca sentir em relação aos misantropos o que eles sentem em relação aos outros homens.
"Ὅρα, μήποτέ τι τοιοῦτον πάθῃς πρὸς τοὺς ἀπανθρώπους, οἷον οἱ ἀπάνθρωποι πρὸς τοὺς ἀνθρώπους.

Marco Aurélio (imperador romano, 121-180), *Recordações*, VII, 65.

3647. Age de modo que considere a humanidade tanto na tua pessoa quanto na de qualquer outro, e sempre como *objetivo*, nunca como simples meio.

> *Handle so, daβ du die Menscheit, sowohl in deiner Person, als in der Person eines jeden andern, jederzeit zugleich als Zweck, niemals bloβ als Mittel brauchest.*

I. Kant (filósofo alemão, 1724-1804), *Fundação da metafísica dos costumes*.

3648. Pensar mal da humanidade sem lhe desejar mal talvez seja a forma mais elevada de sabedoria e de virtude.

> *To think ill mankind, and not to wish ill to them, is perhaps the highest wisdom and virtue.*

W. Hazlitt (escritor inglês, 1778-1830), *Characteristics*.

3649. A humanidade é a imortalidade dos mortais.

> *Die Menschheit ist die Unsterblichkeit der sterblichen Menschen.*

L. Börne (escritor alemão, 1786-1837), *Críticas*.

3650. Os homens se distinguem por aquilo que mostram e se assemelham por aquilo que escondem.

> *Les hommes se distinguent par ce qu'ils montrent et se ressemblent par ce qu'ils cachent.*

P. Valéry (poeta francês, 1871-1945), *Mélange*.

3651. Vocês sabem o que significa amar a humanidade? Significa apenas isto: estar satisfeito consigo mesmo. Quando alguém está satisfeito consigo mesmo, ama a humanidade.

> *Sapete che cosa significa amare l'umanità? Significa soltanto questo: essere contenti di noi stessi. Quando uno è contento di sé stesso, ama l'umanità.*

L. Pirandello (escritor italiano, 1867-1936), *Ciascuno a suo modo*, I.

3652. Os homens são feitos um para o outro; instrui-os, então, ou suporta-os.

> Οἱ ἄνθρωποι γεγόνασιν ἀλλήλων ἕνεκεν· ἢ δίδασκε οὖν ἢ φέρε.

Marco Aurélio (imperador romano, 121-180), *Recordações*, VIII, 59.

3653. No que concerne à humanidade, nunca saberei decidir se devo considerá-la, como dizia Melville, "um amontoado de cópias", ou um caleidoscópio sempre novo de prodígios incomparáveis.

Mai saprò decidermi, riguardo all'umanità, se considerarla, come diceva Melville, "un' accozzaglia di duplicati" oppure un sempre nuovo caleidoscopio di prodigi inconfrontabili.

G. BUFALINO (escritor italiano, nascido em 1920), *Il Malpensante*, abril.

3654. A natureza o fez, depois quebrou o molde.

Natura il fece, e poi roppe la stampa.

L. ARIOSTO (poeta italiano, 1474-1533), *Orlando furioso*, X, oitava 84.

3655. A pior coisa da humanidade são os homens e as mulheres.

Lo peor de la humanidad son los hombres y las mujeres.

E. JARDIEL Y PONCELA (escritor espanhol, 1901-1952).

3656. Os homens distinguem-se entre si também neste caso: alguns primeiro pensam, depois falam e, em seguida, agem; outros, ao contrário, primeiro falam, depois agem e, por fim, pensam.

Люди различаются еще и тем, что одни прежде думают, потом говорят и делают, а другие прежде говорят и делают, а потом уже думают.

L. N. TOLSTOI (escritor russo, 1828-1910), *Cartas*.

O homem

3657. Cada homem é uma humanidade, uma história universal.

Chaque homme est une humanité, une histoire universelle.

J. MICHELET (historiador francês, 1798-1874), *Histoire de France*.

3658. Muitas são as coisas extraordinárias, mas nada / existe de mais extraordinário do que o homem.

Πολλὰ τὰ δεινά, κοὐδὲν ἀνθρώπου δεινότερον πέλει.

SÓFOCLES (trágico grego, 496-406 a.C.), *Antígona*, 332-3.

3659. Criaturas de um dia, o que é o homem? O que não é? / É sonho de uma sombra. Mas quando chove / o esplendor, dádiva do deus, / uma luz fúlgida e uma vida doce / estende-se sobre os homens.

> Ἐπάμεροι· τί δέ τις; τί δ' οὔ τις; / σκιᾶς ὄναρ ἄνθρωπος. ἀλλ' ὅταν αἴγλα / διόσδοτος ἔλθῃ, / λαμπρὸν φέγγος ἔπεστιν ἀνδρῶν / καὶ μείλιχος αἰών.

PÍNDARO (poeta grego, 518-438 a.C.), *Odes*, Oitava pítica, 135-9.

3660. Procuro o homem.

> Ἄνθρωπον ζητῶ.

DIÓGENES, O CÍNICO (filósofo grego, morto em c. 323 a.C.), citado em DIÓGENES LAÉRCIO, *Vida dos filósofos*, Diógenes, VI, 41. Assim dizia o filósofo, caminhando com um candeeiro aceso em pleno dia.

3661. O homem só se tornará um ser melhor quando mostrardes a ele como é feito.

> Тогда человек станет лучше, когда вы покажете ему, каков он есть.

A. P. TCHEKHOV (escritor russo, 1860-1904).

3662. Não, não há nada mais digno de pranto do que o homem, / dentre tudo aquilo que respira e caminha sobre a terra.

> Οὐ μὲν γάρ τί πού ἐστιν ὀϊζυρώτερον ἀνδρός / πάντων ὅσσα τε γαῖαν ἔπι πνείει τε καὶ ἕρπει.

HOMERO (poeta grego, séc. VIII-VII a.C.), *Ilíada*, XVII, 446-7.

3663. Cada um é como Deus o fez, e muitas vezes até pior.

> *Cada uno es como Dios le hizo, y aun peor muchas veces.*

M. DE CERVANTES (escritor espanhol, 1547-1616), *Dom Quixote*.

3664. A principal tarefa na vida de um homem é a de dar à luz si mesmo.

> *Man's main task in life is to give birth to himself.*

E. FROMM (psicanalista alemão, 1900-1980), *Man for Himself*.

3665. Condição do homem: inconstância, tédio, inquietação.

> *Condition de l'homme: inconstance, ennui, inquiétude.*

B. PASCAL (filósofo francês, 1623-1662), *Pensamentos*.

3666. Sou um homem; não considero alheio a mim nada do que é humano.

> *Homo sum; humani nihil a me alienum puto.*
> TERÊNCIO (comediógrafo latino, 185-159 a.C.), *O homem que puniu a si mesmo*, 77.

3667. Ganharás o pão com o suor do teu rosto, até que retornes à terra de que foste formado. Porque tu és pó, e em pó hás de te tornar.

> *In sudore vultus tui vesceris pane, donec revertaris in terram de qua sumptus es; quia pulvis es et in pulverem reverteris.*
> GÊNESE (livro do Antigo Testamento), III, 19.

3668. O homem deve ser inventado a cada dia.

> *L'homme est à inventer chaque jour.*
> J.-P. SARTRE (filósofo e escritor francês, 1905-1980), *Situations*, II.

3669. O homem é um animal racional.

> *Rationale animal est homo.*
> SÊNECA (filósofo latino, 4 a.C.-65 d.C.), *Cartas a Lucílio*, 41, 8.

3670. O homem é o princípio das ações.

> Ἄνθρωπος εἶναι ἀρχὴ τῶν πράξεων.
> ARISTÓTELES (filósofo grego, 384-322 a.C.), *Ética a Nicômaco*, III, 3, 15.

3671. O homem é um microcosmo.

> Ἄνθρωπος μικρὸς κόσμος.
> DEMÓCRITO (filósofo grego, c. 460-370 a.C.), *Fragmentos*, B 34 Diels.

3672. Todo homem é um abismo, e alguém é capaz de ter vertigens se olhar para baixo.

> *Jeder Mensch ist ein Abgrund, es schwindelt einem, wenn man hinabsieht.*
> G. BÜCHNER (escritor alemão, 1813-1837), *Woyzeck*.

3673. O que Protágoras queria dizer quando afirmava que o homem é a medida de todas as coisas é que, para mim, os fatos são exatamente como se apresentam a mim, e para ti, exatamente como se apresentam a ti.

"Ὥσπερ Πρωταγόρας ἔλεγεν λέγων πάντων χρημάτων μέτρον εἶναι ἄνθρωπον, ὡς ἄρα οἷα μὲν ἂν ἐμοὶ φαίνηται τὰ πράγματα εἶναι, τοιαῦτα μὲν ἔστιν ἐμοί· οἷα δ' ἂν σοί, τοιαῦτα δὲ σοί.

PLATÃO (filósofo grego, 427-347 a.C.), *Crátilo*, 385 e-386 a.

3674. O homem é um microcosmo, não no sentido naturalístico, mas no sentido histórico, compêndio da história universal.

L'uomo è un microcosmo, non in senso naturalistico, ma in senso storico, compendio della storia universale.

B. CROCE (filósofo italiano, 1866-1952), *La storia come pensiero e come azione*, II, La verità di un libro di storia.

3675. O homem, acima de tudo, é um animal de fácil adaptação. Não há torpeza ou dor a que não se adapte.

L'uomo è, sopra tutto, un animale accomodativo. Non c'è turpitudine o dolore a cui non s'adatti.

G. D'ANNUNZIO (escritor italiano, 1863-1938), *L'innocente*, XXVII.

3676. O homem é o lobo do homem.

Lupus est homo homini.

PLAUTO (comediógrafo latino, c. 250-184 a.C.), *Asinaria*, 495.

3677. O homem é o Prometeu de si mesmo.

L'homme est son propre Prométhée.

J. MICHELET (historiador francês, 1798-1874), *Histoire de France*.

3678. Como é agradável o homem, quando é homem.

Ὡς χαρίεν ἐστ' ἄνθρωπος ἢν ἄνθρωπος ᾖ.

MENANDRO (comediógrafo grego, 342-291 a.C.), *Fragmentos*, 761 K.

3679. O homem é um animal sociável que detesta seus semelhantes.

L'homme est un animal sociable qui déteste ses semblables.

E. DELACROIX (pintor francês, 1798-1863), *Journal*.

3680. O homem é o que ele faz!

L'homme est ce qu'il fait!

A. MALRAUX (escritor e político francês, 1901-1976), *Les noyers d'Altenburg*.

3681. O homem é um ser puramente físico.
L'homme est un être purement physique.
P.-H. D. HOLBACH (filósofo francês, 1723-1789), *Système de la nature*.

3682. Eu acredito no homem, e isso significa que acredito na sua razão! Sem essa crença, não teria forças para me levantar da cama de manhã.
Ich glaube an den Menschen, und das heiβt, ich glaube an seine Vernunft! Ohne diesen Glauben würde ich nicht die Kraft haben, am Morgen aus meinem Bett aufzustehen.
B. BRECHT (escritor alemão, 1898-1956), *Vida de Galileu*, III.

3683. Da maciez de uma esponja molhada até a dureza de uma pedra-pomes, existem infinitas nuanças. Eis o homem.
Depuis la mollesse d'une éponge mouillée jusqu'à la dureté d'une pierre ponce, il y a des nuances infinies. Voilà l'homme.
H. DE BALZAC (escritor francês, 1799-1850), *A pele de chagrém*.

3684. Entre o grande homem e o pobre homem, há o homem para servir de ponte.
Tra il grand'uomo e il pover'uomo c'è, a far da ponte, l'uomo.
D. BASILI (escritor italiano, nascido em 1953), *Tagliar corto*, Massime e minime.

3685. O Senhor prefere pessoas de aspecto comum. Por isso fez tantas delas.
The Lord prefers common-looking people. That is the reason the makes so many of them.
A. LINCOLN (presidente norte-americano, 1809-1865), atribuído.

3686. Os homens comuns são sensíveis apenas a cinco ou seis paixões, no âmbito das quais sua vida passa e todas as suas agitações se reduzem. Tirai deles o amor e o ódio, o prazer e a dor, a esperança e o medo, que não sentem mais nada. No entanto, as pessoas de um caráter mais nobre podem ter suas emoções despertadas de mil maneiras diferentes; ao que parece, elas teriam mais de cinco sentidos e seriam capazes de receber idéias e sensações que ultrapassam os limites comuns da natureza. (...) É por isso que não conseguem tolerar o desprezo e o escárnio, e que a vergonha é uma das suas paixões mais violentas.

Le commun des hommes n'est sensible qu'à cinq ou six passions, dans le cercle desquelles leur vie se passe, et où toutes leurs agitations se réduisent. Otez-leur l'amour et la haine, le plaisir et la douleur, l'espérance et la crainte, ils ne sentent plus rien. Mais les personnes d'un caractère plus noble peuvent être remuées de mille façons différentes; il semble qu'elles aient plus de cinq sens et qu'elles puissent recevoir des idées et des sensations qui passent les bornes ordinaires de la nature. [...] De là vient qu'elles souffrent si impatiemment le mépris et la risée, et que la honte est une de leurs plus violentes passions.

A.-F. PRÉVOST (escritor francês, 1697-1763), *Histoire du chevalier Des Grieux et de Manon Lescaut.*

O caráter

3687. O caráter do homem é o seu demônio.

῏Ηθος ἀνθρώπῳ δαίμων.

HERÁCLITO (filósofo grego, c. 550-c. 480 a.C.), *Fragmentos*, 119.

3688. Os caracteres simples, não os complexos, são difíceis de entender.

Die einfachen Charaktere, nicht die zusammengesetzten, sind schwer zu verstehen.

H. VON HOFMANNSTHAL (escritor austríaco, 1874-1929), *O livro dos amigos.*

3689. Se se tem caráter, tem-se também uma experiência típica própria, que sempre retorna.

Hat man Charakter, so hat man auch sein typisches Erlebnis, das immer wieder kommt.

F. W. NIETZSCHE (filósofo alemão, 1844-1900), *Além do bem e do mal*, IV, Sentenças e intermezzi.

3690. Existem naturezas problemáticas que nunca estão à altura das situações em que se encontram e que nenhuma situação satisfaz. Disso nasce o enorme conflito que consome a vida sem prazer.

Es gibt problematische Naturen, die keiner Lage gewachsen sind, in der sie sich befinden, und denen keine genug tut. Daraus entsteht der ungeheuere Widerstreit, der das Leben ohne Genuß verzehrt.

J. W. GOETHE (escritor alemão, 1749-1832), *Máximas e reflexões*, 134.

3691. Ainda que expulses a natureza com um forcado, ela voltará do mesmo jeito.

Naturam expelles furca, tamen usque recurret.

HORÁCIO (poeta latino, 65-8 a.C.), *Epístolas*, I, 10, 24.

3692. No silêncio forma-se um talento, / mas um caráter, no turbilhão do mundo.

Es bildet ein Talent sich in der Stille, / Sich ein Charakter in dem Strom der Welt.

J. W. GOETHE (escritor alemão, 1749-1832), *Tasso*, I, 2.

3693. As causas não determinam o caráter da pessoa, mas apenas a manifestação desse caráter, ou seja, as ações.

Die Motiven bestimmen nicht den Charakter des Menschen, sondern nur die Erscheinung dieses Charakters, also die Taten.

A. SCHOPENHAUER (filósofo alemão, 1788-1860), *O mundo como vontade e representação.*

Os grandes homens

3694. No concerto do mundo, os grandes espíritos são solistas, e suas cadências interrompem o ritmo uniforme da música da vida.

Große Geister sind Solospieler im Konzerte der Welt, und ihre Kadenzen unterbrechen den einförmigen Takt der Lebensmusik.

L. BÖRNE (escritor alemão, 1786-1837), *Fragmentos e aforismos*.

3695. As grandes naturezas produzem grandes vícios, como também grandes virtudes.

Καὶ κακίας μεγάλας, ὥσπερ ἀρετὰς αἱ μεγάλαι φύσεις ἐκφέρουσι.

PLATÃO (filósofo grego, 427-347 a.C.), citado em PLUTARCO, *Vidas paralelas*, Demétrio, 1, 7.

3696. Ser grande significa ser incompreendido.
: *To be great is to be misunderstood.*
: R. W. Emerson (filósofo e poeta norte-americano, 1803-1882), *Essays*, Self-Reliance.

3697. O sublime é o eco da grandeza do espírito.
: Ὕψος μεγαλοφροσύνης ἀπήχημα.
: Do Sublime (tratado grego de autor anônimo, séc. I), IX, 2.

3698. Um homem pequeno é pequeno também na dor, um gigante é grande também no túmulo.
: Малый человек и на горе мал, исполин велик и в яме.
: M. V. Lomonosov (cientista russo, 1711-1765).

3699. Nada é tão comum como o desejo de ser excepcional.
: *Nothing is so common-place as to wish to be remarkable.*
: O. W. Holmes (escritor norte-americano, 1809-1894), *The Autocrat of the Breakfast-Table*, 12.

3700. Não temas a grandeza: uns nasceram / grandes, outros alcançam a grandeza, e para outros, / a grandeza se precipita sobre eles.
: *Be not afraid of greatness: some are born / great, some achieve greatness, and some have / greatness thrust upon them.*
: W. Shakespeare (dramaturgo inglês, 1564-1616), *A décima segunda noite*, II, 5, 159-61.

3701. Alcancei o ponto mais alto da minha grandeza, / e do apogeu da minha glória / apresso-me em recolher-me.
: *I have touch'd the highest point of all my greatness, / And from that full meridian of my glory, / I haste now to my setting.*
: W. Shakespeare (dramaturgo inglês, 1564-1616), *Henrique VIII*, III, 2, 224-6.

O super-homem

3702. O super-homem é um ideal prematuro, que pressupõe o homem.

Der Übermensch ist ein verfrühtes Ideal, das den Menschen voraussetzt.
K. KRAUS (escritor austríaco, 1874-1936), *Ditos e desditos*.

O homem e a mulher

3703. E Deus criou o homem à sua imagem; fê-lo à imagem de Deus; e criou-os macho e fêmea.

Et creavit Deus hominem ad imaginem suam; ad imaginem Dei creavit illum, masculum et feminam creavit eos.
GÊNESE (livro do Antigo Testamento), I, 27.

3704. Disse ainda o Senhor Deus: "Não é bom que o homem esteja só; façamos-lhe uma ajudante semelhante a ele."

Dixit quoque Dominus Deus. "Non est bonum esse hominem solum: faciamus ei adiutorim simile sibi".
GÊNESE (livro do Antigo Testamento), II, 18.

3705. Foi então que o Senhor, com a ajuda dos anjos que desceram para preparar o doce sono pelo qual a razão de Adão foi vencida, privou seu corpo perfeito de uma das partes essenciais que o compunham. Assim, enquanto o homem, dormindo, oferecia o flanco descoberto, nasceu a mulher, genuíno fruto de uma traição.

Fu allora che il Signore, coll'aiuto degli angeli che scesero a preparare il dolce sonno da cui fu vinta la ragione di Adamo, privò il suo corpo eccellente di una delle parti essenziali che lo componevano. Così, mentre l'uomo dormendo offriva il fianco scoperto, nacque la donna, genuino frutto d'un tradimento.
V. CARDARELLI (poeta italiano, 1887-1959), *Favole della Genesi*, Il peccato.

3706. E Adão disse: "Eis aqui um osso dos meus ossos e carne da minha carne: será chamada de Virago, porque veio do homem. Por isso, o homem deixará seu pai e sua mãe e se unirá à sua mulher, e serão dois numa mesma carne." Ora, Adão e sua mulher estavam nus, mas não se envergonhavam.

> *Et dixit Adam: "Hoc nunc os ex ossibus meis et caro de carne mea: haec vocabitur Virago quoniam de viro sumpta est. Quamobrem relinquet homo patrem suum et matrem et adhaerebit uxori suae. Et erunt duo in carne una". Erat autem uterque nudus Adam scilicet et uxor eius; et non erubescebant.*
>
> GÊNESE (livro do Antigo Testamento), II, 23-5.

3707. Fruir antes de possuir: eis o instinto do homem; possuir antes de fruir: eis o instinto da mulher.

> *Jouir avant de posséder voilà l'instinct de l'homme: posséder avant de jouir voilà l'instinct de la femme.*
>
> A. FABRE D'OLIVET (escritor francês, 1767-1825), *Histoire philosophique du genre humain*.

3708. Vi quem quisesse ser uma moça, e uma bela moça, dos treze aos vinte e dois anos, e depois dessa idade tornar-se um homem.

> *J'ai vu souhaiter d'être fille, et une belle fille, depuis treize ans jusques à vingt-deux, et après cet âge, de devenir un homme.*
>
> J. DE LA BRUYÈRE (escritor francês, 1645-1696), *Les Caractères*, Des femmes.

3709. De sexos, conheço apenas dois: um que se diz racional, outro que nos prova que isso não é verdade.

> *De sexes, je n'en connais que deux: l'un qui se dit raisonnable, l'autre qui nous prouve que cela n'est pas vrai.*
>
> P. DE MARIVAUX (escritor francês, 1688-1763), *La fausse suivante*.

3710. Não sabeis que, como dizem os franceses, existem três sexos – homens, mulheres e padres?

> *Don't you know, as the French say, there are three sexes – men, women and clergymen?*
>
> S. SMITH (eclesiástico inglês, 1771-1845), citado em LADY HOLLAND, *Memoir*, I, 9, 369.

3711. Pois a fêmea das espécies é mais perigosa do que o macho.

> *For the female of the species is more deadly than the male.*
>
> J. R. KIPLING (escritor inglês, 1865-1936), *The Female of the Species*.

3712. O macho é um acidente; a fêmea seria suficiente.

Le mâle est un accident; la femelle aurait suffi.
R. DE GOURMONT (escritor francês, 1858-1915), *Physique de l'amour.*

3713. Não sejais, porém, orgulhosas e faustosas, / mulheres, para dizer que o homem é vosso filho; / pois dos espinhos também nascem as rosas, / e de uma fétida erva nasce o lírio...

Non siate però tumide e fastose, / donne, per dir che l'uom sia vostro figlio; / che de le spine ancor nascon le rose, / e d'una fetida erba nasce il giglio...

L. ARIOSTO (poeta italiano, 1474-1533), *Orlando furioso*, XXVII, oitava 121.

3714. A Natureza concedeu aos homens apenas a constância, enquanto às mulheres deu a obstinação.

La Nature n'a accordé aux hommes que la constance, tandis qu'elle donnait aux femmes l'obstination.

P.-A.-F. CH. DE LACLOS (escritor francês, 1741-1803), *As ligações perigosas.*

3715. Homens que não tentam seduzir as mulheres estão sujeitos a se tornar vítimas de mulheres que tentam seduzi-los.

Men who do not make advances to women are apt to become victims to women who make advances to them.

W. BAGEHOT (economista e jornalista inglês, 1826-1877), *Biographical Studies.*

3716. Uma mulher, que não seja uma estúpida, cedo ou tarde encontra um farrapo humano e tenta salvá-lo. Às vezes consegue. Porém, uma mulher, que não seja uma estúpida, cedo ou tarde encontra um homem são e o reduz a um farrapo. Sempre consegue.

Una donna che non sia una stupida, presto o tardi, incontra un rottame umano e si prova a salvarlo. Qualche volta ci riesce. Ma una donna che non sia una stupida, presto o tardi trova un uomo sano e lo riduce a rottame. Ci riesce sempre.

C. PAVESE (escritor italiano, 1908-1950), *Il mestiere di vivere*, 3/8/1937.

3717. Condenai um homem, tirai das suas entranhas todos os seus defeitos, nenhum outro homem intercederá a seu favor. Mas basta que façais uma leve ironia a um membro do sexo frágil, para que imediatamente todas as mulheres insurjam compactas contra vós, elas formarão um só povo, uma só seita.

> Браните мужчин вообще, разбирайте все их пороки, ни один не подумает заступиться. Но дотроньтесь сатирически до прекрасного пола — все женщины восстанут на вас единодушно — они состаалят один народ, одну секту.
>
> A. S. Pushkin (escritor russo, 1799-1837), de uma carta.

3718. Os homens têm autoridade sobre as mulheres, pela preferência que Deus concedeu ao macho sobre a fêmea, e foi por isso que eles deram para elas uma parte de si mesmos. As fêmeas que se fazem respeitar são submissas, com empenho conservam a honra na ausência do marido, em troca da proteção que Deus lhes concedeu. Temeis a infidelidade de algumas delas? Repreendei-as, relegai-as aos seus catres separados, batei nelas: mas se voltarem a doces sentimentos de obediência, então basta, assim está bem.

Alcorão (livro sagrado islâmico), Surata IV, 34.

3719. Dez medidas de palavras desceram a este mundo; as mulheres pegaram nove, e os homens, uma.

Talmud (obra hebraica pós-bíblica), *Kiddushim*, 49.

3720. Menos mal te fará um homem que te persegue do que uma mulher que te segue.

Menos mal te hará un hombre que te persiga, que una mujer que te siga.

B. Gracián y Morales (escritor espanhol, 1601-1658), *El Criticón*.

3721. As mulheres são falsas nos países em que os homens são tiranos. A violência produz a astúcia por toda a parte.

Les femmes sont fausses dans les pays où les hommes sont tyrans. Partout la violence produit la ruse.

J.-H. Bernardin de Saint-Pierre (escritor francês, 1737-1814), *Paul et Virginie*.

3722. A única coisa da cabeça do homem que interessa à mulher são os cabelos.

Lo único que a la mujer le interesa de la cabeza del hombre es el pelo.

E. Jardiel Poncela (escritor espanhol, 1901-1952).

3723. Não há nada que um homem não seja capaz de fazer quando uma mulher olha para ele.

No hay nada que un hombre no sea capaz de hacer cuando una mujer le mira.

A. CASONA (dramaturgo espanhol, 1903-1965).

3724. Existem homens tão perversos que dizem que as mulheres não são boas só porque uma não quis ser má.

Hay hombre tan maldito que dice que la mujer no es buena sólo porque una no quiso ser mala.

B. J. FEIJÓO Y MONTENEGRO (ensaísta espanhol, 1676-1764).

3725. Por pior que um homem possa pensar das mulheres, não há mulher que não pense pior ainda do que ele.

Quelque mal qu'un homme puisse penser des femmes, il n'y a pas de femme qui n'en pense encore plus mal que lui.

N. DE CHAMFORT (escritor francês, c. 1740-1794), *Pensées morales*.

3726. Não nego que as mulheres sejam tolas: Deus Onipotente as criou para que combinassem com os homens.

I'm not denyin' the women are foolish: God Almighty made 'em to match the men.

G. ELIOT (escritora inglesa, 1819-1880), *Adam Bede*, 53.

3727. Para a mulher, o homem é um meio: o objetivo é sempre o filho.

Der Mann ist für das Weib ein Mittel: Der Zweck ist immer das Kind.

F. W. NIETZSCHE (filósofo alemão, 1844-1900), *Assim falou Zaratustra*, Os discursos de Zaratustra, Das mulheres, velhas e jovens.

3728. A mulher existe para que o homem se torne inteligente graças a ela.

Die Frau ist da, damit der Mann durch sie klug werde.

K. KRAUS (escritor austríaco, 1874-1936), *Ditos e desditos*.

3729. Existem certas coisas em que um olho feminino enxerga com muito mais precisão do que cem olhos masculinos.

Es gibt gewisse Dinge, wo ein Frauenzimmerauge immer schärfer sieht als hundert Augen der Mannesperson.

G. E. LESSING (filósofo alemão, 1729-1781), *O libertino*, II, 3.

3730. Ao homem é lícito desejar as coisas sensíveis de maneira racional, enquanto à mulher é lícito desejar as coisas racionais de maneira sensível... A natureza secundária do homem é a principal da mulher.

Der Mann darf das Sinnliche in vernünftiger Form, die Frau das Vernünftige in sinnlicher Form begehren... Das Beiwesen des Mannes ist das Hauptwesen der Frau.

NOVALIS (poeta alemão, 1772-1801), *Fragmentos*.

3731. Todo homem precisa de uma mulher honesta, e, quando a encontra, precisa de uma desonesta também.

Every man needs a good woman, and when he has found her he needs a bad woman also.

M. BRADBURY (escritor inglês, nascido em 1932), *Rates of Exchange*, IV, 4.

3732. Os homens que prefiro são as bonecas e os gatos.

Les hommes que je préfère sont les poupées et les chats.

J. BAKER (cantora francesa, 1906-1975), *Pílulas de poesia negra*, 1927.

3733. Todos os homens são homens de negócios.

Tous les hommes sont hommes d'affaires.

J. BAKER (cantora francesa, 1906-1975), *Pílulas de poesia negra*, 1927.

A mulher

3734. Mulher: mistério infinitamente belo!

Donna: mistero senza fine bello!

G. GOZZANO (poeta italiano, 1883-1916), *I colloqui*, La signorina Felicita ovvero la felicità, 289.

3735. Ó tu, tu mesmo, recomenda às tuas mulheres, às tuas filhas, às mulheres dos crentes que abaixem um pouco o véu sobre elas: isso servirá para distingui-las das outras, para que não sejam ofendidas.

ALCORÃO (livro sagrado islâmico), Surata XXXIII, 59.

3736. A mulher, filho, é como a castanha, / diziam Bertollo e Bertollino: / bela por fora, mas por dentro tem seus defeitos.

> *La donna, fijo, è come la castagna, / diceveno Bertollo e Bertollino: / bella de fora, e drento ha la magagna.*
>
> G. G. BELLI (poeta italiano, 1791-1863), *Sonetti*, Fremma, fremma.

3737. Creio que a Natureza e Deus tenham te trazido / ao mundo, ó celerado sexo, para um fardo, para um grave castigo / do homem, que sem ti seria feliz.

> *Credo che t'abbia la Natura e Dio / produto, o scelerato sesso, al mondo / per una soma, per un grave fio / de l'uom, che senza te saria giocondo.*
>
> L. ARIOSTO (poeta italiano, 1474-1533), *Orlando furioso*, XXVII, oitava 119.

3738. Inconstante e sempre mutável / é a mulher.

> *Varium et mutabile semper / femina.*
>
> VIRGÍLIO (poeta latino, 70-19 a.C.), *Eneida*, IV, 569-70.

3739. Conheço o caráter das mulheres: / não querem quando queres; quando não queres, são as primeiras a querer.

> *Novi ingenium mulierum: / nolunt ubi velis, ubi nolis cupiunt ultro.*
>
> TERÊNCIO (comediógrafo latino, 185-159 a.C.), *O eunuco*, 812-3.

3740. Não há nada pior no mundo / do que as mulheres impudicas, a não ser talvez as mulheres.

> Ἀλλ' οὐ γάρ ἐστι τῶν ἀναισχύντων φύσει γυναικῶν / οὐδὲν κάκιον εἰς ἅπαντα πλὴν ἄρ' εἰ γυναῖκες.
>
> ARISTÓFANES (comediógrafo grego, c. 445-c. 385 a.C.), *As mulheres que celebram as Tesmofórias*, 531-2.

3741. Não se pode viver com essa peste [as mulheres], nem sem ela!

> Οὔτε σὺν πανωλέθροισιν οὔτ' ἄνευ πανωλέθρων.
>
> ARISTÓFANES (comediógrafo grego, c. 445-c. 385 a.C.), *Lisístrata*, 1038.

3742. Às mulheres convém o silêncio.

> Γυναιξὶ κόσμον ἡ σιγὴ φέρει.
>
> SÓFOCLES (trágico grego, 496-406 a.C.), *Ajax*, 293.

3743. Lá é assim, cunhada, podes acreditar, lá é assim. Nós mulheres, se não falamos, morremos.

La xe cussì, cugnà, credème, la xe cussì. Nualtre femene, se no parlemo, crepemo.

C. GOLDONI (comediógrafo italiano, 1707-1793), *Le baruffe chiozzotte*, II, 2.

3744. A mulher tem um único meio para superar o homem: ser mais mulher a cada dia.

La mujer tiene un solo camino para superar al hombre: ser cada día más mujer.

A. GANIVET (escritor espanhol, 1865-1898), *Cartas finlandesas*.

3745. A mulher foi o segundo erro de Deus.

Das Weib war der zweite Fehlgriff Gottes.

F. W. NIETZSCHE (filósofo alemão, 1844-1900), *O anticristo*, 48.

3746. Das mulheres, não vence aquela que corre atrás, nem a que foge, mas a que espera.

Von den Frauen siegt nicht, die nachrennt, nicht, die davonläuft, sondern es siegt, die wartet.

E. CANETTI (escritor austríaco de origem búlgara, nascido em 1905), *A província do homem*, 1945.

3747. O que nos atrai numa mulher raramente nos vincula a ela.

What attracts us in a woman rarely binds us to her.

J. CH. COLLINS (educador e ensaísta inglês, 1848-1908), citado em *The English Review*, abril de 1914.

3748. Se tendes mulheres que se tornam culpadas de escândalo, procurai entre vós quatro testemunhas contra elas. Se seu testemunho for realmente verdadeiro, trancai-as em casa, nos cantos secretos, até que a morte sobrevenha ou que Deus lhes ofereça uma saída.

ALCORÃO (livro sagrado islâmico), Surata IV, 15.

3749. Infinitos são os defeitos das mulheres, e as virtudes são apenas três: a de cuidar da casa, a de fazer filhos e a de morrer junto com o marido.

Strīṇāṃ doṣasahasrāṇi guṇāḥ strīṇām amī trayaḥ / gṛhacaryā sutotpattir maraṇaṃ patinā saha //

Vṛddhacāṇakya (sentenças indianas), 173.

3750. Não existe fúria igual a uma ex-mulher em busca de um novo amante.

There is no fury like an ex-wife searching for a new lover.

C. Connolly (jornalista inglês, 1903-1974), *The Unquiet Grave*, I.

3751. A mulher deve ser boa e, mais ainda, deve parecer boa.

La mujer ha de ser buena y parecerlo, que es más.

M. de Cervantes (escritor espanhol, 1547-1616), *La comedia entretenida*.

3752. A mulher ruim? No mundo vive, no máximo, uma única mulher ruim: pena que cada um considere a sua como tal.

Das böse Weib? Ein einzig böses Weib lebt höchstens in der Welt: nur schlimm, daβ jeder seines für dieses einzige hält.

G. E. Lessing (filósofo alemão, 1729-1781), *Epigramas*.

3753. Segundo a opinião de não sei qual sábio do passado, no mundo existia apenas uma mulher boa; por isso, ele aconselhava a todos a pensar que aquela mulher fosse a deles, e assim viveriam contentes.

Opinión fue, no sé de qué sabio, que no habia en el mundo sino una sola mujer buena, y daba por consejo que cada uno pensase y creyese que aquella mujer buena era la suya, y así viviría contento.

M. de Cervantes (escritor espanhol, 1547-1616).

3754. A natureza deu à mulher tanto poder que a lei, com muita prudência, deu-lhes pouco.

Nature has given women so much power that the law has very wisely given them little.

S. Johnson (literato inglês, 1709-1784), *Letters*, I.

3755. Fragilidade, teu nome é mulher!

Frailty, thy name is woman!

W. SHAKESPEARE (dramaturgo inglês, 1564-1616), *Hamlet*, I, 2, 146.

3756. Como o homem pode amar um ser que, a despeito dele, também quer pensar? Uma mulher que pensa é tão repugnante quanto um homem que se pinta.

Wie kann ein Mann ein Ding lieben, das ihm zum Trotze auch denken will? Ein Frauenzimmer, das denkt, ist ebenso ekel als ein Mann, der sich schminkt.

G. E. LESSING (filósofo alemão, 1729-1781), *Emília Galotti*, IV, 3.

3757. As almas femininas são tão pequenas, / Que alguns acreditam que as mulheres não as possuem.

The souls of women are so small, / That some believe they've none at all.

S. BUTLER (poeta inglês, 1612-1680), *Miscellaneous Thoughts*.

3758. Qual coração feminino pode desprezar o ouro? / Qual gato recusa o peixe?

What female heart may gold despise? / What cat's averse to fish?

TH. GRAY (poeta inglês, 1716-1771), *Ode on the Death of a Favourite Cat*.

3759. As pessoas mais caridosas que existem são as mulheres, mas também são as mais enfadonhas. Quem as afugenta, escapa dos aborrecimentos e da serventia; quem as detém, fica com a serventia e os aborrecimentos. E é verdade que não há mel sem moscas.

Le più caritative persone che sieno sono le donne, e le più fastidiose. Chi le caccia, fugge e fastidii e l'utile; chi le intrattiene, há l'utile ed e fastidii insieme. Ed è 'l vero che non è el mele sanza le mosche.

N. MAQUIAVEL (político e escritor italiano, 1469-1527), *A mandrágora*, III, 4.

3760. Pelo exemplo de Beatriz compreende-se / facilmente como o amor feminino dura pouco, / se não for conservado aceso pelo olhar e pelo tato do homem amado.

Per lei assai di lieve si comprende / quanto in femmina foco d'amor dura, / se l'occhio o 'l tatto spesso non l'accende.

D. ALIGHIERI (poeta italiano, 1265-1321), *Purgatório*, VIII, 76-8.

3761. Não há nada mais intolerável do que uma mulher rica.
   Intolerabilius nihil est quam femina dives.
   Juvenal (poeta latino, c. 50/65-140), *Sátiras*, VI, 460.

3762. As próprias mulheres, no fundo de toda a sua vaidade pessoal, têm sempre um desprezo impessoal – pela "mulher".
   Die Weiber selber haben im Hintergrunde aller persönlichen Eitelkeit immer noch ihre unpersönliche Verachtung – für "das Weib".
   F. W. Nietzsche (filósofo alemão, 1844-1900), *Além do bem e do mal*, IV, Sentenças e intermezzi.

3763. Vais às mulheres? Não esqueças o chicote!
   Du gehst zu Frauen? Vergiβ die Peitsche nicht!
   F. W. Nietzsche (filósofo alemão, 1844-1900), *Assim falou Zaratustra*, Os discursos de Zaratustra, Das mulheres, velhas e jovens.

3764. Nada é mais insondável do que a superficialidade da mulher.
   Nichts ist unergründlicher als die Oberflächlichkeit des Weibes.
   K. Kraus (escritor austríaco, 1874-1936), *Mulher*, Fantasia.

3765. As mulheres são as primeiras educadoras do gênero humano.
   Weiber sind die ersten Erzieherinnen des menschliches Geschlechtes.
   Th. von Hippel (escritor alemão, 1741-1796), *Do matrimônio*.

3766. Essas mulheres são realmente doutas por natureza; enquanto os homens aprendem a própria doutrina pelos livros.
   Queste donne son proprio dotte per natura; mentre gli uomini la loro dottrina la imparano dai libri.
   Śūdraka (dramaturgo indiano, séc. IV-V), *Mṛcchakaṭika*, trad. para o it. P. E. Pavolini.

3767. Nas mulheres tudo é coração, até a cabeça.
   An den Weibern ist alles Herz, sogar der Kopf.
   Jean Paul (escritor alemão, 1763-1825).

3768. Diante do amor existem três tipos de mulher: aquelas com as quais nos casamos, aquelas que amamos e aquelas que pagamos. Todas essas podem muito bem estar numa só. Começamos por pagá-la, depois a amá-la e, por fim, casamo-nos com ela.

Il y a devant l'amour trois sortes de femmes: celles qu'on épouse, celles qu'on aime et celles qu'on paie. Ça peut très bien être la même. On commence par la payer, on se met à l'aimer, puis on finit par l'épouser.
S. Guitry (ator e dramaturgo francês, 1885-1957), *Les Femmes et l'Amour.*

3769. E, de um jeito ou de outro, a mulher é sempre Dalila.

Et, plus ou moins, la Femme est toujours Dalila.
A. de Vigny (escritor francês, 1797-1863), *La colère de Samson.*

3770. Nenhuma mulher nasce mulher: torna-se.

On ne naît pas femme: on le devient.
S. de Beauvoir (escritora francesa, 1908-1986), *O segundo sexo.*

3771. As mulheres, assim como os sonhos, nunca são como você gostaria que fossem.

Le donne, come i sogni, non sono mai come tu le vorresti.
L. Pirandello (escritor italiano, 1867-1936), *Ciascuno a suo modo,* I.

3772. Essas mulheres! Uma começa e as outras seguem como gansos. (...) A original dentre elas é aquela que pela primeira vez imita os homens.

Queste donne! Una comincia e le altre seguono come le oche. (...) L'originale fra loro è quella che per la prima volta imita gli uomini.
I. Svevo (escritor italiano, 1861-1928), *Una vita,* VIII.

3773. Uma das grandes dificuldades da vida é adivinhar qual o desejo de uma mulher.

È una delle grandi difficoltà della vita d'indovinare ciò che una donna vuole.
I. Svevo (escritor italiano, 1861-1928), *A consciência de Zeno,* 7.

3774. Tu, mulher de grande cérebro e homem de grande coração.

Thou large-brained woman and large-hearted man.
E. B. Browning (poetisa inglesa, 1806-1861), *To George Sand,* A Desire.

3775. E uma mulher é apenas uma mulher, mas um charuto é um bom fumo.
And a woman is only a woman, but a good cigar is a smoke.
J. R. Kipling (escritor inglês, 1865-1936), *The Betrothed*.

3776. Faz parte da natureza das mulheres desprezar quem as ama e amar quem as detesta.
Es natural condición de mujeres desdeñar a quien las quiere, y amar a quien las aborrece.
M. de Cervantes (escritor espanhol, 1547-1616).

3777. O que menos importa para uma mulher é que seu vestido agrade aos homens; ela o veste para outras mulheres, e a inveja destas é a aprovação que mais lhe agrada.
Lo que menos le importa a una mujer es que a los hombres les parezca bien su vestido; se lo dedica a las otras mujeres, y la envidia de ellas es la aprobación que más le gusta.
J. Benavente y Martínez (dramaturgo espanhol, 1866-1954).

3778. Superiores pelo amor, mais dispostas a subordinar sempre a inteligência e a atividade ao sentimento, as mulheres constituem espontaneamente seres intermediários entre a Humanidade e os homens.
Supérieures par l'amour, mieux disposées à toujours subordonner au sentiment l'intelligence et l'activité, les femmes constituent spontanément des êtres intermédiaires entre l'Humanité et les hommes.
A. Comte (filósofo francês, 1798-1857), *Système de politique positive*.

3779. Nas primeiras paixões, as mulheres amam o amante, e nas outras, amam o amor.
Dans les premières passions les femmes aiment l'amant, et dans les autres elles aiment l'amour.
F. La Rochefoucauld (escritor francês, 1613-1680), *Maximes*, 471.

3780. Quem poderia enganar uma mulher apaixonada?
Quis fallere possit amantem?
Virgílio (poeta latino, 70-19 a.C.), *Eneida*, IV, 296.

3781. Pois não se pode suportar fardo tão pesado / como ter mulher quando esta representa um aborrecimento.

Che non è soma da portar sì grave, / come aver donna, quando a noia s'have.

L. ARIOSTO (poeta italiano, 1474-1533), *Orlando furioso*, XX, oitava 20.

3782. Sempre me espantei com o fato de deixarem as mulheres entrar nas igrejas. Que tipo de conversa elas podem ter com Deus?

J'ai toujours été étonné qu'on laissât les femmes entrer dans les églises. Quelle conversation peuvent-elles avoir avec Dieu?

CH. BAUDELAIRE (poeta francês, 1821-1867), *Mon coeur mis à nu*.

3783. Deixemos as belas mulheres aos homens sem imaginação.

Laissons les jolies femmes aux hommes sans imagination.

M. PROUST (escritor francês, 1871-1922), *Albertine disparue*.

A VERDADE

A verdade

3784. Na realidade, não conhecemos nada, pois a verdade está no íntimo.

  Ἐτεῇ δὲ οὐδὲν ἴδμεν· ἐν βυθῷ γὰρ ἡ ἀλήθεια.

  DEMÓCRITO (filósofo grego, c. 460-370 a.C.), citado em DIÓGENES LAÉRCIO, *Vidas dos filósofos*, Pírron, IX, 72.

3785. Embora ambos [Platão e a verdade] nos sejam caros, o dever moral nos impõe preferir a verdade.

  Ἀμφοῖν γὰρ ὄντοιν φίλοιν ὅσιον προτιμᾶν τὴν ἀλήθειαν.

  ARISTÓTELES (filósofo grego, 384-322 a.C.), *Ética a Nicômaco*, I, 6, 1. Dessa frase derivou o provérbio latino: *Amicus Plato, sed magis amica veritas*, "Platão é amigo, mas a verdade é ainda mais amiga".

3786. O obséquio produz amigos; a verdade, ódio.

  Obsequium amicos, veritas odium parit.

  TERÊNCIO (comediógrafo latino, 185-159 a.C.), *Andria*, 68.

3787. É preciso dizer a verdade apenas a quem está disposto a ouvi-la.

  Verum... nulli nisi audituro dicendum est.

  SÊNECA (filósofo latino, 4 a.C.-65 d.C.), *Cartas a Lucílio*, 29, 1.

3788. O tempo revela a verdade.

  Veritatem dies aperit.

  SÊNECA (filósofo latino, 4 a.C.-65 d.C.), *De ira*, II, 22, 3.

3789. A verdade avança, e nada a deterá.

  La vérité est en marche, et rien ne l'arrêtera.

E. ZOLA (escritor francês, 1840-1902), atribuído (em referência ao escândalo Dreyfus).

3790. A verdade não enrubesce.
Veritas non erubescit.
TERTULIANO (escritor latino cristão, c. 160-220), *Contra os valentinianos*, 3.

3791. Quem busca a verdade do homem deve apropriar-se da sua dor.
Qui cherche la vérité de l'homme doit s'emparer de sa douleur.
G. BERNANOS (escritor francês, 1888-1948), *La joie*.

3792. Por mais que eu procure a verdade nas massas, encontro-a apenas – quando a encontro – nos indivíduos.
J'ai beau chercher la vérité dans les masses, je ne la rencontre, quand je la rencontre, que dans les individus.
E. DELACROIX (pintor francês, 1798-1863), *Sur la peinture*.

3793. Quem se encontra empenhado numa controvérsia preocupa-se tanto com a verdade quanto um caçador se preocupa com a lebre.
A disputant no more cares for the truth than a sportsman for the hare.
A. POPE (poeta inglês, 1688-1744), *Thoughts on Various Subjects*.

3794. A verdade é muito nua, não excita os homens.
La vérité est trop nue, elle n'excite pas les hommes.
J. COCTEAU (escritor francês, 1889-1963), *Le coq et l'arlequin*.

3795. A verdade é uma agonia sem fim. A verdade deste mundo é a morte. É preciso escolher: morrer ou mentir. E eu nunca consegui me matar.
La vérité, c'est une agonie qui n'en finit pas. La vérité de ce monde c'est la mort. Il faut choisir, mourir ou mentir. Je n'ai jamais pu me tuer moi.
L.-F. CÉLINE (escritor francês, 1894-1961), *Voyage au bout de la nuit*.

3796. Não existem meias-verdades.
Il n'y a pas de vérités moyennes.

G. BERNANOS (escritor francês, 1888-1948), *Journal d'un curé de campagne*.

3797. O fato é que a verdade, se existe, não pode ser exagerada. Na verdade não pode haver nuanças. Já na meia-verdade ou na mentira, muitíssimas.

> *Es que la verdad, si existe, no se puede exagerar. En la verdad no puede haber matices. En la semiverdad o en la mentira, muchísimos.*

P. BAROJA Y NESSI (escritor espanhol, 1872-1956).

3798. Ama a verdade, mas perdoa o erro.

> *Aime la vérité, mais pardonne à l'erreur.*

VOLTAIRE (escritor e filósofo francês, 1694-1778), *Discurso sobre o homem*.

3799. Perdido seja para nós aquele dia em que não se dançou nem uma vez! E falsa seja para nós toda verdade que não tenha sido acompanhada por uma risada!

> *Verloren sei uns der Tag, wo nicht ein Mal getanzt wurde! Und falsch heiße uns jede Wahrheit, bei der es nicht ein Gelächter gab!*

F. W. NIETZSCHE (filósofo alemão, 1844-1900), *Humano, demasiado humano*, Perigo na pluralidade, I, 560.

3800. Dizer a verdade sem acreditar nela deveria ser considerado desonesto.

> *Wider besseres Wissen die Wahrheit zu sagen, sollte für ehrlos gelten.*

K. KRAUS (escritor austríaco, 1874-1936), *1915*.

3801. A verdade consegue impor-se apenas na medida em que nós a impomos; a vitória da razão só pode ser a vitória daqueles que a possuem.

> *Es setzt sich nur soviel Wahrheit durch, wie wir durchsetzen; der Sieg der Vernunft kann nur der Sieg der Vernünftigen sein.*

B. BRECHT (escritor alemão, 1898-1956), *Vida de Galileu*, VIII.

3802. Quem não conhece a verdade não passa de um tolo; mas quem a conhece e a chama de mentira é um criminoso!

> *Wer die Wahrheit nicht weiß, der ist bloß ein Dummkopf. Aber wer sie weiß und sie eine Lüge nennt, der ist ein Verbrecher!*

B. Brecht (escritor alemão, 1898-1956), *Vida de Galileu*, IX.

3803. Cuidado para não dizer uma verdade improvável.

Beware of telling an improbable truth.

Th. Fuller (escritor inglês, 1654-1734), *Introductio ad Prudentiam*.

3804. Não há fonte de erro tão grande como a busca da verdade absoluta.

There is no such source of error as the pursuit of absolute truth.

S. Butler (escritor inglês, 1835-1902).

3805. O verdadeiro é semelhante a Deus; não aparece espontaneamente, temos de adivinhá-lo pelas suas manifestações.

Das Wahre ist gottähnlich; es erscheint nicht unmittelbar, wir müssen es aus seinen Manifestationen erraten.

J. W. Goethe (escritor alemão, 1749-1832), *Máximas e reflexões*, III, 2.

3806. A tua verdade? Não, a Verdade, / e vem buscá-la comigo. / A tua, guarda-a contigo.

¿Tu verdad? No, la Verdad, / y ven conmigo a buscarla. / La tuya, guárdatela.

A. Machado y Ruiz (poeta espanhol, 1875-1939), *Proverbios y cantares*.

3807. Quanto mais elevadas são as verdades, mais é preciso tratá-las com atenção: caso contrário, logo se transformam em lugar-comum, e nos lugares-comuns não se acredita.

Чем истины выше, тем нужно быть осторожнее с ними: иначе они вдруг обратятся в общие места, а общим местам уже не верят.

N. V. Gogol (escritor russo, 1809-1852), *Trechos escolhidos da correspondência com os amigos*.

3808. É o destino comum das novas verdades começar como heresias e terminar como superstições.

It is the customary fate of new truths to begin as heresies and to end as superstitions.

Th. H. Huxley (naturalista inglês, 1825-1895), *Science and Culture*, The Coming of Age of the Origin of Species.

3809. A verdade nunca fere quem a diz.
>	*Truth never hurts the teller.*
>	R. BROWNING (poeta inglês, 1812-1889), *Fifine at the Fair*, XXXII.

3810. Nunca a verdade ajuda a sofrer menos.
>	*Mai la verità aiuta a soffrire meno.*
>	J. ROSTAND (biólogo francês, 1894-1977), citado em C. ALVARO, *Il nostro tempo e la speranza*, Cavalli, uomini e analfabeti, Uomini.

3811. Falar abertamente e pelo amor à verdade é arriscar a vida.
>	*Verba animi proferre et vitam inpendere vero.*
>	JUVENAL (poeta latino, c. 50/65-140), *Sátiras*, IV, 91.

3812. Pilatos perguntou-lhe: "O que é a verdade?". E dito isso, tornou a sair para os judeus.
>	*Dicit ei Pilatus: "Quid est veritas?". Et cum hoc dixisset, iterum exivit ad Iudeos.*
>	SÃO JOÃO (evangelista), XVIII, 38.

3813. O que é a verdade?, disse Pilatos brincando, mas não esperou a resposta.
>	*What is truth? said jesting Pilate, and would not stay for an answer.*
>	F. BACON (filósofo inglês, 1561-1626), *Essays*, On Truth.

3814. A verdade reside sobre os lábios dos moribundos.
>	*Truth sits upon the lips of dying men.*
>	M. ARNOLD (poeta inglês, 1822-1888), *Sohrab and Rustum*, 656.

3815. Quantas vezes já te disse que, depois de se eliminar o impossível, qualquer coisa que reste, *por mais improvável que seja*, tem de ser a verdade?
>	*How often have I said to you that when you have eliminated the impossible, whatever remains, however improbable, must be the truth?*
>	A. C. DOYLE (escritor inglês, 1859-1930), *The Sign of Four*.

3816. As maiores verdades geralmente são as mais simples.

Le più grandi verità sono generalmente le più semplici.
C. CANTÙ (escritor italiano, 1804-1895), *Attenzione!*, XXIII.

3817. Raramente a verdade é pura, e nunca é simples.

The truth is rarely pure, and never simple.
O. WILDE (escritor inglês, 1854-1900), *A importância de ser sério*, 1.

3818. E diversos julgamentos servem apenas para declarar / Que a verdade está em algum lugar. Resta saber onde.

And diff'ring judgements serve but to declare / That truth lies somewhere. If we knew only where.
W. COWPER (poeta inglês, 1731-1800), *Hope*.

3819. Aquele sol que na juventude esquentou-me o peito com amor, / e fez-me descobrir uma bela verdade, / demonstrando a tese verdadeira e refutando a falsa.

Quel sol che pria d'amor mi scaldò 'l petto, / di bella verità m'avea scoverto, / provando e riprovando, il dolce aspetto.
D. ALIGHIERI (poeta italiano, 1265-1321), *Paraíso*, III, 1-3.

3820. A verdade encontra-se dentro de uma área pequena e segura, mas o erro é imenso.

Truth lies within a little and certain compass, but error is immense.
H. ST.-J. BOLINGBROKE (político e escritor inglês, 1678-1751), *Reflexions upon Exile*.

3821. Ao fogo da verdade, as objeções não passam de foles.

Al fuoco della verità le obbiezioni non sono che mantici.
C. DOSSI (escritor italiano, 1849-1910), *Note azzurre*, n. 3354.

3822. Em meio a muitas disputas a verdade se perde.

Nimium altercando veritas amittitur.
PÚBLIO SIRO (poeta latino, séc. I a.C.), *Sentenças*, 461.

3823. O menor desvio inicial da verdade multiplica-se ao infinito à medida que avança.

Τὸ μικρὸν παραβῆναι τῆς ἀληθείας ἀφισταμένοις γίνεται πόρρω μυριοπλάσιον.

Aristóteles (filósofo grego, 384-322 a.C.), *O céu*, I, 5.

3824. Verdades sustentadas por motivos irracionais podem ser mais nocivas do que erros bem pensados.

Irrationally held truths may be more harmful than reasoned errors.

Th. H. Huxley (naturalista inglês, 1825-1895), *Science and Culture*, The Coming of Age of the Origin of Species.

3825. Nem todas as verdades são para todos os ouvidos.

Non tutte le verità son per tutte le orecchie.

U. Eco (escritor italiano, nascido em 1932), *O nome da rosa*, primeiro dia: Terça.

3826. E muitas vezes as coisas que me pareceram verdadeiras quando comecei a concebê-las tornaram-se falsas quando quis colocá-las sobre o papel.

Et souvent les choses qui m'ont semblé vraies lorsque j'ai commencé à les concevoir, m'ont paru fausses lorsque je les ai voulu mettre sur le papier.

R. Descartes (filósofo francês, 1596-1650), *Discurso do método*.

3827. O falso e o verdadeiro são as folhas alternas / de um raminho: o sábio não distingue / uma da outra, um lado do outro.

Il falso e il vero son le foglie alterne / d'un ramoscello: il savio non discerne / l'una dall'altra, l'un dall'altro lato.

G. D'Annunzio (escritor italiano, 1863-1938), *Laudi*, Alcyone, XXII, L'otre, 274-6.

A crença

3828. Geralmente os homens acreditam de bom grado naquilo que desejam.

Fere libenter homines id quod volunt credunt.

César (político e escritor romano, 100-44 a.C.), *A guerra gálica*, III, 18.

3829. Muitas vezes, o inacreditável vale para a multidão / mais do que o verdadeiro, e é mais acreditável.

Τἀπίθανον ἰσχὺν τῆς ἀληθείας ἔχει / ἐνίοτε μείζω καὶ πιθανωτέραν ὄχλῳ.

MENANDRO (comediógrafo grego, 342-291 a.C.), *Fragmentos*, 622.

3830. Talvez fosse verdade, porém não acreditável / a quem fosse senhor do próprio juízo.
Forse era ver, ma non però credibile / a chi del senso suo fosse signore.
L. ARIOSTO (poeta italiano, 1474-1533), *Orlando furioso*, I, oitava 56.

3831. É perigoso crer e não crer.
Periculosum est credere et non credere.
FEDRO (fabulista latino, séc. I d.C.), *Fábulas*, III, 10, 1.

O juramento

3832. Do alto, Júpiter ri dos perjúrios dos amantes.
Iuppiter ex alto periuria ridet amantum.
OVÍDIO (poeta latino, 43 a.C.-c. 18 d.C), *Arte de amar*, I, 633.

3833. Minha língua jurou, meu coração não.
Ἡ γλῶσσ' ὀμώμοχ', ἡ δὲ φρὴν ἀνώμοτος.
EURÍPIDES (trágico grego, 485-406 a.C.), *Hipólito*, 612.

3834. As *palavras de honra* custam pouco.
Ehrenworte *kosten wenig.*
J. G. HERDER (filósofo alemão, 1744-1803), *O Cid*, 4, 53.

3835. Não jures... dize apenas: sim, sim, não, não. Aquilo que dizes a mais procede do mal.
Non periurabis... si autem sermo vester: est, est, non, non. Quod autem his abundantius est, a malo est.
SÃO MATEUS (evangelista), V, 33-7.

3836. Os mentirosos estão sempre prontos a jurar.
A giurar presti i mentitor son sempre.
V. ALFIERI (escritor italiano, 1749-1803), *Virginia*, II, 3, 100.

3837. Juramento algum jamais fez réu nenhum dizer a verdade.
Nessun giuramento ha mai fatto dire la verità ad alcun reo.
C. BECCARIA (escritor italiano, 1738-1794), *Dos delitos e das penas*, XVIII, Dos juramentos.

3838. Quem não acredita no juramento alheio sabe que é capaz de jurar em falso.
Chi non crede al giuramento altrui sa d'essere spergiuro egli stesso.
G. BARETTI (jornalista italiano, 1719-1789), *La frusta letteraria*, N. XXVII, 15/4/1765.

A mentira

3839. O oposto da mentira não é a verdade.
L'opposto della menzogna non è la verità.
C. CANTÙ (escritor italiano, 1804-1895), *Attenzione!*, XXIII.

3840. A verdade é bela. Sem dúvida. E assim são as mentiras.
Truth is beautiful. Without doubt; and so are lies.
R. W. EMERSON (filósofo e poeta norte-americano, 1803-1882), *Journals*.

3841. Quem mente de manhã e de noite / uma hora se encontra na verdade / como um relógio parado.
Chi mantés sira e matina / al s'cata na volta in dla vrità / cme n'arloi ferum.
C. ZAVATTINI (escritor italiano, 1902-1989), *Stricarm'in d'na parola*, Sot'al portag.

3842. Não é bom dizer mentiras; / mas quando a verdade puder trazer uma terrível ruína, / então dizer o que não é bom também é perdoável.
Καλὸν μὲν οὖν οὐκ ἔστι τὰ ψευδῆ λέγειν· / ὅτῳ δ' ὄλεθρον δεινὸν ἀλήθει' ἄγει, / συγγνωστὸν εἰπεῖν ἐστι καὶ τὸ μὴ καλόν.
SÓFOCLES (trágico grego, 496-406 a.C.), *Creusa*, frag. 326.

3843. É difícil acreditar que um homem está dizendo a verdade quando você sabe que mentiria se estivesse no lugar dele.

> *It is hard to believe that a man is telling the truth when you know that you would lie if you were in his place.*
> L. H. L. Mencken (escritor norte-americano, 1880-1956).

3844. Os documentos mentem tanto quanto os homens.
> Документы врут, как люди.
> I. N. Tynianov (escritor soviético, 1894-1943).

3845. Encontrarás muitos que mentem sem má intenção, nem em benefício próprio, nem para dano ou vergonha alheia, mas porque a mentira em si lhes agrada, assim como quem bebe não por sede, mas por gostar de vinho.
> *Troverai di molti, che mentono, a niun cattivo fine tirando né di proprio loro utile, né di danno o di vergogna altrui; ma perciò che la bugia per sé piace loro; come chi bee, non per sete, ma per gola del vino.*
> G. Della Casa (poeta italiano, 1503-1556), *Galateo ou Dos costumes*, XIII.

3846. Que vantagem têm os mentirosos? "A de não serem acreditados quando dizem a verdade."
> Τί περιγίνεται κέρδος τοῖς ψευδομένοις; «ὅταν (ἔφη) λέγωσιν ἀληθῆ, μὴ πιστεύεσθαι».
> Aristóteles (filósofo grego, 384-322 a.C.), citado em Diógenes Laércio, *Vidas dos filósofos*, Aristóteles, V, 17.

3847. Assim como o mentiroso está condenado a não ser acreditado quando diz a verdade, é privilégio de quem goza de boa reputação ser acreditado mesmo quando mente.
> *Así como es pena del mentiroso que cuando diga la verdad no se le crea, así es gloria del bien acreditado el ser creído cuando diga mentira.*
> M. de Cervantes (escritor espanhol, 1547-1616).

3848. Nunca se mente tanto como em véspera de eleição, durante a guerra e depois da caça.
> *Es wird niemals so viel gelogen wie vor der Wahl, während des Krieges und nach der Jagd.*
> O. von Bismarck (político alemão, 1815-1898), *Discursos*.

3849. Magnânima mentira, quando a verdade é / tão bela para ser preferida a ti?

Magnanima menzogna, or quando è il vero / sì bello che si possa a te preporre?

T. TASSO (poeta italiano, 1544-1595), *Jerusalém libertada*, II, oitava 22.

3850. Não me importa a mentira, mas odeio a imprecisão.

I do not mind lying, but I hate inaccuracy.

S. BUTLER (escritor inglês, 1835-1902), *Notebooks*.

3851. Nenhuma mentira chega a envelhecer no tempo.

'Αλλ' οὐδὲν ἕρπει ψεῦδος εἰς γῆρας χρόνου.

SÓFOCLES (trágico grego, 496-406 a.C.), *Acrísio*, frag. 59.

3852. As mentiras mais cruéis geralmente são ditas em silêncio.

The cruellest lies are often told in silence.

R. L. STEVENSON (escritor inglês, 1850-1894), *Virginibus puerisque*, I, 4.

3853. A mentira, como o óleo, flutua à superfície da verdade.

La menzogna, come l'olio, galleggia alla superficie della verità.

H. SIENKIEWICZ (escritor polonês, 1846-1916), *Quo vadis?*

3854. Ousa dizer a verdade: nunca vale a pena mentir. / Um erro que precise de uma mentira, acaba precisando de duas.

Dare to be true: nothing can need a lie; / A fault, which needs it most, grows two thereby.

G. HERBERT (poeta inglês, 1593-1633), *Temple*, XIII, The Church Porch.

3855. Respondeu que eu devia estar errado, ou que *eu dizia uma coisa que não era a certa*. (Isso porque na língua deles não existe uma palavra para expressar a mentira ou a falsidade.)

He replied, that I must needs be mistaken, or that I Said the thing which was not. *(For they have no word in their language to express lying or falsehood.)*

J. SWIFT (escritor inglês, 1667-1745), *Gulliver's Travels*, A Voyage to the Houyhnhnms, 3.

3856. O mentiroso precisa ter boa memória.
Mendacem memorem esse oportere.
Quintiliano (escritor latino, 35-95), *A instituição oratória*, IV, 2, 91.

3857. O mentiroso deveria ter em mente que, para ser acreditado, precisa dizer apenas as mentiras necessárias.
Il mentitore dovrebbe tener presente che per essere creduto non bisogna dire che le menzogne necessarie.
I. Svevo (escritor italiano, 1861-1928), *A consciência de Zeno*, 6.

3858. E, afinal de contas, o que é uma mentira? / É apenas a verdade mascarada.
And, after all, what is a lie? 'Tis but / The truth in masquerade.
G. G. Byron (poeta inglês, 1788-1824), *Don Juan*, XI, 37.

3859. Na boca do mentiroso, até a verdade é suspeita.
En boca del embustero, es la verdad sospechosa.
J. Benavente y Martínez (dramaturgo espanhol, 1866-1954).

A sinceridade

3860. No convívio com os homens, a arte é tão necessária que até mesmo a sinceridade e a franqueza devem ser usadas com algum artifício em relação a eles.
Tanto è necessaria l'arte nel viver con gli uomini che anche la sincerità e la schiettezza conviene usarla seco loro con artificio.
G. Leopardi (poeta italiano, 1798-1837), *Zibaldone*, VII, 64, 5.

3861. As pessoas fracas não podem ser sinceras.
Les personnes faibles ne peuvent être sincères.
F. La Rochefoucauld (escritor francês, 1613-1680), *Maximes*, 316.

3862. Não se pode ser e parecer sincero ao mesmo tempo.
On ne peut à la fois être sincère et le paraître.
A. Gide (escritor francês, 1869-1951), *O imoralista*.

3863. Posso prometer ser sincero, mas não imparcial.
Aufrichtig zu sein, kann ich versprechen, unparteiisch zu sein aber nicht.
J. W. GOETHE (escritor alemão, 1749-1832), *Máximas e reflexões*, 184.

A hipocrisia

3864. A hipocrisia é uma homenagem que o vício faz à virtude.
L'hypocrisie est un hommage que le vice rend à la vertu.
F. LA ROCHEFOUCAULD (escritor francês, 1613-1680), *Maximes*, 218.

3865. Ai de vós, escribas e fariseus hipócritas, que sois semelhantes aos sepulcros branqueados, belos por fora, mas cheios de ossos de mortos e de toda asquerosidade por dentro!
Vae vobis scribae et pharisaei hypocritae: quia similes estis sepulchris dealbatis, quae aforis parent hominibus speciosa, intus vero plena sunt ossibus mortuorum et omni spurcitia!
SÃO MATEUS (evangelista), XXIII, 27.

3866. Dissimular: virtude de rei e de camareira.
Dissimuler, vertu de roi et de femme de chambre.
VOLTAIRE (escritor e filósofo francês, 1694-1778), *Le Sottisier*.

3867. Embora na maioria das vezes o fingimento seja / criticado e dê indícios de espírito maldoso, / em muitas ocasiões, prova / ter feito evidentes benefícios.
Quantunque il simular sia le più volte / ripreso, e dia di mala mente indici, / si truova pur in molte cose e molte / aver fatti evidenti benefíci.
L. ARIOSTO (poeta italiano, 1474-1533), *Orlando furioso*, IV, oitava 1.

3868. Ninguém pode, por muito tempo, ter um rosto para si mesmo e outro para a multidão sem ao final confundir qual deles é o verdadeiro.
No man, for any considerable period, can wear one face to himself, and another to the multitude, without finally getting bewildered as to which may be the true.

N. Hawthorne (escritor norte-americano, 1804-1864), *A letra escarlate*, 20.

3869. Cada um possui em sua natureza alguma coisa que, se a manifestasse em público, suscitaria reprovação.

Jeder hat etwas in seiner Natur, das, wenn er es öffentlich ausspräche, Mißfallen erregen müßte.

J. W. Goethe (escritor alemão, 1749-1832), *Máximas e reflexões*, 97.

3870. Nossas maiores dissimulações são desenvolvidas não para esconder o que há de ruim e feio em nós, mas nosso vazio. A coisa mais difícil de esconder é aquilo que não existe.

Our greatest pretenses are built up not to hide the evil and the ugly in us, but our emptiness. The hardest thing to hide is something that is not there.

E. Hoffer (escritor norte-americano, 1902-1983).

3871. À vezes procura-se parecer melhor do que se é. Outras vezes, procura-se parecer pior. Hipocrisia por hipocrisia, prefiro a segunda.

A veces se procura parecer mejor de lo que se es. Otras veces se procura parecer peor de lo que se es. Hipocresía por hipocresía, prefiero ésta.

J. Benavente y Martínez (dramaturgo espanhol, 1866-1954), *La virtud sospechosa*.

Os segredos

3872. Existem certas ocasiões em que um homem tem de revelar metade do seu segredo para manter oculto o resto.

There are some occasions in which a man must tell half his secret, in order to conceal the rest.

Ph. D. Chesterfield (estadista inglês, 1694-1773), *Letters*.

3873. A quem revelar um segredo? / A um mentiroso ou a um mudo. / Este não fala e aquele não é acreditado.

A chi un segreto? Ad un bugiardo o a un muto. / Questi non parla e quei non è creduto.

F. Pananti (poeta italiano, 1766-1837), *Epigrammi*.

3874. O modo mais seguro de divulgar a todos alguma coisa é cochichá-la no ouvido de um amigo, suplicando-lhe para não contá-la a ninguém.

Il modo più sicuro per far sapere a tutti una cosa è di bisbigliarla nell'orecchio di un amico scongiurandolo di non parlarne con nessuno.

V. BUTTAFAVA (escritor italiano, 1918-1983), *La vita è bella nonostante*, I pensieri del grillo parlante.

3875. Tolo e muito tolo é aquele que, ao revelar um segredo a outra pessoa, pede-lhe encarecidamente que não o conte a ninguém.

Necio y muy necio el que, descubriendo un secreto a otro, le pide encarecidamente que le calle.

M. DE CERVANTES (escritor espanhol, 1547-1616), *Los trabajos de Persiles y Sigismunda*.

3876. Sei que se trata de um segredo, pois está sendo sussurrado por toda parte.

I know that's a secret, for it's whispered everywhere.

W. CONGREVE (comediógrafo inglês, 1670-1729), *Love for Love*, II, 10.

3877. Quem confiou seus segredos a outra pessoa, fez-se escravo dela.

El que confió sus secretos a otro, hizose esclavo de él.

B. GRACIÁN Y MORALES (escritor espanhol, 1601-1658).

3878. Os homens tímidos e despreparados são grandes traidores de segredos; pois são poucas as necessidades tão urgentes quanto aquela de encontrar algo para dizer.

Shy and unready men are great betrayers of secrets; for there are few wants more urgent for the moment than the want of something to say.

H. TAYLOR (escritor inglês, 1711-1785), in *The Statesman*, 1836.

3879. Nada pesa tanto quanto um segredo: / Carregá-lo por muito tempo é difícil para as mulheres; / E, quanto a isso, conheço / um bom número de homens que são como elas.

Rien ne pèse tant qu'un secret: / Le porter loin est difficile aux dames; / Et je sais même sur ce fait / Bon nombre d'hommes qui sont femmes.

J. DE LA FONTAINE (poeta francês, 1621-1695), *Fables*, VIII, 6, Les femmes et le secret.

A VIAGEM

A viagem

3880. Quem atravessa os mares muda de céu, mas não de ânimo.
Caelum non animum mutant qui trans mare currunt.
HORÁCIO (poeta latino, 65-8 a.C.), *Epístolas*, I, 11, 27.

3881. Se colocarem sob os nossos olhos aquelas coisas que nos fazem atravessar os mares para conhecê-las, nem faremos caso delas.
Ad quae noscenda iter ingredi, transmittere mare solemus, ea sub oculis posita neglegimus.
PLÍNIO, O JOVEM (literato latino, c. 61-113), *Cartas*, VIII, 20.

3882. Geralmente, a quem me pergunta a razão das minhas viagens, respondo que sei muito bem do que estou fugindo, mas não o que estou procurando.
Je réponds ordinairement, à ceux qui me demandent raison de mes voyages, que je sais bien ce que je fuis, mais non pas ce que je cherche.
M. DE MONTAIGNE (escritor francês, 1533-1592), *Os ensaios*, III, 9.

3883. O homem que viaja para ver o mundo todo, cheio de tantas maravilhas, é como um sapo na sua poça d'água.
L'uomo che viaggia per vedere tutta la terra, piena di tante meraviglie, è come un ranocchio nella sua pozzanghera.
PAÑCATANTRA (coletânea indiana de fábulas), 1, 21, trad. para o it. P. E. Pavolini.

3884. Viajar, para os jovens, faz parte da educação; para os adultos, faz parte da experiência.

> *Travel, in the younger sort, is a part of education; in the elder, a part of experience.*
>
> F. BACON (filósofo inglês, 1561-1626), *Essays*, XVIII, Of Travel.

3885. O inútil trabalho de ver países diversos.

> *Le vain travail de voir divers pays.*
>
> M. SCÈVE (poeta francês, 1500-1560), *Microcosme*.

3886. Isto me basta; continuarei em busca / do resto da terra com Ptolomeu, / sem nunca pagar quem me hospeda, esteja o mundo em paz ou em guerra; // e percorrerei todo o mar por todos os lados, sem fazer promessas / quando o céu relampejar, mais seguro sobre os mapas / do que sobre os navios.

> *Questo mi basta; il resto della terra / senza mai pagar l'oste andrò cercando / con Ptolomeo, sia il mondo in pace o in guerra; // e tutto il mar, senza far voti quando / lampeggi il ciel, sicuro in su le carte / verrò, più che su i legni, volteggiando.*
>
> L. ARIOSTO (poeta italiano, 1474-1533), *Satire*, III, 61-6.

3887. Quanto mais do mundo vi, menos pude moldar-me à sua maneira.

> *Plus j'ai vu le monde, moins j'ai pu me faire à son ton.*
>
> J.-J. ROUSSEAU (filósofo e escritor francês, 1712-1778), *Les confessions*.

3888. Andar por terras distantes e conversar com diversas pessoas torna os homens ponderados.

> *El andar tierras y comunicar com diversas gentes hace a los hombres discretos.*
>
> M. DE CERVANTES (escritor espanhol, 1547-1616), *El coloquio de los perros*.

3889. – Convém sempre voltar de todo lugar. / – Sem nunca ter ido a lugar nenhum? / – Isto é que é bom, meu amigo.

> *– Conviene estar de vuelta de todo. / – ¿Sin haber ido a ninguna parte? – Ésa es la gracia, amigo mío.*
>
> A. MACHADO Y RUIZ (poeta espanhol, 1875-1939).

3890. Viajar é a ruína de toda felicidade! Não se consegue mais olhar para um edifício aqui depois de ter visto a Itália.

> *Travelling is the ruin of all happiness! There's no looking at a building here after seeing Italy.*
>
> F. BURNEY (escritora inglesa, 1752-1840), *Cecilia*, IV, 2.

3891. Feliz de quem, como Ulisses, fez uma bela viagem, / Ou como aquele que conquistou o velo de ouro / E depois voltou, pleno de experiência e razão, / Para viver entre os seus até o fim dos seus dias!

> *Heureux, qui comme Ulysse, a fait un beau voyage, / Ou comme celui-là qui conquit la toison, / Et puis est retourné, plein d'usage et raison, / Vivre entre ses parents le reste de son âge!*
>
> J. DU BELLAY (poeta francês, 1522-1560), *Les regrets*.

3892. As viagens dão uma grande abertura à mente: saímos do círculo de preconceitos do próprio país e não nos sentimos dispostos a assumir aqueles dos estrangeiros.

> *Les voyages donnent une très grande étendue à l'esprit: on sort du cercle des préjugés de son pays, et l'on n'est guère propre à se charger de ceux des étrangers.*
>
> CH. MONTESQUIEU (escritor e político francês, 1689-1755), *Ensaio sobre as causas que podem influir sobre o espírito e sobre o caráter*.

A VIRTUDE

A virtude

3893. As riquezas, qualquer nume as pode conceder até mesmo a um malvado, / ó Quirno, mas a poucos homens cabe a virtude.

Χρήματα μὲν δαίμων καὶ παγκάκῳ ἀνδρὶ δίδωσιν, / Κύρν'· ἀρετῆς δ' ὀλίγοισ' ἀνδράσι μοῖρ' ἕπεται.

TEÓGNIS DE MÉGARA (poeta grego, séc. VI-V a.C.), *Elegias*, I, 149-50.

3894. A estirpe se herda e a virtude se conquista; e a virtude vale por si só o que a estirpe não vale.

La sangre se hereda y la virtud se aquista; y la virtud vale por sí sola lo que la sangre no vale.

M. DE CERVANTES (escritor espanhol, 1547-1616), *Dom Quixote*.

3895. Quem é rico em virtude / é semelhante ao jovem.

LAO-TZU (filósofo chinês, séc. VI-V a.C.), *A regra celestial*, 55.

3896. Quanto à virtude, não basta conhecê-la, devemos tentar também possuí-la e colocá-la em prática.

Οὐδὲ δὴ περὶ ἀρετῆς ἱκανὸν τὸ εἰδέναι, ἀλλ' ἔχειν καὶ χρῆσθαι πειρατέον.

ARISTÓTELES (filósofo grego, 384-322 a.C.), *Ética a Nicômaco*, X, 9.

3897. Fácil e simples é escolher o mal, / uma estrada plana, muito próxima a nós; / mas os deuses colocaram o suor diante da virtude; / de fato, longa e difícil é sua estrada / e, no início, árdua, mas quando se chega ao seu ápice, / torna-se fácil aquilo que antes era difícil.

Τὴν μέν τοι κακότητα καὶ ἰλαδὸν ἔστιν ἑλέσθαι / ῥηιδίως· λείη μὲν ὁδός, μάλα δ' ἐγγύθι ναίει· / τῆς δ' ἀρετῆς ἱδρῶτα θεοὶ προπάροιθεν ἔθηκαν / ἀθάνατοι· μακρὸς δὲ καὶ ὄρθιος οἶμος ἐς αὐτὴν / καὶ τρηχὺς τὸ πρῶτον· ἐπὴν δ' εἰς ἄκρον ἵκηαι, / ῥηιδίη δὴ ἔπειτα πέλει, χαλεπή περ ἐοῦσα.

HESÍODO (poeta grego, séc. VIII-VII a.C.), *Os trabalhos e os dias*, 287-92.

3898. A virtude é mais apreciada se resplandecer num corpo belo.

Gratior et pulchro veniens in corpore virtus.

VIRGÍLIO (poeta latino, 70-19 a.C.), *Eneida*, V, 344.

3899. A virtude não reluz em manto desadornado.

Virtù non luce in disadorno ammanto.

G. LEOPARDI (poeta italiano, 1798-1837), *Canti*, Ultimo canto di Saffo, 54.

3900. Qual destas [virtudes] é bela porque alguém a exalta, ou se deteriora porque alguém a critica? A esmeralda, por exemplo, perde seu valor se não for exaltada?

Τί τούτων διὰ τὸ ἐπαινεῖσθαι καλόν ἐστιν, ἢ ψεγόμενον φθείρεται; σμαράγδιον γὰρ ἑαυτοῦ χεῖρον γίνεται, ἐὰν μὴ ἐπαινῆται;

MARCO AURÉLIO (imperador romano, 121-180), *Recordações*, IV, 20.

3901. Assim como a chama que mais cresce quanto mais é combatida / pelo vento, toda virtude que o céu exalta / mais resplandece quanto mais for ofendida.

Come fiamma più cresce più contesa / dal vento, ogni virtù che 'l cielo esalta / tanto più splende quant'è più offesa.

M. BUONARROTI (artista e poeta italiano, 1475-1564), *Rime*, sonetto: Come fiamma più cresce più contesa.

3902. A virtude é como o percevejo. Para que exale seu odor, é preciso esmagá-la.

La virtù è come la cimice. Perché esali il suo odore bisogna schiacciarla.

C. DOSSI (escritor italiano, 1849-1910), *Note azzurre*, n. 5513.

3903. A virtude é coisa muito frívola e vã se encontra sua razão de ser na glória.

La vertu est chose bien vaine et frivole, si elle tire sa recommandation de la gloire.
M. de Montaigne (escritor francês, 1533-1592), *Os ensaios*, II, 16.

3904. As virtudes e as moças possuem a máxima beleza até saberem que são belas.
Tugenden und Mädchen sind am schönsten, ehe sie wissen, daβ sie schön sind.
L. Börne (escritor alemão, 1786-1837), *Críticas*.

3905. A virtude, enquanto tal, proporciona vantagens consideráveis aos virtuosos.
Virtue, as such, naturally procures considerable advantages to the virtuous.
J. Butler (filósofo inglês, 1692-1752).

3906. Nada é mais desagradável do que uma pessoa virtuosa com uma mente mesquinha.
Nothing is more unpleasant than a virtuous person with a mean mind.
W. Bagehot (economista e jornalista inglês, 1826-1877), *Literary Studies*.

3907. As virtudes se perdem no interesse como os rios se perdem no mar.
Les vertus se perdent dans l'intérêt comme les fleuves se perdent dans la mer.
F. La Rochefoucauld (escritor francês, 1613-1680), *Maximes*, 171.

3908. A virtude é semelhante a uma pedra preciosa: melhor se for engastada ao natural.
Virtue is like a rich stone, best plain set.
F. Bacon (filósofo inglês, 1561-1626), *Essays*, XLIII, Of Beauty.

3909. Em geral, chama-se de virtude aquelas qualidades do caráter das quais os outros têm a maior vantagem.
Tugend nennt man insgeheim diejenigen Charaktereigenschaften, von denen andere den meisten Vorteil haben.
Fliegende Blätter (semanário humorístico alemão).

3910. Chamamos pomposamente de virtude todas aquelas ações que favoreçam a segurança de quem comanda e o medo de quem serve.

Noi chiamiamo pomposamente virtù tutte quelle azioni che giovano alla sicurezza di chi comanda e alla paura di chi serve.

U. Foscolo (poeta italiano, 1778-1827), *Ultime lettere di Jacopo Ortis*, 19 e 20 de fevereiro.

3911. Dar a vida pela própria terra... é uma grande virtude; mas não te esqueças das pequenas virtudes, filho.

Dare la vita per il proprio paese... è una grande virtù; ma tu non trascurare le virtù piccole, figliuolo.

E. De Amicis (escritor italiano, 1846-1908), *Cuore*, Novembre: I poveri.

A virtude e o vício

3912. O vício não seria completamente vício se não odiasse a virtude.

Le vice ne sarait pas tout à fait le vice, s'il ne haïssait pas la vertu.

N. de Chamfort (escritor francês, c. 1740-1794), *Máximas e pensamentos*, II, 139.

3913. O vício e a virtude são parentes como o carvão e o diamante.

Tugend und Laster sind verwandt wie Kohle und Diamant.

K. Kraus (escritor austríaco, 1874-1936), *Ditos e desditos*.

3914. Nos homens, não se teme o vício porque este os torna escravos; a virtude sim, porque os torna senhores.

No se teme en los hombres el vicio porque los hace esclavos; la virtud sí, porque los hace señores.

D. de Saavedra Fajardo (escritor espanhol, 1584-1648).

3915. Os vícios entram na composição da virtude assim como os venenos entram na composição dos remédios. A prudência os mistura e os atenua, e deles se serve utilmente contra os males da vida.

Les vices entrent dans la composition des vertus comme les poisons entrent dans la composition des remèdes. La prudence les assemble et les tempère, et elle s'en sert utilement contre les maux de la vie.

F. LA ROCHEFOUCAULD (escritor francês, 1613-1680), *Maximes*, 182.

3916. As virtudes praticadas sem moderação e medida devem ser consideradas vícios.

Ipsae quippe virtutes excedentes modum atque mensuram inter vitia reputari convenit.

SÃO JERÔNIMO (padre da Igreja, 347-420), *Cartas*, CXXX, citado em ABELARDO, *Cartas*, VI, Heloísa a Abelardo.

3917. Não ter vícios não acrescenta nada à virtude.

No tener vicios no añade nada a la virtud.

A. MACHADO Y RUIZ (poeta espanhol, 1875-1939), *Juan de Mairena*.

3918. Nem me seduz o vício, nem adoro a virtude.

Ni el vicio me seduce, ni adoro la virtud.

M. MACHADO Y RUIZ (escritor espanhol, 1874-1947).

3919. Na maioria das vezes, nossas virtudes não passam de vícios disfarçados.

Nos vertus ne sont, le plus souvent, que des vices déguisés.

F. LA ROCHEFOUCAULD (escritor francês, 1613-1680), *Maximes*, exergue.

3920. Não existe defeito que, com o tempo, numa sociedade corrupta, não se torne um mérito, nem vício que a convenção não consiga elevar à virtude.

Non esiste difetto che, alla lunga, in una società corrotta, non diventi pregio, né vizio che la convenzione non riesca ad elevare a virtù.

C. ALVARO (escritor italiano, 1895-1956), *Il nostro tempo e la speranza*, Che cos'è la felicità: Tempi truccati.

3921. Certos vícios são mais enfadonhos do que a própria virtude. Apenas por isso a virtude geralmente triunfa.

Certi vizi sono più noiosi della stessa virtù. Soltanto per questo la virtù spesso trionfa.

E. FLAIANO (escritor italiano, 1910-1972), *Diario notturno*.

3922. O vício é o mal que se faz sem prazer.
> *Le vice, c'est le mal qu'on fait sans plaisir.*
> S.-G. COLETTE (escritora francesa, 1873-1954), *Claudine en ménage.*

3923. Para nos livrarmos de um vício, geralmente caímos no vício oposto.
> *Por librarnos de un vicio, damos muchas veces en el opuesto.*
> D. DE SAAVEDRA FAJARDO (escritor espanhol, 1584-1648).

3924. Na realidade, ninguém nasce sem vícios: o melhor é quem / cai nos mais leves.
> *Nam vitiis nemo sine nascitur: optimus ille est / qui minimis urgetur.*
> HORÁCIO (poeta latino, 65-8 a.C.), *Sátiras*, I, 3, 68-9.

3925. Não podemos suportar nem os nossos vícios, nem os seus remédios.
> *Nec vitia nostra nec remedia pati possumus.*
> TITO LÍVIO (historiador latino, 59 a.C.-17 d.C.), *História de Roma*, prefácio, 9.

3926. Os vícios: é mais fácil desarraigá-los do que refreá-los.
> *Facilius sustuleris illa (vitia) quam rexeris.*
> SÊNECA (filósofo latino, 4 a.C.-65 d.C.), *Cartas a Lucílio*, 85, 10.

3927. Para muitos, a abstinência é mais fácil do que a moderação.
> *Multi quidem facilius se abstinent ut non utantur, quam temperent ut bene utantur.*
> SANTO AGOSTINHO (padre da Igreja, 354-430), *O bem do matrimônio*, 21.

Os defeitos

3928. Geralmente, quando detestamos alguma coisa nos outros é porque a sentimos em nós mesmos. Não nos aborrecem os defeitos que não temos.
> *De ordinario lo que aborrecemos en otros lo aborrecemos por sentirlo en nosotros. No nos molestan aquellos defectos que nosotros no tenemos.*

M. DE UNAMUNO (escritor espanhol, 1864-1936).

3929. Por que observas o argueiro no olho do teu irmão e não vês a trave que tens no teu?

Quid autem vides festucam in oculo fratris tui, et trabem in oculo tuo non vides?
SÃO MATEUS (evangelista), VII, 3.

3930. Existem defeitos que são uma proteção contra alguns vícios epidêmicos, do mesmo modo que, em tempo de peste, os doentes de febre quartã escapam do contágio.

Il y a certains défauts qui préservent de quelques vices épidémiques, comme on voit, dans un temps de peste, les malades de fièvre quarte échapper à la contagion.
N. DE CHAMFORT (escritor francês, c. 1740-1794), *Máximas e pensamentos*, II, 117.

3931. Inúmeros são os que conhecem os defeitos alheios, raros são os que conhecem os méritos; se existe alguém que conheça os próprios defeitos, isso é muito incerto.

Asaṃkhyāḥ paradoṣajñā guṇajña api kecana / svayam eva svadoṣajño vidyate yadi saṃśayaḥ //
SUBHĀSHITARNAVA (sentenças cingalesas, séc. XVII), 275.

3932. Não se renuncia a um homem por causa de um defeito.

Eines Fehlers wegen etsagt man keinen Mann.
G. E. LESSING (filósofo alemão, 1729-1781), *Minna von Barnhelm*, III, 12.

3933. É melhor demonstrar com naturalidade um defeito que talvez seja insignificante; / se o esconderes, parecerá maior.

Simpliciter pateat vitium fortasse pusillum: / quod tegitur, maius creditur esse malum.
MARCIAL (poeta latino, c. 40-102), *Epigramas*, III, 42, 3-4.

3934. Tem um único defeito: o de não ter defeitos.

Nihil peccat, nisi quod nihil peccat.
PLÍNIO, O JOVEM (literato latino, c. 61-113), *Cartas*, IX, 26.

3935. Confessamos nossos pequenos defeitos apenas para dar a entender que não temos grandes.
> *Nous n'avouons de petits défauts que pour persuader que nous n'en avons pas de grands.*
> F. LA ROCHEFOUCAULD (escritor francês, 1613-1680), *Maximes*, 327.

Os sete vícios "capitais"

1) A avareza

3936. O mestre disse: O pródigo é arrogante e o avaro é mesquinho. É preferível a mesquinhez à arrogância.
> CONFÚCIO (filósofo chinês, c. 551-479 a.C.), *Os colóquios*, VII, 35.

3937. A avareza começa onde termina a pobreza.
> *L'avarice commence où la pauvreté cesse.*
> H. DE BALZAC (escritor francês, 1799-1850), *Ilusões perdidas*.

3938. O absurdo da avareza está no fato de o avaro viver como pobre e morrer rico.
> *L'assurdità dell'avarizia sta nel fatto che l'avaro vive da povero e muore ricco.*
> V. BUTTAFAVA (escritor italiano, 1918-1983), *La vita è bella nonostante*, I pensieri del grillo parlante.

3939. O que é a avareza? Viver na pobreza por medo da pobreza.
> *Quid est avaritia? Paupertatis timor semper in paupertate vivens.*
> SÃO BERNARDO DE CLAIRVAUX (monge francês, 1090-1153), *Epistula de regimento rei familiaris*.

3940. E ele a mim: "Todos tiveram a mente / tão ofuscada pelo amor às riquezas na vida terrena, / que não despenderam nada com equilíbrio."
> *Ed elli a me: "Tutti quanti fuor guerci / sì della mente in la vita primaia, / che con misura nullo spendio ferci".*
> D. ALIGHIERI (poeta italiano, 1265-1321), *Inferno*, VII, 40-2.

3941. Avareza, o incentivo da indústria.
> *Avarice, the spur of industry.*
> D. HUME (filósofo escocês, 1711-1776), *Essays*, Of Civil Liberty.

2) A gula

3942. A gula é um vício que nunca acaba, e é aquele vício que cresce sempre, quanto mais o homem envelhece.
> *La gola è un vizio che non finisce mai, ed è quel vizio che cresce sempre, quanto più l'uomo invecchia.*
> C. GOLDONI (comediógrafo italiano, 1707-1793), *La bottega del caffè*, I, 1.

3943. A gula é uma fuga emotiva, um sinal de que alguma coisa está nos devorando.
> *Gluttony is an emotional escape, a sign something is eating us.*
> P. DE VRIES (escritor norte-americano, nascido em 1910), *Comfort me with Apples*, VII.

3944. Sempre notei que as pessoas falsas são sóbrias, e a grande moderação à mesa geralmente anuncia costumes dissimulados e almas duplas.
> *J'ai toujours remarqué que les gens faux sont sobres, et la grande réserve de la table annonce assez souvent des moeurs feintes et des âmes doubles.*
> J.-J. ROUSSEAU (filósofo e escritor francês, 1712-1778), *A nova Heloísa*.

3945. Aqueles para quem o alimento serve apenas para viver, a cópula apenas para obter descendentes, a palavra apenas para dizer a verdade, superam qualquer obstáculo.
> *Coloro cui il cibo serve solo per vivere, l'accoppiamento solo per ottener discendenza, la parola solo per dir la verità, superano ogni ostacolo.*
> MAHĀBHĀRATA (poema épico indiano, séc. II-III d.C.), XII, 4075, trad. para o it. P. E. Pavolini.

3) A luxúria

3946. A luxúria é como a avareza: aumenta a própria sede com a aquisição de tesouros.

> *Il en est de la luxure comme de l'avarice: elle augmente sa soif par l'acquisition des trésors.*
> Ch. Montesquieu (escritor político francês, 1689-1755), *O espírito das leis*.

3947. Entregou-se tanto ao vício da luxúria / que em sua lei tornou lícito aquilo que desse prazer, / para cancelar a censura que merecia.

> *A vizio di lussuria fu sì rotta / che libito fe' licito in sua legge, / per torre il biasmo in che era condotta.*
> D. Alighieri (poeta italiano, 1265-1321), *Inferno*, V, 55-7.

3948. O que normalmente se chama de amor é, de fato, o desejo de satisfazer um apetite voraz com uma certa quantidade de delicada carne branca humana.

> *What is commonly called love, namely the desire of satisfying a voracious appetite with a certain quantity of delicate white human flesh.*
> H. Fielding (escritor inglês, 1707-1754), *Tom Jones*, VII, 1.

3949. Dou liberdade às minhas mãos errantes e deixo-as andar, / Na frente, atrás, por entre, em cima, embaixo.

> *Licence my roving hands, and let them go, / Before, behind, between, above, below.*
> J. Donne (poeta inglês, 1573-1631), *Elegias*, XVIII.

3950. Feliz de quem se consome nas batalhas de Vênus! / Deus queira que seja esta a causa da minha morte!

> *Felix, quem Veneris certamina mutua rumpunt! / Di faciant, leti causa sit ista mei!*
> Ovídio (poeta latino, 43 a.C.-c. 18 d.C.), *Amores*, II, 10, 29-30.

3951. Dai-me castidade e continência, mas não agora.

> *Da mihi castitatem et continentiam, sed noli modo.*
> Santo Agostinho (padre da Igreja, 354-430), *As confissões*, VIII, 7.

4) A inveja

3952. A inveja é inata ao homem.

> Φθόνος δὲ ἀρχῆθεν ἐμφύεται ἀνθρώπῳ.
>
> HERÓDOTO (historiador grego, c. 484-430 a.C.), *Histórias*, III, 80.

3953. O indício mais seguro de se ter nascido com grandes qualidades é ter nascido sem inveja.

> *La plus véritable marque d'être né avec de grandes qualités, c'est d'être né sans envie.*
>
> F. LA ROCHEFOUCAULD (escritor francês, 1613-1680), *Maximes*, 433.

3954. De inveja fica-se estrábico.

> От зависти становится косым.
>
> A. P. TCHEKHOV (escritor russo, 1860-1904).

3955. A inveja é assim tão magra e pálida porque morde e não come.

> *La envidia va tan flaca y amarilla porque muerde y no come.*
>
> F. G. QUEVEDO Y VILEGAS (escritor espanhol, 1580-1645).

3956. A inveja dos estúpidos pelas personalidades brilhantes é sempre aliviada pela suspeita de que estes terão um triste fim.

> *The dullard's envy of brilliant men is always assuaged by the suspicion that they will come to a bad end.*
>
> M. BEERBOHM (escritor inglês, 1872-1956), *Zuleika Dobson*, 4.

3957. Apenas a miséria é sem inveja.

> *Sola la miseria è senza invidia.*
>
> G. BOCCACCIO (escritor italiano, 1313-1375), *Decamerão*, Introdução ao IV dia.

5) A ira

3958. A dilação é o maior remédio para a ira.

> *Maximum remedium irae dilatio est.*
>
> SÊNECA (filósofo latino, 4 a.C.-65 d.C.), *De Ira*, III, 12, 4.

3959. A ira é um argueiro, o ódio é uma trave.
> *Ira festuca est, odium trabes est.*
> SANTO AGOSTINHO (padre da Igreja, 354-430), *Discursos*, 58, 7, 8.

3960. O homem irado acha sempre que pode fazer mais do que realmente é capaz.
> *Iratus semper plus putat posse facere quam possit.*
> ALBERTANO DA BRESCIA (tratadista italiano, séc. XIII), *Il libro della consolazione e dei consigli*, 11.

3961. Uma ira desmedida acaba em loucura; por isso, evita a ira, para conservares não apenas o domínio de ti mesmo, mas também a tua própria saúde.
> *Ingentis irae exitus furor est, et ideo ira vitanda est non moderationis causa, sed sanitatis.*
> SÊNECA (filósofo latino, 4 a.C.-65 d.C.), *Cartas a Lucílio*, 18, 15.

3962. Bem mais graves são os efeitos produzidos em nós pela ira e pela dor, com os quais reagimos às coisas, do que aqueles produzidos pelas coisas em si, pelos quais nos encolerizamos e sofremos.
> Ὅσῳ χαλεπώτερα ἐπιφέρουσιν αἱ ὀργαὶ καὶ λῦπαι αἱ ἐπὶ τοῖς τοιούτοις, ἤπερ αὐτά ἐστιν, ἐφ' οἷς ὀργιζόμεθα καὶ λυπούμεθα.
> MARCO AURÉLIO (imperador romano, 121-180), *Recordações*, XI, 18, 8.

3963. Fáceis à ira sobre a terra somos nós, estirpes humanas.
> Δύσζηλοι γάρ τ' εἰμὲν ἐπὶ χθονὶ φῦλ' ἀνθρώπων.
> HOMERO (poeta grego, séc. VIII-VII a.C.), *Odisséia*, VII, 307.

3964. A cólera do homem excelente dura um instante; a do medíocre dura duas horas; a do homem vulgar, um dia e uma noite; a do malvado não cessa jamais.
> *Uttamasya kṣaṇaṃ kopo madhyasya praharadvayam / adhamasya tu ahorātraṃ pāpiṣṭho naiva mucyate //*
> SUBHĀSHITARNAVA (sentenças cingalesas, séc. XVII), 159.

3965. A ira nunca deixa de ter uma razão, mas raramente tem uma boa.

> *Anger is never without an argument, but seldom with a good one.*
> G. S. HALIFAX (político inglês, 1633-1695), *Political, Moral and Miscellaneous Thoughts and Reflections*, Of Anger.

3966. A ira é uma das forças da alma.
> *Anger is one of the sinews of the soul.*
> TH. FULLER (historiador inglês, 1608-1661), *The Holy State and the Profane State*.

3967. Se também não fosse próprio da minha natureza, é a indignação que me obriga a fazer versos.
> *Si natura negat, facit indignatio versum.*
> JUVENAL (poeta latino, c. 50/65-140), *Sátiras*, I, 79.

3968. A ira faz a invenção crescer, mas aquece demais o forno.
> *Anger raiseth Invention, but it overheateth the Oven.*
> G. S. HALIFAX (político inglês, 1633-1695), *Political, Moral and Miscellaneous Thoughts and Reflections*.

3969. O homem incapaz de ira é incapaz de bondade.
> *A man who does not know how to be angry does not know how to be good.*
> H. W. BEECHER (eclesiástico norte-americano, 1813-1887), *Proverbs from Plymouth Pulpit*.

3970. A ira pode subsistir com qualquer tipo de alimento.
> *Spleen can subsist on any kind of food.*
> W. HAZLITT (escritor inglês, 1778-1830), *Sketches and Essays*, On Wit and Humour.

3971. Esses homúnculos são facilmente coléricos. A razão física é que possuem o coração próximo da merda.
> *Ces petits bouts d'hommes sont voluntiers cholériques. La raison physicale est parce qu'ils ont le coeur près de la merde.*
> F. RABELAIS (escritor francês, c. 1494-1553), *Gargântua e Pantagruel*.

6) A acídia

3972. Se te ocorrer, de manhã, de acordares com preguiça e indolência, lembra-te deste pensamento: "Levanto-me para retomar minha obra de homem."

Ὄρθρου ὅταν δυσόκνως ἐξεγείρῃ, πρόχειρον ἔστω, ὅτι «ἐπὶ ἀνθρώπου ἔργον ἐγείρομαι».

MARCO AURÉLIO (imperador romano, 121-180), *Recordações*, V, 1.

3973. Ócio, pai de todos os vícios e filho de todas as virtudes.

Oisiveté mère de tous les vices et fille de toutes les vertus.
G. PERROS (escritor francês, nascido em 1923), *Papiers collés*, I.

3974. É impossível gozar totalmente o ócio, a menos que se tenha muito trabalho a fazer.

It is impossible to enjoy idling thoroughly unless one has plenty of work to do.
J. K. JEROME (escritor inglês, 1859-1927), *Idle Thoughts of an Idle Fellow*, On Being Idle.

3975. O penoso fardo de quem não tem nada para fazer.

Le pénible fardeau de n'avoir rien à faire.
N. BOILEAU-DESPRÉAUX (poeta e crítico francês, 1636-1711), *Épîtres*, XI.

3976. Existe muita diferença entre uma vida tranqüila e uma vida ociosa.

Multum autem interest, utrum vita tua otiosa sit an ignava.
SÊNECA (filósofo latino, 4 a.C.-65 d.C.), *Cartas a Lucílio*, 55, 4.

3977. O ócio torna as horas lentas e os anos velozes. A atividade torna as horas rápidas e os anos lentos.

L'ozio rende lente le ore e veloci gli anni. L'operosità rapide le ore e lenti gli anni.
C. PAVESE (escritor italiano, 1908-1950), *Il mestiere di vivere*, 10/12/1938.

7) A soberba (ver 3514 e seguintes).

A VIDA

A vida

3978. Um professor de filosofia sobe à cátedra e, antes de iniciar a aula, tira da pasta uma grande folha branca com uma pequena mancha de tinta no meio. Dirigindo-se aos estudantes, pergunta: "O que vocês estão vendo aqui?". "Uma mancha de tinta", respondeu alguém. "Bem", continua o professor, "assim são os homens: vêem apenas as manchas, até as menores, e não, a grande e maravilhosa folha branca que é a vida."

Un professore di filosofia sale in cattedra e, prima di iniziare la lezione, toglie dalla cartella un grande foglio bianco con una piccola macchia d'inchiostro nel mezzo. Rivolto agli studenti domanda: "Che cosa vedete qui?". "Una macchia d'inchiostro", rispose qualcuno. "Bene", continua il professor, "così sono gli uomini: vedono soltanto le macchie, anche le più piccole, e non il grande e stupendo foglio bianco che è la vita."

V. BUTTAFAVA (escritor italiano, 1918-1983), *La vita è bella nonostante.*

3979. "A vida é a vida", responde prontamente o doutor Vitório. "E não pense que a resposta é banal. Significa que a coisa mais importante é viver."

"La vita è la vita" risponde prontamente il dottor Vittorio. "E non credere che la risposta sia banale. Significa che la cosa più importante è vivere."

L. DE CRESCENZO (escritor italiano, nascido em 1928), *Così parlò Bellavista*, XIII, Il basso.

3980. A vida não é nem feia, nem bonita, mas é original!

La vita non è né brutta né bella, ma è originale!

I. SVEVO (escritor italiano, 1861-1928), *A consciência de Zeno*, 7.

3981. A vida, sem uma meta, é vagabundagem.

> *Vita sine proposito vaga est.*
>
> SÊNECA (filósofo latino, 4 a.C.-65 d.C.), *Cartas a Lucílio*, 95, 46.

3982. Este é o único motivo pelo qual não podemos nos queixar da vida: ela não segura ninguém.

> *Hoc est unum, cur de vita non possimus queri: neminem tenet.*
>
> SÊNECA (filósofo latino, 4 a.C.-65 d.C.), *Cartas a Lucílio*, 70, 15.

3983. Viver é minha profissão e minha arte.

> *Mon métier et mon art, c'est vivre.*
>
> M. DE MONTAIGNE (escritor francês, 1533-1592), *Os ensaios*, II, 6.

3984. Esta é a vida! A vida / obtusa que nos encanta, / lenta que parece um século, / breve que parece uma hora; / uma agitação alternada / entre paraíso e inferno / que não se aquieta mais!

> *Questa è la vita! l'èbete / vita che c'innamora, / lenta che pare un secolo, / breve che pare un'ora; / un agitarsi alterno / fra paradiso e inferno / che non s'accheta più!*
>
> A. BOITO (poeta e músico italiano, 1842-1918), *Libro dei versi*, Dualismo, 99-105.

3985. Ó Vida, ó Vida, / dom terrível do deus [Pã], / como uma espada fiel, / como uma chama que ruge, / como a górgone, / como a centaura veste.

> *O Vita, o Vita, / dono terribile del dio, / come una spada fedele, / come una ruggente face, / come la gorgóna, / come la centàura veste.*
>
> G. D'ANNUNZIO (escritor italiano, 1863-1938), *Laudi*, Maia, I, Laus vitae, 1-6.

3986. O vento se levanta!... É preciso tentar viver!

> *Le vent se lève!... Il faut tenter de vivre!*
>
> P. VALÉRY (poeta francês, 1871-1945), *Le cimetière marin*.

3987. Viver é como amar: toda razão é contra isso, e todo instinto saudável é a favor.

> *To live is like to love – all reason is against it, and all healthy instinct for it.*

S. BUTLER (escritor inglês, 1835-1902), *Notebooks*, Higgledy-Piggledy: Life and Love.

3988. Trabalhamos sem pensar, disse Martin; é o único modo de tornar a vida suportável.

Travaillons sans raisonner, dit Martin; c'est le seul moyen de rendre la vie supportable.

VOLTAIRE (escritor e filósofo francês, 1694-1778), *Cândido ou O otimismo*.

3989. A vida é a arte de tirar conclusões suficientes de premissas insuficientes.

Life is the art of drawing sufficient conclusions from insufficient premises.

S. BUTLER (escritor inglês, 1835-1902), *Notebooks*, Lord, What Is Man?

3990. A única alegria no mundo é começar. É bom viver porque viver é começar sempre, a cada instante.

L'unica gioia al mondo è cominciare. È bello vivere perché vivere è cominciare, sempre, ad ogni istante.

C. PAVESE (escritor italiano, 1908-1950), *Il mestiere di vivere*, 23/11/1937.

3991. Vivemos, não como queremos, mas como podemos.

Ζῶμεν γὰρ οὐχ ὡς θέλομεν, ἀλλ' ὡς δυνάμεθα.

MENANDRO (comediógrafo grego, 342-291 a.C.), *Monósticos de Menandro*, frag. 50.

3992. É impossível viver com prazer se não se vive bem, com sabedoria e justiça; e é impossível viver bem, com sabedoria e com justiça se não se vive com prazer.

Οὐκ ἔστιν ἡδέως ζῆν ἄνευ τοῦ φρονίμως καὶ καλῶς καὶ δικαίως, οὐδὲ φρονίμως καὶ καλῶς καὶ δικαίως ἄνευ τοῦ ἡδέως.

EPICURO (filósofo grego, 341-270 a.C.), citado em DIÓGENES LAÉRCIO, *Vidas dos filósofos*, Epicuro, X, 140.

3993. E andando no sol que cega, / sentir com triste espanto / como toda a vida e o seu tormento / que corre continuamente é uma muralha / que em seu topo tem cacos pontiagudos de garrafa.

E andando nel sole che abbaglia / sentire con triste meraviglia /

com'è tutta la vita e il suo travaglio / in questo seguitare una muraglia / che ha in cima cocci aguzzi di bottiglia.

E. MONTALE (poeta italiano, 1896-1981), *Ossi di seppia*, Meriggiare pallido e assorto.

3994. Muitas vezes encontrei o mal de viver: / era o riacho obstruído que borbota, / era o encarquilhar-se da folha / seca, era o cavalo estatelado.

Spesso il male di vivere ho incontrato: / era il rivo strozzato che gorgoglia, / era l'incartocciarsi della foglia / riarsa, era il cavallo stramazzato.

E. MONTALE (poeta italiano, 1896-1981), *Ossi di seppia*, Spesso il male di vivere.

3995. Sempre encontramos alguma coisa, hein, Didi, para nos darmos a impressão de que existimos?

On trouve toujours quelque chose, hein, Didi, pour nous donner l'impression d'exister?

S. BECKETT (escritor irlandês, 1906-1989), *Esperando Godot*, II.

3996. Aprendi que uma vida não vale nada, mas que nada vale uma vida.

J'ai appris qu'une vie ne vaut rien, mais que rien ne vaut une vie.

A. MALRAUX (escritor e político francês, 1901-1976), *Les conquérants*.

3997. Sem grande esforço, / a vida não concede nada aos mortais.

Nil sine magno / vita labore dedit mortalibus.

HORÁCIO (poeta latino, 65-8 a.C.), *Sátiras*, I, 9, 59-60.

3998. É preciso *fazer* a própria vida como se faz uma obra de arte. É preciso que a vida de um homem inteligente seja produzida por ele. A verdadeira superioridade não passa disso.

Bisogna fare *la propria vita, come si fa un'opera d'arte. Bisogna che la vita d'un uomo d'intelletto sia opera di lui. La superiorità vera è tutta qui.*

G. D'ANNUNZIO (escritor italiano, 1863-1938), *Il piacere*, I, 2.

3999. Para se viver com honra é preciso consumir-se, perturbar-se, lutar, errar, recomeçar do início e jogar tudo fora, e novamente recomeçar e lutar e perder eternamente. A calma é uma covardia da alma.

> Чтобы жить честно, надо рваться, путаться, биться, ошибаться, начинать и бросать, и снова начинать и вечно бороться и лишаться. А спокойствие — это душевная подлость.

L. N. Tolstoi (escritor russo, 1828-1910), da revista "Ogoniok".

4000. A arte de viver assemelha-se mais à arte da luta do que à da dança, pelo fato de termos sempre de nos manter em guarda e bem firmes contra os golpes que caem sobre nós repentinamente.

> Ἡ βιωτικὴ τῇ παλαιστικῇ ὁμοιοτέρα ἤπερ τῇ ὀρχηστικῇ κατὰ τὸ πρὸς τὰ ἐμπίπτοντα καὶ οὐ προεγνωσμένα ἕτοιμος καὶ ἀπτὼς ἑστάναι.

Marco Aurélio (imperador romano, 121-180), *Recordações*, VII, 61.

4001. A luta incessante por espaço e alimento.

> *The perpetual struggle for room and food.*

Th. R. Malthus (economista inglês, 1766-1834), *On Population*, 3.

4002. A vida vos foi dada por Deus para que a useis em benefício da humanidade, para que dirijais as vossas capacidades individuais ao desenvolvimento das capacidades dos vossos irmãos, para que acrescentais com vossa obra um elemento qualquer na obra coletiva de melhoramento e de descoberta da verdade, que as gerações promovem lentamente, mas com continuidade. Deveis educar-vos e educar, aperfeiçoar-vos e aperfeiçoar.

> *La vita vi fu data da Dio perché ne usiate a beneficio dell'umanità, perché dirigiate le vostre facoltà individuali allo sviluppo delle facoltà dei vostri fratelli, perché aggiungiate coll'opera vostra un elemento qualunque all'opera collettiva di miglioramento e di scoperta del vero che le generazioni lentamente ma continuamente promovono. Dovete educarvi ed educare, perfezionarvi e perfezionare.*

G. Mazzini (político italiano, 1805-1872), *I doveri dell'uomo*, 4.

4003. A vida é longa se é plena.

Longa est vita, si plena est.
SÊNECA (filósofo latino, 4 a.C.-65 d.C.), *Cartas a Lucílio*, 93, 2.

4004. Para quem quer viver os anos de Noé / tenho um segredo seguro, e vou dá-lo a ti: / o xaropinho do doutor Me ne...

Pe chi vò vive l'anni de Novè / ciò un zegreto sicuro, e te lo do: / lo sciroppetto der dottor Me ne...
G. G. BELLI (poeta dialetal italiano, 1791-1863), *Sonetti*, Accusì va er monno.

4005. Eu chegava a me perguntar se na vida, assim como nas touradas, os melhores lugares não seriam aqueles do lado da sombra.

J'en arrivais à me demander si, dans la vie comme aux courses de taureaux, les meilleures places ne sont pas celles du côté de l'ombre.
V. LARBAUD (escritor francês, 1881-1957), *Jaune, bleu, blanc*.

4006. Grande segredo é a vida, e só o compreende / a hora extrema.

Gran segreto è la vita, e nol comprende / Che l'ora estrema.
A. MANZONI (escritor italiano, 1785-1873), *Adelchi*, V, 8, 342-3.

4007. A vida não se destina a ser um peso para muitos e uma festa para alguns, mas um emprego para todos, do qual cada um prestará contas.

La vita non è già destinata ad essere un peso per molti, e una festa per alcuni, ma per tutti un impiego, del quale ognuno renderà conto.
A. MANZONI (escritor italiano, 1785-1873), *I promessi sposi*, XXII.

4008. A política é a arte do possível. Toda a vida é política.

La politica è l'arte del possibile. Tutta la vita è politica.
C. PAVESE (escritor italiano, 1908-1950), *Il mestiere di vivere*, 15/5/1939.

4009. Nada repousa da vida como / a vida.

Nulla riposa della vita come / la vita.
U. SABA (poeta italiano, 1883-1957), *Parole*, Milano.

4010. A moeda encaixada na lava / também brilha sobre a mesa e segura / poucas folhas. A vida que parecia / vasta é mais breve do que teu lenço.
> *La moneta incassata nella lava / brilla anch'essa sul tavolo e trattiene / pochi fogli. La vita che sembrava / vasta è più breve del tuo fazzoletto.*
> E. MONTALE (poeta italiano, 1896-1981), *Le occasioni*, Mottetti.

4011. Viver é uma doença da qual o sono nos alivia a cada dezesseis horas. É um paliativo. O remédio é a morte.
> *Vivre est une maladie dont le sommeil nous soulage toutes les seize heures. C'est un palliatif. La mort est le remède.*
> N. DE CHAMFORT (escritor francês, c. 1740-1794), *Máximas e pensamentos*, 2.

4012. A vida é pobre demais para não ser também imortal.
> *La vida es demasiado pobre para no ser también inmortal.*
> J. L. BORGES (escritor argentino, 1899-1986).

4013. Amanhã, e amanhã, e amanhã, / Rasteja com esse passo lento de um dia para o outro / Até a última sílaba do tempo prescrito.
> *To-morrow, and to-morrow, and to-morrow, / Creeps in this petty pace from day to day, / To the last syllable of recorded time.*
> W. SHAKESPEARE (dramaturgo inglês, 1564-1616), *Macbeth*, V, 5, 19-21.

4014. O verdadeiro desperdício nunca foi das coisas. É da vida.
> *Il vero spreco, da sempre, non è delle cose. È della vita.*
> V. BUTTAFAVA (escritor italiano, 1918-1983), *La fortuna di vivere*.

4015. A vida que desaparece de uma vez por todas, que não volta, é como uma sombra, é desprovida de peso, é morta já anteriormente, e, mesmo tendo sido terrível, bela ou esplêndida, aquele terror, aquele esplendor, aquela beleza não significam nada.
> *La vita che scompare una volta per sempre, che non ritorna, è simile a un'ombra, è priva di peso, è morta già in precedenza, e, sia stata essa terribile, bella o splendida, quel terrore, quello splendore, quella bellezza non significano nulla.*
> M. KUNDERA (escritor tcheco, nascido em 1929), *A insustentável leveza do ser*, I.

4016. Não se deixem enganar / pela idéia de que a vida é pouca coisa! / Bebam-na com grandes goles! / Ela não lhes satisfará / Quando tiverem de deixá-la!

> *Laßt euch nicht betrügen / Daßt Leben wenig ist! / Schlürft es in vollen Zügen! / Es kann euch nicht genügen / Wenn ihr es lassen müßt!*
>
> B. BRECHT (escritor alemão, 1898-1956), *Contra a sedução*.

4017. Medi minha vida com colherinhas de café.

> *I have measured out my life with coffee-spoons.*
>
> TH. S. ELIOT (poeta e dramaturgo anglo-americano, 1888-1965), *Love Song of J. Alfred Prufrock*.

4018. Os homens dizem que a vida é breve, e eu vejo que fazem de tudo para deixá-la como tal.

> *Les hommes disent que la vie est courte, et je vois qu'ils s'efforcent de la rendre telle.*
>
> J.-J. ROUSSEAU (filósofo e escritor francês, 1712-1778), *Emílio ou Da educação*.

4019. A vida é breve, mas os seus infortúnios fazem-na parecer longa.

> *Brevis ipsa vita est, sed malis fit longior.*
>
> PÚBLIO SIRO (poeta latino, séc. I a.C.), *Sentenças*, 128.

4020. Chega a ser deplorável que o homem, cuja vida é tão breve, tenha de despender mais tempo para desfazer-se dos erros que cometeu do que para ir em busca da verdade.

> *Egli è pur deplorabile che l'uomo, che ha sì breve vita, debba impiegarne, nel disfarsi degli errori che ha concepiti, una parte maggiore di quella che gli rimane per andare in traccia del vero.*
>
> G. LEOPARDI (poeta italiano, 1798-1837), *Saggio sopra gli errori popolari degli antichi*.

4021. A breve duração da vida não nos permite alimentar longas esperanças.

> *Vitae summa brevis spem nos vetat incohare longam.*
>
> HORÁCIO (poeta latino, 65-8 a.C.), *Odes*, I, 4, 15.

4022. Para os que têm uma missão a cumprir, a existência corpórea dura o tempo necessário.

BRAHMA-SŪTRA (sentenças bramânicas), III, 3, 32.

4023. Os estultos desejam ser longevos e não aproveitam a longevidade.
'Ανοήμονες δηναιότητος ὀρέγονται οὐ τερπόμενοι δηναιότητι.
DEMÓCRITO (filósofo grego, c. 460-370 a.C.), *Fragmentos*, B 201 Diels.

4024. O importante é viver bem, não viver por muito tempo; e muitas vezes vive bem quem não vive muito.
Quam bene vivas refert, non quam diu; saepe autem in hoc est bene, ne diu.
SÊNECA (filósofo latino, 4 a.C.-65 d.C.), *Cartas a Lucílio*, 101, 15.

4025. Ninguém se preocupa em ter uma vida virtuosa, mas apenas com quanto tempo poderá viver. Todos podem viver bem, ninguém tem o poder de viver muito.
Nemo quam bene vivat, sed quam diu, curat, cum omnibus possit contingere, ut bene vivant, ut diu, nulli.
SÊNECA (filósofo latino, 4 a.C.-65 d.C.), *Cartas a Lucílio*, 22, 17.

4026. É muito comum acontecer de justamente quem viveu muito ter vivido pouco.
Immo saepissime fieri, ut qui diu vixit, parum vixerit.
SÊNECA (filósofo latino, 4 a.C.-65 d.C.), *Cartas a Lucílio*, 49, 10.

4027. Enquanto vivemos, temos de aprender a arte de viver.
Tamdiu discendum est, quemadmodum vivas, quamdiu vivas.
SÊNECA (filósofo latino, 4 a.C.-65 d.C.), *Cartas a Lucílio*, 76, 3.

4028. Às vezes é preciso coragem até para viver.
Aliquando enim et vivere fortiter facere est.
SÊNECA (filósofo latino, 4 a.C.-65 d.C.), *Cartas a Lucílio*, 78, 2.

4029. Não vivas como se ainda tivesses dez mil anos de vida.
Μὴ ὡς μύρια μέλλων ἔτη ζῆν.
MARCO AURÉLIO (imperador romano, 121-180), *Recordações*, IV, 17.

4030. Vive cada dia como se tivesses vivido a vida inteira visando justamente àquele dia.

> Живи каждый день так, как бы ты жил всю жизнь именно для этого дня.

V. V. Rozanov (escritor russo, 1856-1919), *Folhas caídas*.

4031. Em qualquer gênero de criatura mortal, a maior parte da vida é um fenecimento.

> *In qualunque genere di creature mortali, la massima parte del vivere è un appassire.*

G. Leopardi (poeta italiano, 1798-1837), *Operette morali*, Cantico del gallo silvestre.

4032. Já não vivo: assisto à vida.

> *Je ne vis plus, j'assiste à la vie.*

J.-F. Ducis (tragediógrafo francês, 1733-1816), *Lettre à Bernardin de Saint-Pierre*.

4033. Quanto mais se vive, menos se sabe por que se vive.

> *Je länger man lebt, je weniger weiβ man, warum man lebt.*

Ch. F. Hebbel (poeta e dramaturgo alemão, 1813-1863), *Diários*, 1838.

4034. A vida tem um grande valor quando a desprezamos!

> *Das Leben ist viel wert, wenn man's verachtet!*

H. von Kleist (escritor alemão, 1777-1811), *O príncipe de Homburg*, IV, 5.

4035. Balanço. Como é que, isento de segredos vergonhosos, toda a minha vida me parece um segredo vergonhoso?

> *Bilancio. Com'è che, esente da segreti vergognosi, tutta la mia vita mi pare un segreto vergognoso?*

G. Bufalino (escritor italiano, nascido em 1920), *Il Malpensante*, fevereiro.

4036. Se o incomoda tanto ter de abandonar uma vida minuciosamente infeliz, isso significa que ela teve, contra qualquer aparência, um balanço ativo; e que o simples fato de respirar e olhar a luz compensou-o de qualquer tormento. Convença-se, portanto, enquanto respira e olha, de que você tem sorte e de que é perfeito: um deus único.

> *Se tanto ti turba dover abbandonare una vita minuziosamente infelice, vorrà dire che il bilancio ne è stato, contro ogni apparenza, in attivo; e che il semplice respirare e guardare la luce ti compensò d'ogni strazio. Convinciti dunque, finché respiri e guardi, che sei beato e perfetto: un irripetibile dio.*
>
> G. BUFALINO (escritor italiano, nascido em 1920), *Il Malpensante*, setembro.

4037. A vida é enfadonha como uma história contada duas vezes.

> *Life is as tedious as a twice-told tale.*
>
> W. SHAKESPEARE (dramaturgo inglês, 1564-1616), *Rei João*, III, 4, 108.

4038. A vida, por todos os absurdos impudentes, grandes e pequenos, dos quais felizmente é cheia, tem o inestimável privilégio de poder ficar sem aquela verossimilhança tão estúpida à qual a arte crê que seja seu dever obedecer.

> *La vita, per tutte le sfacciate assurdità, piccole e grandi, di cui beatamente è piena, ha l'inestimabile privilegio di poter fare a meno di quella stupidissima verosimiglianza, a cui l'arte crede suo dovere obbedire.*
>
> L. PIRANDELLO (escritor italiano, 1867-1936), *Il fu Mattia Pascal*, Avvertenza sugli scrupoli della fantasia.

4039. A vida de uma pessoa consiste num conjunto de acontecimentos, dos quais o último também poderia mudar o sentido de todo o conjunto.

> *La vita d'una persona consiste in un insieme d'avvenimenti di cui l'ultimo potrebbe anche cambiare il senso di tutto l'insieme.*
>
> I. CALVINO (escritor italiano, 1923-1985), *Palomar*, Le meditazioni di Palomar: Come imparare a essere morto.

4040. A vida humana, em sua totalidade, não passa de um jogo, o jogo da loucura.

> *Nec aliud omnino est vita humana, quam stultitiae lusus quidam.*
>
> ERASMO DE ROTTERDAM (humanista holandês, 1466-1536), *Elogio da loucura*, XXVII.

4041. A vida é uma doença; o mundo inteiro, um hospital!

> *Das Leben ist eine Krankheit, die ganze Welt ein Lazarett!*
>
> H. HEINE (poeta alemão, 1797-1856), *Reisebilder*, A cidade de Luca, 6.

735

4042. À diferença das outras doenças, a vida é sempre mortal. Não suporta curas.

A differenza delle altre malattie la vita è sempre mortale. Non sopporta cure.

I. SVEVO (escritor italiano, 1861-1928), *A consciência de Zeno*, 8.

4043. – O Matamore está doente? – Não está doente (...). Curou-se para sempre de uma doença para a qual nenhum médico, seja Hipócrates, Galeno ou Avicena, jamais encontrou remédio, quero dizer, a vida, de que sempre se acaba morrendo.

– Est-ce que Matamore est malade? – Il n'est pas malade [...] Il est guéri à tout jamais d'une maladie pour laquelle aucun médecin, fût-ce Hippocrate, Galien ou Avicenne, n'ont jamais trouvé de remède, je veux dire la vie, dont on finit toujours par mourir.

TH. GAUTIER (escritor francês, 1811-1872), *Le capitaine Fracasse*.

4044. Ó míseras mentes, ó espírito cego dos homens! / Em qual obscuridade, em meio a quantos perigos / transcorre aquele pouco de vida que nos é dado.

O miseras hominum mentis, o pectora caeca! / Qualibus in tenebris vitae quantisque periclis / degitur hoc aevi quodcumquest!

LUCRÉCIO (poeta latino, c. 98-55 a.C.), *Da natureza*, II, 14-6.

4045. Assim o universo inteiro se renova / sempre, e os seres vivos trocam a vida entre si.

Sic rerum summa novatur / semper, et inter se mortales mutua vivunt.

LUCRÉCIO (poeta latino, c. 98-55 a.C.), *Da natureza*, II, 75-6.

4046. A ninguém foi dada a posse da vida, a todos foi dado o usufruto.

Vitaque mancipio nulli datur, omnibus usu.

LUCRÉCIO (poeta latino, c. 98-55 a.C.), *Da natureza*, III, 971.

4047. Pois toda a vida é sonho, / e os sonhos, sonhos são.

Que toda la vida es sueño, / y los sueños, sueños son.

P. CALDERÓN DE LA BARCA (dramaturgo espanhol, 1600-1681), *A vida é um sonho*, II, XIX, 2186-7.

4048. A vida não é sonho. Acorda! Acorda! Acorda!
> *No es sueño la vida. ¡Alerta! ¡Alerta! ¡Alerta!*
>
> F. García Lorca (poeta e dramaturgo espanhol, 1898-1936), *Poeta em Nova York*, Cidade insone.

4049. Condessa, o que é a vida? / É a sombra de um sonho fugaz. / A fábula breve terminou, / O verdadeiro imortal é o amor.
> *Contessa, che è mai la vita? / È l'ombra d'un sogno fuggente. / La favola breve è finita, / Il vero immortale è l'amor.*
>
> G. Carducci (poeta italiano, 1835-1907), *Rime e ritmi*, Jaufré Rudel.

4050. Abandonar a vida por um sonho é estimá-la exatamente por quanto ela vale.
> *C'est priser sa vie justement ce qu'elle est, de l'abandonner pour un songer.*
>
> M. de Montaigne (escritor francês, 1533-1592), *Os ensaios*, III, 4.

4051. A vida do homem é um fio de seda suspenso num jogo de navalhas.
> *La vita dell'uomo è un filo di seta sospeso in un gioco di rasoi.*
>
> E. Cecchi (escritor italiano, 1884-1966), *Pesci rossi*, La casa in campagna.

4052. Certamente a vida não existe para ser aproveitada, mas para ser suportada e despachada... De fato, é um conforto na velhice ter o trabalho da vida por trás de si.
> *Allerdings ist das Leben nicht eigentlich da, um genossen, sondern um überstanden, abgetan zu werden... Ja, es ist ein Trost im Alter, daß man die Arbeit des Lebens hinter sich hat.*
>
> A. Schopenhauer (filósofo alemão, 1788-1860), *Aforismos sobre a sabedoria de vida*, V, A, Conselhos e máximas gerais.

4053. Mas não me lamentarei. Recebi a vida como uma ferida e proibi o suicídio de curar a cicatriz. Quero que o Criador contemple, a cada hora da sua eternidade, a fenda escancarada.
> *Mais, je ne me plaindrai pas. J'ai reçu la vie comme une blessure, et j'ai défendu au suicide de guérir la cicatrice. Je veux que le*

Créateur en contemple, à chaque heure de son éternité, la crevasse béante.
LAUTRÉAMONT (escritor francês, 1846-1870), *Os cantos de Maldoror*, III.

A vida e a morte

4054. A vida foge e não se detém nenhum momento, / e a morte vem atrás a grandes passos, / e as coisas presentes e as passadas / me dão guerra, e as futuras também.
La vita fugge e non s'arresta un'ora, / e la morte vien dietro a gran giornate, / e le cose presenti e le passate / mi danno guerra, e le future ancora.
F. PETRARCA (poeta italiano, 1304-1374), *Canzoniere*, soneto 272.

4055. Uma vez que a vida é um tormento, a morte acaba sendo para o homem o refúgio mais desejável.
Οὕτως ὁ μὲν θάνατος μοχθηρῆς ἐούσης τῆς ζόης καταφυγὴ αἱρετωτάτη τῷ ἀνθρώπῳ γέγονε.
HERÓDOTO (historiador grego, c. 484-430 a.C.), *Histórias*, VII, 46.

4056. Se a vida não deve ser levada muito seriamente, a morte também não.
If life must not be taken too seriously – then so neither must be death.
S. BUTLER (escritor inglês, 1835-1902), *Notebooks*, Death.

4057. Não existe cura para o nascimento nem para a morte, a não ser aproveitar o intervalo entre eles.
There is no cure for birth and death save to enjoy the interval.
G. SANTAYANA (filósofo norte-americano de origem espanhola, 1863-1952), *Soliloquies in England*, War Shrines.

4058. Nascimento, e cópula, e morte.
Birth, and copulation, and death.
TH. S. ELIOT (poeta e dramaturgo anglo-americano, 1888-1965), *Sweeney Agonistes*, Fragment of an Agon.

4059. Para o homem, existem apenas três acontecimentos: nascer, viver e morrer. Ele não sente quando nasce, sofre para morrer e esquece de viver.

> *Il n'y a pour l'homme que trois événements: naître, vivre et mourir. Il ne se sent pas naître, il souffre à mourir, et il oublie de vivre.*
>
> J. DE LA BRUYÈRE (escritor francês, 1645-1696), *Les Caractères*, De l'homme.

4060. A vida é trapaceira / e mata os dias com prazer; / a morte galopa / e a sua estrada ressoa.

> *La vita xe birbona / e vulintieri i zurni la copa, / la morte la galopa / e la so stra la sona.*
>
> B. MARIN (poeta italiano, 1891-1985), *Nel silenzio più teso*, Co bela che tu geri.

4061. A vida: uma fenda de luz que a morte, como um zíper, torna a fechar fulminantemente.

> *La vita: uno squarcio di luce che la morte, come una chiusura lampo, fulmineamente richiude.*
>
> G. BUFALINO (escritor italiano, nascido em 1920), *Pensieri a perdere*.

4062. Na vida, sem dúvida, existe mais dor do que prazer; a morte não é bem-vinda a quem se prende às coisas sensíveis apenas por causa da própria estupidez.

> *siukhād bahutaraṃ duḥkhaṃ jīvite nāsti saṃśayaḥ / snigdhasya cendriyārtheṣu mohān maraṇam apriyam //*
>
> MAHĀBHĀRATA (poema épico indiano, séc. II-III d.C.), B 7087.

4063. Vê como é precária e mísera a condição do homem: ontem, embrião, amanhã, múmia ou cinzas. E, portanto, vive segundo a natureza essa migalha de tempo que te é concedida e separa-te da vida serenamente, como a azeitona madura que cai abençoando a terra que a elevou sobre si, e agradecendo à árvore que a fez amadurecer.

> Κατιδεῖν ἀεὶ τὰ ἀνθρώπινα ὡς ἐφήμερα καὶ εὐτελῆ, καὶ ἐχθὲς μὲν μυξάριον, αὔριον δὲ τάριχος ἢ τέφρα. τὸ ἀκαριαῖον οὖν τούτου τοῦ χρόνου κατὰ φύσιν διελθεῖν καὶ ἵλεως καταλῦσαι, ὡς ἂν εἰ ἐλαία πέπειρος γενομένη ἔπιπτεν εὐφημοῦσα τὴν ἐνεγκοῦσαν καὶ χάριν εἰδυῖα τῷ φύσαντι δένδρῳ.
>
> MARCO AURÉLIO (imperador romano, 121-180), *Recordações*, IV, 48.

4064. E assim, raramente se encontra alguém que diga ter vivido / como homem feliz e, tendo completado o tempo que lhe foi concedido, / deixe a vida satisfeito, como um conviva saciado.
Inde fit ut raro qui se vixisse beatum / dicat, et exacto contentus tempore vita / cedat uti conviva satur, reperire queamus.
Horácio (poeta latino, 65-8 a.C.), *Sátiras*, I, 1, 117-9.

4065. Assim como o fruto da árvore, a vida também se torna muito doce pouco antes de iniciar a fenecer.
Как плод дерева, так и жизнь бывает всего сладостнее перед началом увядания.
N. M. Karamzin (escritor russo, 1766-1826).

4066. Pois o homem vivo, bem como o homem morto / tem uma cabeça de morto na cabeça.
Che ll'omo vivo come ll'omo morto / ha una testa di morto in de la testa.
G. G. Belli (poeta dialetal italiano, 1791-1863), *Sonetti*, Er cimitero de la morte, 7-8.

4067. A vida não me cai bem; talvez a morte seja melhor para mim.
La vie me sied mal; la mort m'ira peut-être mieux.
F.-R. de Chateaubriand (escritor francês, 1768-1848), *Mémoires d'Outre-tombe*, Préface testamentaire de 1833.

4068. Num certo momento da vida, não é a esperança a última a morrer, mas a morte é a última esperança.
Ad un certo punto della vita non è la speranza l'ultima a morire, ma il morire è l'ultima speranza.
L. Sciascia (escritor italiano, 1921-1989), *Una storia semplice*.

4069. Do viver que é uma corrida para a morte.
Del viver ch'è un correre a la morte.
D. Alighieri (poeta italiano, 1265-1321), *Purgatório*, XXXIII, 54.

4070. Quando eu pensar que aprendi a viver, terei aprendido a morrer.
Quando io crederò imparare a vivere, e io imparerò a morire.
Leonardo da Vinci (artista e cientista italiano, 1452-1519), *Pensieri*, 90.

4071. Assim como um dia bem aproveitado proporciona um bom sono, uma vida bem vivida proporciona uma boa morte.

> Siccome una giornata bene spesa dà lieto dormire, così una vita bene usata dà lieto morire.

LEONARDO DA VINCI (artista e cientista italiano, 1452-1519), *Pensieri*, 100.

4072. Morremos a cada hora; e na mais doce sorte / Cada instante da vida é um passo para a morte.

> Nous mourons à toute heure; et dans le plus doux sort / Chaque instant de la vie est un pas vers la mort.

P. CORNEILLE (dramaturgo francês, 1606-1684), *Tite et Bérénice*, V, 1.

4073. Viver além dos próprios meios é o que muitos fazem. Morrer, ninguém.

> Vivere al di sopra dei propri mezzi, lo fanno in tanti. Morire, nessuno.

G. BUFALINO (escritor italiano, nascido em 1920), *Il Malpensante*, setembro.

O nascimento

4074. Nascer é humano, perseverar é diabólico.

> Nascere è umano, perseverare è diabolico.

G. BUFALINO (escritor italiano, nascido em 1920), *Il Malpensante*, janeiro.

4075. Nas certidões de nascimento escreve-se onde e quando um homem vem ao mundo, mas não se especifica o motivo e o objetivo.

> В метрических свидетельствах пишут, где человек родился и когда, но не пишут, зачем и для чего.

A. P. TCHEKHOV (escritor russo, 1860-1904).

4076. Todo homem não era uma idéia e um passo em falso? Não caiu numa prisão penosa assim que nasceu? Prisão! Prisão! Barreiras e grilhões por toda parte!

> War nicht jeder Mensch ein Begriff und Fehltritt? Geriet er nicht in eine peinliche Haft, sowie er geboren ward? Gefängnis! Gefängnis! Schranken und Bande überall!

TH. MANN (escritor alemão, 1875-1955), *Os Buddenbrooks.*

4077. O homem nasce com sofrimento, / e o nascimento é risco de vida. / Sofre pena e tormento / antes de tudo; e mal começa a viver, / a mãe e o pai / passam a consolá-lo por ter nascido.

Nasce l'uomo a fatica, / ed è rischio di morte il nascimento. / Prova pena e tormento / per prima cosa; e in sul principio stesso / la madre e il genitore / il prende a consolar dell'esser nato.

G. LEOPARDI (poeta italiano, 1798-1837), *Canti,* Canto notturno di un pastore errante dell'Asia.

4078. Mas por que dar ao sol, / por que sustentar em vida / quem mais tarde dela tem de ser consolado? / Se a vida é desventura, / por que temos de continuar vivendo?

Ma perché dare al sole, / perché reggere in vita / chi poi di quella consolar convenga? / Se la vita è sventura, / perché da noi si dura?

G. LEOPARDI (poeta italiano, 1798-1837), *Canti,* Canto notturno di un pastore errante dell'Asia.

4079. Talvez o nascimento seja sempre um evento funesto, / tanto para quem nasce num covil, quanto para quem nasce num berço, / qualquer que seja a forma e o modo de sua existência.

Forse in qual forma, in quale / stato che sia, dentro covile o cuna, / è funesto a chi nasce il dì natale.

G. LEOPARDI (poeta italiano, 1798-1837), *Canti,* Canto notturno di un pastore errante dell'Asia.

4080. As pessoas nascem sempre sob o signo errado, e estar no mundo de forma digna significa corrigir dia a dia o próprio horóscopo.

Si nasce sempre sotto il segno sbagliato e stare al mondo in modo dignitoso vuol dire correggere giorno per giorno il poprio oroscopo.

U. Eco (escritor italiano, nascido em 1932), *O pêndulo de Foucault,* 7.

4081. Convém, a quem nasce, muita cautela na escolha do local, do ano e dos pais.

Conviene, a chi nasce, molta oculatezza nella scelta del luogo, dell'anno, dei genitori.

G. BUFALINO (escritor italiano, nascido em 1920), *Pensieri a perdere*.

4082. Vi a luz deste mundo sob a forma de duas lâmpadas de sessenta watts. Por isso, até hoje as palavras da Bíblia "Seja feita a luz e a luz se fez" soam-me como o melhor *slogan* da empresa Osram.

Ich erblickte das Licht dieser Welt in Gestalt zweier Sechzigwatt-Glühbirnen. Noch heute kommt mir deshalb der Bibeltext "Es werde Licht und es ward Licht" wie der gelungenste Werbeslogan der Firma Osram vor.

G. GRASS (escritor alemão, nascido em 1927), *O tambor de lata*.

O suicídio

4083. Nós homens vivemos como numa espécie de prisão, e não podemos nos libertar de nós mesmos, muito menos fugir.

Ἔν τινι φρουρᾷ ἐσμεν οἱ ἄνθρωποι καὶ οὐ δεῖ δὴ ἑαυτὸν ἐκ ταύτης λύειν οὐδ' ἀποδιδράσκειν.

SÓCRATES (filósofo grego, 469-399 a.C.), citado em PLATÃO, *Fédon*, 62 b.

4084. Minha alma, movida por desdenhoso gosto, / acreditando poder fugir com a morte ao injusto desprezo alheio, / induziu-me a pecar cometendo ofensa contra mim mesmo, que até aquele momento era inocente.

L'animo mio, per disdegnoso gusto, / credendo col morir fuggir disdegno, / ingiusto fece me contra me giusto.

D. ALIGHIERI (poeta italiano, 1265-1321), *Inferno*, XIII, 70-2.

4085. E, na verdade, aquele que se suicida não cuida dos outros nem se preocupa com eles; busca apenas a própria vantagem; vira as costas, por assim dizer, aos seus familiares e a todo o gênero humano.

E in vero, colui che si uccide da se stesso, non ha cura né pensiero alcuno degli altri; non cerca se non la utilità propria; si gitta, per così dire, dietro alle spalle i suoi prossimi e tutto il genere umano.

G. LEOPARDI (poeta italiano, 1798-1837), *Operette morali*, Dialogo di Plotino e di Porfirio.

4086. A única verdadeira infidelidade para um homem vivo é votar a favor da própria morte.

The only true infidelity is for a live man to vote himself dead.

H. MELVILLE (escritor norte-americano, 1819-1891), *Mardi and a Voyage Thither*, 13.

4087. A única coisa que poderia me impedir de matar alguém, antes de qualquer freio moral, seria a incapacidade. Quanto a mim, caso eu quisesse me matar, bastar-me-ia um escravo alforriado.

A frenarmi dall'ammazzare qualcuno sarebbe, prima d'ogni remora morale, l'inettitudine. Quanto a me, volessi anche ammazzarmi, mi servirebbe un liberto.

G. BUFALINO (escritor italiano, nascido em 1920), *Il Malpensante*, dezembro.

4088. Existem muitas pessoas que não ousam cometer suicídio por medo do que diriam os vizinhos.

There are many who do not dare kill themselves for fear of what the neighbors will say.

C. CONNOLLY (jornalista inglês, 1903-1974), *The Unquiet Grave*.

4089. O gosto do suicídio é um dom, um sexto sentido, não sei o quê, nascemos com ele.

Le goût du suicide est un don, un sixième sens, je ne sais quoi, on naît avec.

G. BERNANOS (escritor francês, 1888-1948), *Journal d'un curé de campagne*.

4090. A obsessão pelo suicídio é própria de quem não pode nem viver, nem morrer, e cuja atenção nunca se afasta dessa dupla impossibilidade.

L'obsession du suicide est le propre de celui qui ne peut ni vivre ni mourir, et dont l'attention ne s'écarte jamais de cette double impossibilité.

E. M. CIORAN (escritor francês de origem romena, nascido em 1911), *Le mauvais Démiurge*.

4091. O suicídio demonstra que na vida existem males maiores do que a morte.

Il suicidio dimostra che ci sono nella vita mali più grandi della morte.

F. ORESTANO (filósofo italiano, 1873-1945), *Pensieri*, XXIII.

4092. Existe apenas um único problema filosófico realmente sério: o suicídio. Julgar se a vida vale ou não a pena de ser vivida significa responder à questão fundamental da filosofia.

Il n'y a qu'un problème philosophique vraiment sérieux: c'est le suicide. Juger que la vie vaut ou ne vaut pas la peine d'être vécue, c'est répondre à la question fondamentale de la philosophie.

A. CAMUS (escritor francês, 1913-1960), *O mito de Sísifo*.

4093. Nunca falta a ninguém uma boa razão para suicidar-se.

Non manca mai a nessuno una buona ragione per uccidersi.

C. PAVESE (escritor italiano, 1908-1950), *Il mestiere di vivere*, 23/3/1938.

4094. Os suicídios são homicídios tímidos. Masoquismo em vez de sadismo.

I suicidi sono omicidi timidi. Masochismo invece che sadismo.

C. PAVESE (escritor italiano, 1908-1950), *Il mestiere di vivere*, 17/8/1950.

4095. O único modo de escapar do abismo é observá-lo, e medi-lo, e sondá-lo e descer para dentro dele.

L'unico modo di sfuggire all'abisso è di guardarlo e misurarlo e sondarlo e discendervi.

C. PAVESE (escritor italiano, 1908-1950), *Il mestiere di vivere*, 24/4/1936.

4096. Até ao mais fraco resta aberta a última escolha, / Um salto dessa ponte me liberta.

Die letzte Wahl steht auch dem Schwächsten offen, / Ein Sprung von dieser Brücke macht mich frei.

F. VON SCHILLER (escritor alemão, 1759-1805), *Guilherme Tell*, I, 2.

A VONTADE

A vontade

4097. Quis, sempre quis, e quis com muita força.
Volli, e sempre volli, e fortissimamente volli.
V. ALFIERI (escritor italiano, 1749-1803), *Lettere*, a Ranieri de' Calsabigi, 6/9/1783.

4098. É a vontade que faz o homem grande ou pequeno.
Den Menschen macht sein Willen groß und klein.
F. VON SCHILLER (escritor alemão, 1759-1805), *A morte de Wallenstein*, IV, 8.

4099. Gostaria de querer, Senhor, aquilo que não quero.
Vorrei voler, Signor, quel ch'io non voglio.
M. BUONARROTI (artista e poeta italiano, 1475-1564), *Rime*, sonetto: Vorrei voler, Signor, quel ch'io non voglio.

4100. Mais forte do que a minha vontade é a paixão, / causa de males enormes para os homens.
Θυμὸς δὲ κρείσσων τῶν ἐμῶν βουλευμάτων, / ὅσπερ μεγίστων αἴτιος κακῶν βροτοῖς.
EURÍPIDES (trágico grego, 485-406 a.C.), *Medéia*, 1079-80.

4101. Procuro o remédio e não quero me curar; / Desagrada-me viver, e não saberia morrer.
Je cherche le remède, et ne veux pas guérir; / Je me déplais de vivre, et ne saurais mourir.
H. DE RACAN (poeta francês, 1589-1670), *Les Bergeries*, IV, 2.

4102. Muitos homens, como as crianças, querem uma coisa, mas não suas conseqüências.

Muchos hombres, como los niños, quieren una cosa, pero no sus consecuencias.

J. Ortega y Gasset (filósofo espanhol, 1883-1955).

4103. Além da própria força, / Mesmo que a vontade seja abundante, ninguém é forte.

Πὰρ δύναμιν δ' οὐκ ἔστι καὶ ἐσσύμενον πολεμίζειν.

Homero (poeta grego, séc. VIII-VII a.C.), *Ilíada*, XIII, 787.

4104. Uma vontade, mesmo se é boa, deve ceder a uma melhor.

Contra miglior voler voler mal pugna.

D. Alighieri (poeta italiano, 1265-1321), *Purgatório*, XX, 1.

4105. Nem todos podem tudo.

Non omnia possumus omnes.

Virgílio (poeta latino, 70-19 a.C.), *Bucólicas*, VIII, 63.

4106. A vontade, se não quer, não cede, / é como a chama ardente, / que se eleva com mais força quanto mais se tenta abafá-la.

Volontà, se non vuol, non s'ammorza, / ma fa come natura face in foco, / se mille volte vïolenza il torza.

D. Alighieri (poeta italiano, 1265-1321), *Paraíso*, IV, 76-8.

APÊNDICES

TRECHOS LITERÁRIOS DE AUTORES ITALIANOS

4107. Altíssimo, onipotente, bom Senhor, / tuas são as laudas, a glória e a honra e toda bênção. / Destinam-se apenas a ti, Altíssimo, / e nenhum homem é digno de pronunciar o Teu nome.

Altissimu, onnipotente, bon Signore, / tue so' le laude, la gloria e l'honore et onne benedictione. / Ad te solo, Altissimo, se konfano, / et nullo homo ène dignu te mentovare.

São Francisco de Assis (frade italiano, 1182-1226), *Cantico delle creature*, 1-4.

4108. Senhora do céu, / teu filho está preso, / Jesus Cristo santíssimo. / Acode, senhora, e vê / que as pessoas o ferem: / creio que o matam, / de tanto que o flagelaram.

Donna de Paradiso, / lo tuo figliolo è preso, / Iesù Cristo beato. / Accure, donna, e vide / che la gente l'allide: / credo che lo s'occide, / tanto l'ho flagellato.

Iacopone da Todi (poeta italiano, c. 1230-1306), *Laudi*, Donna de Paradiso, 1-7.

4109. Admiravelmente / um amor me aperta / e me segura a cada hora.

Meravigliosamente / un amor mi distringe / e mi tiene ad ogn'ora.

Iacopo da Lentini (poeta italiano, primeira metade do séc. XIII), *Canzoni*, Meravigliosamente, 1-3.

4110. Não encontro conforto / nem quero me alegrar. / Os navios chegaram ao porto / e agora querem içar velas. / Vai-se embora o cavaleiro mais nobre / para terras do além-mar / e eu, triste e aflita, / o que devo fazer?

Già mai non mi conforto / né mi voglio ralegrare. / Le navi son giunte a porto / e or vogliono collare. / Vassene lo più gente / in terra d'oltremare / ed io, lassa dolente, / come degio fare?

RINALDO D'AQUINO (poeta italiano, séc. XIII), *Canzoni*, Già mai non mi conforto, ou La partenza del crociato, 1-8.

4111. Rosa fresca e tão perfumada, que surge no verão, / desejada pelas mulheres jovens e casadas: / tira-me destes fogos, se quiseres.

Rosa fresca aulentissima, ch'apari inver'la state, / le donne ti disiano, pulzell'e maritate: / tràgemi d'este focora, se t'este a bolontate.

CIELO D'ALCAMO (poeta italiano, séc. XIII), *Rosa fresca...*, 1-3.

4112. Quero exaltar minha amada pelo que ela realmente é / e compará-la à rosa e ao lírio: / revela-se mais luminosa do que a estrela da manhã, / e eu a vejo como aquilo que há de mais belo no céu.

Io voglio del ver la mia donna laudare / ed asembrarli la rosa e lo giglio: / più che stella dïana splende e pare, / e ciò ch'è lassù bello a lei somiglio.

G. GUINIZELLI (poeta italiano, c. 1235-1276), *Io voglio del ver la mia donna laudare*, 1-4.

4113. Vós, que servindo-vos dos olhares, trespassais meu coração / e despertais minha mente adormecida.

Voi che per li occhi mi passaste 'l core / e destaste la mente che dormia.

G. CAVALCANTI (poeta italiano, c. 1250-1300), *Rime*, Voi che per li occhi mi passaste 'l core, 1-2.

4114. Como sei que jamais poderei voltar, / vai tu, doce balada, à Toscana, / veloz e pacata, / diretamente à minha amada, / que pela sua natural gentileza, / receber-te-á com muita honra.

Perc' i' no spero di tornar giammai, / ballatetta, in Toscana, / va' tu, leggera e piana, / dritt'a la donna mia, / che per sua cortesia / ti farà molto onore.

G. CAVALCANTI (poeta italiano, c. 1250-1300), *Rime*, La ballata dell'esilio.

4115. Se eu fosse fogo, arderia o mundo; / se eu fosse vento, devastá-lo-ia com tempestades; / se eu fosse água, afogá-lo-ia; / se eu fosse Deus, faria com que desmoronasse no abismo.

S'i' fosse fuoco, arderei 'l mondo; / s'i' fosse vento, lo tempestarei; / s'i' fosse acqua, i' l'annegherei; / s'i' fosse Dio, manderei l' en profondo.

C. ANGIOLIERI (poeta italiano, c. 1260-1310), *Rime*, S'i' fosse fuoco, arderei 'l mondo, 1-4.

4116. Três coisas apenas me agradam na vida, / mas não posso tê-las como gostaria: / mulher, taberna e jogo, / que fazem tão bem ao meu coração.

Tre cose solamente m'enno in grado, / le quali posso non ben ben fornire, / cioè la donna, la taverna e 'l dado: / queste mi fanno 'l cuor lieto sentire.

C. ANGIOLIERI (poeta italiano, c. 1260-1310), *Rime*, Tre cose solamente m'enno in grado, 1-4.

4117. Guido, eu gostaria que tu, Lapo e eu / fôssemos tomados pelo encantamento / e colocados num barquinho que navegasse livremente para qualquer direção, / segundo a vossa vontade e a minha.

Guido, i' vorrei che tu e Lapo ed io / fossimo presi per incantamento, / e messi in un vasel ch'ad ogni vento / per mare andasse al voler vostro e mio.

D. ALIGHIERI (poeta italiano, 1265-1321), *Rime*, Guido, i' vorrei che tu e Lapo ed io, 1-4.

4118. Tão nobre e honesta é / minha amada ao cumprimentar alguém, / que toda língua treme a ponto de emudecer, / e os olhos não ousam mirá-la.

Tanto gentile e tanto onesta pare / la donna mia quand'ella altrui saluta, / ch'ogne lingua deven tremando muta, / e li occhi no l'ardiscon di guardare.

D. ALIGHIERI (poeta italiano, 1265-1321), *Vita Nuova*, XXVI.

4119. Ó sombra vã, exceto na aparência! / três vezes estendi as mãos para abraçá-la, / e três vezes as cruzei vazias sobre o peito.

Ohi ombre vane, fuor che ne l'aspetto! / tre volte dietro a lei le mani avvinsi, / e tante mi tornai con esse al petto.

D. ALIGHIERI (poeta italiano, 1265-1321), *Purgatório*, II, 79-81.

4120. Não nos ocupemos com eles, olha-os e passa.

> *Non ragioniam di lor, ma guarda e passa.*
> D. ALIGHIERI (poeta italiano, 1265-1321), *Inferno*, III, 51.

4121. Com isso acalmaram as faces barbudas / do barqueiro do lívido rio, / que tinha os olhos rodeados por chamas.

> *Quinci fur chete le lanose gote / al nocchier della livida palude, / che intorno agli occhi avea di fiamme rote.*
> D. ALIGHIERI (poeta italiano, 1265-1321), *Inferno*, III, 97-9.

4122. Como no outono caem as folhas / uma depois da outra, até que o ramo / vê na terra toda a sua veste.

> *Come d'autunno si levan le foglie / l'una appresso dell'altra, infin che il ramo / rende a la terra tutte le sue spoglie.*
> D. ALIGHIERI (poeta italiano, 1265-1321), *Inferno*, III, 112-4.

4123. Honra maior ainda me fizeram, / ao permitir que eu fizesse parte do seu grupo, / ficando o sexto entre insignes.

> *E più d'onore ancora assai mi fenno, / ch'ei sì mi fecer della loro schiera, / sì ch'io fui sesto tra cotanto senno.*
> D. ALIGHIERI (poeta italiano, 1265-1321), *Inferno*, IV, 100-2.

4124. Depois, quando levantei um pouco mais o olhar, / vi o mestre daqueles que sabem / sentar-se entre a filosófica família.

> *Poi ch'innalzai un poco più le ciglia, / vidi il maestro di color che sanno / seder tra filosofica famiglia.*
> D. ALIGHIERI (poeta italiano, 1265-1321), *Inferno*, IV, 130-2.

4125. Vê como entras e em quem confias: / não te iludas com a amplidão da entrada!

> *Guarda com'entri, e di cui tu ti fide: / non t'inganni l'ampiezza dell'entrare!*
> D. ALIGHIERI (poeta italiano, 1265-1321), *Inferno*, V, 19-20.

4126. Não impeças sua viagem ordenada pelo destino: / assim foi desejada pelo céu, onde se pode / o que se quer, e não faças mais perguntas.

Non impedir lo suo fatale andare: / vuolsi così colà dove si puote / ciò che si vuole, e più non dimandare.

D. ALIGHIERI (poeta italiano, 1265-1321), *Inferno*, V, 22-4.

4127. A boca me beijou todo trêmulo: / Galeotto foi o livro e quem o escreveu.

La bocca mi baciò tutto tremante: / Galeotto fu il libro e chi lo scrisse.

D. ALIGHIERI (poeta italiano, 1265-1321), *Inferno*, V, 136-7.

4128. E caí como cai um corpo morto.

E caddi come corpo morto cade.

D. ALIGHIERI (poeta italiano, 1265-1321), *Inferno*, V, 142.

4129. Dois são justos, mas não são ouvidos: / soberba, inveja e avareza são / as três faíscas que incendeiam os corações.

Giusti son due, e non vi sono intesi: / superbia, invidia ed avarizia sono / le tre faville ch'hanno i cuori accesi.

D. ALIGHIERI (poeta italiano, 1265-1321), *Inferno*, VI, 73-5.

4130. Ó Satanás, ó Satanás, ai de mim!

Papè Satan, Papè Satan, aleppe!

D. ALIGHIERI (poeta italiano, 1265-1321), *Inferno*, VII, 1.

4131. Oh, vós que tendes a mente sã, / notai o ensinamento que se oculta / sob o véu de versos alegóricos.

O voi ch'avete gl'intelletti sani, / mirate la dottrina che s'asconde / sotto il velame de li versi strani.

D. ALIGHIERI (poeta italiano, 1265-1321), *Inferno*, IX, 61-3.

4132. Eu já tinha os meus olhos nos seus; / e ele se erguia com o peito e com a fronte, / como se tivesse o Inferno em grande desprezo.

I' aveva già 'l mio viso nel suo fitto; / ed ei s'ergea col petto e con la fronte, / come avesse l'Inferno in gran dispitto.

D. ALIGHIERI (poeta italiano, 1265-1321), *Inferno*, X, 34-6.

4133. Mas fui o único a assumir abertamente / a defesa de Florença / quando quiseram decretar seu fim.

> *Ma fu'io solo, là dove sofferto / fu per ciascun di torre via Fiorenza, / colui che la difesi a viso aperto.*
> D. ALIGHIERI (poeta italiano, 1265-1321), *Inferno*, X, 91-3.

4134. Acredito que ele tenha acreditado que eu acreditasse...
> *Io credo ch'ei credette ch'io credesse...*
> D. ALIGHIERI (poeta italiano, 1265-1321), *Inferno*, XIII, 25.

4135. Sou aquele que possui as duas chaves / do coração de Frederico, e que as girou, / fechando e abrindo tão docemente // a ponto de afastar qualquer outro súdito do seu segredo.
> *Io son colui che tenni ambo le chiavi / del cor di Federigo, e che le volsi, / serrando e disserrando, sì soavi, // che dal segreto suo quasi ogn'uom tolsi.*
> D. ALIGHIERI (poeta italiano, 1265-1321), *Inferno*, XIII, 58-61.

4136. A gente nova e as riquezas acumuladas rapidamente / geraram orgulho e desmesura / em ti, Florença, que já começas a sentir os resultados da dor.
> *La gente nova e i subiti guadagni / orgoglio e dismisura han generata, / Fiorenza, in te, sì che tu già ten piagni.*
> D. ALIGHIERI (poeta italiano, 1265-1321), *Inferno*, XVI, 73-5.

4137. Ah, Constantino, de quanto mal foi origem / não a tua conversão ao cristianismo, mas aquele dote / que de ti recebeu o primeiro papa rico!
> *Ahi, Costantin, di quanto mal fu matre, / non la tua conversion, ma quella dote / che da te prese il primo ricco patre!*
> D. ALIGHIERI (poeta italiano, 1265-1321), *Inferno*, XIX, 115-7.

4138. ... na igreja / com os santos e na taberna com os patifes.
> *... nella chiesa / co' santi e in taverna co' ghiottoni.*
> D. ALIGHIERI (poeta italiano, 1265-1321), *Inferno*, XXII, 14-5.

4139. Ao final das suas palavras, o ladrão / levantou as mãos fazendo o sinal de figa / e gritando: "Toma, Deus, que é a ti que a endereço!".

> *Al fine delle sue parole il ladro / le mani alzò com amendue le fiche / gridando: "Togli, Dio, ch'a te le squadro!".*
> D. ALIGHIERI (poeta italiano, 1265-1321), *Inferno*, XXV, 1-3.

4140. Aquele pecador levantou a boca do / terrível alimento, limpando-a nos cabelos / da cabeça que estava roendo; // depois começou: "Queres que eu renove / uma dor desesperada que me oprime o coração / só de pensar, antes que eu fale. // Mas se as minhas palavras devem ser uma semente / que gere um fruto de infâmia para o traidor que estou roendo, / ver-me-ás falar e chorar ao mesmo tempo."

> *La bocca sollevò dal fiero pasto / quel peccator, forbendola ai capelli / del capo ch'elli aveva di retro guasto; // poi cominciò: "Tu vuo' ch'io rinovelli / disperato dolor che 'l cor mi preme / già pur pensando, pria ch'io ne favelli. // Ma se le mie parole esser dien seme / che frutti infamia al traditor ch'i' rodo, / parlare e lagrimar vedrai insieme".*
> D. ALIGHIERI (poeta italiano, 1265-1321), *Inferno*, XXXIII, 1-9.

4141. Ah, dura terra, por que não te abriste?

> *Ahi, dura terra, perché non t'apristi?*
> D. ALIGHIERI (poeta italiano, 1265-1321), *Inferno*, XXXIII, 66.

4142. A aurora vencia a hora matutina / que fugia adiante, de modo que de longe / reconheci o tremular das ondas do mar.

> *L'alba vinceva l'ora mattutina / che fuggia innanzi, sì che di lontano / conobbi il tremolar della marina.*
> D. ALIGHIERI (poeta italiano, 1265-1321), *Purgatório*, I, 115-7.

4143. E eu: "Se uma nova lei não te tira / a memória ou o exercício da arte musical / que costumava tranqüilizar todas as minhas tristezas, // consola um pouco com o teu canto / minha alma, tão extenuada de ter trazido o seu corpo até aqui!".

> *E io: "Se nuova legge non ti toglie / memoria o uso a l'amoroso canto / che mi solea quetar tutte mie doglie, // di ciò ti piaccia consolare alquanto / l'anima mia, che, con la sua persona / venendo qui, è affannata tanto!".*
> D. ALIGHIERI (poeta italiano, 1265-1321), *Purgatório*, II, 106-11.

4144. Voltei-me para ele e olhei-o fixamente: / era loiro, e belo, e de nobre aspecto, / mas tinha uma das sobrancelhas cortada por uma cicatriz.

> *Io mi volsi ver' lui e guardai fiso: / biondo era e bello e di gentile aspetto, / ma l'un de' cigli un colpo avea diviso.*
>
> D. ALIGHIERI (poeta italiano, 1265-1321), *Purgatório*, III, 106-8.

4145. Era já a hora que faz voltar a nostalgia / aos navegantes e enternece o coração / com a lembrança do dia em que disseram adeus aos doces amigos; // era a hora que enche de ternura o novo / peregrino, se ouve o badalar do sino distante / que parece chorar o dia em que se morre.

> *Era già l'ora che volge il disio / ai navicanti e 'ntenerisce il core / lo dì c'han detto ai dolci amici addio; // e che lo novo peregrin d'amore / punge, se ode squilla di lontano / che paia il giorno pianger che si more.*
>
> D. ALIGHIERI (poeta italiano, 1265-1321), *Purgatório*, VIII, 1-6.

4146. Não percebeis que somos vermes / nascidos para formar a borboleta angelical, / que voa à justiça sem defesa?

> *Non v'accorgete voi che noi siam vermi / nati a formar l'angelica farfalla, / che vola a la giustizia sanza schermi?*
>
> D. ALIGHIERI (poeta italiano, 1265-1321), *Purgatório*, X, 124-6.

4147. Roma, que criou uma civilização unificada, costumava / ter dois sóis [o imperador e o papa] que iluminavam duas estradas / a da terra e a do céu. // Um apagou o outro; a autoridade civil uniu-se / à religiosa, e ambas reunidas / arbitrariamente só podem ir mal.

> *Soleva Roma, che il buon mondo feo, / due soli aver, che l'una e l'altra strada / facean vedere, e del mondo e di Deo. // L'un l'altro ha spento; ed è giunta la spada / col pasturale, e l'un con l'altro insieme / per viva forza mal convien che vada.*
>
> D. ALIGHIERI (poeta italiano, 1265-1321), *Purgatório*, XVI, 106-11.

4148. A beber o doce amargor dos martírios.

> *A ber lo dolce assenzio de' martìri.*
>
> D. ALIGHIERI (poeta italiano, 1265-1321), *Purgatório*, XXIII, 86.

4149. Uma mulher que caminhava sozinha / e cantando colhia flores entre as flores / que coloriam seu caminho.

Una donna soletta che si gia / e cantando e scegliendo fior da fiore / ond'era pinta tutta la sua via.

D. ALIGHIERI (poeta italiano, 1265-1321), *Purgatório*, XXVIII, 40-2.

4150. Assim, dentro de uma nuvem de flores / que das mãos angélicas saía / e voltava a cair dentro e em torno do carro, // sob um véu branco coroada por um ramo de oliveira / surgiu-me uma dama, debaixo de um verde manto, / com uma veste cor de chama viva.

Così dentro una nuvola di fiori / che dalle mani angeliche saliva / e ricadeva in giù dentro e di fori, // sovra candido vel cinta d'uliva / donna m'apparve, sotto verde manto, / vestita di color di fiamma viva.

D. ALIGHIERI (poeta italiano, 1265-1321), *Purgatório*, XXX, 28-33.

4151. Ó vós, que estais em pequeno barco, / e seguis desejosos de me ouvir por trás do meu navio que cantando navega, // voltai para rever as vossas praias: / não vos arrisqueis em alto-mar, pois talvez, / ao me perder, ficareis perdidos.

O voi che siete in piccioletta barca, / desiderosi d'ascoltar, seguiti / dietro al mio legno che cantando varca, // tornate a riveder li vostri liti: / non vi mettete in pelago, ché forse, / perdendo me, rimarreste smarriti.

D. ALIGHIERI (poeta italiano, 1265-1321), *Paraíso*, II, 1-6.

4152. Uma velava o berço cuidadosamente, / e, para adormentar a criança, usava uma fala infantil / que dá tanto prazer aos pais.

L'una vegghiava a studio de la culla, / e, consolando, usava l'idïoma / che prima i padri e le madri trastulla.

D. ALIGHIERI (poeta italiano, 1265-1321), *Paraíso*, XV, 121-3.

4153. Consciência manchada / ou por culpa própria ou por vergonha alheia / certamente sentirá a tua palavra brusca. // Porém, não obstante, tendo afastado toda mentira, toda a tua visão se manifesta; / e deixa que se cocem os que têm sarna.

> *Coscienza fusca / o de la propria o de l'altrui vergogna / pur sentirà la tua parola brusca. // Ma nondimen, rimossa ogne menzogna, / tutta tua visïon fa manifesta; / e lascia pur grattar dov'è la rogna.*
> D. ALIGHIERI (poeta italiano, 1265-1321), *Paraíso*, XVII, 124-9.

4154. A fala é um efeito natural; / mas, de um modo ou de outro, a natureza deixa o homem / escolher aquele que mais lhe agrada.

> *Opera naturale è ch'uom favella; // ma così o così, natura lascia / poi fare a voi secondo che v'abbella.*
> D. ALIGHIERI (poeta italiano, 1265-1321), *Paraíso*, XXVI, 130-2.

4155. O que eu via parecia um sorriso / do universo; pois minha embriaguez / entrava pelos ouvidos e pelos olhos.

> *Ciò ch'io vedeva mi sembiava un riso / de l'universo; per che mia ebbrezza / intrava per l'udire e per lo viso.*
> D. ALIGHIERI (poeta italiano, 1265-1321), *Paraíso*, XXVII, 4-6.

4156. Luz intelectual, repleta de amor; / amor do verdadeiro bem, repleto de alegria; / alegria que transcende toda felicidade.

> *Luce intellettual, piena d'amore; / amor di vero ben, pien di letizia; / letizia che trascende ogne dolzore.*
> D. ALIGHIERI (poeta italiano, 1265-1321), *Paraíso*, XXX, 40-2.

4157. Era o dia em que o sol escureceu / pela piedade que provou ao ver a trágica agonia do seu criador, / quando fui tomado de amor e dele não pude defender-me, / pois vossos belos olhos, amada, encantaram-me.

> *Era il giorno ch'al sol si scoloraro / per la pietà del suo fattore i rai, / quando i' fui preso, e non me ne guardai, / ché i be' vostr'occhi, donna, mi legaro.*
> F. PETRARCA (poeta italiano, 1304-1374), *Canzoniere*, soneto 3, 1-4.

4158. Parte o velhinho pálido e de cabelos brancos / do doce lugar onde completou sua vida, / e da família assustada / que teme não ver mais o caro pai.

> *Movesi il vecchierel canuto e bianco / del dolce loco ov'ha sua età fornita, / e da la famigliuola sbigottita / che vede il caro padre venir manco.*

F. PETRARCA (poeta italiano, 1304-1374), *Canzoniere*, soneto 16, 1-4.

4159. Sozinho e pensativo vou medindo / a passos vagarosos e lentos os mais desertos campos.

Solo e pensoso i più deserti campi / vo mesurando a passi tardi e lenti.

F. PETRARCA (poeta italiano, 1304-1374), *Canzoniere*, soneto 35, 1-2.

4160. Alma nobre, que sustentas aqueles membros dentro dos quais reside, / ao longo de sua peregrinação terrena, / um intelecto valoroso, prudente e sábio...

Spirto gentil, che quelle membra reggi, / dentro a le qua' peregrinando alberga / un signor valoroso, accorto e saggio...

F. PETRARCA (poeta italiano, 1304-1374), *Canzoniere*, canção 53, 1-3.

4161. Os cabelos de ouro estavam espalhados pelo ar, / que os envolvia em mil doces nós; / e o vago lume ardia além da medida / naqueles belos olhos, que agora são tão frágeis. // E o semblante me parecia / revestido de uma piedosa cor, não sei se teria sido verdade ou ilusão: / eu, que tinha a chama amorosa no peito, / qual maravilha se ardi subitamente de amor por ela? // Seu andar não era manifestação de uma criatura mortal, / mas de uma essência angelical; e as palavras / tinham um som diferente da voz humana: // Um espírito celestial, um vivo sol / foi o que vi; e se agora não fosse tal como vi então, / minha ferida de amor não tem cura, mesmo afrouxando-se a corda do arco que atirou a flecha.

Erano i capei d'oro a l'aura sparsi, / che 'n mille dolci nodi gli avolgea; / e 'l vago lume oltre misura ardea / di quei begli occhi, ch'or ne son sì scarsi. // E il viso di pietoso color farsi, / non so se vero o falso, mi parea: / i' che l'esca amorosa al petto avea, / qual meraviglia se di subito arsi? // Non era l'andar suo cosa mortale, / ma d'angelica forma; e le parole / sonavan altro che pur voce umana: // uno spirto celeste, un vivo sole / fu quel ch'i' vidi; e se non fosse or tale, / piaga per allentar d'arco non sana.

F. PETRARCA (poeta italiano, 1304-1374), *Canzoniere*, soneto 90.

4162. Chorai, mulheres, e que convosco chore o Amor.

Piangete, donne, e con voi pianga Amore.
F. PETRARCA (poeta italiano, 1304-1374), *Canzoniere*, soneto 92, 1.

4163. Límpidas, frescas e doces águas, / onde banhou os belos membros / aquela que é única para mim; / gentil o ramo onde ela quis, / com suspiros eu me lembro, / apoiar seu flanco; / com a orla de sua elegante veste / recobriu a relva e as flores; / céu sagrado e sereno, / onde o Amor, mediante a visão dos seus belos olhos, abriu-me o coração: / ouvi todos / minhas palavras repletas de dor.

Chiare fresche e dolci acque / ove le belle membra / pose colei che sola a me par donna; / gentil ramo ove piacque, / con sospir mi rimembra, / a lei di fare al bel fianco colonna; / erba e fior che la gonna / leggiadra ricoverse / co' l'angelico seno; / aer sacro, sereno / ove Amor co' begli occhi il cor m'aperse: / date udienza insieme / a le dolenti mie parole estreme.
F. PETRARCA (poeta italiano, 1304-1374), *Canzoniere*, canção 126, 1-13.

4164. Itália minha, embora meu discurso seja inútil em relação / às feridas mortais / que vejo tão cravadas em teu belo corpo, / desejo ao menos que meus suspiros sejam exatamente / como espera o Tevere, o Arno / e o Pó, onde pensativo e desolado agora me encontro.

Italia mia, ben che 'l parlar sia indarno / a le piaghe mortali / che nel bel corpo tuo sì spesse veggio, / piacemi almen che' miei sospir sian quali / spera 'l Tevero e l'Arno, / e 'l Po, dove doglioso e grave or seggio.
F. PETRARCA (poeta italiano, 1304-1374), *Canzoniere*, canção 128, 1-6.

4165. De pensamento em pensamento, de monte em monte / o Amor me conduz; em todo caminho onde vejo sinais humanos / sei por experiência que é contrário à minha paz.

Di pensiero in pensier, di monte in monte / mi guida Amor; ch'ogni segnato calle / provo contrario a la tranquilla vita.
F. PETRARCA (poeta italiano, 1304-1374), *Canzoniere*, canção 129, 1-3.

4166. Não encontro paz e não quero fazer guerra, / e temo, e espero, e ardo e sou um gelo.

Pace non trovo e non ho da far guerra, / e temo e spero, et ardo e son un ghiaccio.

F. PETRARCA (poeta italiano, 1304-1374), *Canzoniere*, soneto 134, 1-2.

4167. Passa minha nau repleta de esquecimento / pelo áspero mar, em meio à noite de inverno, / entre Cila e Caríbdis; junto ao timão está o senhor [o Amor], que é meu inimigo.

Passa la nave mia colma d'oblìo / per aspro mare, a mezza notte il verno, / enfra Scilla e Caribdi; et al governo / siede 'l signore, anzi 'l nimico mio.

F. PETRARCA (poeta italiano, 1304-1374), *Canzoniere*, soneto 189, 1-4.

4168. Ó pequeno quarto que já foste um porto / para minhas sérias tempestades diurnas, / hoje és fonte de lágrimas noturnas, / que por vergonha trago escondidas durante o dia.

O cameretta, ché già fosti un porto / a le gravi tempeste mie diurne, / fonte se' or di lacrime notturne, / che 'l dì celate per vergogna porto.

F. PETRARCA (poeta italiano, 1304-1374), *Canzoniere*, soneto 234, 1-4.

4169. Agora compreendo que meu cruel destino / quis me fazer entender mediante minha vida e meu sofrimento / que tudo o que há de belo e prazeroso no mundo não dura.

Or cognosco io che mia fera ventura / vuol che vivendo e lagrimando impari / come nulla qua giù diletta, e dura.

F. PETRARCA (poeta italiano, 1304-1374), *Canzoniere*, soneto 311, 12-4.

4170. Virgem bela, que vestida de sol, / coroada de estrelas, foste escolhida / por Deus para ser a mãe de Cristo...

Vergine bella, che di sol vestita, / coronata di stelle, al sommo Sole / piacesti sì, che 'n te sua luce ascose...

F. PETRARCA (poeta italiano, 1304-1374), *Canzoniere*, canção 366, 1-3.

4171. Que cada um te siga, Baco! / Baco, Baco, eú, oé! // Quem quiser beber, quem quiser beber, / venha beber, venha aqui. / Vós encheis o ventre de vinho como funis. / Eu ainda vou beber o meu. / Ainda sobrou vinho para ti. / Deixa eu beber primeiro. // Que cada um te siga, Baco!

Ognun segua, Bacco, te! / Bacco Bacco, eù, oè! // Chi vuol bever, chi vuol bevere, / vegna a bever, vegna qui. / Voi imbottate come pevere. / Io vo' bever ancor mi. / Gli è del vino ancor per ti. / Lassa bever prima a me. // Ognun segua, Bacco, te!

A. POLIZIANO (poeta italiano, 1454-1494), *La Favola di Orfeo*, Sacrificio delle Baccanti.

4172. Numa bela manhã de meados de março, / estive, meninas, num verde jardim. // Havia em volta violetas e lírios / entre a relva verde, e belas florzinhas / azuis, amarelas, brancas e vermelhas: / estendi a mão para colhê-las / e adornar meus cabelos loiros / cingindo-os numa guirlanda.

I' mi trovai, fanciulle, un bel mattino / di mezzo maggio in un verde giardino. // Eran d'intorno violette e gigli / fra l'erba verde, e vaghi fior novelli / azzurri gialli candidi e vermigli: / ond'io porsi la mano a cor di quelli / per adornar e' mie' biondi capelli / e cinger di grillanda el vago crino.

A. POLIZIANO (poeta italiano, 1454-1494), *Canzoni a ballo*, 3.

4173. Ardo de amor e me convém cantar / por uma mulher que destrói meu coração; / pois toda vez que me lembro dela, / meu coração gira e parece sair de dentro de mim.

Ardo d'amore e conviemme cantare / per una dama che me strugge el cuore; / ch'ogni otta ch'i' la sento ricordare, / el cor me brilla e par ch'egli esca fuore.

LOURENÇO DE MÉDICIS (escritor e político italiano, 1449-1492), *La Nencia da Barberino*, 1.

4174. Como é bela a juventude, / que no entanto foge! / Quem quiser ser feliz, que seja: / do amanhã não há certeza.

Quant'è bella giovinezza / che si fugge tuttavia! / Chi vuol esser lieto, sia: / di doman non c'è certezza.

LOURENÇO DE MÉDICIS (escritor e político italiano, 1449-1492), *Canti carnascialeschi*, VII.

4175. Fará o primeiro vôo o grande pássaro sobre o dorso de seu magno Cecero [*o monte Ceceri, próximo a Florença*], preenchendo o universo de espanto, preenchendo todas as escrituras com sua fama, e glória eterna ao ninho onde nasceu.

763

> *Piglierà il primo volo il grande uccello sopra del dosso del suo magno Cecero [*il monte Ceceri, presso Firenze*], empiendo l'universo di stupore, empiendo di sua fama tutte le scritture, e gloria eterna al nido dove nacque.*
>
> <small>LEONARDO DA VINCI (artista e cientista italiano, 1452-1519), fragmento no interior da capa do códice *Sul Volo degli Uccelli*.</small>

4176. A lua, densa e pesada, densa e pesada, como fica a lua?

> *La luna, densa e grave, densa e grave, come sta, la luna?*
>
> <small>LEONARDO DA VINCI (artista e cientista italiano, 1452-1519), *Pensieri*, 127. (Parece perguntar-se – porém com extasiada contemplação – como a lua consegue não cair sobre a terra, apesar do seu peso.)</small>

4177. Louco é quem quer contradizer seu senhor, / mesmo quando este começa a dizer que viu o dia / repleto de estrelas e o sol à meia-noite!

> *Pazzo chi al suo signor contraddir vole, / se ben dicesse ch'ha veduto il giorno / pieno di stelle e a mezzanotte il sole!*
>
> <small>L. ARIOSTO (poeta italiano, 1474-1533), *Satire*, I, 10-2.</small>

4178. Eu acreditava e acredito, e para acreditar acredito na verdade.

> *Io credea e credo, e creder credo il vero.*
>
> <small>L. ARIOSTO (poeta italiano, 1474-1533), *Orlando furioso*, IX, oitava 23.</small>

4179. Ao anoitecer, volto para casa e entro em meu escritório; já na entrada, tiro a roupa quotidiana, cheia de lama e lodo, e visto roupas reais e curiais; e, novamente vestido de modo conveniente, entro nas antigas cortes dos antigos homens, onde, muito bem recebido por eles, nutro-me com aquele alimento que pertence apenas a mim, e para o qual eu nasci.

> *Venuta la sera, mi ritorno in casa ed entro nel mio scrittoio; e in su l'uscio mi spoglio quella veste cotidiana, piena di fango e di loto, e mi metto panni reali e curiali; e rivestito condecentemente, entro nelle antique corti delli antiqui uomini, dove, da loro ricevuto amorevolmente, mi pasco di quel cibo che solum è mio, e che io nacqui per lui.*
>
> <small>N. MAQUIAVEL (político e escritor italiano, 1469-1527), *Lettere*, a F. Vettori, 10/12/1513.</small>

4180. Deve-se notar que os homens devem ser adulados ou destruídos, pois podem vingar-se das ofensas leves, das graves, não; de modo que a ofensa que se faz ao homem deve ser tal que não se tema a vingança.

> *Per il che si ha a notare che li uomini si debbano o vezzeggiare o spegnere; perché si vendicano delle leggieri offese, delle gravi non possono; sì che l'offesa che si fa all'uomo debba essere in modo che la non tema la vendetta.*
> N. Maquiavel (político e escritor italiano, 1469-1527), *O príncipe*, III, 5.

4181. Todos os profetas armados venceram, e os desarmados fracassaram.

> *Tutti e profeti armati vinsono, e gli disarmati ruinorno.*
> N. Maquiavel (político e escritor italiano, 1469-1527), *O príncipe*, VI, 6.

4182. Deve, sobretudo, abster-se de aproveitar os bens alheios; pois os homens esquecem mais facilmente a morte do próprio pai do que a perda do patrimônio.

> *Sopra tutto astenersi dalla roba d'altri; perché li uomini sdimenticano più presto la morte del padre che la perdita del patrimonio.*
> N. Maquiavel (político e escritor italiano, 1469-1527), *O príncipe*, XVII, 3.

4183. Todos sentem o terrível odor deste domínio bárbaro.

> *A ognuno puzza questo barbaro dominio.*
> N. Maquiavel (político e escritor italiano, 1469-1527), *O príncipe*, XXVI.

4184. Amor, de ti não escondo / que sinto inveja dos mortos; / amedrontado e confuso, / tanto que a minha alma treme e teme pelo próprio destino...

> *Amor, a te nol celo, / ch'io porto invidia a' morti; / sbigottito e confuso, / sì di sé meco l'alma trema e teme...*
> M. Buonarroti (artista e poeta italiano, 1475-1564), *Rime*, madrigale: Per qual mordace lima.

4185. Sem perceber o golpe / continuava a combater e estava morto!

> *Del colpo non accorto / andava combattendo ed era morto!*
> F. Berni (poeta italiano, c. 1497-1535), *Orlando innamorato*, III, oitava 6.

4186. Tão delicado beijo, / tão doce recompensa por minha longa dedicação / com tanta fé! / Tão feliz ousadia / da mão que vos toca / toda trêmula o delicado seio, / enquanto de boca em boca / a alma por alegria desfalece!

Soavissimo bacio, / del mio lungo servir com tanta fede / dolcissima mercede! / Felicissimo ardire / de la man che vi tocca / tutta tremante il delicato seno, / mentre di bocca in bocca / l'anima per dolcezza allor vien meno!

T. TASSO (poeta italiano, 1544-1595), *Rime amorose*, 31.

4187. Calam-se os bosques e os rios, / e o mar estende-se sem ondas, / em suas cavernas os ventos têm trégua e paz, / e na noite escura / a lua faz um silêncio profundo: / e nós mantemos escondidos / os deleites amorosos: / Amor, não fale nem expire, / que sejam mudos os beijos e os meus suspiros.

Tacciono i boschi e i fiumi, / e 'l mar senz'onda giace, / ne le spelonche i venti han tregua e pace, / e ne la notte bruna / alto silenzio fa la bianca luna: / e noi tegnamo ascose / le dolcezze amorose: / Amor non parli o spiri, / sien muti i baci e muti i miei sospiri.

T. TASSO (poeta italiano, 1544-1595), *Rime*, 76, Madrigale per musica.

4188. ... e uma vez / em que as ninfas e os pastores estavam sentados em círculo / e nós fazíamos alguns dos nossos jogos, / daqueles em que cada um murmura no ouvido / do vizinho o seu próprio segredo, / "Sílvia", disse-lhe eu, "ardo por ti, e certamente / morrerei se não me ajudares."

... ed una volta / che in cerchio sedevam ninfe e pastori / e facevamo alcuni nostri giuochi, / che ciascun ne l'orecchio del vicino / mormorando diceva un suo secreto, / "Silvia" le dissi "io per te ardo, e certo / morrò se non m'aiti".

T. TASSO (poeta italiano, 1544-1595), *Aminta*, I, 2.

4189. Depois, novamente olhando o campo, ela dizia: / "Ó quão belas aos meus olhos as tendas latinas!".

Poi, rimirando il campo, ella dicea: / "O belle agli occhi miei tende latine!".

T. TASSO (poeta italiano, 1544-1595), *Jerusalém libertada*, VI, oitava 104.

4190. Entrementes, Hermínia é guiada pelo cavalo / por entre as plantas sombrias / da antiga selva, / sua mão trêmula não consegue mais governar as rédeas, / e parece estar quase dividida entre a vida e a morte.

> *Intanto Erminia infra l'ombrose piante / d'antica selva dal cavallo è scòrta, / né più governa il fren la man tremante, / e mezza quasi par tra viva e morta.*
>
> T. TASSO (poeta italiano, 1544-1595), *Jerusalém libertada*, VII, oitava 1.

4191. Viu-a, reconheceu-a e perdeu / a voz e o movimento. Ah, vista! Ah, reconhecimento!

> *La vide, la conobbe, e restò senza / e voce e moto. Ahi vista! Ahi conoscenza!*
>
> T. TASSO (poeta italiano, 1544-1595), *Jerusalém libertada*, XII, oitava 67.

4192. "Veja", cantou, "a rosa florir / modesta e virgem do seu cálice, / que ainda meio aberta e meio escondida, / quanto menos se mostra, mais bela é. / Eis que depois já atrevida / estende o próprio seio nu: e depois, lânguida, não parece aquela, / não parece aquela que anteriormente / foi desejada por mil donzelas e mil amantes. // Assim feneceu ao fenecer de um dia / a flor e o botão; / mesmo a primavera voltando, / a rosa não floresce nunca mais, nem se renova. / Colhamos a rosa nesta doce / e bela manhã, que tão rapidamente perde o viço; / colhamos a rosa de amor: amemos quando / se pode ser amado amando."

> *"Deh mira" egli cantò "spuntar la rosa / dal verde suo modesta e virginella, / che mezzo aperta ancora, e mezzo ascosa, / quanto si mostra men, tanto è più bella. / Ecco poi nudo il sen già baldanzosa / dispiega: ecco poi langue, e non par quella, / quella non par, che desïata inanti / fu da mille donzelle e mille amanti. // Così trapassa al trapassar d'un giorno / de la vita mortale il fiore e 'l verde; / né, perché faccia in dietro april ritorno, / si rinfiora ella mai, né si rinverde. / Cogliam la rosa in su 'l mattino adorno / di questo dì, che tosto il seren perde; / cogliam d'amor la rosa: amiamo or quando / esser si puote riamato amando."*
>
> T. TASSO (poeta italiano, 1544-1595), *Jerusalém libertada*, XVI, oitavas 14-5.

4193. A Escritura não pode errar; todavia, às vezes, alguns de seus intérpretes e expositores poderiam errar de vários modos, dentre os quais, um seria gravíssimo e muito freqüente, ao quererem se deter sempre no puro significado das palavras, pois assim vos pareceriam não apenas contradições diversas, mas também graves heresias e até blasfêmias; além disso, seria necessário dar a Deus pés, mãos e olhos, e não menos afetos corporais e humanos, como a ira, o arrependimento, o ódio e às vezes também o profundo esquecimento das coisas passadas e a ignorância das futuras.

La Scrittura non può errare; potrebbe nondimeno talvolta errare alcuno dei suo' interpreti ed espositori, in vari modi: tra i quali uno sarebbe gravissimo e frequentissimo, quando volessero fermarsi sempre nel puro significato delle parole, perché così vi apparirebbero non solo diverse contradizioni, ma gravi eresie e bestemmie ancora; poi che sarebbe necessario dare a Iddio e piedi e mani e occhi, e non meno affetti corporali e umani, come d'ira, di pentimento, d'odio, e anco talvolta l'obblivione delle cose passate e l'ignoranza delle future.

G. GALILEI (físico italiano, 1564-1642), *Lettere*, a Castelli, 21/12/1613.

4194. Feri-vos, feridas, / viborazinhas mordazes, / doces guerreiras audazes / do Deleite, e do Amor bocas sagazes. / Seteai, vibrai ardentes / vossas armas pungentes, / mas que as mortes sejam vidas, / mas que as guerras sejam paz. / Sejam as setas as línguas e as feridas, os beijos.

Feritevi, ferite, / viperette mordaci, / dolci guerrere ardite / del Diletto, e d'Amor bocche sagaci. / Saettatevi pur, vibrate ardenti / l'arme vostre pungenti, / ma le morti sien vite, / ma le guerre sien paci. / Sien saette le lingue e piaghe i baci.

G. B. MARINO (poeta italiano, 1569-1625), *La Lira*, madrigale.

4195. Rosa, riso de Amor, obra do Céu, / rosa vermelha feita do meu sangue, / mérito do mundo e adorno da natureza, / da Terra e do Sol virgem filha, / deleite e preocupação de toda ninfa e de todo pastor, / honra da odorífera família, / vences em beleza as palmas supremas, / sobre o vulgo das flores reinas como sublime Soberana. // ... // Púrpura dos jardins, pompa dos campos, / gema de primavera, olho de abril, / de ti as Graças e os Amores alados / fazem guirlanda para os cabelos, colares para o colo.

> *Rosa, riso d'Amor, del Ciel fattura, / rosa del sangue mio fatta vermiglia, / pregio del mondo e fregio di natura, / de la Terra e del Sol vergine figlia, / d'ogni ninfa e pastor delizia e cura, / onor dell' odorifera famiglia, / tu tien d'ogni beltà le palme prime, / sovra il vulgo de' fior Donna sublime. // ... // Porpora de' giardin, pompa de' prati, / gemma di primavera, occhio d'aprile, / di te le Grazie e gli Amoretti alati / fan ghirlanda alla chioma, al sen monile.*
> G. B. MARINO (poeta italiano, 1569-1625), *Adone*, III.

4196. Mas sobre cada pássaro belo e nobre / que canta e voa com mais graça, / a Sereia do bosque, o rouxinol, / deita seu espírito trêmulo e sutil; / e modula de tal forma seu canto peregrino / que parece mestre do bando alado. / Distingue seu cantar em mil maneiras / e transforma uma língua em mil línguas.

> *Ma sovr'ogni augellin vago e gentile / che più spieghi leggiadro il canto e 'l volo, / versa il suo spirto tremulo e sottile / la Sirena de' boschi, il rosignuolo; / e tempra in guisa il peregrino stile / che par maestro dell' alato stuolo. / In mille fogge il suo cantar distingue / e trasforma una lingua in mille lingue.*
> G. B. MARINO (poeta italiano, 1569-1625), *Adone*, VII.

4197. Os cabelos do meu amor / são encaracolados, / não loiros, mas morenos; / as faces / são duas rosas vermelhinhas, / e os lábios, dois pequenos rubis.

> *Del mio sol son ricciutegli / i capegli / non biondetti, ma brunetti; / son due rose vermigliuzze / le gotuzze, / le due labbra rubinetti.*
> G. CHIABRERA (poeta italiano, 1552-1638), *Poesie*, Ode alla Sua Donna.

4198. Vamos, rememos, / naveguemos, / naveguemos até Bríndisi: / Ariana, um brinde, um brinde. / Rememos com força, arranca, arranca: / pois a tripulação não se cansa, / ao contrário, com prazer ganha coragem, / quando arranca para Bríndisi: / Ariana, um brinde, um brinde. / E se faço um brinde a ti, / para que me desejes boa sorte, / Arianinha, graciosa e bela, / canta um pouco para mim e volta a cantar / com a mandola a curucucu, / a curucucu, / a curucucu; / com a mandola a curucucu.

Su voghiamo, / navighiamo, / navighiamo infino a Brindisi: / Arïanna, brindis, brindisi. / Passavoga, arranca, arranca: / che la ciurma non si stanca, / anzi lieta si rinfranca, / quando arranca verso Brindisi: / Arïanna, brindis, brindisi. / E se a te brindisi io fo, / perché a me faccia il buon pro, / Ariannuccia, vaguccia, belluccia, / cantami un poco e ricantami tu / sulla mandola la cuccurucù, / la cuccurucù, / la cuccurucù; / sulla mandola la cuccurucù.

F. REDI (cientista e literato italiano, 1626-1698), *Bacco in Toscana*.

4199. Os olhos e os cabelos em amoroso ardor, / Se os lava e os enxuga, o amante ilumina / estupefato o elemento da sua obra: // Pois a cabeleira é um Tejo e os olhos são dois sóis, / Em tal prodígio a natureza não pensou: / Banhar com sóis e enxugar com rios.

L'occhio e la chioma in amorosa arsura / Se 'l bagna e 'l terge, avvien ch'amante allumi / Stupefatto il fattor di sua fattura: // Ché il crin s'è un Tago e son due Soli i lumi, / Prodigio tal non rimirò natura: / Bagnar coi soli e rasciugar coi fiumi.

G. ARTALE (poeta italiano, 1628-1679), *Santa Maria Maddalena*, soneto.

4200. Suai, ó fogos, para preparar metais, / e vós, ferros vitais, ide preparados, / ide desentranhar os Montes de Paro, / para levantar Colossos ao Rei das Gálias. // ... // Que Roma também ceda a glória a Paris, / pois, se César veio, e viu, e venceu, / veio, venceu e não viu o grande Luís.

Sudate, o fochi, a preparar metalli, / e voi, ferri vitali, itene pronti, / ite di Paro a sviscerare i Monti, / per inalzar Colossi al Re dei Galli. // ... // Ceda le palme pur Roma a Parigi, / ché, se Cesare venne, e vide, e vinse, / venne, vinse e non vide il gran Luigi.

C. ACHILLINI (poeta italiano, 1574-1640), *Rime*, soneto: Exalta o Grande Luís, Rei da França, que, depois da famosa conquista de La Rochelle, foi a Susa e libertou Casale.

4201. O guerreiro sonha com as tropas, / o caçador, com as selvas; / e sonha o pescador / com as redes e o anzol. // Adormecido em doce esquecimento, / eu também sonho assim / com aquela que me faz suspirar e chamar / durante todo o dia.

Sogna il guerrier le schiere, / le selve il cacciator; / e sogna il pescator / le reti e l' amo. // Sopito in dolce oblìo, / sogno pur io così / colei che tutto il dì / sospiro e chiamo.

P. METASTASIO (poeta italiano, 1698-1782), *Artaserse*.

4202. É uma punição muito cruel / sentir, ó Deus, que se está morrendo, / e nunca poder dizer: / sinto-me morrer. // No lamento e no pranto, / há uma sombra de prazer; / mas destruir-se e calar / tudo é tormento.

È pena troppo barbara / sentirsi, oh Dio, morir, / e non poter mai dir: / morir mi sento. // V'è nel lagnarsi e piangere, / v'è un'ombra di piacer; / ma struggersi e tacer / tutto è tormento.

P. METASTASIO (poeta italiano, 1698-1782), *Antigone*, arieta.

4203. Se fosse possível ler a angústia interior / escrita na fronte de cada um / quantos que nos causam inveja / não nos causariam pena.

Se a ciascun l'interno affanno / si leggesse in fronte scritto, / quanti mai, che invidia fanno, / ci farebbero pietà.

P. METASTASIO (poeta italiano, 1698-1782), *Giuseppe riconosciuto*, arieta, I.

4204. Se procura, se diz: / "Onde está o amigo?" / "o amigo infeliz", / respondes, "morreu". // Ah! Não, não me dês / dor tão grande: / respondes, mas sozinho: / "partiu chorando". // Que abismo de penas / deixar seu bem, / deixá-lo para sempre, / deixá-lo assim!

Se cerca, se dice: / "L'amico dov'è?" / "l'amico infelice" / rispondi "morì". // Ah! no, sì gran duolo / non darle per me: / rispondi, ma solo: / "piangendo partì". // Che abisso di pene / lasciare il suo bene, / lasciarlo per sempre, / lasciarlo così!

P. METASTASIO (poeta italiano, 1698-1782), *Olimpiade*, arieta, II, 10.

4205. MAURÍCIO Oh, compadre, é uma grande alegria poder dizer que tenho o que preciso, que não me falta nada e, em caso de necessidade, disponho de cem cequins! LUNARDO Sim, senhor, e ainda pode comer bem, belos galos, belos frangos e belas coxas de vitela. MAURÍCIO E tudo de boa qualidade e barato, porque se paga à prestação. LUNARDO E na sua casa; sem tumulto nem murmúrios. MAURÍCIO E sem ninguém que venha aborrecer. LUNARDO E ninguém se mete na nossa vida. MAURÍCIO E somos donos do nosso próprio nariz. LUNARDO E a mulher não manda. MAURÍCIO E os filhos são bem comportados. LUNARDO E minha filha é tão bem-educada. MAURÍCIO Meu filho também é uma pérola. Não há perigo de que ele gaste uma moedinha que seja. LUNARDO Minha filha sabe fazer de tudo. Em casa eu quis que ela fizesse de tudo. Até lavar os pratos. MAURÍCIO E a meu filho ensinei remendar os furos nas meias e a colocar os fundilhos nas bragas, porque não quero que se misture à criadagem.

MAURIZIO Oh compare, el xe un bel gusto el poder dir: gh'ho el mio bisogno, no me manca gnente, e in t'una ocorenza posso meter le man su cento zecchini! LUNARDO Sior sì, e magnar ben, dei boni caponi, de le bone polastre, e dei boni straculi de vedèlo. MAURIZIO E tuto bon, e a bon marcà, perché se paga de volta in volta. LUNARDO E a casa soa; senza strepiti, senza sussuri. MAURIZIO E senza nissun che v'intriga i bisi. LUNARDO E nissun sa i fati nostri. MAURIZIO E semo paroni nu. LUNARDO E la mugger no comanda. MAURIZIO E i fioi sta da fioi. LUNARDO E mia fia xe arlevada cussì. MAURIZIO Anca mio fio xe una perla. No gh'è pericolo che el buta via un bagatin. LUNARDO La mia puta sa far de tuto. In casa ho volesto che la faza de tuto. Fina laver i piati. MAURIZIO E a mio fio, perché no voggio che co le serve el se ne impazza, gh'ho insegnà a tirar suso i busi de le calze, e meter i fondèli a le braghesse.

C. GOLDONI (comediógrafo italiano, 1707-1793), *I rusteghi*, I, 5.

4206. Volta a florir a rosa / que anteriormente enlanguescia; / e docemente repousa / sobre os lírios de antes. / Brilham as pupilas / com centelhas vivazes...

Torna a fiorir la rosa / che pur dianzi languia; / e molle si riposa / sopra i gigli di pria. / Brillano le pupille / di vivaci scintille...

G. PARINI (poeta italiano, 1729-1799), *Odi*, La educazione, pelo restabelecimento de Carlo Imbonati, 1-6.

4207. Quando Órion desce / do céu enfurecida; / e versa chuva, e neve, e gelo / sobre a terra obscurecida, // entro na iníqua / estação, com o pé enfermo, / entre a lama e a oblíqua / fúria das carroças que vejo passar pela cidade; // e por uma pedra / que se sobressai entre as outras diante de meus pés, / ou por um ponto escorregadio / ao longo do caminho, caio com freqüência.

> *Quando Orion dal cielo / declinando imperversa, / e pioggia e nevi e gelo / sopra la terra ottenebrata versa, // me spinto ne la iniqua / stagione, infermo il piede, / tra il fango e tra l'obliqua / furia de' carri la città gir vede; // e per avverso sasso / mal fra gli altri sorgente, / o per lubrico passo, / lungo il cammino stramazzar sovente.*

G. PARINI (poeta italiano, 1729-1799), *Odi*, XII, La caduta.

4208. A mim disse o meu Gênio / quando nasci: Que nunca / te inspire a ambição de possuir o ouro, / nem de obter a glória vã / dos títulos, nem o pérfido / desejo de superar os outros em poder: // mas os livres dons e afetos / da natureza, e o agradável / espetáculo da beleza / te farão feliz, / a ti que não suportarias vagar / pelo árduo caminho das infinitas e dolorosas esperanças vãs.

> *A me disse il mio Genio / allor ch'io nacqui: L'oro / non fia che te solleciti, / né l'inane decoro / de' titoli, né il perfido / desio di superare altri in poter: // ma di natura i liberi / doni ed affetti, e il grato / de la beltà spettacolo, / te renderan beato, / te di vagare indocile / per lungo di speranze arduo sentier.*

G. PARINI (poeta italiano, 1729-1799), *Odi*, XIX, Il messaggio.

4209. ABNER Agora vem e convence-te / de que nada há em David... DAVID (acrescentando) Exceto a inocência! / SAUL O que vejo? MICOL Oh, céus! GIONATA O que comemoras? ABNER Audaz... GIONATA Ah, pai! MICOL Pai, ele se casou comigo, e tu o deste a mim. SAUL Oh, o que vejo!

> *ABNER Or vieni e te convinci / che nulla è in David... DAVID (sopraggiungendo) La innocenza tranne! / SAUL Che veggio? MICOL Oh ciel! GIONATA Che festi? ABNER Audace... GIONATA Ah, padre! / MICOL Padre, ei m'è sposo, e tu mel desti. SAUL Oh vista!*

V. ALFIERI (escritor italiano, 1749-1803), *Saul*, II, 3, 210-3.

4210. Mulher bonita sem amor / é uma rosa de cera, / sem encantos, sem perfume, / que não vegeta nem expira.

Donna bedda senza amori / è na rosa fatta in cira, / senza vezzi, senza oduri, / chi nun vegeta né spira.

G. MELI (poeta dialetal italiano, 1740-1815), *La Buccolica*, Sti silenzi, sta virdura.

4211. Olha que branca lua! / Olha que noite azul! / Não sopra uma brisa, / não treme uma haste. // O pequeno rouxinol vai sozinho / da sebe ao orno, / e suspirando ao seu redor / chama sua amada. // Assim que o ouve, ela / vem de ramo em ramo, / e parece responder-lhe: / Não chores, estou aqui. // Que doces afetos, ó Irene, / que lamentos são estes! / Ah! Nunca soubeste / responder-me assim.

Guarda che bianca luna! / Guarda che notte azzurra! / Un'aura non susurra, / non tremola uno stel. // L'usignoletto solo / va dalla siepe all'orno, / e sospirando intorno / chiama la sua fedel. // Ella, che il sente appena, / già vien di fronda in fronda, / e par che gli risponda: / Non piangere, son qui. // Che dolci affetti, o Irene, / che gemiti son questi! / Ah! mai tu non sapesti / rispondermi così.

I. A. VITTORELLI (poeta italiano, 1749-1835), *Anacreontiche a Irene*.

4212. Bela Itália, amadas margens, / sempre volto para vos rever! / Treme no peito e se confunde / a alma oprimida pelo prazer.

Bella Italia, amate sponde, / pur vi torno a riveder! / Trema in petto e si confonde / l'alma oppressa dal piacer.

V. MONTI (poeta italiano, 1754-1828), *Dopo la battaglia di Marengo*, 1-4.

4213. Talvez porque da fatal quietude / sejas a imagem, a mim tão cara surge / ó noite!

Forse perché della fatal quiete / tu sei l'imago, a me sì cara vieni / o sera!

U. FOSCOLO (poeta italiano, 1778-1827), *Sonetti*, Alla Sera.

4214. As Graças preparam / os bálsamos divinos para ti, / para ti as faixas perfumadas / que colocavam em Vênus / quando profano espinho / pungiu-lhe o pé divino.

> *I balsami beati / per te le Grazie apprestino, / per te i lini odorati / che a Citerea porgeano / quando profano spino / le punse il piè divino.*
>
> U. Foscolo (poeta italiano, 1778-1827), *Odi*, A Luigia Pallavicini caduta da cavallo, 1-6.

4215. Tal como dos abismos marinhos / surge entre as trevas fugazes / o astro mais caro a Vênus / com cabelos orvalhados, / e a sua viagem orna / com o lume do eterno raio...

> *Qual dagli antri marini / l'astro più caro a Venere / co' rugiadosi crini / fra le fuggenti tenebre / appare, e il suo viaggio / orna col lume dell'eterno raggio...*
>
> U. Foscolo (poeta italiano, 1778-1827), *Odi*, All'amica risanata, 1-6.

4216. Os túmulos dos homens ilustres contribuem / para afirmar no mundo os ideais nobres, ó Pindemonte; e bela / e santa fazem ao peregrino a terra / que os acolhe.

> *A egregie cose il forte animo accendono / l'urne de' forti, o Pindemonte; e bella / e santa fanno al peregrin la terra / che le ricetta.*
>
> U. Foscolo (poeta italiano, 1778-1827), *Dei sepolcri*, 151-4.

4217. Mas tu também serás honrado com pranto, Heitor, / onde for considerado sagrado e digno de amorosa piedade o sangue / derramado pela pátria, e enquanto o sol / iluminar os infortúnios humanos.

> *E tu onore di pianti, Ettore, avrai, / ove fia santo e lagrimato il sangue / per la patria versato, e finché il sole / risplenderà sulle sciagure umane.*
>
> U. Foscolo (poeta italiano, 1778-1827), *Dei sepolcri*, 292-5.

4218. Salve, Jacinto! Às margens de Pádua, / último refúgio dos santos penates do monte Ida / e dos meus pais [os primeiros vênetos], darei os poemas e os ossos, / e a ti o pensamento: pois piamente a estas / Deusas não fala quem esquece a pátria.

> *Salve, Zacinto! All'antenoree prode, / de' santi lari idei ultimo albergo / e de' miei padri, darò i carmi e l'ossa, / e a te i pensier: ché piamente a queste / Dee non favella chi la patria oblìa.*
>
> U. Foscolo (poeta italiano, 1778-1827), *Le Grazie*, I, 48-52.

4219. Juraram. Eu os vi em Pôntida, / vindos do monte, da planície. / Juraram; e apertaram as mãos / cidadãos de vinte cidades.

L'han giurato. Gli ho visti in Pontida, / convenuti dal monte, dal piano. / L'han giurato; e si strinser la mano / cittadini di venti città.

G. BERCHET (poeta italiano, 1783-1851), *Le fantasie*, Il giuramento di Pontida, 49-52.

4220. No palácio da Marquesa Paola Cambiasi, / uma das primeiras grandes damas da Lombardia, / morreu dom Glicério, o padre da casa, / devido a uma peripneumonia / que pegou ao empenhar-se / em levar Lilla para passear por volta do meio-dia. // Lilla era uma cadela maltês, muito peluda e gorda, / e na casa Cambiasi, depois da Marquesa, / era o animal de maior respeito.

Alla Marchesa Paola Cangiasa, / vuna di primm damazz de Lombardia, / gh'era mort don Gliceri, el pret de casa, / in grazia d'ona peripneumonia / che la gh'ha faa quistà in del sforaggiass / a mennagh sul mezz dì la Lilla a spass. // L'eva la Lilla ona cagna maltesa / tutta goss, tutta pel e tutta lard, / e in cà Cangiasa, dopo la Marchesa, / l'eva la bestia de maggior riguard.

C. PORTA (poeta dialetal italiano, 1775-1821), *Poesie*, La nomina del cappellan, 1-10.

4221. Sentir, recomeçou, e meditar: contentar-se / com pouco: nunca desviar / os olhos da meta: conservar puras / a mão e a mente: experimentar as coisas humanas / tanto quanto for suficiente / para não afeiçoar-te a elas: nunca te faças servo: / não faças acordo com os vis: nunca traias / a santa Verdade: nem profiras nunca nenhuma palavra / que exalte o vício ou ridicularize a virtude.

Sentir, riprese, e meditar: di poco / esser contento: da la meta mai / non torcer gli occhi: conservar la mano / pura e la mente: de le umane cose / tanto sperimentar, quanto ti basti / per non curarle: non ti far mai servo: / non far tregua coi vili: il santo Vero / mai non tradir: né proferir mai verbo, / che plauda al vizio, o la virtù derida.

A. MANZONI (escritor italiano, 1785-1873), *In morte di Carlo Imbonati*, 207-15.

4222. Mãe dos Santos, imagem / da cidade celestial, / eterna conservadora / do sangue incorruptível; / tu que há tantos séculos / sofres, combates e oras, / que armas tuas tendas / de um a outro mar; // campo daqueles que esperam, / igreja do Deus vivente; / onde estavas? Em que canto remoto / te refugiaste ao nascer, / quando o teu Rei, levado / pelos pérfidos para morrer sobre a colina, / purpureou os campos / do seu sublime altar?

Madre de' Santi, immagine / della città superna, / del sangue incorruttibile / conservatrice eterna; / tu che, da tanti secoli, / soffri, combatti e preghi, / che le tue tende spieghi / dall'uno all'altro mar; // campo di quei che sperano, / chiesa del Dio vivente, / dov'eri mai? qual angolo / ti raccoglieva nascente, / quando il tuo Re, dai perfidi / tratto a morir sul colle, / imporporò le zolle / del suo sublime altar?

A. MANZONI (escritor italiano, 1785-1873), *Inni sacri*, La Pentecoste, 1-16.

4223. Parados na árida margem, / com os olhares voltados para o Ticino atravessado, / todos compenetrados no novo destino, / seguros de ter reencontrado em si mesmos a antiga virtude, / juraram: Esta onda nunca mais / correrá entre duas margens estrangeiras; / não surgirão nunca mais fronteiras / dentro da Itália!

Soffermati sull'arida sponda, / vòlti i guardi al varcato Ticino, / tutti assorti nel novo destino, / certi in cor dell'antica virtù, / han giurato: Non fia che quest'onda / scorra più tra due rive straniere; / non fia loco ove sorgan barriere / tra l'Italia e l'Italia, mai più!

A. MANZONI (escritor italiano, 1785-1873), *Odi*, Marzo 1821, 1-8.

4224. Ele se foi. Como imóvel, / dado o mortal suspiro, / seu corpo permaneceu imêmore, / privado de tão grande alma; / como que atingida por um raio, a terra encontra-se / atônita com o anúncio da sua morte, // pensando, muda, na última / hora do homem fatal.

Ei fu. Siccome immobile, / dato il mortal sospiro, / stette la spoglia immemore, / orba di tanto spiro, / così percossa, attonita / la terra al nunzio sta, // muta pensando all'ultima / ora dell'uom fatale.

A. MANZONI (escritor italiano, 1785-1873), *Odi*, Il cinque maggio, 1-8.

4225. Ouve-se um toque de trombeta à direita; / outro toque responde à esquerda: / de ambos os lados ecoa o avanço / dos cavalos e da infantaria no campo de batalha.

S'ode a destra uno squillo di tromba, / a sinistra risponde uno squillo: / d'ambo i lati calpesto rimbomba / da cavalli e da fanti il terren.

A. Manzoni (escritor italiano, 1785-1873), *Il conte di Carmagnola*, Coro do segundo ato.

4226. Dos átrios musgosos, dos foros em ruína, / dos bosques, dos fogos atiçados pelos foles rumorosos, / dos sulcos banhados pelo suor dos servos, / uma plebe dispersa desperta sobressaltada; / aguça os ouvidos, levanta a cabeça, / atingida por novo crescente amor.

Dagli atrii muscosi, dai Fori cadenti, / dai boschi, dall'arse fucine stridenti, / dai solchi bagnati di servo sudor, / un volgo disperso repente si desta, / intende l'orecchio, solleva la testa / percosso da novo crescente romor.

A. Manzoni (escritor italiano, 1785-1873), *Adelchi*, Coro do terceiro ato.

4227. Com as tranças macias dispersas / sobre o peito arquejante, / com as mãos abandonadas e o cândido / semblante irrorado de morte, / jaz a piedosa, com o trêmulo / olhar buscando o céu.

Sparsa le trecce morbide / sull'affannoso petto, / lenta le palme e rorida / di morte il bianco aspetto, / giace la pia, col tremulo / sguardo cercando il ciel.

A. Manzoni (escritor italiano, 1785-1873), *Adelchi*, Coro do quarto ato.

4228. Conta-se que o príncipe de Condé dormiu profundamente durante a noite anterior à batalha de Rocroi; mas, em primeiro lugar, estava muito cansado; em segundo, já tinha dado todas as instruções necessárias e estabelecido o que deveria fazer de manhã. Dom Abbondio, ao contrário...

Si racconta che il principe di Condè dormì profondamente la notte avanti la giornata di Rocroi; ma, in primo luogo, era molto affaticato; secondariamente aveva già date tutte le disposizioni neces-

> *sarie, e stabilito ciò che dovesse fare, la mattina. Don Abbondio in vece...*
>
> A. MANZONI (escritor italiano, 1785-1873), *I promessi sposi*, II.

4229. "Carnéades! Quem era?", ruminava consigo mesmo dom Abbondio, sentado em sua poltrona.

> *"Carneade! Chi era costui?" ruminava tra sé don Abbondio seduto sul suo seggiolone.*
>
> A. MANZONI (escritor italiano, 1785-1873), *I promessi sposi*, VIII.

4230. Adeus, montes nascidos dos rios e elevados ao céu; cumes desiguais, conhecidos de quem cresceu entre vós, e impressos em sua mente, não menos do que a imagem de seus mais familiares; torrentes das quais reconhece o rumor, assim como o som das vozes domésticas; casas dispersas e branquejantes sobre a encosta, como rebanhos de ovelhas pastando; adeus!

> *Addio, monti sorgenti dall'acque, ed elevati al cielo; cime inuguali, note a chi è cresciuto tra voi, e impresse nella sua mente, non meno che lo sia l'aspetto de' suoi più familiari; torrenti, de' quali distingue lo scroscio, come il suono delle voci domestiche; ville sparse e biancheggianti sul pendìo, come branchi di pecore pascenti; addio!*
>
> A. MANZONI (escritor italiano, 1785-1873), *I promessi sposi*, VIII.

4231. A infeliz respondeu.

> *La sventurata rispose.*
>
> A. MANZONI (escritor italiano, 1785-1873), *I promessi sposi*, X.

4232. Assim como uma matilha de sabujos que, depois de ter perseguido em vão uma lebre, volta mortificada para o dono, com os focinhos baixos e as caudas balançando de um lado para o outro, naquela noite transtornada, os bandidos voltavam ao palacete de dom Rodrigo.

> *Come un branco di segugi, dopo aver inseguito invano una lepre, tornano mortificati verso il padrone, co' musi bassi, e con le code ciondoloni, così, in quella scompigliata notte, tornavano i bravi al palazzotto di don Rodrigo.*
>
> A. MANZONI (escritor italiano, 1785-1873), *I promessi sposi*, XI.

4233. "Adelante, Pedro, si puedes... Adelante, rápido, con juicio..."
"Adelante, Pedro, si puedes... Adelante, presto, com juicio..."
A. MANZONI (escritor italiano, 1785-1873), *I promessi sposi*, XIII.

4234. Renzo parou um breve instante à margem para contemplar a margem oposta, aquela terra que pouco antes ardia tanto sob seus pés. "Ah, estou mesmo fora dela!", foi seu primeiro pensamento. "Fique aí, a maldita cidade" foi o segundo, o adeus à pátria. Mas o terceiro correu a quem deixava naquele lugar. Então cruzou os braços sobre o peito, deu um suspiro, pousou os olhos sobre a água que corria aos seus pés, e pensou "passou sob a ponte!".
Renzo si fermò un momentino sulla riva a contemplar la riva opposta, quella terra che poco prima scottava tanto sotto i suoi piedi. "Ah, ne son proprio fuori!" fu il suo primo pensiero. "Sta lì, maledetto paese" fu il secondo, l'addio alla patria. Ma il terzo corse a chi lasciava in quel paese. Allora incrociò le braccia sul petto, mise un sospiro, abbassò gli occhi sull'acqua che gli scorreva a' piedi, e pensò "è passata sotto il ponte!".
A. MANZONI (escritor italiano, 1785-1873), *I promessi sposi*, XVII.

4235. Desde o meio-dia, outras nuvens reagrupadas, leves e macias, por assim dizer, deslocavam-se iluminando com mil cores sem nome: aquele céu da Lombardia, tão belo quando é belo, tão esplêndido, tão pacífico.
Da mezzogiorno, altre nuvole ravvolte insieme, leggieri e soffici, per dir così, s'andavan lumeggiando di mille colori senza nome: quel cielo di Lombardia, così bello quand'è bello, così splendido, così in pace.
A. MANZONI (escritor italiano, 1785-1873), *I promessi sposi*, XVII.

4236. Vai, vai, pobre infeliz, não serás tu aquele que arruína Milão.
Va', va', povero untorello, non sarai tu quello che spianti Milano.
A. MANZONI (escritor italiano, 1785-1873), *I promessi sposi*, XXXIV.

4237. O marquês lhes fez uma grande festa, conduziu-os a uma bela copa, acomodou os esposos à mesa, com Agnese e com a vendedora; e antes de se retirar para jantar em outro lugar com dom Abbondio, quis ficar um pouco ali para fazer companhia aos convidados, e até ajudou a servi-los. Não passará pela cabeça de ninguém, no entanto, dizer que teria sido mais fácil arrumar uma única mesa. Apresentei-o a vós como um homem bom, mas não como um homem original.

Il marchese fece loro una gran festa, li condusse in un bel tinello, mise a tavola gli sposi, con Agnese e con la mercantessa; e prima di ritirarsi a pranzare altrove con don Abbondio, volle star lì un poco a far compagnia agl'invitati, e aiutò anzi a servirli. A nessuno verrà, spero, in testa di dire che sarebbe stata cosa più semplice fare addirittura una tavola sola. Ve l'ho dato per un brav'uomo, ma non per un originale.

A. MANZONI (escritor italiano, 1785-1873), *I promessi sposi*, XXXVIII.

4238. Plácida noite e verecundo raio / da lua cadente; e tu que despontas / entre a tácita selva sobre o penhasco, / núncio do dia; oh, imagens da natureza / que fostes um tempo deleitosas e caras aos meus olhos, / quando eu ainda ignorava a desesperada paixão de amor e meu destino implacável.

Placida notte, e verecondo raggio / della cadente luna; e tu che spunti / fra la tacita selva in su la rupe, / nunzio del giorno; oh dilettose e care / mentre ignote mi fur l'erinni e il fato, / sembianze agli occhi miei.

G. LEOPARDI (poeta italiano, 1798-1837), *Canti*, Ultimo canto di Saffo, 1-6.

4239. Do topo da torre antiga, / pássaro solitário, ao campo / vais cantando até morrer o dia; / e a harmonia vaga por este vale.

D'in su la vetta della torre antica, / passero solitario, alla campagna / cantando vai finché non more il giorno; / ed erra l'armonia per questa valle.

G. LEOPARDI (poeta italiano, 1798-1837), *Canti*, Il passero solitario, 1-4.

4240. Sempre estimei esta erma colina, / e esta sebe, que impede ao olhar / grande parte do longínquo horizonte.

Sempre caro mi fu quest'ermo colle, / e questa siepe, che da tanta parte / dell'ultimo orizzonte il guardo esclude.

G. LEOPARDI (poeta italiano, 1798-1837), *Canti*, L'infinito, 1-3.

4241. Na minha primeira idade, quando se espera / avidamente o dia festivo, depois que / ele se apagava, eu velava dolorosamente / em meu leito; e à tarda noite / um canto que se ouvia pelos caminhos / e distanciando-se morria pouco a pouco, / como agora me apertava o coração.

Nella mia prima età, quando s'aspetta / bramosamente il dì festivo, or poscia / ch'egli era spento, io dolroso, in veglia, / premea le piume; ed alla tarda notte / un canto che s'udìa per li sentieri / lontanando morire a poco a poco, / già similmente mi stringeva il core.
G. LEOPARDI (poeta italiano, 1798-1837), *Canti*, La sera del dì di festa, 40-6.

4242. Sílvia, ainda lembras / aquele tempo da tua vida mortal, / quando a beleza resplandecia / nos teus olhos risonhos e fugidios, / e tu, alegre e pensativa, preparavas-te para / ultrapassar o limiar da juventude?

Silvia, rimembri ancora / quel tempo della tua vita mortale, / quando beltà splendea / negli occhi tuoi ridenti e fuggitivi, / e tu, lieta e pensosa, il limitare / di gioventù salivi?
G. LEOPARDI (poeta italiano, 1798-1837), *Canti*, A Silvia, 1-6.

4243. A graciosa donzela vem do campo / ao cair da tarde, / com seu ramo de relva; e traz nas mãos / um pequeno maço de rosas e violetas, / com as quais, como é de costume, / prepara-se para ornar / no dia seguinte, dia de festa, o colo e os cabelos.

La donzelletta vien dalla campagna / in sul calar del sole, / col suo fascio dell'erba; e reca in mano / un mazzolin di rose e di viole, / onde, siccome suole, / ornare ella si appresta / dimane, al dì di festa, il petto e il crine.
G. LEOPARDI (poeta italiano, 1798-1837), *Canti*, Il sabato del villaggio, 1-7.

4244. Passou a tempestade: / ouço pássaros em festa, e a galinha, / novamente na rua, / repete seu cacarejar. Eis que o sereno / irrompe do poente à montanha; / os campos se descobrem / e o rio surge claro no vale.

Passata è la tempesta: / odo augelli far festa, e la gallina, / tornata in su la via / che ripete il suo verso. Ecco il sereno / rompe là da ponente alla montagna; / sgombrasi la campagna, / e chiaro nella valle il fiume appare.

G. Leopardi (poeta italiano, 1798-1837), *Canti*, La quiete dopo la tempesta, 1-7.

4245. O que fazes, lua, no céu? Dize-me, o que fazes / silenciosa lua?

Che fai tu, luna, in ciel? dimmi, che fai / silenziosa luna?

G. Leopardi (poeta italiano, 1798-1837), *Canti*, Canto notturno di un pastore errante dell'Asia, 1-2.

4246. Belas estrelas da Ursa, não pensei / que ainda voltaria a ter o hábito de contemplar-vos / cintilantes sobre o jardim paterno, / e de conversar convosco das janelas / desta casa onde morei quando criança / e vi o fim das minhas alegrias.

Vaghe stelle dell'Orsa, io non credea / tornare ancor per uso a contemplarvi / sul paterno giardino scintillanti, / e ragionar con voi dalle finestre / di questo albergo ove abitai fanciullo, / e delle gioie mie vidi la fine.

G. Leopardi (poeta italiano, 1798-1837), *Canti*, Le ricordanze, 1-6.

4247. Irmãos, a um mesmo tempo, Amor e Morte / criarei a sorte. / Coisas assim tão belas / no resto do mundo não há, não há nem nas estrelas.

Fratelli, a un tempo stesso, Amore e Morte / ingenerò la sorte. / Cose quaggiù sì belle / altre il mondo non ha, non han le stelle.

G. Leopardi (poeta italiano, 1798-1837), *Canti*, Amore e Morte, 1-4.

4248. Aqui, sobre o árido dorso / do formidável monte / exterminador Vesúvio, / que nem árvore nem flor alegra, / ao redor espalhas teus tufos solitários, / perfumada giesta.

Qui su l'arida schiena / del formidabil monte / sterminator Vesevo, / la qual null'altro allegra arbor né fiore, / tuoi cespi solitari intorno spargi, / odorata ginestra.

G. Leopardi (poeta italiano, 1798-1837), *Canti*, La ginestra, 1-6.

4249. Amelio, filósofo solitário, estava sentado, numa manhã de primavera, com seus livros, à sombra de uma casa na vila, e lia; comovido com o canto dos pássaros pelos campos, pouco a pouco passou a ouvir e a pensar, e deixou a leitura; por último, pegou a pena e, naquele mesmo lugar, escreveu o que segue. Os pássaros são, naturalmente, as criaturas mais alegres do mundo.

Amelio filosofo solitario, stando una mattina di primavera, co' suoi libri, seduto all'ombra di una sua casa in villa, e leggendo; scosso dal cantare degli uccelli per la campagna, a poco a poco datosi ad ascoltare e pensare, e lasciato il leggere; all'ultimo pose mano alla penna, e in quel medesimo luogo scrisse le cose che seguono. Sono gli uccelli naturalmente le più liete creature del mondo.

G. LEOPARDI (poeta italiano, 1798-1837), *Operette morali*, Elogio degli uccelli.

4250. VENDEDOR Almanaques, almanaques novos; lunários novos. Precisa de almanaques, senhor? PASSAGEIRO Almanaques para o Ano-novo? VENDEDOR Sim, senhor. PASSAGEIRO Acha que será feliz este Ano-novo? VENDEDOR Oh, ilustríssimo, sim, claro. PASSAGEIRO Como este ano que passou? VENDEDOR Muito, muito mais.

VENDITORE Almanacchi, almanacchi nuovi; lunari nuovi. Bisognano, signore, almanacchi? PASSEGGERE Almanacchi per l'anno nuovo? VENDITORE Sì signore. PASSEGGERE Credete che sarà felice quest'anno nuovo? VENDITORE Oh illustrissimo sì, certo. PASSEGGERE Come quest'anno passato? VENDITORE Più più assai.

G. LEOPARDI (poeta italiano, 1798-1837), *Operette morali*, Dialogo di un venditore d'almanacchi e di un passeggere.

4251. Vossa Excelência que me olha de través / pelas minhas poesias de pouco valor, / e me considera como antialemão / porque zombo dos patifes, / ouça o caso que me aconteceu recentemente / quando, ao passear uma manhã, / fui parar em Santo Ambrósio de Milão, / aquela igreja velha e fora de mão.

Vostra Eccellenza che mi sta in cagnesco / per que' pochi scherzucci di dozzina, / e mi gabella per antitedesco / perché metto le birbe alla berlina, / o senta il caso avvenuto di fresco / a me che, girellando una mattina, / càpito in Sant'Ambrogio di Milano, / in quello vecchio, là, fuori di mano.

G. GIUSTI (poeta italiano, 1809-1850), *Versi*, Sant'Ambrogio, 1-8.

4252. Fizeram na China / Uma máquina a vapor / Para comandar a guilhotina; / Tal máquina em três horas / Corta a cabeça de cem mil / Em fila.

Hanno fatto nella China / Una macchina a vapore / Per mandar la guigliottina; / Questa macchina in tre ore / Fa la testa a centomila / Messi in fila.

G. Giusti (poeta italiano, 1809-1850), *Versi*, I, La guigliottina a vapore.

4253. Andorinha peregrina, / que pousas sobre a varanda, / cantando novamente, a cada manhã, / aquela flébil canção, / o que queres me dizer com tuas palavras, / andorinha peregrina?

Rondinella pellegrina, / che ti posi in sul verone, / ricantando ogni mattina / quella flebile canzone, / che vuoi dirmi in tua favella, / pellegrina rondinella?

T. Grossi (poeta e romancista italiano, 1790-1853), *Marco Visconti*.

4254. Irmãos da Itália, / a Itália despertou; / com o elmo de Cipião / cingiu a cabeça. / Onde está a Vitória? / Ofereça-lhe a fronte [para ser coroada]; / pois Deus a criou / para ser escrava de Roma. // Estreitemo-nos em fila! / Estejamos prontos à morte; / a Itália chamou.

Fratelli d'Italia, / l'Italia s'è desta; / dell'elmo di Scipio / s'è cinta la testa. / Dov'è la Vittoria? / Le porga la chioma; / ché schiava di Roma / Iddio la creò. // Stringiamci a coorte! / Siam pronti alla morte; / Italia chiamò.

G. Mameli (poeta e patriota italiano, 1827-1849), *Fratelli d'Italia*.

4255. Passa uma gôndola / da cidade. / – Ei, você na gôndola, / alguma novidade? – / – A doença se alastra, / falta-nos o pão, / sobre a ponte flutua / bandeira branca.

Passa una gondola / della città. / – Ehi dalla gondola, / qual novità? – / – Il morbo infuria, / il pan ci manca, / sul ponte sventola / bandiera bianca.

A. Fusinato (poeta e patriota italiano, 1817-1889), *Addio a Venezia*.

4256. Adeus, minha querida, adeus, / O exército se vai; / E se eu também não me fosse / seria uma covardia!

Addio, mia bella, addio, / L'armata se ne va; / E se non partissi anch'io / sarebbe una viltà!

C. A. Bosi (poeta italiano, 1813-1886), *Versi e canti popolari d'un fiorentino*, Addio, mia bella, addio.

785

4257. Abrem-se os túmulos, levantam-se os mortos, / todos os nossos mártires ressuscitam! / As espadas em punho, os louros nos cabelos, / a chama e o nome – da Itália no coração!

Si scopron le tombe, si levano i morti, / i martiri nostri son tutti risorti! / Le spade nel pugno, gli allori alle chiome, / la fiamma ed il nome – d'Italia nel cor!

L. MERCANTINI (patriota e poeta italiano, 1821-1872), *Inno di Garibaldi*, 1-4.

4258. Eram trezentos, eram jovens e fortes, / e morreram! // Eu estava respigando de manhã, / quando vi um barco no meio do mar.

Eran trecento, eran giovani e forti, / e son morti! // Me ne andavo al mattino a spigolare, / quando ho visto una barca in mezzo al mare.

L. MERCANTINI (patriota e poeta italiano, 1821-1872), *La spigolatrice di Sapri*, 1-4.

4259. Casto poeta que adora a Itália, / velho compenetrado em santas visões, / podes morrer!... chegou a hora dos anticristos! / Cristo morreu de novo!

Casto poeta che l'Italia adora, / vegliardo in sante visioni assorto, / tu puoi morir!... degli anticristi è l'ora! / Cristo è rimorto!

E. PRAGA (escritor italiano, 1839-1875), *Penombre*, Preludio. A apóstrofe é para Manzoni.

4260. Sou luz e sombra; borboleta / angelical ou verme imundo, / sou um querubim decaído, / condenado a errar pelo mundo, / ou um demônio que sobe, / cansando as asas, / em direção a um céu distante.

Son luce ed ombra; angelica / farfalla o verme immondo, / sono un caduto chèrubo / dannato a errar sul mondo, / o un dèmone che sale, / affaticando l'ale, / verso un lontano ciel.

A. BOITO (poeta e músico italiano, 1842-1918), *Libro dei versi*, Dualismo, 1-7.

4261. Por que apressar a chegada / do dia negro? / Nos beijos meus te alegra, / dura tão pouco a vida! / Progênie empobrecida / que busca um bem distante, / em minha rósea mão / está a taça da vida.

Perché affrettar l'arrivo / della giornata negra? / Ne' baci miei t'allegra / o brevemente vivo! / Progenie impoverita / che cerchi un ben lontano, / nella mia rosea mano / è il nappo della vita.

G. PRATI (poeta italiano, 1814-1884), *Canto d'Igea*.

4262. E a ela estendendo com um sorriso / o crânio nu do pai morto: / "Vamos, Rosmunda, tens de ser forte: / bebe Rosmunda!".

E a lei porgendo con un sorriso / il nudo teschio del padre ucciso: / "Or via, Rosmunda, forte esser devi: / Rosmunda bevi!".

G. PRATI (poeta italiano, 1814-1884), *La cena d'Alboino re*, 53-6.

4263. Sobre o caderno fechado / de poetas famosos / do musgo materno / repousas distante, / repousas marmórea, / já filha das ondas, / retorcida concha.

Sul chiuso quaderno / di vati famosi, / dal musco materno / lontana riposi, / riposi marmorea, / dell'onde già figlia, / ritorta conchiglia.

G. ZANELLA (poeta italiano, 1820-1888), *Sopra una conchiglia fossile nel mio studio*, 1-7.

4264. Nobre pássaro que vai voando, / Se vens da doce terra itálica, / Dize-me, viste meu filho? Vi; / Era loiro, era branco, era feliz, / Sob o arco de um templo estava sepultado.

Nobile augello che volando vai, / Se vieni dalla dolce itala terra, / Dimmi, hai veduto il figlio mio? Lo vidi; / Era biondo, era bianco, era beato, / Sotto l'arco d'un tempio era sepolto.

A. ALEARDI (poeta italiano, 1812-1878), *Monte Circello*, Corradino di Svevia.

4265. Amo-te, ó piedoso boi; e me infundes no coração / Um sentimento doce de vigor e de paz.

T'amo, o pio bove; e mite un sentimento / Di vigore e di pace al cor m'infondi.

G. CARDUCCI (poeta italiano, 1835-1907), *Rime nuove*, Il bove, 1-2.

4266. O nevoeiro, dissolvendo-se numa chuva fina, / Sobe nas colinas de árvores eriçadas, / E sob o mistral / Brame e alveja o mar.

> *La nebbia a gl'irti colli / Piovigginando sale, / E sotto il maestrale / Urla e biancheggia il mar.*
>
> G. CARDUCCI (poeta italiano, 1835-1907), *Rime nuove*, San Martino, 1-4.

4267. A árvore à qual estendias / a pequenina mão, / a verde romãzeira / das belas flores vermelhas...

> *L'albero a cui tendevi / la pargoletta mano, / il verde melograno / da' bei vermigli fior...*
>
> G. CARDUCCI (poeta italiano, 1835-1907), *Rime nuove*, Pianto antico, 1-4.

4268. Os ciprestes altos e uniformes que em Bolgheri / chegam até o oratório de São Guido em fileira dupla, / como gigantes jovens correndo, / lançaram-se ao meu encontro e me olharam.

> *I cipressi che a Bolgheri alti e schietti / van da San Guido in duplice filar, / quasi in corsa giganti giovinetti / mi balzarono incontro e mi guardar.*
>
> G. CARDUCCI (poeta italiano, 1835-1907), *Rime nuove*, Davanti San Guido, 1-4.

4269. Correm entre o Celio e o Aventino / nuvens sombrias: o vento sopra úmido, partindo do campo / infestado: no fundo estão os montes cândidos, / brancos de neve.

> *Corron tra 'l Celio fosco e l'Aventino / le nubi: il vento dal pian tristo move / umido: in fondo stanno i monti albani / bianchi di neve.*
>
> G. CARDUCCI (poeta italiano, 1835-1907), *Odi barbare*, Dinanzi alle terme di Caracalla, 1-4.

4270. Brescia, leoa da Itália / mata sua sede com o sangue inimigo.

> *Brescia, leonessa d'Italia / beverata nel sangue nemico.*
>
> G. CARDUCCI (poeta italiano, 1835-1907), *Odi barbare*, Alla Vittoria, 39-40.

4271. De onde vieste? / Que séculos a nós / trouxeram-te tão doce e bela?

> *Onde venisti? Quali a noi secoli / sì mite e bella ti tramandarono?*
>
> G. CARDUCCI (poeta italiano, 1835-1907), *Odi barbare*, Alla Regina d'Italia, 1-2.

4272. Oh, a iluminação que segue / acidiosa por trás das árvores / entre os ramos gotejantes de chuva / bocejando a luz sobre a lama! // Flébil, aguda, estridente, assobia / a locomotiva que se aproxima. Plúmbeo / o céu e a manhã de outono / como um grande fantasma que está em torno.

Oh quei fanali come s'inseguono / accidïosi là dietro gli alberi, / tra i rami stillanti di pioggia / sbadigliando la luce su 'l fango! // Flebile, acuta, stridula fischia / la vaporiera da presso. Plumbeo / il cielo e il mattino d'autunno / come un grande fantasma n'è intorno.

G. CARDUCCI (poeta italiano, 1835-1907), *Odi barbare*, Alla stazione in una mattina d'autunno, 1-8.

4273. O imperador Frederico está em Como. / E eis que um mensageiro entra em Milão / desde a Porta Nova com as rédeas abandonadas. / "Povo de Milão", ele passa e pede, / "Escoltai para mim o cônsul Gherardo."

Sta Federico imperatore in Como. / Ed ecco un messaggero entra in Milano / Da Porta Nova a briglie abbandonate. / "Popolo di Milano" ei passa e chiede, / "Fatemi scorta al console Gherardo."

G. CARDUCCI (poeta italiano, 1835-1907), *Della "Canzone di Legnano"*, Il Parlamento, 1-4.

4274. Turiddu Macca, filho da senhora Nunzia, assim que voltou do exército, todo domingo se exibia na praça com o uniforme de atirador e o barrete vermelho, parecendo o homem do realejo, quando põe seus periquitos para ler a sorte. As moças o comiam com os olhos.

Turiddu Macca, il figlio della gnà Nunzia, come tornò da fare il soldato, ogni domenica si pavoneggiava in piazza coll'uniforme da bersagliere e il berretto rosso, che sembrava quello della buona ventura, quando mette su banco colla gabbia dei canarini. Le ragazze se lo rubavano cogli occhi.

G. VERGA (escritor italiano, 1840-1922), *Vita dei campi*, Cavalleria rusticana.

4275. Mau-pêlo era chamado assim porque tinha os cabelos ruivos; e tinha os cabelos ruivos porque era um rapaz malicioso e malvado, que tinha tudo para dar num malandro de primeira linha.

Malpelo si chiamava così perché aveva i capelli rossi; ed aveva i capelli rossi perché era un ragazzo malizioso e cattivo, che prometteva di riescire un fior di birbone.

G. VERGA (escritor italiano, 1840-1922), *Vita dei campi*, Rosso Malpelo.

4276. São Lourenço, eu sei por que tantas / estrelas ardem e caem pelo espaço tranqüilo, / por que tão grande pranto / resplandece no côncavo céu.

San Lorenzo, io lo so perché tanto / di stelle per l'aria tranquilla / arde e cade, perché sì gran pianto / nel concavo cielo sfavilla.

G. PASCOLI (poeta italiano, 1855-1912), *Myricae*, X Agosto, 1-4.

4277. Romagna banhada pelo sol, doce terra, / em que reinaram Guidi e Malatesta, / que teve até o cortês Barqueiro, / rei da estrada, rei da floresta.

Romagna solatìa, dolce paese, / cui regnarono Guidi e Malatesta, / cui tenne pure il Passator cortese / re della strada, re della foresta.

G. PASCOLI (poeta italiano, 1855-1912), *Myricae*, Romagna, 1-4.

4278. Minha mãe levantou um dedo no grande silêncio: / disse um nome... Soou alto um relincho.

Mia madre alzò nel gran silenzio un dito: / disse un nome... Sonò alto un nitrito.

G. PASCOLI (poeta italiano, 1855-1912), *Canti di Castelvecchio*, La cavalla storna, 61-2.

4279. A nuvem mais escura do dia / foi aquela que vejo mais rosada / na última noite.

La nube nel giorno più nera / fu quella che vedo più rosa / nell'ultima sera.

G. PASCOLI (poeta italiano, 1855-1912), *Canti di Castelvecchio*, La mia sera, 22-4.

4280. Há uma voz na minha vida, / que ouço no momento em que está morrendo; / voz cansada, voz perturbada, / com o tremor das palpitações.

C'è una voce nella mia vita, / che avverto nel punto che muore; / voce stanca, voce smarrita, / col tremito del batticuore.

G. PASCOLI (poeta italiano, 1855-1912), *Canti di Castelvecchio*, La voce, 1-4.

4281. Há algo de novo hoje no sol, / ou melhor, de antigo: vivo em outro lugar e sinto / que ao meu redor nasceram as violetas.

> *C'è qualcosa di nuovo oggi nel sole, / anzi d'antico: io vivo altrove, e sento / che sono intorno nate le viole.*

G. Pascoli (poeta italiano, 1855-1912), *Primi poemetti*, L'aquilone, 1-3.

4282. Ó foice de lua minguante / que brilhas sobre as águas desertas, / ó foice de prata, qual seara de sonhos / oscilas ao teu doce luar aqui embaixo!

> *O falce di luna calante / che brilli su l'acque deserte, / o falce d'argento, qual mèsse di sogni / ondeggia al tuo mite chiarore qua giù!*

G. D'Annunzio (escritor italiano, 1863-1938), *Canto novo*, Canto dell'ospite, VII, 1-4.

4283. Setembro, vamos embora. É tempo de migrar. / Agora na terra de Abruzzi os meus pastores / deixam os apriscos e partem para o mar.

> *Settembre, andiamo. È tempo di migrare. / Ora in terra d'Abruzzi i miei pastori / lascian gli stazzi e vanno verso il mare.*

G. D'Annunzio (escritor italiano, 1863-1938), *Laudi*, Alcyone, I pastori, 1-3.

4284. Cala. Nos limiares / do bosque não ouço / palavras que chamas / de humanas; mas ouço / palavras mais novas / pronunciadas por gotículas e folhas / distantes. / Ouve. Chove / das nuvens esparsas.

> *Taci. Su le soglie / del bosco non odo / parole che dici / umane; ma odo / parole più nuove / che parlano gocciole e foglie / lontane. / Ascolta. Piove / dalle nuvole sparse.*

G. D'Annunzio (escritor italiano, 1863-1938), *Laudi*, Alcyone, La pioggia nel pineto, 1-9.

4285. Que minhas palavras na noite te soem / frescas como o rumor que fazem as folhas / da amoreira na mão de quem as colhe / silencioso.

> *Fresche le mie parole ne la sera / ti sien come il fruscio che fan le foglie / del gelso ne la man di chi le coglie / silenzioso.*

G. D'Annunzio (escritor italiano, 1863-1938), *Laudi*, Alcyone, La sera fiesolana, 1-4.

4286. Somos trinta de uma sorte, / e trinta e um com a morte. / Eia, a última! Alalá!

> *Siamo trenta d'una sorte, / e trentuno con la morte. / Eia, l'ultima! Alalà!*
>
> G. D'ANNUNZIO (escritor italiano, 1863-1938), *Canti della guerra latina*, La canzone del Quarnaro, 1-3.

4287. Passa um dia, passa outro / nunca volta o nosso Anselmo, / como era muito esperto, / foi à guerra e pôs o elmo.

> *Passa un giorno, passa l'altro / mai non torna il nostro Anselmo, / perché egli era molto scaltro / andò in guerra, e mise l'elmo.*
>
> G. VISCONTI VENOSTA (literato italiano, 1831-1914), *La partenza del crociato*, 1-4.

4288. Senhorita Felicidade, a esta hora / desce à noite no jardim antigo / da tua casa. No meu coração amigo / desce a lembrança. E ainda te revejo. / E revejo Ivrea e a cerúlea Dora / e aquela doce terra que não digo.

> *Signorina Felicita, a quest'ora / scende la sera nel giardino antico / della tua casa. Nel mio cuore amico / scende il ricordo. E ti rivedo ancora. / E Ivrea rivedo e la cerulea Dora / e quel dolce paese che non dico.*
>
> G. GOZZANO (poeta italiano, 1883-1916), *I Colloqui*, La Signorina Felicita, I.

4289. Beleza repousada dos sótãos / onde dorme o lixo dos séculos!

> *Bellezza riposata dei solai / dove il rifiuto secolare dorme!*
>
> G. GOZZANO (poeta italiano, 1883-1916), *I Colloqui*, La Signorina Felicita, IV.

4290. O grande lustre vetusto que pende no meio do salão / e multiplica no quartzo as boas coisas de péssimo gosto, / o cuco das horas que canta, as cadeiras ornadas com damasco / carmesim... renasço, renasço em mil oitocentos e cinqüenta.

> *Il gran lampadario vetusto che pende a mezzo il salone / e immilla nel quarzo le buone cose di pessimo gusto, / il cucù dell'ore che canta, le sedie parate a damasco / chèrmisi... rinasco, rinasco nel mille ottocento cinquanta.*
>
> G. GOZZANO (poeta italiano, 1883-1916), *I Colloqui*, L'amica di Nonna Speranza.

4291. Estamos na mesma. Faze-me o favor: / por que ele a descobriu?

Porque era ele [Cristóvão Colombo]. / Se em vez dele tivesse sido um estrangeiro, / o que teria descoberto? Nadinha de nada! // Já ele descobriu o inacreditável: / e se tivesse sido apoiado, / teria feito o impossível. // Se tivesse tido os instrumentos de navegação / que existem nos dias de hoje / teria descoberto umas vinte Américas!

Risémo sempre lì. Fammi er piacere: / lui perché la scoprì? Perché era lui. / Si invece fosse stato un forestiere, / che ce scopriva? Li mortacci sui! // Quello invece t'inventa l'incredibile: / che si poi quello avesse avuto appoggi, / ma quello avrebbe fatto l'impossibile. // Si ci aveva l'ordegni di marina / che se troveno adesso ar giorno d'oggi / ma quello ne scopriva 'na ventina!

C. PASCARELLA (poeta dialetal italiano, 1858-1940), *La scoperta de l'America*, L.

4292. Ouve-se um piano / à noite em lugar distante, / e a música parece / suspirar no ar. // É uma hora: a ruela dorme / sobre esta canção de ninar / feita de um motivo antigo / de tanto tempo atrás.

Nu pianefforte 'e notte / sona luntanamente, / e a museca se sente / pe ll'aria suspirà. // È ll'una: dorme 'o vico / ncopp'a sta nonna nonna / 'e nu motivo antico / 'e tanto tiempo fa.

S. DI GIACOMO (poeta dialetal italiano, 1860-1934), *Ariette e sunette*, Pianefforte 'e notte.

4293. Minha pobre / fonte / com o mal / que tens / verás / que ainda vais / me matar. / Clof, clop, cloch, / cloffete, / cloppete, / clocchete, / chchch...

Mia povera / fontana / col male / che ài / finisci / vedrai / che uccidi / me pure. / Clof, clop, cloch, / cloffete, / cloppete, / clocchete, / chchch...

A. PALAZZESCHI (escritor italiano, 1885-1974), *Poemi*, La fontana malata.

4294. O drama para mim consiste apenas nisto, senhor: na consciência que tenho de que cada um de nós – veja bem – se crê como sendo "um", mas não é verdade: é "tantos", senhor, "tantos" segundo todas as possibilidades de ser que existem em nós: "um" com este, "um" com aquele – vários! E com a ilusão, no entanto, de ser sempre "um por todos", e sempre "este um" que acreditamos ser, em cada ato nosso.

Il dramma per me è tutto qui, signore: nella coscienza che ho, che ciascuno di noi – veda – si crede "uno" ma non è vero: è "tanti", signore, "tanti" secondo tutte le possibilità d'essere che sono in noi: "uno" con questo, "uno" con quello – diversissimi! E con l'illusione, intanto, d'esser sempre "uno per tutti", e sempre "quest'uno" che ci crediamo, in ogni nostro atto.

L. PIRANDELLO (escritor italiano, 1867-1936), *Seis personagens à procura do autor*, Primeira parte.

4295. Quem sabe se parando de fumar eu não teria me transformado no homem ideal e forte que esperava ser? Talvez tenha sido tal dúvida que me uniu ao meu vício, porque é um modo cômodo de viver aquele de achar-se grande, de uma grandeza latente.

Chissà se cessando di fumare io sarei divenuto l'uomo ideale e forte che m'aspettavo? Forse fu tale dubbio che mi legò al mio vizio perché è un modo comodo di vivere quello di credersi grande di una grandezza latente.

I. SVEVO (escritor italiano, 1861-1928), *A consciência de Zeno*, 3.

4296. Em vão, em vão luto / para possuir os dias / que me devastam rumorosos. / Afogo-me no tempo.

Invano, invano lotto / per possedere i giorni / che mi travolgono rumorosi. / Io annego nel tempo.

V. CARDARELLI (poeta italiano, 1887-1959), *Poesie*, Alla deriva.

4297. Ilumino-me / imensamente.

M'illumino / d'immenso.

G. UNGARETTI (poeta italiano, 1888-1970), *L'allegria*, Mattina.

4298. Algumas alianças amorosas duram / tanto quanto uma vida ou mais. / Sou um amor que durou um mês, / e foi verdadeiro amor.

Durano sì certe amorose intese / quanto una vita e più. / Io so un amore che ha durato un mese, / e vero amore fu.

U. SABA (poeta italiano, 1883-1957), *Cose leggere e vaganti*, L'addio.

4299. E como podíamos cantar / com o pé estrangeiro sobre o coração, / entre os mortos abandonados nas praças...

> *E come potevamo noi cantare / con il piede straniero sopra il cuore, / fra i morti abbandonati nelle piazze...*
>
> S. QUASIMODO (poeta italiano, 1901-1968), *Giorno dopo giorno*, Alle fronde dei salici, 1-3.

4300. Tíndari, és agradável / entre largas colinas, suspenso sobre as águas / das doces ilhas do deus, / hoje vens a mim / e te submetes de coração.

> *Tindari, mite ti so / fra larghi colli pensile sull'acque / dell'isole dolci del dio, / oggi m'assali / e ti chini in cuore.*
>
> S. QUASIMODO (poeta italiano, 1901-1968), *Acque e terre*, Vento a Tindari.

4301. Não nos perguntes qual fórmula pode te abrir mundos, / tal como uma sílaba torta e seca como um galho. / Apenas isso podemos te dizer hoje, / o que *não* somos, o que *não* queremos.

> *Non domandarci la formula che mondi possa aprirti, / sì qualche storta sillaba e secca come un ramo. / Codesto solo oggi possiamo dirti, / ciò che* non *siamo, ciò che* non *vogliamo.*
>
> E. MONTALE (poeta italiano, 1896-1981), *Ossi di seppia*, Non chiederci la parola, 9-12.

4302. Os redemoinhos levantam a poeira / sobre os tetos, em vórtices, e sobre as esplanadas / desertas, onde os cavalos encapuzados / farejam a terra, parados diante / dos vidros reluzentes dos hotéis. / Na alameda, em frente ao mar, desces.

> *I turbini sollevano la polvere / sui tetti, a mulinelli, e sugli spiazzi / deserti, ove i cavalli incappucciati / annusano la terra, fermi innanzi / ai vetri luccicanti degli alberghi. / Sul corso, in faccia al mare, tu discendi.*
>
> E. MONTALE (poeta italiano, 1896-1981), *Ossi di seppia*, Arsenio, 1-6.

4303. Foi onde a ponte de madeira / aponta em Porto Corsini para alto-mar / e poucos homens, quase imóveis, afundam / ou puxam as redes. Acenando / com a mão, indicavas à outra margem / invisível a tua verdadeira pátria.

> *Fu dove il ponte di legno / mette a Porto Corsini sul mare alto / e rari uomini, quasi immoti, affondano / o salpano le reti. Con un segno / della mano additavi all'altra sponda / invisibile la tua patria vera.*
>
> E. MONTALE (poeta italiano, 1896-1981), *Le occasioni*, Dora Markus, I, 1-6.

4304. Tu não lembras a casa dos aduaneiros / na subida do rochedo inclinado: / desolada te espera desde a noite / em que nela entrou o enxame dos teus pensamentos / e ali ficou irrequieto.

> *Tu non ricordi la casa dei doganieri / sul rialzo a strapiombo sulla scogliera: / desolata t'attende dalla sera / in cui v'entrò lo sciame dei tuoi pensieri / e vi sostò irrequieto.*
>
> E. MONTALE (poeta italiano, 1896-1981), *Le occasioni*, La casa dei doganieri, 1-5.

4305. Depois de ti fui o único / para quem ele existiu. Mas é possível, / bem sabes, amar uma sombra, sombras nós mesmos.

> *Dopo di te sono rimasto il solo / per cui egli è esistito. Ma è possibile, / lo sai, amare un'ombra, ombre noi stessi.*
>
> E. MONTALE (poeta italiano, 1896-1981), *Xenia*, I, 13.

4306. Aquele que de longe me convida / avança sempre mais: / e nada é meu na travessia.

> *Quel che da lungi m'invita / va sempre più in là: / e nulla è mio al passaggio.*
>
> C. REBORA (poeta italiano, 1885-1957), *Le poesie*, Sempre più in là.

4307. Fomos os Gattopardos, os Leoni: quem nos substituirá serão os pequenos abutres, as hienas; e todos, leopardos, abutres e ovelhas, continuaremos a nos achar o sal da terra.

> *Noi fummo i Gattopardi, i Leoni: chi ci sostituirà saranno gli sciacalletti, le iene; e tutti quanti, gattopardi, sciacalli e pecore, continueremo a crederci il sale della terra.*
>
> G. TOMASI DI LAMPEDUSA (escritor italiano, 1896-1957), *Il Gattopardo*.

4308. Virá a morte e terá teus olhos / esta morte que nos acompanha / da manhã até a noite, insone, / surda, como um velho remorso / ou um vício absurdo.

> *Verrà la morte e avrà i tuoi occhi / questa morte che ci accompagna / dal mattino alla sera, insonne, / sorda, come un vecchio rimorso / o un vizio assurdo.*
>
> C. Pavese (escritor italiano, 1908-1950), *Verrà la morte e avrà i tuoi occhi*.

4309. Salta gafanhoto fremindo puro-pura / no vazio atirado *outré* / avanças mais / intangível – no final das contas – / no final das contas / no final / estás mais distante / vejo-te no fundo da minha noite-fechada-escura / identifico-te entre os não sic os sigh / desidentifico-te / só não só tão só.

> *Salti saltabecchi friggendo puro-pura / nel vuoto spinto outré / ti fai più in là / intangibile – tutto sommato – / tutto sommato / tutto / sei più in là / ti vedo nel fondo della mia serachiusascura / ti identifico tra i non sic i sigh / ti disidentifico / solo no solo sì solo.*
>
> A. Zanzotto (poeta italiano, nascido em 1921), *La Beltà*, Oltranza oltraggio.

OS *INCIPIT* DAS OBRAS

Os livros "sagrados"

4310. No princípio Deus criou o céu e a terra.
   In principio creavit Deus caelum et terram.
   GÊNESE (livro do Antigo Testamento), I, 1.

4311. 1. No nome de Deus, o clemente, o misericordioso. 2. Louvor a Deus, Senhor do universo. 3. O clemente, o misericordioso. 4. Senhor do dia do juízo.
   ALCORÃO (livro sagrado islâmico), Prólogo, 1-4.

A literatura grega

4312. Começamos nosso canto com as Musas heliconianas, que habitam o excelso e sublime monte Hélicon! Geralmente dançam com passos ágeis em torno da fonte azulina e do altar do tão potente Cronos; mas, muitas vezes, depois de banharem os corpos no Permesso, ou no Hipocrene, ou ainda no sagrado Olmio, também sobre o altíssimo cume entrelaçam, com rápidas evoluções elegantes, doces figuras de dança.

   Μουσάων Ἑλικωνιάδων ἀρχώμεθ' ἀείδειν, / αἵ θ' Ἑλικῶνος ἔχουσιν ὄρος μέγα τε ζάθεόν τε / καί τε περὶ κρήνην ἰοειδέα πόσσ' ἁπαλοῖσιν / ὀρχεῦνται καὶ βωμὸν ἐρισθενέος Κρονίωνος. / καί τε λοεσσάμεναι τέρενα χρόα Περμησσοῖο / ἢ Ἵππου κρήνης ἢ Ὀλμειοῦ ζαθέοιο / ἀκροτάτῳ Ἑλικῶνι χοροὺς ἐνεποιήσαντο / καλούς, ἱμερόεντας.

   HESÍODO (poeta grego, séc. VIII-VII a.C.), *Teogonia*, proêmio.

4313. Ó Musas da Pieria, que dais a glória com os poemas, cantai aqui o vosso pai Zeus, por obra do qual os homens mortais são igualmente ilustres e obscuros, conhecidos e ignorados segundo a vontade do poderoso Zeus.

> Μοῦσαι Πιερίηθεν ἀοιδῇσιν κλείουσαι / δεῦτε, Δί᾽ ἐννέπετε, σφέτερον πατέρ᾽ ὑμνείουσαι· / ὅν τε διὰ βροτοὶ ἄνδρες ὁμῶς ἄφατοί τε φατοί τε, / ῥητοί τ᾽ ἄρρητοί τε Διὸς μεγάλοιο ἕκητι.
>
> HESÍODO (poeta grego, séc. VIII-VII a.C.), *Os trabalhos e os dias*, proêmio.

4314. Canta-me, ó Diva, a ira funesta de Aquiles, / Filho de Peleu, que provocou infinitas / Dores aos Aqueus, precipitou no Hades / Tantas almas heróicas, e dos corpos / Fez presa a cães e pássaros vorazes: / Cumpria-se a vontade de Júpiter, / Desde a contenda que separou Atrida, / Rei dos guerreiros, e o divino Aquiles.

> Μῆνιν ἄειδε, θεά, Πηληϊάδεω Ἀχιλῆος / οὐλομένην, ἣ μυρί᾽ Ἀχαιοῖς ἄλγε᾽ ἔθηκε, / πολλὰς δ᾽ ἰφθίμους ψυχὰς Ἄϊδι προΐαψεν / ἡρώων, αὐτοὺς δὲ ἑλώρια τεῦχε κύνεσσιν / οἰωνοῖσί τε πᾶσι, Διὸς δ᾽ ἐτελείετο βουλή, / ἐξ οὗ δὴ τὰ πρῶτα διαστήτην ἐρίσαντε / Ἀτρεΐδης τε ἄναξ ἀνδρῶν ·καὶ δῖος Ἀχιλλεύς.
>
> HOMERO (poeta grego, séc. VIII-VII a.C.), *Ilíada*, I.

4315. Musa, fala-me daquele homem tão habilidoso / que muito vagou, depois de ter destruído / a cidade sagrada de Tróia; / ele, que viu muitas cidades e conheceu / a índole de muitas pessoas; e, por sobre o mar, / sofreu tantas aflições em seu coração, / a fim de salvar a própria vida / e trazer de volta seus companheiros: mas em vão / foi seu desejo de reconduzi-los, / pois todos pereceram por culpa própria.

> Ἄνδρα μοι ἔννεπε, Μοῦσα, πολύτροπον, ὃς μάλα πολλὰ / πλάγχθη, ἐπεὶ Τροίης ἱερὸν πτολίεθρον ἔπερσε· / πολλῶν δ᾽ ἀνθρώπων ἴδεν ἄστεα καὶ νόον ἔγνω, / πολλὰ δ᾽ ὅ γ᾽ ἐν πόντῳ πάθεν ἄλγεα ὃν κατὰ θυμόν, / ἀρνύμενος ἥν τε ψυχὴν καὶ νόστον ἑταίρων. / ἀλλ᾽ οὐδ᾽ ὣς ἑτάρους ἐρρύσατο, ἱέμενός περ· / αὐτῶν γὰρ σφετέρῃσιν ἀτασθαλίῃσιν ὄλοντο.
>
> HOMERO (poeta grego, séc. VIII-VII a.C.), *Odisséia*, I.

4316. A mim parece santo como um deus / o homem que se encontra sentado diante de ti, e ouve / de perto as tuas doces palavras / e o teu doce / riso amoroso.

Φαίνεταί μοι κῆνος ἴσος θέοισιν / ἔμμεν' ὤνηρ, ὄττις ἐνάντιός τοι / ἰσδάνει καὶ πλάσιον ἆδυ φωνεί- / σας ὐπακούει / καὶ γελαίσας ἰμέροεν.

Safo (poetisa grega, séc. VII-VI a.C.), *Fragmentos*, 2.

4317. Ótima é a água.

Ἄριστον μὲν ὕδωρ.

Píndaro (poeta grego, 518-438 a.C.), *Odes*, Primeira olímpica, 1.

4318. Faz um ano que imploro aos deuses / o fim de vigilância / tão árdua, que cumpro todo encolhido, / com a cabeça entre os braços, como um cão, / observando o concílio dos astros noturnos / (o nascimento e o ocaso das estrelas) / e os fúlgidos senhores do éter, / que o verão e o inverno trazem aos homens. / Continuo absorvido em observar / o sinal da chama, a viva / luz do fogo, que de Tróia trará / o anúncio da vitória: / pois assim o quer firmemente / um coração de mulher.

Θεοὺς μὲν αἰτῶ τῶνδ' ἀπαλλαγὴν πόνων / φρουρᾶς ἐτείας μῆκος, ἥν κοιμώμενος / στέγαις 'Ατρειδῶν ἄγκαθεν, κυνὸς δίκην, / ἄστρων κάτοιδα νυκτέρων ὁμήγυριν, / καὶ τοὺς φέροντας χεῖμα καὶ θέρος βροτοῖς / λαμπροὺς δυνάστας, ἐμπρέποντας αἰθέρι / [ἀστέρας, ὅταν φθίνωσιν, ἀντολάς τε τῶν]. / καὶ νῦν φυλάσσω λαμπάδος τὸ σύμβολον, / αὐγὴν πυρὸς φέρουσαν ἐκ Τροίας φάτιν / ἁλώσιμόν τε βάξιν· ὧδε γὰρ κρατεῖ / γυναικὸς ἀνδρόβουλον ἐλπίζον κέαρ.

Ésquilo (trágico grego, c. 525-456 a.C.), *Agamêmnon*, Prólogo.

4319. Sou Dioniso, filho de Zeus, / que Sémele, filha do rei Cadmo, / agitada por fulgor relampejante, / gerou um dia. E então vim / à terra de Tebas...

Ἥκω Διὸς παῖς τήνδε Θηβαίων χθόνα / Διόνυσος, ὃν τίκτει ποθ' ἡ Κάδμου κόρη / Σεμέλη, λοχευθεῖσ' ἀστραπηφόρῳ πυρί.

Eurípides (trágico grego, 485-406 a.C.), *As Bacantes*, Prólogo, 1-3.

4320. Ó meus filhos, nova prole desta antiga cidade de Cadmo, / por que vos prostrais junto a esses altares / com os raminhos dos suplicantes nas mãos? Por toda parte / incensos, cânticos e gemidos / inundam a cidade. Não quis ser informado pelos

outros / da causa de vossa tristeza. / Vim pessoalmente, eu, / que todos chamam de Édipo.

*Ὦ τέκνα, Κάδμου τοῦ πάλαι νέα τροφή, / τίνας ποθ' ἕδρας τάσδε μοι θοάζετε / ἱκτηρίοις κλάδοισιν ἐξεστεμμένοι; / πόλις δ' ὁμοῦ μὲν θυμιαμάτων γέμει, / ὁμοῦ δὲ παιάνων τε καὶ στεναγμάτων· / ἀγὼ δικαιῶν μὴ παρ' ἀγγέλων, τέκνα, / ἄλλων ἀκούειν αὐτὸς ὧδ' ἐλήλυθα, / ὁ πᾶσι κλεινὸς Οἰδίπους καλούμενος.

Sófocles (trágico grego, 496-406 a.C.), *Édipo rei*, Prólogo.

4321. Ai de mim, ó potente Júpiter, como são longas / estas noites! Não acabam mais. Nunca mais / amanhecerá o dia? E, no entanto, já faz tempo que ouvi / o galo, mas os servos ainda roncam... / ... / (olhando o filho) E nem este janota / acorda durante a noite, mas fica peidando / todo enrolado num monte de peles.

'Ἰοὺ ἰού· / ὦ Ζεῦ βασιλεῦ, τὸ χρῆμα τῶν νυκτῶν ὅσον· / ἀπέραντον. οὐδέποθ' ἡμέρα γενήσεται; / καὶ μὴν πάλαι γ' ἀλεκτρυόνος ἤκουσ' ἐγώ· / οἱ δ' οἰκέται ῥέγκουσιν... / ... / ἀλλ' οὐδ' ὁ χρηστὸς οὑτοσὶ νεανίας / ἐγείρεται τῆς νυκτός, ἀλλὰ πέρδεται / ἐν πέντε σισύραις ἐγκεκορδυλημένος.

Aristófanes (comediógrafo grego, c. 445-c. 385 a.C.), *As nuvens*, Prólogo, 1-5, 8-10.

4322. Equécrates O dia em que Sócrates tomou o veneno no cárcere, estavas com ele, ó Fédon? Ou ouviste a notícia de outra pessoa? Fédon Eu estava sim, ó Equécrates.

EXEKRATHS Αὐτός, ὦ Φαίδων, παρεγένου Σωκράτει ἐκείνῃ τῇ ἡμέρᾳ, ᾗ τὸ φάρμακον ἔπιεν ἐν τῷ δεσμωτηρίῳ, ἢ ἄλλου του ἤκουσας; *FAIDVN* Αὐτός, ὦ 'Εχέκρατες.

Platão (filósofo grego, 427-347 a.C.), *Fédon*, 57 a.

4323. Heródoto de Halicarnasso expõe aqui o resultado da pesquisa conduzida por ele, a fim de que a lembrança de tantos acontecimentos humanos não seja apagada pelo tempo, de que não permaneçam obscuros os grandes e admiráveis feitos dos gregos e dos bárbaros e de que se conheçam, além disso, as causas pelas quais estes entraram em guerra entre si.

Ἡροδότου Ἁλικαρνησσέος ἱστορίης ἀπόδεξις ἥδε, ὡς μήτε τὰ γενόμενα ἐξ ἀνθρώπων τῷ χρόνῳ ἐξίτηλα γένηται, μήτε ἔργα μεγάλα τε καὶ θωμαστά, τὰ μὲν Ἕλλησι τὰ δὲ βαρβάροισι ἀποδεχθέντα, ἀκλεᾶ γένηται, τά τε ἄλλα καὶ δι' ἣν αἰτίην ἐπολέμησαν ἀλλήλοισι.

HERÓDOTO (historiador grego, c. 484-430 a.C.), *Histórias*, Proêmio.

4324. O ateniense Tucídides contou a guerra surgida entre as cidades do Peloponeso e Atenas com suas várias vicissitudes. Começou a descrevê-la imediatamente, aos primeiros indícios de hostilidade, prevendo que tal guerra seria importante e, dentre todas as precedentes, certamente a mais digna de consideração.

Θουκυδίδης Ἀθηναῖος ξυνέγραψε τὸν πόλεμον τῶν Πελοποννησίων καὶ Ἀθηναίων, ὡς ἐπολέμησαν πρὸς ἀλλήλους, ἀρξάμενος εὐθὺς καθισταμένου καὶ ἐλπίσας μέγαν τε ἔσεσθαι καὶ ἀξιολογώτατον τῶν προγεγενημένων.

TUCÍDIDES (historiador grego, c. 460-c. 404 a.C.), *História da Guerra do Peloponeso*, I, 1.

4325. Já outras vezes antes desta, ao refletir sobre esta questão, fiquei admirado, e talvez nunca deixarei de me admirar, com o fato de haver tantas diferenças de comportamento entre os gregos, embora a Grécia inteira esteja sob o mesmo céu e os gregos sejam todos educados de forma semelhante.

Ἤδη μὲν καὶ πρότερον πολλάκις ἐπιστήσας τὴν διάνοιαν ἐθαύμασα, ἴσως δὲ οὐδὲ παύσομαι θαυμάζων, τί γὰρ δήποτε, τῆς Ἑλλάδος ὑπὸ τὸν αὐτὸν ἀέρα κειμένης καὶ πάντων τῶν Ἑλλήνων ὁμοίως παιδευομένων, συμβέβηκεν ἡμῖν οὐ τὴν αὐτὴν τάξιν τῶν τρόπων ἔχειν.

TEOFRASTO (filósofo e cientista grego, 371-288 a.C.), *Os caracteres*, Proêmio.

4326. É começando por ti, Febo, que me lembrarei das proezas / dos heróis antigos que, pelas bocas do Ponto / e pelos penhascos ciâneos, executando os comandos de Pelia, / guiaram Argos, a sólida nau, rumo ao velo de ouro.

Ἀρχόμενος σέο, Φοῖβε, παλαιγενέων κλέα φωτῶν / μνήσομαι οἳ Πόντοιο κατὰ στόμα καὶ διὰ πέτρας / Κυανέας βασιλῆος ἐφημοσύνῃ Πελίαο / χρύσειον μετὰ κῶας ἐύζυγον ἤλασαν Ἀργώ.

APOLÔNIO DE RODES (poeta grego, c. 295-215 a.C.), *Os argonautas*, I, 1-4.

4327. Se aqueles que antes de mim escreveram sobre a história tivessem casualmente deixado os elogios de lado, talvez tivesse sido necessário incitar todos ao estudo profícuo e prazeroso desta fonte de memórias, visto que para os homens não existe meio mais seguro de tornar-se melhor do que a consciência do passado.

Εἰ μὲν τοῖς πρὸ ἡμῶν ἀναγράφουσι τὰς πράξεις παραλελεῖφθαι συνέβαινε τὸν ὑπὲρ αὐτῆς τῆς ἱστορίας ἔπαινον, ἴσως ἀναγκαῖον ἦν τὸ προτρέπεσθαι πάντας πρὸς τὴν αἵρεσιν καὶ παραδοχὴν τῶν τοιούτων ὑπομνημάτων, διὰ τὸ μηδεμίαν ἑτοιμοτέραν εἶναι τοῖς ἀνθρώποις διόρθωσιν τῆς τῶν προγεγενημένων πράξεων ἐπιστήμης.

Políbio (historiador grego, c. 202-120 a.C.), *Histórias*, I, 1.

A literatura latina

4328. Não vos admireis: / em duas palavras vos direi quem sou. / Sou o Protetor doméstico daquela / casa, de onde me vistes sair. / Há muitos anos habito-a e protejo-a / para o avô e para o pai / daquele que agora a possui. O avô / em grande segredo e com longas súplicas / confiou-me um belo pataco de ouro / enterrando-o em meio à lareira / e pedindo que eu o guardasse bem.

Ne quis miretur qui sim, paucis eloquar. / Ego Lar sum familiaris ex hac familia / unde exeuntem me aspexistis. Hanc domum / iam multos annos est quom possideo et colo / patri avoque iam huius qui nunc hic habet. / Sed mihi avos huius obsecrans concredidit / thesaurum auri clam omnis: in medio foco / defodit, venerans me, ut id servarem sibi.

Plauto (comediógrafo latino, c. 250-184 a.C.), *Aulularia*, Prólogo.

4329. Stórax! Esta noite Ésquino não voltou do jantar, nem seus escravos que foram ao seu encontro. É realmente verdade o que dizem: se te ausentares, é melhor que se verifiquem os males que tua mulher te deseja.

Storax! – non rediit hac nocte a cena Aeschinus / neque servolorum quisquam, qui advorsum iverant. / Profecto hoc vere dicunt: si abis uspiam / aut ibi si cesses, evenire ea satius est / quae in te uxor dicit.

Terêncio (comediógrafo latino, 185-159 a.C.), *Os irmãos*, I, 1, 26-30.

4330. Todos os homens que se esforçam para superar os outros animais devem tentar, de todas as maneiras, não passar a vida em silêncio como os animais, que a natureza quis pronos e obedientes apenas no ventre.

Omnis homines, qui sese student praestare ceteris animalibus, summa ope niti decet, ne vitam silentio transeant veluti pecora, quae natura prona atque ventri oboedientia finxit.
SALÚSTIO (historiador latino, 86-35 a.C.), *A conjuração de Catilina*, I.

4331. Os homens se queixam sem razão da sua natureza, pois, frágil e de vida breve como é, acaba sendo governada mais pelo acaso do que pela virtude.

Falso queritur de natura sua genus humanum, quod imbecilla atque aevi brevis forte potius quam virtute regatur.
SALÚSTIO (historiador latino, 86-35 a.C.), *A guerra de Jugurta*, I.

4332. Alma Vênus, geradora dos Enéas, volúpia dos homens e dos deuses...

Aeneadum genetrix, hominum divomque voluptas / alma Venus...
LUCRÉCIO (poeta latino, c. 98-55 a.C.), *Da natureza*, I, 1-2.

4333. Em sua totalidade, a Gália é dividida em três partes, das quais uma é habitada pelos belgas, outra pelos aquitanenses, e a terceira por aqueles que em sua língua são chamados de celtas na nossa Gália.

Gallia est omnis divisa in partes tres, quarum unam incolunt Belgae, aliam Aquitani, tertiam qui ipsorum lingua Celtae, nostra Galli appellantur.
CÉSAR (político e escritor romano, 100-44 a.C.), *A guerra gálica*, I, 1.

4334. Depois que a carta de César foi entregue aos cônsules, a muito custo conseguiu-se deles, e graças às enérgicas insistências dos tribunos da plebe, que ela fosse lida no senado; mas não se conseguiu que se abrisse a discussão sobre seu conteúdo.

Litteris C. Caesaris consulibus redditis aegre ab his impetratum est summa tribunorum plebis contentione ut in senatu recitarentur; ut vero ex litteris ad senatum referretur, impetrari non potuit.

CÉSAR (político e escritor romano, 100-44 a.C.), *A guerra civil*, I, 1.

4335. A quem dedicarei este novo e simpático libreto, / ainda há pouco polido com pedra-pomes seca? / A ti, Cornélio.

Cui dono lepidum novum libellum / arida modo pumice expolitum? / Corneli, tibi.

CATULO (poeta latino, 87-54 a.C.), *Poesias*, I, 1-3.

4336. Até quando, Catilina, abusarás da nossa paciência?

Quo usque tandem abutere, Catilina, patientia nostra?

CÍCERO (escritor e político romano, 106-43 a.C.), *Catilinárias*, I, 1.

4337. É verdade que tu, ó filho de Marcos, já há um ano discípulo de Crátipo e em Atenas, deves ter uma grande bagagem de preceitos e princípios filosóficos devido ao grande renome do maestro e da cidade, o primeiro podendo aumentar teu conhecimento com seu saber, e a segunda, com as instituições; no entanto, assim como sempre uni para meu próprio proveito as letras gregas com as latinas, não apenas no estudo da filosofia, mas também no exercício da eloqüência, penso que deverias fazer o mesmo, a fim de te tornar igualmente entendedor no uso de uma e de outra língua.

Quamquam te, Marce fili, annum iam audientem Cratippum, idque Athenis, abundare oporteat praeceptis institutisque philosophiae, propter summam et doctoris auctoritatem et urbis, quorum alter te scientia augere potest, altera exemplis, tamen, ut ipse ad meam utilitatem semper cum Graecis Latina coniunxi, neque id in philosophia solum, sed etiam in dicendi exercitatione feci, idem tibi censeo faciendum, ut par sis in utriusque orationis facultate.

CÍCERO (escritor e político romano, 106-43 a.C.), *De Officiis*, I, 1.

4338. Títiro, tu repousando sob a vasta cúpula de uma faia, / preparas um canto silvestre na gaita sutil; / deixamos as fronteiras e os doces campos, / fugimos da pátria.

Tityre, tu patulae recubans sub tegmine fagi, / silvestrem tenui musam meditaris avena; / nos patriae fines et dulcia linquimus arva, / nos patriam fugimus.

VIRGÍLIO (poeta latino, 70-19 a.C.), *Bucólicas*, I, 1-4.

4339. O que torna as searas férteis e sob que estrelas, / ó Mecenas, convém arar a terra e unir / as videiras aos olmeiros, como cuidar dos bois, qual zelo dedicar / aos animais, e às abelhas frugais quanta experiência, / é o que começo a cantar.

> *Quid faciat laetas segetes, quo sidere terram / vertere, Maecenas, ulmisque adiungere vites / conveniat, quae cura boum, qui cultus habendo / sit pecori, apibus quanta experientia parcis, / hinc canere incipiam.*

VIRGÍLIO (poeta latino, 70-19 a.C.), *Geórgicas*, I, 1-5.

4340. *Eu, que tocava a delgada avena / e, ao sair dos bosques, pouco a pouco / cultivei e tornei férteis os campos / para contentar a avidez do colono, obra que talvez / seja grata aos aldeãos; agora de Marte / canto as horríveis armas, e a coragem do grande herói / que lá de Tróia, por destino, veio errante às praias da Itália e de Lavino.*

> Ille ego qui quondam gracili modulatus avena / carmen, et egressus silvis vicina coëgi, / ut quamvis avido parerent arva colono, / gratum opus agricolis; at nunc horrentia Martis / *arma virumque cano, Troiae qui primus ab oris / Italiam fato profugus Laviniaque venit / litora.*

VIRGÍLIO (poeta latino, 70-19 a.C.), *Eneida*, I, 1-7. Segundo Donato, os primeiros quatro versos, antepostos por Virgílio ao poema, foram suprimidos por Vario e Tucca, os primeiros editores do poema indicados por Augusto.

4341. Por que, Mecenas, ninguém nunca está satisfeito com a própria sorte, seja ela fruto de cálculo / ou de puro acaso, e exalta quem tem uma vida diferente?

> *Qui fit, Maecenas, ut nemo, quam sibi sortem / seu ratio dederit, seu fors obiecerit, illa / contentus vivat, laudet diversa sequentes?*

HORÁCIO (poeta latino, 65-8 a.C.), *Sátiras*, I, 1, 1-3.

4342. Ó Mecenas, que descendes de antigos reis, / meu presídio, meu doce orgulho...

> *Maecenas atavis edite regibus, / o et praesidium et dulce decus meum...*

HORÁCIO (poeta latino, 65-8 a.C.), *Odes*, I, 1, 1-2.

4343. Não sei bem se farei uma obra digna de mérito ao narrar, desde os primórdios da Urbe, toda a história do povo romano, nem, se o soubesse, ousaria dizê-lo, pois vejo que se trata de um uso antigo e comum, enquanto os historiadores recentes crêem que trazem para a narração dos fatos alguma notícia mais segura, ou que superam com o próprio estilo aquele tosco dos antigos. Seja como for, sentir-me-ei grato pelo menos por eu também ter contribuído, nos limites das possibilidades humanas, para relembrar as proezas do maior povo do mundo.

Facturusne operae pretium sim si a primordio urbis res populi Romani perscripserim nec satis scio nec, si sciam, dicere ausim, quippe qui cum veterem tum volgatam esse rem videam, dum novi semper scriptores aut in rebus certius aliquid allaturos se aut scribendi arte rudem vetustatem superaturos credunt. Utcumque erit, iuvabit tamen rerum gestarum memoriae principis terrarum populi pro virili parte et ipsum consuluisse.

TITO LÍVIO (historiador latino, 59 a.C.-17 d.C.), *História de Roma*, Prefácio.

4344. Se existe entre vós alguém que ainda não conheça a arte de amar, / que leia o meu poema e, depois de se tornar conhecedor, colha novos amores!

Siquis in hoc artem populo non novit amandi / hoc legat et lecto carmine doctus amet.

OVÍDIO (poeta latino, 43 a.C.-c. 18 d.C.), *Arte de amar*, I, 1-2.

4345. Canto as formas dos corpos que tomaram nova figura. / Numes, visto que transformastes também aquelas, inspirai-me o canto, / e desde a origem primeira do mundo remoto até os meus tempos / vós teceis a trama do meu poema contínuo.

In nova fert animus mutatas dicere formas / corpora: di, coeptis, nam vos mutastis et illas, / adspirate meis primaque ab origine mundi / ad mea perpetuum deducite tempora carmen!

OVÍDIO (poeta latino, 43 a.C.-c. 18 d.C.), *Metamorfose*, I, 1-4.

4346. Que o outro acumule para si riquezas / de fulvo ouro e possua muitas jeiras de / terreno bem cultivado; / de modo que a contínua preocupação / pela proximidade do inimigo o faça tremer / e os toques de trombeta guerreira tirem-lhe o sono. / Quanto a mim, que minha vida modesta / me faça passar por uma existência pacífica, / desde que nunca falte fogo em minha lareira.

Divitias alius fulvo sibi congerat auro / et teneat culti iugera multa soli, / quem labor adsiduus vicino terreat hoste / Martia cui somnos classica pulsa fugent; / me mea paupertas vita traducat inerti, / dum meus adsiduo luceat igne focus.

TIBULO (poeta latino, c. 54-19 a.C.), *Elegias*, I, 1, 1-6.

4347. Cíntia foi a primeira a me seduzir, com seus belos olhos, / quando eu ainda desconhecia qualquer paixão.

Cynthia prima suis miserum me cepit ocellis / contactum nullis ante cupidinibus.

PROPÉRCIO (poeta latino, c. 50-16 a.C.), *Elegias*, I, 1, 1-2.

4348. Um lobo e um cordeiro chegaram ao mesmo riacho, / levados pela sede. Quanto mais ao alto da corrente se mantinha o lobo, / bem mais embaixo encontrava-se o cordeiro.

Ad rivum eundem lupus et agnus venerant / siti conpulsi; superior stabat lupus / longeque inferior agnus.

FEDRO (fabulista latino, séc. I d.C.), *Fábulas*, I, 1, 1-3.

4349. Faze assim, ó meu Lucílio, reivindica o total domínio sobre ti mesmo, e conserva para ti o tempo que até agora te foi tomado ou estava perdido. Convence-te de que é realmente como te escrevo: as nossas horas nos são subtraídas às vezes com a força e às vezes com a astúcia e, outras vezes, passam sem que cheguemos a nos dar conta.

Ita fac, mi Lucili, vindica te tibi, et tempus, quod adhuc aut auferebatur aut subripiebatur aut excidebat, collige et serva. Persuade tibi hoc sic esse, ut scribo: quaedam tempora eripiuntur nobis, quaedam subducuntur, quaedam effluunt.

SÊNECA (filósofo latino, 4 a.C.-65 d.C.), *Cartas a Lucílio*, 1, 1.

4350. Cantamos guerras mais atrozes do que as civis sobre os campos da Emátia / e o crime que se tornou direito, e um povo potente / voltado com a direita vitoriosa contra as próprias vísceras.

Bella per Emathios plus quam civilia campos, / iusque datum sceleri canimus, populumque potentem / in sua victrici conversum viscera dextra.

LUCANO (poeta latino, 39-65), *Farsália*, I, 1-3.

4351. Isto é o que lês e procuras, / aquele Marcial conhecido em todo o mundo / pelos livretes argutos de epigramas: / ao qual vivo e são, ó meu leitor benévolo, / tu deste uma glória, que raramente / cabe aos poetas depois de mortos.

Hic est quem legis ille, quem requiris, / toto notus in orbe Martialis / argutis epigrammaton libellis: / cui, lector studiose, quod dedisti / viventi decus atque sentienti, / rari post cineres habent poetae.

MARCIAL (poeta latino, c. 40-102), *Epigramas*, I, 1.

4352. Terei eu sempre de ouvir apenas?

Semper ego auditor tantum?

JUVENAL (poeta latino, c. 50/65-140), *Sátiras*, I, 1.

4353. Os livros de *História natural*, obra de gênero novo para as Musas dos teus Quirites, meu último parto literário, decidi apresentá-los a ti com uma carta de tom confidencial, caríssimo imperador.

Libros Naturalis Historiae, *novicium Camenis Quiritium tuorum opus, natos apud me proxima fetura licentiore epistula narrare constitui tibi, iucundissime Imperator.*

PLÍNIO, O VELHO (escritor latino, 23-79), *História natural*, dedicatória ao imperador Tito.

4354. Enfrento uma história repleta de vicissitudes, terrível pelas batalhas, agitada por revoltas, trágica até na paz. Quatro príncipes mortos com o ferro, três guerras civis, muitas externas.

Opus adgredior opimum casibus, atrox proeliis, discors seditionibus, ipsa etiam pace saevum. Quattuor principes ferro interempti; trina bella civilia, plura externa.

TÁCITO (historiador latino, c. 54-120), *Histórias*, I, 2.

4355. Primeiro os reis tiveram o poder em Roma. Lúcio Bruto instituiu a liberdade e o consulado. A ditadura era assumida temporariamente; o poder dos decênviros não se manteve por mais de dois anos, e o dos tribunos militares com autoridade consular não vigorou por muito tempo. Também não durou muito o domínio de Cina nem o de Sila.

Urbem Romam a principio reges habuere. Libertatem et consulatum L. Brutus instituit. Dictaturae ad tempus sumebantur; neque decemviralis potestas ultra biennium, neque tribunorum militum consulare ius diu valuit. Non Cinnae, non Sullae longa dominatio.

TÁCITO (historiador latino, c. 54-120), *Anais*, I, 1.

4356. Em estilo milésio quero para ti, leitor, entrelaçar várias fábulas, e com o agradável murmúrio do meu narrar, acariciar teus ouvidos bondosos.

At ego tibi sermone isto Milesio varias fabulas conseram auresque tuas benivolas lepido susurro permulceam.

APULEIO (escritor latino, c. 125-c. 170), *As metamorfoses*, ou *O asno de ouro*, I, 1.

4357. Aos dezesseis anos perdeu o pai; no ano seguinte, designado a ser flâmine de Júpiter, deixou Cossúcia, de família eqüestre, porém muito rica, a quem tinha sido prometido quando ainda vestia a pretexta, para desposar Cornélia, filha de Cina, já quatro vezes cônsul, da qual pouco depois teve Júlia.

Annum agens sextum decimum patrem amisit; sequentibusque consulibus flamen Dialis destinatus, dimissa Cossutia, quae familia equestri sed admodum dives praetextato desponsata fuerat, Corneliam, Cinnae quater consulis filiam, duxit uxorem, ex qua illi mox Iulia nata est.

SUETÔNIO (historiador latino, c. 70-c. 140), *Vidas dos Césares*, Júlio César, I, 1.

4358. O império romano, que não permite à memória humana lembrar-se de nenhum outro no mundo, nem mais modesto nas origens, nem maior pelos sucessivos incrementos, teve origem com Rômulo, que, filho da virgem vestal, Ré Sílvia, e pelo que se acreditou, também de Marte, nasceu no mesmo parto com o irmão Remo. Latrocinando entre os pastores, Rômulo fundou aos dezoito anos uma pequena cidade sobre o monte Palatino, no dia 21 de abril do terceiro ano da sexta Olimpíada, segundo mais ou menos se transmite, 394 anos após o massacre de Tróia.

> *Romanum imperium (quo neque ab exordio ullum fere minus, neque incrementis toto orbe amplius humana potest memoria recordari) a Romulo exordium habet, qui Reae Silviae, vestalis virginis, filius et (quantum putatus est) Martis, cum Remo fratre uno partu editus est. Is, cum inter pastores latrocinaretur, decem et octo annos natus, urbem exiguam in Palatino monte constituit, XI kal. Maias, Olympiadis sextae anno tertio, post Troiae excidium (ut qui plurimum minimumque tradunt) anno trecentesimo nonagesimo quarto.*
>
> EUTRÓPIO (historiador romano, séc. IV), *Breviario ab Urbe condita*, I, 1.

4359. Minha mente agitada leva-me / a narrar com canto audaz os cavalos do inferno sedutor, / e as estrelas ofuscadas pela carruagem tenária, / e o tálamo tenebroso da rainha dos abismos.

> *Inferni raptoris equos afflataque curru / Sidera Taenario caligantesque profundae / Iunonis talamos audaci promere cantu / Mens congesta iubet.*
>
> CLAUDIANO (poeta latino, séc. IV), *O rapto de Prosérpina*, I, 1-4.

4360. És grande, Senhor, e digno de todo louvor, grande é o teu poder e para a tua sabedoria não há limite.

> *Magnus es, Domine, et laudabilis valde, magna virtus tua, et sapientiae tuae non est numerus.*
>
> SANTO AGOSTINHO (padre da Igreja, 354-430), *As confissões*, I, 1.

A literatura italiana

4361. Dia de ira aquele, / o mundo se dissolverá em cinzas, / como previram Davi e Sibila.

> *Dies irae, dies illa, / solvet saeclum in favilla: / teste David cum Sibylla.*
>
> TOMMASO DA CELANO (escritor italiano, c. 1190-c. 1260), *Dies irae*, 1-3.

4362. Este livro trata de algumas preciosidades do falar, de belas cortesias, belas respostas, belas valentias e belos dons, que tiveram no passado muitos homens valentes.

Questo libro tratta d'alquanti fiori di parlare, di belle cortesie e di be' riposi e di belle valentie e doni, secondo che, per lo tempo passato, hanno fatto molti valenti uomini.
NOVELLINO (coletânea de novelas de autor anônimo, séc. XIII), Novela I.

4363. Foram dois nobres cidadãos de Veneza, um chamado Matteo e o outro, senhor Nicolao, que se encontraram com o Gran-Kan, senhor de todos os tártaros; e as muitas novidades que descobriram serão narradas mais adiante.

Furono due nobili cittadini di Vinegia, ch'ebbe nome l'uno messer Matteo e l'altro messer Nicolao, i quali andâro al Gran Cane signore di tutti i tartari; e le molti novitadi che trovâro si diranno più innanzi.
M. POLO (viajante e mercador italiano, 1254-1324), *Il Milione*, I.

4364. A mãe sofria / e chorava sob a cruz / de onde pendia o filho.

Stabat mater dolorosa / iuxta crucem lacrimosa / dum pendebat filius.
IACOPONE DA TODI (poeta italiano, c. 1230-1306), *Stabat mater*, 1-3.

4365. Naquela parte do livro da minha memória, antes da qual pouco poder-se-ia ler, encontra-se um título que diz: "Incipit vita nova." Embaixo desse título encontro escritas as palavras que pretendo transcrever neste livrete; e, se não todas, ao menos o seu significado.

In quella parte del libro de la mia memoria dinanzi a la quale poco si potrebbe leggere, si trova una rubrica la quale dice: "Incipit vita nova". Sotto la quale rubrica io trovo scritte le parole le quali è mio intendimento d'assemplare in questo libello; e se non tutte, almeno la loro sentenzia.
D. ALIGHIERI (poeta italiano, 1265-1321), *Vita Nuova*, I.

4366. No meio do caminho de nossa vida / encontrei-me numa selva escura, / pois eu perdera a via do bem.

> *Nel mezzo del cammin di nostra vita / mi ritrovai per una selva oscura, / ché la diritta via era smarrita.*
>
> D. ALIGHIERI (poeta italiano, 1265-1321), *Inferno*, I, 1-3.

4367. Para navegar em águas mais tranqüilas, a frágil nau / do meu engenho iça as velas, / deixando por trás de si um mar tão cruel.

> *Per correr miglior acqua alza le vele / omai la navicella del mio ingegno, / che lascia dietro a sé mar sì crudele.*
>
> D. ALIGHIERI (poeta italiano, 1265-1321), *Purgatório*, I, 1-3.

4368. A glória daquele que tudo move / penetra no universo e resplandece / numa parte mais, noutra menos.

> *La gloria di colui che tutto move / per l'universo penetra, e risplende / in una parte più e meno altrove.*
>
> D. ALIGHIERI (poeta italiano, 1265-1321), *Paraíso*, I, 1-3.

4369. Como disse o Filósofo no princípio da Primeira Filosofia, todos os homens têm o desejo natural de saber.

> *Sì come dice lo Filosofo nel principio de la Prima Filosofia, tutti li uomini naturalmente desiderano di sapere.*
>
> D. ALIGHIERI (poeta italiano, 1265-1321), *Convivio*, I.

4370. Disse o glorioso senhor doutor santo Isidoro, no livro das Etimologias, que o primeiro homem da Grécia a escrever fora um grego cujo nome era Cadmo.

> *Dice lo glorioso dottore missore santo Isidoro, nello livro delle Etimologie, che lo primo omo de Grecia che trovassi lettera fu uno Grieco lo quale ebbe nome Cadmo.*
>
> CRONICA (crônica anônima em dialeto romano, séc. XIV), Prólogo.

4371. Vós que escutais em rimas esparsas o som / daqueles suspiros com os quais eu nutria meu coração / em meu primeiro erro juvenil, / quando em parte eu era diferente do que sou.

> *Voi ch'ascoltate in rime sparse il suono / di quei sospiri ond'io nudriva 'l core / in sul mio primo giovenile errore, / quand'era in parte altr'uom da quel ch'i' sono.*
>
> F. PETRARCA (poeta italiano, 1304-1374), *Canzoniere*, soneto 1, 1-4.

4372. No tempo em que meus suspiros se renovaram / devido à doce lembrança daquele dia / que foi o início de tão longos martírios, // já o Sol aquecia ambos / os chifres do Touro, e a moça de Titono / corria gelada à sua demora habitual.

Al tempo che rinnova i miei sospiri / per la dolce memoria di quel giorno / che fu principio a sì lunghi martìri, // già il Sole al Toro l'uno e l'altro corno / scaldava, e la fanciulla di Titone / correa gelata al suo usato soggiorno.

F. PETRARCA (poeta italiano, 1304-1374), *I Trionfi*, Trionfo d'Amore, I, 1-6.

4373. É próprio do homem ter compaixão dos aflitos, e, embora caiba a todos, é essencial naqueles que já tiveram necessidade de serem confortados e encontraram tal conforto em algumas pessoas; eu mesmo estou entre aqueles que precisaram, ou desejaram, ou que já receberam tal favor.

Umana cosa è l'avere compassione degli afflitti, e come che a ciascuna persona stea bene, a coloro è massimamente richesto li quali già hanno di conforto avuto mestiere ed hannol trovato in alcuni; tra li quali, se alcuno mai n'ebbe bisogno o gli fu caro o già ne ricevette piacere, io sono un di quegli.

G. BOCCACCIO (escritor italiano, 1313-1375), *Decamerão*, Proêmio.

4374. Para dar uma gota de alívio e consolo a quem sente na mente aquilo que eu já senti no passado, um zelo de amor caridoso me move a iniciar este livro, no qual, por graça de Deus e de sua santíssima mãe, trataremos de um frade e de uma irmã que se apaixonaram fervorosamente um do outro.

Per dare alcuna stilla di rifrigerio e di consolazione a chi sente nella mente quello che nel passato tempo ho già sentito io, mi muove zelo di caritatevole amore a principiare questo libro, nel quale per la grazia di Dio e della sua santissima madre, tratteremo d'un frate e d'una suora, i quali furono ferventissimamente innamorati l'uno dell'altro.

GIOVANNI FIORENTINO (escritor italiano, final do séc. XIV), *Il Pecorone*, Proêmio.

4375. No princípio era o Verbo junto a Deus, / e era Deus o Verbo, e o Verbo era ele; / assim era no princípio, ao meu parecer, / e nada se pode fazer sem ele: / porém, justo Senhor, benigno e piedoso, / manda-me apenas um dos teus Anjos, / para me acompanhar, e traz-me à memória / uma história famosa, antiga e digna.

In principio era il Verbo appresso a Dio, / ed era Iddio il Verbo, e 'l Verbo lui; / quest'era nel principio, al parer mio, / e nulla si può far sanza costui: / però, giusto Signor, benigno e pio, / mandami sol un degli Angeli tui, / che m'accompagni, e rechimi a memoria / una famosa, antica e degna storia.

L. PULCI (poeta italiano, 1432-1484), *Il Morgante*, I, oitava 1.

4376. Senhores e cavaleiros que vos reunis / para ouvir coisas agradáveis e novas, / ficai atentos e quietos, e escutai / a bela história que inspira meu canto; / e vereis as proezas excepcionais, / o grande esforço e as admiráveis tentativas / que fez o nobre Orlando por amor / no tempo do rei Carlos imperador.

Signori e cavallier che ve adunati / per odir cose dilettose e nove, / stati attenti e quïeti, ed ascoltati / la bella istoria che 'l mio canto muove; / e vederti i gesti smisurati, / l'alta fatica e le mirabil prove / che fece il franco Orlando per amore / nel tempo del re Carlo imperatore.

M. M. BOIARDO (poeta italiano, 1441-1494), *Orlando innamorato*, I, oitava 1.

4377. Silêncio. Ouvi. Ele já foi um pastor / filho de Apolo chamado Aristeu: / amou com tão imenso ardor / Eurídice, mulher de Orfeu, / que, ao segui-la um dia por amor, / foi causa de sua morte prematura e cruel: / pois, enquanto ela fugia próxima às águas, / uma serpente a picou; e ela caiu morta.

Silenzio. Udite. El fu già un pastore / figliuol d'Apollo chiamato Aristeo: / costui amò con sì sfrenato ardore / Euridice che moglie fu di Orfeo, / che, seguendola un giorno per amore, / fu cagion del suo fato acerbo e reo: / perché fuggendo lei vicina all'acque, / una biscia la punse; e morta giacque.

A. POLIZIANO (poeta italiano, 1454-1494), *La favola di Orfeo*, I, 1-8.

4378. As gloriosas pompas e as competições violentas / da cidade que afrouxa e aperta as rédeas / aos magnânimos Toscanos, e os reinos selvagens / daquela deusa que o terceiro céu pinta / e os prêmios dignos dos honrados estudos / que a mente audaz me leva a celebrar; / de modo que nem a fortuna, nem a morte, nem o tempo / não roubem os grandes nomes e os fatos egrégios e únicos.

Le gloriose pompe e' fieri ludi / della città che 'l freno allenta e stringe / a' magnanimi Tòschi, e i regni crudi / di quella dea che 'l terzo ciel dipinge / e i premi degni alli onorati studi, / la mente audace a celebrar mi spinge; / sì che i gran nomi e' fatti egregi e soli / fortuna o morte o tempo non involi.

A. POLIZIANO (poeta italiano, 1454-1494), *Stanze per la giostra*, I, oitava 1.

4379. Estende-se no cume do Partênio um monte não muito baixo da pastoral Arcádia, uma agradável planície, não muito ampla, visto que a natureza do local não o consente, mas tão repleta de plantas graciosas e verdes que, se as ovelhas errantes não pastassem ali avidamente, poder-se-ia encontrar a relva de tempos em tempos.

Giace ne la sommità di Partenio, non umile monte de la pastorale Arcadia, un dilettevole piano, di ampiezza non molto spaziosa, però che il sito del luogo nol consente, ma di minuta et verdissima erbetta sì ripieno che, se le lascive pecorelle con gli avidi morsi non vi pascesseno, vi si potrebbe di ogni tempo ritrovare verdura.

I. SANNAZARO (poeta italiano, 1455-1530), *Arcadia*, primeira prosa.

4380. Canto as mulheres, os cavaleiros, as armas, os amores, / as cortesias, as audazes proezas, / que ocorreram quando os Mouros / da África atravessaram o mar e invadiram a França, / seguindo a ira e o furor juvenil / de Agramante, seu rei, que resolveu / vingar a morte de Troiano / com o rei Carlos, imperador romano.

Le donne, i cavalier, l'arme, gli amori, / le cortesie, l'audaci imprese io canto, / che furo al tempo che passaro i Mori / d'Africa il mare, e in Francia nocquer tanto, / seguendo l'ire e i giovenil furori / d'Agramante lor re, che si diè vanto / di vendicar la morte di Troiano / sopra re Carlo imperator romano.

L. ARIOSTO (poeta italiano, 1474-1533), *Orlando furioso*, I, oitava 1.

4381. Os povos que habitam as partes setentrionais além dos rios Reno e Danúbio, por terem nascido em região próspera e sã, muitas vezes crescem em tão grande multidão, que parte deles precisa abandonar as terras pátrias e buscar novos lugares para habitar.

> *I popoli, i quali nelle parti settentrionali di là dal fiume del Reno e del Danubio abitano, sendo nati in regione generativa e sana, in tanta moltitudine molte volte crescono, che parte di loro sono necessitati abbandonare i terreni patrj, e cercare nuovi paesi per abitare.*

N. MAQUIAVEL (político e escritor italiano, 1469-1527), *História de Florença*, I, 1.

4382. Todos os estados, todos os domínios que imperaram e imperam sobre os homens foram e são repúblicas ou principados. E os principados são ou hereditários, e o seu senhor é príncipe pelo sangue durante muito tempo, ou são novos. E os novos, ou são inteiramente novos, como foi o caso de Milão com Francesco Sforza, ou são membros acrescentados ao estado do príncipe que os herda, como é o caso do reino de Nápoles ao rei da Espanha. É assim que tais domínios são conquistados: ou habituados a viver sob um príncipe, ou a ser livres, seja com armas alheias ou com as próprias, por sorte ou pelo valor.

> *Tutti gli stati, tutti e' dominii che hanno avuto e hanno imperio sopra gli uomini, sono stati e sono o repubbliche o principati. E' principati sono: o ereditarii, de' quali el sangue del loro signore ne sia suto lungo tempo principe, o e' sono nuovi. E' nuovi, o sono nuovi tutti, come fu Milano a Francesco Sforza, o sono come membri aggiunti allo stato ereditario del principe che li acquista, come è el regno di Napoli al re di Spagna. Sono questi dominii così acquistati, o consueti a vivere sotto uno principe, o usi ad essere liberi: e acquistonsi o con le armi d'altri o con le proprie, o per fortuna o per virtù.*

N. MAQUIAVEL (político e escritor italiano, 1469-1527), *O príncipe*, I.

4383. Resolvi escrever sobre as coisas que ocorreram nos nossos tempos na Itália, desde que as armas dos franceses, chamadas por nossos próprios príncipes, começaram a perturbá-la com enorme movimento: acontecimentos muito memoráveis por sua variedade e grandeza, e repletos de incidentes muito atrozes, tendo a Itália sofrido por tantos anos todas aquelas calamidades, com as quais os míseros mortais costumam ser atormentados, ora pela justa ira de Deus, ora pela impiedade e crueldade dos outros homens.

Io ho deliberato di scrivere le cose accadute alla memoria nostra in Italia, da poi che l'arme de' Franzesi, chiamate da' nostri principi medesimi, cominciarono con grandissimo movimento a perturbarla: materia per la varietà e grandezza loro molto memorabile, e piena di atrocissimi accidenti, avendo patito tanti anni Italia tutte quelle calamità, con le quali sogliono i miseri mortali, ora per l'ira giusta d'Iddio, ora per l'empietà e scelleratezze degli altri uomini, essere vessati.

F. GUICCIARDINI (escritor político italiano, 1483-1540), *Storia d'Italia*, I, 1.

4384. Quando o senhor Guid'Ubaldo di Montefeltro, duque de Urbino, foi-se desta vida, eu, junto com outros cavaleiros que o haviam servido, permaneci aos serviços do duque Francesco Maria della Rovere, herdeiro e sucessor daquele no estado; e como em meu espírito ainda era recente o odor das virtudes do duque Guido, e a satisfação que naqueles anos tinha sentido pela agradável companhia de tão excelentes pessoas, que então se encontravam na corte de Urbino, senti-me estimulado por aquela lembrança para escrever estes livros do *Cortegiano*, que fiz em poucos dias.

Quando il signor Guid'Ubaldo di Montefeltro, duca d'Urbino, passò di questa vita, io, insieme con alcun'altri cavalieri che l'aveano servito, restai alli servizi del duca Francesco Maria della Rovere, erede e successor di quello nel stato; e come nell'animo mio era recente l'odor delle virtù del duca Guido, e la satisfazione che in quelli anni aveva sentito dell'amorevole compagnia di così eccellenti persone, come allora si ritrovarono nella corte d'Urbino, fui stimulato da quella memoria a scrivere questi libri del Cortegiano; *il che io feci in pochi giorni.*

B. CASTIGLIONE (escritor italiano, 1478-1529), *O cortesão*, I.

4385. Vem-me à mente uma fantasia mais do que fantástica: / a de cantar com as ricas Camenas a história de Baldo. / Mas antes tenho de invocar vosso auxílio, / ó Musas que concedeis a arte macarrônica. / Como minha gôndola poderá superar os recifes, / se não estiverdes presentes para ajudá-la? / Não, Melpomene, nem aquela tola da Talia, / não, Febo, arranhando sua violinha, que não me ditem o canto. / Penso na minha barriga; as conversas / do Parnaso não servem à minha cornamusa.

Phantasia mihi plus quam phantastica venit / historiam Baldi grassis cantare Camoenis. / Sed prius altorium vestrum chiamare bisognat, / o macaronaeam Musae quae funditis artem. / An poterit passare maris mea gundola scoios, / quam recomandatam non vester aiuttus habebit? / Non' mihi Melpomene, mihi non menchiona Thalia, / non Phoebus grattans chitarinum carmina dictent; / panzae namque meae quando ventralia penso, / non facit ad nostram Parnassi chiacchiara pivam.

T. FOLENGO (poeta italiano, 1491-1544), *Baldus*, I, 1-10.

4386. Visto que estás começando aquela viagem, ou seja, esta vida mortal, da qual eu já completei a maior parte, já adulto como vês, por te amar muito, como de fato amo, propus a mim mesmo vir te mostrar um lugar ou outro onde eu, na qualidade de quem os experimentou, temo que tu, caminhando por eles, possas facilmente cair ou errar; a fim de que tu, ensinado por mim, possas seguir o caminho correto com a alma sã e com o louvor e a honra da tua proba e nobre família.

Con ciò sia cosa che tu incominci pur ora quel viaggio, del quale io ho la maggior parte, sì come tu vedi, fornito; cioè questa vita mortale; amandoti io assai, come io fo, ho proposto meco medesimo di venirti mostrando quando un luogo e quando un altro, dove io, come colui che li ho sperimentati, temo che tu, camminando per essa, possi agevolmente o cadere, o come che sia errare; acciò che tu, ammaestrato da me, possi tenere la diritta via con salute dell'anima tua e con laude e onore della tua orrevole e nobile famiglia.

G. DELLA CASA (escritor italiano, 1503-1556), *Galateo ou Dos costumes*, I.

4387. Já há muitos anos comecei a escrever algumas novelas, levado pelos mandamentos da sempre jovem e honrada lembrança, a virtuosa senhora Ippolita Sforza, consorte do tão humano senhor Alessandro Bentivoglio, que Deus tenha em glória.

Io, già molti anni sono, cominciai a scrivere alcune novelle, spinto dai comandamenti de la sempre acerba ed onorata memoria, la vertuosa signora Ippolita Sforza, consorte de l'umanissimo signor Alessandro Bentivoglio, che Dio abbia in gloria.

M. BANDELLO (escritor italiano, 1485-1561), *Novelle*, Ai candidi ed umani lettori.

4388. Davi com a funda / e eu com o arco. / Miguel Ângelo. / Quebrou-se a alta coluna.

Davide colla fromba / e io coll'arco. / Michelagnolo. / Rott'è l'alta colonna.

M. BUONARROTI (artista e poeta italiano, 1475-1564), *Rime*, I.

4389. Todos os homens de toda sorte que fizeram algo virtuoso ou realmente semelhante à virtude deveriam, sendo eles honestos e homens de bem, descrever de próprio punho a sua vida; mas não se deveria começar feito tão belo antes de se ter completado quarenta anos.

Tutti gli uomini d'ogni sorte, che hanno fatto qualche cosa che sia virtuosa o sì veramente che le virtù somigli, dovrieno, essendo veritieri e da bene, di lor propia mano descrivere la loro vita; ma non si doverrebbe cominciare una tal bella impresa prima che sia passato l'età de' quaranta anni.

B. CELLINI (artista e escritor italiano, 1500-1571), *Vita*, I.

4390. Os anos da frutífera encarnação do Altíssimo Filho da Virgem Maria já haviam passado o fim de MDXXXX, ainda não eram nem cinqüenta os soldados...

Avevano già gli anni della fruttifera incarnazione dell'Altissimo Figliuol di Maria Vergine il termine passato del MDXXXX, né si erano ancora al cinquanta condotti...

A. F. GRAZZINI (escritor italiano, 1503-1584), *Le Cene*, La introduzione al novellare.

4391. Levarás então tu, Sílvia, / esta tua juventude / dos prazeres de Vênus distante? / Nem o doce nome de mãe ouvirás, / nem verás ao teu redor os filhos / pequenos brincando carinhosamente? / Ah, muda, / muda, por favor, de idéia, / caprichosa que és.

Vorrai dunque pur, Silvia, / da i piaceri di Venere lontana / menarne tu questa tua giovanezza? / Né il dolce nome di madre udirai, /

né intorno ti vedrai vezzosamente / scherzare i figli pargoletti? Ah, cangia, / cangia, prego, consiglio, / pazzarella che sei.
T. Tasso (poeta italiano, 1544-1595), *Aminta*, I, 1.

4392. Canto as armas devotas e o capitão / que libertou a grande sepultura de Cristo. / Muito ele realizou com seu juízo e seu valor, / muito sofreu com a gloriosa conquista: / e em vão o Inferno se opôs, e em vão / o povo misto da Ásia e da Líbia se armou; / o Céu o favoreceu, e sob a sagrada / bandeira reuniu seus companheiros errantes.

Canto l'arme pietose e 'l capitano / che il gran sepolcro liberò di Cristo: / molto egli oprò co 'l senno e con la mano, / molto soffrì nel glorioso acquisto: / e in van l'Inferno vi s'oppose, e in vano / s'armò d'Asia e di Libia il popol misto; / il Ciel gli diè favore, e sotto a i santi / segni ridusse i suoi compagni erranti.
T. Tasso (poeta italiano, 1544-1595), *Jerusalém libertada*, I, oitava 1.

4393. Chamo a ti, por quem gira e move / a mais benigna e mansa esfera, / santa mãe de Amor, filha de Júpiter, / bela Deusa de Amatunte e de Citera; / a ti, cuja estrela de onde cai toda a graça / do dia e da noite é mensageira, / a ti, cujo raio lúcido e fecundo / serena o Céu e enamora o mundo.

Io chiamo te, per cui si volge e move / la più benigna e mansueta sfera, / santa madre d'Amor, figlia di Giove, / bella Dea d'Amatunta e di Citera; / te, la cui stella ond'ogni grazia piove / de la notte e del giorno è messaggera, / te, lo cui raggio lucido e fecondo / serena il Cielo ed innamora il mondo.
G. B. Marino (poeta italiano, 1569-1625), *Adone*, I, oitava 1.

4394. Queria cantar aquele memorável desprezo, / que inflamou já nos altivos peitos humanos, / um infeliz e vil balde de madeira, / que os Gemignani [modenenses] tiraram dos Petroni [bolonheses]. / Febo, tu que giras desordenadamente em minha cabeça / a horrível guerra e os fatos extraordinários, / tu, que sabes poetar, serve-me de preceptor / e segura-me pelas mangas do saio.

Vorrei cantar quel memorando sdegno, / ch'infiammò già ne' fieri petti umani, / un'infelice e vil secchia di legno, / che tolsero ai

Petroni i Gemignani. / Febo, che mi raggiri entro lo 'ngegno / l'orribil guerra e gli accidenti strani, / tu, che sai poetar, servimi d'aio / e tiemmi per le maniche del saio.

A. TASSONI (poeta italiano, 1565-1635), *La secchia rapita*, I, oitava 1.

4395. Dizem que na terra de Marigliano havia uma mulher honesta, chamada Masella, que, além das seis filhas, altas como umas varas, tinha um filho burro como um animal, que não servia para nada, tanto que parecia uma porca com uma focinheira, e não havia dia em que a mãe não lhe dissesse: "O que é que você está fazendo em casa, pão maldito? Chispe, seu traquina, desapareça, seu tolo, suma, seu desgraçado, cabeça oca como caldo de castanha, pois você foi colocado no berço no lugar de um menino bonitinho e lindinho; no lugar dele colocaram um porco comilão." Mas, mesmo com tudo isso, Masella falava e ele não dava importância.

Dice ch'era na vota a lo paiese de Marigliano na femmena da bene chiammata Masella, la quale, otra a sei squacquare zitelle zite comm'a sei perteche, aveva no figlio mascolo così vozzacchione, caccial'a-pascere, che no valeva per lo iuoco de la neve, tanto che ne steva comm'a scrofa che porta lo taccaro e non era iuorno che no le decesse: "Che 'nce fai a sta casa, pane marditto? squaglia, piezzo de catapiezzo, sporchia maccabeo, sparafonna chianta-malanne, levamette da 'nante scola vallane, ca me fuste cagnato a la connola e 'n cagno de no pipatiello pacioniello bello nennillo me 'nce fu puosto no maialone pappalasagne". Ma, co tutto chesto, Masella parlava ed isso siscava.

G. B. BASILE (escritor italiano, 1575-1632), *Lo cunto de li cunti*, Trattenemiento primmo da la iornata primma.

4396. Ficou decidido ontem que deveríamos discutir hoje, com toda clareza e precisão possível, a respeito das razões naturais e de sua eficácia, produzidas até hoje por fautores da posição Aristotélica e Ptolomaica, de uma parte, e pelos sequazes do sistema Copernicano, de outra.

Fu la conclusione e l'appuntamento di ieri, che noi dovessimo in questo giorno discorrere, quanto più distintamente e particolarmente per noi si potesse, intorno alle ragioni naturali e loro effi-

cacia, che per l'una parte e per l'altra sin qui sono state prodotte da i fautori della posizione Aristotelica e Tolemaica e da i seguaci del sistema Copernicano.

G. GALILEI (físico italiano, 1564-1642), *Dialogo sopra i due massimi sistemi del mondo*, Primeiro dia.

4397. SÍLVIO Aqui está a minha direita e com ela vos dou todo o meu coração. PANTALONE Vamos, não vos envergonheis; dai a mão vós também. Assim estareis prometidos, e logo, logo estareis casados. CLARICE Sim, caro SÍLVIO, aqui está a minha direita. Prometo ser vossa esposa. SÍLVIO E eu prometo ser vosso. DOUTOR Muito bem, isso também está resolvido. Agora não se volta mais atrás.

SILVIO Eccovi la mia destra e con questa vi dono tutto il mio cuore. PANTALONE Via, no ve vergognè; deghe la man anca vu. Cussì sarè promessi, e presto presto sarè maridai. CLARICE Sì, caro Silvio, eccovi la mia destra. Prometto di essere vostra sposa. SILVIO Ed io prometto esser vostro. DOTTORE Bravissimi, anche questa è fatta. Ora non si torna più indietro.

C. GOLDONI (comediógrafo italiano, 1707-1793), *Il servitore di due padroni*, I, 1.

4398. EVARISTO O que achais deste café? BARÃO Parece-me bom. EVARISTO Eu o acho perfeito. Muito bem, senhor Limoncino, esta manhã fizestes muito bem. LIMONCINO Agradeço pelo elogio, mas lhe peço que não me chame por este nome de Limoncino. EVARISTO Ora essa! Todos vos conhecem por este nome, sois famoso com o nome de Limoncino. Todos dizem: vamos à Case Nove beber o café do Limoncino; e vós vos ofendeis por isso?

EVARISTO Che vi pare di questo caffè? BARONE Mi par buono. EVARISTO Per me lo trovo perfetto. Bravo, signor Limoncino, questa mattina vi siete portato bene. LIMONCINO La ringrazio dell'elogio, ma la prego di non chiamarmi con questo nome di Limoncino. EVARISTO Oh bella! Tutti vi conoscono per questo nome, siete famoso col nome di Limoncino. Tutti dicono: andiamo alle Case Nove a bevere il caffè da Limoncino; e ve ne avete a male per questo?

C. GOLDONI (comediógrafo italiano, 1707-1793), *Il ventaglio*, I, 1.

4399. Jovem Senhor, sejas tu um descendente / de uma longa série de nobres antepassados, de um sangue / puríssimo e divino, ou portador de título nobiliar / adquirido pelo pai frugal que, / para emendar a falta da nobreza de nascimento, / em poucos lustros acumulou riquezas com a agricultura e o comércio, / ouve a mim, teu preceptor, que te ensinará bons costumes.

Giovin Signore, o a te scenda per lungo / di magnanimi lombi ordine il sangue / purissimo celeste, o in te del sangue / emendino il difetto i compri onori / e le adunate in terra e in mar ricchezze / dal genitor frugale in pochi lustri, / me precettor d'amabil rito ascolta.

G. PARINI (poeta italiano, 1729-1799), *Il Giorno*, Il Mattino, 1-7.

4400. Aquele flagelo de livros ruins que são impressos quotidianamente há muitos e muitos anos em todas as partes da nossa Itália, e o mau gosto com que são preenchidos, e o pérfido costume que se propaga pelo país, apesar de tudo, suscitaram de tal modo a bile de um estudioso e meditativo nobre, que ele até resolveu fazer na sua já muito avançada idade aquilo que nunca teve vontade de fazer em seus anos juvenis e viris, ou seja, resolveu munir-se de um bom e simbólico Açoite, e de batê-lo com raiva no dorso de todos esses modernos desajeitados e desgraçados, que todos os dias rabiscam comédias impuras, tragédias absurdas, críticas pueris, romances extravagantes, dissertações frívolas, e prosas e poesias de todo gênero que não possuem o mínimo molho, a mínima substância, a minimíssima qualidade para deixá-los agradáveis ou proveitosos aos leitores e à pátria.

Quel flagello di cattivi libri che si vanno da molti e molti anni quotidianamente stampando in tutte le parti della nostra Italia, e il mal gusto di cui l'empiono, e il perfido costume che in essa propagano, hanno alla fin fine mossa tanto la bile di uno studioso e contemplativo galantuomo, che s'è pur risoluto di fare nella sua ormai troppo avanzata età quello che non ebbe mai voglia di fare negli anni suoi giovaneschi e virili, cioè si è risoluto di provvedersi d'una buona metaforica Frusta, e di menarla rabbiosamente addosso a tutti questi moderni goffi e sciagurati, che vanno tutto dì scarabocchiando commedie impure, tragedie balorde, critiche puerili, romanzi bislacchi, dissertazioni frivole, e prose e poesie d'ogni generazione che non hanno in sé il minimo sugo, la minima sostanza, la minimissima qualità da renderle o dilettose o giovevoli ai leggitori ed alla patria.

G. BARETTI (jornalista italiano, 1719-1789), *La frusta letteraria*, Introduzione a' leggitori.

4401. Alguns fragmentos das leis de um antigo povo conquistador, compilados por ordem de um príncipe que há doze séculos reinava em Constantinopla, mais tarde mesclados a ritos longobardos e perdidos em meio a confusos alfarrábios de privados e obscuros intérpretes, formam aquela tradição de opiniões que, entretanto, em grande parte da Europa recebe o nome de leis.

Alcuni avanzi di leggi di un antico popolo conquistatore, fatte compilare da un principe che dodici secoli fa regnava in Costantinopoli, frammischiate poscia co'riti longobardi, ed involte in farraginosi volumi di privati ed oscuri interpreti, formano quella tradizione di opinioni che da una gran parte dell'Europa ha tuttavia il nome di leggi.

C. BECCARIA (escritor italiano, 1738-1794), *Dos delitos e das penas*, Ao leitor.

4402. A força governa o mundo (até demais!) e a ignorância: por isso, quem o domina pode e costuma ser ignorante.

La forza governa il mondo (pur troppo!) e il non sapere: perciò chi lo regge, può e suole essere ignorante.

V. ALFIERI (escritor italiano, 1749-1803), *Del principe e delle lettere*, I.

4403. A batalha do inferno já havia sido vencida, / e o demônio desaparecia / mostrando a terrível unha. // E rugia como leão faminto / blasfemando o Eterno, e as hidras / agitadas da cabeça sibilando pelo caminho. // Então a alma de Hugo abriu e sacudiu / as tímidas asas vermelhas para a segunda vida / fora dos membros do seu sangue.

Già vinta dell'inferno era la pugna, / e lo spirto d'abisso si partìa / vòta stringendo la terribil ugna. // Come lion per fame egli ruggìa / bestemmiando l'Eterno, e le commosse / idre del capo sibilar per via. // Allor timide l'ali aperse e scosse / l'anima d'Ugo alla seconda vita / fuor delle membra del suo sangue rosse.

V. MONTI (poeta italiano, 1754-1828), *La Bassvilliana*, I, 1-9.

4404. O sacrifício da nossa pátria se consumou: tudo está perdido; e a vida, caso venha a ser concedida, restar-nos-á apenas para chorarmos as nossas desgraças e a nossa infâmia.

Il sacrificio della patria nostra è consumato: tutto è perduto; e la vita, se pure ne verrà concessa, non ci resterà che per piangere le nostre sciagure e la nostra infamia.

U. FOSCOLO (poeta italiano, 1778-1827), *Ultime lettere di Jacopo Ortis*, Da' colli Euganei, 11 de outubro de 1797.

4405. À sombra dos ciprestes e dentro das urnas / confortadas pelo pranto não será o sono / menos duro do que a morte?

All'ombra de' cipressi e dentro l'urne / confortate di pianto è forse il sonno / della morte men duro?

U. FOSCOLO (poeta italiano, 1778-1827), *Dei Sepolcri*, 1-3.

4406. Às Graças imortais, / as três filhas gêmeas de Vênus / e irmãs do Amor, o templo é sagrado; / nascidas no dia em que aos mortais / Júpiter concedeu a beleza, o engenho e a virtude, / para que sempre perpétuas e novas, / esses três dotes celestes, / e sempre mais louvadas e mais modestas / as Deusas sirvam ao mundo. Entra e adora.

Alle Grazie immortali / le tre di Citerea figlie gemelle / è sacro il tempio, e son d'Amor sorelle; / nate il dì che a' mortali / beltà ingegno virtù concesse Giove, / onde perpetue sempre e sempre nuove / le tre doti celesti / e più lodate e più modeste ognora / le Dee serbino al mondo. Entra ed adora.

U. FOSCOLO (poeta italiano, 1778-1827), *Le Grazie*, Prótase.

4407. Na sexta-feira, dia 13 de outubro de 1820, fui preso em Milão e conduzido a Santa Margherita. Eram três da tarde. Fizeram-me um longo interrogatório durante todo aquele dia e durante outros também. Mas sobre aquilo não falarei nada. Como um amante maltratado por sua amada e dignamente decidido a ficar amuado, deixo a política onde está e falo de outro assunto.

Il venerdì 13 ottobre 1820 fui arrestato a Milano e condotto a Santa Margherita. Erano le tre pomeridiane. Mi si fece un lungo interrogatorio per tutto quel giorno e per altri ancora. Ma di ciò non dirò nulla. Simile ad un amante maltrattato dalla sua bella e dignitosamente risoluto di tenerle broncio, lascio la politica ov'ella sta, e parlo d'altro.

S. PELLICO (patriota e escritor italiano, 1789-1854), *Le mie prigioni*, Capítulo primeiro.

4408. A *Jovem Itália* é a irmandade dos italianos que crêem numa lei de progresso e de dever: estes, convencidos de que a Itália está sendo chamada para ser uma nação, de que com as próprias forças ela pode ser criada como tal, de que o mau êxito das tentativas passadas diz respeito não à fraqueza, mas à péssima direção dos elementos revolucionários, de que o segredo da potência está na constância e na unidade dos esforços, consagram, unidos em associação, o pensamento e a ação ao grande intento de restaurar na Itália a condição de nação unida, independente e soberana de cidadãos livres e iguais.

La Giovine Italia è la fratellanza degli Italiani credenti in una legge di progresso e di dovere: i quali convinti che l'Italia è chiamata ad esser nazione – che può con forze proprie crearsi tale – che il mal esito dei tentativi passati spetta non alla debolezza, ma alla pessima direzione degli elementi rivoluzionari – che il segreto della potenza è nella costanza e nell'unità degli sforzi – consacrano, uniti in associazione, il pensiero e l'azione al grande intento di restituire l'Italia in nazione di liberi ed eguali una, indipendente, sovrana.

G. MAZZINI (político italiano, 1805-1872), *L'istruzione generale per gli affratellati nella "Giovine Italia"*, I.

4409. Fantástico o meu Baltazar! Fantástico o meu garoto! / Já era hora de vir me ver... / Você sabia, seu pândego porcalhão, que já faz / quase um mês que não vem me comer? / Ah, Cristo! Cristo! Que mãos mais frias! / Devagar, devagar... espere um pouco... você quer me congelar, / cáspite! Que gelo! Ai, meus peitos! / que belo imbecil, não sou nenhum aquecedor de cama, não.

Bravo el mè Baldissar! bravo el mè nan! / l'eva poeù vora de vegnì a trovamm... / T'el seet mattascion porch che maneman / l'è on mes che no te vegnet a ciollamm? / Ah Cristo! Cristo! com'hin frecc sti man! / Bell bell... speccia on freguj... te voeu geramm, / bolgirossa! che giazz! aja i mee tett! / che bell cojon, sont minga on scoldalett.

C. PORTA (poeta dialetal italiano, 1775-1821), *La Ninetta del Verzee*, 1-8.

4410. Já que tocamos no assunto, Ilustríssimo, / daqueles franceses tão prepotentes, / escute só o que me aconteceu / ontem à noite, entre as nove e meia e as dez, / justo quando eu saía da loja, / mole e cansado como um burro.

Deggià, Lustrissem, che semm sul descors / de quij prepotentoni de Frances, / ch'el senta on poo mò adess cossa m'è occors / jer sira in tra i noeuv e mezza e i des, / giust in quell'ora che vegneva via / sloffi e stracch come on asen de bottia.

C. PORTA (poeta dialetal italiano, 1775-1821), *Desgrazzi de Giovannin Bongee*, 1-6.

4411. Noivos condenados, traídos pelas noivas, / cheios de tédio, aborrecimentos e cheios de cornos, / reúnam-se todos ao meu redor, / ouçam a história dolorosa / do pobre Melquior, / do pobre Melquior que sou eu, / atingido pelo azar e atraído pelo infortúnio e mandado ao inferno / pela chefona de todas as impostoras.

Moros dannaa, tradii de la morosa, / pien de loeuj, de fastidi e pien de corna, / sarcemm chì tucc d'intorna, / stee chì a sentì l'istoria dolorosa / del pover Marchionn, / del pover Marchionn che sont mì quell, / striaa e tiraa a bordell / da la cappa de tucc i bolgironn!

C. PORTA (poeta dialetal italiano, 1775-1821), *Lament del Marchionn di gamb avert*, 1-8.

4412. Ilustríssimos: com este memorial / pedimos seu bom perdão / se todo garrafão de vinho e toda comida / não estiverem à sua altura.

Lustrissimi: co' questo mormoriale / v'addimanno benigna perdonanza / se 'gni fiasco de vino, ogni pietanza / non fussi stata robba pella quale.

G. G. BELLI (poeta dialetal italiano, 1791-1863), *Sonetti*, 1.

4413. Aquela parte do lago de Como, voltada para o sul, entre duas cadeias ininterruptas de montes, repleta de enseadas e golfos, conforme as saliências e reentrâncias das montanhas, quase de repente torna-se mais estreita e passa a tomar o curso e a figura de um rio, entre um promontório à direita e uma ampla costa da outra parte.

> *Quel ramo del lago di Como, che volge a mezzogiorno, tra due catene non interrotte di monti, tutto a seni e a golfi, a seconda dello sporgere e del rientrare di quelli, vien, quasi a un tratto, a ristringersi, e a prender corso e figura di fiume, tra un promontorio a destra, e un'ampia costiera dall'altra parte.*
> A. MANZONI (escritor italiano, 1785-1873), *I promessi sposi*, I.

4414. Ó pátria minha, vejo as muralhas e os arcos / E as colunas, e os simulacros, e as ermas / Torres dos vossos antepassados, / Mas não vejo a glória.

> *O patria mia, vedo le mura e gli archi / E le colonne e i simulacri e l'erme / Torri degli avi nostri, / Ma la gloria non vedo.*
> G. LEOPARDI (poeta italiano, 1798-1837), *Canti*, I, All'Italia.

4415. Narra-se que todos os homens que desde o princípio povoaram a terra teriam sido criados na infância por toda a parte e ao mesmo tempo, e que teriam sido nutridos pelas abelhas, pelas cabras e pelas pombas no modo como os poetas contaram sobre a educação de Júpiter.

> *Narrasi che tutti gli uomini che da principio popolarono la terra, fossero creati per ogni dove a un medesimo tempo, e tutti bambini, e fossero nutricati dalle api, dalle capre e dalle colombe nel modo che i poeti favoleggiarono dell'educazione di Giove.*
> G. LEOPARDI (poeta italiano, 1798-1837), *Operette morali*, I, Storia del genere umano.

4416. Limonta é um pedacinho de terra meio escondido entre os castanheiros para o olhar de quem, partindo da ponta de Bellagio para navegar em direção a Lecco, procura-a da metade de uma encosta montanhosa, diante de Lierna. Desde o século VIII até os últimos tempos, em que não havia mais feudos na Lombardia, essa cidadezinha esteve sempre submetida ao monastério de S. Ambrósio de Milão; e o abade, entre outros títulos, possuía aquele de conde de Limonta.

> *Limonta è una terricciuola presso che ascosa fra i castagni al guardo di chi, spiccatosi dalla punta di Bellagio per navigar verso Lecco, la cerca a mezza costa, in faccia a Lierna. Cominciando dall'ottavo secolo, fino agli ultimi tempi che fur tolti i feudi in Lombardia, essa fu sempre soggetta al monastero di S. Ambrogio di Milano; e l'Abate fra gli altri titoli aveva quello di conte di Limonta.*
>
> T. GROSSI (escritor italiano, 1790-1853), *Marco Visconti*, I.

4417. Nasci veneziano aos 18 de outubro de 1775, dia do evangelista São Lucas; e morrerei, com a graça de Deus, italiano, quando quiser aquela Providência que governa misteriosamente o mundo.

> *Io nacqui veneziano ai 18 ottobre del 1775, giorno dell'evangelista san Luca; e morrò per la grazia di Dio italiano quando lo vorrà quella Provvidenza che governa misteriosamente il mondo.*
>
> I. NIEVO (escritor italiano, 1831-1861), *Le confessioni d'un italiano*, I.

4418. Ao final de um belo dia de abril, do ano de 1503, o sino de São Domingos em Barletta soava os últimos toques da avemaria. Na praça vizinha à beira-mar, ponto de encontro dos habitantes tranqüilos que, especialmente nas cidadezinhas de clima meridional, costumam reunir-se ao cair da tarde para conversar ao sereno e descansar das lidas do dia, estavam com o mesmo fim muitos soldados espanhóis e italianos, dispersos em vários grupos, alguns passeando, outros, parados ou sentados, ou apoiados nos barcos puxados para a margem que ocupavam toda a praia; e, como é o costume da soldadesca de qualquer idade e qualquer nação, sua postura era tal que parecia dizer: o mundo é nosso.

> *Al cadere d'una bella giornata d'aprile dell'anno 1503 la campana di San Domenico in Barletta sonava gli ultimi tocchi dell'avemaria. Sulla piazza vicina in riva al mare, luogo di ritrovo degli abitanti tranquilli che, nelle terricciuole dei climi meridionali specialmente, sogliono sulla sera essere insieme a barattar parole al sereno per riposarsi dalle faccende del giorno, stavano col*

fine medesimo dispersi in varj gruppi molti soldati spagnuoli ed italiani, alcuni passeggiando, altri fermi, o seduti, od appoggiati alle barche tirate a secco, delle quali era ingombra la spiaggia; e, com'è costume delle soldatesche d'ogni età e d'ogni nazione, il loro contegno era tale che pareva dire: il mondo è nostro.

M. T. D'AZEGLIO (político e escritor italiano, 1798-1866), *Ettore Fieramosca*, I.

4419. Desciam o rio. As margens, ora próximas, ora retraídas em enseadas amenas, ora deixando às águas tranqüilas um amplo leito, mostravam sombras escassas de um lado e densas do outro, aqui um declive em relva, lá a colina pedregosa, marcada por pequenas trilhas que sobem lentas pela ladeira.

Scendevano il fiume. Le rive, ora accostate, or ritraendosi in seni ameni, or lasciando all'acque quiete ampio letto, mostravano qui l'ombre rade e là conserte, qui l'erboso declivio, là 'l poggio sassoso, segnato di sentieretti che s'inerpicano lenti per l'erta.

N. TOMMASEO (escritor italiano, 1802-1874), *Fede e bellezza*, I.

4420. Somos os filhos dos pais adoentados; / águias em tempo de trocar a penugem, / adejamos mudos, atônitos, famintos, / sobre a agonia de um nume.

Noi siamo i figli dei padri ammalati; / aquile al tempo di mutar le piume, / svolazziam muti, attoniti, affamati, / sull'agonia di un nume.

E. PRAGA (escritor italiano, 1839-1875), *Penombre*, Prelúdio, 1-4.

4421. Era uma vez... – Um rei! – dirão logo os meus pequenos leitores. Não, meninos, vocês erraram. Era uma vez um pedaço de madeira.

C'era una volta... – Un re! – diranno subito i miei piccoli lettori. No, ragazzi, avete sbagliato. C'era una volta un pezzo di legno.

C. COLLODI (escritor italiano, 1826-1890), *As aventuras de Pinóquio*, I.

4422. Por volta do meio-dia, Cesarino Pianelli, tesoureiro-adjunto, viu entrar no escritório o tesoureiro Martini, mais pálido do que de costume, com o rosto transtornado e um telegrama na mão. "E então?", perguntou-lhe, "que notícias me traz?". "Tenho de partir imediatamente..."

> *Verso mezzodì Cesarino Pianelli, cassiere aggiunto, vide entrare nell'ufficio il cassiere Martini più pallido del solito, col viso stravolto, con un telegramma in mano. "Ebbene?" gli domandò, "che notizie mi dà?" "Bisogna che io parta immediatamente..."*
>
> E. DE MARCHI (escritor italiano, 1851-1901), *Demetrio Pianelli*, I, 1.

4423. Não, não estou morto. Atrás de mim, cadáver, / Deixei a primeira vida. Sobre os semblantes / Que me sorriam empalideceram as rosas, / morreram os sonhos da primeira idade.

> *No, non son morto. Dietro me cadavere / Lasciai la prima vita. Sopra i volti / Che m'arrideano impallidir le rose, / Moriro i sogni de la prima età.*
>
> G. CARDUCCI (poeta italiano, 1835-1907), *Giambi ed epodi*, Prólogo.

4424. Ave, ó rima! Com bela arte / Sobre os mapas / Persegue-te o trovador; / Mas tu brilhas, tu cintilas, / Tu jorras, / Do coração sobre o povo.

> *Ave, o rima! Con bell'arte / Su le carte / Te persegue il trovadore; / Ma tu brilli, tu scintilli, / Tu zampilli, / Su del popolo dal cuore.*
>
> G. CARDUCCI (poeta italiano, 1835-1907), *Rime nuove*, I, Alla rima.

4425. Odeio a usada poesia: concede / cômoda ao vulgo as ancas frouxas e sem / palpitações sob os habituais amplexos / deita-se e dorme. // A mim a estrofe vigilante, que se lança / com o aplauso e o pé rítmico nos corações: / pego-a pela asa enquanto voa, ela se vira / e resiste.

> *Odio l'usata poesia: concede / comoda al vulgo i flosci fianchi e senza / palpiti sotto i consueti amplessi / stendesi e dorme. // A me la strofe vigile, balzante / co 'l plauso e 'l piede ritmico ne' cori: / per l'ala a volo io còlgola, si volge / ella e repugna.*
>
> G. CARDUCCI (poeta italiano, 1835-1907), *Odi barbare*, Prelúdio.

4426. Outubro, 17, segunda-feira. Hoje é o primeiro dia de escola. Passaram como um sonho aqueles três meses de férias no campo! Minha mãe me levou nesta manhã à seção Baretti, para me inscrever na terceira elementar; eu pensava no campo e caminhava de má vontade.

Ottobre, 17, lunedì. Oggi primo giorno di scuola. Passarono come un sogno quei tre mesi di vacanza in campagna! Mia madre mi condusse questa mattina alla sezione Baretti a farmi iscrivere per la terza elementare; io pensavo alla campagna e andavo di mala voglia.

E. DE AMICIS (escritor italiano, 1846-1908), *Cuore*, I.

4427. Uma após a outra, as portas dos vagões são fechadas com ímpeto; talvez, pensa um viajante fantástico, do férreo destino que, agora sem remédio, levará embora ele e os seus companheiros às trevas.

Uno dopo l'altro, gli sportelli dei vagoni sono chiusi con impeto; forse, pensa un viaggiatore fantastico, dal ferreo destino che, ormai senza rimedio, porterà via lui e i suoi compagni nelle tenebre.

A. FOGAZZARO (escritor italiano, 1842-1911), *Malombra*, I, 1.

4428. Soprava sobre o lago um *vento* frio, enfurecido para expulsar as nuvens cinzentas, pesadas sobre os cimos escuros das montanhas. De fato, quando os Pasotti, ao descer do Albogasio Superior, chegaram a Casarico, ainda não estava chovendo.

Soffiava sul lago una breva *fredda, infuriata di voler cacciar le nubi grigie, pesanti sui cocuzzoli scuri delle montagne. Infatti, quando i Pasotti, scendendo da Albogasio Superiore, arrivarono a Casarico, non pioveva ancora.*

A. FOGAZZARO (escritor italiano, 1842-1911), *Piccolo mondo antico*, I.

4429. "O advogado chegou", anunciou a mãe Graça, apresentando-se junto à porta. E como o marquês não se voltou nem deu resposta, a velha ama-de-leite, depois de dar poucos passos no quarto, exclamou: "Marquês, meu filho, você está contente? Finalmente teremos chuva!". De fato, relampejava e trovejava tanto que dava para acreditar que em breve cairia um temporal.

"C'è l'avvocato", annunziò mamma Grazia affacciandosi all'uscio. E siccome il marchese non si voltò né rispose, la vecchia nutrice, fatti pochi passi nella stanza, esclamò: "Marchese, figlio mio, sei contento? Avremo finalmente la pioggia!". Infatti lam-

peggiava e tuonava da far credere che tra poco sarebbe piovuto a dirotto.
L. CAPUANA (escritor italiano, 1839-1915), *Il Marchese di Roccaverdina*, I.

4430. Durante um tempo, os Malavoglia foram tão numerosos quanto as pedras da estrada velha de Trezza; ocupavam até Ognina e Aci Castello, todos gente boa e honesta do mar, justamente o contrário do que o sobrenome sugeria. Na verdade, no livro da paróquia chamavam-se Toscano, mas isso não queria dizer nada.

Un tempo i Malavoglia erano stati numerosi come i sassi della strada vecchia di Trezza; ce n'erano persino ad Ognina, e ad Aci Castello, tutti buona e brava gente di mare, proprio all'opposto di quel che sembrava dal nomignolo, come dev'essere. Veramente nel libro della parrocchia si chiamavano Toscano, ma questo non voleva dir nulla.
G. VERGA (escritor italiano, 1840-1922), *I Malavoglia*, I.

4431. Soavam os sinos para a missa da alvorada em San Giovanni; mas a cidadezinha ainda dormia como uma pedra, pois chovia havia três dias e nas semeadas afundava-se até a metade da perna. De repente, no silêncio, ouviu-se um rumor de desmoronamento, o sino tilintante de Santa Ágata que pedia ajuda, portas e janelas que batiam, as pessoas que saíam às ruas em mangas de camisa, gritando: "Terremoto! São Gregório Magno!". Ainda estava escuro. Ao longe, na ampla extensão negra da Alia, piscava apenas um candeeiro de carvoeiro.

Suonava la messa dell'alba a San Giovanni; ma il paesetto dormiva ancora della grossa, perché era piovuto da tre giorni, e nei seminati ci si affondava fino a mezza gamba. Tutt'a un tratto, nel silenzio, si udì un rovinìo, la campanella squillante di Sant'Agata che chiamava aiuto, usci e finestre che sbattevano, la gente che scappava fuori in camicia, gridando: "Terremoto! San Gregorio Magno!". Era ancor buio. Lontano, nell'ampia distesa nera dell'Alia, ammiccava soltanto un lume di carbonai.
G. VERGA (escritor italiano, 1840-1922), *Mastro-don Gesualdo*, I, 1.

4432. No quarto de Cesare Dias fazia um alto e tétrico silêncio. Ele estava sentado na poltrona de couro escuro, com os cotovelos apoiados na grande escrivaninha de madeira esculpida e as duas mãos escondiam seus olhos e a fronte: viam-se apenas os cabelos um pouco desgrenhados e os lábios muito pálidos sob o bigode desfeito. Fora, o triste dia de inverno declinava e as sombras escureciam.

Un alto e tetro silenzio era nella stanza di Cesare Dias. Egli stava seduto nel seggiolone di cuoio bruno, teneva appoggiati i gomiti sulla grande scrivania di legno scolpito e le due mani gli nascondevano gli occhi e la fronte: si vedean solo i capelli un po' scomposti e le labbra pallidissime sotto i mustacchi disfatti. Fuori, la triste giornata invernale declinava e tetre si facevano le ombre.

M. SERAO (escritora italiana, 1856-1927), *Castigo*, I.

4433. Durante todo o dia, Efix, o servo das damas Pintor, tinha trabalhado para reforçar o dique primitivo construído por ele mesmo um pouco por vez, à força de anos e de esforço, lá no fundo da pequena propriedade, ao longo do rio: e, ao cair da tarde, contemplava sua obra do alto, sentado diante da cabana sob o talude glauco de canas, da metade de uma encosta sobre a branca *Colina das Pombas*.

Tutto il giorno Efix, il servo delle dame Pintor, aveva lavorato a rinforzare l'argine primitivo da lui stesso costrutto un po' per volta a furia d'anni e di fatica, giù in fondo al poderetto lungo il fiume: e al cader della sera contemplava la sua opera dall'alto, seduto davanti alla capanna sotto il ciglione glauco di canne a mezza costa sulla bianca Collina dei Colombi.

G. DELEDDA (escritora italiana, 1871-1936), *Canne al vento*, I.

4434. O ano morria, bem docemente. O sol de São Silvestre expandia não sei qual tepidez velada, brandíssima, áurea, quase primaveril, no céu de Roma.

L'anno moriva, assai dolcemente. Il sole di San Silvestro spandeva non so che tepor velato, mollissimo, aureo, quasi primaverile, nel ciel di Roma.

G. D'ANNUNZIO (escritor italiano, 1863-1938), *Il piacere*, I, 1.

4435. Ir para diante do juiz, dizer-lhe: "Cometi um crime. Aquela pobre criatura não teria sido morta se eu não a tivesse matado. Eu, Tullio Hermil, eu mesmo a matei."

Andare davanti al giudice, dirgli: "Ho commesso un delitto. Quella povera creatura non sarebbe morta se io non l'avessi uccisa. Io Tullio Hermil, io stesso l'ho uccisa".

G. D'ANNUNZIO (escritor italiano, 1863-1938), *L'innocente*, incipit.

4436. Ó Vida, ó vida, / dom terrível do deus [Pã], / como uma espada fiel, / como uma chama que ruge, / como a górgone, / como a centaura veste; / ó Vida, ó Vida, / dom do esquecimento, oferta agreste, / como uma água clara, / como uma coroa, / como um favo, como o mel / que a boca separa / da cera consistente; / ó Vida, ó Vida, / dom do Imortal / à minha sede cruel, / à minha fome voraz, / à minha sede e à minha fome / de um dia, não direi eu / toda a tua beleza?

O Vita, o Vita, / dono terribile del dio, / come una spada fedele, / come una ruggente face, / come la gorgòna, / come la centàurea veste; / o Vita, o Vita, / dono d'oblìo, / offerta agreste, / come un'acqua chiara, / come una corona, / come un fiale, come il miele / che la bocca separa / dalla cera tenace; / o Vita, o Vita, / dono dell'Immortale / alla mia sete crudele, / alla mia fame vorace, / alla mia sete e alla mia fame / d'un giorno, non dirò io / tutta la tua bellezza?

G. D'ANNUNZIO (escritor italiano, 1863-1938), *Laudi*, Maia, I, Laus Vitae, 1-21.

4437. Domados os necessários tumultos da primeira juventude, vencidos os desejos muito veementes e discordantes, posta uma barreira ao irromper confuso e inumerável das sensações, no momentâneo silêncio da minha consciência eu havia investigado se por aventura a vida pudesse se tornar um exercício diferente daquele habitual das faculdades adaptáveis na variação contínua dos casos; ou seja: se a minha vontade pudesse, por meio de eleições e exclusões, extrair uma nova e decorosa obra dos elementos que a vida tinha acumulado em mim mesmo.

Domati i necessari tumulti della prima giovinezza, battute le bramosie troppo veementi e discordi, posto un argine all'irrompere confuso e innumerevole delle sensazioni, nel momentaneo silenzio della mia coscienza io aveva investigato se per avventura la vita potesse divenire un esercizio diverso da quello consueto delle facoltà accomodative nel variar continuo dei casi; ciò è: se la mia volontà potesse per via di elezioni e di esclusioni trarre una sua nuova e decorosa opera dagli elementi che la vita aveva in me medesimo accumulati.

G. D'ANNUNZIO (escritor italiano, 1863-1938), *Le vergini delle rocce*, I.

4438. "Stelio, seu coração não está tremendo pela primeira vez?", perguntou Foscarina com um sorriso tênue, tocando a mão do amigo taciturno que estava sentado ao seu lado. "Vejo-o um pouco pálido e preocupado. Eis uma bela noite de triunfo para um grande poeta!"

"Stelio, non vi trema il cuore, per la prima volta?" chiese la Foscarina con un sorriso tenue, toccando la mano dell'amico taciturno che le sedeva al fianco. "Vi veggo un poco pallido e pensieroso. Ecco una bella sera di trionfo per un grande poeta!"

G. D'ANNUNZIO (escritor italiano, 1863-1938), *Il fuoco*, 1.

4439. Déspota, fomos e combatemos, sempre / fiéis à tua ordem. Vês / que as armas e os pulsos eram de boas têmperas.

Dèspota, andammo e combattemmo, sempre / fedeli al tuo comandamento. Vedi / che l'armi e i polsi eran di buone tempre.

G. D'ANNUNZIO (escritor italiano, 1863-1938), *Laudi*, Alcyone, I, La tregua.

4440. ESPLENDOR O que queres, nossa Vienda? / FAVETTA O que queres, cara cunhada? / ESPLENDOR Queres teu vestido de lã? / Ou queres aquele de seda / com florzinhas vermelhas e amarelas? / ORNELLA, *cantando* Quero me vestir toda de verde, / toda de verde para São João, / pois em meio ao verde vem me ferir. / Oilí, oilí, oilá!

SPLENDORE Che vuoi tu, Vienda nostra? / FAVETTA Che vuoi tu, cognata cara? / SPLENDORE Vuoi la veste tua di lana? / o vuoi tu quella di seta / a fioretti rossi e gialli? / ORNELLA, cantando *Tutta di verde mi voglio vestire, / tutta di verde per Santo Giovanni, / ché in mezzo al verde mi venne a fedire. / Oilì, oilì, oilà!*

G. D'ANNUNZIO (escritor italiano, 1863-1938), *La figlia di Iorio*, I, 1.

4441. Tenho os olhos vendados. Estou deitado de costas na cama, com o tronco imóvel, a cabeça caída para trás, um pouco mais baixa do que os pés. Levanto levemente os joelhos para inclinar a mesinha que está apoiada sobre eles.

Ho gli occhi bendati. Sto supino nel letto, col torso immobile, col capo riverso, un poco più basso dei piedi. Sollevo leggermente le ginocchia per dare inclinazione alla tavoletta che v'è posata.
G. D'Annunzio (escritor italiano, 1863-1938), *Notturno*, I.

4442. Vinte e cinco anos!... Estou velho, estou / velho! Passou a primeira juventude, / e de presente me deixou, no abandono, // um livro de passado, caso eu reprima / meu soluço e reconheça seu / pálido vestígio, entre uma rima e outra.

Venticinqu'anni!... Sono vecchio, sono / vecchio! Passò la giovinezza prima, / e in dono mi lasciò, nell'abbandono, // un libro di passato, ov'io reprima / il mio singhiozzo e il pallido vestigio / riconosca di lei, tra rima e rima.
G. Gozzano (poeta italiano, 1883-1916), *I colloqui*, 1.

4443. 1. Queremos cantar o amor ao perigo, o hábito à energia e à temeridade. 2. A coragem, a audácia, a rebelião serão elementos essenciais da nossa poesia. 3. Até hoje a literatura exaltou a imobilidade pensativa, o êxtase e o sono. Queremos exaltar o movimento agressivo, a insônia febril, o passo apressado, o salto mortal, o tapa e o soco.

1. Noi vogliamo cantare l'amor del pericolo, l'abitudine all'energia e alla temerità. 2. Il coraggio, l'audacia, la ribellione, saranno elementi essenziali della nostra poesia. 3. La letteratura esaltò fino ad oggi l'immobilità pensosa, l'estasi e il sonno. Noi vogliamo esaltare il movimento aggressivo, l'insonnia febbrile, il passo di corsa, il salto mortale, lo schiaffo ed il pugno.
F. T. Marinetti (escritor italiano, 1876-1944), *Manifesto futurista*.

4444. Lembro-me de uma antiga cidade, de muros vermelhos e torreada, árida sobre a planície interminável no agosto tórrido, com o distante refrigério de colinas verdes e tênues no fundo.

Ricordo una vecchia città, rossa di mura e turrita, arsa sulla pianura sterminata nell'Agosto torrido, con il lontano refrigerio di colline verdi e molli sullo sfondo.
D. Campana (poeta italiano, 1885-1932), *Canti orfici*, 1, La notte.

4445. Imediatamente, com as primeiras palavras que lhe dirigiu, quis preveni-la de que não pretendia comprometer-se num relacionamento muito sério. Falou, portanto, mais ou menos assim: "Amo-a muito e pelo seu bem quero que estejamos de acordo em ser cautelosos." A palavra era tão prudente que ficava difícil acreditar que fosse pronunciada por amor a alguém.

Subito, con le prime parole che le rivolse, volle avvisarla che non intendeva compromettersi in una relazione troppo seria. Parlò cioè a un dipresso così: "T'amo molto e per il tuo bene desidero ci si metta d'accordo di andare molto cauti". La parola era tanto prudente ch'era difficile di crederla detta per amore altrui.

I. Svevo (escritor italiano, 1861-1928), *Senilità*, I.

4446. Ver minha infância? Mais de dez lustros me separam dela, e os meus olhos presbíopes talvez pudessem alcançá-la se a luz que ainda a reverbera não fosse cortada por obstáculos de todo gênero, verdadeiras e altas montanhas: os meus anos e alguma hora minha.

Vedere la mia infanzia? Più di dieci lustri me ne separano e i miei occhi presbiti forse potrebbero arrivarci se la luce che ancora ne riverbera non fosse tagliata da ostacoli d'ogni genere, vere alte montagne: i miei anni e qualche mia ora.

I. Svevo (escritor italiano, 1861-1928), *A consciência de Zeno*, Preâmbulo.

4447. Uma das poucas coisas, ou melhor, talvez a única que eu soubesse com certeza era esta: que eu me chamava Mattia Pascal. E me aproveitava disso. Sempre que um dos meus amigos ou conhecidos demonstrava ter perdido o juízo a ponto de vir me pedir algum conselho ou sugestão, eu encolhia os ombros, entreabria os olhos e lhe respondia: "Eu me chamo Mattia Pascal." "Obrigado, meu caro. Isso eu sei." "E lhe parece pouco?" Não parecia muito, para dizer a verdade, nem a mim. Mas eu ignorava então o que significava não saber nem mesmo isso, não poder mais responder, ou seja, como antes, à ocorrência: "Eu me chamo Mattia Pascal."

Una delle poche cose, anzi forse la sola ch'io sapessi di certo era questa: che mi chiamavo Mattia Pascal. E me ne approfittavo.

Ogni qual volta qualcuno de' miei amici o conoscenti dimostrava d'aver perduto il senno fino al punto di venire da me per qualche consiglio o suggerimento, mi stringevo nelle spalle, socchiudevo gli occhi e gli rispondevo: "Io mi chiamo Mattia Pascal." "Grazie, caro. Questo lo so." "E ti par poco?" Non pareva molto, per dir la verità, neanche a me. Ma ignoravo allora che cosa volesse dire il non sapere neppur questo, il non poter più rispondere, cioè, come prima, all'occorrenza: "Io mi chiamo Mattia Pascal."

L. PIRANDELLO (escritor italiano, 1867-1936), *Il fu Mattia Pascal*, I.

4448. LANDOLFO E esta é a sala do trono! ARIALDO Em Goslar! ORDULFO Ou também, se quiseres, no Castelo do Hartz! ARIALDO Ou em Worms. LANDOLFO Conforme a ocorrência que representamos, salta conosco, ora aqui, ora acolá. ORDULFO Na Saxônia! ARIALDO Na Lombardia! LANDOLFO Sobre o Reno! UM DOS VALETES Ps! Ps! ARIALDO O que foi? PRIMEIRO VALETE Entra ou não entra? *alude a Henrique IV* ORDULFO Não, não. Dorme; fiquem tranqüilos.

LANDOLFO E questa è la sala del trono! ARIALDO A Goslar! ORDULFO O anche, se vuoi, nel Castello dell'Hartz! ARIALDO O a Worms. LANDOLFO Secondo la vicenda che rappresentiamo, balza con noi, ora qua, ora là. ORDULFO In Sassonia! ARIALDO In Lombardia! LANDOLFO Sul Reno! UNO DEI VALLETTI Ps! Ps! ARIALDO Che cos'è? PRIMO VALLETTO Entra o non entra? alude a Enrico IV *ORDULFO No no. Dorme; state pur comodi.*

L. PIRANDELLO (escritor italiano, 1867-1936), *Enrico IV*, I.

4449. O DIRETOR DE CENA Oh, o que você está fazendo? O MAQUINISTA O que estou fazendo? Estou martelando um prego. O DIRETOR DE CENA A essa hora? Já são dez e meia. Daqui a pouco o diretor vai chegar para o ensaio. O MAQUINISTA Mas eu digo que também preciso ter meu horário para trabalhar. O DIRETOR DE CENA Você o terá, mas não agora. O MAQUINISTA E quando? O DIRETOR DE CENA Quando não for mais a hora do ensaio. Vamos, vamos, leve tudo embora e deixe-me arrumar o cenário para o segundo ato do *Jogo das partes*.

IL DIRETTORE DI SCENA Oh, che fai? IL MACCHINISTA Che faccio? Inchiodo. IL DIRETTORE DI SCENA A quest'ora? Sono già le dieci e mezzo. A momenti sarà qui il direttore per la prova. IL MACCHISTA Ma dico, dovrò avere anch'io il mio tempo per lavorare. IL DIRETTORE DI SCENA L'avrai, ma non ora. IL MACCHINISTA E quando? IL DIRETTORE DI SCENA Quando non sarà più l'ora della prova. Su, su, pòrtati via tutto, e lasciami disporre la scena per il secondo atto del Giuoco delle parti.

L. PIRANDELLO (escritor italiano, 1867-1936), *Seis personagens à procura do autor*, I.

4450. Minha família vivia numa velha casa florentina de Oltrarno. Desse tipo de casa um pouco sombria que, se você a observa de fora, com janelas magníficas na nudez, que mal lhe deixam perceber a cabeça de quem está debruçado nelas. As portas se abrem majestosas nas paredes maciças.

Viveva la mia famiglia in una vecchia casa fiorentina d'Oltrarno. Queste case un po' tetre se le guardi di fuori, dalle finestre magnifiche nella nudità, che appena ti lasciano scorgere la testa di chi vi resti affacciato. Le porte si aprono maestose nelle mura massicce.

A. PALAZZESCHI (escritor italiano, 1885-1974), *Stampe dell'Ottocento*.

4451. Os peixes vermelhos na bola de vidro nadavam com um único impulso, um estilo de inflexões do seu corpo firme, uma variedade de aproximações com barbatanas esticadas, como se viessem livres por um grande espaço. Eram prisioneiros. Mas haviam carregado consigo o infinito para dentro da prisão.

I pesci rossi nella palla di vetro nuotavano con uno slancio, un gusto di inflessioni del loro corpo sodo, una varietà d'accostamenti a pinne tese, come se venissero liberi per un grande spazio. Erano prigionieri. Ma s'erano portati dietro in prigione l'infinito.

E. CECCHI (escritor italiano, 1884-1966), *Pesci rossi*, I.

4452. A igual vida diversa urge ao redor; / Procuro e não encontro e conduzo-me / Em seu incessante movimento: / Se o acompanharmos parece costume ou ventura, / mas dentro provoca medo.

L'egual vita diversa urge intorno; / Cerco e non trovo e m'avvio / Nell'incessante suo moto: / A secondarlo par uso o ventura, / ma dentro fa paura.

C. REBORA (poeta italiano, 1885-1957), *Poesie*, L'egual vita diversa urge intorno.

4453. Não é bela a vida dos pastores em Aspromonte, no inverno, quando as turvas torrentes correm ao mar, e a terra parece navegar sobre as águas. Os pastores ficam nas casas construídas com ramos e barro e dormem com os animais. Andam com longos capuzes amarrados a um pequeno manto.

Non è bella la vita dei pastori in Aspromonte, d'inverno, quando i torbidi torrenti corrono al mare, e la terra sembra navigare sulle acque. I pastori stanno nelle case costruite di frasche e di fango, e dormono con gli animali. Vanno in giro coi lunghi cappucci attaccati a una mantelletta.

C. ALVARO (escritor italiano, 1895-1956), *Gente in Aspromonte*, 1.

4454. O Príncipe Eugênio da Suécia parou no meio da sala. "Ouçam", disse. Por entre os carvalhos do Oakhill e os pinheiros do parque de Valdemarsudden, para além do braço de mar que penetra na terra até o Nybroplan, no coração de Estocolmo, vinha no vento um triste, amoroso lamento. Não era o chamado melancólico das sereias dos piróscafos, que saíam do mar subindo em direção ao porto, nem o grito nebuloso das gaivotas: era uma voz feminina, distraída e dolente. "São os cavalos do Tivoli, o parque de diversões que está diante do Skansen", disse o Príncipe Eugênio em voz baixa.

Il Principe Eugenio di Svezia si fermò in mezzo alla stanza. "Ascoltate" disse. Attraverso le querce dell'Oakhill e i pini del parco di Valdemarsudden, di là dal braccio di mare che si addentra nella terra fino al Nybroplan, nel cuore di Stoccolma, veniva nel vento un triste, amoroso lamento. Non era il malinconico richiamo delle sirene dei piroscafi, che risalivano dal mare verso il porto, né il grido nebbioso dei gabbiani: era una voce femminile, distratta e dolente. "Sono i cavalli del Tivoli, il lunapark che è davanti allo Skansen" disse il Principe Eugenio a voce bassa.

C. MALAPARTE (escritor italiano, 1898-1957), *Kaputt*, Primeira parte.

4455. Passaram-se muitos anos, cheios de guerra, e daquilo que se costuma chamar de História. Levado aqui e ali ao acaso, até agora não pude manter a promessa feita aos meus camponeses de voltar para junto deles; acabei por deixá-los e não sei realmente se e quando poderei cumpri-la. Porém, fechado num quarto e num mundo fechado, sinto-me bem ao voltar com a memória àquele outro mundo, cerrado na dor e nos costumes, negado à História e ao Estado, eternamente paciente.

Sono passati molti anni, pieni di guerra, e di quello che si usa chiamare la Storia. Spinto qua e là alla ventura, non ho potuto finora mantenere la promessa fatta, lasciandoli, ai miei contadini, di tornare fra loro, e non so davvero se e quando potrò mai mantenerla. Ma chiuso in una stanza e in un mondo chiuso, mi è grato riandare con la memoria a quell'altro mondo, serrato nel dolore e negli usi, negato alla Storia e allo Stato, eternamente paziente.

C. LEVI (escritor e pintor italiano, 1902-1975), *Cristo si è fermato a Eboli*, I.

4456. Giovanni Percolla tinha quarenta anos e vivia havia dez em companhia de três irmãs, a mais jovem das quais dizia ser "viúva de guerra".

Giovanni Percolla aveva quarant'anni, e viveva da dieci anni in compagnia di tre sorelle, la più giovane delle quali diceva di esser "vedova di guerra".

V. BRANCATI (escritor italiano, 1907-1954), *Don Giovanni in Sicilia*, I.

4457. Dos sicilianos solteiros que se estabeleceram em Roma por volta de 1930, oito pelo menos, se a memória não me engana, alugaram uma casa mobiliada cada um, em bairros pouco rumorosos e freqüentados, e quase todos foram parar perto de monumentos insignes, dos quais, porém, nunca souberam a história nem observaram a beleza, e às vezes nem mesmo os notaram.

Dei siciliani scapoli che si stabilirono a Roma intorno al 1930, otto per lo meno, se la memoria non m'inganna, affittarono ciascuno una casa ammobiliata, in quartieri poco rumorosi e frequentati, e quasi tutti andarono a finire presso insigni monumenti, dei quali però non seppero mai la storia né osservarono la bellezza, e talvolta addirittura non li videro.

V. BRANCATI (escritor italiano, 1907-1954), *Il bell'Antonio*, 1.

4458. 23 de junho de 1952. Encontro-me sentado sobre o terraço do hotel Baglioni, apaixonado por minha mulher.

23 giugno 1952. Mi trovo seduto sulla terrazza dell'albergo Baglioni, innamorato di mia moglie.

V. Brancati (escritor italiano, 1907-1954), *Paolo il caldo*, 1.

4459. Dom Camillo olhou para cima, em direção ao Cristo do altar maior, e disse: "Jesus, no mundo existem muitas coisas que não funcionam." "Não me parece", respondeu o Cristo. "No mundo existem apenas os homens que não funcionam..."

Don Camillo guardò in su verso il Cristo dell'altar maggiore e disse: "Gesù, al mondo ci sono troppe cose che non funzionano". "Non mi pare", rispose il Cristo. "Al mondo ci sono soltanto gli uomini che non funzionano..."

G. Guareschi (escritor italiano, 1908-1968), *Mondo piccolo*, I.

4460. Chamavam-me de Pablo porque eu tocava violão.

Mi dicevano Pablo perché suonavo la chitarra.

C. Pavese (escritor italiano, 1908-1950), *Il compagno*, I.

4461. Já em outros tempos considerava-se a colina como poderíamos ter considerado o mar ou a mata. Eu voltava à noite para lá, partindo da cidade que escurecia, e para mim não era um lugar entre os outros, mas um aspecto das coisas, um modo de viver.

Già in altri tempi si diceva la collina come avremmo detto il mare o la boscaglia. Ci tornavo la sera, dalla città che si oscurava, e per me non era un luogo tra gli altri, ma un aspetto delle cose, un modo di vivere.

C. Pavese (escritor italiano, 1908-1950), *La casa in collina*, I.

4462. Há uma razão pela qual voltei a esta aldeia, para cá e não para Canelli, Barbaresco ou Alba. Não nasci aqui, é quase certeza; onde nasci, não sei; não há por esses lados uma casa nem um pedaço de terra, nem ossos, para que eu possa dizer: "Isso é o que eu era antes de nascer."

C'è una ragione perché sono tornato in questo paese, qui e non invece a Canelli, a Barbaresco o in Alba. Qui non ci sono nato, è quasi certo; dove sono nato non lo so; non c'è da queste parti una casa né un pezzo di terra né delle ossa ch'io possa dire "Ecco cos'ero prima di nascere".

C. Pavese (escritor italiano, 1908-1950), *La luna e i falò*, I.

4463. Todos já o chamavam de dom Ciccio. Era o doutor Francesco Ingravallo, transferido à brigada móvel: um dos mais jovens e, não se sabe por quê, um dos mais invejados funcionários da seção de investigação: ubíquo nos casos, onipresente nas ocorrências tenebrosas.

Tutti ormai lo chiamavano don Ciccio. Era il dottor Francesco Ingravallo comandato alla mobile: uno dei più giovani e, non si sa perché, invidiati funzionari della sezione investigativa: ubiquo ai casi, onnipresente su gli affari tenebrosi.

C. E. Gadda (escritor italiano, 1893-1973), *Quer pasticciaccio brutto de via Merulana*, I.

4464. Naqueles anos, entre 1925 e 1933, as leis do Maradagàl, que é aldeia de poucos recursos, permitiam aos proprietários do campo aderir ou não às associações provinciais de vigilância para a noite (Nistitùos provinciales de vigilancia para la noche); e isso considerando-se o fato de que eles já estavam submetidos a impostos e eram obrigados a dar várias contribuições, cujo montante, em alguns casos, atingia e até mesmo chegava a superar o valor do pouco banzavòis que a propriedade rústica consegue produzir, com Cerere e Pale consentindo, a cada ano bissexto.

In quegli anni, tra il 1925 e il 1933, le leggi del Maradagàl, che è paese di non molte risorse, davano facoltà ai proprietari di campagna d'aderire o di non aderire alle associazioni provinciali di vigilanza per la notte (Nistitùos provinciales de vigilancia para la noche); e ciò in considerazione del fatto che essi già sottostavano a balzelli ed erano obbligati a contributi molteplici, il cui globale ammontare, in alcuni casi, raggiungeva e financo superava il valsente del poco banzavòis che la proprietà rustica arriva a fruttare, Cerere e Pale assenziendo, ogni anno bisestile.

C. E. Gadda (escritor italiano, 1893-1973), *La cognizione del dolore*, 1.

4465. Acho que esta história da minha longa luta com o pai, que durante certo tempo eu considerava insólita, para não dizer única, no fundo não é tão extraordinária se, como parece, puder ser comodamente organizada dentro de esquemas e teorias

845

psicológicas já existentes, ou melhor, num certo sentido, poderia até mesmo constituir uma demonstração apropriada da validade pelo menos racional de tais esquemas ou teorias, de modo que, embora a mim particularmente não afete em nada, eu poderia muito bem sustentar que meu objetivo ao escrevê-la é justamente o de fornecer algum outro documento probatório às doutrinas psicanalíticas que ainda precisam de mais do que isso.

Penso che questa storia della mia lunga lotta col padre, che un tempo ritenevo insolita per non dire unica, non sia in fondo tanto straordinaria se come sembra può venire comodamente sistemata dentro schemi e teorie psicologiche già esistenti, anzi in un certo senso potrebbe perfino costituire una appropriata dimostrazione della validità perlomeno razionale di tali schemi o teorie, sicché, sebbene a me personalmente non ne venga un bel nulla, potrei benissimo sostenere che il mio scopo nello scriverla è appunto quello di fornire qualche altra pezza d'appoggio alle dottrine psicoanalitiche che ne hanno tuttora più bisogno di quanto...
G. BERTO (escritor italiano, 1914-1978), *Il male oscuro*, 1.

4466. Naquele tempo de meio inverno, embora fosse toda tarde de sol ao terraço do Café Jangada, ou seja, um lugar nem um pouco desagradável e até animado pelas raras coisas prazerosas que se podem encontrar numa cidade úmida como Veneza durante a má estação, Antônio tinha principalmente vontade de morrer.

In quel tempo di mezzo inverno benché si recasse ogni pomeriggio di sole sulla terrazza del Caffè alle Zattere, vale a dire in un luogo per niente spiacevole e anzi rallegrato dalle scarse cose liete che si possono trovare in una città umida qual è Venezia durante la brutta stagione, Antonio aveva soprattutto voglia di morire.
G. BERTO (escritor italiano, 1914-1978), *La cosa buffa*, 1.

4467. Nomeado oficial, Giovanni Drogo partiu numa manhã de setembro da cidade para chegar à Fortaleza Bastiani, seu primeiro destino. Preparou-se para acordar ainda de noite e vestiu pela primeira vez o uniforme de tenente. Assim que terminou, à luz de uma lâmpada a petróleo olhou-se no espelho, mas sem encontrar a alegria que havia esperado. Na casa reinava um grande silêncio, ouviam-se apenas pequenos rumores vindos do quarto ao lado; sua mãe estava se levantando para despedir-se dele. Aquele era o dia esperado havia anos, o princípio da sua verdadeira vida.

Nominato ufficiale, Giovanni Drogo partì una mattina di settembre dalla città per raggiungere la Fortezza Bastiani, sua prima destinazione. Si fece svegliare ch'era ancora notte e vestì per la prima volta la divisa di tenente. Come ebbe finito, al lume di una lampada a petrolio si guardò nello specchio, ma senza trovare la letizia che aveva sperato. Nella casa c'era un grande silenzio, si udivano solo piccoli rumori da una stanza vicina; sua mamma stava alzandosi per salutarlo. Era quello il giorno atteso da anni, il principio della sua vera vita.

D. Buzzati (escritor italiano, 1906-1972), *Il deserto dei tartari*, I.

4468. Tommaso, Lello, o Zucabbo e os outros garotos que moravam no arrabalde de barracas na Via dei Monti di Pietralata, como sempre depois de comer, chegaram diante da escola pelo menos meia hora antes. Ali em volta já havia, porém, mais outros garotos do bairro, que brincavam na lama com a faquinha. Tommaso, Lello e os outros começaram a observá-los.

Tommaso, Lello, il Zucabbo e gli altri ragazzini che abitavano nel villaggio di baracche sulla Via dei Monti di Pietralata, come sempre dopo mangiato, arrivarono davanti alla scuola almeno una mezzoretta prima. Lì intorno c'erano già però pure altri pipelletti della borgata, che giocavano sulla fanga col coltellino. Tommaso, Lello e gli altri si misero a guardarli.

P. P. Pasolini (escritor italiano, 1922-1975), *Una vita violenta*, I.

4469. A batalha começou pontualmente às dez da manhã. Do alto da sela, o lugar-tenente Medardo contemplava a extensão das tropas cristãs, prontas para o ataque, e esticava o rosto ao vento da Boêmia, que levantava um odor de folhelho como de uma eira empoeirada.

La battaglia cominciò puntualmente alle dieci del mattino. Dall'alto della sella, il luogotenente Medardo contemplava l'ampiezza dello schieramento cristiano, pronto per l'attacco, e protendeva il viso al vento di Boemia, che sollevava odor di pula come da un'aia polverosa.

I. CALVINO (escritor italiano, 1923-1985), *Il visconte dimezzato*, I.

4470. Foi no dia 15 de junho de 1767 que Cosimo Piovasco di Rondò, meu irmão, sentou pela última vez em meio a nós. Lembro como se fosse hoje. Estávamos na sala de jantar da nossa vila de Ombrosa, as janelas enquadravam os ramos densos da grande azinheira do parque.

Fu il 15 di giugno del 1767 che Cosimo Piovasco di Rondò, mio fratello, sedette per l'ultima volta in mezzo a noi. Ricordo come fosse oggi. Eravamo nella sala da pranzo della nostra villa d'Ombrosa, le finestre inquadravano i folti rami del grande elce del parco.

I. CALVINO (escritor italiano, 1923-1985), *Il barone rampante*, I.

4471. Sob os muros vermelhos de Paris estava enfileirado o exército da França. Carlos Magno devia passar os paladinos em revista. Já fazia mais de três horas que estavam ali; fazia calor; era uma tarde de início de verão, um pouco encoberta, nublada; nas armaduras fervia-se como em panelas mantidas a fogo brando.

Sotto le rosse mura di Parigi era schierato l'esercito di Francia. Carlomagno doveva passare in rivista i paladini. Già da più di tre ore erano lì; faceva caldo; era un pomeriggio di prima estate, un po' coperto, nuvoloso; nelle armature si bolliva come in pentole tenute a fuoco lento.

I. CALVINO (escritor italiano, 1923-1985), *Il cavaliere inesistente*, I.

4472. Àquela altura já estava claro que os tempos da água haviam terminado – lembrou o velho Qfwfq –, aqueles que resolviam dar o grande passo eram sempre em número maior, não havia família que não tivesse algum dos seus queridos em lugar seco, todos contavam coisas extraordinárias daquilo que havia para fazer em terra firme, e chamavam os parentes.

Ormai era chiaro che i tempi dell'acqua erano finiti, – ricordò il vecchio Qfwfq, – quelli che si decidevano a fare il grande passo erano sempre in maggior numero, non c'era famiglia che non avesse qualcuno dei suoi cari là all'asciutto, tutti raccontavano cose straordinarie di quel che c'era da fare in terraferma, e chiamavano i parenti.

I. CALVINO (escritor italiano, 1923-1985). *Le cosmicomiche*, parte primeira, Evoluti e mutanti.

4473. Você vai começar a ler o novo romance *Se uma noite de inverno um viajante*, de Italo Calvino. Relaxe. Recolha-se. Afaste de si qualquer outro pensamento. Deixe que o mundo que o circunda esvaeça no indistinto. É melhor fechar a porta; do outro lado há sempre a televisão ligada.

Stai per cominciare a leggere il nuovo romanzo Se una notte d'inverno un viaggiatore *di Italo Calvino. Rilassati. Raccogliti. Allontana da te ogni altro pensiero. Lascia che il mondo che ti circonda sfumi nell'indistinto. La porta è meglio chiuderla; di là c'è sempre la televisione accesa.*

I. CALVINO (escritor italiano, 1923-1985), *Se una notte d'inverno un viaggiatore*, I.

4474. Metello Salani nasceu em São Nicolau, mas até os quinze anos nunca morou lá. Sua família era daquele bairro, e cada um tem as descendências que consegue arranjar. Seu pai, areeiro, tinha sido anarquista, e todos, entre a praça dos Mozzi e a Colonna, conheceram-no por sua baixa estatura e sua força.

Metello Salani era nato in San Niccolò, ma fino ai quindici anni, non vi aveva mai abitato. La sua famiglia era di quel Rione, e ciascuno ha le discendenze che si ritrova. Suo padre, renajolo, era stato anarchico e tutti, tra piazza de' Mozzi e la Colonna, l'avevano conosciuto per la sua bassa statura e il suo pugno proibito.

V. PRATOLINI (escritor italiano, 1913-1991), *Metello*, I, 1.

4475. Naquele inverno, eu estava sendo violentamente dominado por fúrias abstratas. Não direi quais, não é disso que me propus falar. Mas é preciso dizer que eram abstratas, não heróicas, não vivas; fúrias, em certo modo, pelo gênero humano perdido. Isso há muito tempo, e eu estava cabisbaixo.

Io ero, quell'inverno, in preda ad astratti furori. Non dirò quali, non di questo mi son messo a raccontare. Ma bisogna dica ch'era-

no astratti, non eroici, non vivi; furori, in qualche modo, per il genere umano perduto. Da molto tempo questo, ed ero col capo chino.

E. VITTORINI (escritor italiano, 1908-1966), *Conversazione in Sicilia*, I.

4476. Mara bocejou. Era realmente muito enfadonho ter de ficar em casa por culpa do irmão! Pensou que mesmo assim poderia muito bem sair: Vinícius começaria a berrar e à noite contaria tudo à mãe; mas ela poderia sempre dizer que não era verdade. E, depois, também daria uma bela surra em Vinícius.

Mara sbadigliò. Era una bella noia essere costretta a stare in casa per colpa del fratello! Le venne in mente che avrebbe potuto lo stesso andarsene fuori: Vinicio si sarebbe messo a strillare, e poi la sera lo avrebbe raccontato alla madre; ma lei avrebbe potuto sempre dire che non era vero. E, dopo, gliele avrebbe anche date, a Vinicio.

C. CASSOLA (escritor italiano, 1917-1987), *La ragazza di Bube*, I.

4477. O áfrico havia durado até a noite anterior, e um largo pedaço de praia havia sido aplanado e escurecido pela marulhada. Anna caminhava devagar, olhando para o chão. Seguia as pegadas de dois pés nus.

Il libeccio era durato fino alla notte prima, e un largo tratto di spiaggia era stato spianato e scurito dalla mareggiata. Anna camminava adagio, guardando in terra. Seguiva la traccia di due piedi nudi.

C. CASSOLA (escritor italiano, 1917-1987), *Un cuore arido*, 1.

4478. Tudo somado, eu daria razão ao Adelung, porque, se partirmos do alto alemão Breite, a passagem para Braida é fácil, e também o resto: o ditongo que se contrai numa vogal única e bem aberta, e depois o rotacismo da dental intervocálica, que hoje, graças a Deus, não é mais um mistério para ninguém.

Tutto sommato io darei ragione all'Adelung, perché se partiamo da un alto-tedesco Breite il passaggio a Braida è facile, e anche il resto: il dittongo che si contrae in una e apertissima, e poi la rotacizzazione della dentale intervocalica, che oggi grazie al cielo non è più un mistero per nessuno.

L. Bianciardi (escritor italiano, 1922-1971), *La vita agra*, 1.

4479. Jogavam-se jogos de azar naqueles anos, como se havia sempre jogado, com furor e paixão; pois não havia, nunca houve em Luino, outro modo para poder desafogar sem perigo a avidez de dinheiro, o despeito pelos outros e, para os jovens, a exuberância da idade e o desejo de viver.

Si giocava d'azzardo in quegli anni, come si era sempre giocato, con accanimento e passione; perché non c'era, né c'era mai stato a Luino altro modo per poter sfogare senza pericolo l'avidità di danaro, il dispetto verso gli altri e, per i giovani, l'esuberanza dell'età e la voglia di vivere.

P. Chiara (escritor italiano, 1913-1987), *Il piatto piange*, 1.

4480. Aproveita se o vento que entra no pomar / reconduz a ele o fluxo da vida: / aqui onde afunda um morto / emaranhado de memórias, / não era horta, mas relicário.

Godi se il vento ch'entra nel pomario / vi rimena l'ondata della vita: / qui dove affonda un morto / viluppo di memorie, / orto non era, ma reliquario.

E. Montale (poeta italiano, 1896-1981), *Ossi di seppia*, In limine.

4481. Um dos meus primeiros orgulhos fora o meu nome. Eu aprendera logo (foi *ele*, parece-me, o primeiro a me informar) que Artur é uma estrela: a luz mais rápida e radiosa da figura de Boieiro, no céu boreal! E que, além disso, esse nome também pertenceu a um rei da antiguidade, comandante de uma tropa de fiéis: estes eram todos heróis, como seu próprio rei, e por ele tratados com igualdade, como irmãos.

Uno dei miei primi vanti era stato il mio nome. Avevo presto imparato (fu lui, *mi sembra, il primo a informarmene), che Arturo è una stella: la luce più rapida e radiosa della figura di Boote, nel cielo boreale! E che inoltre questo nome fu portato pure da un re dell'antichità, comandante a una schiera di fedeli: i quali erano tutti eroi, come il loro re stesso, e dal loro re trattati alla pari, come fratelli.*

E. Morante (escritora italiana, 1918-1987), *L'isola di Arturo*, I.

4482. Num dia de janeiro, do ano de 1941, um soldado alemão de passagem, aproveitando uma tarde de liberdade, encontrava-se, sozinho, a vagar no bairro de São Lourenço, em Roma. Eram aproximadamente duas da tarde e, àquela hora, como de costume, pouca gente circulava pelas ruas.

> *Un giorno di gennaio dell'anno 1941, un soldato tedesco di passaggio, godendo di un pomeriggio di libertà, si trovava, solo, a girovagare nel quartiere di San Lorenzo, a Roma. Erano circa le due del dopopranzo, e a quell'ora, come d'uso, poca gente circolava per le strade.*
>
> E. MORANTE (escritora italiana, 1918-1987), *La storia*, I.

4483. Carla entrou; tinha colocado um vestidinho de lã marrom tão curto, que bastou aquele movimento de fechar a porta para fazê-lo subir um bom palmo acima das pregas flexíveis que as meias produziam em torno das pernas; mas ela não percebeu e aproximou-se com precaução, olhando misteriosamente para a sua frente.

> *Entrò Carla; aveva indossato un vestitino di lanetta marrone con la gonna così corta, che bastò quel movimento di chiudere l'uscio per fargliela salire di un buon palmo sopra le pieghe lente che le facevano le calze intorno alle gambe; ma ella non se ne accorse e si avanzò con precauzione guardando misteriosamente davanti a sé.*
>
> A. MORAVIA (escritor italiano, 1907-1990), *Gli indifferenti*, I.

4484. Numa manhã de julho, eu cochilava na praça Melozzo da Forlì, à sombra dos eucaliptos, junto ao chafariz seco, quando chegaram dois homens e uma mulher e me pediram para levá-los ao Lido di Lavinio. Observei-os enquanto discutíamos o preço: um era loiro, grande e robusto, com o rosto sem cores, como que acinzentado, e com os olhos de porcelana azul-celeste no fundo das olheiras foscas, um homem de uns trinta e cinco anos. O outro, mais jovem, moreno, com os cabelos desgrenhados, os óculos com armação de tartaruga, desajeitado, magro, talvez um estudante. A mulher, então, era mesmo macérrima, com o rosto fino e longo entre duas ondas de cabelos soltos e o corpo delgado numa roupinha verde que a fazia parecer uma serpente. Mas tinha a boca vermelha e carnuda, semelhante a um fruto, e os olhos bonitos, escuros e cintilantes como carvão molhado.

Una mattina di luglio, sonnecchiavo a Piazza Melozzo da Forlì, all'ombra degli eucalitti, presso la fontana asciutta, quando arrivarono due uomini e una donna e mi domandarono di portarli al Lido di Lavinio. Li osservai mentre discutevamo il prezzo: uno era biondo, grande e grosso, con la faccia senza colori, come grigia e gli occhi di porcellana celeste in fondo alle occhiaie fosche, un uomo sui trentacinque anni. L'altro più giovane, bruno, coi capelli arruffati, gli occhiali cerchiati di tartaruga, dinoccolato, magro, forse uno studente. La donna, poi, era proprio magrissima, col viso affilato e lungo tra due onde di capelli sciolti e il corpo sottile in una vesticciola verde che la faceva parere un serpente. Ma aveva la bocca rossa e piena, simile ad un frutto, e gli occhi belli, neri e luccicanti come il carbone bagnato.

A. MORAVIA (escritor italiano, 1907-1990), *Racconti romani*, Fanatico.

4485. "Nunc et in hora mortis nostrae. Amen." A oração quotidiana do Rosário havia terminado. Durante meia hora, a voz pacata do Príncipe havia relembrado os Mistérios Gloriosos e Dolorosos; durante meia hora, outras vozes, mescladas, haviam tecido um murmúrio flutuante, sobre o qual se destacaram as flores de ouro de palavras insólitas: amor, virgindade, morte.

"Nunc et in hora mortis nostrae. Amen." La recita quotidiana del Rosario era finita. Durante mezz'ora la voce pacata del Principe aveva ricordato i Misteri Gloriosi e Dolorosi; durante mezz'ora altre voci, frammiste, avevano tessuto un brusio ondeggiante sul quale si erano distaccati i fiori d'oro di parole inconsuete: amore, verginità, morte.

G. TOMASI DI LAMPEDUSA (escritor italiano, 1896-1957), *Il Gattopardo*, I.

4486. O ônibus estava para partir, roncava surdo com pigarros repentinos e soluços. A praça estava silenciosa no cinza da alvorada, filetes de névoa nos campanários da Matriz: apenas o ronco do ônibus e a voz do vendedor de pãezinhos, pãezinhos quentes, pãezinhos, implorante e irônica. O cobrador fechou a porta, o ônibus moveu-se com um rumor de desmoronamento.

L'autobus stava per partire, rombava sordo con improvvisi raschi e singulti. La piazza era silenziosa nel grigio dell'alba, sfilacce di nebbia ai campanili della Matrice: solo il rombo dell'autobus e la voce del venditore di panelle, panelle calde panelle, implorante ed ironica. Il bigliettaio chiuse lo sportello, l'autobus si mosse con un rumore di sfasciume.

L. SCIASCIA (escritor italiano, 1921-1989), *Il giorno della civetta*, I.

4487. Sobre a mesa de trabalho tenho poucos objetos: o tinteiro, a caneta, algumas folhas de papel, minha fotografia. Que fronte ampla! O que se tornará esse belo jovem? Ministro, rei? Observem o corte severo da boca, observem os olhos. Oh, aqueles olhos pensativos que me fixam. Às vezes sinto um vivo embaraço e digo: sou mesmo eu? Beijo-me nas mãos pensando que sou eu mesmo aquele jovem, e volto a trabalhar com entusiasmo para ser digno dele.

Sul tavolo da lavoro ho pochi oggetti: il calamaio, la penna, alcuni fogli di carta, la mia fotografia. Che fronte spaziosa! Cosa mai diventerà questo bel giovane? Ministro, re? Guardate il taglio severo della bocca, guardate gli occhi. Oh, quegli occhi pensosi che mi fissano. Talvolta provo una viva soggezione e dico: sono proprio io? Mi dò un bacio sulle mani pensando che sono proprio io quel giovane, e mi rimetto a lavorare con lena per essere degno di lui.

C. ZAVATTINI (escritor italiano, 1902-1989), *Parliamo tanto di me*, Ritratto dell'autore.

4488. O avô tinha um câncer na próstata e a custódia de bicicletas não ia para a frente; baixou os preços no cartaz, de 30 centavos para 25, mas continuou mal do mesmo jeito; os clientes eram poucos, e os dias bons, apenas aqueles do mercado. Eu o ajudava a colocar as bicicletas em fila quando chegavam e dava aos senhores o disco de papelão com o número.

Il nonno aveva un cancro alla prostata e la custodia biciclette non andava avanti; ribassò i prezzi sul cartello, da 30 centesimi a 25, ma andò male lo stesso; i clienti erano pochi e i giorni buoni solo quelli del mercato. Io lo aiutavo a mettere le biciclette in fila quando arrivavano e davo ai signori il dischetto di cartone col numero.

G. PARISE (escritor italiano, nascido em 1929), *Il prete bello*, I.

4489. Na minha casa paterna, quando eu era menina, se à mesa eu ou os meus irmãos derrubássemos os copos sobre a toalha, ou deixássemos cair uma faca, a voz de meu pai trovejava: "Não sejam malcriados!". Se molhássemos o pão no molho, gritava: "Não fiquem lambendo os pratos! Não façam porcaria! Não façam bagunça!". Para meu pai, os quadros modernos também eram porcaria e bagunça.

> *Nella mia casa paterna, quand'ero ragazzina, a tavola, se io o i miei fratelli rovesciavamo il bicchiere sulla tovaglia, o lasciavamo cadere un coltello, la voce di mio padre tuonava: "Non fate malagrazie!". Se inzuppavamo il pane nella salsa, gridava: "Non leccate i piatti! Non fate sbrodeghezzi! non fate potacci!". Sbrodeghezzi e potacci erano, per mio padre, anche i quadri moderni.*

N. GINZBURG (escritora italiana, 1916-1991), *Lessico famigliare*, I.

4490. O sol se pôs quatro vezes em sua viagem e, no final do quarto dia, que era quatro de outubro de mil novecentos e quarenta e três, o marinheiro, timoneiro simples da extinta Marinha real 'Ndrja Cambrìa, chegou ao país das Mulheres, sobre os mares de Cila e Caríbdis. Escurecia a perder de vista, e um fio de ventilação soprava do mar na corrente sobre o baixo promontório. Por todo aquele dia, o mar havia-se alisado ainda mais com a grande calmaria do siroco.

> *Il sole tramontò quattro volte sul suo viaggio e alla fine del quarto giorno, che era il quattro di ottobre del millenovecentoquarantatre, il marinaio, nocchiero semplice della fu regia Marina 'Ndrja Cambrìa arrivò al paese delle Femmine, sui mari dello scill'e cariddi. Imbruniva a vista d'occhio e un filo di ventilazione alitava dal mare in rema sul basso promontorio. Per tutto quel giorno il mare si era allisciato ancora alla grande calmerìa di scirocco.*

S. D'ARRIGO (escritor italiano, nascido em 1919), *Horcynus Orca*, 1.

4491. No princípio era o Verbo e o Verbo estava junto a Deus, e o Verbo era Deus. Ele estava no princípio junto a Deus e seria tarefa do monge fiel repetir a cada dia, com salmodiante humildade, o único evento imodificável de que se pode afirmar a incontrovertível verdade.

In principio era il Verbo e il Verbo era presso Dio, e il Verbo era Dio. Questo era in principio presso Dio e compito del monaco fedele sarebbe ripetere ogni giorno con salmodiante umiltà l'unico immodificabile evento di cui si possa asserire l'incontrovertibile verità.
U. Eco (escritor italiano, nascido em 1932), *O nome da rosa*, prólogo.

4492. É fácil dizer: aquela ali não presta, é uma mulher que não vale nada. Colocam a cruz em você e adeus, depois se fazem de surdos. Resumindo, você não consegue mais limpar sua ficha porque quem tem a honestidade de ir a fundo nas coisas nesta Itália canalha, onde todos escondem os próprios pecados como mercadorias de contrabando...

Si fa presto a dire: quella è una slandra, una donna da rifiuti. Ti mettono la croce addosso e addio, poi fanno le orecchie del sordo. Insomma, non ti ripulisci più perché, l'onestà di andare in fondo alle cose, chi ce l'ha in quest'Italia lazzarona, dove tutti, i loro peccati, li nascondono come beni di contrabbando...
A. Bevilacqua (escritor italiano, nascido em 1934), *La califfa*, I, 1.

4493. Meu pensamento e minha matéria, as dilacerações que se produzem internamente, no traçado da minha máquina e na ignição dos diversos comutadores, também me mantêm próximo às coisas e aos fatos que caminham à minha volta, na minha casa e no meu campo, e neste pedaço de terra marchigiana da parte do Apenino, que é chamado de paróquia de São Savino. Aqui em volta as coisas acontecem muito lentamente, ou então escapam rapidíssimas.

Il mio pensiero e la mia materia, le lacerazioni che si producono all'interno, nel tracciato della mia macchina e nell'accensione dei diversi commutatori, mi tengono anche vicino alle cose e ai fatti che camminano intorno a me, nella mia casa e nella mia campagna e in questo pezzo di terra marchigiana dalla parte dell'Appennino, che viene chiamato la parrocchia di San Savino. Qui intorno le cose vanno molto piano oppure fuggono rapidissime.
P. Volponi (escritor italiano, nascido em 1924), *La macchina mondiale*, 1.

A literatura inglesa e norte-americana

4494. Mil vezes ouvi as pessoas dizerem / que há alegria no paraíso e castigo no inferno.

A thousand tymes have I herd men telle / That ther ys joy in hevene and peyne in helle.
G. CHAUCER (poeta inglês, c. 1340-1400), *The Legend of Good Women*.

4495. Vem, Sono; ó Sono! Nó seguro de paz.

Come, Sleep; o Sleep! the certain knot of peace.
PH. SIDNEY (poeta inglês, 1554-1586), *Sleep*.

4496. Embora o mundo pense que Maquiavel está morto, / sua alma apenas voou para além dos Alpes.

Albeit the world think Machevil is dead, / Yet was his soul but flown beyond the Alps.
CH. MARLOWE (dramaturgo inglês, 1564-1593), *The Jew of Malta*.

4497. BERNARDO Quem está aí? FRANCISCO Ei, responde; não te mexas e revela quem és.

BERNARDO Who's there? FRANCISCO Nay, answer me; stand and unfold thyself.
W. SHAKESPEARE (dramaturgo inglês, 1564-1616), *Hamlet*.

4498. ANTÔNIO Na verdade, não sei por que estou tão triste.

ANTONIO In sooth, I know not why I am so sad.
W. SHAKESPEARE (dramaturgo inglês, 1564-1616), *O mercador de Veneza*.

4499. PRIMEIRA BRUXA Quando nós três voltaremos a nos encontrar / entre trovões, relâmpagos e chuva?

FIRST WITCH When shall we three meet again / In thunder, lightning and rain?
W. SHAKESPEARE (dramaturgo inglês, 1564-1616), *Macbeth*.

4500. GLOUCESTER Agora o inverno do nosso desespero / transformou-se em verão glorioso com o sol de York.

GLOUCESTER Now is the winter of our discontent / Made glorious summer by the sun of York.

W. Shakespeare (dramaturgo inglês, 1564-1616), *Ricardo III*.

4501. Quando quarenta invernos terão assediado a tua fronte / e escavado trincheiras profundas no campo da tua beleza...

When forty winters shall besiege thy brows / And dig deep trenches in thy beauty's field...

W. Shakespeare (dramaturgo inglês, 1564-1616), *Sonetos*, II.

4502. Velho louco e indiscreto, sol indisciplinado.

Busie old foole, unruly Sunne.

J. Donne (poeta inglês, 1572-1631), *The Sunne Rising*.

4503. Volpone Bom dia ao dia, e em seguida ao meu ouro! / Abre o santuário, para que eu possa ver meu santo.

Volpone Good morning to the day; and next, my gold! / Open the shrine, that I may see my saint.

B. Jonson (escritor inglês, 1572-1637), *Volpone*.

4504. Da primeira desobediência do homem e do fruto / daquela árvore proibida, cujo gosto mortal / trouxe a morte para o mundo, e toda a nossa desgraça, / com a perda do Éden.

Of Man's first disobedience, and the fruit / Of that forbidden tree, whose mortal taste / Brought death into the world, and all our woe, / With loss of Eden.

J. Milton (poeta inglês, 1608-1674), *Paraíso perdido*, I, 1.

4505. Nasci no ano de 1632, na cidade de York, de uma boa família, mas que não era do local. Meu pai era um estrangeiro de Bremen que inicialmente havia-se estabelecido em Hull. Adquiriu uma boa posição com o comércio e, depois de deixar os negócios, foi viver em York. Lá se casou com minha mãe, cujos parentes se chamavam *Robinson*, uma ótima família naquela cidade, e dos quais eu recebi o nome de *Robinson Kreutznaer*; mas, pelo hábito que se tem na Inglaterra de alterar as palavras, hoje somos chamados, ou melhor, nos chamamos e escrevemos nosso nome *Crusoé*, e era assim que meus companheiros sempre me chamavam.

> *I was born in the year 1632, in the city of York, of a good family, though not of that country, my father being a foreigner of Bremen, who settled first at Hull. He got a good estate by merchandise, and, leaving off his trade, lived afterwards at York; from whence he had married my mother, whose relations were named* Robinson, *a very good family in that country, and from whom I was called* Robinson Kreutznaer; *but, by the usual corruption of words in England, we are now called, nay, we call ourselves, and write our name,* Crusoe; *and so my companions always called me.*
>
> D. DEFOE (escritor inglês, 1660-1731), *Robinson Crusoé*, I.

4506. Quem me dera se meu pai ou minha mãe, ou talvez ambos, já que ambos estavam igualmente envolvidos, tivessem pensado no que estavam fazendo ao me conceber...

> *I wish either my father or my mother, or indeed both of them, as they were in duty both equally bound to it, had minded what they were about when they begot me...*
>
> L. STERNE (escritor inglês, 1713-1768), *Tristram Shandy*.

4507. Estas coisas, disse eu, são mais bem organizadas na França.

> *They order, said I, this matter better in France.*
>
> L. STERNE (escritor inglês, 1713-1768), *Viagem sentimental*.

4508. Ei, onde você pensa que vai, seu patife rastejador? / A sua falta de pudor o protege muito bem!

> *Ha! whare ye gaun, ye crowlan ferlie! / Your impudence protects you fairly!*
>
> R. BURNS (poeta escocês, 1759-1796), *To a Louse*, On Seeing one on a Lady's Bonnet at Church.

4509. É um antigo marinheiro / E pára um dos três.

> *It is an ancient Mariner / And he stoppeth one of three.*
>
> S. T. COLERIDGE (poeta inglês, 1772-1834), *The Rime of the Ancient Mariner*.

4510. Choro por Adonais – ele morreu!

> *I weep for Adonais – he is dead!*
>
> P. B. SHELLEY (poeta inglês, 1792-1822), *Adonais*.

4511. Uma coisa bela é uma alegria para sempre.
A thing of beauty is a joy for ever.
J. KEATS (poeta inglês, 1795-1821), *Endymion*.

4512. Tu, ainda ilibada esposa da quietude.
Thou still unravished bride of quietness.
J. KEATS (poeta inglês, 1795-1821), *Ode on a Grecian Urn*.

4513. Quero um herói: um desejo insólito.
I want a hero: an uncommon want.
G. G. BYRON (poeta inglês, 1788-1824), *Don Juan*.

4514. Oh, tu! Em Hélade considerada de nascimento celestial, / Musa! Criada ou fabulada conforme a vontade do Poeta! / Depois várias vezes ofendida em terra de liras mais recentes, / a minha não ousa evocar-te do teu sagrado Monte: / E, no entanto, nela vaguei ao longo do teu regato enaltecido.
Oh, thou! in Hellas deemed of heavenly birth, / Muse! formed or fabled at the Minstrel's will! / Since shamed full oft by later lyres on earth, / Mine dares nor call thee from thy sacred Hill: / Yet there I've wandered by thy vaunted rill.
G. G. BYRON (poeta inglês, 1788-1824), *Childe Harold*, Canto primeiro.

4515. Durante muito tempo a "Morte Vermelha" havia devastado a região.
The "Red Death" had long devastated the country.
E. A. POE (escritor norte-americano, 1809-1849), *The Masque of the Red Death*.

4516. "Ali vem ele!", gritaram os meninos pela rua. "Ali vem o homem com uma serpente no peito!"
"Here he comes!" shouted the boys along the street. "Here comes the man with a snake in his bosom!"
N. HAWTHORNE (escritor norte-americano, 1804-1864), *Egotism*.

4517. O sobrenome do meu pai era Pirrip, e o meu nome de batismo, Philip, mas minha língua de criança não conseguia tirar dos dois nomes nada mais longo ou mais claro do que Pip.

Assim eu acabei por apelidar a mim mesmo de Pip, e passei a ser chamado de Pip.

My father's family name was Pirrip, and my christian name Philip, my infant tongue could make of both name nothing longer or more explicit than Pip. So, I called myself Pip, and came to be called Pip.

CH. DICKENS (escritor inglês, 1812-1870), *Great Expectations*.

4518. Se me ocorrer de eu ser o herói da minha própria vida, ou se esta parte for sustentada por outra pessoa, são estas páginas que vão dizê-lo. Para começar minha vida bem do início, lembro que nasci (assim me informaram e assim acredito) numa sexta-feira, à meia-noite. Observaram que o pêndulo começou a bater e eu, a chorar, simultaneamente.

Whether I shall turn out to be the hero of my own life, or whether that station will be held by anybody else, these pages must show. To begin my life with the beginning of my life, I record that I was born (as I have been informed and believe) on a Friday, at twelve o'clock at night. It was remarked that the clock began to strike, and I began to cry, simultaneously.

CH. DICKENS (escritor inglês, 1812-1870), *David Copperfield*, I.

4519. Como nenhuma senhora e nenhum senhor, que pretende pertencer à alta sociedade, pode sentir qualquer tipo de simpatia pela família Chuzzlewit sem antes ter recebido provas seguras da extrema antiguidade da sua estirpe, é uma grande satisfação saber que ela, sem nenhuma dúvida, descende diretamente de Adão e Eva.

As no lady or gentleman, with any claims to polite breeding, can possibly sympathize with the Chuzzlewit Family without being first assured of the extreme antiquity of the race, it is a great satisfaction to know that it undoubtedly descended in a direct line from Adam and Eve.

CH. DICKENS (escritor inglês, 1812-1870), *Martin Chuzzlewit*.

4520. Geralmente é à noite que faço minhas caminhadas.

Night is generally my time for walking.

CH. DICKENS (escritor inglês, 1812-1870), *The Old Curiosity Shop*.

4521. Era o melhor dos tempos, era o pior dos tempos, era a idade da sabedoria, era a idade da tolice, era a época da fé, era a época da incredulidade, era a estação da Luz, era a estação da Escuridão, era a primavera da esperança, era o inverno do desespero.

It was the best of times, it was the worst of times, it was the age of wisdom, it was the age of foolishness, it was the epoch of belief, it was the epoch of incredulity, it was the season of Light, it was the season of Darkness, it was the spring of hope, it was the winter of despair.

CH. DICKENS (escritor inglês, 1812-1870), *A Tale Of Two Cities*.

4522. Aceito de coração a máxima: "O melhor governo é aquele que governa menos."

I heartily accept the motto: "That government is best which governs least".

H. D. THOREAU (escritor norte-americano, 1817-1862), *Civil Disobedience*.

4523. A cidade de Hamelin encontra-se na província de Brunswick, / próximo à célebre cidade de Hanôver. / O rio Weser, largo e profundo, / banha sua muralha na parte sul.

Hamelin Town's in Brunswick, / By famous Hanover city; / The river Weser, deep and wide, / Washes its wall on the southern side.

R. BROWNING (poeta inglês, 1812-1889), *The Pied Piper of Hamelin*.

4524. Celebro a mim mesmo, e canto a mim mesmo.

I celebrate myself, and sing myself.

W. WHITMAN (poeta norte-americano, 1819-1892), *Song of Myself*.

4525. Canto o corpo elétrico, / Os exércitos daqueles que amo me envolvem e eu os envolvo.

I sing the body electric, / The armies of those I love engirth me and engirth them.

W. WHITMAN (poeta norte-americano, 1819-1892), *I Sing The Body Electric*.

4526. "E para que serve um livro", pensou Alice, "sem figuras nem diálogos?"

"What is the use of a book", thought Alice, "without pictures or conversations?"

L. CARROLL (escritor e matemático inglês, 1832-1898), *Alice no País das Maravilhas*, 1.

4527. Uma coisa era certa, que o gatinho *branco* não tinha nada a ver com aquilo: era tudo culpa do gato preto.

One thing was certain, that the white *kitten had had nothing to do with it: – it was the black kitten's fault entirely.*

L. CARROLL (escritor e matemático inglês, 1832-1898), *Do outro lado do espelho.*

4528. Chama-me de Ismael.

Call me Ishmael.

H. MELVILLE (escritor norte-americano, 1819-1891), *Moby Dick.*

4529. Em certas circunstâncias, existem poucas horas na vida mais agradáveis do que o tempo dedicado à cerimônia conhecida como chá da tarde.

Under certain circumstances there are few hours in life more agreeable than the time dedicated to the ceremony known as afternoon tea.

H. JAMES (escritor norte-americano, 1843-1916), *O retrato de uma dama.*

4530. ALGERNON Você ouviu o que eu estava tocando, Lane? LANE Achei que não fosse educado ouvi-lo, senhor.

ALGERNON Did you hear what I was playing, Lane? LANE I didn't think it polite to listen, sir.

O. WILDE (escritor inglês, 1854-1900), *A importância de ser sério.*

4531. O estúdio estava saturado do forte perfume das rosas.

The studio was filled with the rich odour of roses.

O. WILDE (escritor inglês, 1854-1900), *O retrato de Dorian Gray.*

4532. Buck não lia os jornais.

Buck did not read the newspapers.

J. LONDON (escritor norte-americano, 1876-1916), *O chamado da selva.*

4533. "Tom!" Silêncio. "Tom!" Silêncio. "Onde se meteu esse menino? Ei, TOM!" Silêncio.

"Tom!" No answer. "Tom!" No answer. "What's gone with that boy, I wonder? You, TOM!" No answer.

M. TWAIN (escritor norte-americano, 1835-1910), *As aventuras de Tom Sawyer*, I.

4534. Os que tentarem encontrar uma motivação nesta narrativa serão processados; os que tentarem encontrar uma moral serão exilados; os que tentarem encontrar uma trama serão fuzilados.

Persons attempting to find a motive in this narrative will be prosecuted; persons attempting to find a moral in it will be banished; persons attempting to find a plot will be shot.

M. TWAIN (escritor norte-americano, 1835-1910), *As aventuras de Huckleberry Finn*.

4535. Isso podia acontecer apenas na Inglaterra, onde os homens e o mar se interpenetram.

This could have occurred nowhere but in England, where men and sea interpenetrate.

J. CONRAD (escritor inglês, 1857-1924), *Youth*.

4536. Éramos quatro – George, William Samuel Harris, eu e Montmorency.

There were four of us – George, and William Samuel Harris, and myself, and Montmorency.

J. K. JEROME (escritor inglês, 1859-1927), *Three Men in a Boat*.

4537. Quando você ficar velha, grisalha e sonolenta...

When you are old and grey and full of sleep...

W. B. YEATS (poeta irlandês, 1865-1939), *When You Are Old*.

4538. Se você conseguir manter a calma quando todos à sua volta / estiverem perdendo a cabeça e culpando-o por isso.

If you can keep your head when all about you / Are losing theirs and blaming it on you.

R. KIPLING (escritor inglês, 1865-1936), *If*.

4539. Eram sete horas de uma noite muito quente nas colinas do Seeonee, quando o padre Wolf acordou depois de ter dormido durante todo o dia.

It was seven o'clock of a very warm evening in the Seeonee hills when Father Wolf woke up from his day's rest.
R. KIPLING (escritor inglês, 1865-1936), *O livro da selva.*

4540. Nossa idade é essencialmente trágica, por isso nos recusamos a aceitá-la tragicamente.
Ours is essentially a tragic age, so we refuse to take it tragically.
D. H. LAWRENCE (escritor inglês, 1885-1930), *O amante de Lady Chatterley.*

4541. O imponente e gordo Buck Mulligan apareceu no alto da escada segurando uma bacia com espuma de sabão, sobre a qual estavam dispostos transversalmente um espelho e uma navalha.
Stately, plump Buck Mulligan came from the stairhead, bearing a bowl of lather on which a mirror and a razor lay crossed.
J. JOYCE (escritor irlandês, 1882-1941), *Ulisses.*

4542. Ele – pois não poderia haver dúvidas sobre seu sexo, embora a moda da época tendesse a eliminar as diferenças – estava decepando a cabeça de um Mouro.
He – for there could be no doubt of his sex, though the fashion of the time did something to disguise it – was in the act of slicing at the head of a Moor.
V. WOOLF (escritora inglesa, 1882-1941), *Orlando.*

4543. Nos anos mais vulneráveis e mais jovens da minha vida, meu pai me deu um conselho que nunca mais saiu da minha cabeça. "Quando você sentir vontade de criticar alguém", disse-me ele, "lembre que nem todos nesse mundo tiveram as mesmas vantagens que você."
In my younger and more vulnerable years my father gave me some advice that I've been turning over in my mind ever since. "Whenever you feel like criticizing anyone", he told me, "just remember that all the people in this world haven't had the advantages that you've had."
F. S. FITZGERALD (escritor norte-americano, 1896-1940), *O grande Gatsby*, I.

4544. Era mesmo um diamante que brilhava na relva a cerca de quatro metros do muro de tijolos azuis.

It was a diamond all right, shining in the grass half a dozen feet from the blue brick wall.

D. HAMMETT (escritor norte-americano, 1894-1961), *The Dain Curse*.

4545. Ele estava deitado na terra marrom do bosque, coberta das agulhas dos pinheiros, com o queixo apoiado sobre os braços cruzados. Bem acima dele, o vento soprava o topo das árvores. Naquele ponto a encosta inclinava-se docemente; mas um pouco mais embaixo precipitava-se íngreme, e ele podia ver o trajeto escuro da estrada alcatroada que, serpenteando, atravessava a passagem. Paralelamente à estrada corria um riacho e, à sua margem, na parte mais baixa da passagem, ele viu uma roda hidráulica e a água que caía da barragem, branca sob a luz do sol estivo. "Aquele é o moinho?", perguntou. "Sim."

He lay flat on the brown, pine-needled floor of the forest, his chin on his folded arms, and high overhead the wind blew in the tops of the pine trees. The mountainside sloped gently where he lay; but below it was steep and he could see the dark of the oiled road winding through the pass. There was a stream alongside the road and far down the pass he saw a mill beside the stream and the falling water of the dam, white in the summer sunlight. "Is that the mill?" he asked. "Yes."

E. HEMINGWAY (escritor norte-americano, 1899-1961), *Por quem os sinos dobram*, I.

4546. Era um velho que pescava sozinho num pequeno barco na Corrente do Golfo, e já fazia oitenta e quatro dias que não pegava nenhum peixe.

He was an old man who fished alone in a skiff in the Gulf Stream and he had gone eighty-four days now without taking a fish.

E. HEMINGWAY (escritor norte-americano, 1899-1961), *O velho e o mar*.

4547. Botaram-me para fora do caminhão de feno por volta do meio-dia.

They threw me off the hay-truck about noon.

J. M. CAIN (escritor norte-americano, 1892-1977), *The Postman Always Rings Twice*.

4548. Bah! Cantei mulheres em três cidades, / Mas é sempre a mesma coisa; / agora vou cantar o sol.

Bah! I have sung women in three cities, / But it is all the same; / And I will sing of the sun.

E. POUND (poeta norte-americano, 1885-1972), *Cino*.

4549. Estou morando na Villa Borghese. Não há um grão de poeira em parte alguma, nem uma cadeira fora do lugar. Estamos todos sozinhos aqui e estamos mortos.

I am living at Villa Borghese. There is not a crumb of dirt anywhere, nor a chair misplaced. We are all alone here and we are dead.

H. MILLER (escritor norte-americano, 1891-1980), *Trópico de Câncer*.

4550. A não ser pelas cavernas de Marabar – que distam cerca de trinta quilômetros – a cidade de Chandrapore não apresenta nada de extraordinário.

Except fot the Marabar caves – and they are twenty miles off – the city of Chandrapore presents nothing extraordinary.

E. M. FORSTER (escritor inglês, 1879-1970), *Passagem para a Índia*.

4551. A lua refinada que servia Blandings Castle e a região estava quase cheia.

The refined moon which served Blandings Castle and district was nearly at its full.

P. G. WODEHOUSE (escritor inglês, 1881-1975), *Full Moon*.

4552. O homem nu que estava deitado de bruços junto à piscina poderia estar morto.

The naked man who lay splayed out on his face beside the swimming pool might have been dead.

I. FLEMING (escritor inglês, 1908-1964), *From Russia with Love*.

4553. O senhor Jones, da sede da fazenda, fechou à chave o galinheiro para a noite, porém estava embriagado demais para se lembrar de fechar as janelinhas. Com o círculo de luz da sua lanterna, que dançava de um lado para o outro, atravessou o quintal cambaleando.

> *Mr. Jones, of the Manor Farm, had locked the hen-houses for the night, but was too drunk to remember to shut the pop-holes. With the ring of light from his lantern dancing from side to side, he lurched across the yard.*
>
> G. ORWELL (escritor inglês, 1903-1950), *A revolução dos bichos*, I.

4554. Abril é o mês mais cruel, gerando / Lilases da terra morta, mesclando / Memória e desejo, excitando / Raízes sem vida com chuva de primavera. / O inverno nos manteve aquecidos, cobrindo / A terra com neve desmemoriada, nutrindo / Uma pequena vida com tubérculos secos. / O verão nos surpreendeu chegando sobre o Starnbergersee / Com um temporal; paramos embaixo da colunata.

> *April is the cruellest month, breeding / Lilacs out of the dead land, mixing / Memory and desire, stirring / Dull roots with spring rain. / Winter kept us warm, covering / Earth in forgetful snow, feeding / A little life with dried tubers. / Summer surprised us, coming over the Starnbergersee / With a shower of rain; we stopped in the colonnade.*
>
> TH. S. ELIOT (poeta e dramaturgo anglo-americano, 1888-1965), *A terra devastada*.

4555. O tempo presente e o tempo passado / Talvez estejam ambos presentes no tempo futuro.

> *Time present and time past / Are both perhaps present in time future.*
>
> TH. S. ELIOT (poeta e dramaturgo anglo-americano, 1888-1965), *Four Quartets*.

4556. CORO Vamos ficar aqui, próximos à catedral. Esperemos aqui.

> *CHORUS Here let us stand, close by the cathedral. Here let us wait.*
>
> TH. S. ELIOT (poeta e dramaturgo anglo-americano, 1888-1965), *Assassinato na catedral*.

4557. Encosta tua cabeça sonolenta, meu amor, / tão humana sobre meu braço infiel.

> *Lay your sleeping head, my love, / Human on my faithless arm.*
>
> W. H. AUDEN (poeta inglês, 1907-1973), *Lullaby*.

4558. Lolita, luz da minha vida, fogo dos meus quadris.

> *Lolita, light of my life, fire of my loins.*
> V. Nabokov (escritor russo-americano, 1899-1977), *Lolita.*

4559. Estragon Nada a fazer. Vladimir Começo a acreditar naquilo.
> *Estragon Rien à faire. Vladimir Je commence à le croire.*
> S. Beckett (escritor irlandês, 1906-1989), *Esperando Godot.*

4560. Winnie Outro dia maravilhoso.
> *Winnie Another heavenly day.*
> S. Beckett (escritor irlandês, 1906-1989), *Happy Days.*

4561. Se estou louco, por mim tudo bem, pensou Moses Herzog.
> *If I am out of my mind, it's all right with me, thought Moses Herzog.*
> S. Bellow (escritor norte-americano, nascido em 1915), *Herzog.*

4562. Vi as melhores cabeças da minha geração destruídas pela loucura, famintas, histéricas e nuas.
> *I saw the best minds of my generation destroyed by madness, starving hysterical naked.*
> A. Ginsberg (poeta norte-americano, nascido em 1926), *Howl*, I.

4563. Jimmy Por que o faço todo domingo? Até as recensões parecem as mesmas da semana passada.
> *Jimmy Why do I do it every Sunday? Even the book reviews seem to be the same as last week.*
> J. Osborne (dramaturgo inglês, nascido em 1929), *Look Back in Anger.*

4564. Richard Teu amante vem hoje? Sarah Mmnn.
> *Richard Is you lover coming today? Sarah Mmnn.*
> H. Pinter (dramaturgo inglês, nascido em 1930), *The Lover.*

A literatura francesa

4565. Remeto-vos à grande crônica pantagruelina para conhecer a genealogia e a tradição de que nos veio Gargântua. Nela entendereis com mais detalhes como os gigantes vieram a este mundo e como deles, em linha direta, descendeu Gargantua, pai de Pantagruel.

Je vous remectz à la grande chronicque Pantagrueline recongnoistre la genealogie et antiquité dont nous est venu Gargantua. En icelle vous entendrez plus au long comment les geands nasquirent en ce monde, et comment d'iceulx, par lignes directes, yssit Gargantua, pere de Pantagruel.

F. RABELAIS (escritor francês, c. 1494-1553), *Gargântua e Pantagruel*, I, 1.

4566. CHIMENA Elvira, foste mesmo sincera? / Daquilo que disse meu pai, não estás escondendo nada? / ELVIRA Ainda estou profundamente encantada com o que ele disse: / Ele estima Rodrigo tanto quanto vós o amais, / E se não me engano ao ler em seu coração, / Ele vos ordenará de responder ao seu amor. / CHIMENA Repete-me, por favor, mais uma vez, / O que te faz pensar que ele aprova minha escolha: / Diz-me de novo o que posso esperar: / Nunca é demais ouvir palavras tão doces.

CHIMÈNE Elvire, m'as-tu fait un rapport bien sincère, / Ne déguises-tu rien de ce qu'a dit mon père? / ELVIRE Tous mes sens à moi-même en sont encor charmés: / Il estime Rodrigue autant que vous l'aimez, / Et si je ne m'abuse à lire dans son âme / Il vous commandera de répondre à sa flamme. / CHIMÈNE Dis-moi donc, je te prie, une seconde fois / Ce qui te fait juger qu'il approuve mon choix: / Apprends-moi de nouveau quel espoir j'en dois prendre: / Un si charmant discours ne se peut trop entendre.

P. CORNEILLE (dramaturgo francês, 1606-1684), *Le Cid*, I, 1.

4567. MADAME PERNELLE Vamos, Flipote, vamos, quero deixá-los. / ELMIRA Vós andais com passo tão rápido que é difícil acompanhar-vos. / MADAME PERNELLE Não tem problema, minha nora, não tem problema: não é preciso que me acompanheis: / Não preciso de todas essas delicadezas. / ELMIRA Recebereis aquilo que vos é de direito. / Mas, mamãe, por que partir com tanta pressa? / MADAME PERNELLE Porque não posso ver toda essa desordem, / E porque ninguém faz nada para me agradar. / Sim, vou-me embora desta casa muito aborrecida: / Fui contrariada em tudo que tentei vos ensinar, / Ninguém respeita nada, todos elevam a voz, / É uma verdadeira Babilônia.

Madame Pernelle Allons, Flipote, allons, que d'eux je me délivre. / Elmire Vous marchez d'un tel pas qu'on a peine à vous suivre. / Madame Pernelle Laissez, ma bru, laissez, ne venez pas plus loin: / Ce sont toutes façons dont je n'ai pas besoin. / Elmire De ce que l'on vous doit envers vous on s'acquitte. / Mais, ma mère, d'où vient que vous sortez si vite? / Madame Pernelle C'est que je ne puis voir tout ce ménage-ci, / Et que de me complaire on ne prend nul souci. / Oui, je sors de chez vous fort mal édifiée: / Dans toutes mes leçons j'y suis contrariée, / On n'y respecte rien, chacun y parle haut, / Et c'est tout justement la cour du roi Pétaut.
Molière (comediógrafo francês, 1622-1673), *Tartufo*, I, 1.

4568. ARGANTE (sozinho em seu quarto, sentado diante de uma mesa, confere as contas do farmacêutico com fichas; falando consigo mesmo, conduz os diálogos seguintes) Três mais dois são cinco, mais cinco são dez, mais dez são vinte. Três mais dois são cinco. "E ainda, do dia vinte e quatro, um pequeno clister insinuativo, preparatório e emoliente, para amolecer, umectar e refrescar as vísceras de Sua Senhoria." O que me agrada no senhor Fleurant, o meu farmacêutico, é que suas receitas são sempre escritas com muita elegância: "as vísceras de Sua Senhoria, trinta soldos". Sim, mas não basta a elegância, senhor Fleurant, também é preciso ser razoável e não explorar os pacientes. Trinta soldos por um laxante: eu já lhe disse, o senhor não pede, manda. Das outras vezes tinha me cobrado vinte soldos, e vinte soldos em linguagem farmacêutica são dez soldos; aqui estão, dez soldos.

Argan (seul dans sa chambre assis, une table devant lui, compte des parties d'apothicaire avec des jetons; il fait, parlant à lui-même, les dialogues suivants) Trois et deux font cinq, et cinq font dix, et dix font vingt. Trois et deux font cinq. "Plus, du vingt-quatrième, un petit clystère insinuatif, préparatif, et rémollient, pour amollir, humecter, et rafraîchir les entrailles de Monsieur." Ce qui me plaît de Monsieur Fleurant, mon apothicaire, c'est que ses parties sont toujours fort civiles: "les entrailles de Monsieur, trente sols". Oui, mais, Monsieur Fleurant, ce n'est pas tout que d'être civil, il faut être aussi raisonnable, et ne pas écorcher les malades. Trente sols un lavement: Je suis votre serviteur, je vous l'ai déjà

dit. Vous ne me les avez mis dans les autres parties qu'à vingt sols, et vingt sols en langage d'apothicaire, c'est-à-dire dix sols; les voilà, dix sols.
MOLIÈRE (comediógrafo francês, 1622-1673), *O doente imaginário*, I, 1.

4569. Canto os heróis de quem Esopo é o pai, / Tropa de quem a história, ainda que mentirosa, / Contém verdades que servem de lição. / Tudo fala em minha obra, até mesmo os peixes: / o que dizem refere-se a todos nós; / Sirvo-me de animais para instruir os homens.

Je chante les héros dont Ésope est le père, / Troupe de qui l'histoire, encor que mensongère, / Contient des vérités qui servent de leçons. / Tout parle en mon ouvrage, et même les poissons: / Ce qu'ils disent s'adresse à tous tant que nous sommes; / Je me sers d'animaux pour instruire les hommes.
J. DE LA FONTAINE (poeta francês, 1621-1695), *Fábulas*, I.

4570. Havia na Vestefália, no castelo do senhor barão de Thunder-ten-tronckh, um rapaz a quem a natureza dera os mais doces costumes. Sua fisionomia anunciava sua índole. Tinha um intelecto bastante firme, e o coração mais ingênuo do mundo; creio que por essa razão era chamado de Cândido. Os antigos servos da casa suspeitavam de que ele fosse filho da irmã do senhor barão e de um bom e honesto nobre da vizinhança, com o qual a donzela nunca quis se casar por ele ter conseguido dar provas de apenas setenta e um graus de ascendência nobre e pelo fato de sua árvore genealógica ter-se perdido pela injúria do tempo.

Il y avait en Westphalie, dans le château de monsieur le baron de Thunder-ten-tronckh, un jeune garçon à qui la nature avait donné les moeurs les plus douces. Sa physionomie annonçait son âme. Il avait le jugement assez droit, avec l'esprit le plus simple; c'est, je crois, pour cette raison qu'on le nommait Candide. Les anciens domestiques de la maison soupçonnaient qu'il était fils de la soeur de monsieur le baron, et d'un bon et honnête gentilhomme du voisinage, que cette demoiselle ne voulut jamais épouser parce qu'il n'avait pu prouver que soixante et onze quartiers, et que le reste de son arbre généalogique avait été perdu par l'injure du temps.

VOLTAIRE (escritor e filósofo francês, 1694-1778), *Cândido ou O otimismo*, I.

4571. Cá estou eu, portanto, sozinho sobre a terra, sem irmãos, nem parentes, nem amigos, nem outra companhia que não seja eu mesmo. O homem mais sociável e mais disposto a amar seus semelhantes foi proscrito por um consenso unânime. Buscaram nos refinamentos do próprio ódio qual tormento podia ser o mais cruel à minha alma sensível e destruíram com violência todos os vínculos que me ligavam a eles. Eu teria amado os homens apesar de sua natureza. Não puderam se furtar do meu afeto senão deixando de ser homens. Para mim não passam, portanto, de estranhos, desconhecidos, nulos, enfim, pois assim o quiseram. Mas eu, separado deles e de tudo, o que sou? É isso que me resta descobrir.

Me voici donc seul sur la terre, n'ayant plus de frère, de prochain, d'ami, de société que moi-même. Le plus sociable et le plus aimant des humains en a été proscrit par un accord unanime. Ils ont cherché dans les raffinements de leur haine quel tourment pouvait être le plus cruel à mon âme sensible, et ils ont brisé violemment tous les liens qui m'attachaient à eux. J'aurais aimé les hommes en dépit d'eux-mêmes. Ils n'ont pu qu'en cessant de l'être se dérober à mon affection. Les voilà donc étrangers, inconnus, nuls enfin pour moi puisqu'ils l'ont voulu. Mais moi, détaché d'eux et de tout, que suis-je moi-même? Voilà ce qui me reste à chercher.

J.-J. ROUSSEAU (filósofo e escritor francês, 1712-1778), *Devaneios de um passeador solitário*.

4572. Empenho-me numa tarefa que nunca teve exemplo e cuja execução jamais terá imitadores. Quero mostrar aos meus semelhantes um homem em toda a verdade da sua natureza; e este homem serei eu.

Je forme une entreprise qui n'eut jamais d'exemple, et dont l'exécution n'aura point d'imitateur. Je veux montrer à mes semblables un homme dans toute la vérité de la nature; et cet homme, ce sera moi.

J.-J. ROUSSEAU (filósofo e escritor francês, 1712-1778), *Confissões*.

4573. Tudo vai bem quando sai das mãos do Autor das coisas, tudo degenera entre as mãos do homem.

Tout est bien sortant des mains de l'Auteur des choses, tout dégénère entre les mains de l'homme.

J.-J. ROUSSEAU (filósofo e escritor francês, 1712-1778), *Emílio ou Da educação.*

4574. Como haviam se encontrado? Por acaso, como todos. Como se chamavam? Que importância há? De onde vinham? Do lugar mais próximo. Para onde iam? Por acaso alguém sabe aonde vai? O que diziam? O patrão não dizia nada; e Jacques dizia que seu capitão dizia que tudo o que nos acontece de bom e de ruim aqui embaixo era escrito lá em cima.

Comment s'étaient-ils rencontrés? Par hasard, comme tout le monde. Comment s'appelaient-ils? Que vous importe? D'où venaient-ils? Du lieu le plus prochain. Où allaient-ils? Est-ce que l'on sait où l'on va? Que disaient-ils? Le maître ne disait rien; et Jacques disait que son capitaine disait que tout ce qui nous arrive de bien et de mal ici-bas était écrit là-haut.

D. DIDEROT (filósofo francês, 1713-1784), *Jacques o fatalista e seu amo.*

4575. Como é glorioso iniciar uma nova carreira e aparecer de repente no mundo da cultura, com um livro de descobertas nas mãos, do mesmo modo como um cometa inesperado brilha no espaço! Não, não guardarei mais meu livro *no coração;* aqui está ele, senhores, leiam. Iniciei e fiz uma viagem de quarenta e dois dias ao redor do meu quarto.

Qu'il est glorieux d'ouvrir une nouvelle carrière, et de paraître tout à coup dans le monde savant, un livre de découvertes à la main, comme une comète inattendue étincelle dans l'espace! Non, je ne tiendrai plus mon livre in petto; *le voilà, messieurs, lisez. J'ai entrepris et exécuté un voyage de quarantedeux jours autour de ma chambre.*

F.-X. DE MAISTRE (escritor francês, 1763-1852), *Voyage autour de ma chambre*, I.

4576. Aos dezoito anos, minha família me confiou aos cuidados de uma parente que havia sido chamada na Toscana para resolver certos negócios, para onde foi acompanhada de seu marido. Era uma ocasião para fazer-me viajar e arrancar-me daquele ócio perigoso da casa paterna e das cidades da província, onde as primeiras paixões da alma se corrompem por falta de atividade. Parti com o entusiasmo de uma criança que está para ver a cortina das mais esplêndidas cenas da natureza e da vida ser levantada.

A dix-huit ans, ma famille me confia aux soins d'une de mes parentes que des affaires appelaient en Toscane, où elle allait accompagnée de son mari. C'était une occasion de me faire voyager et de m'arracher à cette oisiveté dangereuse de la maison paternelle et des villes de province, où les premières passions de l'âme se corrompent faute d'activité. Je partis avec l'enthousiasme d'un enfant qui va voir se lever le rideau des plus splendides scènes de la nature et de la vie.

A. DE LAMARTINE (escritor francês, 1790-1869), *Graziella*, I.

4577. No dia 15 de maio de 1796, o general Bonaparte entrou em Milão à frente daquele jovem exército que acabava de atravessar a ponte de Lodi e de dizer ao mundo que, depois de tantos séculos, César e Alexandre tinham um sucessor.

Le 15 mai 1796, le général Bonaparte fit son entrée dans Milan à la tête de cette jeune armée qui venait de passer le pont de Lodi, et d'apprendre au monde qu'après tant de siècles César et Alexandre avaient un successeur.

STENDHAL (escritor francês, 1783-1842), *La chartreuse de Parme*, I.

4578. Em algumas cidades da província, encontram-se casas cuja vista inspira uma melancolia igual àquela provocada pelos claustros mais sombrios, pelas landes mais lúgubres ou pelas ruínas mais tristes.

Il se trouve dans certaines villes de province des maisons dont la vue inspire une mélancolie égale à celle que provoquent les cloîtres les plus sombres, les landes les plus ternes ou les ruines les plus tristes.

H. DE BALZAC (escritor francês, 1799-1850), *Eugénie Grandet*, I.

4579. A madame Vauquer, nascida Conflans, é uma senhora que, há quarenta anos, tem em Paris uma pensão burguesa na rua Neuve-Sainte-Geneviève, entre o Quartier Latin e o *faubourg*

Saint-Marceau. Essa pensão, conhecida pelo nome de Maison-Vauquer, aceita tanto homens quanto mulheres, jovens e velhos, sem que a maledicência tenha alguma vez atacado os costumes desse estabelecimento respeitável. Há trinta anos, porém, não se viam mais pessoas jovens por ali, e para que um jovem permaneça, sua família tem de dispensar-lhe uma pensão bem magra. No entanto, em 1819, época em que começa este drama, lá se encontrava uma pobre moça.

Madame Vauquer, née de Conflans, est une vieille femme qui, depuis quarante ans, tient à Paris une pension bourgeoise établie rue Neuve-Sainte-Geneviève, entre le quartier latin et le faubourg Saint-Marceau. Cette pension, connue sous le nom de la Maison-Vauquer, admet également des hommes et des femmes, des jeunes gens et des vieillards, sans que jamais la médisance ait attaqué les moeurs de ce respectable établissement. Mais aussi depuis trente ans ne s'y était-il jamais vu de jeune personne, et pour qu'un jeune homme y demeure, sa famille doit-elle lui faire une bien maigre pension. Néanmoins, en 1819, époque à laquelle ce drame commence, il s'y trouvait une pauvre jeune fille.

H. DE BALZAC (escritor francês, 1799-1850), *O pai Goriot*, I.

4580. O Sonho é uma segunda vida. Nunca consegui atravessar sem tremer as portas de marfim ou de chifre que nos separam do mundo invisível.

Le Rêve est une seconde vie. Je n'ai pu percer sans frémir ces portes d'ivoire ou de corne qui nous séparent du monde invisible.

G. DE NERVAL (escritor francês, 1808-1855), *Aurélia*.

4581. Na primeira segunda-feira do mês de abril de 1625, o burgo de Meung, onde nasceu o autor do *Roman de la Rose*, parecia estar em completa revolução, como se os huguenotes tivessem chegado ali para fazer do local uma segunda Rochelle. Muitos habitantes, ao ver as mulheres fugindo da parte da Grande-Rue, ao ouvir as crianças gritando na soleira das portas, apressavam-se para vestir a couraça e, reforçando sua coragem um tanto quanto incerta com um mosquete ou uma partazana, dirigiam-se à hospedaria do *Franc-Meunier*, diante da qual se amontoava, aumentando de minuto em minuto, um grupo compacto, rumoroso e cheio de curiosidade. Naquele tempo, os acessos de pânico eram freqüentes, e poucos dias se passavam sem que uma cidade ou outra registrasse em seus arquivos acontecimentos do gênero.

Le premier lundi du mois d'avril 1625, le bourg de Meung, où naquit l'auteur du Roman de la Rose, *semblait être dans une révolution aussi entière que si les huguenots en fussent venus faire une seconde Rochelle. Plusieurs bourgeois, voyant s'enfuir les femmes du côté de la Grande-Rue, entendant les enfants crier sur le seuil des portes, se hâtaient d'endosser la cuirasse et, appuyant leur contenance quelque peu incertaine d'un mousquet ou d'une pertuisane, se dirigeaient vers l'hôtellerie du* Franc Meunier, *devant laquelle s'empressait, en grossissant de minute en minute, un groupe compact, bruyant et plein de curiosité. En ce temps-là les paniques étaient fréquentes, et peu de jours se passaient sans qu'une ville ou l'autre enregistrât sur ses archives quelque événement de ce genre.*

A. DUMAS (escritor francês, 1802-1870), *Os três mosqueteiros*, I.

4582. A tolice, o erro, o pecado, a avareza / Ocupam nossos espíritos e atormentam nossos corpos, / E alimentamos nossos agradáveis remorsos, / Como os mendigos nutrem seus parasitas. // Nossos pecados são obstinados, nossos arrependimentos são covardes; / Fazemo-nos pagar lautamente nossas confissões, / E voltamos alegremente ao caminho lodoso, / Acreditando lavar com lágrimas vis todas as nossas máculas. // Sobre o travesseiro do mal é o Satanás Trimegisto / que embala longamente nosso espírito encantado, / E o rico metal da nossa vontade / é todo evaporado por esse sábio químico. // É o Diabo que segura os fios que nos movimentam /.../ – Leitor hipócrita – meu semelhante –, meu irmão!

La sottise, l'erreur, le péché, la lésine, / Occupent nos esprits et travaillent nos corps, / Et nous alimentons nos aimables remords, / Comme les mendiants nourrissent leur vermine. // Nos péchés sont têtus, nos repentirs sont lâches; / Nous nous faisons payer grassement nos aveux, / Et nous rentrons gaiement dans le chemin bourbeux, / Croyant par de vils pleurs laver toutes nos taches. // Sur l'oreiller du mal c'est Satan Trismégiste / Qui berce longue-

ment notre esprit enchanté, / Et le riche métal de notre volonté / Est tout vaporisé par ce savant chimiste. // C'est le Diable qui tient les fils qui nous remuent / ... / – Hypocrite lecteur, – mon semblable, – mon frère!
CH. BAUDELAIRE (poeta francês, 1821-1867), *As flores do mal*, Ao leitor.

4583. Hoje faz trezentos e quarenta e oito anos, seis meses e dezenove dias que os parisienses acordaram ao som de todos os sinos que tocavam com fortes badaladas na tripla muralha da Cité, da Université e da Ville.

Il y a aujourd'hui trois cent quarante-huit ans six mois et dix-neuf jours que les parisiens s'éveillèrent au bruit de toutes les cloches sonnant à grande volée dans la triple enceinte de la Cité, de l'Université et de la Ville.
V. HUGO (escritor francês, 1802-1885), *Notre-Dame de Paris*.

4584. No dia 15 de setembro de 1840, por volta das seis horas da manhã, a *Ville-de-Montereau*, prestes a partir, soltava grandes nuvens de fumaça diante do cais Saint-Bernard.

Le 15 septembre 1840, vers six heures du matin, la Ville-de-Montereau, *près de partir, fumait à gros tourbillons devant le quai Saint-Bernard.*
G. FLAUBERT (escritor francês, 1821-1880), *A educação sentimental*, I.

4585. Estávamos em aula quando o diretor entrou acompanhado de um *novato*, vestido à paisana, e de um bedel que trazia uma grande carteira. Os que dormiam acordaram, e cada um se levantou como que surpreendido em seu trabalho.

Nous étions à l'étude, quand le Proviseur entra, suivi d'un nouveau habillé en bourgeois et d'un garçon de classe qui portait un grand pupitre. Ceux qui dormaient se réveillèrent, et chacun se leva comme surpris dans son travail.
G. FLAUBERT (escritor francês, 1821-1880), *Madame Bovary*, I.

4586. Minha primeira visita a Tartarin de Tarascon permaneceu em minha vida como uma data inesquecível; passaram-se doze ou quinze anos desde então, mas lembro-me como se fosse hoje. Naquela época, o intrépido Tartarin morava na entrada da cidade, na terceira casa do lado esquerdo da estrada de Avignon. A graciosa vilinha tarasconesa, com jardim na frente, terraço atrás, muros bem brancos, persianas verdes, e, na soleira da porta, uma ninhada de pequenos Savoyards, brincando de amarelinha ou dormindo ao sol com a cabeça apoiada nas suas caixas de graxa. De fora, a casa não deixava transparecer nada. Jamais se acreditaria estar diante da morada de um herói.

Ma première visite à Tartarin de Tarascon est restée dans ma vie comme une date inoubliable; il y a douze ou quinze ans de cela, mais je m'en souviens mieux que d'hier. L'intrépide Tartarin habitait alors, à l'entrée de la ville, la troisième maison à main gauche sur le chemin d'Avignon. Jolie petite villa tarasconnaise avec jardin devant, balcon derrière, des murs très blancs, des persiennes vertes, et sur le pas de la porte une nichée de petits Savoyards jouant à la marelle ou dormant au bon soleil, la tête sur leurs boîtes à cirage. Du dehors, la maison n'avait l'air de rien. Jamais on ne se serait cru devant la demeure d'un héros.

A. DAUDET (escritor francês, 1840-1897), *Les aventures prodigieuses de Tartarin de Tarascon*, I.

4587. Os coelhos foram os que mais se surpreenderam!... Depois de tanto tempo vendo a porta do moinho fechada e os muros e o terraço invadidos pelo mato, acabaram acreditando que a raça dos moleiros estivesse extinta e, achando o lugar propício, criaram ali uma espécie de quartel-general, um centro de operações estratégicas: o moinho de Jemmapes dos coelhos...

Ce sont les lapins qui ont été étonnés!... Depuis si longtemps qu'il voyaient la porte du moulin fermée, les murs et la plate-forme envahis par les herbes, ils avaient fini par croire que la race des meuniers était éteinte, et, trouvant la place bonne, ils en avaient fait qualque chose comme un quartier général, un centre d'opérations stratégiques: le moulin de Jemmapes des lapins...

A. DAUDET (escritor francês, 1840-1897), *Lettres de mon moulin*, I.

4588. Quando a moça do caixa lhe deu o troco da sua nota de cinco francos, Georges Duroy saiu do restaurante. Como tinha boa aparência, tanto por natureza quanto por postura de ex-suboficial, aprumou-se, encaracolou o bigode com um gesto militar e familiar e lançou sobre os que ainda estavam à mesa um olhar rápido e circular, um daqueles olhares de rapaz bonito, que se estendem como tarrafas lançadas à água. [...] Assim que pisou na calçada, permaneceu imóvel por um instante, perguntando-se o que iria fazer. Era dia 28 de junho, e ele tinha no bolso exatamente três francos e quarenta centavos para chegar ao final do mês.

Quand la caissière lui eut rendu la monnaie de sa pièce de cent sous, Georges Duroy sortit du restaurant. Comme il portait beau, par nature et par pose d'ancien sous-officier, il cambra sa taille, frisa sa moustache d'un geste militaire et familier, et jeta sur les dîneurs attardés un regard rapide et circulaire, un de ces regards de joli garçon, qui s'étendent comme des coups d'épervier. [...] Lorsqu'il fut sur le trottoir, il demeura un instant immobile, se demandant ce qu'il allait faire. On était au 28 juin, et il lui restait juste en poche trois francs quarante pour finir le mois.

G. DE MAUPASSANT (escritor francês, 1850-1893), *Bel-Ami*, I.

4589. Jeanne, depois de fazer as malas, aproximou-se da janela, mas a chuva não cessava. A enxurrada havia batido a noite inteira contra o pavimento e os telhados. O céu baixo e carregado de água parecia rompido, esvaziando-se sobre a terra, espapaçando-a, dissolvendo-a como açúcar. Passavam rajadas cheias de um calor pesado. O ronronar dos rios transbordados enchia as ruas desertas, onde as casas, como esponjas, bebiam a umidade que penetrava no interior e fazia transpirar os muros do porão ao sótão.

Jeanne, ayant fini ses malles, s'approcha de la fenêtre, mais la pluie ne cessait pas. L'averse, toute la nuit, avait sonné contre les carreaux et les toits. Le ciel bas et chargé d'eau semblait crevé, se vidant sur la terre, la délayant en bouillie, la fondant comme du sucre. Des rafales passaient pleines d'une chaleur lourde. Le ronflement des ruisseaux débordés emplissait les rues désertes où les maisons, comme des éponges, buvaient l'humidité qui pénétrait au-dedans et faisait suer les murs de la cave au grenier.

G. DE MAUPASSANT (escritor francês, 1850-1893), *Une vie*, I.

4590. No ano de 1872, a casa de número 7 na Saville-row, Burlington-Gardens – casa em que Sheridan morrera em 1814 – era habitada pelo senhor Phileas Fogg, um dos membros mais singulares e notáveis do Reform-Club de Londres, embora ele tentasse de todas as maneiras não fazer nada que pudesse chamar a atenção.

En l'année 1872, la maison portant le numéro 7 de Saville-row, Burlington Gardens – maison dans laquelle Sheridan mourut en 1814 –, était habitée par Phileas Fogg, esq., l'un des membres les plus singuliers et les plus remarqués du Reform-Club de Londres, bien qu'il semblât prendre à tâche de ne rien faire qui pût attirer l'attention.

J. VERNE (escritor francês, 1828-1905), *A volta ao mundo em 80 dias*, I.

4591. Estamos caindo! – Joguem o lastro! – Este é o último saco esvaziado! – O balão está voltando a subir? – Não! – Ouço um marulhar de ondas! – O mar está sob a barquinha!

Nous tombons! – Jetez du lest! – Voilà le dernier sac vidé! – Le ballon se relève-t-il? – Non! – J'entends comme un clapotement de vagues! – La mer est sous la nacelle!

J. VERNE (escritor francês, 1828-1905), *A ilha misteriosa*, I.

4592. Gervaise tinha esperado Lantier até as duas da manhã. Depois, tremendo dos pés à cabeça por ter ficado de camisola ao ar fresco da janela, adormecera atravessada na cama, febril, com o rosto banhado em lágrimas.

Gervaise avait attendu Lantier jusqu'à deux heures du matin. Puis, toute frissonnante d'être restée en camisole à l'air vif de la fenêtre, elle s'était assoupie, jetée en travers du lit, fiévreuse, les joues trempées de larmes.

E. ZOLA (escritor francês, 1840-1902), *L'Assommoir*, I.

4593. Na planície aberta, sob a noite sem estrelas, escura e densa como tinta, um homem percorria sozinho a longa estrada entre Marchiennes e Montsou, dez quilômetros de asfalto cortando em linha reta por entre os campos de beterraba.

Dans la plaine rase, sous la nuit sans étoiles, d'une obscurité et d'une épaisseur d'encre, un homme suivait seul la grande route

de Marchiennes à Montsou, dix kilomètres de pavé coupant tout droit, à travers les champs de betteraves.
E. ZOLA (escritor francês, 1840-1902), *Germinal,* I.

4594. Em meio ao silêncio profundo e no deserto da avenida, as carroças dos horticultores subiam em direção a Paris, com os solavancos ritmados das rodas repercutindo o eco nas faixadas das casas, adormecidas dos dois lados das ruas, por trás das linhas confusas dos olmeiros.

Au milieu du grand silence, et dans le désert de l'avenue, les voitures de maraîchers montaient vers Paris, avec les cahots rythmés de leurs roues, dont les échos battaient les façades des maisons, endormies aux deux bords, derrière les lignes confuses des ormes.
E. ZOLA (escritor francês, 1840-1902), *Le ventre de Paris,* I.

4595. Pai Ubu. – Merdra!
Père Ubu. – Merdre!
A. JARRY (escritor francês, 1873-1907), *Ubu-rei.*

4596. Para fazer parte do "pequeno núcleo", do "pequeno grupo", do "pequeno clã" dos Verdurin, uma condição era suficiente, mas necessária: era preciso aderir tacitamente a um Credo em que um dos artigos estabelecia que o jovem pianista, protegido pela senhora Verdurin durante aquele ano e do qual ela dizia: "Não deveria ser permitido saber tocar Wagner assim!", "vencia", ao mesmo tempo, Planté e Rubinstein, e que o doutor Cottard possuía mais diagnósticos do que Potain. Todo "novo sócio" que os Verdurin não conseguiam convencer de que os saraus das pessoas que não os freqüentavam eram tão enfadonhos quanto a chuva via-se imediatamente excluído.

Pour faire partie du "petit noyau", du "petit groupe", du "petit clan" des Verdurin, une condition était suffisante mais elle était nécessaire: il fallait adhérer tacitement à un Credo dont un des articles était que le jeune pianiste, protégé par Mme Verdurin cette année-là et dont elle disait: "Ça ne devrait pas être permis de savoir jouer Wagner comme ça!", "enfonçait" à la fois Planté et Rubinstein et que le docteur Cottard avait plus de diagnostic que Potain. Toute "nouvelle recrue" à qui les Verdurin ne pou-

vaient pas persuader que les soirées des gens qui n'allaient pas chez eux étaient ennuyeuses comme la pluie, se voyait immédiatement exclue.
M. Proust (escritor francês, 1871-1922), *Um amor de Swann*, I.

4597. Por muito tempo fui para a cama cedo. Às vezes, assim que apagava a vela, meus olhos se fechavam tão rapidamente que eu mal tinha tempo para me dizer: "Estou adormecendo." E, meia hora depois, o pensamento de que era tempo de procurar pelo sono me acordava.

Longtemps, je me suis couché de bonne heure. Parfois, à peine ma bougie éteinte, mes yeux se fermaient si vite que je n'avais pas le temps de me dire: "Je m'endors". Et, une demi-heure après, la pensée qu'il était temps de chercher le sommeil m'éveillait.
M. Proust (escritor francês, 1871-1922), *Du côté de chez Swann*, I.

4598. A estupidez não é o meu forte. Vi muitos indivíduos; visitei alguns países; participei de várias empresas sem amá-las; comi quase todos os dias; tive mulheres. Agora revejo algumas centenas de rostos, dois ou três grandes espetáculos, e talvez a substância de vinte livros. Não retive nem o melhor nem o pior dessas coisas: restou aquilo que pôde restar.

La bêtise n'est pas mon fort. J'ai vu beaucoup d'individus; j'ai visité quelques nations; j'ai pris ma part d'entreprises diverses sans les aimer; j'ai mangé presque tous les jours; j'ai touché à des femmes. Je revois maintenant quelques centaines de visages, deux ou trois grands spectacles, et peut-être la substance de vingt livres. Je n'ai pas retenu le meilleur ni le pire de ces choses: est resté ce qui l'a pu.
P. Valéry (poeta francês, 1871-1945), *La soirée avec Monsieur Teste*.

4599. Nós, civilizações, sabemos agora que somos mortais.

Nous autres, civilisations, nous savons maintenant que nous sommes mortelles.
P. Valéry (poeta francês, 1871-1945), *La crise de l'esprit*.

4600. Os acontecimentos singulares que servem de tema a esta crônica produziram-se em 194., em Oran. Segundo a opinião geral, não estavam em harmonia com o lugar, saindo um pouco do habitual. À primeira vista, Oran é, de fato, uma cidade comum e nada além de uma prefeitura francesa da costa argelina. A cidade em si, temos de reconhecer, é feia.

Les curieux événements qui font le sujet de cette chronique se sont produits en 194., à Oran. De l'avis général, ils n'y étaient pas à leur place, sortant un peu de l'ordinaire. A première vue, Oran est, en effet, une ville ordinaire et rien de plus qu'une préfecture française de la côte algérienne. La cité elle-même, on doit l'avouer, est laide.

A. CAMUS (escritor francês, 1913-1960), *A peste*, I.

4601. Hoje, mamãe morreu. Ou talvez ontem, não sei. Recebi um telegrama do asilo: "Mãe faleceu. Funeral amanhã. Cordiais saudações." Isso não quer dizer nada. Talvez tenha sido ontem.

Aujourd'hui, maman est morte. Ou peut-être hier, je ne sais pas. J'ai reçu un télégramme de l'asile: "Mère décédée. Enterrement demain. Sentiments distingués". Cela ne veut rien dire. C'était peut-être hier.

A. CAMUS (escritor francês, 1913-1960), *O estrangeiro*.

4602. Doukipudonktan, perguntou-se Gabriel exausto. Não é possível, eles nunca se limpam.

Doukipudonktan, se demanda Gabriel excédé. Pas possible, ils ne se nettoient jamais.

R. QUENEAU (escritor francês, 1903-1976), *Zazie dans le métro*.

4603. O melhor seria escrever sobre os acontecimentos dia a dia. Ter um diário para enxergar tudo com clareza. Não deixar escapar as nuanças, os pequenos fatos, mesmo se parecerem insignificantes, e principalmente classificá-los. É preciso dizer como vejo esta mesa, a rua, as pessoas, meu pacote de tabaco, pois é isso que mudou. É preciso determinar com exatidão a extensão e a natureza dessa mudança.

Le mieux serait d'écrire les événements au jour le jour. Tenir un journal pour y voir clair. Ne pas laisser échapper les nuances, les petits faits, même s'ils n'ont l'air de rien, et surtout les classer. Il faut dire comment je vois cette table, la rue, les gens, mon paquet de tabac, puisque c'est cela qui a changé. Il faut déterminer exactement l'étendue et la nature de ce changement.

J.-P. SARTRE (filósofo e escritor francês, 1905-1980), *A náusea*, I.

4604. Veja só, são nove horas! Comemos sopa, peixe, batatas com toucinho, salada inglesa. As crianças beberam água inglesa. Comemos bem esta noite. Isso porque moramos nas proximidades de Londres e nos chamamos Smith.

Tiens, il est neuf heures. Nous avons mangé de la soupe, du poisson, des pommes de terre au lard, de la salade anglaise. Les enfants ont bu de l'eau anglaise. Nous avons bien mangé, ce soir. C'est parce que nous habitons dans les environs de Londres et que notre nom est Smith.

E. IONESCO (comediógrafo francês, nascido em 1912), *A cantora careca*.

A literatura espanhola

4605. Enquanto dos seus olhos escorriam as lágrimas, / voltava a cabeça hesitando olhar. / Viu as portas abertas e sem cadeados, / os poleiros todos vazios, sem penas nem pêlos, / e sem falcões, e sem açores trocando as penas. / Suspirou meu Cid, dominado por grande preocupação. / Falou meu Cid, bem e com tanta prudência: / "Graças a ti, Senhor, pai que estás no céu! / Isto foi o que fizeram os meus terríveis inimigos!".

De los sos ojos tan fuerte mientre lorando / tornava la cabeça y estava los catando. / Vio puertas abiertas y uços sin cañados, / alcándaras vazías sin pielles e sin mantos / e sin falcones e sin adtores mudados. / Sospiró mio Çid ca mucho avié grandes cuidados. / Ffabló mio Çid bien e tan mesurado: / "¡Grado a ti, señor, padre que estás en alto! / ¡Esto me an buelto mios enemigos malos!"

POEMA DE MIO CID (poema épico espanhol de autor anônimo, séc. XII).

4606. Senhor Deus, que libertaste os judeus, / povo condenado do jugo dos potentes faraós, / e libertaste Daniel do poço da Babilônia: / liberta também a mim, coitado, desta terrível prisão.

Señor Dios, que á los jodíos, pueblo de perdición, / Sacaste de captivo del poder de Faraón, / A Daniel sacaste del poço de Babilón: / Saca á mi coytado desta mala presión.

J. RUIZ, ARCIPRESTE DE HITA (escritor espanhol, 1283-1350), *Libro de Buen Amor*.

4607. "Em tudo isto, Melibea, vejo a grandeza de Deus." "Em que, Calisto?" "Em ter feito com que a natureza te dotasse de tão perfeita beleza."

"En esto veo, Melibea, la grandeza de Dios." "¿En qué, Calisto?" "En dar poder a natura que de tan perfecta hermosura te dotase."

F. DE ROJAS (dramaturgo espanhol, morto em 1541), *La Celestina*.

4608. Onde te escondeste, / amado, deixando-me tão aflita?

¿Adónde te escondiste, / amado, y me dejaste con gemido?

J. DE LA CRUZ (místico e poeta espanhol, 1542-1591), *Cántico espiritual*.

4609. Num lugar da Mancha, cujo nome não quero lembrar...

En un lugar de la Mancha, de cuyo nombre no quiero acordarme...

M. DE CERVANTES (escritor espanhol, 1547-1616), *Dom Quixote*.

4610. Na estalagem do Molinillo, situada às margens dos famosos campos de Alcudia, indo de Castilha a Andaluzia, num dia estivo de muito calor, encontraram-se por acaso dois rapazes de cerca de quatorze, quinze anos.

En la vente del Molinillo, que está puesta en los fines de los famosos campos de Alcudia, como vamos de Castilla a la Andalucía, un día de los calurosos del verano se hallaron en ella acaso dos muchachos de hasta edad de catorce a quince años.

M. DE CERVANTES (escritor espanhol, 1547-1616), *Novelas ejemplares*, Riconete y Cortadillo.

4611. Amor, não te chames de amor / quem não te corresponde, / pois não há matéria à qual / o favor não imprima forma.

Amor, no te llame amor / el que no te corresponde, / pues que no hay materia adonde / imprima forma el favor.

L. DE VEGA (dramaturgo espanhol, 1562-1635), *El caballero de Olmedo*.

4612. Dizei-me, nobres engenhos, flor de Espanha / ... / que uma

Arte de Comédias vos componha, / que ao estilo do vulgo se disponha.

Mándanme, ingenios nobles, flor de España / ... / que un Arte de Comedias os escriba, / que al estilo del vulgo se reciba.

L. DE VEGA (dramaturgo espanhol, 1562-1635), *El arte nuevo de hacer comedias.*

4613. Poderá fechar meus olhos a extrema / sombra que a mim virá com o branco dia, / e poderá arrebatar esta minha alma da sua permanência / aquela hora que alivia as minhas dores.

Cerrar podrá mis ojos la postrera / sombra que me llevare el blanco día, / y podrá desatar esta alma mía / hora a su afán ansioso lisonjera.

F. G. DE QUEVEDO Y VILEGAS (escritor espanhol, 1580-1645), *Sonetos,* Amor constante más allá de la muerte.

4614. Era um homem preso a um nariz.

Érase un hombre a una nariz pegado.

F. G. DE QUEVEDO Y VILEGAS (escritor espanhol, 1580-1645), *Sonetos,* A un hombre de gran nariz.

4615. Foi sonho ontem; amanhã será terra! / Pouco antes, nada; e pouco depois, fumaça!

¡Fue sueño ayer; mañana será tierra! / ¡Poco antes, nada; y poco después, humo!

F. G. DE QUEVEDO Y VILEGAS (escritor espanhol, 1580-1645), *Sonetos.*

4616. Eu, senhor, sou de Segóvia.

Yo, señor, soy de Segovia.

F. G. DE QUEVEDO Y VILEGAS (escritor espanhol, 1580-1645), *El Buscón.*

4617. – Duque Otávio, por aqui / poderás sair com mais segurança. / – Duquesa, juro-vos novamente / que cumprirei o doce sim.

– Duque Octavio, por aquí / podrás salir más seguro. / – Duquesa, de nuevo os juro / de cumplir el dulce sí.

TIRSO DE MOLINA (dramaturgo espanhol, 1584-1648), *O trapaceiro de Sevilha.*

4618. Hipogrifo violento, / que correste lado a lado com o vento, / onde, raio sem chama, / pássaro sem cor, peixe sem escama,

/ e selvagem sem instinto / natural, ao confuso labirinto / destas rochas nuas / te abandonas, te arrastas e precipitas?

Hipogrifo violento, / que corriste parejas con el viento, / ¿dónde, rayo sin llama, / pájaro sin matiz, pez sin escama, / y bruto sin instinto / natural, al confuso laberinto / desas desnudas peñas / te desbocas, te arrastras y despeñas?

P. CALDERÓN DE LA BARCA (dramaturgo espanhol, 1600-1681), *A vida é um sonho*.

4619. Onde espumante o mar siciliano / argenta o pé a Lilibeu…

Donde espumoso el mar siciliano / el pie argenta de plata al Lilibeo…

L. DE GÓNGORA Y ARGOTE (poeta espanhol, 1561-1627), *Fábula de Polifemo y Galatea*.

4620. Era a estação florida do ano, / quando o falso sedutor da Europa / (meia-lua as armas da sua fronte, / e o Sol todos os raios do seu pêlo), / luzente honra do céu, / em campos de safira pasce estrelas.

Era del año la estación florida / en que el mentido robador de Europa / (media luna las armas de su frente, / y el Sol todos los rayos de su pelo), / luciente honor del cielo, / en campos de zafiro pace estrellas.

L. DE GÓNGORA Y ARGOTE (poeta espanhol, 1561-1627), *Soledades*.

4621. Pobrezinha! Era uma languidez traidora que dia após dia se apoderava de todo o seu corpo.

¡La pobre! Era una languidez traidora que iba ganándole el cuerpo todo de día en día.

M. DE UNAMUNO (escritor espanhol, 1864-1936), *El espejo de la muerte*.

4622. A lua veio à forja / com sua anquinha de nardos.

La luna vino a la fragua / con su polisón de nardos.

F. GARCÍA LORCA (poeta e dramaturgo espanhol, 1898-1936), *Romancero Gitano*, Romance de la luna, luna.

4623. Os cavalos negros são. / As ferraduras são negras.

Los caballos negros son. / Las herraduras son negras.

F. GARCÍA LORCA (poeta e dramaturgo espanhol, 1898-1936), *Romancero Gitano*, Romance de la Guardia Civil Española.

4624. Verde que te quero verde. / Verde vento. Verdes ramos. / O barco sobre o mar / e o cavalo na montanha.

Verde que te quiero verde. / Verde viento. Verdes ramas. / El barco sobre la mar / y el caballo en la montaña.

F. GARCÍA LORCA (poeta e dramaturgo espanhol, 1898-1936), *Romancero Gitano*, Romance sonámbulo.

4625. As ruas de Buenos Aires / já são as entranhas de minha alma. / Não as ruas enérgicas / molestadas por frenesi e confusão, / mas a doce rua dos arrabaldes / enternecida de penumbra e ocaso / e aquelas mais fora de mão / despojadas de árvores piedosas, / onde casinhas austeras apenas se aventuram.

Las calles de Buenos Aires / ya son la entraña de mi alma. / No las calles enérgicas / molestadas de prisas y ajetreos, / sino la dulce calle de arrabal / enternecida de penumbra y ocaso / y aquéllas más afuera / ajenas de árboles piadosos / donde austeras casitas apenas se aventuran.

J.-L. BORGES (escritor argentino, 1899-1986), *Fervor de Buenos Aires*, Las calles, 1-9.

4626. Através dos séculos, / pelo nada do mundo, / eu, insone, vou te buscando.

A través de los siglos, / por la nada del mundo, / yo, sin sueño, buscándote.

R. ALBERTI (poeta espanhol, nascido em 1902), *Sobre los ángeles*.

4627. Existem cemitérios solitários, / túmulos cheios de ossos sem som, / se o coração passa dentro de um túnel / escuro, escuro, escuro, / como num naufrágio dentro de nós morremos / como afogados no coração / como escorregando da pele para a alma.

Hay cementerios solos, / tumbas llenas de huesos sin sonido / el corazón pasando un túnel / oscuro, oscuro, oscuro, / como un naufragio hacia adentro nos morimos, / como ahogarnos en el corazón, / como irnos cayendo desde la piel al alma.

P. NERUDA (poeta chileno, 1904-1973), *Residencia en la tierra*, II, Solo la muerte.

4628. Eu, senhor, não sou mau, mesmo não me faltando motivos para sê-lo.

Yo, señor, no soy malo, aunque no me faltarían motivos para serlo.

C. J. CELA (escritor espanhol, nascido em 1916), *La familia de Pascual Duarte*.

4629. Muitos anos depois, de fronte ao pelotão de fuzilamento, o coronel Aureliano Buendía teria se lembrado daquela remota tarde em que seu pai o havia levado para conhecer o gelo. Macondo era então uma aldeia de vinte casas de barro e canabrava.

Muchos años después, frente al pelotón de fusilamiento, el coronel Aureliano Buendía había de recordar aquella tarde remota en que su padre lo llevó a conocer el hielo. Macondo era entonces una aldea de veinte casas de barro y cañabrava.

G. GARCÍA MÁRQUEZ (escritor colombiano, nascido em 1928), *Cem anos de solidão*.

A literatura alemã

4630. Atenção. Sabemos da glória, em dias remotos, / dos dinamarqueses com a lança, dos reis da nação; / que, no passado, os príncipes realizaram grandes feitos. // Muitas vezes, Scyld Scefing arrancou de bandos de piratas / e de numerosos povos as sedes do hidromel. / Ele, que quando criança havia sido encontrado sem nada, / foi o terror dos hérulos. Mas achou-se uma saída. / Subiu, sob as nuvens, foi coberto de sinais / de prestígio, até que todo vizinho seu, / além da via das baleias, deveu-lhe obediência / e pagou-lhe tributos. Foi um grande rei.

Hwoet wē Gār-Dena in geār-dagum / þeod-cyninga þorym gefrūnon, / hū ðā æþoelingas ellen fremedon. / / Oft Scyld Scēfing sceaþoena þrēatum, / monegum mǣgþoum meodo-setla oftēah; / egsode Eorl[e], syððan ōerest wearð / fēasceaft funden; hē þoes frōfre gebād: / wēox under wolcnum, weorð-myndum þoāh, / oðþoet him ōeghwylc þoāra ymb-sittendra / ofer hron-rāde hȳran scolde, / gomban gyldan: þoet woes gōd cyning!

BEOWULF (poema épico em dialeto saxão, de autor desconhecido, séc. X).

4631. Na nossa época, que alguns acreditam ser a última, entre as camadas mais baixas tem início uma mania cujos doentes – quando acometidos por ela e depois de acumularem e roubarem uma quantia suficiente para terem algumas moedas no saco e um traje esquisito da última moda, com milhares de tiras de seda, ou então quando, por um feliz acaso, conseguem exibir-se e mostrar-se valentes – querem passar por cavaleiros e nobres de antiqüíssima estirpe, visto que, com muita freqüência, após pesquisas diligentes, descobre-se que seus ancestrais não passavam de limpadores de chaminés, diaristas, carreteiros e carregadores, seus primos eram almocreves, prestidigitadores, charlatães e saltimbancos, seus irmãos, esbirros e algozes, suas irmãs, costureiras, lavadeiras, vassoureiras ou até mesmo prostitutas, suas mães, alcoviteiras ou talvez bruxas, em resumo, toda a sua linhagem de trinta e dois ancestrais era tão suja e maculada quanto pode ser a corporação de doceiros em Praga; de fato, esses novos nobres, na maioria das vezes, chegam a ser tão negros como se tivessem nascido e crescido na Guiné.

Es eröffnet sich zu dieser unsrer Zeit, von welcher man glaubt, daß es die letzte sei, unter geringen Leuten eine Sucht, in deren Patienten, wann sie daran krank liegen und so viel zusammengeraspelt und erschachert haben, daß sie neben ein paar Hellern im Beutel ein närrisches Kleid auf die neue Mode mit tausenderlei seidnen Bändern antragen können, oder sonst etwan durch Glücksfall mannhaft und bekannt worden, gleich rittermäßige Herrn und adlige Personen von uraltem Geschlecht sein wollen, da sich doch oft befindet und auf fleißiges Nachforschen nichts anders herauskommt, als daß ihre Voreltern Schornsteinfeger, Taglöhner, Karchelzieher und Lastträger, ihre Vettern Eseltreiber, Taschenspieler, Gaukler und Seiltänzer, ihre Brüder Büttel und Schergen, ihre Schwestern Näherin, Wäscherin, Besenbinderinnen oder wohl gar Huren, ihre Mütter Kupplerinnen oder gar Hexen und in Summa ihr ganzes Geschlecht von allen zweiunddreißig Ahnichen her also besudelt und befleckt gewesen, als des Zuckerbastels Zunft zu Prag immer sein mögen; ja sie, diese neue Nobilisten, seind oft selbst so schwarz, als wann sie in Guinea geboren und erzogen wären worden.

H. J. Ch. von Grimmelshausen (escritor alemão, 1621-1676), *O aventureiro Simplicissimus*, I.

4632. Quatro de maio de 1771. Como estou feliz por ter partido! Meu caríssimo amigo, o que é o coração humano! Deixar a ti, que amo tanto, do qual eu era inseparável, e ficar feliz! Sei que me perdoarás. Todas as outras pessoas que conheci não foram talvez escolhidas propositadamente pelo destino para angustiar um coração como o meu? Pobre Leonor! E, no entanto, eu era inocente.

Am 4. Mai 1771. Wie froh bin ich, daß ich weg bin! Bester Freund, was ist das Herz des Menschen! Dich zu verlassen, den ich so liebe, von dem ich unzertrennlich war, und froh zu sein! Ich weiß, du verzeihst mir's. Waren nicht meine übrigen Verbindungen recht ausgesucht vom Schicksal, um ein Herz wie das meine zu ängstigen? Die arme Leonore! Und doch war ich unschuldig.

J. W. Goethe (escritor alemão, 1749-1832), *Os sofrimentos do jovem Werther*, I.

4633. Novamente vos aproximais, flutuantes vultos, / Que outrora aparecestes à minha turva vista. / Tentarei deter-vos desta vez? / Ainda sinto meu coração disposto a tal ilusão? / Aproximai-vos! Pois bem, que seja vosso domínio, / assim como emergis em volta de mim de vapores e névoas; / Meu peito estremece jovialmente / ao mágico sopro que esvoaça ao redor do vosso cortejo.

Ihr naht euch wieder, schwankende Gestalten, / Die früh sich einst dem trüben Blick gezeigt. / Versuch ich wohl, euch diesmal festzuhalten? / Fühl ich mein Herz noch jenem Wahn geneigt? / Ihr drängt euch zu! nun gut, so mögt ihr walten, / Wie ihr aus Dunst und Nebel um mich steigt; / Mein Busen fühlt sich jugendlich erschüttert / Vom Zauberhauch, der euren Zug umwittert.

J. W. Goethe (escritor alemão, 1749-1832), *Fausto*, Dedicatória.

4634. Kennedy O que fazeis, senhor? Que novo atrevimento é este? / Fora deste armário! Paulet De onde vem esta jóia? / Foi jogado do primeiro andar, / Para corromper o jardineiro. / Malditas mulheres e sua astúcia!

Kennedy Was macht Ihr, Sir! Welch neue Dreistigkeit! Zurück von diesem Schrank! Paulet Wo kam der Schmuck her? Vom obern

Stock ward er herabgeworfen, / Der Gärtner hat bestochen werden sollen / Mit diesem Schmuck – Fluch über Weiberlist!
F. VON SCHILLER (escritor alemão, 1759-1805), *Maria Stuart*, I, 1.

4635. Ao acordar uma manhã após ter tido sonhos agitados, Gregor Samsa encontrou-se em sua cama, transformado num enorme inseto imundo.

Als Gregor Samsa eines Morgens aus unruhigen Träumen erwachte, fand er sich in seinem Bett zu einem ungeheuren Ungeziefer verwandelt.
F. KAFKA (escritor boêmio de língua alemã, 1883-1924), *A metamorfose.*

4636. Sobre o Atlântico a pressão barométrica era mínima; avançava rumo ao Oriente, em direção a uma pressão máxima que se estendia sobre a Rússia, e ainda não revelava nenhuma tendência a se desviar dela para o norte. As linhas isotérmicas e isotéricas cumpriam sua função. A temperatura do ar encontrava-se devidamente proporcional à temperatura média anual, à temperatura do mês mais frio, bem como à do mês mais quente, e à oscilação aperiódica mensal. O nascer e o pôr do sol e da lua, as fases da lua, de Vênus, do anel de Saturno e muitos outros fenômenos importantes correspondiam às previsões dos anuários astronômicos. O vapor da água no ar atingia seu potencial máximo, e a umidade do ar era escassa. Em poucas palavras, que descrevem muito bem os fatos, embora sejam um tanto antiquadas: era um belo dia de agosto do ano de 1913.

Über dem Atlantik befand sich ein barometrisches Minimum; es wanderte ostwärts, einem über Rußland lagernden Maximum zu, und verriet noch nicht die Neigung, diesem nördlich auszuweichen. Die Isothermen und Isotheren taten ihre Schuldigkeit. Die Lufttemperatur stand in einem ordnungsgemäßen Verhältnis zur mittleren Jahrestemperatur, zur Temperatur des kältesten wie des wärmsten Monats und zur aperiodischen monatlichen Temperaturschwankung. Der Auf- und Untergang der Sonne, des Mondes, der Lichtwechsel des Mondes, der Venus, des Saturnringes und viele andere bedeutsame Erscheinungen entsprachen ihrer Voraussage in den astronomischen Jahrbüchern. Der Wasserdampf in der Luft hatte seine höchste Spannkraft, und die Feuchtigkeit der Luft war gering. Mit einem Wort, das das Tatsächliche recht gut bezeichnet, wenn es auch etwas altmodisch ist: Es war ein schöner Augusttag des Jahres 1913.

R. MUSIL (escritor alemão, 1880-1942), *O homem sem qualidades*, I.

4637. GALILEU (*enquanto lava o tronco nu, ofegante e contente*) Ponha o leite sobre a mesa, mas não feche os livros. ANDREA Seu Galileu, a mamãe disse que precisamos pagar o leiteiro, senão daqui a pouco ele vai estar passando reto pela nossa casa. GALILEU Ou seja: descreverá uma linha reta que passa pela nossa casa, Andrea.

GALILEI sich den Oberkörper waschend, prustend und fröhlich: Stell die Milch auf den Tisch, aber klapp kein Buch zu. ANDREA Mutter sagt, wir müssen den Milchmann bezahlen. Sonst macht er bald einen Kreis um unser Haus, Herr Galilei. GALILEI Es heißt: er beschreibt einen Kreis, Andrea.

B. BRECHT (escritor alemão, 1898-1956), *Vida de Galileu*, I, 1.

4638. Na primeira parte, a protagonista feminina da ação é uma mulher de quarenta e oito anos, alemã: mede 1,71 metro, pesa 68,8 quilos (com roupa), portanto está apenas de 300 a 400 gramas abaixo do peso ideal; tem olhos entre o azul-escuro e o preto, cabelos loiros, levemente grisalhos e muito volumosos, que pendem soltos, lisos como um elmo, envolvendo seu pescoço. Essa mulher se chama Leni Pfeiffer, seu nome de solteira é Gruyten.

Weibliche Trägerin der Handlung in der ersten Abteilung ist eine Frau von achtundvierzig Jahren, Deutsche; sie ist 1,71 groß, wieg 68,8 kg (in Hauskleidung), liegt also nur etwa 300-400 Gramm unter dem Idealgewicht; sie hat zwischen Dunkelblau und Schwarz changierende Augen, leicht ergrautes, sehr dichtes blondes Haar, das lose herabhängt; glatt, helmartig umgibt es ihren Kopf. Die Frau heißt Leni Pfeiffer, ist eine geborene Gruyten.

H. BÖLL (escritor alemão, 1917-1985), *Foto de grupo com senhora*, I.

A literatura russa

4639. Lancei um olhar à minha volta: minha alma ficou ferida pelos sofrimentos humanos.

Я взглянул окрест меня — душа моя страданиями человеческими уязвлена стала.

A. N. Radichtchev (escritor russo, 1749-1802), *Viagem de São Petersburgo a Moscou.*

4640. À margem deserta de ondas, / estava *ele*, tomado por pensamentos profundos.

На берегу пустынных волн / Стоял он дум великих полн.

A. S. Pushkin (escritor russo, 1799-1837), *O cavaleiro de bronze.*

4641. Uma vez jogamos carta da guarda a cavalo Narumov.

Однажды играли в карты у конногвардейца Нарумова.

A. S. Pushkin (escritor russo, 1799-1837), *A dama de espadas.*

4642. Os ciganos, em multidões rumorosas, / seguem vagabundos pela Bessarábia.

Цыгане шумною толпой / По Бессарабии кочуют.

A. S. Pushkin (escritor russo, 1799-1837), *Os ciganos.*

4643. De princípios muito honestos, meu tio, / agora que está realmente doente, / faz com que até eu o respeite; / e não podia ter melhor intenção.

Мой дядя самых честных правил, / Когда не в шутку занемог / Он уважать себя заставил / И лучше выдумать не мог.

A. S. Pushkin (escritor russo, 1799-1837), *Eugênio Oneguin.*

4644. No portão da hospedaria da cidade de N., capital de governo, entrou uma carruagem a molas, não muito grande, bastante bonita, dentro da qual geralmente viajam os homens solteiros: tenentes-coronéis aposentados, vice-capitães, proprietários que possuem aproximadamente uma centena de almas de camponeses, em suma, todos aqueles que se nomeiam senhores de médio calibre.

В ворота гостиницы губернского города НН выхала довольно красивая рессорная небольшая бричка, в какой ездят холостяки: отставные подполковники, штабскапитаны, помещики, имеющие около сотни душ крестьян, — словом, все те, которых называют господами средней руки.

N. V. Gogol (escritor russo, 1809-1852), *As almas mortas.*

4645. No departamento de …, mas é melhor não dizer em qual departamento. Não há ninguém mais suscetível do que as pessoas que estão nos departamentos, nos regimentos, nas chancelarias, em suma, do que a classe dos funcionários.

В департаменте… но лучше не называть, в каком департаменте. Ничего нет сердитее всякого рода департаментов, полков, канцелярий и, словом, всякого рода должностных сословий.

N. V. Gogol (escritor russo, 1809-1852), *O capote.*

4646. No dia 25 de março ocorreu em São Petersburgo algo incrivelmente estranho.

Марта 25 числа случилось в Петербурге необыкновенно странное происшествие.

N. V. Gogol (escritor russo, 1809-1852), *O nariz.*

4647. Em todo livro, o prefácio é a primeira e, ao mesmo tempo, a última coisa: serve para explicar as intenções da obra, ou para justificá-la e responder à crítica.

Во всякой книге предисловие есть первая и вместе с тем последняя вещь; оно служит или объяснению цели сочинения, или оправданием и ответом на критики.

M. J. Lermontov (escritor russo, 1814-1841), *O herói do nosso tempo.*

4648. Com tristeza olho para nossa geração!

Печально я гляжу на наше поколенье!

M. J. Lermontov (escritor russo, 1814-1841), *Pensamento.*

4649. Uma manhã, na rua Gorochovaia, numa daquelas casas grandes, cujos inquilinos bastariam para povoar uma cidadezinha distrital inteira, Ilia Ilitch Oblomov estava em seu apartamento, deitado em sua cama.

В Гороховой улице, в одном из больших домов, народонаселение которого стало бы на целый уездный город, лежал утром в постели, на своей квартире, Илья Ильич Обломов.

I. A. Gontcharov (escritor russo, 1812-1891), *Oblomov*.

4650. Sou um homem doente... Sou um homem mau, um homem desagradável. Acho que sofro do fígado.

Я человек больной... Я злой человек, непривлекательный я человек. Я думаю, что у меня болит печень.

F. M. Dostoievski (escritor russo, 1821-1881), *Memórias do subsolo*.

4651. No início de julho, num dia extraordinariamente quente, no final da tarde, um jovem deixou seu quartinho que havia sublocado na ruela S. e, lentamente, quase tomado pela indecisão, dirigiu-se para a ponte K.

В начале июля, в чрезвычайно жаркое время, под вечер, один молодой человек вышел из своей каморки, которую нанимал от жильцов в С-м переулке, на улицу и медленно, как бы в нерешимости, отправился к К-у мосту.

F. M. Dostoievski (escritor russo, 1821-1881), *Crime e castigo*.

4652. Ao final de novembro, num dia tépido, por volta das nove da manhã, o trem da linha que provinha de Varsóvia aproximava-se a todo vapor de São Petersburgo.

В конце ноября, в оттепель, часов в девять утра, поезд Петербургско-Варшавской железной дороги на всех порах подходил к Петербургу.

F. M. Dostoievski (escritor russo, 1821-1881), *O idiota*.

4653. Ao preparar-me para descrever os estranhos acontecimentos ocorridos há pouco em nossa cidade, que até hoje nunca havia se destacado por nada, sinto-me obrigado, devido à minha falta de habilidade, a partir de um ponto mais distante e, precisamente, de algumas particularidades biográficas daquele homem tão talentoso e estimado que é Stefan Trofimovich Verchovenski.

> Приступая к описанию недавних и столь странных событий, происшедших в нашем, доселе ничем не отличавшемся городе, я принужден, по неумению моему, начать несколько издалека, а именно некоторыми биографическими подробностями о талантливом и многочтимом Степане Трофимовиче Верховенском.
>
> F. M. Dostoievski (escritor russo, 1821-1881), *Os demônios*.

4654. Não resisti e comecei a escrever esta história dos meus primeiros passos na arena da vida, embora eu também pudesse deixar de fazê-lo.

> Не утерпев, я сел записывать эту историю моих первых шагов на жизненном поприще, тогда как мог бы обойтись и без того.
>
> F. M. Dostoievski (escritor russo, 1821-1881), *O adolescente*.

4655. Ao iniciar a biografia do meu herói, Alexei Fedorovich Karamazov, sinto-me um pouco envergonhado.

> Начиная жизнеописание героя моего, Алексея Федоровича Карамазова, нахожусь в некотором недоумении.
>
> F. M. Dostoievski (escritor russo, 1821-1881), *Os irmãos Karamazov*.

4656. "E então, Pedro? Ainda nada em vista?", perguntava, no dia 20 de maio de 1859, saindo sem chapéu para o pequeno terraço da estalagem que dava para a avenida ***, um senhor de aproximadamente quarenta anos, com um sobretudo estreito e empoeirado e uma calça quadriculada, ao seu criado, um jovem rapaz bochechudo, com uma penugem esbranquiçada sobre o queixo e pequenos olhos pálidos.

> — Что, Петр? не видать еще? — спрашивал 20 мая 1859 года, выходя без шапки на низкое крылечко постоялого двора на *** шоссе, барин лет сорока с небольшим, в запыленном пальто и клетчатых панталонах, у своего слуги, молодого и щекастого малого с беловатым пухом на подбородке и маленькими тусклыми глазенками.
>
> I. S. Turgenev (escritor russo, 1818-1883), *Pais e filhos*.

4657. Todas as famílias felizes assemelham-se entre si, toda família infeliz é infeliz a seu modo. Reinava uma grande desordem na casa dos Oblomskije.

> Все счастливые семьи похожи друг на друга, каждая несчастливая семья несчастлива по-своему. Все смешалось в доме Облонских.

L. N. TOLSTOI (escritor russo, 1828-1910), *Anna Karenina*.

4658. Por mais que os homens se esforçassem, reunidos em algumas centenas de milhares num pequeno espaço, para estragar a terra onde se aglomeravam, por mais que a cobrissem de pedras para que nela não crescesse mais nada, por mais que arrancassem todo fio de relva que surgisse numa estreita fenda, por mais que defumassem o ar com carvão e nafta, por mais que derrubassem as árvores e espantassem todos os animais e pássaros, a primavera era primavera também na cidade.

> Как ни старались люди, собравшись в одно небольшое место несколько сот тысяч, изуродовать ту землю, на которой они жались, как ни забивали камнями землю, чтобы ничего не росло на ней, как ни счищали всякую пробивающуюся травку, как ни дымили каменным углем и нефтью, как ни обрезывали деревья и не выгоняли всех животных и птиц, — весна была весною даже и в городе.

L. N. TOLSTOI (escritor russo, 1828-1910), *Ressurreição*.

4659. Tempo – inicio uma história sobre Lenin. / Mas não porque a pena seja menor, / tempo, porque a penetrante angústia / já é consciente, límpida dor.

> Время — начинаю про Ленина рассказ. / Но не потому, что горя нету более, / время потому, что резкая тоска / стала ясною осознанною болью.

V. V. MAIAKOVSKI (poeta soviético, 1893-1930), *Lenin*, 1-4.

4660. Recopio simplesmente, palavra por palavra, aquilo que hoje estava escrito no Jornal do Estado.

> Я просто списываю — слово в слово — то, что сегодня напечатано в Государственной Газете.

E. I. ZAMJATIN (escritor russo, 1884-1937), *Nós*.

4661. Grande e terrível foi o ano de 1918 após o nascimento de Cristo, o segundo desde o início da revolução.

> Велик был год и страшен год по Рождестве Христовом 1918, от начала же революции второй.

M. A. BULGAKOV (escritor soviético, 1891-1940), *A guarda branca*.

4662. Num dia de primavera, na hora do tórrido ocaso, em Moscou, nos Patriarchi Prudy, apareceram dois cidadãos.

> Однажды весной, в час небывало жаркого заката, в Москве, на Патриарших прудах, появились два гражданина.

M. A. BULGAKOV (escritor soviético, 1891-1940), *O mestre e Margarida*.

4663. Por que a senhora está sempre vestida de preto?

> Отчего вы всегда ходите в черном?

A. P. TCHEKHOV (escritor russo, 1860-1904), primeira fala de *A gaivota*.

4664. Nosso pai morreu há um ano, exatamente hoje, no dia do teu onomástico, Irina.

> Отец умер ровно год назад, как раз в этот день, в твои именины, Ирина.

A. P. TCHEKHOV (escritor russo, 1860-1904), primeira fala de *As três irmãs*.

4665. Há na Rússia um emérito professor, um certo Nikolai Stepanovich, conselheiro secreto e cavaleiro; possui tantas condecorações russas e estrangeiras, que, quando tem de colocá-las, os estudantes o chamam de iconóstase.

> Есть в России заслуженный профессор Николай Степанович такой-то, тайный советник и кавалер; у него так много русских и иностранных орденов, что когда ему приходится надевать их, то студенты величают его иконостасом.

A. P. TCHEKHOV (escritor russo, 1860-1904), *Uma história enfadonha*.

4666. De manhã, cantava no banheiro.

> Он пел по утрам в клозете.

I. K. OLECHA (escritor soviético, 1899-1960), *A inveja*.

4667. Andavam e cantavam "Eterna memória", e, quando paravam, parecia que os cavalos, o ruído dos passos e o sopro do vento continuavam aquele canto.

> Шли и шли и пели «Вечную память», и, когда останавливались, казалось, что ее по залаженному продолжают петь ноги, лошади, дуновения ветра.

B. L. Pasternak (escritor soviético, 1890-1960), *Doutor Jivago*.

4668. Mais do que qualquer outra coisa, impressionou-lhe o fato de que a partir de segunda-feira ele seria Luzin.

> Больше всего его поразило то, что с понедельника он будет Лужиным.

V. Nabokov (escritor russo-americano, 1899-1977), *A defesa de Luzin*.

4669. Segundo a lei de Cincinato II, comunicaram a pena de morte em voz baixa.

> Сообразно с законом Цинциннату II, объявили смертный приговор шепотом.

V. Nabokov (escritor russo-americano, 1899-1977), *Convite para a execução*.

4670. Às cinco da manhã, como sempre, tocaram o despertador: uma batida de martelo num pedaço de carril junto da barraca de comando.

> В пять часов утра, как всегда, пробило подъем — молотком об рельс, у штабного барака.

A. I. Soljenitsine (escritor soviético, nascido em 1918), *Um dia na vida de Ivan Denisovich*.

4671. A todos aqueles a quem a vida não foi suficiente para contar tudo isso. E me perdoem se não vi tudo, se não me lembrei de tudo, se não percebi tudo.

> Всем, кому не хватило жизни об этом рассказать. И да простят они мне, что я не все увидел, не все вспомнил, не обо всем догадался.

A. I. Soljenitsine (escritor soviético, nascido em 1918), *Arquipélago Gulag*, dedicatória.

AS GRANDES ÁRIAS DO MELODRAMA

4672. O que farei sem Eurídice? / Para onde irei sem o meu bem?

Che farò senza Euridice? / dove andró senza il mio ben?

ORFEU em *Orfeu e Eurídice* (1762), de CH. W. GLUCK (compositor alemão, 1714-1787), em libreto de R. DE' CALZABIGI, ato III, 1.

4673. Não mais andarás, grande borboleta amorosa, / girando dia e noite, / perturbando o repouso das belezas, / pequeno Narciso, Adônis do Amor.

Non più andrai, farfallone amoroso, / notte e giorno d'intorno girando, / delle belle turbando il riposo, / Narcisetto, Adoncino d'Amor.

FÍGARO em *As bodas de Fígaro* (1786), de W. A. MOZART (compositor austríaco, 1756-1791), em libreto de L. DA PONTE, ato I.

4674. Lá nos daremos a mão...

Là ci darem la mano...

DON GIOVANNI e ZERLINA em *Don Giovanni* (1787), de W. A. MOZART (compositor austríaco, 1756-1791), em libreto de L. DA PONTE, ato I.

4675. Uma voz há pouco / ecoou aqui em meu coração...

Una voce poco fa / qui nel cor mi risuonò...

ROSINA em *O barbeiro de Sevilha* (1816), de G. ROSSINI (compositor italiano, 1792-1868), em libreto de C. STERBINI, ato I.

4676. A calúnia é uma brisa...

La calunnia è un venticello...

Cabaleta de DON BASILIO em *O barbeiro de Sevilha* (1816), de G. ROSSINI (compositor italiano, 1792-1868), em libreto de C. STERBINI, ato I.

4677. À idéia daquele metal / portentoso, onipotente...

All'idea di quel metallo / portentoso, onnipossente...

Fígaro e Almaviva em *O barbeiro de Sevilha* (1816), de G. Rossini (compositor italiano, 1792-1868), em libreto de C. Sterbini, ato I.

4678. Mulheres, mulheres, eternos deuses...

Donne, donne, eterni dèi...

Fígaro em *O barbeiro de Sevilha* (1816), de G. Rossini (compositor italiano, 1792-1868), em libreto de C. Sterbini, ato I.

4679. O velhinho procura esposa / a moça quer marido...

Il vecchiotto cerca moglie / vuol marito la ragazza...

Berta em *O barbeiro de Sevilha* (1816), de G. Rossini (compositor italiano, 1792-1868), em libreto de C. Sterbini, ato II.

4680. Do teu umbral estrelado, / Senhor, volta-te a nós...

Dal tuo stellato soglio, / Signor, ti volgi a noi...

Coro dos hebreus em *Moisés* (1827), de G. Rossini (compositor italiano, 1792-1868), em libreto de L. A. Tottola, ato II.

4681. Aquele homem de aspecto cruel...

Quell'uom dal fiero aspetto...

Fra' Diavolo em *Fra' Diavolo* (1830), de D.-F.-E. Auber (compositor francês, 1782-1871), em libreto de E. Scribe e C. Delavigne, ato I.

4682. Casta Diva, que argentas / estas plantas antigas e sagradas, / volta para nós o belo semblante / sem nuvem e sem véu.

Casta Diva, che inargenti / queste sacre antiche piante, / a noi volgi il bel sembiante / senza nube e senza vel.

Norma em *Norma* (1831), de V. Bellini (compositor italiano, 1801-1835), em libreto de F. Romani, ato I, 4.

4683. Toma, dou-te o anel...

Prendi, l'anel ti dono...

Elvino e Amina em *A sonâmbula*, de V. Bellini (compositor italiano, 1801-1835), em libreto de F. Romani, ato I.

4684. Tocas a trombeta e intrépido / lutarei com força, / belo é enfrentar a morte / gritando liberdade!

Suoni la tromba e intrepido / io pugnerò da forte, / bello è affrontar la morte / gridando libertà!

Coro de *Os puritanos* (1835), de V. BELLINI (compositor italiano, 1801-1835), em libreto de C. PEPOLI, ato II, 4.

4685. Como é bela, como é cara! / Quanto mais a vejo, mais me agrada...

Quanto è bella, quanto è cara! / Più la vedo e più mi piace...

NEMORINO em *O elixir do amor* (1832), de G. DONIZETTI (compositor italiano, 1797-1848), em libreto de F. ROMANI, ato I, 1.

4686. Uma lágrima furtiva / despontou em seus olhos...

Una furtiva lacrima / negli occhi suoi spuntò...

NEMORINO em *O elixir do amor* (1832), de G. DONIZETTI (compositor italiano, 1797-1848), em libreto de F. ROMANI, ato II, 8.

4687. Virão a ti sobre as auras / os meus suspiros ardentes...

Verranno a te sull'aure / i miei sospiri ardenti...

LÚCIA e EDGARDO em *Lucia di Lammermoor* (1835), de G. DONIZETTI (compositor italiano, 1797-1848), em libreto de S. CAMMARANO, ato I.

4688. Ardem os incensos...

Ardon gl'incensi...

LÚCIA em *Lucia di Lammermoor* (1835), de G. DONIZETTI (compositor italiano, 1797-1848), em libreto de S. CAMMARANO, ato III.

4689. Tu, que a Deus abriste as asas...

Tu che a Dio spiegasti l'ali...

RAIMUNDO em *Lucia di Lammermoor* (1835), de G. DONIZETTI (compositor italiano, 1797-1848), em libreto de S. CAMMARANO, ato III.

4690. Nobre espírito – em meus sonhos / brilhaste um dia – mas te perdi: / foges do coração – falsa esperança, / sombras de amor – fugis juntas.

Spirto gentil – ne' sogni miei / brillasti un dì – ma ti perdei: / fuggi dal cor – mentita speme, / larve d'amor – fuggite insieme.

FERNANDO em *A favorita* (1840), de G. DONIZETTI (compositor italiano, 1797-1848), em libreto de A. ROYER e G. VAËZ, ato IV, 3.

4691. Bela como um anjo...

Bella siccome un angelo...

MALATESTA em *Don Pasquale* (1843), de G. DONIZETTI (compositor italiano, 1797-1848), em libreto de G. RUFFINI, ato I.

4692. Como é gentil...

Com'è gentil...

ERNESTO em *Don Pasquale* (1843), de G. DONIZETTI (compositor italiano, 1797-1848), em libreto de G. RUFFINI, ato III.

4693. Vai, pensamento, sobre as asas douradas...

Va, pensiero, sull'ali dorate...

Coro dos hebreus em *Nabucco* (1842), de G. VERDI (compositor italiano, 1813-1901), em libreto de T. SOLERA, ato III.

4694. Ó Senhor, da terra natal...

O Signore, dal tetto natìo...

Coro de *I lombardi alla prima crociata* (1843), de G. VERDI (compositor italiano, 1813-1901), em libreto de T. SOLERA, ato IV.

4695. Oh, meus verdes anos...

Oh de' verd'anni miei...

SILVA em *Ernani* (1844), de G. VERDI (compositor italiano, 1813-1901), em libreto de F. M. PIAVE, ato III.

4696. Esta ou aquela para mim são iguais...

Questa o quella per me pari sono...

DUQUE DE MÂNTUA em *Rigoletto* (1851), de G. VERDI (compositor italiano, 1813-1901), em libreto de F. M. PIAVE, ato I.

4697. Somos iguais...

Pari siamo...

RIGOLETTO em *Rigoletto* (1851), de G. VERDI (compositor italiano, 1813-1901), em libreto de F. M. PIAVE, ato I.

4698. Caro nome...

Caro nome...

GILDA em *Rigoletto* (1851), de G. VERDI (compositor italiano, 1813-1901), em libreto de F. M. PIAVE, ato I.

4699. Cortesãos, vil raça maldita...

Cortigiani, vil razza dannata...

RIGOLETTO em *Rigoletto* (1851), de G. VERDI (compositor italiano, 1813-1901), em libreto de F. M. *Piave*, ato II.

4700. Todas as festas no templo...

Tutte le feste al tempio...

GILDA em *Rigoletto* (1851), de G. VERDI (compositor italiano, 1813-1901), em libreto de F. M. PIAVE, ato II.

4701. Sim, vingança, terrível vingança...

Sì, vendetta, tremenda vendetta...

RIGOLETTO em *Rigoletto* (1851), de G. VERDI (compositor italiano, 1813-1901), em libreto de F. M. PIAVE, ato II.

4702. A mulher é inconstante / como uma pena ao vento...

La donna è mobile / qual piuma al vento...

DUQUE DE MÂNTUA em *Rigoletto* (1851), de G. VERDI (compositor italiano, 1813-1901), em libreto de F. M. PIAVE, ato III.

4703. Libemos nos doces cálices / que a beleza orna...

Libiamo ne 'lieti calici / che la bellezza infiora...

VIOLETA, ALFREDO e coro em *La traviata* (1853), de G. VERDI (compositor italiano, 1813-1901), em libreto de F. M. PIAVE, ato I.

4704. Àquele amor que é palpitação / de todo o universo...

A quell'amor ch'è palpito / dell'universo intero...

VIOLETA em *La traviata* (1853), de G. VERDI (compositor italiano, 1813-1901), em libreto de F. M. PIAVE, ato I.

4705. Alfredo, Alfredo, deste coração / não podes compreender todo o amor...

Alfredo, Alfredo, di questo core / non puoi comprendere tutto l'amore...

VIOLETA em *La traviata* (1853), de G. VERDI (compositor italiano, 1813-1901), em libreto de F. M. PIAVE, ato II.

4706. Adeus, do passado...

Addio, del passato...

VIOLETA em *La traviata* (1853), de G. VERDI (compositor italiano, 1813-1901), em libreto de F. M. PIAVE, ato III.

4707. Paris, ó cara, deixaremos...

Parigi, o cara, noi lasceremo...

VIOLETA e ALFREDO em *La traviata* (1853), de G. VERDI (compositor italiano, 1813-1901), em libreto de F. M. PIAVE, ato III.

4708. Crepita a chama...

Stride la vampa...

AZUCENA em *Il trovatore* (1853), de G. VERDI (compositor italiano, 1813-1901), em libreto de S. CAMMARANO, ato II.

4709. O brilho do seu sorriso...

Il balen del suo sorriso...

CONDE DE LUA em *Il trovatore* (1853), de G. VERDI (compositor italiano, 1813-1901), em libreto de S. CAMMARANO, ato II.

4710. Daquela pira o horrível fogo...

Di quella pira l'orrendo foco...

MANRICO em *Il trovatore* (1853), de G. VERDI (compositor italiano, 1813-1901), em libreto de S. CAMMARANO, ato III.

4711. Aos nossos montes / voltaremos...

Ai nostri monti / ritorneremo...

AZUCENA e MANRICO em *Il trovatore* (1853), de G. VERDI (compositor italiano, 1813-1901), em libreto de S. CAMMARANO, ato IV.

4712. A Virgem dos Anjos...

La Vergine degli Angeli...

Coro de *A força do destino* (1862), de G. VERDI (compositor italiano, 1813-1901), em libreto de F. M. PIAVE, ato II.

4713. Ó tu, que no seio dos anjos...

O tu che in seno agli angeli...

DOM ÁLVARO em *A força do destino* (1862), de G. VERDI (compositor italiano, 1813-1901), em libreto de F. M. PIAVE, ato III.

4714. Paz, paz, meu Deus...

Pace, pace, mio Dio...

LEONORA em *A força do destino* (1862), de G. VERDI (compositor italiano, 1813-1901), em libreto de F. M. PIAVE, ato IV.

4715. Se eu fosse aquele guerreiro...
Celeste Aída, forma divina...

Se quel guerrier io fossi...
Celeste Aida, forma divina...

RADAMÉS em *Aída* (1871), de G. VERDI (compositor italiano, 1813-1901), em libreto de A. GHISLANZONI, ato I.

4716. Creio num deus cruel...

Credo in un dio crudel...

IAGO em *Otelo* (1887), de G. VERDI (compositor italiano, 1813-1901), em libreto de A. BOITO, ato II.

4717. Deus potente, Deus de amor...

Dio possente, Dio d'amor...

VALENTINO em *Fausto* (1859), de CH. GOUNOD (compositor francês, 1818-1893), em libreto de J. BARBIER e M. CARRÉ, ato II.

4718. Salve, morada casta e pura...

Salve, dimora casta e pura...

FAUSTO em *Fausto* (1859), de CH. GOUNOD (compositor francês, 1818-1893), em libreto de J. BARBIER e M. CARRÉ, ato III.

4719. Ó paraíso...

O paradiso...

VASCO DA GAMA em *A africana* (1865), de G. MEYERBEER (compositor alemão, 1791-1864), em libreto de E. SCRIBE, ato IV.

4720. Desces sobre nós, ó noite arcana...

Su noi discendi, o notte arcana...

TRISTÃO e ISOLDA em *Tristão e Isolda* (1865), de R. WAGNER (compositor alemão, 1813-1883), em libreto próprio, ato II.

4721. Outra noite, no fundo do mar / jogaram meu menino...

L'altra notte in fondo al mare / il mio bimbo hanno gittato...

MARGARIDA em *Mefistófeles* (1868), de A. BOITO (poeta e músico italiano, 1842-1918), em libreto próprio, ato III.

4722. Chegado ao passo extremo / da mais extrema idade...

Giunto sul passo estremo / della più estrema età...

FAUSTO em *Mefistófeles* (1868), de A. BOITO (poeta e músico italiano, 1842-1918), em libreto próprio, epílogo.

4723. O amor é um estranho pássaro...

> *È l'amore uno strano augel...*

CARMEM em *Carmem* (1875), de G. BIZET (compositor francês, 1838-1875), em libreto de H. MEILHAC e L. HALÉVY, ato I.

4724. Junto ao bastião de Sevilha...

> *Presso il bastion di Siviglia...*

CARMEM em *Carmem* (1875), de G. BIZET (compositor francês, 1838-1875), em libreto de H. MEILHAC e L. HALÉVY, ato I.

4725. A flor que me tinhas dado...

> *Il fior che avevi a me tu dato...*

JOSÉ em *Carmem* (1875), de G. BIZET (compositor francês, 1838-1875), em libreto de H. MEILHAC e L. HALÉVY, ato II.

4726. Céu e mar! o etéreo véu / resplandece como um santo altar. / Meu anjo virá do céu? / Meu anjo virá do mar?

> *Cielo e mar! l'etereo velo / splende come un santo altare. / L'angiol mio verrà dal cielo? / L'angiol mio verrà dal mare?*

ENZO em *La Gioconda* (1876), de A. PONCHIELLI (compositor italiano, 1834-1886), em libreto de A. BOITO, ato II, 4.

4727. Ó Lola, que tens a camisa de leite...

> *O Lola ch'hai di latti la cammisa...*

TURIDDU em *Cavalleria rusticana* (1889), de P. MASCAGNI (compositor italiano, 1863-1945), em libreto de G. TARGIONI-TOZZETTI e G. MENASCI, ato único.

4728. As laranjeiras exalam seu perfume...

> *Gli aranci olezzano...*

Coro em *Cavalleria rusticana* (1889), de P. MASCAGNI (compositor italiano, 1863-1945), em libreto de G. TARGIONI-TOZZETTI e G. MENASCI, ato único.

4729. Vós o sabeis, ó mãe...

> *Voi lo sapete, o mamma...*

SANTUZZA em *Cavalleria rusticana* (1889), de P. MASCAGNI (compositor italiano, 1863-1945), em libreto de G. TARGIONI-TOZZETTI e G. MENASCI, ato único.

4730. Mãe, aquele vinho é forte...

Mamma, quel vino è generoso...

TURIDDU em *Cavalleria rusticana* (1889), de P. MASCAGNI (compositor italiano, 1863-1945), em libreto de G. TARGIONI-TOZZETTI e G. MENASCI, ato único.

4731. E então? Irei para bem longe / como o eco do piedoso sino...

Ebben? Ne andrò lontana / come fa l'eco della pia campana...

WALLY em *La Wally* (1892), de A. CATALANI (compositor italiano, 1854-1893), em libreto de L. ILLICA, ato I.

4732. Veste a casaca e enfarinha o rosto. / As pessoas pagam e querem rir aqui. / E se Arlequim rouba a tua Colombina, / ri, Palhaço... e todos aplaudirão.

Vesti la giubba e la faccia infarina. / La gente paga e rider vuole qua. / E se Arlecchin t'invola Colombina, / ridi, Pagliaccio... e ognun applaudirà.

CANIO em *Os palhaços* (1892), de R. LEONCAVALLO (compositor italiano, 1857-1919), em libreto próprio, ato I, 4.

4733. Adeus, ó nossa pequena mesa...

Addio, o nostro picciol desco...

MANON em *Manon* (1884), de J. MASSENET (compositor francês, 1842-1912), em libreto de H. MEILHAC e PH. GILLE, ato I.

4734. Ah, não volte a me acordar / ó sopro de abril...

Ah, non mi ridestar / o soffio dell'april...

WERTHER em *Werther* (1892), de J. MASSENET (compositor francês, 1842-1912), em libreto de E. BLAU, P. MILLIET e J. HARTMANN, ato III.

4735. É a mesma história do pastor...

È la solita storia del pastore...

FEDERICO em *L'Arlesiana* (1897), de F. CILEA (compositor italiano, 1866-1950), em libreto de L. MARENCO, ato II.

4736. Sou a humilde serva / do gênio criador...

Io son l'umile ancella / del genio creator...

ADRIANA em *Adriana Lecouvreur* (1902), de F. CILEA (compositor italiano, 1866-1950), em libreto de A. COLAUTTI, ato I.

4737. Jamais vi mulher...

> *Donna non vidi mai...*
>
> DES GRIEUX em *Manon Lescaut* (1893), de G. PUCCINI (compositor italiano, 1858-1924), em libreto baseado no romance de A.-F. PRÉVOST, ato I.

4738. Que gélida mãozinha! / Deixa-me aquecê-la. / O que adianta procurar? No escuro nada se encontra.

> *Che gelida manina! / Se la lasci riscaldar. / Cercar che giova? Al buio non si trova.*
>
> RODOLFO em *La Bohème* (1896), de G. PUCCINI (compositor italiano, 1858-1924), em libreto de G. GIACOSA e L. ILLICA, quadro I.

4739. Foram embora? Eu fingia estar dormindo / porque queria ficar sozinha contigo. / Tenho tantas coisas para te dizer, / ou apenas uma, mas grande como o mar...

> *Sono andati? Fingevo di dormire / perché volli con te sola restare. / Ho tante cose che ti voglio dire, / o una sola, ma grande come il mare...*
>
> MIMI em *La Bohème* (1896), de G. PUCCINI (compositor italiano, 1858-1924), em libreto de G. GIACOSA e L. ILLICA, quadro IV.

4740. Ainda sou bela? / Bela como uma aurora. / Erraste a comparação. / Querias dizer: bela como um ocaso.

> *Son bella ancora? / Bella come un'aurora. / Hai sbagliato il raffronto. / Volevi dir: bella come un tramonto.*
>
> MIMI e RODOLFO em *La Bohème* (1896), de G. PUCCINI (compositor italiano, 1858-1924), em libreto de G. GIACOSA e L. ILLICA, quadro IV.

4741. Recôndita harmonia...

> *Recondita armonia...*
>
> MÁRIO em *Tosca* (1900), de G. PUCCINI (compositor italiano, 1858-1924), em libreto de G. GIACOSA e L. ILLICA, ato I.

4742. Vivi de arte, vivi de amor, / nunca fiz mal / a alma viva...

> *Vissi d'arte, vissi d'amore, / non feci mai male / ad anima viva...*
>
> TOSCA em *Tosca* (1900), de G. PUCCINI (compositor italiano, 1858-1924), em libreto de G. GIACOSA e L. ILLICA, ato II.

4743. Oh, doces beijos, oh, lânguidos carinhos, / enquanto eu, fremente, / libertava as belas formas dos véus!

Oh dolci baci, o languide carezze, / mentr'io fremente / le belle forme disciogliea dai veli!

MÁRIO em *Tosca* (1900), de G. PUCCINI (compositor italiano, 1858-1924), em libreto de G. GIACOSA e L. ILLICA, ato III.

4744. Um belo dia veremos / levantar-se um fio de fumaça...

Un bel dì vedremo / levarsi un fil di fumo...

BUTTERFLY em *Madame Butterfly* (1904), de G. PUCCINI (compositor italiano, 1858-1924), em libreto de G. GIACOSA e L. ILLICA, ato II.

4745. Adeus, refúgio florido...

Addio, fiorito asil...

PINKERTON em *Madame Butterfly* (1904), de G. PUCCINI (compositor italiano, 1858-1924), em libreto de G. GIACOSA e L. ILLICA, ato III.

4746. Que ela me creia livre e distante...

Ch'ella mi creda libero e lontano...

DICK JOHNSON em *La fanciulla del West* (1910), de G. PUCCINI (compositor italiano, 1858-1924), em libreto de G. CIVININI e C. ZANGARINI, ato III.

4747. Que ninguém durma...

Nessun dorma...

CALAF em *Turandot* (1926), de G. PUCCINI (compositor italiano, 1858-1924), em libreto de G. ADAMI e R. SIMONI, ato III.

AS FRASES HISTÓRICAS

4748. **O mar, o mar!**

Θάλαττα, θάλαττα.

XENOFONTE (historiador grego, c. 430-c. 355 a.C.), *Anábase*, IV, 7, 24. Foi o grito dos mercenários gregos que finalmente conseguiram chegar à costa após a longa e perigosa retirada que se seguiu à derrota de Cunassa (401 a.C.).

4749. **Não quero roubar a vitória.**

Οὐ κλέπτω τὴν νίκην.

ALEXANDRE, O GRANDE (rei da Macedônia, 356-323 a.C.), em resposta aos seus conselheiros que o incitavam a atacar o exército persa à noite, citado em PLUTARCO, *Vidas paralelas*, Alexandre, 31, 7.

4750. **Se eu não fosse Alexandre, queria ser Diógenes.**

Ἀλλὰ μὴν ἐγώ, εἰ μὴ Ἀλέξανδρος ἤμην, Διογένης ἂν ἤμην.

ALEXANDRE, O GRANDE (rei da Macedônia, 356-323 a.C.), citado em PLUTARCO, *Vidas paralelas*, Alexandre, 14. A referência faz-se ao filósofo cínico Diógenes, que vivia desprezando toda conveniência social e renunciando a todos os bens supérfluos.

4751. **Ai dos vencidos!**

Vae victis!

Proferido por BRENO, chefe dos gauleses, ao tributar os romanos após ter devastado a cidade de Roma em 390 a.C., citado em TITO LÍVIO, *História de Roma*, V, 48.

4752. **Aqui ficaremos muito bem.**

Hic manebimus optime.

Assim teria dito, segundo TITO LÍVIO (*História de Roma*, V, 55), um centurião romano ao seu porta-bandeira, ao voltar à cidade com a coorte e ordenar aos seus homens que parassem diante do senado, enquanto os senadores discutiam se deviam ou não deixar Roma, semidestruída pelos gauleses (390 a.C.). Os senadores consideraram de bom augúrio a ordem do centurião e decidiram não deixar a cidade.

4753. Se vencermos os romanos em outra batalha como esta, estaremos completamente arruinados.

"Αν ἔτι μίαν μάχην 'Ρωμαίους νικήσωμεν, ἀπολούμεθα παντελῶς.

Assim teria dito PIRRO (rei de Epiro, 319-272 a.C.), após a vitória de Áscoli (279 a.C.) contra os romanos, citado em PLUTARCO, *Vidas paralelas*, Pirro, 21, 9.

4754. Aliás, sou da opinião de que Cartago deve desaparecer.

Ceterum censeo Carthaginem esse delendam.

CATÃO, O CENSOR (político e escritor latino, 234-149 a.C.). Assim Catão concluía todos os seus discursos políticos para relembrar o perigo representado pela cidade púnica. A tradicional formulação latina da citação deriva da expressão análoga em grego, mencionada em PLUTARCO, *Vidas paralelas*, Marcos Catão, 27.

4755. Foi embora, saiu, fugiu precipitadamente.

Abiit, excessit, evasit, erupit.

CÍCERO (escritor e político romano, 106-43 a.C.), *Catilinárias*, II, 1. Com esta seqüência eficaz de verbos, Cícero anunciou no senado a fuga precipitada de Catilina, depois que sua conjuração havia sido descoberta.

4756. Vai sem medo: leva César e a sua fortuna.

Perge audacter, Caesarem vehis Caesarisque fortunam.

Assim teria dito CÉSAR (político e escritor romano, 100-44 a.C.) ao marinheiro que tentava partir de Bríndisi e não conseguia afastar-se da costa por causa da tempestade. O episódio é citado em grego por PLUTARCO, *Vidas paralelas*, César, 38.

4757. Vim, vi, venci.

Veni, vidi, vici.

CÉSAR (político e escritor romano, 100-44 a.C.), citado em SUETÔNIO, *Vidas dos Césares*, César, 37. A expressão foi usada por César para sublinhar a rapidez da sua campanha militar contra Fárnaces II (47 a.C.).

4758. A sorte está lançada!

Iacta alea est!

CÉSAR (político e escritor romano, 100-44 a.C.), ao atravessar o Rubicão, citado em SUETÔNIO, *Vidas dos Césares*, César, 32.

4759. Os idos de março chegaram.

Αἱ μὲν δὴ Μάρτιαι Εἰδοὶ πάρεισιν.

CÉSAR (político e escritor romano, 100-44 a.C.), citado em PLUTARCO, *Vidas para-*

lelas, César, 63, 3. Assim teria dito ao adivinho na manhã daquele dia; e o adivinho teria respondido tranqüilamente: "Sim, chegaram, mas ainda não passaram", "Ναὶ πάρεισιν ἀλλ' οὐ παρεληλύθασι".

4760. Até tu, Brutus, meu filho?

Tu quoque, Brute, fili mi?

Καὶ σύ, τέκνον;

CÉSAR (político e escritor romano, 100-44 a.C.). Esta frase teria sido pronunciada por César quando reconheceu o filho Brutus entre os conjurados que o estavam apunhalando. A expressão, tradicionalmente citada em latim, é formulada em grego por SUETÔNIO, *Vidas dos Césares*, César, 82, 3.

4761. Sou o teu Demônio do Mal, ó Brutus, e me verás novamente em Filipos!

Ὁ σός, ὦ Βροῦτε, δαίμων κακός· ὄψει δέ με περὶ Φιλίππους.

PLUTARCO (escritor grego, c. 45-125), *Vidas paralelas*, César, 69, 7. Com tais palavras, um fantasma, surgido no sonho de Brutus, prenunciou-lhe a derrota e a morte na batalha de Filipos: segundo Plutarco, era a punição dos deuses pelo assassinato de César.

4762. Navegar é preciso, viver não é preciso.

Πλεῖν ἀνάγκη, ζῆν οὐκ ἀνάγκη.

Atribuído a POMPEU MAGNO (político romano, 106-48 a.C.), citado em PLUTARCO, *Vidas paralelas*, Pompeu, 50. Com esta frase, Pompeu exortou os marinheiros a enfrentar o mar tempestuoso para levar a Roma o trigo colhido nas províncias.

4763. Os mortos não mordem.

Νεκρὸς οὐ δάκνει.

TEÓDOTO, conselheiro de Ptolomeu, teria expressado assim a oportunidade de matar Pompeu, que pedia hospitalidade no Egito. Citado em PLUTARCO, *Vidas paralelas*, Pompeu, 77, 4.

4764. Ó Varo, restitui-me as legiões!

Vare, legiones redde!

AUGUSTO (imperador romano, 63 a.C.-14 d.C.), após o desastre das três legiões de Varo, destruídas por Armínio na selva de Teutoburgo, em 9 d.C., citado em SUETÔNIO, *Vidas dos Césares*, Augusto, 23.

4765. Ou César, ou nada.

Aut Caesar, aut nihil.

Foi o lema de C. BÓRGIA (político italiano, 1475-1507), que teria retomado, com alguma variação, uma expressão atribuída pelo historiador Suetônio ao imperador Calígula (SUETÔNIO, *Vidas dos Césares*, Calígula, 37).

4766. Salve, imperador, os que vão morrer te saúdam.

Have, imperator, morituri te salutant.

Desse modo os gladiadores saudaram o imperador Cláudio antes da batalha naval no lago de Fucino. Citado em SUETÔNIO, *Vidas dos Césares*, Cláudio, 21.

4767. Qual artista morre comigo!

Qualis artifex pereo!

Atribuído a NERO (imperador romano, 37-68), citado em SUETÔNIO, *Vidas dos Césares*, Nero, 49. A frase vangloriosa teria sido pronunciada por Nero antes de morrer.

4768. Não cheira!

Non olet!

VESPASIANO (imperador romano, 9-79). SUETÔNIO, *Vidas dos Césares*, Vespasiano, 23, narra que, quando Tito queixou-se com o pai Vespasiano por este ter cobrado uma taxa pela urina, o imperador ter-lhe-ia colocado sob o nariz uma moeda que acabava de ser recolhida por tal tributo, perguntando-lhe "num odore offenderetur", se ele se sentia ofendido pelo odor. "Não", teria respondido Tito. E o pai: "Atquin e lotio est", e, no entanto, vem da urina.

4769. Com este sinal vencerás.

(In) hoc (signo) vinces.

CONSTANTINO I (imperador romano, c. 280-337), citado em EUSÉBIO, *Vida de Constantino*, I, 28. Antes da batalha da ponte Mílvio (312), Constantino teria sonhado com uma cruz sobre a qual estariam escritas tais palavras. Adotou-a como insígnia do próprio exército e venceu.

4770. Venceste, Galileu!

Vicisti, Galilaee!

JULIANO, O APÓSTATA (imperador romano, 331-363), citado em TEODORETO, *História da Igreja*, III, 20. A referência é a Jesus Cristo, nascido na Galiléia. Estas teriam sido as últimas palavras pronunciadas antes de morrer pelo imperador, que havia renegado o cristianismo e restaurado o culto pagão.

4771. Vergonha a quem pensa mal!

Honi soit qui mal y pense!

EDUARDO III (rei da Inglaterra, 1312-1377), atribuído. Lema da ordem inglesa da jarreteira.

4772. Talvez sim, talvez não.

Forse che sì forse che no.

Lema inscrito no teto de caixotão da Sala do Labirinto, no palácio ducal de Mântua.

4773. Prefiro dar dois passos para a frente, mesmo que me custem a vida, a retroceder um para viver cem anos.

Antes daría dos pasos adelante, aunque me hubieran de costar la vida, que retroceder uno por vivir cien años.

F. GONZALO DE CÓRDOBA (general espanhol, 1453-1515), conhecido como "El gran capitán".

4774. O Rei não tem primos, mas vassalos.

El Rey no tiene primos, sino vasallos.

Frase com que ISABEL I, A CATÓLICA (rainha da Espanha, 1451-1504) adverte um primo do rei a não tomar muitas liberdades com o soberano.

4775. Nunca servir a um senhor que possa morrer!

Nunca servir a señor que se me pueda morir!

SÃO FRANCISCO DE BORJA (duque de Gandía, jesuíta, 1510-1572). Palavras que pronunciou antes de entrar para as ordens religiosas, quando foi aberto o féretro que continha o cadáver da imperatriz Isabel.

4776. Uma vez que se questionam coisas tão desonestas, vós tocareis as vossas trombetas e nós tocaremos os nossos sinos.

Poiché si domandano cose sì disoneste, voi sonerete le vostre trombe e noi soneremo le nostre campane.

Dito por P. CAPPONI (gonfaloneiro de Florença, 1446-1496) a Carlos VIII da França, que exigia de Florença condições imoderadas (1494), e citado por F. GUICCIARDINI em sua *Storia d'Italia*, I, 4.

4777. Lembrai-vos do pobre padeiro.

Recordève del povero Fornèr!

Dito em Veneza aos juízes, segundo a tradição, antes de toda sentença capital, com apelo à condenação à morte do jovem padeiro, executado injustamente em 1507.

4778. **Estes são os meus poderes.**

Esos son mis poderes.

Palavras que o cardeal espanhol F. J. DE CISNEROS (1436-1517) pronunciou em 1516, ao mostrar seus canhões aos nobres que tentavam forçá-lo a abandonar o cargo de regente. Efetua-se em espanhol um jogo não traduzível com a dialogia de *Poderes*: "delegação de poderes" (para reger o reino) e "forças militares".

4779. **De tudo o que eu possuía, restou-me apenas a honra e a vida que está salva.**

De toutes choses ne m'est demeuré que l'honneur et la vie qui est sauve.

FRANCISCO I (rei da França, 1494-1547), carta à mãe, após a derrota de Pádua (1525), in *Collection des Documents Inédits sur l'Histoire de France*, I, 129. Em geral, a frase é citada como: Tudo está perdido, menos a honra.

4780. **Estás matando um homem morto.**

Tu ammazzi un uomo morto.

F. FERRUCCI (condotiero florentino, 1489-1530) a F. Maramaldo, após a batalha de Gavinana (1530), in B. VARCHI, *Storia fiorentina*, XI.

4781. **Água às cordas!**

Acqua alle corde!

Segundo a tradição, assim teria gritado um capitão de mar de São Remo, chamado Brasca, aos operários encarregados de levantar o obelisco na praça São Pedro, em Roma, em 1586, porque as cordas estavam se afrouxando. O papa Sisto V, que havia imposto o máximo silêncio durante a delicada operação, sob ameaça de pena de morte, teria premiado o corajoso são-remense com uma pensão e vários privilégios. O episódio, no entanto, não é confirmado historicamente pelos cronistas contemporâneos.

4782. **Ao inimigo que foge, ponte de prata.**

A nemigo que huye, puente de plata.

Máxima militar atribuída ao grande capitão F. GONZALO DE CÓRDOBA (general espanhol, 1453-1515), também retomada por CERVANTES em *Dom Quixote*: Ao inimigo que foge, construam-lhe a ponte de prata, *Al enemigo que huye, hacerle la puente de plata*.

4783. **Paris bem vale uma missa!**

Paris vaut bien une messe!

HENRIQUE IV (rei da França, 1533-1610), atribuído. Assim teria dito o huguenote

Henrique de Navarra, ao converter-se ao catolicismo (1593) para eliminar o obstáculo ao seu coroamento real (1594).

4784. **Não faço guerra aos mortos, descanse em paz: já está diante do seu juiz.**

Yo no hago guerra a los muertos, descanse en paz: ya está delante de su juez.

Palavras pronunciadas por CARLOS V (imperador, 1500-1558), diante do túmulo de Lutero, e respondendo àqueles que o aconselhavam a abrir o túmulo e espalhar as cinzas.

4785. **Os literatos me instruem, os comerciantes me enriquecem, e os nobres me despojam.**

Los literatos me instruyen, los comerciantes me enriquecen, y los grandes me despojan.

CARLOS V (imperador, 1500-1558), atribuído.

4786. **No meu império o sol nunca se põe.**

En mi imperio no se pone el sol.

Afirmação variadamente atribuída e em geral referida à vastidão das propriedades de CARLOS V (imperador, 1500-1558), que se estendiam de Flandres ao Novo Mundo.

4787. **Faça-se justiça, mesmo que o mundo pereça.**

Fiat iustitia et pereat mundus.

Foi o lema de FERNANDO I (imperador, 1503-1564).

4788. **Dizíamos ontem...**

Decíamos ayer...

Frase que dizem ter pronunciado LUIS DE LEÓN (poeta espanhol, 1527-1591), ao retomar as aulas na Universidade de Salamanca, após cinco anos passados nos cárceres da Inquisição. Muitas vezes é citada na forma latina *heri dicebamus*.

4789. **Enviei minhas naus para lutar com os homens, não com os elementos.**

Envié mis naves a luchar con los hombres, no con los elementos.

Assim disse FILIPE II (rei da Espanha, 1527-1598), no dia seguinte ao desastre da Invencível Armada (1588).

4790. O que os bárbaros não fizeram, fizeram os Barbarini.

Quod non fecerunt barbari, Barbarini fecerunt.

Pasquinada para o papa Urbano VIII (1568-1644), que havia retirado os revestimentos de bronze do Panteon para com eles construir as colunas do baldaquino de São Pedro e canhões para o Castel Sant'Angelo (1635).

4791. Começo?

Che l'inse?

Segundo os cronistas contemporâneos, assim teria gritado o rapaz que em 5/12/1746 deu início à revolta antiaustríaca em Gênova, ao arremessar uma pedra contra os soldados alemães que exigiam a ajuda dos civis presentes para puxar um canhão atolado na lama no bairro de Portoria. O nome do rapaz, G. B. Perasso, conhecido como Balilla, é um acréscimo posterior, sem fundamento histórico, mas consagrado por G. Mameli no hino *Fratelli d'Italia*.

4792. E, no entanto, move-se!

Eppur si muove!

G. GALILEI (cientista italiano, 1564-1642), após a abjuração de 1632. Atribuído, citado em G. BARETTI, *Italian Library*, 1757.

4793. O Estado sou eu.

L'État c'est moi.

LUÍS XIV (rei da França, 1638-1715), citado em DULAURE, *História de Paris*, VI.

4794. Depois de nós, o dilúvio.

Après nous, le déluge.

J.-A. P. DE POMPADOUR (marquesa francesa, 1721-1764), citado em MADAME DE HAUSSET, *Mémoires*.

4795. Que comam brioches.

Qu'ils mangent de la brioche.

MARIA ANTONIETA (rainha da França, 1755-1793). Assim teria dito quando lhe foi comunicado que o povo não tinha pão.

4796. Quem não conheceu o Antigo Regime, não conheceu o prazer de viver.

Qui n'a pas connu l'Ancien Régime, n'a pas connu la douceur de vivre.

CH.-M. DE TALLEYRAND (estadista francês, 1754-1838).

4797. O que é o Terceiro Estado? Tudo. O que ele foi até agora na ordem política? Nada. O que quer? Tornar-se alguma coisa.

Qu'est-ce que le Tiers État? Tout. Qu'a-t-il été jusqu'à présent dans l'ordre politique? Rien. Que demande-t-il? A y devenir quelque chose.

E.-J. SIEYÈS (político francês, 1748-1836), *Qu'est-ce que le Tiers État*.

4798. – É uma revolta?
– Não, senhor, é uma revolução.

– C'est une révolte?
– Non, Sire, c'est une révolution.

Assim respondeu LA ROCHEFOUCAULD-LIANCOURT (duque da França, 1747-1827) à pergunta do rei Luís XVI, quando chegou a Versalhes a notícia da queda da Bastilha (1789). Citado em F. DREYFUS, *La Rochefoucauld-Liancourt*, II, 3.

4799. Liberdade, igualdade, fraternidade.

Liberté, Égalité, Fraternité.

Foi o lema da Revolução Francesa, e hoje é o da República Francesa.

4800. Ó liberdade! Quantos crimes são cometidos em teu nome!

O liberté! Que de crimes on commet en ton nom!

M.-J. ROLAND DE LA PLATIÈRE (nobre francesa, 1754-1793). É o que teria dito, voltada para a estátua da liberdade, em Paris, antes de ser guilhotinada em 8/11/1793, citado em LAMARTINE, *Histoire des Girondins*, II, 8.

4801. Ó franceses! Sereis sempre crianças?

O Français! Serez-vous donc toujours des enfants?

J.-P. MARAT (político francês, 1743-1793), *L'ami du peuple*, 13/8/1792.

4802. É pior do que um delito, é um erro.

C'est pire qu'un crime, c'est une faute.

J. FOUCHÉ (ministro da polícia de Napoleão, 1759-1820), dito por ocasião da notícia do fuzilamento do duque de Enghien (1804).

4803. Não sucedi Luís XVI, mas Carlos Magno.

Je n'ai pas succédé à Louis XVI, mais à Charlemagne.

NAPOLEÃO I (imperador da França, 1769-1821), a Pio VII, 2/12/1804.

4804. Soldados, pensai que, do alto destas pirâmides, quarenta séculos vos contemplam.

Soldats, songez que, du haut de ces pyramides, quarante siècles vous contemplent.

NAPOLEÃO I (imperador da França, 1769-1821), discurso ao exército no Egito, antes da batalha das Pirâmides, 21/7/1798.

4805. Deus a deu a mim; ai de quem tocá-la!

Dieu me l'a donnée; garde à qui y touchera!

NAPOLEÃO I (imperador da França, 1769-1821), por ocasião do seu coroamento na catedral de Milão, 26/5/1805.

4806. Soldados! Estou satisfeito convosco!

Soldats! je suis content de vous!

NAPOLEÃO I (imperador da França, 1769-1821), às tropas vitoriosas em Austerlitz, 2/12/1805.

4807. Bon-a-parte Bom-a-nada.

Bon-a-part Bon-à-rien.

Atribuído a JOSEFINA BEAUHARNAIS (1763-1814), mulher de Napoleão I.

4808. A Inglaterra espera que todo homem cumpra seu dever.

England expects every man will do his duty.

H. NELSON (militar inglês, 1758-1805). Frase pronunciada na batalha de Trafalgar (1805).

4809. A Guarda morre mas não se rende!

La Garde meurt mais ne se rend pas!

P.-J.-E. DE CAMBRONNE (general francês, 1770-1842), em Waterloo, no dia 18/6/1815.

4810. – Trabalho eterno. / – Paga o governo!

– Lavoro eterno. / – Paga il governo!

Epigrama de U. FOSCOLO (poeta italiano, 1778-1827) contra o bibliotecário L. Lamberti, de Brera, em Milão, que protelava a edição bodoniana da *Ilíada* homérica.

4811. A Espanha é uma garrafa de cerveja, e eu sou sua tampa. No momento em que essa tampa saltar, todo o conteúdo se derramará, sabe Deus onde.

España es una botella de cerveza y yo soy el tapón; en el momento que éste salte, todo el contenido se derramará, sabe Dios en qué derroteros.

Frase atribuída a FERNANDO VII (rei da Espanha, 1784-1833).

4812. A batalha de Waterloo foi vencida nos campos esportivos de Eton.

The battle of Waterloo was won on the playing fields at Eton.

Atribuído a A. W. DUQUE DE WELLINGTON (militar britânico, 1769-1852) por MONTALEMBERT, *De l'avenir politique de l'Angleterre.*

4813. A ordem reina em Varsóvia.

L'ordre règne à Varsovie.

H.-F.-B. SÉBASTIANI DE LA PORTA (político francês, 1772-1851). Discurso na Câmara dos Deputados, 1831. Com esta frase foi anunciada a brutal repressão, realizada pelo exército russo, a uma revolta em Varsóvia.

4814. O honrado colega [Sir Robert Peel] pegou os Whigs tomando banho e foi embora com as roupas deles.

The right honourable gentleman [Sir Robert Peel] caught the Whigs bathing and walked away with their clothes.

B. DISRAELI (político britânico, 1804-1881). Primeiro discurso na Câmara dos Comuns, em 28/2/1845.

4815. A Itália é uma expressão geográfica.

Italien ist ein geographischer Begriff.

K. W. L. METTERNICH (político austríaco, 1773-1859), *Cartas*, 19/11/1849.

4816. Esta é a negação de Deus elevada a sistema de governo.

Questa è la negazione di Dio eretta a sistema di governo.

Afirmação ouvida em Nápoles e citada por W. E. GLADSTONE (estadista inglês, 1809-1898), em 1851, a propósito do governo borbônico.

4817. O nosso País, pequeno em seu território, conquistou crédito nos conselhos da Europa pela grandeza das idéias que representa, pelas simpatias que inspira. Essa condição não está isenta de perigos, já que, ao respeitarmos os tratados, não somos insensíveis ao grito de dor que se eleva de tantos lugares na Itália em nossa direção.

Il nostro Paese, piccolo per territorio, acquistò credito nei consigli dell'Europa perché grande per le idee che rappresenta, per le simpatie che esso ispira. Questa condizione non è scevra di pericoli, giacché, nel mentre rispettiamo i trattati, non siamo insensibili al grido di dolore che da tante parti d'Italia si leva verso di noi.

Do *Discorso della Corona*, lido por Vítor Manuel II (rei da Itália, 1820-1878) por ocasião da abertura do Parlamento Subalpino, em 10/1/1859. O "grito de dor" parece ter sido sugerido ao rei pelo imperador Napoleão III.

4818. Aqui se faz a Itália ou se morre.

Qui si fa l'Italia o si muore.

Segundo G. C. Abba, é o que G. Garibaldi (general e político italiano, 1807-1882) teria respondido a Bixio, que lhe havia apresentado a oportunidade de retirar-se durante a batalha de Calatafimi. Mas G. Bandi, que também estava presente, relata que o general teria respondido: "Mas retirar-se para onde?" (*I Mille*, II, 6).

4819. Não podemos.

Non possumus.

Assim respondeu Pio IX (papa, 1792-1878) a Napoleão III, que lhe pedia a cessão das terras da Romagna ao rei Vítor Manuel II (1860).

4820. Estamos prontos para proclamar na Itália este grande princípio: Igreja livre em Estado livre.

Noi siamo pronti a proclamare nell'Italia questo gran principio: libera Chiesa in libero Stato.

C. Cavour (político italiano, 1810-1861), Discurso parlamentar para a capital romana, 27/3/1861.

4821. Obedeço.

Obbedisco.

Resposta telegráfica de G. Garibaldi (general e político italiano, 1807-1882) ao telegrama do general La Marmora, que lhe ordenava deixar o Tirol já aberto aos seus voluntários.

4822. Roma ou morte.

Roma o morte.

O grito de guerra adotado por G. Garibaldi (general e político italiano, 1807-1882) e seus voluntários para a ação em Aspromonte (1862) e depois em Mentana (1867).

4823. Nossos fuzis Chassepot fizeram maravilhas.

Nos fusils Chassepot ont fait merveille.
Telegrama ao governo francês após a batalha de Mentana, 3/11/1867.

4824. **Fez-se a Itália, mas não se fazem os italianos.**
S'è fatta l'Italia, ma non si fanno gli Italiani.
M. T. D'AZEGLIO (político italiano, 1798-1866), *I miei ricordi*, prefácio.

4825. **Economias até o osso.**
Economie sino all'osso.
Q. SELLA (político italiano, 1827-1884), no Parlamento, 1869.

4826. **O único índio bom é um índio morto.**
The only good Indian is a dead Indian.
PH. H. SHERIDAN (general norte-americano, 1831-1888), atribuído.

4827. **Doutor Livingstone, presumo.**
Doctor Livingstone, I presume.
H. M. STANLEY (jornalista e explorador britânico, 1841-1904), *How I Found Livingstone*, 11. Com esta frase, o jornalista Stanley dirigiu-se ao explorador Livingstone, que havia desaparecido na África, ao reencontrá-lo depois de longas buscas (1831).

4828. **Não vamos a Canossa.**
Nach Canossa gehen wir nicht.
O. VON BISMARCK (político alemão, 1815-1898). Discurso no Reichstag, 14/5/1872, com alusão ao conflito entre o Império e o Vaticano.

4829. **Eu acuso.**
J'accuse.
E. ZOLA (escritor francês, 1840-1902), título de uma carta aberta ao presidente francês, em que denunciava o comportamento do exército francês no caso Dreyfus. Publicada no jornal *L'Aurore*, 13/1/1898.

4830. **Não nos interessam as possibilidades de derrota.**
We are not interested in the possibilities of defeat.
VITÓRIA (rainha inglesa, 1819-1901) a J. Balfour durante a "semana negra" da guerra anglo-bôer, dezembro de 1899.

4831. **Um massacre inútil.**

Una inutile strage.

Dito por BENEDITO XV (papa, 1854-1922), ao referir-se ao primeiro conflito mundial que estava entrando no seu quarto ano (agosto de 1917), numa carta em francês, endereçada aos chefes das nações beligerantes ("... la lutte terrible, qui apparaît de plus en plus comme un massacre inutile").

4832. Neutralidade armada.

Armed neutrality.

TH. W. WILSON (presidente norte-americano, 1856-1924), mensagem ao Congresso, 26/2/1917.

4833. O estado somos nós.

Государство — это мы.

V. N. LENIN (político soviético, 1870-1924).

4834. Não basta sermos heróis. Queremos ser vencedores.

Il ne suffit pas d'être des héros. Nous voulons être des vainqueurs.

G. CLEMENCEAU (político francês, 1841-1929), *Discours de guerre.*

4835. Lembra-te de ousar sempre.

Memento audere semper.

Lema adotado por G. D'ANNUNZIO (escritor italiano, 1863-1938) na sigla M.A.S. (lanchas anti-submergíveis).

4836. Não existem no mundo fortalezas que não possam ser expugnadas pelos bolcheviques.

Нет в мире таких крепостей, которые большевики не могли бы взять.

J. STALIN (político soviético, 1879-1953).

4837. É o arado que traça o sulco, mas é a espada que o defende. A relha e a lâmina são ambas de aço temperado como a fé dos nossos corações.

È l'aratro che traccia il solco, ma è la spada che lo difende. E il vomere e la lama sono entrambi di acciaio temprato come la fede dei nostri cuori.

B. MUSSOLINI (político italiano, 1883-1945), Discurso para a inauguração da Província de Littoria, 18/12/1934.

4838. Parar significa retroceder.
> *Fermarsi significa retrocedere.*
> B. Mussolini (político italiano, 1883-1945), Discurso ao povo de Gênova, 24/5/1926.

4839. Eu podia fazer desta sala surda e cinza um bivaque de manípulos.
> *Potevo fare di quest'aula sorda e grigia un bivacco di manipoli.*
> B. Mussolini (político italiano, 1883-1945), Discurso na Câmara dos Deputados, 16/11/1922.

4840. Se eu avançar, sigam-me, se eu retroceder, matem-me, se eu morrer, vinguem-me.
> *Se avanzo seguitemi, se indietreggio uccidetemi, se muoio vendicatemi.*
> B. Mussolini (político italiano, 1883-1945), Discurso aos oficiais fascistas, 6/4/1926.

4841. O trabalho liberta.
> *Arbeit macht frei.*
> Inscrição colocada na entrada dos campos de concentração nazistas.

4842. Não passarão!
> *No pasarán!*
> D. Ibarruri, conhecida como "la Pasionaria" (política espanhola, 1895-1989), citado em H. Thomas, *A guerra civil espanhola*, 16. Foi o lema dos republicanos durante a guerra civil espanhola.

4843. É melhor morrer em pé do que viver de joelhos.
> *It is better to die on your feet than to live on your knees.*
> D. Ibarruri, conhecida como "la Pasionaria" (política espanhola, 1895-1989), Discurso para os republicanos espanhóis, Paris, 3/9/1936.

4844. Vejo um terço da nossa nação mal-alojada, malvestida e mal-nutrida.
> *I see one third of a nation ill-housed, ill-clad, ill-nourished.*
> F. D. Roosevelt (presidente norte-americano, 1882-1945), Segundo Discurso inaugural, 20/1/1937.

4845. Não somos neutros. Somos não-beligerantes.
No somos neutrales. Somos no beligerantes.
F. Franco (ditador espanhol, 1892-1975).

4846. Não tenho nada a oferecer além de sangue, cansaço, lágrimas e suor.
I have nothing to offer but blood, toil, tears and sweat.
W. Churchill (político britânico, 1874-1965), Discurso na Câmara dos Comuns, 13/5/1940.

4847. Defenderemos a nossa ilha, a qualquer preço; lutaremos nas praias, lutaremos onde os navios desembarcam, lutaremos nos campos e nas estradas, lutaremos nas colinas; não nos renderemos jamais.
We shall defend our island, whatever the cost may be, we shall fight on the beaches, we shall fight on the landing grounds, we shall fight in the fields and in the streets, we shall fight in the hills; we shall never surrender.
W. Churchill (político britânico, 1874-1965), Discurso na Câmara dos Comuns, 4/6/1940.

4848. Estamos esperando a invasão prometida há tanto tempo. Até os peixes esperam.
We are waiting for the long-promised invasion. So are the fishes.
W. Churchill (político britânico, 1874-1965), transmissão radiofônica ao povo francês, 21/10/1940.

4849. Na guerra, determinação; na derrota, resistência; na vitória, magnanimidade; na paz, benevolência.
In war, resolution; in defeat, defiance; in victory, magnanimity; in peace, goodwill.
W. Churchill (político britânico, 1874-1965), *A segunda guerra mundial*, epigrama citado em todos os volumes da obra, como "moral da guerra".

4850. Os ditadores cavalgam para a frente e para trás sobre tigres dos quais não ousam descer. E os tigres começam a sentir fome.
Dictators ride to and fro upon tigers which they dare not dismount. And the tigers are getting hungry.

W. CHURCHILL (político britânico, 1874-1965), *While England Slept*, 1936.

4851. Uma cortina de ferro desceu atravessando o continente.

An iron curtain has descended across the Continent.

W. CHURCHILL (político britânico, 1874-1965), Discurso no Westminster College, Fulton, EUA, 5/3/1946.

4852. Temos de construir uma espécie de Estados Unidos da Europa.

We must build a kind of United States of Europe.

W. CHURCHILL (político britânico, 1874-1965), Discurso em Zurique, 19/9/1946.

4853. O senhor sabe, não se pode mais confiar em Chiang Kai-Shek. Está muito velho.

Wissen Sie, auf Tschiang Kai-scheck kann man sich nicht mehr verlassen. Der ist schon zu alt geworden.

K. ADENAUER (político alemão, 1876-1967). Frase pronunciada quando Chian Kai-Shek tinha 76 anos e Adenauer, 88.

4854. Se os austríacos exigirem reparações de nós, mando para eles os ossos de Adolf Hitler.

Wenn die Österreicher von uns Reparationen verlangen sollten, dann werde ich ihnen die Gebeine Adolf Hitlers schicken.

K. ADENAUER (político alemão, 1876-1967).

4855. Quem fizer de Berlim a nova capital, criará espiritualmente uma nova Prússia.

Wer Berlin zur neuen Hauptstadt macht, schafft geistig ein neues Preuβen.

K. ADENAUER (político alemão, 1876-1967).

4856. Deixar que cem flores desabrochem e cem escolas contestem: essa política estimula o progresso das artes e das ciências e o florescimento da cultura socialista no nosso país.

MAO TSÉ-TUNG (político chinês, 1893-1976), *Sobre a solução correta das contradições no seio do povo*, discurso em Pequim, 27/2/1957.

4857. Os imperialistas não durarão por muito tempo, pois estão cometendo todos os crimes possíveis.

MAO TSÉ-TUNG (político chinês, 1893-1976), entrevista com um jornalista da Agência Hsinhua, 29/9/1959.

4858. Estamos hoje à margem de uma nova fronteira.

We stand today on the edge of a new frontier.

J. F. KENNEDY (presidente norte-americano, 1917-1963), Discurso na Convenção do partido democrático, 15/7/1960.

4859. Negro é bonito.

Black is beautiful.

Lema usado por M. L. KING (religioso norte-americano, 1929-1968) em 1967, derivado provavelmente do *Cântico dos Cânticos*, I, 5: "Sou negra, mas bela."

4860. Queima, cara, queima!

Burn, baby, burn!

Slogan negro usado nos movimentos de Los Angeles, em agosto de 1965.

4861. Faça amor, não faça a guerra.

Make love not war.

Em inglês sobre os muros da Universidade de Nanterre, durante os movimentos estudantis na França, em 1968.

4862. Durante anos os políticos prometeram a lua: eu sou o primeiro capaz de dá-la.

For years politicians have promised the moon, I'm the first one to be able to deliver it.

R. NIXON (presidente norte-americano, nascido em 1913). Mensagem radiofônica aos astronautas na lua, 20/7/1969.

AS AFIRMAÇÕES DOS FILÓSOFOS

4863. De fato, deve haver alguma natureza, uma ou mais de uma, da qual nascem todas as outras coisas, enquanto ela se preserva. Certamente, no que concerne à quantidade e à espécie de um princípio do gênero, nem todos dizem o mesmo, mas Tales, principiador de uma filosofia do gênero, afirma que isso é água (por isso dizia também que a terra encontra-se sobre a água), fazendo essa suposição ao ver que todo alimento é úmido e que até mesmo o calor nasce desse elemento e por ele vive.

> Δεῖ γὰρ εἶναί τινα φύσιν ἢ μίαν ἢ πλείους μιᾶς, ἐξ ὧν γίγνεται τἆλλα σῳζομένης ἐκείνης. τὸ μέντοι πλῆθος καὶ τὸ εἶδος τῆς τοιαύτης ἀρχῆς οὐ τὸ αὐτὸ πάντες λέγουσιν, ἀλλὰ Θαλῆς μὲν ὁ τῆς τοιαύτης ἀρχηγὸς φιλοσοφίας ὕδωρ εἶναί φησιν (διὸ καὶ τὴν γῆν ἐφ' ὕδατος ἀπεφαίνετο εἶναι), λαβὼν ἴσως τὴν ὑπόληψιν ταύτην ἐκ τοῦ πάντων ὁρᾶν τὴν τροφὴν ὑγρὰν οὖσαν καὶ αὐτὸ τὸ θερμὸν ἐκ τούτου γιγνόμενον καὶ τούτῳ ζῶν.

TALES (filósofo grego, c. 624-545 a.C.), citado em ARISTÓTELES, *Metafísica*, I, 3, 983 b 6.

4864. O princípio dos seres é o infinito [...] Na fonte de origem dos seres realiza-se também a sua dissolução, conforme a necessidade: na verdade, reciprocamente descontam a pena e pagam a culpa cometida, de acordo com a ordem do tempo.

> Ἀ. ... ἀρχὴν ... εἴρηκε τῶν ὄντων τὸ ἄπειρον... ἐξ ὧν δὲ ἡ γένεσίς ἐστι τοῖς οὖσι, καὶ τὴν φθορὰν εἰς ταῦτα γίνεσθαι κατὰ τὸ χρεών· διδόναι γὰρ αὐτὰ δίκην καὶ τίσιν ἀλλήλοις τῆς ἀδικίας κατὰ τὴν τοῦ χρόνου τάξιν.

ANAXIMANDRO (filósofo grego, c. 610-546 a.C.), *Fragmentos*, 1 Diels-Kranz.

4865. Do mesmo modo como nossa alma, (...) que é ar, nos mantém totalmente em seu poder, todo ordenamento do mundo também está contido no sopro, no ar.

Οἶον ἡ ψυχή, [...] ἡ ἡμετέρα ἀὴρ οὖσα συγκρατεῖ ἡμᾶς, καὶ ὅλον τὸν κόσμον πνεῦμα καὶ ἀὴρ περιέχει.

ANAXÍMENES (filósofo grego, c. 586-528 a.C.), *Fragmentos*, 2 Diels-Kranz.

4866. De fato, da terra vêm todas as coisas e na terra elas acabam.

Ἐκ γαίης γὰρ πάντα καὶ εἰς γῆν πάντα τελευτᾷ.

XENÓFANES (filósofo grego, c. 565-470 a.C.), *Fragmentos*, 27 Diels-Kranz.

4867. Um único deus, supremo entre os deuses e os homens, / nem por figura, nem por pensamento semelhante aos homens.

Εἷς θεός, ἕν τε θεοῖσι καὶ ἀνθρώποισι μέγιστος, / οὔτι δέμας θνητοῖσιν ὁμοίιος οὐδὲ νόημα.

XENÓFANES (filósofo grego, c. 565-470 a.C.), *Fragmentos*, 23 Diels-Kranz.

4868. Não se pode entrar duas vezes no mesmo rio.

Ποταμῷ γὰρ οὐκ ἔστιν ἐμβῆναι δὶς τῷ αὐτῷ.

HERÁCLITO (filósofo grego, c. 550-c. 480 a.C.), *Fragmentos*, 91 Diels-Kranz.

4869. Todas as coisas são uma troca do fogo, e o fogo, uma troca de todas as coisas, do mesmo modo que as mercadorias são uma troca do ouro, e o ouro, uma troca das mercadorias.

Πυρός τε ἀνταμοιβὴ τὰ πάντα καὶ πῦρ ἁπάντων ὅκωσπερ χρυσοῦ χρήματα καὶ χρημάτων χρυσός.

HERÁCLITO (filósofo grego, c. 550-c. 480 a.C.), *Fragmentos*, 90 Diels-Kranz.

4870. Tudo passa e nada permanece imóvel.

Πάντα χωρεῖ καὶ οὐδὲν μένει.

HERÁCLITO (filósofo grego, c. 550-c. 480 a.C.), citado em PLATÃO, *Crátilo*, 402 a.

4871. O mesmo ser é o vivo e o morto, o que está acordado e o que está dormindo, o jovem e o velho, pois estes seres, ao se transformarem, são aqueles, e aqueles, por sua vez, ao se transformarem, são estes.

Ταὐτό τ᾽ ἔνι ζῶν καὶ τεθνηκὸς καὶ [τὸ] ἐγρηγορὸς καὶ καθεῦδον καὶ νέον καὶ γηραιόν· τάδε γὰρ μεταπεσόντα ἐκεῖνά ἐστι κἀκεῖνα πάλιν μεταπεσόντα ταῦτα.

HERÁCLITO (filósofo grego, c. 550-c. 480 a.C.), *Fragmentos*, 88 Diels-Kranz.

4872. Como já anunciei anteriormente, ao definir os limites do meu discurso, / falarei sobre a dupla questão, pois ora um elemento nasce a partir de muitos, / para se tornar único, ora se desfaz, de modo que um único gera muitos: / o fogo, a água, a terra e o doce ápice do ar, / e o rancor impetuoso, à parte, proporcional a toda a massa daqueles, / e a concórdia, equivalente a eles em toda a sua altura e largura.

> Ὡς γὰρ καὶ πρὶν ἔειπα πιφαύσκων πείρατα μύθων, / δίπλ᾽ ἐρέω· τοτὲ μὲν γὰρ ἓν ηὐξήθη μόνον εἶναι / ἐκ πλεόνων, τοτὲ δ᾽ αὖ διέφυ πλέον᾽ ἐξ ἑνὸς εἶναι, / πῦρ καὶ ὕδωρ καὶ γαῖα καὶ ἠέρος ἄπλετον ὕψος, / Νεῖκός τ᾽ οὐλόμενον δίχα τῶν, ἀτάλαντον ἁπάντῃ, / καὶ Φιλότης ἐν τοῖσιν, ἴση μῆκός τε πλάτος τε.

EMPÉDOCLES (filósofo grego, séc. V a.C.), *Fragmentos*, 17 (vv. 15-20) Diels-Kranz.

4873. Quatro são os discursos acerca do movimento de Zenão, que oferecem conhecidas dificuldades a quem tenta resolvê-los; o "primeiro" é o da impossibilidade de se mover, porque aquilo que se desloca deve chegar antes à metade do que ao fim.

> Τέτταρες δ᾽ εἰσὶν οἱ λόγοι περὶ κινήσεως Ζήνωνος οἱ παρέχοντες τὰς δυσκολίας τοῖς λύουσιν, «πρῶτος» μὲν ὁ περὶ τοῦ μὴ κινεῖσθαι διὰ τὸ πρότερον εἰς τὸ ἥμισυ δεῖν ἀφικέσθαι τὸ φερόμενον ἢ πρὸς τὸ τέλος.

ZENÃO DE ELÉIA (filósofo grego, séc. V a.C.), citado em ARISTÓTELES, *Física*, VI, 9, 239 b 9.

4874. Pois bem, eu te direi (e tu ouve e acolhe minha palavra) / quais são os únicos caminhos de busca que podem ser imaginados: / um é o que é e não é possível que não seja / – trata-se do caminho da Persuasão, pois segue a Verdade – / o outro, que não é e que é necessário que não seja: / e eu te digo que esta é uma via impedida a toda busca: / de fato, não poderias conhecer aquilo que não é (já que não é algo possível) / nem poderias exprimi-lo.

> Εἰ δ᾽ ἄγ᾽ ἐγὼν ἐρέω, κόμισαι δὲ σὺ μῦθον ἀκούσας, / αἵπερ ὁδοὶ μοῦναι διζήσιός εἰσι νοῆσαι· / ἡ μὲν ὅπως ἔστιν τε καὶ ὡς οὐκ ἔστι μὴ εἶναι, / Πειθοῦς ἐστι κέλευθος (Ἀληθείῃ γὰρ ὀπηδεῖ), / ἡ δ᾽ ὡς οὐκ ἔστιν τε καὶ ὡς χρεών ἐστι μὴ εἶναι, / τὴν δή τοι φράζω παναπευθέα ἔμμεν ἀταρπόν· / οὔτε γὰρ ἂν γνοίης τό γε μὴ ἐὸν (οὐ γὰρ ἀνυστόν) / οὔτε φράσαις.

PARMÊNIDES (filósofo grego, séc. V a.C.), *Fragmentos*, 2 Diels-Kranz.

4875. Mas os gregos não consideram corretamente o nascer e o morrer: na verdade, nenhuma coisa nasce e morre, mas, a partir das coisas que existem, produz-se um processo de composição e de divisão; portanto, a forma correta de se chamar o nascer deveria ser "compor-se", e o morrer, "dividir-se".

> Τὸ δὲ γίνεσθαι καὶ ἀπόλλυσθαι οὐκ ὀρθῶς νομίζουσιν οἱ Ἕλληνες· οὐδὲν γὰρ χρῆμα γίνεται οὐδὲ ἀπόλλυται, ἀλλ᾽ ἀπὸ ἐόντων χρημάτων συμμίσγεταί τε καὶ διακρίνεται. καὶ οὕτως ἂν ὀρθῶς καλοῖεν τό τε γίνεσθαι συμμίσγεσθαι καὶ τὸ ἀπόλλυσθαι διακρίνεσθαι.

ANAXÁGORAS (filósofo grego, 499-428 a.C.), *Fragmentos*, 17 Diels-Kranz.

4876. Sendo este o estado de tais coisas, é preciso considerar que muitos elementos e de variado gênero encontram-se em tudo o que vem a ser por aglomeração e a partir de germes que contêm todas as modalidades de formas, cores e sabores. E todos os homens e seres vivos com sensibilidade se condensaram.

> Τούτων δὲ οὕτως ἐχόντων χρὴ δοκεῖν ἐνεῖναι πολλά τε καὶ παντοῖα ἐν πᾶσι τοῖς συγκρινομένοις καὶ σπέρματα πάντων χρημάτων καὶ ἰδέας παντοίας ἔχοντα καὶ χροιὰς καὶ ἡδονάς· καὶ ἀνθρώπους τε συμπαγῆναι καὶ τὰ ἄλλα ζῷα ὅσα ψυχὴν ἔχει.

ANAXÁGORAS (filósofo grego, 499-428 a.C.), *Fragmentos*, 4 Diels-Kranz.

4877. Cada um de nós, com efeito, é medida das coisas que são e daquelas que não são, mas há uma enorme diferença entre um e outro, justamente pelo fato de que para um existem e surgem certas coisas, para outro existem e surgem coisas diferentes.

> Μέτρον γὰρ ἕκαστον ἡμῶν εἶναι τῶν τε ὄντων καὶ μή, μυρίον μέντοι διαφέρειν ἕτερον ἑτέρου αὐτῷ τούτῳ, ὅτι τῷ μὲν ἄλλα ἔστι τε καὶ φαίνεται, τῷ δὲ ἄλλα.

PROTÁGORAS (filósofo grego, c. 491-411 a.C.), citado em PLATÃO, *Teeteto*, 166 d.

4878. Na obra intitulada *Em torno ao não-ente ou da natureza*, [Górgias] demonstra três proposições fundamentais, em seu desenvolvimento recíproco. A primeira é de que "nada existe"; a segunda, de que "mesmo se existir, não pode ser representada"; a terceira, de que "mesmo se puder ser representada, certamente não pode ser comunicada nem explicada aos outros".

'Εν γὰρ τῷ ἐπιγραφομένῳ περὶ τοῦ μὴ ὄντος ἢ περὶ φύσεως [Γοργίας] τρία κατὰ τὸ ἑξῆς κεφάλαια κατασκευάζει, ἓν μὲν καὶ πρῶτον ὅτι οὐδὲν ἔστιν, δεύτερον ὅτι εἰ καὶ ἔστιν, ἀκατάληπτον ἀνθρώπῳ, τρίτον ὅτι εἰ καὶ καταληπτόν, ἀλλά τοί γε ἀνέξοιστον καὶ ἀνερμήνευτον τῷ πέλας.

GÓRGIAS (filósofo grego, c. 490-390 a.C.), citado em SEXTO EMPÍRICO, *Contra os matemáticos*, VII, 65.

4879. Aliás, ó Sócrates, deve-se fazer uso da retórica do mesmo modo que se utilizam todos os outros instrumentos de luta. De fato, mesmo todos os outros instrumentos de luta não podem ser empregados de forma indiscriminada e contra todos.

Δεῖ μέντοι, ὦ Σώκρατες, τῇ ῥητορικῇ χρῆσθαι ὥσπερ τῇ ἄλλῃ πάσῃ ἀγωνίᾳ. καὶ γὰρ τῇ ἄλλῃ ἀγωνίᾳ οὐ [...] δεῖ πρὸς ἅπαντας χρῆσθαι ἀνθρώπους.

GÓRGIAS (filósofo grego, c. 490-390 a.C.), citado em PLATÃO, *Górgias*, 456 c.

4880. A vida é breve; a arte, vasta; a ocasião, instantânea; a experiência, incerta; o juízo, difícil.

Ὁ βίος βραχύς, ἡ δὲ τέχνη μακρή, ὁ δὲ καιρὸς ὀξύς, ἡ δὲ πεῖρα σφαλερή, ἡ δὲ κρίσις χαλεπή.

HIPÓCRATES (médico grego, c. 460-377 a.C.), *Aforismos*, I, 1.

4881. Uma vida sem buscas não é digna de ser vivida.

Ὁ δὲ ἀνεξέταστος βίος οὐ βιωτὸς ἀνθρώπῳ.

SÓCRATES (filósofo grego, 469-399 a.C.), citado em PLATÃO, *Apologia de Sócrates*, 38 a.

4882. Deus é para nós a medida de todas as coisas, muito mais do que qualquer homem.

Ὁ δὴ θεὸς ἡμῖν πάντων χρημάτων μέτρον ἂν εἴη μάλιστα, καὶ πολὺ μᾶλλον ἤ πού τις, ὥς φασιν, ἄνθρωπος.

PLATÃO (filósofo grego, 427-347 a.C.), *As leis*, IV, 716 c.

4883. É claro, ó Sócrates, que a alma assemelha-se àquilo que é divino e que o corpo assemelha-se àquilo que é mortal.

Δῆλα δή, ὦ Σώκρατες, ὅτι ἡ μὲν ψυχὴ (ἔοικεν) τῷ θείῳ, τὸ δὲ σῶμα τῷ θνητῷ.

PLATÃO (filósofo grego, 427-347 a.C.), *Fédon*, 80 a.

4884. Toda arte e toda ciência e, por conseguinte, toda atividade e todo projeto parecem visar a algum bem; por isso, com razão definiram o bem como algo a que tudo tende.

Πᾶσα τέχνη καὶ πᾶσα μέθοδος, ὁμοίως δὲ πρᾶξίς τε καὶ προαίρεσις, ἀγαθοῦ τινὸς ἐφίεσθαι δοκεῖ· διὸ καλῶς ἀπεφήναντο τἀγαθὸν οὗ πάντ' ἐφίεται.

ARISTÓTELES (filósofo grego, 384-322 a.C.), *Ética a Nicômaco*, I, 1.

4885. É claro, portanto, que é necessário adquirir a ciência das causas primárias: na verdade, dizemos conhecer uma coisa quando acreditamos conhecer sua causa primária.

Ἐπεὶ δὲ φανερὸν ὅτι τῶν ἐξ ἀρχῆς αἰτίων δεῖ λαβεῖν ἐπιστήμην (τότε γὰρ εἰδέναι φαμὲν ἕκαστον, ὅταν τὴν πρώτην αἰτίαν οἰώμεθα γνωρίζειν).

ARISTÓTELES (filósofo grego, 384-322 a.C.), *Metafísica*, I, 3, 983 a 24.

4886. Dizemos, portanto, que Deus é vivo, eterno e excelente; de modo que a Deus pertence uma vida perenemente contínua e eterna: este é, portanto, Deus.

Φαμὲν δὲ τὸν θεὸν εἶναι Ζῷον ἀΐδιον ἄριστον, ὥστε Ζωὴ καὶ αἰὼν συνεχὴς καὶ ἀΐδιος ὑπάρχει τῷ θεῷ τοῦτο γὰρ ἁ θεός.

ARISTÓTELES (filósofo grego, 384-322 a.C.), *Metafísica*, XII, 1072 b 30.

4887. O homem é, por natureza, um animal político.

Ἄνθρωπος φύσει πολιτικὸν ζῷον.

ARISTÓTELES (filósofo grego, 384-322 a.C.), *Política*, I, 2.

4888. Um todo é aquilo que possui início, meio e fim.

Ὅλον δέ ἐστιν τὸ ἔχον ἀρχὴν καὶ μέσον καὶ τελευτήν.

ARISTÓTELES (filósofo grego, 384-322 a.C.), *Poética*, 7.

4889. O ato daquilo que é em potência (...) é o movimento.

Ἡ τοῦ δυνάμει ὄντος ἐντελέχεια [...] κίνησίς ἐστι.

ARISTÓTELES (filósofo grego, 384-322 a.C.), *Física*, III, 1, 201 a 10.

4890. Um dia, enquanto Diógenes tomava sol no Cranêion, Alexandre [o Grande] foi ao seu encontro e disse-lhe: "Pede-me o que quiseres." E Diógenes respondeu: "Não me faças sombra e devolve-me o sol."

Ἐν τῷ Κρανείῳ ἡλιουμένῳ αὐτῷ [Διογένη] Ἀλέξανδρος ἐπιστάς φησιν, «αἴτησόν με ὃ θέλεις». καὶ ὅς, «ἀποσκότησόν μου», φησί.

DIÓGENES, O CÍNICO (filósofo grego, morto em c. 323 a.C.), citado em DIÓGENES LAÉRCIO, *Vidas dos filósofos*, Diógenes, VI, 38.

4891. Dos desejos, alguns são naturais e necessários, outros, naturais, mas não necessários, outros ainda, nem naturais, nem necessários, mas nascidos de vãs opiniões.

Τῶν ἐπιθυμιῶν αἱ μέν εἰσι φυσικαὶ καὶ ἀναγκαῖαι, αἱ δὲ φυσικαὶ καὶ οὐκ ἀναγκαῖαι, αἱ δὲ οὔτε φυσικαὶ οὔτε ἀναγκαῖαι, ἀλλὰ παρὰ κενὴν δόξαν γινόμεναι.

EPICURO (filósofo grego, 341-270 a.C.), *Máximas capitais*, XXIX.

4892. Se não nos perturbasse o medo das coisas celestiais e da morte, no temor que estas tenham alguma importância para nós, e a ignorância dos limites das dores e dos desejos, não teríamos necessidade da ciência da natureza.

Εἰ μηθὲν ἡμᾶς αἱ τῶν μετεώρων ὑποψίαι ἠνώχλουν καὶ αἱ περὶ θανάτου, μήποτε πρὸς ἡμᾶς ᾖ τι, ἔτι τε τὸ μὴ κατανοεῖν τοὺς ὅρους τῶν ἀλγηδόνων καὶ τῶν ἐπιθυμιῶν, οὐκ ἂν προσεδεόμεθα φυσιολογίας.

EPICURO (filósofo grego, 341-270 a.C.), *Máximas capitais*, XI.

4893. O fim da vida é viver em harmonia com a natureza.

Τέλος τὸ ὁμολογουμένως τῇ φύσει ζῆν.

ZENÃO DE CÍCIO (filósofo grego, 333-263 a.C.), citado em DIÓGENES LAÉRCIO, *Vidas dos filósofos*, Zenão, VII, 87.

4894. A natureza nos produziu como irmãos, gerando-nos a partir dos mesmos elementos e destinando-nos aos mesmos fins. Ela colocou em nós um sentimento de amor recíproco, com o qual nos tornou sociáveis.

Natura nos cognatos edidit, cum ex isdem et in eadem gigneret. Haec nobis amorem indidit mutuum et sociabiles fecit.
SÊNECA (filósofo latino, 4 a.C.-65 d.C.), *Cartas a Lucílio*, 95, 52.

4895. Eis dois pressupostos que precisamos ter em mente: fora da escolha moral de fundo, não há nem bem, nem mal; e, além disso, não se podem conduzir os acontecimentos, mas segui-los.

Δύο γὰρ ταῦτα πρόχειρα ἔχειν δεῖ ὅτι ἔξω τῆς προαιρέσεως οὐδέν ἐστι οὔτε ἀγαθὸν οὔτε κακὸν καὶ ὅτι οὐ δεῖ προηγεῖσθαι τῶν πραγμάτων, ἀλλ' ἐπακολουθεῖν.

EPICTETO (filósofo grego, 50-115), *Dissertações*, III, 10, 18.

4896. As coisas são indiferentes: o uso delas não é indiferente.

Αἱ ὗλαι ἀδιάφοροι, ἡ δὲ χρῆσις αὐτῶν οὐκ ἀδιάφορος.

EPICTETO (filósofo grego, 50-115), *Dissertações*, II, 5, 1.

4897. É próprio do homem amar também aqueles que o ofendem. Farás isto se lembrares que essas pessoas também estão ligadas a ti por vínculos de parentesco e pecaram por ignorância e contra a própria vontade, que logo estareis todos mortos e, sobretudo, que não te fizeram mal, porque não pioraram a tua natureza racional.

Ἴδιον ἀνθρώπου φιλεῖν καὶ τοὺς πταίοντας. Τοῦτο δὲ γίνεται, ἐὰν συμπροσπίπτῃ σοι, ὅτι καὶ συγγενεῖς, καὶ δι' ἄγνοιαν, καὶ ἄκοντες ἁμαρτάνουσι, καὶ ὡς μετ' ὀλίγον ἀμφότεροι τεθνήξεσθε, καὶ πρὸ πάντων, ὅτι οὐκ ἔβλαψέ σε· οὐ γὰρ τὸ ἡγεμονικόν σου χεῖρον ἐποίησεν, ἢ πρόσθεν ἦν.

MARCO AURÉLIO (imperador romano, 121-180), *Recordações*, VII, 22.

4898. É certo porque é impossível.

Certum est quia impossibile est.

TERTULIANO (apologista cristão, c. 160-220), *De carne Christi*, 5. Muitas vezes essa frase é citada como: *credo quia absurdum*.

4899. Esta é a vida dos deuses e dos homens divinos e bem-aventurados: liberação das coisas terrenas, vida livre dos vínculos corporais, fuga do único para o Único.

Καὶ οὗτος θεῶν καὶ ἀνθρώπων θείων καὶ εὐδαιμόνων βίος, ἀπαλλαγὴ τῶν ἄλλων τῶν τῇδε, βίος ἀνήδονος τῶν τῇδε, φυγὴ μόνου πρὸς μόνον.

PLOTINO (filósofo grego, 204-270), *Enéadas*, VI, 9, 11.

4900. Ama e faze o que quiseres.

Dilige et quod vis fac.

SANTO AGOSTINHO (padre da Igreja, 354-430), *Tratado sobre a primeira epístola de João*, VIII, 8.

4901. Os tempos são três: presente do passado, presente do presente e presente do futuro. Esses três tempos estão na minha alma e não os vejo em outro lugar. O presente do passado é a memória; o presente do presente, a percepção imediata; o presente do futuro, a espera.

Tempora sunt tria: praesens de praeteritis, praesens de praesentibus, praesens de futuris. Sunt enim haec in anima tria quaedam et alibi ea non video. Praesens de praeteritis memoria; praesens de praesentibus contuitus; praesens de futuris expectatio.

SANTO AGOSTINHO (padre da Igreja, 354-430), *As confissões*, XI, 20.

4902. Quem pode duvidar de viver, de lembrar, de compreender, de querer, de pensar, de saber, de julgar? Mesmo se duvida, vive; se duvida, lembra de onde nasce sua dúvida; se duvida, quer chegar à certeza; se duvida, pensa; se duvida, sabe que não sabe; se duvida, julga não dever concordar irrefletidamente. Portanto, quem duvida de outras coisas não deve, porém, duvidar destas, pois, se não existissem, não poderia mais duvidar de nada.

Vivere se tamen et meminisse, et intelligere, et velle, et cogitare, et scire, et iudicare quis dubitet? Quandoquidem etiam si dubitat, vivit; si dubitat, unde dubitet meminit; si dubitat, dubitare se intelligit; si dubitat, certus esse vult; si dubitat, cogitat; si dubitat, scit se nescire; si dubitat, iudicat non se temere consentire oportere. Quisquis igitur aliunde dubitat, de his omnibus dubitare non debet; quae si non essent, de ulla re dubitare non posset.

SANTO AGOSTINHO (padre da Igreja, 354-430), *A Trindade*, X, 10, 14.

4903. A fé procura, a inteligência encontra; por isso, o profeta diz: *"Se não acreditardes, não compreendereis"* [Isaías, 7, 9]. E, por outro lado, a inteligência busca ainda Aquele que encontrou; porque "Deus olha por sobre os filhos dos homens", como se canta no Salmo inspirado, "para ver se há quem tem inteligência, quem procura por Deus" [*Salmos*, 14, 2]. É por isso que o homem deve ser inteligente, para procurar por Deus.

Fides quaerit, intellectus invenit; propter quod ait propheta: Nisi credideritis, non intellegetis. *Et rursus intellectus eum quem invenit adhuc quaerit:* Deus *enim* respexit super filios hominum, sicut in psalmo sacro canitur, ut videret si est intellegens, aut requirens deum. Ad hoc ergo debet esse homo intellegens, ut requirat deum.
Santo Agostinho (padre da Igreja, 354-430), *A Trindade*, XV, 2, 2.

4904. Reconhece, portanto, o que te é mais conveniente do que qualquer outra coisa. Não saias de ti, volta a ti mesmo. No íntimo do homem mora a verdade.

Recognosce, igitur, quae sit summa convenientia. Noli foras ire, in te ipsum redi. In interiore homine habitat veritas.
Santo Agostinho (padre da Igreja, 354-430), *A verdadeira religião*, XXXIX, 72.

4905. Creio, portanto, que os homens prefiram a sorte adversa àquela próspera: esta, de fato, ao mostrar-se agradável, engana sempre com a aparência da felicidade; a outra é sempre verdadeira, mostrando sua instabilidade e sua inconstância.

Etenim plus hominibus reor adversam quam prosperam prodesse fortunam; illa enim semper specie felicitatis, cum videtur blanda, mentitur, haec semper vera est, cum se instabilem mutatione demonstrat.
Boécio (filósofo e literato romano, 480-526), *De consolatione philosophiae*, II, 8.

4906. Precipitam-se em ruína todas as coisas que se distanciam do amor da tua majestade. Amar-te é salvar-se, temer-te é comprazer-se, encontrar-te é ter crescido, perder-te é morrer. Servir-te é mais nobre do que conquistar os reinos do mundo, pois deixamos de ser servos para nos tornarmos filhos, de ser ímpios para nos tornarmos justos, de ser escravos para nos tornarmos livres.

Omnia vergunt nihilominus in ruinam quae a maiestatis tuae pietate fuerint segregata. Te autem amare, salvari; formidare, gaude-

re; invenire, crevisse; amisisse, perire est. Tibi denique nobilius est servire quam mundi regna capessere, merito, quando ex servis filii, ex impiis iusti, de captivis reddimur absoluti.

Cassiodoro (político e filósofo romano, 490-583), *De anima,* XVIII.

4907. Então, irmão, queres aprender a gramática? Aprende a declinar Deus no plural!

Ecce, frater, vis grammaticam discere? Disce Deum pluraliter declinare!

Pedro Damião (doutor da Igreja, 1007-1072), *De sancta simplicitate,* 1.

4908. Creio para compreender, não compreendo para crer.

Credo ut intelligam, non intelligo ut credam.

Santo Anselmo (filósofo italiano, 1033-1109), *Proslogion,* 1.

4909. Não é pecado, portanto, desejar uma mulher, mas, sim, satisfazer a concupiscência; não se deve condenar o desejo da união carnal, mas o consentimento dado a esse desejo.

Non itaque concupiscere mulierem, sed concupiscentiae consentire peccatum est; nec voluntas concubitus, sed voluntatis consensus damnabilis est.

P. Abelardo (filósofo francês, 1079-1142), *Ethica seu Scito te ipsum,* III.

4910. E a porta e as chaves destas ciências é a matemática, que os santos descobriram desde a criação do mundo, como ilustrarei, e que esteve sempre no uso de todos os santos e de todos os sábios antes de todas as outras ciências.

Et harum scientiarum porta et clavis est mathematica, quam sancti a principio mundi invenerunt, ut ostendam, et quae semper fuit in usu omnium sanctorum et sapientium prae omnibus aliis scientiis.

R. Bacon (filósofo inglês, 1214-1292), *Opus maius,* IV, 1, 1.

4911. Disso resulta, de forma imediatamente clara, que sempre foi lícito adular o tirano, foi lícito enganá-lo e foi honroso matá-lo, se não havia outro modo para detê-lo.

Ex quibus facile liquebit quia semper tyranno licuit adulari, licuit eum decipere et honestum fuit occidere, si tamen aliter coherceri non poterat.

João de Salisbury (filósofo inglês, 1110-1180), *Policraticus sive de Nugiis Curialium et Vestigiis Philosophorum*, VIII, 18.

4912. Não há nada no intelecto que não tenha estado antes nos sentidos.

Nihil est in intellectu quod non fuerit prius in sensu.

Santo Tomás de Aquino (filósofo italiano, 1225-1274), *Quaestiones disputatae de veritate*, 2, 3, 19.

4913. Uma tristeza imoderada é uma doença da alma; uma tristeza moderada refere-se, por sua vez, a uma conduta correta do espírito, dada a condição desta vida.

Tristitia immoderata est animae aegritudo; tristitia autem moderata ad bonam habitudinem animae pertinet, secundum statum praesentis vitae.

Santo Tomás de Aquino (filósofo italiano, 1225-1274), *Summa Theologica*, I, II, LIX, III.

4914. Que o mundo tenha sido criado é um ato de fé, não o fruto de uma demonstração, nem um objeto de conhecimento.

Unde mundum incoepisse est credibile, non autem demonstrabile vel scibile.

Santo Tomás de Aquino (filósofo italiano, 1225-1274), *Summa Theologica*, I, XLVI, II.

4915. E desapareceriam muitos bens, se Deus permitisse que não houvesse nenhum mal. Não poderia nascer o fogo, se não se destruísse o ar; não se poderia salvar o leão, se não se matasse o asno; não se poderia louvar a justiça vingadora nem a tolerância no sofrimento, se não existisse a iniqüidade.

Unde multa bona tollerentur, si Deus nullum malum permitteret esse. Non enim generaretur ignis, nisi corrumperetur aer; neque conservaretur vita leonis, nisi occideretur asinus; neque etiam laudaretur iustitia vindicans et patientia sufferens, si non esset iniquitas.

Santo Tomás de Aquino (filósofo italiano, 1225-1274), *Summa Theologica*, I, XLVIII, 2.

4916. Não é bom velar a filosofia; o pensamento de Aristóteles não pode ser ocultado, mesmo sendo contrário à verdade da fé.

Sic autem velare philosophiam non est bonum; unde non est hic intentio Aristotelis celanda, licet sit contraria veritati.

SIGER DE BRABANTE (filósofo flamengo, 1235-1282), *Quaestiones in Metaphysicam*, III, 15, commentum.

4917. Se todas as coisas encontram-se como estão agora, a vontade não é movida pelo desejo de cada um: pois, enquanto as coisas subsistirem neste mundo, a própria vontade não poderá ser mudada pelo desejo.

Sic omnibus stantibus ut nunc sunt voluntas non movetur ad velle: quod sic ipsis existentibus numquam ipsa poterit immutari ad velle.

G. BURIDANO (filósofo francês, primeira metade do séc. XIV), *Quaestiones super decem libros Ethicorum Aristotelis ad Nicomacum*, III, 1. Trata-se do argumento chamado de "Asno de Buridano", imagem que não existe nos escritos de Buridano.

4918. A autoridade de estabelecer as leis cabe apenas a todo o corpo de cidadãos ou à sua parte prevalente.

Pertinet hoc igitur [legumlacionis auctoritas] ad civium universitatem aut eius partem valenciorem.

MARSÍLIO DE PÁDUA (filósofo italiano, 1275-1343), *Il difensore della pace*, Primo discorso, XII, 8.

4919. Não multiplicar os entes se não for necessário.

Entia non sunt multiplicanda praeter necessitatem.

G. DE OCCAM (filósofo inglês, 1280-1349), atribuído. A frase sintetiza a sua tese nominalista, que elimina ("a navalha de Occam") as entidades abstratas, contrapondo a elas as realidades individuais.

4920. Quando viveu neste mundo, Cristo não pôde representar os dois poderes. Como poderia fazê-lo o seu vigário?

Nam vivendo seculariter Christus non potuit exemplare utrumque officium. Quomodo ergo eius vicarius?

J. WYCLIF (reformador religioso inglês, 1320-1384), *De Ecclesia*, V.

4921. A coisa mais perfeita que um homem muito estudioso poderá conseguir em sua doutrina é a total consciência da ignorância que lhe é própria. E quanto mais douto for, mais se saberá ignorante.

Nihil enim homini etiam studiosissimo in doctrina perfectius adveniet quam in ipsa ignorantia quae sibi propria est doctissimus reperiri. Et tanto quis doctior erit quanto se sciverit magis ignorantem.

N. Cusano (filósofo alemão, 1401-1464), *A douta ignorância*, I, 1.

4922. A natureza humana é a obra de Deus que resulta mais elevada do que todas as outras, pouco menor do que a natureza angélica; ela reúne a natureza intelectual e a sensível e comporta em si mesma todas as coisas, de tal forma que é chamada justamente pelos antigos de microcosmo ou pequeno mundo.

Humana vero natura est illa quae est supra omnia Dei opera elevata, et paulominus angelis minorata intellectualem et sensibilem naturam complicans ac universa intra se constringens ut microcosmos aut parvus mundus a veteribus rationabiliter vocitetur.

N. Cusano (filósofo alemão, 1401-1464), *A douta ignorância*, III, 3.

4923. Deus e o corpo são extremos na natureza e são muito diversos entre si. O anjo não os une. Há, porém, uma terceira essência interposta que possui algo dos entes superiores e que não é completamente alheia àqueles inferiores.

Deus et corpus extrema sunt in natura et invicem diversissima. Angelus hoc non ligat. Verum essentialis illa tertia interiecta talis existit ut superiora teneat, inferiora non deserat.

M. Ficino (humanista italiano, 1433-1499), *Theologia Platonica*, III, 2.

4924. A sabedoria é filha da experiência.

La sapienza è figliola della sperienza.

Leonardo da Vinci (artista e cientista italiano, 1452-1519), *Pensieri*, 40.

4925. A questão da imortalidade da alma é um problema neutro como o da eternidade do mundo. Parece-me, portanto, que nenhum argumento natural possa ser aduzido para nos obrigar a crer que a alma seja imortal.

Quaestio de immortalitate animae est neutrum problema, sicut etiam de mundi aeternitate: mihi namque videtur quod nullae rationes naturales adduci possunt cogentes animam esse immortalem.

P. Pomponazzi (filósofo italiano, 1462-1525), *De immortalitate animae*, 15.

4926. Sendo o meu objetivo escrever algo útil para os que estiverem interessados, pareceu-me mais conveniente buscar a verdade real das coisas do que a imaginação dela.

> *Sendo l'intento mio scrivere cosa utile a chi la intende, mi è parso più conveniente andare dietro alla verità effettuale della cosa, che alla imaginazione di essa.*
>
> N. MAQUIAVEL (político e escritor italiano, 1469-1527), *O príncipe*, XV, 1.

4927. Do mesmo modo que não há estultice maior do que uma sabedoria inoportuna, não há imprudência maior do que uma prudência destruidora.

> *Ut nihil est stultius praepostera sapientia, ita perversa prudentia nihil imprudentius.*
>
> ERASMO DE ROTTERDAM (humanista holandês, 1466-1536), *Elogio da loucura*, XXIX.

4928. [Em Utopia] a parentela da natureza faz as vezes de aliança, e os homens unem-se entre si de modo mais benevolente e mais sólido, com sentimentos amigáveis e não com tratados, com o espírito e não com palavras.

> *Naturae consortium [Utopienses censent] foederis vice esse, et satius, valentiusque homines invicem benevolentia, quam pactis, animo quam verbis connecti.*
>
> TOMÁS MORUS (humanista inglês, 1478-1535), *Utopia*, II, Dos tratados.

4929. O pacto de graça não é pregado a todos igualmente, e mesmo onde é pregado, não é recebido por todos igualmente; tal diversidade revela um segredo admirável do julgamento de Deus.

> *L'alliance de vie n'est pas également preschée à tout le monde, et mesmes où elle est preschée, n'est pas également receue de tous, en ceste diversité il apparoit un secret admirable du iugement de Dieu.*
>
> J. CALVINO (reformador religioso francês, 1509-1564), *Instituição da religião cristã*, III, 21, 1.

4930. O que sei?

> *Que sais-je?*
>
> M. DE MONTAIGNE (escritor francês, 1533-1592), *Os ensaios*, II, 12. A pergunta, adotada como lema pelo filósofo, exprime emblematicamente o seu pensamento cético.

4931. Cada homem carrega a forma inteira da condição humana.
Chaque homme porte la forme entière de l'humaine condition.
M. DE MONTAIGNE (escritor francês, 1533-1592), *Os ensaios*, III, 2.

4932. A dificuldade não atinge as pessoas humildes. As coisas ordinárias e fáceis destinam-se ao vulgo e às pessoas simples; os homens raros, heróicos e divinos passam por esse caminho da dificuldade, a fim de que seja necessário conceder-lhes a palma da imortalidade.
La difficoltà è quella, ch'è ordinata a far star a dietro gli poltroni. Le cose ordinarie e facili son per il volgo ed ordinaria gente; gli uomini rari ed eroichi e divini passano per questo camino de la difficoltà, a fine che sii costretta la necessità a concedergli la palma de la immortalità.
G. BRUNO (filósofo italiano, 1548-1600), *La cena de le ceneri*, II.

4933. Se o ponto não difere do corpo, o centro não difere da circunferência, o finito não difere do infinito, o máximo não difere do mínimo, certamente podemos afirmar que o universo inteiro é o centro, ou que o centro do universo está para tudo, e que a circunferência não está em parte alguma por ser diferente do centro, ou que a circunferência está para tudo, mas o centro não se encontra por ser diferente dela.
Se il punto non differisce dal corpo, il centro da la circonferenza, il finito da l'infinito, il massimo dal minimo, sicuramente possiamo affirmare che l'universo è tutto centro, o che il centro de l'universo è per tutto, e che la circonferenza non è in parte alcuna per quanto è differente dal centro, o pur che la circonferenza è per tutto, ma il centro non si trova in quanto che è differente da quella.
G. BRUNO (filósofo italiano, 1548-1600), *De la causa, principio et uno*, V.

4934. Desse princípio depende o fato de que os teólogos doutos e religiosos nunca foram preconceituosos em relação à liberdade dos filósofos; e os filósofos verdadeiros, civis e bem acostumados sempre favoreceram as religiões; pois tanto uns quanto outros sabem que a fé é necessária para a instituição de povos rudes, que devem ser governados, e que a demonstração é necessária para os contemplativos que sabem governar a si mesmos e aos outros.

Da questo principio depende che gli non men dotti che religiosi teologi giamai han pregiudicato alla libertà de filosofi; e gli veri, civili e bene accostumati filosofi sempre hanno faurito le religioni; perché gli uni e gli altri sanno che la fede si richiede per l'instituzione di rozzi popoli che denno esser governati, e la demostrazione per gli contemplativi che sanno governar sé ed altri.

G. BRUNO (filósofo italiano, 1548-1600), *De l'infinito universo et mondi*, I.

4935. Nasci para vencer três males extremos: / a tirania, os sofismas e a hipocrisia.

Io nacqui a debellar tre mali estremi: / tirannide, sofismi, ipocrisia.

T. CAMPANELLA (filósofo italiano, 1568-1639), *Poesie filosofiche*, soneto: Delle radici de' gran mali del mondo.

4936. A lei natural é um ditame da razão justa, que demonstra que um ato, estando conforme ou não à natureza racional, tem em si baixeza ou necessidade moral; e que um ato semelhante é, portanto, proibido ou imposto pelo autor da natureza, Deus.

Ius naturale est dictatum rectae rationis, indicans actui alicui, ex eius convenientia aut disconvenientia cum ipsa natura rationali, inesse moralem turpitudinem, aut necessitatem moralem, ac consequenter ab auctore naturae Deo talem actum aut vetari, aut praecipi.

H. GROTIUS (jurista holandês, 1583-1645), *De iure belli ac pacis*, I, 1, X, 1.

4937. Porém, senhor Simplício, vinde com as razões e com as demonstrações vossas ou de Aristóteles, e não com textos e autoridades nuas, pois nossos discursos devem ser feitos em torno ao mundo sensível, e não sobre um mundo de papel.

Però, signor Simplicio, venite pure con le ragioni e con le dimostrazioni, vostre o di Aristotile, e non con testi e nude autorità, perché i discorsi nostri hanno a essere intorno al mondo sensibile, e non sopra un mondo di carta.

G. GALILEI (cientista italiano, 1564-1642), *Dialogo sopra i due massimi sistemi del mondo*, II.

4938. A filosofia é escrita neste enorme livro que está sempre aberto diante dos nossos olhos (refiro-me ao universo), mas não se pode compreendê-lo sem antes aprender a entender a língua e a conhecer os caracteres em que é escrito. É escrito em língua matemática, e os caracteres são triângulos, círculos e outras figuras geométricas, cujos meios são imprescindíveis para a compreensão de suas palavras; sem eles, fica-se vagueando inutilmente por um obscuro labirinto.

La filosofia è scritta in questo grandissimo libro che continuamente ci sta aperto innanzi agli occhi (io dico l'universo), ma non si può intendere, se prima non s'impara a intender la lingua e conoscer i caratteri ne' quali è scritto. Egli è scritto in lingua matematica, e i caratteri son triangoli, cerchi ed altre figure geometriche, senza i quali mezzi è impossibile intenderne umanamente parola; senza questi è un aggirarsi vanamente per un oscuro laberinto.

G. GALILEI (cientista italiano, 1564-1642), *Il saggiatore*, 6.

4939. O bom senso é a coisa mais bem partilhada no mundo, pois cada um pensa estar bem munido dele.

Le bon sens est la chose du monde la mieux partagée, car chacun pense en être bien pourvu.

R. DESCARTES (filósofo francês, 1596-1650), *Discurso do método*, I.

4940. Porém, logo depois notei que, enquanto eu queria pensar que tudo estava errado, era preciso necessariamente que eu, que pensava assim, fosse alguma coisa. E observando que esta verdade: "penso, logo existo" era tão sólida e segura que nenhuma das mais extravagantes suposições dos céticos teria condições de enfraquecê-la, julguei que poderia recebê-la sem escrúpulos, como o primeiro princípio da filosofia que estava procurando.

Mais, aussitôt après, je pris grade que, pendant que je voulais ainsi penser que tout était faux, il fallait nécessairement que moi, qui le pensais, fusse quelque chose. Et remarquant que cette vérité: "je pense, donc je suis", était si ferme et si assurée, que toutes les plus extravagantes suppositions des sceptiques, n'étaient pas capables de l'ébranler, je jugeai que je pouvais la recevoir, sans scrupule, pour le premier principe de la philosophie que je cherchais.

R. DESCARTES (filósofo francês, 1596-1650), *Discurso do método*, IV, 2.

4941. A natureza recusa o vazio.

Natura abhorret vacuum.

Esta frase, geralmente atribuída a R. DESCARTES (filósofo francês, 1596-1650), pertence na verdade à tradição aristotélica e encontra-se formulada em grego, in PLUTARCO, *Obras morais*, As opiniões dos filósofos, I, 18.

4942. Na natureza, nada ocorre por acaso, mas tudo é determinado pela necessidade da natureza divina de existir e operar numa certa maneira.

In rerum natura nullum datur contingens, sed omnia ex necessitate divinae naturae determinata sunt ad certe modo existendum et operandum.

B. SPINOZA (filósofo holandês, 1632- 1677), *Ética*, I, proposição XXIX.

4943. Por Deus entendo o ente absolutamente infinito, ou seja, a substância que consta de infinitos atributos, sendo que cada um deles exprime uma essência eterna e infinita.

Per Deum intelligo ens absolute infinitum, hoc est, substantiam constantem infinitis attributis, quorum unumquodque aeternam et infinitam essentiam exprimit.

B. SPINOZA (filósofo holandês, 1632- 1677), *Ética*, I, definição VI.

4944. Eu havia passado muito tempo estudando as ciências abstratas (...) Quando comecei a estudar o homem, vi que essas ciências abstratas não são próprias do homem, e que eu estava me desviando mais da minha condição ao aprofundar-me nelas do que os outros ao ignorá-las.

J'avais passé longtemps dans l'étude des sciences abstraites [...] Quand j'ai commencé l'étude de l'homme, j'ai vu que ces sciences abstraites ne sont pas propres à l'homme, et que je m'égarais plus de ma condition en y pénétrant que les autres en l'ignorant.

B. PASCAL (filósofo francês, 1623-1662), *Pensamentos*, 144.

4945. Examinemos então este ponto e digamos: "Deus existe ou não?". Mas para que lado tenderemos? A razão não pode determinar nada quanto a isso. Há um caos infinito que nos separa. Na extremidade dessa distância infinita, joga-se um jogo que terá como resultado cara ou coroa. Em qual apostareis? (...) Avaliemos estes dois casos: se vencerdes, ganhais tudo; se perderdes, não perdeis nada. Apostai, portanto, que ele existe, sem hesitar.

> *Examinons donc ce point, et disons: "Dieu est ou il n'est pas"; mais de quel côté pencherons-nous? La raison n'y peut rien déterminer. Il y a un chaos infini qui nous sépare. Il se joue un jeu à l'extrémité de cette distance infinie, où il arrivera croix ou pile. Que gagerez-vous? [...] Estimons ces deux cas: si vous gagnez, vous gagnez tout, et si vous perdez, vous ne perdez rien; gagez donc qu'il est sans hésiter.*
>
> B. PASCAL (filósofo francês, 1623-1662), *Pensamentos*, 233.

4946. Toda a infelicidade humana vem de uma única coisa, que é não saber ficar em repouso dentro de um quarto.

> *Tout le malheur des hommes vient d'une seule chose, qui est de ne savoir pas demeurer en repos dans une chambre.*
>
> B. PASCAL (filósofo francês, 1623-1662), *Pensamentos*, II, 139.

4947. E pelo fato de a condição humana (...) ser uma condição de guerra de cada um contra um outro (...), conseqüentemente, é um preceito ou regra geral da razão *que todo homem deve buscar a paz, tanto quanto tiver esperança em obtê-la; e quando não conseguir, deve tentar e usar todos os meios e todas as vantagens da guerra.*

> *And because the condition of man [...] is a condition of war of every one against every one [...] consequently it is a precept, or general rule of reason:* that every man ought to endeavour peace, as far as he has hope of obtaining it; and when he cannot obtain it, that he may seek and use all helps and advantages of war.
>
> TH. HOBBES (filósofo inglês, 1588-1679), *Leviatã*, I, 14.

4948. Existem pessoas que têm a absoluta convicção de que a inteligência contém certos *princípios inatos*, algumas noções primárias ou comuns, como se fossem caracteres impressos na mente humana, que nossa alma recebe desde o início da sua existência, levando-os consigo para o mundo. Para convencer leitores imparciais da falsidade desta hipótese, bastaria que eu apenas lhes mostrasse (...) como os homens, com o simples uso das suas faculdades mentais, podem alcançar todos os seus conhecimentos sem a ajuda de nenhuma impressão inata e chegar à certeza sem recorrer a noções ou princípios originários de tal gênero.

It is an established opinion amongst some men, that there are in the understanding certain innate principles; *some primary notions,* κοιναὶ ἔννοιαι, *characters, as it were stamped upon the mind of man; which the soul receives in its very first being, and brings into the world with it. It would be sufficient to convince unprejudiced readers of the falseness of this supposition, if I should only show* [...] *how men, barely by the use of their natural faculties, may attain to all the knowledge they have, without the help of any innate impressions; and may arrive at certainty, without any such original notions or principles.*

J. LOCKE (filósofo inglês, 1632-1704), Ensaio acerca do intelecto humano, I, 1.

4949. Da perfeição suprema de Deus segue que ele, ao produzir o universo, escolheu o melhor plano possível, no qual existe a maior variedade unida à maior ordem; o terreno, o lugar, o tempo são preparados da melhor forma possível; o maior efeito é produzido pelos meios mais simples, e as criaturas têm o máximo de poder, conhecimento, felicidade e bondade que o universo podia consentir. Pois, visto que todos os possíveis aspiram à existência no intelecto de Deus, proporcionalmente às suas perfeições, o resultado de todas essas aspirações deve ser o mundo atual no modo mais perfeito possível. E sem isso não seria possível explicar por que as coisas se produziram desta forma e não de outra.

Il s'ensuit de la perfection suprême de Dieu qu'en produisant l'univers il a choisi le meilleur plan possible, où il y a la plus grande variété, avec le plus grand ordre: le terrain, le lieu, le temps les mieux ménagés: le plus d'effet produit par les voies les plus simples; le plus de puissance, le plus de connaissance, le plus de bonheur et de bonté dans les créatures que l'univers en pouvait admettre. Car tous les possibles prétendant à l'existence dans l'entendement de Dieu, à proportion de leurs perfections, le résultat de toutes ces prétentions doit être le monde actuel le plus parfait qui soit possible. Et sans cela il ne serait pas possible de rendre raison pourquoi les choses sont allées plutôt ainsi qu'autrement.

G. W. LEIBNIZ (filósofo e escritor alemão, 1646-1716), *Princípios da natureza e da graça*, 10, 12-13.

4950. O principal objetivo da filosofia natural é formular as leis baseando-se nos fenômenos, sem formular hipóteses, partindo do efeito para as causas, até chegarmos à causa primeira, que certamente não é mecânica.

Cum [...] philosophiae naturalis id revera praecipuum sit et officium et finis, ut ex phaenomenis sine fictis hypothesibus arguamus, et ab effectis ratiocinatione progrediamur ad causas, donec ad ipsam demum Causam primam (quae sine omni dubio mechanica non est) perveniamus.

I. NEWTON (cientista inglês, 1642-1727), *Ótica*, III, 1, questão 28.

4951. Das coisas naturais não devem ser admitidas causas mais numerosas do que aquelas que são verdadeiras e que bastam para explicar suas aparências. A natureza, de fato, é simples e não abunda de causas supérfluas das coisas.

Causas rerum naturalium non plures admitti debere, quam quae et vera sint et earum phaenomenis explicandis sufficiunt. *Natura enin simplex est et rerum causis superfluis non luxuriat.*

I. NEWTON (cientista inglês, 1642-1727), *Princípios matemáticos da filosofia natural*, III, regra I.

4952. Visto que este mundo de nações foi construído pelos homens, vejamos quais são os costumes comuns a todos eles, pertencentes a todos os tempos; pois tais costumes podem fornecer os princípios universais e eternos, como devem ser aqueles de toda ciência, sobre os quais cada nação surgiu e ainda se conserva.

Poiché questo mondo di nazioni egli è stato fatto dagli uomini, vediamo in quali cose hanno con perpetuità convenuto e tuttavia vi convengono tutti gli uomini, poiché tali cose ne potranno dare i princìpi universali ed eterni, quali devon essere d'ogni scienza, sopra i quali tutte sursero e tutte vi si conservano in nazioni.

G. B. VICO (filósofo italiano, 1668-1744), *La scienza nuova*, I, 3.

4953. Inicialmente, a natureza dos povos é cruel, depois se torna severa, em seguida, benevolente, mais tarde, delicada, e finalmente, corrupta.

La natura de' popoli prima è cruda, dipoi severa, quindi benigna, appresso dilicata, finalmente dissoluta.

G. B. VICO (filósofo italiano, 1668-1744), *La scienza nuova*, I, 2, 67.

4954. Antes de tudo, os homens sentem sem perceber, depois percebem com o espírito perturbado e comovido, finalmente refletem com mente pura.

Gli uomini prima sentono senz'avvertire, dappoi avvertiscono con animo perturbato e commosso, finalmente riflettono con mente pura.

G. B. VICO (filósofo italiano, 1668-1744), *La scienza nuova*, I, 2, 53.

4955. A maravilha é filha da ignorância: e quanto maior for o efeito de admiração, maior é a maravilha.

La maraviglia è figliuola dell'ignoranza: e quanto l'effetto ammirato è più grande, tanto più a proporzione cresce la maraviglia.

G. B. VICO (filósofo italiano, 1668-1744), *La scienza nuova*, I, 2, 35.

4956. A liberdade é o direito de fazer aquilo que as leis permitem.

La liberté est le droit de faire ce que les lois permettent.

CH. MONTESQUIEU (filósofo francês, 1689-1755), *O espírito das leis*.

4957. A existência (...) de um ser pode ser provada somente com argumentos extraídos da sua causa ou do seu efeito: e esses argumentos baseiam-se inteiramente na experiência.

The existence [...] of any being can only be proved by arguments from its cause or its effect; and these arguments are founded entirely on experience.

D. HUME (filósofo escocês, 1711-1776), *Investigação acerca do entendimento humano*, 12, 3.

4958. Outra espécie de ceticismo *moderado,* que pode ser vantajosa para a humanidade, (...) é a limitação das nossas investigações a respeito daqueles sujeitos que são mais adequados às capacidades restritas do intelecto humano.

> *Another species of* mitigated *scepticism, which may be of advantage to mankind* [...] *is the limitation of our enquiries to such subjects as are best adapted to the narrow capacity of human understanding.*
>
> D. HUME (filósofo escocês, 1711-1776), *Investigação acerca do entendimento humano,* 12, 3.

4959. Todos os acontecimentos estão encadeados no melhor dos mundos possíveis: pois, se finalmente vós não tivésseis sido expulso de um belo castelo com fortes pontapés no traseiro, por amor à senhorita Cunegunda, se não tivésseis sido submetido à Inquisição, se não tivésseis percorrido a América a pé, se não tivésseis dado um belo golpe de espada no barão, se não tivésseis perdido todos os vossos carneiros do bom país de Eldorado, não estaríeis aqui comendo cidras em conserva e pistaches. – Isso é bem verdade – respondeu Cândido –, mas é preciso cultivar nossa horta.

> *Tous les événements sont enchaînés dans le meilleur des mondes possibles: car enfin si vous n'aviez pas été chassé d'un beau château à grands coups de pied dans le derrière pour l'amour de mademoiselle Cunégonde, si vous n'aviez pas été mis à l'Inquisition, si vous n'aviez pas couru l'Amérique à pied, si vous n'aviez pas donné un bon coup d'épée au baron, si vous n'aviez pas perdu tous vos moutons du bon pays d'Eldorado, vous ne mangeriez pas ici des cédrats confits et des pistaches. – Cela est bien dit, – répondit Candide, – mais il faut cultiver notre jardin.*
>
> VOLTAIRE (escritor e filósofo francês, 1694-1778), *Cândido ou O otimismo,* 30.

4960. A superstição põe o mundo inteiro em chamas, a filosofia as apaga.

> *La superstition met le monde entier en flammes; la philosophie les éteint.*
>
> VOLTAIRE (escritor e filósofo francês, 1694-1778), *Dictionnaire philosophique,* Superstition.

4961. Somos todos feitos de fraquezas e erros; perdoemo-nos reciprocamente pelas nossas tolices; é a primeira lei da natureza.

Nous sommes tous pétris de faiblesse et d'erreurs; pardonnonsnous réciproquement nos sottises; c'est la première loi de nature.
VOLTAIRE (escritor e filósofo francês, 1694-1778), *Dictionnaire philosophique*, Tolérance.

4962. O homem nasceu livre, e por toda parte está acorrentado.

L'homme est né libre, et partout il est dans les fers.
J.-J. ROUSSEAU (filósofo e escritor francês, 1712-1778), *O contrato social*, I.

4963. Com o contrato social, o homem perde sua liberdade natural e um direito ilimitado a tudo o que o atrai e que ele pode alcançar; ganha, por sua vez, a liberdade civil e a propriedade de tudo o que possui.

Ce que l'homme perd par le contrat social, c'est sa liberté naturelle et un droit illimité à tout ce qui le tente et qu'il peut atteindre; ce qu'il gagne, c'est la liberté civile et la propriété de tout ce qu'il possède.
J.-J. ROUSSEAU (filósofo e escritor francês, 1712-1778), *O contrato social*, I.

4964. Estais vendo este ovo? É com ele que se transtornam todas as escolas de teologia e todos os templos da terra.

Voyez-vous cet oeuf? C'est avec cela qu'on renverse toutes les écoles de théologie, et tous les temples de la terre.
D. DIDEROT (filósofo francês, 1713-1784), *Rêve de d'Alembert*, I. A frase define o conceito de que o mundo é matéria em movimento e de que não é lícito afirmar nada além disso.

4965. Uma coisa é a verdade em poesia; em filosofia é outra. Para ser verdadeiro, o filósofo deve adequar seu discurso à natureza dos objetos; o poeta, à natureza dos seus caracteres.

Autre chose est la vérité en poésie; autre chose, en philosophie. Pour être vrai, le philosophe doit conformer son discours à la nature des objets; le poète à la nature de ses caractères.
D. DIDEROT (filósofo francês, 1713-1784), *Discours sur la poésie dramatique*.

4966. O *esse* das coisas é um *percipi*, e não é possível que tenham alguma existência fora das mentes ou das coisas pensantes que as percebem.

Their esse is percipi, nor is it possible they should have any existence out of the minds or thinking things which perceive them.

G. BERKELEY (filósofo irlandês, 1685-1753), *Tratado sobre os princípios do conhecimento humano*, I, 3.

4967. A natureza não dá saltos.

Natura non facit saltus.

C. LINEU (naturalista sueco, 1707-1778), *Philosophia botanica*, 27. A expressão é, porém, de derivação aristotélica.

4968. O que a educação é para o indivíduo, a revelação é para todo o gênero humano.

Was die Erziehung bei dem einzeln Menschen ist, ist die Offenbarung bei dem ganzen Menschengeschlechte.

G. E. LESSING (filósofo alemão, 1729-1781), *A educação do gênero humano*, 1.

4969. O que constitui o valor do homem não é a verdade, que qualquer pessoa pode possuir ou supõe possuir, mas o empenho sincero que o homem empregou para descobrir a verdade. Pois é por meio da busca pela verdade, e não com a posse desta, que suas forças se ampliam, e somente nisto consiste sua perfeição sempre crescente.

Nicht die Wahrheit, in deren Besitz irgend ein Mensch ist, oder zu sein vermeint, sondern die aufrichtige Mühe, die er angewandt hat, hinter die Wahrheit zu kommen, macht den Wert des Menschen. Denn nicht durch den Besitz, sondern durch die Nachforschung der Wahrheit erweitern sich seine Kräfte, worin allein seine immer wachsende Vollkommenheit besteht.

G. E. LESSING (filósofo alemão, 1729-1781), *Eine Duplik.*

4970. Todos os nossos conhecimentos e todas as nossas faculdades provêm dos sentidos, ou, para ser mais exato, das sensações.

Toutes nos connaissances et toutes nos facultés viennent des sens, ou, pour parler plus exactement, des sensations.

E. B. DE CONDILLAC (filósofo francês, 1715-1780), *Traité des sensations*, Extrait raisonné.

4971. A propensão à troca, à permuta, ao câmbio de um objeto por outro é comum a todos os homens e não se encontra em outra raça de animais.

The propensity to truck, barter and exchange one thing for another is common to all men and to be found in no other race of animals.

A. SMITH (economista escocês, 1723-1790), *A riqueza das nações*, I.

4972. Para que toda pena não seja a violência de um ou de muitos contra um cidadão privado, ela deve ser essencialmente pública, pronta, necessária, a mínima possível nas dadas circunstâncias, proporcional aos delitos, ditada pelas leis.

Perché ogni pena non sia la violenza di uno o di molti contro un privato cittadino, deve essere essenzialmente pubblica, pronta, necessaria, la minima delle possibili nelle date circostanze, proporzionata ai delitti, dettata dalle leggi.

C. BECCARIA (escritor italiano, 1738-1794), *Dos delitos e das penas*, Conclusão.

4973. A crítica é a disposição preliminar e necessária à promoção de uma metafísica profunda como ciência.

Die Kritik ist die notwendige vorläufige Veranstaltung zur Beförderung einer gründlichen Metaphysik als Wissenschaft.

I. KANT (filósofo alemão, 1724-1804), *Crítica da razão pura*, Prefácio.

4974. Somente por meio dessa crítica é possível cortar pela raiz o *materialismo*, o *fatalismo*, o *ateísmo*, a *incredulidade* dos livres pensadores, o *fanatismo* e a *superstição*, que podem constituir um dano para todos.

Durch diese [Kritik] kann nun allein dem Materialism, Fatalism, Atheism, *dem freigeisterischen* Unglauben, *der* Schwärmerei *und* Aberglauben, *die allgemein schädlich werden können [...] selbst die Wurzel abgeschnitten werden.*

I. KANT (filósofo alemão, 1724-1804), *Crítica da razão pura*, Prefácio.

4975. Duas coisas preenchem o ânimo com admiração e respeito sempre novos e crescentes, quanto mais freqüente e duradouro for o tempo que o pensamento dispensa com elas: o céu estrelado sobre mim e a lei moral dentro de mim.

Zwei Dinge erfüllen das Gemüt mit immer neuer und zunehmender Bewunderung und Ehrfurcht, je öfter und anhaltender sich das Nachdenken damit beschäftigt: der bestirnte Himmel über mir und das moralische Gesetz in mir.

I. KANT (filósofo alemão, 1724-1804), *Crítica da razão prática*, Conclusão.

4976. No mundo, e sobretudo também fora dele, não é possível pensar em absolutamente nada que possa ser considerado bom sem qualquer restrição, exceto numa *boa* vontade.

Est ist überall nichts in der Welt, ja überhaupt auch außer derselben zu denken möglich, was ohne Einschränkung für gut könnte gehalten werden, als allein ein guter *Wille.*

I. KANT (filósofo alemão, 1724-1804), *Fundação da metafísica dos costumes*.

4977. O imperativo categórico é, portanto, apenas um, e formula-se do seguinte modo: age somente conforme aquela máxima, pela qual o teu desejo a transforma simultaneamente numa lei.

Der kategorische Imperativ ist also nur ein einziger, und zwar dieser: handle nur nach derjenigen Maxime, durch die du zugleich wollen kannst, daß sie ein allgemeines Gesetz werde.

I. KANT (filósofo alemão, 1724-1804), *Fundação da metafísica dos costumes*.

4978. A maior felicidade do maior número de pessoas é o estabelecimento da moral e da legislação.

The greatest happiness of the greatest number is the foundation of morals and legislation.

J. BENTHAM (filósofo inglês, 1748-1832), *The Commonplace Book*.

4979. A população, quando não é controlada, cresce em progressão geométrica. Os meios de subsistência crescem apenas em progressão aritmética.

Population, when unchecked, increases in a geometrical ratio. Subsistence only increases in an arithmetical ratio.

TH. R. MALTHUS (economista inglês, 1766-1834), *The Principle of Population*, I.

4980. O intelecto é espírito mecânico; a argúcia é espírito químico; o gênio é espírito orgânico.

Verstand ist mechanischer, Witz ist chemischer, Genie ist organischer Geist.

F. VON SCHLEGEL (escritor alemão, 1772-1829), *Athenäum*, Fragmentos.

4981. O espírito é a filosofia da natureza.

Geist ist Naturphilosophie.

F. VON SCHLEGEL (escritor alemão, 1772-1829), *Lyceum*, Fragmentos.

4982. Renunciar a todos os preconceitos significa renunciar a todos os princípios. Quem não tem princípios será dominado por idéias, na teoria e na prática.

Alle Vorurteile ablegen, heißt alle Grundsätze ablegen. Wer keine Grundsätze hat, wird theoretisch und praktisch durch Einfälle regiert.

F. H. JACOBI (filósofo e escritor alemão, 1743-1819), *Werke*, VI.

4983. A razão e a fantasia são uma religião – a razão e o intelecto são uma ciência.

Vernunft und Phantasie ist Religion – Vernunft und Verstand ist Wissenschaft.

NOVALIS (poeta alemão, 1772-1801), *Fragmentos*.

4984. O que pode ser representado por meio do homem? Tudo. A natureza, a sociedade humana, a humanidade.

Was ist durch Menschen bildbar? Alles. Die Natur, die menschliche Gesellschaft, die Menschheit.

J. H. HERDER (filósofo alemão, 1744-1803).

4985. Fala-se de uma alma bela quando o sentimento moral finalmente confirmou para si todas as sensações humanas até o ponto em que pode deixar sem medo o êxito da vontade ao afeto, sem nunca correr o risco de encontrar-se em conflito com as decisões que tomará. Sendo assim, numa alma bela, não são as ações individuais a se revelarem propriamente morais, e sim, o caráter em sua totalidade. Também não se pode atribuir a ela o mérito de nenhuma dessas ações, pois satisfazer o instinto nunca pode ser algo meritório. A alma bela não tem outro mérito que não seja o de existir.

Eine schöne Seele nennt man es, wenn sich das sittliche Gefühl aller Empfindungen des Menschen endlich bis zu dem Grad versichert hat, daß es dem Affekt die Leistung des Willens ohne Scheu überlassen darf und nie Gefahr läuft, mit den Entscheidungen desselben im Widerspruch zu stehen. Daher sind bei einer schönen Seele die einzelnen Handlungen eigentlich nicht sittlich, sondern der ganze Charakter ist es. Man kann ihr auch keine einzige darunter zum Verdienst anrechnen, weil eine Befriedigung des Triebes nie verdienstlich heißen kann. Die schöne Seele hat kein andres Verdienst, als daß sie ist.

F. von Schiller (escritor alemão, 1759-1805), *Sobre a graça e sobre a dignidade*.

4986. Não há infelicidade humana que não possa crescer, mas existe um fim para o que se chama felicidade.

Non v'è infelicità umana la quale non possa crescere, bensì trovasi un termine a quello medesimo che si chiama felicità.

G. Leopardi (poeta italiano, 1798-1837), *Zibaldone*, III, 183.

4987. O classicismo é a saúde, o romantismo é a doença.

Klassisch ist das Gesunde, romantisch das Kranke.

J. W. Goethe (escritor alemão, 1749-1832), *Máximas e reflexões*, 1031.

4988. O que é racional é real: e o que é real é racional.

Was vernünftig ist, das ist wirklich: und was wirklich ist, das ist vernünftig.

G. W. F. Hegel (filósofo alemão, 1770-1831), *Princípios da filosofia do direito*, Prefácio.

4989. Para falar um pouco mais sobre a idéia de *ensinar* como o mundo deve ser, pode-se dizer que a filosofia chega sempre tarde demais. Como *pensamento* do mundo, ela se manifesta no tempo somente depois de a realidade completar seu processo de formação e de estar pronta. (...) Quando a filosofia começa a se mostrar pessimista, isso significa que uma figura da vida envelheceu e que não pode ser rejuvenescida com esse pessimismo, mas apenas reconhecida; a coruja de Minerva começa a voar com o cair da noite.

Um noch über das Belehren, wie die Welt sein soll, ein Wort zu sagen, so kommt dazu ohnehin die Philosophie immer zu spät. Als der Gedanke *der Welt erscheint sie erst in der Zeit, nachdem die Wirklichkeit ihren Bildungsprozeß vollendet und sich fertig gemacht hat* [...] *Wenn die Philosophie ihr Grau in Grau malt, dann ist eine Gestalt des Lebens alt geworden, und mit Grau in Grau läßt sie sich nicht verjüngen, sondern nur erkennen; die Eule der Minerva beginnt erst mit der einbrechenden Dämmerung ihren Flug.*

G. W. F. HEGEL (filósofo alemão, 1770-1831), *Princípios da filosofia do direito.*

4990. Falta-lhe a força da renúncia, a força de preparar-se para alguma coisa e suportar a existência. A consciência vive com medo de manchar a glória do seu íntimo com a ação e a existência; e, para conservar a pureza do seu coração, foge ao contato com a realidade e persiste na impotência obstinada de renunciar ao próprio Eu, aguçado até a última abstração, e de dar-se substancialidade, ou de mudar seu pensamento em ser e confiar-se à diferença absoluta. O objeto vazio, que produz para si mesma, preenche-a então com a consciência do vazio; sua ação é a ânsia que só sabe perder-se na transformação do seu próprio objeto sem essência e que, recaindo, além dessa perda, em si mesmo, encontra-se apenas como perdido; – nessa lúcida pureza dos seus momentos, uma infeliz *alma bela*, como é chamada, vai-se apagando dentro dela e desaparece como um vapor amorfo, que se solta no ar.

Es fehlt ihm die Kraft der Entäußerung, die Kraft, sich zum Dinge zu machen und das Sein zu ertragen. Es lebt in der Angst, die Herrlichkeit seines Innern durch Handlung und Dasein zu beflecken; und um die Reinheit seines Herzens zu bewahren, flieht es die Berührung der Wirklichkeit und beharrt in der eigensinnigen Kraftlosighkeit, seinem zur letzten Abstraktion zugespitzten Selbst zu entsagen und sich Substantialität zu geben oder sein Denken in Sein zu verwandeln und sich dem absoluten Unterschiede anzuvertrauen. Der hohle Gegenstand, den es sich erzeugt, erfüllt es daher nun mit dem Bewußtsein der Leerheit; sein Tun ist das Sehnen, das in dem Werden seiner selbst zum wesenlosen Gegenstande sich nur verliert und über diesen Verlust hinaus und zurück zu sich fallend sich nur als Verlornes findet; – in dieser durchsichtigen Reinheit seiner Momente eine unglückliche sogenannte schöne Seele, *verglimmt sie in sich und schwindet als ein gestaltloser Dunst, der sich in Luft auflöst.*

G. W. F. HEGEL (filósofo alemão, 1770-1831), *Fenomenologia do espírito*.

4991. Contrapor esse único saber, de que no absoluto tudo é igual, ao conhecimento distintivo e completo, ou que busca e exige ser completo –, ou despender o próprio *absoluto* pela noite, quando, segundo o ditado, todos os gatos são pardos, é a ingenuidade causada pelo vazio em conhecimento.

> *Dies Eine Wissen, daβ im Absoluten Alles gleich ist, der unterscheidenden und erfüllten oder Erfüllung suchenden und fordernden Erkenntnis entgegenzusetzen – oder sein* Absolutes *für die Nacht auszugeben, worin, wie man zu sagen pflegt, alle Kühe schwarz sind, ist die Naivität der Leere an Erkenntnis.*

G. W. F. HEGEL (filósofo alemão, 1770-1831), *Fenomenologia do espírito*.

4992. O verdadeiro é o todo. Mas o todo é apenas a essência que se completa mediante o seu desenvolvimento.

> *Das Wahre ist das Ganze. Das Ganze aber ist nur das durch seine Entwicklung sich vollendene Wesen.*

G. W. F. HEGEL (filósofo alemão, 1770-1831), *Fenomenologia do espírito*.

4993. A força do espírito é apenas tão grande quanto a sua exteriorização; sua profundidade, apenas tão profunda quanto a sua ousadia em expandir-se e perder-se ao se expor.

> *Die Kraft des Geistes ist nur so groβ als ihre Äuβerung, seine Tiefe nur so tief, als er in seiner Auslegung sich auszubreiten und sich zu verlieren getraut.*

G. W. F. HEGEL (filósofo alemão, 1770-1831), *Fenomenologia do espírito*.

4994. A classe industrial deve ocupar o primeiro lugar, pois é a mais importante de todas; pois não pode ficar sem todas as outras, e nenhuma outra pode ficar sem ela; pois ela subsiste por suas próprias forças, por seus trabalhos pessoais. As outras classes devem trabalhar para ela, pois são suas criaturas, e porque a classe industrial garante a sua existência; numa palavra, uma vez que tudo é feito pela indústria, tudo deve ser feito para ela.

> *La classe industrielle doit occuper le premier rang, parce qu'elle est la plus importante de toutes; parce qu'elle peut se passer de toutes les autres, et qu'aucune autre ne peut se passer d'elle;*

parce qu'elle subsiste par ses propres forces, par ses travaux personnels. Les autres classes doivent travailler pour elle, parce qu'elles sont ses créatures, et qu'elle entretient leur existence; en un mot, tout se faisant par l'industrie, tout doit se faire pour elle.

C.-H. DE SAINT-SIMON (político francês, 1760-1825), *Catéchisme des industriels*, I.

4995. "O mundo é uma representação minha": essa é uma verdade válida para todo ser vivente e pensante.

"Die Welt ist meine Vorstellung": dies ist eine Wahrheit, welche in Beziehung auf jedes lebende und erkennende Wesen gilt.

A. SCHOPENHAUER (filósofo alemão, 1788-1860), *O mundo como vontade e representação*, 1.

4996. A propriedade é furto.

La propriété c'est le vol.

P.-J. PROUDHON (filósofo francês, 1809-1865), *O que é a propriedade*, I.

4997. O homem é aquilo que come.

Der Mensch ist, was er iβt.

L. A. FEUERBACH (filósofo alemão, 1804-1872), *Blätter für Literarische Unterhaltung*, 12/11/1850.

4998. A extensão dos direitos das mulheres é o princípio fundamental de todos os progressos sociais.

L'extension des privilèges des femmes est le principe général de tous progrès sociaux.

CH. FOURIER (filósofo francês, 1772-1837), *A teoria dos quatro movimentos*, II, 4.

4999. Um espectro vagueia pela Europa – o espectro do comunismo. Todas as potências da velha Europa aliaram-se numa santa caçada a esse espectro.

Ein Gespenst geht um in Europa – das Gespenst des Kommunismus. Alle Mächte des alten Europa haben sich zu einer heiligen Hetzjagd gegen dieses Gespenst verbündet.

K. MARX (filósofo alemão, 1818-1883), *Manifesto do Partido Comunista*, Incipit.

5000. A história de toda sociedade até agora é a história de lutas de classe.

Die Geschichte aller bisherigen Gesellschaft ist die Geschichte von Klassenkämpfen.
K. MARX (filósofo alemão, 1818-1883), *Manifesto do Partido Comunista.*

5001. Proletários de todos os países, uni-vos!
Proletarier aller Länder, vereinigt euch!
K. MARX (filósofo alemão, 1818-1883), *Manifesto do Partido Comunista*, Conclusão.

5002. Por esse motivo, somente fora do trabalho o operário sente-se próximo a si mesmo e, no trabalho, fora de si.
Der Arbeiter fühlt sich daher erst außer der Arbeit bei sich und in der Arbeit außer sich.
K. MARX (filósofo alemão, 1818-1883), *Manuscritos econômico-filosóficos.*

5003. A família moderna individualizada está fundada na escravidão doméstica, manifesta ou velada, da mulher.
Die moderne Einzelfamilie ist gegründet auf die offne oder verhüllte Haussklaverei der Frau.
F. ENGELS (teórico alemão do socialismo, 1820-1895), *A origem da família, da propriedade privada e do estado*, A família, 4.

5004. Finalmente, no estado positivo, o espírito humano, ao reconhecer a impossibilidade de obter noções absolutas, renuncia à busca da origem e do destino do universo e ao conhecimento das causas íntimas dos fenômenos para dedicar-se unicamente à descoberta das leis efetivas destes, ou seja, das suas relações invariáveis de sucessão e semelhança, mediante o uso bem combinado do raciocínio e da observação. A explicação dos fatos, reduzida então aos seus termos reais, passa a ser apenas a ligação estabelecida entre os diversos fenômenos particulares e alguns fatos gerais, cujo número tende a ser diminuído cada vez mais pelos progressos da ciência.
Enfin, dans l'état positif, l'esprit humain, reconnaissant l'impossibilité d'obtenir des notions absolues, renonce à chercher l'origine et la destination de l'univers, et à connaître les causes intimes des phénomènes, pour s'attacher uniquement à découvrir, par l'usage bien combiné du raisonnement et de l'observation, leurs

lois effectives, c'est-a-dire leurs relations invariables de succession et de similitude. L'explication des faits, réduite alors à ses termes réels, n'est plus désormais que la liaison établie entre les divers phénomènes particuliers et quelques faits généraux, dont les progrès de la science tendent de plus en plus à diminuer le nombre.

A. COMTE (filósofo francês, 1798-1857), *Curso de filosofia positiva*, I.

5005. A humanidade está autorizada, individual ou coletivamente, a interferir na liberdade de ação de qualquer um de seus membros apenas a fim de proteger a si mesma. O único objetivo pelo qual se pode exercitar legitimamente um poder sobre qualquer membro de uma comunidade civilizada, contra a sua vontade, é para evitar que se prejudique o próximo. O bem individual, seja ele físico ou moral, não é uma justificativa suficiente.

The sole end for which mankind are warranted, individually or collectively, in interfering with the liberty of action of any of their number, is self-protection. The only purpose for which power can be rightfully exercised over any member of a civilized community, against his will, is to prevent harm to others. His own good, either physical or moral, is not a sufficient warrant.

J. S. MILL (filósofo inglês, 1806-1873), *A liberdade*, I.

5006. O progresso, portanto, não é um acidente, mas uma necessidade... Faz parte da natureza.

Progress, therefore, is not an accident, but a necessity... It is a part of nature.

H. SPENCER (filósofo inglês, 1820-1903), *Estática social*, I, 2, 4.

5007. Ninguém pode ser perfeitamente livre enquanto todos não forem livres; ninguém pode ser perfeitamente moral enquanto todos não forem morais; ninguém pode ser perfeitamente feliz enquanto todos não forem felizes.

No one can be perfectly free till all are free; no one can be perfectly moral till all are moral; no one can be perfectly happy till all are happy.

H. SPENCER (filósofo inglês, 1820-1903), *Estática social*, IV, 30, 16.

5008. A ciência é o conhecimento organizado.
Science is organized knowledge.
H. SPENCER (filósofo inglês, 1820-1903), *A educação*, 2.

5009. Nomeei esse princípio, segundo o qual toda mínima variação é mantida se for útil, com o termo de seleção natural.
I have called this principle, by which each slight variation, if useful, is preserved, by the term of Natural Selection.
CH. R. DARWIN (naturalista inglês, 1809-1882), *A origem das espécies*, 3.

5010. [O homem descende de] um quadrúpede peludo, com cauda e orelhas pontudas, provavelmente com o hábito de viver em árvores.
A hairy quadruped, furnished with a tail and pointed ears, probably arboreal in its habits.
CH. R. DARWIN (naturalista inglês, 1809-1882), *A origem do homem*, Sumário geral e conclusão.

5011. Será possível! Esse velho devoto ainda não ouviu falar na sua floresta que Deus está morto.
Sollte es denn möglich sein! Dieser alte Heilige hat in seinem Walde noch nichts davon gehört, daß Gott tot ist.
F. W. NIETZSCHE (filósofo alemão, 1844-1900), *Assim falou Zaratustra*, Prefácio de Zaratustra, 2.

5012. Ensino-vos o super-homem. O homem é algo que deve ser superado.
Ich lehre euch den Übermenschen. Der Mensch ist Etwas, das überwunden werden soll.
F. W. NIETZSCHE (filósofo alemão, 1844-1900), *Assim falou Zaratustra*, prólogo ao cap. III.

5013. Existe uma moral dos senhores e uma moral dos escravos – apresso-me em acrescentar que em todas as culturas superiores e mais híbridas também se manifestam tentativas de mediação entre estas duas morais e, com maior freqüência, a confusão de uma com a outra, além de um equívoco recíproco, às vezes até um duro confronto – que chega a ocorrer dentro do mesmo indivíduo, dentro de uma única alma.

Es giebt Herren-Moral und Sklaven-Moral – ich füge sofort hinzu, daß in allen höheren und gemischteren Culturen auch Versuche der Vermittlung beider Moralen zum Vorschein kommen, noch öfter das Durcheinander derselben und gegenseitige Mißverstehen, ja bisweilen ihr hartes Nebeneinander – sogar in selben Menschen, innerhalb Einer Seele.

F. W. Nietzsche (filósofo alemão, 1844-1900), *Além do bem e do mal*, IX, 260.

5014. Não digo que a filosofia seja uma ciência imperfeita, mas simplesmente que ainda não constitui uma ciência, que ainda não começou a existir como tal, a julgar pelo critério de um conteúdo doutrinário teórico e objetivamente fundamentado, ainda que reduzido. Todas as ciências são imperfeitas, inclusive as tão admiradas ciências exatas.

Ich sage nicht, Philosophie sei eine unvollkommene Wissenschaft, ich sage schlechtin, sie sei noch keine Wissenschaft, sie habe als Wissenschaft noch keinen Anfang genommen, und ich nehme dabei als Maßstab ein, wenn auch kleines Stück eines objektiv begründeten theoretischen Lehrinhalts. Unvollkommen sind alle Wissenschaften, selbst die vielbewunderten exakten Wissenschaften.

E. Husserl (filósofo alemão, 1859-1938), *A filosofia como ciência rigorosa*.

5015. A metafísica consiste em encontrar más razões para aquilo que acreditamos existir por instinto; mas encontrar essas razões também é um instinto.

Metaphysics is the finding of bad reasons for what we believe upon instinct; but to find these reasons is no less an instinct.

F. H. Bradley (filósofo inglês, 1846-1924), *Aparência e realidade*, Prefácio.

5016. Não há comicidade fora do que é propriamente *humano*.

Il n'y a pas de comique en dehors de ce qui est proprement humain.

H. Bergson (filósofo francês, 1859-1941), *O riso*.

5017. A única realidade sólida que me é permitido afirmar, e com a qual, portanto, deve unir-se toda realidade que eu possa imaginar, é aquela mesma que pensa; a que se realiza, e assim é uma realidade, apenas no ato que se pensa.

La sola realtà solida, che mi sia dato affermare, e con la quale deve perciò legarsi ogni realtà che io possa pensare, è quella stessa che pensa; la quale si realizza, ed è così una realtà, soltanto nell'atto che si pensa.

G. GENTILE (filósofo italiano, 1875-1944), *Introduzione alla filosofia*, Il principio della filosofia attualistica.

5018. Os intelectuais são os "vendedores" do grupo dominante para o exercício das funções subalternas da hegemonia social e do governo político.

Gli intellettuali sono i "commessi" del gruppo dominante per l'esercizio delle funzioni subalterne dell'egemonia sociale e del governo politico.

A. GRAMSCI (político italiano, 1891-1937), *Quaderni dal carcere*, III.

5019. A civilização deve fazer de tudo para impor limites aos impulsos agressivos do homem, para reprimir sua vivacidade mediante instruções psíquicas de reação.

Die Kultur muβ alles aufbieten, um den Aggressionstrieben der Menschen Schranken zu setzen, ihre Äuβerung durch psychische Reaktionsbildungen niederzuhalten.

S. FREUD (médico austríaco, 1856-1939), *O mal-estar na civilização*.

5020. O homem tornou-se, por assim dizer, uma espécie de deus-prótese, verdadeiramente grandioso quando dispõe dos seus órgãos acessórios, mas estes não formam um conjunto com ele e, às vezes, ainda lhe dão muito trabalho... Porém, no interesse da nossa pesquisa, também não podemos esquecer que o homem de hoje não se sente feliz com a sua semelhança a Deus.

Der Mensch ist sozusagen eine Art Prothesengott geworden, recht groβartig, wenn er seine Hilfsorgane anlegt, aber sie sind nicht mit ihm verwachsen und machen ihm gelegentlich noch viel zu schaffen... Im Interesse unserer Untersuchung wollen wir aber auch nicht daran vergessen, daβ der heutige Mensch sich in seiner Gottähnlichkeit nicht glücklich fühlt.

S. FREUD (médico austríaco, 1856-1939), *O mal-estar na civilização*.

5021. Todo conhecimento genuíno é conhecimento histórico.

Ogni genuina conoscenza è conoscenza storica.
B. Croce (filósofo italiano, 1866-1952), *Teoria della storia*, V.

5022. A necessidade prática, que se encontra no fundo de todo juízo histórico, confere a toda história o caráter de "história contemporânea", pois, do ponto de vista cronológico, por mais remotos e remotíssimos que pareçam os fatos a ela concernentes, a história, na verdade, refere-se sempre à necessidade e à situação presente, na qual aqueles fatos propagam suas vibrações.

Il bisogno pratico, che è nel fondo di ogni giudizio storico, conferisce a ogni storia il carattere di "storia contemporanea", perché, per remoti e remotissimi che sembrino cronologicamente i fatti che vi entrano, essa è, in realtà, storia sempre riferita al bisogno e alla situazione presente, nella quale quei fatti propagano le loro vibrazioni.

B. Croce (filósofo italiano, 1866-1952), *La storia come pensiero e come azione*, II, La verità di un libro di storia.

5023. A vida é uma ofensiva direcionada contra o mecanismo repetitivo do universo.

Life is an offensive, directed against the repetitious mechanism of the Universe.

A. N. Whitehead (filósofo inglês, 1861-1947), *Adventures of Ideas*.

5024. O método correto da filosofia seria na verdade o seguinte: não dizer nada além daquilo que se pode dizer, portanto, proposições da ciência natural – e depois, sempre que alguém quiser dizer algo de metafísico, mostrar-lhe que ele deixou de dar significado a certos sinais em suas proposições.

Die richtige Methode der Philosophie wäre eigentlich die: Nichts zu sagen, als was sich sagen läßt, also Sätze der Naturwissenschaft – und dann immer, wenn ein anderer etwas Metaphysisches sagen wollte, ihm nachzuweisen, daß er gewissen Zeichen in seinen Sätzen keine Bedeutung gegeben hat.

L. Wittgenstein (filósofo austríaco, 1889-1951), *Tractatus logico-philosophicus*.

5025. A própria luta para atingir o topo é suficiente para preencher o coração de um homem. É preciso imaginar Sísifo feliz.

La lutte elle-même vers les sommets suffit à remplir un coeur d'homme. Il faut imaginer Sisyphe heureux.

A. CAMUS (escritor francês, 1913-1960), *O mito de Sísifo*.

5026. Seria oportuno não acreditar numa proposição quando não há uma razão para se supor que ela seja verdadeira.

It is undesirable to believe a proposition when there is no ground whatever for supposing it true.

B. RUSSELL (filósofo inglês, 1872-1970), *Sceptical Essays*, I.

5027. Estamos condenados a ser livres.

Nous sommes condamnés a être libres.

J.-P. SARTRE (filósofo francês, 1905-1980), *O existencialismo é um humanismo*.

ÍNDICES

OS GRANDES TEMAS

O VESTUÁRIO: p. 1
  o vestuário (1-8)
  o costureiro (9)
  a moda (10-12)
  o uniforme (13)

O HÁBITO: p. 4
  o hábito (14-24)
  a mudança (25-32)
  o novo (33-37)
  a constância (38-41)
  a obstinação (42-43)

O AFORISMO: p. 9
  o aforismo (44-46)
  a máxima (47-51)
  a citação (52-53)

A AMIZADE: p. 12
  a amizade (54-62)
  o amigo (63-100)
  o inimigo (101-106)
  o adversário (107-109)

O AMOR: p. 22
  o amor (110-230)
  o beijo (231-234)
  o amor e o ódio (235-242)
  o ódio (243-254)

A ALMA: p. 45
  a alma (255-263)
  o corpo (264-271)
  o espírito (272-281)

OS ANIMAIS: p. 50
  os animais (282-292)
  a caça (293-294)
  os animais e o homem (295-306)

A APARÊNCIA: p. 55
  a aparência (307-325)

A ARTE: p. 59
  a arte (326-365)
  a obra de arte (366-373)
  o *kitsch* (374-375)
  o artista (376-386)
  a crítica de arte (387-399)
  o mecenato (400-401)

AS ARTES: p. 74
  a pintura (402-410)
  a arquitetura (411)
  a música (412-425)
  o teatro (426-437)
  a dança (438-440)

A BELEZA: p. 82
  a beleza (441-470)
  a mulher bonita (471-489)
  os cosméticos (490-494)
  a fealdade (495-498)

O BEM: p. 92
  o bem e o mal (499-536)
  a honestidade (537-538)
  a corrupção (539-542)
  a maldade (543-550)
  a bondade (551-559)

a gentileza (560-564)
as boas maneiras (565-570)

O BEBER: p. 105
o beber (571-575)
o vinho (576-586)
a embriaguez (587-590)
a abstinência (591)

O CAMPO: p. 109
o campo (592-596)
a agricultura (597-598)
o burgo (599-600)
a cidade (601-605)

A CASA: p. 112
a casa (606-612)
a hospitalidade (613-618)
a pátria (619-632)
o patriotismo (633-643)
o exílio (644-646)
o nacionalismo (647-648)
a xenofilia (649)

A CIVILIZAÇÃO: p. 120
a civilização (650-656)
o progresso (657-668)

O CONHECIMENTO: p. 124
o conhecimento (669-692)
o saber (693-718)
a ignorância (719-729)

O DESEJO: p. 134
o desejo (730-756)
a avidez (757-758)
a tentação (759-760)
a necessidade (761-770)
o supérfluo (771-773)

O DESTINO: p. 142
o destino (774-786)
o acaso (787-793)
a ocasião (794-795)
a sorte (796-808)

AS DIFICULDADES: p. 148
as dificuldades (809-813)
o difícil (814-815)
a habilidade (816-818)
o fácil (819-822)

DEUS: p. 151
Deus (823-833)
a existência de Deus (834-844)
Deus criador (845-852)
Deus e o homem (853-881)
a oração (882-885)
a blasfêmia (886-888)
Cristo (889-891)
Satanás (892-898)
o inferno (899-904)

A DOAÇÃO: p. 165
a doação (905-926)
a generosidade (927-928)
a esmola (929-935)
os benefícios (936-939)
a gratidão (940-950)

A DÚVIDA: p. 173
a dúvida (951-963)
a certeza (964-969)
a firmeza (970)
a leviandade (971-972)
a indecisão (973-977)

O ERRO: p. 178
o erro (978-999)
o pecado (1000-1006)
o remorso (1007-1013)
a vergonha (1014-1024)
o arrependimento (1025-1030)
o perdão (1031-1036)
a vingança (1037-1045)

A IDADE: p. 189
a idade (1046-1050)
as crianças (1051-1069)
os vinte anos (1070-1072)
os trinta anos (1073)
os quarenta anos (1074-1079)

a juventude (1080-1102)
a velhice (1103-1128)

A FAMÍLIA: p. 204

a família (1129-1135)
os antepassados (1136-1139)
os pais e os filhos (1140-1150)
o pai (1151-1162)
a mãe (1163-1179)

O FAZER: p. 214

o fazer (1180-1227)
o ativismo (1228-1233)
a pressa (1234-1242)
a velocidade (1243-1244)
a preguiça (1245-1247)
o trabalho (1248-1261)
os negócios (1262-1264)

A FILASTROCCA: p. 228

a "filastrocca" (1265-1281)

A FILOSOFIA: p. 232

a filosofia (1282-1305)
a metafísica (1306-1310)

A FORÇA: p. 237

a força (1311-1315)
a violência (1316-1321)

A JUSTIÇA: p. 240

a justiça (1322-1338)
o julgamento (1339-1353)
a lei (1354-1368)
o crime (1369-1376)
a punição (1377-1391)

A GLÓRIA: p. 253

a glória (1392-1403)
a fama (1404-1419)
o mérito (1420-1421)
os monumentos (1422-1424)
a honra (1425-1435)

O APRENDIZADO: p. 261

o aprendizado (1436-1448)
o ensino (1449-1471)

o estudo (1472-1477)
a educação (1478-1485)

O ENGANO: p. 270

o engano (1486-1496)
a confiança (1497-1513)
a fidelidade (1514-1520)
as promessas (1521-1524)
a traição (1525-1528)

A INTELIGÊNCIA: p. 278

a inteligência (1529-1538)
a estupidez (1539-1548)
a genialidade (1549-1560)

A LIBERDADE: p. 284

a liberdade (1561-1593)
a sociedade (1594-1596)
a servidão (1597-1604)

O LIVRO: p. 293

o livro (1605-1636)
ler (1637-1647)
escrever (1648-1693)
o estilo (1694-1703)
a crítica literária (1704-1712)

A LÍNGUA: p. 312

a língua (1713-1727)
a gramática (1728-1732)
a semântica (1733-1738)
a semiologia (1739)
a tradução (1740-1745)

O ELOGIO: p. 319

o elogio (1746-1753)
a adulação (1754-1764)
a admiração (1765-1771)
a imitação (1772-1774)
a ofensa (1775-1783)
a calúnia (1784-1788)
o desprezo (1789-1793)
a crítica (1794-1801)

A DOENÇA: p. 329

a doença (1802-1816)
a medicina (1817-1831)

O COMER: p. 335
o comer (1832-1845)
a fome (1846-1854)
a obesidade (1855-1857)

A MATEMÁTICA: p. 340
a matemática (1858-1866)

O MATRIMÔNIO: p. 343
o matrimônio (1867-1906)
a esposa (1907-1926)
o marido (1927-1936)
o ciúme (1937-1942)
os "cornos" (1943-1948)

A MORTE: p. 358
a morte (1949-2046)
as "últimas palavras" (2047-2068)
o funeral (2069-2072)
a sepultura (2073-2078)
o epitáfio (2079-2087)

A NATUREZA: p. 381
a natureza (2088-2102)
o universo (2103-2108)
o infinito (2109-2112)
a terra (2113-2118)
o mundo (2119-2137)

A NOBREZA: p. 390
a nobreza (2138-2148)
a aristocracia (2149-2154)
o cavalheiro (2155-2158)

A PAZ: p. 395
a paz (2159-2171)
a guerra (2172-2206)
os soldados (2207-2212)
a vitória (2213-2220)
a derrota (2221-2226)
a fuga (2227-2228)

A PALAVRA: p. 408
a palavra (2229-2267)
a eloqüência (2268-2278)
a concisão (2279-2284)
o silêncio (2285-2305)

O MEDO: p. 420
o medo (2306-2329)
o perigo (2330-2336)
a coragem (2337-2344)
a covardia (2345-2357)

O PENSAMENTO: p. 429
o pensamento (2358-2375)
a idéia (2376-2387)
os ideais (2388-2391)
o fanatismo (2392-2393)
a heresia (2394-2396)
a opinião (2397-2416)
o conformismo (2417-2420)
a coerência (2421-2433)
ter ou não razão (2434-2440)

O PRAZER: p. 444
o prazer (2441-2461)
a dor (2462-2493)
a felicidade (2494-2514)
a infelicidade (2515-2526)
o pranto (2527-2530)
o tédio (2531-2538)
a tristeza (2539-2546)
o descontentamento (2547-2550)

A POESIA: p. 462
a poesia (2551-2593)
o poeta (2594-2624)

A POLÍTICA: p. 475
a política (2625-2639)
os políticos (2640-2648)
o partido (2649-2653)
o povo (2654-2673)
a revolução (2674-2690)
a democracia (2691-2702)
a maioria (2703-2705)
a igualdade (2706-2711)
a diversidade (2712-2719)
a superioridade (2720-2725)

POVOS E PAÍSES: p. 494

   os americanos (2726-2728)
   os franceses (2729-2731)
   os espanhóis (2732-2733)
   os ingleses (2734-2737)
   os italianos (2738-2740)
   os russos (2741-2743)
   os alemães (2744)

O PODER: p. 498

   o poder (2745-2759)
   a autoridade (2760-2765)
   o comandar (2766-2775)
   o rei (2776-2784)
   o despotismo (2785-2797)

A RAZÃO: p. 507

   a razão (2798-2808)
   os sentidos (2809-2811)
   o coração (2812-2825)
   o sentimento (2826-2828)
   a paixão (2829-2833)

A RELIGIÃO: p. 514

   a religião (2834-2851)
   o ateísmo (2852-2855)
   a fé (2856-2874)
   a superstição (2875-2879)
   o cristianismo (2880-2891)
   os mártires (2892-2893)
   a Bíblia (2894-2899)
   os santos (2900-2902)
   a Igreja (2903-2912)
   o Papa (2913-2916)
   os padres (2917-2920)

A RIQUEZA: p. 530

   as riquezas (2921-2962)
   a pobreza (2963-2980)
   o luxo (2981-2983)
   o dinheiro (2984-3004)
   o ganho (3005-3007)
   a economia (3008-3010)
   o empréstimo (3011-3012)
   a propriedade (3013-3016)
   o furto (3017-3020)

O RISO: p. 548

   o riso (3021-3034)
   o divertimento (3035-3039)
   o humorismo (3040-3047)
   a sátira (3048-3049)
   a argúcia (3050-3055)
   o ridículo (3056-3059)

A SABEDORIA: p. 556

   a sabedoria (3060-3083)
   a loucura (3084-3095)
   os excessos (3096-3099)
   a moderação (3100-3107)
   a serenidade (3108-3110)
   o bom senso (3111-3116)

A CIÊNCIA: p. 566

   a ciência (3117-3147)
   o cientista (3148-3151)
   o especialista (3152-3154)

O SEXO: p. 573

   o sexo (3155-3184)
   a castidade (3185-3190)
   o pudor (3191-3200)
   a virgindade (3201-3205)

SI MESMOS: p. 583

   o autoconhecimento (3206-3223)
   a auto-estima (3224-3233)
   o autocontrole (3234-3237)
   nós e os outros (3238-3267)

O SOCIALISMO: p. 594

   o socialismo (3268-3275)
   o capitalismo (3276-3278)
   o comunismo (3279-3285)

A SOLIDÃO: p. 599

   a solidão (3286-3310)
   a companhia (3311-3316)

O SONO: p. 605

   o sono (3317-3330)
   o sonho (3331-3348)
   o impossível (3349-3352)

a imaginação (3353-3364)
a ilusão (3365-3371)

A ESPERANÇA: p. 615

a esperança (3372-3381)
o desespero (3382-3384)
otimismo e pessimismo (3385-3390)

O ESTADO: p. 619

o estado (3391-3400)
o governo (3401-3414)
os impostos (3415-3419)
a burocracia (3420-3423)

A HISTÓRIA: p. 626

a história (3424-3452)
o historiador (3453-3458)
as lembranças (3459-3475)
a memória (3476-3479)
a saudade (3480-3481)

O SUCESSO: p. 637

o sucesso (3482-3495)
a prosperidade (3496-3500)
as desventuras (3501-3513)

A SOBERBA: p. 643

a soberba (3514-3515)
a presunção (3516-3521)
a vaidade (3522-3526)
a prepotência (3527-3528)
o egoísmo (3529-3531)
a ambição (3532-3534)
a modéstia (3535-3540)

O TEMPO: p. 648

o tempo (3541-3576)
o instante fugaz (3577-3583)
o presente (3584-3590)
o passado (3591-3600)
o futuro (3601-3608)
as previsões (3609-3617)
os pósteros (3618-3619)

A TOLERÂNCIA: p. 662

a tolerância (3620-3626)

a paciência (3627-3633)
a suportação (3634-3638)
a resignação (3639-3641)

A HUMANIDADE: p. 667

a humanidade (3642-3656)
o homem (3657-3686)
o caráter (3687-3693)
os grandes homens (3694-3701)
o super-homem (3702)
o homem e a mulher (3703-3733)
a mulher (3734-3783)

A VERDADE: p. 691

a verdade (3784-3827)
a crença (3828-3831)
o juramento (3832-3838)
a mentira (3839-3859)
a sinceridade (3860-3863)
a hipocrisia (3864-3871)
os segredos (3872-3879)

A VIAGEM: p. 707

a viagem (3880-3892)

A VIRTUDE: p. 710

a virtude (3893-3911)
a virtude e o vício (3912-3927)
os defeitos (3928-3935)
os sete vícios "capitais":
    a avareza (3936-3941)
    a gula (3942-3945)
    a luxúria (3946-3951)
    a inveja (3952-3957)
    a ira (3958-3971)
    a acídia (3972-3977)

A VIDA: p. 724

a vida (3978-4053)
a vida e a morte (4054-4073)
o nascimento (4074-4082)
o suicídio (4083-4096)

A VONTADE: p. 745

a vontade (4097-4106)

APÊNDICES

1) TRECHOS LITERÁRIOS DE AUTORES ITALIANOS (4107-4309): p. 749
2) OS *INCIPIT* DAS OBRAS: p. 797
    a) os livros "sagrados" (4310-4311)
    b) a literatura grega (4312-4327)
    c) a literatura latina (4328-4360)
    d) a literatura italiana (4361-4493)
    e) a literatura inglesa e norte-americana (4494-4564)
    f) a literatura francesa (4565-4604)
    g) a literatura espanhola (4605-4629)
    h) a literatura alemã (4630-4638)
    i) a literatura russa (4639-4671)

3) AS GRANDES ÁRIAS DO MELODRAMA (4672-4747): p. 901

4) AS FRASES HISTÓRICAS (4748-4862): p. 912

5) AS AFIRMAÇÕES DOS FILÓSOFOS (4863-5027): p. 930

ÍNDICE DOS TEMAS E SUBTEMAS

abstinência (591)
acaso (787-793)
acídia (3972-3977)
admiração (1765-1771)
adulação (1754-1764)
adversário (107-109)
aforismo (44-46)
AFORISMO (44-53)
agricultura (597-598)
alemães (2744)
alma (255-263)
ALMA (255-281)
ambição (3532-3534)
americanos (2726-2728)
amigo (63-100)
AMIZADE (54-109)
amizade (54-62)
amor (110-230)
AMOR (110-254)
amor e ódio (235-242)
animais (282-292)
ANIMAIS (282-306)
animais e homem (295-306)
antepassados (1136-1139)
APARÊNCIA (307-325)
aparência (307-325)
aprendizado (1436-1448)
APRENDIZADO (1436-1485)
argúcia (3050-3055)
aristocracia (2149-2154)
arquitetura (411)
arrependimento (1025-1030)
arte (326-365)
ARTE (326-401)
ARTES (402-440)
artista (376-386)
ateísmo (2852-2855)
ativismo (1228-1233)

auto-estima (3224-3233)
autoconhecimento (3206-3223)
autocontrole (3234-3237)
autoridade (2760-2765)
avareza (3936-3941)
avidez (757-758)

beber (571-575)
BEBER (571-591)
beijo (231-234)
beleza (441-470)
BELEZA (441-498)
BEM (499-570)
bem e mal (499-536)
benefícios (936-939)
Bíblia (2894-2899)
blasfêmia (886-888)
boas maneiras (565-570)
bom senso (3111-3116)
bondade (551-559)
burgo (599-600)
burocracia (3420-3423)

caça (293-294)
calúnia (1784-1788)
campo (592-596)
CAMPO (592-605)
capitalismo (3276-3278)
caráter (3687-3693)
casa (606-612)
CASA (606-649)
castidade (3185-3190)
cavalheiro (2155-2158)
certeza (964-969)
cidade (601-605)
ciência (3117-3147)
CIÊNCIA (3117-3154)
cientista (3148-3151)

citação (52-53)
ciúme (1937-1942)
civilização (650-656)
CIVILIZAÇÃO (650-668)
coerência (2421-2433)
comandar (2766-2775)
comer (1832-1845)
COMER (1832-1857)
companhia (3311-3316)
comunismo (3279-3285)
concisão (2279-2284)
confiança (1497-1513)
conformismo (2417-2420)
conhecimento (669-692)
CONHECIMENTO (669-729)
constância (38-41)
coração (2812-2825)
coragem (2337-2344)
"cornos" (1943-1948)
corpo (264-271)
corrupção (539-542)
cosméticos (490-494)
costureiro (9)
covardia (2345-2357)
crença (3828-3831)
crianças (1051-1069)
crime (1369-1376)
cristianismo (2880-2891)
Cristo (889-891)
crítica (1794-1801)
crítica de arte (387-399)
crítica literária (1704-1712)

dança (438-440)
defeitos (3928-3935)
democracia (2691-2702)
derrota (2221-2226)
descontentamento (2547-2550)
desejo (730-756)
DESEJO (730-773)
desespero (3382-3384)
despotismo (2785-2797)
desprezo (1789-1793)
destino (774-786)
DESTINO (774-808)
desventuras (3501-3513)
Deus (823-833)

Deus (823-904)
Deus criador (845-852)
Deus e o homem (853-881)
difícil (814-815)
dificuldades (809-813)
DIFICULDADES (809-822)
dinheiro (2984-3004)
diversidade (2712-2719)
divertimento (3035-3039)
doação (905-926)
DOAÇÃO (905-950)
doença (1802-1816)
DOENÇA (1802-1831)
dor (2462-2493)
dúvida (951-963)
DÚVIDA (951-977)

economia (3008-3010)
educação (1478-1485)
egoísmo (3529-3531)
elogio (1746-1753)
ELOGIO (1746-1801)
eloqüência (2268-2278)
embriaguez (587-590)
empréstimo (3011-3012)
engano (1486-1496)
ENGANO (1486-1528)
ensino (1449-1471)
epitáfio (2079-2087)
ERRO (978-1045)
erro (978-999)
escrever (1648-1693)
esmola (929-935)
espanhóis (2732-2733)
especialista (3152-3154)
esperança (3372-3381)
ESPERANÇA (3372-3390)
espírito (272-281)
esposa (1907-1926)
estado (3391-3400)
ESTADO (3391-3423)
estilo (1694-1703)
estudo (1472-1477)
estupidez (1539-1548)
excessos (3096-3099)
exílio (644-646)
existência de Deus (834-844)

fácil (819-822)
fama (1404-1419)
família (1129-1135)
FAMÍLIA (1129-1179)
fanatismo (2392-2393)
fantasia (3353-3360)
fazer (1180-1227)
FAZER (1180-1264)
fé (2856-2874)
fealdade (495-498)
felicidade (2494-2514)
fidelidade (1514-1520)
FILASTROCCA (1265-1281)
filastrocca (1265-1281)
filosofia (1282-1305)
FILOSOFIA (1282-1310)
firmeza (970)
fome (1846-1854)
força (1311-1315)
FORÇA (1311-1321)
franceses (2729-2731)
fuga (2227-2228)
funeral (2069-2072)
furto (3017-3020)
futuro (3601-3608)

ganho (3005-3007)
generosidade (927-928)
genialidade (1549-1560)
gentileza (560-564)
glória (1392-1403)
GLÓRIA (1392-1435)
governo (3401-3414)
gramática (1728-1732)
grandes homens (3694-3701)
gratidão (940-950)
guerra (2172-2206)
gula (3942-3945)

habilidade (816-818)
hábito (14-24)
HÁBITO (14-43)
heresia (2394-2396)
hipocrisia (3864-3871)
história (3424-3452)
história (3424-3481)
historiador (3453-3458)
homem (3657-3686)

homem e animais (295-306)
homem e mulher (3703-3733)
honestidade (537-538)
honra (1425-1435)
hospitalidade (613-618)
humanidade (3642-3656)
humanidade (3642-3783)
humorismo (3040-3047)

idade (1046-1050)
IDADE (1046-1128)
ideais (2388-2391)
idéia (2376-2387)
ignorância (719-729)
Igreja (2903-2912)
igualdade (2706-2711)
ilusão (3365-3371)
imaginação (3361-3364)
imitação (1772-1774)
impossível (3349-3352)
impostos (3415-3419)
indecisão (973-977)
infelicidade (2515-2526)
inferno (899-904)
infinito (2109-2112)
ingleses (2734-2737)
inimigo (101-106)
instante fugaz (3577-3583)
inteligência (1529-1538)
INTELIGÊNCIA (1529-1560)
inveja (3952-3957)
ira (3958-3971)
italianos (2738-2740)

julgamento (1339-1353)
juramento (3832-3838)
justiça (1322-1338)
JUSTIÇA (1322-1391)
juventude (1080-1102)

kitsch (374-375)

lei (1354-1368)
lembranças (3459-3475)
ler (1637-1647)
leviandade (971-972)
liberdade (1561-1593)
LIBERDADE (1561-1604)

língua (1713-1727)
LÍNGUA (1713-1745)
LIVRO (1605-1712)
livros (1605-1636)
loucura (3084-3095)
luxo (2981-2983)
luxúria (3946-3951)

mãe (1163-1179)
maioria (2703-2705)
mal e bem (499-536)
maldade (543-550)
marido (1927-1936)
mártires (2892-2893)
MATEMÁTICA (1858-1866)
matemática (1858-1866)
matrimônio (1867-1906)
MATRIMÔNIO (1867-1948)
máxima (47-51)
mecenato (400-401)
medicina (1817-1831)
medo (2306-2329)
MEDO (2306-2357)
memória (3476-3479)
mentira (3839-3859)
mérito (1420-1421)
metafísica (1306-1310)
moda (10-12)
moderação (3100-3107)
modéstia (3535-3540)
monumentos (1422-1424)
morte (1949-2046)
MORTE (1949-2087)
morte e vida (4054-4073)
mudança (25-32)
mulher (3734-3783)
mulher bonita (471-489)
mundo (2119-2137)
música (412-425)

nacionalismo (647-648)
nascimento (4074-4082)
natureza (2088-2102)
NATUREZA (2088-2137)
necessidade (761-770)
necessidade (766-770)
negócios (1262-1264)
nobreza (2138-2148)

NOBREZA (2138-2158)
nós e os outros (3238-3267)
novo (33-37)

obesidade (1855-1857)
obra de arte (366-373)
obstinação (42-43)
ocasião (794-795)
ódio (243-254)
ódio e amor (235-242)
ofensa (1775-1783)
opinião (2397-2416)
oração (882-885)
otimismo e pessimismo (3385-3390)

paciência (3627-3633)
padres (2917-2920)
pai (1151-1162)
pais e filhos (1140-1150)
paixão (2829-2833)
palavra (2229-2267)
PALAVRA (2229-2305)
Papa (2913-2916)
partido (2649-2653)
passado (3591-3600)
pátria (619-632)
patriotismo (633-643)
paz (2159-2171)
PAZ (2159-2228)
pecado (1000-1006)
pensamento (2358-2375)
PENSAMENTO (2358-2440)
perdão (1031-1036)
perigo (2330-2336)
pessimismo e otimismo (3385-3390)
pintura (402-410)
pobreza (2963-2980)
poder (2745-2759)
PODER (2745-2797)
poesia (2551-2593)
POESIA (2551-2624)
poeta (2594-2624)
política (2625-2639)
POLÍTICA (2625-2725)
políticos (2640-2648)
pósteros (3618-3619)
povo (2654-2673)
POVOS E PAÍSES (2726-2744)

pranto (2527-2530)
prazer (2441-2461)
PRAZER (2441-2550)
preguiça (1245-1247)
prepotência (3527-3528)
presente (3584-3590)
pressa (1234-1242)
presunção (3516-3521)
previsões (3609-3617)
progresso (657-668)
promessas (1521-1524)
propriedade (3013-3016)
prosperidade (3496-3500)
pudor (3191-3200)
punição (1377-1391)
quarenta anos (1074-1079)

razão (2798-2808)
RAZÃO (2798-2833)
rei (2776-2784)
religião (2834-2851)
RELIGIÃO (2834-2920)
remorso (1007-1013)
resignação (3639-3641)
revolução (2674-2690)
ridículo (3056-3059)
RIQUEZA (2921-3020)
riquezas (2921-2962)
riso (3021-3034)
RISO (3021-3059)
russos (2741-2743)

sabedoria (3060-3083)
SABEDORIA (3060-3116)
saber (693-718)
santos (2900-2902)
Satanás (892-898)
sátira (3048-3049)
saudade (3480-3481)
segredos (3872-3879)
semântica (1733-1738)
semiologia (1739)
sentidos (2809-2811)
sentimento (2826-2828)
sepultura (2073-2078)
serenidade (3108-3110)
servidão (1597-1604)
sexo (3155-3184)

SEXO (3155-3205)
SI MESMOS (3206-3267)
silêncio (2285-2305)
sinceridade (3860-3863)
soberba (3514-3515)
SOBERBA (3514-3540)
socialismo (3268-3275)
SOCIALISMO (3268-3285)
sociedade (1594-1596)
soldados (2207-2212)
solidão (3286-3310)
SOLIDÃO (3286-3316)
sonho (3331-3348)
sono (3317-3330)
SONO (3317-3371)
sorte (796-808)
sucesso (3482-3495)
SUCESSO (3482-3513)
suicídio (4083-4096)
super-homem (3702)
supérfluo (771-773)
superioridade (2720-2725)
superstição (2875-2879)
suportação (3634-3638)

teatro (426-437)
tédio (2531-2538)
tempo (3541-3576)
TEMPO (3541-3619)
tentação (759-760)
ter ou não razão (2434-2440)
terra (2113-2118)
tolerância (3620-3626)
TOLERÂNCIA (3620-3641)
trabalho (1248-1261)
tradução (1740-1745)
traição (1525-1528)
trinta anos (1073)
tristeza (2539-2546)

"últimas palavras" (2047-2068)
uniforme (13)
universo (2103-2108)

vaidade (3522-3526)
velhice (1103-1128)
velocidade (1243-1244)
verdade (3784-3827)

VERDADE (3784-3879)
vergonha (1014-1024)
VESTUÁRIO (1-13)
vestuário (1-8)
VIAGEM (3880-3892)
viagem (3880-3892)
vício e virtude (3912-3927)
vícios "capitais" (3936-3977)
vida (3978-4053)
VIDA (3978-4096)
vida e morte (4054-4073)
vingança (1037-1045)

vinho (576-586)
vinte anos (1070-1072)
violência (1316-1321)
virgindade (3201-3205)
virtude (3893-3911)
VIRTUDE (3893-3977)
virtude e vício (3912-3927)
vitória (2213-2220)
VONTADE (4097-4106)
vontade (4097-4106)

xenofilia (649)

ÍNDICE DOS AUTORES DAS CITAÇÕES

Ao lado do nome de cada autor, após a indicação das datas biográficas, é definido o subtema relativo a cada frase presente nesta coletânea, com a indicação do número que identifica a citação. As siglas LIT. (Passagens literárias), INC. (*Incipit* das obras), MEL. (Árias do melodrama), HIST. (Frases históricas), FIL. (Afirmações filosóficas) remetem aos respectivos apêndices.

Abelardo, P. (1079-1142): FIL., 4909
Achard, M. (1899-1974): ARGÚCIA, 3053.
Achillini, C. (1574-1640): LIT., 4200.
Ácio (170-85 a.C.): ÓDIO, 247.
Adami, G. (1878-1946): MEL., 4747.
Addison, J. (1672-1719): PÓSTEROS, 3618; SUCESSO, 3487; "ÚLTIMAS PALAVRAS", 2051.
Adenauer, K. (1876-1967): DIVERSIDADE, 2718; ESTADO, 3392; HIST., 4853-5; PARTIDO, 2652-3; SOCIALISMO, 3270.
Adorno, Th. W. (1903-1969): AMIGO, 67; AMOR, 110, 226; ARTE, 346, 348; DOAÇÃO, 918; IMITAÇÃO, 1773; MALDADE, 548.
Adriano (76-138): ALMA, 256.
Agatão (séc. V a.C.): HISTÓRIA, 3450.
Agesilau (c. 444-c. 360 a.C.): CORAGEM, 2343
Ajar, E. (1915-1980): CRIANÇAS, 1063.
Aksakov, S. T. (1791-1859): ARTE, 356.
Alain (1868-1951): BELEZA, 457; CRIANÇAS, 1053; IDÉIA, 2377; SUPORTAÇÃO, 3634.
Albertano da Brescia (séc. XIII): IRA, 3960.
Alberti, R. (nascido em 1902): INC., 4626.
Alceu (séc. VII-VI a.C.): VINHO, 577, 584
Alcorão (livro sagrado islâmico): CRIME, 1375; FURTO, 3017; HOMEM E MULHER, 3718; INC., 4311; MATRIMÔNIO, 1903; MULHER, 3735, 3748; PECADO, 1001; SEXO, 3173.

Alcott, A. B. (1799-1888): ENSINO, 1456.
Alcuíno de York (c. 735-804): POVO, 2667.
Aleardi, A. (1812-1878): LIT., 4264.
Alemán, M. (c. 1547-1614): AVIDEZ, 758; DOR, 2470; NECESSIDADE, 764; OFENSA, 1779; TRISTEZA, 2540.
Alembert, J. d' (1717-1783): MÚSICA, 420.
Alexandre, o Grande (356-323 a.C.): HIST., 4749-50; POETA, 2602.
Alfieri, V. (1749-1803): AMOR, 215; DESPOTISMO, 2791-2; ESCREVER, 1656, 1659; INC., 4402; JURAMENTO, 3836; LER, 1642; LIT., 4209; LUXO, 2981; MEDO, 2314; MORTE, 1962-4, 1966-7, 1995; NOBREZA, 2143; VONTADE, 4097.
Alighieri, D. (1265-1321): ALMA, 255; AMBIÇÃO, 3532; AMIGO, 93; AMOR, 164, 168-9; ARTE, 364; AVAREZA, 3940; BEBER, 571; BEM E MAL, 499; COERÊNCIA, 2431; COMPANHIA, 3313-4; CONHECIMENTO, 671, 681, 686; CORRUPÇÃO, 542; COVARDIA, 2355-6; CRISTIANISMO, 2888-9; DESEJO, 2890; DESTINO, 778, 781, 784; DEUS E O HOMEM, 855; DEUS, 829; DOR, 2472-3; ELOQÜÊNCIA, 2268; ENSINO, 1451; EXÍLIO, 645-6; FAMA, 1404-5; FÉ, 2857, 2865; FIDELIDADE, 1515; FIRMEZA, 970; GENEROSIDADE, 928; GENTILEZA, 563; HABILIDADE, 818; IGREJA, 2911-2; IMAGINAÇÃO, 3357; INC., 4365-9; INFELICIDADE, 2517; INFERNO, 904; ITALIANOS, 2740; JULGAMENTO, 1350; LEI, 1360; LEMBRANÇAS, 3466; LIBERDADE, 1562, 1588-9; LIT., 4117-56; LIVRO, 1617; LUXÚRIA, 3947; MÃE, 1174; MODERAÇÃO, 3101; MULHER, 3760; MUNDO, 2125; MÚSICA, 422; NOBREZA, 2142, 2144; OBRA DE ARTE, 373; ORAÇÃO, 885; PAI, 1151, 1155, 1162; PALAVRA, 2265-6; PAPA, 2914; PAZ, 2159; POBREZA, 2975; POETA, 2598, 2604, 2616, 2618; PRANTO, 2530; PREGUIÇA, 1245, 1247; PRESSA, 1237; RAZÃO, 2801; REMORSO, 1007; SOBERBA, 3515; SORTE, 799-800; SUICÍDIO, 3494; TEMPO, 3562-4; TERRA, 2113; VERDADE, 3819; VIDA E MORTE, 4069; VINGANÇA, 1039, 1042; VONTADE, 4104, 4106.
Allen, W. (nascido em 1935): CONFIANÇA, 1499; EXISTÊNCIA DE DEUS, 838; SEXO, 3158-9, 3168.

Alonso, D. (1898-1990): POESIA, 2571.
Alvaro, C. (1895-1956): AMOR, 123; ARTE, 334; ATIVISMO, 1233; BOAS MANEIRAS, 566; DINHEIRO, 3004; INC., 4453; LIBERDADE, 1561; NECESSIDADE, 761; VIRTUDE E VÍCIO, 3920.
Amenemhapt (c. séc. VI a.C.): DEUS E O HOMEM, 868.
Amiel, H.-F. (1821-1881): CIÊNCIA, 3143.
Amurri, A. (nascido em 1925): APARÊNCIA, 309; CRIME, 1376; JUVENTUDE, 1088; MORTE, 1955, 2042.
Anacársis (séc. VI a.C.): PALAVRA, 2236.
Anacreonte (c. 560-480 a.C.): COVARDIA, 2346; MEDO, 2318.
Anaxágoras (499-428 a.C.): FIL., 4875-6; MORTE, 2023.
Anaximandro (c. 610-546 a.C.): FIL., 4864.
Anaxímenes (c. 586-528 a.C.): FIL., 4865.
Ancelot, A. (1794-1854): FOME, 1847.
Andreotti, G. (nascido em 1919): PODER, 2750.
Andrewes, L. (1555-1626): IGREJA, 2903.
Angelus Silesius (1624-1677): SOLIDÃO, 3305.
Angiolieri, C. (c. 1260-1310): DINHEIRO, 2989; LIT., 4115-6.
Anônimo: AMOR, 211; AUTOCONHECIMENTO, 3206; FÉ, 2856; HIST., 4752, 4766, 4772, 4777, 4781, 4791, 4799, 4816, 4823, 4841, 4860-1; INSTANTE FUGAZ, 3580; POVO, 2666.
Antokolski, P. G. (nascido em 1896): POESIA, 2587.
Ápio Cláudio (séc. IV-III a.C.): DESTINO, 783.
Apocalipse (ver: Bíblia, Novo Testamento)
Apollinaire, G. (1880-1918): CERTEZA, 969; LEMBRANÇAS, 3461.
Apolônio de Rodes (c. 295-215 a.C.): INC., 4326.
Apuleio (c. 125-c. 170): INC., 4356.
Aragon, L. (1897-1982): FUTURO, 3601.
Aretino, P. (1492-1556): AMOR, 180; ELOQUÊNCIA, 2274; ENSINO, 1463; EPITÁFIO, 2081; LOUCURA, 3086-7; OFENSA, 1782; PRANTO, 2528; RIQUEZAS, 2926; ESTUDO, 1475; VELHICE, 1127.
Ariosto, L. (1474-1533): AMIGO, 86; AMOR, 152, 170-2; APARÊNCIA, 316; BONDADE, 559; CASA, 607-8; "CORNOS", 1947; CRENÇA, 3830; DESEJO, 747; DESTINO, 780; DIVERSIDADE, 2719; DOAÇÃO, 911; HIPOCRISIA, 3867; HOMEM E MULHER, 3713; HUMANIDADE, 3654; INC., 4380; INSTANTE FUGAZ, 3581; JULGAMENTO, 1351; LIT., 4177-8; MULHER BONITA, 482; MULHER, 3737, 3781; OFENSA, 1777; PASSADO, 3600; RIQUEZAS, 2923; SABEDORIA, 3071, 3081; SERVIDÃO, 1603; VIAGEM, 3886 VIRGINDADE, 3203.
Aristófanes (c. 445-c. 385 a.C.): BEBER, 573; ENSINO, 1462; INC., 4321; INIMIGO, 101; MATRIMÔNIO, 1899; MULHER, 3740-1; OPINIÃO, 2403; PÁTRIA, 626; VELHICE, 1124.
Aristóteles (384-322 a.C.): AMIGO, 63, 94-5; APRENDIZADO, 1438; ARTE, 362; BELEZA, 441, 445; BEM E MAL, 524; COMANDAR, 2767; CONHECIMENTO, 669; DEMOCRACIA, 2692; ERRO, 991; ESPERANÇA, 3374; FAZER, 1191; FEALDADE, 496; FIL., 4884-9; FILOSOFIA, 1293; GENIALIDADE, 1553; GRATIDÃO, 943; GUERRA, 2175; HOMEM, 3670; LEI, 1355; MENTIRA, 3846; MODÉSTIA, 3537; NATUREZA, 2088; POESIA, 2556; REVOLUÇÃO, 2675, 2690; SABER, 700, 711, 717-8; TEATRO, 427; TEMPO, 3553; VERDADE, 3785, 3823; VERGONHA, 1020; VIRTUDE, 3896.
Arland, M. (1899-1986): CORPO, 264.
Arnold, M. (1822-1888): BÍBLIA, 2898; DESCONTENTAMENTO, 2550; PACIÊNCIA, 3630; POETA, 2617; SABER, 714; VERDADE, 3814.
Aron, R. (1905-1983): HERESIA, 2395.
Arpino, G. (1927-1987): LEMBRANÇAS, 3469.
Arquíloco (séc. VII a.C.): PACIÊNCIA, 3628.
Arquimedes (287-212 a.C.): CIÊNCIA, 3121-2.
Arria (morta em 42 d.C.): "ÚLTIMAS PALAVRAS", 2057.
Artale, G. (1628-1679): LIT., 4199.
Astel, A. (nascido em 1933): ENSINO, 1453.
Atkinson, J. B. (nascido em 1894): IGREJA, 2906; CRÍTICA LITERÁRIA, 1712.
Auber, D.-F.-E. (1782-1871): MEL., 4681.
Auden, W. H. (1907-1973): INC., 4557; LIVRO, 1605; PRAZER, 2445-6.
Augusto (63 a.C.-14 d.C.): HIST., 4764; "ÚLTIMAS PALAVRAS", 2049.
Austen, J. (1775-1817): ESPOSA, 1924; GENTILEZA, 680; PERDÃO, 1034; PRAZER, 2443.
Aveline, C. (nascido em 1901): AMOR, 121.
Averintchev, S.: EDUCAÇÃO, 1481.
Averróis (1126-1198): EXISTÊNCIA DE DEUS, 835.
Ayer, A. J. (1910-1989): BEM E MAL, 502.
Azeglio, M. T. d' (1798-1866): GOVERNO, 3403; HIST., 4824; INC., 4418; MÚSICA, 414; TRABALHO, 1249; VAIDADE, 3524.
Bacchelli, R. (1891-1985): AGRICULTURA, 598; CIÊNCIA, 3129; ESPERANÇA, 3379; POBREZA, 2973; VELHICE, 1119.
Bacon, F. (1561-1626): AMIZADE, 62; BELEZA,

458; CIÊNCIA, 3120; CONFIANÇA, 1498; CONHECIMENTO, 675; DINHEIRO, 2987; ESPOSA, 1908; ESTADO, 3396; ESTUDO, 1473, 1477; FAMA, 1416; FILOSOFIA, 1304; LER, 1637; LIVRO, 1624; NATUREZA, 2089; PAI, 1158; PROSPERIDADE, 3500; REVOLUÇÃO, 2683; SABEDORIA, 3074; SUPERSTIÇÃO, 2877; TEMPO, 3574; VERDADE, 3813; VIAGEM, 3884; VINGANÇA, 1038; VIRTUDE, 3908.

Bacon, R. (1214-1292): FIL., 4910.
Bagehot, W. (1826-1877): HOMEM E MULHER, 3715; POBREZA, 2968; VIRTUDE, 3906.
Bahr, H. (1863-1934): POLÍTICA, 2627.
Baker, J. (1906-1975): HOMEM E MULHER, 3732-3.
Bakunin, M. A. (1814-1876): REVOLUÇÃO, 2679.
Balzac, H. de (1799-1850): ADMIRAÇÃO, 1766; AMOR, 116, 130; AVAREZA, 3937; BENEFÍCIOS, 939; CASA, 610; ESCREVER, 1685; FRANCESES, 2729; HÁBITO, 19; HOMEM, 3683; INC., 4578-9; MÃE, 1176, 1179; MARIDO, 1928-30; MATRIMÔNIO, 1877; ÓDIO, 252, 254.
Bandello, M. (1485-1561): INC., 4387.
Barbier, J. (1822-1901): MEL., 4717-8.
Barbosa, R. (1849-1923): DEMOCRACIA, 2697.
Barbusse, H. (1873-1935): IGUALDADE, 2709.
Baretti, G. (1719-1789): APRENDIZADO, 1448; INC., 4400; JURAMENTO, 3838; PALAVRA, 2243; PRESUNÇÃO, 3521; RAZÃO, 2805.
Baroja y Nessi, P. (1872-1956): COVARDIA, 2353; POLÍTICA, 2630; VERDADE, 3797.
Barrés, M. (1862-1923): HUMORISMO, 3046; INTELIGÊNCIA, 1536.
Barrie, J. M. (1860-1937): MULHER BONITA, 479.
Barrymore, J. (1882-1942): MODERAÇÃO, 3107.
Basile, G. B. (1575-1632): INC., 4395.
Basili, D. (nascido em 1953): AMOR, 203; HOMEM, 3684.
Baudelaire, Ch. (1821-1867): AMOR, 188; CORAGEM, 2341; EXISTÊNCIA DE DEUS, 834; GRAMÁTICA, 1729; INC., 4582; MULHER, 3782; NATUREZA, 2095-6; PADRES, 2917; POESIA, 2573; POETA, 2611; SATANÁS, 893; VINHO, 578.
Bay, A. (nascido em 1928): TRINTA ANOS, 1073.
Beauchesne, H. (nascido em 1898): DINHEIRO, 2988.
Beaumarchais, P.-A. (1732-1799): ANIMAIS E HOMEM, 299; CRÍTICA, 1797; MATRIMÔNIO, 1874; PAIS E FILHOS, 1144; RISO, 3028; TER OU NÃO RAZÃO, 2437.
Beaumont, F. e Fletcher, J. (1584-1616/ 1579-1625): AMOR, 199.
Beauvoir, S. de (1908-1986): MULHER, 3770.
Beccaria, C. (1738-1794): CRIME, 1369; FIL., 4972; INC., 4401; JURAMENTO, 3837; LEI, 1365, 1367-8; PUNIÇÃO, 1384-7, 1389-90.
Beckett, S. (1906-1989): BÍBLIA, 2895; INC., 4559-60; LOUCURA, 3092; MUNDO, 2136; NATUREZA, 2098; SEXO, 3172; TEMPO, 3546; VIDA, 3995.
Bécquer, G. A. (1836-1870): MORTE, 2036.
Beecher, H. W. (1813-1887): IRA, 3969.
Beerbohm, M. (1872-1956): COSMÉTICOS, 492; INVEJA, 3956.
Behn, A. (1640-1689): DINHEIRO, 2991.
Belinski, V. G. (1811-1848): IDÉIA, 2378; RAZÃO, 2802.
Belli, G. G. (1791-1863): BELEZA, 464; BLASFÊMIA, 887; GUERRA, 2197; INC., 4412; MÃE, 1167; MATRIMÔNIO, 1888; MORTE, 1960, 1993, 2044; MULHER, 3736; PRESSA, 1239; RIQUEZA, 2952, 2961; SEXO, 3183; SONO, 3325; TEMPO, 3547; VIDA E MORTE, 4066; VIDA, 4004.
Bellini, V. (1801-1835): MEL., 4682-4.
Bellow, S. (nascido em 1915): INC., 4561.
Bembo, P. (1470-1547): CRÍTICA DE ARTE, 392; ESCREVER, 1680; LÍNGUA, 1720.
Benavente y Martínez, J. (1866-1954): AMOR, 205; BEM E MAL, 533; COMANDAR, 2775; DINHEIRO, 2998-9; DOR, 2476, 2492; FELICIDADE, 2511; GOVERNO, 3408; HIPOCRISIA, 3871; MENTIRA, 3859; MULHER, 3777; PERDÃO, 1036; SORTE, 808.
Benchley, R. (1889-1945): VINHO, 586.
Benedito XV (1854-1922): HIST., 4831.
Benjamin, W. (1892-1940): ARTE, 345; CITAÇÃO, 52; CONHECIMENTO, 692; DOAÇÃO, 917; ESTADO, 3395.
Bennett, A. (1867-1931): MARIDO, 1927; OTIMISMO E PESSIMISMO, 3389.
Bentham, J. (1748-1832): FIL., 4978; PUNIÇÃO, 1380.
Beowulf (poema épico em dialeto saxão, séc. X): INC., 4630.
Béranger, P. J. de (1780-1857): SEXO, 3179.
Berchet, G. (1783-1851): LIT., 4219; LIBERDADE, 1565; POESIA, 2552.
Berdiaev, N. A. (1874-1948): GENIALIDADE, 1549; LIBERDADE, 1573.
Bergamín, J. (1897-1983): CORAGEM, 2337.
Bergson, H. (1859-1941): FIL., 5016.
Berkeley, G. (1685-1753): FIL., 4966; UNIVERSO, 2105.
Bernanos, G. (1888-1948): INFERNO, 903; MORTE, 1954; MUNDO, 2137; SANTOS, 2901; SUICÍDIO, 4089; VERDADE, 3971, 3796.

Bernard, C. (1813-1878): CIENTISTA, 3150.
Bernardin de Saint-Pierre J.-H. (1737-1814): HOMEM E MULHER, 3721.
Berni, F. (1497-1535): LIT., 4185.
Berto, G. (1914-1978): EXCESSOS, 3097; INC., 4465-6.
Bevilacqua, A. (nascido em 1934): INC., 4492.
Bhagavadgĩtã (poema indiano): CONHECIMENTO, 680; DESEJO, 738; FAZER, 1221; SABEDORIA, 3062; SERENIDADE, 3108.
Biagi, E. (nascido em 1920): DEMOCRACIA, 2700; UNIFORME, 13.
Bianciardi, L. (1922-1971): INC., 4478; MEDICINA, 1820; POLÍTICA, 2639; POLÍTICOS, 2643; REVOLUÇÃO, 2688-9.
Biante (nascido em c. 570 a.C.): PODER, 2756.
Bíblia:
Antigo Testamento: ADULAÇÃO, 1754; AMIGO, 92; CIÚME, 1942; DEUS E O HOMEM, 874; DEUS, 825-6; ELOGIO, 1746; ESMOLA, 930; ESPOSA, 1907; HOMEM E MULHER, 3703-4, 3706; HOMEM, 3667; INC., 4310; JULGAMENTO, 1339; JUSTIÇA, 1323; PRESENTE, 3587; PUNIÇÃO, 1379, 1383; RIQUEZAS, 2948; SOLIDÃO, 3307; TEMPO, 3573; TERRA, 2114; VAIDADE, 3523.
Novo Testamento: AMOR, 113; BEM E MAL, 508, 518; COMER, 1836; CRIANÇAS, 1068; DEFEITOS, 3929; DEUS, 827; DOAÇÃO, 909; ESMOLA, 931; ESPÍRITO, 277-8; FÉ, 2858, 2864; HIPOCRISIA, 3865; IGREJA, 2909; JULGAMENTO, 1348; JURAMENTO, 3835; MÉRITO, 1421; NÓS E OS OUTROS, 3250; PECADO, 1000; PERDÃO, 1033; POBREZA, 2964; RIQUEZAS, 2950; SATANÁS, 894-5; TRABALHO, 1253; "ÚLTIMAS PALAVRAS", 2055; VERDADE, 3812.
Bierce, A. (1842-1914): ADMIRAÇÃO, 1765; CRISTIANISMO, 2885; DESVENTURAS, 3507; MALDADE, 550; ORAÇÃO, 883; PENSAMENTO, 2362.
Billings, J. (1818-1885): ARREPENDIMENTO, 1025.
Bini, C. (1806-1842): EGOÍSMO, 3531; POLÍTICA, 2634; TÉDIO, 2533; CIÊNCIA, 3128.
Bion (séc. IV-III a.C.): FAMA, 1412; VELHICE, 1113-4.
Birrel, A. (1850-1933): HISTÓRIA, 3433.
Bismarck, O. von (1815-1898): ALEMÃES, 2744; CIDADE, 604; CRÍTICA, 1799; GOVERNO, 3404; GUERRA, 2179, 2195; HIST., 4828; LEI, 1362; LIBERDADE, 1570, 1574, 1584; MENTIRA, 3848; PARTIDO, 2649; PODER, 2759; POLÍTICA, 2625-6, 2636; XENOFILIA, 649.
Bizet, G. (1838-1875): MEL., 4723-5.
Blacker, V. (1778-1823): CONFIANÇA, 1505.
Blake, W. (1757-1827): BELEZA, 454; CIÊNCIA, 3132; CORPO, 270; DESEJO, 737; DIVERSIDADE, 2717; EXCESSOS, 3096.
Blanqui, L.-A. (1805-1881): CAPITALISMO, 3277; COMUNISMO, 3285.
Blau, E. (1836-1906): MEL., 4734.
Blei, F. (1871-1942): PALAVRA, 2229.
Blok, A. (1880-1921): HISTÓRIA, 3434.
Bloy, L. (1846-1917): CRISTIANISMO, 2891.
Blum, L. (1872-1950): SOCIEDADE, 1596.
Boccaccio, G. (1313-1375): APARÊNCIA, 308; CASTIDADE, 3185; FAZER, 1181, 1203; INC., 4373; INVEJA, 3957; RIQUEZAS, 2921.
Boécio (480-526): FIL., 4905; INFELICIDADE, 2516.
Boiardo, M. M. (1441-1494): AMOR, 154; INC., 4376; MORTE, 1968.
Boileau-Despréaux, N. (1636-1711): ACÍDIA, 3975; ADMIRAÇÃO, 1768; ARTISTA, 386; ESCREVER, 1650; POESIA, 2582.
Boito, A. (1842-1918): LIT., 4260; MEL., 4716, 4721-2, 4726; MORTE, 1984; PUDOR, 3194; VIDA, 3984.
Bolingbroke, H. St.-J. (1678-1751): VERDADE, 3820.
Böll, H. (1917-1985): ESCREVER, 1657; INC., 4638; PAIS E FILHOS, 1142; SONHO, 3339.
Bona, G. P. (nascido em 1926): AMOR, 127; CRÍTICA DE ARTE, 388; MEDO, 2311; VINHO, 585.
Bono, E. de (nascido em 1933): INFELICIDADE, 2526.
Borges, J. L. (1899-1986): HISTÓRIA, 3445; INC., 4625; TRADUÇÃO, 1742; VIDA, 4012.
Bórgia, C. (1475-1507): HIST., 4765.
Börne, L. (1786-1837): ANIMAIS E HOMEM, 304; AUTOCONHECIMENTO, 3216; DESCONTENTAMENTO, 2547; DESPOTISMO, 2795, 2796; DOAÇÃO, 919; DOR, 2464; ERRO, 986; GOVERNO, 3402; GRANDES HOMENS, 3694; HUMANIDADE, 3649; ILUSÃO, 3371; INTELIGÊNCIA, 1535, 1537; LEVIANDADE, 971; LIBERDADE, 1570, 1582-3; LÍNGUA, 1722; MÃE, 1177; MUDANÇA, 32; PODER, 2753; RIQUEZAS, 2928; VIRTUDE, 3904.
Borrow, G. H. (1803-1881): TRADUÇÃO, 1741.
Bosi, C. A. (1813-1886): LIT., 4256.
Bossuet, J.-B. (1627-1704): RIQUEZAS, 2935; SILÊNCIO, 2294.
Botta, D. (1766-1837): LIBERDADE, 1572.
Bouchet, G. (1513-1594): ESMOLA, 929.
Bourget, P. (1852-1935): COERÊNCIA, 2421; DEMOCRACIA, 2696.
Bowen, Lord (1835-1894): METAFÍSICA, 1310.

Bradbury, M. (nascido em 1932): HOMEM E MULHER, 3731; SEXO, 3161.
Bradley, F. H. (1846-1924): FIL., 5015.
Brahma-sutra (coletânea de sentenças bramânicas): VIDA, 4022.
Brancati, V. (1907-1954): INC., 4456-8; MÚSICA, 415; RIQUEZAS, 2930, 2936-7.
Brando, M. (nascido em 1924): TEATRO, 433.
Brecht, B. (1898-1956) AMOR, 186; BEM E MAL, 504; CIÊNCIA, 3130, 3136; COMER, 1842; COMUNISMO, 3283; CONFIANÇA, 1512; DIFICULDADES, 813; DÚVIDA, 954; EPITÁFIO, 2086; HOMEM, 3682; INC., 4637; MÃE, 1164; MEDO, 2312; MORTE, 2016; REVOLUÇÃO, 2681; VERDADE, 3801-2; VIDA, 4016; VIOLÊNCIA, 1320.
Brenan, G. (1894-1987): RIQUEZAS, 2962.
Breno (séc. V-IV a.C.): HIST., 4751.
Breton, A. (1896-1966): FUNERAL, 2070.
Bright, J. (1811-1889): LÍNGUA, 1726.
Brillat-Savarin, A. (1755-1826): COMER, 1838-9.
Broch, H. (1886-1951): KITSCH, 374-5.
Bronowski, J. (1908-1974): CIÊNCIA, 3123.
Browne, Th. (1605-1682): FÉ, 2866; JULGAMENTO, 1349; MUNDO, 2130; NATUREZA, 2094; POVO, 2668; SEXO, 3160.
Browning, E. B. (1806-1861): MULHER, 3774.
Browning, R. (1812-1889): CRISTIANISMO, 2884; DEUS CRIADOR, 846-7; IGNORÂNCIA, 721; INC., 4523; VERDADE, 3809.
Bruno, G. (1548-1600): AMOR, 118; FIL., 4932-4; POESIA, 2583; PRAZER, 2454; SABER, 706; TEMPO, 3555; TRISTEZA, 2546.
Büchner, G. (1813-1837): HOMEM, 3672; REVOLUÇÃO, 2685; SOLIDÃO, 3310.
Bufalino, G. (nascido em 1920): AMOR, 202; ATEÍSMO, 2854; DEUS CRIADOR, 851; DEUS E O HOMEM, 866; EXISTÊNCIA DE DEUS, 839, 843; FELICIDADE, 2503; HUMANIDADE, 3653; JUVENTUDE, 1092; MORTE, 2008; MÚSICA, 425; NASCIMENTO, 4074, 4081; PALAVRA, 2244; POETA, 2619-20; SEXO, 3166; SUICÍDIO, 4087; TEMPO, 3554; VIDA E MORTE, 4061, 4073; VIDA, 4035-6.
Buffon, G.-L. (1707-1788): CIÊNCIA, 3146; CIENTISTA, 3151; ESTILO, 1696, 1702-3; GENIALIDADE, 1544.
Bulgakov, M. A. (1891-1940): COMUNISMO, 3281; ESCREVER, 1688; INC., 4661-2.
Bulwer-Lytton, E. G. (1803-1873): AMIGO, 70.
Buñuel, L. (1900-1983): ESPANHÓIS, 2732.
Buonarroti, M. (1475-1564): APRENDIZADO, 1441; BEM E MAL, 520; DÚVIDA, 962; INC., 4388; LIT., 4184; TRISTEZA, 2545; VIRTUDE, 3901; VONTADE, 4099.
Buridano, G. (séc. XIV): FIL., 4917.
Burke, E. (1729-1797): ADVERSÁRIO, 109; ANTEPASSADOS, 1138; FORÇA, 1315; FUTURO, 3602; PODER, 2747; POLÍTICOS, 2647; RELIGIÃO, 2834; SUCESSO, 3483; SUPERSTIÇÃO, 2878.
Burney, F. (1752-1840): VERGONHA, 1016; VIAGEM, 3890.
Burns, R. (1759-1796): AUTOCONHECIMENTO, 3213; INC., 4508.
Burton, R. (1577-1640): ESCREVER, 1673; POETA, 2596, 2600; RELIGIÃO, 2837; TRISTEZA, 2543.
Bussy-Rabutin, R. (1618-1693): AMOR, 124, 216; MORTE, 2046.
Butler, J. (1692-1752): VIRTUDE, 3905.
Butler, S. (1612-1680): ENGANO, 1489; MULHER, 3757.
Butler, S. (1835-1902): CERTEZA, 966; DEUS CRIADOR, 852; DEUS E O HOMEM, 869; DINHEIRO, 2994; ESPOSA, 1914; FAZER, 1188; LIVRO, 1615; MENTIRA, 3850; OPINIÃO, 2405; PRAZER, 2441; PROGRESSO, 659; RELIGIÃO, 2838; SATANÁS, 892; VERDADE, 3804; VIDA E MORTE, 4056; VIDA, 3987, 3989.
Buttafava, V. (1918-1983): AMOR, 190; AVAREZA, 3938; BONDADE, 551; MULHER BONITA, 471; SEGREDOS, 3874; VIDA, 3978, 4014.
Buzzati, D. (1906-1972): INC., 4467.
Byron, G. G. (1788-1824): AMOR E ÓDIO, 242; DÚVIDA, 960; INC., 4513-4; MENTIRA, 3858; VINHO, 580.
Cã nakya (Sentenças indianas): HOSPITALIDADE, 613.
Cabell, J. (1879-1958): OTIMISMO E PESSIMISMO, 3388.
Caillois, R. (nascido em 1913): TRABALHO, 1251.
Cain, J. M. (1892-1977): INC., 4547.
Cajumi, A. (1899-1955): REVOLUÇÃO, 2676; HUMANIDADE, 3645.
Calderón de la Barca, P. (1600-1681): CORAGEM, 2342; ERRO, 993; HONRA, 1426; INC., 4618.
Calímaco (c. 310-240 a.C.): LIVRO, 1635.
Calvino, I. (1923-1985): AUTOCONHECIMENTO, 3217; CIDADE, 605; COMANDAR, 2769; CONHECIMENTO, 673, 689; ESCREVER, 1653, 1681; IDADE, 1050; INC. 4469-73; VIDA, 4039.
Calvino, J. (1509-1564): FIL., 4929.
Calzabigi, R. de' (1714-1795): MEL., 4672.

Cambronne, P.-J.-E. de (1770-1842): HIST., 4809.
Cammarano, S. (1801-1852): MEL., 4687-9, 4708-11.
Campana, D. (1885-1932): INC., 4444
Campanella, T. (1568-1639): FIL., 4935; LIVRO, 1630; MORTE, 2038; MUNDO, 2123; SABER, 703.
Campanile, A. (1900-1977): ALMA, 262; MARIDO, 1935; SONO, 3328.
Camus, A. (1913-1960): FIL., 5025, INC., 4600-1, JUSTIÇA, 1332; RAZÃO, 2807; SUICÍDIO, 4092.
Canetti, E. (nascido em 1905): AFORISMO, 44; DEUS CRIADOR, 848; DEUS E O HOMEM, 861; ESCREVER, 1687; LEMBRANÇAS, 3473; MULHER, 3746; NACIONALISMO, 648; PALAVRA, 2263; PROGRESSO, 664; RELIGIÃO, 2839; SABER, 707.
Çantiçabaka (sentenças indianas): DESEJO, 753.
Cantù, C. (1804-1895): AUTORIDADE, 2760; BEM E MAL, 505; DEMOCRACIA, 2698; DOAÇÃO, 913; IGNORÂNCIA, 720; MENTIRA, 3839; MONUMENTOS, 1423; TRABALHO, 1257; VERDADE, 3816.
Capponi, P. (1446-1496): HIST., 4776.
Caproni, G. (1912-1990): MORTE, 1957.
Capuana, L. (1839-1915): INC., 4429.
Cardarelli, V. (1887-1959): ESPERANÇA, 3380; HOMEM E MULHER, 3705; LEMBRANÇAS, 3468; LIT., 4296; MORTE, 1956.
Carducci, G. (1835-1907): CONCISÃO, 2281; IDÉIA, 2376; INC., 4423-5; INIMIGO, 104; LIT., 4265-73; MATRIMÔNIO, 1889; PAPA, 2915; POETA, 2610, 2612-3; POLÍTICOS, 2644; SATANÁS, 897; VIDA, 4049.
Carew, Th. (1594-1640): AMOR E ÓDIO, 238.
Carlos V (1500-1558): ESTADO, 3398; HIST., 4784-6; MODERAÇÃO, 3105; SORTE, 798.
Carlyle, Th. (1795-1881): CIVILIZAÇÃO, 650; CRISTO, 891; FAZER, 1194; HISTÓRIA, 3432, 3440; MORTE, 1987; POLÍTICA, 2635; PROSPERIDADE, 3496; RISO, 3022.
Carré, M. (1819-1872): MEL., 4717-8.
Carroll, L. (1832-1898): INC., 4526-7; NÓS E OS OUTROS, 3258; PROMESSAS, 1523; SEMÂNTICA, 1736; SONHO, 3345.
Cartland, B. (nascida em 1901): SEXO, 3162.
Casanova, G. (1725-1798): BEIJO, 232; DOR, 2486; MULHER BONITA, 489; SABEDORIA, 3061.
Casona, A. (1903-1965): BELEZA, 452; HOMEM E MULHER, 3723.
Cassiodoro (490-583): FIL., 4906.

Cassola, C. (1917-1987): INC., 4476-7.
Castiglione, B. (1478-1529): CRÍTICA, 1801; FEALDADE, 495; GLÓRIA, 1397; INC., 4384; OPINIÃO, 2414; SABEDORIA, 3068.
Catalani, A. (1854-1893): MEL., 4731.
Catão, o Censor (234-149 a.C.): ELOQUÊNCIA, 2275; FOME, 1849; FURTO, 3019; HIST., 4754; SABEDORIA, 3075; SUPÉRFLUO, 771.
Catarina de Siena (1347-1380): SOBERBA, 3514.
Cattaneo, C. (1801-1869): PÁTRIA, 621.
Catulo (87-54 a.C.): "CORNOS", 1948; AMOR E ÓDIO, 236; AMOR, 157, 210; BEIJO, 233; CALÚNIA, 1786; DOAÇÃO, 922-3; ESPÍRITO, 273; FEALDADE, 498; GRATIDÃO, 946, ILUSÃO, 3366; INC., 4335; MORTE, 2024; MULHER BONITA, 473; OBRA DE ARTE, 370; PAIS E FILHOS, 1148; PALAVRA, 2245; POETA, 2607; RISO, 3030-1.
Cavalcanti, G. (c. 1250-1300): LIT., 4113-4.
Cavour, C. (1810-1861): COERÊNCIA, 2425; GOVERNO, 3413; HIST., 4820; POLÍTICA, 2631.
Ceccato, S. (nascido em 1914): APRENDIZADO, 1443; FELICIDADE, 2502; MEDO, 2329.
Cecchi, E. (1884-1966): INC., 4451; VIDA, 4051.
Cela, C. J. (nascido em 1916): INC., 4628.
Céline, L.-F. (1894-1961): AMOR, 111; BEM E MAL, 515; MORTE, 1950; VAIDADE, 3525; VERDADE, 3795.
Cellini, B. (1500-1571): INC., 4389.
Cervantes, M. de (1547-1616): AMOR, 176; APARÊNCIA, 322; BOAS MANEIRAS, 570; COMER, 1844; CONCISÃO, 2279; DESEJO, 736; DESVENTURAS, 3506, 3508, 3511; DOAÇÃO, 920; ELOQUÊNCIA, 2276; ESCREVER, 1662; ESTILO, 1700; FUGA, 2228; GRATIDÃO, 944, 947; GUERRA, 2199; HISTÓRIA, 3447; HOMEM, 3663; IGNORÂNCIA, 722; INC., 4609-10; JUSTIÇA, 1328; LEMBRANÇAS, 3467; LIBERDADE, 1563; MENTIRA, 3847; MULHER, 3751, 3753, 3776; PERIGO, 2336; SEGREDOS, 3875; SILÊNCIO, 2290; SOLIDÃO, 3299; SORTE, 807; TRADUÇÃO, 1740; TRISTEZA, 2541; VIAGEM, 3888; VIRTUDE, 3894.
César (100-44 a.C.): CONFIANÇA, 1501; CRENÇA, 3828; HIST., 4756-60; INC., 4333-4; SUCESSO, 3489.
Chamfort, N. de (c. 1740-1794): AMIGO, 96; APARÊNCIA, 310; BEM E MAL, 535; COMER, 1841; DEFEITOS, 3930; DESPOTISMO, 2785; DEUS E O HOMEM, 872; FAMA, 1413-4; FILOSOFIA, 1295; HOMEM E MULHER, 3725; ILUSÃO, 3367; MATRIMÔNIO, 1868, 1870, 1902; METAFÍSICA, 1308; PAIXÃO, 2830; PENSAMENTO, 2371; RISO, 3021; SORTE, 802; "ÚLTIMAS PALAVRAS", 2048; VIDA, 4011; VIRTUDE E VÍCIO, 3912.
Chandler, R. (1888-1959): DOR, 2482.

Chanson de Roland (canção de gesta francesa): DOR, 2493.
Chapelan, M. (nascido em 1906): ESCREVER, 1674.
Chaplin, Ch. (1889-1977): LUXO, 2983.
Chapman, J. J. (1862-1933): ADULAÇÃO, 1755.
Chateaubriand, F.-R. de (1768-1848): ANTEPASSADOS, 1139; ESCREVER, 1668; FÉ, 2861; HISTORIADOR, 3458; PALAVRA, 2246; PASSADO, 3598; TÉDIO, 2531; TEMPO, 3565; VIDA E MORTE, 4067.
Chaucer, G. (c. 1340-1400): INC., 4494.
Chénier, A. (1762-1794): POESIA, 2577, 2586.
Chesterfield, Ph. D. (1694-1773): AMIGO, 74; ARISTOCRACIA, 2152; OFENSA, 1778; OPINIÃO, 2404; POLÍTICOS, 2645; PRESSA, 1236; RISO, 3023; SABEDORIA, 3064; SEGREDOS, 3872; VESTUÁRIO, 1.
Chesterton, G. K. (1874-1936): ARTISTA, 380; GANHO, 3006; OBESIDADE, 1856; PÁTRIA, 620; SENTIMENTO, 2828.
Chiabrera, G. (1552-1638): LIT., 4197.
Chiara, P. (1913-1987): INC., 4479.
Chklovski, V. B. (1893-1984): ARTE, 352.
Chrétien de Troyes (séc. XII): PUDOR, 3193.
Chuang-tzu (369-286 a.C.): FURTO, 3018; SABER, 696; SONHO, 3338.
Churchill, W. (1874-1965): CRIANÇAS, 1057; DESPOTISMO, 2788; GENTILEZA, 562; HIST., 4846-52; VITÓRIA, 2214.
Cícero (106-43 a.C.): AMOR, 221; APARÊNCIA, 317; ELOQUÊNCIA, 2271; ERRO, 984, 987; ESTADO, 3397; FILOSOFIA, 1282-3, 1289; FOME, 1851; GUERRA, 2181-2; HIST., 4755; HISTÓRIA, 3424-5; HISTORIADOR, 3454; INC., 4336-7; JUSTIÇA, 1325; JUVENTUDE, 1098; LEMBRANÇAS, 3463; MAIORIA, 2705; MEMÓRIA, 3478; NOVO, 34; PACIÊNCIA, 3632; POETA, 2603; PRESENTE, 3586; PRESUNÇÃO, 3518; PREVISÕES, 3610, 3612; SILÊNCIO, 2291; SOLIDÃO, 3288, 3304; SONO, 3317; SUCESSO, 3488, 3490; VELHICE, 1117, 1125.
Cielo d'Alcamo (séc. XIII): LIT., 4111.
Cilea, F. (1866-1950): MEL., 4735-6.
Cioran, E. M. (nascido em 1911): PÁTRIA, 625; SUICÍDIO, 4090.
Cisneros, F. J. de (1436-1517): HIST., 4778.
Citati, P. (nascido em 1930): SONHO, 3344.
Civinini, G. (1873-1954): MEL., 4746.
Clarasó, N. (nascido em 1905): CORPO, 266; MATRIMÔNIO, 1901; ESPOSA, 1925.

Claudel, P. (1868-1955): MATEMÁTICA, 1864; PALAVRA, 2261.
Claudiano (séc. IV): INC., 4359.
Clausewitz, C. von (1780-1831): CORAGEM, 2340; GUERRA, 2193, 2203-4.
Clemenceau, G. (1841-1929): HIST., 4834; SOLDADOS, 2207.
Clough, A. H. (1819-1861): DEUS, 828.
Cocteau, J. (1889-1963): CRÍTICA DE ARTE, 398; VERDADE, 3794.
Coke, E. (1552-1634): CASA, 606.
Colautti, A. (1851-1914): MEL., 4736.
Colby, F. M. (1865-1925): HUMORISMO, 3043.
Coleridge, S. T. (1772-1834): AMIGO, 65; CRISTIANISMO, 2883; CRÍTICA DE ARTE, 391; IDÉIA, 2384; IMAGINAÇÃO, 3360; INC., 4509; POESIA, 2555, 2564; SOLIDÃO, 3302; TOLERÂNCIA, 3620.
Colette, S.-G. (1873-1954): SEXO, 3156; VIRTUDE E VÍCIO, 3922.
Collins, J. Ch. (1848-1908): AMIGO, 87; CONFIANÇA, 1509; MULHER, 3747.
Collins, M. (1827-1876): VELHICE, 1108.
Collodi, C. (1826-1890): JULGAMENTO, 1342; INC., 4421; MEDICINA, 1827-8; TRABALHO, 1258.
Colman, G. (1732-1794): AMOR, 166.
Colton, Ch. C. (1780-1832): CRÍTICA, 1796; ENGANO, 1495; ENSINO, 1471; IMITAÇÃO, 1774.
Comte, A. (1798-1857): CIÊNCIA, 3139; FIL., 5004; MULHER, 3778.
Condillac, E. B. de (1715-1780): FIL., 4970.
Confúcio (c. 551-479 a.C.): AVAREZA, 3936; COMER, 1837; CONHECIMENTO, 679; EDUCAÇÃO, 1478; ERRO, 992; FAMÍLIA, 1130; FAZER, 1193; MODERAÇÃO, 3106; NÓS E OS OUTROS, 3249, 3254; POVO, 2661; QUARENTA ANOS, 1075.
Congreve, W. (1670-1729): AMOR, 187; MÚSICA, 416; OPINIÃO, 2416; SEGREDOS, 3876.
Connolly, C. (1903-1974): CAMPO, 592; MULHER BONITA, 481; MULHER, 3750; OBESIDADE, 1855; SUICÍDIO, 4088.
Conrad, J. (1857-1924): INC., 4535.
Constant de Rebecque, B. (1767-1830): DOR, 2479; FAZER, 1185.
Constantino I (c. 280-337): HIST., 4769.
Corazzini, S. (1886-1907): POETA, 2615.
Corbière, T. (1845-1875): MORTE, 1953.
Corneille, P. (1606-1684): AMOR, 120; DOAÇÃO, 914; INC., 4566; VIDA E MORTE, 4072; VITÓRIA, 2216.

Corneille, Th. (1625-1709): MEDO, 2319.
Cortés, H. (1485-1547): FAZER, 1219.
Courteline, G. (1860-1929): HÁBITO, 23; DINHEIRO, 2985.
Coward, N. (1899-1973): PAIXÃO, 2833.
Cowley, A. (1618-1667): CONSTÂNCIA, 39.
Cowper, W. (1731-1800): CAÇA, 294; CIDADE, 602; TER OU NÃO RAZÃO, 2440; VERDADE, 3818.
Crébillon, C. P.-J. de (1707-1777): ADMIRAÇÃO, 1771; ARISTOCRACIA, 2153.
Croce, B. (1866-1952): ARTE, 327-9, 357; ERRO, 989; FIL., 5021-2; HISTÓRIA, 3437-8; HOMEM, 3674; POESIA, 2554; VIOLÊNCIA, 1321.
Croce, G. C. (1550-1609): AMIGO, 90; CONFIANÇA, 1502; LOUCURA, 3093.
Cronica (crônica em dialeto romano, séc. XIV): INC., 4370.
Cruz, J. de la (1542-1591): INC., 4608.
Cuoco, V. (1770-1823): LEI, 1359; POVO, 2662; REVOLUÇÃO, 2678; VITÓRIA, 2219.
Cúrcio Rufo (séc. I d.C.): AMIZADE, 61.
Cusano, N. (1401-1464): FIL., 4921-2.
Cyrano de Bergerac, S. de (1619-1655): MORTE, 1969.
D'Annunzio, G. (1863-1938): ALMA, 260; ARISTOCRACIA, 2150; BELEZA, 461; DIVERSIDADE, 2713; DOENÇA, 1812; DOR, 2467; HIST., 4835; HOMEM, 3675; INC., 4434-41; LIBERDADE, 1578; LIT., 4282-86; POESIA, 2580; PRAZER, 2442; SABEDORIA, 3082; SAUDADE, 3480; SONHO, 3346; VERDADE, 3827; VIDA, 3985, 3998.
D'Arrigo, S. (nascido em 1919): INC., 4490.
D'Houdetot, E. (1730-1813): AMOR, 195, 227.
Da Ponte, L. (1749-1838): MEL., 4673-4.
Dalberg Acton, J. E. E. (1834-1902): PODER, 2746.
Darwin, Ch. R. (1809-1882): FIL., 5009-10.
Daudet, A. (1840-1897): INC., 4586-7.
Day, C. Sh. (1874-1935): FUNERAL, 2072.
De Amicis, E. (1846-1908): AMIZADE, 60; EDUCAÇÃO, 1484; ENSINO, 1450, 1464; ESMOLA, 932; INC., 4426; MÃE, 1175; PÁTRIA, 622; VIRTUDE, 3911.
De Crescenzo, L. (nascido em 1928): AMIGO, 83; AMOR, 220; FOME, 1852; NÓS E OS OUTROS, 3255; PODER, 2748; VIDA, 3979.
De Filippo, P. (1903-1980): "ÚLTIMAS PALAVRAS", 2050.
De Gaulle, Ch. (1890-1970): SOLIDÃO, 3300.

De Marchi, E. (1851-1901): ESCREVER, 1661; INC., 4422; POVO, 2655; TRABALHO, 1259.
De Quincey, Th. (1785-1859): EMBRIAGUEZ, 590.
De Sanctis, F. (1817-1883): ARTE, 330; CRÍTICA DE ARTE, 390; CRÍTICA LITERÁRIA, 1707-10.
De Vries, P. (nascido em 1910): GULA, 3943.
Defoe, D. (1660-1731): INC., 4505.
Delacroix, E. (1798-1863): HOMEM, 3679; PINTURA, 405; VERDADE, 3792.
Delavigne, C. (1793-1843): MEL., 4681.
Deledda, G. (1871-1936): INC., 4433.
Della Casa, G. (1503-1556): BOAS MANEIRAS, 569; DESPREZO, 1793; INC., 4386; MENTIRA, 3845.
Demócrito (c. 460-370 a.C.): HOMEM, 3671; MORTE, 1979; NECESSIDADE, 762; VERDADE, 3784; VIDA, 4023.
Demóstenes (384-322 a.C.): ILUSÃO, 3365; SUCESSO, 3491.
Derjavine, J. R. (1743-1816): APARÊNCIA, 323.
Descartes, R. (1596-1650): FIL., 4939-41; PASSADO, 3592; PENSAMENTO, 2359; SONHO, 3348; VERDADE, 3826.
Dhammapada (sentenças budistas): AMOR E ÓDIO, 240; AUTOCONTROLE, 3235; BEM E MAL, 530; BONDADE, 555; CASTIDADE, 3186; FAZER, 1222; PAIXÃO, 2829; PENSAMENTO, 2358.
Di Giacomo, S. (1860-1934): LIT., 4292.
Diane de Poitiers (1499-1566): CALÚNIA, 1788.
Dickens, Ch. (1812-1870): CONHECIMENTO, 677; CORAÇÃO, 2821; CRIANÇAS, 1069; DESVENTURAS, 3512; FAMÍLIA, 1133; FELICIDADE, 2505; GRAMÁTICA, 1731; INC., 4517-21; POVO, 2672; VESTUÁRIO, 7.
Diderot, D. (1713-1784): COMER, 1835; CRÍTICA DE ARTE, 395; CRÍTICA LITERÁRIA, 1706; FAMA, 1408; FIL., 4964-5; FOME, 1846; INC., 4574; PENSAMENTO, 2368; POESIA, 2590; SEXO, 3184; SUPERSTIÇÃO, 2879.
Diógenes, o Cínico (morto em c. 323 a.C.): BEM E MAL, 519; COMER, 1832; FIL., 4890; HOMEM, 3660; MATRIMÔNIO, 1898.
Dionísio de Halicarnasso (c. 60 a.C.-c. 7 d.C.): HISTÓRIA, 3428.
Disraeli, B. (1804-1881): HIST., 4814; MATRIMÔNIO, 1895; POLÍTICA, 2637.
Disticha Catonis (coletânea de máximas, séc. III): METAFÍSICA, 1306.
Do Sublime (tratado grego anônimo): GRANDES HOMENS, 3697.

Doni, A. F. (1513-1594): NOVO, 37.
Donizetti, G. (1797-1848): MEL., 4685-92.
Donne, J. (1573-1631): BELEZA, 456; INC., 4502; LUXÚRIA, 3949; MORTE, 1998-9; SOLIDÃO, 3287.
Dossi, C. (1849-1910): AMIGO, 88; ANIMAIS E HOMEM, 305; ARTE, 331; CORPO, 269; ESCREVER, 1652; ESTILO, 1694; GENIALIDADE, 1556, 1560; HONESTIDADE, 538; HUMORISMO, 3042, 3044; IDÉIA, 2386; JUSTIÇA, 1337; LER, 1639; LIBERDADE, 1576; LÍNGUA, 1718; LIVRO, 1616, 1629; LOUCURA, 3084; PALAVRA, 2240; PUDOR, 3192; RIQUEZAS, 2955; TRADUÇÃO, 1743; VERDADE, 3821; VIRTUDE, 3902.
Dostoievski, F. M. (1821-1881): BELEZA, 447; BEM E MAL, 517; FÉ, 2867; INC., 4650-5; TEATRO, 429.
Douglas, N. (1868-1952): OFENSA, 1775.
Doyle, a.C. (1859-1930): ESPECIALISTA, 3153; FÁCIL, 822; VERDADE, 3815.
Drayton, M. (1563-1631): ADULAÇÃO, 1760.
Drieu La Rochelle, P. (1893-1945): CIDADE, 603; CIVILIZAÇÃO, 652; GUERRA, 2191.
Drummond, Th. (1797-1840): PROPRIEDADE, 3014.
Dryden, J. (1631-1700): ESPOSA, 1915; LOUCURA, 3088; PACIÊNCIA, 3633; RIDÍCULO, 3058.
Du Bellay, J. (1522-1560): LÍNGUA, 1719; VIAGEM, 3891.
Du Fail, N. (c. 1520-1591): POBREZA, 2974.
Du Ryer, P. (1605-1658): AMOR, 149.
Duc de Lévis (1764-1830): NOBREZA, 2138.
Ducis, J.-F. (1733-1816): VIDA, 4032.
Duclos, Ch.-P. (1704-1722): MÉRITO, 1420.
Duhamel, G. (1803-1870): HISTORIADOR, 3455.
Dumas, A. (1802-1870): NEGÓCIOS, 1262; CAVALHEIRO, 2158; INC., 4581.
Dürrenmatt, F. (1921-1991): CIÊNCIA, 3144; ESCREVER, 1658, 1691; TEATRO, 430.
Eastman, G. (1854-1932): "ÚLTIMAS PALAVRAS", 2060.
Eckermann, J. P. (1792-1854): APRENDIZADO, 1439-40; ELOGIO, 1749; ERRO, 982; SABEDORIA, 3067.
Eclesiastes (ver: Bíblia, Antigo Testamento)
Eclesiástico (ver: Bíblia, Antigo Testamento)
Eco, U. (nascido em 1932): DOR, 2463; HERESIA, 2396; INC., 4491; INIMIGO, 106; LIVRO, 1632; MEDO, 2313, 2328; NASCIMENTO, 4080; RISO, 3025; VERDADE, 3825.
Edgeworth, M. (1767-1849): FUNERAL, 2069.
Eduardo III (1312-1377): HIST

Einaudi, L. (1874-1961): COMANDAR, 2770; IMPOSTOS, 3418; JUSTIÇA, 1324; LIBERDADE, 1591;
Einstein, A. (1879-1955): FÉ, 2868.
Eliot, G. (1819-1880): AMOR, 125; ANIMAIS, 283; DIVERTIMENTO, 3039; HOMEM E MULHER, 3726; PALAVRA, 2249; PRESUNÇÃO, 3520.
Eliot, Th. S. (1888-1965): ARTE, 365; IMAGINAÇÃO, 3364; INC., 4554-6; MEDO, 2317; MORTE, 1982; MUNDO, 2134; POESIA, 2559; SEMÂNTICA, 1735; VIDA E MORTE, 4058; VIDA, 4017.
Elizabeth I (1533-1603): "ÚLTIMAS PALAVRAS", 2068.
Emerson, R. W. (1803-1882): AMERICANOS, 2726; AMIGO, 84-5; ARTE, 336; BELEZA, 443, 465; BOM SENSO, 3115; DOR, 2491; DÚVIDA, 959; ENGANO, 1491; ESCREVER, 1675; FAZER, 1224; GENIALIDADE, 1552; GRANDES HOMENS, 3696; HISTÓRIA, 3431, 3435; IGREJA, 2907; LÍNGUA, 1716; MEDO, 2310; MENTIRA, 3840; RELIGIÃO, 2836; SOLIDÃO, 3286; UNIVERSO, 2104; VELOCIDADE, 1243; VESTUÁRIO, 8.
Empédocles (séc. V a.C.): FIL, 4872.
Engels, F. (1820-1895): FIL., 5003.
Ênio (c. 239-169 a.C.): AMIGO, 79; GLÓRIA, 1401; ÓDIO, 246; POESIA, 2576; PREVISÕES, 3611; TEMPO, 3572.
Enzensberger, H. M. (nascido em 1929): ARTE, 350.
Epaminondas (c. 418-362 a.C.): "ÚLTIMAS PALAVRAS", 2065.
Epicuro (341-270 a.C.): AMIGO, 91; ATIVISMO, 1230; DEUS E O HOMEM, 881; FIL., 4891-2; FILOSOFIA, 1284; JUSTIÇA, 1334; MORTE, 1980, 2039; NECESSIDADE, 767; SERENIDADE, 3109; VIDA, 3992.
Epicteto (50-115): APRENDIZADO, 1445; COERÊNCIA, 2422; DIFICULDADES, 810; FIL., 4895-6; OPINIÃO, 2408; RAZÃO, 2806; SOLIDÃO, 3303; TEMPO, 3552.
Erasmo de Rotterdam (1466-1536): AUTO-ESTIMA, 3225; BEM E MAL, 522, 528; CIÊNCIA, 3137; ENSINO, 1449; ESPOSA, 1926; FIL., 4927; GANHO, 3005; GRAMÁTICA, 1730; HÁBITO, 17; PAZ, 2162; PUDOR, 3196; RIQUEZAS, 2932; SANTOS, 2900; VIDA, 4040.
Erikson, E. H. (nascido em 1902): CRIANÇAS, 1054.
Esopo (séc. VII-VI a.C.): AMBIÇÃO, 3533; DESVENTURAS, 3501; EDUCAÇÃO, 1485; ELOQUÊNCIA, 2273; HÁBITO, 16; MEDO, 2325; MORTE, 1973; NÓS E OS OUTROS, 3262; PODER, 2757; RIQUEZAS, 2931; SERVIDÃO, 1601.

Ésquilo (c. 525-456 a.C.): DERROTA, 2225; DESVENTURAS, 3504; DEUS E O HOMEM, 880; EXÍLIO, 644; FELICIDADE, 2508; GLÓRIA, 1399; INC., 4318; MALDADE, 545; PALAVRA, 2254; SABEDORIA, 3060; SUCESSO, 3482; TEMPO, 3551.
Estienne, H. (1531-1598): VELHICE, 1103.
Euclides (séc. III a.C.): MATEMÁTICA, 1865.
Eurípides (485-406 a.C.): AMOR, 217; DOR, 2466; FAMA, 1418; IGNORÂNCIA, 719; INC., 4319; JURAMENTO, 3833; MORTE, 2025; VELHICE, 1123; VONTADE, 4100.
Eutrópio (séc. IV): INC., 4358.
Êxodo (ver: Bíblia, Antigo Testamento)
Fabre d'Olivet, A. (1767-1825): HOMEM E MULHER, 3707.
Fabrizi, A. (1906-1990): EPITÁFIO, 2087.
Fallaci, O. (nascida em 1930): MÃE, 1170.
Fedro (séc. I d.C.): APARÊNCIA, 324; AUTORIDADE, 2762; BELEZA, 466; BOM SENSO, 3113; CONHECIMENTO, 690; CORAGEM, 2344; CRENÇA, 3831; DESPREZO, 1789; INC., 4348; NÓS E OS OUTROS, 3241; PODER, 2758; PREPOTÊNCIA, 3528.
Feijóo y Montenegro, B. J. (1676-1764): HOMEM E MULHER, 3724.
Fénelon, F. (1651-1715): OBRA DE ARTE, 367.
Fernando I (1503-1564): HIST., 4787.
Fernando VII (1784-1833): HIST., 4811.
Ferrucci, F. (1489-1530): HIST., 4780.
Feuerbach, L. A. (1804-1872): FIL., 4997.
Feydeau, G. (1862-1948): MARIDO, 1934.
Ficino, M. (1433-1499): ALMA, 258; FIL., 4923.
Fielding, H. (1707-1754): CONFIANÇA, 1511; LUXÚRIA, 3948; MEDICINA, 1825.
Filangieri, G. (1753-1788): OPINIÃO, 2411.
Filarete (1782-1867): SILÊNCIO, 2286.
Filipe II (1527-1598): HIST., 4789; "ÚLTIMAS PALAVRAS", 2047.
Firenzuola, A. (1493-1543): MULHER BONITA, 475.
Fitzgerald, F. S. (1896-1940): ARTISTA, 377; BEBER, 575; INC., 4543.
Flaiano, E. (1910-1972): ARTISTA, 379; BUROCRACIA, 3422; CORRUPÇÃO, 540; CRIANÇAS, 1064; DESPOTISMO, 2797; ITALIANOS, 2738; JUVENTUDE, 1083; OTIMISMO E PESSIMISMO, 3387; PROGRESSO, 665; SEXO, 3174; SONO, 3329; VIRTUDE E VÍCIO, 3921.
Flaubert, G. (1821-1880): ACASO, 790; CORAÇÃO, 2823; DOR, 2488; IDÉIA, 2379; INC., 4584-5; PÓSTEROS, 3619; PUNIÇÃO, 1391; SEXO, 3171; VAIDADE, 3526.
Fleming, I. (1908-1964): INC., 4552.
Flers, R. e Caillavet, G. (1872-1927 e 1869-1915): DEMOCRACIA, 2701.
Fliegende Blätter (semanário humorístico alemão): ADULAÇÃO, 1756; AMIGO, 69; BUROCRACIA, 3421; CORAÇÃO, 2812-3; CRÍTICA DE ARTE, 397; ESTUPIDEZ, 1539; MEMÓRIA, 3477; OBSTINAÇÃO, 43; PALAVRA, 2231; TERRA, 2115; VIRTUDE, 3909.
Florian, J. P. de (1755-1794): AMOR, 135.
Flos sanitatis (obra da Escola médica salernitana): MEDICINA, 1831; SONO, 3323.
Fogazzaro, A. (1842-1911): INC., 4427-8.
Folengo, T. (1491-1544): ESPOSA, 1921; INC., 4385; POESIA, 2574; PRESSA, 1242; RIQUEZAS, 2958.
Fontenelle, B. de (1657-1757): CRÍTICA DE ARTE, 394.
Fonvizin, D. I. (1745-1792): ADULAÇÃO, 1758.
Ford, H. (1863-1947): HISTÓRIA, 3446.
Forster, E. M. (1879-1970): AMIGO, 89; CRÍTICA DE ARTE, 387; INC., 4550; MÚSICA, 424.
Foscolo, U. (1778-1827): BELEZA, 450; BONDADE, 552; COMANDAR, 2768; DANÇA, 439; DESPOTISMO, 2794; ESPERANÇA, 3375; GUERRA, 2174; HIST., 4810; HISTÓRIA, 3427; INC., 4404-6; JULGAMENTO, 1345; LIT., 4213-8; MORTE, 1994; PATRIOTISMO, 639; POESIA, 2579; SEPULTURA, 2073-7; SERVIDÃO, 1599; VIRTUDE, 3910.
Fosdick, H. E. (1878-1969): ATEÍSMO, 2852.
Foucault, M. (1926-1984): LOUCURA, 3095.
Fouché, J. (1759-1820): HIST., 4802.
Fourier, Ch. (1772-1837): FIL., 4998; MATRIMÔNIO, 1876.
France, A. (1844-1924): ESTADO, 3400; LEI, 1356; LIVRO, 1619; POVO, 2654; RIQUEZAS, 2956.
Francisco I (1494-1547): HIST., 4779.
Franco, F. (1892-1975): HIST., 4845.
Frank, S. L. (1877-1950): SOCIALISMO, 3271.
Franklin, B. (1706-1790): IMPOSTOS, 3417; PAZ, 2164; TEMPO, 3557.
Frederico, o Grande (1712-1786): ACASO, 793; GUERRA, 2198, 2206; PENSAMENTO, 2365; REI, 2777; "ÚLTIMAS PALAVRAS", 2052.
Freud, C. (nascido em 1924): ABSTINÊNCIA, 591.
Freud, S. (1856-1939): CIVILIZAÇÃO, 656; ELOGIO, 1753; FIL., 5019-20.
Frisch, M. (1911-1991): FOME, 1848; POLÍTICA, 2633; SEXO, 3175; TOLERÂNCIA, 3622.

Fromm, E. (1900-1980): AMOR, 119, 225; CAPITALISMO, 3276; CONFORMISMO, 2417; HOMEM, 3664.
Frost, R. (1875-1963): IDADE, 1048.
Froude, J. A. (1818-1894): CAÇA, 293.
Fuller, Th. (1608-1661): LIVRO, 1607; CORAGEM, 2339; IRA, 3966.
Fuller, Th. (1654-1734): BONDADE, 554; COVARDIA, 2357; DESPREZO, 1792; FAZER, 1220; FÉ, 2862; VERDADE, 3803.
Fusinato, A. (1817-1889): LIT., 4255.
Gadda, C. E. (1893-1973): INC., 4463-4.
Galbraith, J. K. (nascido em 1908): NECESSIDADE, 768.
Galilei, G. (1564-1642): AUTORIDADE, 2763; FIL., 4937-8; HIST., 4792; IMAGINAÇÃO, 3362; INC., 4396; LIT., 4193; MATEMÁTICA, 1863; MORTE, 2017.
Gandhi, M. K. (1869-1948): VIOLÊNCIA, 1319.
Ganivet, A. (1865-1898): MULHER, 3744; REI, 2776.
García Lorca, F. (1898-1936): INC., 4622-4; VIDA, 4044.
García Márquez, G. (nascido em 1928): INC., 4629.
Garibaldi, G. (1807-1882): HIST., 4818, 4821-2.
Gatto, A. (1909-1976): POESIA, 2570.
Gautier, Th. (1811-1872): BELEZA, 463; VIDA, 4043.
Gay, J. (1685-1732): AMOR, 159.
Gênese (ver: Bíblia, Antigo Testamento)
Genet, J. (nascido em 1910): ÓDIO, 251.
Gentile, G. (1875-1944): FIL., 5017.
Géraldy, P. (1885-1983): AMOR, 224.
Gervaso, R. (nascido em 1937): ESCREVER, 1677-8; NECESSIDADE, 770.
Ghislanzoni, A. (1824-1893): MEL., 4715.
Giacosa, G. (1847-1906): MEL., 4738-45.
Gibbon, E. (1737-1794): GOVERNO, 3414.
Gide, A. (1869-1951): AUTOCONHECIMENTO, 3207; CASA, 611; CASTIDADE, 3188; DÚVIDA, 952; FAMÍLIA, 1132; LIVRO, 1611; SINCERIDADE, 3862.
Gilbert, W. S. (1836-1911): ANTEPASSADOS, 1136.
Gille, Ph. (1830-1901): MEL., 4733.
Ginsberg, A. (nascido em 1926): INC., 4562.
Ginzburg, N. (1916-1991): INC., 4489.
Giovanni Fiorentino (séc. XIV): INC., 4374.
Girardin, D. Gay de (1806-1881): IMPOSTOS, 3415; TRADUÇÃO, 1744.
Giraudoux, J. (1882-1944): ANIMAIS, 285; CORPO, 267; GENTILEZA, 564; GUERRA, 2189.
Giusti, G. (1809-1850): DINHEIRO, 2990; ESCREVER, 1676; LIT., 4251-2; MÃE, 1169; PAIS E FILHOS, 1149; REI, 2780; RIQUEZAS, 2951.
Gluck, Ch. W. (1714-1787): MEL., 4672.
Goethe, J. W. (1749-1832): ADULAÇÃO, 1759; AMOR, 136; ARTE, 341, 344; AUTO-ESTIMA, 3229; AUTOCONHECIMENTO, 3222; AUTORIDADE, 2761; BELEZA, 442; BURGO, 599; CARÁTER, 3690, 3692; COMPANHIA, 3311; CONHECIMENTO, 670, 682; DEMOCRACIA, 2695; DESEJO, 756; DIFICULDADES, 811; DOAÇÃO, 906; ERRO, 983, 999; FAZER, 1184, 1218; FÉ, 2872; FIL., 4987; GENIALIDADE, 1555; GOVERNO, 3407; GRATIDÃO, 949; HIPOCRISIA, 3869; HISTÓRIA, 3452; IGNORÂNCIA, 723; INC., 4632-3; INDECISÃO, 975; JUVENTUDE, 1082, 1097; LIBERDADE, 1564, 1586; LÍNGUA, 1721; MAIORIA, 2703; MÁXIMA, 48; MEMÓRIA, 3479; MÚSICA, 418; NÓS E OS OUTROS, 3244, 3247; OPINIÃO, 2402; PACIÊNCIA, 3631; PAIS E FILHOS, 1150; PALAVRA, 2264; PENSAMENTO, 2372; POBREZA, 2970; POVO, 2670; PRESUNÇÃO, 3519; RAZÃO, 2803; REI, 2779; RELIGIÃO, 2851; RIDÍCULO, 3056; RISO, 3034; SENTIDOS, 2810; SINCERIDADE, 3863; SOLIDÃO, 3295; SUPERSTIÇÃO, 2875; SUPORTAÇÃO, 3637; TEMPO, 3550, 3560; "ÚLTIMAS PALAVRAS", 2067; TOLERÂNCIA, 3624; VELHICE, 1126; VERDADE, 3805; VESTUÁRIO, 2; VITÓRIA, 2218.
Gogol, N. V. (1809-1852): FUTURO, 3603; INC., 4644-6; VERDADE, 3807.
Goldoni, C. (1707-1793): GULA, 3942; INC., 4397-8; LIT., 4205; MARIDO, 1936; MULHER, 3743; MUNDO, 2122; NOBREZA, 2141; VERGONHA, 1024.
Goldsmith, O. (1728-1774): SILÊNCIO, 2288.
Gómez de la Serna, R. (1891-1963): GENIALIDADE, 1551.
Goncourt, E. e J. de (1822-1896; 1830-1870): AMOR, 144; FAMA, 1407; HISTORIADOR, 3456; LIVRO, 1610; PAI, 1160; PASSADO, 3599; PINTURA, 410.
Góngora y Argote, L. de (1561-1627): AMOR, 209; INC., 4619-20.
Gontcharov, I. A. (1812-1891): INC., 4649.
Gonzalo de Córdoba, F. (1453-1515): HIST., 4773, 4782.
Górgias (c. 490-390 a.C.): FIL., 4878-9.
Górki, M. (1868-1936): CIÊNCIA, 3125; HISTÓRIA, 3451; PATRIOTISMO, 641; RUSSOS, 2743.
Gounod, Ch. (1818-1893): MEL., 4717-8.
Gourmont, R. de (1858-1915): HOMEM E MULHER, 3712.

Goya, F. (1746-1828): RAZÃO, 2804.
Gozzano, G. (1883-1916): INC., 4442; LIT., 4288-90; MULHER, 3734.
Gozzi, G. (1713-1786): AUTOCONHECIMENTO, 3219; CRÍTICA DE ARTE, 396, DIVERTIMENTO, 3036-7; ESCREVER, 1671.
Gracián y Morales, B. (1601-1658): AMIGO, 72; CONFIANÇA, 1513; DIVERSIDADE, 2714; EXCESSOS, 3098; HOMEM E MULHER, 3720; IGNORÂNCIA, 727; POBREZA, 2972; SABEDORIA, 3076; SEGREDOS, 3877.
Graf, A. (1848-1913): ENGANO, 1490.
Gramsci, A. (1891-1937): ESTADO, 3393-4; FIL., 5018; OTIMISMO E PESSIMISMO, 3390.
Grass, G. (nascido em 1927): CRIANÇAS, 1051; NASCIMENTO, 4082.
Gray, Th. (1716-1771): MULHER, 3758.
Grayson, D. (1870-1946): LIVRO, 1620.
Grazzini, A. F. (1503-1584): INC., 4390.
Green, J. (nascido em 1900): ALMA, 259; BÍBLIA, 2894.
Greene, G. (1904-1991): FAZER, 1186.
Gregório VII (1020-1085): "ÚLTIMAS PALAVRAS", 2064.
Griboedov, A. S. (1795-1829): PÁTRIA, 631; SERVIDÃO, 1600; TEMPO, 3567.
Grimmelshausen, H. Ch. von (1621-1676): INC., 4631.
Gringore, P. (c. 1475-1538): AMOR, 134.
Grossi, T. (1790-1853): INC., 4416; LIT., 4253.
Grossman, V. S. (1905-1964): DIVERSIDADE, 2712.
Grotius, H. (1583-1645): FIL., 4936.
Guareschi, G. (1908-1968): INC., 4459.
Guerrasio, G. (nascido em 1920): GRAMÁTICA, 1732.
Guerrazzi, F. D. (1804-1873): MATRIMÔNIO, 1875.
Guevara, A. de (1480-1545): AMIZADE, 58; POBREZA, 2980.
Guicciardini, F. (1483-1540): BEM E MAL, 516, 527; BENEFÍCIOS, 938; DESPOTISMO, 2793; DIVERSIDADE, 2715-6; FAZER, 1227; GANHO, 3007; INC., 4383; INDECISÃO, 976; LEVIANDADE, 972; PADRES, 2920; RELIGIÃO, 2848; SABEDORIA, 3077; SORTE, 804.
Guinizelli, G. (c. 1235-1276): AMOR, 167; LIT., 4112.
Guitry, S. (1885-1957): ESPOSA, 1909; MÃE, 1168; MULHER, 3768.

Haldane, J. B. S. (1892-1964): UNIVERSO, 2107.
Halévy, L. (1833-1908): MEL., 4723-5.
Halifax, G. S. (1633-1695): ACASO, 787; IRA, 3965, 3968; PREVISÕES, 3614; PUNIÇÃO, 1388; TER OU NÃO RAZÃO, 2436.
Hammett, D. (1894-1961): INC., 4544; PENSAMENTO, 2363.
Hardy, Th. (1840-1928): SILÊNCIO, 2287.
Hare, J. e A. (1795-1855 e 1792-1834): LIVRO, 1631.
Harington, J. (1561-1612): TRAIÇÃO, 1526.
Hartley, L. P. (1895-1972): MUDANÇA, 29.
Hartmann, J. (1805-1900): MEL., 4734.
Hawthorne, N. (1804-1864): INC., 4516; HIPOCRISIA, 3868.
Hazlitt, W. (1778-1830): CRISTIANISMO, 2882; FAZER, 1212; HUMANIDADE, 3648; IRA, 3970; MODA, 10; MORTE, 1952; ÓDIO, 249-50; POESIA, 2585; SILÊNCIO, 2298; TEATRO, 434; TER OU NÃO RAZÃO, 2435; VESTUÁRIO, 3.
Hebbel, Ch. F. (1813-1863): AMOR, 112, 126; ANIMAIS E HOMEM, 303; APARÊNCIA, 320; ARTISTA, 381; COERÊNCIA, 2429; DOR, 2471; FAZER, 1180; LÍNGUA, 1717; MÃE, 1172; MATRIMÔNIO, 1883; MORTE, 2002; POETA, 2623; PRAZER, 2460; SONHO, 3331; SONO, 3321; VELHICE, 1104; VIDA, 4033; VINTE ANOS, 1072.
Hegel, G. W. F. (1770-1831): FIL., 4988-93; SENTIMENTO, 2827.
Heine, H. (1797-1856): PADRES, 2918; "ÚLTIMAS PALAVRAS", 2066; VIDA, 4041.
Heliodoro (séc. III-IV): SONHO, 3341.
Heller, J. (nascido em 1923): MORTE, 1986.
Helps, A. (1813-1875): LER, 1640.
Hemingway, E. (1899-1969): BEM E MAL, 501; INC., 4545-6; DERROTA, 2223.
Henriot, E. (1889-1961): SABER, 712.
Henrique IV (1533-1610): HIST., 4783.
Henry, O. (1862-1910): MATRIMÔNIO, 1892.
Heráclito (c. 550-c. 480 a.C.): APRENDIZADO, 1447; CARÁTER, 3687; DESEJO, 731, 734; DOENÇA, 1806; FIL., 4868-71; GUERRA, 2172; MUDANÇA, 30-1.
Herbert, G. (1593-1633): GUERRA, 2176; MENTIRA, 3854.
Herder, J. G. (1744-1803): ACASO, 788; FIL., 4984; FILOSOFIA, 1300; JURAMENTO, 3834; SENTIMENTO, 2826; SUPERSTIÇÃO, 2876; UNIVERSO, 2106.
Heródoto (c. 484-430 a.C.): DESTINO, 775; DEUS E O HOMEM, 875; DIVERTIMENTO, 3035; FORÇA,

1312; INC., 4323; INVEJA, 3952; PAZ, 2170; PERIGO, 2334; PRESSA, 1238; PREVISÕES, 3609; PUDOR, 3197; VIDA E MORTE, 4055.
Herrick, R. (1591-1674): SONHO, 3334.
Herzen, A. I. (1812-1870): AMOR, 137.
Hesíodo (séc. VIII-VII a.C.): ECONOMIA, 3010; FOME, 1854; INC., 4312-3; MALDADE, 546; NÓS E OS OUTROS, 3260, 3266; VIRTUDE, 3897.
Hesse, H. (1877-1962): AMOR, 133, 206; GUERRA, 2190; HUMORISMO, 3040; PÁTRIA, 619; PAZ, 2160; SABEDORIA, 3078.
Hillary, E. (nascido em 1919): CIVILIZAÇÃO, 654.
Hipócrates (c. 460-377 a.C.): DOENÇA, 1803-4; FIL., 4880; NATUREZA, 2090.
Hippel, Th. von (1741-1796): CIÚME, 1937; COERÊNCIA, 2424; MATRIMÔNIO, 1879-80, 1891; MULHER, 3765; PAIS E FILHOS, 1147.
Hitler, A. (1889-1945): GUERRA, 2183; MALDADE, 544.
Hitopadesa (coletânea de novelas sânscritas): DESTINO, 786; SABEDORIA, 3063.
Hobbes, Th. (1588-1679): FIL., 4947; GUERRA, 2184-5; PAPA, 2916; RAZÃO, 2808; "ÚLTIMAS PALAVRAS", 2063.
Hodgson, R. (1871-1962): BLASFÊMIA, 886.
Hoffer, E. (1902-1983): CERTEZA, 965; HIPOCRISIA, 3870; LIBERDADE, 1580.
Hofmannsthal, H. von (1874-1929): AUTOCONHECIMENTO, 3221; BELEZA, 459; CARÁTER, 3688; CONHECIMENTO, 687-8; CORAÇÃO, 2817; DEUS CRIADOR, 849; ESTUPIDEZ, 1543; FUTURO, 3607; JUVENTUDE, 1093; PINTURA, 404; POESIA, 2562; POLÍTICA, 2632.
Holbach, P.-H. D. (1723-1789): HOMEM, 3681.
Hölderlin, F. (1770-1843): JUVENTUDE, 1089-90, 1102; SONHO, 3342; SUPERIORIDADE, 2721; TEMPO, 3545.
Holmes, J. H. (1879-1964): UNIVERSO, 2103.
Holmes, O. W. (1809-1894): GRANDES HOMENS, 3699; PENSAMENTO, 2374.
Homero (séc. VIII-VII a.C.): COVARDIA, 2347, 2349; DESTINO, 777; DEUS E O HOMEM, 873, 879; DOR, 2485; ESPOSA, 1829; HOMEM, 3662; HOSPITALIDADE, 614, 616; INC., 4314-5; IRA, 3963; JUVENTUDE, 1080; MORTE, 2027; PAI, 1157, 1161; PAZ, 2165; POETA, 2601; SONHO, 3337, 3340; VINHO, 583; VONTADE, 4103.
Hooker, R. (1554-1600): MUDANÇA, 25; POLÍTICOS, 2648.
Hope, A. (1863-1933): ECONOMIA, 3009.
Horácio (65-8 a.C.): ARGÚCIA, 3050; BEBER, 572;

CARÁTER, 3691; CONCISÃO, 2280; DESCONTENTAMENTO, 2549; DESEJO, 745-6; DESVENTURAS, 3502; DEUS E O HOMEM, 878; DINHEIRO, 3000; ENSINO, 1452; ESTILO, 1698; FELICIDADE, 2509; FORÇA, 1311; INC., 4341-2; INSTANTE FUGAZ, 3577; INTELIGÊNCIA, 1530; LUXO, 2982; MODERAÇÃO, 3100, 3104; MORTE, 1983, 2021; OBRA DE ARTE, 371; PAIS E FILHOS, 1140; PALAVRA, 2262; PASSADO, 3594; PATRIOTISMO, 634; POESIA, 2563; POETA, 2605-6, 2609; RIQUEZAS, 2939-40, 2960; RISO, 3026; SABEDORIA, 3079; TEMPO, 3542; VIAGEM, 3880; VIDA E MORTE, 4064; VIDA, 3997, 4021; VIRTUDE E VÍCIO, 3924.
Housman, A. E. (1859-1936): MUNDO, 2132.
Howe, E. W. (1854-1937): CERTEZA, 964.
Howell, J. (1594-1666): SONO, 3330.
Hubbard, E. G. (1856-1915): ERRO, 994; FÉ, 2863; PRAZER, 2455.
Hughes, R. (1900-1976): CRIANÇAS, 1058.
Hugo, V. (1802-1885): AMIGO, 97; COMUNISMO, 3280; CRIANÇAS, 1061; ENSINO, 1454; ESMOLA, 933; FUTURO, 3604; INC., 4583; JULGAMENTO, 1344; PRESENTE, 3589; PREVISÕES, 3615; REVOLUÇÃO, 2674; TER OU NÃO RAZÃO, 2439.
Hume, D. (1711-1776): AVAREZA, 3941; BELEZA, 467; FIL., 4957-8; HÁBITO, 15; METAFÍSICA, 1309.
Husserl, E. (1859-1938): FIL., 5014.
Huxley, A. L. (1894-1963): COERÊNCIA, 2423; CONSTÂNCIA, 38; CRÍTICA, 1800; MULHER BONITA, 484; PRAZER, 2461.
Huxley, Th. H. (1825-1895): ANIMAIS E HOMEM, 306; CIÊNCIA, 3126-7, 3141; HERESIA, 2394; LIBERDADE, 1579; SABER, 716; VERDADE, 3808, 3824.
Iacopo da Lentini (séc. XIII): LIT., 4109.
Iacopone da Todi (c. 1230-1306): INC., 4364; LIT., 4108; MÃE, 1166.
Ibarruri, D. (1895-1989): HIST., 4842-3.
Içaavasya Upanishad (antigo texto sânscrito): DOAÇÃO, 910.
Illica, L. (1857-1919): MEL., 4731, 4738-45.
Inácio de Loiola (1491-1556): SABER, 709.
Inge, D. (1860-1954): DEUS E O HOMEM, 862.
Ingersoll, R. G. (1833-1899): DEUS E O HOMEM, 863.
Ionesco, E. (nascido em 1912): INC., 4604; MATRIMÔNIO, 1906.
Iriarte, T. de (1750-1791): ESPANHÓIS, 2733.
Irving, W. (1783-1859): PALAVRA, 2235.
Isabel I, a Católica (1451-1504): HIST., 4774.
Jacobi, F. H. (1743-1819): FIL., 4982.
James, H. (1843-1916): INC., 4529.

James, W. (1842-1910): INDECISÃO, 973.
Jardiel Poncela, E. (1901-1952): AMIZADE, 56; BEIJO, 234; HOMEM E MULHER, 3722; HUMANIDADE, 3655; MATRIMÔNIO, 1872, 1885; MORTE, 2028; TEATRO, 426.
Jarry, A. (1873-1907): DEUS, 831; INC., 4595.
Jean Paul (1763-1825): CONCISÃO, 2283; FAZER, 1214; MULHER, 3767; POBREZA, 2969.
Jefferson, Th. (1743-1826): IGUALDADE, 2711; LIBERDADE, 1566; REVOLUÇÃO, 2677.
Jerome, J. K. (1859-1927): ACÍDIA, 3974. DOENÇA, 1810; INC., 4536.
Jerrold, D. W. (1803-1857): AMOR, 198.
João de Salisbury (1110-1180): FIL., 4911.
Jodelle, E. (1532-1573): DEUS E O HOMEM, 865.
Johnson, S. (1709-1784): AMIZADE, 59; COMER, 1840; CONFIANÇA, 1504; CRÍTICA, 1794; DOENÇA, 1815; ESCREVER, 1670, 1693; ESPÍRITO, 279; ESPOSA, 1918; ESTILO, 1695; ESTUPIDEZ, 1544; FAZER, 1208; IMAGINAÇÃO, 3361; INGLESES, 2736-7; MATRIMÔNIO, 1867; MECENATO, 401; MULHER, 3754; PATRIOTISMO, 642; POESIA, 2551; SABER, 710; SUPERIORIDADE, 2720.
Jonson, B. (1572-1637): ADMIRAÇÃO, 1769; CALÚNIA, 1784; INC., 4503; LIVRO, 1636.
Josefina Beauharnais (1763-1814): HIST., 4807.
Joubert, J. (1754-1824): CAMPO, 594; ESPOSA, 1910; JUVENTUDE, 1101.
Jouhandeau, M. (1888-1979): CORAÇÃO, 2815.
Jovellanos, G. M. de (1744-1811): TEMPO, 3570.
Joyce, J. (1882-1941): INC., 4541; HISTÓRIA, 3436.
Juliano, o Apóstata (331-363): HIST., 4770.
Junius (1769-1772): LEI, 1366.
Juvenal (c. 50/65-140): CONFIANÇA, 1500; CORRUPÇÃO, 541; CRIANÇAS, 1067; CRIME, 1372; DINHEIRO, 2992; DOENÇA, 1808; ESCREVER, 1655; ESPOSA, 1917, 1920; HONESTIDADE, 537; HONRA, 1432, 1435; INC., 4352; IRA, 3967; MULHER, 3761; NOBREZA, 2146; POBREZA, 2976, 2978; REMORSO, 1011; RIQUEZAS, 2959; SÁTIRA, 3048; VERDADE, 3811; VINGANÇA, 1044.
Kafka, F. (1883-1924): INC., 4635.
Kaïbara Ekiken (1630-1714): PAI, 1159.
Kant, I. (1724-1804): FIL., 4973-7; HUMANIDADE, 3647; INTELIGÊNCIA, 1530.

Karamzin, N. M. (1766-1826): RISO, 3024; VIDA E MORTE, 4065.
Karr, A. (1808-1890): AMIGO, 73.
Kaverin, V. (nascido em 1902): ESCREVER, 1667.
Keats, J. (1795-1821): BELEZA, 453; EPITÁFIO, 2084; IMAGINAÇÃO, 3358; INC., 4511-2; PENSAMENTO, 2364; POESIA, 2557; TRISTEZA, 2544.
Kennedy, J. F. (1917-1963): HIST., 4858; VITÓRIA, 2215.
Kilmer, A. J. (1886-1918): TERRA, 2117-8.
King, M. L. (1929-1968): HIST., 4859; IDEAIS, 2388; REVOLUÇÃO, 2684.
Kinnock, N. (nascido em 1942): CAPITALISMO, 3278.
Kipling, J. R. (1865-1936): INC., 4538-9; MULHER, 3775; SORTE, 805; HOMEM E MULHER, 3711.
Kleist, H. von (1777-1811): AMOR, 114; ARREPENDIMENTO, 1029; ESPOSA, 1912; MALDADE, 549; MATRIMÔNIO, 1884, 1904; MULHER BONITA, 480; VIDA, 4034.
Kliutchevski, V. O. (1841-1911): ANIMAIS E HOMEM, 298; CONHECIMENTO, 674; COVARDIA, 2351.
Knox, R. (1888-1957): HUMORISMO, 3047.
Kraus, K. (1874-1936): AFORISMO, 45-6; ANIMAIS, 291; ARTE, 343; ARTISTA, 382; CIÚME, 1941; COSMÉTICOS, 491; DÚVIDA, 953; EDUCAÇÃO, 1482; ENSINO, 1465; ESTUPIDEZ, 1542; HOMEM E MULHER, 3728; IMAGINAÇÃO, 3354; LÍNGUA, 1715, 1723, 1725; MÃE, 1171; MULHER BONITA, 483; MULHER, 3764; MUNDO, 2124; OPINIÃO, 2407, 2413; POLÍTICA, 2638; PROGRESSO, 666-7; REMORSO, 1009; SATANÁS, 896; SEXO, 3176; SOLDADOS, 2212; SUPER-HOMEM, 3702; VERDADE, 3800; VIRTUDE E VÍCIO, 3913.
Krylov, I. A. (1768-1844): ANIMAIS, 292; TRABALHO, 1260.
Kundera, M. (nascido em 1929): VIDA, 4015.
La Boétie, E. de (1530-1563): SERVIDÃO, 1597.
La Bruyère, J. de (1645-1696): AMOR, 189; ESCREVER, 1679; HOMEM E MULHER, 3708; JULGAMENTO, 1341; MEDICINA, 1829; VIDA E MORTE, 4059.
La Fayette, M. de (1634-1693): VERGONHA, 1019.
La Fontaine, J. de (1621-1695): CASTIDADE, 3187; DEUS E O HOMEM, 876; GRATIDÃO, 950; INC., 4569. SEGREDOS, 3879; SILÊNCIO, 2299; TER OU NÃO RAZÃO, 2438.
La Mettrie, J. O. de (1709-1751): PRAZER, 2451.
La Rochefoucauld, F. (1613-1680): AMIGO,

75; AMOR E ÓDIO, 241; AMOR, 147, 181, 204, 213-4; ARREPENDIMENTO, 1030; BELEZA, 469; BEM E MAL, 534; CASTIDADE, 3189; CAVALHEIRO, 2157; CIÚME, 1940; CONFIANÇA, 1497; CORAÇÃO, 2825; DEFEITOS, 3935; DESPREZO, 1790; DESVENTURAS, 3509; EGOÍSMO, 3530; ENGANO, 1488, 1496; FAZER, 1226; FILOSOFIA, 1301; GRATIDÃO, 940-1; HABILIDADE, 817; HIPOCRISIA, 3864; HONRA, 1434; INVEJA, 3953; LIVRO, 1628; MORTE, 2011; MULHER, 3779; PROMESSAS, 1521; RIQUEZAS, 2925; SINCERIDADE, 3861; SUPORTAÇÃO, 3635; VAIDADE, 3522; VELHICE, 1110-2; VIRTUDE E VÍCIO, 3915, 3919; VIRTUDE, 3907.

La Rochefoucauld-Liancourt (1747-1827): HIST., 4798.
Labiche, E. (1815-1888): MARIDO, 1933.
Laclos, P.-A.-F. Ch. de (1741-1803): AMOR, 128; HOMEM E MULHER, 3714; MARIDO, 1931; MEDO, 2309.
Lamartine, A. de (1790-1869): AMOR, 223; FRANCESES, 2731; INC., 4576; TEMPO, 3541.
Lamb, Ch. (1775-1834): DOENÇA, 1813; LER, 1641.
Lamb, W. (1779-1848): RELIGIÃO, 2845.
Lamennais, F.-R. de (1782-1854): POBREZA, 2963.
Lao-tzu (séc. VI-V a.C.): AUTO-ESTIMA, 3233; AUTOCONHECIMENTO, 3208; BONDADE, 556; DESEJO, 748; FAZER, 1225; PALAVRA, 2242; POVO, 2664; SABEDORIA, 3072; SABER, 695, 697-8; VIRTUDE, 3895.
Larbaud, V. (1881-1957): AMOR, 201; VIDA, 4005.
Lattanzio (séc. III-IV): FÉ, 2870.
Lautréamont (1846-1870): AMOR, 185; CORAÇÃO, 2820; ESCREVER, 1672; MULHER BONITA, 478; VIDA, 4053.
Lawrence, D. H. (1885-1930): INC., 4540.
Le Brun-Pindare, P.-D. (1729-1807): DESPOTISMO, 2786.
Le Clézio, J.-M. (nascido em 1940): ESCREVER, 1665.
Le Corbusier (1887-1965): CASA, 609.
Léautaud, P. (1872-1956): VELHICE, 1106.
Leibniz, G. W. (1646-1716): FIL., 4949.
Lenin, V. N. (1870-1924): COMUNISMO, 3284; ESTUDO, 1476; GOVERNO, 3409; HIST., 4833; IGUALDADE, 2710; PARTIDO, 2651.
Leonardo da Vinci (1452-1519): AMIGO, 68; AMOR, 212; AUTORIDADE, 2764; CIÊNCIA, 3131; CONHECIMENTO, 676; ENSINO, 1455; ESTUDO, 1474; FIL., 4924; IDÉIA, 2380; LIT., 4175-6; MEDICINA, 1830; NATUREZA, 2091; PACIÊNCIA, 3629; PALAVRA, 2251; PINTURA, 403; PREVISÕES, 3613; SONO, 3318; VIDA E MORTE, 4070-1.
Leoncavallo, R. (1857-1919): MEL., 4732.
Leopardi, G. (1798-1837): AMOR, 142, 196; ARREPENDIMENTO, 1028; AUTO-ESTIMA, 3224; BELEZA, 446; BOM SENSO, 3112; BURGO, 600; CIÊNCIA, 3135; CRIANÇAS, 1066; DESPREZO, 1791; DESVENTURAS, 3513; DOR, 2468; DÚVIDA, 958; EGOÍSMO, 3529; ELOGIO, 1751; EMBRIAGUEZ, 588; ESPERANÇA, 3378; FAMA, 1419; FAZER, 1210; FIL., 4986; FILOSOFIA, 1299; FUTURO, 3605; GOVERNO, 3412; IGNORÂNCIA, 728; ILUSÃO, 3369-70; IMAGINAÇÃO, 3363; INC., 4414-5; INFELICIDADE, 2515; INTELIGÊNCIA, 1531; JUVENTUDE, 1085-6; LEMBRANÇAS, 3472; LIT., 4238-50; MODA, 11; MODÉSTIA, 3538; MORTE, 1990-2, 2045; MUNDO, 2128; NASCIMENTO, 4077, 4078-9; NATUREZA, 2097; NOBREZA, 2148; NOVO, 35; OFENSA, 1781; PACIÊNCIA, 3627; PATRIOTISMO, 637; POESIA, 2567, 2569; PRAZER, 2450, 2458; PREPOTÊNCIA, 3527; RAZÃO, 2800; RESIGNAÇÃO, 3639; RIDÍCULO, 3057; RISO, 3033; SABEDORIA, 3083; SINCERIDADE, 3860; SONO, 3320; SUICÍDIO, 4085; TÉDIO, 2534-5; TOLERÂNCIA, 3623, 3625; VELHICE, 1109; VERGONHA, 1018; VIDA, 4020, 4031; VINGANÇA, 1040; VIRTUDE, 3899.
Lermontov, M. J. (1814-1841): INC., 4647-8; PÁTRIA, 624.
Lesage, A.-R. (1668-1747): INIMIGO, 102.
Lessing, G. E. (1729-1781): ACASO, 789; AMOR, 138, 179; APARÊNCIA, 315; ARTE, 351; AUTOCONHECIMENTO, 3214; BELEZA, 468; BÍBLIA, 2896-7; CORAÇÃO, 2824; CORPO, 271; DEFEITOS, 3932; DEUS E O HOMEM, 853; DOAÇÃO, 916; ESMOLA, 934; ESPERANÇA, 3377; FIL., 4968-9; HOMEM E MULHER, 3729; HONRA, 1429; INFELICIDADE, 2522; LIBERDADE, 1593; MODÉSTIA, 3535; MULHER BONITA, 488; MULHER, 3752, 3756; PALAVRA, 2234; PINTURA, 408; RIQUEZAS, 2947; SABEDORIA, 3080; VIOLÊNCIA, 1317.
Levi, C. (1902-1975): INC., 4455.
Lévi-Strauss, C. (nascido em 1908): CIENTISTA, 3148.
Lichtenberg, G. Ch. (1742-1799): ARGÚCIA, 3052; AUTO-ESTIMA, 3227; COERÊNCIA, 2428; COMPANHIA, 3316; CONFIANÇA, 1510; DEUS CRIADOR, 850; DIFICULDADES, 809; DÚVIDA, 955; FAZER, 1209; LER, 1647; LIBERDADE, 1587; METAFÍSICA, 1307; OCASIÃO, 794; OPINIÃO, 2406; TEMPO, 3571; TOLERÂNCIA, 3626.
Licínio Crasso, M. (c. 115-53 a.C.): DESEJO, 754.
Ligne, Ch.-J. (1735-1814): DÚVIDA, 951.

Lincoln, A. (1809-1865): GOVERNO, 3405; ENGANO, 1487; HOMEM, 3685.
Lineu, C. (1707-1778): FIL., 4967.
Lisandro (morto em 395 a.C.): FORÇA, 1313.
Locke, J. (1632-1704): ERRO, 988; FIL., 4948; NOVO, 33.
Locker-Lampson, F. (1821-1895): MUNDO, 2133.
Lomonosov, M. V. (1711-1765): GRANDES HOMENS, 3698.
London, J. (1876-1916): INC., 4532.
Longanesi, L. (1905-1957): CONHECIMENTO, 672; ESTUPIDEZ, 1546; GENIALIDADE, 1559; INFELICIDADE, 2523; NACIONALISMO, 647; ÓDIO, 245; REVOLUÇÃO, 2686.
Longfellow, H. W. (1807-1882): AMOR E ÓDIO, 239.
Loos, A. (1891-1981): DOAÇÃO, 926.
Loti, P. (1850-1923): ANIMAIS, 287.
Lourenço de Médicis (1449-1492): JUVENTUDE, 1081; LIT., 4173-4.
Lowell, J. R. (1819-1891): CRÍTICA LITERÁRIA, 1711; RESIGNAÇÃO, 3641.
Lucano (39-65): DERROTA, 2221; FAMA, 1411; FAZER, 1199; FIDELIDADE, 1516; INC., 4350; MORTE, 1981; PROSPERIDADE, 3499.
Lucrécio (c. 98-55 a.C.): CONSTÂNCIA, 40; GLÓRIA, 1402; IMITAÇÃO, 1772; INC., 4332; INFERNO, 900-1; MEDO, 2323; MORTE, 1961, 1977, 2019; NATUREZA, 2092; RELIGIÃO, 2850; RIQUEZAS, 2933; SERENIDADE, 3110; VIDA, 4044-6.
Luis de Léon (1527-1591): HIST., 4788; PRESUNÇÃO, 3517.
Luís XIV (1638-1715): CONHECIMENTO, 691; HIST., 4793; PALAVRA, 2267.
Lutero, M. (1483-1546): AMIGO, 82; CORAÇÃO, 2822; DOAÇÃO, 907; FAMÍLIA, 1129; MATRIMÔNIO, 1882; MEDICINA, 1818; MUNDO, 2129; PECADO, 1006; PENSAMENTO, 2367; QUARENTA ANOS, 1074; VINTE ANOS, 1071.
Macaulay, Th. B. (1800-1859): CIVILIZAÇÃO, 653; ELOQÜÊNCIA, 2272; MÁXIMA, 49; POETA, 2595.
Machado y Ruiz, A. (1875-1939): AUTOCONHECIMENTO, 3212; FÁCIL, 820; VERDADE, 3806; VIAGEM, 3889; VIRTUDE E VÍCIO, 3917.
Machado y Ruiz, M. (1874-1947): VIRTUDE E VÍCIO, 3918.

MacOrlan, P. (1882-1970): CASTIDADE, 3190.
Mahābhārata (poema épico indiano, séc. II-III d.C.): AMIGO, 77, 99; AMOR, 192; CRÍTICA, 1798; DESTINO, 776; ESTUPIDEZ, 1547; FAMÍLIA, 1135; -GULA, 3945; MEDO, 2308; NÓS E OS OUTROS, 3243, 3251; PERIGO, 2330; POBREZA, 2966; PROPRIEDADE, 3016; RIQUEZAS, 2957; VIDA E MORTE, 4062.
Maharbal (séc. III a.C.): VITÓRIA, 2213.
Maiakovski, V. (1893-1930): ARTE, 361; CRIANÇAS, 1060; ESCREVER, 1660; INC., 4659; MORTE, 1965.
Maistre, F.-X. De (1763-1852): INC., 4575; INFELICIDADE, 2524.
Maistre, J. de (1753-1821): CRISTIANISMO, 2881; RUSSOS, 2742.
Malaparte, C. (1898-1957): INC., 4454.
Malherbe, F. de (1555-1628): BELEZA, 449.
Mallarmé, S. (1842-1898): LÍNGUA, 1724; LIVRO, 1612; POESIA, 2565, 2566; VIRGINDADE, 3201.
Malraux, A. (1901-1976): ARTE, 326, 339; CIVILIZAÇÃO, 655; CRISTO, 889; HOMEM, 3680; POLÍTICA, 2628; VIDA, 3996.
Malthus, Th. R. (1766-1834): FIL., 4979; VIDA, 4001.
Mameli, G. (1827-1849): LIT., 4254.
Mānavadharmaśāstra (código de leis indiano): JULGAMENTO,1343; PECADO, 1005; PRAZER, 2452.
Mann, Th. (1875-1955): DESESPERO, 3384; ESCREVER, 1651, 1692; GLÓRIA, 1393; MUDANÇA, 28; NASCIMENTO, 4076; OBRA DE ARTE, 369; SOCIALISMO, 3268; SOLIDÃO, 3296.
Manzoni, A. (1785-1873): AMIZADE, 57; BEM E MAL, 509-11; BOAS MANEIRAS, 568; BOM SENSO, 3111; BONDADE, 558; CORAÇÃO, 2819; DESVENTURAS, 3510; DEUS E O HOMEM, 854, 877; DEUS, 830; DIFICULDADES, 812; DOAÇÃO, 908; DÚVIDA, 957; ESCREVER, 1682; FAZER, 1189; GLÓRIA, 1395; IDÉIA, 2381; INC., 4413; JULGAMENTO, 1352; JUSTIÇA, 1329; LIT., 4221-37; LIVRO, 1618, 1634; MATRIMÔNIO, 1905; NÓS E OS OUTROS, 3265; ÓDIO, 244; PERDÃO, 1031; POBREZA, 2967; REMORSO, 1008; SANTOS, 2902; TER OU NÃO RAZÃO, 2434; VIDA, 4006-7.
Mao Tsé-tung (1893-1976): COMUNISMO, 3282; GUERRA, 2177-8; HIST., 4856-7; PODER, 2749; POLÍTICA, 2629.
Maquiavel, N. (1469-1527): AMOR, 178; COMPANHIA, 3315; CRISTIANISMO, 2887; DESEJO, 743, 749; DESESPERO, 3382; DINHEIRO, 2996; ENGANO, 1486; FIDELIDADE, 1519-20; FIL., 4926; FORÇA, 1314; GENEROSIDADE,

927; GOVERNO, 3411; GUERRA, 2186, 2192; IGREJA, 2910; INC., 4381-2; LIBERDADE, 1571; LIT., 4179-83; MULHER, 3759; OFENSA, 1783; PÁTRIA, 632; POLÍTICOS, 2640-1; RELIGIÃO, 2849; SOLDADOS, 2209; SORTE, 796-7; SUCESSO, 3492; VINGANÇA, 1043; VITÓRIA, 2220.

Marañón, G. (1887-1960): PRESSA, 1234; SEXO, 3170; SOLIDÃO, 3293-4.

Marat, J.-P. (1743-1793): HIST., 4801.

Marcial (c. 40-102): AMOR, 158; BEM E MAL, 532; CRÍTICA LITERÁRIA, 1704; DEFEITOS, 3933; DOAÇÃO, 905; INC., 4351; INSTANTE FUGAZ, 3579; LEMBRANÇAS, 3462; LIVRO, 1608; MECENATO, 400; MEDICINA, 1821-2; PASSADO, 3596; POETA, 2608.

Marco Aurélio (121-180): ACÍDIA, 3972; AUTOCONHECIMENTO, 3215; DIFÍCIL, 815; ERRO, 995; FAZER, 1198; FIL., 4897; HUMANIDADE, 3646, 3652; IRA, 3962; LIBERDADE, 1577; NATUREZA, 2101; NECESSIDADE, 769; NÓS E OS OUTROS, 3259; SUPORTAÇÃO, 3636; TRABALHO, 1256; VIDA E MORTE, 4063; VIDA, 4000, 4029; VIRTUDE, 3900.

Marenco, L. (1831-1899): MEL., 4735.

Margarida de Navarra (1492-1549): APARÊNCIA, 312.

Maria Antonieta (1755-1793): HIST., 4795.

Marin, B. (1891-1985): "CORNOS", 1944; VIDA E MORTE, 4060.

Marinetti, F. T. (1876-1944): GUERRA, 2188; INC., 4443; VELOCIDADE, 1244.

Marino, G. (1569-1625): INC., 4393; LIT., 4194-6; POESIA, 2584, 2591.

Marivaux, P. de (1688-1763): CORAÇÃO, 2816; ESPOSA, 1923; HOMEM E MULHER, 3709; JUSTIÇA, 1331; MATRIMÔNIO, 1873.

Marlowe, Ch. (1564-1593): AMOR, 150; INC., 4496; MULHER BONITA, 476; RELIGIÃO, 2847.

Marsílio de Pádua (1275-1343): FIL., 4918.

Martin du Gard, R. (1881-1958): PÁTRIA, 629.

Marx, K. (1818-1883): FIL., 4999-5002.

Mascagni, P. (1863-1945): MEL., 4727-30.

Massenet, J. (1842-1912): MEL., 4733-4.

Massinger, Ph. (c. 1583-1640): POVO, 2673.

Maugham, W. S. (1874-1965): "CORNOS", 1946; CRÍTICA, 1795; ERRO, 979; HUMANIDADE, 3644; HUMORISMO, 3041; TEATRO, 428, 431.

Maupassant, G. de (1850-1893): INC., 4588-9; PALAVRA, 2247; PATRIOTISMO, 640.

Mauriac, F. (1885-1970): ARTISTA, 384; ESCREVER, 1686; ESTUPIDEZ, 1541; MORTE, 2004; PUDOR, 3200.

Mayo, W. J. (1861-1934): ESPECIALISTA, 3152.

Mazzini, G. (1805-1872): ATEÍSMO, 2853; EXISTÊNCIA DE DEUS, 836; INC., 4408; PRESENTE, 3585; VIDA, 4002.

Mead, M. (1901-1979): CONFORMISMO, 2418.

Meilhac, H. (1831-1897): MEL., 4723-5, 4733.

Meister Eckhart (c. 1260-1327): AMOR, 132.

Meli, G. (1740-1815): LIT., 4210.

Melville, H. (1819-1891): EMBRIAGUEZ, 589; INC., 4528; SUICÍDIO, 4086.

Menandro (342-291 a.C.): AMIGO, 81; CRENÇA, 3829; ERRO, 998; FUGA, 2227; HOMEM, 3678; LOUCURA, 3091; MATRIMÔNIO, 1900; MORTE, 1971; REMORSO, 1012; RIQUEZAS, 2942; SERVIDÃO, 1604; VIDA, 3991.

Menasci, G. (1867-1925): MEL., 4727-30.

Mêncio (371-289 a.C.): AUTOCONTROLE, 3236; JUSTIÇA, 1336; MATRIMÔNIO, 1896; REI, 2781.

Mencken, H. L. (1880-1956): JUSTIÇA, 1335; MENTIRA, 3843; TRAIÇÃO, 1525.

Menéndez y Pelayo, M. (1856-1912): SABER, 693.

Mercantini, L. (1821-1872): LIT., 4257-8; PATRIOTISMO, 638.

Mérimée, P. (1803-1870): CONFIANÇA, 1506.

Metastasio, P. (1698-1782): APARÊNCIA, 319; DEUS CRIADOR, 845; FIDELIDADE, 1517; LIT., 4201-4; MORTE, 1996.

Metternich, K. W. L. (1773-1859): HIST., 4815.

Meurier, G. (morto em 1578): PALAVRA, 2260.

Meyerbeer, G. (1791-1864): MEL., 4719.

Michaux, H. (1899-1984): SEXO, 3165.

Michelet, J. (1798-1874): AMOR, 141; HOMEM, 3657, 3677.

Mill, J. S. (1806-1873): ESTADO, 3391; FELICIDADE, 2495; FIL., 5005; LIBERDADE, 1575; MAIORIA, 2704; OPINIÃO, 2399.

Miller, H. (1891-1980): INC., 4549.

Milliet, P.: MEL., 4734.

Milton, J. (1608-1674): INC., 4504; MÚSICA, 413; PODER, 2754; SONO, 3319.

Mimnermo (séc. VII-VI a. C): AMOR, 156; JUVENTUDE, 1100.

Mitford, N. (1904-1973): ARISTOCRACIA, 2149.

Molière (1622-1673): ANIMAIS, 282; "CORNOS", 1945; ERRO, 981; FÉ, 2860; INC., 4567-8; MARIDO, 1932; MEDICINA, 1823; MORTE, 1951; PECADO, 1003; POESIA, 2578.

Monluc, B. de (1502-1577): DINHEIRO, 3002.

Monnier, H.-B. (1805-1877): OPINIÃO, 2400.
Montaigne, M. de (1533-1592): AUTOCONTROLE, 3237; CRISTIANISMO, 2890; EDUCAÇÃO, 1483; FIL., 4930-1; FILOSOFIA, 1296; GRAMÁTICA, 1728; IGNORÂNCIA, 724; LIVRO, 1622; MATRIMÔNIO, 1871; MORTE, 1970, 2006, 2012, 2018; NATUREZA, 2100; REI, 2782; SONO, 3326; TEMPO, 3566; VIAGEM, 3882; VIDA, 3983, 4050; VIRGINDADE, 3204; VIRTUDE, 3903.
Montale, E. (1896-1981): FELICIDADE, 2500; INC., 4480; LIT., 4301-5; SABER, 694; SILÊNCIO, 2303; VIDA, 3993-4, 4010.
Montanelli, I. (nascido em 1909): SOCIALISMO, 3273.
Montesquieu, Ch. (1689-1755): AMOR, 230; ARISTOCRACIA, 2151; DEMOCRACIA, 2702; FIL., 4956; IGNORÂNCIA, 729; LEI, 1354, 1364; LUXÚRIA, 3946; PÁTRIA, 623; REI, 2784; VIAGEM, 3892.
Montherlant, H. M. de (1896-1972): SEXO, 3177.
Monti, V. (1754-1828): GLÓRIA, 1403; INC., 4403; LIT., 4212; POESIA, 2592; PROGRESSO, 663.
Moore, G. (1852-1933): CASA, 612.
Morand, P. (1888-1976): FRANCESES, 2730.
Morante, E. (1918-1987): INC., 4481-2.
Moravia, A. (1907-1990): INC., 4483-4.
Morgan, E. (nascido em 1920): ESPECIALISTA, 3154.
Motley, J. L. (1814-1877): SUPÉRFLUO, 773.
Mozart, W. A. (1756-1791): MEL., 4673-4.
Muratori, L. A. (1672-1750): REI, 2778.
Musil, R. (1880-1942): INC., 4636; NOBREZA, 2145.
Musset, A. de (1810-1857): AMOR, 129; INFINITO, 2111.
Mussolini, B. (1883-1945): COMANDAR, 2774; GOVERNO, 3406; HIST., 4837-40; IDEAIS, 2390; IGUALDADE, 2708; PALAVRA, 2255; PREGUIÇA, 1246; SUCESSO, 3493-4.
Nabokov, V. (1899-1977): ARTE, 355; INC., 4558, 4668-9; PENSAMENTO, 2370.
Napoleão I (1769-1821): FAZER, 1200; HIST., 4803-6; IMAGINAÇÃO, 3353.
Napoleão III (1808-1873): POVO, 2659.
Necker Madame de Staël, A.-L.-G. (1766-1817): POESIA, 2553.
Nekrasov, N. A. (1821-1878): FOME, 1853.
Nelson, H. (1758-1805): HIST., 4808.
Nero (37-68): HIST., 4767.
Neruda, P. (1904-1973): INC., 4627.

Nerval, G. de (1808-1855): ILUSÃO, 3368; INC., 4580; MORTE, 2005; SONHO, 3336; SONO, 3322.
Newley, A. (nascido em 1931): DESCONTENTAMENTO, 2548.
Newton, I. (1642-1727): CIENTISTA, 3149; FIL., 4950-1; PROGRESSO, 662.
Nietzsche, F. W. (1844-1900): AMOR E ÓDIO, 235; AMOR, 219; ANIMAIS E HOMEM, 296; AUTO-ESTIMA, 3228; CARÁTER, 3689; CORAÇÃO, 2818; ELOGIO, 1750; EXISTÊNCIA DE DEUS, 842; FIL., 5011-3; GENTILEZA, 561; HOMEM E MULHER, 3727; LOUCURA, 3094; MULHER, 3745, 3762-3; PAI, 1152, 1154; SILÊNCIO, 2293; VERDADE, 3799.
Nievo, I. (1831-1861): INC., 4417.
Nimier, R. (1925-1962): FILOSOFIA, 1302.
Nixon, R. (nascido em 1913): HIST., 4862.
Nizan, P. (1905-1940): VINTE ANOS, 1070.
Novalis (1772-1801): ACASO, 792; AMOR, 115; APARÊNCIA, 321; CRISTIANISMO, 2880; FIL., 4983; FILOSOFIA, 1290; HOMEM E MULHER, 3730; INGLESES, 2735; LIBERDADE, 1585; MATRIMÔNIO, 1881; MUDANÇA, 27; MÚSICA, 423; ORAÇÃO, 884; PECADO, 1002; PINTURA, 409; POETA, 2624; SENTIDOS, 2809; SOLIDÃO, 3308; TEMPO, 3544.
Novellino (coletânea de novelas, séc. XIII): INC., 4362.
Occam, Guilherme de (1280-1349): FIL., 4919.
Ojetti, U. (1871-1946): ADVERSÁRIO, 108; DÚVIDA, 956; INIMIGO, 103; INTELIGÊNCIA, 1534; TÉDIO, 2537.
Olecha, I. K. (1899-1960): INC., 4666.
Orestano, F. (1873-1945): PUDOR, 3191; SUICÍDIO, 4091.
Ortega y Gasset, J. (1883-1955): ARTE, 338; CIÊNCIA, 3118; ENSINO, 1460; GUERRA, 2201; MULHER BONITA, 486; POETA, 2622; VONTADE, 4102.
Orton, J. (1933-1967): PAI, 1153.
Orwell, G. (1903-1950): ANIMAIS E HOMEM, 297; DESPOTISMO, 2789; IGUALDADE, 2706; INC., 4553; SOCIALISMO, 3274.
Osborne, J. (nascido em 1929): INC., 4563.
Osler, W. (1849-1919): MEDICINA, 1824.
Otis, J. (1725-1783): IMPOSTOS, 3419.
Ovídio (43 a.C.-c. 18 d.C.): AMIGO, 78; AMOR E ÓDIO, 237; AMOR, 143, 207, 299; BEM E MAL, 507; FAMA, 1417; HÁBITO, 18; INC., 4344-5; JURAMENTO, 3832; LUXÚRIA, 3950; MODERAÇÃO, 3103; MUDANÇA, 26; OBRA DE ARTE, 372; POESIA, 2558.
Pailleron, E. (1834-1899): AMOR, 194.

Paine, Th. (1737-1809): IGREJA, 2908; GOVERNO, 3410; RIDÍCULO, 3059.
Palazzeschi, A. (1885-1974): INC., 4450; LIT., 4293; POETA, 2614.
Pallada (séc. IV-V): MORTE, 2007.
Pananti, F. (1766-1837): ECONOMIA, 3008; SEGREDOS, 3873.
Pañcatantra (coletânea indiana de fábulas): DESTINO, 779; FAZER, 1197, 1205; POBREZA, 2971; SERVIDÃO, 1602; VIAGEM, 3883.
Parini, G. (1729-1799): ANIMAIS, 288; INC., 4399; LIT., 4206-8; NECESSIDADE, 765; SABER, 708.
Parise, G. (nascido em 1929): INC., 4488.
Parker, D. (1893-1967): EPITÁFIO, 2085; TÉDIO, 2538.
Parmênides (séc. V a.C.): FIL., 4874.
Pascal, B. (1623-1662): CORAÇÃO, 2814; EXISTÊNCIA DE DEUS, 841; FIL., 4944-6; FILOSOFIA, 1297; HOMEM, 3665; INFINITO, 2109-10; MÁXIMA, 47; MULHER BONITA, 477; OPINIÃO, 2410; PENSAMENTO, 2360-1; RAZÃO, 2799.
Pascarella, C. (1858-1940): AMIGO, 80; LIT., 4291; MATRIMÔNIO, 1886; POLÍTICOS, 2642; PROMESSAS, 1524.
Pascoli, G. (1855-1912): ADULAÇÃO, 1762; DOR, 2481; LIT., 4276-81; PAZ, 2168; POESIA, 2568, 2589; SONHO, 3347; UNIVERSO, 2108.
Pasolini, P. P. (1922-1975): COERÊNCIA, 2430; INC., 4468; SUPÉRFLUO, 772.
Pasquier, E. (1529-1615): AMOR, 182.
Passavanti, J. (c. 1302-1357): TENTAÇÃO, 760.
Pasternak, B. (1890-1960): ARTE, 349; INC., 4667.
Pasteur, L. (1822-1895): CIÊNCIA, 3140.
Pater, W. H. (1839-1894): MÚSICA, 417.
Patmore, C. (1823-1896): COVARDIA, 2354.
Paulhan, J. (1884-1968): POLÍTICOS, 2646.
Pavese, C. (1908-1950): ACÍDIA, 3977; AMOR, 117; ARTE, 333; CRIANÇAS, 1065; CRÍTICA DE ARTE, 399; DINHEIRO, 2984; DOR, 2489-90; ESCREVER, 1649; ESMOLA, 935; HOMEM E MULHER, 3716; IMAGINAÇÃO, 3355; INC., 4460-2; LEMBRANÇAS, 3459, 3470; LIT., 4308; LIVRO, 1621; MATRIMÔNIO, 1897; MORTE, 2010; NÓS E OS OUTROS, 3256; ÓDIO, 243; PAIXÃO, 2832; PALAVRA, 2241; PASSADO, 3595; PERIGO, 2335; POESIA, 2572; RELIGIÃO, 2842; SEXO, 3155; SOLIDÃO, 3290; SUCESSO, 3486; SUICÍDIO, 4093-5; VELHICE, 1105; VIDA, 3990, 4008; VINGANÇA, 1041.
Pearson, H. (1887-1964): CITAÇÃO, 53.

Pedro Damião (1007-1072): FIL., 4907.
Pedro I (1672-1725): ARREPENDIMENTO, 1027; INDECISÃO, 977.
Péguy, Ch. (1873-1914): QUARENTA ANOS, 1077.
Pellico, S. (1789-1854): INC., 4407.
Penna, S. (1906-1977): JUVENTUDE, 1087.
Pepoli, C. (1796-1881): MEL., 4684.
Pepys, S. (1633-1703): VESTUÁRIO, 5.
Perelman, S. J. (1904-1979): AMOR, 145.
Pérez Galdós, B. (1843-1920): ADMIRAÇÃO, 1767.
Pergaud, L. (1882-1915): CRIANÇAS, 1056.
Perros, G. (nascido em 1923): ACÍDIA, 3973.
Pers, C. di (1599-1663): TEMPO, 3568.
Pérsio (34-62): DOENÇA, 1802.
Petrarca, F. (1304-1374): BELEZA, 448; FILOSOFIA, 1294; INC., 4371-2; ITALIANOS, 2739; LIT., 4157-70; MORTE, 2029, 2031; PAZ, 2166; VIDA E MORTE, 4054.
Petrolini, E. (1886-1936): ARTE, 332; IDADE, 1049; LIVRO, 1627.
Petrônio Árbitro (morto em 66 d.C.): ANIMAIS, 290; BELEZA, 470; RIQUEZAS, 2953.
Phelps, E. J. (1822-1900): ERRO, 980.
Phillips, W. (1811-1884): DERROTA, 2224.
Piave, F. M. (1810-1876): MEL., 4695-4707, 4712-4.
Picasso, P. (1881-1973): ARTE, 347.
Piccolomini, E. S. (1405-1464): PODER, 2752.
Píndaro (518-438 a.C.): BEM E MAL, 506; DEUS E O HOMEM, 864; DEUS, 823; ESPERANÇA, 3373; FAZER, 1190; HOMEM, 3659; INC., 4317; INSTANTE FUGAZ, 3582-3; PALAVRA, 2259; SILÊNCIO, 2296; SUCESSO, 3495.
Pindemonte, I. (1753-1828): TRISTEZA, 2542.
Pinero, W. A. (1855-1934): QUARENTA ANOS, 1079.
Pinter, H. (nascido em 1930): INC., 4564.
Pio IX (1792-1878): HIST., 4819.
Pirandello, L. (1867-1936): AUTOCONHECIMENTO, 3218; DESEJO, 750; ESPÍRITO, 276; HUMANIDADE, 3651; HUMORISMO, 3045; IMAGINAÇÃO, 3359; IMPOSSÍVEL, 3352; INC., 4447-9; LIT., 4294; LOUCURA, 3085, 3089-90; MULHER, 3771; PALAVRA, 2237, 2252; PENSAMENTO, 2369; SEMÂNTICA, 1737; TEATRO, 435-7; VIDA, 4038.
Pirro (319-272 a.C.): HIST., 4753.
Pirsig, R. M. (nascido em 1928): MATEMÁTICA, 1866.
Pítaco (c. 650-570 a.C.): DESTINO, 774; TEMPO, 3576.

Pitágoras (570-490 a.C.): AMIZADE, 55.
Pitigrilli (1893-1975): BOM SENSO, 3114; COSTUREIRO, 9; ESPÍRITO, 272; GRATIDÃO, 948; PALAVRA, 2253; PROGRESSO, 668; REVOLUÇÃO, 2682.
Pitt, W. (1708-1778): PODER, 2745.
Platão (427-347 a.C.): CRIANÇAS, 1059; DEMOCRACIA, 2691; EDUCAÇÃO, 1479; ENGANO, 1493; ENSINO, 1466-7; FIL., 4882-3; FILOSOFIA, 1288; GRANDES HOMENS, 3695; HOMEM, 3673; INC., 4322; JULGAMENTO, 1340; JUSTIÇA, 1338; MATEMÁTICA, 1861; VELHICE, 1118.
Platonov, A. P. (1899-1951): IMPOSSÍVEL, 3350.
Plauto (c. 250-184 a.C.): BEM E MAL, 531; COSMÉTICOS, 493; ESPERANÇA, 3376; FAZER, 1202; HOMEM, 3676; HOSPITALIDADE, 617; INC., 4328; SABEDORIA, 3070.
Plínio, o Jovem (c. 61-113): DEFEITOS, 3934; VIAGEM, 3881.
Plínio, o Velho (23-79): APRENDIZADO, 1436; DOR, 2484; HÁBITO, 14; INC., 4353; LIVRO, 1609; NATUREZA, 2099; PRANTO, 2527; VINHO, 582.
Plotino (204-270): FIL., 4899.
Plutarco (c. 45-125): CONSTÂNCIA, 41; DOR, 2475; ESPOSA, 1919; HIST., 4761; PODER, 2755; SEXO, 3181; TEMPO, 3561; TRAIÇÃO, 1528.
Poe, E. A. (1809-1849): INC., 4515; SONHO, 3343.
Poema de mio Cid (poema espanhol, séc. XII): COMANDAR, 2773; INC., 4605.
Pogodin, R. P. (nascido em 1925): HISTÓRIA, 3429.
Poincaré, J.-H. (1854-1912): CIÊNCIA, 3142.
Pola (séc. XIX): PATRIOTISMO, 635.
Políbio (c. 202-120 a.C.): INC., 4327; PAZ, 2163; REMORSO, 1010.
Poliziano, A. (1454-1494): INC., 4377-8; INSTANTE FUGAZ, 3578; LIT., 4171-2.
Polo, M. (1254-1324): INC., 4363.
Pompadour, J.-A. P. de (1721-1764): HIST., 4794.
Pompeu Magno (106-48 a.C.): HIST., 4762.
Pomponazzi, P. (1462-1525): FIL., 4925.
Ponchielli, A. (1834-1886): MEL., 4726.
Pope, A. (1688-1744): AUTOCONHECIMENTO, 3220; DESEJO, 752; DIVERTIMENTO, 3038; ENSINO, 1461; ERRO, 978; FAMA, 1415; MEDICINA, 1826; MULHER BONITA, 474; SABER, 715; VERDADE, 3793.
Porta, C. (1775-1821): ANIMAIS, 289; COMER, 1843; ELOQUÊNCIA, 2278; INC., 4409-11; LIT., 4220; NOBREZA, 2140; POESIA, 2560; SEXO, 3163-4.

Pound, E. (1885-1972): ANIMAIS E HOMEM, 302; ARTE, 342; FELICIDADE, 2494; INC., 4548.
Poussin, N. (1594-1665): FAZER, 1216.
Praga, E. (1839-1875): INC., 4420; LIT., 4259.
Prati, G. (1814-1884): LIT., 4261-2.
Pratolini, V. (1913-1991): INC., 4474.
Prévert, J. (1900-1977): DEUS E O HOMEM, 859.
Prévost, A.-F. (1697-1763): HOMEM, 3686; MEL., 4737; RIQUEZAS, 2922.
Propércio (c. 50-16 a.C.): AMOR, 122, 162, 208; INC., 4347; MORTE, 2020; SEXO, 3180.
Protágoras (c. 491-411 a.C.): COERÊNCIA, 2432; FIL., 4877.
Proudhon, P.-J. (1809-1865): FIL., 4996.
Proust, M. (1871-1922): HÁBITO, 21; IDÉIA, 2387; INC., 4596-7; LIVRO, 1633; MEDICINA, 1819; MULHER, 3783; MÚSICA, 412; PASSADO, 3593.
Provérbios (ver: Bíblia, Antigo Testamento)
Pryce-Jones, D. (nascido em 1936): TÉDIO, 2536.
Ptahhotep (c. 2450 a.C.): PALAVRA, 2238.
Públio Siro (séc. I a.C.): AMOR, 153; APRENDIZADO, 1444; AUTO-ESTIMA, 3231; AVIDEZ, 757; BEM E MAL, 536; DESEJO, 744; DINHEIRO, 2993; DOR, 2474; FÁCIL, 819; FAMA, 1410; FAZER, 1211; FELICIDADE, 2507; INFELICIDADE, 2518; JULGAMENTO, 1347; JUVENTUDE, 1084; MEDO, 2320, 2324; MORTE, 2013; NÓS E OS OUTROS, 3242; OCASIÃO, 795; PAIS E FILHOS, 1141; PALAVRA, 2258; PERIGO, 2332; PODER, 2751; PRAZER, 2447; PRESSA, 1235; PROMESSAS, 1522; PUNIÇÃO, 1377; SILÊNCIO, 2302, 2304; VERDADE, 3822; VIDA, 4019; VITÓRIA, 2217.
Puccini, G. (1858-1924): MEL., 4737-47.
Pulci, L. (1432-1484): INC., 4375.
Punch (semanário satírico inglês): ESCREVER, 1648; FAZER, 1206.
Pushkin, A. S. (1799-1837): ENGANO, 1492; GENIALIDADE, 1550; HÁBITO, 24; HISTÓRIA, 3449; HOMEM E MULHER, 3717; INC., 4640-3; INTELIGÊNCIA, 1533; JUSTIÇA, 1297; POESIA, 2593; SABEDORIA, 3065; SÁTIRA, 3049.
Quarles, F. (1592-1644): SUPORTAÇÃO, 3638.
Quasimodo, S. (1901-1968): LIT., 4299-300; PÁTRIA, 628; SOLIDÃO, 3297.
Queneau, R. (1903-1976): HISTÓRIA, 3444; INC., 4602; PALAVRA, 2250; PENSAMENTO, 2366.
Quevedo y Vilegas, F. G. de (1580-1645): AMIGO, 71; AMOR, 222; DESEJO, 742; HONRA, 1433; INC., 4613-6; INVEJA, 3955; JULGAMENTO, 1346.
Quílon (séc. VI a.C.): MORTE, 2034.

Quinet, E. (1803-1875): POVO, 2656.
Quintiliano (35-95): ELOQUÊNCIA, 2269; MENTIRA, 3856; SABEDORIA, 3073.
Rabelais, F. (c. 1494-1553): ESTUPIDEZ, 1540; IDEAIS, 2389; IGNORÂNCIA, 725; INC., 4565; IRA, 3971; LIBERDADE, 1592; RISO, 3032; "ÚLTIMAS PALAVRAS", 2059.
Racan, H. de (1589-1670): VONTADE, 4101.
Racine, J. (1639-1699): ADVERSÁRIO, 107; AMOR, 151; BENEFÍCIOS, 937; COVARDIA, 2348; FIDELIDADE, 1518.
Radichtchev, A. N. (1749-1802): INC., 4639.
Rājatarangini (poema épico indiano): COVARDIA, 2345.
Rāmāyana (poema épico indiano): DOAÇÃO, 915; ESPOSA, 1911; TEMPO, 3543.
Ramo, P. (1515-1572): MATEMÁTICA, 1860.
Razzi, S.: ADULAÇÃO, 1761.
Reade, Ch. (1814-1884): ESCREVER, 1666.
Reagan, R. (nascido em 1911): IMPOSTOS, 3416.
Rebora, C. (1885-1957): INC., 4452; LIT., 4306.
Redi, F. (1626-1698): LIT., 4198.
Regnard, J.-F. (1655-1709): AMOR, 131.
Régnier, M. (1573-1613): HONRA, 1431.
Renan, E. (1823-1892): COMANDAR, 2772; CRISTO, 890; FÉ, 2873; GUERRA, 2205; HISTORIADOR, 3453.
Renard, J. (1864-1910): "CORNOS", 1943; ESCREVER, 1654; ESTILO, 1701; FELICIDADE, 2513; JUSTIÇA, 1333; PAIS E FILHOS, 1146; PALAVRA, 2230; VELHICE, 1120.
Renoir, P.-A. (1841-1919): PINTURA, 406.
Restif de la Bretonne, N. (1734-1806): SEXO, 3182.
Retz, J.-F.-P. (1613-1679): PARTIDO, 2650.
Reverdy, P. (1889-1960): BEM E MAL, 500.
Revson, Ch. (1906-1975): COSMÉTICOS, 494.
Rhodes, C. (1853-1902): "ÚLTIMAS PALAVRAS", 2062.
Richelieu, A.-J. (1585-1642): ESTADO, 3399.
Rimbaud, A. (1854-1891): ANTEPASSADOS, 1137; DEUS E O HOMEM, 857; ESCREVER, 1664; POETA, 2594; PRESENTE, 3590.
Rinaldo d'Aquino (séc. XIII): LIT., 4110.
Rivarol, A. (1753-1801): EPITÁFIO, 2082; FAZER, 1182; FÉ, 2871; POVO, 2657.
Robespierre, M. de (1758-1794): POVO, 2658.
Rogers, S. (1763-1855): MATRIMÔNIO, 1890.
Rogers, W. (1879-1935): COMUNISMO, 3279.
Rojas, F. de (morto em 1541): INC., 4607.

Roland de la Platière, M.-J. (1754-1793): HIST., 4800.
Romains, J. (1885-1927): DOENÇA, 1816.
Romani, F. (1788-1865): MEL., 4682-3, 4685-6.
Roosevelt, E. (1884-1962): SUPERIORIDADE, 2723.
Roosevelt, F. D. (1882-1945): HIST., 4844; IDEAIS, 2391; MEDO, 2306; POBREZA, 2965.
Roscommon, W. D. (1633-1685): ESTILO, 1697; LER, 1646; POVO, 2669.
Rossetti, D. G. (1828-1882): SAUDADE, 3481.
Rossini, G. (1792-1868): MEL., 4675-80.
Rostand, E. (1868-1918): BEIJO, 231.
Rostand, J. (1894-1977): CRIME, 1373; MÁXIMA, 51; VERDADE, 3810.
Roth, J. (1894-1939): HONRA, 1428; NOBREZA, 2147.
Rouget de Lisle, C.-J. (1760-1836): PATRIOTISMO, 633.
Rousseau, J.-J. (1712-1778): CIDADE, 601; DEUS E O HOMEM, 871; DINHEIRO, 3001; ENSINO, 1470; FELICIDADE, 2512; FIL., 4962-3; GULA, 3944; INC., 4571-3; LEMBRANÇAS, 3460; LIBERDADE, 1567; LIVRO, 1625; MÁXIMA, 50; MEDICINA, 1817; NATUREZA, 2102; PAIXÃO, 2831; PERDÃO, 1032; PROPRIEDADE, 3013; REI, 2783; SERVIDÃO, 1598; SOCIEDADE, 1595; SOLIDÃO, 3298; VERGONHA, 1023; VIAGEM, 3887; VIDA, 4018.
Royer, A. (1803-1875): MEL., 4690.
Rozanov, V. V. (1856-1919): DEMOCRACIA, 2694; ESCREVER, 1669; SOCIALISMO, 3272; TRAIÇÃO, 1527; VIDA, 4030.
Rubinstein, A. G. (1829-1894): MULHER BONITA, 487.
Rubinstein, H. (1882-1965): COSMÉTICOS, 490.
Ruffini, G. (1807-1881): MEL., 4691-2.
Rugarli, G. (nascido em 1932): LEI, 1361.
Ruiz, Arcipreste de Hita, J. (1283-1350): AMOR, 155; INC., 4606.
Rusiñol y Prats, S. (1861-1931): TRABALHO, 1252.
Ruskin, J. (1819-1900): ARQUITETURA, 411; BELEZA, 462; LIVRO, 1614.
Russell, B. (1872-1970): AMOR, 148; CIÊNCIA, 3133; FIL., 5026; MATEMÁTICA, 1858-9; OPINIÃO, 2412; SOCIEDADE, 1594.
Rustaveli, S. (1172-1216): DOAÇÃO, 912.
Ruzante (c. 1496-1542): CORAGEM, 2338.
Saadi (1184-1291): EMPRÉSTIMO, 3012; INIMIGO, 105.

Saavedra Fajardo, D. de (1584-1648): VIRTUDE E VÍCIO, 3914, 3923.
Saba, U. (1883-1957): LIT., 4298; MORTE, 2037; POESIA, 2581; VIDA, 4009.
Sabedoria (ver: Bíblia, Antigo Testamento)
Sade, D. A. F. de (1740-1814): ATEÍSMO, 2855; EXISTÊNCIA DE DEUS, 844; SEXO, 3178; TOLERÂNCIA, 3620.
Safo (séc. VII-VI a.C.): AMOR, 175; INC., 4316; VIRGINDADE, 3202.
Saint-Evremond, Ch. de (1614-1703): APRENDIZADO, 1442.
Saint-Exupéry, A. de (1900-1944): FAZER, 1187; LEMBRANÇAS, 3464.
Saint-Lambert, J.-F. (1716-1803): CAMPO, 595.
Saint-Martin, C. de (1743-1803): ERRO, 990.
Saint-Simon, C.-H. de (1760-1825): FIL., 4994.
Sainte-Beuve, Ch.-A. (1804-1869): AMOR, 146.
Sakarov, A. D. (1921-1989): ESPÍRITO, 281; PROGRESSO, 661; SOCIALISMO, 3275.
Saki (1870-1916): INFELICIDADE, 2521; MORTE, 2040; OFENSA, 1776.
Salmos (ver: Bíblia, Antigo Testamento)
Saltykov-Stchedrine, M. E. (1826-1889): DESEJO, 751; VERGONHA, 1021.
Salústio (86-35 a.C.): AMIZADE, 54; ALMA, 263; ANIMAIS E HOMEM, 300; INC., 4330-1; JULGAMENTO, 1353; LIBERDADE, 1590; PROSPERIDADE, 3497.
Samuel, H. (1870-1963): BUROCRACIA, 3423.
Sand, G. (1804-1876): ARTE, 335.
Sanders, G. (1906-1972): "ÚLTIMAS PALAVRAS", 2054.
Sannazaro, I. (1455-1530): INC., 4379.
Santayana, G. (1863-1952): ARTISTA, 383; BÍBLIA, 2899; FANATISMO, 2393; HISTÓRIA, 3448; IDÉIA, 2385; MODÉSTIA, 3539; NÓS E OS OUTROS, 3248; VIDA E MORTE, 4057.
Santo Agostinho (354-430): AUTOCONHECIMENTO, 3209; AUTORIDADE, 2765; DEUS E O HOMEM, 860, 867; ERRO, 996; FIL., 4900-4; INC., 4360; IRA, 3959; LUXÚRIA, 3951; NECESSIDADE, 766; VIRTUDE E VÍCIO, 3927.
Santo Anselmo (1033-1109): DEUS, 824; FIL., 4908.
Santo Tomás de Aquino (1225-1274): FIL., 4912-5.
São Bernardo de Clairvaux (1090-1153): AVAREZA, 3939.

São Cipriano (c. 200-258): IGREJA, 2904-5.
São Francisco de Assis (1182-1226): LIT., 4107; MORTE, 2030.
São Francisco de Borja (1510-1572): HIST., 4775.
São Jerônimo (347-420): AMOR, 218; VIRTUDE E VÍCIO, 3916.
São João (ver: Bíblia, Novo Testamento)
São João Crisóstomo (345-407): INFELICIDADE, 2519.
São Lucas (ver: Bíblia, Novo Testamento)
São Marcos (ver: Bíblia, Novo Testamento)
São Mateus (ver: Bíblia, Novo Testamento)
São Paulo (ver: Bíblia, Novo Testamento)
Saphir, M. G. (1789-1856): BUROCRACIA, 3420.
Sargent, J. S. (1856-1925): PINTURA, 407.
Saroyan, W. (1908-1982): "ÚLTIMAS PALAVRAS", 2053.
Sartre, J.-P. (1905-1980): CRIANÇAS, 1062; FIL., 5027; HOMEM, 3668; INC., 4603; INFERNO, 902.
Saussure, F. de (1857-1913): SEMÂNTICA, 1733-4; SEMIOLOGIA, 1739.
Scève, M. (1500-1560): VIAGEM, 3885.
Schiller, F. von (1759-1805): APARÊNCIA, 307, 318; COERÊNCIA, 2426; ESPÍRITO, 275, 280; ESTUPIDEZ, 1548; FAMA, 1409; FAZER, 1213; FIL., 4985; HÁBITO, 22; HISTÓRIA, 3426; INC., 4634; MEDO, 2307; MORTE, 2041; PÁTRIA, 630; PAZ, 2167; PERIGO, 2331; PRESENTE, 3588; SOLIDÃO, 3306; SUICÍDIO, 4096; TEMPO, 3575; VINGANÇA, 1045; VIOLÊNCIA, 1316; VONTADE, 4098.
Schlegel, F. von (1772-1829): ARGÚCIA, 3051, 3055; BELEZA, 460; FAMÍLIA, 1131; FIL., 4980-1; FILOSOFIA, 1287; PASSADO, 3597.
Schopenhauer, A. (1788-1860): AMIGO, 76; CARÁTER, 3693; CRIANÇAS, 1052; DESTINO, 785; DOENÇA, 1809; FIL., 4995; FILOSOFIA, 1285; HONRA, 1425; IDADE, 1047; JUVENTUDE, 1091, 1095; MODÉSTIA, 3536; MONUMENTOS, 1424; PRAZER, 2459; RIQUEZAS, 2938; SILÊNCIO, 2295; SOLIDÃO, 3289, 3291-2; VIDA, 4052.
Schultz, Ch. M. (nascido em 1923): HUMANIDADE, 3643.
Sciascia, L. (1921-1989): FANATISMO, 2392; FAZER, 1183; INC., 4486; JUSTIÇA, 1326; VIDA E MORTE, 4068.
Scott, W. (1745-1836): NEGÓCIOS, 1263.
Scribe, E. (1791-1861): MEL, 4681, 4719.
Scudéry, M. de (1607-1701): CIÚME, 1938.

Sébastiani de la Porta, H.-F.-B. (1772-1851): HIST., 4813.
Secombe, H. (nascido em 1921): OBESIDADE, 1857.
Selden, J. (1584-1654): AMIGO, 66; FAZER, 1204; PRAZER, 2444, 2457.
Selfridge, H. G. (1857-1947): NEGÓCIOS, 1264.
Sella, Q. (1827-1884): HIST., 4825.
Sénac de Meilhan, G. (1736-1803): MORTE, 2003; VIRGINDADE, 3205.
Sêneca (4 a.C.-65 d.C.): ACÍDIA, 3976; AMOR, 177, 228; APARÊNCIA, 325; APRENDIZADO, 1437, 1446; ATIVISMO, 1228, 1231-2; AUTO-ESTIMA, 3226; BEM E MAL, 521, 529; COMANDAR, 2766; COMER, 1845; COMPANHIA, 3312; CORPO, 268; CRIME, 1370-1; DESEJO, 733; DESVENTURAS, 3505; DEUS E O HOMEM, 870; DOAÇÃO, 921; DOR, 2487; EDUCAÇÃO, 1480; ELOGIO, 1747-8; EMBRIAGUEZ, 587; ENSINO, 1458-9; ERRO, 997; ESPÍRITO, 274; FELICIDADE, 2506; FIDELIDADE, 1314; FIL., 4894; FILOSOFIA, 1291; FOME, 1850; FUTURO, 3606, 3608; GLÓRIA, 1394; GRATIDÃO, 942, 945; HABILIDADE, 816; HOMEM, 3669; IDÉIA, 2382; INC., 4349; INFELICIDADE, 2525; IRA, 3958, 3961; LEI, 1358; LIVRO, 1626; MEDO, 2321-2; MORTE, 1949, 1975-6, 2014-5, 2043; MULHER BONITA, 472; NÓS E OS OUTROS, 3263-4; PALAVRA, 2256; PRAZER, 2449, 2453, 2456; PREVISÕES, 3616; PROGRESSO, 658; PUNIÇÃO, 1378; RIQUEZAS, 2934, 2941, 2943; SABER, 699; SUCESSO, 3484; SUPERIORIDADE, 2722; TRABALHO, 1248; VERDADE, 3787-8; VIDA, 3981-2, 4003, 4024-8; VIRTUDE E VÍCIO, 3926.
Serao, M. (1856-1927): INC., 4432.
Sévigné, M. (1626-1696): IDADE, 1046.
Shadwell, Th. (1642-1692): FAZER, 1217.
Shakespeare, W. (1564-1616): AMIGO, 98; AMOR, 140, 184; ANIMAIS, 286; APARÊNCIA, 313; ARGÚCIA, 3054; ARREPENDIMENTO, 1026; AUTO-ESTIMA, 3230; BELEZA, 444; BEM E MAL, 523, 525; CIÚME, 1939; CONCISÃO, 2282; CONFIANÇA, 1503; CORRUPÇÃO, 539; COVARDIA, 2350, 2352; DESTINO, 782; DOR, 2477; DÚVIDA, 961; ELOGIO, 1752; ELOQÜÊNCIA, 2277; EMPRÉSTIMO, 3011; ESCREVER, 1663; ESPOSA, 1916; FILOSOFIA, 1298; GRANDES HOMENS, 3700-1; HONRA, 1430; INC., 4497-501; LER, 1645; MONUMENTOS, 1422; MORTE, 1997; MULHER, 3755; MUNDO, 2119-21; MÚSICA, 419; PAI, 1156; PECADO, 1004; POBREZA, 2977; SEMÂNTICA, 1738; SEPULTURA, 2078; SEXO, 3157; SONHO, 3333; SONO, 3327; VIDA, 4013, 4037.

Shaw, G. B. (1856-1950): ADULAÇÃO, 1757; BEBER, 574; COMER, 1834; DANÇA, 438, 440; DEMOCRACIA, 2693; DESEJO, 735; ENSINO, 1457; FAMÍLIA, 1134; FAZER, 1196, 1207; FELICIDADE, 2504; INFELICIDADE, 2520; JUSTIÇA, 1330; JUVENTUDE, 1096; NÓS E OS OUTROS, 3252, 3261; ÓDIO, 253; PATRIOTISMO, 643; PROGRESSO, 657; PROPRIEDADE, 3015; RELIGIÃO, 2835, 2840; SILÊNCIO, 2300; SOLDADOS, 2210-1; TRABALHO, 1261; VERGONHA, 1015.
Shelley, P. B. (1792-1822): INC., 4510; INFERNO, 899; NÓS E OS OUTROS, 3246; PENSAMENTO, 2375; POETA, 2597.
Sheridan, Ph. H. (1831-1888): HIST., 4826.
Sheridan, R. B. (1751-1816): MATRIMÔNIO, 1893.
Shri Ramakrishna (1836-1886): DOENÇA, 1814.
Sidney, Ph. (1554-1586): INC., 4495.
Sienkiewicz, H. (1846-1916): MENTIRA, 3853.
Sieyès, E. J. (1748-1836): HIST., 4797.
Siger de Brabante (1235-1282): FIL., 4916.
Simoni, R. (1875-1952): MEL., 4747.
Simônides de Ceos (c. 556-468 a.C.): EPITÁFIO, 2079; PATRIOTISMO, 636; PINTURA, 402.
Smith, A. (1723-1790): CIÊNCIA, 3124; FIL., 4971.
Smith, L. P. (1865-1946): DESEJO, 755; DOR, 2469; LER, 1644; RIQUEZAS, 2929; TÉDIO, 2532.
Smith, S. (1771-1845): CAMPO, 593; CRÍTICA LITERÁRIA, 1705; HOMEM E MULHER, 3710.
Sócrates (469-399 a.C.): BONDADE, 557; COMER, 1833; DESEJO, 732; FIL., 4881; MORTE, 1958; NECESSIDADE, 763; SABER, 701-2; SUICÍDIO, 4083; "ÚLTIMAS PALAVRAS", 2056.
Sófocles (496-406 a.C.): AMOR, 160; CONHECIMENTO, 683-4; DESPOTISMO, 2790; DESVENTURAS, 3503; DINHEIRO, 2995; DOAÇÃO, 924; HOMEM, 3658; IGNORÂNCIA, 726; INC., 4320; INTELIGÊNCIA, 1529; MÃE, 1165; MEDO, 2315; MENTIRA, 3842, 3851; MORTE, 1972, 2026; MULHER, 3742; NOBREZA, 2139; PRESSA, 1241; TEMPO, 3569; TRISTEZA, 2539; VELHICE, 1122.
Solera, T. (1815-1878): MEL., 4693-4.
Solís y Ribadeneyra, A. de (1610-1686): MALDADE, 543.
Soljenitsine, A. I. (nascido em 1918): INC., 4670-1; POVO, 2663.
Sollers, Ph. (nascido em 1936): ESCREVER, 1689.
Sólon (640-560 a.C.): COMANDAR, 2771; IGUALDADE, 2707; LEI, 1357; PALAVRA, 2257; VELHICE, 1121.

Soloviev, V. S. (1853-1900): ANIMAIS E HOMEM, 301; BELEZA, 451; HISTÓRIA, 3442; VERGONHA, 1014.
Sotis, L.: DINHEIRO, 2986.
Spencer, H. (1820-1903): FIL., 5006-8; OPINIÃO, 2409.
Spinoza, B. (1632-1677): ESPERANÇA, 3372; FIL., 4942-3; MORTE, 2001.
Spooner, A. (1844-1930): LEMBRANÇAS, 3475.
Stálin, J. (1879-1953): HIST., 4836.
Stanislavski, K. S. (1863-1938): MODA, 12; TEATRO, 432.
Stanley, H. M. (1841-1904): HIST., 4827.
Stecchetti, L. (1845-1916): SILÊNCIO, 2297.
Stein, G. (1874-1946): AMERICANOS, 2728.
Stendhal (1783-1842): AMOR, 193; BELEZA, 455; DESEJO, 741; ESCREVER, 1690; INC., 4577; PUDOR, 3195.
Sterbini, C. (1784-1831): MEL., 4675-9.
Sterne, L. (1713-1768): ALMA, 261; INC., 4506-7; OBSTINAÇÃO, 42.
Stevenson, A. E. (1900-1965): CIÊNCIA, 3145.
Stevenson, R. L. (1850-1894): ATIVISMO, 1229; BEM E MAL, 503; FELICIDADE, 2501; MEMÓRIA, 3476; MENTIRA, 3852; PRESENTE, 3584.
Stoppard, T. (nascido em 1937): TEMPO, 3549.
Suarès, A. (1866-1948): ARTE, 340.
Subhāshitarnava (sentenças cingalesas, séc. XVII): DEFEITOS, 3931; ESTUDO, 1472; EXCESSOS, 3099; IRA, 3964; PRESSA, 1240.
Sue, E. (1804-1857): FEALDADE, 497.
Suetônio (c. 70-c. 140 a.C.): INC., 4357.
Supervielle, J. (1884-1960): CIÊNCIA, 3134.
Surtees, R. S. (1803-1864): CAVALHEIRO, 2155.
Svevo, I. (1861-1928): CRIME, 1374; ESPOSA, 1913; INC., 4445-6; LIBERDADE, 1581; LIT., 4295; MENTIRA, 3857; MORTE, 1959, 2032; MULHER BONITA, 485; MULHER, 3772-3; PREVISÕES, 3617; RESIGNAÇÃO, 3640; VIDA, 3980, 4042.
Swift, J. (1667-1745): HUMANIDADE, 3642; MENTIRA, 3855; PADRES, 2919; RELIGIÃO, 2846; SABEDORIA, 3066; VESTUÁRIO, 4.
Swāmi Vivekānanda (1863-1902): MUNDO, 2135.
Synge, J. M. (1871-1909): ESCREVER, 1684.
Szasz, Th. (nascido em 1920): SEXO, 3169.
Szent-Györgyi, A. (1893-1986): CIÊNCIA, 3119.
Sūdraka (séc. IV-V): MULHER, 3766.

Tácito (c. 54-120): BENEFÍCIOS, 936; GLÓRIA, 1392; GUERRA, 2200; INC., 4354-5; NOVO, 36; ÓDIO, 248; PAZ, 2171.
Tagore, R. (1861-1941): TERRA, 211.
Taine, H.-A. (1828-1893): MATRIMÔNIO, 1878.
Tales (c. 624-545 a.C.): FIL., 4863.
Talleyrand, Ch.-M. (1754-1838): GOVERNO, 3401; HIST., 4796.
Talmud (obra hebraica pós-bíblica): HOMEM E MULHER, 3719; NÓS E OS OUTROS, 3245, 3267; SILÊNCIO, 2285; VINHO, 576.
Tarchetti, I. U. (1839-1869): AMOR, 197.
Tarde, G. de (1843-1904): LÍNGUA, 1714.
Targioni-Tozzetti, G. (1863-1934): MEL., 4727-30.
Tasso, T. (1544-1595): AMOR, 173-4; FAMA, 1406; INC., 4391-2; LIT., 4186-92; MENTIRA, 3849; PERDÃO, 1035; PUDOR, 3198-9; SORTE, 801.
Tassoni, A. (1565-1635): INC., 4394.
Taylor, H. (1711-1785): BOM SENSO, 3116; MÃE, 1173; REMORSO, 1013; SEGREDOS, 3878.
Tchekhov, A. P. (1860-1904): AMOR, 191; AUTO-ESTIMA, 3232; BOAS MANEIRAS, 567; CIÊNCIA, 3138; CONFIANÇA, 1508; DINHEIRO, 3003; ENSINO, 1469; EXISTÊNCIA DE DEUS, 837; FÉ, 2869; FELICIDADE, 2497; HOMEM, 3661; HOSPITALIDADE, 615, 618; INC., 4663-5; INTELIGÊNCIA, 1532; INVEJA, 3954; MATRIMÔNIO, 1869; MEDO, 2327; MODÉSTIA, 3540; MORTE, 1989; NASCIMENTO, 4075; PALAVRA, 2232; PASSADO, 3591; PROGRESSO, 660; RUSSOS, 2741; VERGONHA, 1017, 1022; VINHO, 581.
Temístocles (c. 528-462 a.C.): DINHEIRO, 2997.
Tennyson, A. (1809-1892): AMIGO, 100; DOR, 2465; MORTE, 1985; SONHO, 3335.
Teódoto (séc. I a.C.): HIST., 4763.
Teofrasto (371-288 a.C.): INC., 4325; TEMPO, 3556.
Teógnis de Mégara (séc. VI-V a.C.): APARÊNCIA, 311; FELICIDADE, 2510; GLÓRIA, 1396; INTELIGÊNCIA, 1538; POVO, 2665; PROSPERIDADE, 3498; RIQUEZAS, 2944; VIRTUDE, 3893.
Terenciano Mauro (séc. II d.C.): LIVRO, 1613.
Terêncio (185-159 a.C.): AMOR, 183; DIFÍCIL, 814; FÁCIL, 821; GUERRA, 2194; HOMEM, 3666; INC., 4329; MULHER, 3739; NÓS E OS OUTROS, 3253, 3257; OPINIÃO, 2397; PALAVRA, 2248; TEMPO, 3559; VELHICE, 1115-6; VERDADE, 3786.
Teresa d'Ávila (1515-1582): ADMIRAÇÃO, 1770; MORTE, 1974; SATANÁS, 898.

Tertuliano (c. 160-220): FIL., 4898; MÁRTIRES, 2892; RELIGIÃO, 2843-4; VERDADE, 3790.
Tessa, D. (1886-1939): MORTE, 2035.
Thackeray, W. M. (1811-1863): CONFORMISMO, 2420.
Thoreau, H. D. (1817-1862): AUTOCONHECIMENTO, 3210, 3223; DESESPERO, 3383; DOENÇA, 1805; ESTILO, 1699; FILOSOFIA, 1305; INC., 4522; TEMPO, 3548; VESTUÁRIO, 6.
Thurber, J. G. (1894-1961): CONFORMISMO, 2419.
Tibulo (c. 54-19 a.C.): GUERRA, 2187; INC., 4346; RIQUEZAS, 2924; SONHO, 3332.
Timmermans, F. (1886-1947): FILOSOFIA, 1292.
Tirso de Molina (1584-1648): FURTO, 3020; INC., 4617; PUNIÇÃO, 1381.
Tito (39-81): BEM E MAL, 513.
Tito Lívio (59 a.C.-17 a.C.): GUERRA, 2173, 2180; INC., 4343; LEI, 1363; PAZ, 2161, 2169; SORTE, 803; VIRTUDE E VÍCIO, 3925.
Tocqueville, Ch.-A. de (1805-1859): HISTÓRIA, 3443.
Tolstoi, L. N. (1828-1910): ARTE, 337, 353; CALÚNIA, 1785; CRISTIANISMO, 2886; FAZER, 1192, 1195, 1201, 1215; HUMANIDADE, 3656; INC., 4657-8; MORTE, 1988; VIDA, 3999; VIOLÊNCIA, 1318.
Tomás a Kempis (1379-1471): AUTOCONTROLE, 3234; DEUS E O HOMEM, 863; HÁBITO, 20.
Tomás Moro (1478-1535): FIL., 4928.
Tomasi di Lampedusa, G. (1896-1957): AMOR, 200; INC., 4485; LIT., 4307; REVOLUÇÃO, 2680.
Tommaseo, N. (1802-1874): APARÊNCIA, 314; INC., 4419.
Tommaso da Celano (c. 1190-c. 1260): INC., 4361.
Torre, F. de la (séc. XVII): RISO, 3027.
Tottola, L. A. (morto em 1831): MEL., 4680.
Tounier, M. (nascido em 1924): GUERRA, 2196.
Tree, H. B. (1853-1917): JUVENTUDE, 1099.
Trevelyan, G. M. (1876-1962): LER, 1643.
Trilussa (1871-1950): ADULAÇÃO, 1763; CAVALHEIRO, 2156; DESPOTISMO, 2787; FÉ, 2859; FELICIDADE, 2498; LEMBRANÇAS, 3474.
Triolet, E. (1896-1970): IMPOSSÍVEL, 3349.
Trivulzio, G. G. (1441-1518): EPITÁFIO, 2080.
Tucídides (c. 460-c. 404 a.C.): ADULAÇÃO, 1764; DEMOCRACIA, 2699; HISTORIADOR, 3457; INC., 4324; PERIGO, 2333; POBREZA, 2979.

Tucker, S. (1884-1966): QUARENTA ANOS, 1078.
Turati, F. (1857-1932): TRABALHO, 1254.
Turgenev, I. S. (1818-1883): AMOR, 139; ARTE, 354; ARTISTA, 385; FELICIDADE, 2496, 2514; INC., 4656.
Turgot, A. R. J. (1727-1781): EPITÁFIO, 2083.
Twain, M. (1835-1910): BLASFÊMIA, 888; BOAS MANEIRAS, 565; DOR, 2478; INC., 4533-4; INDECISÃO, 974; REVOLUÇÃO, 2687.
Tynan, K. (1927-1980): CRÍTICA DE ARTE, 389.
Tynianov, I. N. (1894-1943): MENTIRA, 3844; POETA, 2621.
Ulpiano (morto em 228): JUSTIÇA, 1322.
Unamuno, M. de (1864-1936): CERTEZA, 967; DEFEITOS, 3928; GLÓRIA, 1400; GUERRA, 2202; IDÉIA, 2383; INC., 4621; LER, 1638; LIBERDADE, 1569; LÍNGUA, 1727; PALAVRA, 2239.
Ungaretti, G. (1888-1970): DOR, 2483; LIT., 4297; MORTE, 2009.
Urbano VIII (1568-1644): HIST., 4790.
Vaëz, G. (1812-1862): MEL., 4690.
Valéry, P. (1871-1945): BEM E MAL, 514; CONCISÃO, 2284; GENIALIDADE, 1557; HUMANIDADE, 3650; INC., 4598-9; INFINITO, 2112; NÓS E OS OUTROS, 3239-40; OPINIÃO, 2401; SOLIDÃO, 3309; VIDA, 3986.
Vanbrugh, J. (1664-1726): BEM E MAL, 526.
Vauvenargues, L. de (1715-1747): ENGANO, 1494; FAZER, 1223; FÉ, 2874; FILOSOFIA, 1286; PENSAMENTO, 2373.
Vega, L. de (1562-1635): INC., 4611-2; SILÊNCIO, 2301; SOLIDÃO, 3301; VINHO, 579.
Verdi, G. (1813-1901): MEL., 4693-716.
Verga, G. (1840-1922): ANIMAIS, 284; INC., 4430-1; JUVENTUDE, 1094; LIT., 4274-5; MATRIMÔNIO, 1887; RIQUEZAS, 2945-6.
Verlaine, P. (1844-1896): ARTE, 363; ELOQUÊNCIA, 2270.
Verne, J. (1828-1905): INC., 4590-1; INGLESES, 2734.
Vespasiano (9-79): HIST., 4768; "ÚLTIMAS PALAVRAS", 2058.
Vico, G. B. (1668-1744): CIVILIZAÇÃO, 651; FIL., 4952-5; HISTÓRIA, 3430; IMAGINAÇÃO, 3356; POESIA, 2588; POVO, 2660.
Viera Gallo, J. A. (nascido em 1943): SOCIALISMO, 3269.
Vigny, A. de (1797-1863): HONRA, 1427; MULHER, 3769; POESIA, 2575; SILÊNCIO, 2289.

Vilallonga, J.-L. de (nascido em 1920): SOL-
DADOS, 2208.
Villaggio, P. (nascido em 1938): RIQUEZAS,
2949.
Villiers de l'Isle-Adam, Ph.-A. (1838-1889): ARISTOCRACIA, 2154.
Villon, F. (c. 1431-1463): AUTOCONHECIMENTO, 3211; CERTEZA, 968; ENSINO, 1468.
Virgílio (70-19 a.C.): AGRICULTURA, 597; ALMA, 257; AMOR, 161, 163, 165; CONHECIMENTO, 685; DERROTA, 2222; DESEJO, 730; DOAÇÃO, 925; DOR, 2480; GLÓRIA, 1398; INC., 4338-40; LEMBRANÇAS, 3465, 3471; MÃE, 1163; MEDO, 2316; MORTE, 2022, 2033; MULHER, 3738, 3780; PRANTO, 2529; PRAZER, 2448; RIQUEZAS, 2954; SORTE, 806; SUCESSO, 3485; TRABALHO, 1250; VINGANÇA, 1037; VIRTUDE, 3898; VONTADE, 4105.
Visconti Venosta, G. (1831-1914): LIT., 4287.
Vítor Manuel II (1820-1878): HIST., 4817.
Vitória (1819-1901): HIST., 4830.
Vittorelli, I. A. (1749-1835): LIT., 4211.
Vittorini, E. (1908-1966): INC., 4475.
Vives, J. L. (1492-1540): CONFIANÇA, 1507; OFENSA, 1780; SABER, 705.
Volponi, P. (nascido em 1924): INC., 4493.
Voltaire (1694-1778): ACASO, 791; AMBIÇÃO, 3534; BEM E MAL, 512; DEUS E O HOMEM, 858; ERRO, 985; EXISTÊNCIA DE DEUS, 840; FIL., 4959-61; HIPOCRISIA, 3866; HISTÓRIA, 3441; INC., 4570; MEDO, 2326; OTIMISMO E PESSIMISMO, 3385-6; PALAVRA, 2233; PAPA, 2913; POVO, 2671; RELIGIÃO, 2841; SENTIDOS, 2811; SILÊNCIO, 2292; SUPERIORIDADE, 2724; TEMPO, 3558; TRADUÇÃO, 1745; VERDADE, 3798; VIDA, 3988.
Vrddhaca nakya (coletânea de sentenças indianas): CALÚNIA, 1787; DERROTA, 2226; MALDADE, 547; MULHER, 3749; RIQUEZAS, 2927.
Wagner, R. (1813-1883): MEL., 4720.
Walpole, R. (1676-1745): ESPERANÇA, 3381; HISTÓRIA, 3439.
Warburton, B. W. (1698-1779): OPINIÃO, 2398.
Ward, A. (1834-1867): MATRIMÔNIO, 1894.
Warhol, A. (1926-1987): ARTISTA, 378.
Weil, S. (1909-1943): MORTE, 2000.
Welch, R. (nascida em 1940): SEXO, 3167.
Wellington, A. W., duque de (1769-1852): HIST., 4812.

Wells, H. G. (1866-1946): PÁTRIA, 627; SUPERIORIDADE, 2725.
Wesker, A. (nascido em 1932): LÍNGUA, 1713.
Wesley, J. (1703-1791): MUNDO, 2131.
West, N. (1903-1940): MATEMÁTICA, 1862.
Wharton, E. (1862-1937): SABER, 713.
Whitehead, A. N. (1861-1947): CONHECIMENTO, 678; FIL., 5023; CIÊNCIA, 3147.
Whitman, W. (1819-1892): COERÊNCIA, 2427; CORPO, 265; INC., 4524-5; POETA, 2599.
Wilcox, E. W. (1850-1919): RISO, 3029.
Wilde, O. (1854-1900): ARTE, 358-60; ARTISTA, 376; BONDADE, 553; CAMPO, 596; COERÊNCIA, 2433; DOR, 2462; ESTUPIDEZ, 1545; GENIALIDADE, 1558; IMPOSSÍVEL, 3351; INC., 4530-1; LIVRO, 1606, 1623; MÃE, 1178; MÁRTIRES, 2893; MODERAÇÃO, 3102; NÓS E OS OUTROS, 3238; OPINIÃO, 2415; ORAÇÃO, 882; PAIS E FILHOS, 1143, 1145; PUNIÇÃO, 1382; TENTAÇÃO, 759; "ÚLTIMAS PALAVRAS", 2061; VERDADE, 3817.
Wilmot, J. (1647-1680): ANIMAIS E HOMEM, 295; RAZÃO, 2798.
Wilson, Th. W. (1856-1924): AMERICANOS, 2727; HIST., 4832.
Witt, J. de (1625-1672): DOENÇA, 1807.
Wittgenstein, L. (1889-1951): FIL., 5024; MUNDO, 2126-7; NATUREZA, 2093; SILÊNCIO, 2305.
Wodehouse, P. G. (1881-1975): INC., 4551.
Wölfflin, H. (1864-1945): OBRA DE ARTE, 368.
Woolf, V. (1882-1941): INC., 4542; VELHICE, 1107.
Wordsworth, W. (1770-1850): CRIANÇAS, 1055; POESIA, 2561; VELHICE, 1128.
Wyclif, J. (1320-1384): FIL., 4920.
Xenófanes (c. 565-470 a.C.): CIÊNCIA, 3117; DEUS, 832-3; FIL., 4866-7; SABER, 704.
Xenofonte (c. 430-c. 355 a.C.): HIST., 4748; MORTE, 2000.
Yeats, W. B. (1865-1939): INC., 4537.
Young, E. (1683-1765): PRESUNÇÃO, 3516; QUARENTA ANOS, 1076.
Yourcenar, M. (1903-1987): DOENÇA, 1811; FELICIDADE, 2499; FILOSOFIA, 1303; MÚSICA, 421; SABEDORIA, 3069.
Zamjatin, E. I. (1884-1937): INC., 4660.
Zanella, G. (1820-1888): LIT., 4263.
Zangarini, C. (1874-1943): MEL., 4746.
Zanzotto, A. (nascido em 1921): LIT., 4309.

Zavattini, C. (1902-1989): FUNERAL, 2071; INC., 4487; MENTIRA, 3841; MORTE, 1978; SONO, 3324.
Zenão de Cício (333-263 a.C.): FIL., 4893.
Zenão de Eléia (séc. V a.C.): AMIGO, 64; FIL., 4873.

Zêuxis (séc. V a.C.): CRÍTICA DE ARTE, 393.
Zola, E. (1840-1902): ESCREVER, 1683; HIST., 4829; INC., 4592-4; OBRA DE ARTE, 366; VERDADE, 3789.